『十三五』國家重點出版物出版規劃項目

房山石經題記整理與研究

圖録卷

吴夢麟　張永强　編著

国家出版基金项目
NATIONAL PUBLICATION FOUNDATION

文物出版社

圖書在版編目（CIP）數據

房山石經題記整理與研究．圖録卷／吴夢麟，張永强編著．—北京：文物出版社，2021.3

ISBN 978－7－5010－6300－0

Ⅰ.①房…　Ⅱ.①吴…　②張…　Ⅲ.①石經—題跋—拓本—研究—房山區　Ⅳ.①K877.434

中國版本圖書館 CIP 數據核字（2019）第 212949 號

房山石經題記整理與研究（圖録卷）

編　　著：吴夢麟　張永强
封面題簽：宿　白

封面設計：程星濤
責任編輯：張　瑋
責任印製：陳　傑

出版發行：文物出版社
地　　址：北京市東城區東直門内北小街 2 號樓
郵　　編：100007
網　　址：http：//www. wenwu. com
經　　銷：新華書店
印　　刷：寶蕾元仁浩（天津）印刷有限公司
開　　本：787mm×1092mm　1/8
印　　張：104.5
版　　次：2021 年 3 月第 1 版
印　　次：2021 年 3 月第 1 次印刷
書　　號：ISBN 978－7－5010－6300－0
定　　價：633.00 圓

金石學研究的新視域

——《房山石經題記整理與研究》“圖録”卷

張永强

《房山石經題記整理與研究》是繼恩師徐自强先生主持編纂《敦煌莫高窟題記彙編》（文物出版社，2014年）之後，我們秉承遺志完成的又一部關於古代題記的著作。本書的研究對象房山石經題記是指附刻在經石上的説明性文字，如刻經的目的、數量、時間、内容、施主、鎸者、書人、提點人等，是與北朝龍門造像題記、敦煌莫高窟寫經寫本題記并重學林的古代三大題記之一。

房山石經是北京房山佛教石刻“大藏經”的簡稱，始刻於隋唐，續刻於遼金元明，綿續千餘年，共鎸刻佛教經典1100多種、3500餘卷、14600餘石，拓片近3萬张，堪稱是世界文化歷史上罕見的壯舉，是我國現存規模最大、價值最高的石刻“大藏經”。①趙樸初先生譽其爲“北京的敦煌”，季羨林先生則稱其與敦煌爲東西两地的文化瓌寶，敦煌以藝術形象著稱，房山石經則以佛教文獻價值與文字鎸刻精美聞名於世。②據初步統計，房山石經題記和相關碑文有6800餘條（篇），内含諸經題記6600餘條；時代上主要爲唐遼金題記，元明題記僅100餘條。這些題記不僅是研究房山石經雕造歷史的第一手資料，也反映了當時的社會政治、經濟、軍事、職官、文化藝術等方面和風俗人情，具有重要的文獻、文物和藝術價值。③

千年以來，房山石經中的絶大部分都錮封在石經山九個藏經洞和山下雲居寺南塔地穴中，學者很難進行觀看與研究。直到1956年適逢舉行釋迦牟尼佛涅槃2500年紀念，纔由中國佛教協會協同有關單位進行了全面的調查、發掘和拓印工作，至1958年歷時三載始告完成。全部石經拓印了7份，分别珍藏在中國佛教圖書文物館（2份）、中國國家圖書館、北京市文物研究所、中國科學院圖書館、上海圖書館和吉林大學圖書館。目前，這批稀世的石經和唐遼古塔於1961年3月4日被國務院公布爲第一批“全國重點文物保護單位”，名爲“房山雲居寺塔及石經”。

20世紀60年代初期，恩師徐自强先生自北京大學歷史系考古專業研究生畢業後，分配到北京圖書館（今中國國家圖書館）善本部金石组。在日常拓片編號歸類的同時，他還參與了北京圖書館與中國佛教協會一起編輯整理石經拓片的工作，後由中國佛教協會出版了《房山雲居寺石經》（文物出版社，1978年）一書。徐先生還利用館藏編輯出版了多部金石學著作，其中《房山石經題記彙編》（書目文獻出版社，1987年）可謂是房山石經開洞發掘以來最大的整理成果，出版後受到中外學術界關注。在學術界陸續推出的一些研究成果基礎上，爲了更多突出考古發掘的信息，還原石經出土時的狀態，在徐自强先生倡議下，發揮吴夢麟先生多年來對雲居寺田野調查及石經保護的收獲和我對中國書法研究的特長，組成了一個三人的團隊，經常一起討論，梳理思路，多方搜集有關資料，商量共同重新整理房山石經。2011年春，徐自强先生大膽改進編纂體例，對《房山石經題記彙編》一書中的題記按考古學的方法作了分類，并對各洞瘞藏的經名、卷帙、邑社行會、

① 林元白：《房山雲居寺石經》，中國佛教協會編《房山雲居寺石經》，文物出版社，1987年，第1—18頁。

②《季羨林會長在“房山雲居寺石經研究會”成立大會上的講話》，中國敦煌吐魯番學會秘書處編《中國敦煌吐魯番學會研究通訊》，1992年第2期。

③ 徐自强：《房山石經題記彙編·前言》，北京圖書館金石組、中國佛教圖書文物館石經組編《房山石經題記彙編》，書目文獻出版社，1987年，第1—3頁。

地名、施主、書鎸刻人等作了統計圖表。2012年春，徐先生已經耄耋高齡，和我一起考察了河北邯鄲南北響堂山石窟、涉縣媧皇宫等與房山石經淵源密切的北朝刻經群。遺憾宏願未就，2013年12月9日，徐先生遽返道山。此後，吴夢麟先生與我繼續往來進行學術探討，并肩完成徐師的遺願，開始長達數年的合作。我們在研究的基礎上，又將“彙編（新編）”改爲“整理與研究”，擴充爲三册，并徵得宿白先生的同意。宿白先生題寫了書名，并推荐文物出版社申報《“十三五”國家重點圖書、音像、電子出版物出版規劃》，得以列爲其中的76項“古籍出版規劃”之一，2018年獲得“國家出版基金資助”，使得房山石經在開洞發掘60年後第一次被列爲國家專項，再次進行整理。

趙樸初、陳昊蘇等考察雲居寺

季羡林等考察雲居寺

吴夢麟陪同時任北京市副市長白介夫等考察房山石經

一　房山石經及題記的價值

房山石經及題記的重要學術價值主要體現在四個方面：

1. 佛經版本價值

房山石經保留了完善的佛經底本。唐宫廷寫本“大藏經”和失傳已久的《契丹藏》是珍貴的佛教典籍。經研究，從隋代到遼金延續千餘年的刻經活動中，盛唐至遼初，房山石經主要依據了唐玄宗御賜金仙公主并由高僧智昇（《開元釋教録》作者）等護送前來的唐宫廷寫本“大藏經”爲刻經底本。遼金刻經的依據《契丹藏》主要延續了唐代京藏，并吸收了同時期的宋代新譯經本。因而，在採取刻經底本的精善和規模的完整性上，房山石經遠勝《敦煌遺書》寫本佛經及《開寶藏》《普寧藏》《永樂南北藏》《龍藏》等傳世各種宋元明清雕版“大藏經”。20世紀90年代，任繼愈先生主持編纂的《中華大藏經》（漢文卷），共收録典籍1939種，經文總字數逾億，是中華人民共和國成立以後我國對浩繁佛教文獻集中整理出版的重大成果。《中華大藏經》（漢文卷）即以20世紀30年代在山西趙城縣廣勝寺發現的《趙城金藏》爲基礎，對勘了包括《房山石經》在内的其他8種大藏經。[①]

2. 題記中的史學、社会學材料

房山石經中保留的從唐至明的數千條題記，内容極爲豐富，很多可以補史、證史。如題記中反映的關於

① 任繼愈：《中華大藏經·前言》，中華大藏經編輯局編《中華大藏經總目》，中華書局，2004年，第1—22頁。

唐代"邑社""行會"等經濟活動，唐遼金職官、地理以及幽州地區宗教信仰、民間風俗的豐富信息，自出土以来即被学者关注。[①] 近年來，關於粟特人在中國活動及信仰的研究漸成熱點，與"敦煌吐魯番學"的關係尤爲密切。石經題記中鎸刻有"安史之亂"安禄山、史思明等粟特族胡人建立的"大燕"政權年號，安、曹、史、石、康等胡人的造經題記。石經題記中反映的唐代奚、靺鞨、契丹信息，唐遼金三朝提點校勘佛經的職官頭銜、僧伽機構和信衆題名以及石經山上的明代景教墨書題記等，都價值非凡。[②]

3. 文獻、文學的新材料

據初步統計，房山石經中保留了 30 多種佚經和發願文，是校勘佛經、古代文獻、文學作品的第一手資料。房山石經中發現有十六國後秦及唐宋歷代帝王御撰的經序多篇以及高僧、達官撰寫的序跋、校勘記，對佛教史的研究尤爲可貴。房山石經中唐刻 3 洞 170《勝天王般若波羅蜜經序》460 餘字，宋元明諸藏均不載，衹有日本《大正藏》編入。林元白先生曾以其校勘房山石經本，發現《大正藏》本誤字、脱字 26 處，幾乎無法讀懂。[③]

又如天寶初年雕造的《唐玄宗御注金剛經并序》全帙，唐代最後一位密宗高僧行琳撰《釋教最上乘秘密藏陁羅尼集》三十卷，卷前行琳《自序》一篇 1500 餘字，以及遼代中京道覺花島學僧思孝的遺文《大藏教諸佛菩薩名號集序》1600 餘字等，都是僅見於房山石經的孤本。

4. 書法、美術、雕刻藝術

房山石經最早引起人們注意是由於石經碑銘上的書法。明劉侗、于奕正著《帝京景物略》(成書於明崇禎八年，1635)、朱彝尊《日下舊聞》(成書於清康熙二十七年，1688)中輯録明清時人的游山題咏，很多讚歎了石經書法。清末金石家葉昌熾《語石》中，也對房山石經的書法大加推崇，認爲有虞(世南)、褚(遂良)之風。[④] 房山石經肇自隋唐，下訖遼金，元明補刻了少量經版，其刻經文字勾勒出了我國書法和書體的演變過程，在傳統"金石學"和中國書法史上都占有一席之地。其隋代刻經，上接南北朝餘緒，書風古雅，處於隸楷演變之間；盛唐刻經再現了唐宫廷寫經書法的風格，多作褚(遂良)體，筆法高超；晚唐刻經字小而密，多作歐(歐陽詢)、柳(柳公權)書體；遼金刻經存世數量逾萬石，書體以歐、虞爲主，與雕版《契丹藏》風格大體一致，有的金代刻經呈蘇(軾)體風格——均爲罕見的遼金書法研究資料。1956 年石經山藏經洞中發掘的中晚唐張允伸、史元忠等雕造的經碑，其上往往佈以佛造像和花卉裝飾圖案，是前人未見的唐代美術精品。這種經碑雕造的初衷在於祈福，并非以瘞藏石室爲目的，故雕飾精美，展陳以充巡禮觀瞻。石經山《宋小兒造金剛經碑》《袁敬造一經之碑》和藏經洞内新出 7 洞 280《張孝端爲父母造妙法蓮華經觀世音菩薩普門品經像之碑》、4 洞 117《張惠造佛説造立形像福報經碑及造像发願文》、4 洞 116《梁踐悊造佛説恒水流樹經碑》等十幾通造像經碑，保存完好，書鎸并工，是盛唐時期的石雕傑作。

房山石經以其巨大的數量存世，又用良材鎸刻，其石工精湛的鎸刻技術，顯示出我國古代工匠的智慧和技術，是體現"工匠精神"的罕見實物例證。

二 房山石經及題記重新整理的方法

房山石經題記整理工作，前期主要處於基本資料的彙編階段。由於房山石經是由中國佛教協會主持發掘整理的，對房山石經的分類，采取了以佛教"大藏經"佛經經名及《千字文》編號來進行分類，從而削弱了石經出土的原始面貌，不利於用考古手段進行追述，失去研究洞窟形成、變遷的基礎材料，較難對洞窟形制進行分類，許多考古信息在"申遺"時難以彌補。因而本次整理，依據房山石經出土時的編號，對所有石經

① 唐耕耦：《房山石經題記中的唐代邑社》，《文獻》，1989 年第 1 期，第 74—106 頁。梁豐：《從房山"石經題記"看唐代的邑社組織》，《中國歷史博物館館刊》，1987 年第 10 期，第 67—76 頁。

② 曾毅公：《北京石刻中所保存的重要史料》，《文物》，1959 年第 9 期，第 16—21 頁。

③ 林元白：《房山雲居寺石經》，《法音》，1986 年第 1 期，第 19—16 頁。

④ 葉昌熾撰、柯昌泗評《考古學專刊丙種第四號〈語石・語石異同評〉》，中華書局，1994 年，第 49—52 頁。

的原始位置，即山頂九個洞及山下地宫的藏經狀況進行復原，對房山石經題記重新進行分類和再整理，後續準備再編製“索引”等，以期能够進一步挖掘石經研究的新視角和文物價值。

房山石經發掘以來，房山雲居寺、石經山以及周邊地區又陸續發現了刻經、碑刻及其他資料，有補充的必要。最初的房山石經題記及碑刻在録文時，有的與原拓片校對時錯訛較多，不堪卒讀，故有必要根據清晰圖版和拓片，重新進行校對、缀合、句讀。

目前，關於房山石經題記整理出版的權威著作，仍是北京圖書館與中國佛教協會同編的《房山石經題記彙編》（書目文獻出版社，1987 年）。我們此次也是以此本爲工作底本，對房山石經及其題記進行重新整理與研究。具體方法是：

1. 改變依“大藏經”的整理排序，按照 20 世紀 50 年代房山石經出土發掘時的最初狀態，即石經山上九個藏經洞、山下壓經塔地宫中的石經以及散落在寺内外的重要碑刻，按考古編號和文獻學的要求進行整理、輯録，編爲“題記卷”，并加以句讀。

2. 收録古代前賢和當代學者有關房山石經題記研究的著述，編爲“研究卷”，反映中華人民共和國成立後房山石經題記研究的新成果。

3. 圖版方面，選擇隋唐遼金元明各時期有紀年、孤本佚經、有造像圖案、有題記、有書鎸刻經者以及新發現的刻經、碑版等石刻資料，重新拍攝高清圖片，編爲“圖録卷”。

4. 對房山石經題記中的經名、寺名、邑社、地名、書人、刻工、碑别字等編寫索引，以方便讀者使用和檢索。由於客觀原因，此項工作留待日後去做，另出單行本。

5. 對房山石經中的“序”“跋”“發願文”等，特别是唐代宫廷刻經和遼金刻經中的序跋，首次進行了輯録、句讀。

6. 認真校勘，確保準確性。本次整理工作核閱了近 3 萬張房山石經的拓片或碑刻圖版，對其中 6800 餘條題記和碑文逐一進行了校對、勘誤。

三　房山石經題記“圖録卷”的编纂特點

《房山石經題記整理與研究》“圖録卷”又分“諸經題記”“塔幢題記”“碑誌”“雲居寺石經山及周邊考察舊照”四部分。編纂“圖録卷”的目的，是爲了讓讀者能够直觀地比對石經與題記，明確二者的位置與關係，从而更好地進行研究。我們選擇各時期代表性的刻經與題記，特别是書法精美的刻經，刻經中的造像、花卉、瑞獸等美術圖案的拓片，盡量提取原始拓片進行了整理、拍照，其中不少是初次面世的新資料。編排時有的圖版予以放大，體現其藝術效果。“圖録卷”還附以石經山、雲居寺的刻經、碑刻、塔幢原石及周邊現場照片，包括房山石經舊照，1956 年至 1958 年石經發掘現場的珍貴照片等。

“圖録卷”中碑銘和石經的拓片圖版，主要來源於中國國家圖書館善本部金石組、中國佛教圖書文物館、房山雲居寺文物管理處以及少量編者收集的拓片資料。本卷的主要價值是：

1. 對本卷的石經、碑刻和題記進行了定名分類

房山石經的石刻，包括山上藏經洞内的刻經、洞外的碑刻與摩崖、墨書以及山下地宫内的藏經和寺内碑刻、塔幢題記等。這些石刻可粗分爲石經版、造像經碑，洞外的紀事碑、塔銘和刻石。其中刻經又大致可分爲秉承靜琬初衷、以備法滅的“瘞藏石經版”，以祈福爲目的的“功德經碑”以及附於刻經的“巡禮題名碑”三種。房山石經卷帙浩繁，其題記紛紜蕪雜，難以卒讀。此次整理中，大致按照“經名 + 卷帙 + 職官 + 人名 + 時代 + 類别”的體例，對“圖録卷”中的石經和碑刻進行了定名，使讀者一目了然，便於披覽檢索。

根據碑銘中使用武周新字的情況，確定了某些經碑的時代，如 8 洞 818《郭神行造妙法蓮華經觀世音菩薩普門品經碑》爲武周時期雕造。對於遼代磨去唐碑改刻經文而碑側唐人題名尚存的經碑，如遼刻 8 洞 263《大般若波羅蜜多經卷第五百五十三碑側唐人題名》、遼刻 8 洞 603《大般若波羅蜜多經卷第五百四十二

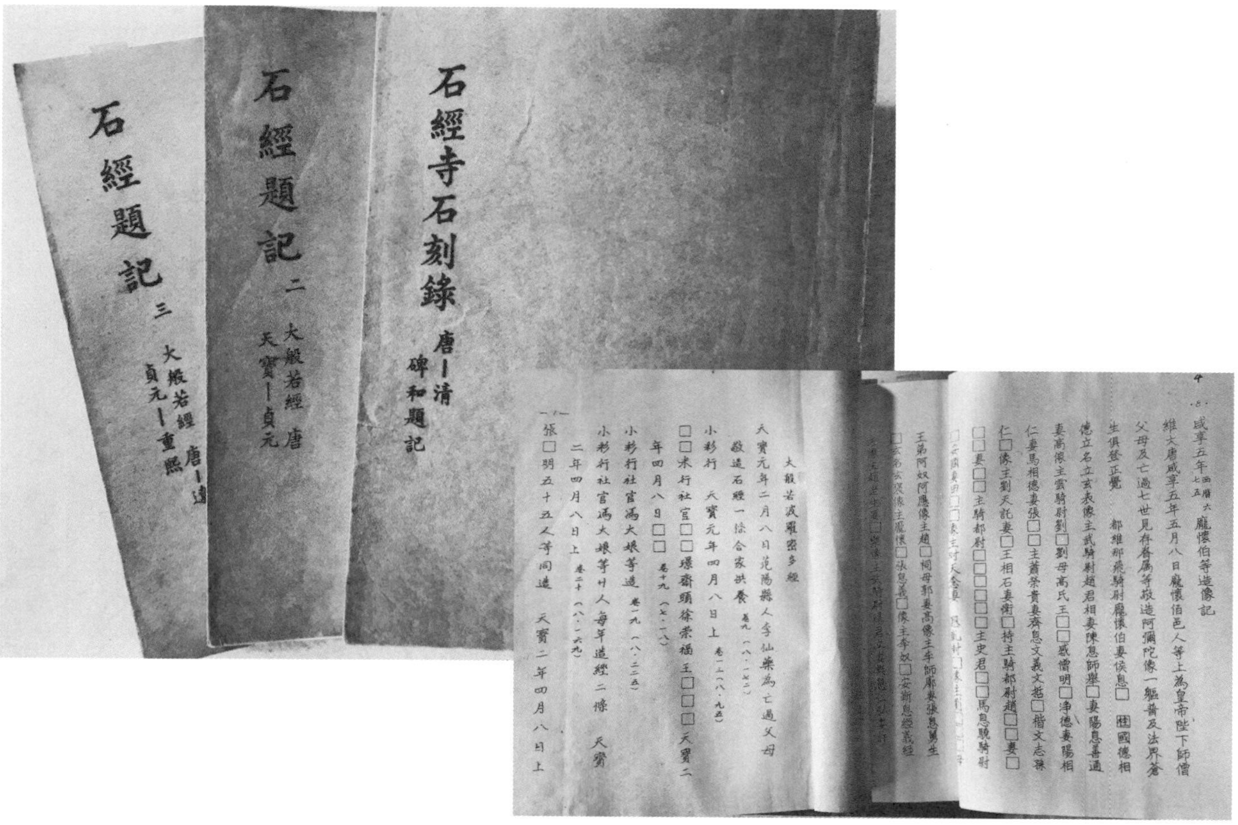

北京圖書館、中國佛教協會整理的房山石經題記徵求意見稿（油印本）

吴守極刻經題記碑側唐刻殘存》等，也選擇收録。由這些唐刻殘文可以看出，遼代磨去重刻的多是中晚唐鎸刻較多的《父母恩重經》《觀世音經》等版本學價值不高的“祈福經”，改刻的主要是續刻《大般若波羅蜜多經》和《大寶積經》。這種現象以往均未注意到，致使碑刻的斷代并不完全準確。

在整理中，我們還厘清了與石經經文混寫在一起的唐人造經題記數則，如 1 洞 120 遼刻《大寶積經智昇校經後記蕭惟平清寧二年九月十八日提點季香王詮吴世永等校勘書鎸題記》、3 洞 177《僧羯磨經比丘尼羯磨經玄導唐咸亨三年七月十五日題記》等，此次均提取拓片拍照，放大處理。

2. 彙集了房山石經刻經及題記的精華

“圖録卷”遴選的標準是學術性與藝術性并重。雲居寺内的《唐律大德真性碑》、四唐塔銘[①]不僅是唐代幽州地區佛教盛行的見證，書法亦有盛名。8 洞 120《佛説當來變經》下方的冀州張左丘文并書的《周文爽等造經發願文》是房山石經中罕見的唐人行草書題記；《遼千人邑會碑》記述了雲居寺的歷史與變遷，書法是遼代盛行的歐體。《遼天慶八年涿鹿山雲居寺續秘藏石經塔記幢》的書丹者燕臺沙門惟和，活躍於遼金兩朝，房山石經中存其所書寫經版數百石，書法有盛唐名家李邕、蘇靈芝的神韻，是遼金之際雲居寺書經的代表人物。唐遼兩代的房山石經中，有不少書經人有一定的職銜或功名，如“大唐大和元年丁未歲四月壬辰朔八日己亥宣德郎試左衛兵曹參軍王文行書紀”（9 洞 207《佛臨般涅槃略説教戒經》)、“羅東門百姓奉爲司空敬造石經一條，送往大石經花嚴堂。四月建記。”“通直郎試將作監丞前左神武軍引駕仗孔目官兼攝武庫署丞劉榮書，弘農楊懷政鎸”（9 洞 251《佛説鴦掘摩經唐大和二年四月八日造經題記》)、“范陽縣進士陽子推書”（9 洞 53《藥師琉璃光如來本願功德經唐開元十年四月八日造經題記》）等。房山石經中還有不少“施手書”的人士，如“開元廿七年三月廿七日弟子李景炎施書”（2 洞 741《大方等大集經》，隸書）、“布衣張祐施書”（塔下 21《觀佛三昧海經》)、“鄉貢律學張貞吉施手書”“析津府鄉貢進士張角施書”（塔下 785、塔下 640《力莊嚴三昧經》）等，這些書經人以書法爲功德，助力寫經事業，應該是當時的書法名家，他們的書名托石經以

① 雲居寺四唐塔銘指《王璬造石浮屠銘》（唐景雲二年）、《田義起造石浮圖頌》（唐太極元年）、《李文安造石浮圖銘》（唐開元十年）、《鄭玄泰造石浮圖銘》（唐開元十五年），其中《李文安造石浮圖銘》爲“易州前遂城縣書助教梁高望書”。

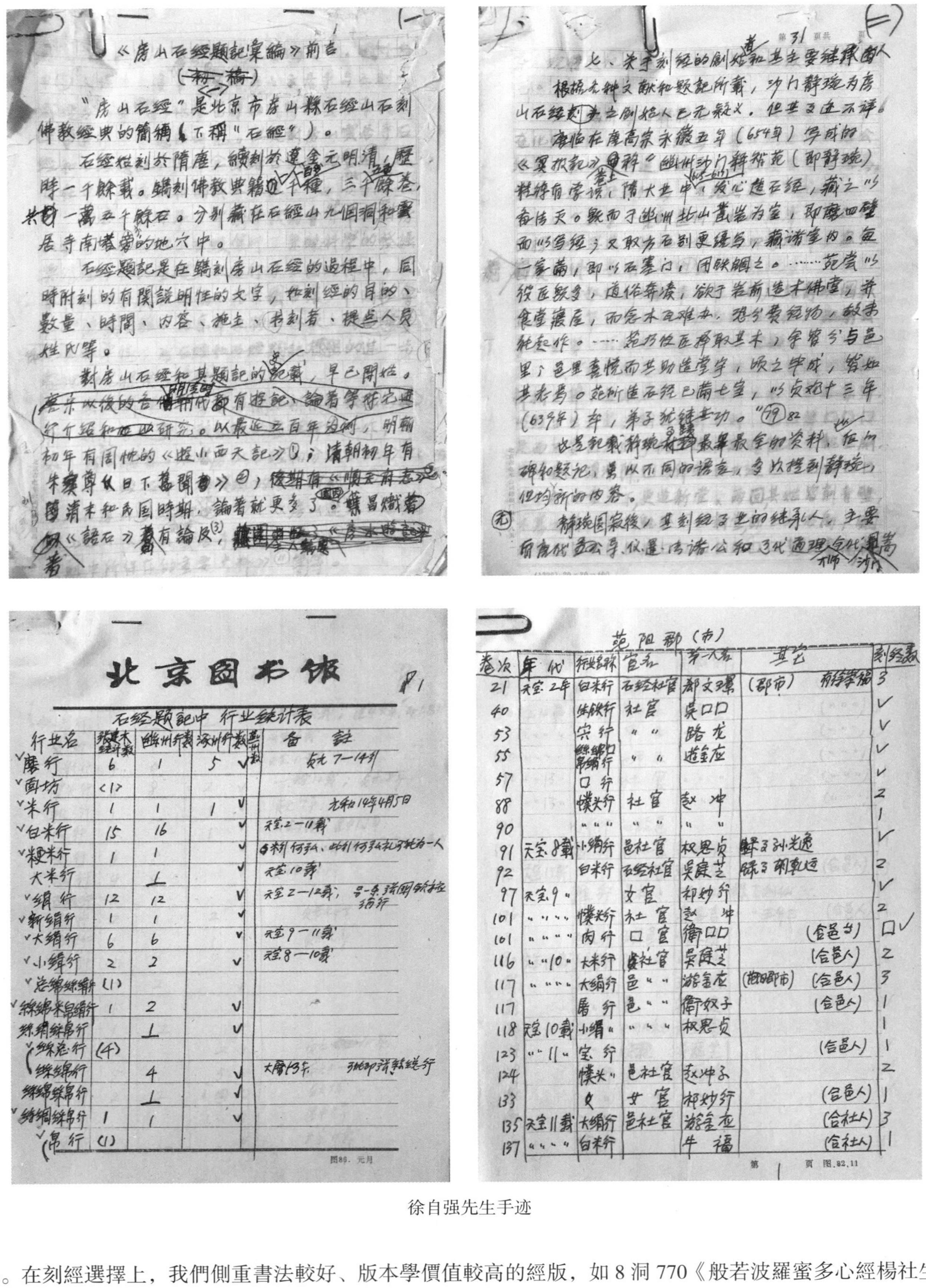

《房山石經題記彙編》前言

"房山石經"是北京市房山縣石經山石刻佛教經典的簡稱（下稱"石經"）。

石經始刻於隋唐，續刻於遼金元明清，歷時一千餘載。鐫刻佛教典籍[illegible]種，三千餘卷，共計一萬五千餘石。分別藏在石經山九個洞和雲居寺南塔前的地穴中。

石經題記是在鐫刻房山石經的過程中，同時附刻的有關說明性的文字，如刻經的目的、數量、時間、內容、施主、書刻者、提點人員姓氏等。

對房山石經和其題記的記載，早已開始。[illegible]

七、關于刻經的創始和其主要繼承人

根據各種文獻和題記所載，沙門靜琬為房山石經創始人已無疑義，但其生平不詳。

唐臨在唐高宗永徽五年（654年）寫成的《冥報記》[illegible]

石經題記中 行業統計表

行业名	[illegible]	幽州行数	涿州行数	[illegible]	备註
磨行	6	1	5	✓	贞元 7-14刻
面坊	<1>				
米行	1	1	1	✓	元和14年4月5日
白米行	15	16		✓	天宝2-11载
粳米行	1	1		✓	[illegible]
大米行		1			天宝10载
绢行	12	12		✓	天宝2-12载，[illegible]
新绢行	1	1		✓	
大绢行	6	6		✓	天宝9-11载
小绢行	2	2		✓	天宝8-10载
[illegible]	(1)				
[illegible]	1	2		✓	
[illegible]		1		✓	
[illegible]	(4)				
[illegible]		4		✓	大曆13年 [illegible]
[illegible]		1		✓	
[illegible]	1	1		✓	
帛行	(1)				

范阳郡（市）

卷次	年代	行业名称	官名	第一人名	其它	刻经数
21	天宝2年	白米行	石经社官	郗文環	(郡市) [illegible]	3
40		[illegible]	社官	吴口口		✓
53		宍行	〃〃	路龙		✓
55		[illegible]	〃〃	游金应		✓
57		口行				✓
88		幞头行	社官	赵冲		2
90		〃〃〃	〃〃	〃〃		1
91	天宝8载	小绢行	邑社官	权思贞	[illegible]	✓
92		白米行	石经社官	吴庭芝	[illegible]	2
97	天宝9〃		女官	柳妙行		✓
101	〃〃〃〃	幞头行	社官	赵冲		2
101	〃〃〃〃	肉行	口官	衛口口	(合邑人)	口
116	〃10〃	大米行	[illegible]社官	吴庭芝	(合邑人)	2
117	〃〃〃〃	大绢行	邑〃〃	游金应	(范阳郡市) (合邑人)	3
117		屠行	邑〃〃	衛奴子	(合邑人)	1
118	天宝10载	小绢〃	〃〃〃	权思贞		1
123	〃11〃	宍行			(合邑人)	1
124		幞头〃	邑社官	赵冲子		2
133		〃	女官	柳妙行	(合邑人)	1
135	天宝11载	大绢行	邑社官	游金应	(合社人)	3
137	〃〃〃	白米行		牛福	(合社人)	1

徐自强先生手迹

存。在刻經選擇上，我們側重書法較好、版本學價值較高的經版，如8洞770《般若波羅蜜多心經楊社生唐顯慶六年二月八日造經題記》是我國現在見到的時間最早的《心經》刻石，筆法精妙，且經後附有長篇題記。刻造於天寶初年的《唐玄宗御注金剛般若波羅蜜經并序》是以西京崇福寺沙門、高僧智昇等護送來的唐宮廷寫經爲經本，由幽州邑社資助雕造的石經，經末還保留了唐宮廷寫經校勘、裝潢、用紙等題記，雕刻精美傳神，與敦煌寫本中的唐宮廷寫經書法酷似，堪稱房山石經中唐代刻經的代表。故此次對《唐玄宗御注金剛般若波羅蜜經并序》拓片重新拍攝全文刊出。① 在整理中我們還發現，《唐玄宗御注金剛般若波羅蜜經并序》此前的編號分別是 8 洞 53“條第一石”、8 洞 58“條第二石”、8 洞 59“條第三石”和 2 洞 162“條第四石”，凡四條（石）八紙，即分藏於石經山二洞和八洞。② 此次從國家圖書館提取原件拍攝時發現，原編號“2 洞 162”的“條第四石”，應爲 8 洞 162，故《唐玄宗御注金剛般若波羅蜜經并序》四石本皆藏於八洞。對於題刻在石經尾部、碑側和下端的重要題記，如 3 洞 153《大乘大集地藏十輪經序卷第一》碑側的《雲居寺主僧玄導常樂寺僧慧慶等供養題記》、3 洞 224《勝天王般若波羅蜜經》經末的《檢校經人常樂寺僧惠慶雲居寺僧玄導范陽縣令梁玄祚夫人寇氏等造經題記》、2 洞 957《正法念處經卷二十八》碑刻的《唐開元十年二月八日造經題記》等，也擇其經文與題記局部放大，突出題記書法特色。

“安史之亂”時期，《大般若波羅蜜多經》的續刻并未停止，如 2 洞 477《大般若波羅蜜多經卷第二百二史道明燕安禄山聖武二年三月廿七日造經題記》、2 洞 607《大般若波羅蜜多經卷第一百九十八獨孤擢等燕安禄山聖武元年二月八日上經題記》、2 洞 446《大般若波羅蜜多經卷第一百一十四王楚珪燕安慶緒顯聖元年造經題記》等。

道士、女冠刻造的佛經，選擇了 8 洞 61《妙法蓮華經觀世音菩薩普門品武周長安四年二月八日燕州白鶴觀南岳子焦履虚多心經主清信女樊女焦娘娘等造經題記》、4 洞 11《大般若波羅蜜多經卷第一百九白狼觀女冠等造經題記》等數種，以見端倪。元代高麗僧慧月、達牧補刻的雷音洞刻經五石，選入其三。

“圖録卷”收録了若干根據殘石綴合的經碑。如一洞所出（據黄炳章説）唐開元□十四年二月《雲居寺石經堂碑》，發現時已碎裂成二十餘塊殘石，曾一度运到上层雷音洞（五洞）修補破损的破子櫺窗（据吴梦麟先生回憶），後經綴合内容基本可讀。又如 1 洞 1054《入道沙門見嵩金天會十四年七月七日續造石經之記殘碑》，係由 4 塊殘石綴合，上述都是記述石經山刻經史的重要碑刻。1 洞 947《諸法本無經卷上遼大安三年耶律佶張間等造經題名》，係由 5 塊殘石綴合，是反映遼代刻經沿革、提點書鎸機構的重要題記。③

“圖録卷”還首次對書中的碑刻、石經拓片標注了尺寸和藏所，以便讀者使用。

3. 本卷收録了房山石經開洞發掘以來新發現的碑刻、墨書題記和佚經拓片

20 世紀 80 年代以來，北京文物保护工作者陸續在石經山和雲居寺周邊發現了《隋大業十二年四月八日雷音洞舍利函銘》《靜琬唐武德八年雷音洞藏經題刻》《靜琬唐貞觀二年石經山刊經題刻》《靜琬涅槃經題刻》《玄導唐總章二年雷音洞題刻》等刻石，④ 吴夢麟先生等又從旅順博物館發現了原鑲嵌於石經山八洞門楣上的《靜琬唐貞觀八年六月十五日華嚴經堂題刻》的後半部分，爲此組織黄炳章、田福月等前往考察鑒定，爲該館了解藏品做了工作，捶拓後拓片入藏國家圖書館和雲居寺，使這一重要石刻成爲完璧。雷音洞（五洞）内向來衹提到有唐“元和四年五月十一日萬迪鄭十一娘等題記”一則，鑲嵌於石經壁間，已於 20 世紀 70 年代佚失。在本書編纂過程中，經過仔細尋訪，又在金仙公主塔塔室内壁發現了唐“開元”和遼金墨書題記、在雷音洞（五洞）洞内地面發現了唐比丘僧玄導、范陽鄭雲以及唐大曆元年十月十九日范陽縣尉薛伯俞等禮拜題記，這些都是此前史籍、資料中没有記載的。原立於七洞外、後來佚失的元賈志道撰并書的《重修華嚴堂經本記碑》，也於 20 世紀 90 年代重新發現於石經山小西天溝壑，此次收録了新、舊拓本，以資比對。

原立於雲居寺南塔塔下，今在北塔碑廊的“羅漢幢”，一向認爲是遼代經幢。⑤ 此次根據其上的刻經和“寺主僧惠澄、上座僧智泉、都維那僧智遠”以及“施主□□宣慰將軍後武尉軍右金吾大將軍驃騎大將軍開府儀

---

① 吴夢麟：《房山石經本〈唐玄宗御注金剛經〉整理記》，《世界宗教研究》，1982 年第 2 期。

② 《房山石經題記彙編》，第 211—212 頁。中國佛教協會、中國佛教圖書文物館編《房山石經·隋唐刻經 3》，華夏出版社，2000 年，第 333—336 頁。

③ 近年來，房山雲居寺文物管理所在清理庫房時，對所存石經殘塊進行了粘接復原，最有價值的是將 18 塊殘石恢復成相對完整的唐代經碑。見岳宗文、徐自强：《新發現〈維摩詰經〉刻石小考》，雲居寺文物管理處編《寶藏》，2002 年第 1 期，第 21—25 頁。

④ 田福月：《石經山發現唐武德八年靜琬題記殘碑》，《法音》，1990 年第 2 期，第 35—36 頁。雲居寺文物管理處編《雲居寺貞石録》，北京燕山出版社，2008 年，第 1—9 頁。

⑤ 北京圖書館金石組編《北京圖書館藏中國歷代石刻拓本匯編》第四十五册“遼附西遼附齊”，收録圖版編號“京 4016”，中州古籍出版社，1990 年，第 169 頁。石景芬：《石經山訪碑記》，《清頌閣集》卷三，清同治十年（1871）刻本。溥儒輯、楊璐校點《白帶山志》，中國書店，1989 年，第 79—80 頁。

同三司試太常卿孫□”“施主雲麾將軍守左武衛大將軍員外置同正員太常卿賜紫金魚袋上柱國衡光庭”“同施主節度押衙前大將試太常卿上柱國賜紫金魚袋西方宏”等題記，經比對石經題記，基本辨認爲唐代經幢。

佚經方面，收入了原在石經山、後歸端方的《陳令望唐天寶元年四月八日造蜜多心經碑》(《陶齋藏石記》著録，顾炎武《金石文字记》卷四存目，原石下落不明，拓片藏中國國家圖書館)。2014年本書編者在北京琉璃廠慶雲堂購入《佛本行集經卷第三十一劉總唐元和十四年四月八日造經題記殘碑》舊拓陰陽二紙，著録於趙之謙《補寰宇訪碑録》卷三、嚴可均《鐵橋金石跋》卷三等晚清金石學著作，是與房山石經關係密切的石經拓片。《魏惟儼等唐咸通六年巡禮題名碑》，两面刻，原石下落不明，《房山石經題記彙編》編號爲“佚6”，也補以舊拓。

4. 初次公布的“巡禮題名碑”拓片

巡禮是重要的民間佛教儀式，反映了當時的宗教信仰和社會風俗。中唐時期開始盛行的信衆巡禮現象，也反映了安史之亂之後對人民人身依附限制的减輕和人口流動的自由。房山石經中摻雜保存了十餘通關於巡禮題名的碑刻，均为唐代。1987年出版的《房山石經題記彙編》中首次進行了録文，圖版從未發表。此次提取了中國國家圖書館館藏房山石經中關於巡禮題名的碑刻拓片，進行了拍照，公之於世，命名爲“巡禮題名碑”，其録文在第一册“題記卷”中也作了核對。

“巡禮題名碑”往往两面刻，下端有榫卯，以便樹立。“巡禮題名碑”中蘊含的信息是豐富的。如1洞637《李弘琳等唐咸通十三年四月八日巡禮題名碑》云：“應有四方巡禮君子，願掛一名，滅罪恒沙。”1洞634《王守莫張從政等唐咸通七年四月八日石經堂巡禮題名碑》額題“涿州西北石經，如有君子，刊名滅罪”，碑云：“因巡禮到此經堂，并願合家尊幼平善，延年益壽。”2洞630《龐隆王彭等唐乾符二年四月八日巡禮題名碑》云：“送石經山香一两，願請表列。”反映了中晚唐時人刻造石經的信仰，已經與靜琬刊經“永留石室、劫火不焚”的初衷有所改變。又如1洞537《佛説般若波羅蜜多心經僧道政等唐會昌二年四月八日巡禮題名碑》，碑陽18行，僅前面刻《心經》8行，其餘面积和碑陰均爲巡禮人題名。可以说，每一通巡禮題名碑，都是一次登山上經活動的“題名簿”，反映了民間的習俗与變遷。巡禮題名碑的字迹出於衆手，未必一時所書，字迹有的瀟灑輕靈，有的沉着痛快，有的天真稚拙，大小錯落，良莠不齊，可能出自巡禮人親筆，是唐代民間的世俗書迹。

唐人刻經、上經，入藏石室，鎸芳名以祈福報，在當時成爲風尚。幽州的军政高官還撰寫願文，鎸於經石。如3洞164《大般若經讚并序》云：

> 經主堂前事親兵馬使銀青光禄大夫捡挍光禄卿兼監察御史彭城郡王曹憲榮，奉爲相公族胤皇枝，位居台輔，糾罰之功蓋代，麟閣之勳已書。彤弓司征，鎮撫方夏。憲榮之承奬擢，忝曰陪臣，夙夜省躬，何階上答，敬造《大般若石經》一條，緘之靈山。劫盡塵銷，芳名不墜。乃命矸匠，刻之經傍。詞曰：
>
> 雄雄我君，國之台輔。静則用文，時危尚武。翦滅狂冦，清斯海涯。功書麟閣，名押邊陲。刊經報効，萬福來期。德音孔陽，念兹在兹！妻田氏，男文慶、文度、僧子。大和四年四月八日建。鄉貢進士劉緯述賛兼書，匠鄭公逸、張光晛刻字。

这是一篇主旨明確、内容完整的造經發願文，在功用上與“巡禮題名碑”是一致的。

5. 輯録了石經中的序跋、發願文

房山石經中保存了許多歷代刻經的“序跋”，是研究佛教史的珍貴文獻，此前從未系統整理。此次我們在對房山石經中的“序跋”全部輯録、句讀，收於“題記卷”，并對刻經“序跋”和“發願文”部分，提取代表性的拓片拍照，如1洞365遼刻《唐睿宗撰大實積經序》《徐鍔撰大寶積經述》、3洞153唐刻《大乘大集地藏十輪經序》、8洞120《佛説當來變經周文爽武周天授三年四月二日發願文》(行草書)、9洞191《寇公嗣撰司徒唐開成五年四月八日於西山上佛經銘并序》，9洞196《周曈撰司徒四月八日於西山上佛經銘并序》，洞外374《佛説摩訶般若波羅蜜多心經殘碑梁踐悊并妻陽氏唐先天二年造經發願文》等，都放大處理，纖毫畢現。

房山石經中的唐代造經發願文，文辭優美，描寫生動，再現了當時社會民衆的虔誠信仰和釋迦牟尼誕辰“上經”的熱烈場面，其内容也可補《全唐文》之闕。如9洞191《佛説蓱沙王五願經碑》经石下方是唐開成五年（840）四月八日寇公嗣撰《司徒（史元忠）开成五年四月八日於西山上佛經銘并序》，其文略曰：

……每當誕佛之期，常是藏經之日。遂命刊貞石，鑿靈山，凡十一條，共十七部，室排瓊板，閫錮金精，壞雖朽而不騫，刼雖壞而無改。凡作功德，普爲生靈，三界十方，六途九類，上通有頂，傍亘無邊，悉獲歡康，俱離苦惱。夫福加於衆者衆歸其福，恩感於時者時報之恩，自然貴祚與正法無壃，貴禄與石經齊久。不材被命，敢以直書。其銘曰：

天作靈山，佛留真偈。玉板明鎸，石堂堅閉。壞也徒朽，劫也徒壞。我慶同存，我法同在。（其一）修獨勝福，普救群生。上界下界，有情無情。慈航拯渡，苦海澄清。爲利既廣，獲福非輕。（其二）降聖之辰，上經有旨。綵駕從容，虹幡邐迤。風引雲迎，樹低草靡。感應非他，禎祥在此。（其三）或見聚沙，或聞印空。但嘉發意，罔計爲功。今留真教，傳示無窮。佛之神通，永祐我公！（其四）

9洞196《盧至長者因緣經一卷并讚》下所刻周曈撰《司徒（史元忠）四月八日於西山上佛經銘并序》，反映了安史之亂後幽州藩鎮的煊赫勢力，其内容也是一篇優美的散文。略云：

……所以每歲四月八日，竭清俸、採奇石，勒諸經文并真言，幡蓋雲引，笙歌鳳吟，出嚴城以風從，指靈山而遥往。佳氣籠野，祥雲滿峰，將此石經，藏之巖壁。山神保衛，群靈捧護，知我公竭心法門，致敬諸佛，普爲遍法界、盡虚空，過去未來，及此見在，一切無情有情、胎卵濕化、蠢動含靈、四生九類，兼及軍州士庶、閫境生靈，普願同霑福祐。其石經一十條，共計二十八卷，皆我公之所敬、我公之所能、我公之所立也。将冀累劫千生，保兹善法。衆聖助護，万人布誠。生生值佛，世世聞經。願成道果，普證菩提。自然衛我公於万年，安軍府於千秋矣。雖則川平谷満，此經長存；人皆虔心，孰不瞻仰。既勒石纪美，敢書其辞。云：

巉巉高山，上柱煙碧。公勒經文，藏之峭壁。群靈瞻仰，衆聖窟宅。谷變川平，斯文不易。爲善既利，爲福必從。如水逐風，如雲應龍。且長且久，不騫不崩。日來月往，缘流福興！

又如唐開成三年（838）四月八日9洞199《善恭敬經》下所附寇公嗣撰史元忠上經願文：

……每擇上經之日，常從降佛之時。礱翠琰以勒真言，鎔玄金以錮石室。惣十六部，凡一十條。伏願万壽高堂，鎮南山而永固；千春貴作，濟滄海而長深。内自一門衆庶大小，同霑惠力，普獲勝缘……乃作銘曰：

大聖□□，□□微言。我公護法，法願長存。刊以貞珉，□以□密。諸法皆經，斯文乃出。幡花翕習，□□□回。風行引去，雲動迎來。劫不可壞，山不可崩。我福与經，天長地久！

關於刻經的主旨、舉措，上經的儀式、願望，都闡述清晰，使人讀後有身臨其境的感覚。

6. 雲居寺石經山舊照

“圖録卷”後附清末民國、1956年至1958年雲居寺石經山發掘現場以及20世紀80年代以來的新舊照片200餘幅，[①] 再現了百年來雲居寺石經山的滄桑變遷。學者先賢們在那個特殊年代裏，在極端惡劣的自然和生活條件下，不計個人得失、兢兢業業發掘整理石經的宏偉場景，雖經歲月流逝，仍激動人心、高山仰止。

① 主要採用了中國國家圖書館藏清末至民國初年法國普意雅、鄧之誠舊藏有關石經山雲居寺的照片，日本塚本善隆、關野貞20世紀30年代華北考察時拍攝的照片以及雲居寺藏20世紀50年代末《人民畫報》攝影記者拍攝的石經山雲居寺照片。

徐自强先生與張永强在石經山隋唐古道

吴夢麟先生向北京大學宿白教授匯報房山石經整理情況

吴夢麟先生與賴非、劉淑芬等專家考察石經山

2012年冬，徐自强先生和吴夢麟先生帶我來到北京大學，拜謁宿白先生，介紹房山石經題記重新整理的思路與方法，得到了宿白先生的支持。2019年底，在中國國家圖書館善本部陳紅彦女士、薩仁高娃女士、趙愛學先生的支持下，根據我們遴選的房山石經拓片目録，選擇館藏精華200餘種，提取拓片進行了拍攝，从而使房山石經自开洞发掘以來第一次有了高清圖版，可谓功德無量。中國佛教圖書文物館法映法師，中國佛教協會中國佛教圖書文物館館長圓持法師，房山雲居寺文物管理處王得軍主任和續曉玉女士、駱穎女士、張愛民先生等不厭其煩地支持，提供了寶貴的館藏石經和碑刻拓片資料與典籍。日本筑波大學土屋明美老師、《中國書法》雜誌蘇奕林女士等，都對本書給予了支持。

時光荏苒，經過多次補充、編纂，2020年3月中旬《房山石經題記整理與研究》第二册“研究卷”基本完成；10月末第三册“圖録卷”和第一册“題記卷”也基本定稿。此刻，對多年來一直無私支持房山石經和題記研究整理的上述前輩和朋友們，我们滿懷感激，無以言表。

回想2010年暮春，徐自强先生帶我去雲居寺考察碑刻，我們徘徊在唐武德千佛造像碑和塔林、白雲之間，撫石叙談，冒雨而歸。是日寺内杏花綻放，繽紛如雪。我擷取數片，夾於所携房山石經拓本之中。如今又值雲居寺杏花飄零的季節，恩師已仙逝九載，拓本中枯萎的花瓣猶在，掩卷沉思，往事如昨，不覺潸然。編纂過程中，本書編者對房山石經山周邊環境、藏經洞窟、山下地宫及經版進行了考察，并對河北、山東、河南、山西、陝西等地的北朝刻經、石窟寺進行了考察，拍攝了數萬張現場照片，節衣縮食收集石刻拓本，先後參考古今中外著作百餘種。希望通過以上整理工作，《房山石經題記整理與研究》成爲一部學術性、藝術性、實用性較强的文獻彙編，裨益於學界和藝林。才疏學淺，書中的錯訛和不足之處一定很多，懇請廣大讀者批評指正！

凡　例

一　根據房山石經題記整理的分類體例，本册分爲“諸經題記”“塔幢題記”“碑誌”和“雲居寺石經山及周邊考察舊照”四部分，從房山石經的1100餘種刻經、近3萬張拓片中，精選刻經拓片520餘種、碑誌拓片800餘張，以展示房山石經的大體面貌。

二　每部分按洞號、出土編號排序，包括石經山九個藏經洞、雲居寺南塔下地宫、山頂及寺内散落碑刻等。同一經刻有數石者，按編號早晚次序排列。

三　選擇的標準：房山雲居寺、石經山域内的碑刻、塔銘、刻石、經幢、墓誌、題名，與刻經、題記關係密邇者，周邊地區有關碑刻適當選入。有關雲居寺、石經山的新舊照片，亦附於後。

四　石經題刻分爲題名、題記、發願文三類，按照“洞號＋經名＋卷帙＋職官＋人名＋時代＋類别”的規則，予以定名。時間不明的，後列朝代。書、撰、刻附列於後。

五　有明確紀年、施主、職官、提點、撰文、書人、鎸者的刻經題記，有序、跋、發願文的刻經，盡量收入。孤本、佚本、補刻佛經擇要收入。篇幅較長者，擇其首末，以見端倪。

六　本次整理的唐代巡禮題名碑十餘種，其圖版均爲首次刊出。

七　碑刻、刻經題記原石尚存的，附以原石照片或原石照片局部；原石已佚尚存舊影的，附以舊影。

八　選擇兼顧隋唐遼金元明各時期書法精美的碑刻、刻經與題記，以展現文字發展演變及書法風格過程，供學書者臨摹欣賞。碑石有造像和圖案的，亦盡量選入。

九　圖版旁附以簡要説明文字，注明碑名、經名、年代、撰文、書人、鎸者、位置、尺寸、存佚、出土新編號以及碑石和拓片藏所等基本信息，以備檢索。

十　本書中，拓片尺寸以“高”“寬”標注，“藏”指拓片藏所；原碑或原石所在地另加標注。有碑首、額題者稱“經碑”，相應稱碑陽、碑陰、碑側；無碑首、額題者爲“經版”，不單列明，其兩面分稱面、背。“國圖編號”“國圖本”是指《房山石經題記彙編》（書目文獻出版社，1987年）編號、藏拓之簡稱；“佛協編號”“華夏本”是指《房山石經》（華夏出版社，2000年）編號、藏拓之簡稱。

十一　本書中石經題刻、人名、地名與碑刻保持一致，繁體字、簡體字、异體字照録；研究文章、綜述、按語使用當代通行繁體字。

目録

諸經題記

塔幢題記

碑　誌

雲居寺石經山及周邊考察舊照

（一）清末民國時期雲居寺及石經山

（二）中華人民共和國成立後雲居寺與石經山

諸經題記

一洞

一洞　外景

一洞　洞門舊照

一洞　洞内經版貯藏情況

一洞　1956 年經版取出情況

一洞、二洞位於石經山雷音洞（五洞）之下，據 1957 年 9 月在一洞内發現的《大唐雲居寺石經堂碑》記載，此二洞是開元初年，静琬弟子、雲居寺上座惠暹"於舊堂之下，更造新堂两口，其始皆削青壁，不騫不崩。"用作貯藏新刻經版。一洞内共發掘經版 972 石，殘石 159 石，刻經 49 種 300 餘卷，始於唐天寶元年（742），訖金天會十四年（1136），包括唐刻 4 種，金刻 1 種，其餘皆爲遼刻。其中有題記的刻經 39 種，主要是唐刻《大般若波羅蜜多經》和遼代續刻《大寶積經》《大般若波羅蜜多經》以及唐人巡禮題名碑 15 種。

1 洞綴合　大唐雲居寺石經堂碑（碑陽、碑側）　唐開元二十四年（736）二月八日

拓片整幅高 220.5 厘米、寬 102 厘米　中國國家圖書館藏

1957 年 9 月拓印石經時在一洞内發現（黄炳章説），已殘斷爲 20 餘石，用作洞底支撑經版之用。綴合後基本恢復原狀。碑石形制鉅麗，書法秀逸，爲盛唐時傑作。碑文凡 25 行，滿行 42 字，正書。碑額隸書“［大唐］雲［居寺］石［經］堂碑”9 字，螭首。碑陰、碑側經主題名。殘石現藏雲居寺文物管理處。

1 洞綴合　大唐雲居寺石經堂碑（碑陰、碑側）

大唐雲居寺石經堂碑殘石①

大唐雲居寺石經堂碑殘石②

大唐雲居寺石經堂碑殘石拓片①

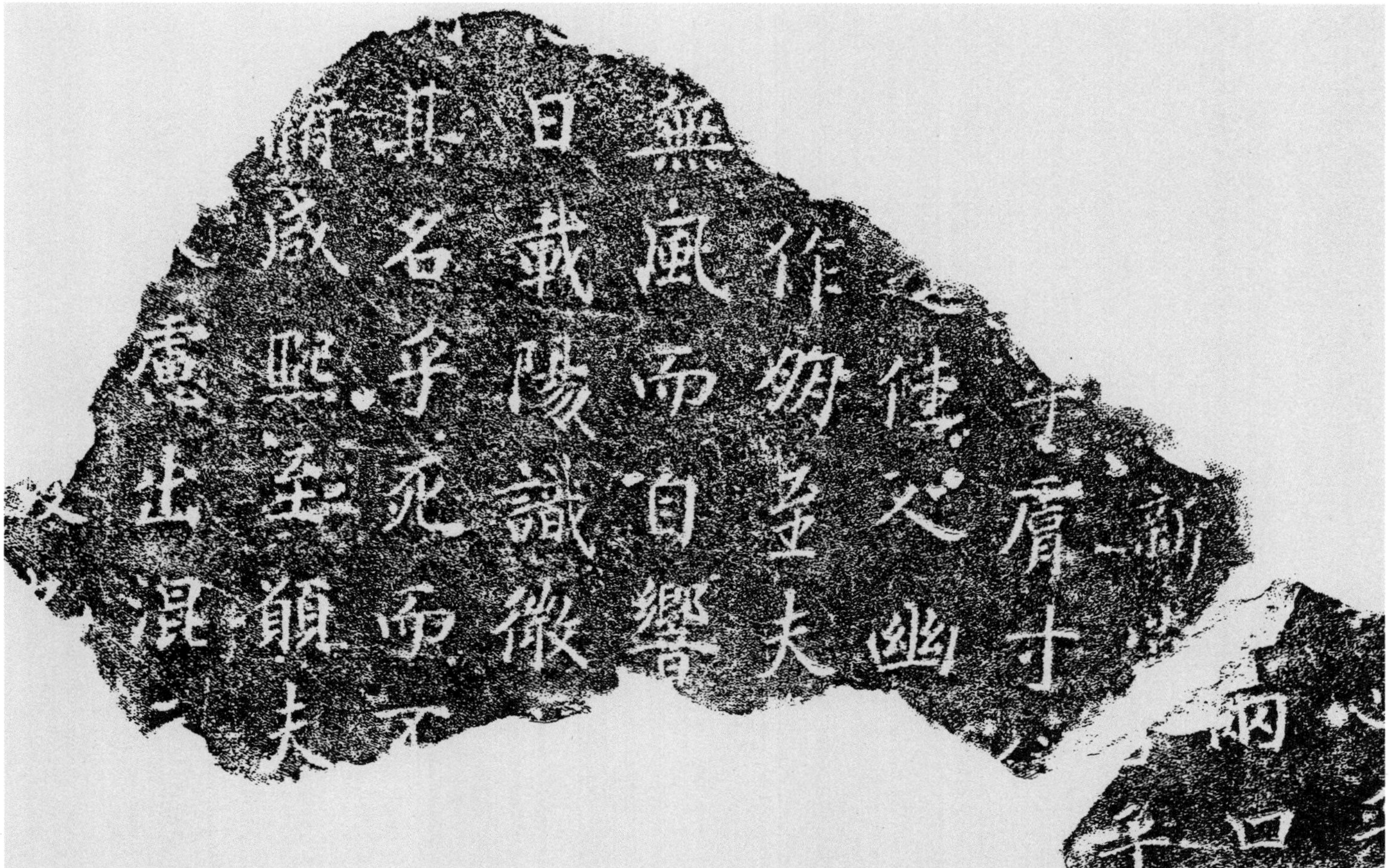

大唐雲居寺石經堂碑殘石拓片②

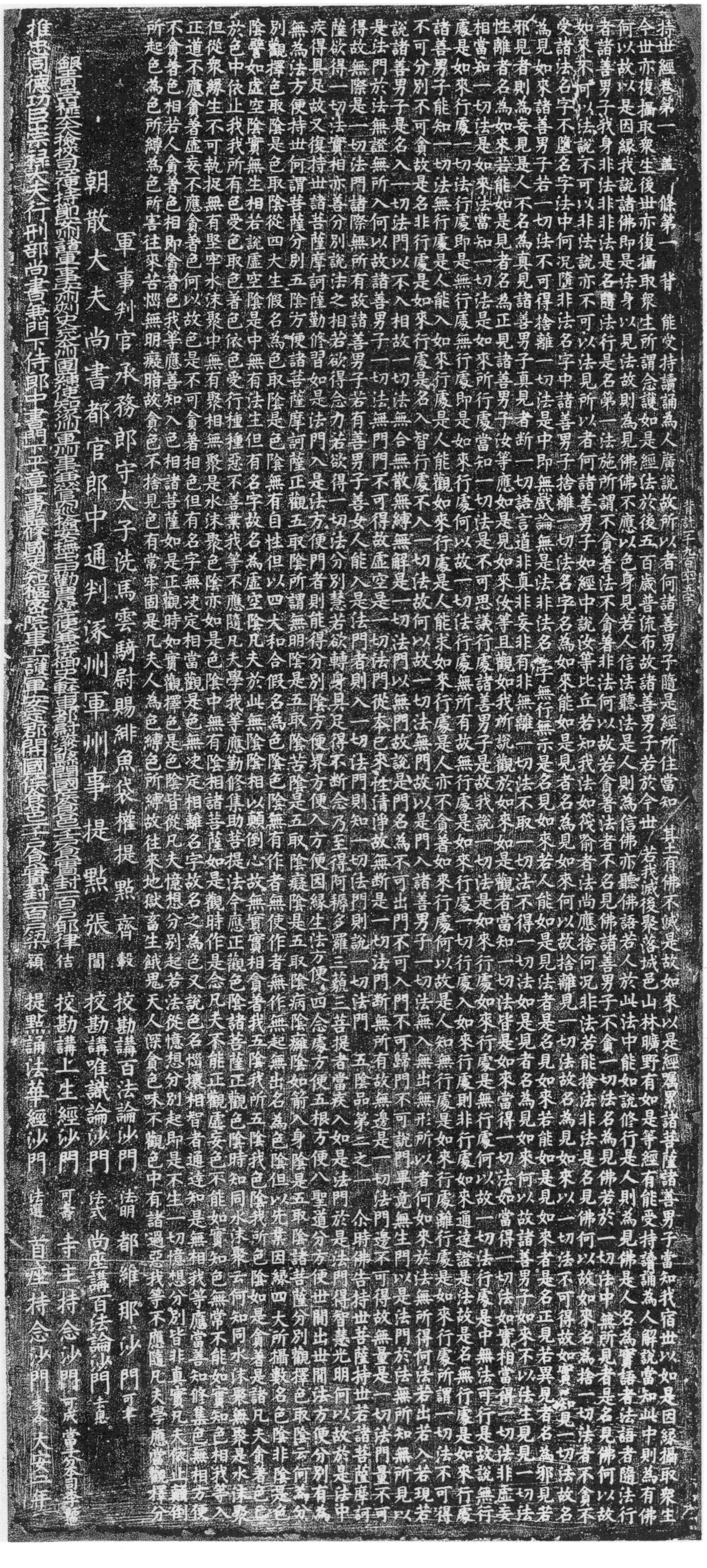

1 洞 6
持世經卷第一梁穎耶律佶張闇等遼大安二年提點校勘題記（“盖”字帙背）
拓片高 150 厘米、寬 70 厘米
中國佛教圖書文物館藏
題記自左側行文。

1 洞 90
善思童子經卷下梁穎耶律佶張閭等
提點校勘題記（“食”字帙背） 遼刻
拓片高 150 厘米、寬 70 厘米
中國佛教圖書文物館藏

1 洞 120
大寶積經卷一百二十智昇述記
蕭惟平季香清寧二年九月十八
日提點校勘王詮吳世永書鐫
題記（“乃”字帙背）
拓片高 152 厘米、寬 68 厘米
中國國家圖書館藏

大寶積經廣博仙人會第四十九　卷一百二十　乃條第三百二十二背　五悪

雜華暉映如此池中將欲洗沐變成脂膩時彼天人見此相已心生怖懼從水跳出奔走林中
噎同聲告言仁者如何速捨我等孤居若此時彼天男聲嘶哀切作如是言我從昔来未曾有此
相皆即遠離於是彼天見諸女去憂惱喘息内增熱毒頭上華鬘颯便萎顇所著天衣忽復垢膩
死悪聞穢氣但遥相視發聲戀泣哽噎酸楚歎言苦哉此細耎身昔與我等遊行讌樂於天池中
何同於香為在彼耶園及拘羅園猶如蜂王處雜樹林如天華冠今者云何為五衰相之所加害
畏便為熱病之所纏攝舉身枯悴眼目煒惶猶如賈人失其徒侶猶如涉海舟船破壞亦如有
龍子為金翅鳥之所啄迴遑戰懼合掌告彼諸姝女言汝等進来願能以手摩觸於我令少穌
心上作如是言汝天福盡當速生彼閻浮提中於是彼天聞是言已知被棄捨發聲怨唱音哉
時命終將行死路奈何遥立但謂我言當於閻浮而受生耶尒時彼天作是語已復覩常時所遊
喜園鳴呼雜樹園鳴呼黃毯石園鳴呼波露沙園鳴呼波梨耶園鳴呼光勝園等鳴呼漫陁天河
落憂歎未終復見諸女驚惶去来以手拭淚歔欷咨嗟容顏怖懼復傷怨言鳴呼愛者鳴呼親者
别我與汝曹不復見矣鳴呼我今福業盡故見此住居謂如黑暗颷然空曠鳴呼天樂為不奏耶
婆所侍衛處妙色堅固持金剛者鳴呼我今豈復得見千眼之相在衆中耶鳴呼彼利耶華拘
悉皆憂歎尒時妙耳瑺者釋提桓因與諸天衆百千圍遶并舍支夫人諸餘姝女及乹闥婆等奏
皆生哀憐同聲歎言鳴呼奇哉彼之無常無少悲愍暴悪毒害釋提桓因以梵音聲告彼天言上
亦同告言仁者應當具作諸善往生人間一切衆生修福業地於是彼天聞如是言便自思惟
者與我歡喜而我於今墜落時至作是言已長歎瞻視復現二相一者眼如赤蓮華二者身莊
奏天樂時臨死者見餘天衆鼓樂幡華以為贈送并相勸往即便樂生閻浮提中涕淚哀感自此
吹之令散如是散已即時遠離三十三天不知所在無有處所不能生他若想若知彼既退已生
憙樂華菓樹林之處樂著種種雜色衣服常憙飲食雖住藏内母脅不苦不樂邪欲心憙善香華
住母藏中有如是相大仙當知其母尒時一切藏過皆悉遠離後則出生大仙當知彼時童子既
其心愛樂勝功德欲性愛欲事心愛細衣樂林戲處身有勝香大富豐財金寶具足大姓種族常
一切見者皆悉愛敬性愛論議其心柔耎少於瞋心樂行他妻於自妻妾不生愛樂於諸親舊
是世尊説已——毗耶婆仙（即新經中廣博仙也　唐梵二者方言異耳）一切仙衆心生歡喜歎言善哉（此因披讀覩　與此梵本是）

大寶積經卷第

覽者幸無惑焉開元戊辰歲
西京崇福寺沙門智昇述記

清寧二年九月十八日安國軍節度使金紫崇禄大夫檢校太師左領軍衛上將軍知涿州軍州事開國公蕭

1 洞 120　大寶積經卷一百二十智昇述記蕭惟平季香清寧二年九月十八日提點校勘王銓吴世永書鐫題記（"乃"字帙背）上

乃　係第三百二十二背　五惡相一者清冷此路[illegible]如[illegible]肢有所[illegible]者令人所[illegible]

此相已心生怖懼從水跳出奔走林中時諸天女見彼惶遽亦疾隨從上一樹下心生憂惱喉中哽
嘶哀切作如是言我從昔来未曾有此垢膩現身作是言已其兩胣下忽然流汗彼諸天女見此衰
上華鬘颯便萎顇所著天衣忽復垢膩天之林敷雜玩等物皆不愛樂彼諸天女覩如是相知必定
細耎身昔與我等遊行讌樂於天池中猶如鴛鴦於善法堂猶如鵝王歡喜園中如迦闌鳥遊漫陁
天華冠今者云何為五衰相之所加害捨離我等將何處去時彼天人聞是悲歎復增恚惱生大怖
失其徒侶猶如涉海舟舡破壞亦如有人失如意珠又如危峯朽壞之樹為彼猛風搖動吹擊復如
汝等進来願能以手摩觸於我令少穌息雖作是語而諸女等但遙悲泣無有進者各執樹枝遙擲
天聞是言已知被棄捨發聲怨唱奇哉奈何我於此中種種資具園苑宮殿與諸女等眷屬纏縛今
耶尒時彼天作是語已復覩常時所遊之處念念思惟掉舉哀歎發大聲言嗚呼善法堂嗚呼歡
梨耶園嗚呼光勝園等嗚呼漫陁天河及諸宮殿堂室樓閣我於今時制不由已奄相捨離從此墜
顇怖懼復傷怨言嗚呼愛者嗚呼親者如何見我將行死路曾不與語我今臨茲生死長路不垂執
如黑暗飈然空曠嗚呼天樂為不奏耶如何我今寂無所聞嗚呼天中最為悅樂一切諸天及乾闥
十眼之相在衆中耶嗚呼彼利耶華拘毗羅華在我頭上何故萎顇時諸天衆覩斯天人悲惱如是
弃舍支夫人諸餘妹女及乾闥婆等奏美音樂隨從遊行見於彼天為五衰相之所逼害將趣死路
每害釋提桓因以梵音聲告彼天言止止天子我等皆當同歸斯路勿生戀著墮於惡趣時諸天衆
福業地於是彼天聞如是言便自思惟我於今時决定墮落合掌向彼諸来天言汝等諸人往天中
後現二相一者眼如赤蓮華二者身莊嚴具忽皆隱没其餘諸天見此之相各持天華而散其上及
往即便樂生閻浮提中涕涙哀感自此而絕（自此已後是毗耶娑問經下文）命盡死已伽阿耶風吹彼死天彼風善香
家所不能生他若想若知彼既退已生於人間在胎藏中母則相現喜笑歌舞心意染欲心常歡喜
臟內母脅不苦不樂邪欲心意善香華鬘莊嚴臥則善夢非顛倒見大仙當知三十三天退生此時
逐離後則出生天仙當知彼時童子既出生已身分平正掌文成就可喜柔耎腰細齒密身體柔耎
勝香大富豐財金寶具足大姓種族常行施戒欲心多者則生貟家心意布施不黑不白手足齊平
行他妻於自妻妾不生愛樂於諸親舊兄弟眷屬心不愛戀大仙當知三十三天退生人中本性如
衆心生歡喜歎言善哉

（此因披讀覩斯文闕三藏沮垣詢疑無所遂檢舊藏經內獲得毗耶娑經與此梵本是同先後譯異兩文對勘二理無殊故以舊文續斯新闕後尋）

大寶積經卷第一百二十　終畢　乃

、惟平　提點
講經論沙門　季香　校勘
[illegible]檢校太師左領軍衛上將軍知涿州軍州事開國公蕭
書鎸人王詮等願同生兜率親奉慈尊

1 洞 120　大寶積經卷一百二十智昇述記蕭惟平季香清寧二年九月十八日提點校勘王銓吳世永書鐫題記（“乃”字帙背）下

1 洞 155
大寶積經卷一百一楊哲提點題記（“字”字帙背） 遼刻
拓片高 141 厘米、寬 63 厘米
中國國家圖書館藏

（局部）

1 洞 267
大寶積經卷四十一吴極刻經題名
（“官”字帙面）　遼刻
拓片高 152 厘米、寬 70 厘米
中國佛教圖書文物館藏

官

吳極

治大城名最勝幢廣博嚴麗安隱豐樂甚可愛樂
生之所樂見已曾供養承事拘胝那庾多百千諸
為菩薩藏法門之器又是諸佛正法之器便往彼
耶所謂菩薩摩訶薩於諸有情精勤修習四無量
童子若有菩薩如是修行是名開菩薩道復次童
藐三菩提故盡衆生界慈心遍滿以何等量為衆
有衆生含識種類而不充遍童子當知如衆生界
衆生界多非大地界又非水界火界風界吾今為
合成大海滿其中水復有如上殑伽河沙等衆生
一分毛霑取海中第二滴水復有餘殑伽河沙等
生性邊量無盡是故當知衆生之性無量無邊不
子白佛言不也世尊佛言如是如是童子菩薩摩
自身此慈如是發起他利於無諍論慈最第一慈
者慈己慈能超越熱惱所侵慈能生長身語心樂

1洞267　大寶積經卷四十一吳極刻經題名（“官”字帙面局部）

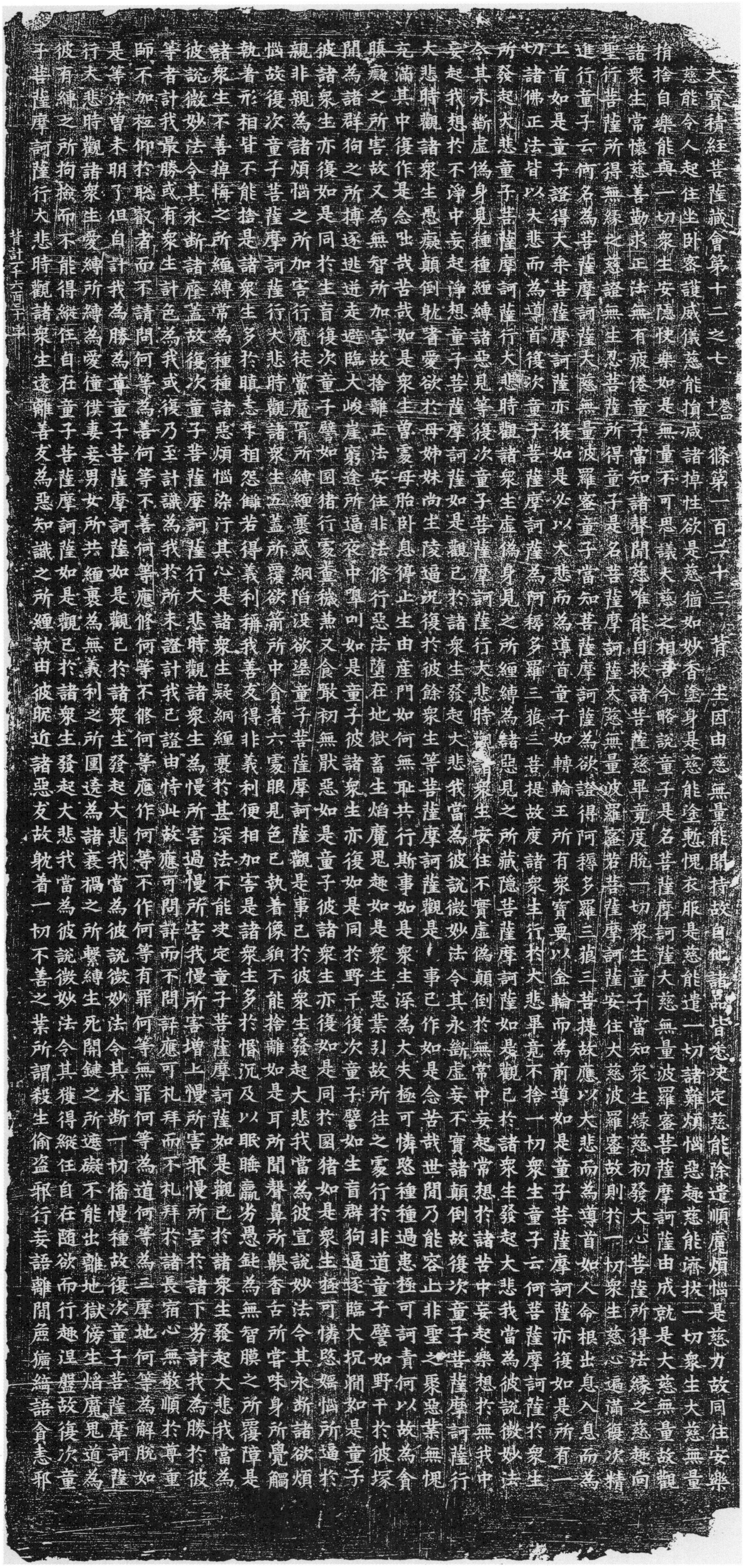

1 洞 267
大寶積經卷四十一吴極刻經題名
（“官”字帙背） 遼刻
拓片高 152 厘米、寬 70 厘米
中國佛教圖書文物館藏

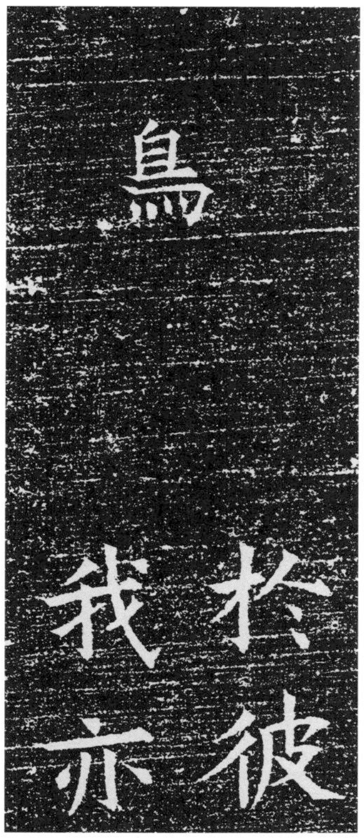

（局部）

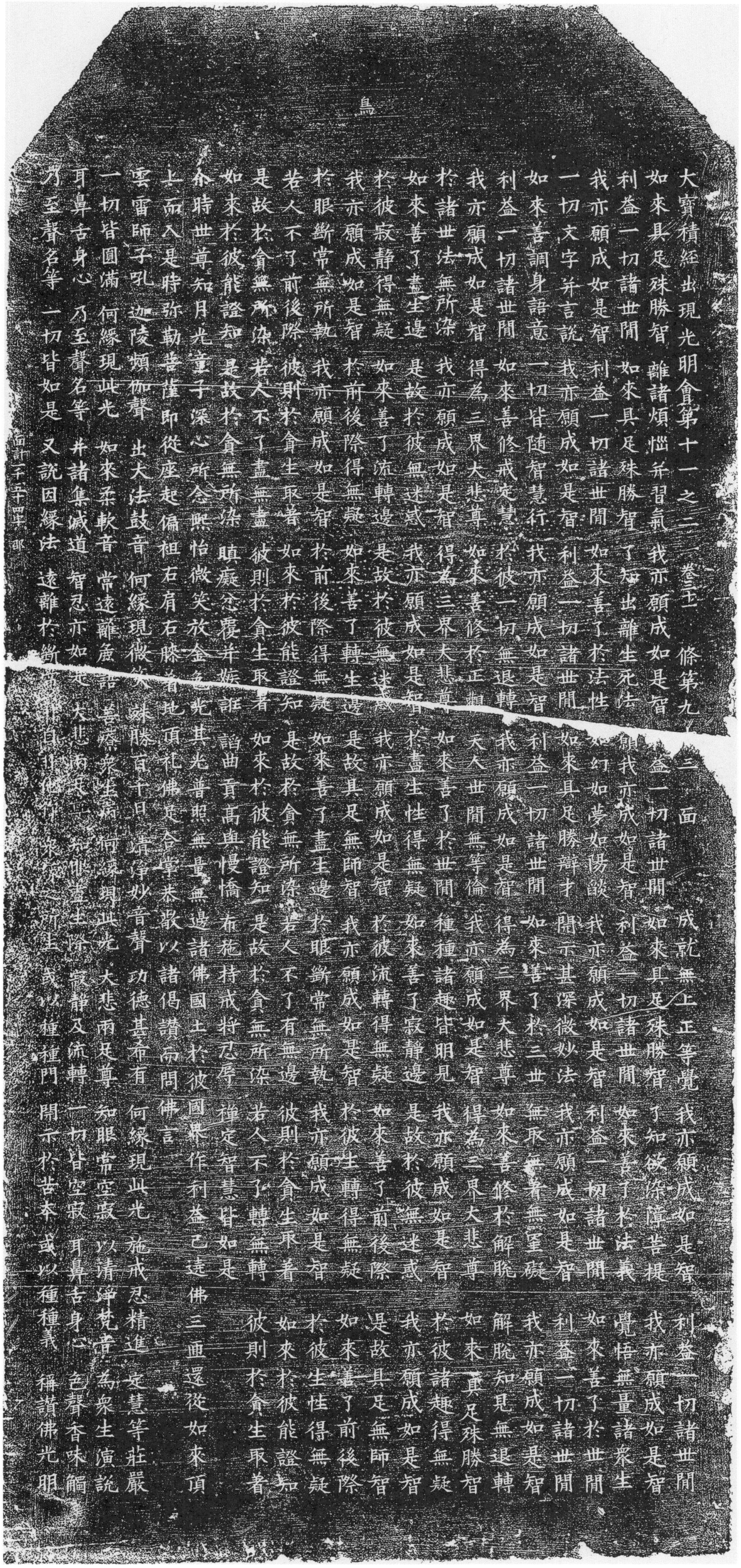

1 洞 323
大寶積經卷三十一邰刻經題名
（“鳥”字帙面） 遼刻
拓片高 142 厘米、寬 64 厘米
中國佛教圖書文物館藏

房山石經經版自此石始見《千字文》帙號鐫記。

性空無我超過於一切在家修學者佛以平等智
淨智無邊何緣現微笑
諫議大夫知涿州軍州事龔湜 提點書鐫

（局部）

1 洞 323
大寶積經卷三十一龔湜遼重熙十三年八月提點書鐫題記
（"鳥"字帙背）
拓片高 142 厘米、寬 64 厘米
中國佛教圖書文物館藏

生於歡喜發菩提心後聞是經後生謗毀
丘名不知法即應捨離如是等人此輩無
知涿州軍州事劉 湘 提點書鐫

（局部）

1 洞 345
大寶積經卷第一劉湘遼重熙十一年五月四日提點書鐫題記
拓片高 147 厘米、寬 63 厘米
中國國家圖書館藏

（局部）

1 洞 347
大寶積經卷五十一資刻經題名
（“人”字帙面） 遼刻
拓片高 147 厘米、寬 63 厘米
中國國家圖書館藏

大寶積經菩薩藏會第十二之十七 卷五十一 人 條第一百五十一 背 至不與身見為本六十二見趣而共同止如是般若不與高慢而共
同止不與下劣而共同止不與世間八法而共同止舍利子如是般若不與蘊界處法而共同止乃至不與一切所緣作意而共同止如是般
若不與慢同止不與下慢邪慢同止乃至不與隨煩惱等二十一法而共同止如是般若不與微細下劣中上品貪同止乃至不與一切煩惱
而共同止如是般若不與愚暗翳膜障蓋諸纏同止乃至不與一切隨順退分諸法而共同止如是般若不與欲諍穢濁煩惱魔同止不與蘊
魔死魔天魔同止乃至不與一切魔業而共同止如是般若不與執我同止不與有情命者數取養育意生摩納婆等同止乃至不與住我見
等而共同止如是般若不與業障同止不與煩惱障法障見障報障智障同止乃至不與一切隨俗習氣而共同止如是般若不與思惟分別
同止不與相貌所緣見聞念識同止乃至不與一切結縛增益而共同止如是般若不與慳捨同止不與持犯忍恚勤怠靜亂愚慧同止乃至
不與一切波羅蜜多能治所治諸法智性而共同止如是般若不與遠離同止不與住不遠離邪性正性善及不善有罪無罪生死涅槃同止
乃至不與一切相對治法而共同止如是般若不與種種差別性同止不與國土差別性諸佛差別性有情差別性諸法差別性同止乃至不
與一切差別性而共同止如是般若不與無智同止不與智識世俗勝義乃至不與一切有情相貌作意而共同止如是般若不與慧不現行
同止不與無身無形無相無為同止乃至不與一切思惟心意識安住等法而共同止舍利子菩薩摩訶薩修行般若波羅蜜多時所有般若
微妙清淨不與如是無量無邊有為行法而共同止舍利子如是名為修行般若波羅蜜多菩薩摩訶薩般若之相應如是學復次舍利子菩
薩摩訶薩安住大乘大菩薩藏修行般若波羅蜜多時獲得般若分別善巧當知是菩薩摩訶薩即以此法於諸法中明了通達獲得善巧舍
利子云何名為如是般若分別善巧舍利子如是善巧無量無邊吾今略說十種善巧何等為十所謂蘊法善巧界法善巧處法善巧諦法善
巧無㝵解善巧依趣善巧資粮善巧道法善巧緣起善巧一切法善巧舍利子如是十種微妙善巧所有分別若通達者是則名為般若分別
菩薩摩訶薩於是善巧應當修學復次舍利子云何菩薩摩訶薩修行般若波羅蜜多故而能通達蘊法善巧舍利子蘊法善巧者所謂依諸
蘊法起於言說何等言說舍利子如是言說猶如幻化陽焰夢中傳響光影是故如來以無㝵辯為諸衆生說如是法舍利子我說此色喻如
聚沫何以故舍利子即此聚沫本無有我亦無有情無生者無命者無數取無養育無意生無摩納婆以聚沫性即色自性菩薩摩訶薩於如
是法善巧知之是則名為蘊法善巧又舍利子我說此受喻如水泡何以故舍利子即此水泡本無有我亦無有情無生者無命者無數取無
養育無意生無摩納婆以水泡性即受自性菩薩摩訶薩於如是法善巧知之是則名為蘊法善巧又舍利子我說此想喻如陽焰何以故舍
利子即此陽焰本無有我亦無有情無生者無命者無數取無養育無意生無摩納婆以陽焰性即想自性菩薩摩訶薩於如是法善巧知之
是則名為蘊法善巧又舍利子我說此行喻如芭蕉何以故舍利子即此芭蕉本無有我亦無有情無生者無命者無養育無數取無意生無
摩納婆無作者無受者以芭蕉性即行自性菩薩摩訶薩於如是法善巧知之是則名為蘊法善巧又舍利子我說此識喻如幻事何以故舍
背計一千二百二十六字

1 洞 347

大寶積經卷五十一（“人”字帙背）

遼刻

拓片高 147 厘米、寬 63 厘米

中國國家圖書館藏

房山石經《千字文》帙號自此石始同時鐫記於經版首行卷帙之後，訖遼金兩朝。

1 洞 365
唐睿宗撰大寶積經序（面）
遼刻
拓片高 152 厘米、寬 68 厘米
中國國家圖書館藏

大寶積經序　太上皇製　朕聞天之為太也高上
區毒龍懼其威光醉為憚其神力其大則包於宇宙
誕鷲頭峯下演金口之微言雖足山中舒玉毫之瑞
於朽宅無得而稱者其惟正覺乎然則教自西方法
旨又以元魏述於釋典宇文扇於魔風開皇之初暨
執鞭羲農擁篲懸法王之鏡轉梵帝之輪被正朔於
出家事波羅奢羅學聲明僧法等論并歷數呪術及
藏學經論其後遍遊五天竺國　高宗天皇大帝聞
境界寶雨花嚴等經一十一部中宗孝和皇帝循機
長往茂陵之駕不還朕以庸虛謬膺丕搆敬遵前
一百二十卷成以先天二年四月八日畢功進内法
億兆之眡恒逸遠迩寧謐朝野歡娛致澆俗於淳源
大寶積經述　朝議郎行河南府告成縣主簿徐

1 洞 365　唐睿宗撰大寶積經序（面局部）

朝議郎給事中內供奉崔璩等位列鳳墀聲流雞園分別二諦潤而色之復有銀青光祿大夫守侍中兼太子左庶子兼修國史上柱國鉅鹿縣開國公
魏知古兵部尚書上柱國郭元振銀青光祿大夫檢校中書令上柱國范陽縣開國男張說銀青光祿大夫行中書侍郎同中書門下三品監修國史上
柱國興平縣開國侯陸象先等朝踐瑣闈夕遊珠域護持四法總而閑之爾乃杖錫之士端挂之後麻列定筵林攢樂土陸祥雲而演譯倏擬炎涼吸紺
露而勤求載淹衡暑大乘章句義不虛揩小品精微抵無遺溺能事畢矣佛何言哉今所新翻經凡有四十九會七十七品合一十二帙以類相從撰寫
咸畢以先天二年六月三十日進太上皇八月二十一日進 皇帝禁闈曉闢真教上聞仙宇克怡宸襟允穆竦銷陳於白日親御靈臺落雲
雨於一彤霄荐加殊慰賢愚稽首以為利見仁王真俗歸心以為潛登覺道次有清信佛弟子前少府監丞李式顏等皇朝金紫光祿大夫兵部尚書贈
侍中隴西公迥秀子也復有清信佛弟子前右拾遺徐鍔等 皇朝銀青光祿大夫太子賓客昭文館學士高平公子也咸屬彼穹降福和門墜構陟遐
岵而崩心瞻寘途而獻福於是肱篋操筒檀波羅蜜廣疊簡牋首崇書寫不憂梶火還盈苫怏然後裝之鏤軸綴以瓊籤羅絲蓮而霓舒播珠函而錦縟
方使猛風吹嶽長存娲路之文劫火燒天不壞多羅之典 大寶積經三律儀會第一之一 條第一背 大唐三藏法師菩提流志奉 制譯
如是我聞一時佛住王舍城耆闍崛山其山高峻嚴麗可觀 持諸雜種猶如大地衆花卉木悉皆茂盛其中復有天龍夜叉毗舍闍緊那羅等常所遊止
復有種種異類諸獸所謂師子虎狼麒麟象馬熊羆之屬止住其中復有無量百千衆鳥所謂孔雀鸚鵡鴝鵒羅鳥鳧鴈鴛鴦命命等類依之而住是
諸衆生以佛威力不為貪欲瞋癡所惱不相茹食共相親愛猶如母子是山王中多諸雜樹藂林蓊欝枝葉繁榮謂天木香樹蓊摩羅樹瞻迦樹尼俱
陁樹旃檀沉水如是等樹無不備有復有水陸無量雜花所謂阿提目多花瞻婆香花波吒羅花婆師迦花蘇摩那花由提迦花優鉢羅花波頭摩花
拘物頭花芬陀利花迦羅婆花摩訶迦羅婆花如是等類諸雜名花光飾山王處處充遍是山王中常於夜半興大密雲輕雷細雨從初至末漸遍其山八
功德水流滋普洽如擊乳項廓然消散涼風微動適悅身心是山王中所住衆生及諸卉木滋潤光澤如妙花鬘微加水灑光色鮮明倍更增勝此山王
中衆生草木含滋發暉亦復如是而此山中生諸爽草靡靡右旋色香具足青綠暉映如孔雀咽其香喻若婆師迦花其觸又軟輕兜羅綿枝葉花果繁
榮茂盛未嘗有一不具足者山地柔軟無傷趾步下足之時陷深四指舉足之時還復如故其中多有陂泉池沼清冷盈滿生雜蓮花青黃赤白紅紫玻
瓈金火等色大如車輪香氣普熏一踰繕那是山王頂生於大妙寶蓮花座無降伏寶帝青金剛以為其莖大吠琉璃為諸寶鬘臺部檀金為廣淨葉順
時清淨栴檀為臺碼碯寶王以為其鬚其花縱廣猶如大海十億阿修羅王常所執持十億雜色摩尼寶網弥覆其上十億龍王雨妙香雨十億金翅鳥
王口銜繒綵十億緊那羅王至誠瞻仰十億摩睺羅伽王虔恭瞻視十億乾闥婆王歌詠讚歎十億百千諸大天帝興布瑞雲而雨林香燒香衣服花鬘
幢幡寶蓋十億梵王曲躬恭敬十億淨居天衆合掌頂禮十億轉輪人王七寶侍從來至其所十億海王從大海出而敬礼之十億光明摩尼寶以為照
曜十億淨福摩尼寶殊勝莊嚴十億遍照摩尼寶為無垢藏十億妙光摩尼寶為大照明十億雜色摩尼藏寶而為遍照瞻部幢寶為善安持十億金剛
師子摩尼寶難勝莊嚴十億日藏摩尼寶閒鏁塡廣大嚴飾十億不思議摩尼寶出種種色為妙莊嚴十億如意寶出無盡莊嚴是大蓮花從於如來
起過世間善根所生菩薩志意之所愛慕遍現諸方從如幻法出善法業生以無諍法性理趣莊嚴如夢法性以無行法印順無著理遍滿十方一切法

1洞365
徐鍔撰大寶積經述（背）
遼刻
拓片高152厘米、寬68厘米
中國國家圖書館藏

朝議郎給事中內供奉崔護等位列鳳墀聲流雞圃紛
魏知古兵部尚書上柱國郭元振銀青光祿大夫撿挍
柱國興平縣開國侯陸象先等朝踐攢闈夕遊珠域護
露而勤求載淹衡晷大乘章句義不虛揩小品精微拯
咸畢以先天二年六月三十日進以太上皇八月二十
雨於彤霄若加殊慰賢愚稽首以為利見仁王真俗
侍中隴西公迴秀子也復有清信佛弟子前右拾遺徐
岵而崩心瞻寘途而獻福於是肱篋操筒檀波羅蜜廣
方使猛風吹獄長存焰路之文刼火燒天不壞多羅之
如是我聞一時佛住王舍城耆闍崛山其山高俊嚴麗
復有種種異類諸獸所謂師子虎狼麒麟象馬熊羆之
諸衆生以佛威力不為貪欲瞋癡所惱不相茹食共相
陸樹旃檀沉水如是等樹無不備有復有水陸無量雜
物頭花分陀利花迦羅娑花摩訶迦羅娑花[illegible]

1 洞 365　徐鍔撰大寶積經述（背局部）①

花蘇曼那花由提迦花優鉢羅花波頭摩花俱
半興大密雲輕雷細雨從初至末漸遍其山八
妙花鬘微加水灑光色鮮明倍更增勝此山王
若婆師迦花其觸又類輕兜羅綿枝葉花果繁
泉池沼清冷盈滿生雜蓮花青黃赤白紅紫玻
莖大吠琉璃為諸寶鐸贍部檀金為廣淨葉順
網弥覆其上十億龍王雨妙香雨十億金翅鳥
諸大天帝興布瑞雲雨粖香燒香衣服花鬘
從大海出而敬礼之十億光明摩尼寶以為照
藏寶而為遍照贍部幢寶為善安持十億金剛
嚴十億如意寶出無盡莊嚴是大蓮花從於如来
法性以無行法印順無著理遍滿十方一切法

1 洞 365　徐鍔撰大寶積經述（背局部）②

太子左庶子兼修國史上柱國鉅鹿縣開國公
夫行中書侍郎同中書門下三品監修國史上
定筵林攢樂土蔭祥雲而演譯條摻炎涼吸紺
十九會七十七品合一十二帙以類相從撰寫
怡宸襟允穆竦鈞陳於白日親御靈臺落雲
丞李式顏等皇朝金紫光祿大夫兵部尚書贈
士高平公子也咸屬彼穹降禍和門墜構陟遥
鏤軸綴以瓊籤羅絲簟而霓舒播珠函而錦縟
背　大唐三藏法師菩提流志奉　制譯
中復有天龍夜叉毗舍闍緊那羅等常所遊止
鴝鳴羅[illegible]鳥梟鷹鷲鴦命命等類依之而住是

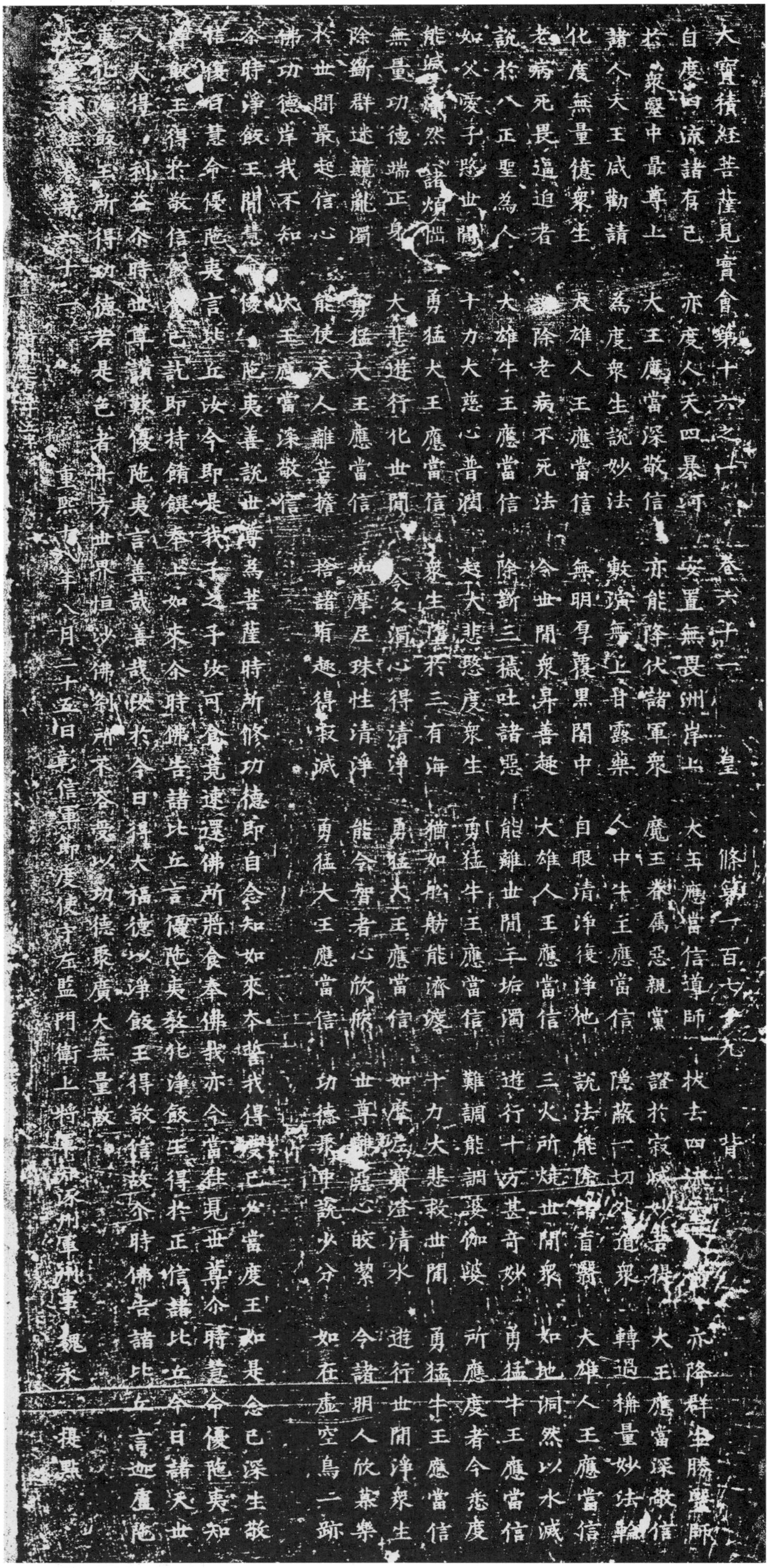

1 洞 425
大寶積經卷六十一魏永遼重熙十八年八月二十五日提點題記（“皇”字帙背）
拓片高 147 厘米、寬 63 厘米
中國佛教圖書文物館藏

1洞234

佛説無垢稱經卷第四宋謙吴志公遼大安元年書鐫題記（"駒"字帙面）

拓片高250厘米、寬60厘米

中國佛教圖書文物館藏

柳體。字小而密，書法與敦煌石室所出柳公權書《金剛般若波羅蜜經》酷似。

1 洞 452
大般若波羅蜜多經卷第六百劉湘
遼重熙十年九月提點書鎸題記
拓片高 145 厘米、寬 65 厘米
中國國家圖書館藏

　　此爲遼代補刻唐人《大般若波羅蜜多經》的最後一石。書體爲遼代盛行的歐體，楷法森嚴。

1 洞 643
大般若波羅蜜多經卷第四百僧道一合邑人等唐貞元十五年四月八日造經題記
拓片高 217 厘米、寬 60 厘米　中國國家圖書館藏

若[illegible]應觀味界乃至舌觸為緣所生諸受名若有相若
乃至舌觸[illegible]所生諸受名若寂靜若不寂靜不應觀舌界名若遠
受名若雜染若清淨不應觀舌界名若生若滅不應觀味界乃至舌
若樂若苦不應觀觸界乃至身觸為緣所生諸受名若樂若苦不應
諸受名若淨若不淨不應觀身界名若空若不空不應觀觸界乃至
若有顛若無顛不應觀觸界乃至身觸為緣所生諸受名若有顛若
觸界乃至身觸為緣所生諸受名若遠離若不遠離不應觀身界名
若生若滅不應觀意界名若常若無常不應觀法界意識界及意觸
我不應觀法界乃至意觸為緣所生諸受名若我若無我不應觀意
若空若不空不應觀意界名若有相若無相不應觀法界乃至意觸
寂靜若不寂靜不應觀法界乃至意觸為緣所生諸受名若寂靜
法界乃至意觸為緣所生諸受名若雜染若清淨不應觀意界名若
[illegible]訶薩名若般若波羅蜜多若般若波羅蜜多名皆不見在有為界
[illegible]住一切法無分別中不見菩薩摩訶薩不見菩薩摩訶薩
[illegible]蜜多能住內空亦能住外空內外空空空大空勝義空
[illegible]無性自性離生性法定法住實際虛空界不思議界能
[illegible]脫亦能修八勝處九次第定十遍處能修空解脫門亦能修
[illegible]大喜大捨十八佛不共法是菩薩摩訶薩於如是時不見菩薩摩
[illegible]達其中無雜染法清淨法故如是善現諸菩薩摩訶薩修行般若波
[illegible]身意處不執著色處不執著聲香味觸法處不執著眼界色界眼識
[illegible]羅蜜多不執著淨戒安忍精進靜慮般若波羅蜜[illegible]著諸相好不
[illegible]生不執著方便善巧何以故善現以一切[illegible]

1 洞 643　大般若波羅蜜多經卷第四百僧道一合邑人等唐貞元十五年四月八日造經題記（局部）

（碑側）

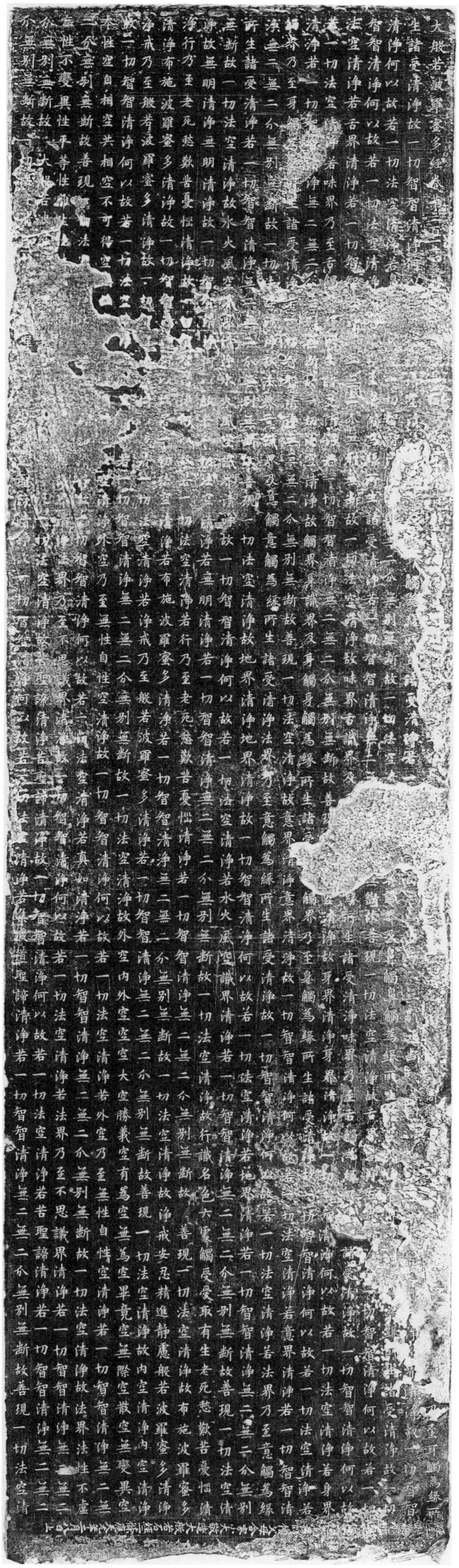

1 洞 648
大般若波羅蜜多經卷第二百一十四順天寺僧超
燕史思明應天元年二月八日造經題記
拓片高 208 厘米、寬 57 厘米
側高 69 厘米、寬 8 厘米　中國國家圖書館藏
　　碑側刻“涿州防捍將李宏管下官使等共造經三條，大曆十一年二月四日上”題記一則。

1 洞 648　大般若波羅蜜多經卷第二百一十四順天寺僧超燕史思明應天元年二月八日造經題記（局部）

1 洞 1031　大般若波羅蜜多經卷第五百九莫州邑人等唐乾寧元年四月八日石經山鐫經上石室題記

拓片高 45 厘米、寬 42 厘米　中國國家圖書館藏

石已殘，後接刻“邑録常凌”“都勾當維那趙行簡”等題名。此爲年代最晚的唐刻《大般若波羅蜜多經》刻石。

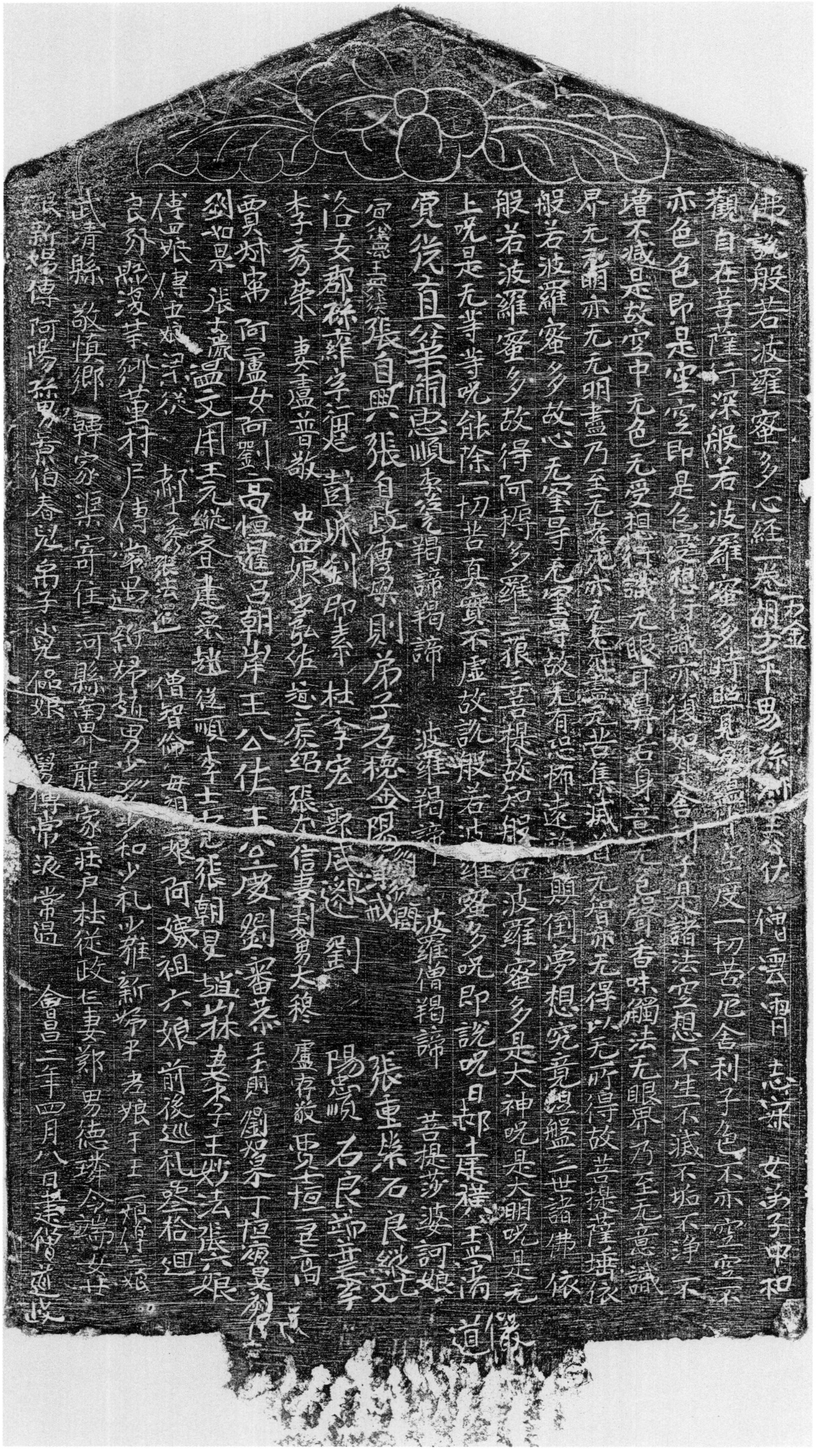

1 洞 537　佛説般若波羅蜜多心經僧道政等唐會昌二年四月八日巡禮題名碑（碑陽）
拓片高 82 厘米、寬 44 厘米　中國國家圖書館藏
書刻潦草，字迹不一，筆畫多有誤刻、漏刻。

1 洞 537　佛説般若波羅蜜多心經僧道政等唐會昌二年四月八日巡禮題名碑（碑陰）
拓片高 82 厘米、寬 44 厘米　中國國家圖書館藏

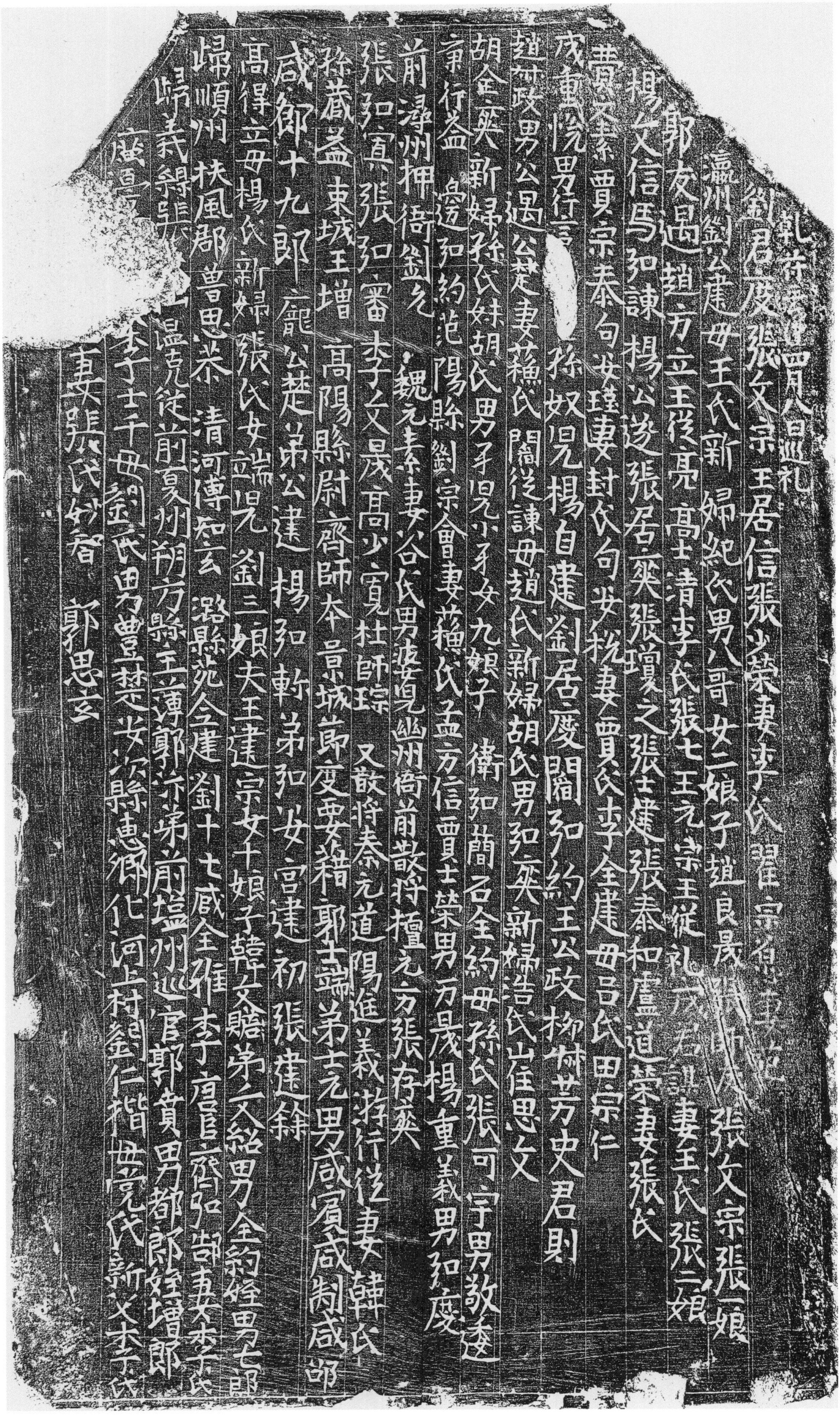

1 洞 635　劉君度等唐乾符三年四月八日巡禮題名碑
拓片高 63 厘米、寬 36 厘米　中國國家圖書館藏

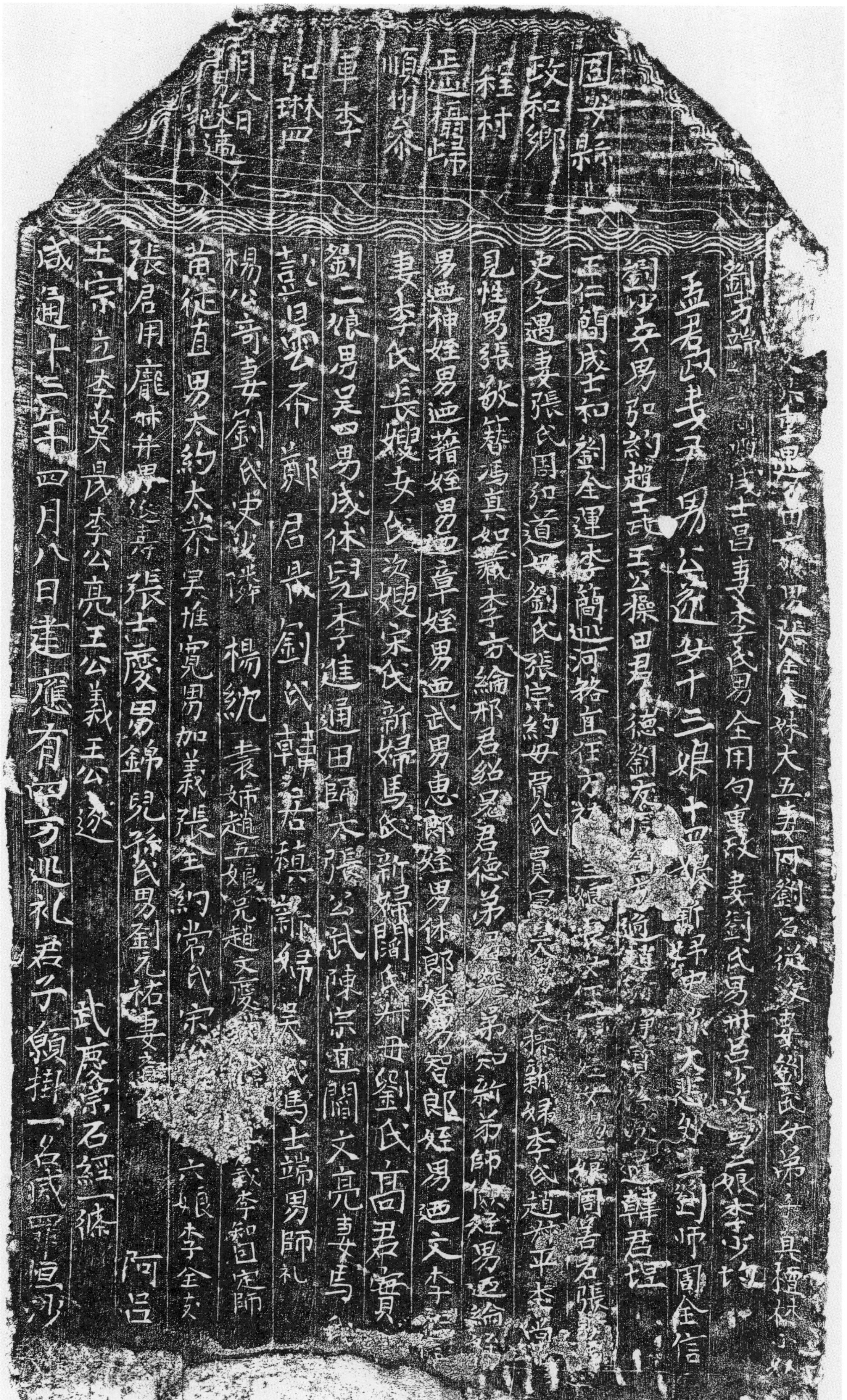

1 洞 637　李弘琳等唐咸通十三年四月八日巡禮題名碑（碑陽）

拓片高 69 厘米、寬 39 厘米　中國國家圖書館藏

與楊方諫等巡禮題名刻於一石。末行有"應有四方巡禮君子，願掛一名，滅罪恒沙"的祈願。

1 洞 637　李弘琳等咸通十三年四月八日巡禮題名碑（碑陽局部）

1 洞 637　楊方諫等唐咸通十四年四月八日巡禮題名碑（碑陰）
拓片高 69 厘米、寬 39 厘米　中國國家圖書館藏

1 洞 974
諸法本無經卷上耶律佶張闓等
遼大安三年提點校勘題名
（“恭”字帙背）
拓片高 152 厘米、寬 67 厘米
中國佛教圖書文物館藏
　　殘石綴合。

1 洞 974　諸法本無經卷上耶律佶張誾等遼大安三年提點校勘題名（“恭”字帙背局部）
殘石拓片高 61 厘米、寬 67 厘米　中國國家圖書館藏

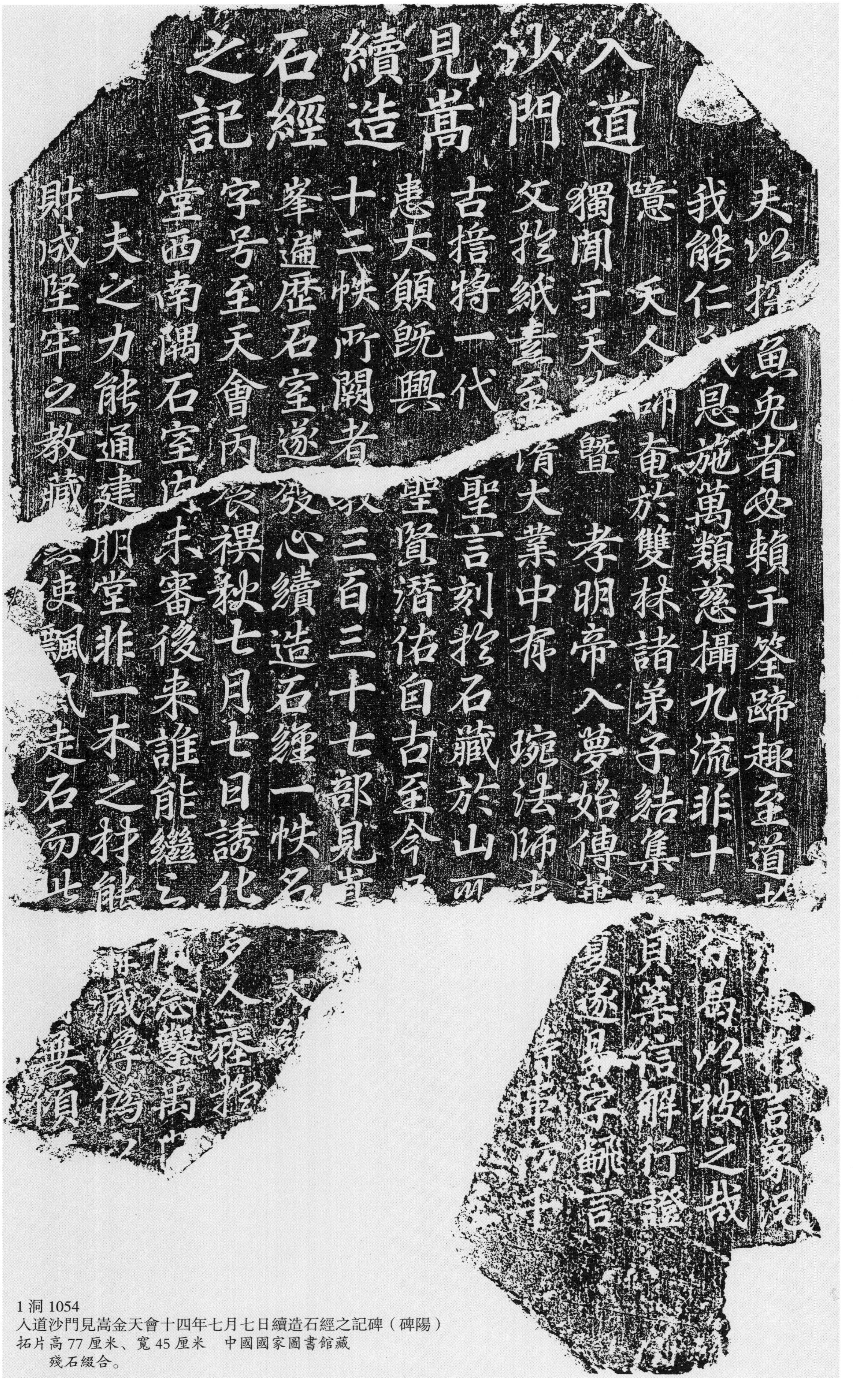

1 洞 1054
入道沙門見嵩金天會十四年七月七日續造石經之記碑（碑陽）
拓片高 77 厘米、寬 45 厘米　中國國家圖書館藏
殘石綴合。

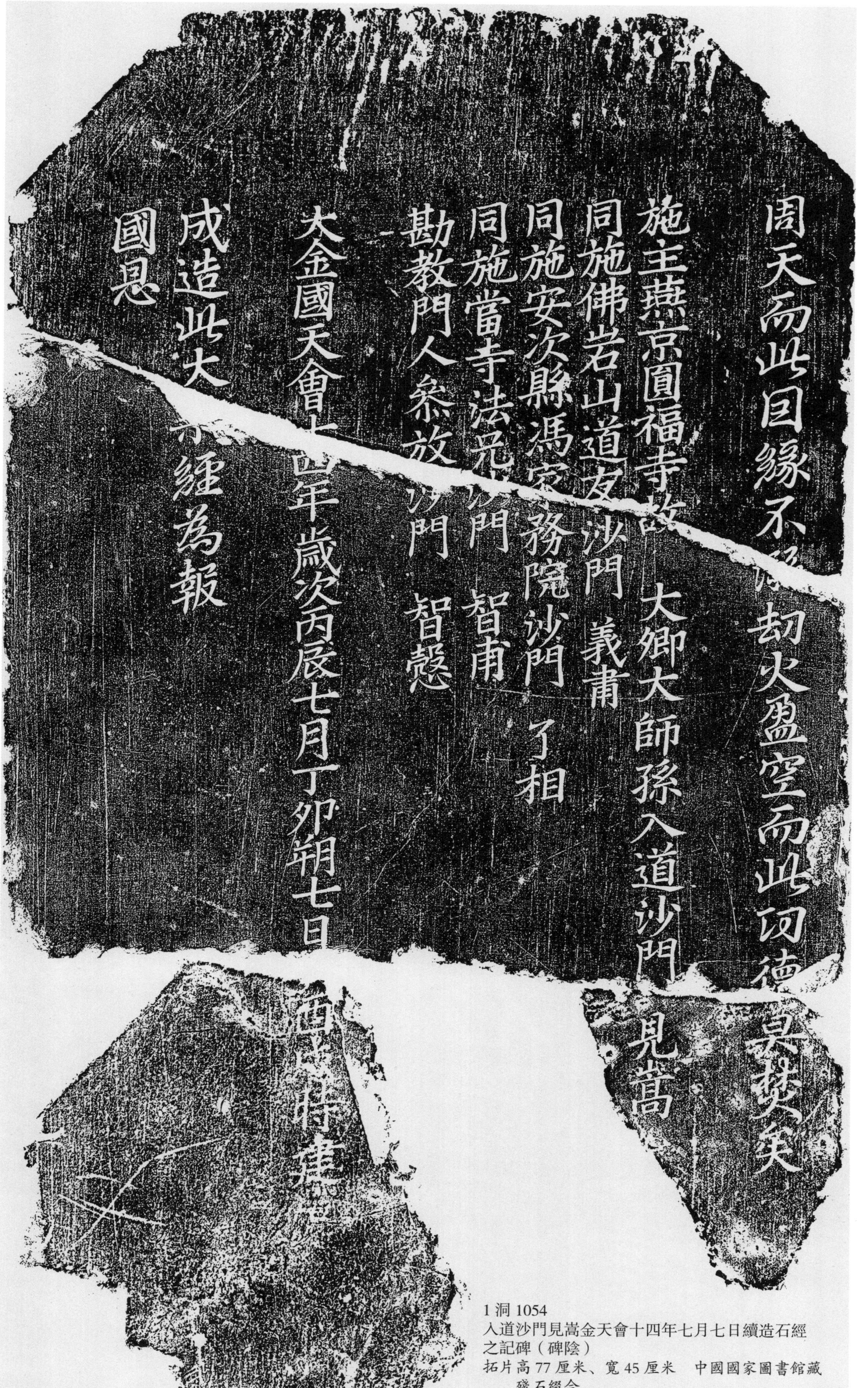

1 洞 1054
入道沙門見嵩金天會十四年七月七日續造石經之記碑（碑陰）
拓片高 77 厘米、寬 45 厘米　中國國家圖書館藏
殘石綴合。

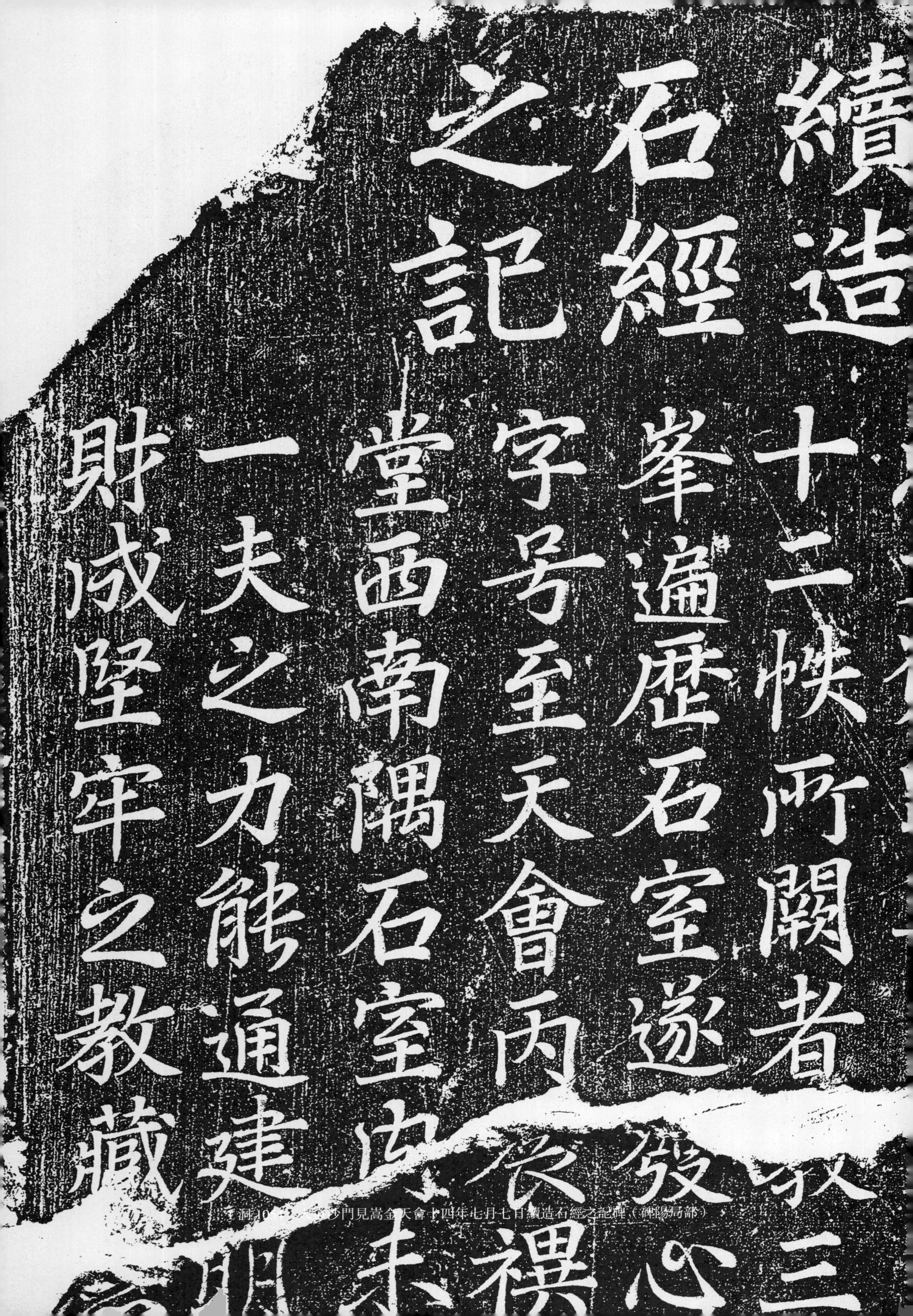

（Ⅰ洞1054）大宣沙門見嵩金天會十四年七月七日續造石經之記碑（碑陽局部）

入道
沙門
見嵩

夫以揭魚兔者必蹄
我能仁之恩施萬類
噫天人師奄於雙
獨闡于天（竺）暨孝
文指紙畫墨消大業
古揞將一代聖言

1 洞佚 6　魏惟儼等唐咸通六年巡禮題名碑

拓片高 46 厘米、寬 40 厘米　破禪室藏

碑陰失拓。原石已佚，此爲舊拓本。

吴夢麟先生在“定城楊傑”發現位置觀看題名

1 洞外 1
定城楊傑題名
殘存長 20 厘米、寬 5 厘米
年代待定。2016 年 7 月發現於一洞洞門左側崖壁。

1 洞外 2　明萬曆十三年十二月六日“念佛”摩崖
高 65 厘米、寬 132 厘米

位於一洞二洞崖壁。榜書二字右側鎸“欽差總理工程”“提”小字两行，已漫漶；左側鎸“萬曆十三年歲次乙酉十二月初六日”小字一行。

二洞

二洞　外景

二洞　洞内經版貯藏現狀

二洞亦盛唐時雲居寺上座釋惠暹所開，位於石經山雷音洞（五洞）下方、一洞左側。1957年啓洞共發掘經版1018石，殘石73石，刻經90種500餘卷。始於唐開元二十年（732），訖金天會十四年（1136），包括唐刻7種，金刻1種，其餘皆爲遼清寧四年（1058）至五年、大康四年（1078）至大安五年（1089）所刻。其中有題記的刻經65種，唐代巡禮題名碑19種。

2洞110　大般若波羅蜜多經卷第四百七十三任石裕造經張從幹刻經唐咸通九年四月八日題記
拓片高124厘米、寬61厘米　中國國家圖書館藏

2 洞 110　大般若波羅蜜多經卷第四百七十三任石裕造經張從幹刻經唐咸通九年四月八日題記（局部）

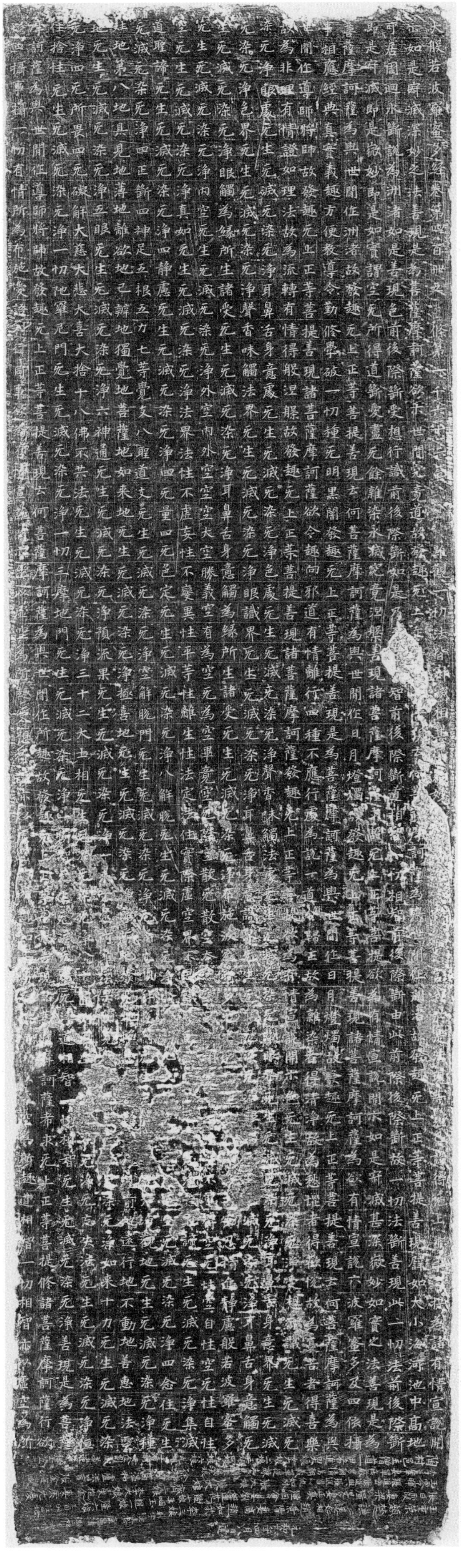

2 洞 121
大般若波羅蜜多經卷第四百卌五陶村邑僧俗造經
張進忠刻經唐元和六年四月八日題記
拓片高 195 厘米、寬 54 厘米　中國國家圖書館藏

2 洞 121　大般若波羅蜜多經卷第四百卌五陶村邑僧俗造經張進忠刻經唐元和六年四月八日題記（局部）

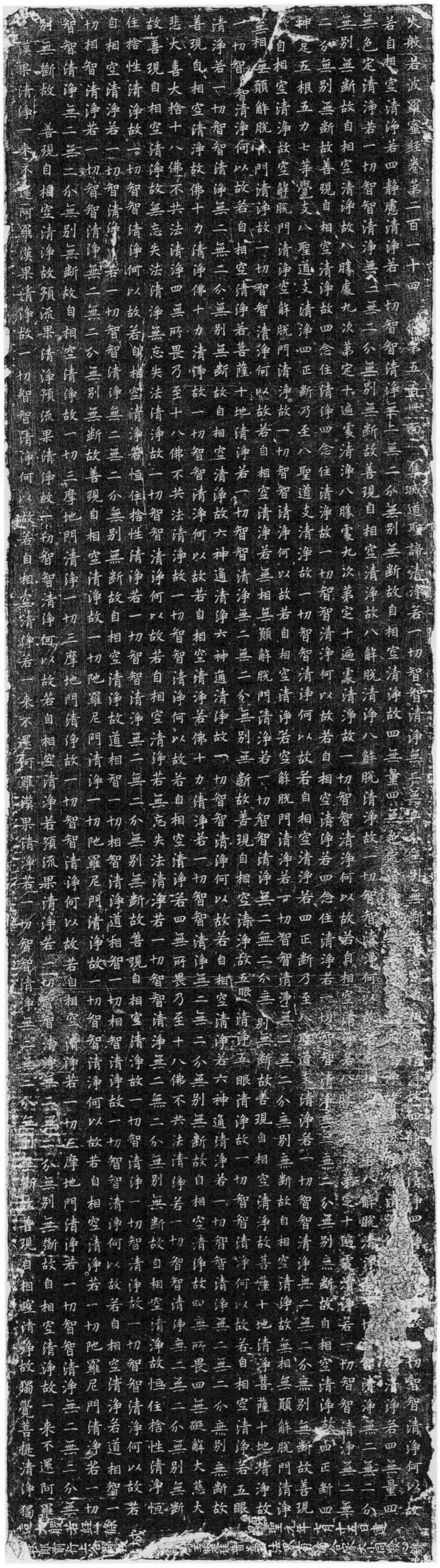

2 洞 446
大般若波羅蜜多經卷第二百一十四王楚珪
燕安慶緒顯聖元年七月十五日造經題記
拓片高 198 厘米、寬 53 厘米　中國國家圖書館藏

[illegible]淨故四靜慮清淨四靜慮[illegible]切智智清淨何以故
[illegible]淨故一切智智清淨[illegible]清淨若四無量四
[illegible]淨若八解脫清淨[illegible]清淨無二無二分
淨若八勝處九次第定十遍處清淨若一切智智清淨無二無
智智清淨無二無二分無別無斷故自相空清淨故四正斷四
聖道支清淨若一切智智清淨無二無二分無別無斷故善現
二無二分無別無斷故自相空清淨故無相無願解脫門清淨
無斷故善現自相空清淨故菩薩十地清淨菩薩十地清淨故
淨五眼清淨故一切智智清淨何以故若自相空清淨若五眼
淨若六神通清淨若一切智智清淨無二無二分無別無斷故
二分無別無斷故自相空清淨故四無所畏四無礙解大慈大
十八佛不共法清淨若一切智智清淨無二無二分無別無斷
淨無二無二分無別無斷故自相空清淨故恒住捨性清淨恒
清淨故一切智清淨一切智清淨故一切智智清淨何以故若
智清淨故一切智智清淨何以故若自相空清淨若道相智一
智清淨何以故若自相空清淨若一切陀羅尼門清淨若一切
清淨若一切三摩地門清淨若一切智智清淨無二無二分無
清淨無二無二分無別無斷故自相空清淨故一来不還阿羅
二無二分無別無斷故善現自相空清淨故獨覺菩提清淨獨

大般若經一條[illegible]城 [illegible]顯聖元年七月十五日建
[illegible]

2 洞 446　大般若波羅蜜多經卷第二百一十四王楚珪燕安慶緒顯聖元年七月十五日造經題記（局部）

2洞467　大般若波羅蜜多經卷第四百八十一經碑俞温泰韓好義等幽州两店邑衆唐中和三年四月八日造經題記（碑陰、碑側）
拓片高 188 厘米、寬 65 厘米　左側高 116 厘米、寬 9 厘米　右側高 155 厘米、寬 9 厘米　中國國家圖書館藏

2 洞 467　大般若波羅蜜多經卷第四百八十一經碑俞温泰韓好義等幽州两店邑衆唐中和三年四月八日造經題記（碑陰局部）

2 洞 477
大般若波羅蜜多經卷第二百二史道明畢子釗卅二人等
燕安祿山聖武二年三月廿七日造經題記
拓片高 209 厘米、寬 60 厘米　中國國家圖書館藏

2洞477　大般若波羅蜜多經卷第二百二史道明畢子釗卅二人等燕安禄山聖武二年三月廿七日造經題記（局部）

2 洞 599
大般若波羅蜜多經卷第四百七十九邑人等唐乾符六年四月八日造經張存約書經題記（碑陰、碑側）
拓片高 212 厘米、寬 68 厘米
左側高 174 厘米、寬 12 厘米
右側高 55 厘米、寬 11 厘米
中國國家圖書館藏

2 洞 599　大般若波羅蜜多經卷第四百七十九邑人等唐乾符六年四月八日造經張存約書經題記（碑陰局部）

2 洞 607
大般若波羅蜜多經卷第一百九十八獨孤擢等
燕安禄山聖武元年二月八日造經題記
拓片高 196 厘米、寬 53 厘米　中國國家圖書館藏

2 洞 607　大般若波羅蜜多經卷第一百九十八獨孤擢等燕安禄山聖武元年二月八日造經題記（局部）

2 洞 132
大方等大集經卷第十八經主王什一娘題名　唐刻
拓片高 208 厘米、寬 55 厘米　中國國家圖書館藏

2 洞 132　大方等大集經卷第十八經主王什一娘題名（局部）

2 洞 680
大方等大集經卷第七第八經主檀子尚題名　唐刻
拓片高 209 厘米、寬 55 厘米　中國國家圖書館藏

脩捨離欲得安[illegible]得道是名諸法自在定
身[illegible]業得寂靜具足戒[illegible]為遠離一切煩惱習是名諸
[illegible]諸法自在定斷行種種諸慧[illegible]得八十好於佛法中得自
諸法脩七覺是[illegible]脩八正道破邪住於眾生無上樂心無
大悲不[illegible]飲食[illegible]名諸法自在定為法不惜身命護持正法不
心受持為他說無上[illegible]師大名稱不觀時節戒非戒演說不休亦不息不
無輕慢常脩憐愍無二相能自淨除諸過失是名諸法自在定具足上種
不忘菩提上種姓供養三寶得化身勤化大眾具菩提是名諸法自在定
法自在定成就具足宿命智不失無上菩提心六波羅蜜無猒足是名諸
心是名諸法自在定一心了知三世事脩集無量諸神通得後邊身智無
獲得無上道亦如法世諸世尊　大方等大集經卷第七
佛言善男子菩薩摩訶薩具足一法則能獲得如是三昧所謂不著一切
切善法根本戒名大燈若著戒者是人則於菩提鄣礙非菩提道若於諸
為於善法方便脩集毗婆舍那復有三法菩薩具足得是三昧何等為三
故脩無相不捨諸有脩無願是人則得是三昧復次善男子復有四法
菩薩具足得是三昧何等為五一者具足五神通二者具足五根三者具
之智慧觀於六入四者具足遠離六道五者具足六通六者具足六和敬
有五蓋五者觀十二因緣無有疑網六者成就無上智慧七者成就無上
八者具八勝處七者專念菩提八者斷煩惱習復有九法菩薩具足得是
[illegible]得道[illegible]具六波羅蜜[illegible]脩道復有十法菩薩具足得是
經主固安縣檀子尚

2 洞 680　大方等大集經卷第七第八經主檀子尚題名（局部）

2 洞 698
大方等大集經卷第三十唐開元廿九年造經題記
拓片高 196 厘米、寬 50 厘米　中國國家圖書館藏

2 洞 698　大方等大集經卷第三十唐開元廿九年造經題記（局部）

2 洞 741
大方等大集經卷第廿四李景炎唐開元廿七年三月
廿七日施書（隸書）題記
拓片高 206 厘米、寬 54 厘米　中國國家圖書館藏
　　此爲唐代刻經中僅見的隸書題記。

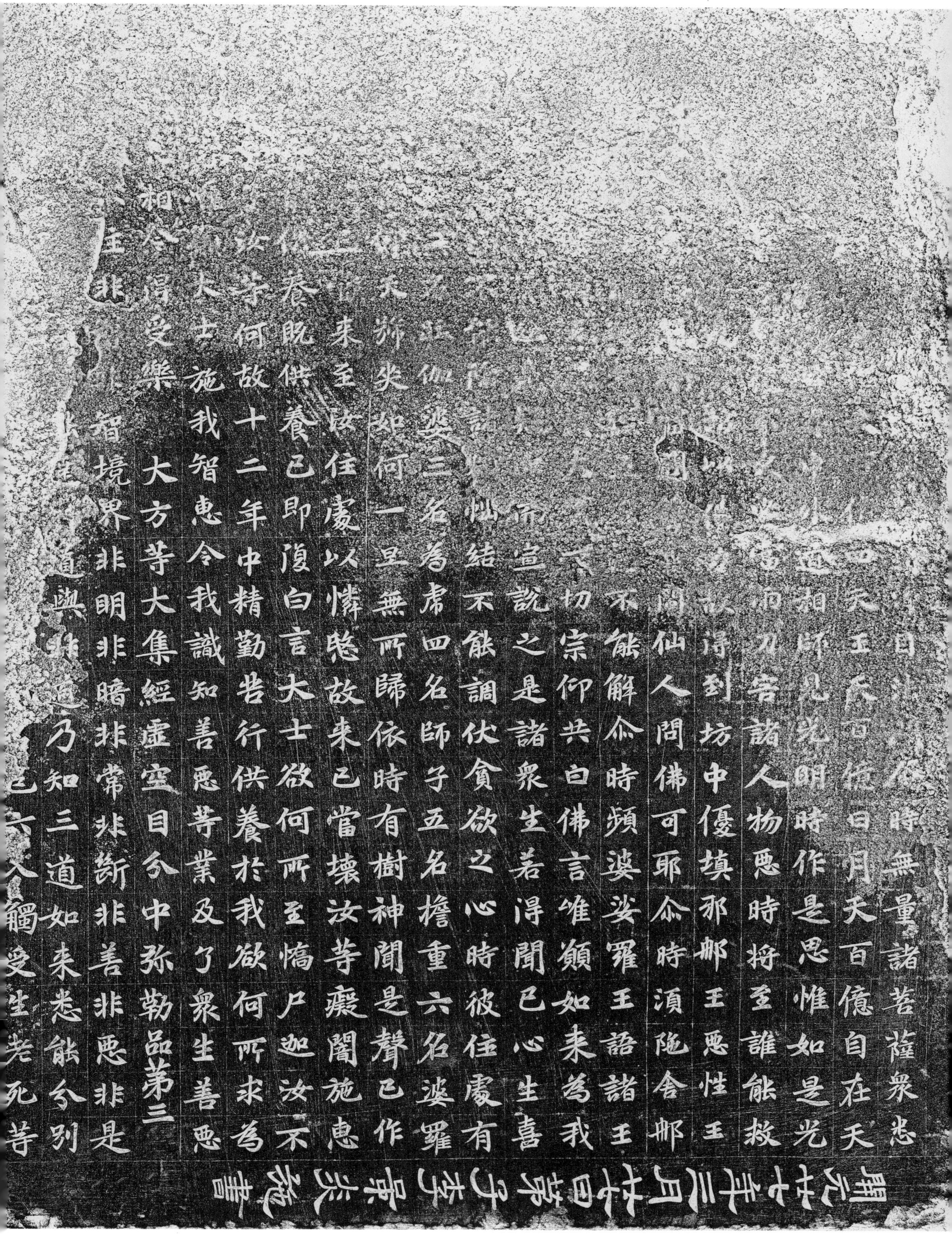

2 洞 741　大方等大集經卷第廿四李景炎唐開元廿七年三月廿七日施書（隸書）題記（局部）

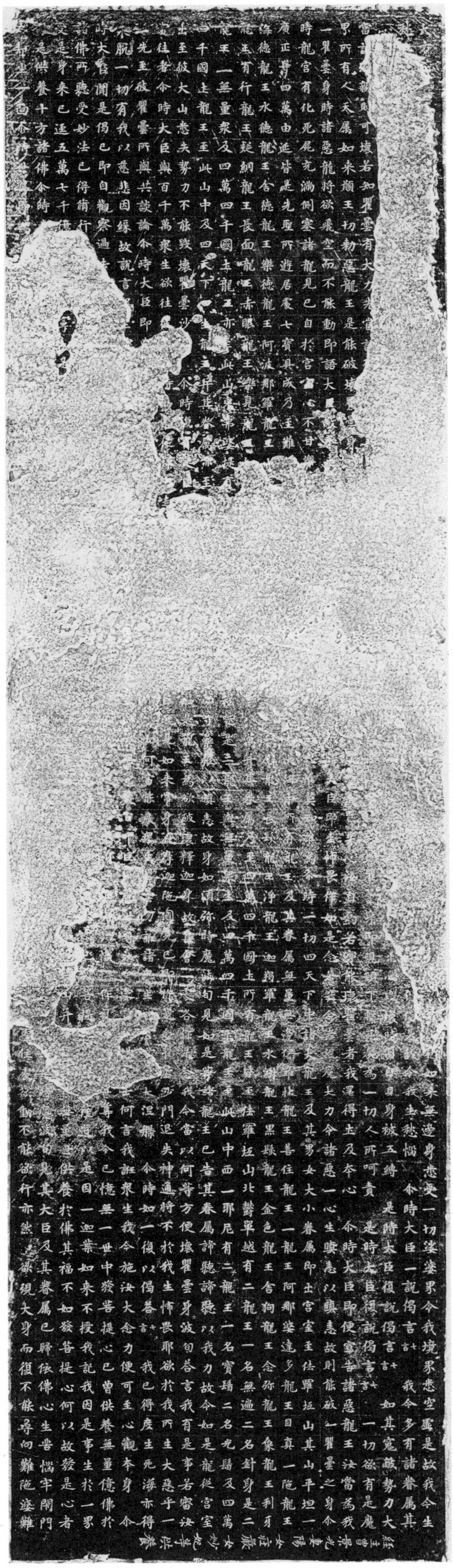

2 洞 917

大方等大集經卷第三十經主曹景光妻陽等供養題記

唐刻

拓片高 196 厘米、寬 50 厘米　中國國家圖書館藏

2 洞 917　大方等大集經卷第三十經主曹景光妻陽等供養題記（局部）

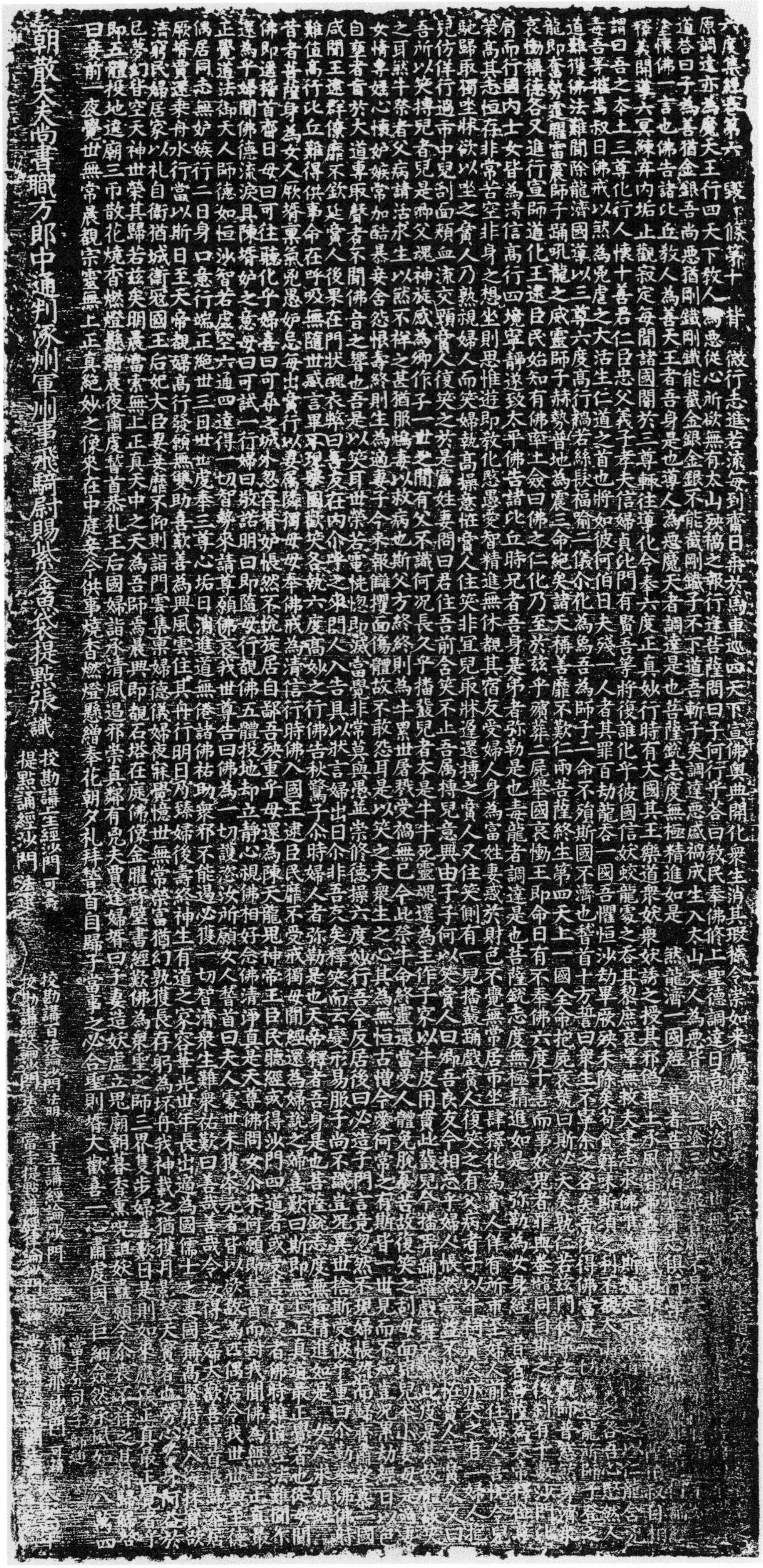

2 洞 246
六度集經卷第六張識等遼大安四年
提點校勘題記（"毁"字帙背）
拓片高 150 厘米、寬 66 厘米
中國佛教圖書文物館藏

2 洞 489　劉潭湊等唐咸通十三年四月七日送經碣巡禮題名碑
拓片高 44 厘米、寬 29 厘米　中國國家圖書館藏

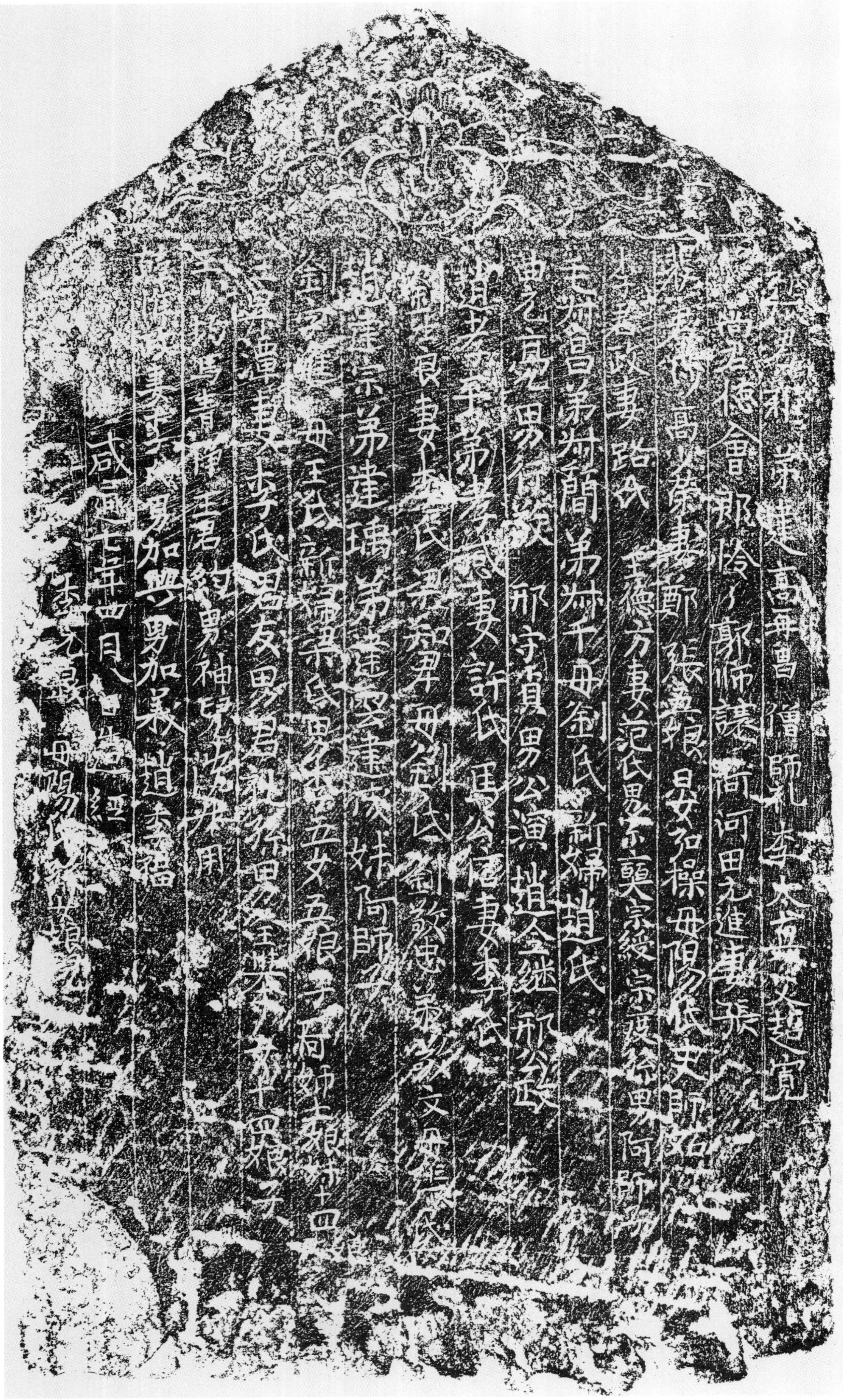

2 洞 524　張君雅等唐咸通七年四月八日造經巡禮題名碑（碑陽）
拓片高 57 厘米、寬 35 厘米　中國國家圖書館藏

2 洞 524　崔弘爽等唐咸通八年四月八日巡禮題名碑（碑陰）
拓片高 57 厘米、寬 35 厘米　中國國家圖書館藏

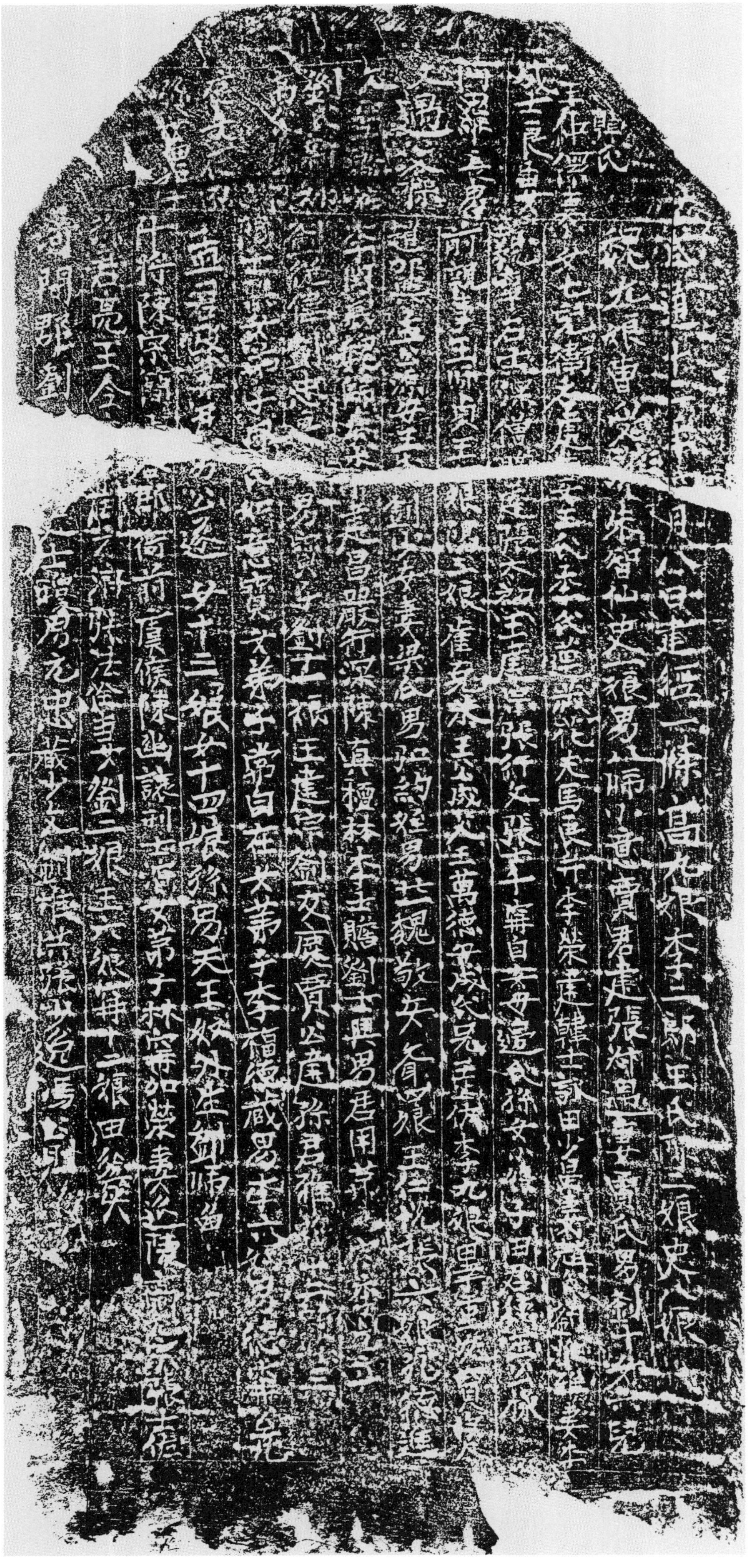

2 洞 527
高九娘等唐咸通十二年四月八日
造經巡禮題名碑（碑陽）
拓片高 68 厘米、寬 31 厘米
中國國家圖書館藏

2 洞 527
僧可宗等唐咸通十二年四月八日
張君立等咸通十四年四月八日造
經巡禮題名碑（碑陰）
拓片高 68 厘米、寬 31 厘米
中國國家圖書館藏

2洞585　鄭密趙鐸等唐廣明元年四月八日南堂巡禮題名碑（碑陽）

拓片高54厘米、寬35厘米　中國國家圖書館藏

鄭密爲鄉貢進士，趙鐸爲鄉貢明經。

2 洞 585　高文慶等唐廣明元年四月八日巡禮題名碑（碑陰）
拓片高 54 厘米、寬 35 厘米　中國國家圖書館藏

2洞630　龐隆王彭陽行敢等唐乾符二年四月八日巡禮題名碑（碑陽）

拓片高70厘米、寬42厘米　中國國家圖書館藏

龐隆爲傳業，王彭爲鄉貢進士、陽行敢爲鄉貢明經。

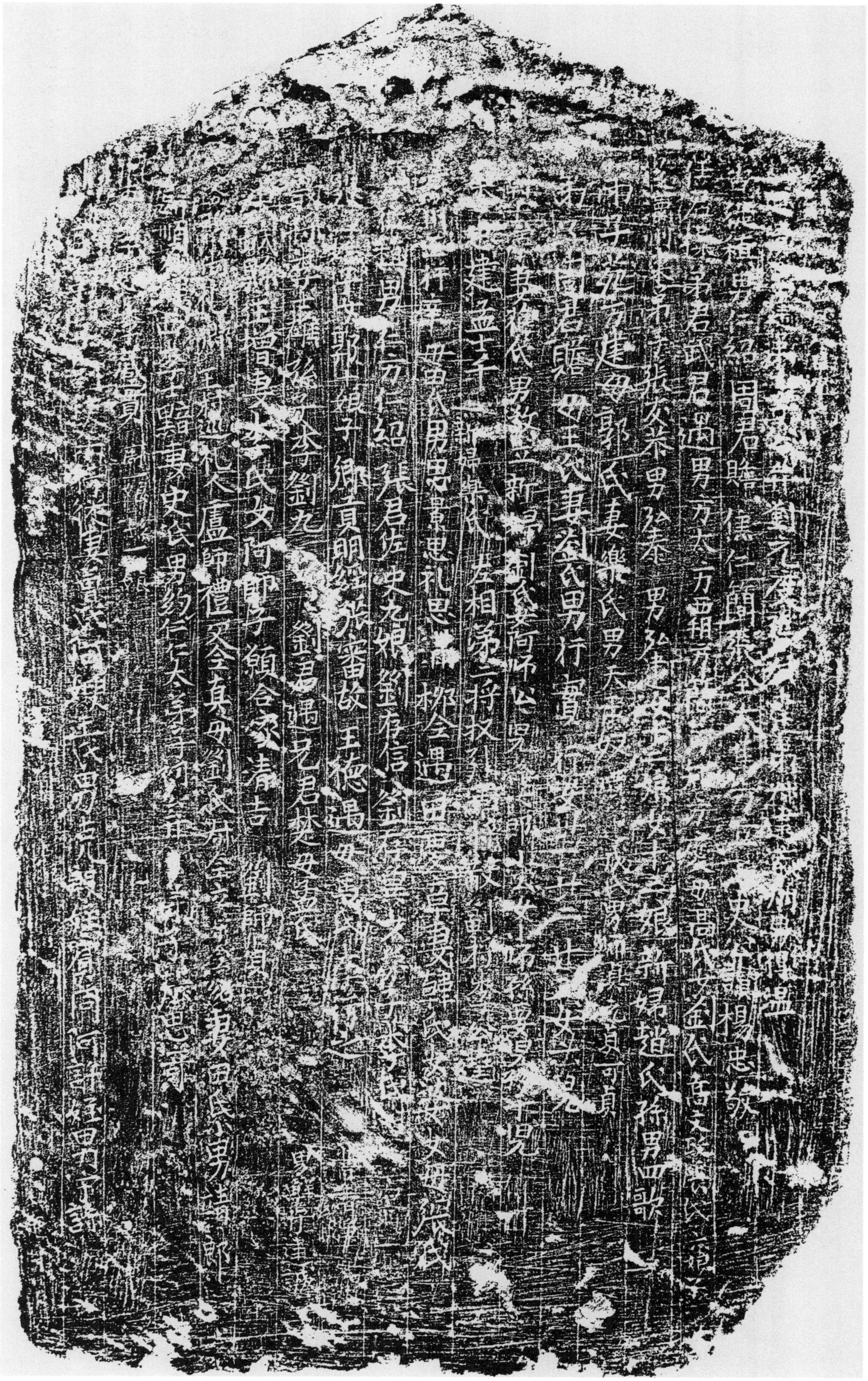

2 洞 630　龐隆王彭陽行敢等唐乾符二年四月八日巡禮題名碑（碑陰）
拓片高 70 厘米、寬 42 厘米　中國國家圖書館藏

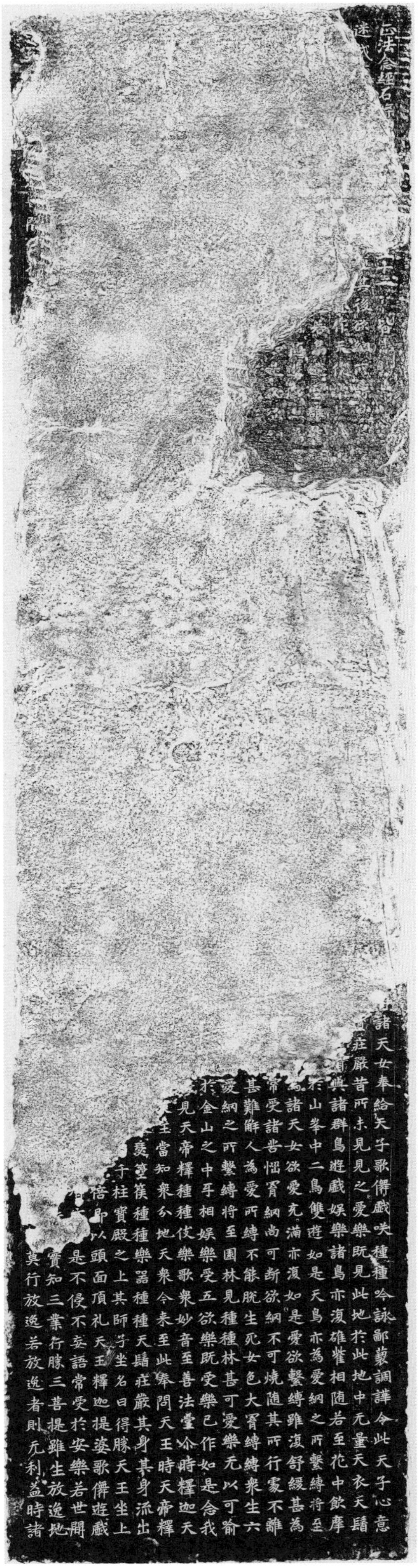

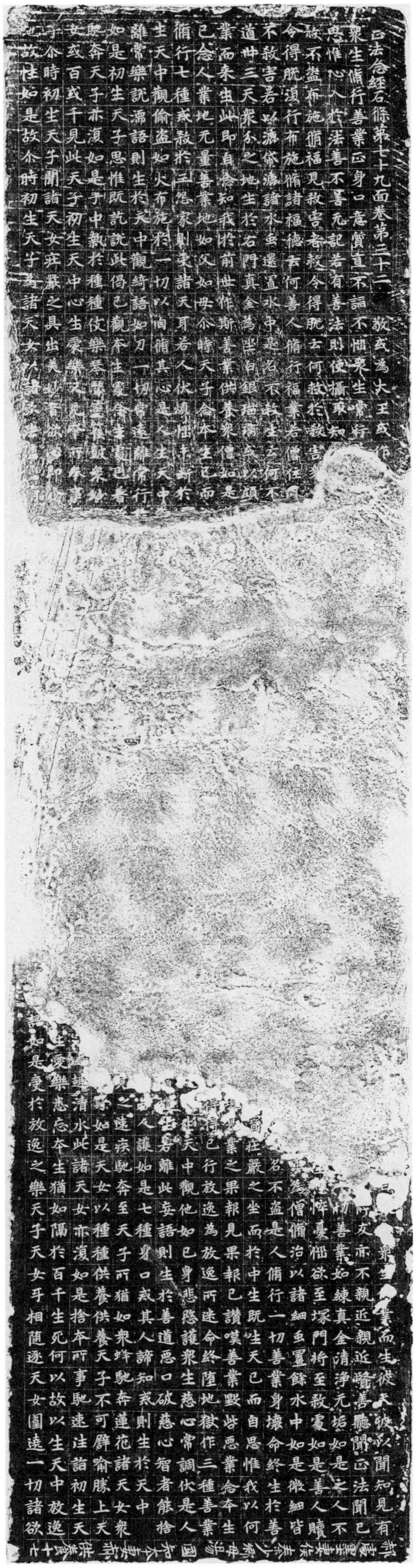

2 洞 896　正法念經卷第三十二郝處墨妻侯等供養題名（碑陽、碑陰）　唐刻
拓片皆高 204 厘米、寬 51 厘米　中國國家圖書館藏

衆生□業而生彼天彼以聞知見有
已所友亦不親近親近賢善聽聞正法聞已
一切善業如練真金清淨无垢如是之人不
悲悴憂惱欲至塚門將至殺處如是善人贖
虽為僧脩治以諸細虫置餘水中如是微細皆
名不盜是人脩行一切善業身壞命終生於善
寶莊嚴之坐而於中生既生天已而自思惟我以何
現見業之果報見果報已讚嘆善業毀呰惡業念本生
得得已行放逸為放逸所迷命終隨地獄作三種善業
生天中觀他如己身悲愍護衆生慈心常調伏是人
自緣生若離此妄語則生於善道惡口破慈心智者能捨
人護如是七種身口業其人諦知業則生於天中
見之速疾馳奔至天子所猶如衆蜂馳奔蓮花諸天女衆
子如是天女以種種供養供養天子不可譬喻勝上天
趣清水此諸天女亦復如是捨本所事馳速注詣初生天
生愛樂悲忘本生猶如陽於百千生死何以故以生天中放逸
如是受於放逸之樂天子天女手相隨逐天女圍遶一切諸欲

郝處墨妻侯妻少卿母迴　國郝大午妻郝侯羡度十七

2 洞 896　正法念經卷第三十二郝處墨妻侯等供養題名（碑陽局部）

女奉給天子歌儛戲咲種種吟詠鄗蘘調譁令此天子心意
嚴昔所未見見之愛樂既見此地於此地中无量天衣天鬘
資興諸群鳥遊戲娛樂諸鳥亦復雄雀相隨若至花中飲摩
於山峯中二鳥雙遊如是天鳥亦為愛網之所繫縛將至
為諸天女欲愛充滿亦復如是愛欲繫縛雖復舒緩甚為
常受諸苦惱胥網尚可斷欲網不可燒隨其所行處不離
甚難解人為愛所縛不能脫生死女色大胥縛縛衆生六
愛網之所繫縛將至園林見種種林甚可愛樂无以可喻
於金山之中互相娛樂受五欲樂既受樂已作如是念我
見天帝釋種種伎樂歌衆妙音至善法堂爾時釋迦天
主當知衆分地天衆今来至此奉問天王時天帝釋
瑟箜篌種種樂器種種天鬘莊嚴其身其身流出
千柱寶殿之上其師子坐名曰得勝天王坐上
倍即以頭面頂礼天王釋迦提婆歌儛遊戲
相[illegible]是不侵不妄語常受於安樂若世間
實知三業行勝三菩提雖生放逸地
莫行放逸若放逸者則无利益時諸

2 洞 896　正法念經卷第三十二郝處墨妻侯等供養題名（碑陰局部）

邑人靖守祥白令賓郭元幹閻玄果張成恩劉向泰任思
合邑人等同造石經一條開元十年二月八日建
思貞王八朗畢大雅妻安
周奉瑗妻

（局部）

邑人靖守祥白令賓郭元幹閻玄果張成恩劉向泰任思貞王八朗畢大雅妻安
合邑人等同造石經一條開元十年二月八日建
周奉瑗妻

2 洞 957
正法念經卷二十八邑社人等唐開元十年二月八日造經題記（碑側）
拓片高 114 厘米、寬 9 厘米
中國國家圖書館藏

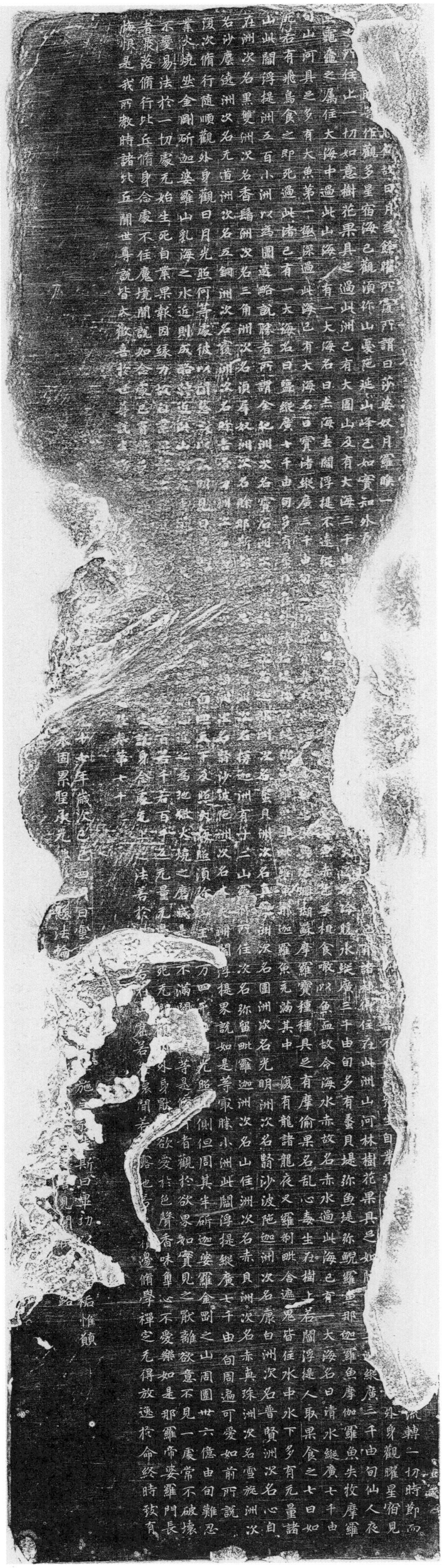

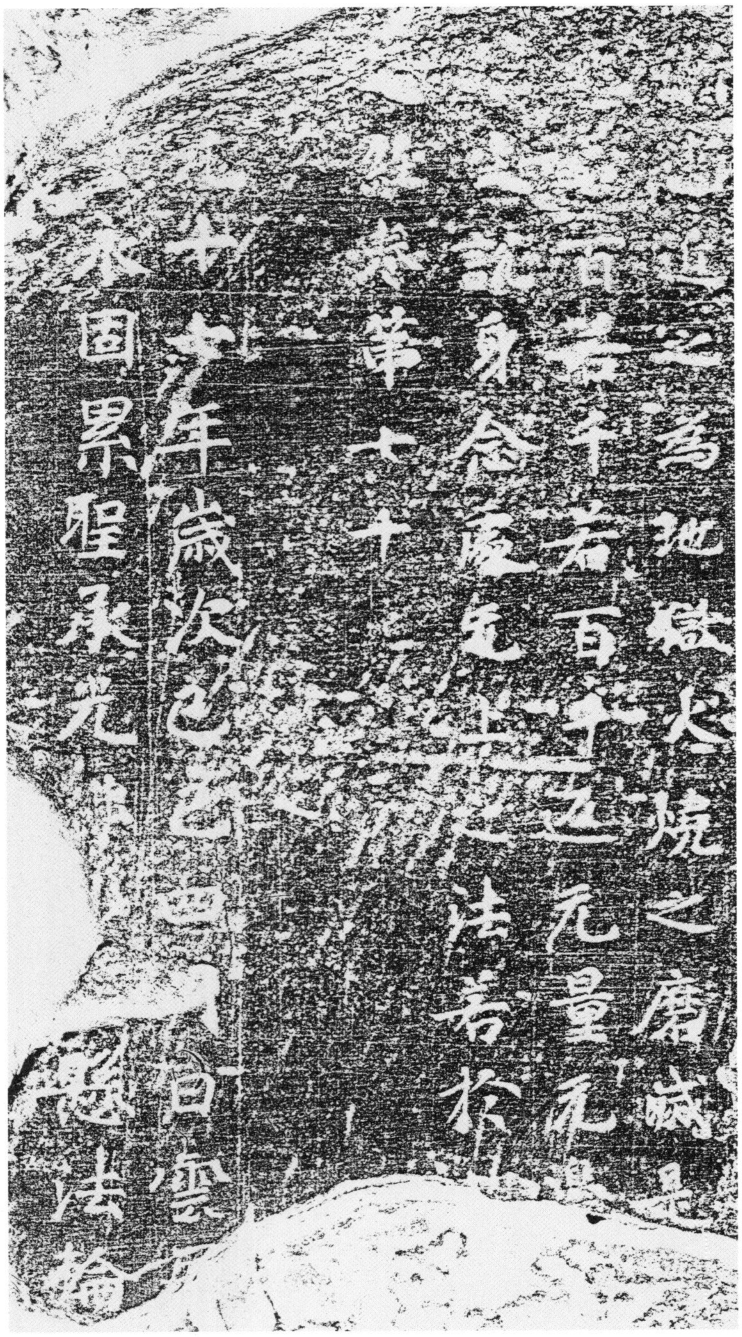

（局部）

2洞997
正法念經卷七十雲居寺僧唐開元十七年四月造經題記
拓片高202厘米、寬55厘米　中國國家圖書館藏
　　華夏本此石編號爲2洞017。按，唐開元十七年歲次己巳。

2 洞 1053　金剛藏等唐中和二年四月八日巡禮題名碑（碑陽）
拓片高 30 厘米、寬 35 厘米　中國國家圖書館藏
下端殘失。提到了巡禮時的“音聲人”。

2 洞 1053　金剛藏等唐中和二年四月八日巡禮題名碑（碑陰）
拓片高 30 厘米、寬 35 厘米　中國國家圖書館藏

三洞

三洞　外景

三洞　1956年開啓時狀態

三洞　洞内經版貯藏舊影
據1935年《東方學報・京都第五册副刊・房山雲居寺研究》

三洞　洞内經版貯藏情況

三洞位於石經山上層雷音洞右側，初唐時開鑿。1956年4月，三洞被最先開啓，搬出經版，清洗編號拓印。洞内共出經版333石，刻經55種200餘卷，始於唐咸亨三年（666）、麟德三年（672），訖金天會四年（1126）。包括唐刻26種，遼金刻29種，其中有題記的刻經18種。另外，三洞石門外左側尚有"大安二年"朱書題記、"諸佛"榜題，石門右側有唐咸通八年（867）劉仁佐巡禮題刻及明萬曆乙亥夏闞志拯等拓唐碑隸書題刻。

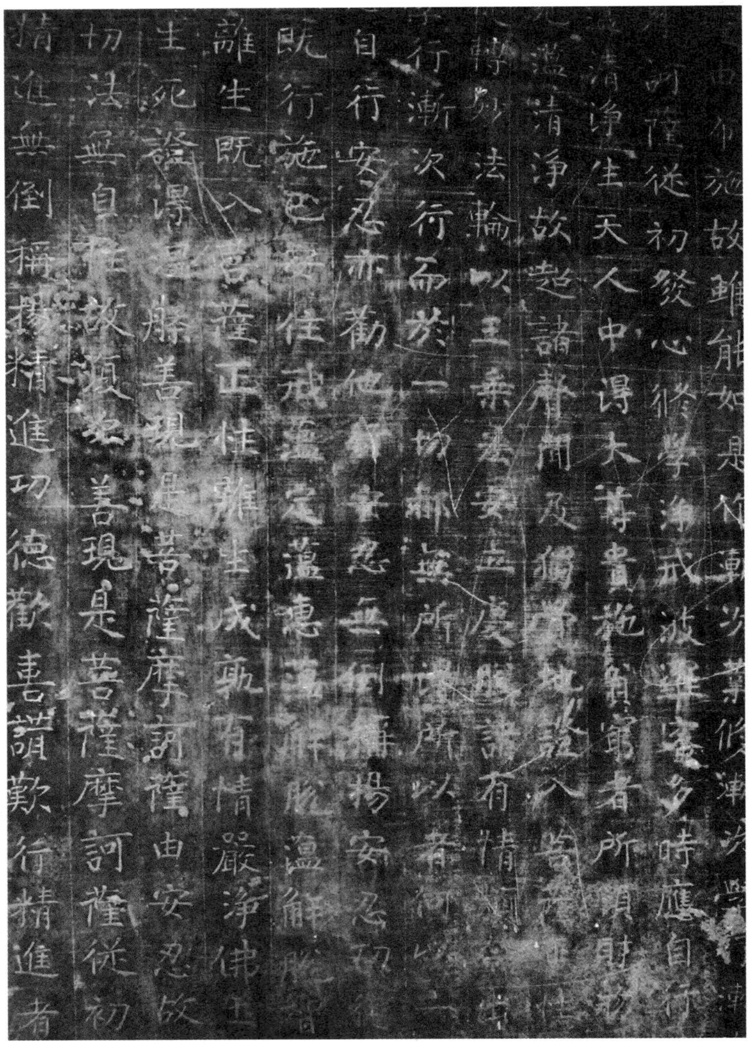

（原石局部）

3 洞 21
大般若波羅蜜多經卷第一百七石經邑主真空寺僧實際
平正曹思亮等造經題記　唐刻
拓片高 220 厘米、寬 58 厘米　中國國家圖書館藏

切智智修習布施淨戒安忍精進靜慮般若波羅蜜多以香界鼻識
知以舌界無二為方便無生為方便無所得為方便迴向一切智智
智智修習布施淨戒安忍精進靜慮般若波羅蜜多慶喜當知以身
生諸受無二為方便無生為方便無所得為方便迴向一切智智修
進靜慮般若波羅蜜多以法界意識界及意觸意觸為緣所生諸受
方便無所得為方便迴向一切智智安住內空外空內外空空空大
界及眼觸眼觸為緣所生諸受無二為方便無生為方便無所得為
外空空空大空勝義空有為空無為空畢竟空無際空散空無變異
便無所得為方便迴向一切智智安住內空乃至無性自性空慶喜
散空無變異空本性空自相空共相空一切法空不可得空無性空
自性空慶喜當知以舌界無二為方便無生為方便無所得為方便迴
空無性空自性空無性自性空以味界舌識界及舌觸舌觸為緣所
得為方便迴向一切智智安住內空外空內外空空空大空勝義空
身觸為緣所生諸受無二為方便無生為方便無所得為方便迴向
大空勝義空有為空無為空畢竟空無際空散空無變異空本性空
為方便迴向一切智智安住內空乃至無性自性空慶喜當知以眼
思議界以色界眼識界及眼觸眼觸為緣所生諸受無二為方便無
智安住真如法界法性不虛妄性不變異性平等性離生性法定法
不思議界慶喜當知以鼻界無二為方便無生為方便無所得為方
所生諸受無二為方便無生為方便無所得為方便迴向一切智智
平等性離生性法定法住實際虛空界不思議界以味界舌識界及

[illegible]

3 洞 21　大般若波羅蜜多經卷第一百七石經邑主真空寺僧實際平正曹思亮等造經題記（局部）

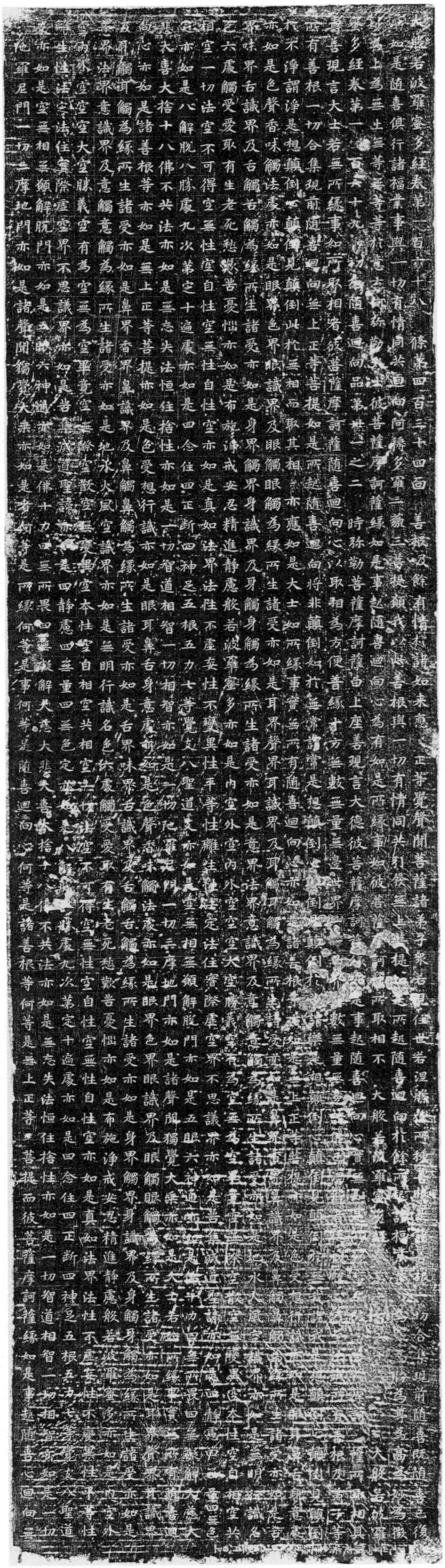

三洞門楣明人拓唐碑題記（局部）

3洞61

大般若波羅蜜多經卷第一百六十八何元迆唐天寶十三載
二月八日爲安禄山造經題記

拓片高207厘米、寬55厘米　中國國家圖書館藏

題記中的僕射指安禄山。安史之亂爆發前一年造經。按4洞23《大般若波羅蜜多經》卷第一百三十四題記，何元迆爲上谷郡脩政府折衝。據4洞61，何元迆又爲安禄山及合家大小并得平安，敬造石經一百條供養。

3 洞 61　大般若波羅蜜多經卷第一百六十八何元迪唐天寶十三載二月八日爲安禄山造經題記（局部）

3 洞 117
大般若波羅蜜多經卷第一百五大絹行社官游金應等
唐天寶九載四月八日造經題記
拓片高 149 厘米、寬 61 厘米　中國國家圖書館藏

盛唐時期，幽州地區的邑社行會大量鐫造石經，尤以紡織業生產分工最細，有布、絹、帛、絲、綢等，如絹行又分成大絹行、小絹行、絲絹行等細類，由此可以佐證，唐代幽州確是一處繁盛的絲織品生產和貿易中心，與《唐六典》《唐書》的記載是一致的。

一切魔所降伏何以故過去諸佛皆依如是甚深般若波羅蜜
甚深般若波羅蜜多大呪王故令證無上正等菩提何以故憍尸
現世間憍尸迦依因如是甚深般若波羅蜜多大呪王故四靜慮
多出現世間憍尸迦依因如是甚深般若波羅蜜多大呪王故內
空無性自性空出現世間憍尸迦依因如是甚深般若波羅蜜多
羅蜜多大呪王故苦聖諦集聖諦滅聖諦道聖諦出現世間憍尸
四念住四正斷四神足五根五力七等覺支八聖道支出現世間
呪王故五眼六神通出現世間憍尸迦依因如是甚深般若波羅
無忘失法恒住捨性出現世間憍尸迦依因如是甚深般若波羅
世間憍尸迦依因如是甚深般若波羅蜜多大呪王故預流一來
果出現世間憍尸迦依因如是甚深般若波羅蜜多大呪王故獨
如是甚深般若波羅蜜多大呪王故如來應正等覺及阿耨多羅
業道世間顯現憍尸迦依因菩薩摩訶薩故惠施受齋持戒等法
慮般若波羅蜜多世間顯現憍尸迦依因菩薩摩訶薩故內空外
性自性空世間顯現憍尸迦依因菩薩摩訶薩故真如法界法性
諦世間顯現憍尸迦依因菩薩摩訶薩故八解脫八勝處九次第
薩故空解脫門無相解脫門無願解脫門世間顯現憍尸迦依因
顯現憍尸迦依因菩薩摩訶薩故無忘失法恒住捨性世間顯現
尸迦依因菩薩摩訶薩故預流一來不還阿羅漢世間顯現憍尸
獨覺菩提世間顯現憍尸迦依因菩薩摩訶薩故菩薩摩訶薩及
大絹行社官游金應合邑人等敬造經三條天寶九載四月八日建

3 洞 117　大般若波羅蜜多經卷第一百五大絹行社官游金應等唐天寶九載四月八日造經題記（局部）

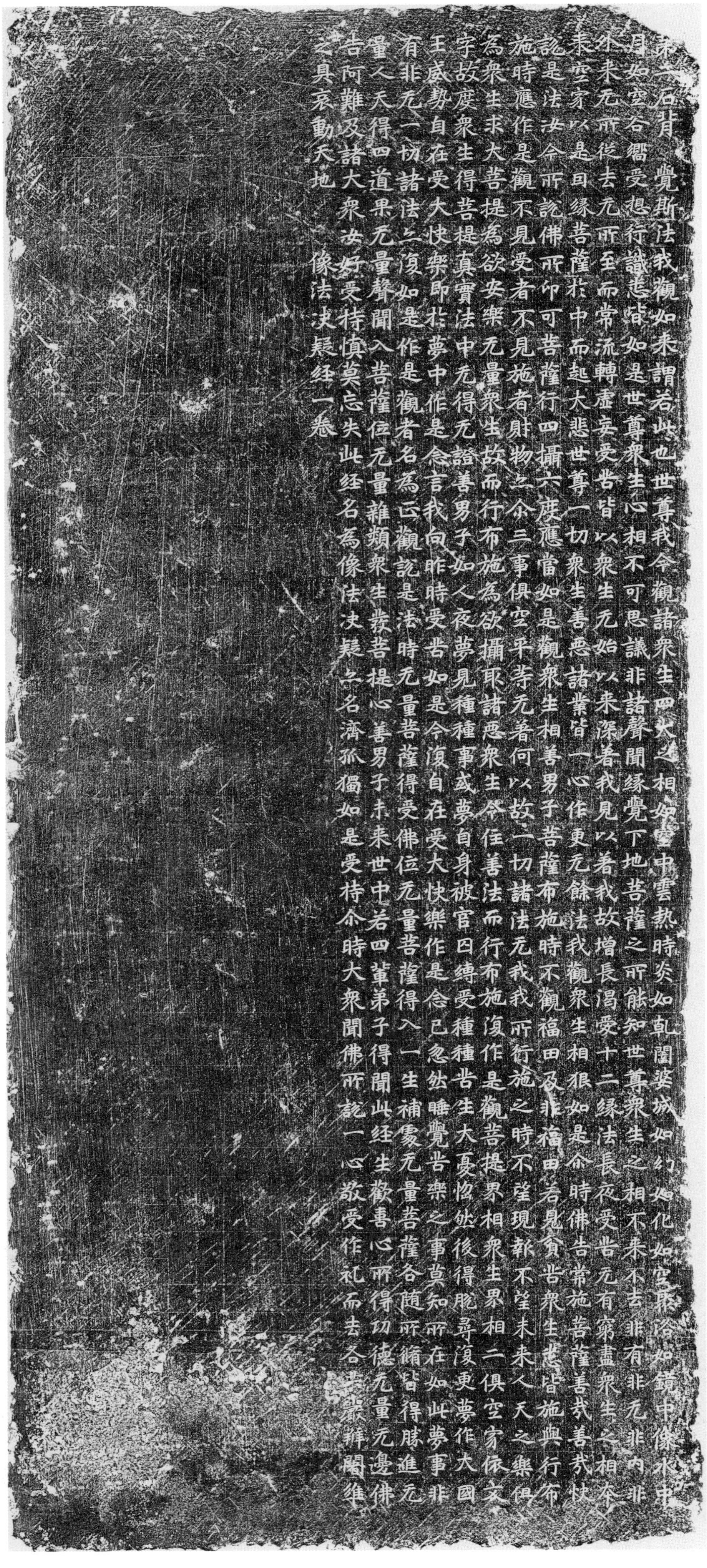
第六石背覺斯法我觀如來謂若此也世尊我今觀諸衆生四大之相如空中雲熱時炎如乾闥婆城如幻如化如空聚落如鏡中像水中
月如空谷嚮受想行識悉皆如是世尊衆生心相不可思議非諸聲聞緣覺下地菩薩之所能知世尊衆生之相不來不去非有非无非内非
外來无所從去无所至而常流轉虛妄受苦皆以衆生无始以來深著我見以著我故增長渴愛十二緣法長夜受苦无有窮盡衆生之相本
來空寂以是因緣菩薩於中而起大悲世尊一切衆生善惡諸業皆一心作更无餘法我觀衆生相狼如是介時佛告常施菩薩善哉善哉快
說是法汝今所說佛所印可菩薩行四攝六度應當如是觀衆生相善男子菩薩布施時不觀福田及非福田若見貧苦衆生悲皆施與行布
施時應作是觀不見受者不見施者財物亦介三事俱空平等无著何以故一切諸法无我我所行施之時不望現報不望未來人天之樂但
為衆生求大菩提為欲安樂无量衆生故而行布施為欲攝取諸惡衆生令住善法而行布施復作是觀菩提界相衆生界相二俱空寂依文
字故度衆生得菩提真實法中无得无證善男子如人夜夢見種種事或夢自身被官囚縛受種種苦生大憂惱然後得脫尋復更夢作大國
王威勢自在受大快樂即於夢中作是念言我向昨時受苦如是今復自在受大快樂作是念已忽然睡覺苦樂之事莫知所在如此夢事非
有非无一切諸法亦復如是作是觀者名為正觀說是法時无量菩薩得受佛位无量菩薩得入一生補處无量菩薩各隨所補皆得勝進无
量人天得四道果无量聲聞入菩薩位无量雜類衆生發菩提心善男子未來世中若四輩弟子得聞此經生歡喜心所得功德无量无邊佛
告阿難及諸大衆汝好受持慎莫忘失此經名為像法決疑亦名濟孤獨如是受持介時大衆聞佛所說一心敬受作禮而去各[illegible]嚴辦闍維
之具哀動天地
像法決疑經一卷

3洞44
像法决疑經　唐刻
拓片高136厘米、寬59厘米
中國國家圖書館藏

《像法决疑經》一卷，初唐刻經。凡刻二石四面，皆藏三洞。此第二石背面，左側未刻，或爲預留造經題記位置。

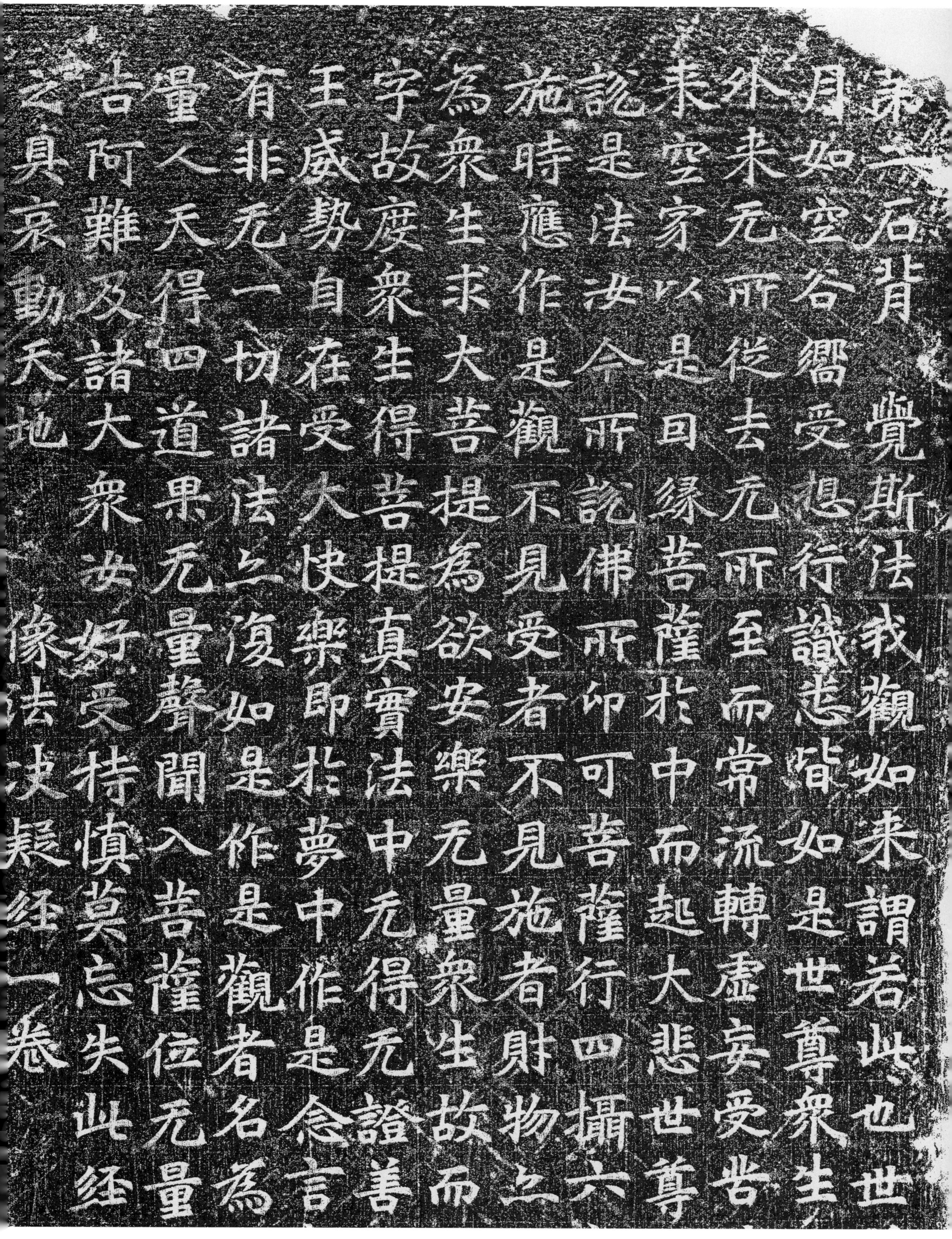

3洞44　像法決疑經（局部）

3洞45

勝天王般若波羅蜜經卷第二（碑陽）

唐刻

拓片高150厘米、寬60厘米

中國國家圖書館藏

凡21石、拓片42張。據3洞224經末題記，此經爲静琬門人玄導主持續刻經典之一，并得到了常樂寺僧惠慶、范阳縣令梁玄祚等人的支持。

合掌恭敬散諸妙華曼陀羅華摩訶曼陀羅華曼殊沙華摩訶曼殊沙華白蓮華赤蓮華紅蓮華青蓮華耆闍崛山縱廣四十由旬精華遍滿至于佛膝无
量天子作諸天樂不鼓自鳴空中歎言㽞覩佛興世㽞見轉法輪善哉閻浮提一切衆生勤脩功德多種善根得聞如是甚深般若波羅蜜況復未世有能
信者如是衆生悉行諸佛如來境界復有无量百千諸大龍王即以神力普興大雲降注香雨灑耆闍崛山及三千大千世界諸聽法者唯覺香潤不見霑
濡无量龍女悉於佛前合掌讚歎无量乾闥婆以妙音樂而供養佛其夜叉衆散諸妙華十方无邊國土諸佛世尊皆放眉間白毫光明照此娑婆世
界耆闍崛山其三千大千世界幽暗之處日月不照悉蒙光明照世界已還至佛所右繞三帀從佛頂入无量百千婆羅門刹利居士長者以塗香末香幡
華幢蓋而供養佛尒時衆中七十二億菩薩摩訶薩得无生法忍无量百千万億衆生得遠塵離垢法眼淨无量百千万億衆生發阿耨多羅三藐三菩提
心尒時勝天王白佛言世尊般若波羅蜜離文字无語言云何菩薩摩訶薩行般若波羅蜜為衆生說法佛告勝天王言大王菩薩摩訶薩行般若波羅
蜜如是說法為脩習佛法故而說佛法畢竟不可得為成熟諸波羅蜜而波羅蜜畢竟不可得為清淨菩提而菩提畢竟不可得為涅槃離欲滅而涅槃離
欲滅畢竟不可得為須陁洹斯陁含阿那含阿羅漢果而須陁洹乃至阿羅漢果畢竟不可得為辟支佛而辟支佛畢竟不可得為斷除我取而我及取畢竟
不可得菩薩摩訶薩如是行甚深般若波羅蜜心不分別一切諸相我能分別及所分別悉不可得隨順般若波羅蜜不違生死雖在生死不迷般若波羅
蜜隨順法相勝天王白佛言世尊菩薩摩訶薩云何隨順法相不違世諦佛告勝天王言大王菩薩摩訶薩隨順甚深般若波羅蜜不遠離色受想行識
不遠離欲界色界无色界不遠離法而不着般若波羅蜜不遠離道何以故具巧方便故勝天王白佛言世尊何者是菩薩摩訶薩善巧方便佛告勝天王
言大王所謂无量菩薩摩訶薩具慈悲喜捨不捨衆生常能利益大王菩薩摩訶薩行般若波羅蜜具无邊慈无分別慈法慈不息慈不惱慈利益慈平等
慈遍益慈出世慈成就如是等大慈世尊云何大悲佛言大王菩薩摩訶薩行般若波羅蜜衆生苦惱无歸无依處即為濟拔發菩提心懃求正法既自得
已為衆生說其慳貪者發行布施无戒破戒教令持戒惡性之人教行忍辱嬾墮懈怠教令精進散乱之人教行禪定愚癡之人教行般若為度衆生雖遭
苦惱終不捨離菩提之心是名大悲世尊云何大喜佛言大王菩薩摩訶薩行般若波羅蜜作是思惟三界熾燃我已出離故生歡喜久相繫着生死之纏
我已割斷故生歡喜種種覺觀及諸取相於生死海我已得出故生歡喜无始堅立我慢之幢我今已摧故生歡喜以金剛智壞煩惱山永不復立故生歡
喜我自安隱又令他安愚癡黑暗貪愛繫縛久寐世間今始得覺故生歡喜我今已離一切惡趣又拔衆生令出惡道衆生久於生死迷亂不知出道我今
濟拔開示正路悉令得至薩婆若城故生歡喜是名大喜大王菩薩摩訶薩行般若波羅蜜眼所見色不着不離而起捨心耳聲鼻香舌味身觸意法亦尒
大王菩薩摩訶薩行般若波羅蜜成就如是四无量心尒時勝天王白佛言世尊云何菩薩摩訶薩行般若波羅蜜為度衆生示現諸相佛告勝天王言
大王般若波羅蜜相不可得菩薩摩訶薩相亦不可得但方便力教化衆生示現處胎乃至涅槃何以故諸天計常謂无墮落菩薩摩訶薩行般若波羅蜜
以方便力破此執故示現處胎自令彼天起无常念世間衆勝衆高无等不着五欲不能浮尚有墮落況復餘天是故咸應勿復放逸懃加精進一心脩道
譬如見日尚有隱沒則知梵天不得久住大王復有放逸諸天貪着樂故不脩正法雖與菩薩同在天宮不往礼拜不諮受法而作是意今且遊戲明日諮菩

3洞45
勝天王般若波羅蜜經卷第二（碑陰）
唐刻
拓片高147厘米、寬59厘米
中國國家圖書館藏

欲滅畢竟不可得爲須陁
不可得菩薩摩訶薩如是
蜜隨順法相勝天王白
不遠離欲界色界无色界
言大王所謂无量菩薩摩
慈遍益慈出世慈成就如
已爲衆生說其慳貪者發

3 洞45　勝天王般若波羅蜜經卷第二（碑陰局部）

合掌恭敬散諸妙華曼陁
量天子作諸天樂不鼓自
信者如是衆生悲行諸佛
濡无量龍女悲於佛前合
界者閣崛山其三千大千
華幢盖而供養佛尒時衆
心　尒時勝天王白佛言

3 洞 170
勝天王般若波羅蜜經卷第一經序　唐刻
拓片高 151 厘米、寬 60 厘米
中國國家圖書館藏
　　第一石面右上角有"高刊"刻工題名。

第一石

勝天王般若經卷第一 經序 仁王般若經初衆相謂曰大覺世尊

國有梁太清二年六月于闐沙門求那跋陀陳言德賢貴一部梵文凡十六

言避難本邦登仕梁室被勅招知外國使命忽見德賢有此經典敬戀

來奉迹雜華經辭關甫亦便值侯景稱兵冠亂頂戴逃亡未暇翻譯民

負笈懷經自遠而至江州刺史儀同黃法氍駐傳本州錫挂分陝護持

略開題序設无遮大會四衆雲集五千餘人匡山釋僧果法師及遠迹

藍揵拒旣嚮僧徒咸萃首那躬執梵文譯為陳語揚州阿育王寺釋智

文句乃盡江州僧正釋慧恭法師戒香芬郁定水澄明指則具瞻棟梁

附卷餘略述時事庶將來君子无或猜焉勝天王般若波羅蜜經通

俱皆是阿羅漢諸流永盡所作已辦捨諸重擔逮得己利盡諸有結心

迦葉憍梵波提薄拘羅離波多畢淩婆伽蹉大智舍利弗摩訶目揵連

又俱菩薩摩訶薩七万二千人俱志已通達甚深法性調順易化善行

王為法來集一生補處護持法藏不斷三寶種法王真子紹佛轉法輪

冠菩薩寶積菩薩寶髻菩薩寶海菩薩寶餤菩薩寶幢菩薩金剛藏菩

薩蓮華藏菩薩解脫月菩薩普賢菩薩觀世音菩薩觀月菩薩普音菩

菩薩上意菩薩金剛意菩薩師子遊戲菩薩師子吼菩薩大音王菩薩

殊師利菩薩十六賢士跋陀婆羅菩薩為上首賢劫菩薩弥勒菩薩為

3洞170 勝天王般若波羅蜜經卷第一 經序（局部）

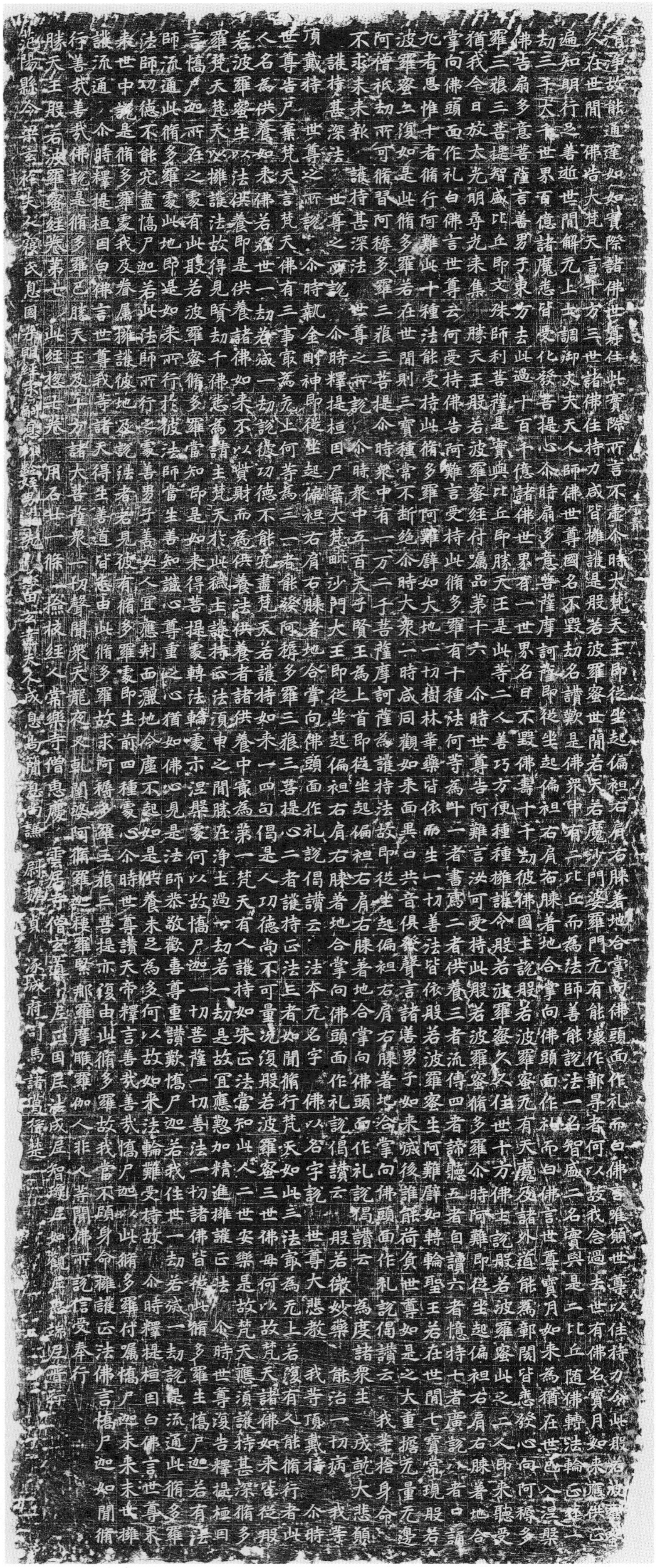

3 洞 224
勝天王般若波羅蜜經卷第七常樂寺僧惠慶雲居寺僧玄導等題記　唐刻
拓片高 169 厘米、寬 67 厘米
中國國家圖書館藏

此爲碑陰，右側有刻工丁貴題名。

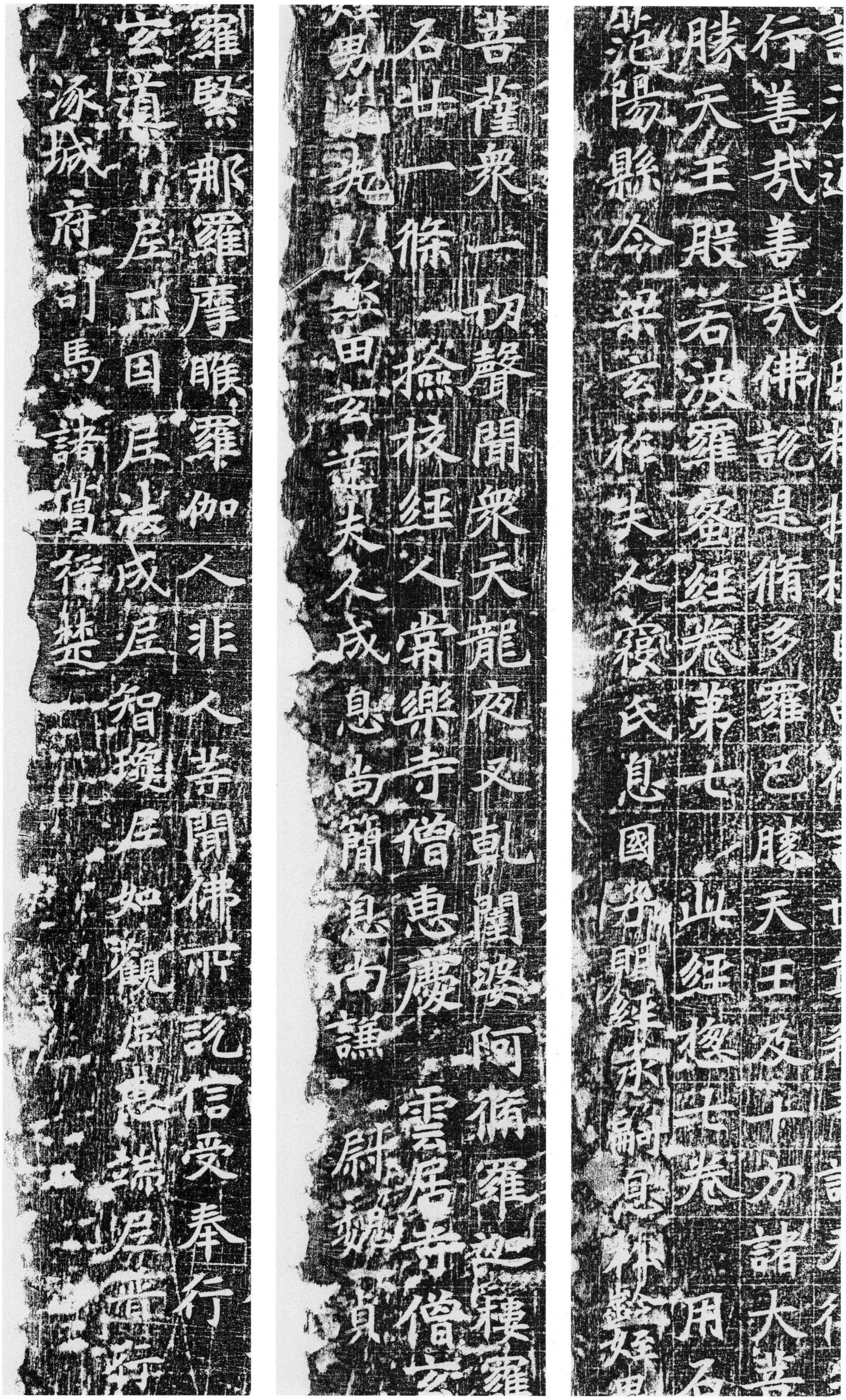

3 洞 224　勝天王般若波羅蜜經卷第七常樂寺僧惠慶雲居寺僧玄導等題記（局部）

大乘大集地藏十輪經序卷第一　前者旭照高山天宮御一乘之駕流暉隰原鹿苑轉四諦之輪雖復發軫不遠而途無亂轍一雲普洽而卉木各茂
雙林變色慧日寢光達學寵謝以息肩真人長往而家憲且前賢述聖難令各解後進孤陋更異親承況乎正法既往久當像末之慧與福德異時醇醨
風殊運然則一乘三乘之駕安可以同其轍哉若識時來在數藥性勿違然後可以清沉痾之宿疾體權實之同歸矣十輪經者即此土末法之教也何
以明之佛以末法惡時去聖浸遠敗根比之坏器空見借喻生盲沉醉五欲類石田之不苗放肆十惡似臭身之垢穢故此經能濯臭身開盲目陶坏器
石田是以菩薩亦聲聞之形象王敬出家之服以此幢相化彼無慙顯二事之護持成三乘之道果故經曰為令此土三寶種姓威德熾盛久住世故又曰
摧滅一切諸衆生類猶如金剛堅固煩惱然則三寶久住顯教傳於末法金剛煩惱障異乎一乘尋舊經年代蓋久但譜第遺目傳人失記翻譯之
王既往來茲之日罕聞同我者失曉於真彩異我者大噗於深味誠以千里能勿悲乎夫趣曜文天或蔽虧於薄霧至言範物時淪滯於邪辯針石一違有
死生之巨痛纖毫錯學有升隆之異途其可易乎屬有三藏玄奘法師者始則學架東朝末乃訪道西域輕一生之性命涉數万之艱難果能竭溟渤以
之珠蹈龍宮而窮秘藏吞法流於智海寫元道受道氣於檀林香風更馥至於因明三量聲論八音莫不究立破之源窮字轉之本如來所說菩薩所傳
已來未來一朝備集昉以薄業不偶真應幸前聖制亂於來地後賢傳燈於既夕遂使定死餘命冀及魂於法藥昏野迷方期還蘇於覺道於是染翰操紙
雅辭外慮務詳至教釋彼紛執疇咨法王重啓梵文譬以永徽二年歲次辛亥正月乙未盡其年十二月甲寅翻譯始畢凡八品十卷以今所翻比諸舊本
舊本以有今更詳明舊本所無斯文具載於是處座佐談者響法雷而吐辯靜慮通微者鏡玄波而照心須火曝腹之徒戢螢暉於慧日喜足讓懷之侶騰
高節於清風矣前佛既往後佛未興處此教長懸永濟來者弘道之士如何勿思　大乘大集地藏十輪經序品第一　如是我聞一時薄伽梵在佉羅
帝耶山諸牟尼仙所依住處與大苾芻衆俱謂過數量大聲聞僧復有菩薩摩訶薩衆謂過數量大菩薩僧說月藏已尒時南方大香雲來雨大香雨大華
雲來雨大華雨大妙殊麗寶飾雲來雨大殊麗妙寶飾雨大妙鮮潔衣服雲來雨大鮮潔妙衣服雨是諸雲雨充遍其山諸牟尼仙所依住處從諸香華寶
飾衣服演出種種百千微妙大法音聲謂歸敬三寶聲受持學處聲忍辱柔和精進勇猛聲降伏四魔聲趣入智慧聲廣大名稱遍滿三界聲勸脩殊勝
念定總持聲空無相無願聲厭離貪欲聲色如聚沫聲受如浮泡聲想如陽焰聲行如芭蕉聲識如幻事聲無常聲苦聲無我聲空聲慙愧聲遠離聲讚念
聲慈悲喜捨聲證得諸法聲生天涅槃聲趣向三乘聲轉大法輪聲雨大法雨聲成熟有情聲慶三惡趣聲脩治圓滿六到彼岸聲善巧方便聲趣入十地
聲遊戲神通聲遊戲清淨無上大乘聲不退轉地聲無生法忍聲灌頂受位聲趣入一切諸佛大海聲尒時一切諸來大衆咸見如是種種雲雨亦聞如
是諸法音聲隨意所樂各見其身種種香華寶飾衣服之所莊嚴又各自見兩手掌中持如意珠從是一一如意珠中雨種種寶復從一一如意珠中放諸
光明因光明故一一有情皆見十方殑伽沙等諸佛世界又因光明見諸佛土一一世尊無量衆會恭敬圍繞復因光明見諸佛土一切有情若有病者由
此光明之所照觸衆病除愈諸應被縶及因繫者光明照故皆得解脫諸身語意麁重纖習因光皆得輕爽清淨諸飢渴者亦皆飽滿諸被種種刑罰逼切
光明照故皆離憂苦諸乏衣服寶飾資財光明照故隨念皆足若諸有情樂欲教主[illegible]樂欲[illegible]見由此光明之所照觸皆[illegible]樂故遠離[illegible]乃至[illegible]

3 洞 153
大乘大集地藏十輪經釋神昉序（碑陽）
唐刻
拓片高 146 厘米、寬 59 厘米
中國國家圖書館藏
唐開元時玄導等刻經。

大乘大集地藏十輪經序卷第一　首者旭照高山天宮御一乘之駕流暉原隰鹿苑
雙林變色慧日寢光達學電謝以息肩真人長往而家處且前賢述聖難令各解後進
先風殊運然則一乘三乘之駕安可以同其轍哉若識時來在數藥性勿違然後可以
以明之佛以末法惡時去聖浸遠敗根比之坏器空見借喻生盲沉醉五欲類石田之
石田是以菩薩亦聲聞之形象王敬出家之服以此幢相化彼無慚顯二事之護持成
推藏一切諸衆生類猶如金剛堅固煩惱然則三寶久住顯教傳於末法金剛煩惱驗
王既往來茲之日罕聞同我者失暱於真彩異我者大嘆於淡味譏以千里能勿悲乎
充生之巨痛纖毫錯學有升墜之異途其可易乎屬有三藏玄奘法師者始則學架東
之珠蹈龍宮而窮秘藏吞法流於智海瓶寫无遺受道氣於檀林香風更馥至於因明
巴來未來一朝備集昉以薄業不偶真應幸前聖制亂於來地後賢傳燈於既夕遂使
羅總外慮務詳至教釋彼紛執疇咨法主重啓梵文粵以永徽二年歲次辛亥正月乙
舊本以有令更詳明舊本所無斯文具載於是處座佗談者響法雷而吐辯靜慮通徹
高節於清風美前佛既往後佛未興庶此教長懸永濟來者弘道之士如何勿思
帝邪山諸牟尼仙所依住處與大苾芻衆俱謂過數量大聲聞僧復有菩薩摩訶薩衆
雲來雨大華雨大妙殊麗寶飾雲來雨大殊麗妙寶飾雨大妙鮮潔衣服雲來雨天鮮
飾衣服演出種種百千微妙大法音聲謂歸敬三寶聲受持學處聲忍辱柔和聲精進
念定總持聲空无相无願聲厭離貪欲聲色如聚沫聲受如浮泡聲想如陽焰聲行如
聲慈悲喜捨聲證得諸法聲生天涅槃聲趣向三乘聲轉大法輪聲雨大法雨聲成熟
聲遊戲神通聲遊戲清淨无上大乘聲不退轉地聲无生法忍聲灌頂受位聲趣入一
是諸法音聲隨意所樂各見其身種種香華寶飾衣服之所莊嚴又各自見兩手掌中
光明因光明故一一有情皆見十方殑伽沙等諸佛世界又因光明見諸佛土一一世
光明之所照觸衆病除愈諸應被繫及囚繫者光明照故皆得解脫諸身語意纏重
明照故皆離憂苦諸少衣服寶飾珍財光明照故隨念皆得若[illegible]

3 洞 153　大乘大集地藏十輪經釋神昉序（碑陽局部）

3 洞 153
大乘大集地藏十輪經大經主常樂寺僧慧慶雲居寺寺主僧玄導等供養題記（碑陰、碑側）
唐刻
拓片高 146 厘米、寬 59 厘米
側高 136 厘米、寬 18 厘米
中國國家圖書館藏

3 洞 153　大乘大集地藏十輪經大經主常樂寺僧慧慶雲居寺寺主僧玄導等供養題記（碑側局部）

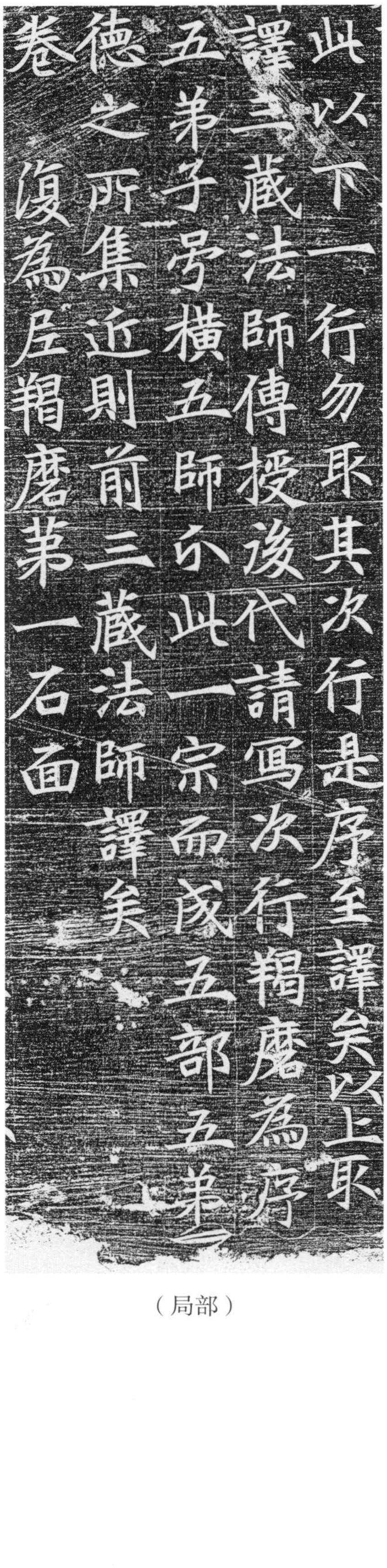
此以下一行勿取其次行是序至譯矣以上取
譯三藏法師傳授後代請寫次行羯磨為序
五弟子号横五師亦此一宗而成五部五弟
德之所集近則前三藏法師譯矣
卷復為尼羯磨第一石面

（局部）

3 洞 177

僧羯磨經比丘尼羯磨經雲居寺僧釋玄導

唐咸亨三年七月十五日題記

拓片高 149 厘米、寬 61 厘米

中國國家圖書館藏

玄導題記在經文之中，其内容可與静琬唐武德八年藏經題刻參閲。

3 洞 177　僧羯磨經比丘尼羯磨經雲居寺僧釋玄導書咸亨三年七月十五日題記（局部）

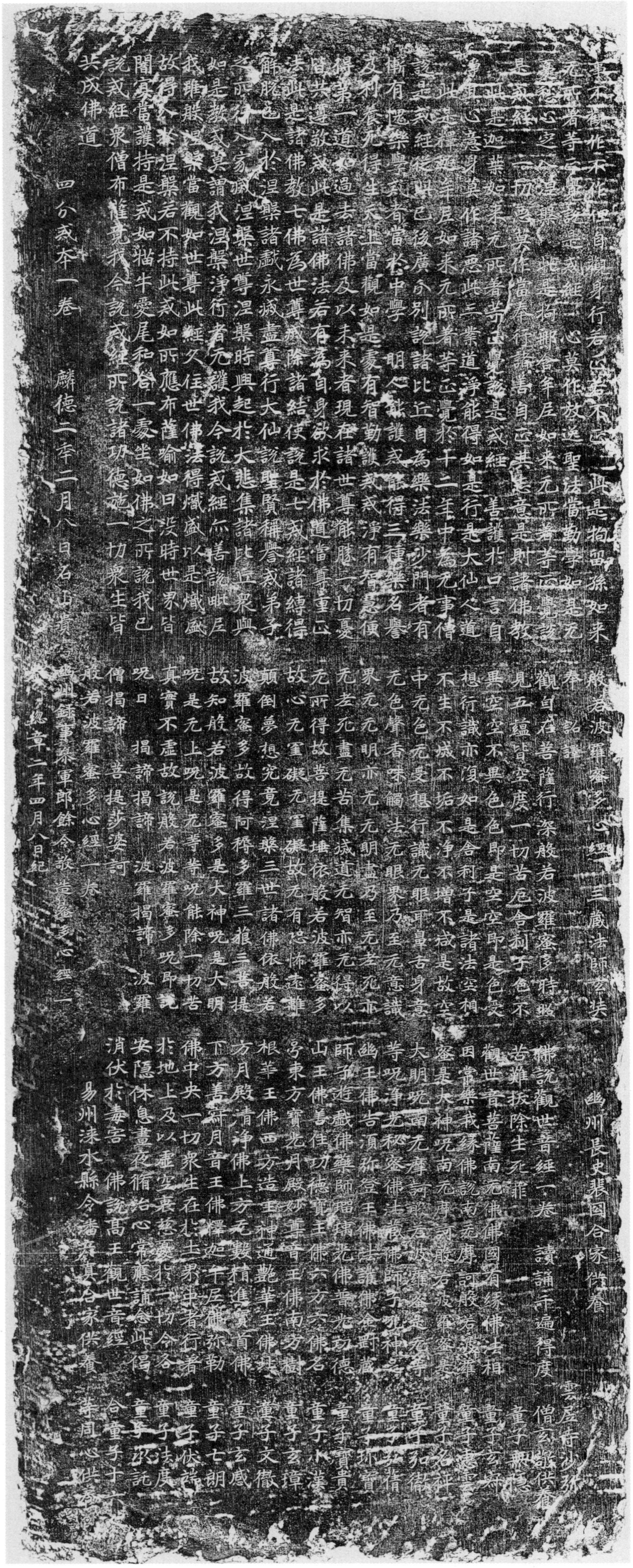

3 洞 238
佛説四分戒本石山貴唐麟德二年二月八日造經題記　般若波羅蜜多心經郎餘令唐總章二年四月八日造經題記　佛説觀世音經潘彥真造經題記
拓片高 156 厘米、寬 59 厘米
中國國家圖書館藏

經版下方爲雲居寺沙彌童子十六人供養題名。

般若波羅蜜多心經 三藏法師玄奘
奉 詔 譯
觀自在菩薩行深般若波羅蜜多時照
見五蘊皆空度一切苦厄舍利子色不
異空空不異色色即是空空即是色受
想行識亦復如是舍利子是諸法空相
不生不滅不垢不淨不增不減是故空
中无色无受想行識无眼耳鼻舌身意
无色聲香味觸法无眼界乃至无意識
界无无明亦无无明盡乃至无老死亦
无老死盡无苦集滅道无智亦无得以
无所得故菩提薩埵依般若波羅蜜多
故心无罣礙无罣礙故无有恐怖遠離
顛倒夢想究竟涅槃三世諸佛依般若
波羅蜜多故得阿耨多羅三藐三菩提
故知般若波羅蜜多是大神呪是大明
呪是无上呪是无等等呪能除一切苦
真實不虛故說般若波羅蜜多呪即說
呪曰 揭諦揭諦 波羅揭諦 波羅
僧揭諦 菩提莎婆訶
般若波羅蜜多心經一卷
幽州錄事參軍郎餘令敬造蜜多心經一
大總章二年四月八日紀

幽州長史裴國合家供養
佛說觀世音經一卷 讀誦千遍得度
苦難拔除生死罪
觀世音菩薩南无佛 佛國有緣佛法相
因常樂我緣佛說南无摩訶般若波羅
蜜是大神呪南无摩訶般若波羅蜜是
大明呪南无摩訶般若波羅蜜是无等
等呪淨光秘密佛法藏佛師子吼神足
幽王佛告須彌登王佛法護佛金剛藏
師子遊戲佛藥師瑠璃光佛普光功德
山王佛善住功德寶王佛六方六佛名
號東方寶光月殿妙尊音王佛南方樹
根華王佛西方造王神通焰華王佛北
方月殿清淨佛上方无數精進寶首佛
下方善寂月音王佛釋迦牟尼佛彌勒
佛中央一切衆生在於土界中者行者
於地上及以虛空裏慈憂於一切令各
安隱休息晝夜脩治心常應誦念此偈
消伏於毒害佛說高王觀世音經
易州涞水縣令潘彦真合家供養

雲居寺沙彌
僧玄敬供養
童子無隱
童子玄寂
童子惠雲
童子名祥
童子弘徹
童子弘倩
童子琳寶
童子寶貴
童子小漢
童子玄璋
童子文徹
童子玄感
童子七朗
童子休詳
童子法度
童子承訖
合童子十六
等同心供養

3 洞 238　般若波羅蜜多心經郎餘令唐總章二年四月八日造經題記　佛說觀世音經潘彦真造經題記

3 洞 281
般若波羅蜜多心經碑趙潭幹唐大和二年四月八日書經題記（碑陽）
拓片高 72 厘米、寬 38 厘米
中國國家圖書館藏
　　趙潭幹爲李載義軍府僚佐。

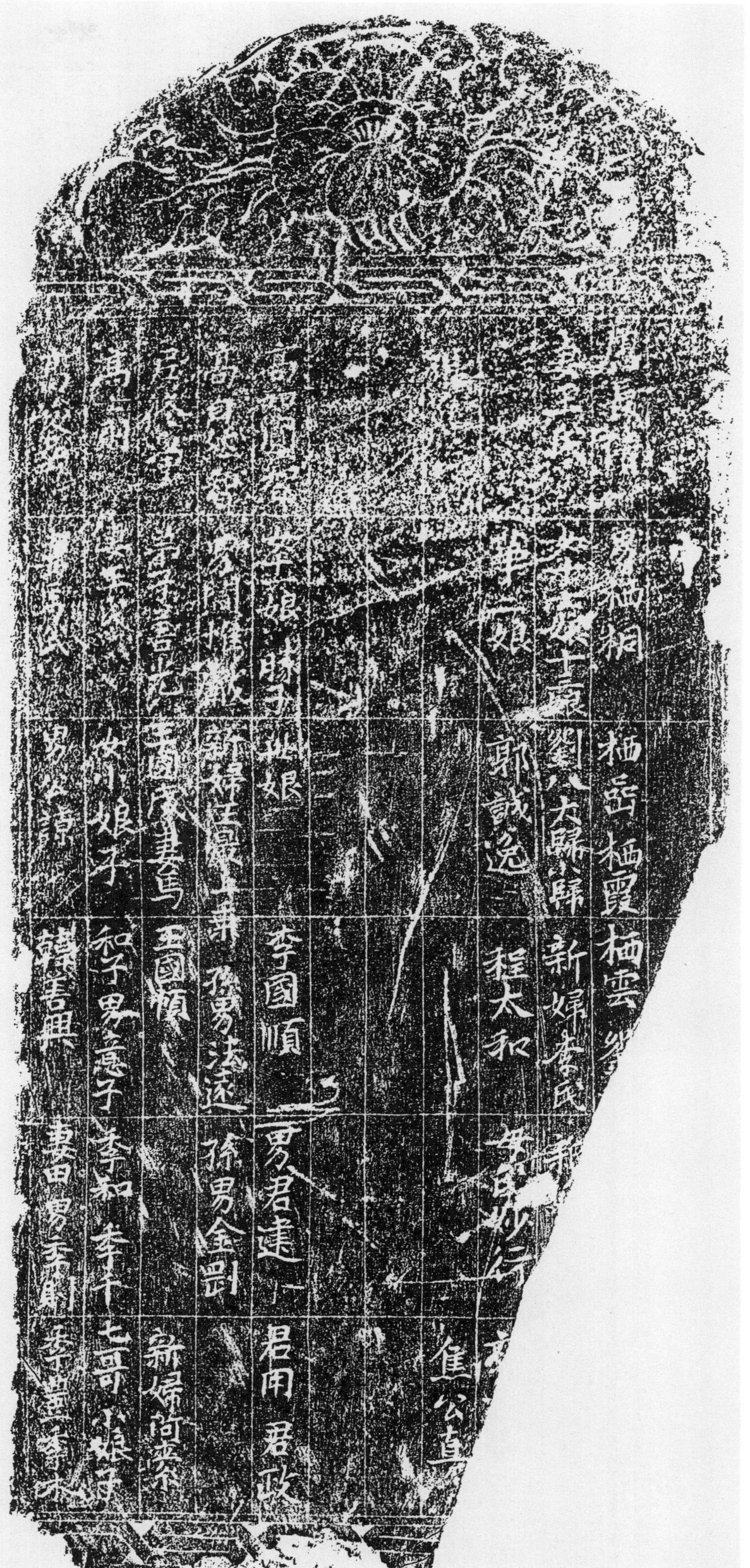

3洞281
般若波羅蜜多心經碑趙潭幹唐大和二年四月八日書經題記（碑陰）
拓片高70厘米、寬38厘米
中國國家圖書館藏

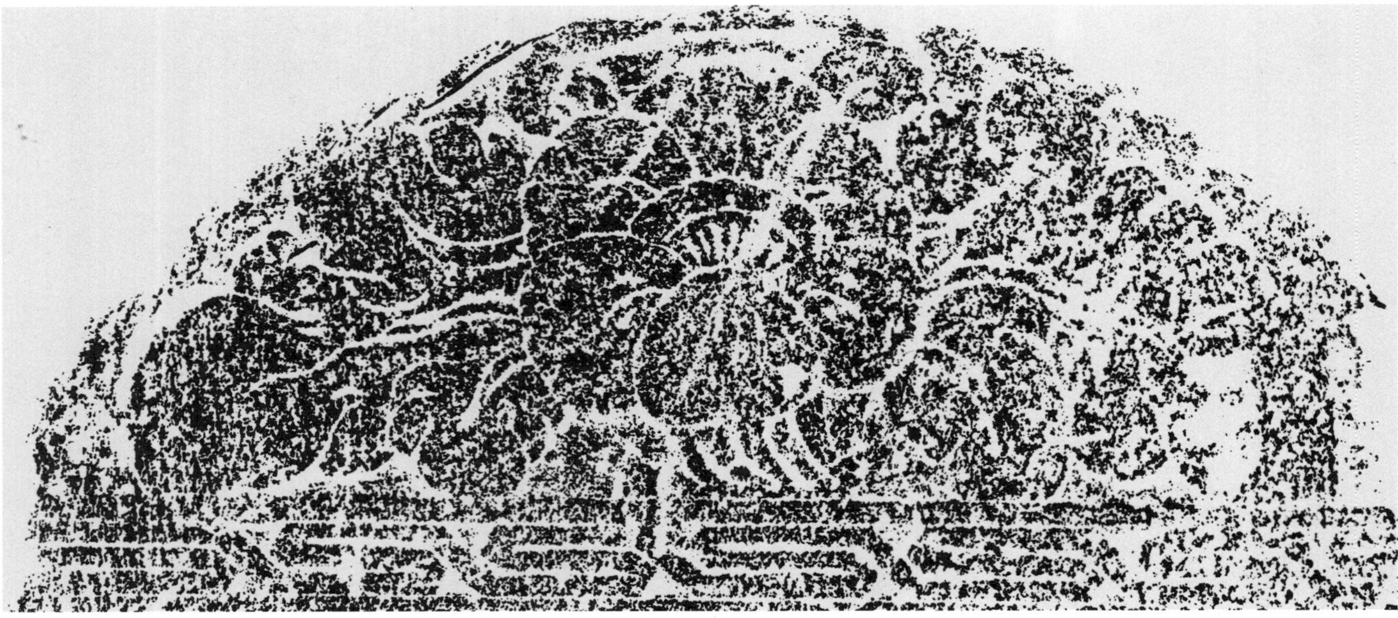

3 洞 281　般若波羅蜜多心經碑趙潭幹唐大和二年四月八日書經碑首及碑陰綫刻花卉圖案

四洞

四洞　外景

四洞　20 世紀 60 年代修復的石門

四洞　洞内經版貯藏情況

四洞位於雷音洞（五洞）右側，初唐時開鑿。1956 年共發掘經版 125 石、殘石 39 石，刻經 12 種 100 卷左右，始於唐咸亨二年（671），訖金天會十四年（1136），主要是初唐刻經。其中有題記的 7 種。另石門門楣及外壁有“睢州蔣序蒲”及石匠張思等題名。

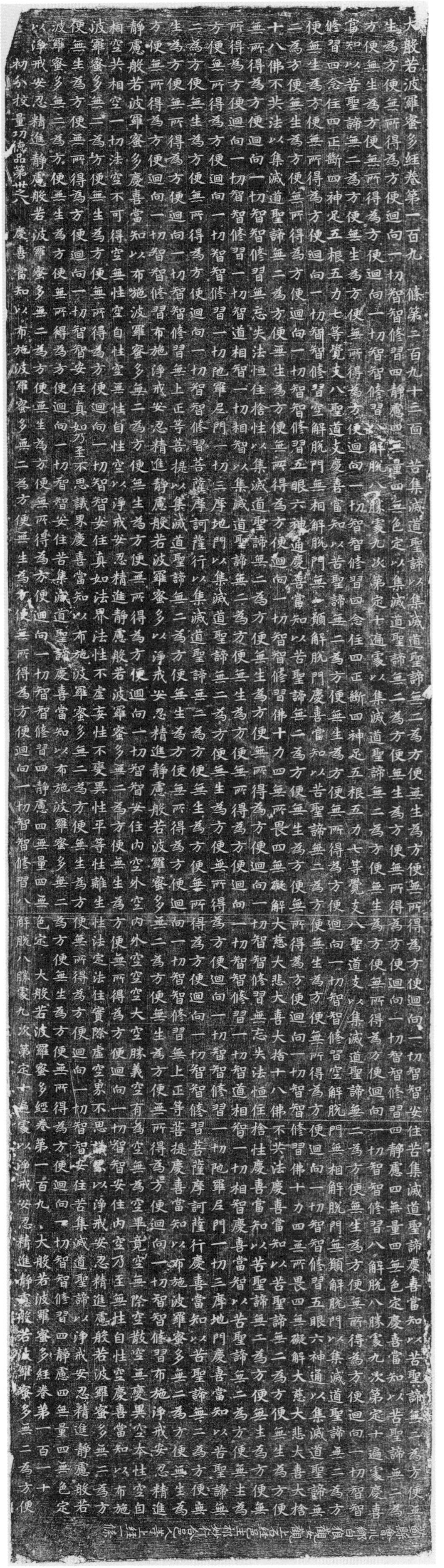

4 洞 11

大般若波羅蜜多經卷第一百九白狼觀女觀等造經題記　唐刻

拓片高 214 厘米、寬 57 厘米　中國國家圖書館藏

女道士上經。祁妙行爲石經邑主，多次組織造經活動。如 7 洞 229 石經題記："范陽郡女官祁妙行廿二人等造經一條，天寶九載二月八日。" 4 洞 70 石經題記："范陽郡幞頭行造經一條，范陽郡女觀祁妙行合邑人等造上經。"

一切智智安住苦集滅道聖諦慶喜當知以苦聖諦無二為方便無
切智智修習四靜慮四無量四無色定慶喜當知以苦聖諦無二為
為方便迴向一切智智修習八解脫八勝處九次第定十遍處慶喜
滅道聖諦無二為方便無生為方便無所得為方便迴向一切智智
修習空解脫門無相解脫門無願解脫門以集滅道聖諦無二為方
無所得為方便迴向一切智智修習五眼六神通以集滅道聖諦無
向一切智智修習佛十力四無所畏四無礙解大慈大悲大喜大捨
大捨十八佛不共法慶喜當知以苦聖諦無二為方便無生為方便
忘失法恒住捨性慶喜當知以苦聖諦無二為方便無生為方便無
一切智道相智一切相智慶喜當智以苦聖諦無二為方便無生為
切智智修習一切陁羅尼門一切三摩地門慶喜當知以苦聖諦無
一切智智修習菩薩摩訶薩行慶喜當知以苦聖諦無二為方便無
習無上正等菩提慶喜當知以布施波羅蜜多無二為方便無生為
生為方便無所得為方便迴向一切智智修習布施淨戒安忍精進
空勝義空有為空無為空畢竟空無際空散空無變異空本性空自
方便迴向一切智智安住內空乃至無性自性空慶喜當知以布施
際虛空界不思議界以淨戒安忍精進慮般若波羅蜜多無二為方
便迴向一切智智安住苦集滅道聖諦以淨戒安忍精進靜慮般若
方便無所得為方便迴向一切智智修習四靜慮四無量四無色定
波羅蜜多經卷第一百九大般若波羅蜜多經卷第一百一十
潞縣會川鄉白狼觀女觀上石經邑主祁妙行合邑人等上經一條

4 洞 11　大般若波羅蜜多經卷第一百九白狼觀女觀等造經題記（局部）

4 洞 95
大般若波羅蜜多經卷第一百五十九盧暉及夫人吕氏等
唐天寶十二載四月八日造經題記
拓片高 211 厘米、寬 56 厘米　中國國家圖書館藏

另據 3 洞 128，河間太守盧暉與夫人東平吕氏十九娘、妹十四娘爲患得損，於雲居山寺上經一百條。

戒波羅蜜多得[illegible]戒波羅蜜多不應觀
非自性是耳[illegible]自性若非自性即是淨戒
處等可得[illegible]彼淨與不淨汝若能修如是淨戒是修淨戒
宣說淨[illegible]多作如是言汝善男子應修淨戒波羅蜜多
自性即非[illegible]是聲香味觸法處自性亦非自性若非自性即
尚無色處等可得何況有彼常與無常汝若能修如是淨戒是
自性空聲香味觸法處[illegible]法處自性空是色處自性即
觸法處皆不可得彼[illegible]可得所以者何此中尚無色
無我不應觀聲香[illegible]若無我何以故色處色處自
此淨戒波羅蜜多[illegible]我無我亦不可得聲香味觸
作是言汝善男子應[illegible]多不應觀色處若淨若不
味觸法處自性亦非[illegible]即是淨戒波羅蜜多於此
有彼淨與不淨汝若[illegible]修淨戒波羅蜜多憍尸
波羅蜜多作如是[illegible]戒波羅蜜多不應觀眼
所生諸受色界乃至眼[illegible]受自性空是眼界自性
亦不可得色界乃至[illegible]皆不可得彼常無常
戒波羅蜜[illegible]不應觀[illegible]觀色界眼識界及眼
是眼界自性即非自[illegible]所生諸受自性
得彼樂與苦亦不可得[illegible]等可得何況
界眼識界及眼觸眼觸[illegible]何以故眼

4 洞 95　大般若波羅蜜多經卷第一百五十九盧暉及夫人吕氏等唐天寶十二載四月八日造經題記（局部）

4 洞 116

梁踐悊造佛説恒水流樹經碑（碑陽） 唐刻

拓片高 144 厘米、寬 66 厘米

中國佛教圖書文物館藏

清乾隆間查禮撰《游上方悊題二山日札》云：“自窗欞闚之，碑石或卧或立，時見一二。大洞（雷音洞）之右第一洞（即今四洞）刻《佛説恒水流樹經》。”即謂此。

碑陽額綫刻佛造像及供養人，碑陰額佛造像浮雕，兩側信士題名。

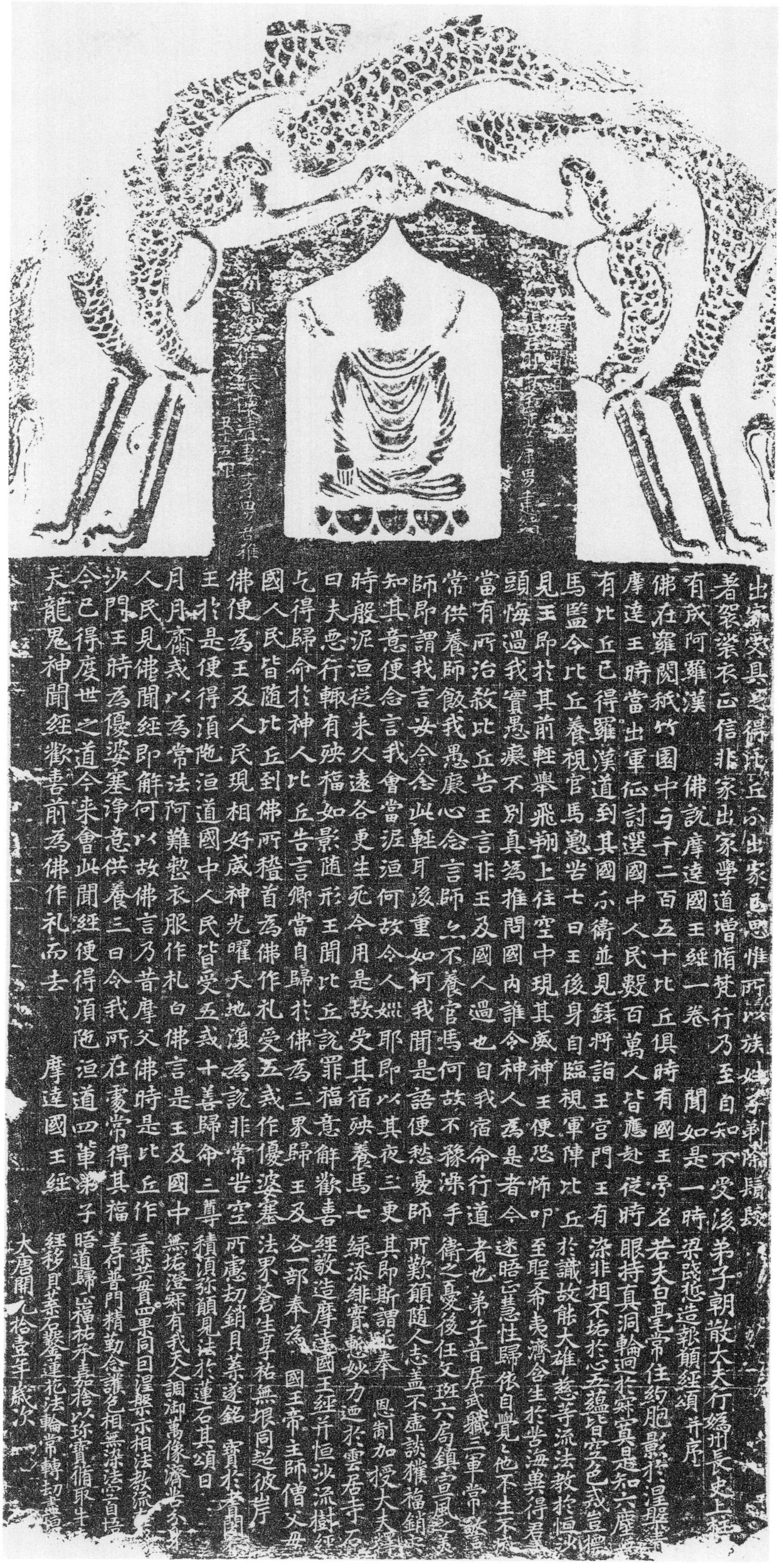

4 洞 116
佛說摩達國王經碑梁踐悊唐開元十一年造報願經頌并序（碑陰）
拓片高 144 厘米、寬 66 厘米
中國佛教圖書文物館藏

4 洞 117　佛說造立形像福報經碑張惠唐咸亨二年七月造經發願文（碑陽、碑側）
拓片高 149 厘米、寬 62 厘米　側長 133 厘米、寬 12 厘米　中國國家圖書館藏
造像經碑。發願文刻於碑陽下方，碑側爲經主陽伯通妻韓等題名。

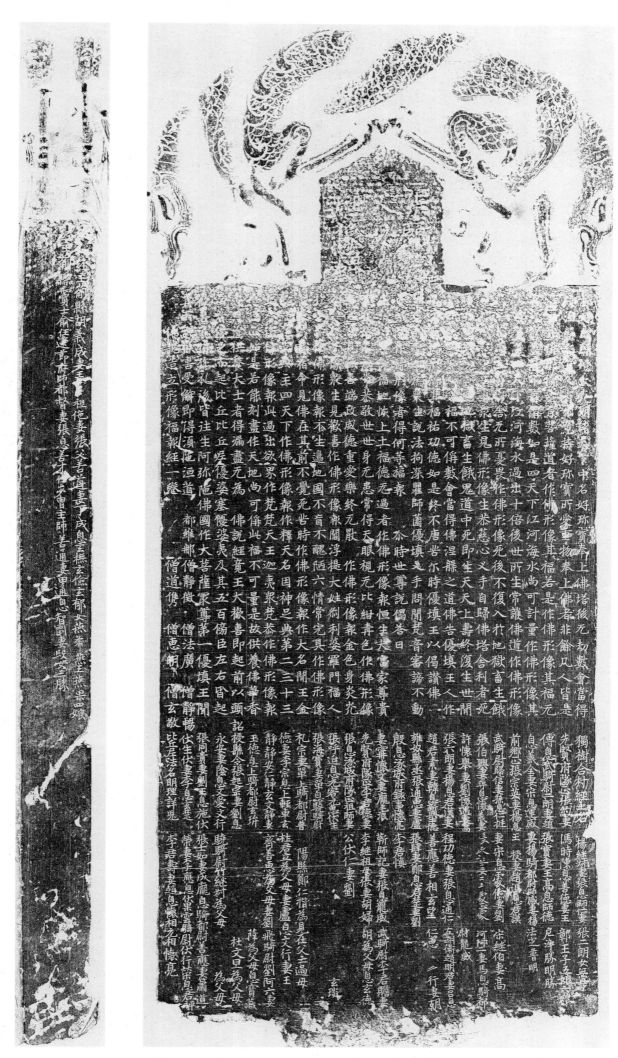

4 洞 117　佛説造立形像福報經碑獨樹合村經主等題名（碑陰、碑側）　唐刻
拓片高 148 厘米、寬 62 厘米　側高 133 厘米、寬 15 厘米　中國國家圖書館藏

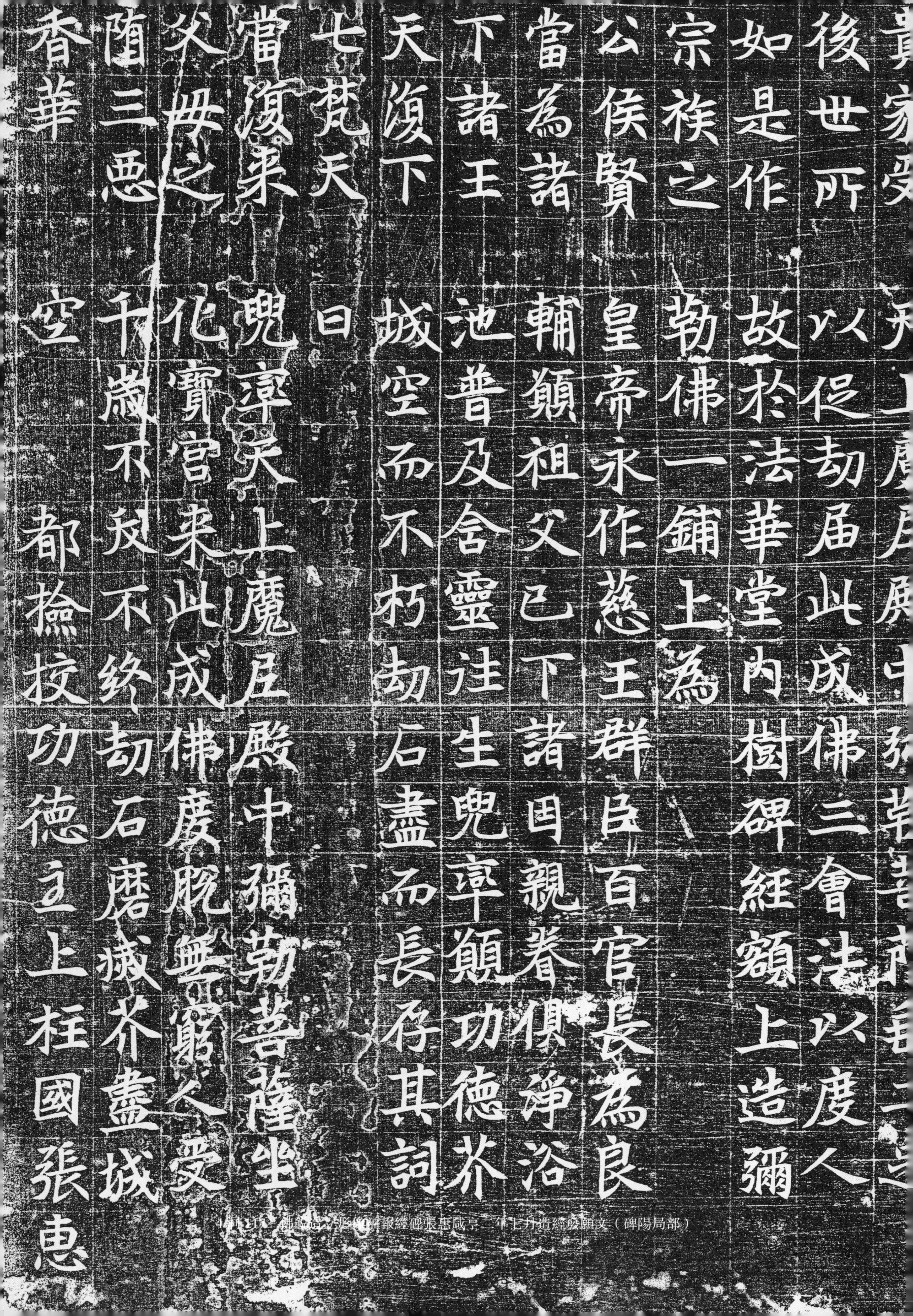
後世所以促劫届此成佛三會法以度人
如是作故於法華堂內樹碑經額上造彌
宗族之勒佛一鋪上為、
公侯賢皇帝永作慈王群臣百官長為良
當為諸輔類祖父已下諸因親眷俱淨浴
下諸王池普及含靈注生兜率類功德芥
天復下城空而不朽劫石盡而長存其詞
七梵天日
當復來兜率天上魔巨殿中彌勒菩薩坐
父毋之化寶宮來此成佛度脫無窮人受
隨三悪千歲不友不終劫石磨滅芥盡城
香華空都撿按功德主上柱國張惠

4 河 117 佛說造立形像福報經碑張惠咸亨二年七月造經發願文（碑陽局部）

名優塡
心中踊
頭面着
三迊長
明巍巍
慈心衆
已後我
我欲聞
教佛告
下人民
好渠濡
是作佛

若夫正覺玄微無形無相妙理空
寂非有非無以稀呈周穆昭西域
應生夢感漢明見東流象法被隆
斯土有自来焉大唐咸亨二季歲
居鶉尾月建降婁幽州薊縣堺內
有清信士洪源府隊正張顔子祖
諱顯隋任建節府校尉父諱朗隋
任都督府録事叅軍大伯諱德隋
任大將軍弟二伯諱村遠祖司空
慱物於往代明昭孫子學了於今
時恒憂久處無明輪迴生死皆律
亘越火宅難超唯憑無上法王慈

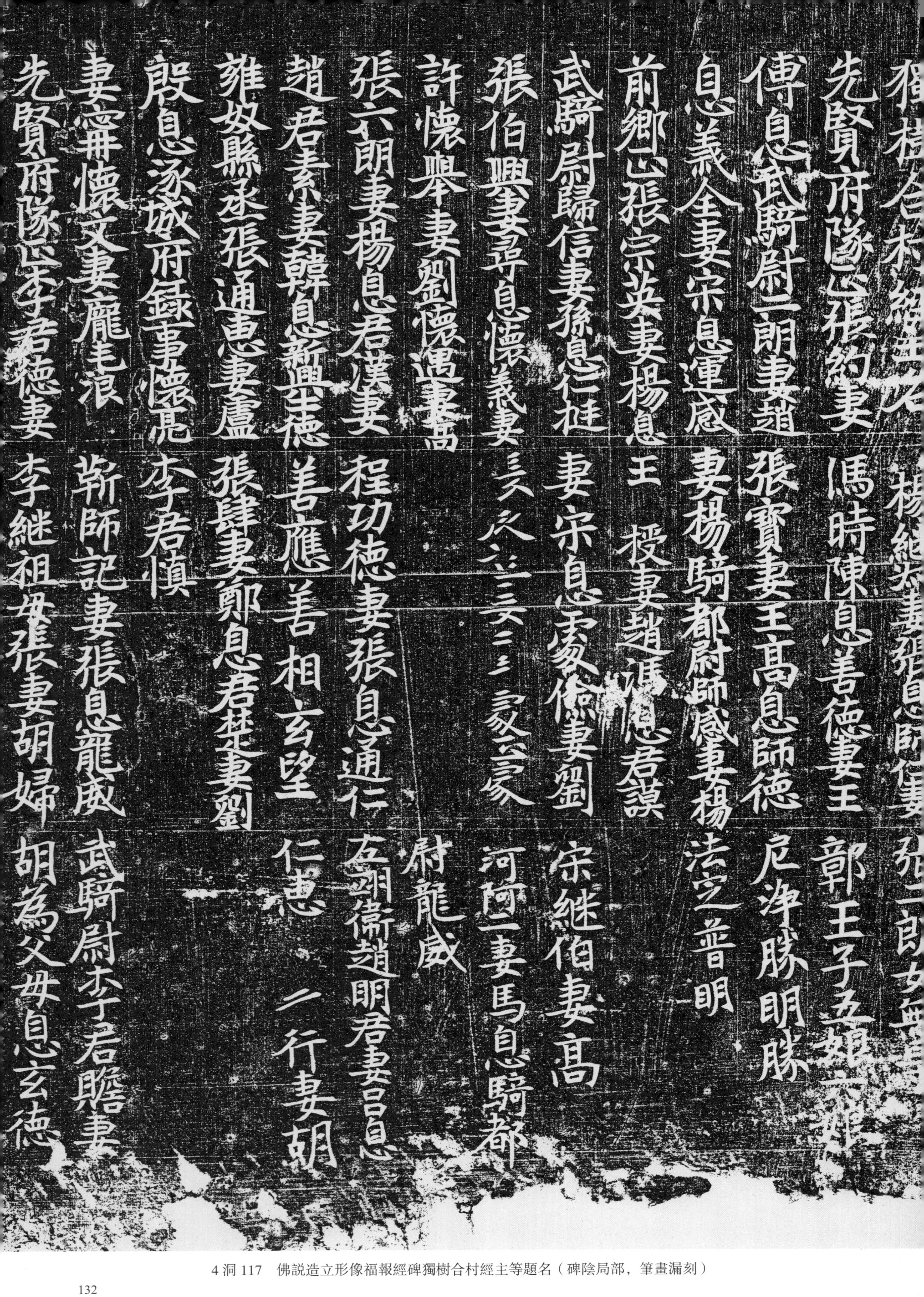

4 洞 117　佛說造立形像福報經碑獨樹合村經主等題名（碑陰局部，筆畫漏刻）

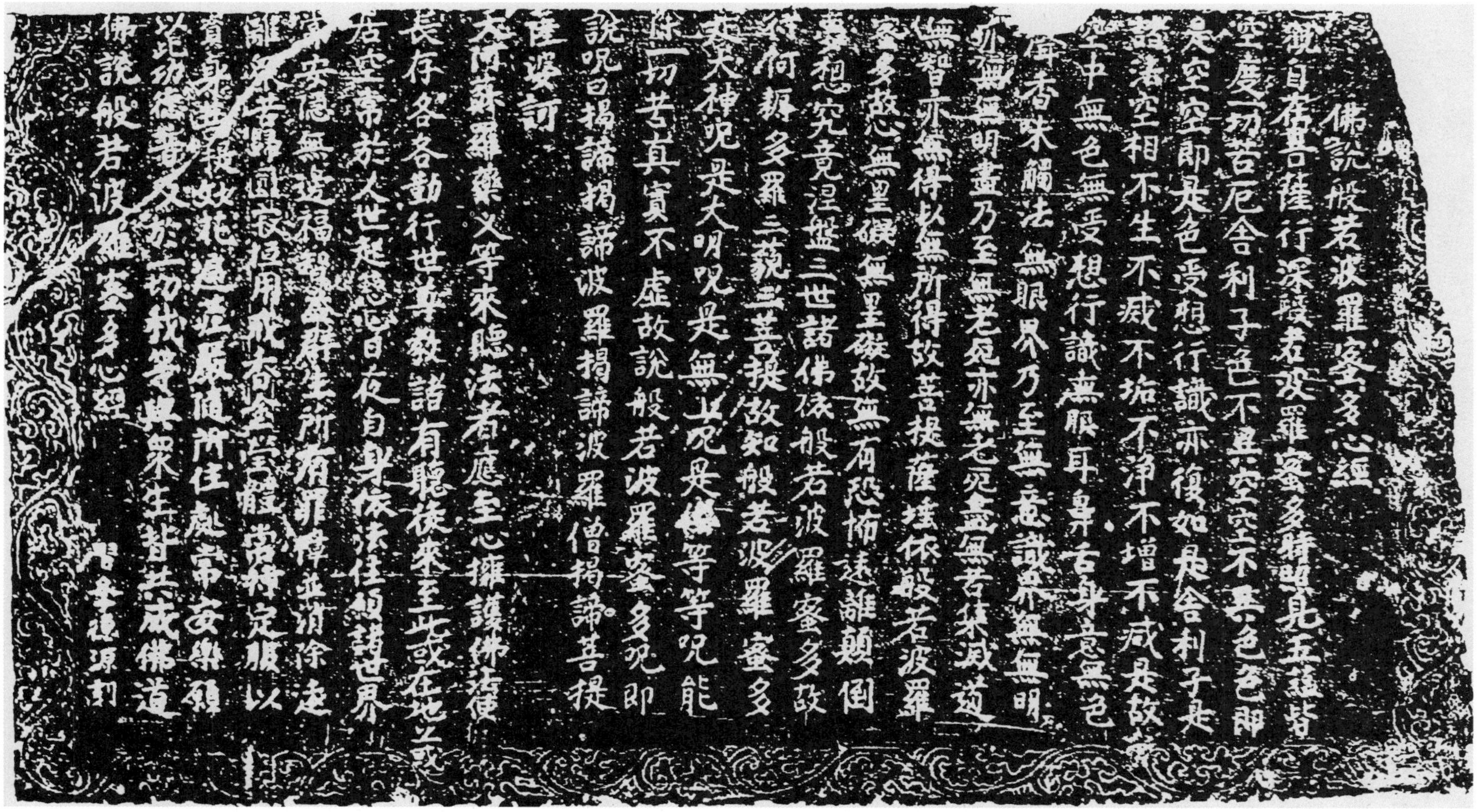

4洞159（佛協編號） 般若波羅蜜多心經習學德源造經發願文 唐刻
拓片高48厘米、寬69厘米 中國佛教圖書文物館藏

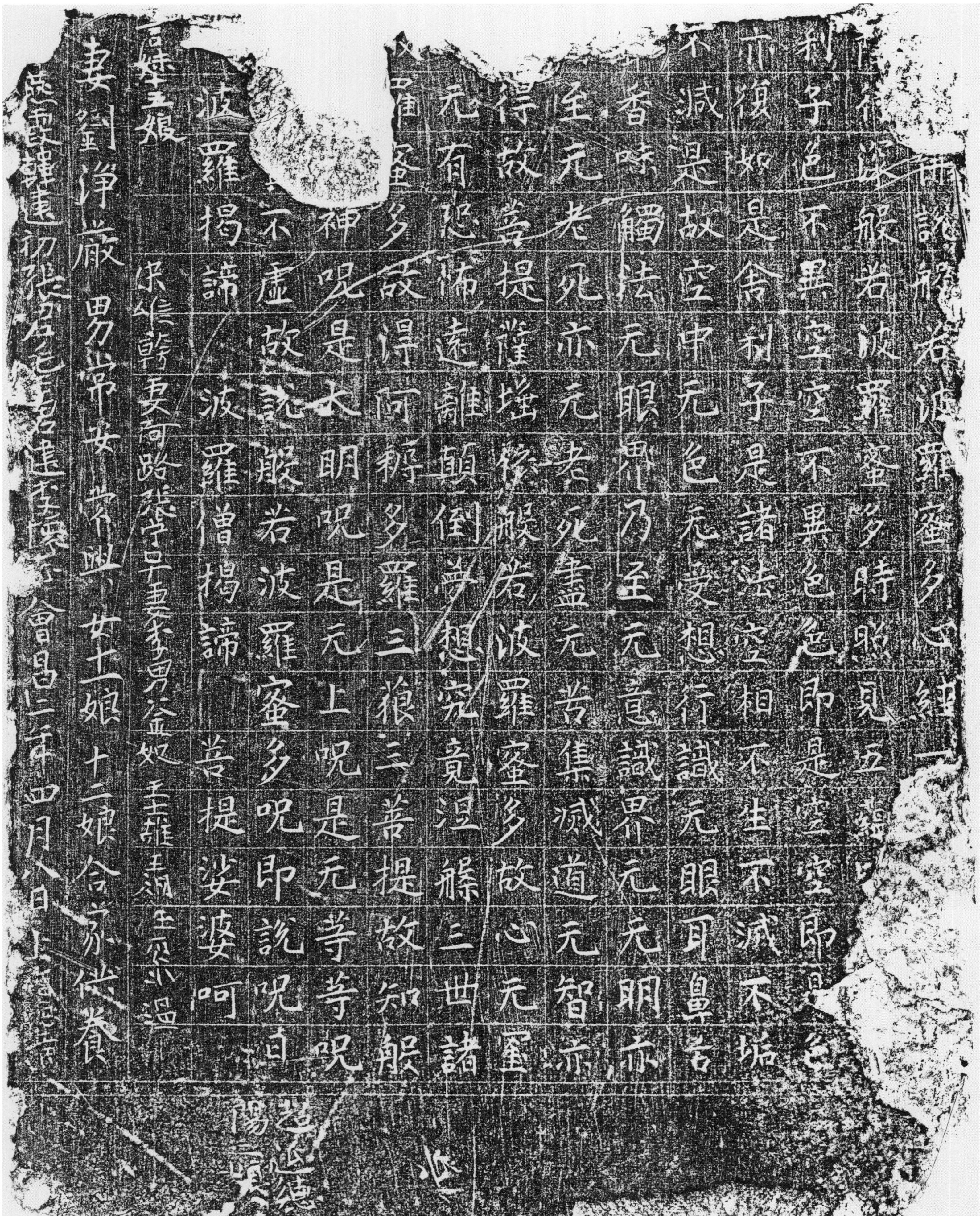

4 洞 159（國圖編號） 般若波羅蜜多心經劉净嚴等唐會昌二年四月八日造經題名（碑陽）
拓片高 53 厘米、寬 40 厘米　中國國家圖書館藏

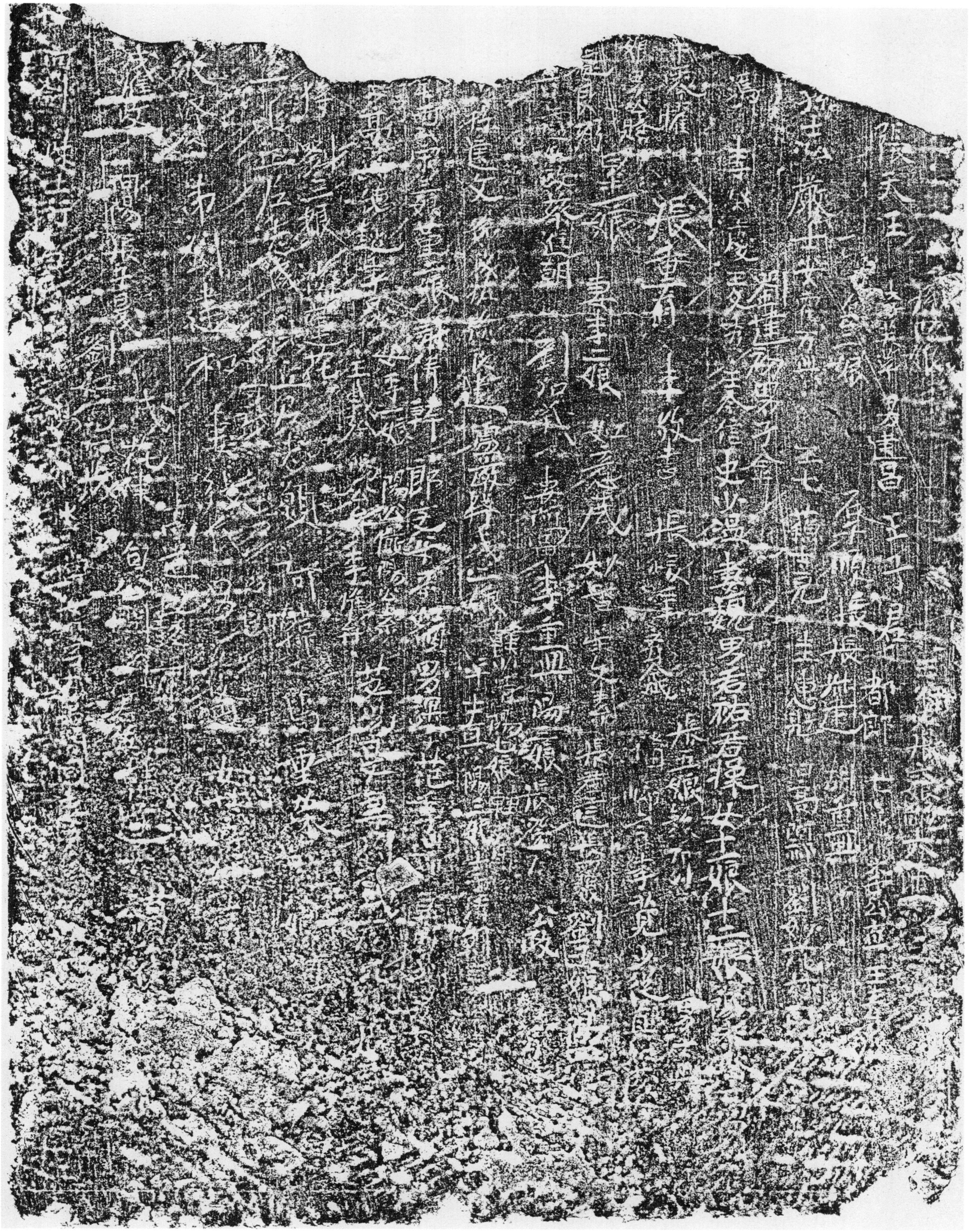

4洞159（國圖編號） 般若波羅蜜多心經劉净嚴等唐會昌二年四月八日造經題名（碑陰）
拓片高54厘米、寬40厘米　中國國家圖書館藏

4 洞 159（國圖編號）般若波羅蜜多心經劉淨嚴等唐會昌二年四月八日造經題名（碑陽局部）

五洞

五洞　外景舊影　20 世紀 50 年代

五洞　洞門及石窗舊影　20 世紀 60 年代

五洞　洞門及石窗現狀

雷音洞（五洞）又名華嚴堂、石經堂，是石經山上最早也是最主要的石窟。洞内寬廣如殿，四壁鑲嵌《妙法蓮華經》《維摩詰經》《勝鬘經》《金剛般若波羅蜜經》《佛遺教經》《涅槃經》《無量義經》《彌勒上生經》《八戒齋法》等 15 種 20 卷 146 石，皆静琬隋末唐初所刻。洞内有 4 根石柱，上刻佛造像 1056 尊，每尊佛像旁皆有名號，刻工精緻。南壁有元至正元年（1341）高麗國比丘慧月、達牧補刻經版五塊及題記。洞外門楣上方嵌唐貞觀二年静琬題刻（現原石已移藏雲居寺）、唐總章二年玄導題刻，外壁、石窗欞上有明人題刻數則。2016 年 7 月，本書編者又在雷音洞石窗下發現唐代比丘僧玄岸、范陽郡鄭雲及大曆元年（766）十月十九日范陽縣尉薛伯俞等巡禮題名。

五洞　隋唐石經壁南壁

五洞　隋唐石經壁東壁及破子欞石窗

五洞　隋唐石經壁西壁

五洞　石經版上方倣木石雕構件

五洞　隋唐石經壁北壁

五洞　隋唐石經壁北壁及地面

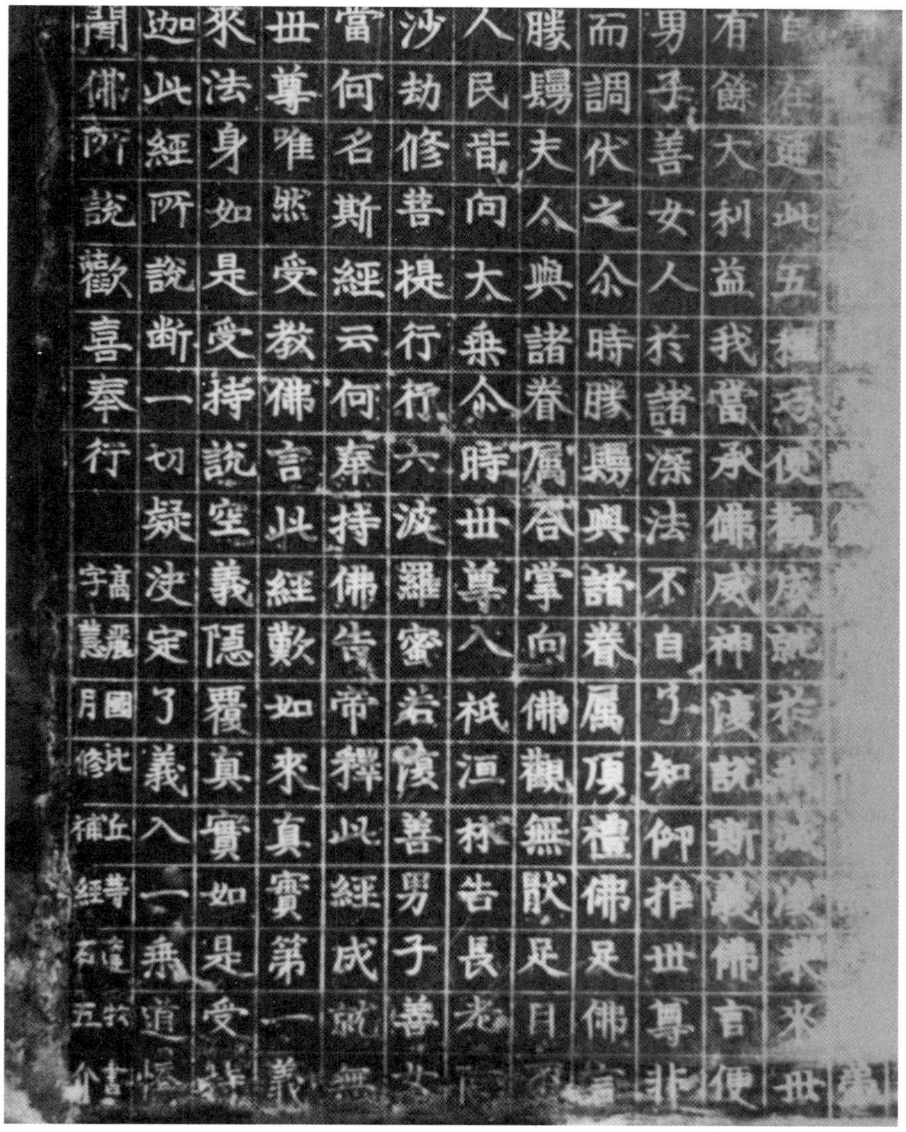

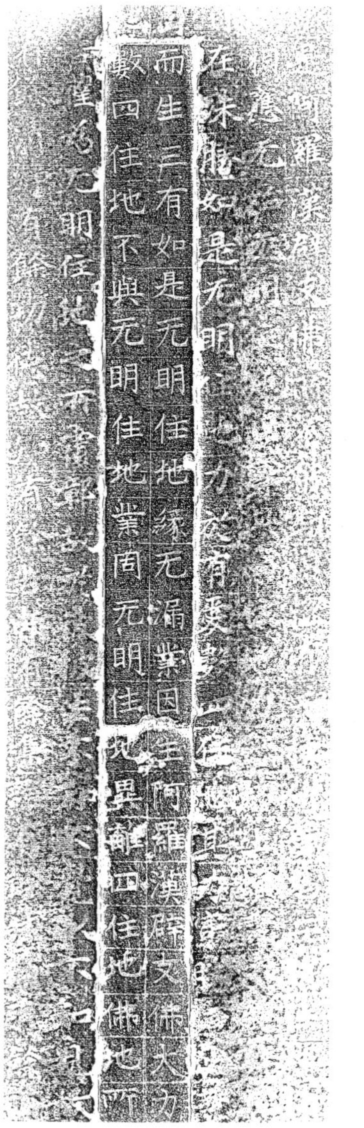

五洞　元高麗僧慧月達牧補刻南壁《勝鬘經》及題記（局部）
釋達牧書字。

五洞　元高麗僧慧月達牧補刻南壁《彌勒上生經》
經版高 59 厘米、寬 87 厘米

五洞　窟頂

五洞　范陽郡鄭雲等雷音洞巡禮題名位置（東壁北窗）

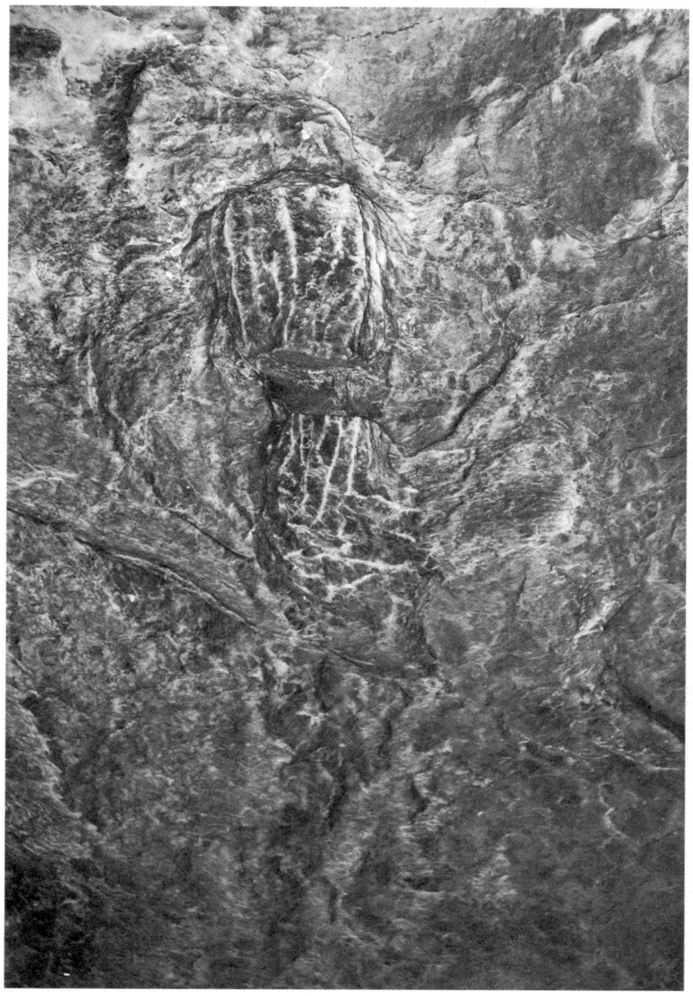

五洞　窟頂鑿痕

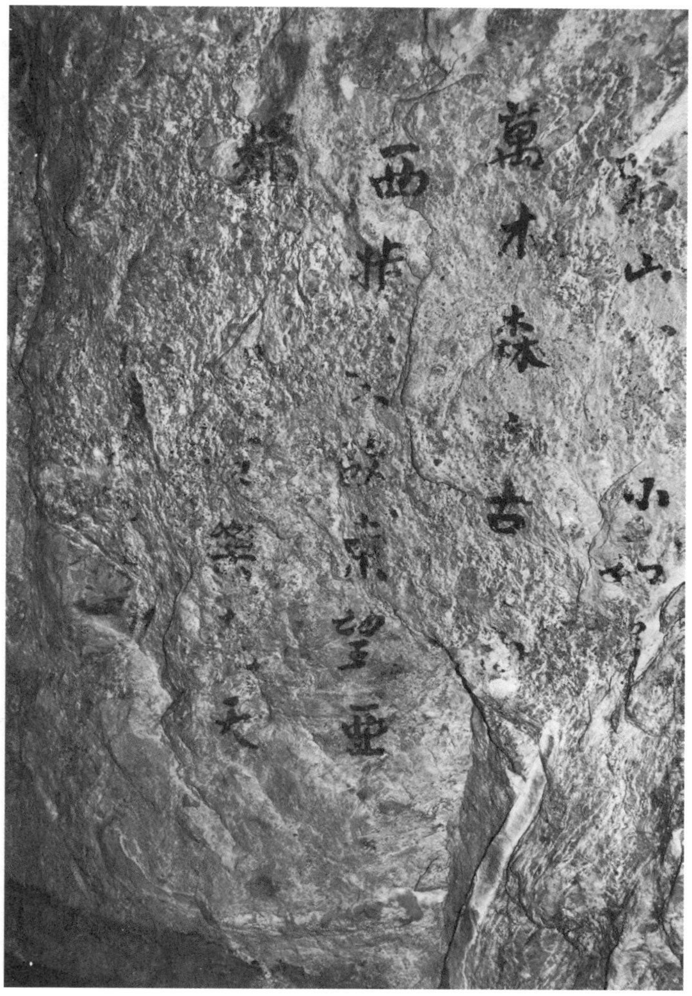

五洞　窟頂墨書

五洞　唐比丘僧玄岸等題名位置（東壁南窗）

五洞　東壁北壁經版修復狀態

五洞　西壁經版水浸情況

五洞　北壁經版碎裂修復情況①

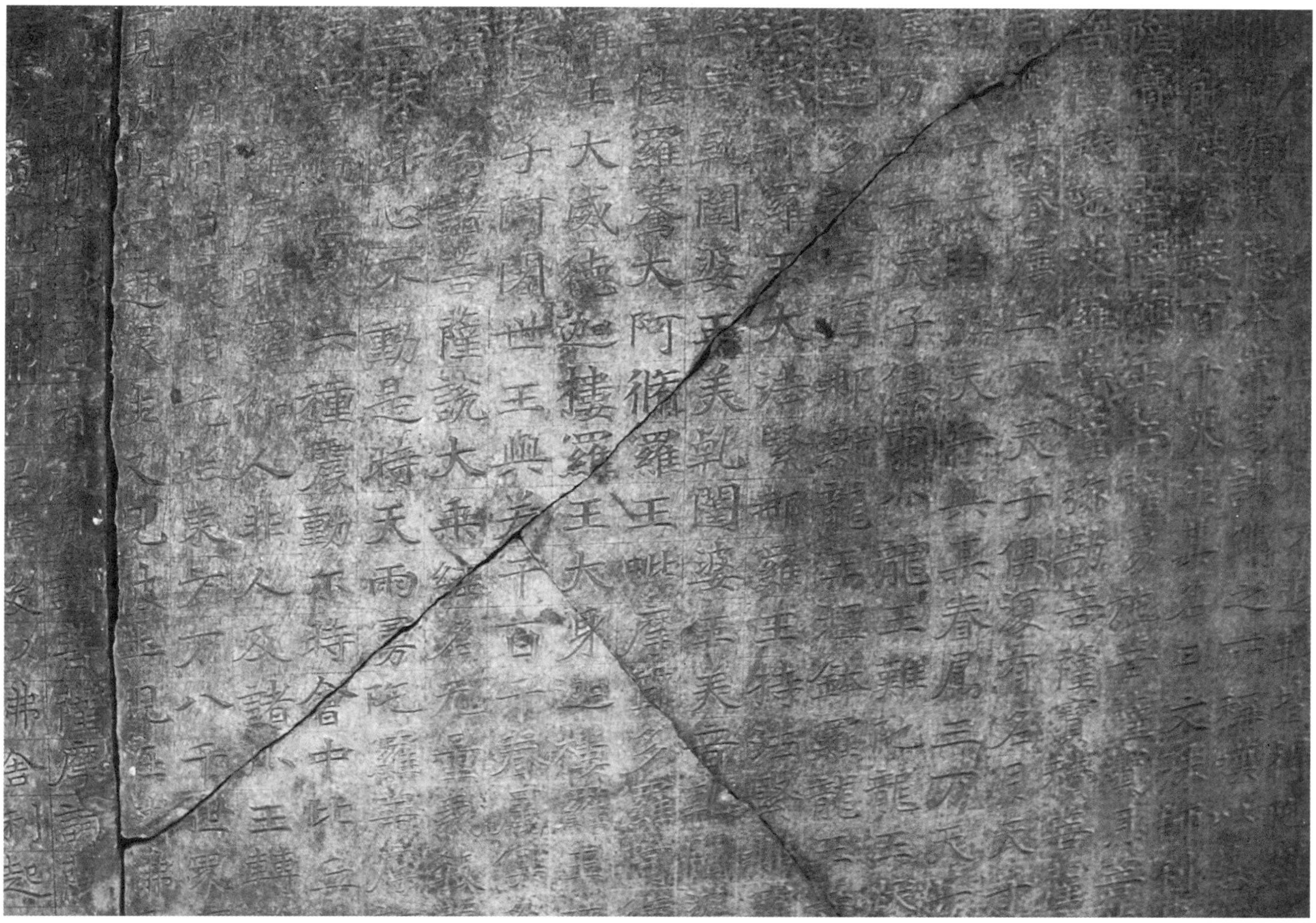

五洞　北壁經版碎裂修復情況②

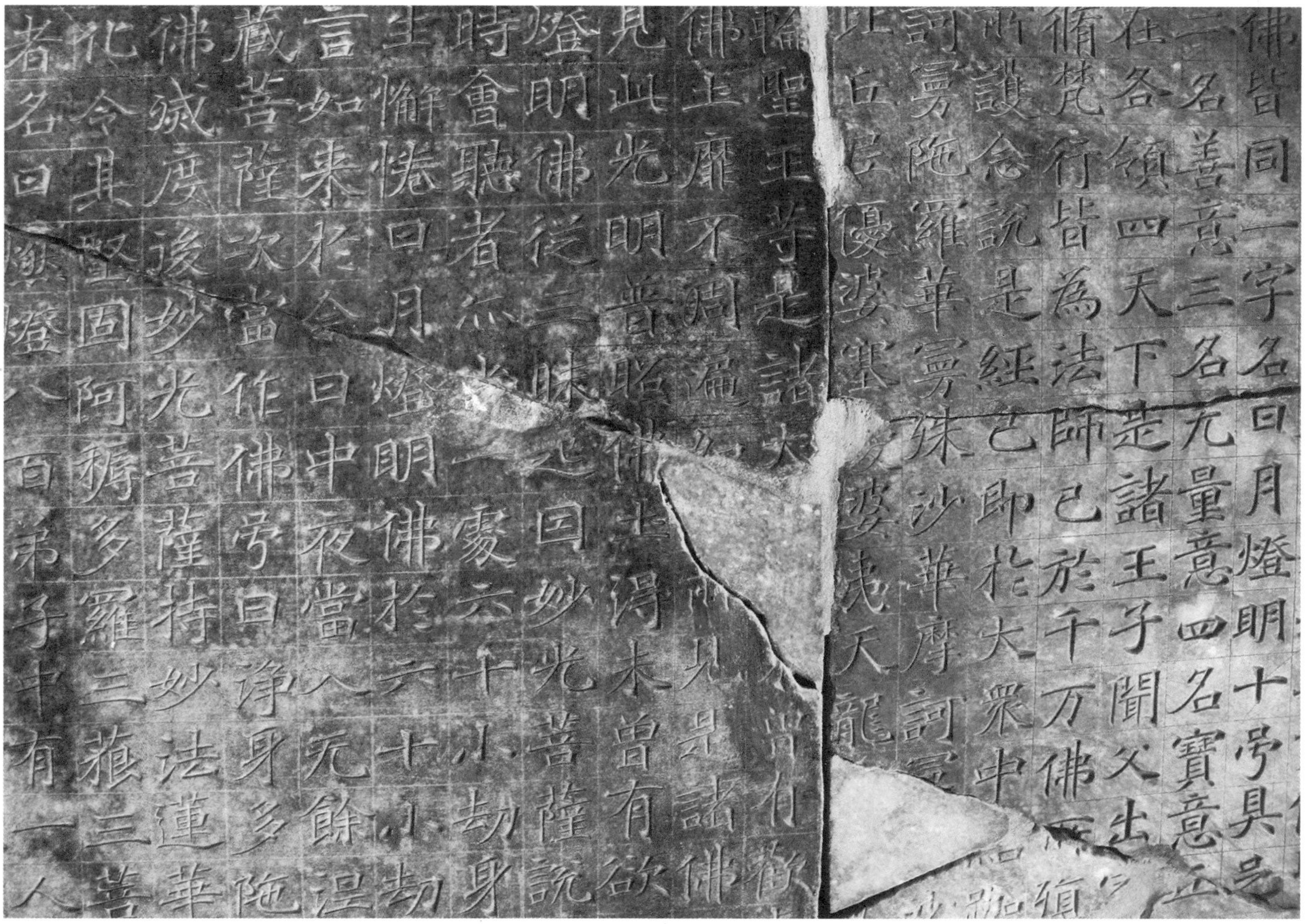

五洞　北壁經版碎裂修復情況③

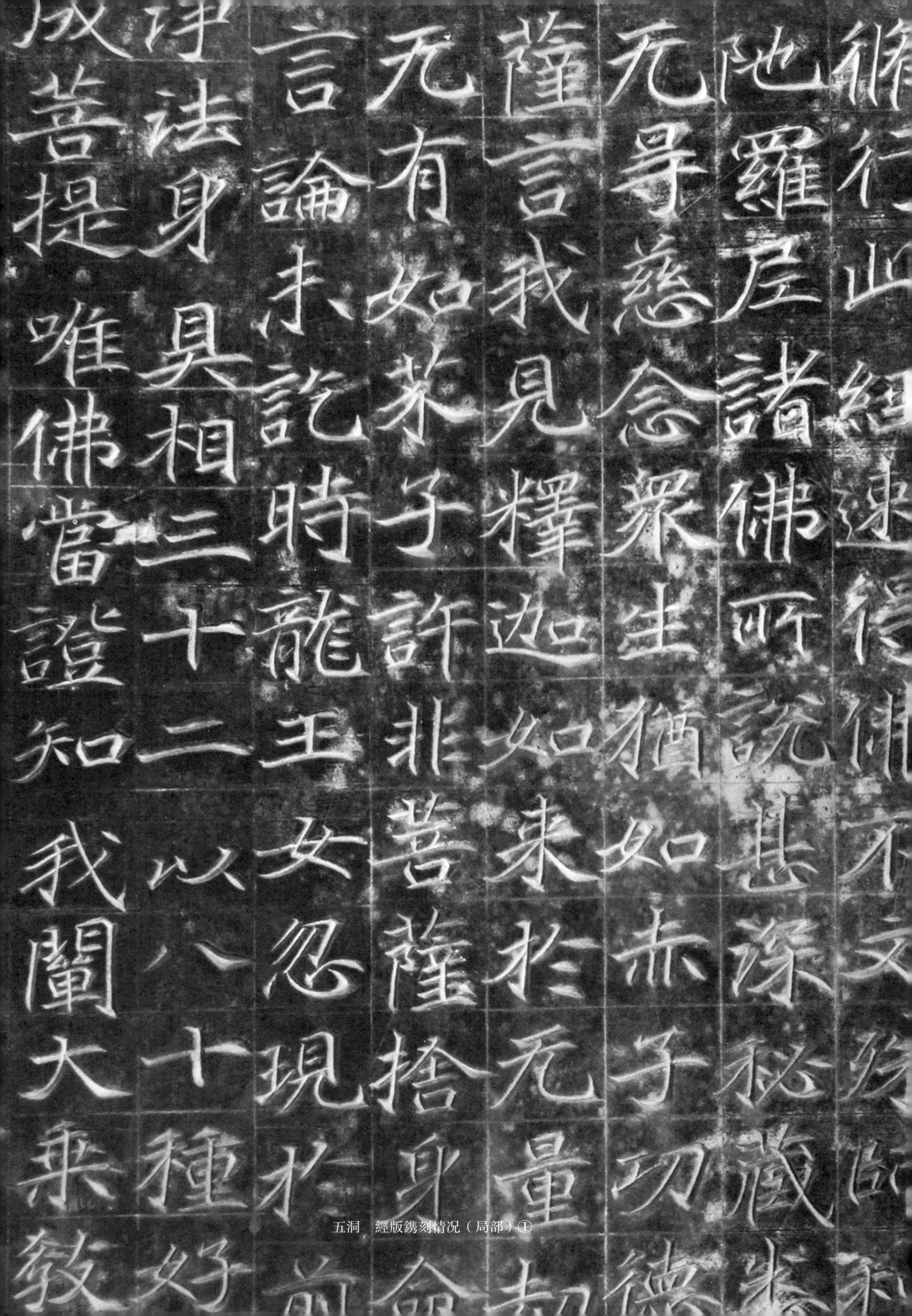

五洞　經版鐫刻情況（局部）①

輪俱來菩薩亦坐寶華從於大
所頭面敬禮二世尊足脩敬已
宣所化眾生其數幾何文殊師
證所言未竟無數菩薩坐寶蓮
化度具菩薩行皆共論說六波
利謂智積曰於海所化其事如
諸大會及我皆已見演暢實相義
常宣說妙法華經智積問文殊

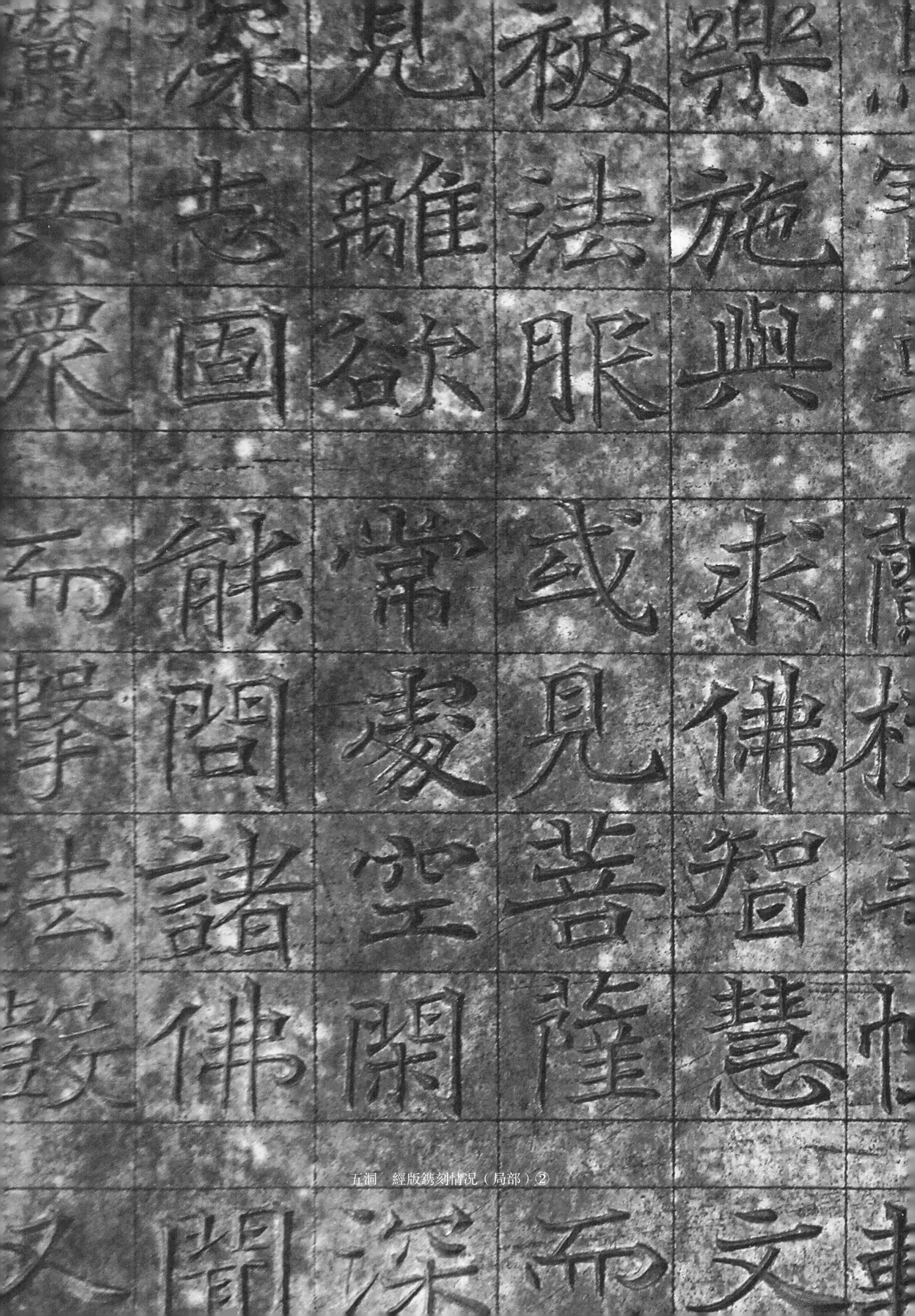

五洞　經版鐫刻情況（局部）②

諸菩薩无數億万梵
悟衆生若人遭苦厭
有佛子脩種種行求
當略説我見彼土恒
劉諸珎奴婢車乘寳

五洞　隋唐千佛柱舊影　20 世紀 60 年代

五洞　隋唐千佛柱

五洞　隋唐千佛柱（局部）①

五洞　隋唐千佛柱（局部）②

五洞　隋唐千佛柱頂部

五洞　隋唐千佛柱柱礎

隋大業十二年四月八日雷音洞佛舍利函銘

隋大業十二年四月八日雷音洞佛舍利函

青石函一合，長、寬均 30 厘米，通高 24 厘米。蓋頂隋代刻銘 36 字。明萬曆二十年（1592），達觀真可禪師於雷音洞發現石函及函内瘞藏舍利，入宫供奉後又復置原處。1981 年 11 月，房山雲居寺文物保管所在保護清理雷音洞時再次發現隋、明石函及内瘞舍利。

5 洞 1
隋大業十二年四月八日雷音洞佛舍利函銘
拓片高 22 厘米、寬 22 厘米　雲居寺文物管理處藏

大隋大業十二
年歲次丙子四
月丁巳朔八日
甲子於此凾内

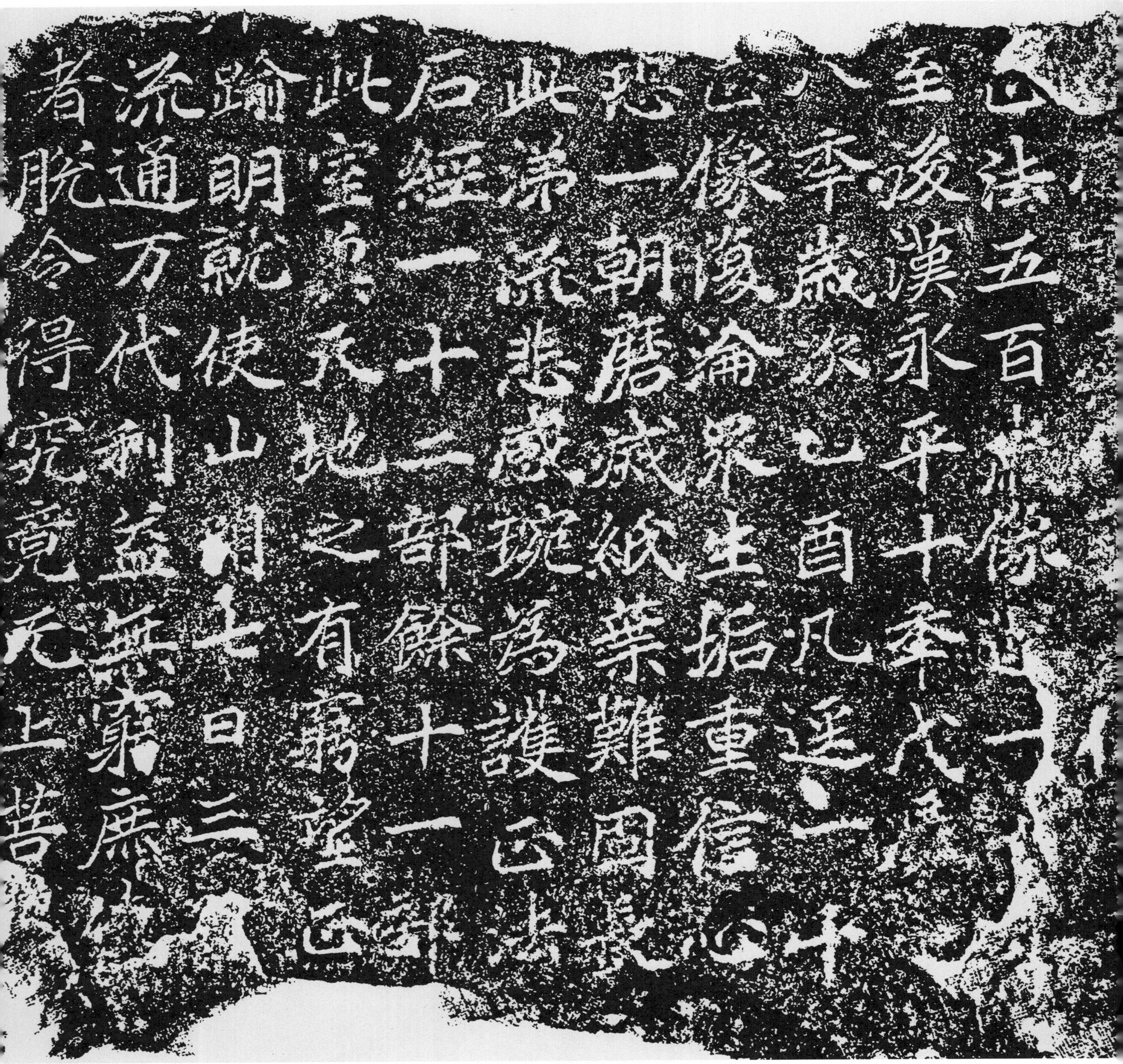

5洞2　静琬唐武德八年藏經題記（面）
拓片高32厘米、寬36厘米　中國國家圖書館藏
两面刻，1989年3月3日石經山雷音洞前石欄杆下發現。黄炳章認爲，此石是静琬於唐武德八年（625）刻《大般涅槃經》題記。唐刻《大般涅槃經》主要錮藏於七洞之中。石藏雲居寺文物管理處。

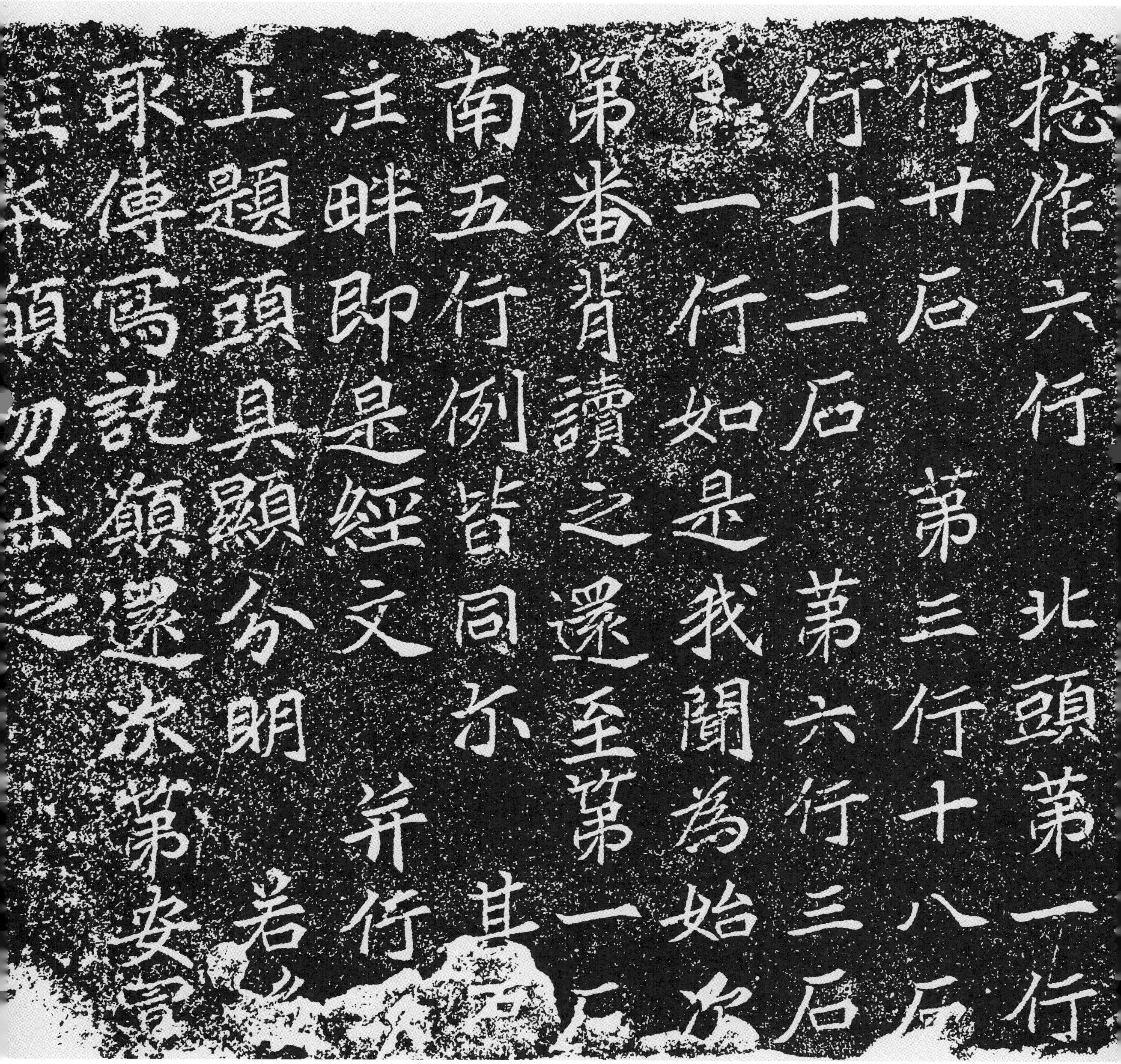

5 洞 2　靜琬唐武德八年藏經題記（背）
拓片高 32 厘米、寬 35 厘米　中國國家圖書館藏

原石

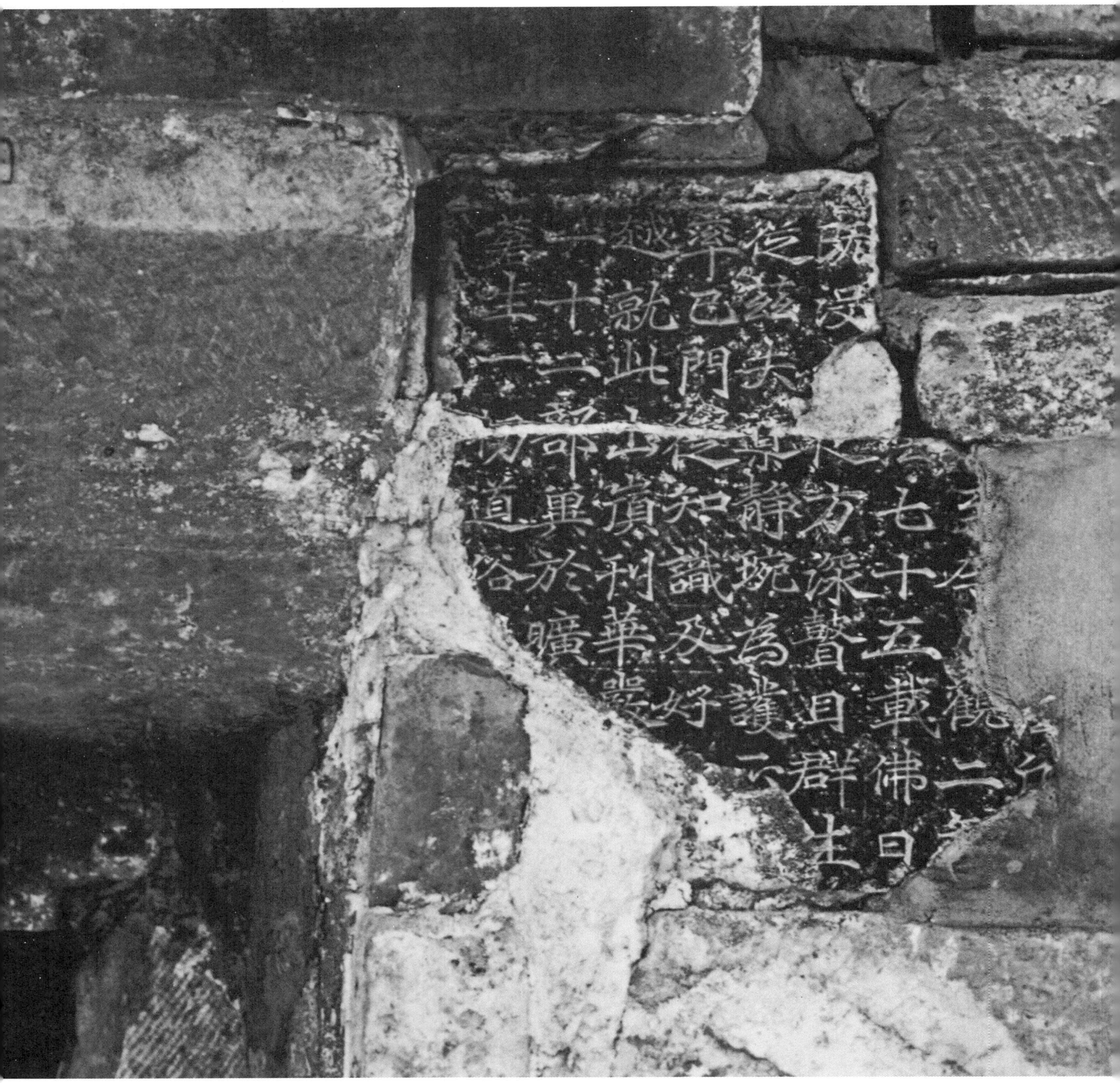

5洞3　静琬唐貞觀二年石經山刊經題記　舊影

石高42厘米、寬29厘米、厚24厘米

原嵌於雷音洞（五洞）門楣外壁，已殘缺，今移藏雲居寺文物管理處。此石是記述静琬於石經山頂刊刻《華嚴經》等十二部經的重要石刻文獻。

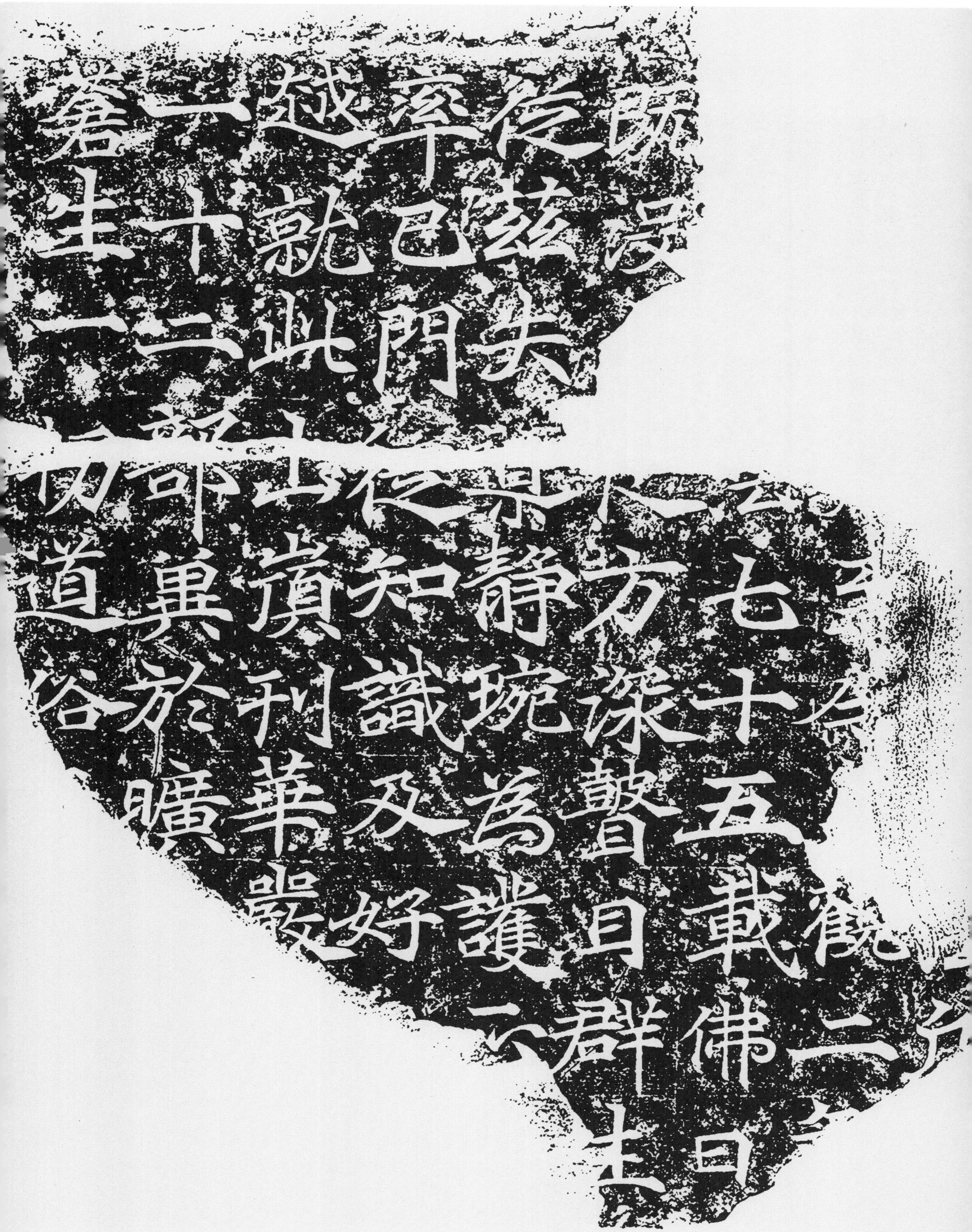

5 洞 3　靜琬唐貞觀二年石經山刊經題記
拓片高 42 厘米、寬 29 厘米　中國國家圖書館藏

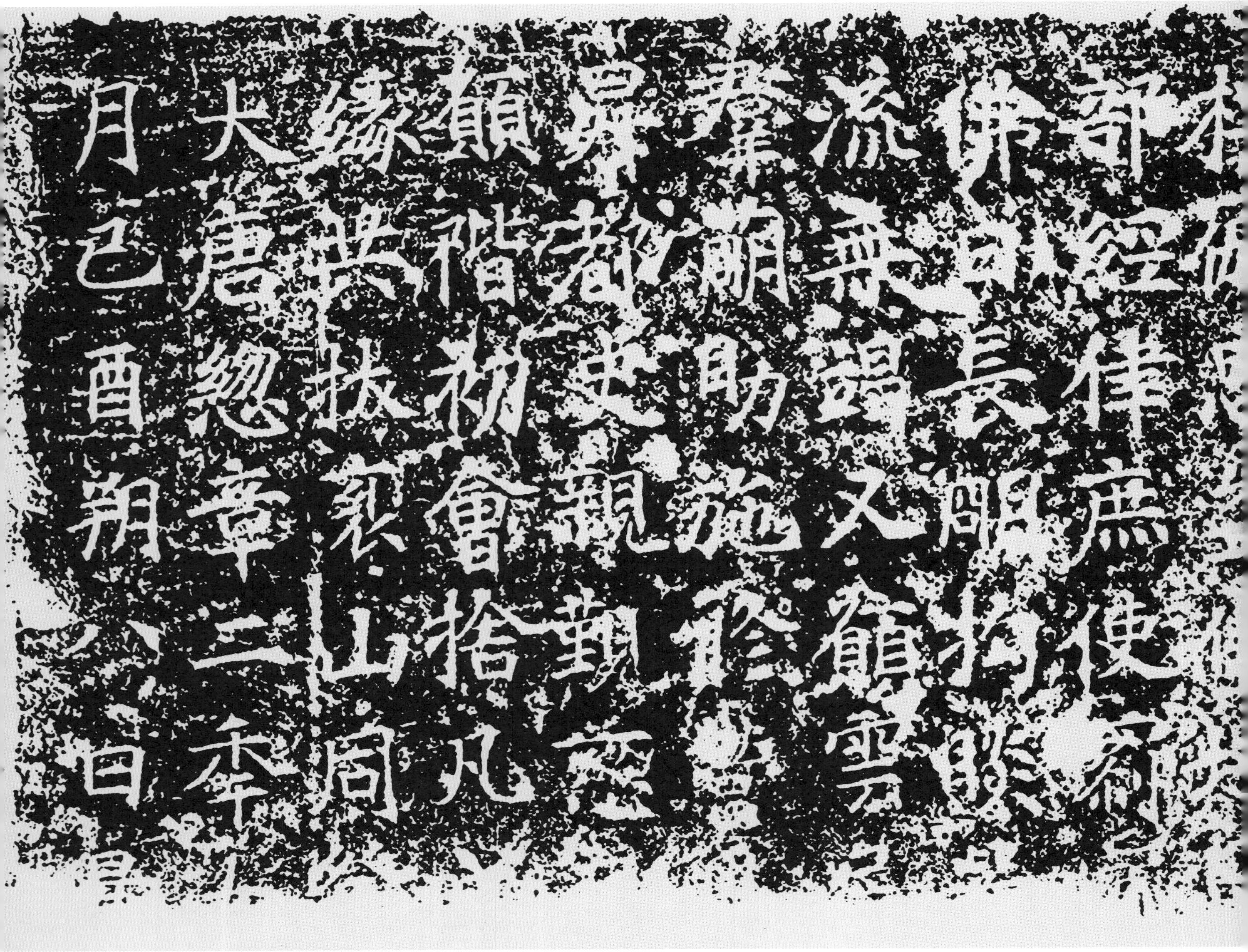

5 洞 4　玄導唐總章二年雷音洞題記
拓片高 21.5 厘米、寬 60 厘米　中國佛教圖書文物館藏
1956 年發現於石經山雷音洞門楣上方。原址保存。

玄導題記刻石位置

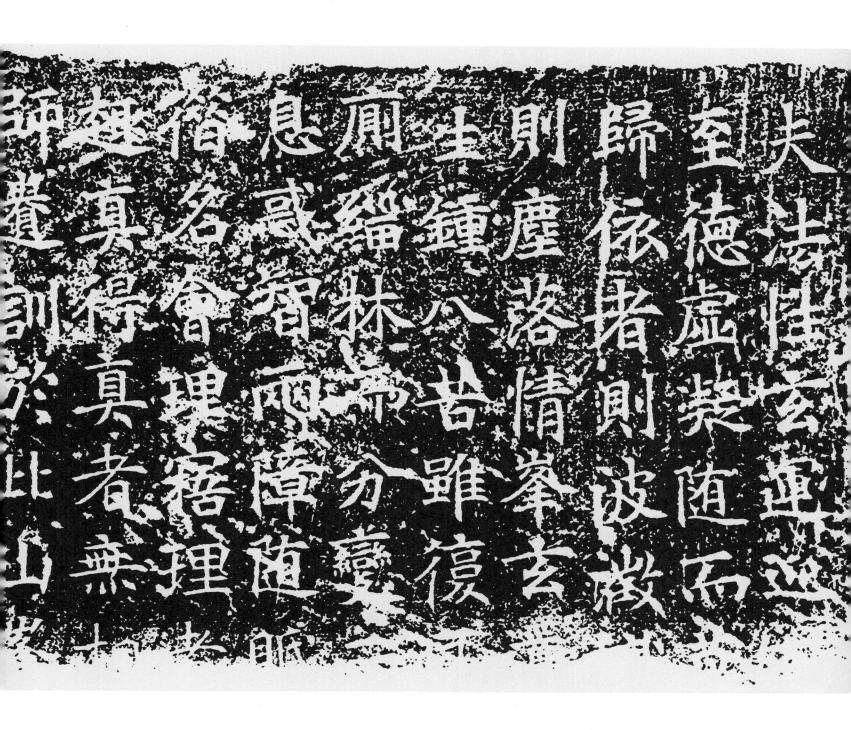

5 洞 5　比丘僧玄岸劉神懷張思俊雷音洞題名　唐刻
高 13 厘米、横 9 厘米
2016 年 7 月發現於雷音洞（五洞）東壁南窗下地面。

5洞6　范陽郡鄭雲等雷音洞題名　唐刻
高13厘米、横2.8厘米
2016年7月發現於雷音洞（五洞）東壁北窗下地面。此爲原大。

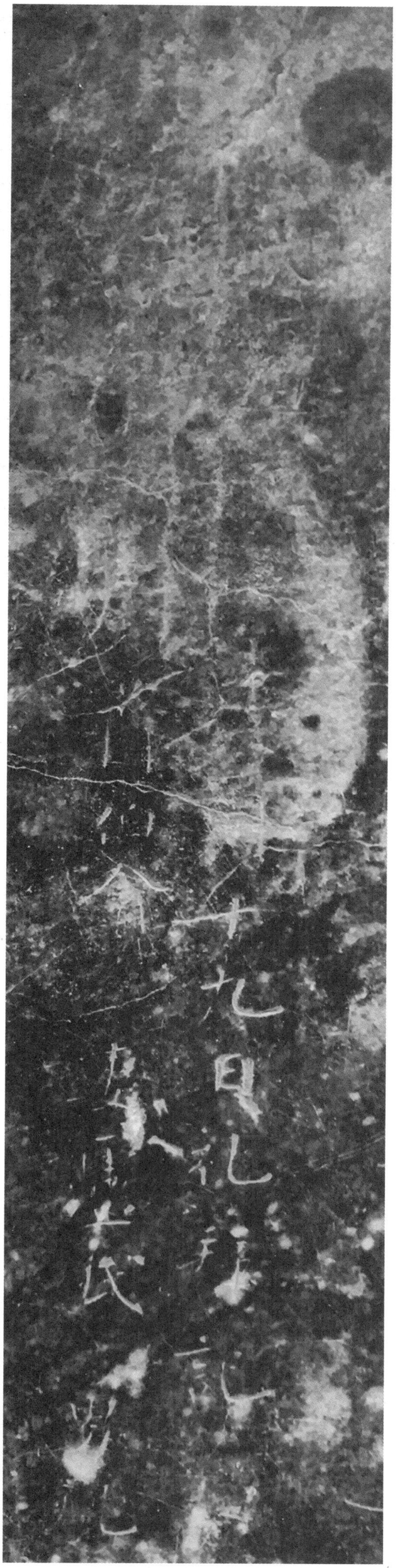

5洞7
范阳縣尉薛伯俞等唐大曆元年十月十九日雷音洞禮拜題記
高28厘米、横3.5厘米
自左行文，凡二行。2016年7月發現於雷音洞（五洞）東壁南窗下地面。此爲原大。

5洞8　佛説温室洗浴衆僧經金剛般若波羅蜜經題記

雷音洞（五洞）南壁中層第六、第七石。两石之間有明天順六年七月十一日題記，右側爲鄭十一娘等唐元和四年題記。

5洞9
鄭十一娘等唐元和四年雷音洞題記
尺寸不詳。已佚。

5洞10
明天順六年七月十一日到此題記
拓片高21厘米、寬4.5厘米

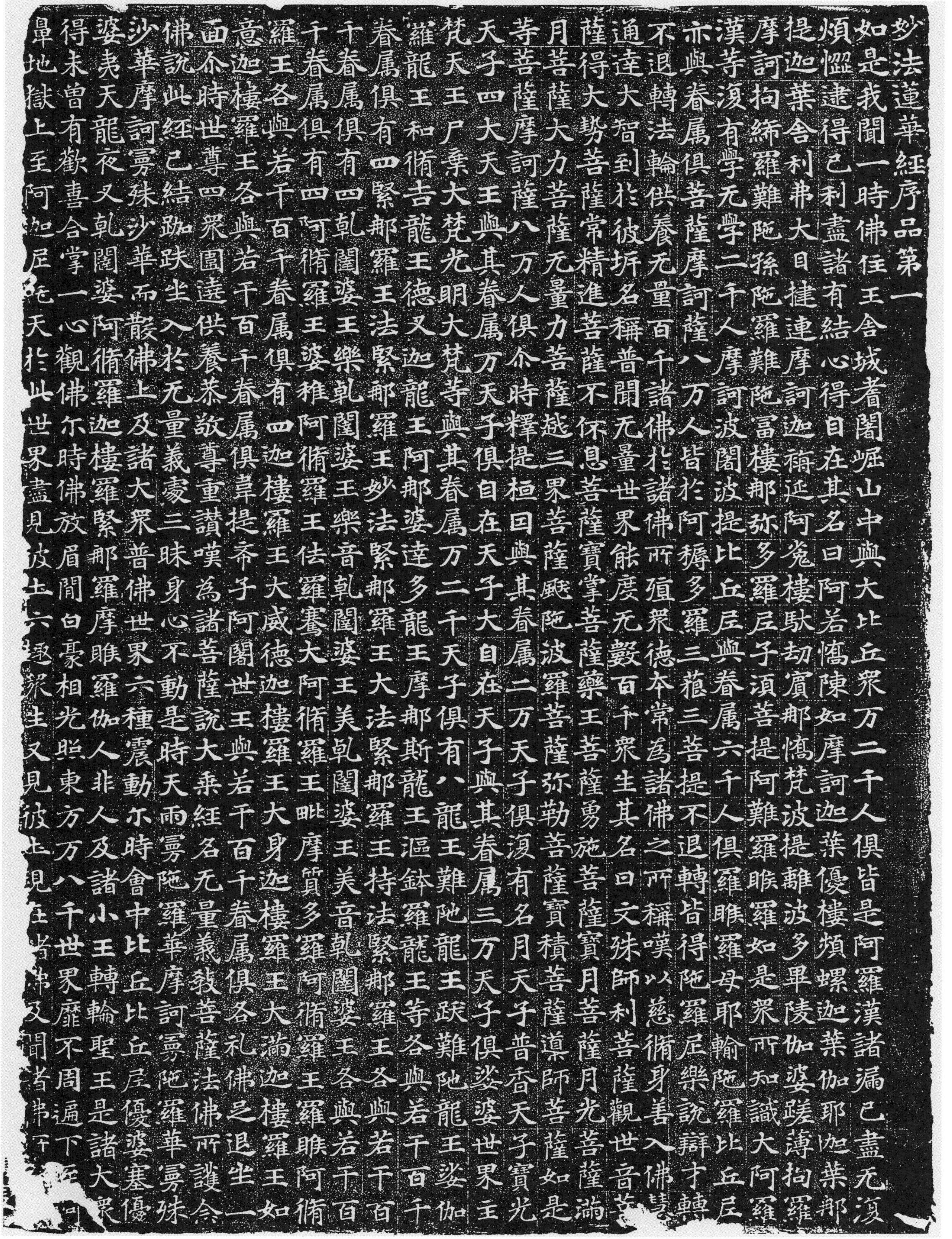

妙法蓮華經序品第一
如是我聞一時佛住王舍城耆闍崛山中與大比丘衆万二千人俱皆是阿羅漢諸漏已盡无復
煩惱逮得己利盡諸有結心得自在其名曰阿若憍陳如摩訶迦葉優樓頻螺迦葉伽耶迦葉那
提迦葉舍利弗大目揵連摩訶迦旃延阿㝹樓馱劫賓那憍梵波提離波多畢陵伽婆蹉薄拘羅
摩訶拘絺羅難陁孫陁羅難陁富樓那弥多羅尼子須菩提阿難羅睺羅如是衆所知識大阿羅
漢等復有學无學二千人摩訶波闍波提比丘尼與眷屬六千人俱羅睺羅母耶輸陁羅比丘尼
亦與眷屬俱菩薩摩訶薩八万人皆於阿耨多羅三藐三菩提不退轉皆得陁羅尼樂說辯才轉
不退轉法輪供養无量百千諸佛於諸佛所殖衆德本常為諸佛之所稱嘆以慈脩身善入佛慧
通達大智到於彼岸名稱普聞无量世界能度无數百千衆生其名曰文殊師利菩薩觀世音菩
薩得大勢菩薩常精進菩薩不休息菩薩寶掌菩薩藥王菩薩勇施菩薩寶月菩薩月光菩薩滿
月菩薩大力菩薩无量力菩薩越三界菩薩颰陁婆羅菩薩弥勒菩薩寶積菩薩導師菩薩如是
等菩薩摩訶薩八万人俱尒時釋提桓因與其眷屬二万天子俱復有名月天子普香天子寶光
天子四大天王與其眷屬万天子俱自在天子大自在天子與其眷屬三万天子俱娑婆世界主
梵天王尸棄大梵光明大梵等與其眷屬万二千天子俱有八龍王難陁龍王跋難陁龍王娑伽
羅龍王和脩吉龍王德叉迦龍王阿那婆達多龍王摩那斯龍王漚鉢羅龍王等各與若干百千
眷屬俱有四緊那羅王法緊那羅王妙法緊那羅王大法緊那羅王持法緊那羅王各與若干百
千眷屬俱有四乾闥婆王樂乾闥婆王樂音乾闥婆王美乾闥婆王美音乾闥婆王各與若干百
千眷屬俱有四阿脩羅王婆稚阿脩羅王佉羅騫䭾阿脩羅王毗摩質多羅阿脩羅王羅睺阿脩
羅王各與若干百千眷屬俱有四迦樓羅王大威德迦樓羅王大身迦樓羅王大滿迦樓羅王如
意迦樓羅王各與若干百千眷屬俱韋提希子阿闍世王與若干百千眷屬俱各礼佛足退坐一
面尒時世尊四衆圍遶供養恭敬尊重讚嘆為諸菩薩說大乘經名无量義教菩薩法佛所護念
佛說此經已結加趺坐入於无量義處三昧身心不動是時天雨曼陁羅華摩訶曼陁羅華曼殊
沙華摩訶曼殊沙華而散佛上及諸大衆普佛世界六種震動尒時會中比丘比丘尼優婆塞優
婆夷天龍夜叉乾闥婆阿脩羅迦樓羅緊那羅摩睺羅伽人非人及諸小王轉輪聖王是諸大衆
得未曾有歡喜合掌一心觀佛尒時佛放眉間白毫相光照東方万八千世界靡不周遍下至阿
鼻地獄上至阿迦尼吒天於此世界盡見彼土六趣衆生又見彼土現在諸佛及聞諸佛所

5洞11（佛協編號5洞34） 妙法蓮華經序品第一（未斷本） 隋刻
拓片高86厘米、寬61厘米 日本田近憲三藏
姚秦鳩摩羅什譯。此爲雷音洞（五洞）北壁上層第一石。

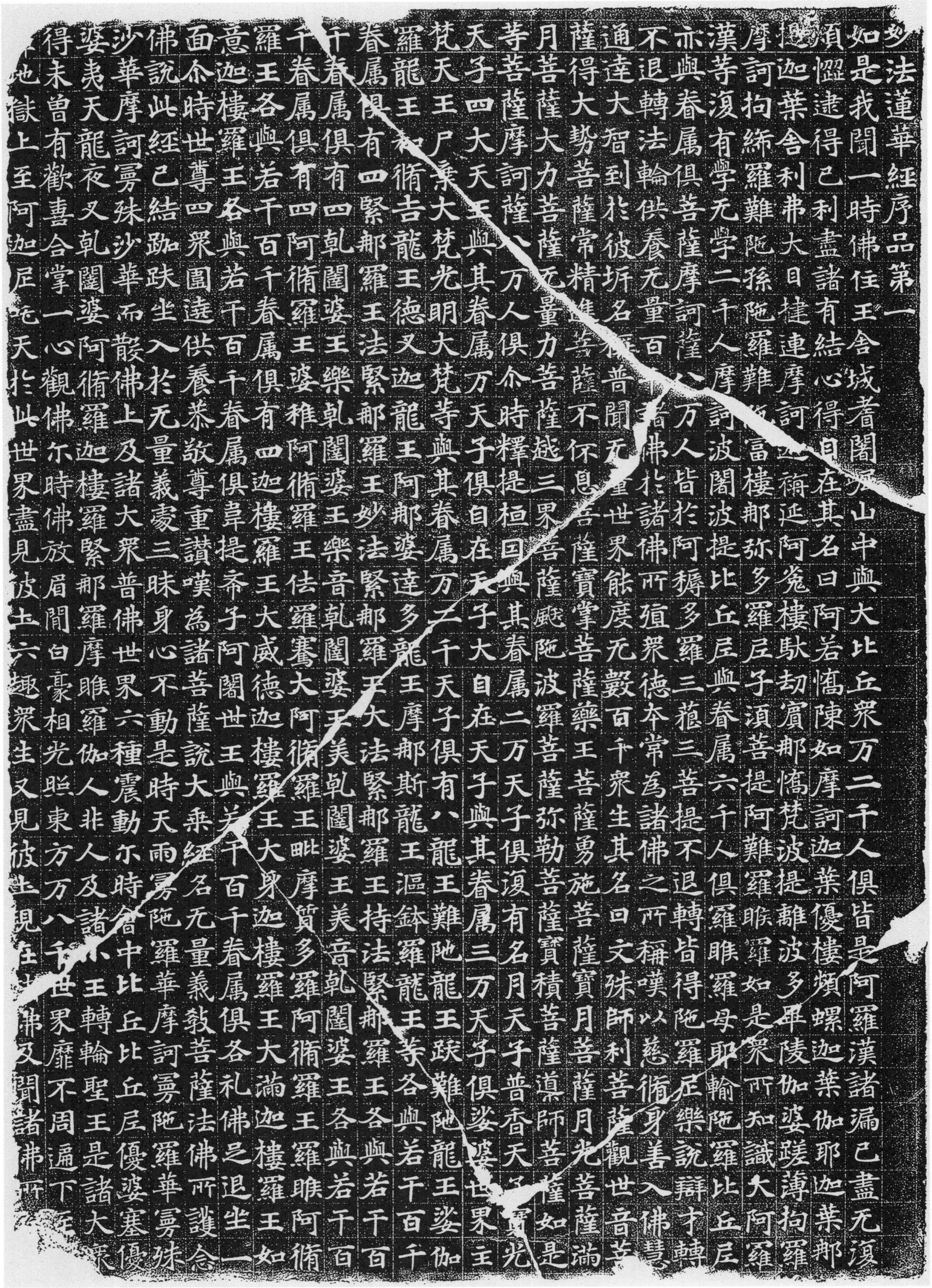
妙法蓮華經序品第一
如是我聞一時佛住王舍城耆闍崛山中與大比丘衆万二千人俱皆是阿羅漢諸漏已盡无復
煩惱逮得己利盡諸有結心得自在其名曰阿若憍陳如摩訶迦葉優樓頻螺迦葉伽耶迦葉那
提迦葉舍利弗大目揵連摩訶迦旃延阿㝹樓馱劫賓那憍梵波提離波多畢陵伽婆蹉薄拘羅
摩訶拘絺羅難陀孫陀羅難陀富樓那弥多羅尼子須菩提阿難羅睺羅如是衆所知識大阿羅
漢等復有學无學二千人摩訶波闍波提比丘尼與眷屬六千人俱羅睺羅母耶輸陀羅比丘尼
亦與眷屬俱菩薩摩訶薩八万人皆於阿耨多羅三藐三菩提不退轉皆得陀羅尼樂說辯才轉
不退轉法輪供養无量百千諸佛於諸佛所殖衆德本常為諸佛之所稱嘆以慈脩身善入佛慧
通達大智到於彼岸名稱普聞无量世界能度无數百千衆生其名曰文殊師利菩薩觀世音菩
薩得大勢菩薩常精進菩薩不休息菩薩寶掌菩薩藥王菩薩勇施菩薩寶月菩薩月光菩薩滿
月菩薩大力菩薩无量力菩薩越三界菩薩颰陀婆羅菩薩弥勒菩薩寶積菩薩導師菩薩如是
等菩薩摩訶薩八万人俱尒時釋提桓因與其眷屬二万天子俱復有名月天子普香天子寶光
天子四大天王與其眷屬万天子俱自在天子大自在天子與其眷屬三万天子俱娑婆世界主
梵天王尸棄大梵光明大梵等與其眷屬万二千天子俱有八龍王難陀龍王跋難陀龍王娑伽
羅龍王和脩吉龍王德叉迦龍王阿那婆達多龍王摩那斯龍王漚鉢羅龍王等各與若干百千
眷屬俱有四緊那羅王法緊那羅王妙法緊那羅王大法緊那羅王持法緊那羅王各與若干百
千眷屬俱有四乾闥婆王樂乾闥婆王樂音乾闥婆王美乾闥婆王美音乾闥婆王各與若干百
千眷屬俱有四阿脩羅王婆稚阿脩羅王佉羅騫馱阿脩羅王毗摩質多羅阿脩羅王羅睺阿脩
羅王各與若干百千眷屬俱有四迦樓羅王大威德迦樓羅王大身迦樓羅王大滿迦樓羅王如
意迦樓羅王各與若干百千眷屬俱韋提希子阿闍世王與若干百千眷屬俱各禮佛足退坐一
面尒時世尊四衆圍遶供養恭敬尊重讚嘆為諸菩薩說大乘經名无量義教菩薩法佛所護念
佛說此經已結跏趺坐入於无量義處三昧身心不動是時天雨曼陀羅華摩訶曼陀羅華曼殊
沙華摩訶曼殊沙華而散佛上及諸大衆普佛世界六種震動尒時會中比丘比丘尼優婆塞優
婆夷天龍夜叉乾闥婆阿脩羅迦樓羅緊那羅摩睺羅伽人非人及諸小王轉輪聖王是諸大衆
得未曾有歡喜合掌一心觀佛尒時佛放眉間白豪相光照東方万八千世界靡不周遍下至
阿鼻地獄上至阿迦尼吒天於此世界盡見彼土六趣衆生又見彼土現在諸佛及聞諸佛所

5洞11　妙法蓮華經序品第一（已斷本）　隋刻
拓片高86厘米、寬61厘米　雲居寺文物管理處藏
20世紀50年代碎裂，1959年拼合復原嵌還五洞原處。

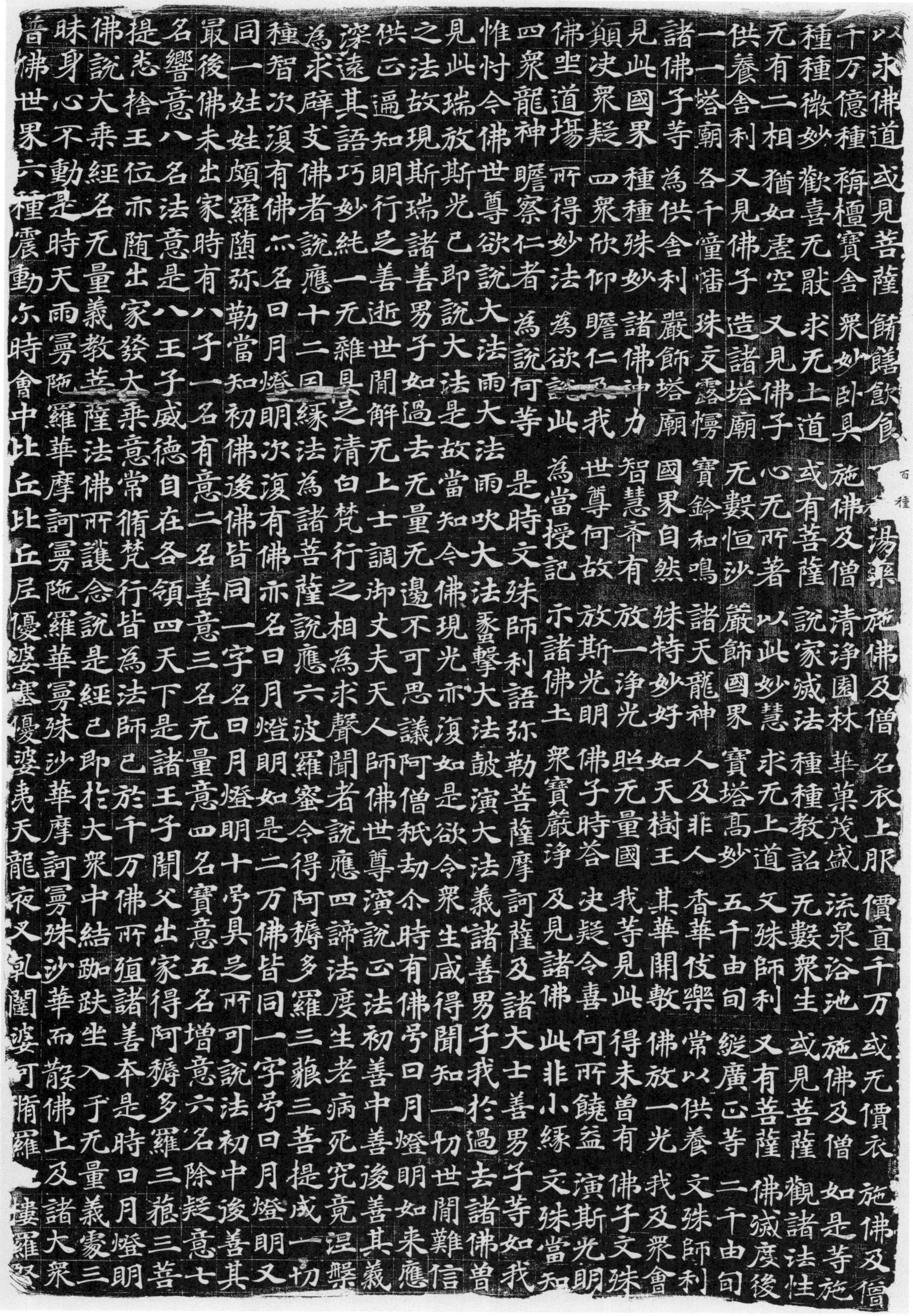
以求佛道或見菩薩餚饍飲食湯藥施佛及僧名衣上服價直千万或无價衣施佛及僧
千万億種栴檀寶舍衆妙卧具施佛及僧清淨園林華菓茂盛流泉浴池施佛及僧如是等施
種種微妙歡喜无猒求无上道或有菩薩說寂滅法種種教詔无數衆生或見菩薩觀諸法性
无有二相猶如虛空又見佛子心无所著以此妙慧求无上道又文殊師利又有菩薩佛滅度後
供養舍利又見佛子造諸塔廟无數恒沙嚴飾國界寶塔高妙五千由旬縱廣正等二千由旬
一一塔廟各千幢幡珠交露幔寶鈴和鳴諸天龍神人及非人香華伎樂常以供養文殊師利
諸佛子等為供舍利嚴飾塔廟國界自然殊特妙好如天樹王其華開敷佛放一光我及衆會
見此國界種種殊妙諸佛神力智慧希有放一淨光照无量國我等見此得未曾有佛子文殊
願決衆疑四衆欣仰瞻仁及我世尊何故放斯光明佛子時荅決疑令喜何所饒益演斯光明
佛坐道場所得妙法為欲說此為當授記示諸佛土衆寶嚴淨及見諸佛此非小緣文殊當知
四衆龍神瞻察仁者為說何等是時文殊師利語弥勒菩薩摩訶薩及諸大士善男子等如我
惟忖今佛世尊欲說大法雨大法雨吹大法蠡擊大法鼓演大法義諸善男子我於過去諸佛曾
見此瑞放斯光已即說大法是故當知今佛現光亦復如是欲令衆生咸得聞知一切世間難信
之法故現斯瑞諸善男子如過去无量无邊不可思議阿僧祇劫尒時有佛号日月燈明如来應
供正遍知明行足善逝世間解无上士調御丈夫天人師佛世尊演說正法初善中善後善其義
深遠其語巧妙純一无雜具足清白梵行之相為求聲聞者說應四諦法度生老病死究竟涅槃
為求辟支佛者說應十二因緣法為諸菩薩說應六波羅蜜令得阿耨多羅三藐三菩提成一切
種智次復有佛亦名日月燈明次復有佛亦名日月燈明如是二万佛皆同一字号日月燈明又
同一姓姓頗羅墮弥勒當知初佛後佛皆同一字名日月燈明十号具足所可說法初中後善其
最後佛未出家時有八子一名有意二名善意三名无量意四名寶意五名增意六名除疑意七
名響意八名法意是八王子威德自在各領四天下是諸王子聞父出家得阿耨多羅三藐三菩
提悉捨王位亦隨出家發大乘意常脩梵行皆為法師已於千万佛所殖諸善本是時日月燈明
佛說大乘經名无量義教菩薩法佛所護念說是經已即於大衆中結加趺坐入于无量義處三
昧身心不動是時天雨曼陁羅華摩訶曼陁羅華曼殊沙華摩訶曼殊沙華而散佛上及諸大衆
普佛世界六種震動尒時會中比丘比丘尼優婆塞優婆夷天龍夜叉乾闥婆阿脩羅[illegible]樓羅緊

5洞12（佛協編號5洞38） 妙法蓮華經序品第一（未斷本） 隋刻
拓片高85厘米、寬57.5厘米 破禪室藏
位於雷音洞（五洞）北壁上層第三石，經版已碎裂。此爲舊拓本。

那羅摩睺羅伽人非人及諸小王轉輪聖王等是諸大衆得未曾有歡喜合掌一心觀佛尒時如
来放眉間白豪相光照東方万八千佛土靡不周遍如今所見是諸佛土弥勒當知尒時會中有
二十万億菩薩樂欲聽法是諸菩薩見此光明普照佛土得未曾有欲知此光所為因緣時有菩
薩名曰妙光有八百弟子是時日月燈明佛從三昧起因妙光菩薩說大乘經名妙法蓮華教菩
薩法佛所護念六十小劫不起于坐時會聽者亦坐一處六十小劫身心不動聽佛所說謂如食
頃是時衆中无有一人若身若心而生懈惓日月燈明佛於六十小劫說是經已即於梵魔沙門
婆羅門及天人阿脩羅衆中而宣此言如来於今日中夜當入无餘涅槃時有菩薩名曰德藏日
月燈明佛即授其記告諸比丘是德藏菩薩次當作佛号曰淨身多陁阿伽度阿羅訶三藐三佛
陁佛授記已便於中夜入无餘涅槃佛滅度後妙光菩薩持妙法蓮華經滿八十小劫為人演說
日月燈明佛八子皆師妙光妙光教化令其堅固阿耨多羅三藐三菩提是諸王子供養无量百
千万億佛已皆成佛道其最後成佛者名曰燃燈八百弟子中有一人号曰求名貪著利養雖復
讀誦衆經而不通利多所忘失故号求名是人亦以種諸善根因緣故得值无量百千万億諸佛
供養恭敬尊重讚嘆弥勒當知尒時妙光菩薩豈異人乎我身是也求名菩薩汝身是也今現此
瑞與本无異是故惟忖今日如来當說大乘經名妙法蓮華教菩薩法佛所護念尒時文殊師利
於大衆中欲重宣此義而說偈言 我念過去世 无量无數劫 有佛人中尊 号曰月燈明 世尊演說法
度无量衆生 无數億菩薩 令入佛智慧 佛未出家時 所生八王子 見大聖出家 亦隨脩梵行 時佛說大乘
經名无量義 於諸大衆中 而為廣分別 佛說此經已 即於法坐上 跏趺坐三昧 名无量義處 天雨曼陁華
天鼓自然鳴 諸天龍鬼神 供養人中尊 一切諸佛土 即時大震動 佛放眉間光 現諸希有事 此光照東方
万八千佛土 示一切衆生 生死業報處 有見諸佛土 以衆寶莊嚴 瑠璃頗梨色 斯由佛光照 及見諸天人
龍神夜叉衆 乾闥緊那羅 各供養其佛 又見諸如来 自然成佛道 身色如金山 端嚴甚微妙 如淨瑠璃中
內現真金像 世尊在大衆 敷演深法義 一一諸佛土 聲聞衆无數 因佛光所照 悉見彼大衆 或有諸比丘
在於山林中 精進持淨戒 猶如護明珠 又見諸菩薩 行施忍辱等 其數如恒沙 斯由佛光照 又見諸菩薩
深入諸禪定 身心寂不動 以求无上道 又見諸菩薩 知法寂滅相 各於其國土 說法求佛道 尒時四部衆
見日月燈佛 現大神通力 其心皆歡喜 各各自相問 是事何因緣 天人所奉尊 適從三昧起 讚妙光菩薩
汝為世間眼 一切所歸信 能奉持法藏 如我所說法 唯汝能證知 世尊既讚嘆 令妙光歡喜 說是法華經
滿六十小劫 不起於此坐 所說上妙法 是妙光法師 悉皆能受持 佛說是法華 令衆歡喜已 尋即於是日

5洞13（佛協編號5洞40） 妙法蓮華經序品第一（未斷本） 隋刻
拓片高85.5厘米、寬60厘米 破禪室藏
位於雷音洞（五洞）北壁上層第四石，經版已碎裂。此爲舊拓本。

經名妙法蓮華教菩薩法佛所護念尒時文殊師利
去世无量无數劫有佛人中尊号曰月燈明世尊演說法
家時所生八王子見大聖出家亦隨脩梵行時佛說大乘
經已即於法坐上跏趺坐三昧名无量義處天雨曼陁華
佛土即時大震動佛放眉間光現諸希有事此光照東方
佛土以衆寶莊嚴瑠璃頗梨色斯由佛光照及見諸天人
如來自然成佛道身色如金山端嚴甚微妙如淨瑠璃中
佛土聲聞衆无數因佛光所照悉見彼大衆或有諸比丘
菩薩行施忍辱等其數如恒沙斯由佛光照又見諸菩薩
菩薩知法寂滅相各於其國土說法求佛道尒時四部衆
相問是事何因緣天人所奉尊適從三昧起讚妙光菩薩
說法唯汝能證知世尊既讚嘆令妙光歡喜說是法華經
法師悉皆能受持佛說是法華令衆歡喜已尋即於是日

5洞13（佛協編號5洞40） 妙法蓮華經序品第一（局部）

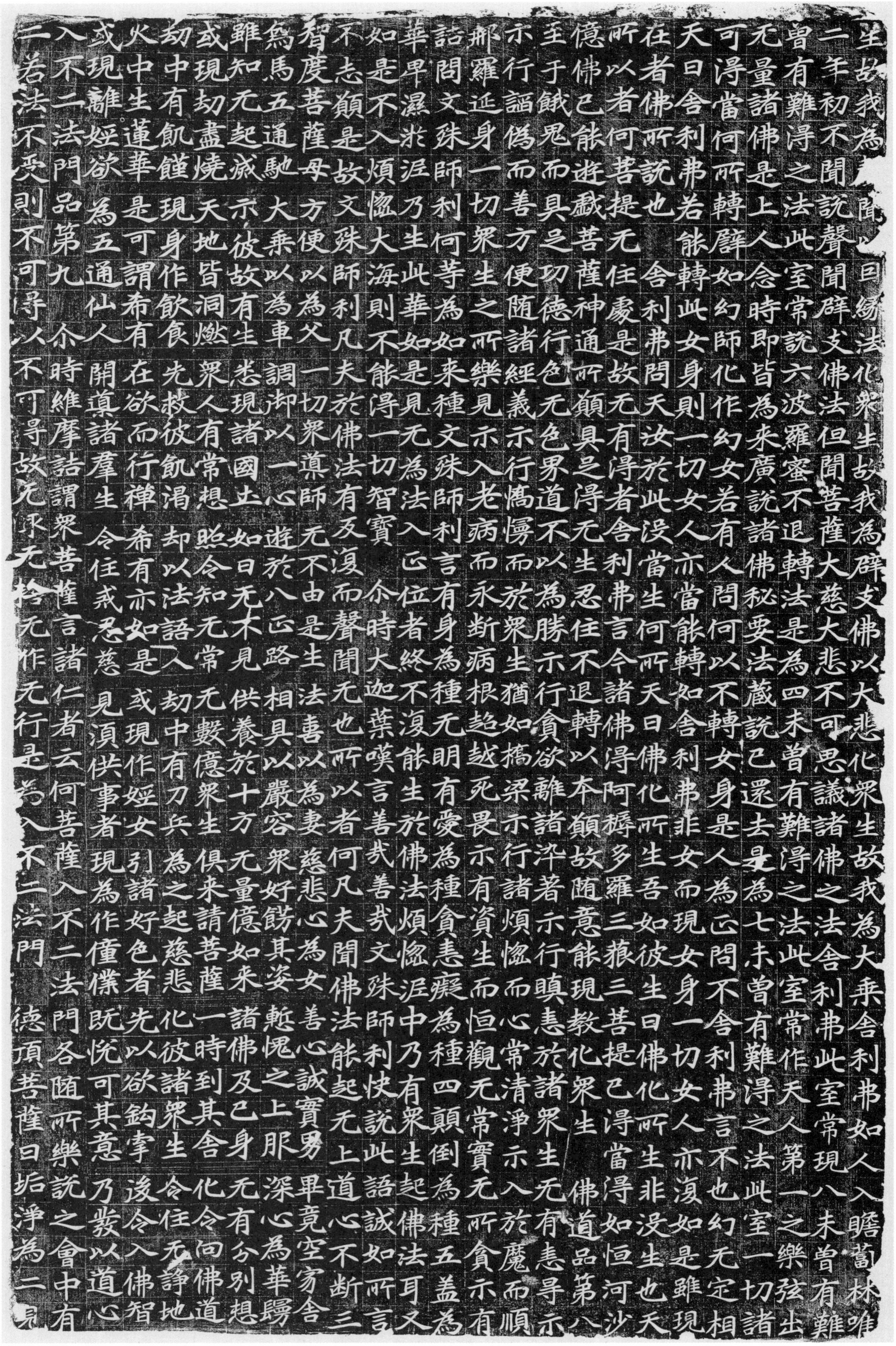
生故我為聲聞以因緣法化衆生故我為辟支佛以大悲化衆生故我為大乘舍利弗如人入瞻蔔林唯
二年初不聞說聲聞辟支佛法但聞菩薩大慈大悲不可思議諸佛之法舍利弗此室常現八未曾有難
曾有難得之法此室常說六波羅蜜不退轉法是為四未曾有難得之法此室常作天人第一之樂絃出
无量諸佛是上人念時即皆為來廣說諸佛秘要法藏說已還去是為七未曾有難得之法此室一切諸
可得當何所轉辟如幻師化作幻女若有人問何以不轉女身是人為正問不舍利弗言不也幻无定相
天曰舍利弗若能轉此女身則一切女人亦當能轉如舍利弗非女而現女身一切女人亦復如是雖現
在者佛所說也　舍利弗問天汝於此没當生何所天曰佛化所生吾如彼生曰佛化所生非没生也天
所以者何菩提无住處是故无有得者舍利弗言今諸佛得阿耨多羅三藐三菩提已得當得如恒河沙
億佛已能遊戲菩薩神通所願具足得无生忍住不退轉以本願故隨意能現教化衆生佛道品第八
至于餓鬼而具足功德行色无色界道不以為勝示行貪欲離諸染著示行瞋恚於諸衆生无有恚㝵示
示行諂偽而善方便隨諸經義示行憍慢而於衆生猶如橋梁示行諸煩惱而心常清淨示入於魔而順
那羅延身一切衆生之所樂見示入老病而永斷病根超越死畏示有資生而恒觀无常實无所貪示有
詰問文殊師利何等為如來種文殊師利言有身為種无明有愛為種貪恚癡為種四顛倒為種五蓋為
華卑濕淤泥乃生此華如是見无為法入正位者終不復能生於佛法煩惱泥中乃有衆生起佛法耳又
如是不入煩惱大海則不能得一切智寶　尒時大迦葉歎言善哉善哉文殊師利快說此語誠如所言
不志願是故文殊師利凡夫於佛法有反復而聲聞无也所以者何凡夫聞佛法能起无上道心不斷三
智度菩薩母方便以為父一切衆導師无不由是生法喜以為妻慈悲心為女善心誠實男畢竟空寂舍
為馬五通馳大乘以為車調御以一心遊於八正路相具以嚴容衆好餝其姿慚愧之上服深心為華鬘
雖知无起滅示彼故有生悉現諸國土如日无不見供養於十方无量億如來諸佛及己身无有分別想
或現劫盡燒天地皆洞燃衆人有常想照令知无常无數億衆生俱來請菩薩一時到其舍化令向佛道
劫中有飢饉現身作飲食先救彼飢渴却以法語人劫中有刀兵為之起慈悲化彼諸衆生令住无諍地
火中生蓮華是可謂希有在欲而行禪希有亦如是或現作婬女引諸好色者先以欲鈎牽後令入佛智
或現離婬欲為五通仙人開導諸羣生令住戒忍慈見須供事者現為作僮僕既悅可其意乃發以道心
入不二法門品第九　尒時維摩詰謂衆菩薩言諸仁者云何菩薩入不二法門各隨所樂說之會中有
二若法不受則不可得以不可得故无取无捨无作无行是為入不二法門　德頂菩薩曰垢淨為二見

5洞14（佛協編號5洞19）　維摩詰經佛道品第八入不二法門品第九（未斷本）　唐刻

拓片高88厘米、寬56厘米　破禪室藏

姚秦鳩摩羅什譯。上中下三石經文連續。此石位於雷音洞（五洞）東壁，經版已碎裂。此爲舊拓本。

嗅蔔不嗅餘香如是若入此室但聞佛功德之香不樂聞聲聞辟支佛功德香也舍利弗其有釋梵四
淂之法何等為八此室常以金色光照晝夜无異不以日月所照為明是為一未曾有難淂之法此室入
无量法化之聲是為五未曾有難淂之法此室有四大藏衆寶積滿周窮濟乏求淂无盡是為六未曾有
天嚴飾宮殿諸佛淨土皆於中現是為八未曾有難淂之法舍利弗此室常現八未曾有難淂之法誰有
當何所轉天曰一切諸法亦復如是无有定相云何乃問不轉女身即時天女以神通力變舍利弗令如
女身而非女也是故佛說一切諸法非男非女即時天女還攝神力舍利弗身還復如故天問舍利弗女
日衆生猶然无沒生也舍利弗問天汝久如當淂阿耨多羅三藐三菩提天曰如舍利弗還為凡夫我乃
皆謂何乎天曰皆以世俗文字數故說有三世非謂菩提有去來今天曰舍利弗汝淂阿羅漢道耶曰无
尒時文殊師利問維摩詰言菩薩云何通達佛道維摩詰言若菩薩行於非道是為通達佛道又問云
行愚癡而以智慧調伏其心示行慳貪而捨內外所有不惜身命示行毀禁而安住淨戒乃至小罪猶懷
佛智慧不隨他教示入聲聞而為衆生說未聞法示入辟支佛而成就大悲教化衆生示入貧窮而有寶
妾綵女而常遠離五欲淤泥現於訥鈍而成就辯才揔持无失示入耶濟而以正濟渡諸衆生現遍入
種六入為種七識處為種八耶法為種九惱處為種十不善道為種以要言之六十二見及一切煩惱皆
如殖種於空終不淂生糞壤之地乃能滋茂如是入无為正位者不生佛法起於我見如須弥山猶能發
塵勞之疇為如來種我等今者不復堪任發阿耨多羅三藐三菩提心乃至五无間罪猶能發意生於佛
寶正使聲聞終身聞佛法力无畏等永不能發无上道意 尒時會中有菩薩名普現色身問維摩詰言
弟子衆塵勞隨意之所轉道品善知識由是成正覺 諸度法等侶四攝為伎女歌詠誦法言以此為音樂
富有七財寶教授以滋息如所說脩行迴向為大利 四禪為牀坐從於淨命生多聞增智慧以為自覺音
雖知諸佛國及與衆生空而常脩淨土教化於羣生 諸有衆生類形聲及威儀无畏力菩薩一時能盡現
經書禁呪術工巧諸伎藝盡現行此事饒益諸羣生 世間衆道法悉於中出家因以解人惑而不墮耶見
若有大戰陣立之以等力菩薩現威勢降伏使和安 一切國土中諸有地獄處輙往到于彼免濟其苦惱
或為邑中主或作商人導國師及大臣以祐利衆生 諸有貧窮者現作无盡藏因以勸導之令發菩提心
隨彼之所須淂入於佛道以善方便力皆令給足之 如是道无量所行无有崖智慧无邊際度脫无數衆
菩薩名法自在說言諸仁者生滅為二法本不生今則无滅淂此无生法忍是為入不二法門德守菩
垢實性則无淨相順於滅相是為入不二法門 善宿菩薩曰是動是念為二不動則无念无念即无分

5洞15（佛協編號5洞20） 維摩詰經佛道品第八入不二法門品第九（未斷本） 唐刻

拓片高88.5厘米、寬56.5厘米 破禪室藏

位於雷音洞（五洞）東壁，經版已碎裂殘缺。此爲舊拓本。

如殖種於空終不得生糞壤之地乃能滋茂如
塵勞之疇為如来種我等今者不復勘任發阿
寶正使聲聞終身聞佛法力无畏等永不能發
弟子眾塵勞隨意之所轉道品善知識由是成
富有七財寶教授以滋息如所說循行迴向為
雖知諸佛國及與眾生空而常循淨土教化於
經書禁呪術工巧諸伎藝盡現行此事饒益諸
若有大戰陣立之以等力菩薩現威勢降伏使
或為邑中主或作商人導國師及大臣以祐利
隨彼之所須得入於佛道以善方便力皆給
菩薩名法自在說言諸仁者生滅為二法本不
實性則无淨相順於滅相是為入不二法門

5洞15（佛協編號5洞20） 維摩詰經佛道品第八入不二法門品第九（局部）

嗅瞻蔔不嗅餘香如是若入此室但聞佛功德
淂之法何等為八此室常以金色光照晝夜无
无量法化之聲是為五未曾有難淂之法此室
天嚴飾宮殿諸佛淨土皆於中現是為八未曾有
當何所轉天曰一切諸法亦復如是无有定相
女身而非女也是故佛說一切諸法非男非女
曰衆生猶然无沒生也舍利弗問天汝久如當
皆謂何乎天曰皆以世俗文字數故說有三世非
尒時文殊師利問維摩詰言菩薩云何通達
行愚癡而以智慧調伏其心示行慳貪而捨內
佛智慧不隨他教示入聲聞而為衆生說未聞
妻妾婇女而常遠離五欲淤泥現於訥鈍而成

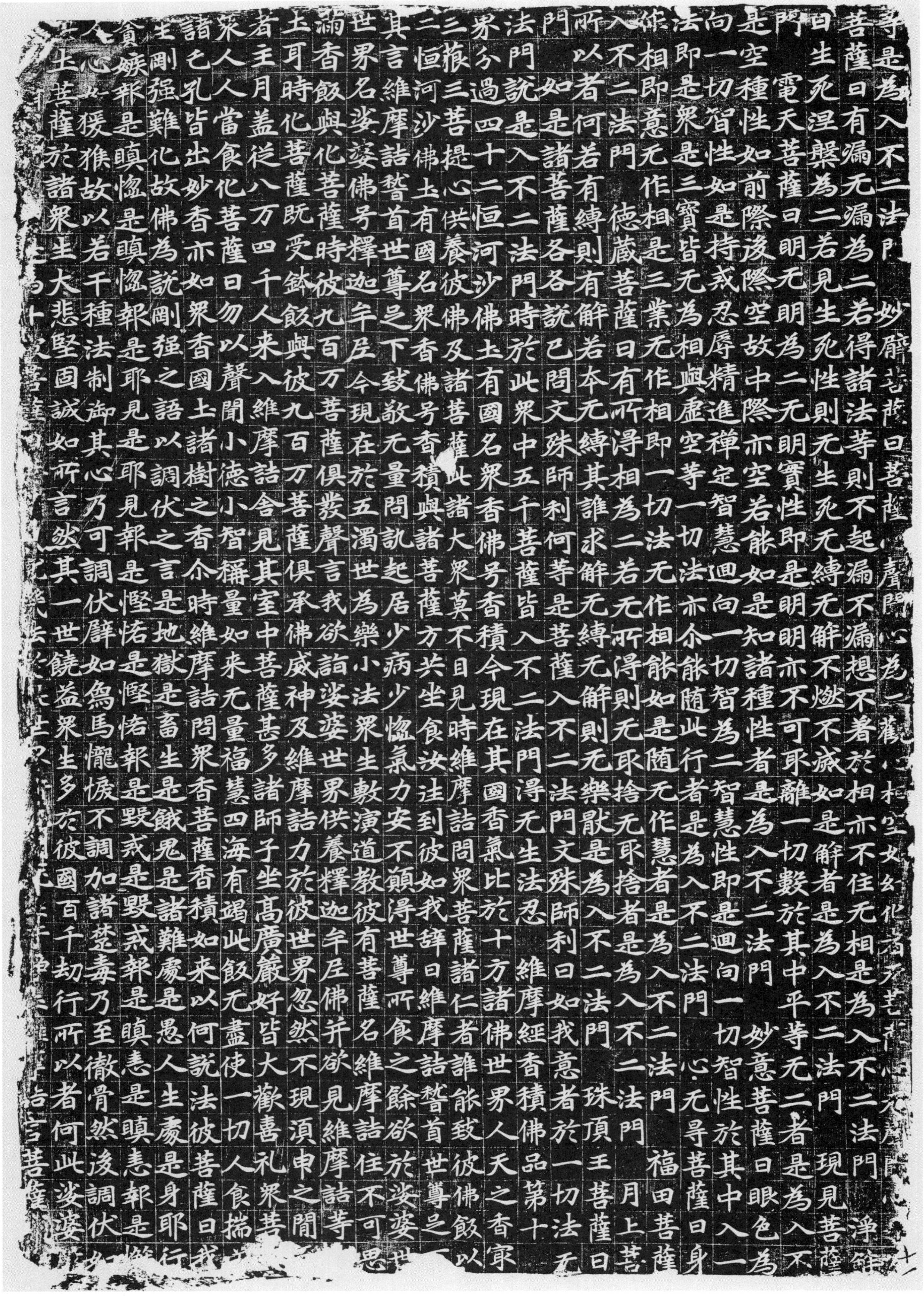

5洞16（佛協編號5洞22） 維摩詰經入不二法門品第九（未斷本） 唐刻

拓片高88.5厘米、寬56.5厘米 破禪室藏

位於雷音洞（五洞）東壁，經版已碎裂殘缺。此爲舊拓本。

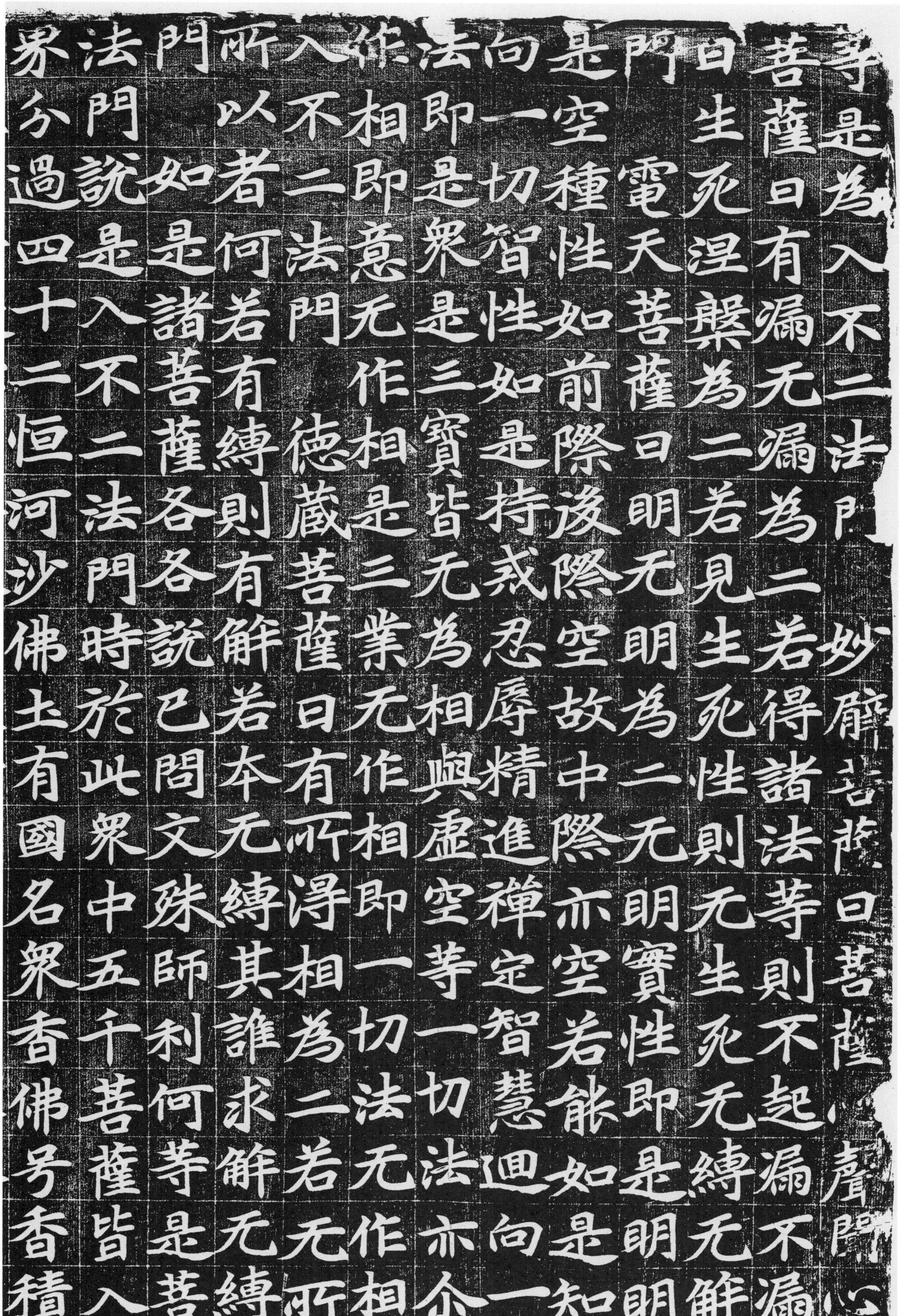

5洞16（佛協編號5洞22） 維摩詰經入不二法門品第九（局部）

色像第一捨諸世間所有飾好名稱高遠踰於須彌深信堅固猶若金剛法寶普照而雨甘露
無畏十八不共關閉一切諸惡趣門而生五道以現其身爲大醫王善療衆病應病與藥令得服行
薩大嚴菩薩寶積菩薩辯積菩薩寶手菩薩寶印手菩薩常舉手菩薩常下手菩薩常慘菩薩喜根
相擊音菩薩香象菩薩白香象菩薩常精進菩薩不休息菩薩妙生菩薩華嚴菩薩觀世音菩薩得
下來在會坐弁餘大威力諸天龍神夜叉乾闥婆阿脩羅迦樓羅緊那羅摩睺羅伽等悉來會坐諸
七寶蓋來詣佛所頭面禮足各以其蓋共供養佛佛之威神令諸寶蓋合成一蓋遍覆三千大千世界
十方諸佛諸佛說法亦現於寶蓋中尒時一切大衆覩佛神力歎未曾有合掌禮佛瞻仰尊顔目不暫
能善分別諸法相於第一義而不動已於諸法得自在是故稽首此法王說法不有亦不無以因緣故諸法生
度老病死大醫王當禮法海德无邊毀譽不動如須弥於善不善等以慈心行平等如虛空孰聞人寶不敬承
亦以一音演說法衆生隨類各得解皆謂世尊同其語斯則神力不共法佛以一音演說法衆生各各隨所解
稽首能度諸世間稽首永離生死道悉知衆生來去相善於諸法得解脫不著世間如蓮華常善入於空寂行
問於如來淨土之行諦聽諦聽善思念之當爲汝說於是寶積及五百長者子受教而聽佛言寶積衆
衆生故譬如有人欲於空地造立宮室隨意無礙若於虛空終不能成菩薩如是爲成就衆生故願取
菩薩淨土菩薩成佛時一切能捨衆生來生其國持戒是菩薩淨土菩薩成佛時行十善道滿願衆
士菩薩成佛時正定衆生來生其國四無量心是菩薩淨土菩薩成佛時成就慈悲喜捨衆生來生其國
迴向心是菩薩淨土菩薩成佛時得一切具足功德國土說除八難是菩薩淨土菩薩成佛時國土無有
其國如是寶積菩薩隨其直心則能發行隨其發行則得深心隨其深心則意調伏隨其調伏則如說行
淨其心隨其心淨則佛土淨尒時舍利弗承佛威神作是念若菩薩心淨則佛土淨者我世尊本爲菩
見尒時螺髻梵王語舍利弗勿作是念謂此佛土以爲不淨所以者何我見釋迦牟尼佛土清淨譬如自
是佛以足指按地即時三千大千世界若干百千珍寶嚴飾譬如寶莊嚴佛無量功德寶莊嚴土一切大
如諸天共寶器食隨其福德飯色有異如是舍利弗若人心淨便見此土功德莊嚴當佛現此國土嚴
漏盡意解　方便品第二　尒時毗耶離大城中有長者名維摩詰已曾供養無量諸佛深殖善本得
如海諸佛咨嗟弟子釋梵世主所敬欲度人故以善方便居毗耶離資財無量攝諸貧民奉戒清淨攝
雖復飲食而以禪悅爲味若至博弈戲處輒以度人受諸異道不毀正信雖明世典常樂佛法一切見
者中尊爲說勝法若在居士居士中尊斷其貪著若在刹利刹利中尊教以忍辱若在婆羅門婆羅門

5洞17（佛協編號5洞3）　維摩詰經佛國品第一方便品第二　元刻
拓片高89厘米、寬58厘米　破禪室藏
位於雷音洞（五洞）南壁，爲高麗僧慧月、達牧於元至正元年（1341）重書補刻。此爲舊拓本。

慧月、達牧剜改隋唐刻經字迹

慧月、達牧補刻題記

5 洞 18（佛協編號 5 洞 146）
勝鬘獅子吼一乘大方便方廣經慧月達牧補刻題記
拓片高 178 厘米、寬 62 厘米　雲居寺文物管理處藏
　　劉宋求那跋陁羅譯。此爲雷音洞（五洞）東壁大石第四。

自在通此五種巧便觀成就於我滅後未來
有餘大利益我當承佛威神復說斯義佛言
男子善女人於諸深法不自了知仰推世尊
而調伏之尒時勝鬘與諸眷屬頂禮佛足佛
勝鬘夫人與諸眷屬合掌向佛觀無猒足目
人民皆向大乘尒時世尊入祇洹林告長老
沙劫修菩提行行六波羅蜜若復善男子善
當何名斯經云何奉持佛告帝釋此經成就
世尊唯然受教佛言此經歎如來真實第一
來法身如是受持說空義隱覆真實如是受
迦此經所說斷一切疑決定了義入一乘道
聞佛所說歡喜奉行

高麗國比丘[illegible]
字慧月修補經[illegible]

5洞18（佛協編號5.洞146）勝鬘獅子吼一乘大方便方廣經慧月達牧補刻題記（局部）

5洞19（佛協編號5洞120） 佛説觀彌勒菩薩上生兜率陀天經慧月達牧補刻題記
拓片高55厘米、寬85厘米 雲居寺文物管理處藏
劉宋沮渠京聲譯。雷音洞（五洞）南壁上層第十石。

達牧書經題記

衛國祇樹給孤獨園尒時世尊於初夜分
陀園周遍七匝照須達舍亦作金色有金
處處皆雨金色蓮華其光明中有無量百
於此中有千菩薩最初成佛名拘留孫最
已尊者阿若憍陳如即從禪起與其眷屬
迦葉與其眷屬二百五十人俱尊者大目
人俱尊者舍利弗與其眷屬二百五十人
與其眷屬千比丘尼俱須達長者與三千
千優婆夷俱復有菩薩摩訶薩名跋陀婆
文殊師利法王子與其眷屬五百菩薩俱

5洞19（佛協編號5洞120）：佛說觀彌勒菩薩上生兜率陀天經慧月達牧補刻題記（局部）

5洞外1　雷音洞明永樂十四年十一月摩崖題刻
　　位於雷音洞（五洞）洞門外上方崖壁。1989年3月鏟去白灰後發現。

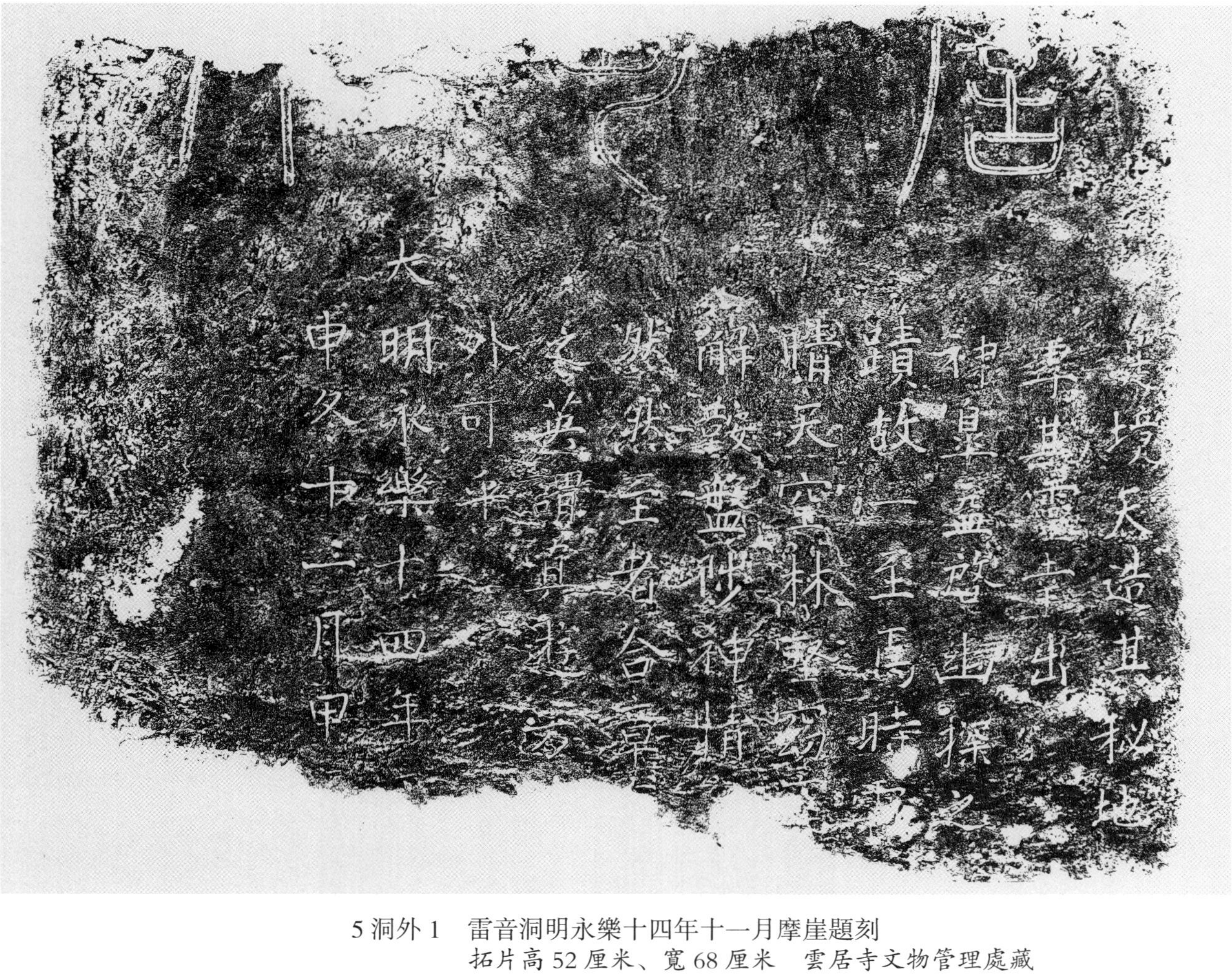

5洞外1　雷音洞明永樂十四年十一月摩崖題刻
　　拓片高52厘米、寬68厘米　雲居寺文物管理處藏

5洞外2　張普旺雲居寺住持嗔嗒嗘哩等明成化九年五月金飾千佛題記
碑高67厘米、寬55厘米
嵌於石經山雷音洞外壁，李守真書。

5 洞外 2　張普旺雲居寺住持嗔嗒嘫哩等明成化九年五月金飾千佛題記
拓片高 67 厘米、寬 54 厘米　雲居寺文物管理處藏

5洞外3　甘爲霖明嘉靖十五年臘月登游詩刻
石高160厘米、寬97厘米
刻於石經山雷音洞（五洞）外壁。

六洞

六洞　外景

六洞　洞内經版貯藏情況

六洞　洞口董其昌“寶藏”刻石舊照

六洞位於雷音洞（五洞）左側，開鑿年代不詳，是石經山上最小的洞窟。洞外石窗上方嵌明董其昌“寶藏”刻石。1956年啓出經版200石，刻經15種60餘卷，除《大般若波羅蜜多經》《金剛般若波羅蜜經》兩種爲唐天寶年間所刻外，其餘13種190石皆晚明刻經。其中有題記的刻經13種。

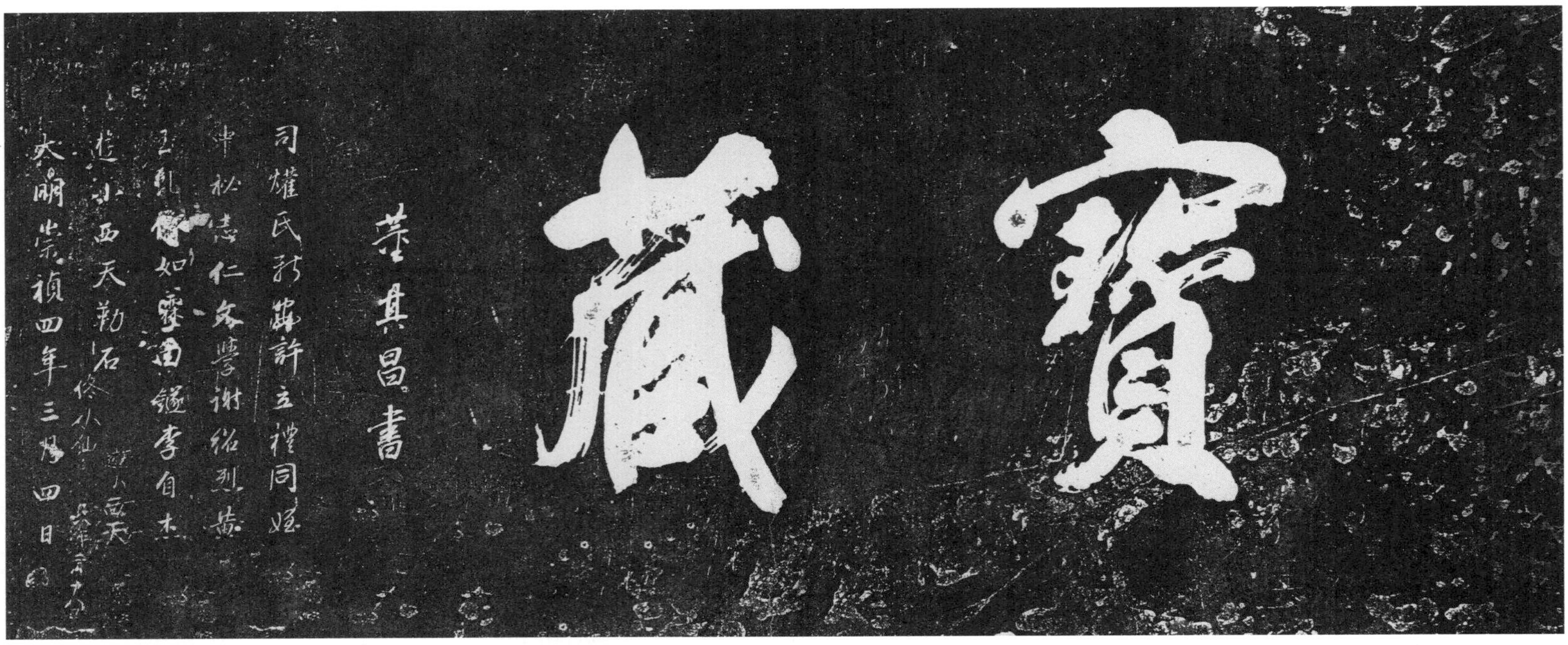

六洞　董其昌"寶藏"刻石　明崇禎四年三月四日
拓片高 45 厘米、寬 96 厘米
刻石原嵌於石經山六洞石窗上方，今藏雲居寺文物管理處。

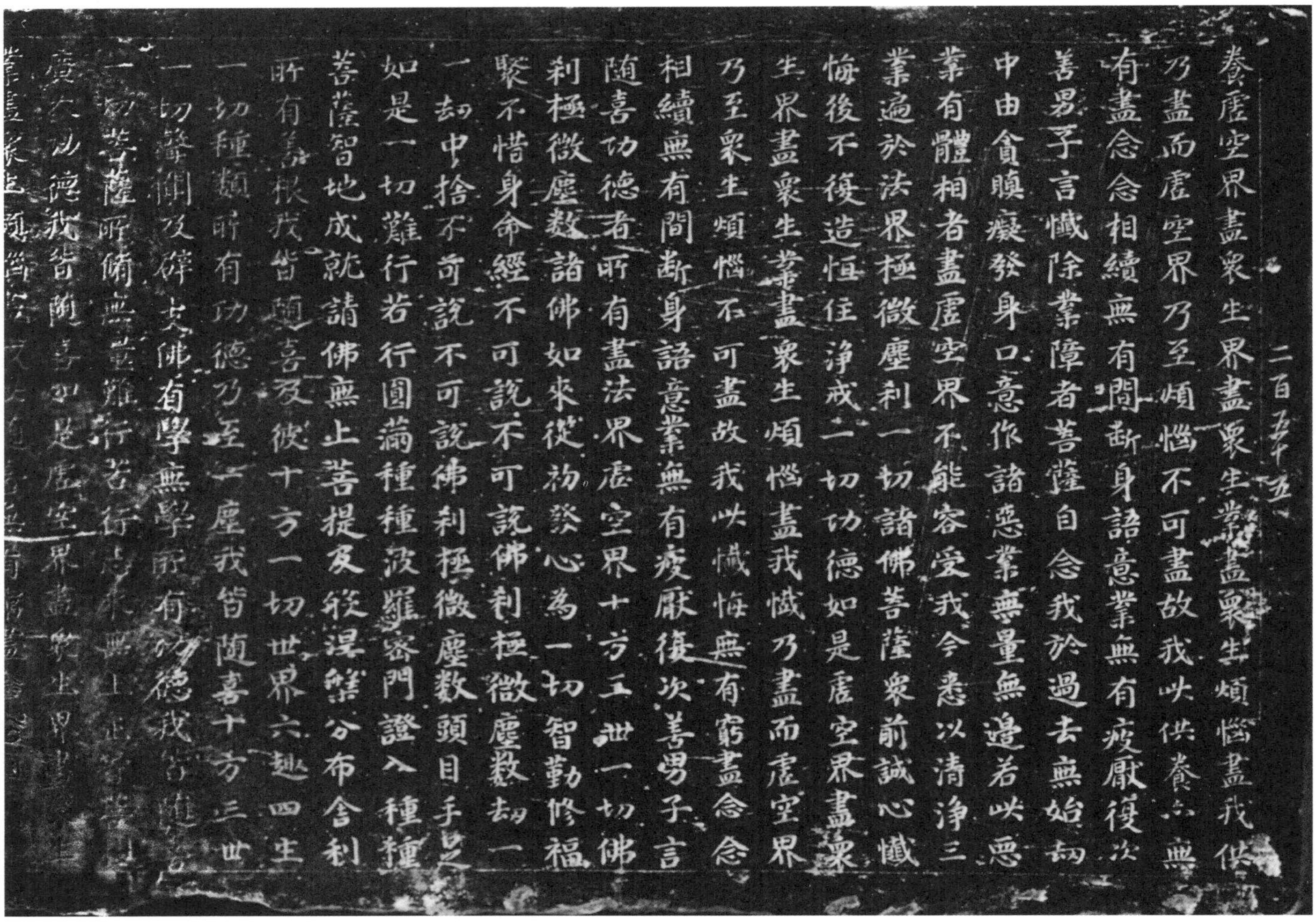

六洞　1956 年取出拓印時的明代石經版（原石局部）

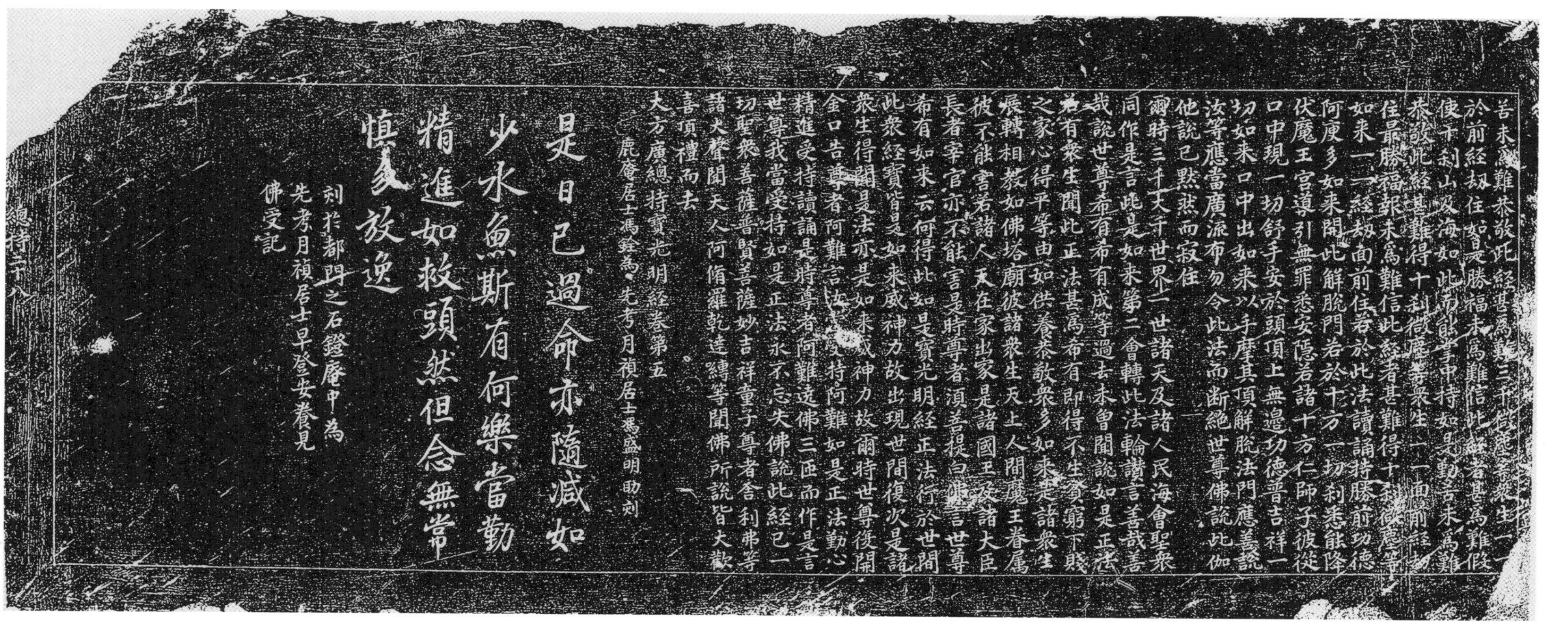

6洞4　大方廣總持寶光明經卷第五馮銓造經題記　明刻
拓片高31厘米、寬96厘米　中國佛教圖書文物館藏

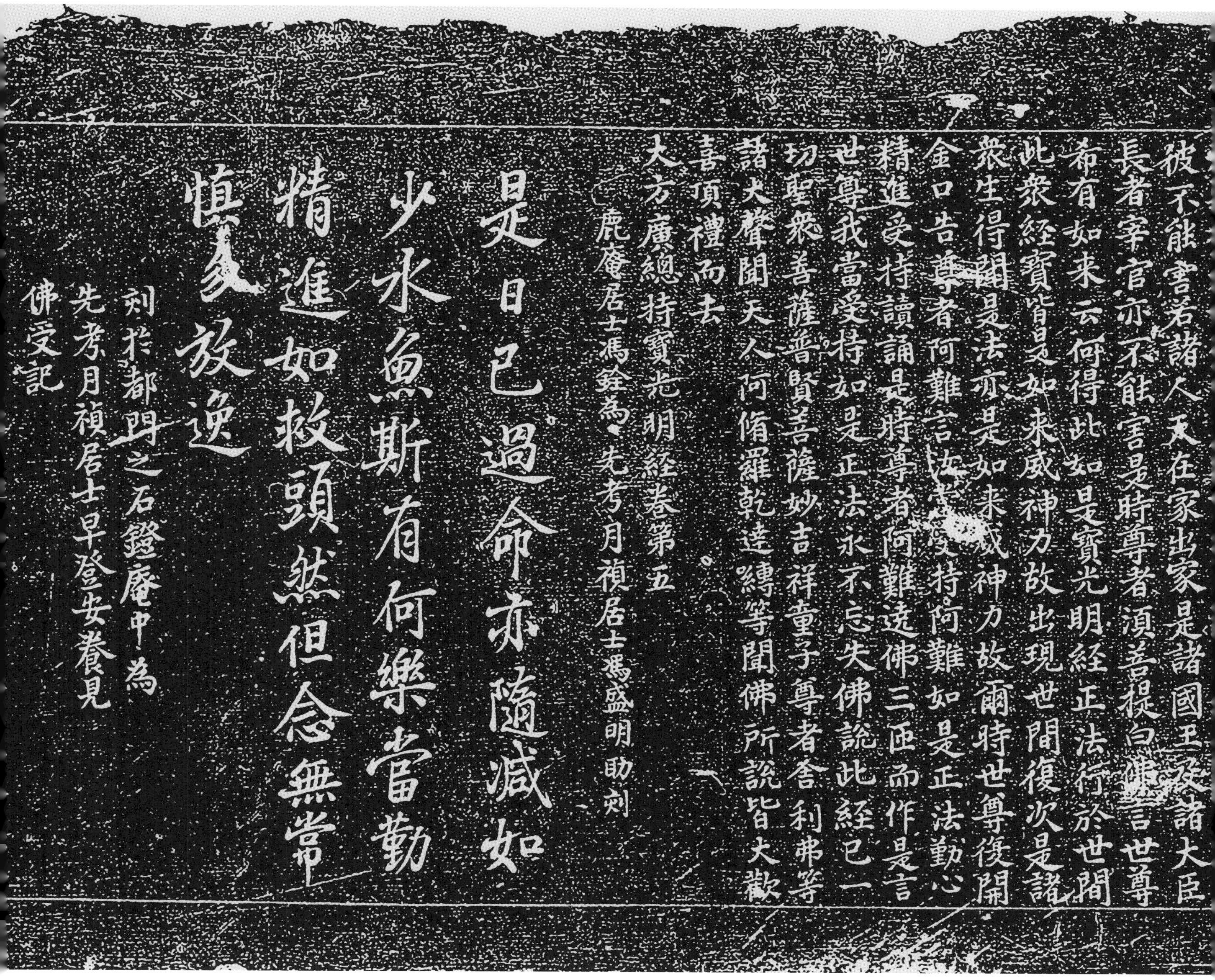

彼不能害若諸人天在家出家是諸國王及諸大臣
長者宰官亦不能害是時尊者須菩提白佛言世尊
希有如来云何得此如是寶光明経正法行於世間
此衆経寶皆是如来威神力故出現世間復次是諸
衆生得聞是法亦是如来威神力故爾時世尊復開
金口告尊者阿難言汝當受持阿難如是正法勤心
精進受持讀誦是時尊者阿難遶佛三匝而作是言
世尊我當受持如是正法永不忘失佛說此経已一
切聖衆菩薩普賢菩薩妙吉祥童子尊者舍利弗等
諸大聲聞天人阿脩羅乾達縛等聞佛所說皆大歡
喜頂禮而去
大方廣總持寶光明経卷第五
鹿庵居士馮銓為先考月禎居士馮盛明助刻
是日已過命亦隨減如
少水魚斯有何樂當勤
精進如救頭然但念無常
慎勿放逸
刻於都門之石鐙庵中為
先考月禎居士早登安養見
佛受記

（局部）

6 洞 5　佛說阿彌陀經王永寧造經題記　明刻
拓片高 30 厘米、寬 96 厘米　中國佛教圖書文物館藏

諸善男子善女人皆為一切諸佛之所護念皆得不
退轉於阿耨多羅三藐三菩提是故舍利弗汝等皆
當信受我語及諸佛所說舍利弗若有人已發願今發
願當發願欲生阿彌陀佛國者是諸人等皆得不退
轉於阿耨多羅三藐三菩提於彼國土若已生若今
生若當生是故舍利弗諸善男子善女人若有信者
應當發願生彼國土舍利弗如我今者稱讚諸佛不
可思議功德彼諸佛等亦稱讚我不可思議功德而
作是言釋迦牟尼佛能為甚難希有之事能於娑婆
國土五濁惡世劫濁見濁煩惱濁眾生濁命濁中得
阿耨多羅三藐三菩提為諸眾生說是一切世間難
信之法舍利弗當知我於五濁惡世行此難事得阿
耨多羅三藐三菩提為一切世間說此難信之法是
為甚難佛說此經已舍利弗及諸比丘一切世間天
人阿修羅等聞佛所說歡喜信受作禮而去
佛說阿彌陀經
拔一切業障根本得生淨土陀羅尼咒
曩謨阿彌多婆夜哆他伽哆夜哆地夜他阿彌唎都
婆毗阿彌唎哆悉耽婆毗阿彌唎哆毗迦蘭帝阿彌
唎哆毗迦蘭哆伽彌膩伽伽那枳多迦隸娑婆訶
是日已過命亦隨減如少水魚斯有何樂當勤精進
如救頭然但念無常慎勿放逸
南無西方極樂世界三十六萬億一十一萬九千五
百同名同號大慈大悲接引導師阿彌陀佛
山西路安府潞府書辦官王永寧造

（局部）

6洞9　大方廣佛華嚴經卷第四十吴佐明書經助刻題記　明刻
拓片高31厘米、寬96厘米　中國佛教圖書文物館藏

6洞18　大方廣佛華嚴經卷第三十七邵之亨明天啓三年造經題記（面）
拓片高33厘米、寬105厘米　中國佛教圖書文物館藏
此爲唐般若譯四十卷本《華嚴經》。

一菩薩摩訶薩亦復如是於諸一切三昧水中菩提
之心而為第一能生一切禪定解脫甘露味故善男
子譬如鹽中先陀婆鹽而為第一能除諸病及能明
眼菩薩摩訶薩亦復如是於其八萬四千法中菩提
之心而為最勝以能除滅一切衆生惑業重病生智
明故善男子譬如乳中牛乳第一能除諸病令人增
壽菩薩摩訶薩菩提之心亦復如是於諸正法甘露
味中而為最勝能除衆生諸煩惱病及令菩薩慧命
增故善男子此菩提心成就如是無量無邊乃至不
可說不可說具足圓滿殊勝功德若有衆生發阿耨
多羅三藐三菩提心則獲如是具足圓滿勝功德法
善男子汝獲善利具善名稱汝今能發阿耨多羅三
藐三菩提心求菩薩行已得如是難行難集大功德
故　三十六卷終
大方廣佛華嚴卷第三十七
唐罽賓國三藏般若奉詔譯
入不思議解脫境界普賢行願品
爾時彌勤菩薩告善財童子言善男子如汝所問菩
薩云何學菩薩行修菩薩道善男子汝可入此毗盧
天啟癸亥仲冬日弟子邵之亨施刻

6 洞 18　大方廣佛華嚴經卷第三十七邵之亨明天啓三年造經題記（面局部）

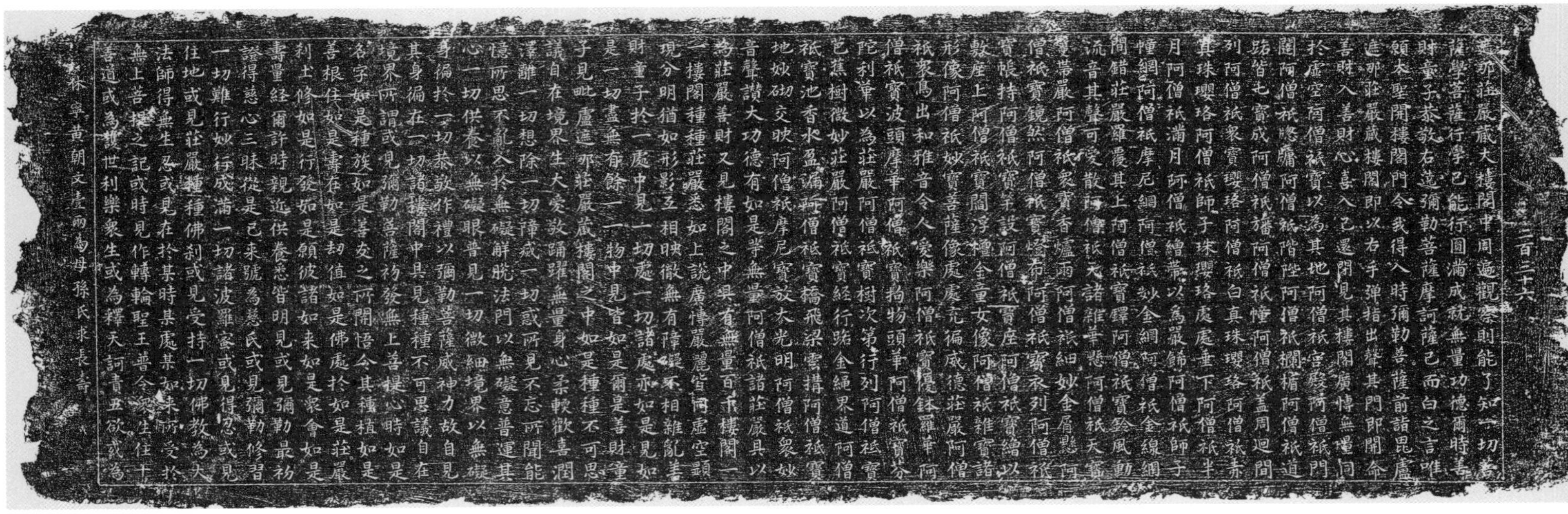

6 洞 18　大方廣佛華嚴經卷第三十七黃朝文造經題記（背）　明刻
拓片高 33 厘米、寬 105 厘米　中國佛教圖書文物館藏

是一切盡無有餘一一物中見皆如是爾是善財童
子見毗盧遮那莊嚴藏樓閣之中如是種種不可思
議自在境界生大愛敬踊躍無量身心柔軟歡喜潤
澤離一切想除一切障滅一切惑所見不忘所聞能
憶所思不亂入於無礙解脫法門以無礙意普運其
心一切供養以無礙眼普見一切微細境界以無礙
身徧於一切恭敬作禮以彌勒菩薩威神力故自見
其身徧在一切諸樓閣中具見種種不可思議自在
境界所謂或見彌勒菩薩初發無上菩提心時如是
名字如是種族如是善友之所開悟令其種植如是
善根住如是壽在如是劫值如是佛處於如是莊嚴
剎土修如是行發如是願彼諸如來如是衆會如是
壽量經爾許時親近供養悉皆明見或見彌勒最初
證得慈心三昧從是已來號為慈氏或見彌勒修習
一切難行妙行成滿一切諸波羅蜜或見得忍或見
住地或見莊嚴種種佛剎或見受持一切佛教為大
法師得無生忍或見在於某時某處某如來所受於
無上菩提之記或時見作轉輪聖王普令衆生住十
善道或為護世利樂衆生或為釋天訶責五欲或為
休寧黃朝文壹兩為母孫氏求長壽

6洞18　大方廣佛華嚴經卷第三十七黃朝文造經題記（背局部）

6洞57　大方廣佛華嚴經卷第五題記　明刻
拓片高30厘米、寬100厘米　中國佛教圖書文物館藏

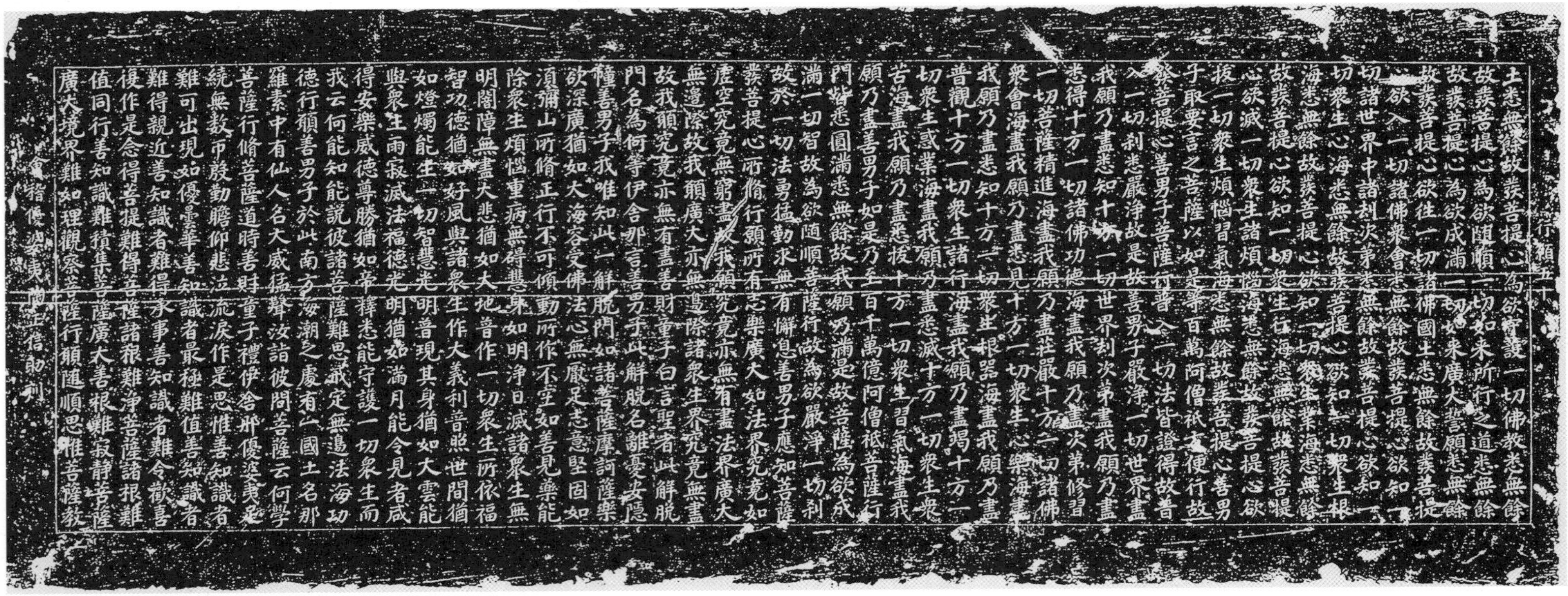

6洞70　大方廣佛華嚴經卷第八陶正信助刻題記　明刻

拓片高31厘米、寬96厘米　中國佛教圖書文物館藏

6洞100　大方廣佛華嚴經卷第八武林比丘真慶等助刻題記　明刻

拓片高32厘米、寬98厘米　中國佛教圖書文物館藏

6洞101　大方廣佛華嚴經卷第二十王敬助刻沙彌性湛書經題記　明刻
拓片高32厘米、寬100厘米　中國佛教圖書文物館藏

6洞104　大方廣佛華嚴經卷第十六沈榮助刻沙門真程書經題記　明刻
拓片高32厘米、寬98厘米　中國佛教圖書文物館藏

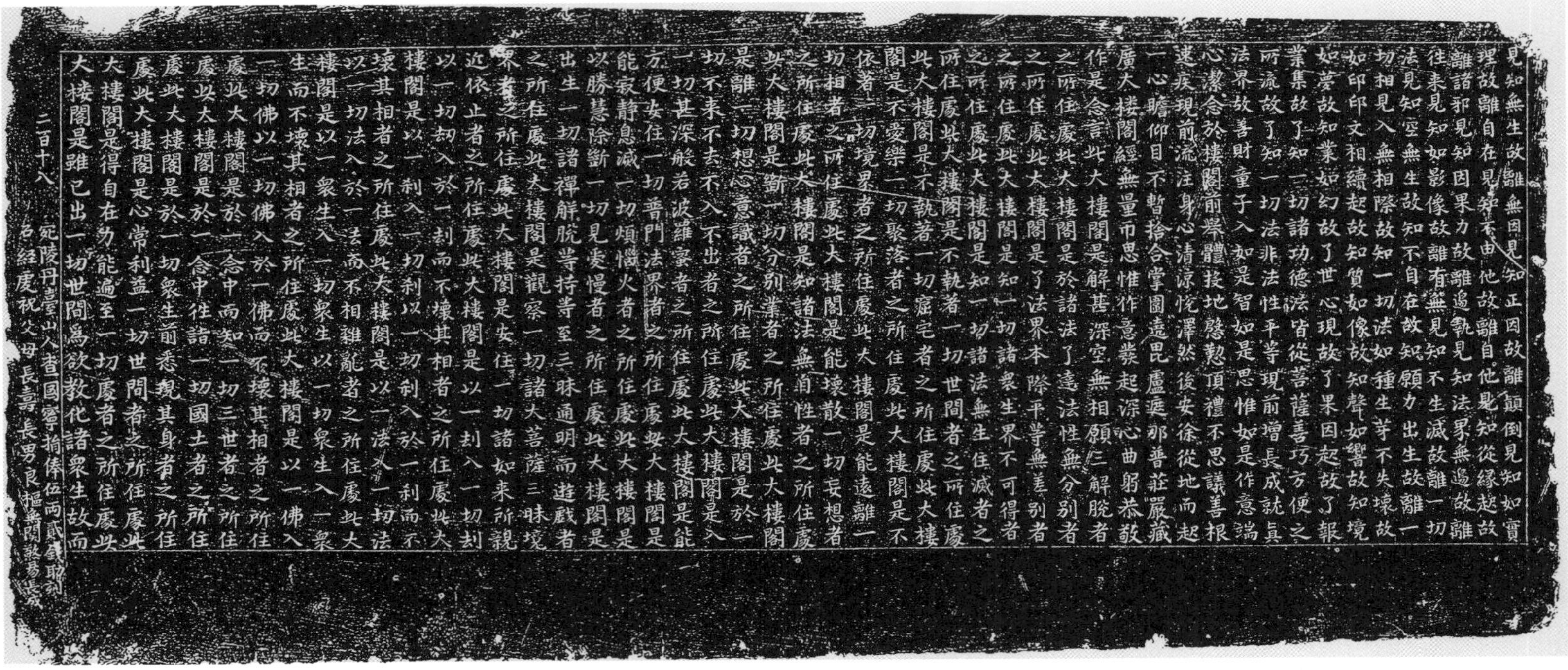

6洞 122　大方廣佛華嚴經卷第三十四查國寧助刻題記　明刻
拓片高 31 厘米、寬 96.5 厘米　中國佛教圖書文物館藏

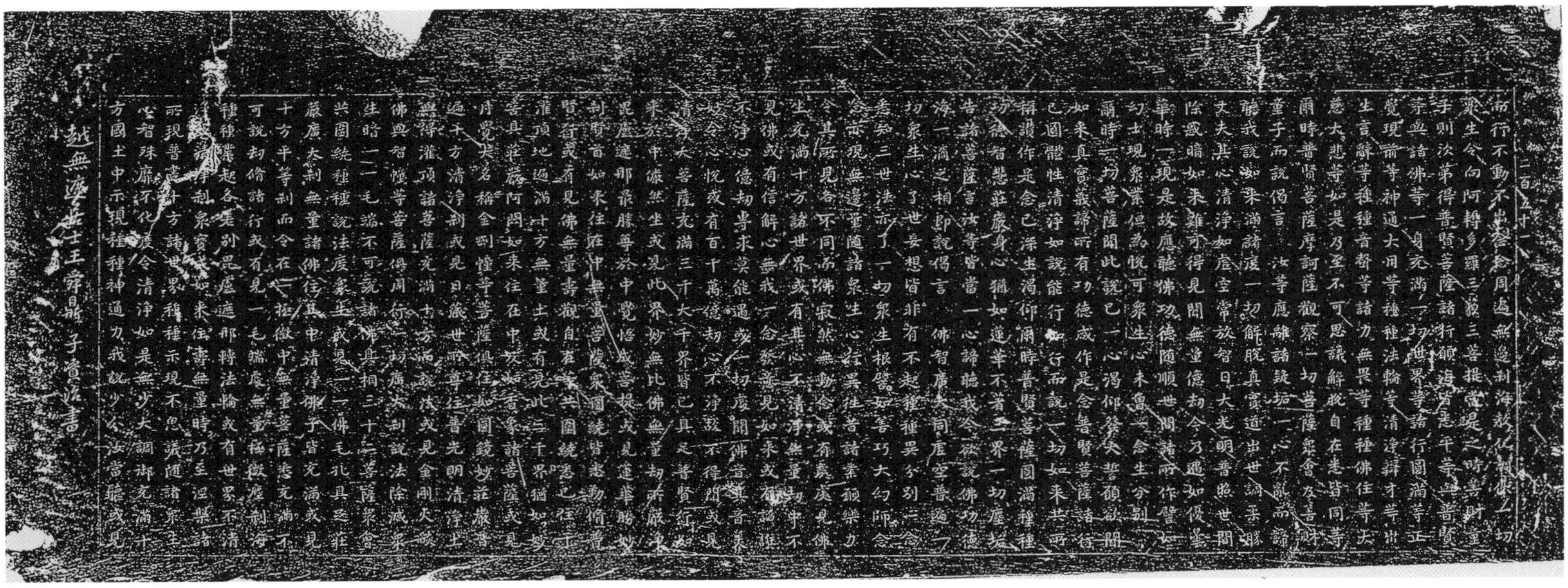

6洞 148　大方廣佛華嚴經卷第三十九王舜鼎造經王資治書經題記　明刻
拓片高 31 厘米、寬 97 厘米　中國佛教圖書文物館藏

6 洞 180　大方廣佛華嚴經卷第三十一董其昌助刻題記　明刻
拓片高 31 厘米、寬 97 厘米　中國佛教圖書文物館藏

6 洞 34　六祖大師法寶壇經經首比丘宗寶等題記　明刻
拓片高 31 厘米、寬 97 厘米　中國佛教圖書文物館藏
卷首題“風幡報恩光孝禪寺住持嗣祖比丘宗賢編，明葢厔住山比丘圓載、西吴學人真程同校。”

6洞193　六祖大師法寶壇經趙琦美明萬曆四十八年六月造經真静書經題記

拓片高31厘米、寬97.5厘米　中國佛教圖書文物館藏

卷末有《題壇經》一篇。

6洞95　佛説譬喻經李騰芳等造經題記　明刻

拓片高46厘米、寬76厘米　中國佛教圖書文物館藏

經文可能也是李騰芳所書。

題壇經

道本無言壇經非言耶言則道晦矣壇經毋乃為蛇之足乎蓋蛇之足則不蛇而去蛇之腹則不足矣何以[illegible]復行則腹足也道以言晦則誠足言矣而道[illegible]則[illegible]腹言也故明其義則壇經為行蛇之腹而泥其詞則壇經為足腹之蛇其于面壁之宗又添種注脚然則讀是經者當其運腹之旨毋甘從附[illegible]足蛇則壇經雖言而盧師無口矣此美向梓壇經跋語[illegible]今復鐫石藏白帶山不得更有言矣有言則不止足蛇且為架屋疊床益晦本真矣請重宣原跋于後　旨

萬曆四十八年歲在庚申六月吉旦

海虞清常道人趙琦美

[illegible]

6-洞193　六祖大師法寶壇經卷末《題壇經》及書經題名

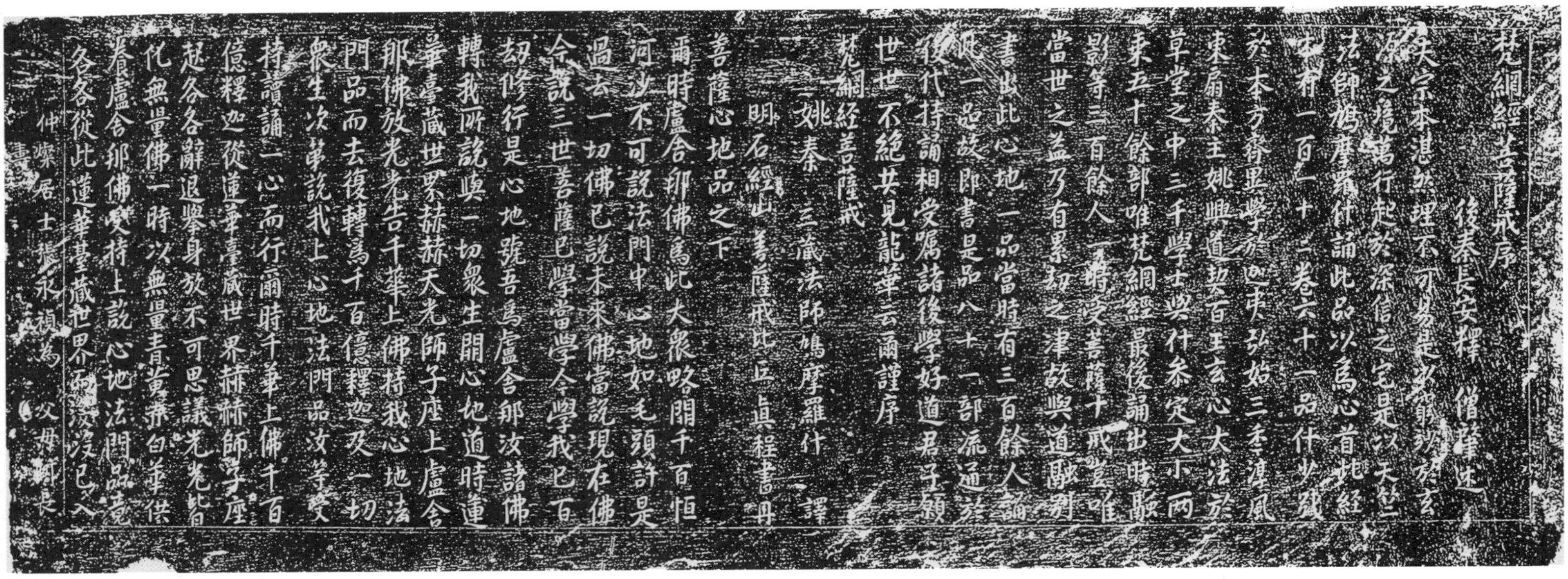

6洞 171　梵綱經菩薩戒張永禎造經比丘真程書經題記　明刻

拓片高 33 厘米、寬 99 厘米　中國佛教圖書文物館藏

書丹者真程，此署“明石經山菩薩戒比丘”，6洞 104《大方廣佛華嚴經》署“苕溪沙門”。

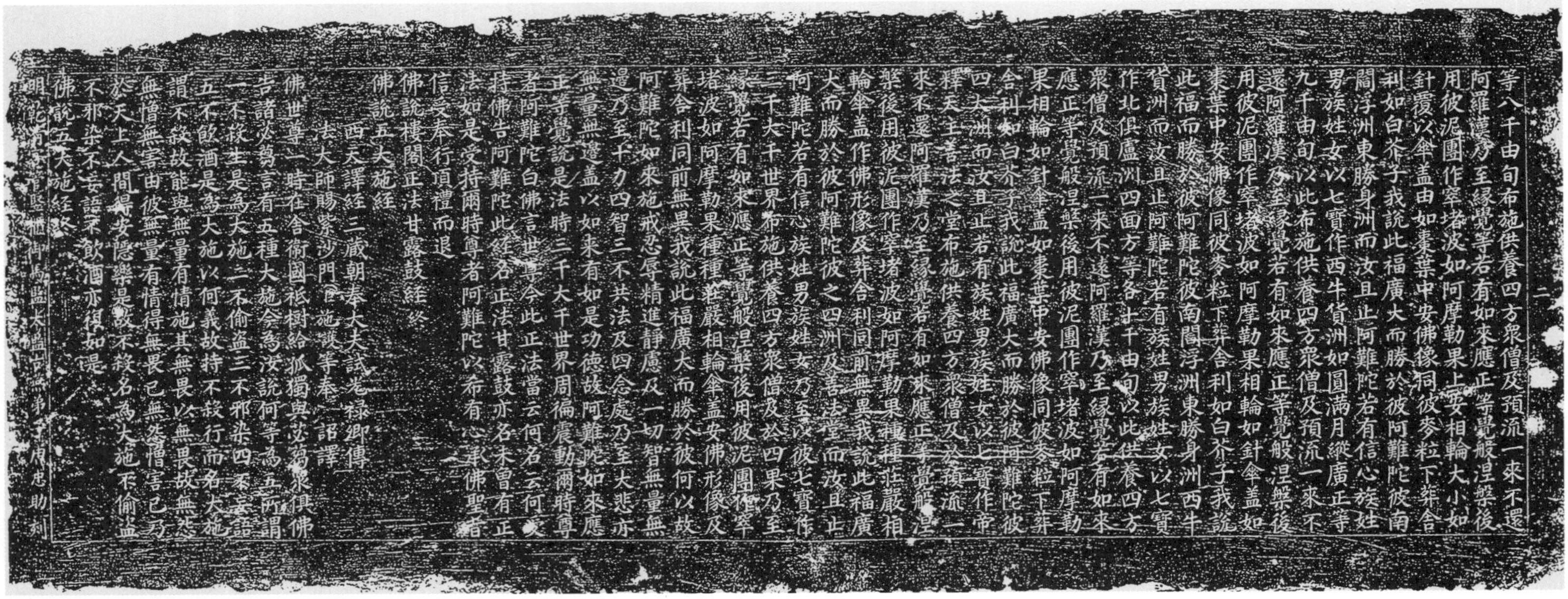

6洞 177　佛説五大施經唐忠助刻題記　明刻

拓片高 32 厘米、寬 98 厘米　中國佛教圖書文物館藏

七洞

七洞　外景及洞外唐遼碑刻

七洞　洞内經版貯藏情况

七洞　1956年經版取出時狀況

七至九洞皆位於雷音洞左側下方，唐代開鑿。1956年，七洞共發掘經版285石，殘石2石，刻經16種100餘卷，始刻於唐貞觀二年（628），訖明宣德三年（1428），包括初唐刻經11種、遼金刻經3種，另明代所刻道經2種。其中有題記的刻經11種。七洞内貯藏的《大般涅槃經》是静琬所刻的重要佛典。七洞内外有唐代造像經碑數通，1957年又在七洞發現静琬涅槃經堂題記刻石。

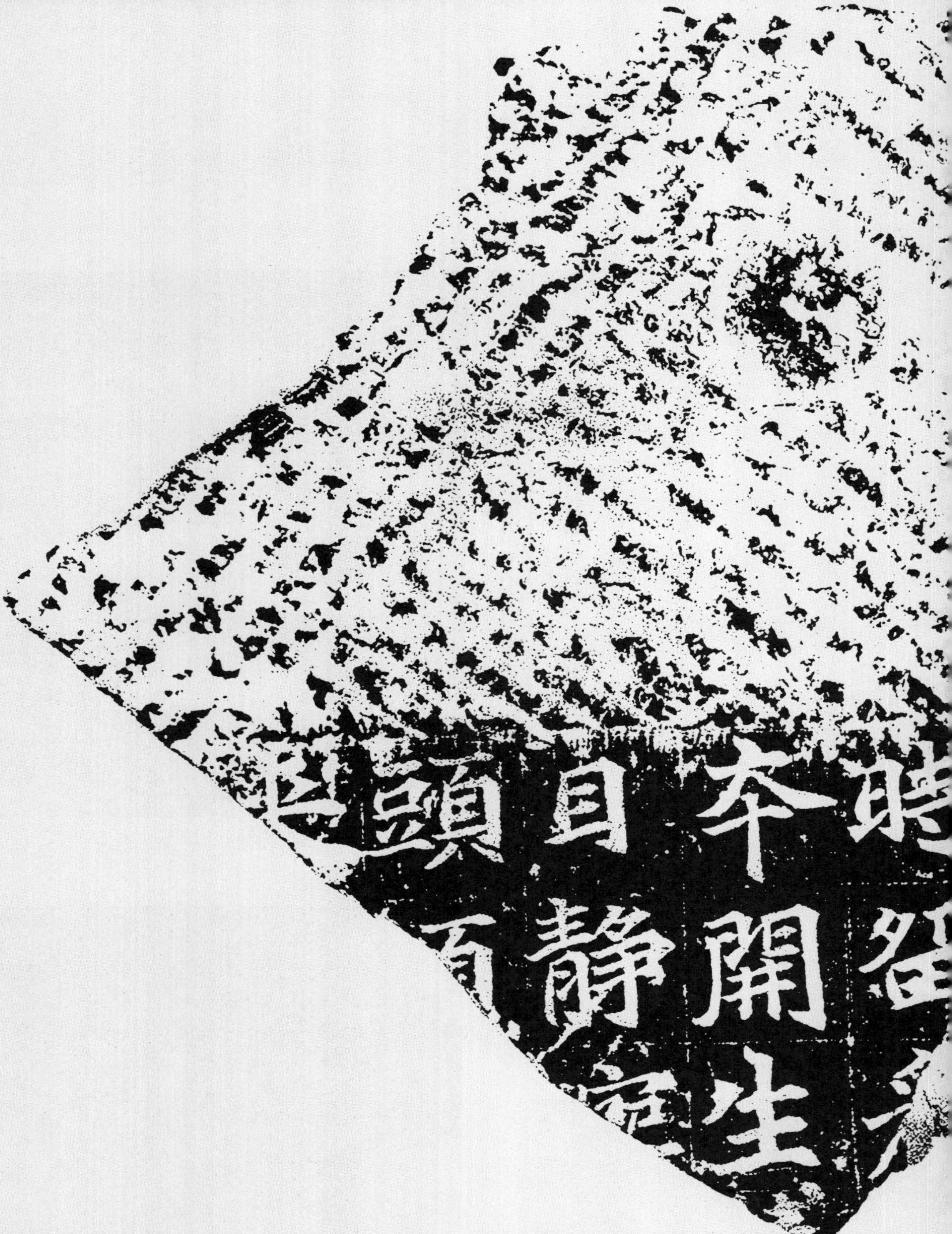

7 洞綴合　靜琬唐貞觀五年涅槃經堂題記

拓片高 33 厘米、寬 78 厘米　中國國家圖書館藏

1957 年石經山七洞前和四洞内發現，由两塊殘石綴合而成（右石編號外 94，左石編號 4 洞 152）。原鑲嵌於七洞洞門上方横樑中間。現殘石回藏四洞。

刻石年月缺損，據唐元和四年（809）四月八日劉濟《涿鹿山石經堂記》載“貞觀五年《涅槃經》成”，此石當爲貞觀年間所刻。

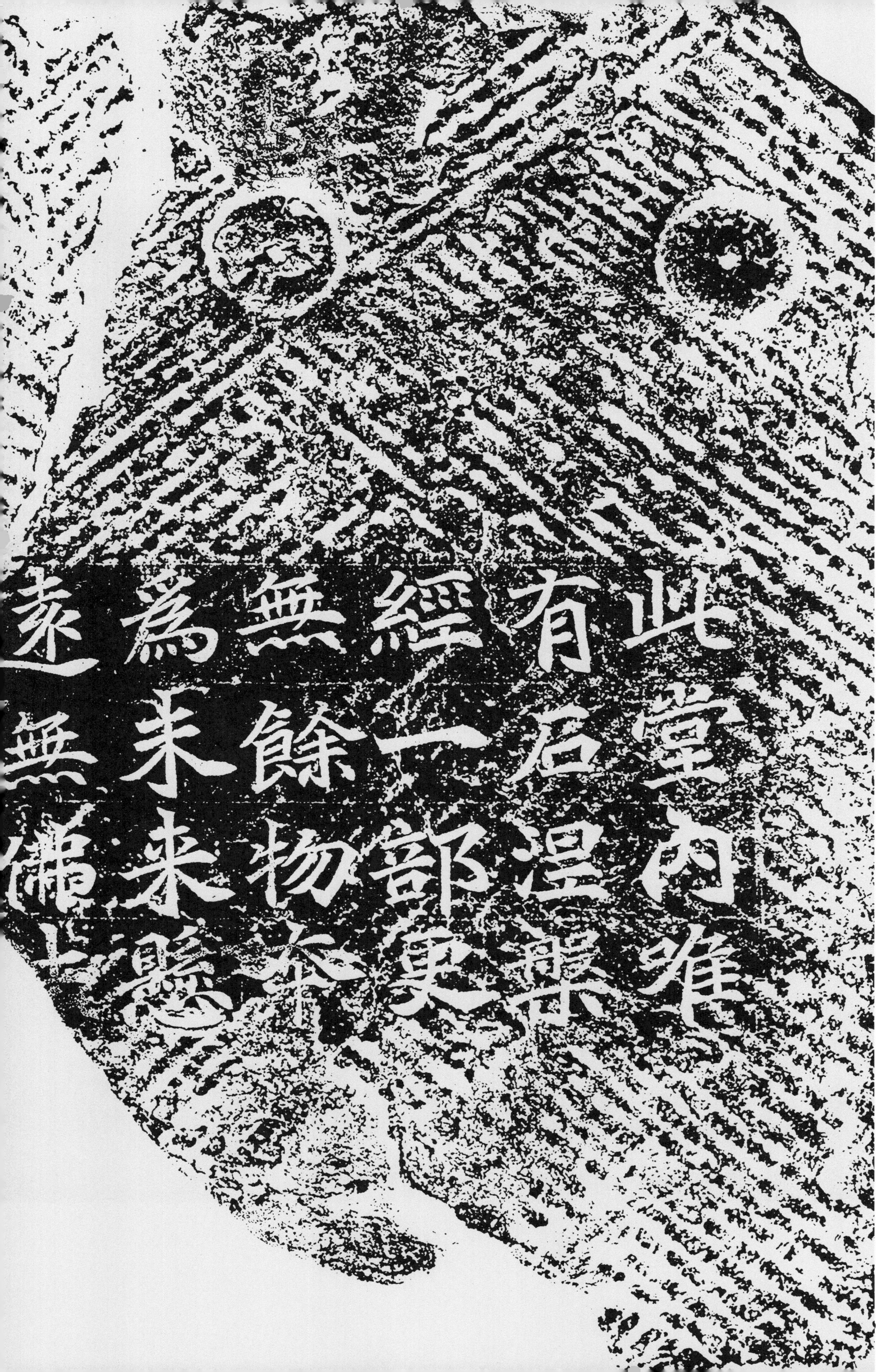
此堂内准
有石涅槃
經一部更
無餘物本
爲未來懸
遠無備上

7 洞外 1　宋小兒造金剛般若波羅蜜經碑　武周時期　1956 年攝
碑首高 55 厘米、寬 95 厘米　碑身高 149 厘米、寬 92 厘米
青石質。螭首，四面刻。碑座爲明代復立時所配。

7 洞外 1　宋小兒造金剛般若波羅蜜經碑碑首題記　舊照
據 1935 年《東方學報·京都第五册副刊·房山雲居寺研究》。碑首造像尚完好。

7洞外1　宋小兒造金剛般若波羅蜜經碑　武周時期

碑首題記所用武氏新字

碑側刻工題名

7 洞外 1　宋小兒造金剛般若波羅蜜經碑碑陰（局部）

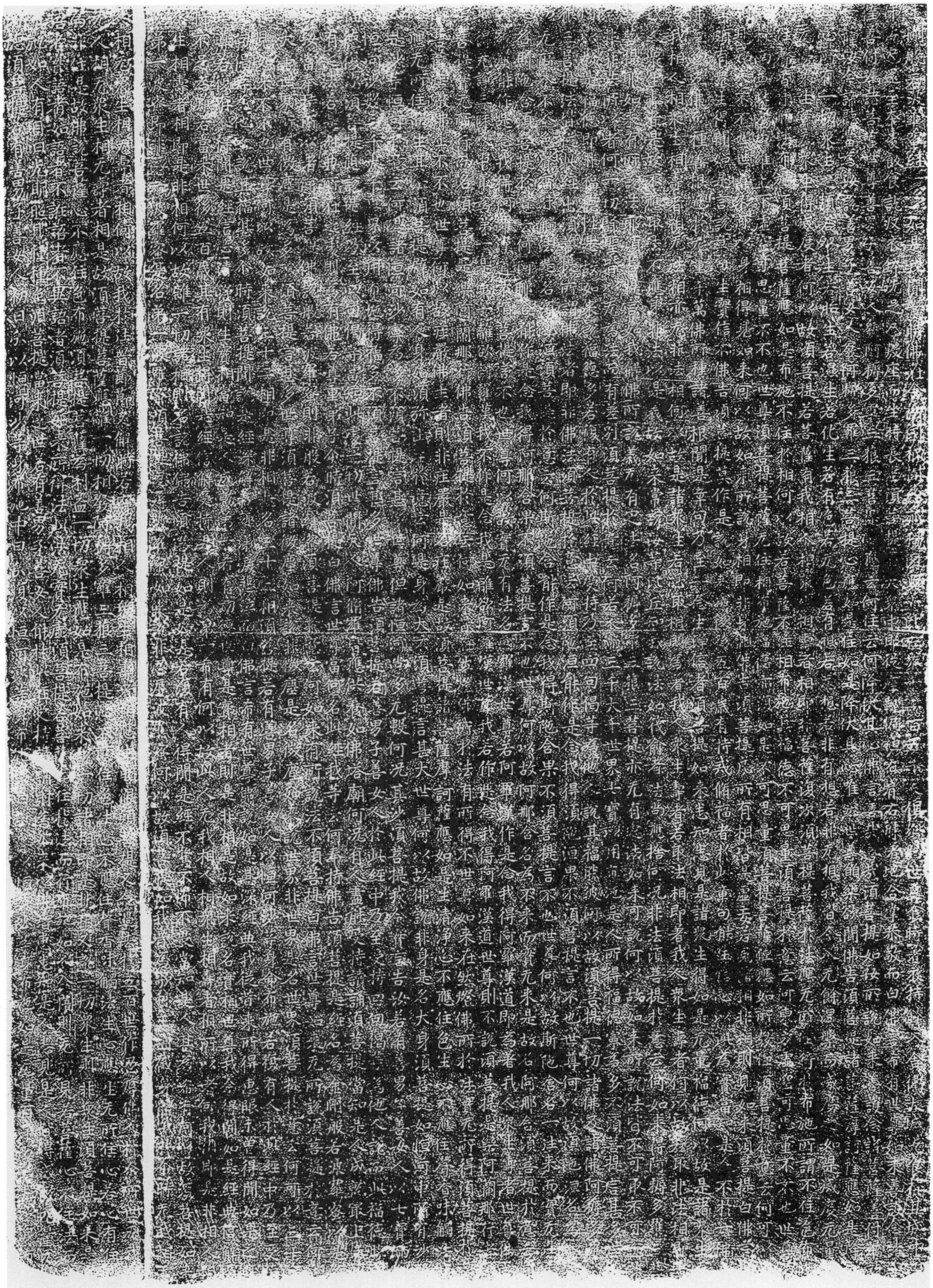

7 洞外 1　宋小兒造金剛般若波羅蜜經碑（碑陽、碑側）　武周時期

拓片高 149 厘米、寬 92 厘米　側高 149 厘米、寬 62 厘米　雲居寺文物管理處藏

碑額失拓。

7 洞外 1　宋小兒造金剛般若波羅蜜經碑（碑陰、碑側）
拓片高 149 厘米、寬 92 厘米　側高 149 厘米、寬 62 厘米

7 洞外 2　袁敬造金剛般若波羅蜜經碑　唐刻

碑首高 61 厘米、寬 95 厘米　碑身高 153 厘米、寬 91 厘米

青石質。螭首，四面刻。碑座非原物。此碑與宋小兒施刻金剛經碑皆立於七洞洞外右側。“袁敬”或作“袁敬一”。

7 洞外 2　袁敬造金剛般若波羅蜜經碑，20 世紀 60 年代攝

7 洞外 2　袁敬造金剛般若波羅蜜經碑碑首題記

碑首題記舊拓
拓片高 34 厘米、寬 34 厘米

碑首改刻痕迹
“朝散大夫”改刻爲“朝議郎”。

1937 年《藝林月刊》載碑首佛造像未損時

玉皇經柒
不得則傾 卌在身中 非白非青
誦之萬徧 妙理自明
無上玉皇心印經終
傳經始流
昔有高道到虔源於石城縣仙界鋪遇真仙
傳授此經獲免厄難遂刊行焉嘗伏而誦
之辭約義博蓋攝本行集經之樞要是以謂
之經髓也涿鹿山雲居寺有洞室貯釋梵之
經殆至萬卷故名是山為小西天焉夫
三界萬靈尊莫尊於
昊天金闕玉皇上帝玄功妙德載在本行集經
正當刻之金石藏之名山傳之萬世也是以
至心各捐貲力請匠鐫刻經髓暨經纂及心
印經共為壹卷凡壹千柒伯肆拾捌字置諸
石室用彰悠久所以然者蓋欲仰答
天地君親四恩於萬一云爾旹
大明宣德三年歲次戊申四月吉日奉
道信官向福善阮常就勝等稽首頓首百拜謹記
同盟助貲
奉國將軍都指揮同知武興
奉直大夫工部虞衡員外郎陳孚
迪功郎工部營繕所所副陳道昌
懷遠將軍指揮同知段義 李實 郭敏
管義
明威將軍指揮僉事吳源 黃安
武略將軍副千戶羅成 萬理 王文
張禮

7洞3　無上玉皇心印經傳經始流阮常就勝等明宣德三年四月題記

拓片高46厘米、寬76厘米　中國佛教圖書文物館藏

此爲道教刻經。與《無上玉皇心印經》凡刻4石、拓片8張。

玉皇經捌
嗣全真教高士陳風便
正一盟威寶籙弟子王至玄字利寶書
信士曾至中 馮本源 韋文得 崔景平
李景雲 厲正善 夏惠機 葛鏞
莊文玉 戴道清 朱福惠
鐫匠程善 刊

7洞6　無上玉皇心印經陳風便等題記　明刻

拓片高46厘米、寬76厘米　中國佛教圖書文物館藏

（局部）

7 洞 135

妙法蓮華經卷第一劉濟唐貞元五年二月八日造經題記

拓片高 211 厘米、寬 61 厘米　中國國家圖書館藏

7 洞 232
龐德相等唐垂拱元年四月八日造金剛般若波羅蜜經碑（碑陽）
拓片高 180 厘米、寬 78 厘米
中國國家圖書館藏

螭首，碑額佛造像。碑四面刻，兩側經文及題記失拓。

7 洞 232
龐德相等唐垂拱元年四月八日造金剛般若波羅蜜經碑（碑陰）
拓片高 180 厘米、寬 78 厘米
中國國家圖書館藏

螭首，碑額陽文篆書“大唐”二字。

7 洞 232　龐德相等唐垂拱元年四月八日造金剛般若波羅蜜經碑　碑首“大唐”篆額

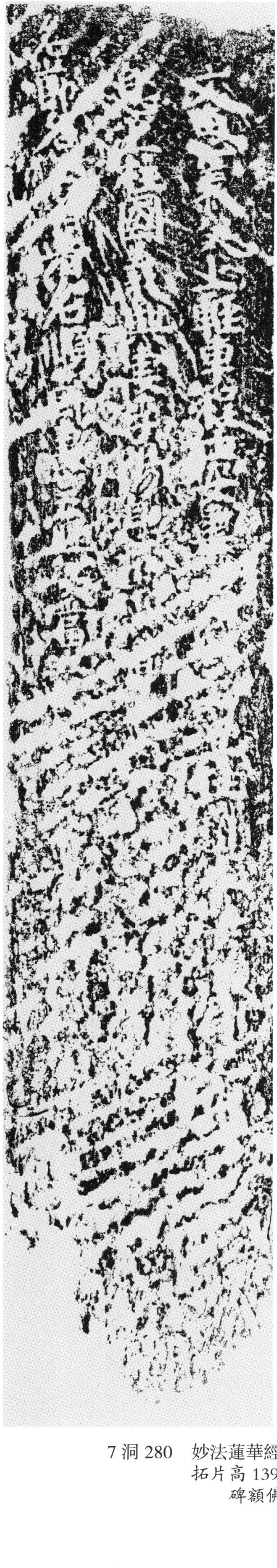

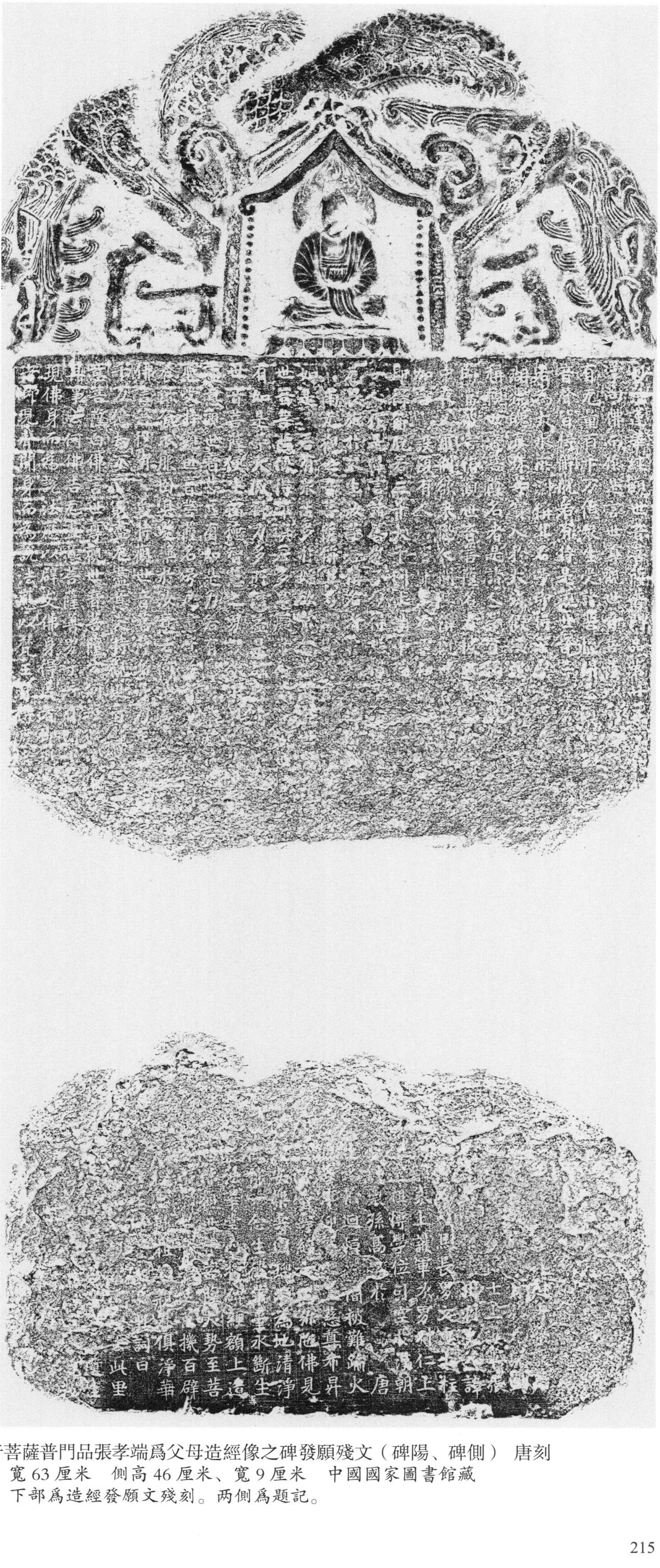

7 洞 280　妙法蓮華經觀世音菩薩普門品張孝端爲父母造經像之碑發願殘文（碑陽、碑側）　唐刻

拓片高 139 厘米、寬 63 厘米　側高 46 厘米、寬 9 厘米　中國國家圖書館藏

碑額佛造像，下部爲造經發願文殘刻。兩側爲題記。

7 洞 280　妙法蓮華經觀世音菩薩普門品張孝端爲父母造經像之碑雲居寺僧上坐静住題名（碑陰、碑側）　唐刻

拓片高 143 厘米、寬 62 厘米　側高 44 厘米、寬 10 厘米　中國國家圖書館藏

螭首，楷書額題。

7洞284　衛君用等唐大中七年四月八日造經巡禮題名碑（碑陽）
拓片高57厘米、寬42厘米　中國國家圖書館藏
書刻潦草，多有省筆漏刻。“劉”字多寫作“刘”“刈”。

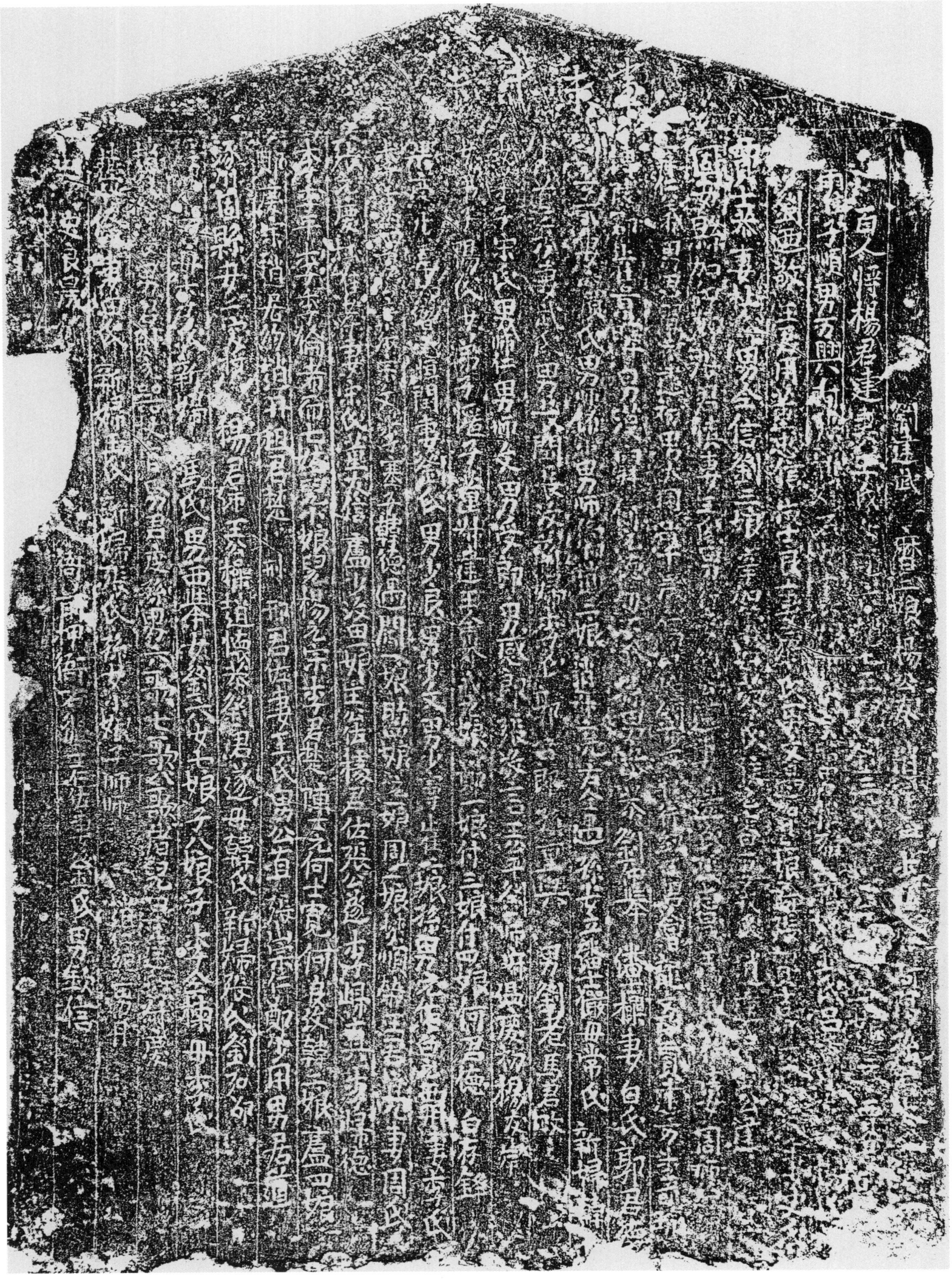

7 洞 284　衛君用等唐大中七年四月八日造經巡禮題名碑（碑陰）
拓片高 57 厘米、寬 42 厘米　中國國家圖書館藏

7 洞 285　杜慶儀等唐乾符六年四月八日巡禮題名碑（碑陽）
拓片高 62 厘米、寬 33 厘米　中國國家圖書館藏

7 洞 285　杜慶儀等唐乾符六年四月八日巡禮題名碑（碑陰）
拓片高 62 厘米、寬 33 厘米　中國國家圖書館藏

7洞外3　龐德相唐垂拱元年四月八日造金剛經頌　碑座
高27厘米、寬86厘米、厚58厘米
著録於陸增祥《八瓊室金石補正》卷三十九。本爲7洞232龐德相造金剛經碑碑座，現移作袁敬造金剛經碑碑座。

7洞外3　龐德相唐垂拱元年四月八日造金剛經頌（左側）

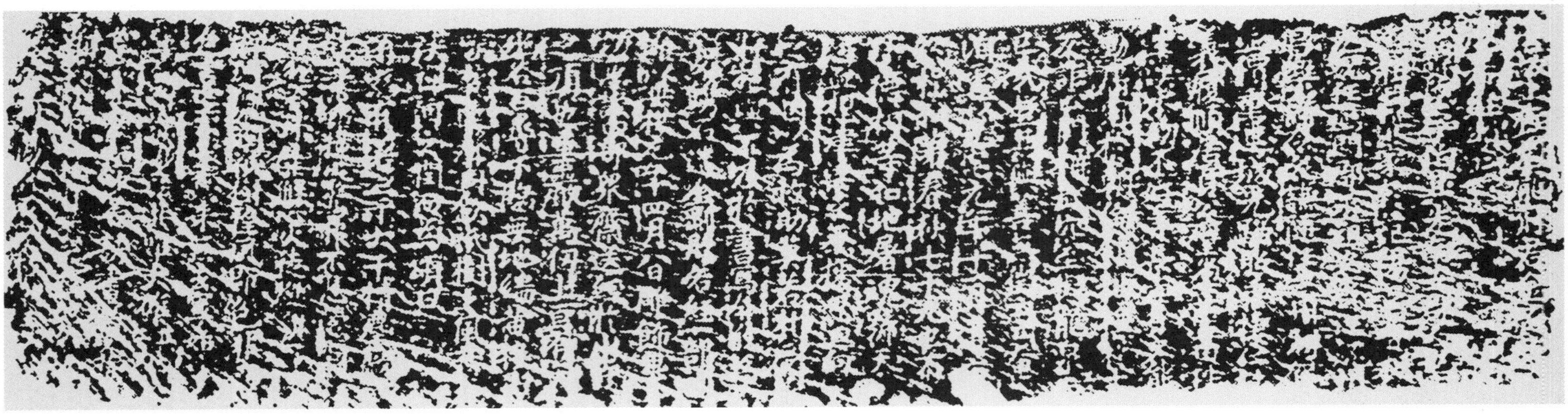

7 洞外 3　龐德相唐垂拱元年四月八日造金剛經頌

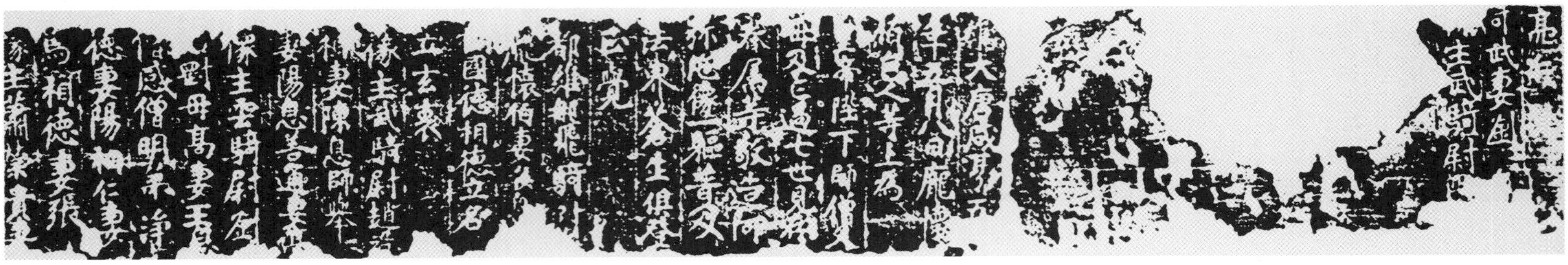

7 洞外 4　龐懷伯周文爽等唐咸亨五年五月八日造像記

8 洞 120《佛説當來變經》碑陰有張左丘撰書長篇行草書發願文，題銜署“幽州都督府虞候校尉上騎都尉周文爽。”

7 洞外 3　龐德相唐垂拱元年四月八日造金剛經頌（右側）

7 洞外 5
四大部經成就碑記碑
遼清寧四年（1058）三月
碑高 286 厘米、寬 103 厘米、厚 26 厘米
青石質。碑額、側有題名。後配碑座。
此爲舊照。

7 洞外 5　四大部經成就碑記碑

7 洞外 5　四大部經成就碑記碑　碑首額題及刻工吳志全吳世準題名

碑側趙日恭題名

碑側王仁洽題名

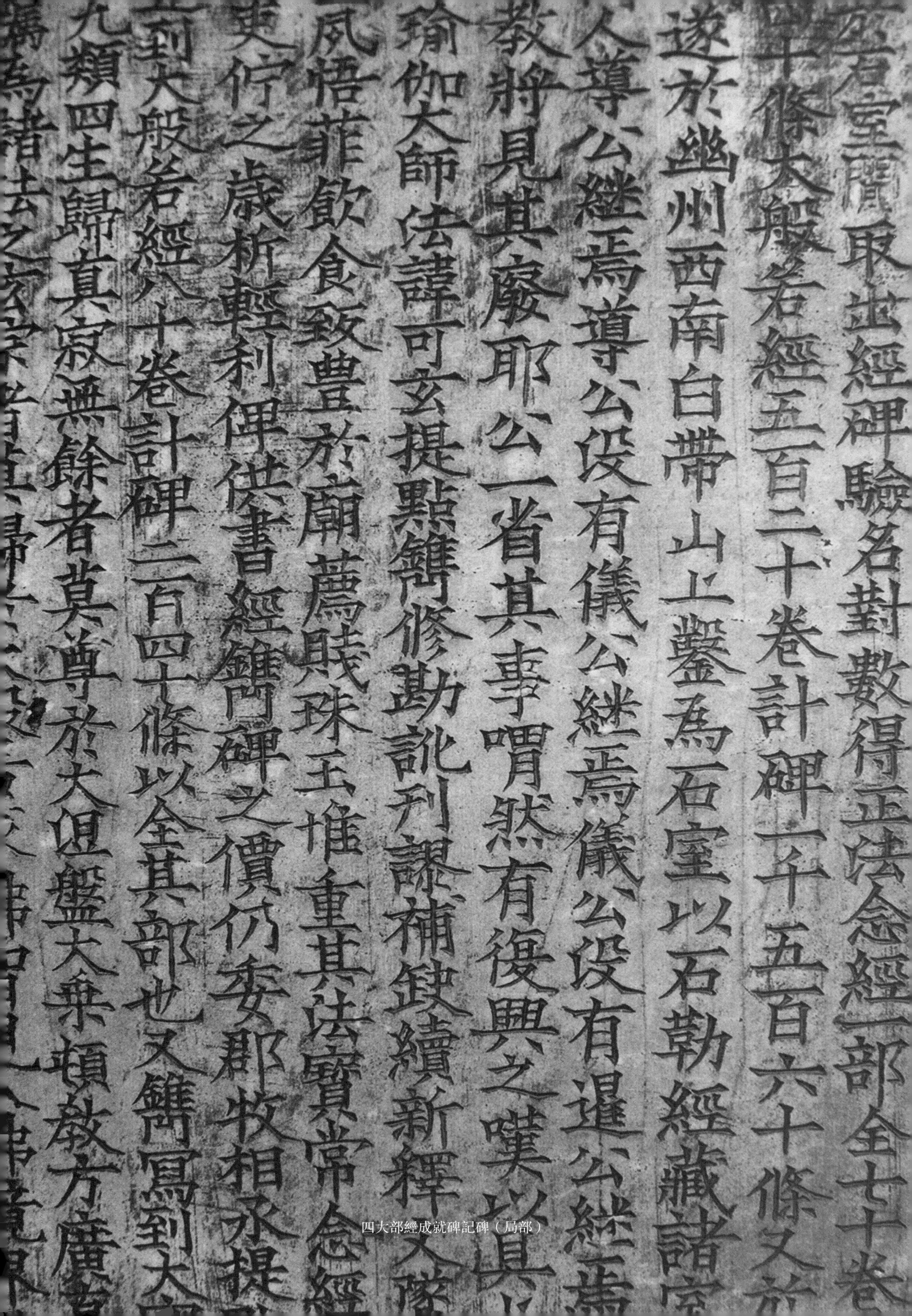

□石室□□取出經碑驗名對數得正法念經一部全七十卷
□十條大般若經五百二十卷計碑一千五百六十條又於
遂於幽州西南白帶山上鑿爲石室以石勒經藏諸□
□人導公繼焉導公没有儀公繼焉儀公没有暹公繼焉
教將見其廢耶公一省其事喟然有復興之嘆以其
瑜伽大師法諱可玄提點鐫修勘訛刊謬補缺續新經入□
風悟菲飲食致豐於廟薦賤珠玉推重其法寶常念經
更佇之歲析輕利俾供書經鐫門碑之價仍委郡牧相承提
□刻大般若經八十卷計碑二百四十條以全其部也又鐫寫到大□
九類四生歸眞寂無餘者莫尊於大但盤大乘頓教方廣

四大部經成就碑記碑（局部）

7 洞外 5　四大部經成就碑記（趙遵仁撰、王詮書）　遼清寧四年（1058）三月
拓片高 286 厘米、寬 103 厘米　雲居寺文物管理處藏
碑側趙日恭、王洽題名失拓。

涿州白帶山雲居寺東峯續鐫成
盡聞嚴相好具慈悲師天人出生死
又若其佛法之道大矣哉狀則三身
兆不祥化身以之西滅漢譽胥夢像教
以有檀或書之綃卷尚能獨見言術宿
遺壞以備陵滅傳之無窮寔所謂施果
唐武所賜山在郡之西北五十里寺在山之

洞外5　四大部經成就碑記（局部）

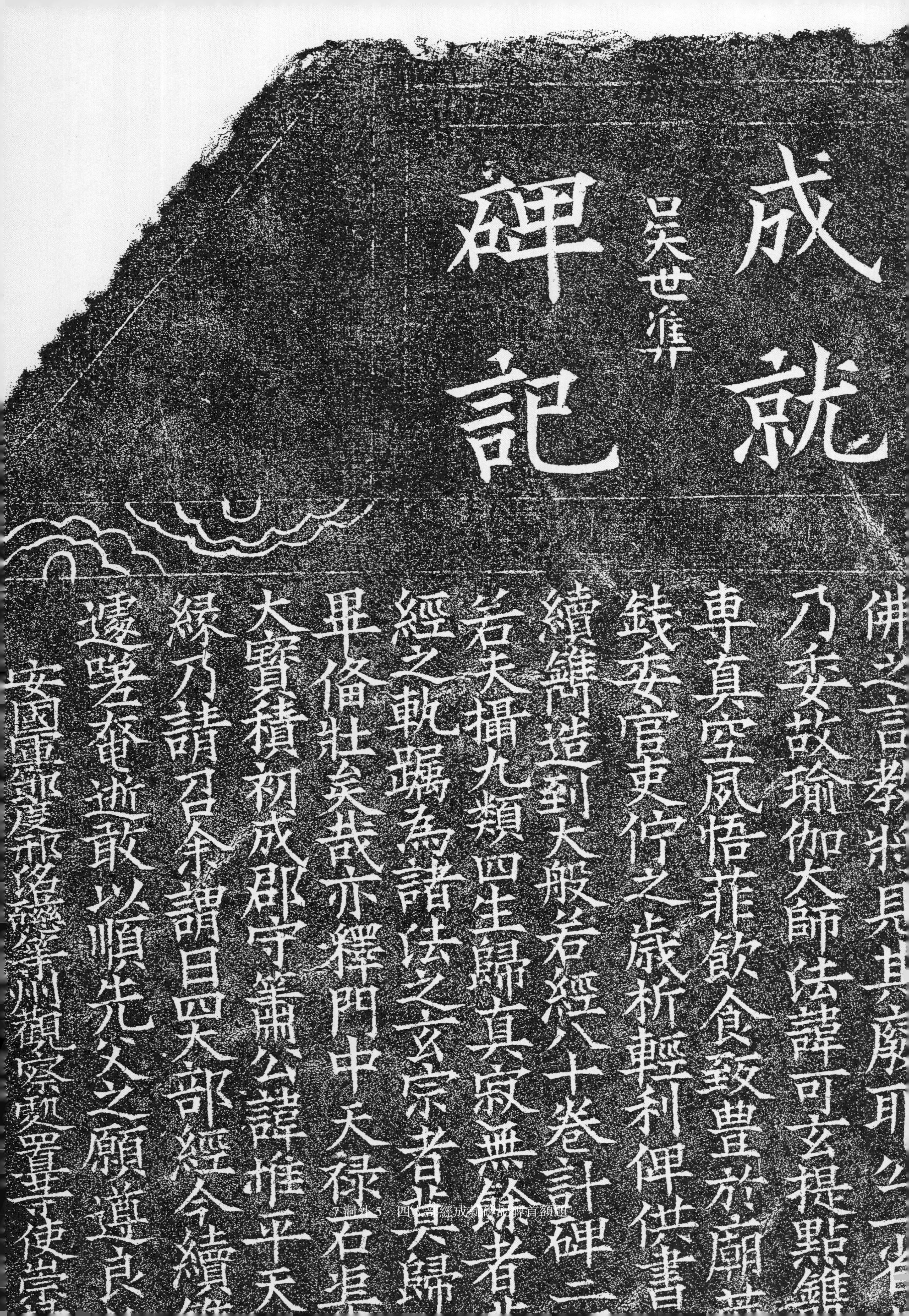

成就碑記

吳世準

佛之言教將見其廢耶公一省
乃委故瑜伽大師法諱可玄提點鐫
專真空夙悟菲飲食致豐於廟藏
錢委官吏佇之歲析輕利俾供書
續鐫門造到大般若經八十卷計碑二
若夫攝九類四生歸真寂無餘者也
經之軌躅為諸法之玄宗者其歸
畢備壯矣哉亦釋門中天祿石渠
大寶積初成郡守蕭公諱惟平天
緣乃請召余謂曰四大部經今續
邊嗟奄逝敢以順先父之願遵良
安國軍節度涿易等州觀察處置等使嘗

7 洞外5 四大部經成就碑記碑首額題

四大部經

吴志全

涿州白帶山雲居寺東峯續

盖聞嚴相好具慈悲師天人出

又若山 佛法之道大矣哉然則

北不祥化身以之西域漢譽宵夢

以香檀或書貝之細卷尚能翻見芸荷

潰壞以備湊滅傳之無窮寔所謂

唐代所賜山在郡之西北五十里寺

公諱經芳知牧是州因從政之暇命從

者既而於石室間取出經碑驗名

碑二百四十條大般若經五百二十

備法滅遂於幽州西南白帶山

7 洞外 6　重修華嚴堂經本記（賈志道撰書）（未斷本）　元至正元年（1341）四月
拓片高 112 厘米、寬 68 厘米　中國國家圖書館藏

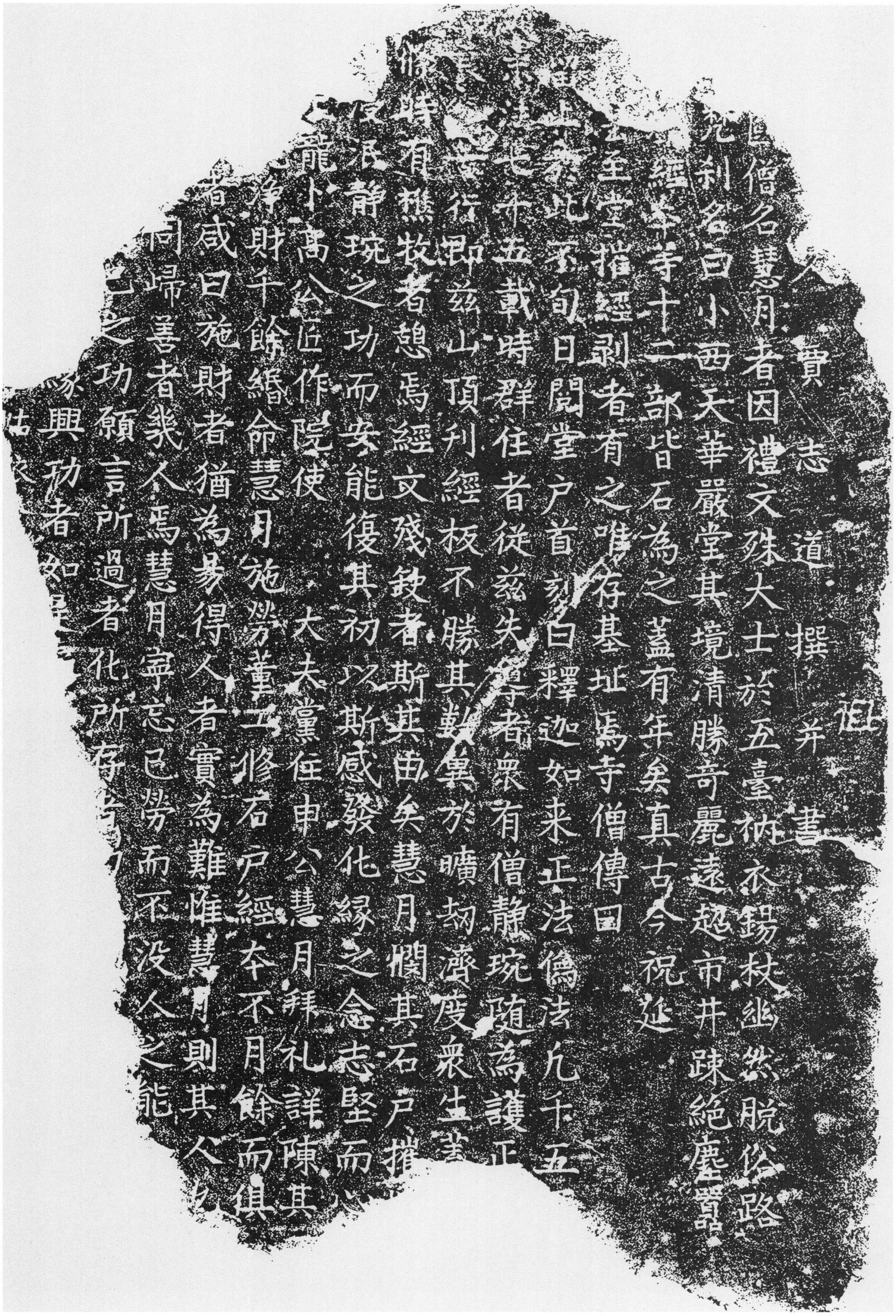

7 洞外 6　重修華嚴堂經本記（已斷本）
拓片高 83 厘米、寬 54 厘米　雲居寺文物管理處藏

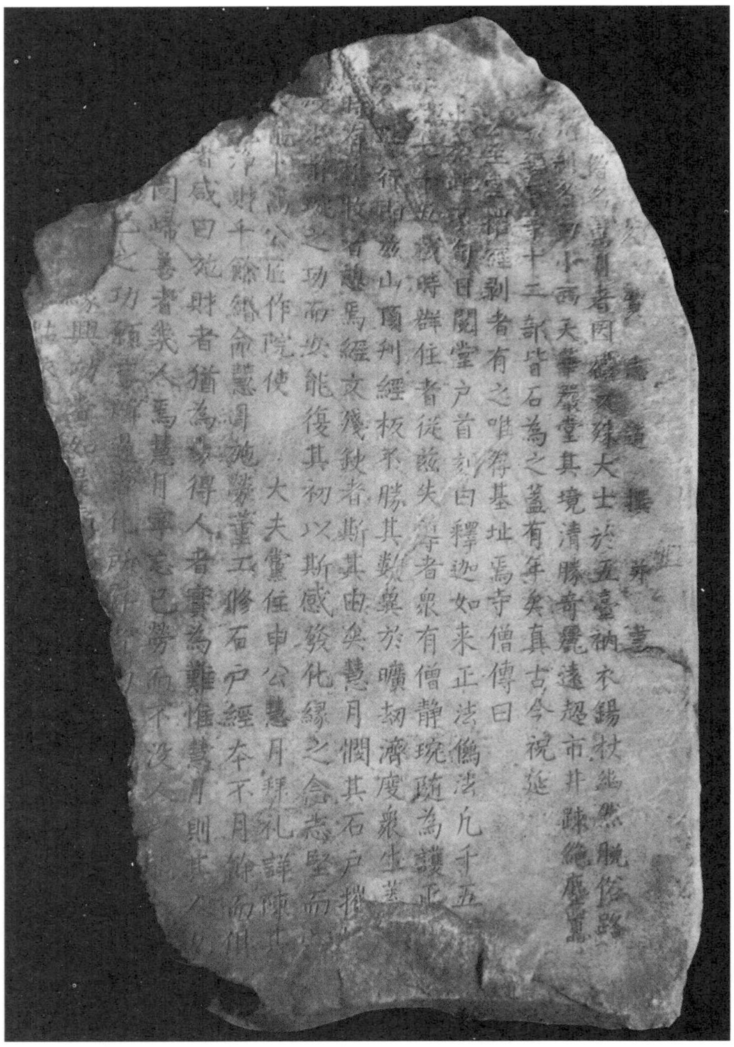

重修華嚴堂經本記殘碑
殘高 83 厘米、寬 54 厘米、厚 11 厘米
原立於石經山七洞外，後佚。1991 年 12 月在小西天施茶亭下山壑中重新發現，殘碑現藏雲居寺。

7 洞外 7　晉寧路石匠官身元泰定三年摩崖題名
刻石高 32 厘米、寬 35 厘米
位於石經山七洞右側崖壁。其北側崖壁殘存雙鈎藏文題刻。

八洞

八洞　外景

八洞　經版回藏狀態

據八洞石門上方石樑原嵌唐貞觀八年六月十五日題記刻石，此堂爲静琬主持開鑿，主要貯藏六十卷本《華嚴經》等初唐刻經。1956 年啓洞後，在八洞内發掘經版 772 石，殘石 47 石，刻經 69 種 300 餘卷，始唐高宗顯慶二年（657），訖遼道宗大安八年（1092），包括唐代刻經 57 種，遼代補刻經 12 種。其中有題記的刻經 50 種。

著名的《唐玄宗御注金剛般若波羅蜜多經并序》皆貯藏於八洞之内，凡 4 石、拓片 8 張。

1956 年八洞經版取出時堆放狀態

8 洞綴合　靜琬唐貞觀八年六月十五日華嚴經堂題記殘石

石高 30 厘米、寬 37 厘米、厚 22 厘米

單面刻，凡前後二石，原在石經山八洞洞門上方横樑中間。此後段殘石，20 世紀 30 年代爲日本橘瑞超携至旅順，現藏旅順博物館。石末有“癸未三月紫霞君閱石”小字一行。

此爲靜琬刻畢《華嚴經》錮封於八洞後的重要題刻，闡明了他在石經山“爲未來佛［法］難時擬充經本，世若有經，願勿輒開”的刻經宗旨。

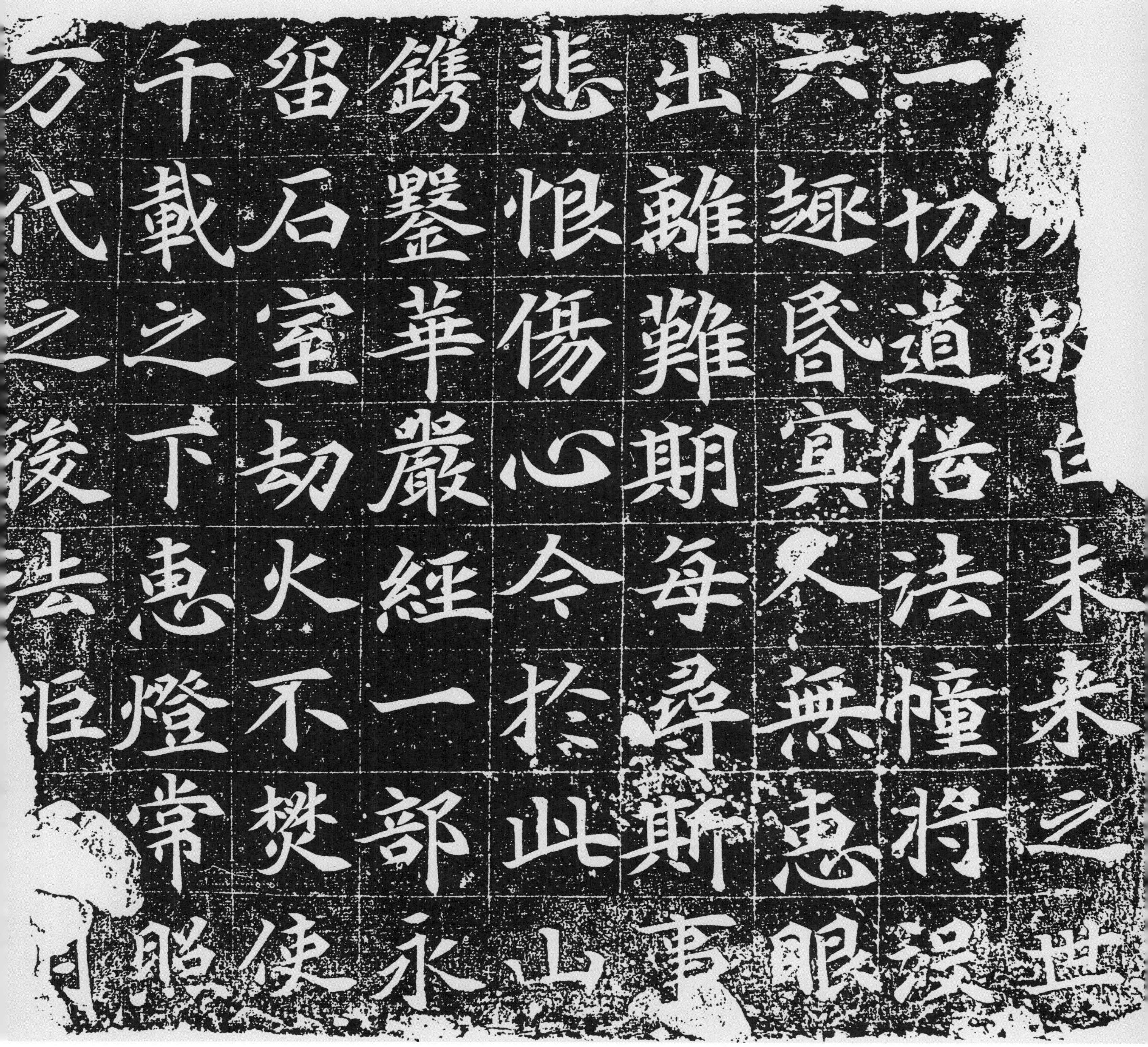

8 洞綴合　静琬唐貞觀八年六月十五日華嚴經堂題記（前段）

拓片高 27 厘米、寬 37 厘米　中國國家圖書館藏

1957 年石經山八洞前發現。與静琬貞觀八年六月十五日題刻同鑲嵌於八洞石門上方横樑中間。題記中所稱“石室”應指八洞。另外，8 洞 581 唐人巡禮題記亦云八洞爲華嚴堂。石現藏雲居寺文物館理處。

貞觀八年歲次甲午

月乙卯十五日己

癸未十一月紫霞君[illegible]

8 洞綴合　靜琬唐貞觀八年六月十五日華嚴經堂題記（後段）
拓片高 27 厘米、寬 37 厘米　中國國家圖書館藏

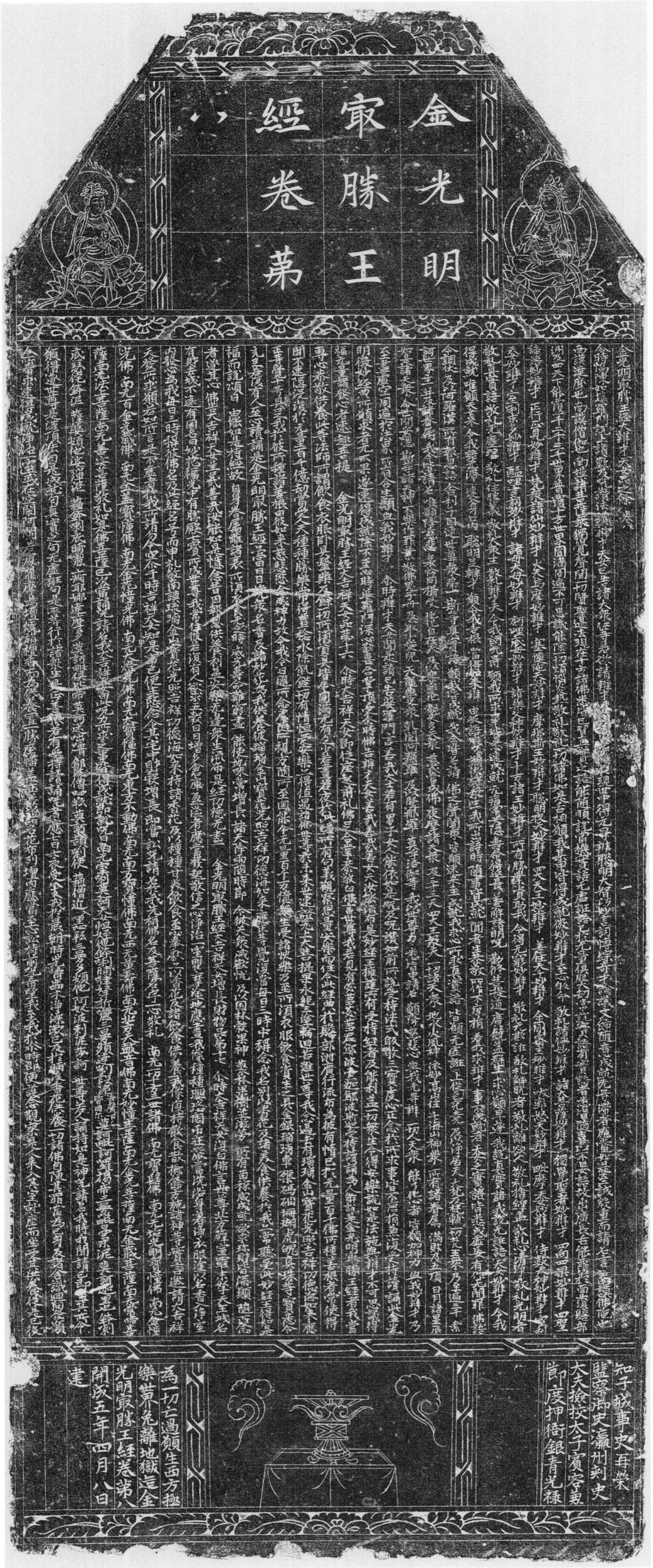

8洞25
金光明最勝王經卷第八經碑史再榮唐開成五年四月八日造經題記
拓片高166厘米、寬67厘米　中國國家圖書館藏

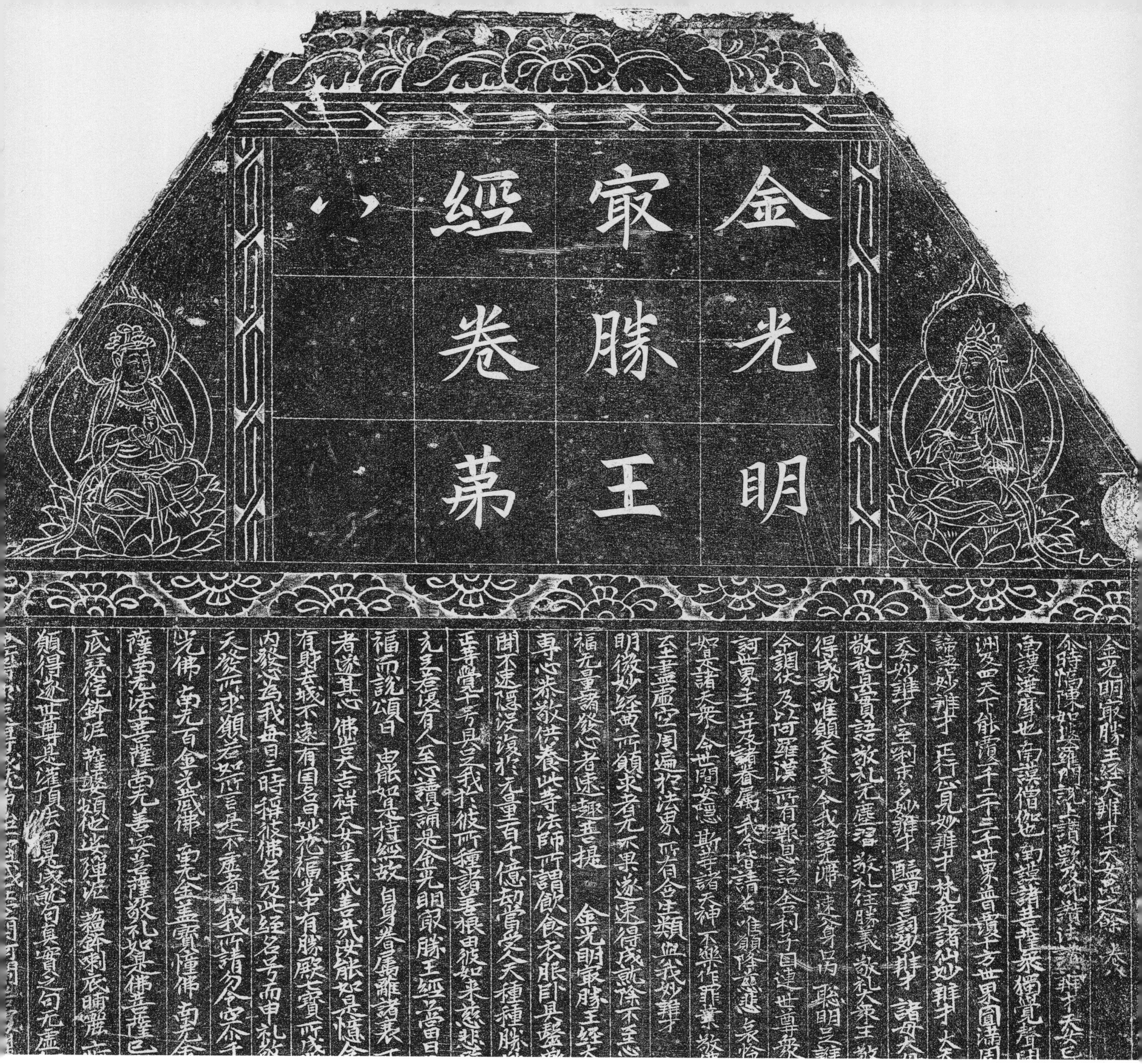

8 洞 25　金光明最勝王經卷第八經碑碑首額題及綫刻佛造像

8 洞 25　金光明最勝王經卷第八經碑史再榮唐開成五年四月八日造經題記

8 洞 44
佛説彌勒下生成佛經寶應寺主沙門正智武周長壽三年三月造經題記
拓片高 210 厘米、寬 50 厘米　中國國家圖書館藏
　　題記中使用了武氏所造新字。

悉……來至我所善哉釋迦牟尼佛能善教化如是等百千万億衆生
時衆生不識父母沙門婆羅門不知道法互相惱害近刀兵劫深
實語示我當來度脫汝等如是之師甚為難遇深心憐愍惡世衆生救拔苦
人充滿其所恭敬信受渴仰大師各欲聞法皆作是念五欲不淨衆苦之本
大衆滿中初會說法九十六億人得阿羅漢第二大會九十四億人得阿羅
量變現釋提桓因與欲界諸天梵天王與色界諸天作百千伎樂歌詠佛德
人世間无與等　十力世尊甚希有　無上冣勝良福田
德具足不可思議是時天人以種種雜色蓮華及曼陁羅華散佛前地積至
精進正念諦觀五陰無常苦空无我汝等勿為放逸不行佛教若起惡業後
為難遇堅固精進常樂涅槃爾時弥勒佛諸弟子衆普皆端正威儀具足猒
大衆心皆驚怪弥勒佛讚言大迦葉比丘是釋迦牟尼佛大弟子釋迦牟尼
善哉大神德釋師子大弟子大迦葉於彼惡世能脩其心爾時人衆見大迦
由旬長百由旬其中人衆若坐若立若近若遠各自見佛在其前獨為說
佛說是經已舍利弗等歡喜受持　佛說弥勒下生經一卷
爾時世尊告諸菩薩善男子若欲利益安樂衆生汝當受此六門陁羅尼法
之業若未先覺終不舉心緣无上法我諸所有波羅蜜多所攝一切世及出
靉　靉靆迭靉　靉靆迭靉　諦揩諦揩　戰迭靉戰迭靉戰躂邏挩底
誦如是六門陁羅尼經者此人一切業障皆悉消滅疾悟阿耨多羅三藐三
浮佛　拘留孫佛　拘那含牟尼佛　迦葉佛　釋迦牟尼佛　當來弥勒
佛……明德佛　長壽三年三月日寶應寺主沙門正智敬造此石經一[illegible]

8 洞 44　佛說彌勒下生成佛經寶應寺主沙門正智敬造長壽三年三月造經題記（局部）

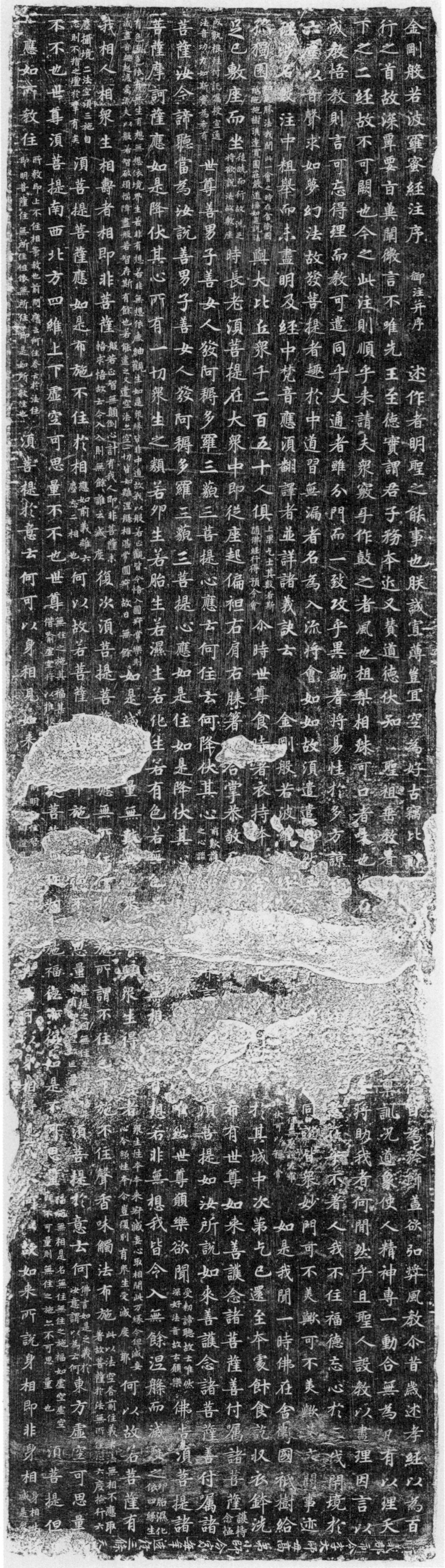

8 洞 53
唐玄宗御注金剛般若波羅蜜經并序李大師母高等唐天寶元年造經題記（條第一面）
拓片高 209 厘米、寬 57 厘米　中國國家圖書館藏

8 洞 53
唐玄宗御注金剛般若波羅蜜經并序（條第一背）
唐刻
拓片高 210 厘米、寬 56 厘米　中國國家圖書館藏

金剛般若波羅蜜經注序　御注并序　述作者明聖之能事也朕誠寡薄豈宜空為好古竊
行之首故深覃要旨冀闡微言不唯先王至德實謂君子務本近又贊道德伏知聖祖垂
下之二經故不可闕也今之此注則順乎來請夫衆竅乎作鼓之者風也相梨相殊可口者
咸於悟教則言可忘得理而教可遣同乎大通者雖分門而一致攻乎異端者將易性於多
六[illegible]以音聲求如夢幻法故發菩提者趣於中道習無漏者名為入流將會如如故須遣遣
理以名[illegible]注中粗舉而未盡明及經中梵音應須翻譯者並詳諸義訣云金剛般若波
孤獨園勝法我聞此一會之時在舍衛國祇陀施樹須達買園莊嚴道場如是說法與大比丘衆千二百五十人俱上果之士其數若斯隨佛經行得預今會尒時世尊食時著衣持
足已敷座而坐從既而行故洗足將欲說法故敷座時長老須菩提在大衆中即從座起偏袒右肩右膝著[illegible]合掌恭
成就根性付託囑授宣通法音功力如斯實為希有世尊善男子善女人發阿耨多羅三藐三菩提心應云何住云何降伏其心
菩薩汝今諦聽當為汝說善男子善女人發阿耨多羅三藐三菩提心應如是住如是降伏
菩薩摩訶薩應如是降伏其心所有一切衆生之類若卵生若胎生若濕生若化生若有色
有色無色依有無生有想無想依境界生若非有想若非無想依麁細觀生如是衆緣皆非中道故我以般若正觀皆令悟入圓寂常樂則滅盡苦趣超渡愛流夫以般若智破煩惱障盡般若智存斯有餘也若能遣之又遣空法之空一切皆如離涅槃相湛常圓寂故曰無餘如是滅[illegible]量無
我相人相衆生相壽者相即非菩薩般若正智無顛倒心計有我人即非菩薩未悟求悟故云令入入則無餘誰云滅度復次須菩提菩薩[illegible]應無
塵攝境二法空須三施自忘則不捨之壇於羣有矣須菩提菩薩應如是布施不住於相應如前義離六塵忘二相也何以故若菩薩[illegible]施
不不也世尊須菩提南西北方四維上下虛空可思量不不也世尊無住之施其福甚[illegible]借喻虛空將以推校[illegible]菩
應如所教住所教即上不住相等教也前問應云何住者云於法住即明菩薩住無所住但依無所住即是如所教住也須菩提於意云何可以身相見如來[illegible]

8洞53　唐玄宗御注金剛般若波羅蜜經并序李大師母高等天寶元年造經題記（條第一面上）

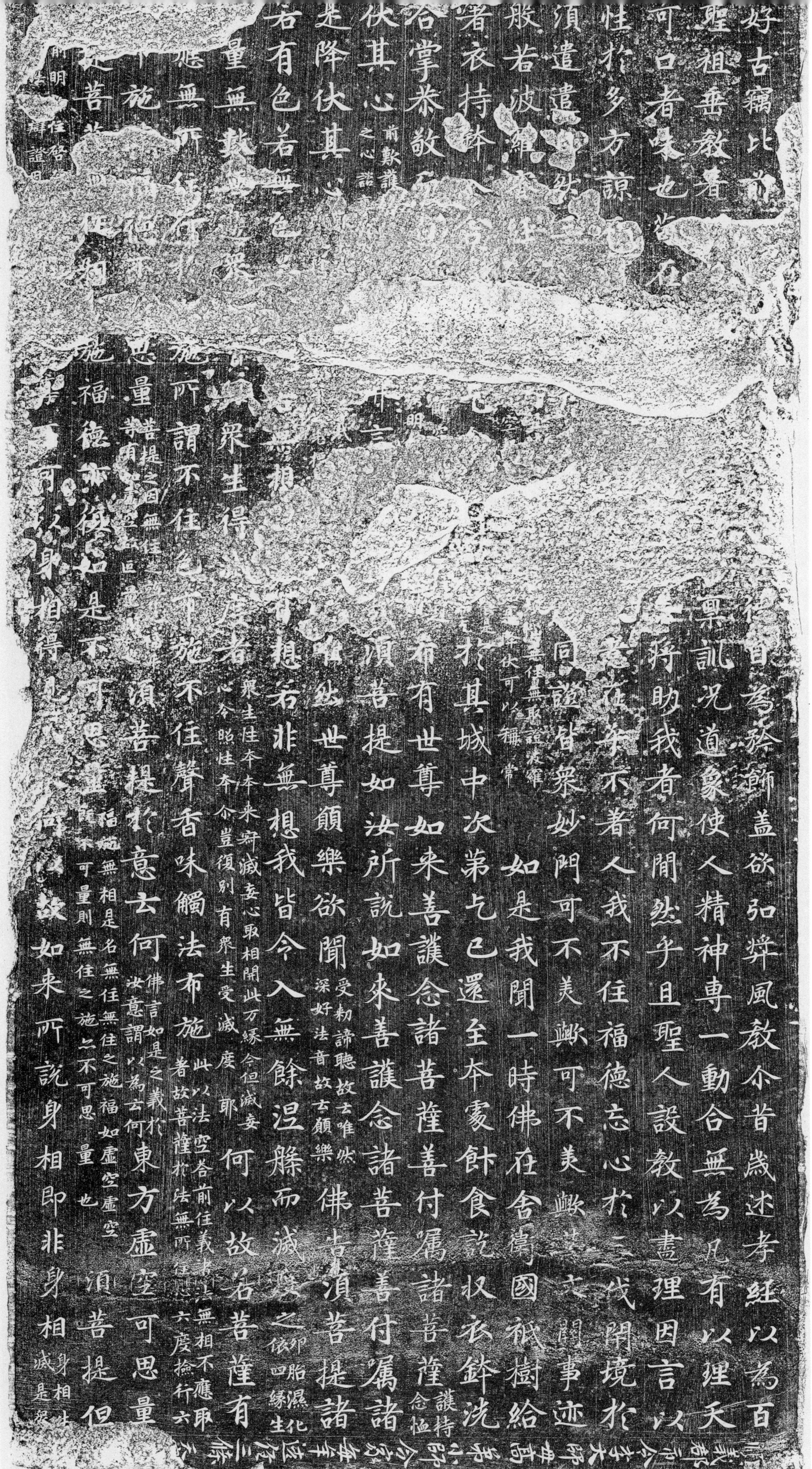

8洞 53　唐玄宗御注金剛般若波羅蜜經并序李大師母高等天寶元年造經題記（條第一面下）

金剛般若波羅蜜經 御注并序 條第一背 生見法身疑殊本無去來衆生見者悉皆虛妄 故所說身相皆爲衆生妄見既除法身非相 佛告須菩

離相而見矣 須菩提白佛言世尊頗有衆生得聞如是言說章句生實信不 凡夫心信[illegible]相生般若深 恐聞是理[illegible]釋此

福者於此章句能生信心以此爲實 後五百歲像法之中具戒福者於此 能信況今正法流通而無信耶 當知是人不於一佛二佛

句乃至一念生淨信者 不見信相是名淨信持福 能生信心惠解能無見相 須菩提如來悉知悉見是諸衆生得如是無量

相無法相亦無非法相 無我相者以達人空無法相者以達法空無非法者以達空空一念淨信三空 頓解若計諸相則不名淨信能信般若知達法空故知是衆生無復諸相也 何以故是諸衆生若

人衆生壽者 若取諸法計五聚蔭 即於此身還生我相 何以故若取非法相即著我人衆生壽者是故不應取非法

法尚應捨何況非法 以是不取於相故如來常說說無所說豈取相耶故汝等比丘知我所說法本破於有若知有不有遂悟於空無取是名 達解夫筏以採岸筌以取魚得魚妄筌到岸捨筏故大聖說空以破諸見諸法既除空法亦盡況非空去其可 須

提如何獨得而 爲人說法耶 須菩提言如我解佛所說義無有定法名阿耨多羅三藐三菩提亦無有定法如來可

非法 如來所說妙法本爲衆生離相故不可取離言故不可說而妙契圓證則 未嘗不取未嘗不說非法則不有非非則不無不有不無離諸言相故無定法稱耨多羅 所以者何 所以佛當說法而無 定法可說者何 一切賢聖皆以無

三千大千世界七寶以用布施 將欲校量持經之功故舉若人 財寶之施以明章句理實非虛 是人所得福德寧爲多不須菩提言

非福德性故若是福德性則不應寶多而福 多只由無性之福假外緣是故如來說福德 若復有人於此經中受持乃至四句偈等爲他人說其福勝

藐三菩提法皆從此經出 般若正智圓照無礙無上正道因是發明諸 佛始則自修終以化物利濟弘遠何莫由斯 須菩提所謂佛法者即非佛法 之

不 修習無漏證無漏果悟無所得名須陁 洹借小乘之無我明般若之忘相 須菩提言不也世尊 是人不起得果之念 何以故須陁洹名爲入流而無所入

何斯陁含能作是念我得斯陁含果不 斷欲界思惟得人我空 相證果之時有斯念不 須菩提言不也世尊 是人不起得果之念 何以

須菩提於意云何阿那含能作是念我得阿那含果不 斷欲界思盡更不復來 證果之時有斯念不 須菩提言不也

無取住相故實無來 即阿那含而具斯義 須菩提於意云何阿羅漢能作是念我得阿羅漢道不 修習智惠斷除煩惱 證果之時有是念 須菩

8 洞 53 唐玄宗御注金剛般若波羅蜜經并序（條第一背上）

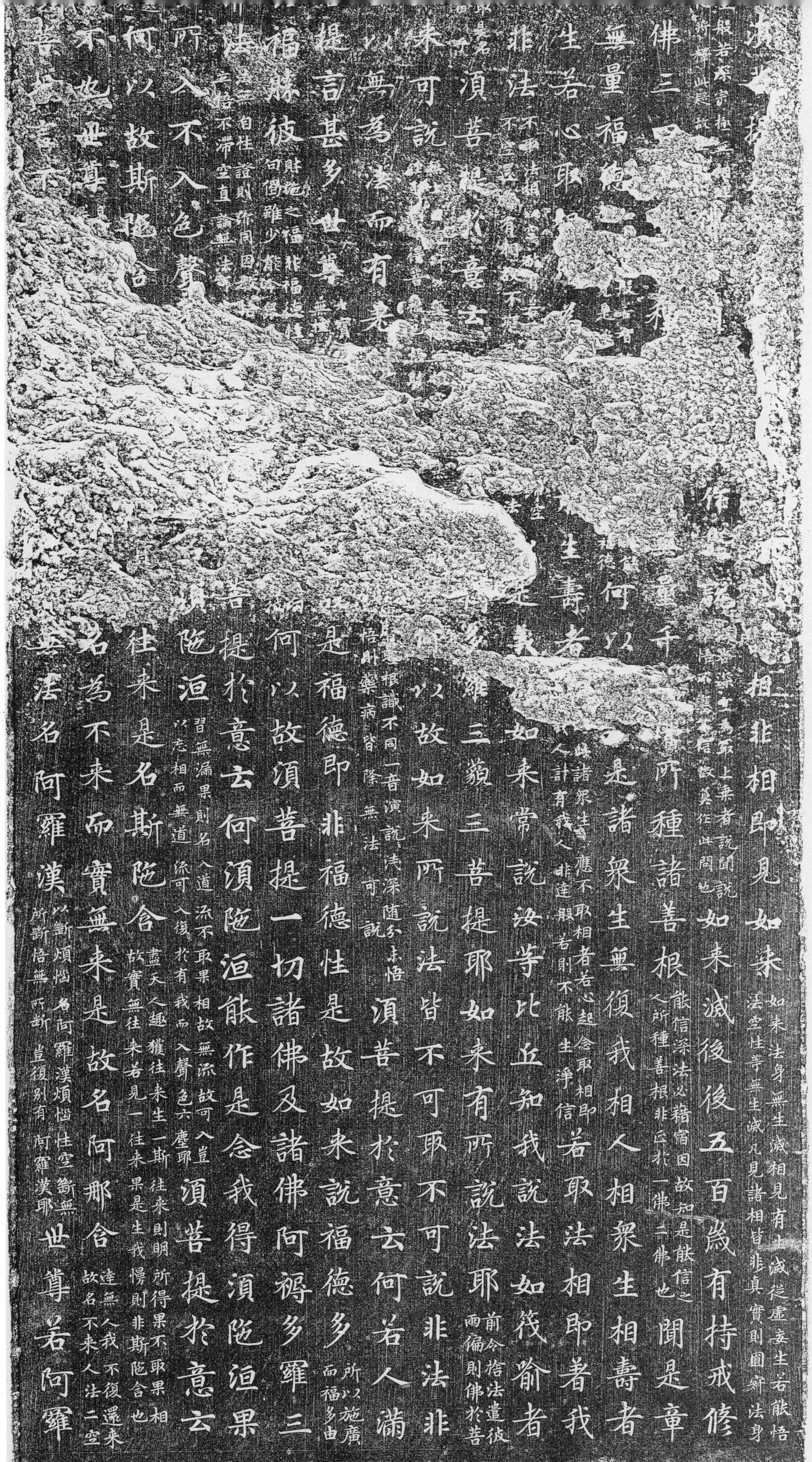

相非相即見如来 如来法身無生滅相見有生滅從虚妄生若能悟法空性寺無生滅凡見諸相皆非真實則圓寂法身

……為取上乗者說聞……信故莫作此問也 說如来滅後後五百歲有持戒修

所種諸善根 能信深法必藉宿因故知是能信之人所種善根非止於一佛二佛也 聞是章

是諸衆生無復我相人相衆生相壽者

此諸衆生應不取相者若心起念取相即人計有我人非達般若則不能生淨信 若取法相即著我

如来常說汝等比丘知我說法如筏喻者

三藐三菩提耶如来有所說法耶 前令捨法遣彼而偏則佛於善

以故如来所說法皆不可取不可說非法非

……根識不同一音演說淺深隨分未悟……悟則藥病皆除無法可說 須菩提於意云何若人滿

是福德即非福德性是故如来說福德多 所以施廣而福多由

何以故須菩提一切諸佛及諸佛阿耨多羅三

菩提於意云何須陀洹能作是念我得須陀洹果

須陀洹 習無漏果則名入道流不取果相故無流可入豈以忘相而無道流可入復於有我而入聲色六塵耶 須菩提於意云

往来是名斯陀含 盡天人趣雅往来生一斯往来則明所得果不取果相故實無往来若見一往来果是生我慢則非斯陀含也

名為不来而實無来是故名阿那含 達無人我不復還来故名不来人法二空

無法名阿羅漢 以斷煩惱名阿羅漢煩惱性空斷無所斷悟無所斷豈復別有阿羅漢耶 世尊若阿羅

8 洞 53 唐玄宗御注金剛般若波羅蜜經并序（條第一背下）

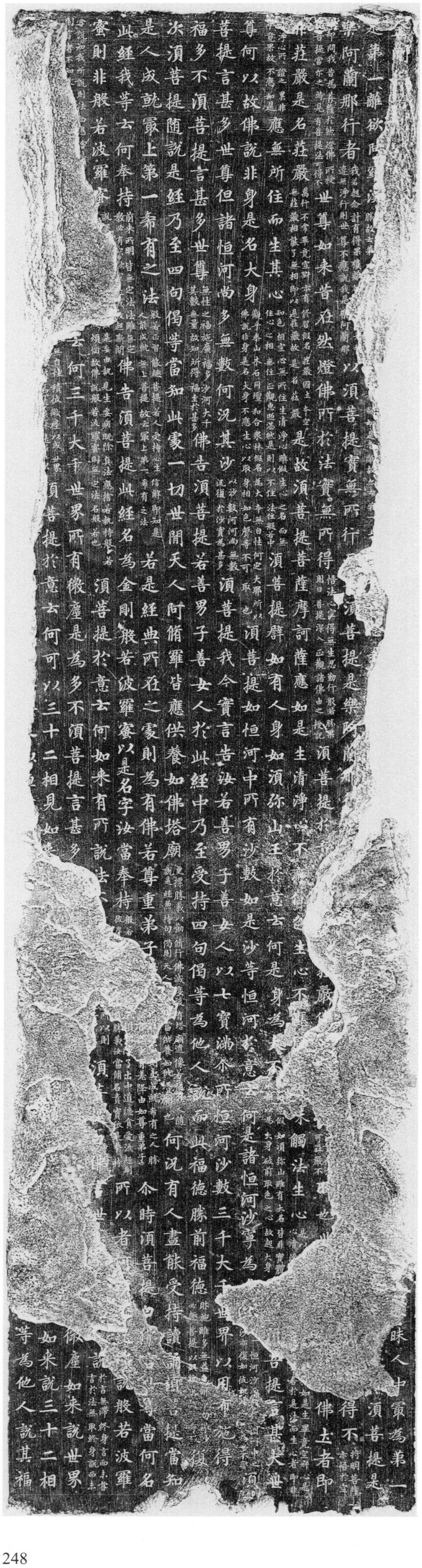

8 洞 58
唐玄宗御注金剛般若波羅蜜經并序（條第二面）
唐刻
拓片高 207 厘米、寬 54 厘米　中國國家圖書館藏

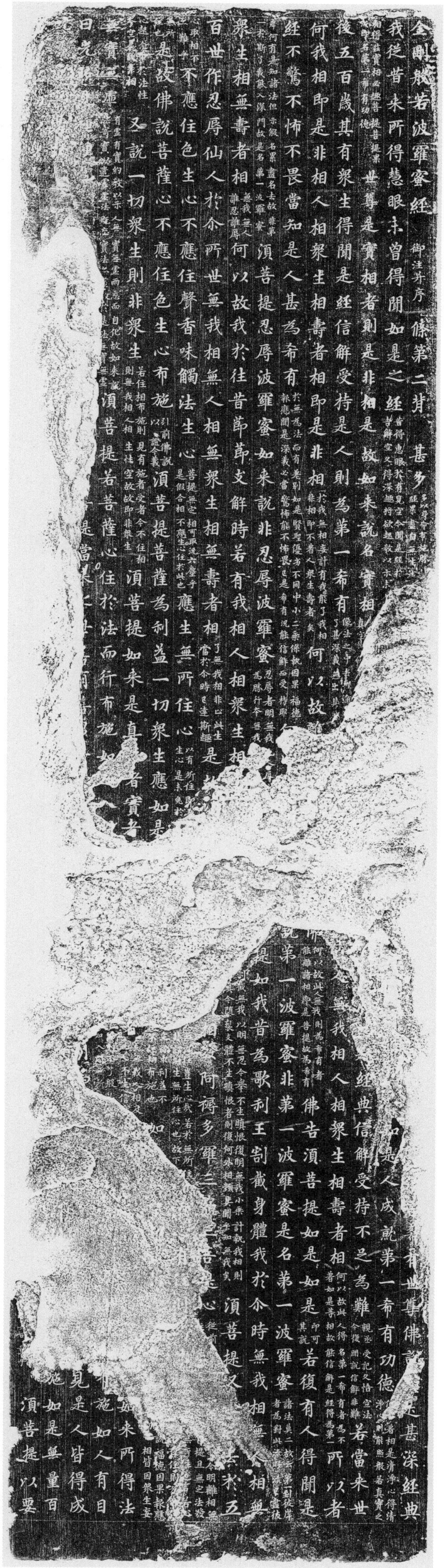

8洞58
唐玄宗御注金剛般若波羅蜜經并序（條第二背）
唐刻
拓片高208厘米、寬55厘米　中國國家圖書館藏

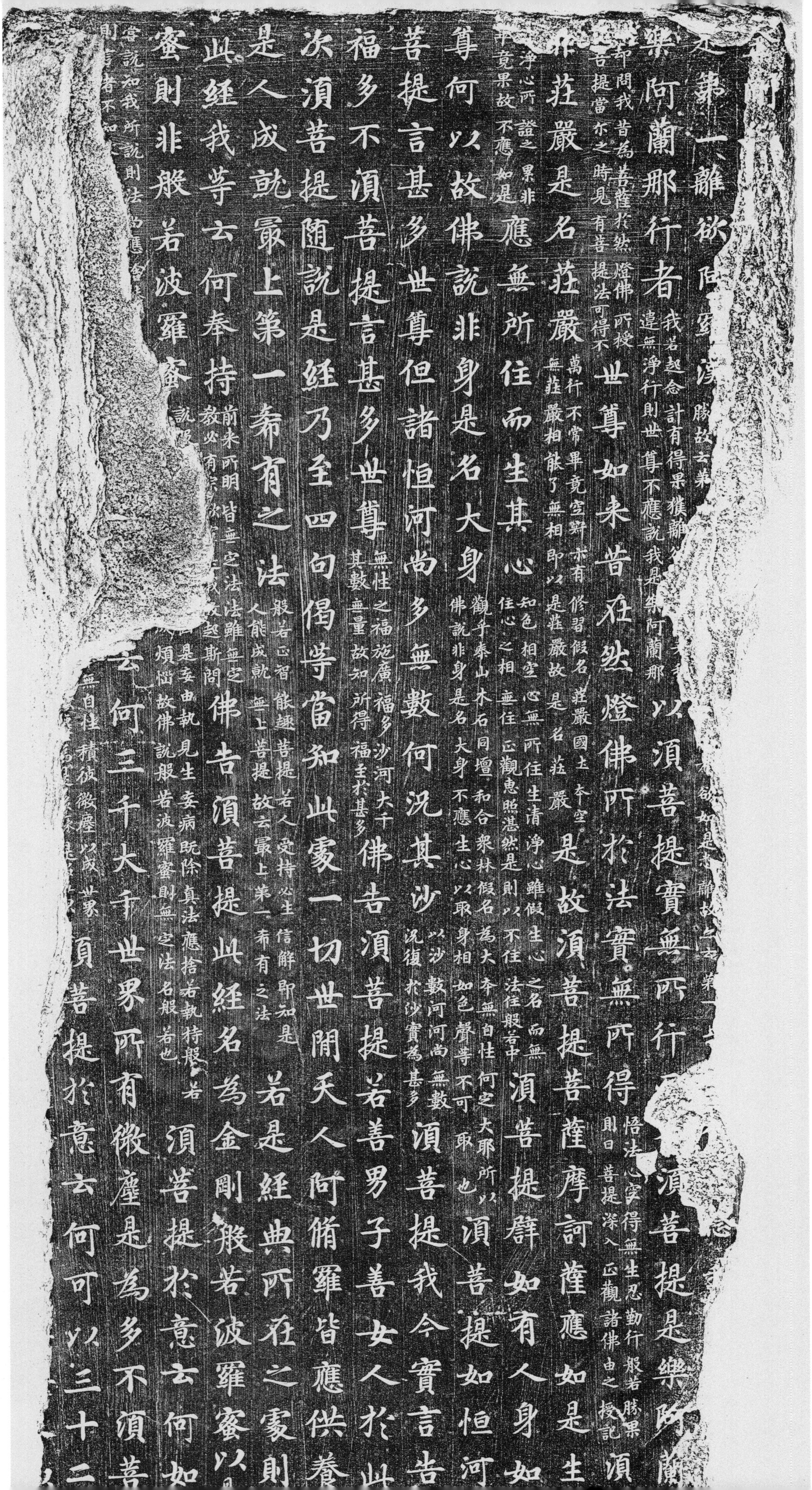

是第一離欲阿羅漢勝故云第……欲如是者離故……云第一……

樂阿蘭那行者我若起念計有得果獲離欲……違無淨行則世尊不應說我是樂阿蘭那以須菩提實無所行……須菩提是樂阿蘭

却問我昔為菩薩於然燈佛所授菩提當爾之時見有菩提法可得不世尊如來昔在然燈佛所於法實無所得悟法心寂得無生忍勤行般若勝果則曰菩提深入正觀諸佛由之授記須

莊嚴是名莊嚴萬行不常畢竟空寂亦有修習假名莊嚴國土本空無莊嚴相能了無相即以是莊嚴故是名莊嚴是故須菩提菩薩摩訶薩應如是生

淨心所證之果非畢竟果故不應如是應無所住而生其心知色相空心無所住生清淨心雖假生心之名而無住心之相無住正觀惠照湛然是則以不住法住般若中須菩提譬如有人身如

尊何以故佛說非身是名大身觀乎泰山木石同壇和合衆林假名為大本無自性何之大耶所以佛說非身是名大身不應生心以取身相如色聲等不可取也須菩提如恒河

菩提言甚多世尊但諸恒河尚多無數何況其沙以沙數河河尚無數況復於沙實為甚多須菩提我今實言告

福多不須菩提言甚多世尊無住之福施廣福多沙河大千其數無量故知所得福至於甚多佛告須菩提若善男子善女人於此

次須菩提隨說是經乃至四句偈等當知此處一切世間天人阿脩羅皆應供養

是人成就最上第一希有之法般若正智能趣菩提若人受持必生信解即知是人能成就無上菩提故云最上第一希有之法若是經典所在之處則

此經我等云何奉持前來所明皆無定法法雖無定教必有宗欲……故起斯問佛告須菩提此經名為金剛般若波羅蜜以

蜜則非般若波羅蜜說般……是妄由執見生妄病既除真法應捨若執持般若……煩惱故佛說般若波羅蜜則無定法名般若也須菩提於意云何如

當說知我所說則法……應……則……者不知……云何三千大千世界所有微塵是為多不須菩

無自性積彼微塵以成世界……須菩提於意云何可以三十二

8 洞 58　唐玄宗御注金剛般若波羅蜜經并序（條第二面上）

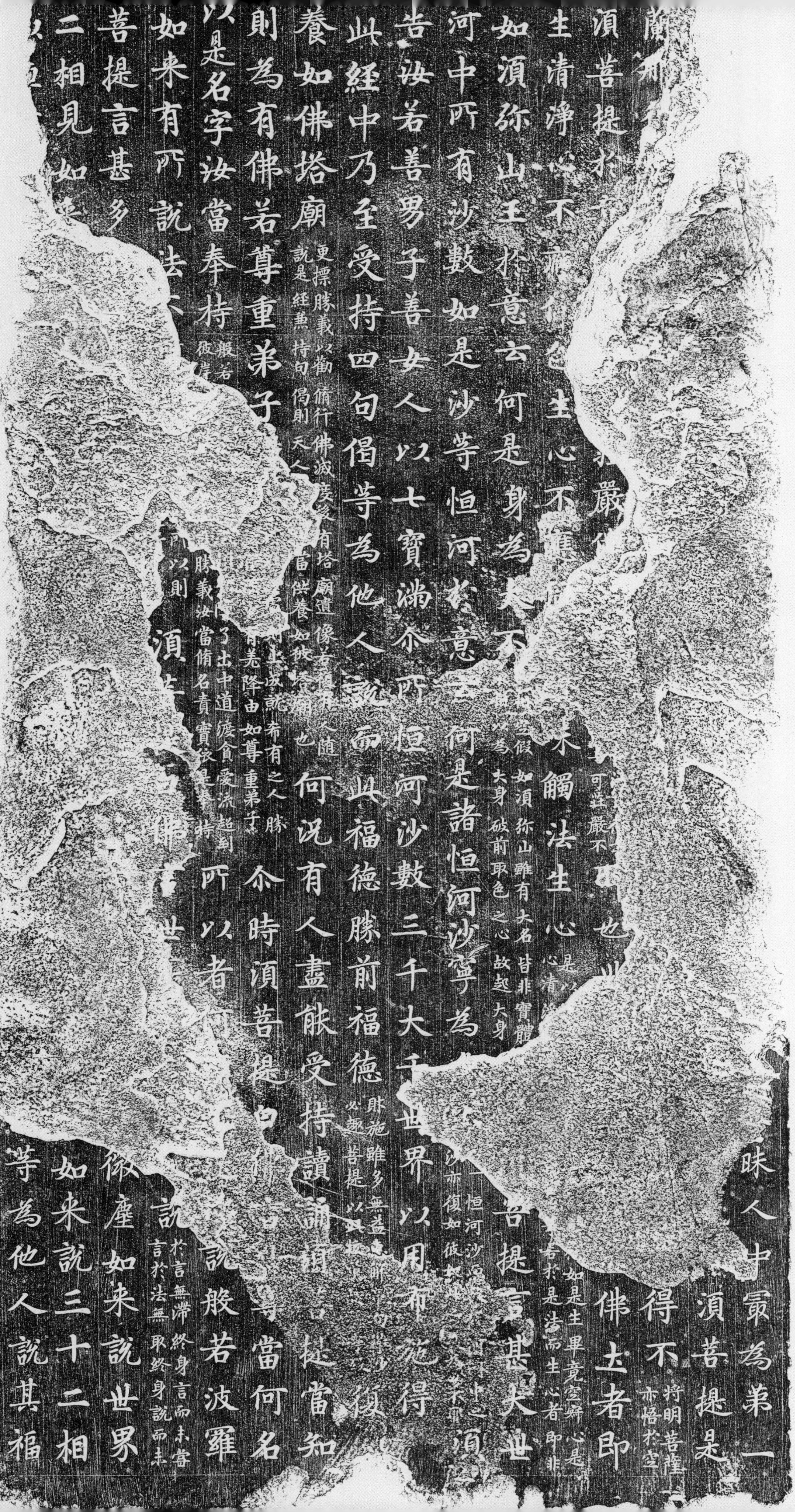

8洞58　唐玄宗御注金剛般若波羅蜜經并序（條第二面下）

金剛般若波羅蜜經御注并序　條第二背　甚多　多以身命布施勝　經果盡自無生

我從昔来所得慧眼未曾得聞如是之經　昔得惠眼於有見空今聞是經於　昔觧空久得深趣將欲趣教以示

相得茲實相必趣菩提菩提果　故即名第一希有功德　世尊是實相者則是非相是故如來說名實相　真空

後五百歲其有衆生得聞是經信解受持是人則為第一希有　像法之中去聖[illegible]　了甚深義無出其

何我相即是非相人相衆生相壽者相即是非相　於我無相妄計有我能了我相　非相即不著人衆生壽者矣　何以故離

經不驚不怖不畏當知是人甚為希有　於無為法而有差別如是賢聖優劣不同中小二乘係執因果福德　報應聞是深義必當驚怖能不怖畏已是希有况能信解而受持耶

岸何有是知諸法但示假名累盡名去故非第　一於斯了義能入深門故是名第一波羅蜜　須菩提忍辱波羅蜜如来說非忍辱波羅蜜　忍辱者明無我　為勝行本無我

衆生相無壽者相　無我無人　誰忍誰辱　何以故我於往昔節節支解時若有我相人相衆生相

百世作忍辱仙人於尒所世無我相無人相無衆生相無壽者相　了無我相非心此生　當於尒時已達斯趣　是故

心取相不　之難乎　不應住色生心不應住聲香味觸法生心　菩提無定相可取况六塵乎　是假合相不應生心住於此也　應生無所住心　以有所住即　生心是未免於

所　住也　是故佛說菩薩心不應住色生心布施　引前佛說　以證今義　須菩提菩薩為利益一切衆生應如

心趣空[illegible]於法性　又說一切衆生則非衆生　若住相布施則見有施者受者今不住相　則無我相人相生性空故故即非衆生　須菩提如来是真[illegible]者實

本空是故[illegible]相　無實無虛　有虛有實約教以示人無實無虛兩忘而自化故如来說　若寄實以遣虛虛法既忘實法[illegible]故於是法無實無虛　須菩提若菩薩心住於法而行布施如

曰光　是當来之世若有善

8 洞 58　唐玄宗御注金剛般若波羅蜜經并序（條第二背上）

8洞58　唐玄宗御注金剛般若波羅蜜經并序（條第二背下）

8 洞 59
唐玄宗御注金剛般若波羅蜜經并序（條第三面）
唐刻
拓片高 221 厘米、寬 56 厘米　中國國家圖書館藏

8 洞 59
唐玄宗御注金剛般若波羅蜜經并序（條第三背）
唐刻
拓片高 210 厘米、寬 56 厘米　中國國家圖書館藏

金剛般若波羅蜜経 御注并序 條第三面 言之此経[illegible]

說 上品利根了真如相是名大乘得無生觀深入秘藏加最上之号非如来聊簡二乘而不為說但二乘之人未能解了耳 若有人能受持讀誦廣為人說[illegible]

義是法離一切相無斷常邊故其功德不可稱量思議知也 如是人等則為荷擔如来阿耨多羅三藐三菩提[illegible]

受讀誦為他人說 小乘者相於此深義不能信奉也 須菩提在在處處若有此経一切世間天[illegible]應

正遍知道塔者諸佛遺像之所在也了義當趣菩提聞経即如見佛故是経所在之處同於塔廟遺像故天人脩羅所應供養作礼圍繞亦尊敬之意花香散灑表淨信之心非謂求悟於香花解空於磬折也 復次須菩提[illegible]

世罪業則為銷滅當得阿耨多羅三藐三菩提 以此教勸持経之人亦夫善若先世[illegible]善根復若為為人輕賤乎說此経[illegible]

於然燈佛前得值八百四千萬億那由他諸佛悉皆供養承事無空過者[illegible]若

分不及一千萬億分乃至筭數譬喻所不能及 未世人説勝心難發故於此[illegible]世供養校量百分不及[illegible]功德不知[illegible] 須菩提若

人聞心則狂亂狐疑不信 報施之福人皆取相章句功德所趣無為菩提勝因因是[illegible]小乘執滯謂無是理是以狂亂狐疑不能[illegible] 須菩提當知是経義不可

尊若善男子善女人發阿耨多羅三藐三菩提云何應住云何降伏其心 [illegible]章此問以明[illegible]心降住則障解空不住道故於此

者當生如是心我應滅度一切衆生 衆因緣生本非有法妄心執着起衆生相今悟性空則衆緣自滅菩提中道應發是心 滅度一切衆生已而無有

衆生相壽者相即非菩薩 離彼四相是名無我於我無矣誰當滅耶 所以者何須菩提實無有法發阿耨多羅三藐三菩

有法得阿耨多羅三藐三菩提不 若前云無法發菩提心則不應於然燈佛所受菩提記欲斷此疑故却問善吉云汝意以為云何如来於昔時有方法得菩提不 不也世尊如我解佛

菩提耶欲明不發得法乃真發心耳 佛言如是如是須菩提實無有法如来得阿耨多羅三藐三菩提 許善吉成前[illegible]無得 須

來世當得作佛号釋迦牟尼 於菩提中為有法可得發心則不證斯果之光不應受記 如是以實無有法得阿耨多羅三藐三菩提是

豈別有法得菩提耶以是無得之故故然燈佛知我修證與我受記耳 何以故如来者即諸法如義 如者法性也是性清淨無有[illegible]通於萬物皆如既如陰如陽亦不[illegible]皦不昧斯如義來成[illegible]此空相[illegible]然無體豈於有法而得菩提耶

8洞59 唐玄宗御注金剛般若波羅蜜經并序（條第三面上）

[illegible]也無相之福與真如等故非思輕重如是功德豈有邊際耶如来為發大乗者說為發㝡上乗者

[illegible]是人[illegible]量不可稱無有邊不可思議功德心也上乗㝡上之人能以般若自利利他者佛知佛眼悉見皆知是人成就無相勝

[illegible]何以[illegible]小法者著我見人見衆生見壽者見則於此經不能聽

[illegible]應供養[illegible]為是塔皆應恭敬作礼圍繞以諸華香而散其處此經出生諸佛無上

[illegible]受持讀[illegible]人輕賤是人先世罪業應墮惡道以今世人輕賤故先

[illegible]信奉[illegible]人崇信[illegible]句能生信心者此人已於千万佛所種諸来別有深意乎為譯經之人失其旨也須菩提我念過去無量阿僧祇劫

[illegible]若復有[illegible]受持讀誦此經所得功德於我所供養諸佛功德百

[illegible]持若善男[illegible]後末世有受持讀誦此經所得功德我若具說者或有

[illegible]經義不可思議[illegible]議深奧秘藏歸趣菩提以供養百千万佛由不如持經功德故無相勝義非思議及至於果報亦復如之尒時須菩提白佛言世

[illegible]華此問以心降住之義今[illegible]障解空不住道故於此重破實無[illegible]佛告菩提善男子善女人發阿耨多羅三藐三菩提

[illegible]上已而無有一衆生實[illegible]想令若計滅此妄無離妄心今有妄既滅無有又照於性不住於常及吾無身誰受滅度何以故若菩薩有我相人相

[illegible]三藐三菩提心者菩提無[illegible]無降[illegible]心者生空也法空無所住生空豈復別有一我云度衆生哉須菩提於意云何如来於然燈佛所

[illegible]如我解佛所說義佛[illegible]無有法得阿耨多羅三藐三菩提推解於佛以明勝義[illegible]故受菩提記豈有[illegible]心者[illegible]

[illegible]許善吉[illegible]無得成前[illegible]須菩提若有[illegible]得多羅三藐三菩提然燈佛則不與我受記汝於

[illegible]三菩提是故然燈佛與我[illegible]言汝於来世當得作佛号釋迦牟尼以般若智了諸[illegible]悟法空離[illegible]斷[illegible]

[illegible]如陰如陽[illegible]而得菩提耶若有人言如来[illegible]三菩提[illegible]須菩提實無有法佛得阿耨[illegible]

8 洞 59　唐玄宗御注金剛般若波羅蜜經并序（條第三面下）

金剛般若波羅蜜經 御注并序 條第三背
多羅三藐三菩提[illegible]須菩
以明虛虛有之妄既除實無之法亦盡但約邊以趣中道介於是中豈有虛實耶是故如來說一切法皆是佛法一切法中皆有中義能趣中道即會於如故諸法得中皆佛法也須菩提所
人身長大一切法假因緣生如人身長大亦資百骸九竅以賅而存耳須菩提言世尊如來說人身長大則為非大身是名[illegible]
言我當滅度無量眾生則不名菩薩以計有眾生故則著於相不趣中道故不得名道心眾生何以故須菩提實無有法[illegible]
眾生也須菩提若菩薩作是言我當莊嚴佛土是不名菩薩於內無相不存生於外無相不應[illegible]何以故如[illegible]
達無我法者如來說名真是菩薩於人無我於法無我妄於四相不取不染能如此者則不應有眾生可滅度有淨土可莊嚴通達若斯是真道心眾生矣[illegible]於意[illegible]
眼不如是世尊如來有天眼於眼淨根普照一切故云天眼須菩提於意云何如來有慧眼不[illegible]是世尊[illegible]
了一切法於法無滯故云法眼須菩提於意云何如來有佛眼不如是世尊如來有佛眼[illegible]
是沙不如是世尊如來說是沙如來說法常以河沙為喻須菩提於意云何如一恒河中[illegible]有
實為甚多佛告須菩提爾所國土中所有眾生若干種心如來悉[illegible]
交馳如是等心是生知見妄法非有畢竟皆空惟澄信心如所教住證達本末是名為心所以者何須菩提過去心不[illegible]
之常然不將不迎應而無主萬境咸入我用不疲千相取窮其求皆給不唯般若之蘊乎須菩提於[illegible]若人滿三[illegible]
甚多施實求福以果酬因故如福德甚多須菩提若福德有實如來不[illegible]福德[illegible]
若行深般若歸趣中道罪既不至福亦不來心如教住法尚應捨有何福德於其間哉須菩提[illegible]
故如來說具足色身即非具足色身是名具足色[illegible]
須菩提於意云何如來可以具足諸相見不不也世尊[illegible]

8洞59　唐玄宗御注金剛般若波羅蜜經并序（條第三背上）

須菩提……[illegible]……耨多羅……[illegible]……中無實無虛無法證者真實也此乃寄無以遣有假實雙遣也前以有法得者虛妄也以

所[illegible]一切法者即非一切……[illegible]……一切法因緣生法本無自性無性非有故即非一切法也為因緣故有假名生假名非無是故名一切法也須菩提譬如

人身長大假合眾緣……[illegible]……是名大身則知不離……外豈復別有涅槃耶須菩提菩薩亦如是勸菩薩之當作如是解行於中道若作是

[illegible]薩……[illegible]……一切法無我無人無眾生無壽者以結前無有法名菩薩故不著此四相無是等相則不應別有菩薩度

嚴佛……[illegible]……名莊嚴無相莊嚴佛土即非有相莊嚴之法能了無相是名莊嚴故菩薩不應計我能莊嚴佛土也須菩提若菩薩通

……[illegible]……如來有肉眼色相同眾生即肉為眼故云肉眼須菩提於意云何如來有天

……[illegible]……提於意云何如來有法眼不如是世尊如來有法眼

……[illegible]……之用如彼模鳥生謂通於無相也須菩提於意云何如恒河中所有沙佛說

……[illegible]……沙數佛世界如是寧為多不甚多世尊一河之沙數等諸河諸河之沙有如世界如此世界

……[illegible]……諸心皆為非心是名為心何以故如來悉知謂此諸心皆由妄起與妄相……[illegible]

……[illegible]……得以三世法求生知心是心無常求不可得前云非心名心借常心以破妄此云求不可得……[illegible]

……[illegible]……以是因緣得福多不如是世尊此人以是因緣得福

……[illegible]……性未絕因地故說果多七寶既盡假名所獲之非有實非有實故故不取相是以如來應緣而說云得福多

……[illegible]……以具足色身見色為有分身假緣成凡是色身皆非妙相故不應以此見如來也何以

……[illegible]……色非[illegible]之身見一切身以色色空縱妙身而有我以空空色雖色身而見佛復指此而別有色身妙身耶

……[illegible]……非具足……[illegible]……名……[illegible]……相具足以一色身不應見佛今就諸相得見不耶則一一相中同

8洞59　唐玄宗御注金剛般若波羅蜜經并序（條第三背下）

金剛般若波羅蜜經 御注并序 條第四面

須菩提汝勿謂如來作是念我當有所說法莫作是念何以故若人言如來有所說法即爲謗佛不能解我所說故須菩提說法者無法可說是名說法須菩提白佛言世尊佛得阿耨多羅三藐三菩提爲無所得耶如是如是須菩提我於阿耨多羅三藐三菩提乃至無有少法可得是名阿耨多羅三藐三菩提復次須菩提是法平等無有高下是名阿耨多羅三藐三菩提以無我無人無衆生無壽者修一切善法則得阿耨多羅三藐三菩提須菩提所言善法者如來說非善法是名善法須菩提若三千大千世界中所有諸須弥山王如是等七寶聚有人持用布施若人以此般若波羅蜜經乃至四句偈等受持爲他人說於前福德百分不及一百千萬億分乃至筭數譬喻所不能及須菩提於意云何汝等勿謂如來作是念我當度衆生須菩提莫作是念何以故實無有衆生如來度者若有衆生如來度者如來則有我人衆生壽者須菩提如來說有我者則非有我而凡夫之人以爲有我須菩提凡夫者如來說即非凡夫須菩提於意云何可以三十二相觀如來不須菩提言如是如是以三十二相觀如來佛言須菩提若以三十二相觀如來者轉輪聖王則是如來須菩提白佛言世尊如我解佛所說義不應以三十二相觀如來爾時世尊而說偈言若以色見我以音聲求我是人行邪道不能見如來須菩提汝若作是念如來不以具足相故得阿耨多羅三藐三菩提須菩提莫作是念如來不以具足相故得阿耨多羅三藐三菩提須菩提汝若作是念發阿耨多羅三藐三菩提者說諸法斷滅

8 洞 162
唐玄宗御注金剛般若波羅蜜經并序（條第四面）
唐刻
拓片高 207 厘米、寬 55 厘米　中國國家圖書館藏

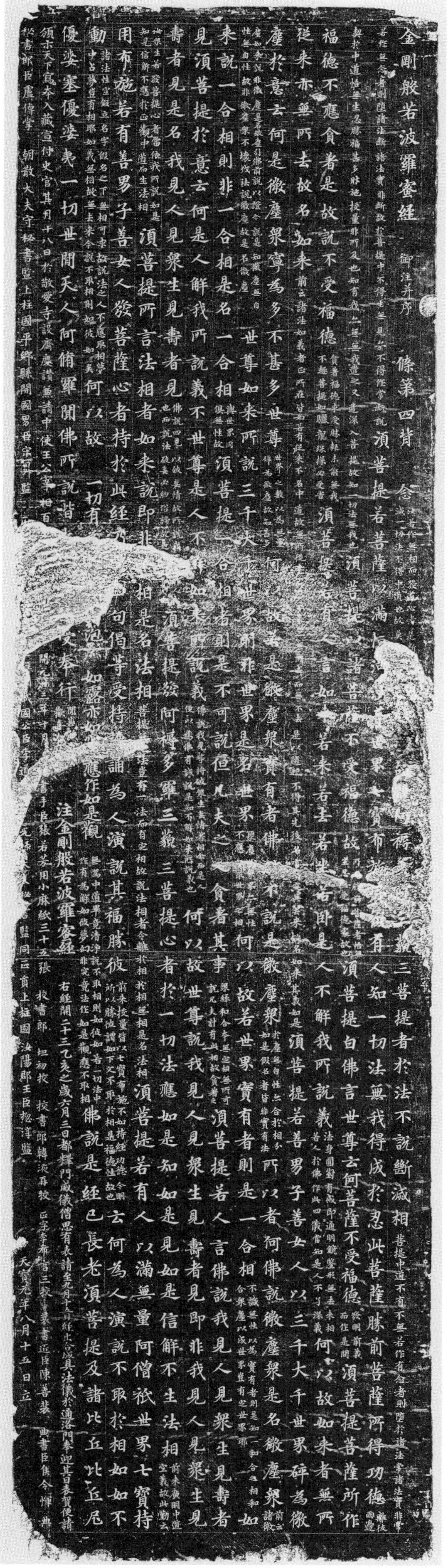

8 洞 162
唐玄宗御注金剛般若波羅蜜經并序唐天寶元年八月十五日造經題記（條第四背）
拓片高 209 厘米、寬 55 厘米　中國國家圖書館藏

金剛般若波羅蜜經 御注并序 條第四面 一色一相故不應以此得見如来 須菩提汝勿謂如来
故若人言如来有所説法即為謗佛不能解我所説故 法無定法説豈説耶若人以我有法可説是人不解般若空
空本無法故云無法可説了是義者得法甚深故云是名説法 須菩提白佛言世尊佛得阿耨多羅三藐三菩提為無
於阿耨多羅三藐三菩提乃至無有少法可得是名阿耨多羅三藐三菩 於菩提中無有少
阿耨多羅三藐三菩提 於菩提道本無異門滅彼色空離於常斷一相無二是無為法適使萬殊咸其自己涅槃煩惱究竟無餘凡於是中名菩提
四相明已悟空習此中道云修善法不滯無有名得菩提 須菩提所言善法者如来説非善法是名善法 稱中道者因邊獲
千大千世界中所有諸須弥山王如是等七寶聚有人持用布施若人以此般若波
億分乃至筭數辟喻所不能及 如此挍量前来已説於所明義二不同前云是法平等不應經優而寶劣故重宣此[illegible]遣是疑只為般若
菩提莫作是念 如来無是念故汝莫作是思惟 何以故實無有衆生如来度者 衆生正性本来清淨六根逃息煩惱病生觀
可度者則於法如中亦了空義 須菩提如来説有我者則非有我而凡夫之人以為有我 前云我於然燈佛所則是
凡夫了般若空則證等覺故即非凡夫也 須菩提於意云何可以三十二相觀如来不 如正覺既非有我故不應以三十二相
以三十二相觀如来者轉輪聖王則是如来 汝若以相見如来者轉輪聖王亦具是相則應是如来輪王既非如来故知如来不
来 善吉深達法性故不住凡夫解 尒時世尊而説偈言 此偈如頌非四句義 若以色見我以音聲求我是人行邪道不
須菩提汝若作是念如来不以具足相故得阿耨多羅三藐三菩提須菩提莫作是念
故此破云 汝勿謂無相可得菩提菩提非有無故以有無求皆不得也論曰大聖説空法為破諸見故若復見有[illegible]空諸佛所[illegible]滯無亦由[illegible]避溺而投火

8洞162 唐玄宗御注金剛般若波羅蜜經并序（條第四面上）

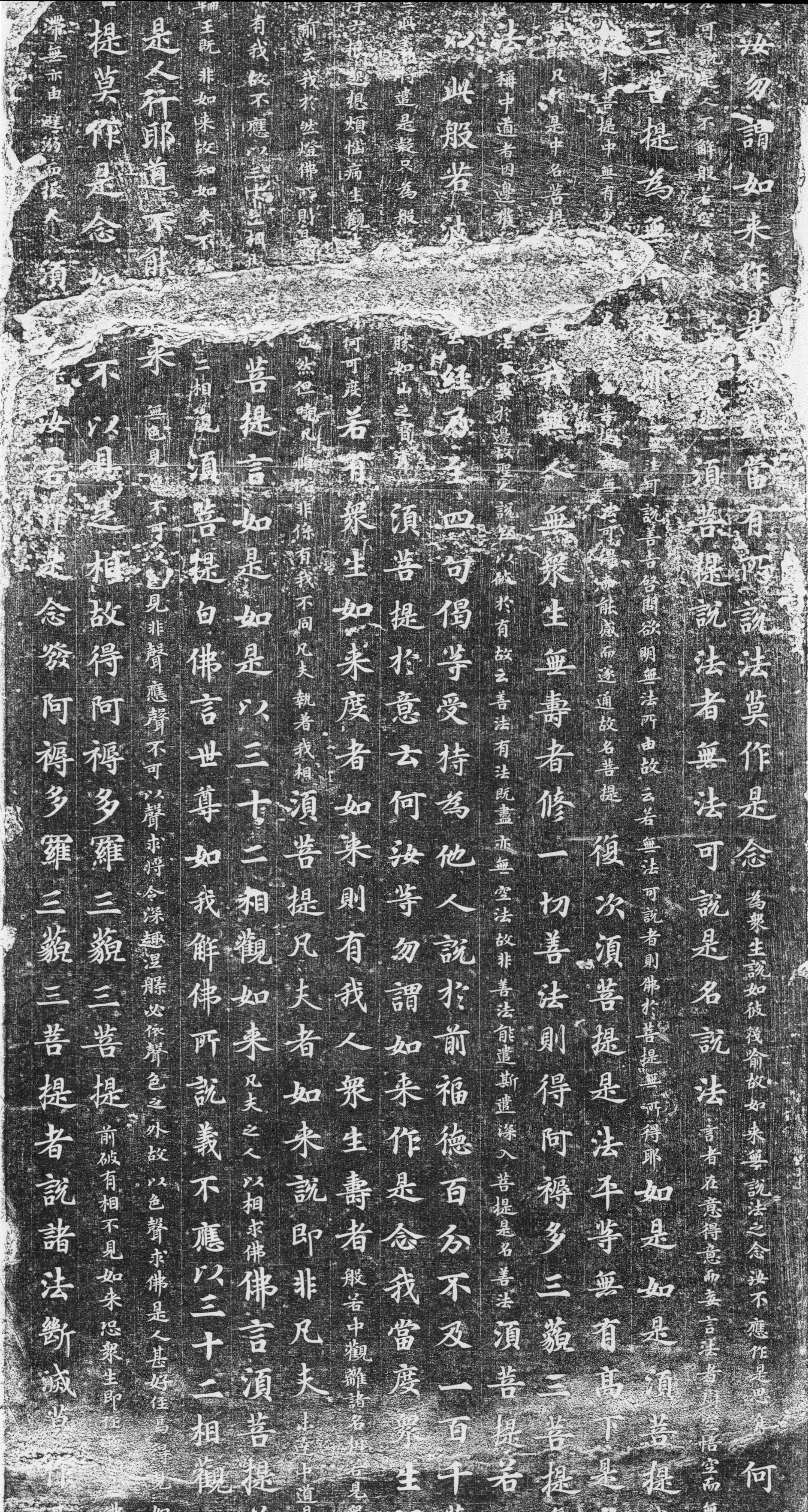

8 洞 162　唐玄宗御注金剛般若波羅蜜經并序（條第四面下）

8 洞 162　唐玄宗御注金剛般若波羅蜜經并序唐天寶元年八月十五日造經題記（條第四背上）

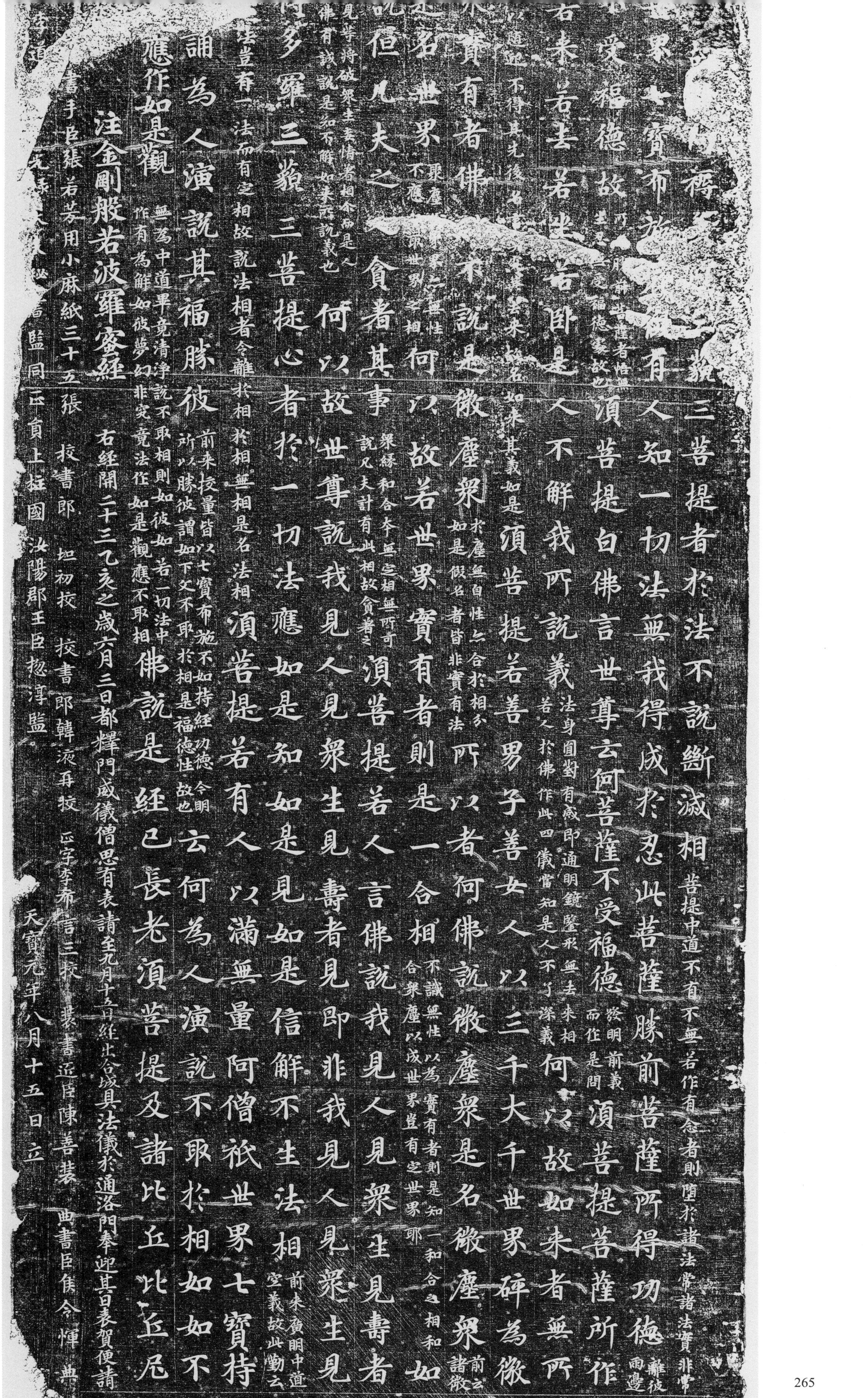

8洞 162　唐玄宗御注金剛般若波羅蜜經并序唐天寶元年八月十五日造經題記（係第石背下）

8洞 61

妙法蓮華經觀世音菩薩普門品焦履虛焦娘娘湯懷玉等武周長安四年二月八日題記

拓片高 210 厘米、寬 51 厘米　中國國家圖書館藏

佛、道信士同時刻造佛經。題記中使用了武周新字。

皆得解脫羅刹之難以是因緣名
者是諸惡鬼尚不能以惡眼視之
持重寶經過險路其中一人作是
无觀世音菩薩稱其名故即得解
若多愚癡常念恭敬觀世音菩薩
欲求女便生端正有相之女宿殖
六十二億恒河沙菩薩名字復盡
是二人福正等無異於百千萬億
法方便之力其事云何佛告無盡
者即現聲聞身而為說法應以梵
度者即現大自在天身而為說法
以長者身得度者即現長者身而
比丘比丘尼優婆塞優婆夷身得
童男童女身而為說法應以天龍
世音菩薩成就如是功德以種種
者無盡意菩薩白佛言世尊我今
薩言仁者愍我等故受此瓔珞尔
四衆及於天龍人非人等受其瓔
有衆生聞是觀世音菩薩品自在

經主幽州薊縣朝請郎行曹州
離狐縣尉上柱國湯懷玉守□
州榆城戍主上護軍弟承嗣□
戍副尉弟懷敏今為亡考妣敬
造此經姑清信女大娘并合家
供養長安四年二月八日遂在
此山乃為銘記

多心經主清信女樊女焦娘娘

燕州白鶴觀南岳子焦
履虛

8 洞 61　妙法蓮華經觀世音菩薩普門品焦履虛焦娘娘湯懷玉等武周長安四年二月八日題記 （局部）

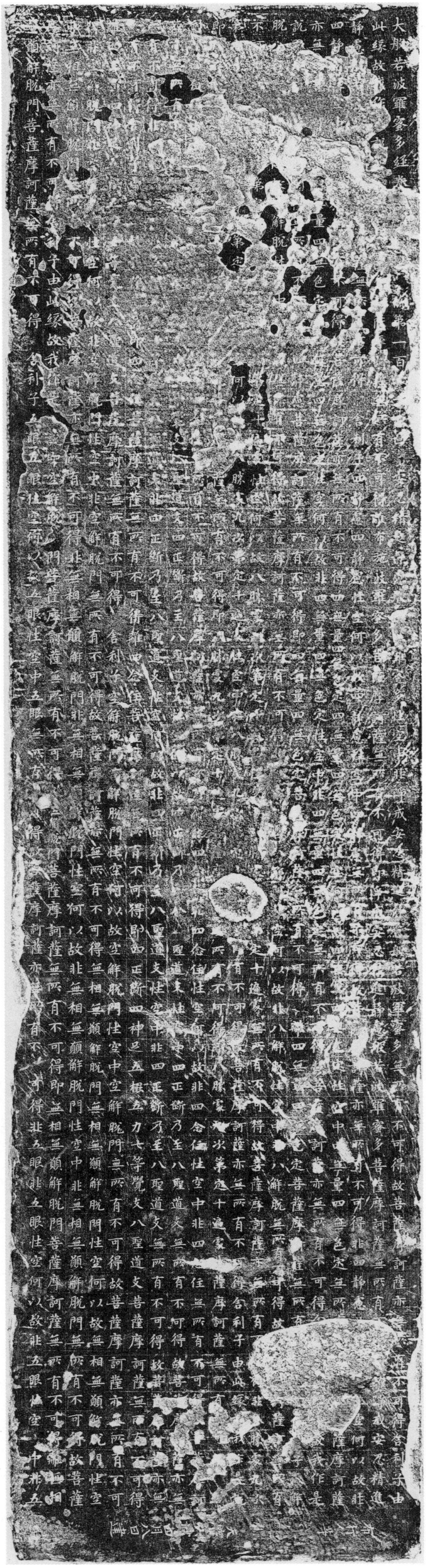

8 洞 88
大般若波羅蜜多經卷第六十四布行人等
唐天寶六載四月八日造經題記
拓片高 208 厘米、寬 53 厘米　中國國家圖書館藏

8 洞 88　大般若波羅蜜多經卷第六十四布行人等唐天寶六載四月八日造經題記（局部）

8 洞 163
大般若波羅蜜多經卷第六十六比丘尼法定等
唐天寶七載二月八日造經題記
拓片高 204 厘米、寬 52 厘米　中國國家圖書館藏
“清苑”寫作“清葂”。

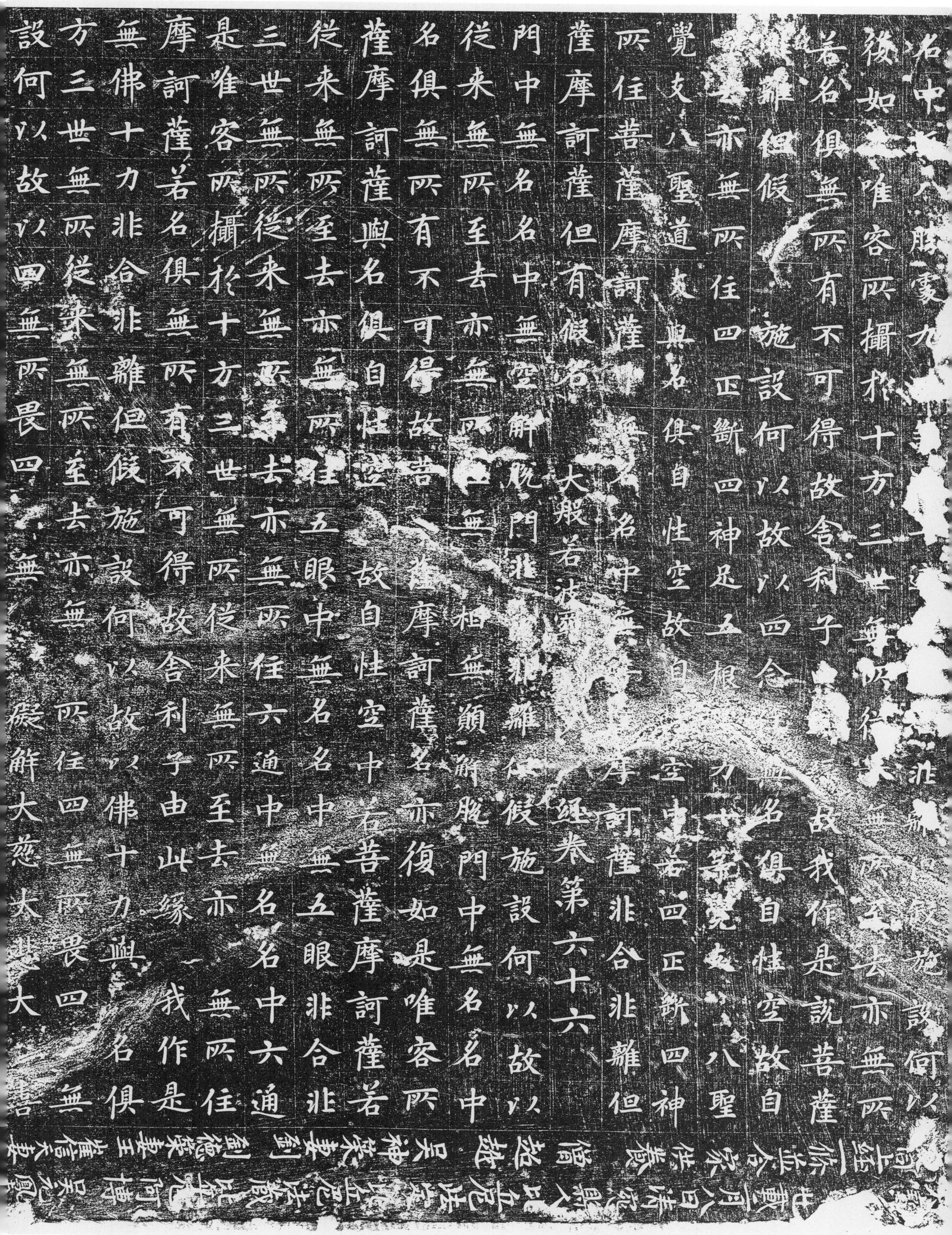

8 洞 163　大般若波羅蜜多經卷第六十六比丘尼法定等唐天寶七載二月八日造經題記（局部）

8 洞 172
大般若波羅蜜多經卷第九李仙藥唐天寶元年二月八日
造經題記
拓片高 194 厘米、寬 54 厘米　中國國家圖書館藏

本條爲玄奘法師譯六百卷《大般若波羅蜜多經》上最早出現的唐人造經題記。一般認爲此經始鎸於開元末至天寶元年之間。

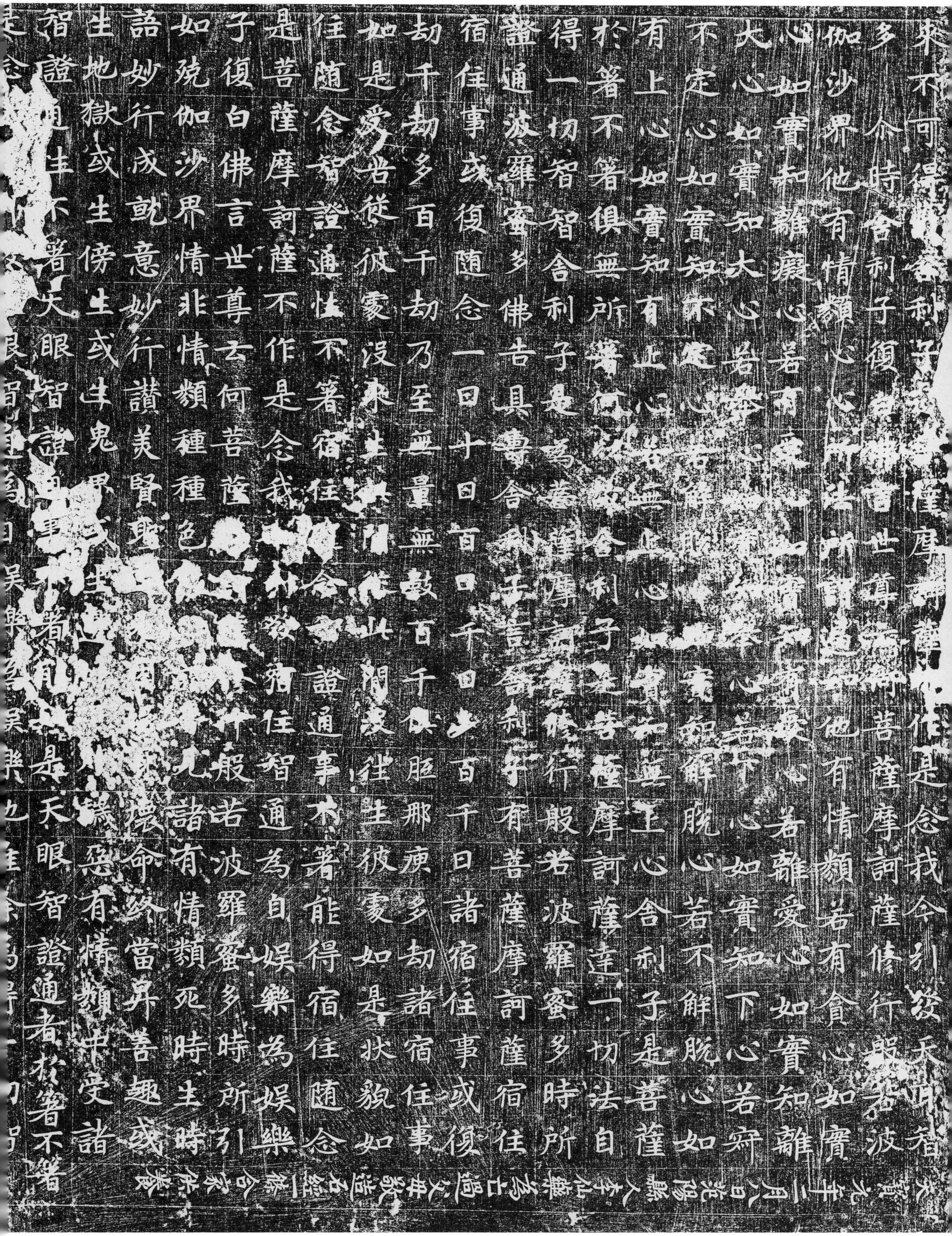

8 洞 172　大般若波羅蜜多經卷第九李仙藥唐天寶元年二月八日造經題記（局部）

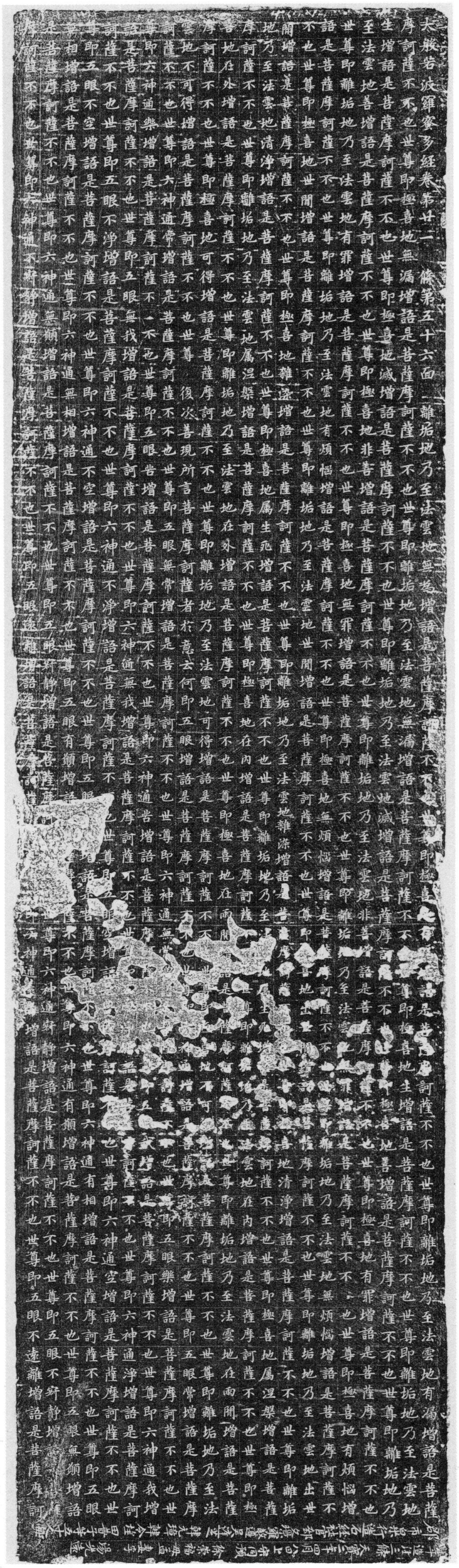

8 洞 182
大般若波羅蜜多經卷第廿一郡市白米行造石經社官郄文璟五十人等唐天寶二年四月八日造經題記
拓片高 210 厘米、寬 57 厘米　中國國家圖書館藏

大般若波羅蜜多經卷第廿一條第五十六面離垢地乃至法雲地無為增語是
摩訶薩不不也世尊即極喜地無漏增語是菩薩摩訶薩不不也世尊即離垢地乃至
生增語是菩薩摩訶薩不不也世尊即極喜地滅增語是菩薩摩訶薩不不也世尊即
至法雲地善增語是菩薩摩訶薩不不也世尊即極喜地非善增語是菩薩摩訶薩不
世尊即離垢地乃至法雲地有罪增語是菩薩摩訶薩不不也世尊即極喜地無罪增
語是菩薩摩訶薩不不也世尊即離垢地乃至法雲地有煩惱增語是菩薩摩訶薩不
不也世尊即極喜地世間增語是菩薩摩訶薩不不也世尊即離垢地乃至法雲地世
間增語是菩薩摩訶薩不不也世尊即極喜地離染增語是菩薩摩訶薩不不也世尊
地乃至法雲地清淨增語是菩薩摩訶薩不不也世尊即極喜地屬生死增語是菩薩
摩訶薩不不也世尊即離垢地乃至法雲地屬涅槃增語是菩薩摩訶薩不不也世尊
喜地在外增語是菩薩摩訶薩不不也世尊即離垢地乃至法雲地在外增語是菩薩
摩訶薩不不也世尊即極喜地可得增語是菩薩摩訶薩不不也世尊即離垢地乃至
雲地不可得增語是菩薩摩訶薩不不也世尊 復次善現所言菩薩摩訶薩者於意
訶薩不不也世尊即六神通常增語是菩薩摩訶薩不不也世尊即五眼無常增語是
尊即六神通樂增語是菩薩摩訶薩不不也世尊即五眼苦增語是菩薩摩訶薩不
語是菩薩摩訶薩不不也世尊即五眼無我增語是菩薩摩訶薩不不也世尊即六神
訶薩不不也世尊即五眼不淨增語是菩薩摩訶薩不不也世尊即六神通不淨增語
尊即五眼不空增語是菩薩摩訶薩不不也世尊即六神通不空增語是菩薩摩訶薩
無相增語是菩薩摩訶薩不不也世尊即六神通無相增語是菩薩摩訶薩不不也世
是菩薩摩訶薩不不也世尊即六神通無願增語是菩薩摩訶薩不不也世尊即五眼
摩訶薩不不也世尊即六神通不寂靜增語是菩薩摩訶薩不不也世尊即五眼遠離

8 洞 182　大般若波羅蜜多經卷第廿一郡市白米行造石經社官郄文璟五十人等唐天寶二年四月八日造經題記（局部）①

菩[illegible]摩訶薩不不也世尊即離垢地乃至法雲地有漏增語是菩薩
極喜地生增語是菩薩摩訶薩不不也世尊即離垢地乃至法雲地
[illegible]尊[illegible]極喜地善增語是菩薩摩訶薩不不也世尊即離垢地乃
薩摩[illegible]不[illegible]也世尊即極喜地有罪增語是菩薩摩訶薩不不也
[illegible]無罪增語是菩薩摩訶薩不不也世尊即極喜地有煩惱增
[illegible]不[illegible]離垢地乃至法雲地無煩惱增語是菩薩摩訶薩不
[illegible]閒增語是菩薩摩訶薩不不也世尊即離垢地乃至法雲地出世
[illegible]喜地清淨增語是菩薩摩訶薩不不也世尊即離垢
[illegible]增[illegible]是菩薩摩訶薩不不也世尊即極喜地屬涅槃增語是菩薩
即離[illegible]地乃至[illegible]雲地在內增語是菩薩摩訶薩不不也世尊即極
薩摩訶薩[illegible]世尊即離垢地乃至法雲地在兩間增語是菩薩
[illegible]喜地不可[illegible]菩薩摩訶薩不不也世尊即離垢地乃至法
[illegible]神通增語是菩薩摩訶薩不不也世尊即五眼常增語是菩薩摩
[illegible]摩訶薩[illegible]也世尊即五眼樂增語是菩薩摩訶薩不不也世
[illegible]五[illegible]我增語是菩薩摩訶薩不不也世尊即六神通我增
[illegible]語是菩[illegible]訶薩不不也世尊即六神通淨增語是菩薩摩訶
[illegible]訶薩不[illegible]也世尊即六神通空增語是菩薩摩訶薩不不也世
[illegible]也世尊即六神通有相增語是菩薩摩訶薩不不也世尊即五眼
[illegible]六神通有願增語是菩薩摩訶薩不不也世尊即五眼無願增語
寂靜增語是菩薩摩訶薩不不也世尊即五眼不寂靜增[illegible]
增語是菩薩摩訶薩不不也世尊即五眼不遠離增語是菩薩摩訶

郡市白米行造石經社官郄文璟羅敬遵吳彥達之韓光璋韓令佺田普子[illegible]五十
[illegible]造經三條天寶三年四月八日上宗同願徐崇福毋孟章孝吳光遠

8 洞 182　大般若波羅蜜多經卷第廿一郡市白米行造石經社官郄文璟五十人等唐天寶元年二月八日造經題記（局部）②

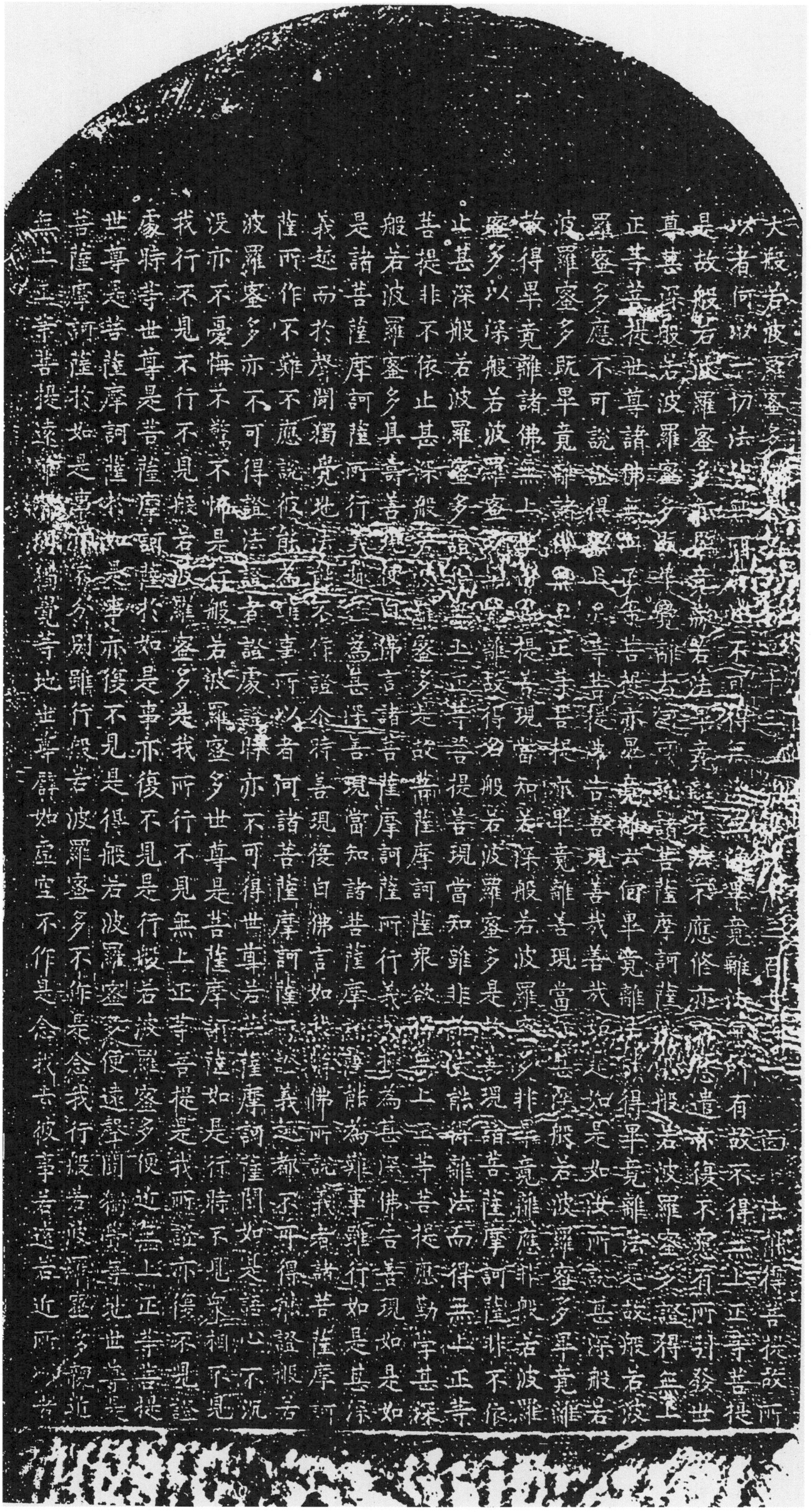

8 洞 263　大般若波羅蜜多經卷第五百五十三經碑及碑側原唐人題名　遼刻

拓片高 105 厘米、寬 62 厘米　側高 74 厘米、寬 7 厘米　中國國家圖書館藏

遼代磨唐碑續造石經。

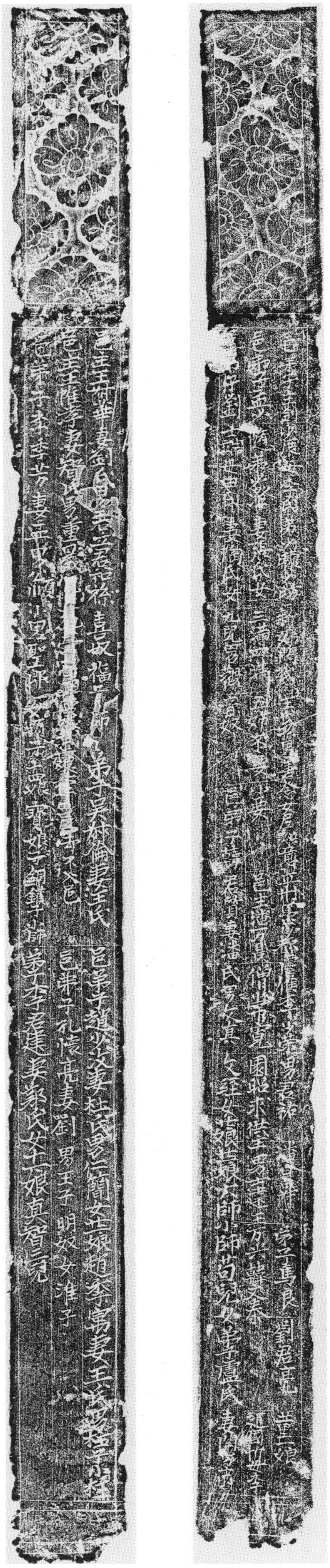

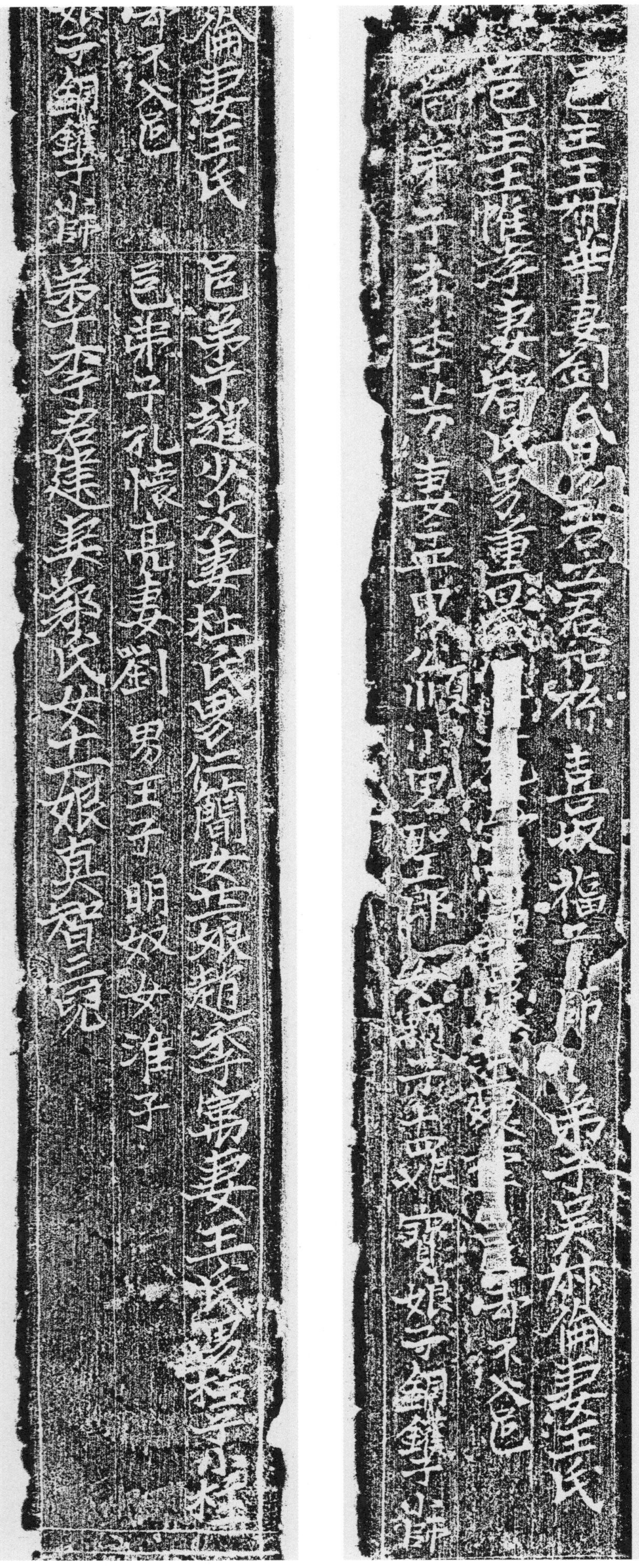

（局部）

8 洞 576
大般若波羅蜜多經卷第五百三十三碑側原唐邑社人等造經題名　遼刻
拓片均高 105 厘米、寬 8 厘米　中國國家圖書館藏

碑陽、碑陰爲遼代磨唐碑續造石經。碑側殘存唐人題名。

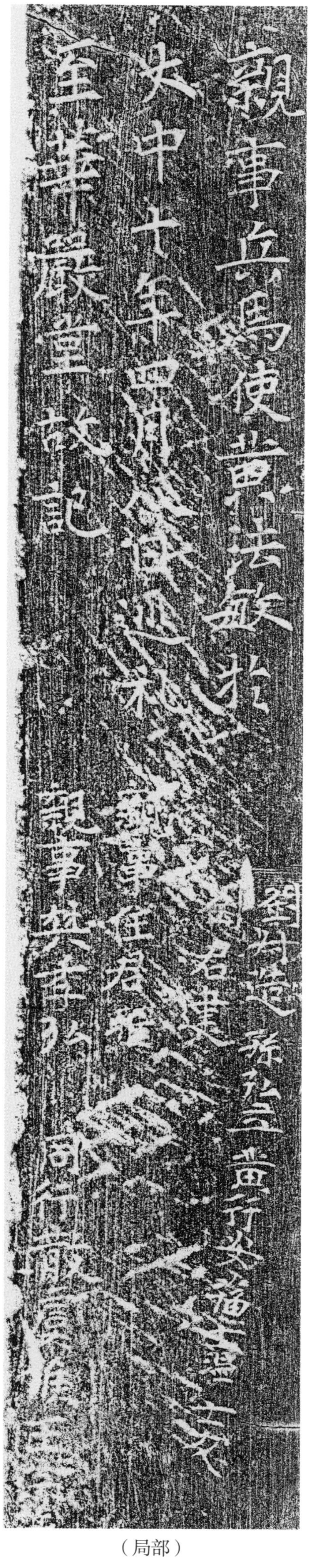

（局部）

8 洞 581
大般若波羅蜜多經卷第五百五十一碑側親事兵馬使黄法敏唐大中十年四月八日巡禮華嚴堂題記
拓片高 86 厘米、寬 10 厘米　中國國家圖書館藏
碑陽、碑陰爲遼代磨唐碑續造石經。

8 洞 603　大般若波羅蜜多經卷第五百四十二經碑吴守極遼重熙九年鎸經題名（碑側唐刻殘存）
拓片高 127 厘米、寬 54 厘米　側高 126 厘米、寬 9 厘米　中國國家圖書館藏
遼代磨唐碑續造石經。

重熙九年
吳守樞雋

大般若波羅蜜多經卷第五百四十二 條第一千三百三十五面
誦令善通利如理思惟復以種種巧妙文義廣為解釋分別義趣令其
福聚甚多於前無量無邊不可稱數復次憍尸迦若贍部洲諸有情類
我今欣樂速證無上正等菩提濟拔有情生死衆苦令得殊勝畢竟安
多衆寶庄嚴供養恭敬尊重讚歎普施與彼受持讀誦令善通利如理
多不天帝釋言甚多世尊甚多善逝佛告天帝釋言若善男子善
重讚歎於彼衆中隨施與一受持讀誦令善通利如理思惟以無量門
令勤修學是善男子善女人等所獲福聚甚多於前無量無邊不可稱
情類若小千界諸有情類若中千界諸有情類若大千界諸有情類若
等覺心既發無上菩提心已咸作是言我今欣樂速證無上正等菩提
善女人等為成彼事書深般若波羅蜜多衆寶庄嚴供養恭敬尊重讚
何是善男子善女人等由此因緣得福多不天帝釋言甚多世尊甚多
般若波羅蜜多衆寶庄嚴供養恭敬尊重讚歎於彼衆中隨施與一受
為解釋分別義趣令其解了教授教誡令勤修學是善男子善女人等
迦若贍部洲諸有情類皆於無上正等菩提得不退轉同作是言我今
殊勝畢竟安樂有善男子善女人等為成彼事書深般若波羅蜜多衆
善通利如理思惟於意云何是善男子善女人等由此因緣得福多不
若善男子善女人等書深般若波羅蜜多衆寶庄嚴供養恭敬尊重讚
惟以無量門巧妙文義廣為解釋分別義趣令其解了教授教誡令勤
無邊不可勝數復次憍尸迦置贍部洲諸有情類若四大洲諸有情類
諸有情類若復十方各如殑伽沙等世界諸有情類皆於無上正等菩
提濟拔有情生死衆苦令得殊勝畢竟安樂有善男子善女人等為成
讚歎普施與彼受持讀誦令善通利如理思惟於意云何是善男子善

8 洞 603 大般若波羅蜜多經卷第五百四十二 經碑吳守樞題重熙九年攜經題名（局部）

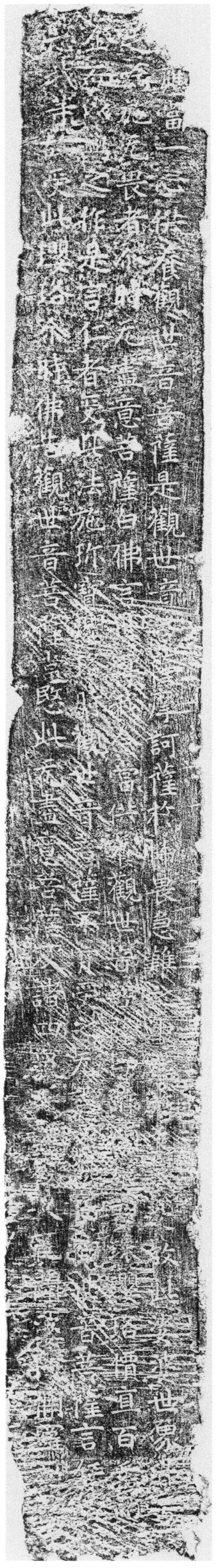

8 洞 88（佛協編號） 妙法蓮華經觀世音菩薩普門品郭神行造經碑題記（碑陽、碑側） 武周時期
拓片高 144 厘米、寬 77 厘米 側高 95 厘米、寬 12 厘米 中國國家圖書館藏
“正”字寫作“缶”。

8 洞 88（佛協編號） 佛説盂蘭盆經佛説般若波羅蜜多心經郭奉祖爲父母造經碑題記（碑陰、碑側） 武周時期
拓片高 144 厘米、寬 77 厘米 側高 95 厘米、寬 11 厘米 中國國家圖書館藏
與郭神行經碑分刻於一石两面。國圖編號爲 8 洞 818。

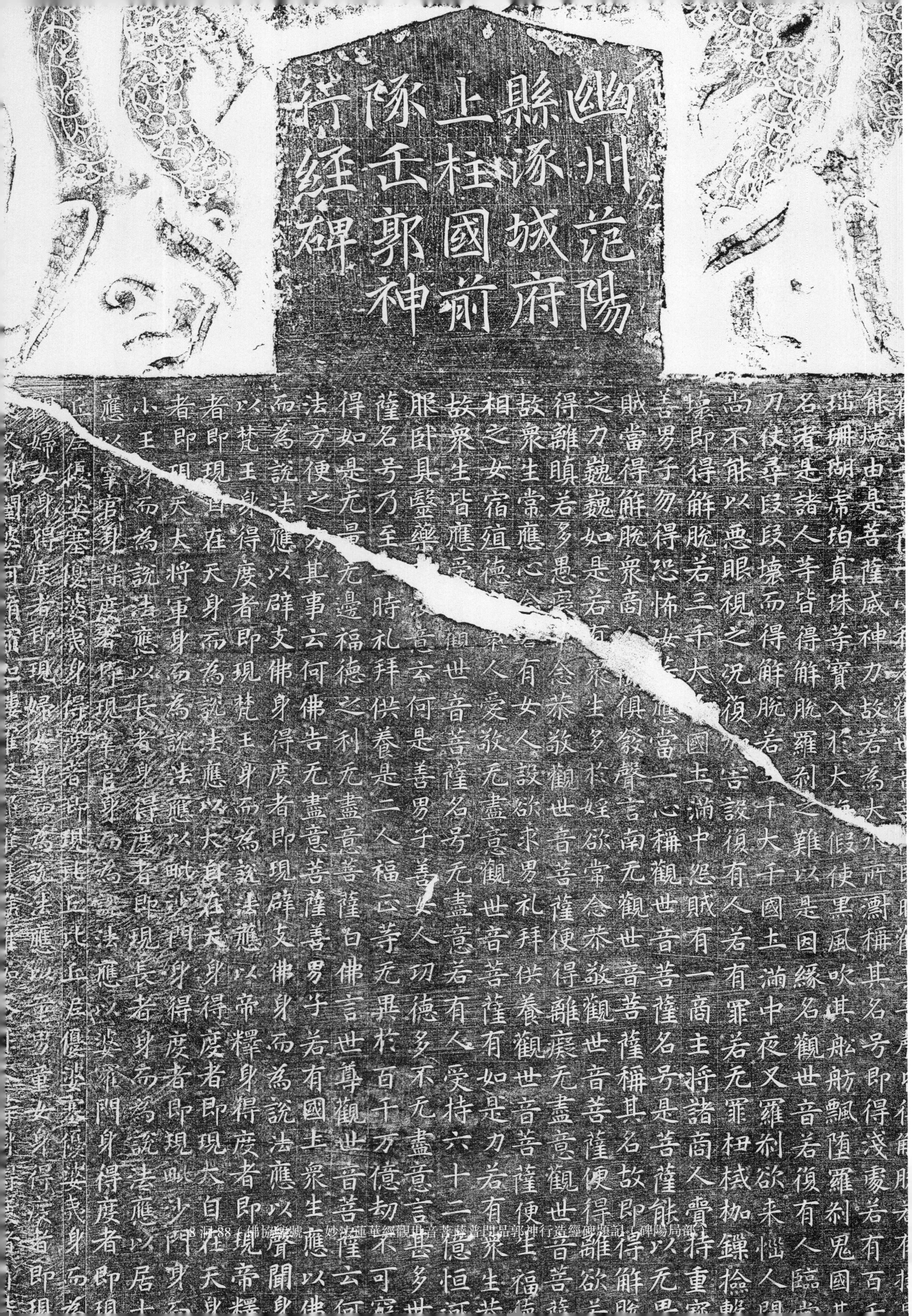

318 洞 88（佛協編號）妙法蓮華經觀世音菩薩普門品郭神行造經碑題記（碑陽局部）

圖88（佛協編號）佛說盂蘭盆經佛說般若波羅蜜多心經郭奉祖為父母造經碑題記（碑陰局部）

8 洞 120　佛說當來變經劉行舉周文奭武周天授三年四月二日造經發願文（張左丘撰書）（碑陽、碑陰）
拓片面高 207 厘米、寬 49 厘米　背高 206 厘米、寬 48 厘米　中國國家圖書館藏
碑陽劉行舉、妻張題記使用了武氏新字，碑陰周文奭發願文爲行草書。

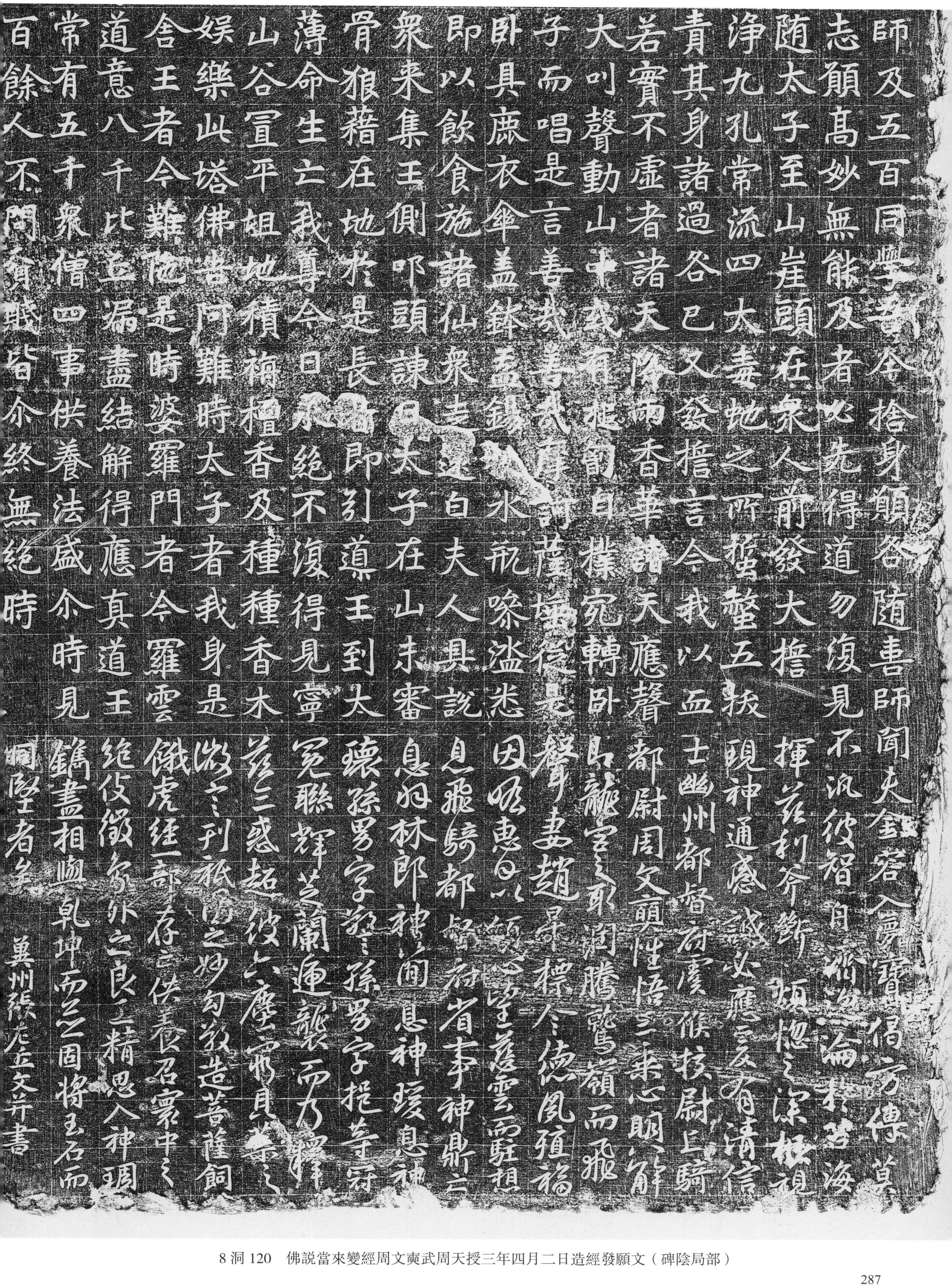

8 洞 120　佛説當來變經周文奭武周天授三年四月二日造經發願文（碑陰局部）

8 洞 254
作佛刑像經碑張允伸造經勾當石作楊君亮
唐咸通四年四月八日題記（碑陽）
拓片高 152 厘米、寬 62 厘米
中國國家圖書館藏
　　相公指張允伸。

8 洞 254
普遍智藏般若波羅蜜多心經碑楊季安剋字題名（碑陰） 唐刻
拓片高 152 厘米、寬 62 厘米
中國國家圖書館藏

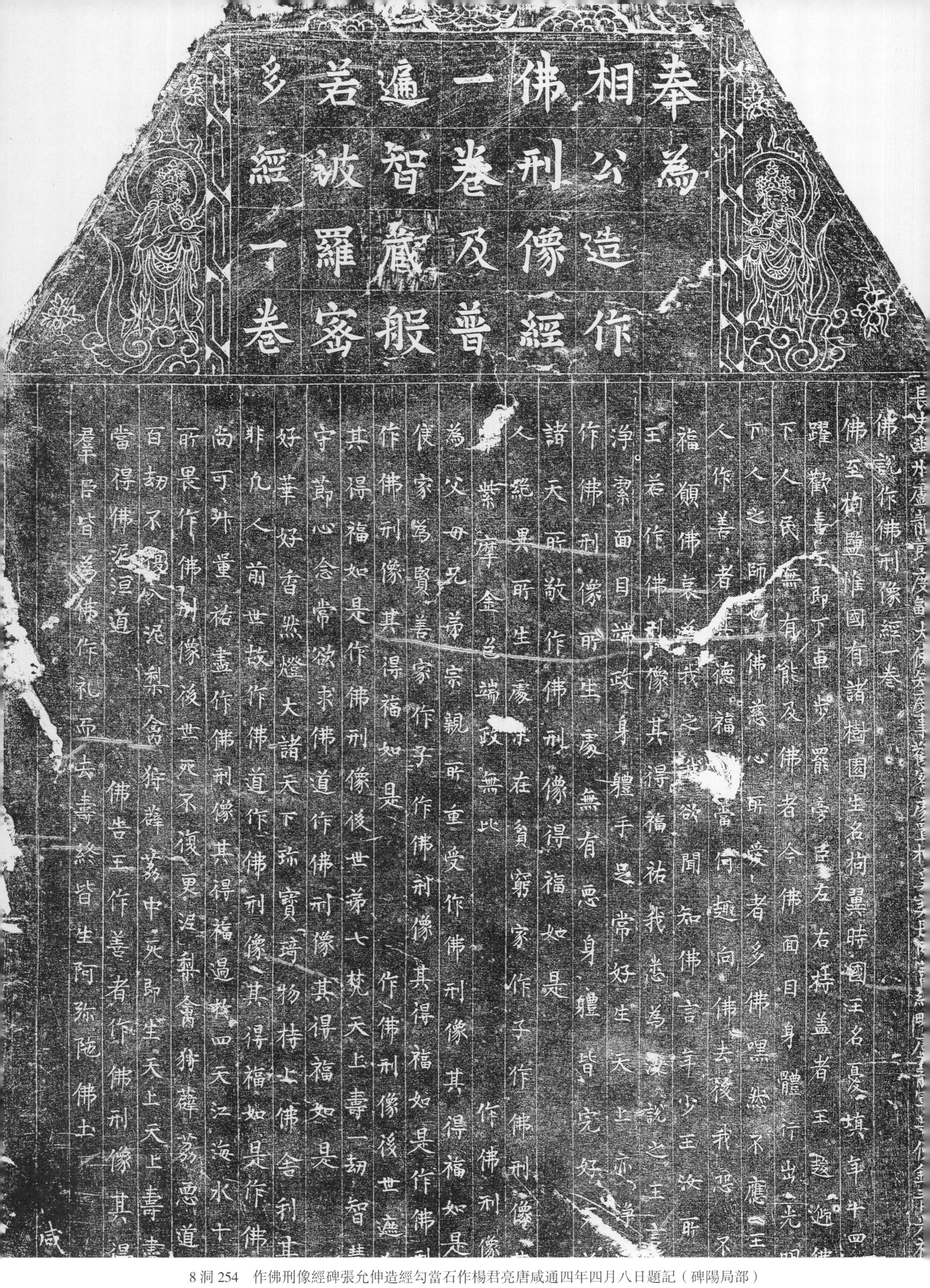

8 洞 254　作佛刑像經碑張允伸造經勾當石作楊君亮唐咸通四年四月八日題記（碑陽局部）

8 洞 303
佛說受歲經碑張允皋唐咸通三年四月八日造經題記（碑陽）
拓片高 160 厘米、寬 64 厘米
中國國家圖書館藏
常侍指張允皋。

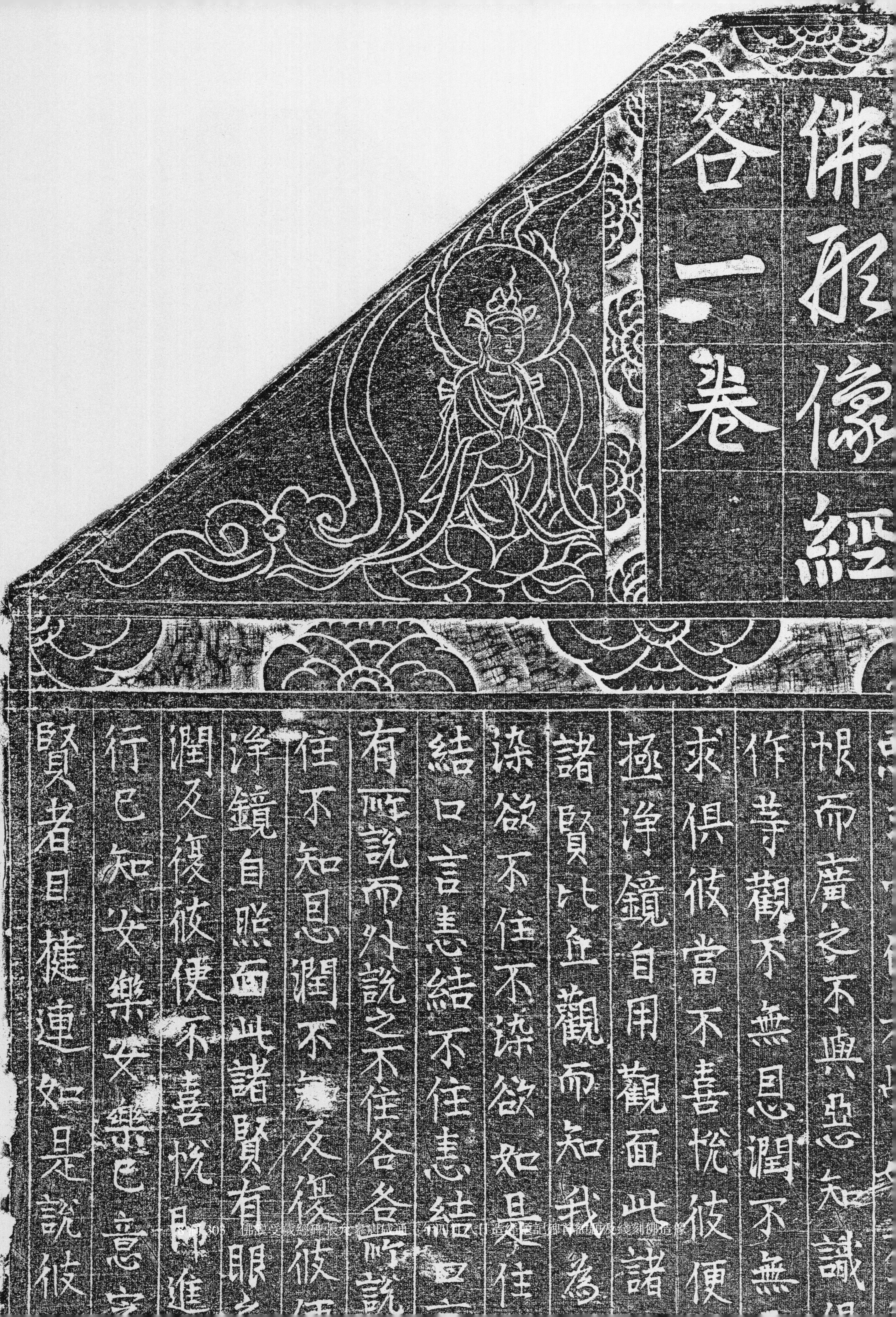

佛形像經
各一卷

恨而廣之不與惡知識俱
作等觀不無恩潤不無
求俱彼當不喜悅彼便
極淨鏡自用觀面此諸
諸賢比丘觀而知我為
染欲不住不染欲如是住
結口言恚結不住恚結已
有所說而外說之不住各各所說
住不知息潤不知及復彼便
淨鏡自照面此諸賢有眼
潤及復彼便不喜悅即進
行已知安樂安樂已意
賢者目揵連如是說彼

圖版303　佛說受歲經碑張允袞唐咸通三年四月八日造經像記碑首額題及綫刻佛造像

奉為

常侍造愛

歲至及作

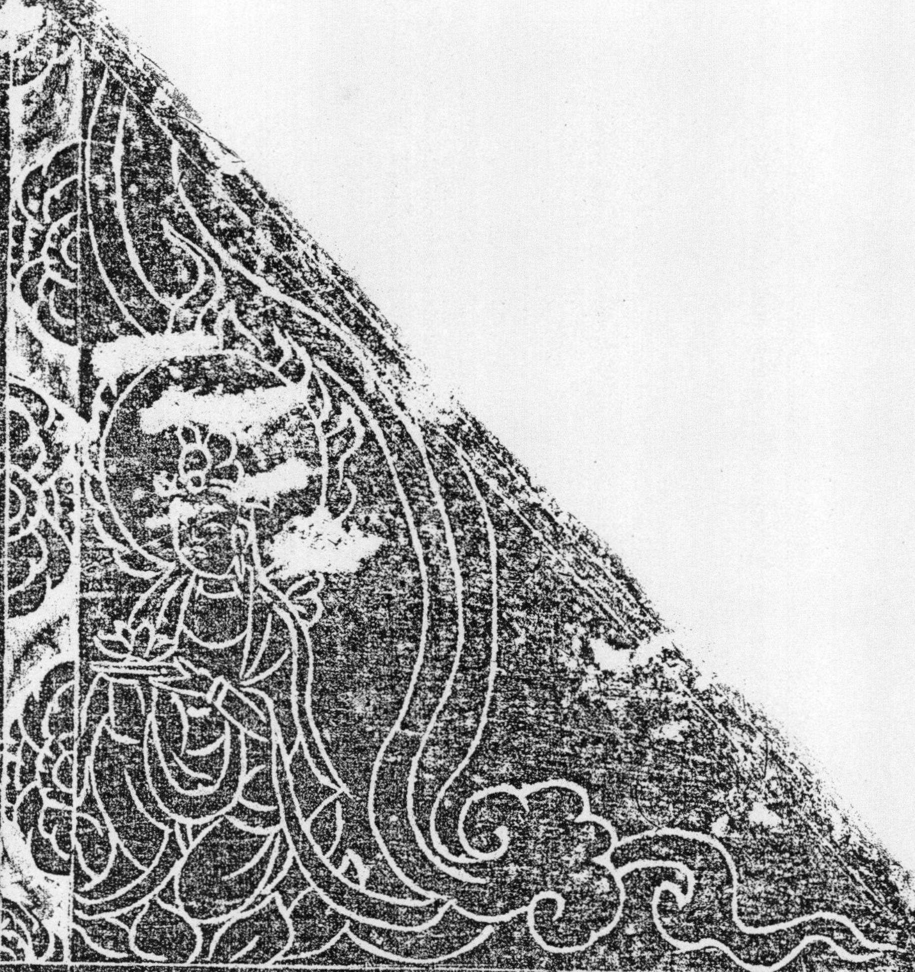

佛說受歲經

聞如是一時婆伽婆

愛念謂弟一故何以故

與俱者亦不說亦不教

慳疾不捨諛諂幻無著

俱不知息闇不知及復諸

一故此謂賢比丘當自思

結慳嫉不捨諛諂幻無

俱不知息闇不知及復諸

說君當教授君當教戒君

無反戾與教法俱謂梵

是不染欲不瞋恨至慳

廣、之不與惡知識俱不

8 洞 303
佛説作佛形像經碑唐咸通三年四月八日
楊君亮題名（碑陰）
拓片高 157 厘米、寬 64 厘米
中國國家圖書館藏
　　楊君亮爲“中軍突將勾當石作。”

佛說作佛形像經一卷

佛至拘鹽惟國有諸樹園生名拘翼時國王名優填年十

見佛心中踊躍歡喜王即下車步罷旁臣左右持蓋者王

上天下人民無有能及佛者今佛面目身體行出光明魏魏好乃

所愛者多佛嘿然不應王復白佛言人作善者其得福祐當何

得何等福願佛哀為我說之我欲聞知佛言年少王汝所問大善聽

福祐我悉為汝說之王言受恩佛言天下人作佛形像者其後世所生

眼目面類好作佛形像得福如是　作佛形像所生處

絶好無比為諸天所敬作佛形像得福如是　作佛形像

子作佛形像其得福如是　作佛形像

作佛形像後世所生處當生富家錢財珍寶不可勝數常為父母

作佛形像後世生閻浮利地常生帝王王侯家為賢善家作子

後世作帝王中復最尊勝於諸國王諸國王所歸仰作佛形像其

遮加越王上天上後來下自恣在所作為無不至作佛形像其得

七梵天上壽一劫智慧無有能及者作佛形像死後不復在惡

福如是　作佛形像後

下珍寶琦物持上佛舍利其後無數劫會當得泥洹道人有出

得福如是　作佛形像後

外量桔盡作佛形像其得福過於四天下江海水十倍後世所

作佛形像後世死不復更泥梨禽狩薜荔惡道中生其有人見

泥梨禽狩薜荔中死即生天上天上壽盡復來下生世間為富

佛告王作善者作佛形像其得福祐如是不唐若王歡喜

終皆生阿彌陀佛土　作佛形

8 洞 233　佛說作佛形像經碑唐咸通二年四月八日楊君亮題名碑陰綫刻佛造像

8 洞 314　金光明經序品第一經碑史元寬史弘仁等唐會昌元年四月八日造經題記（碑陽、碑側）
拓片高 153 厘米、寬 61 厘米　側高 130 厘米、寬 8 厘米　中國國家圖書館藏

8 洞 314　金光明經序品第一經碑史元寬史弘仁等唐會昌元年四月八日造經題記（碑陰、碑側）
拓片高 153 厘米、寬 60 厘米　側高 127 厘米、寬 8 厘米　中國國家圖書館藏

8 洞 314　金光明經序品第一經碑碑首額題及綫刻佛造像

8 洞 314　金光明經序品第一經碑史元寬史弘仁等造經題記

8 洞 410
金剛般若波羅蜜經碑造經題記　唐刻
拓片高 156 厘米、寬 64 厘米
中國國家圖書館藏
　　額題即爲造經題記。

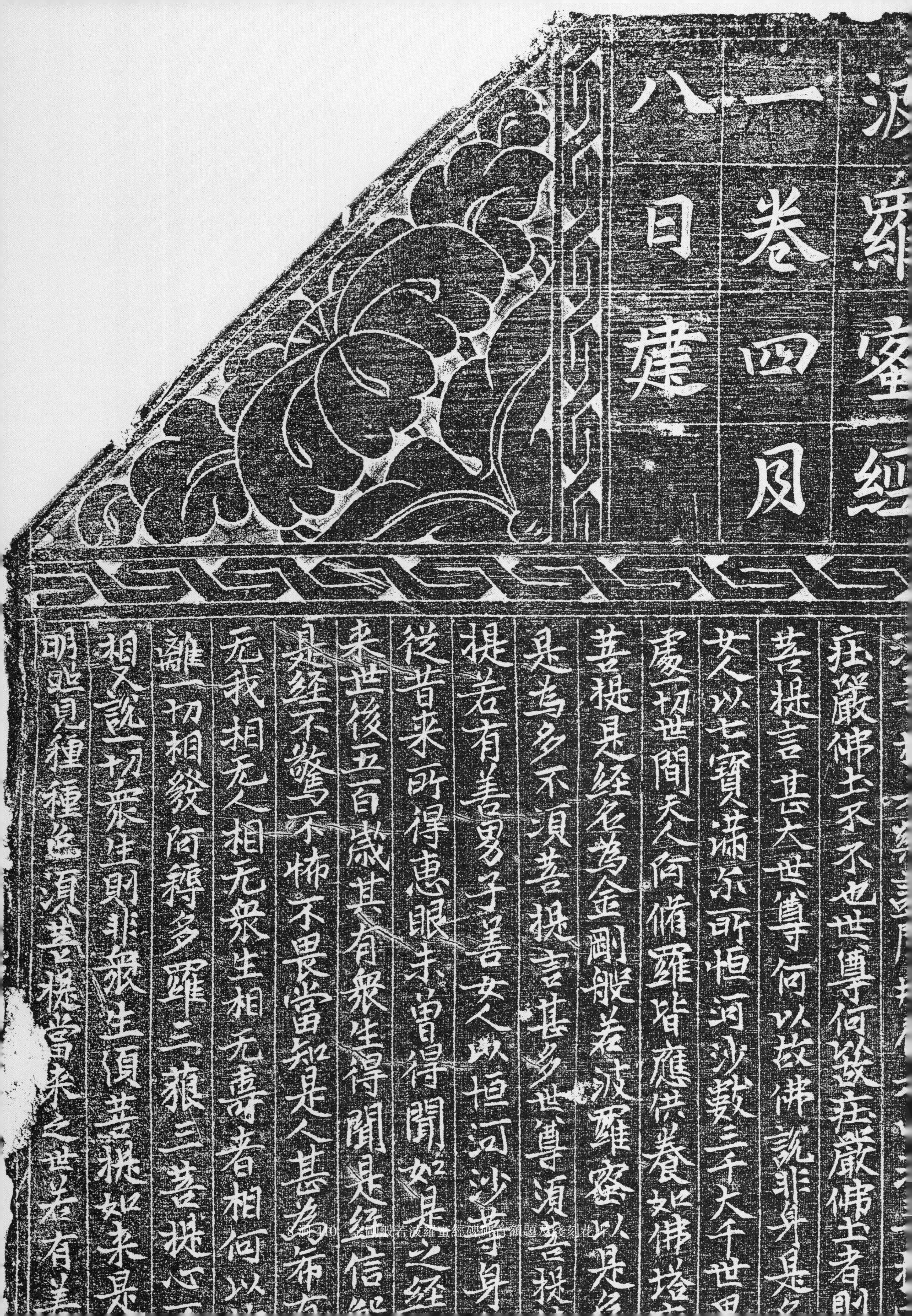
波羅蜜經
一卷四月
八日建
莊嚴佛土不不也世尊何以故莊嚴佛土者
菩提言甚大世尊何以故佛說非身是
女人以七寶滿尒所恒河沙數三千大千世
處一切世間天人阿脩羅皆應供養如佛塔
菩提是經名為金剛般若波羅蜜以是
是為多不須菩提言甚多世尊須菩提
提若有善男子善女人以恒河沙等身
從昔來所得惠眼未曾得聞如是之經
來世後五百歲其有眾生得聞是經信
是經不驚不怖不畏當知是人甚為希有
无我相无人相无眾生相无壽者相何以
離一切相發阿耨多羅三藐三菩提心
相又說一切眾生則非眾生須菩提如來是
明照見種種色須菩提當來之世若有善
8 洞410 金剛般若波羅蜜經碑碑首額題及綫刻花卉

奉為
僕射敬造
金剛般若

金剛般若波羅蜜經　如
菩提在大衆中即從坐起偏袒右肩右膝
如來善護念諸菩薩善付囑諸菩薩汝今
類若卵生若胎生若濕生若化生若有色若
復次須菩提菩薩於法應无所住行於布
菩提南西北方四維上下虛空可思量不
非身相佛告須菩提凡所有相皆是虛
以此為實當知是人不於一佛二佛三四五佛所
相壽者相无法相亦无非法相何以故是
我說法如筏喻者法尚應捨何況非法
所說法皆不可取不可說非法非非法所以
如來說福德多若復有人於此經中受持
陁洹果不須菩提言不也世尊何以故須陁洹
須菩提於意云何阿那含能作是念我得

8 洞 419
摩訶般若波羅蜜經僧惠慶僧玄導徐君遐等造經題記　唐刻
拓片高 151 厘米、寬 60 厘米
中國國家圖書館藏
　　初唐刻經。

不可得故須菩提一切法趣无相是趣不過何以故无作中趣不趣不可得故須菩提一
一切法趣无起是趣不過何以故无起中趣不趣不可得故須菩提一切法趣无所有是
中趣不趣不可得故須菩提一切法趣夢是趣不過何以故夢中趣不趣不可得故須菩
得故須菩提一切法趣无量无邊是趣不過何以故无量无邊中趣不趣不可得故須菩
可得故須菩提一切法趣不舉不下是趣不過何以故不舉不下中趣非趣不可得故須
不可得故須菩提一切法趣不來不去是趣不過何以故不來不去中趣不趣不可得故
故不著不斷中趣不趣不可得故須菩提一切法趣我衆生壽命人起使起作使作者知
何當有趣不趣須菩提一切法趣有常是趣不過何以故有常畢竟不可得云何當有趣
可得云何當有趣不趣須菩提一切法趣无常苦不淨无我是趣不過何以故无常苦不
趣不過何以故欲事畢竟不可得云何當有趣不趣須菩提一切法趣瞋事癡事見事是
菩提一切法趣如是趣不過何以故如中无來无去故須菩提一切法趣法性實際不可
須菩提一切法趣平等是趣不過何以故平等中趣非趣不可得故須菩提一切法趣不
法趣色是趣不過何以故色畢竟不可得云何當有趣不趣須菩提一切法趣受想行識
入十八界亦如是須菩提一切法趣檀波羅蜜是趣不過何以故檀畢竟不可得云何當
畢竟不可得故云何當有趣不趣須菩提一切法趣羼提波羅蜜是趣不過何以故羼提
蜜是趣不過何以故毗梨耶畢竟不可得故云何當有趣不趣須菩提一切法趣禪波羅
一切法趣般若波羅蜜是趣不過何以故般若畢竟不可得故云何當有趣不趣須菩提
趣不趣須菩提一切法趣外空是趣不過何以故外空畢竟不可得故云何當有趣不趣
故云何當有趣不趣乃至一切法趣无法有法空是趣不過何以故无法有法空畢竟不
分是趣不過何以故四念處乃至八聖道分畢竟不可得故云何當有趣不趣須菩提一
求趣不可得故須菩提一切法趣須陁洹果斯陁含果阿那含果阿羅漢果辟支佛道是
都檢校僧惠慶　僧惠茂　僧玄真　大經主徐君瑕　盧龍鎮副將[illegible]供養

8洞4 19 摩訶般若波羅蜜多經惠慶僧玄覺徐君瑕等造經題記（局部）

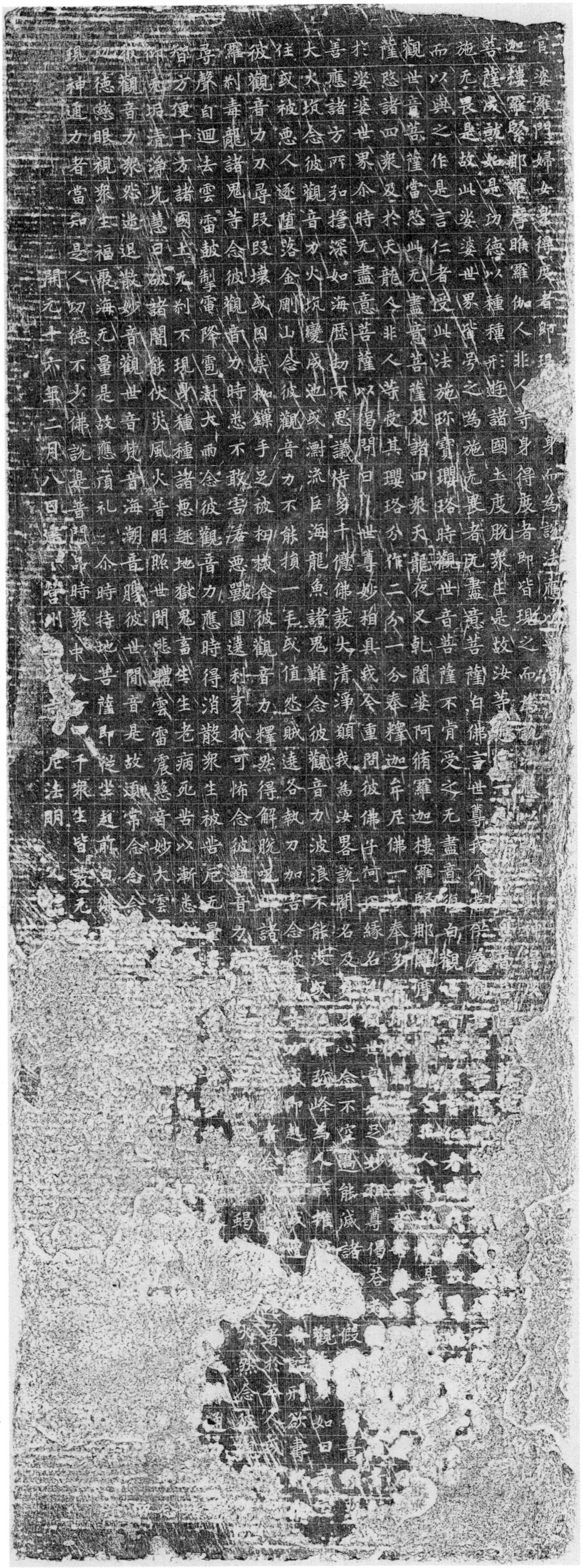

8 洞 616
妙法蓮華經觀世音菩薩普門品尼法明等
唐開元十六年二月八日造經題記
拓片高 157 厘米、寬 54 厘米　中國國家圖書館藏
盛唐刻經。

官婆羅門婦女身得度者即現[illegible]身而為說法應以[illegible]
迦樓羅緊那羅摩睺羅伽人非人等身得度者即皆現之而為[illegible]
菩薩成就如是功德以種種形遊諸國土度脫衆生是故汝等[illegible]
施无畏是故此娑婆世界皆号之為施无畏者无盡意菩薩白佛言世
而以與之作是言仁者受此法施珎寶瓔珞時觀世音菩薩不肯受之
觀世音菩薩當愍此无盡意菩薩及諸四衆天龍夜叉乾闥婆阿脩羅
薩愍諸四衆及於天龍人非人等受其瓔珞分作二分一分奉釋迦牟
於娑婆世界尒時无盡意菩薩以偈問曰世尊妙相具我今重問彼
善應諸方所弘誓深如海歷劫不思議侍多千億佛發大清淨願我為
大火坑念彼觀音力火坑變成池或漂流巨海龍魚諸鬼難念彼觀音
住或被惡人逐墮落金剛山念彼觀音力不能損一毛或值怨賊遶各
彼觀音力刀尋段段壞或囚禁枷鎖手足被杻械念彼觀音力釋然得
羅刹毒龍諸鬼等念彼觀音力時悉不敢害若惡獸圍遶利牙爪可怖
尋聲自迴去雲雷鼓掣電降雹澍大雨念彼觀音力應時得消散衆生
智方便十方諸國土无刹不現身種種諸惡趣地獄鬼畜生生老病死
仰无垢清淨光慧日破諸闇能伏災風火普明照世間悲體雲雷震慈
彼觀音力衆怨悉退散妙音觀世音梵音海潮音勝彼世間音是故須
功德慈眼視衆生福聚海无量是故應頂礼尒時持地菩薩即從坐
現神通力者當知是人功德不少佛說是普門品時衆中八[illegible]千衆
開元十六年二月八日造[illegible]管州[illegible]尼法

8洞616　妙法蓮華經觀世音菩薩普門品尼法明等開元十六年二月八日造經題記（局部）

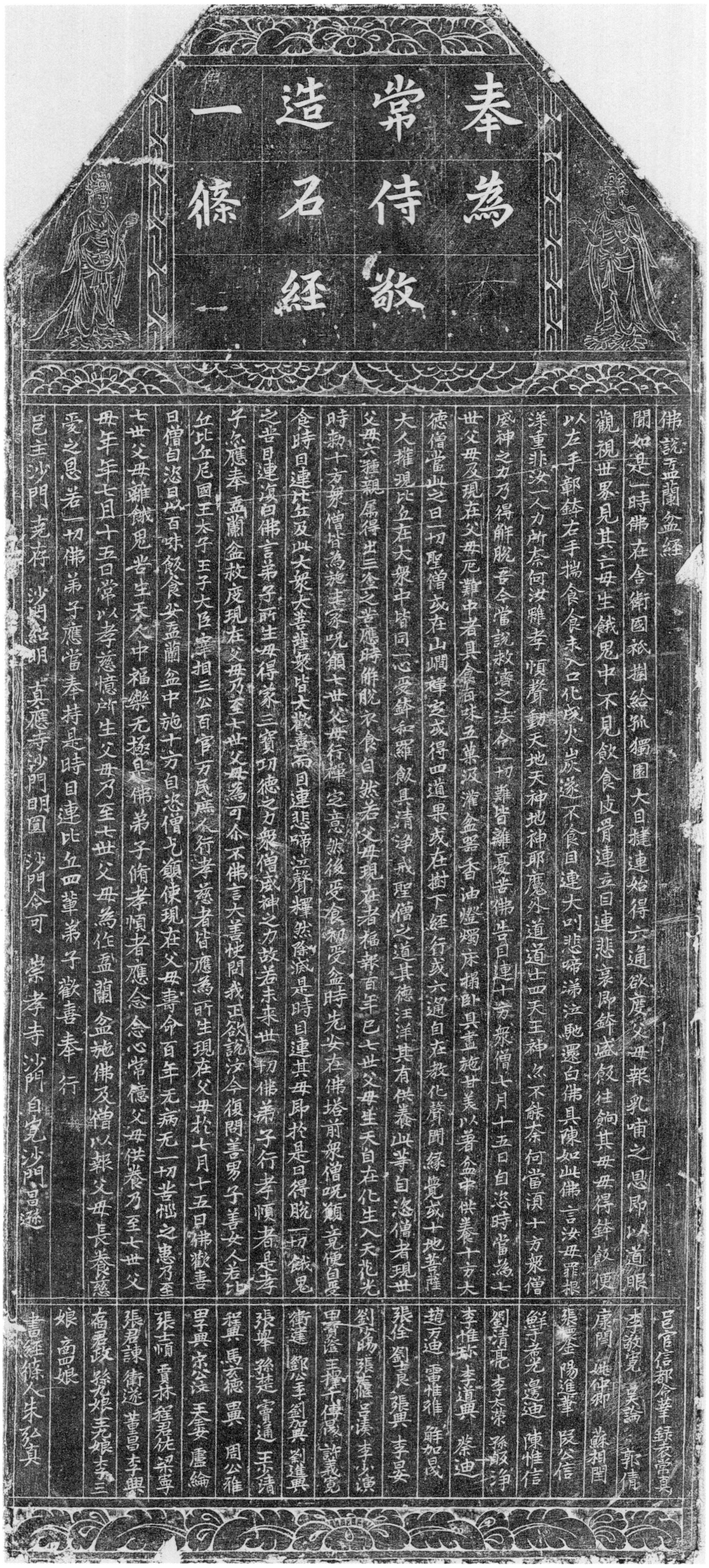

8 洞 711　佛説盂蘭盆經碑真應寺僧明圓等造經朱弘真書經題名（碑陽、碑側）　唐刻
拓片高 129 厘米、寬 56 厘米　側高 134 厘米、寬 9 厘米　中國國家圖書館藏

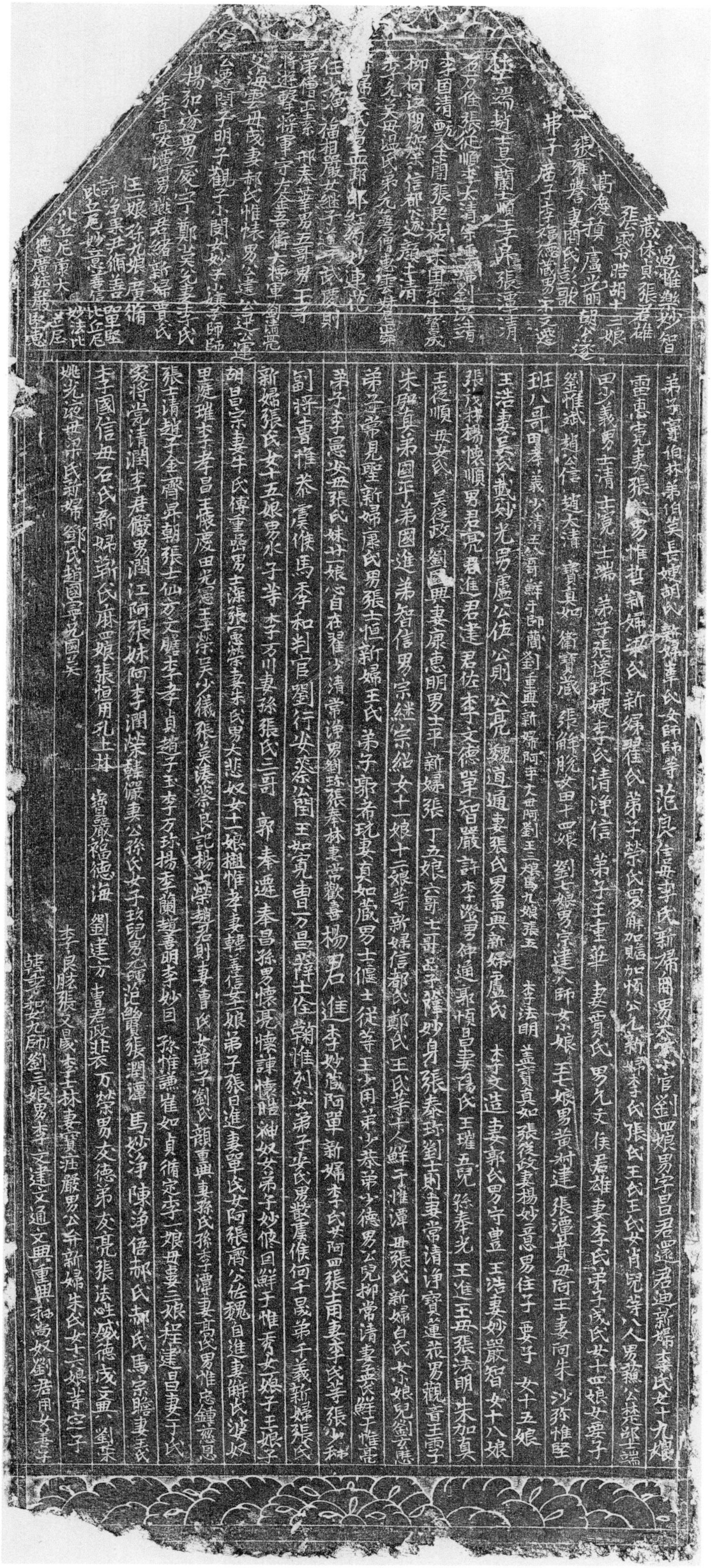

8 洞 711　佛説盂蘭盆經碑竇伯林等造經題名（碑陰）　唐刻
拓片高 129 厘米、寬 56 厘米　側高 135 厘米、寬 9 厘米
中國國家圖書館藏

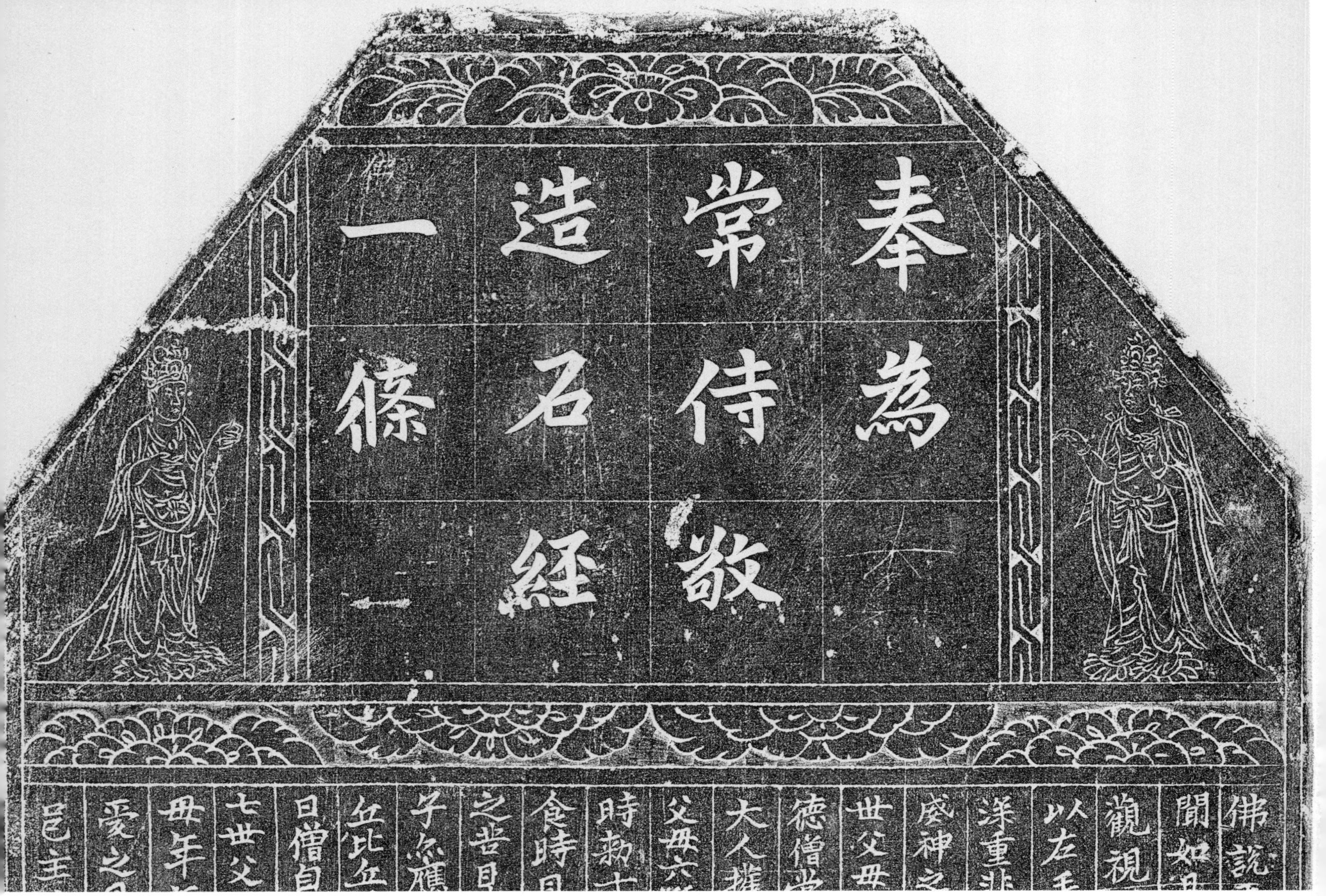

8 洞 711　佛説盂蘭盆經碑碑首額題及綫刻佛造像

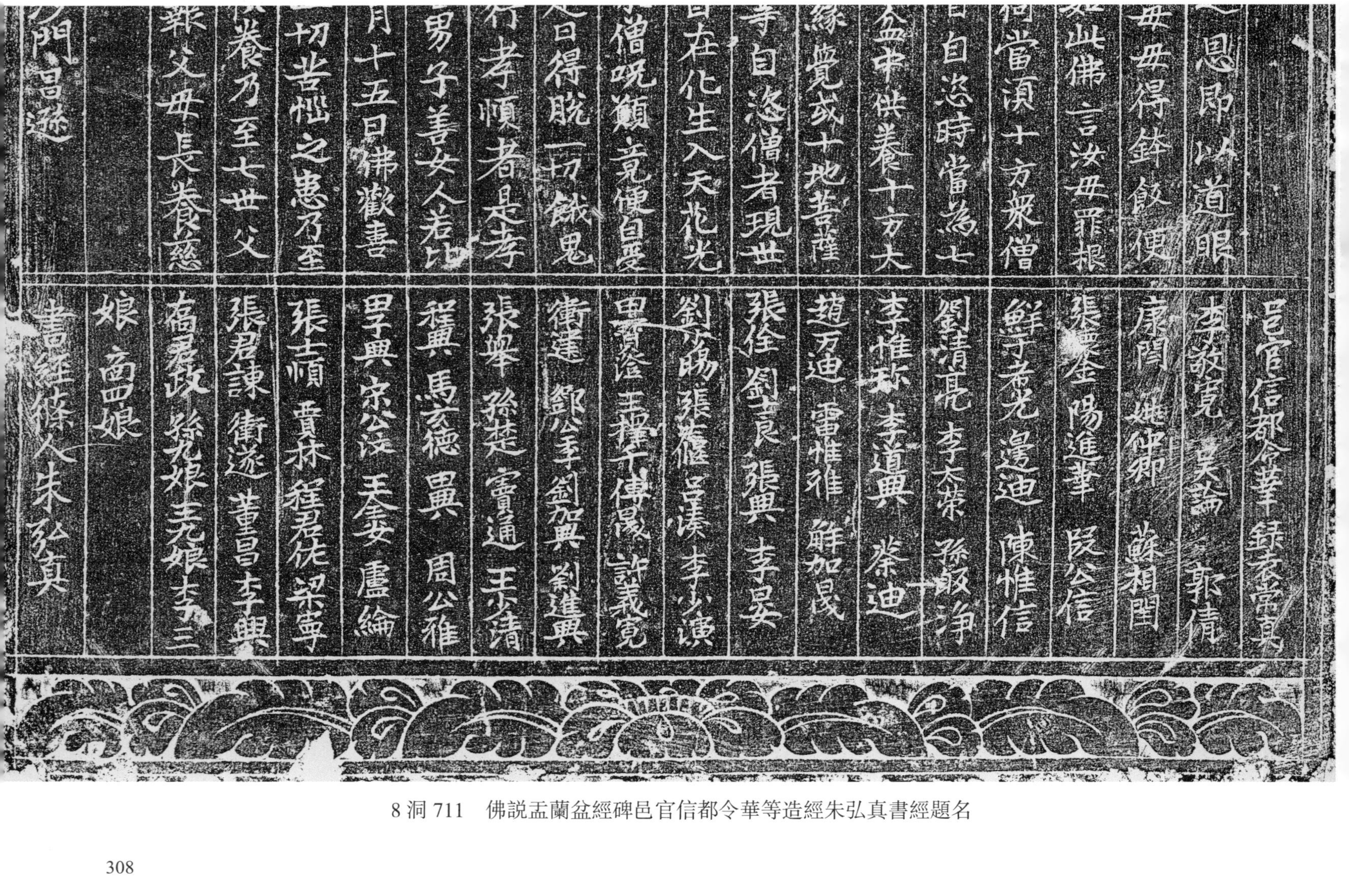

8 洞 711　佛説盂蘭盆經碑邑官信都令華等造經朱弘真書經題名

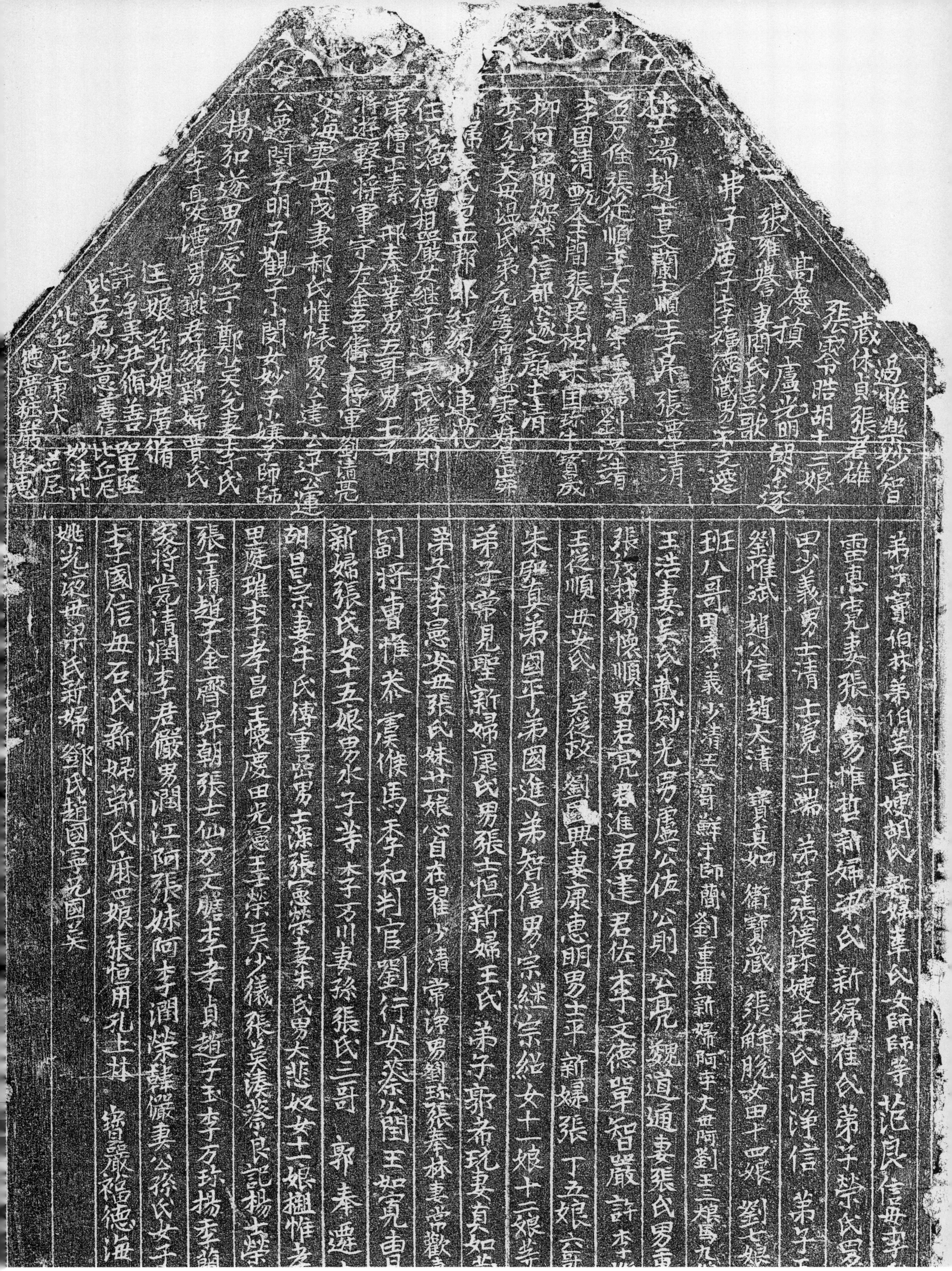

8 洞 711　佛説盂蘭盆經碑竇伯林等造經題名（碑陰局部）

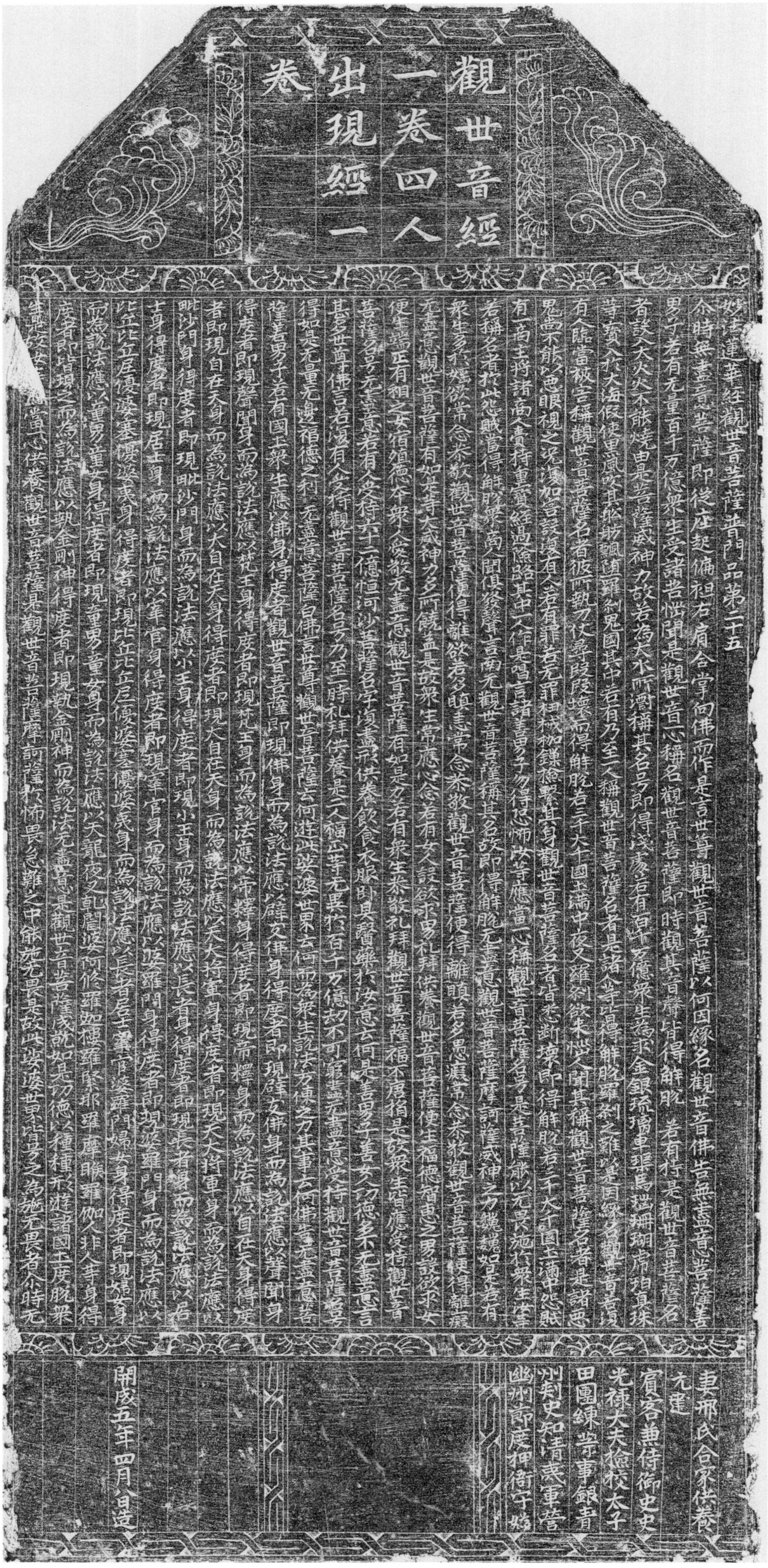

8 洞 724　妙法蓮華經觀世音菩薩普門品經碑史元建妻邢氏唐開成五年四月八日造經題記
拓片高 126 厘米、寬 58 厘米　中國國家圖書館藏

觀世音經一卷四人出現經一卷

妙法蓮華經觀世音菩薩普門品第二十五

尒時無盡意菩薩即從座起偏袒右肩合掌向佛而作是言世尊觀世音菩薩以何因緣

男子若有无量百千万億衆生受諸苦惱聞是觀世音菩薩一心稱名觀世音菩薩即時觀其音聲皆

者設入大火火不能燒由是菩薩威神力故若為大水所漂稱其名號即得淺處若有百千万億衆生為

等寶入於大海假使黑風吹其船舫飄墮羅刹鬼國其中若有乃至一人稱觀世音菩薩名者是諸人等皆得

有人臨當被害稱觀世音菩薩名者彼所執刀杖尋段段壞而得解脫若三千大千國土滿中夜叉羅刹欲來

鬼尚不能以惡眼視之況復加害設復有人若有罪若无罪杻械枷鎖檢繫其身稱觀世音菩薩名者皆悉斷

有一商主將諸商人齎持重寶經過險路其中一人作是唱言諸善男子勿得恐怖汝等應當一心稱觀世音菩

若稱名者於此怨賊當得解脫衆商人聞俱發聲言南无觀世音菩薩稱其名故即得解脫无盡意觀世音

衆生多於婬欲常念恭敬觀世音菩薩便得離欲若多瞋恚常念恭敬觀世音菩薩便得離瞋若多

无盡意觀世音菩薩有如是等大威神力多所饒益是故衆生常應心念若有女人設欲求男禮拜供養觀世

便生端正有相之女宿殖德本衆人愛敬无盡意觀世音菩薩有如是力若有衆生恭敬禮拜觀世音菩

菩薩名号无盡意若有人受持六十二億恒河沙菩薩名字復盡形供養飲食衣服臥具醫藥於汝意云

甚多世尊佛言若復有人受持觀世音菩薩名号乃至一時禮拜供養是二人福正等无異於百千万億劫不

得如是无量无邊福德之利　无盡意菩薩白佛言世尊觀世音菩薩云何遊此娑婆世界云何而為衆生說

薩善男子若有國土衆生應以佛身得度者觀世音菩薩即現佛身而為說法應以辟支佛身得度者

得度者即現聲聞身而為說法應以梵王身得度者即現梵王身而為說法應以帝釋身得度者即現

者即現自在天身而為說法應以大自在天身得度者即現大自在天身而為說法應以天大將軍身得

毗沙門身得度者即現毗沙門身而為說法應以小王身得度者即現小王身而為說法應以長者身

士身得度者即現居士身而為說法應以宰官身得度者即現宰官身而為說法應以婆羅門身得

比丘比丘尼優婆塞優婆夷身得度者即現比丘比丘尼優婆塞優婆夷身而為說法應以長者居士宰

而為說法應以童男童女身得度者即現童男童女身而為說法應以天龍夜叉乾闥婆阿修羅迦樓

度者即皆現之而為說法應以執金剛神得度者即現執金剛神而為說法无盡意是觀世音菩薩成就

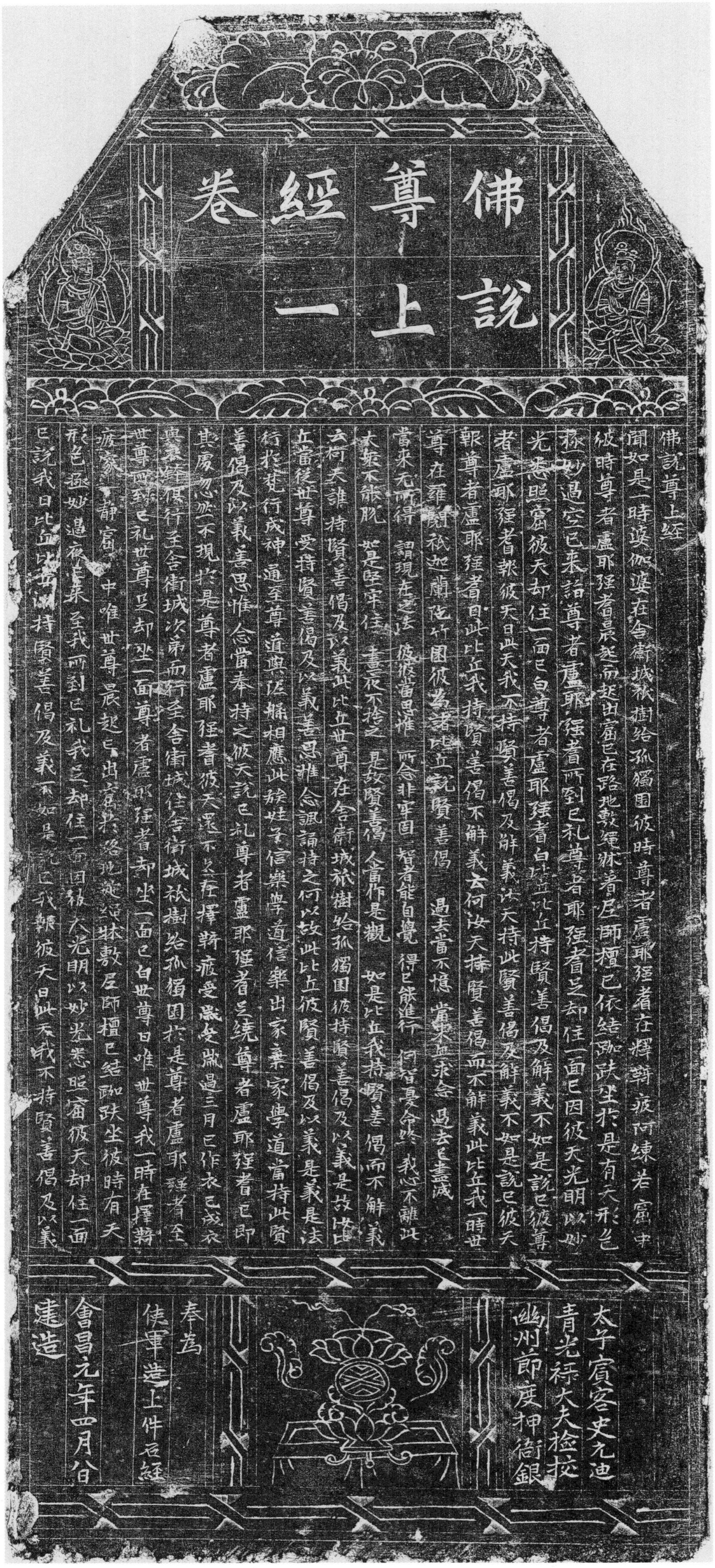

8 洞 726　佛説尊上經碑史元迪唐會昌元年四月八日造經題記（碑陽）
拓片高 102 厘米、寬 45 厘米　中國國家圖書館藏

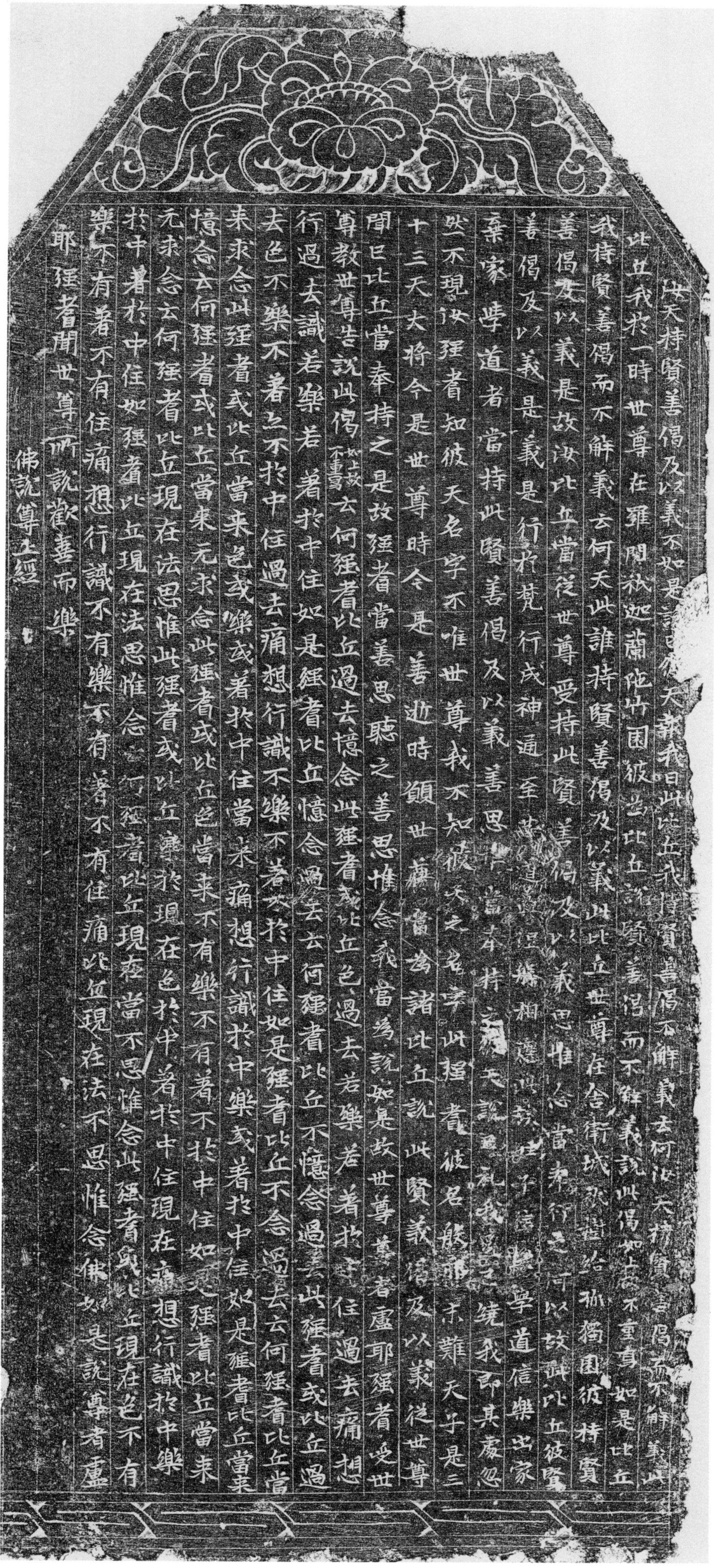

8 洞 726　佛說尊上經碑史元迪唐會昌元年四月八日造經題記（碑陰）
拓片高 101 厘米、寬 44 厘米　中國國家圖書館藏

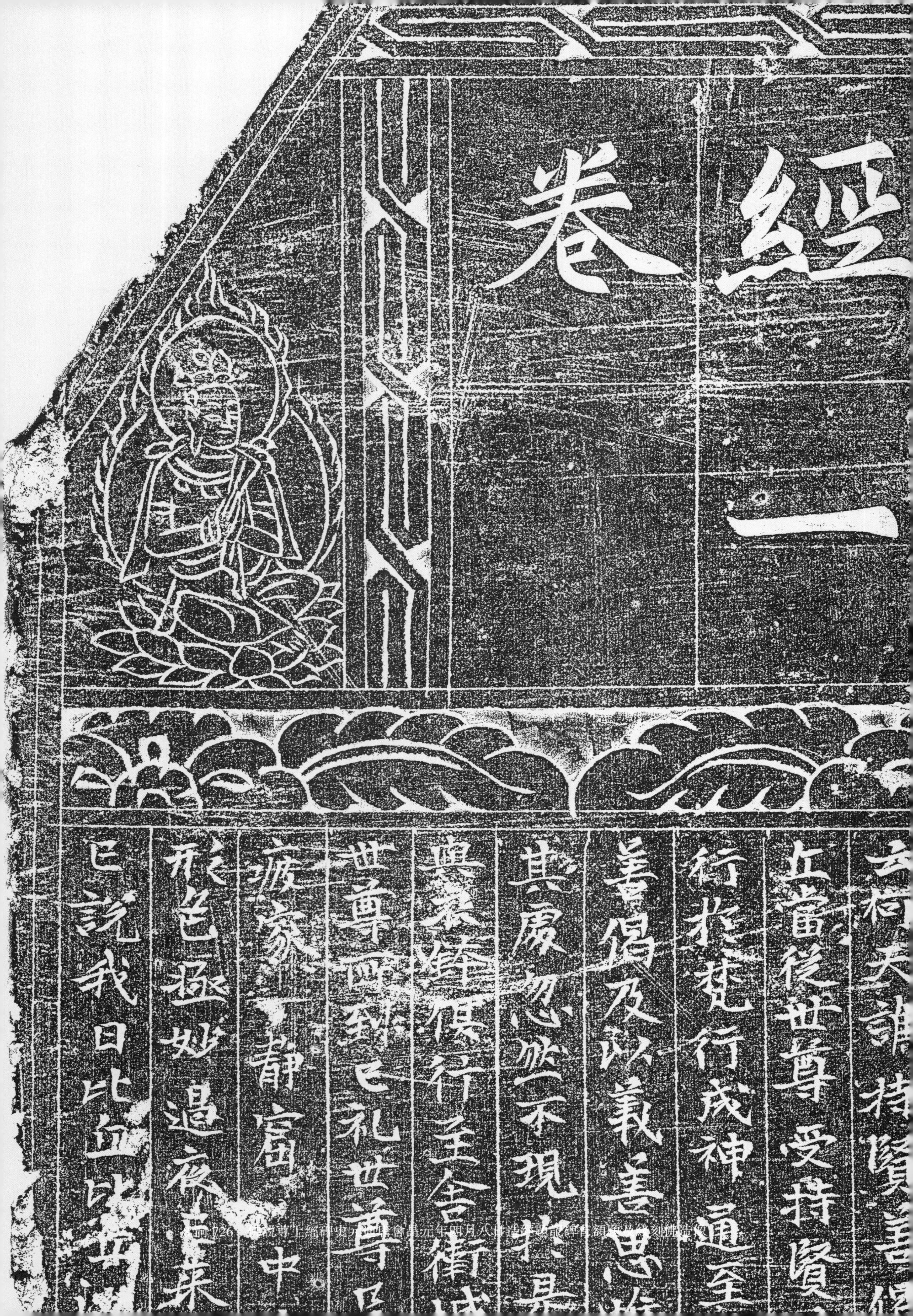

8洞 726　佛說尊上經碑史元迪唐會昌元年四月八日造經題記碑首額題及線刻佛造像

佛說尊上

佛說尊上经
聞如是一時婆伽婆在
彼時尊者盧耶强耆
極妙過夜已来詣
光悉照窟彼天却
者盧耶强耆報彼
報尊者盧耶强耆
尊在羅閱祇迦蘭
當来无所得　謂現在

8 洞 728　佛説父母恩重經碑王公正書鐫題記（碑陽）　唐刻
拓片高 69 厘米、寬 41 厘米　中國國家圖書館藏

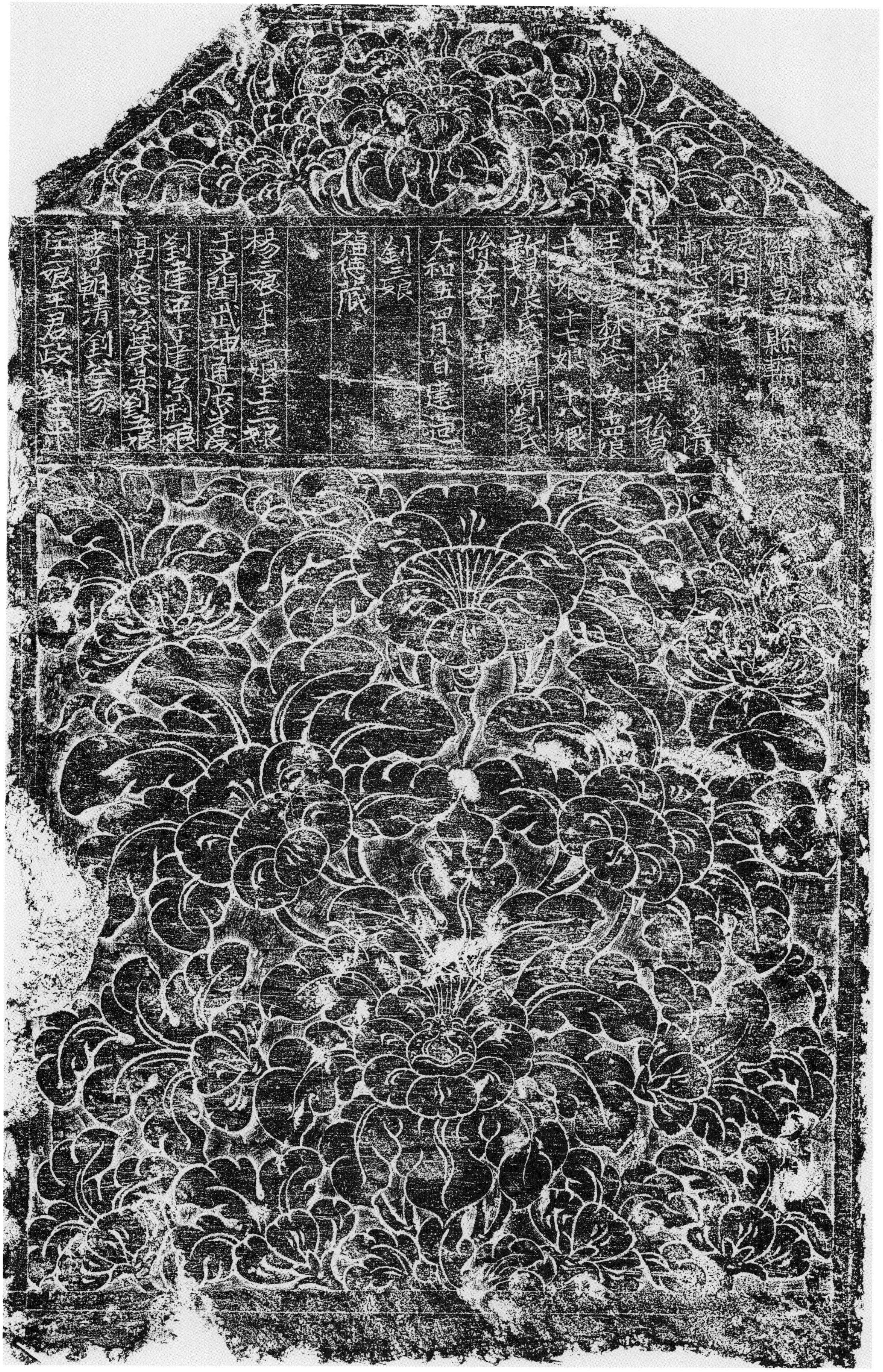

8 洞 728　佛說父母恩重經碑福德藏等唐大和五年四月八日造經題記及綫刻花卉圖案（碑陰）
拓片高 67 厘米、寬 41 厘米　中國國家圖書館藏

8 洞 736
藥師瑠璃光如來本願功德經碑史元寬造經題記　唐刻
拓片高 150 厘米、寬 61 厘米
中國國家圖書館藏

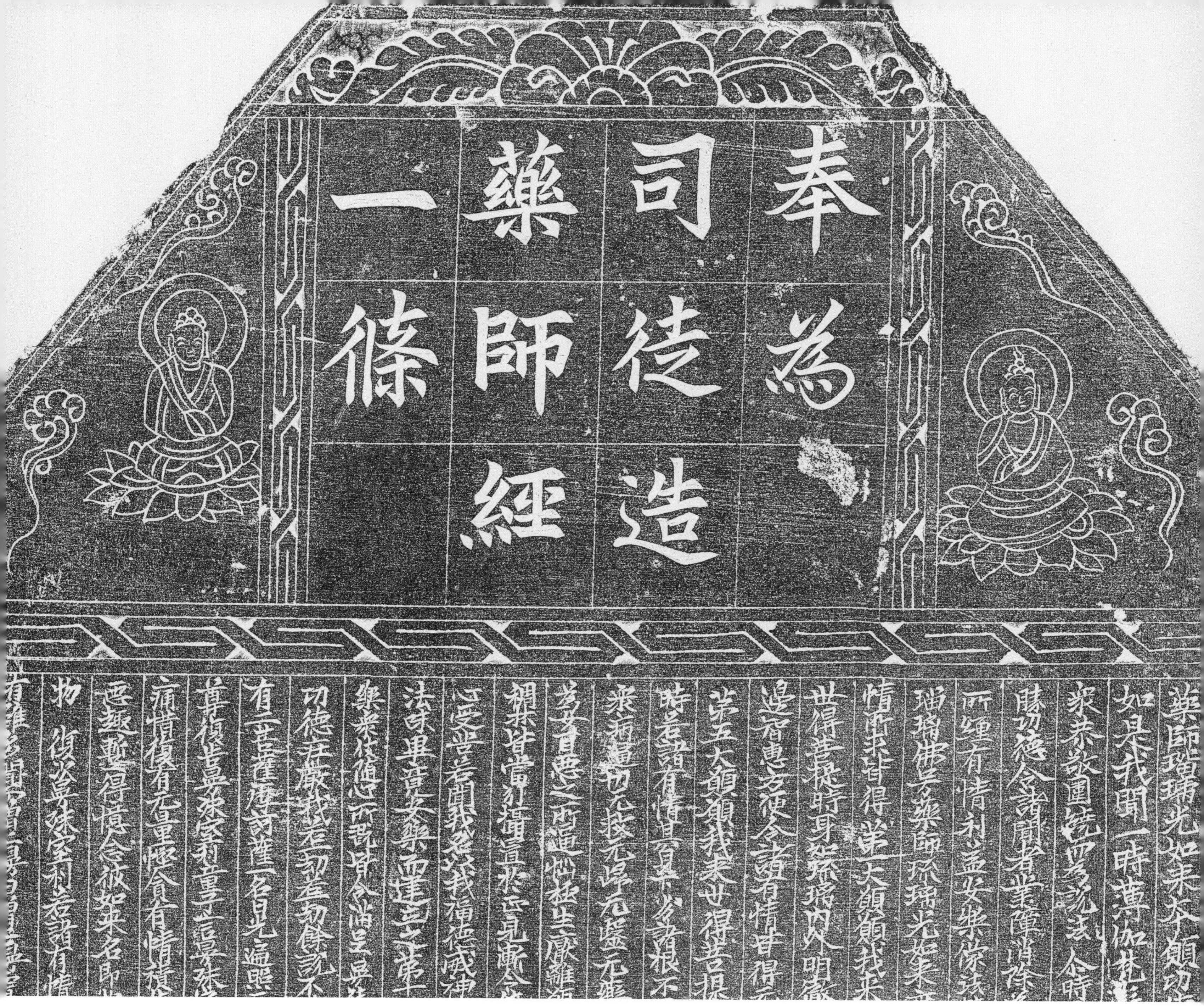

8 洞 736　藥師琉璃光如來本願功德經碑碑首額題及綫刻佛造像

8 洞 736　藥師瑠璃光如來本願功德經碑史元寬造經題記

8 洞 737　佛説父母恩重經殘碑楊志誠唐大和七年四月造經題記
拓片高 116 厘米、寬 61 厘米　中國國家圖書館藏

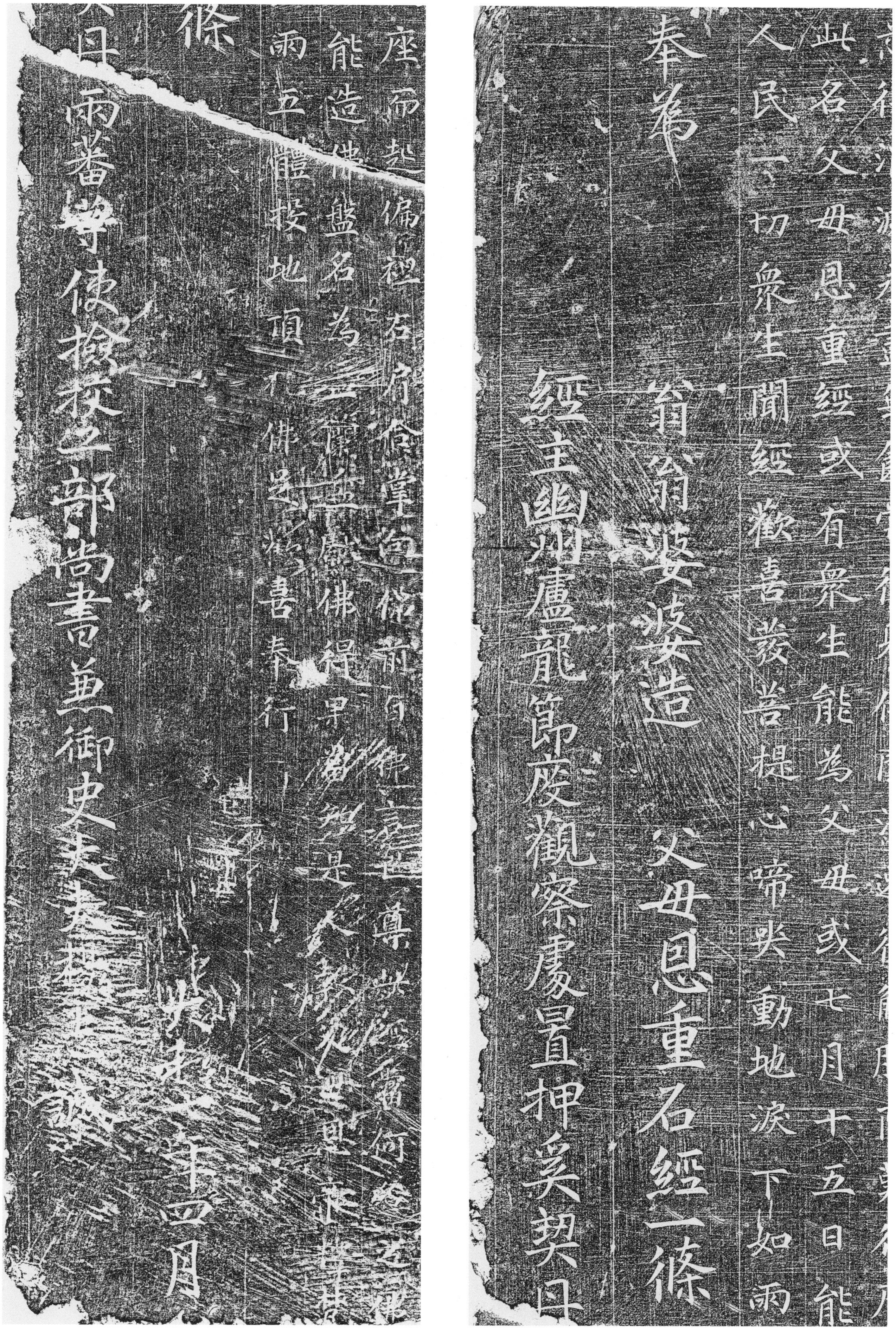

8 洞 737　佛説父母恩重經殘碑楊志誠唐大和七年四月造經題記（局部）

8 洞 741
佛説金色王經碑張允伸唐大中九年四月八日
造經題記
拓片高 135 厘米、寬 51 厘米　中國國家圖書館藏

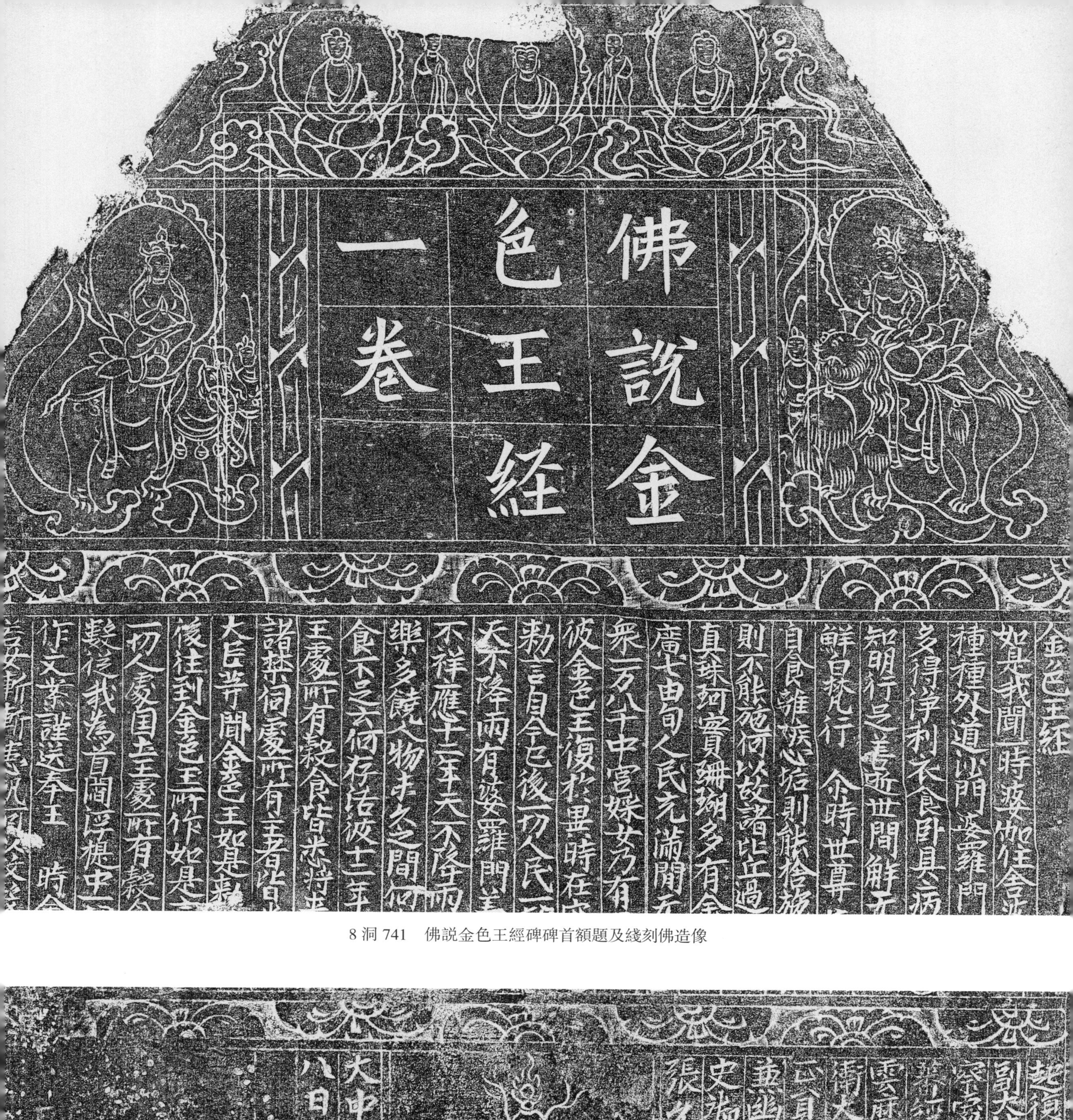

8 洞 741　佛説金色王經碑碑首額題及綫刻佛造像

8 洞 741　佛説金色王經碑張允伸唐大中九年四月八日造經題記

8 洞 770

般若波羅蜜多心經楊社生等唐顯慶六年二月八日題記

拓片高 83 厘米、寬 55 厘米　中國國家圖書館藏

此爲現存年代最早的玄奘法師譯《般若波羅蜜多心經》刻石。按唐釋智昇《開元釋教録》卷八,《般若波羅蜜多心經》一卷，貞觀二十三年（649）五月二十四日於終南山翠微宫譯，沙門知仁筆受。

九洞

九洞　外景

九洞位於石經山洞窟最南端，下臨絶壑，唐代開鑿。1957 年啓洞拓印時，取出經版 347 石，殘石 43 石，刻經 221 種 398 卷，始於武周長壽三年（694），訖遼大安七年（1091），主要爲開成、會昌、大中、咸通等中晚唐刻經，包括唐刻 168 種，遼刻 53 種。其中有題記的刻經 150 種。

九洞　洞前八角亭遺址

九洞　窟頂右側及經版

九洞　窟頂左側及經版

九洞　1957 年啓洞回藏後經版貯藏情況①

九洞　1957 年啓洞回藏後經版貯藏情況②

九洞　1957 年啓洞回藏後經版貯藏情况③

9 洞 3　大方廣寶篋經卷下冲相寺沙門玄覺造經發願文及經主題名（碑陽、碑陰）　武周時期
拓片面高 211 厘米、寬 51 厘米　背高 213 厘米、寬 52 厘米　中國國家圖書館藏

耶无所能断猶如彼取恒河水人復於世尊調伏法中而起嗔恚當墮地獄
是足軋佛正法中在家出家具足淨信多有解向慇脩勝進速得解脫如彼
也勝志如是足軋外道弟子如彼凡器破已便入如来法中如得寶器增而
道者不見道者不能說道是故汝等引導衆生趣於非道今者世尊為大商
主言善来比丘皆成沙門尔時佛告勝志外道汝今見此万二千人随從薩
如今我所舍利弗也何以故我知是人於我信解以我慢故不捨是見尔時
已起增上慢後求世中法欲滅時諸比丘等不能住心况得四禪是故善男
增上慢謗佛正法是增上慢者當墮地獄畜生餓鬼勝志聞言文殊師利欲
從他聞驚畏恐怖當知是人即是梵天是增上慢非是羅漢是猶能淨報所
槃若於是中分別觀察當知是人為增上慢一切諸法不應知不應斷不應
能令其人生驚怖畏如師子王一切音聲不能令其驚畏恐怖无增上慢比
已不知何法空名為聲者聞佛聲而不貪愛聞外道聲復不可毀聞善淨法
不違不即住實際即弟一義空即三世等即初无生即觀正法性即如是等
具道失乘功德世尊我今從是文殊師利聞說是法發阿耨多羅三藐三菩
侍明達具足大乘何等二所謂精進及不放逸是中精進謂如法得財一切
上道又精進者不惜身命脩行忍辱不放逸者於諸衆生无侵害心又精進
不放逸者正念脩行聖智聖慧又精進者不捨四攝不放逸者起化衆生又
放逸者觀一切法皆悉如幻而不捨離一切智心又精進者發起三明不放
主不放逸者淨衆生界又精進者集三十七助菩提法不放逸者安住寂靜
上正道說是法時勝志外道得无生法忍心淨喜悦上昇虚空高七多羅樹
普照无量无邊世界上過梵世障日月光隠蔽魔宫遶右遶身百千匝已

9 洞 3　大方廣寶篋經卷下冲相寺沙門玄覺造經發願文及經主題名（碑陽局部）

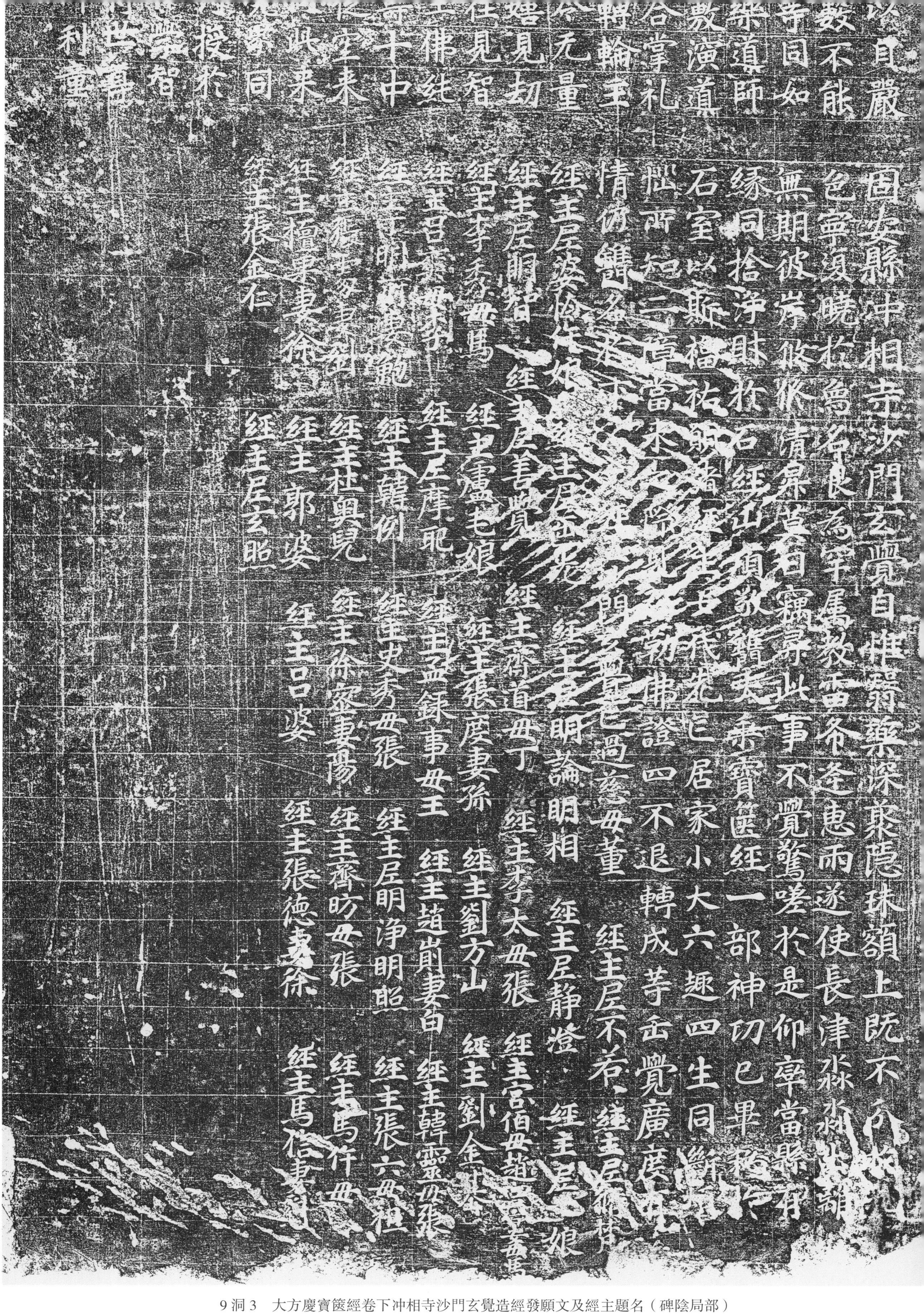

9 洞 3　大方廣寶篋經卷下冲相寺沙門玄覺造經發願文及經主題名（碑陰局部）

9 洞 31
佛說三品弟子經碑幽州石礓下邑社人等
唐會昌二年四月八日爲常侍造經題記
（碑陽）
拓片高 144 厘米、寬 60 厘米
中國國家圖書館藏
常侍指張仲武。

9 洞 31
佛説三品弟子經碑幽州石礶下邑社人等
唐會昌二年四月八日爲常侍造經題記
（碑陰）
拓片高 142 厘米、寬 60 厘米
中國國家圖書館藏

奉為常侍敬造石經一條

佛說三品弟子經　吳月支優婆塞支謙譯
聞如是一時佛在舍衛國祇樹給孤獨園與比丘千二百五十人共會說經
唯天中天解說欲決狐疑佛言善哉汝所問多所過度當為汝解說之阿難問
佛語阿難汝乃為當來後世發此問如來當為汝說之諦聽受內著心中阿難言諾受
犯如毛髮者若行教授開解人者皆令發菩薩心何謂菩薩心者念十方人視赤子
望不求供養衣被飲食珍寶錢財之物不為小道以度人為本何謂小道佛言以大
羅漢辟支佛是為小道非菩薩菩薩法者教授一切使般若波羅蜜解漚和拘舍
去佛時人供養師父如佛無異如是行者為上優婆塞優婆夷也中華優婆塞優
佛時人本學道不值明師不聞般若波羅蜜不曉漚和拘舍羅但行一波羅蜜布施
功德得入人道頗有宿識得生法門守誡完具視於師父如佛無異終不犯戒如是
婆塞優婆者雖受五戒悉還犯之若見明師曉法賢者便從受問法要當時歡
慳欲息不復持佛戒自貢高還自增明師賢者謗說長短或更見明師
及信受其言不精經識是優婆塞優婆夷為揞死人種不當與共會同
希望供養欲得錢財穀帛給活妻子假佛威神心不念十方五道中人欲令
是為不精佛正真之法語受經人言當避世間人因緣多少飲酒佛有百味
婢請使他人平殺生耳趣手莫為非佛弟子復限佛功德佛言既行開授人
不欲令四輩聞知是優婆塞優婆夷愚心不解自謂為黠實不曉了經中
限礙不欲令見明解好師所以者何欲得獨供養及蔽障大道是優婆塞優婆
拘舍羅是為盲冥專行小道或教人作福無四等心施不普不請彼置此
一記之稍稍去離之勅伺命計集積累其罪條疏名錄上帝年壽未盡
落泥犁中當更十八獄罪至天地燒乃出或墮一禽獸中或入人道若在人道
數數聚會講說法義不可不障愚人當得斷法滅佛教罪諸弟子聞佛說
佛說三品弟子經一卷
大唐會昌二年夏四月八日幽州石薀下建

9 滌 31 佛說三品弟子經碑幽州石薀下邑社人等唐會昌二年四月八日爲常侍造經碑題記 碑首佛線刻坐像

9 洞 52　梵綱經盧舍那所説心地品刊經題記（碑陽、碑陰）　唐刻
拓片面背皆高 210 厘米、寬 53 厘米　中國國家圖書館藏
盛唐刻經。

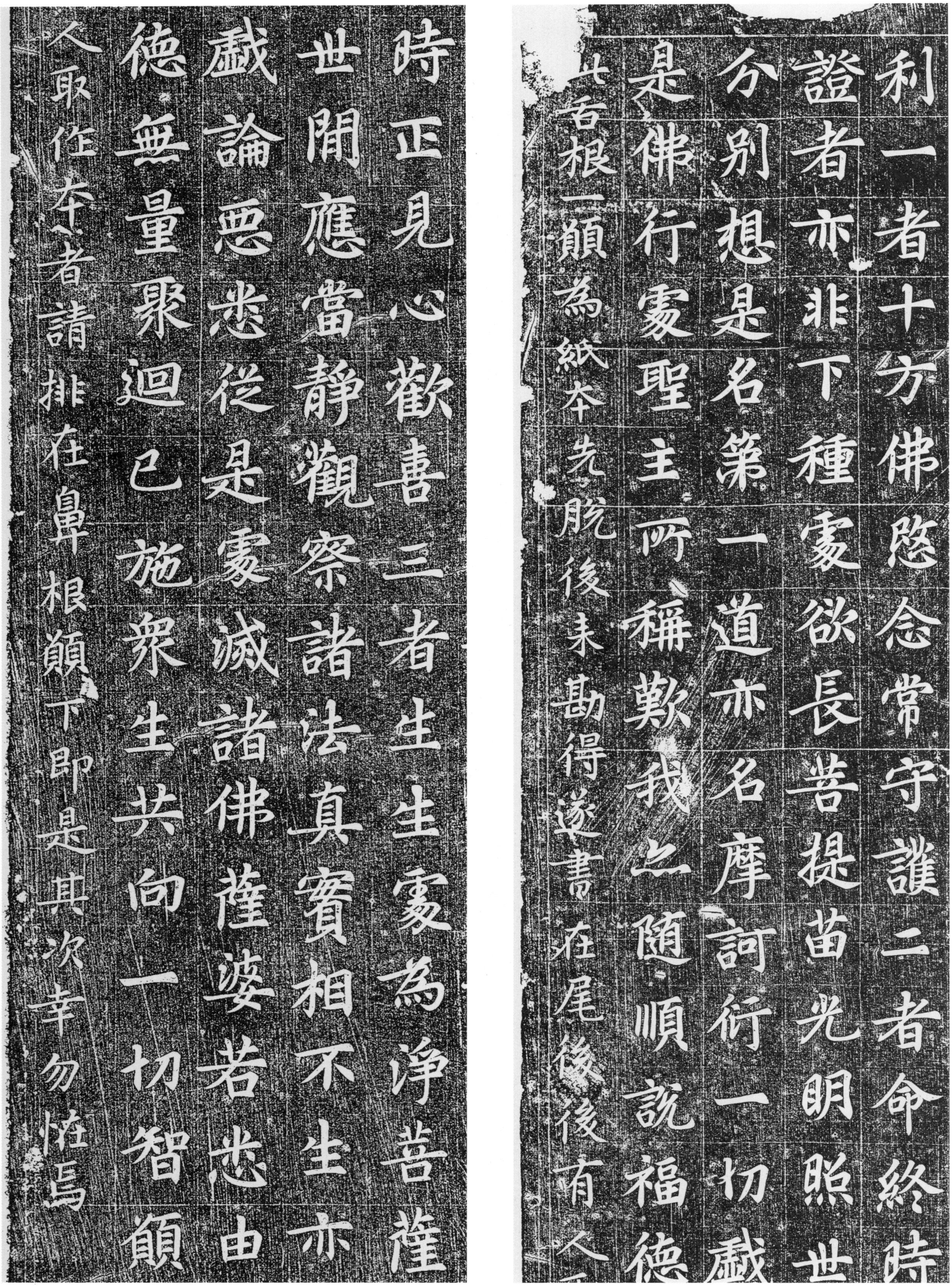
利一者十方佛慈念常守護二者命終時
證者亦非下種處欲長菩提苗光明照世
分別想是名第一道亦名摩訶衍一切戲
是佛行處聖主所稱歎我之隨順說福德
此香根一願為紙本先脫後未勘得遂書在尾後後有人
時正見心歡喜三者生生處為淨菩薩
世間應當靜觀察諸法真實相不生亦
戲論惡業從是處滅諸佛薩婆若悉由
德無量衆迴已施衆生共向一切智願
人取作本者請排在鼻根願下即是其次幸勿怪焉

9 洞 52　梵綱經盧舍那所説心地品刊經題記（碑陰局部）

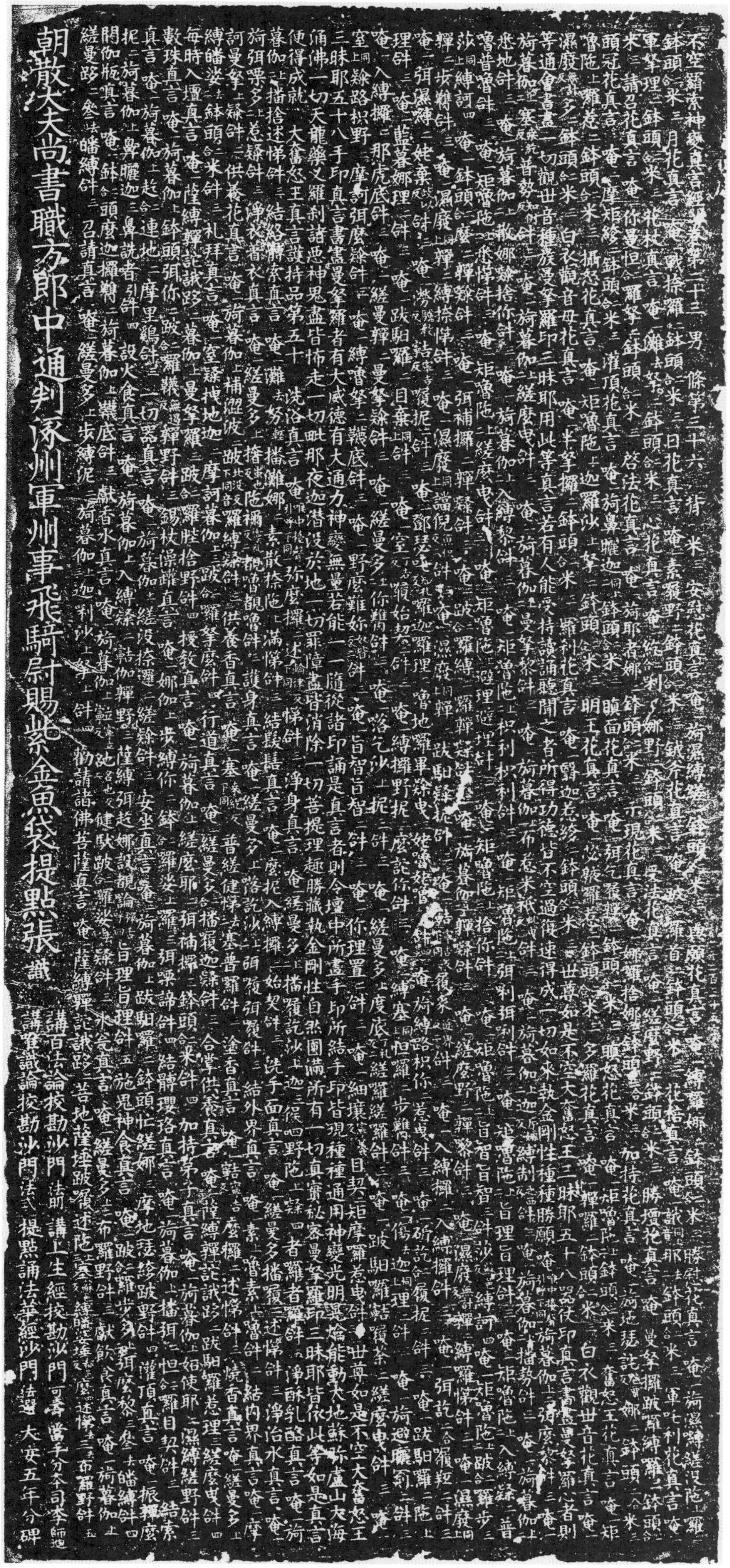

9 洞 104
不空羂索神變真言經卷第二十三
張識等遼大安五年提點校勘題記
拓片高 152 厘米、寬 68 厘米
中國佛教圖書文物館藏

9 洞 145
如來在金棺囑累清淨莊嚴敬福經碑幽州石礶下石經邑社人唐開成四年四月八日造經題名（碑陽）
拓片高 140 厘米、寬 59 厘米
中國國家圖書館藏
司空指史元忠。

9 洞 145
如來在金棺囑累清淨莊嚴敬福經碑幽州石幢下石經邑社人唐開成四年四月八日造經題名（碑陰）
拓片高 139 厘米、寬 58 厘米
中國國家圖書館藏

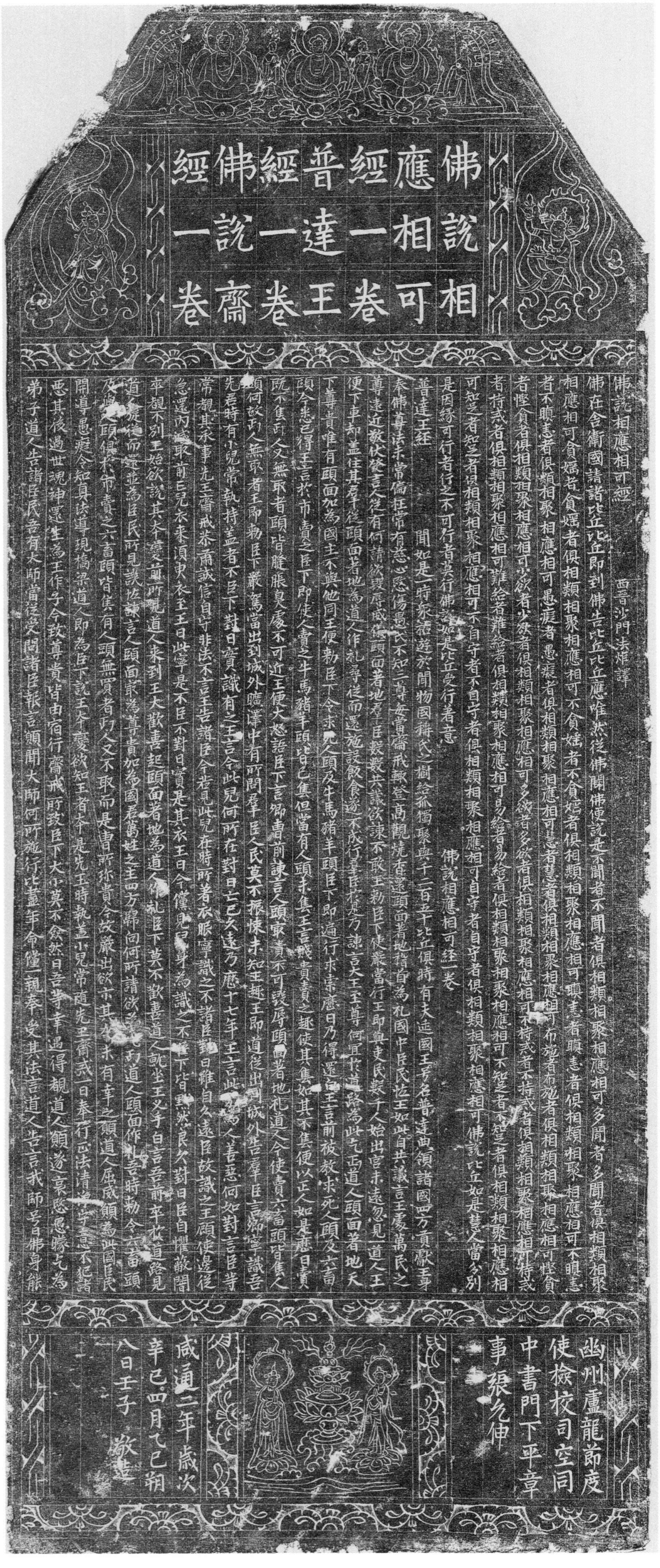
佛說相應相可經一卷
普達王經一卷
佛說齋經一卷
幽州盧龍節度使檢校司空同中書門下平章事張允伸
咸通二年歲次辛巳四月乙巳朔八日壬子　敬造

9 洞 173
佛說相應相可經普達王經佛說齋經碑張允伸
唐咸通二年四月八日造經題記
拓片高 154 厘米、寬 61 厘米
中國國家圖書館藏

9 洞 173　佛説相應相可經普達王經佛説齋經碑碑首額題及綫刻佛造像

9 洞 173　佛説相應相可經普達王經佛説齋經碑張允伸唐咸通二年四月八日造經題記

9 洞 178
佛說七俱胝佛大心准提陁羅尼經碑雲居寺僧真性等唐大和七年四月八日造經題名（碑陽）
拓片高 155 厘米、寬 63 厘米
中國國家圖書館藏

尚書指楊志誠。碑陰題名中“雲居寺大德僧真性”有碑，今仍在雲居寺中。

9 洞 178
佛説七俱胝佛大心准提陁羅尼經碑雲居寺僧真性等唐大和七年四月八日造經題名（碑陰）
拓片高 155 厘米、寬 63 厘米
中國國家圖書館藏

碑陰有功德主陳建用等題名。

奉爲尚書敬造七俱胝之經

佛說七俱胝佛大心准提陀羅尼經　中天竺國沙門地婆訶羅奉勅譯 呪有二印有四　節度

尒時佛在舍衛國祇樹給孤獨園是世尊思惟觀察慈念未來諸衆生故說是

指捻頭指無名指小指甲上右手亦如左手捻指二手相合二中指頭相柱即說呪曰

優婆塞優婆夷受持讀誦此陀羅尼滿八十萬遍無量劫來所造五無間等一切諸

守護若有在家善男子善女人等誦持之者其家無有災橫病苦之所惱害諸有所

薩聲聞緣覺自口中吐出黑飯若有重罪誦滿二十万遍夢中乞見諸佛菩薩亦

如前之相乃至夢見吐出白色粳米酪飯等當知此人即是罪滅清淨之相　結界印

節呪曰　復次我今說此大陀羅尼所作之事若於佛前或於塔前若淨處以牛糞塗

散於四方及以上下及結印以爲結界已於壇四角央皆各置一香水瓶持之者於其壇中

及於鏡前亦散佛誦呪乞滿千八遍又呪香薰衣及薰身并塗手指前結第一印至

若有鬼病以呪茅草而拂病人即得除愈若有幼小爲鬼所著以五色縷應令童

法若有人爲鬼所著身在遠處應呪楊枝具滿七遍寄人持打即乞除愈　復次有法

勝若欲往渡江河大海等難誦呪而渡無有水中惡獸等難　復次有法若被繫閉

麵和胡麻粳米用手三指取其一撮呪之一遍置火中燒或經七日七夜六時是相續

寶增長若人欲令他念者稱彼人名誦一百八遍即便敬念　復次有法於河渚間砂

多羅菩薩或見金剛主菩薩隨心所求皆得滿足或見授與仙藥或見與受菩

即得隨從　復次有法若乞食時常持此呪不爲惡人惡鬼惡毒蟲等之類所惱害

養一日一夜不食止念誦呪乃至得見金剛菩薩即將是人往於自在宮　復次有法若

現身隨呪師使令　復次有法若人先受持此呪有功力者若急事於路側逢見惡賊

護身第三以二手合掌二頭指向外相叉二大指並捻頭指中節上中指以下三指

印頂戴次印左肩次印右肩次印心前次印頸下次印眉間在此法者不被傷

畫作觀世音菩薩右邊畫大世至菩薩身著七寶瓔珞莊嚴二菩薩身頭上

頭上作髻身著黃色衣左手執鉤於此像右邊畫一金剛身帶黑色身著青

胝等呪此心呪揔攝錄之若誦念此呪即同誦一切俱胝等呪了前呪功能諸

即得法成若欲作眼藥若欲合長年藥若看伏藏若欲隱身若欲令他人愛敬

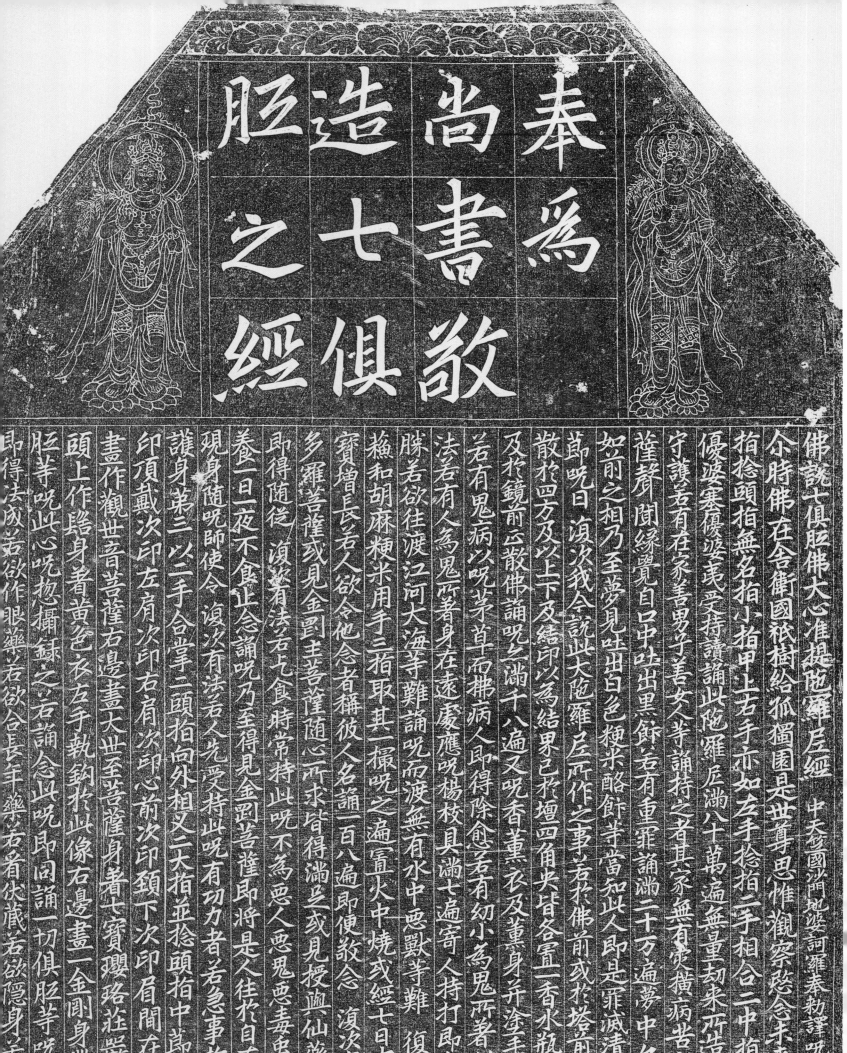

9洞 178 《佛說七俱胝佛大心准提陀羅尼經》碑碑首題額及綫刻佛造像（鄭陽局部）

雲居寺大德僧真性
寶剎寺大德僧玄素
寶剎寺律座主僧惟簡
花嚴座主僧常辯
雲居寺僧戒然
寶剎寺僧智明
金閣寺道場僧普幽
器仗將堂前親事試殿中
監楊國昌

無名指二小指四指向外相柱頭合掌二大指並頭捻中指中節　須次誦此呪七遍作此印無問
捉即捉若遣將來當時即來若遣撲即撲若遣放即放若遣放即放若喚男兒婦女一切皆
生處塔前或從忉利天下寶階前或舍利塔前於如是等諸塔之前誦呪右繞即見阿鉢羅是多
亦菩薩道若有誦此陀羅尼者及至未坐道場一切菩薩常為善友又此准提大陀羅尼
如是説利益一切衆生故令得無上菩提若有薄福衆生無有少善根者無有根器之者
若有人能常自憶念誦持此呪无量善根皆得成就佛説此大准提陀羅尼法時无量衆生
而去　佛説大准提陀羅尼呪經
大和七年四月八日都勾當功德主器仗散將雲麾將軍守左

父陳者倩　母李清淨　阿姊清淨光　男建昌　建榮　建忠　新婦邢氏　新婦武氏　新婦楊氏　新婦劉氏　孫大興　順
五戒孫彥雪　鮮于希光　呂惟昂　侯貞靜　侯士清　孫再清　李少用　王少華　常士清　盧栖桐　靳希友　張思遠　宋
慕容諫　郝忠孝　田惟貞　張元諒　龔閏　男公雅　妻焦　劉二娘
僧少榮　男少清　男公依　劉怨
僧元楚　張元諒　盧榮　男公應　劉元贍
孫嵩勤　新婦王　單惠清　王万川　王國寧
徐光遁　妻范氏　男忠諫　弟忠進　新婦白氏　司徒二娘　切德盛　李士奎
王少初　妻李氏　司徒士儀　彌士清　何仲異　孝忠孝
劉士清　妻張氏　男季安　女好子　新婦李　智方便　孫元忠　劉加晟　王五娘　應在衙親事
何奉忠　男惟元　張季平　李士寬　阿孫　祭德進　惟恭　上端
陽元秀　張進云　蕭吉夏　劉仲倫　公緒　上平
趙惟孝　王一娘　穆元正　從卞　冠君
張季列
群牧使曹加義　妻李氏　男弘捷　男孔武　張正宗　傅士平　曹忠善　張仲建　少遇　惟思
樂善俊　李子昇付　妻趙氏　男子盛　子儀　常應　常興　法寶　女王子　守雅　勃直
安妙淨　新婦孫　新婦張　新婦劉　男七哥　迴子　張再榮　王君正　公敘　朝用
王信行　女花嚴　李君佐　公贍　全盛
逵娄良盛　馮仲傾　石元興　劉万興　牛萊幸　楊明朝　趙德建　劉士端　楊季宏　陳孝敢　崔宗祐　子孟君平
副將忠武將軍守左武衛大將軍范晏直　曹朝盛　李公捷　趙方檡　孫元異　劉公諫　齊仲端　劉子興　劉

9洞 178 佛說七俱胝佛大心准提陀羅尼經碑雲居寺僧真性等題大和七年四月八日造經題名 碑陰局部

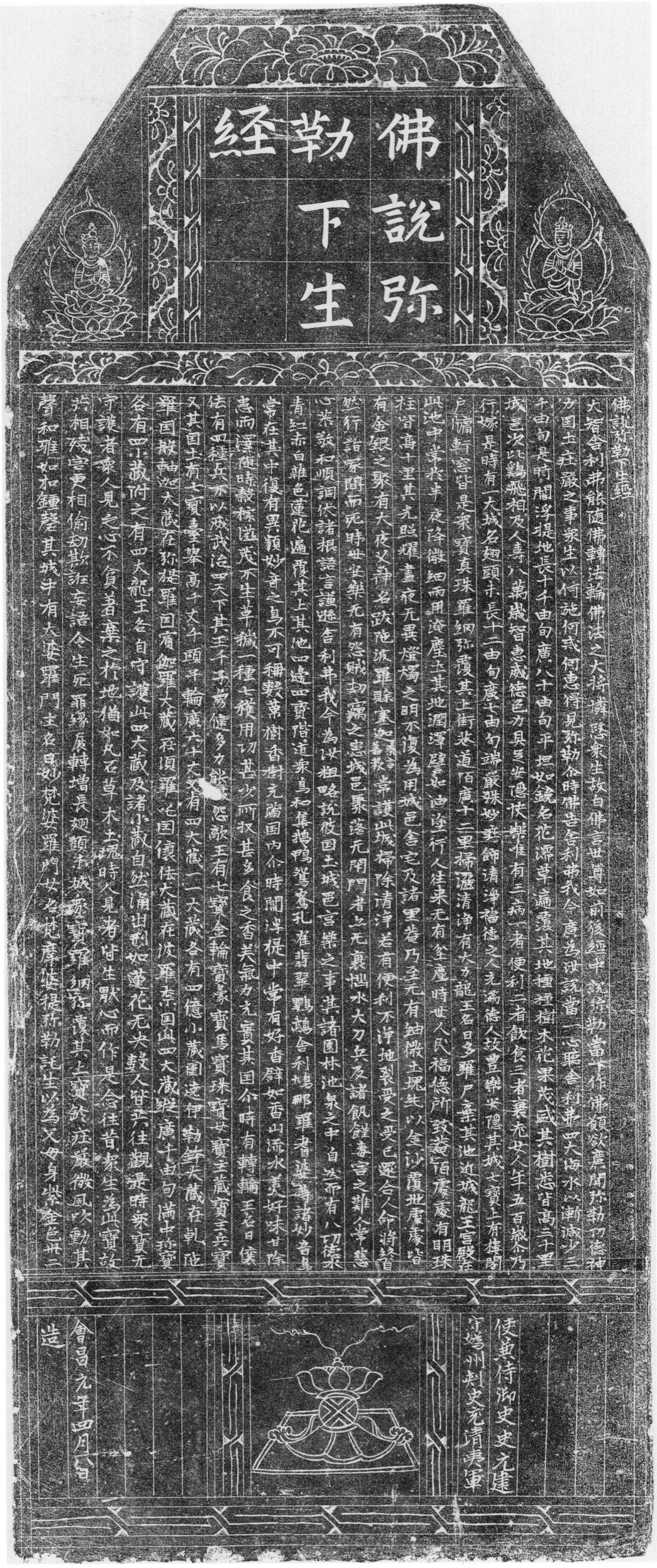

9 洞 186
彌勒下生經碑史元建唐會昌元年四月八日
造經題記
拓片高 154 厘米、寬 61 厘米
中國國家圖書館藏

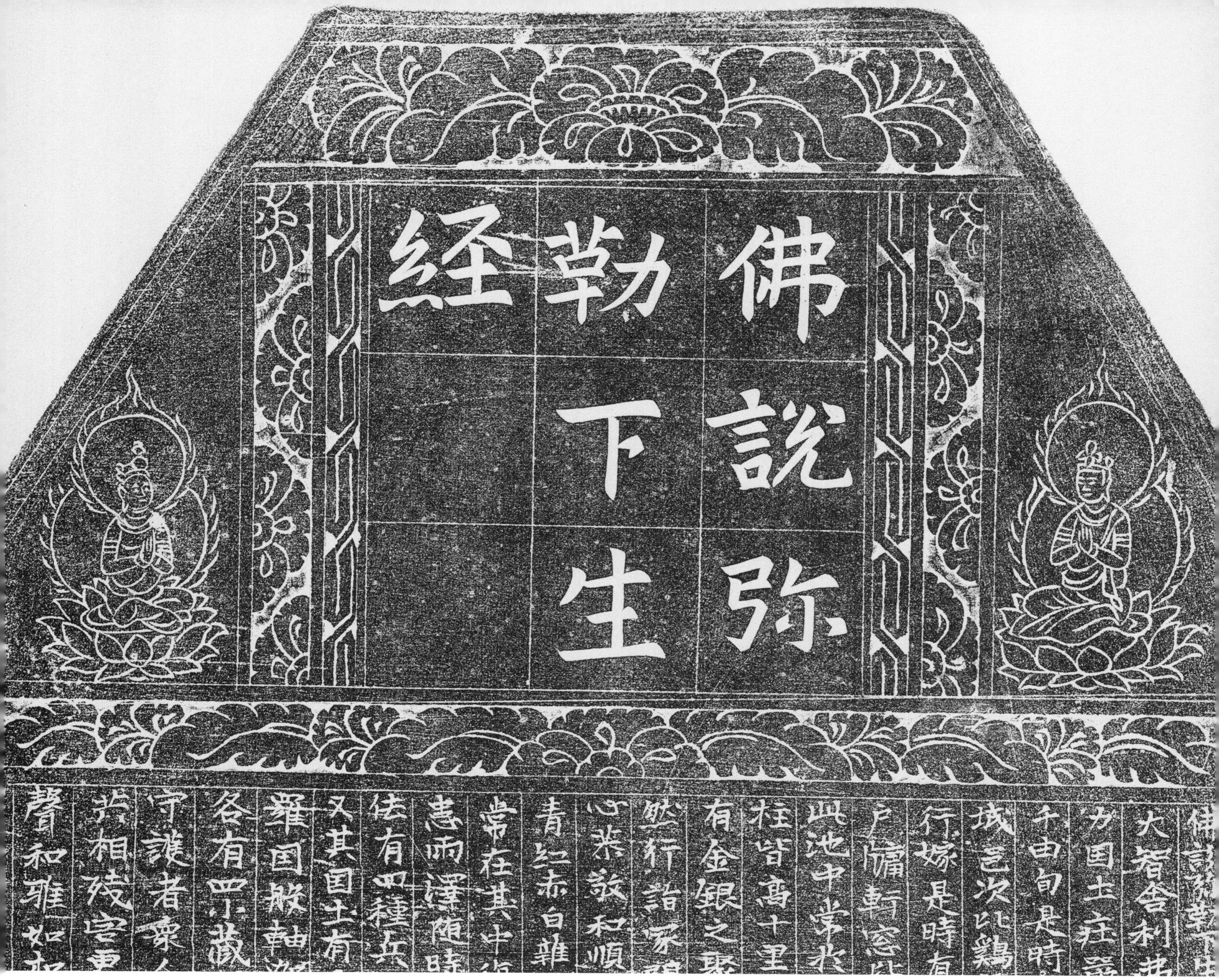

9 洞 186　彌勒下生經碑碑首額題及綫刻佛造像

9 洞 186　彌勒下生經碑史元建唐會昌元年四月八日造經題記

9 洞 187
文殊師利問菩提經碑張允伸唐咸通四年
四月八日造經王慶賓鎸書題記
拓片高 149 厘米、寬 61 厘米
中國國家圖書館藏

9 洞 187　文殊師利問菩提經碑碑首額題及綫刻造像

9 洞 187　文殊師利問菩提經碑張允伸唐咸通四年四月八日造經王慶賓鐫書題記

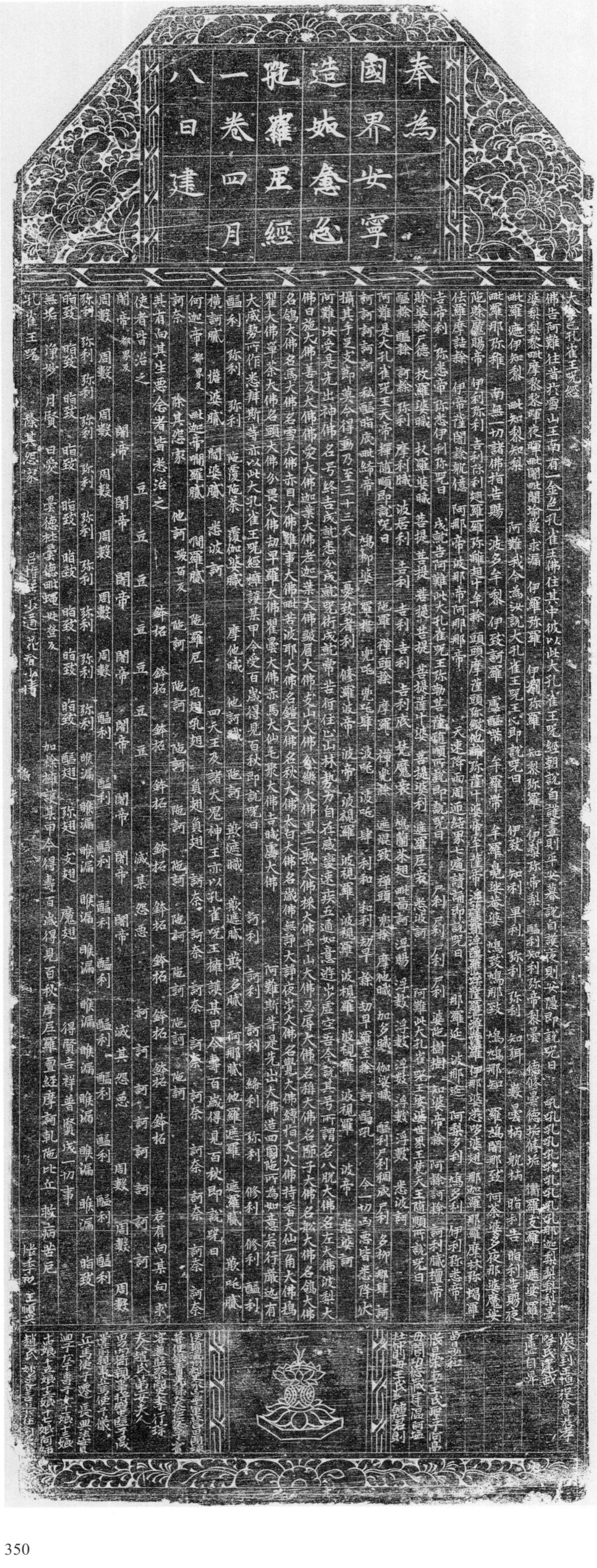

9 洞 189
大金色孔雀王咒經碑李行琮等造經題記（碑陽）
唐刻
拓片高156厘米、寬58厘米　中國國家圖書館藏
　與《一字陁羅尼法》分刻一石两面。額題“如意心陁羅尼”筆畫改刻爲“大金色孔雀王”。

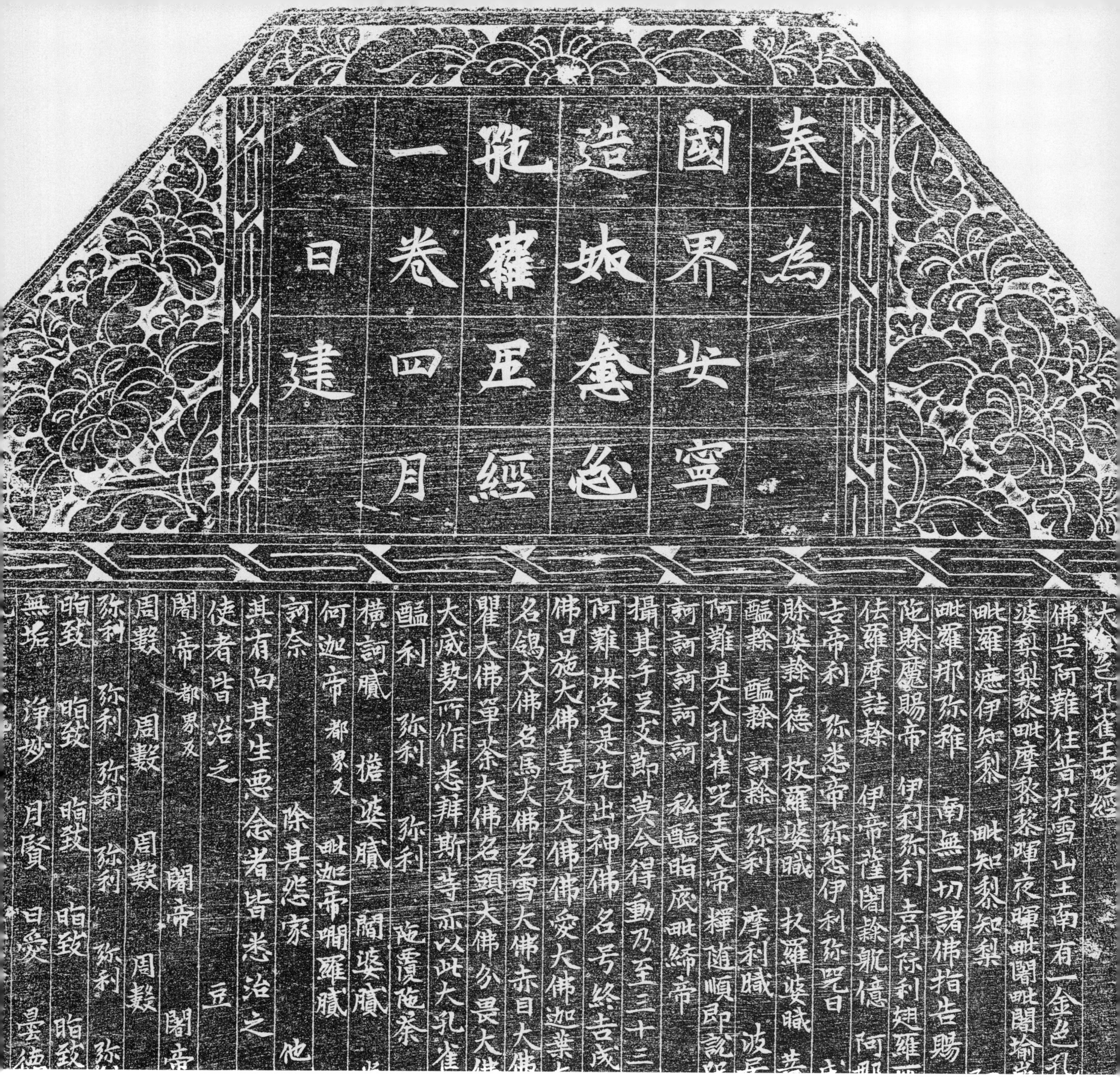

9 洞 189　大金色孔雀王咒經碑碑首額題改刻痕迹及綫刻花卉圖案

9 洞 189　大金色孔雀王咒經碑李行琮等造經題記

9 洞 189
大方廣菩薩藏經中文殊菩薩師利根本一字陁羅尼法經碑史再榮造經題記（碑陰） 唐刻
拓片高 157 厘米、寬 59 厘米
中國國家圖書館藏

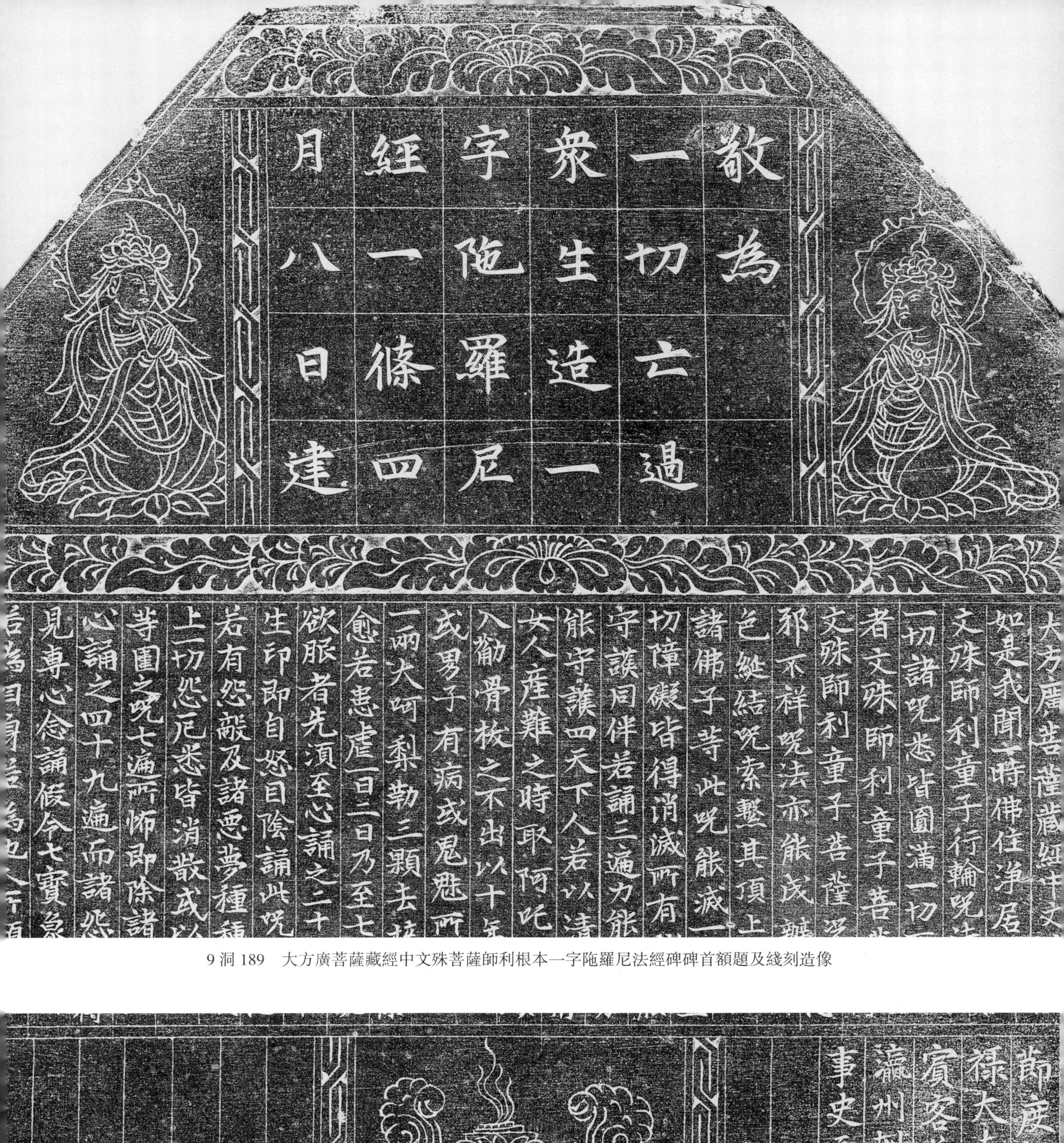

9 洞 189　大方廣菩薩藏經中文殊菩薩師利根本一字陁羅尼法經碑碑首額題及綫刻造像

9 洞 189　大方廣菩薩藏經中文殊菩薩師利根本一字陁羅尼法經碑史再榮造經題記

9 洞 191
菥沙王五願經碑寇公嗣撰司徒唐開成五年四月八日於西山上佛經銘并序
拓片高 157 厘米、寬 67 厘米
中國國家圖書館藏
　　司徒指史元忠，此幽州僚佐爲其造經。

9 泐191 蓱沙王五願經碑碑首額題及經文刻佛造像

而無改允作功德普為生靈三界十方六道九類上通有頂傍亘
無邊悉獲徽康俱離苦惱夫福加於衆者衆歸其福恩感於
時者時報之恩自然貴祚与正法無壃 貴祿与石經齊
久不朽被命敢以直書其銘曰
天作靈山 佛留真偈 王教韻鐫 勞石室開 壞也徒朽 刦也徒壞 我度同存 我法同在 其一
獨標勝福 普救羣生 上界下界 有情無情 慈航拯溺 苦海澄清 為刹既廣 獲福非輕 其二
降聖之辰 上經有音 緇侶從容 士庶遷延 風刹雲迎 樹偃草靡 感應非他 禎祥在此 其三
或見聚沙 或聞印空 俱生發意 回討為功 今留真教 傳示無窮 佛之神通 永祐我公 其四
起復守左金吾衛上將軍員外置同正員幽州盧龍節度副大使知節度事觀察
處置押奚契丹兩蕃經略盧龍軍等使檢校司徒兼幽州大都督
府長史御史大夫史 元忠 鄙旻懷寧
親事兵馬使史左信 開成五年四月八日建造

9 洞191 ……沙王五願經碑寇公嗣撰司徒唐開成五年四月八日於西山上構經銘并序

司徒四月八日於西山上佛經銘并序

盧龍節度判官知書記大理司直兼殿中侍御史宓翰撰

法本無相，教本無言。然則非相法不可存，非言教不可立，故設屆像焉，傳經偈焉，斯則大雄方便之門，固難得而量也。今我大司徒幽盧兩師杜陵公，宿植德本，玄通道流，天縱惠明，神假精覺，心秉朗炬，所照無遺，亓吾發詞鋒，所舉無錯，節懸了有無之諮，高超真正之宗。若非百劫勤修，二生無怠，豈能德業顯重，林智從擯動，望轉高，福祿彌盛者哉！至於卹隱約身，慈儉也；居常不撓，清淨也；時和歲豐，極樂也；上聞下安，無為也。惣梵行而在心，若淨土之仰佛。其有僧坊傾圮，真像頹摧，祿俸所資，見繕如舊。或化居為寺，或歷歲修齋，皆祈禱為人，非邀福在己，誠付囑之教主，信理化之　時君。所重真言，務存聖說，不滞堅久，何以流傳。每當延佛之朝當日是誕聖之日，遂命刊貞石受延靈山已

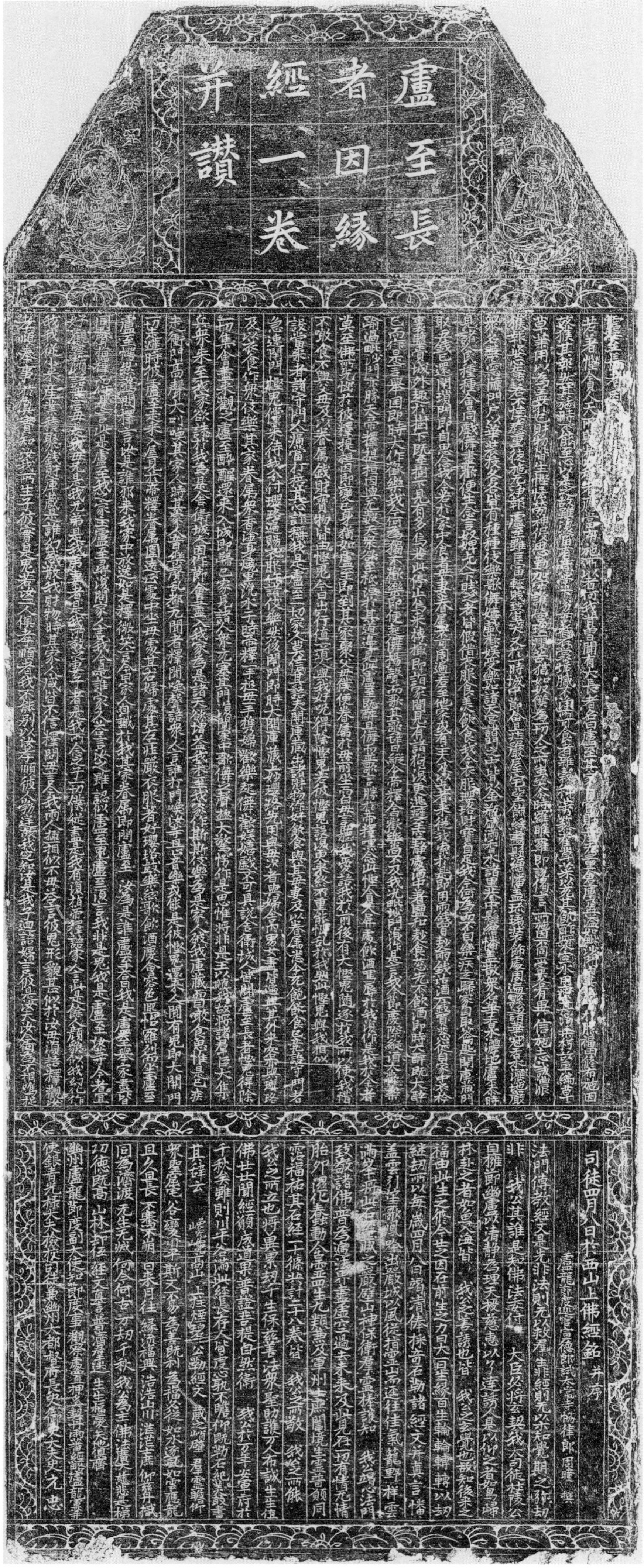

9 洞 196
盧至長者因緣經碑周曈撰司徒四月八日於西山上佛經銘并序　唐刻
拓片高 160 厘米、寬 63 厘米
中國國家圖書館藏
　　司徒指史元忠。

盧至長者因緣經一卷并讚

霑福祐其石經一十條共計二十八卷皆 我公之所敬 我公之所能
我公之所立也將冀累劫千生保茲善法衆聖助護万人布誠生生值
佛世世聞經頓成道果普證菩提自然衛 我公於万年安軍府於
千秋矣雖則川平谷滿世經長存人皆虔忍孰不瞻仰既勒石紀美敢書
其辞云 峨峨高山 上拄煙霞 公勒經文 藏之峭壁 群靈瞻仰
衆聖覆護 谷變川平 斯文不易 為善既剋 為福必從 如水逐風 如雲應龍
且久且長 不騫不崩 日來月往 緣流福興 浩浩山川 茫茫法焉 仰蒼丹識
同為濟渡 无生无滅 何今何古 万劫千秋 我公為主 佛法廣大 慈悲是梯
功德既高 山林却在 經文真言 普濟群迷 生生福愛 天地俱磨
幽州盧龍節度副大使知節度事觀察處置押奚契丹兩蕃經略盧龍軍等
使銀青光祿大夫檢校司徒兼幽州大都督府長史御史大夫史元忠

9洞 196 盧至長者因緣經碑 周膺撰司徒四月八日於西山上佛經銘并序

司徒四月八日於西山上佛經銘 并序

盧龍節度巡官宣德郎試太常寺協律郎周曈 撰

法門傳教經文是先非法則无以救群生非經則无以示知覺期之弥劫非 我公其誰是知佛法委付 大臣必將玄契我大司徒楊陵公皇朝節制幽盧以清靜為理天授慈惠以了達諸人是以仰之者如鳥歸林赴之者如魚入海皆 我公之善誘也皆 我公之玄覺也故知後來之福由此生之修今昔之因在前生之力日大一日生緣百生輪輪轉轉以劫継劫所以每歲四月八日躬清俸採奇石勒諸經文并真言幡蓋雲引笙歌鳳吹出嚴城以風從指靈山而逐往佳氣龍野祥雲满峯拜此石經藏之巖廠壁山神保衛群靈捧護知 我公竭心法門致敬諸佛普為遍法界盡虛空過去未來及此見在一切有情无情

9 洞 198
佛說受歲經碑張允伸唐咸通三年四月八日造經題記（碑陽）
拓片高 161 厘米、寬 61 厘米
中國國家圖書館藏

相公指張允伸。與《造立形像福報經》分刻一石两面。

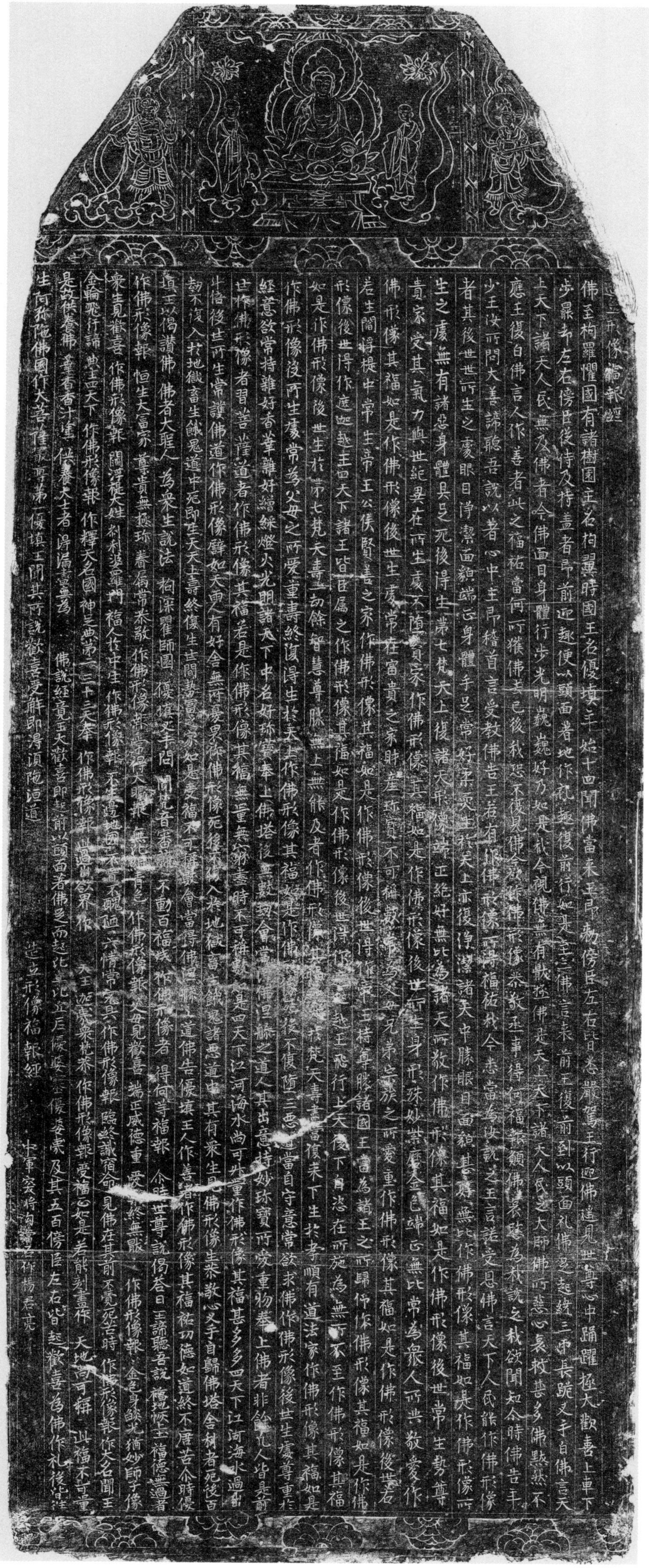

9 洞 198
造立形像福報經碑楊君亮題名（碑陰）
唐刻
拓片高 161 厘米、寬 63 厘米
中國國家圖書館藏

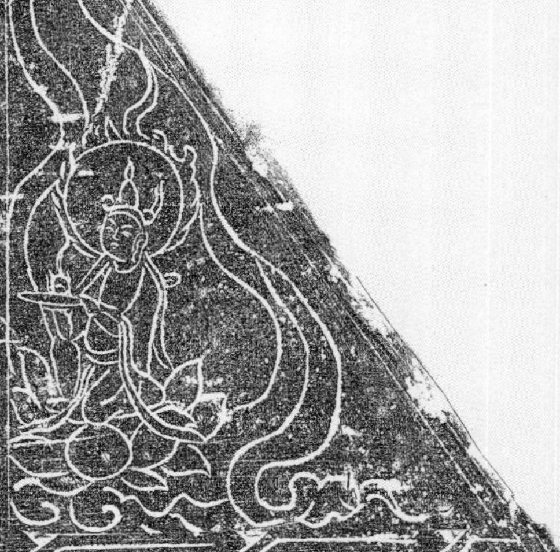

奉為相公造受歲經及造立形像福鄴經

佛說受歲經
聞如是一時婆伽婆在羅閱祇迦蘭陀竹園與大比丘眾俱受歲彼時尊者大
一故何以故諸賢或有人及戾難教與惡法俱謂梵行者亦不說亦不教授亦不教戒
不愛念彼人謂第一故此諸賢或一人惡求與惡求俱諸賢謂彼人惡求與惡求俱者
其言比丘語已向多人說比丘語已而誹說各各有所說而外說之瞋恨結而瘡與惡知識俱與惡
梵行與俱者亦不說亦不教授亦不教戒亦不愛念彼人謂第一故此謂賢比丘當自思量
當莫惡求當作是學如是慳欲瞋恨結慳嫉不捨諛諂幻無恥恚結口言恚結比丘語
知識俱與惡伴俱不知息閻不知及復諸賢謂彼人不息閻無及復者我所不受我若不
君當教授君當教戒君當愛念謂第一故何以故諸賢或有人無及復與教法俱謂梵行
與俱者當為說當為授當為教戒愛念彼人謂第一故此諸賢或一人無惡求不與惡
幻不無恥不無恥無恚結口不言恚結比丘語已不還報言比丘語已不向多人說比丘語
諸賢謂彼人此與教法俱是為諸賢不及戾與教法俱梵行與俱者當為說當為教
者是我所念我若無惡求不與惡求俱者他亦念我比丘作等觀當莫惡求當作
不還報言比丘語已不向多人說比丘語已不誹說各各有所說不外說之不瞋不恨
復者我所愛念我若不無息閻不無及復者他亦無愛念我比丘作等觀不無息
與惡求俱此諸賢比丘觀而知我住惡求與惡求俱彼當不喜悅彼便進欲止此
已樂行循若諸賢有眼之士持極淨鏡自用觀面此諸賢有眼之士自見面塵
淨自見已樂行如是諸賢比丘觀而知我為住惡求與惡求俱彼便欲進止此
見已樂行如是住染欲不住不染欲如是住瞋恨不住不瞋恨如是住悅疾不捨
不無恥如是住恚結口言恚結不住恚結口言恚結比丘語已還報其言不住
說不住比丘語已不誹說各各有所說而外說之不住各各所說不外說之
知息閻不知及復不住不無息閻不無及復此諸賢比丘觀而知我住不知
住不無及復彼便喜悅清淨白佛世尊境界行見此已樂行循若諸
悅便進欲止此諸賢此有眼之士不自見面有塵垢彼即喜悅清淨
此諸賢比丘觀而知當不住不無息閻不無及復便喜悅清淨白佛世
樂已意定意定已知無真見如真知見如真已無穢無穢已無染無染
者目揵連如是說彼諸比丘聞尊者目揵連所說歡喜而樂
形

9 洞 198 佛說受歲經碑碑首額題及線刻佛造像

造立形像福報經

佛至拘羅瞿國有諸樹園主名拘翼時國王名優填年始十四聞佛當來

步羅本左右傍臣後侍及持蓋者即前迎趣便以頭面著地作禮趣復前

上天下諸天人民無及佛者今佛面目身體行步光明巍巍好乃如是我今

應王復白佛言人作善者此之福祐當何所獲佛去已後我恐不復見佛今欲

少王汝所問大善諦聽吾說以著心中王即稽首言受教佛告王若有作佛

者其後世世所生之處眼目淨潔面貌端正身體手足常好柔愛生於天上

生之處無有諸惡身體具足死後得生第七梵天上復諸天形像端正

貴家受其氣力與世絕異在所生處不墮貧家作佛形像其福如是作

佛形像其福如是作佛形像後世生處常在富貴之家財產珍寶不可

若生閻浮提中常生帝王公侯賢善之家作佛形像其福如是作佛形像

形像後世得作遮迦越王四天下諸王皆臣屬之作佛形像其福如是作佛形像

如是作佛形像後世生於第七梵天壽一劫餘智慧尊勝無上無能及者作

作佛形像後所生處常為父母之所愛重壽終復得生於天上作佛形像其福

經意欲常持雜好香華雜好繒綵燈火光明諸天下中名好珍寶奉上佛塔後無

世作佛形像者習菩薩道者作佛形像其福若是作佛形像其福無量無窮盡

廿倍後世所生常護佛道作佛形像譬如天雨人有好舍無所憂畏作佛形像死後不復

劫不復入於地獄畜生餓鬼道中死即生天天上壽終復生世間勢富家如是受福不可稱

填王以偈讚佛 佛者大聖人 為衆生說法 拘深瞿師園 優填叉手問 聞梵音香

作佛形像報 恒生大富家 尊貴無極珍 眷屬常恭敬 作佛形像報 常得大眼報 無

衆生見歡喜 作佛形像報 閻浮提大姓 剎利婆羅門 福人於中生 作佛形像報 不生邊地國 不

金輪飛行諦 典主四天下 作佛形像報 作釋天名國 神足典第一 三十三天奉 作佛形像報 出

是故供養佛 華香香汁塗 供養大士者 得福無量無為 佛說經竟王大歡喜即起前以頭面

生阿彌陀佛國作大菩薩最尊第一優填王聞其所說歡喜受解即得須陁洹道

9 洞 198 造立形像福報經碑碑首及線刻佛造像

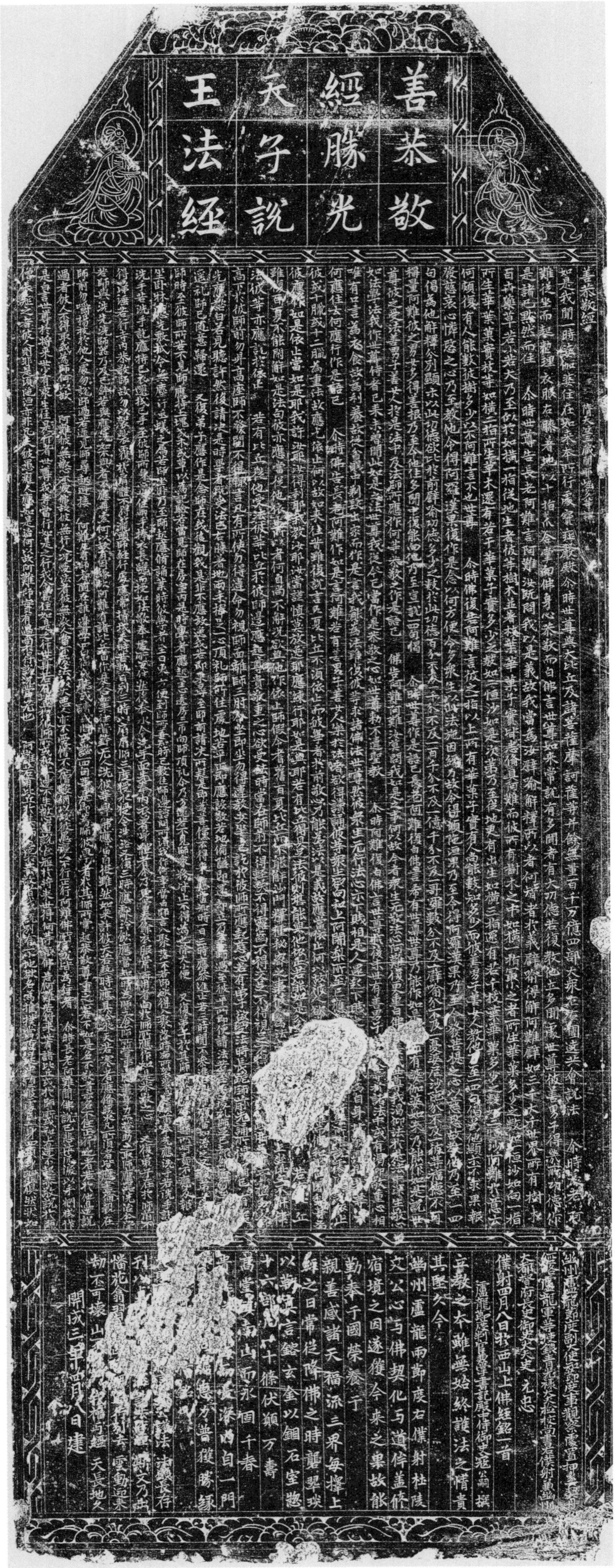

9 洞 199
善恭敬經碑寇公嗣撰僕射唐開成三年四月八日
於西山上佛經銘
拓片高 179 厘米、寬 67 厘米　中國國家圖書館藏
爲史元忠造經。

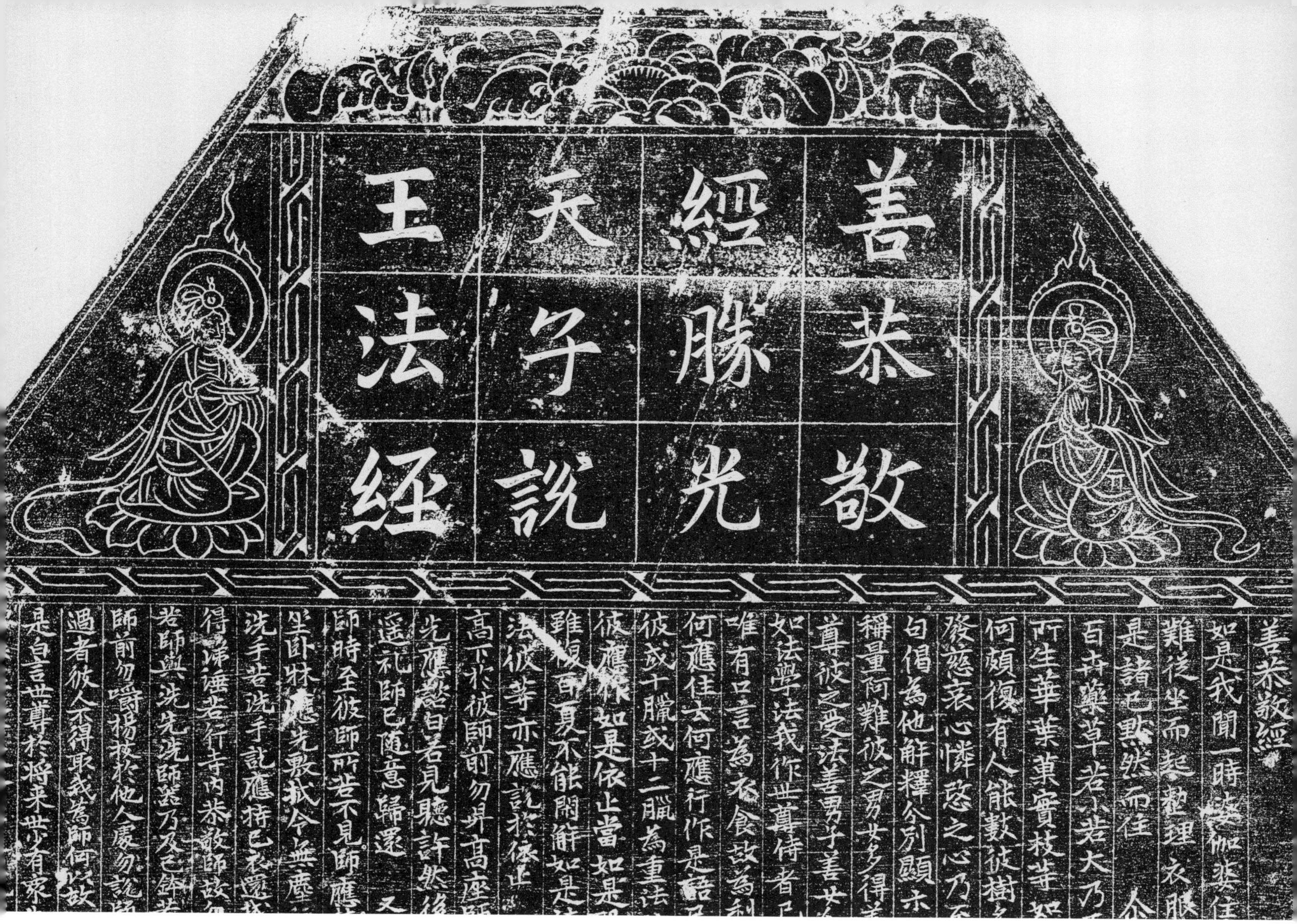

9 洞 199　善恭敬經碑碑首額題及綫刻佛造像

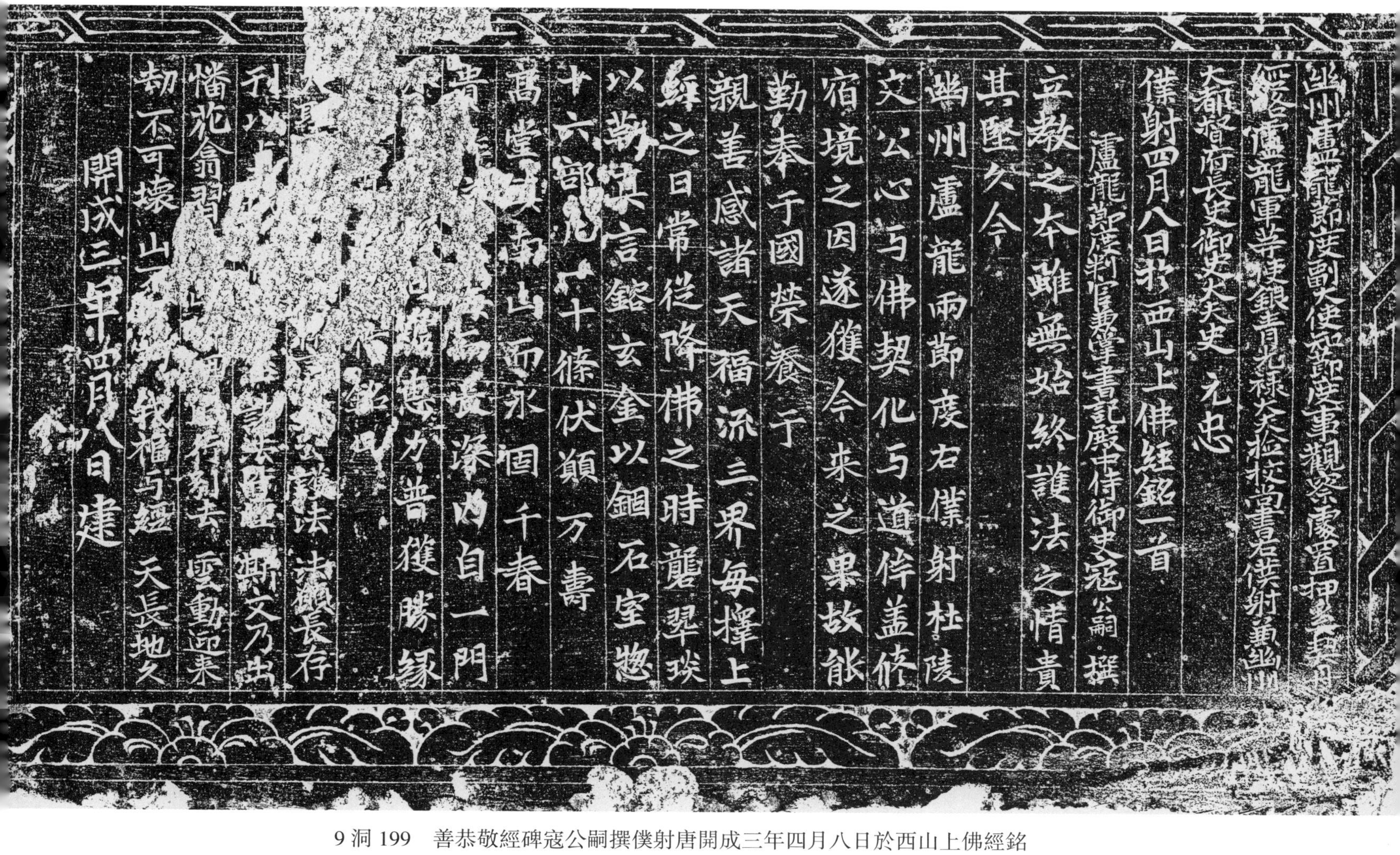

9 洞 199　善恭敬經碑寇公嗣撰僕射唐開成三年四月八日於西山上佛經銘

9 洞 201
佛説護諸童子陁羅尼咒經碑薊縣西角大石經邑人等唐開成三年四月一日造經題記（碑陽）
拓片高 155 厘米、寬 62 厘米
中國國家圖書館藏

幽州邑社人等爲史元忠造經。

9 洞 201
佛説護諸童子陁羅尼咒經碑薊縣西角大石經邑人等唐開成三年四月一日造經題記（碑陰）
拓片高 155 厘米、寬 65 厘米
中國國家圖書館藏

奉為僕射造石經一條并呪

佛說護諸童子陀羅尼呪經　尒時如來初成正覺有一大梵天王來詣佛所
南无僧伽耶　我礼佛之尊　照世大法王　在於閻浮提　宣初說神呪　甘露淨勝
聲聞及辟支　護仙護世王　大力龍天神　如是等諸衆　皆於人中生　有夜叉羅刹
傷害於胞胎　男女交會時　使其意迷乱　懷任不成就　或歌羅安浮　无子以傷胎
願佛聽我說　第一名弥酬迦　第二名弥伽王　第三名騫陁　第四名阿波悉魔羅　第五
第九名利嗏婆坻　第十名富多那　第十一名曼多難提　第十二名舍究尼　第十三名揵吒波尼
閻為嬰孩小兒而作於恐怖　我今當說此說鬼神恐怖形想以此形想令諸小兒皆生驚
騫陁者其形如鳩魔天　阿波悉魔羅者其形如野狐　牟致迦者其形如弥猴　魔致迦者其形如
梨嗏婆坻者其形如狗　富多那者其形如猪　曼多難提者其形如猫兒　金究尼者其形如鳥　揵
此十五鬼神著諸小兒令其驚怖　我當復說諸小兒怖畏之相　弥酬迦鬼著者小兒眼精迴轉
阿波悉魔羅者小兒口中沫出　牟致迦鬼著者小兒把拳不展　魔致迦鬼著者小兒自齧其
利嗏婆坻鬼著者小兒見種種雜相　富多那鬼著者小兒眠中驚怖啼哭　曼多難提鬼著者小兒喜啼
目佉曼荼鬼著者小兒時氣熱病下利　藍婆鬼著者小兒數噫數噦　此十五鬼神以如是
旃檀乾闥婆於諸神宗為上首當以五色綖誦此陀羅尼一遍一結作一百結并書其鬼神
隨彼十五鬼神所住之處與旃檀乾闥婆大鬼神王令以縛彼鬼神兼種種美
尒時大梵天王復白佛言世尊若有女人不生男女或在胎中失壞墮落或生已
行善法於月八日十五日受持八戒清淨洗浴著新淨衣礼十方佛至於中夜取
得如願所生童子安隱无患盡其形壽終不中夭若有鬼神不慎我呪者我當令
多經他　阿伽羅　伽寧　那伽　伽寧　祇錄　婆漏錄　婆錄　羅奴祢　旃羅俾　遮羅俾　婆陀尼
羅尼呪護諸童子令得安隱獲其長壽故尒時世尊一切種智即說呪曰　多經他
婆舍利　婆多祢　婆羅陁　頭錄頭錄　婆臈多頭錄　舍摩膩　奴錄　波臈帝　奴藍舍祢帝
常食血宍以此陁羅尼呪力故悉皆遠離不生惡心令諸童子離於恐怖安隱无患處胎初生无諸患
長得安隱終保年壽南无佛陀成就此呪護諸童子不為諸惡鬼神之所娆害一切諸難一切恐怖悉皆遠
開成三年四月一日蒯縣西角邑人信都令華等建造

9　減201　佛說護諸童子陀羅尼呪經碑首題及線刻佛造像（碑陽局部）

涿201 佛説護諸童子陀羅尼咒經碑（涿縣西角大石經邑人等唐開元……年四月……日造經題記）（碑陰局部）

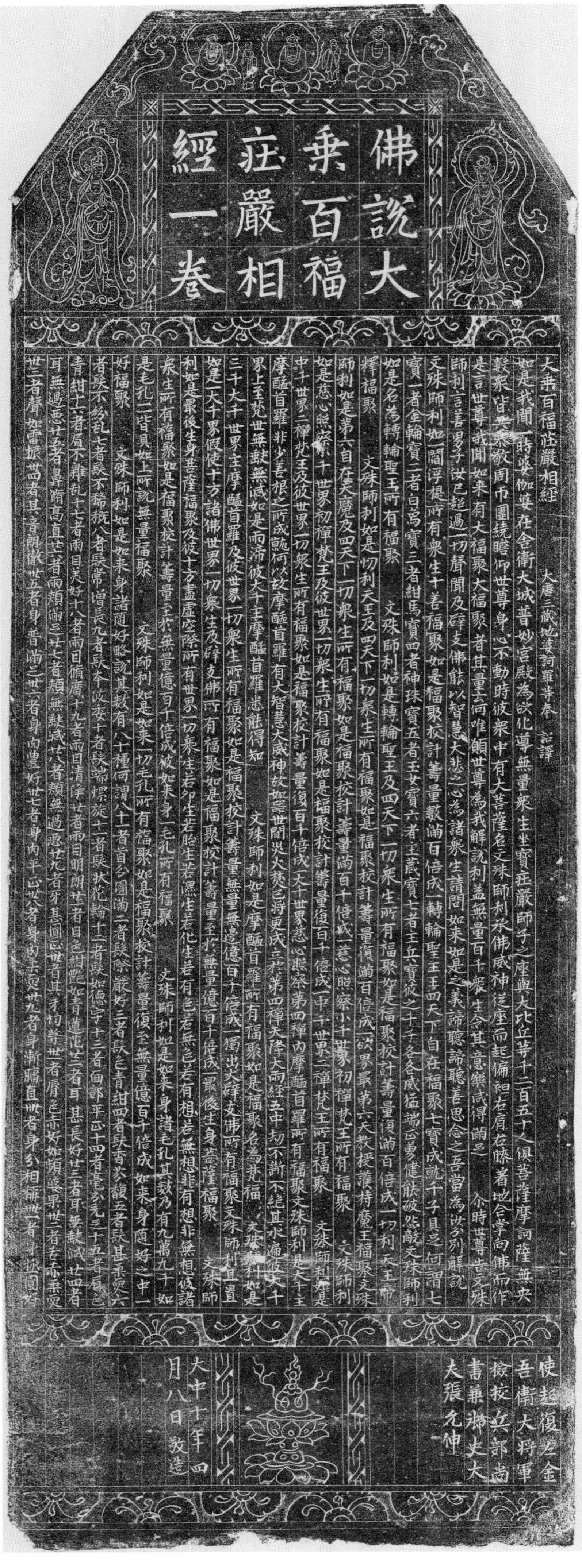
佛說大乘百福莊嚴相經一卷
使起復左金吾衛大將軍檢校兵部尚書兼御史大夫張允伸
大中十年四月八日敬造

9 洞 204
佛說大乘百福莊嚴相經碑張允伸唐大中十年四月八日造經題記
拓片高 149 厘米、寬 52 厘米　中國國家圖書館藏

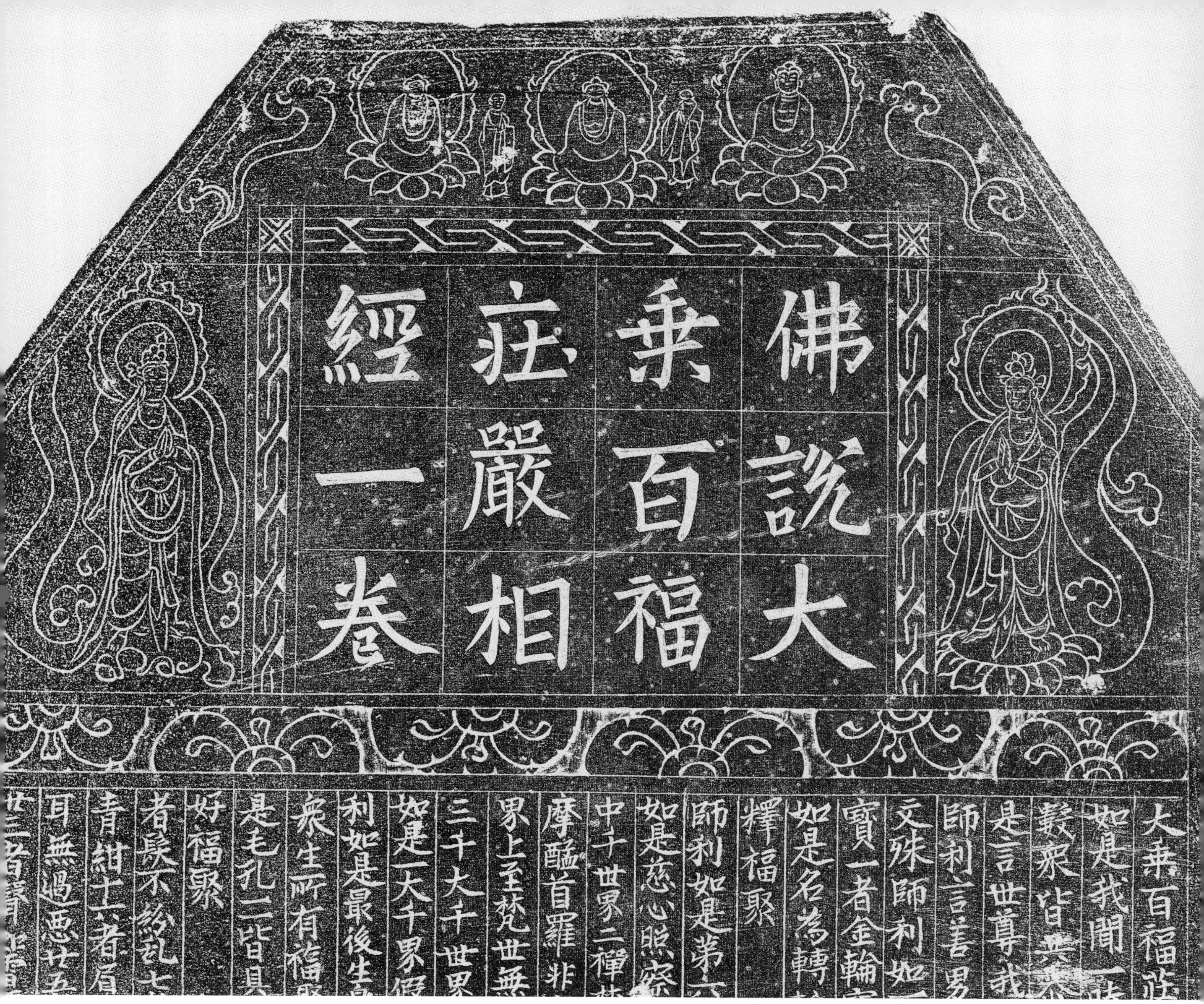
佛說大乘百福莊嚴相經一卷

9 洞 204　佛說大乘百福莊嚴經碑碑首額題及綫刻佛造像

使起復左金
吾衛大將軍
檢校兵部尚
書兼御史大
夫張允伸
大中十年四
月八日敬造

9 洞 204　佛說大乘百福莊嚴相經碑張允伸唐大中十年四月八日造經題記

9 洞 205
佛説灌頂隨願往生十方净土經碑邑社人等唐大和五年四月八日爲常侍造經題記（碑陽、碑側）
拓片高 168 厘米、寬 67 厘米
側高 172 厘米、寬 9 厘米
中國國家圖書館藏
　　常侍指楊志誠。額題刻於碑陰。

（局部）

9 洞 205　佛説灌頂隨願往生十方净土經碑邑社人等唐大和五年四月八日爲常侍造經題記（碑陰、碑側）
拓片高 168 厘米、寬 67 厘米　側高 170 厘米、寬 9 厘米　中國國家圖書館藏
額題刻於碑陰。

9 洞 205　佛説灌頂隨願往生十方净土經碑（碑陽局部）

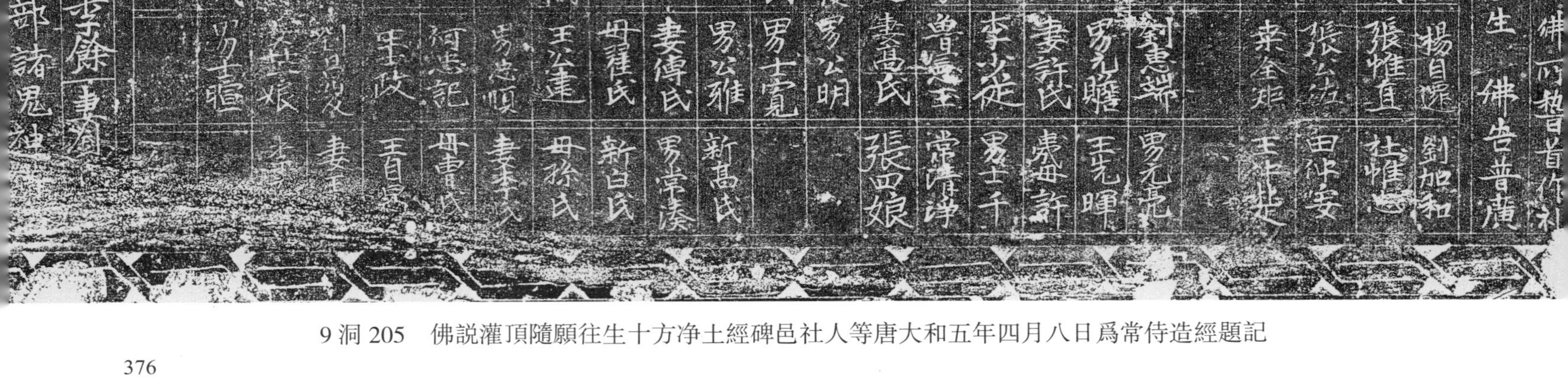

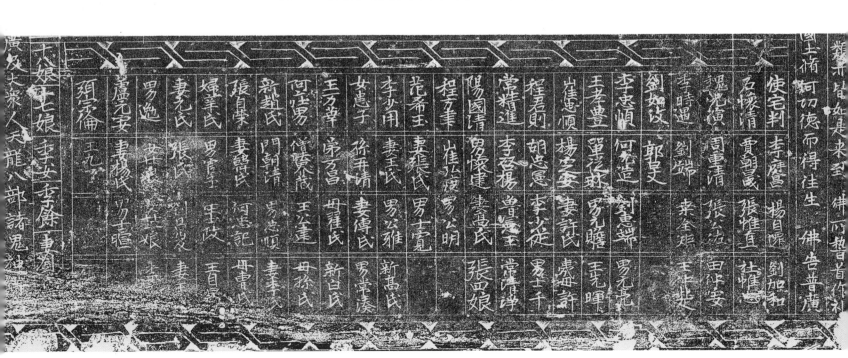

9 洞 205　佛説灌頂隨願往生十方净土經碑邑社人等唐大和五年四月八日爲常侍造經題記

9 洞 205　佛説灌頂隨願往生十方净土經碑碑首額題及綫刻佛造像（碑陰局部）

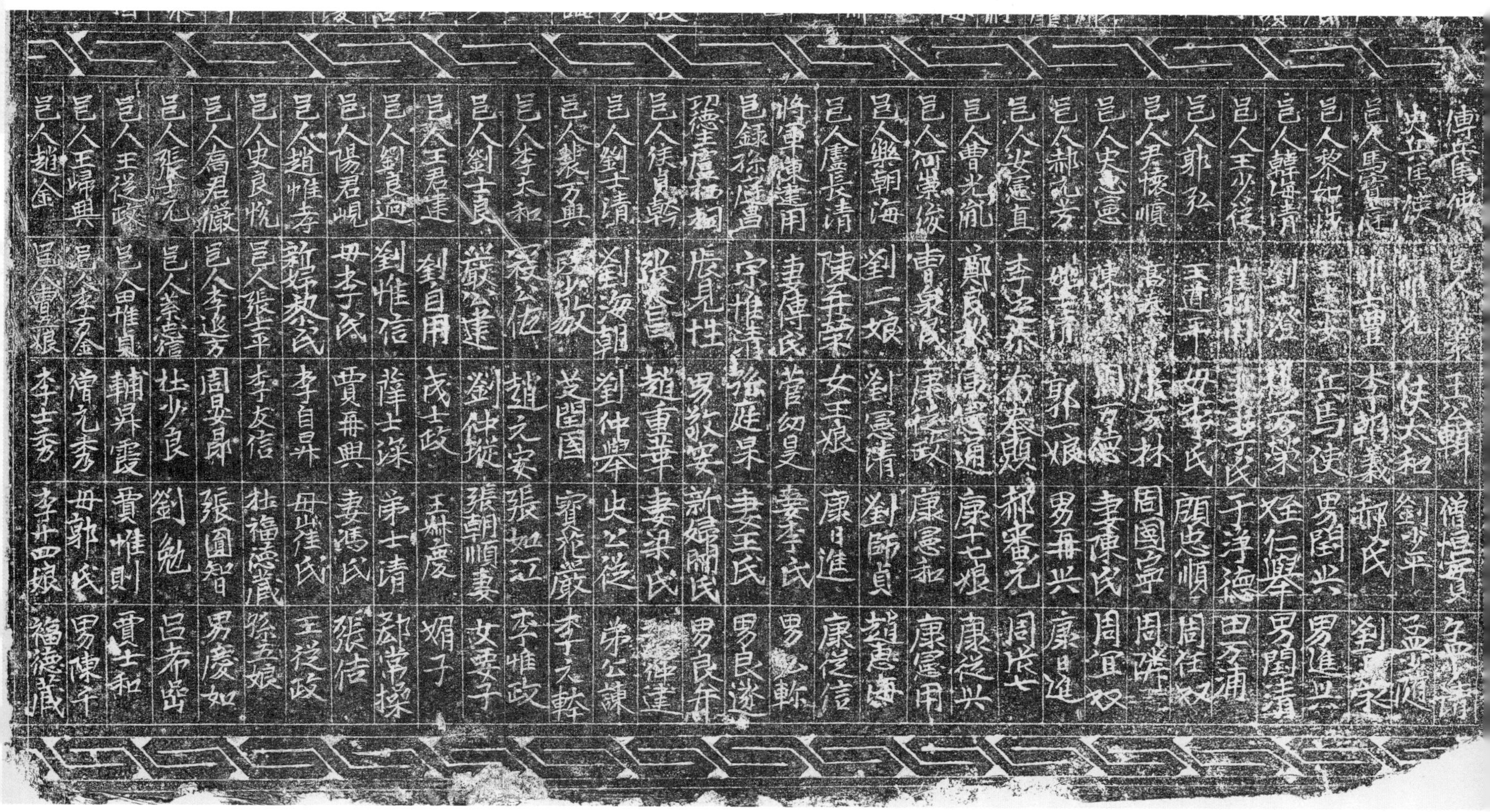

9 洞 205　佛説灌頂隨願往生十方净土經碑邑社人等唐大和五年四月八日爲常侍造經題記

9 洞 207　佛臨般涅槃略説教戒經碑陳沼等唐大和元年四月八日造經題記（碑陽、碑側）
拓片高 176 厘米、寬 69 厘米　側高 182 厘米、寬 9 厘米　中國國家圖書館藏
尚書指李載義。

9 洞 207　佛臨般涅槃略説教戒經碑陳沼等唐大和元年四月八日造經題記（碑陰、碑側）
拓片高 177 厘米、寬 70 厘米　側高 183 厘米、寬 9 厘米　中國國家圖書館藏

佛說遺教
經一卷
奉為
尚書敬造
四月八日
建記
佛臨般涅槃略說教戒經
釋迦牟尼佛初轉法輪度阿若憍陳如最後說法度須跋陀羅所應度
無聲為諸弟子略說法要 汝等比丘於我滅後當尊重珍敬波羅
我佛世無異此也 持淨戒者不得販賣貿易安置田宅畜養人民奴
斬伐草木墾土掘地合和湯藥占相吉凶仰觀星宿推步盈虛曆
豫世事通致使命呪術仙藥結好貴人親厚媟慢皆不應作當自
供養知量知足取得供事不應畜積此則略說持戒之相戒是正順
定及滅苦智慧是故比丘當持淨戒勿令毀缺若人能持淨戒是則
戒為第一安隱功德住處 汝等比丘已能住戒當制五根勿令放逸
入苗稼若縱五根非唯五欲將無崖畔不可制也亦如惡馬不以轡制
禍殃及累世為害甚重不可不慎是故智者制而不隨持之如賊不
心為其主是故汝等當好制心心之可畏甚於毒蛇惡獸怨賊太
譬如狂象無鉤猨猴得樹騰躍踔躑難可禁制當急挫之無令放逸
當懃精進折伏汝心 汝等比丘受諸飲食當如服藥於好於惡
但取其味不損色香比丘亦尒受人供養取自除惱無得多求
令過分以竭其力 汝等比丘晝則勤心修習善法無令失時初
因緣令一生空過無所得也當令無常之火燒諸世間早求自度勿
眠不自覺悟煩惱毒蛇睡在汝心譬如黑蚖在汝室睡當以持戒之
是无慚人也慚恥之服於諸莊嚴最為第一慚如鐵鉤能制人非
則失諸功德有愧之人則有善法若无愧者與諸禽獸无相異也
恨亦當護口勿出惡言縱恚心則自妨道失功德利忍之為德持戒苦行
歡喜忍受惡罵之毒如飲甘露者不名入道智慧人也所以者何瞋之害
心甚於猛火常當防護无令得入劫功德賊无過瞋恚白衣受
無欲之人而懷瞋恚甚不可也譬如清冷雲中霹靂起火非所應
執持應器以乞自活自見如是若起憍慢當疾滅之增長憍慢
脫故自降其身而行乞也 汝等比丘諂曲之心與道相違是故宜
无是處是故汝等宜應端心以質直為本 汝等比丘當知多欲
無此患直爾少欲尚應修集何況少欲能生諸功德少欲之人則
9 洞 207 佛臨般涅槃略說教戒經(佛遺教經)碑額題及線刻佛造像(碑陽局部)

2 洞 207　佛臨般涅槃略說教誡經碑陳治等唐太和九年四月八日造經題記（碑陰局部）

9 洞 219
佛說十二佛名神咒校量功德除障滅罪經碑
史再榮四月八日造經題記（碑陽） 唐刻
拓片高 157 厘米、寬 61 厘米　中國國家圖書館藏

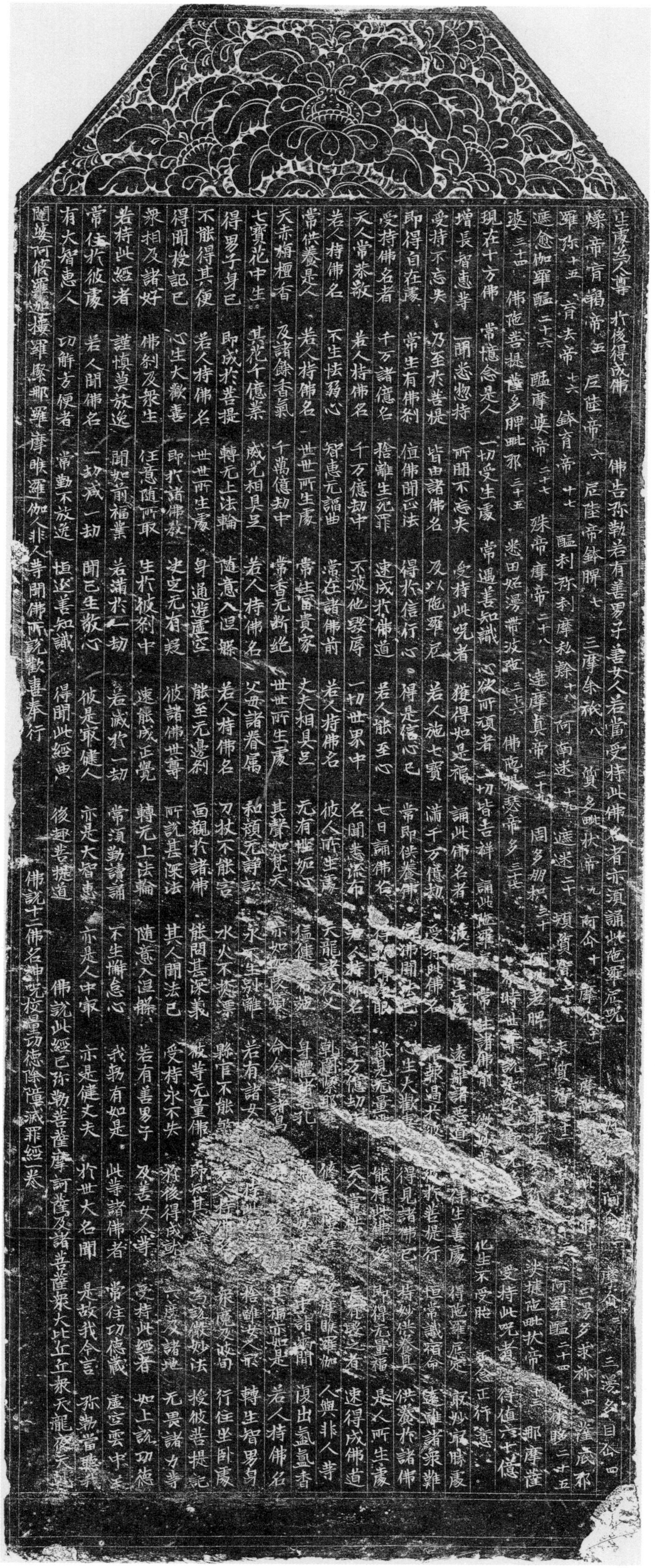

9 洞 219
佛説十二佛名神咒校量功德除障滅罪經碑
史再榮四月八日造經題記（碑陰） 唐刻
拓片高 155 厘米、寬 62 厘米　中國國家圖書館藏

奉為當家親情敬造十二佛說佛名神呪除滅罪障經一卷四月八日建

佛說十二佛名神呪校量功德除障滅罪經

我闍那崛多 敬礼常住體 遍滿於法界 毗盧遮那佛 如是我

五十人俱復有菩薩大衆一萬二千人俱阿逸多菩薩為首 尒時世

諸佛刹億百千微塵等過諸佛刹有一佛土名曰解脫主世界彼世界内有

頭摩瑠璃光寶體香最上香供養讃種種莊嚴頂髻無量無邊日月光

三狼三佛陁見在隨心欲行道遥在處說法 若善男子善女人犯四重

變為微塵一一微塵成於一刧是人有若干刧罪稱是一佛名号礼一拜者悉

議 而彼佛世界中有菩薩名无比无障礙王如来授彼菩薩記當得成

障礙眼圓滿十方放光照一切佛刹相王如来阿羅訶三狼三佛陁善逝世間

佛名曰一切莊嚴无垢光如来阿羅呵三狼三佛陁亦應當稱彼佛名亦修

辯才瓔珞思念如来阿羅呵三狼三佛陁亦應當稱彼佛名亦修恭敬亦

垢月相王名稱如来阿羅訶三狼三佛陁亦應當稱彼佛名亦修恭敬亦須稱

作光明如来阿羅訶三狼三佛陁亦應當稱彼佛名亦修恭敬亦須稱其名

如来阿羅訶三狼三佛陁亦應當稱彼佛名亦修恭敬亦須稱其名号亦

如来阿羅訶三狼三佛陁亦應當稱彼佛名亦修恭敬亦須稱其名号亦

阿羅訶三狼三佛陁亦應當稱彼佛名亦修恭敬亦須稱其名号亦須心

豎名稱如来阿羅訶三狼三佛陁亦應當稱彼佛名亦修恭敬亦須稱其

逆根如来阿羅訶三狼三佛陁亦應當稱彼佛名亦修恭敬亦須稱其

王相似如来阿羅訶三狼三佛陁亦應當稱彼佛名亦修恭敬亦須稱其名

信善男子正信善女人稱此十二諸佛名号之時經於十日當修懺悔一切諸罪

善根迴向法界是時即得滅一切諸罪得淨一切業障即得具足成就莊嚴

薩眷屬圍繞復得具足无量陁羅尼復得具足无量三昧復得具足如意

增不減在於煩惱中行阿耨多羅三狼三菩提而得端正可喜果報亦得財

屬圍遶 尒時世尊重宣此義而說偈言 若有善男子 若善女

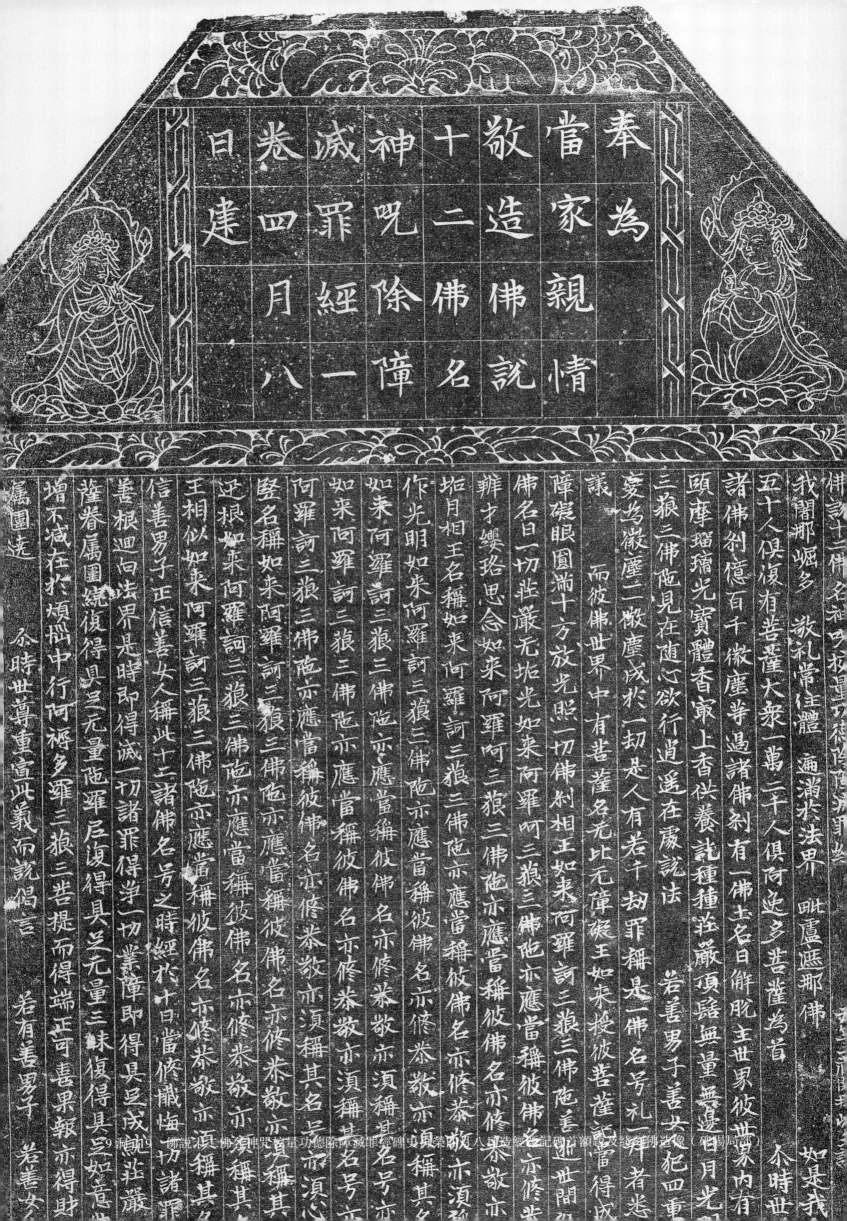

9 洞 219 佛說十二佛名神呪校量功德除障滅罪經碑 史興榮四月八日造經碑記碑首額題及綫刻佛造像（碑陽局部）

生處為人尊　於後得成佛　佛告弥勒若有善男子善女人若當受持此佛名者亦須
爍帝　肓鵨帝五　尼陛帝六　尼陸帝鉢髀七　三摩余祇八　質多毗狀帝九
羅弥十五　肓去帝十六　鉢肓帝十七　醓利弥利摩私蜍十八　阿南迷十九　遮迷二十
遮愈伽羅醓二十六　醓摩婆帝二十七　殊帝摩帝二十八　達摩真帝二十九　周多朋枳
婆三十四　佛陁菩提薩多髀毗邪三十五　迷田姤湯帶波陁三十六　佛陁根瑟帝多三十七
現在十方佛　常憶念是人　一切受生處　常遇善知識　心彼所須者　一切皆吉祥　誦此
增長智惠等　一聞悉惣持　所聞不忘失　受持此呪者　獲得如是福　誦此佛名者
受持不忘失　乃至於菩提　皆由諸佛名　及以陁羅尼　若人施七寶　滿千万億劫
即得自在處　常生有佛剎　值佛聞正法　得於信行心　得是信心已　常即供養佛
受持佛名者　千万諸億名　捨離生死罪　速成於佛道　若人能至心　七日誦佛名
天人常恭敬　若人持佛名　千万億劫中　不被他毀辱　一切世界中　名聞悉流布
若人持佛名　不生怯弱心　智惠无諂曲　當在諸佛前　若人持佛名　彼人亦生處
常供養是人　若人持佛名　世世所生處　常生富貴家　丈夫相具足　无有嫉妬心
天赤栴檀香　及諸餘香氣　千萬億劫中　常香无斷絶　世世所生處　其聲如梵天
七寶花中生　其花千億葉　威光相具足　若人持佛名　父母諸眷屬　和顏无諍訟
得男子身已　即成於菩提　轉无上法輪　隨意入涅槃　若人持佛名　刀杖不能害
不能得其便　若人持佛名　世世所生處　身通遊虛空　能至无邊剎　面覲於諸佛
得聞授記已　心生大歡喜　即於諸佛教　決定无有疑　彼諸佛世尊　所說甚深法
衆相及諸好　佛剎及衆生　任意隨所取　生於彼剎中　速能成正覺　轉无上法輪
若持此經者　謹慎莫放逸　聞如前福業　若諸於一劫　若滅於一劫　常須勤讀誦
常住於彼處　若人聞佛名　一劫減一劫　聞已生敬心　彼是寂健人　亦是大智惠
有大智惠人　巧解方便者　常勤不放逸　恒近善知識　得聞此經典　後趣菩提道
闥婆阿脩羅迦樓羅緊那羅摩睺羅伽人非人等聞佛所說歡喜奉行　佛說

9 洞 219　佛說十二佛名神咒校量功德除障滅罪經碑史正榮四月八日是造經題記 碑陰局部

9 洞 228
須摩提長者經碑造經題記　唐刻
拓片高 154 厘米、寬 62 厘米
中國國家圖書館藏
　　額題即爲造經題記。

須摩提長者經一卷
阿鋡正行經一卷

須摩提長者經　一名會諸佛前亦名如来所説示現衆生　吴月支優婆塞支謙譯
如是我聞一時佛在舍衛国祇洹精舍與大比丘衆五百人俱尒時世尊時到著衣持鉢與……
懸大喚悶絶于地或有喚父母兄弟者或有呼夫主大家如是種種號哭又有持土而自坌……
根又如失水之魚宛轉在地又如斬截大樹崩倒狼藉以如是楚毒而加其身尒時世尊知而故問諸……
子宗親知識為恩愛所縛故如是迷亂唯願世尊為度一切故可往至彼諸佛世尊不以无請而有……
尊各以手拭面前来迎佛既至佛所頭面礼足却坐一面哽噎不能發言正欲歎以敬佛故不敢出自……
白佛言世尊是城中唯有此人聰明智慧端正殊妙年既盛壯於諸人中為无有上我昔念……
倉庫盈溢珍寶具足又有車馬飲食醫藥床臥具奴婢使人如是遊備一旦命終是故我等……
恚愚癡諸結根本得度生老病死之岸永離憂悲苦惱之海所生之處值遇諸佛善知識會……
大衆汝等欲離生老病死憂悲苦惱者莫復念是恩愛之縛攝心正見歸命三寶所以者何……
法即為長歎尒時世尊即説偈言　十方世界中　生者无不死　生死往来道　唯法……
告大衆殺生偷盗邪婬妄語兩舌惡口綺語嫉妬恚癡是名十惡人行是十惡名之為……
諸持戒有德沙門如是之人亦名為死復告大衆若有慳貪嫉妬憍慢自大不持禁戒……
之善揚他之非好自貢高不能親近沙門梵志不聞正法如是之人亦名為……
墮名之為死　好行諸惡者　所生墮惡道　若人行諸惡　今身名為……
得富貴心无有異恒觀无常不為己有過死處毒……
不違失　尒時世尊而説偈言　若有衆生於世間　得大富貴而不憍慢　行憍慢者……
有憍慢者　乃名為死　復告大衆汝當知有生老病死今世後世精神輪轉更受形……
而説偈言　无常計有常　不淨計有淨　無苦謂言樂　无我計有我　衆生生死中　深……
斷除三毒本　必能得成就　无上之大法　復告大衆以結使故起諸因緣以因緣故生……
偈言　縁諸結使故　生衆惡因縁　由是因縁故　而受无量苦　以受諸苦……
野馬等无異　无量諸行等　其性如芭蕉　一切諸心識　猶如幻……
火風亦不至後世所以者何地无覺无知四大无識地即虚偽四大合成以是因縁不至後……
柔弱无堅強今至後世終无有是處　復告大衆眼不至後世耳鼻舌身意亦不……

洞窟28　須摩提長者經碑碑首額題及线刻佛造像

9 洞 230　金剛三昧經碑序品史懷寶石幢南百姓等唐大和二年四月八日造經題記（碑陽、碑側）
拓片高 197 厘米、寬 71 厘米　側高 203 厘米、寬 10 厘米　中國國家圖書館藏
司空指李載義。

9洞230　金剛三昧經碑序品史懷賓石碹南百姓等唐大和二年四月八日造經題記（碑陰、碑側）
拓片高196厘米、寬72厘米　側高205厘米、寬10厘米
中國國家圖書館藏

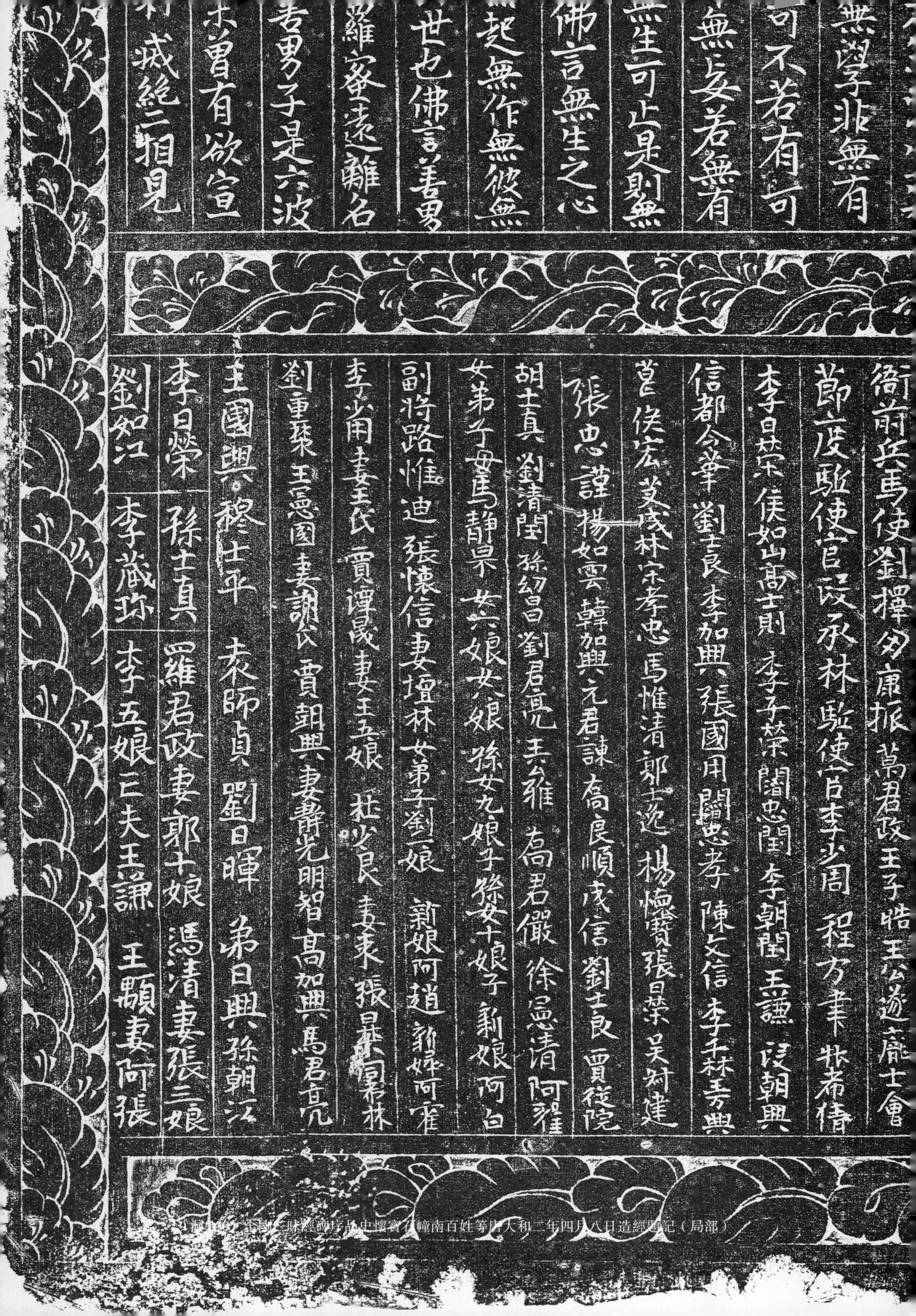
無學非無有
可不若有可
無妄若無有
無生可止是則無
佛言無生之心
起無作無彼無
世也佛言善男
羅蜜遠離名
者男子是六波
未曾有欲宣
戒絕三相見

衙前兵馬使劉擇 康振 葛君政 王子皓 王公遂 蔚士會
節度驅使官段承林 驅使官李少周 程方秉 張希倩
李日榮 侯如山 高士則 李子榮 閻忠閏 李朝閏 王讜 段朝興
信都令華 劉士良 李加興 張國用 閻忠孝 陳文信 李千林 秀興
葛侯宏 支茂林 宋孝忠 馬惟清 郭士逸 楊懷賓 張日榮 吳討建
張忠謹 楊如雲 韓加興 元君諫 高良順 成信 劉士良 賈從院
胡士真 劉清閏 孫幼昌 劉君亮 王公雅 高君儼 徐思清 阿羅
女弟子安馬靜 果 女六娘 女八娘 孫女九娘子 孫女十娘子 新娘 阿白
副將路惟迪 張懷信 妻壇林 女弟子劉一娘 新娘 阿趙 新婦 阿霍
李尚 妻王氏 賈譚晟 妻王五娘 杜少良 妻秉 張日華 阿君林
劉重棐 王惡國 妻郭氏 賈朝興 妻壽光明智 高加興 馬君亮
王國興 穆士平 表師貞 劉暉 弟日興 孫朝江
李日榮 孫士真 羅君政 妻郭十娘 馮清 妻張三娘
劉如江 李藏珎 李五娘 三夫王諫 王顒 妻阿張

9 洞230 金剛三昧經碑序品史懷寶石幢南百姓等唐大和二年四月八日造經題記（局部）

薩二千人俱
睺羅伽人非人
到三昧身心不動
除聞者皆出世
皆長菩提芽
知見唯佛菩
之真實令彼
無生於化不生
佛慈悲為我
以何法覺令彼
有令滅生性
去我等今

後軍副都將銀青光祿大夫試太子賓客兼監察御
史殿中侍御史李惟岸 昌平縣令陽倫 男進環
堂前親事將擢拔太子左贊善兼監察御史史懷贇
劉利用妻王氏 男幽州節度推官朝請郎試大理評事兼監察御
史賜緋魚袋居貞 男元瞻 紉男元殷施
堂前親事將軍李少清 將仕郎前守幽州薊縣尉攝府市令陳瑩
堂前親事將軍趙德用
妙香林王承興 趙昇進 閻少閏 纏士堅 張万興
節度驅使官馬仲穎 夏幽晟 張日興 李惠昌 龐演
使宅散虞候王協 判官毛伊遷 母李氏 突將金士興 王乃金
孫如泉 杜常寬 信都忠諫 杜英華 王惟烈 呂進 孫李祖
使宅判官節度驅使官李廷昌 弟廷金 劉建 安年
將雲麾將軍守左武衛將軍劉仲連 南院驅使官崔知慶
王建政 王文 王孝義 男長順 男万華 男万昌 男万平

9 洞 233
佛説鬼子母經碑石𥕢下社人等爲僕射唐開成三年四月八日造經題記（碑陽）
拓片高 151 厘米、寬 64 厘米
中國國家圖書館藏

僕射指史元忠。中晚唐刻經多爲祈福功德，已失去了初唐静琬以來保存經本的初衷。此碑下端及碑陰皆預留大面積功德主題名位置，另在碑首多雕綫刻佛菩薩造像或花卉圖案，即爲典型。

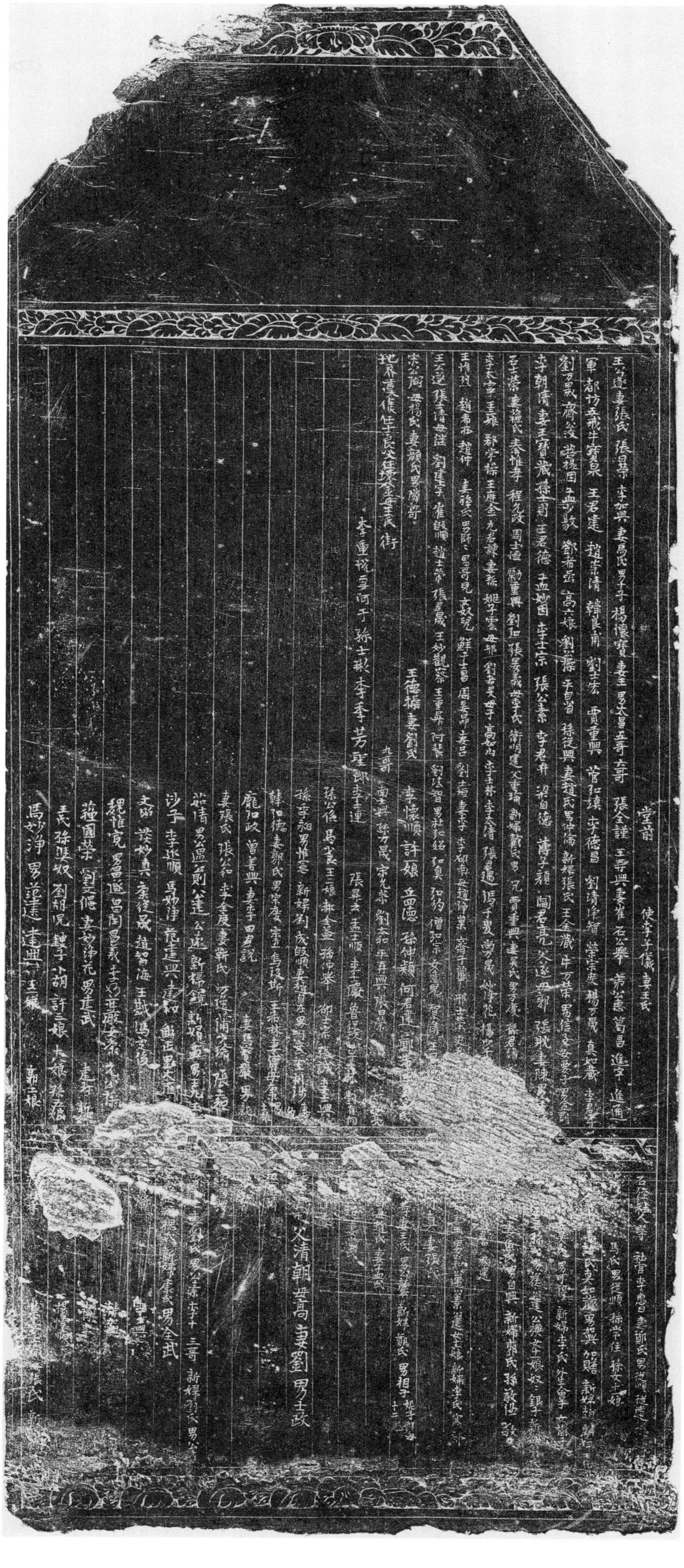

9 洞 233
佛説鬼子母經碑石經邑社人等爲僕射唐開成三年四月八日造經題名（碑陰） 唐刻
拓片高 151 厘米、寬 64 厘米
中國國家圖書館藏

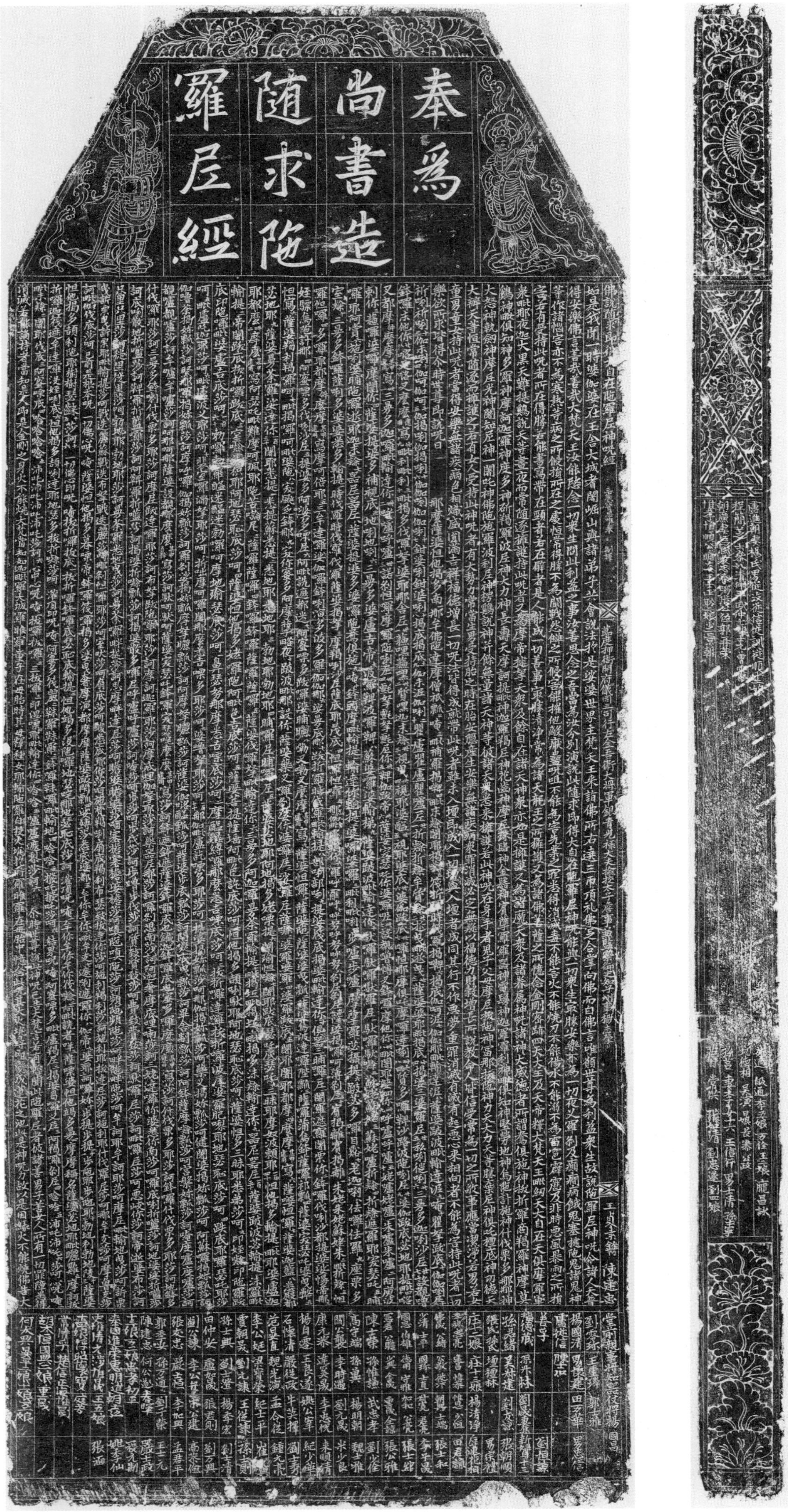

9 洞 235　佛説隨求即得大自在陁羅尼神咒經碑楊志榮等造經題記（碑陽、碑側）唐刻
拓片高 187 厘米、寬 70 厘米　側高 192 厘米、寬 10 厘米　中國國家圖書館藏

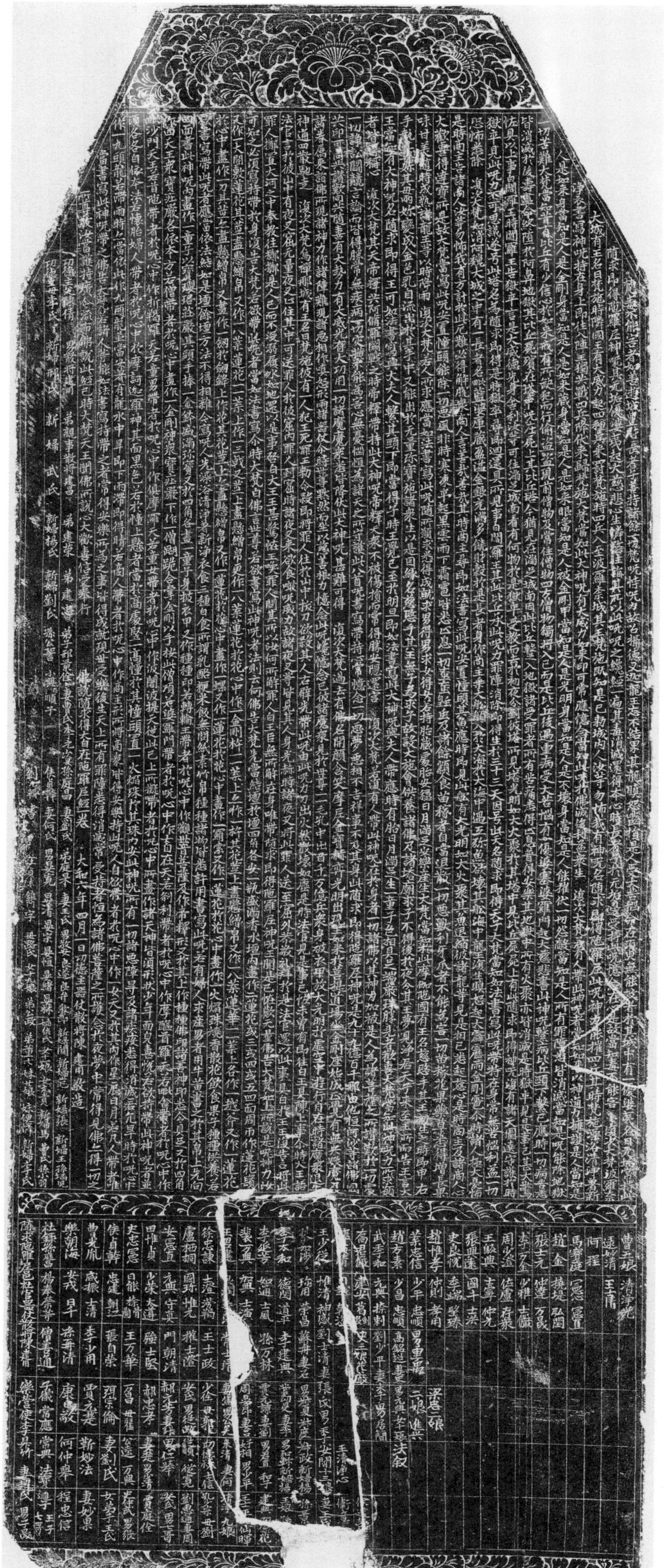

9 洞 235　佛説隨求即得大自在陁羅尼神咒經碑陳建用等唐大和六年四月一日造經題記（碑陰、碑側）
拓片高 186 厘米、寬 73 厘米　側高 187 厘米、寬 10 厘米　中國國家圖書館藏

奉為尚書造
隨求陁羅尼經

9 桐 235 人佛說隨求即得大自在陀羅尼神咒經碑（陳建[illegible]等造）天和六年四月[illegible]日 [illegible]

9 洞 239
大方等修多羅王經大乘百福相經碑
張允伸唐咸通四年四月八日造經王慶賓鐫書題記
拓片高 146 厘米、寬 62 厘米
中國國家圖書館藏

9 洞 239　大方等修多羅王經大乘百福相經碑碑首額題及綫刻佛造像

9 洞 239　大方等修多羅王經大乘百福相經碑張允伸唐咸通四年四月八日造經王慶賓鐫書題記

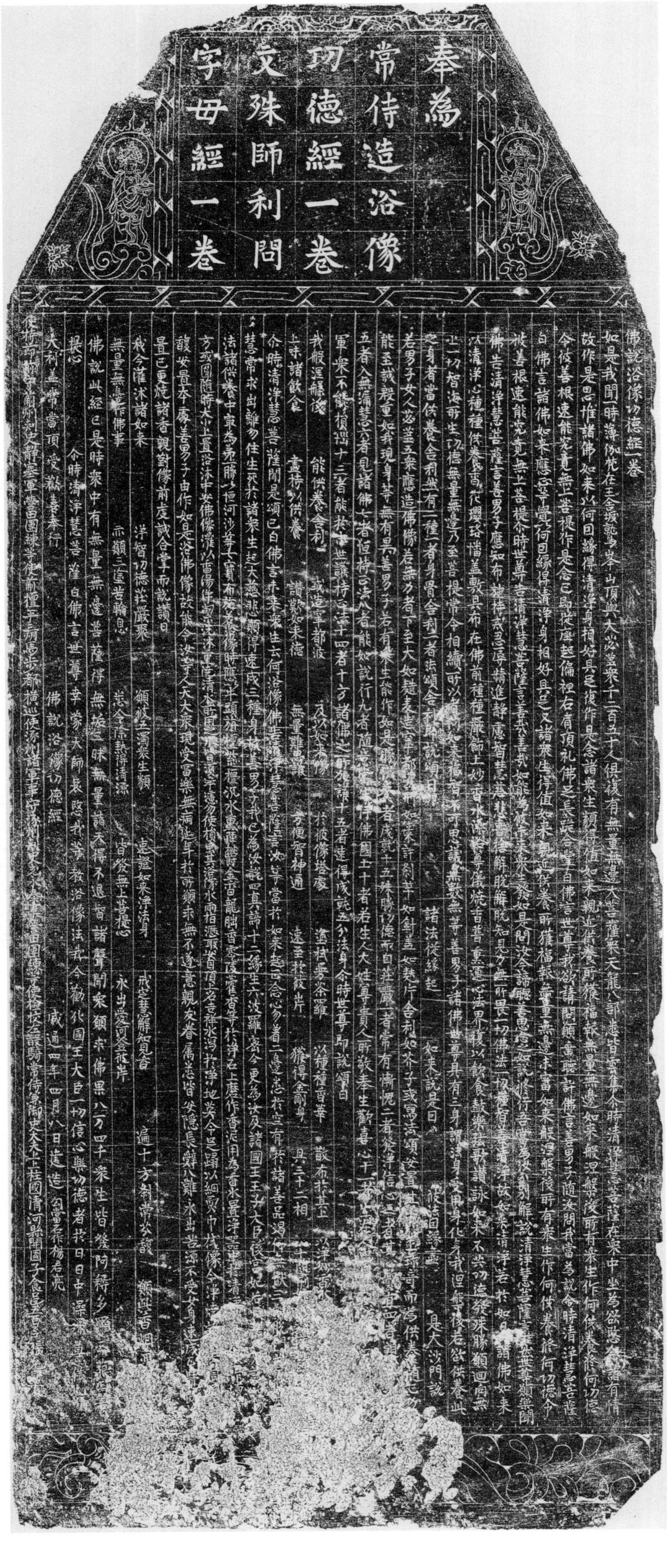

9 洞 244
佛說浴像功德經碑張允皋唐咸通四年四月八日造經題記（碑陽）
拓片高 145 厘米、寬 60 厘米
中國國家圖書館藏

9洞244
文殊師利問經字母品經碑（碑陰）
唐刻
拓片高148厘米、寬59厘米
中國國家圖書館藏

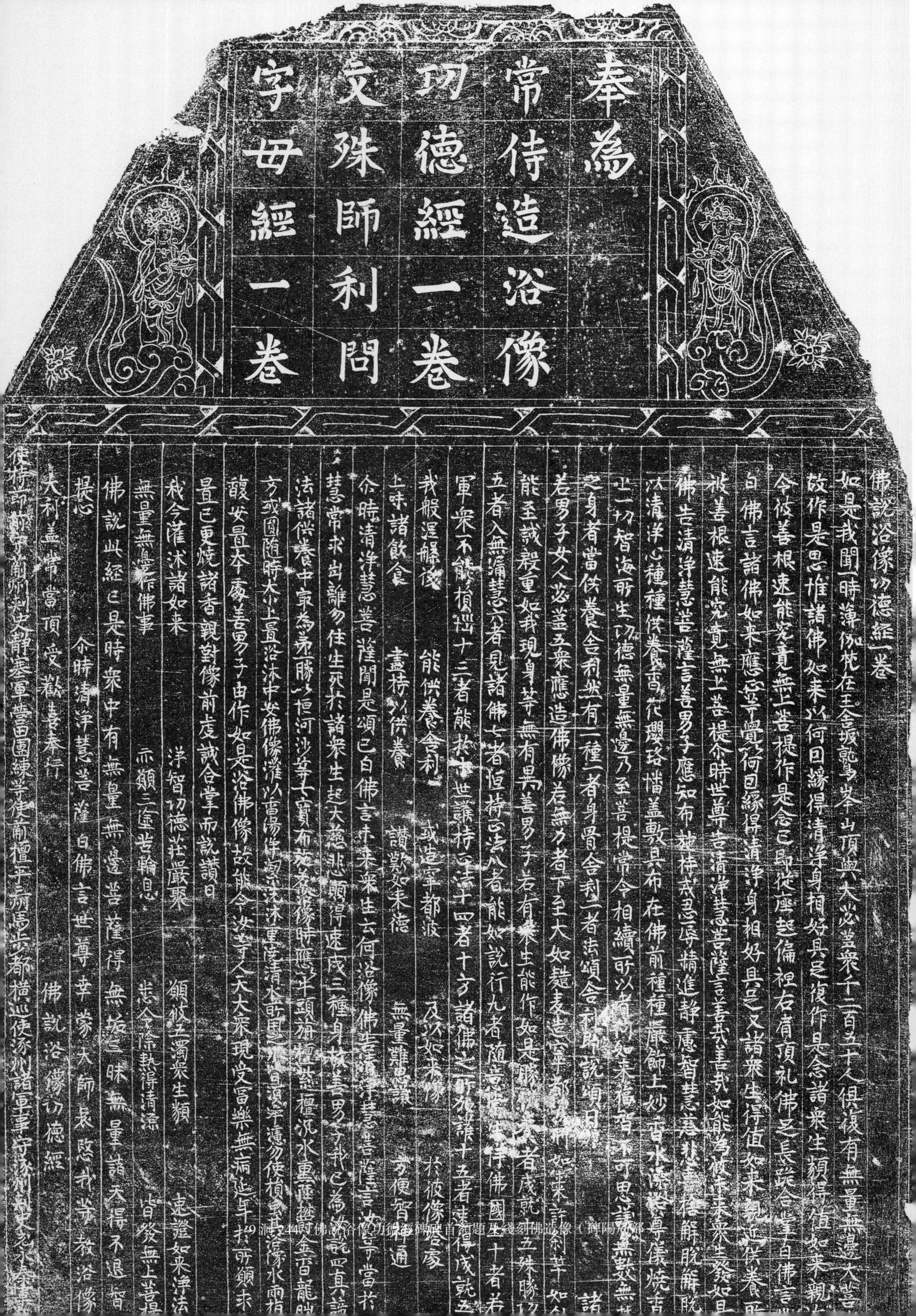
奉為常侍造浴像功德經一卷文殊師利問字母經一卷
佛說浴像功德經一卷

图244 唐佛說浴像功德經碑碑首額題及綫刻佛造像（碑陽局部）

9 洞 244　文殊師利問經字母品經碑碑額綫刻佛造像（碑陰局部）

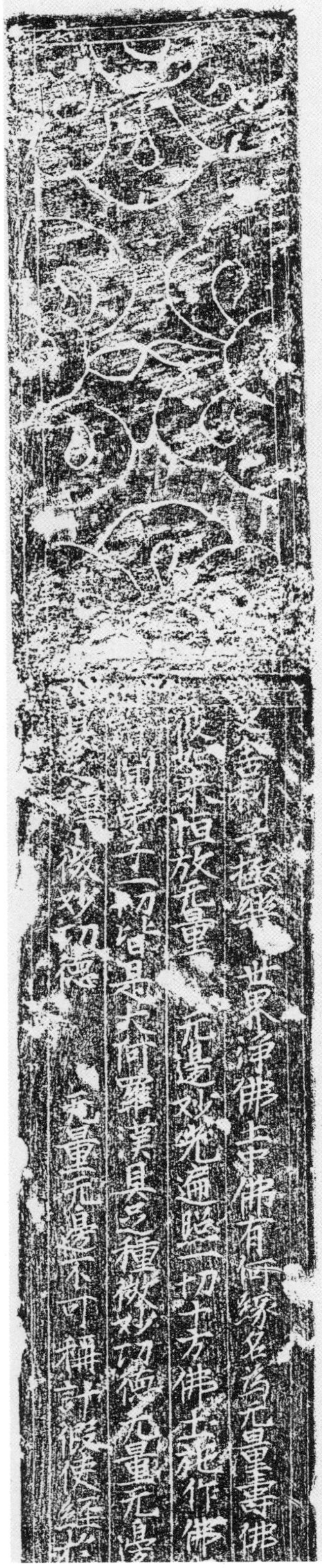

（碑側局部）

9 洞 245　稱讚淨土佛攝受經碑張允伸唐大中七年四月八日造經題記（碑陽、碑側）

拓片高 180 厘米、寬 70.5 厘米　側高 178 厘米、寬 23.5 厘米　中國國家圖書館藏

據智昇《開元釋教録》卷八，此經爲唐永徽元年（650）玄奘法師譯出，是與姚秦鳩摩羅什譯《阿彌陁經》的同本异譯。

9 洞 245　稱讚淨土佛攝受經碑張允伸唐大中七年四月八日造經題記（碑陰、碑側）
拓片高 181 厘米、寬 70.5 厘米　側高 178 厘米、寬 23.5 厘米　中國國家圖書館藏

9 洞 248
佛説佛大僧大經碑盧季初送經題記　唐刻
拓片高 156 厘米、寬 62 厘米
中國國家圖書館藏

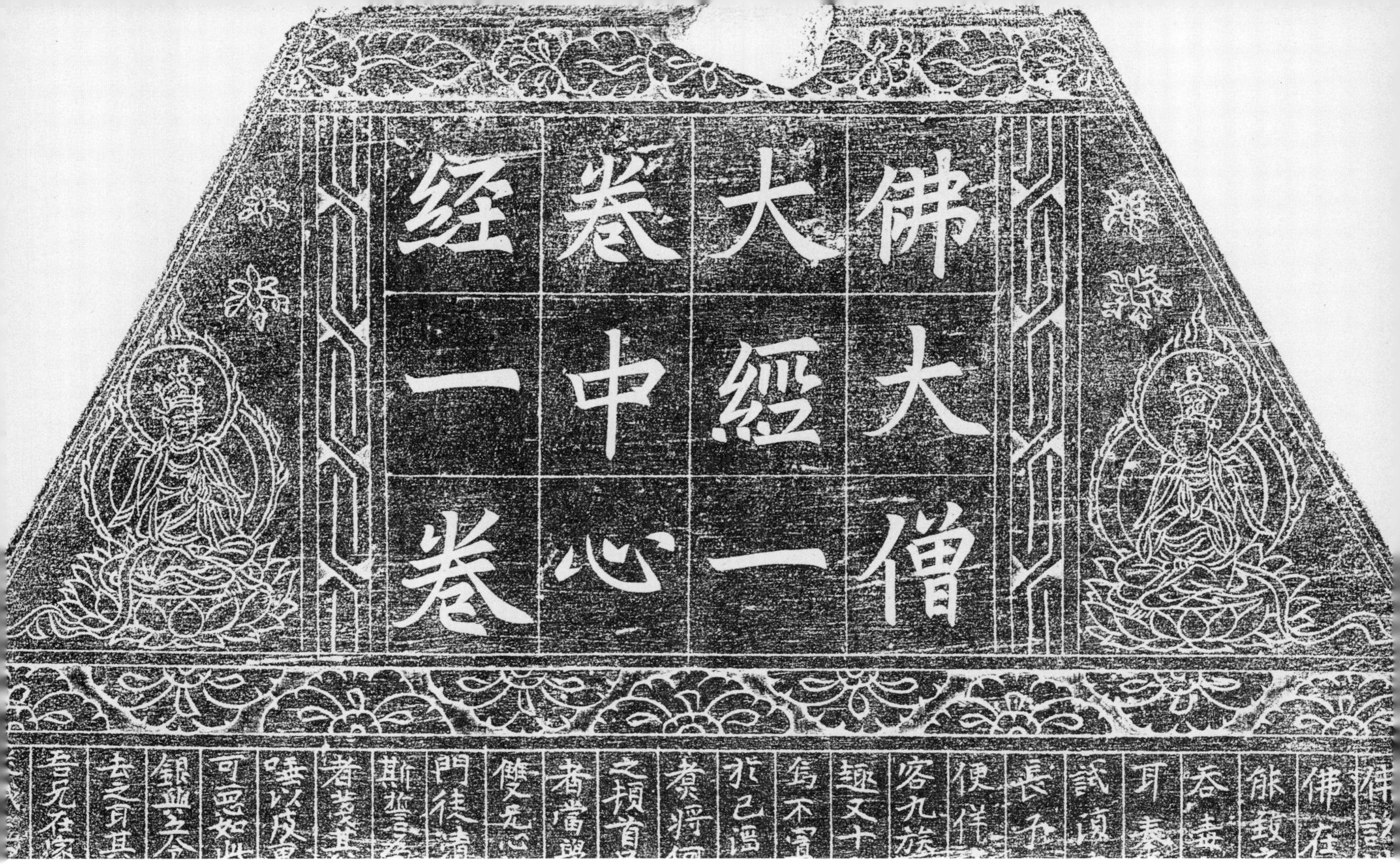

9 洞 248　佛説佛大僧大經碑碑首額題及綫刻佛造像

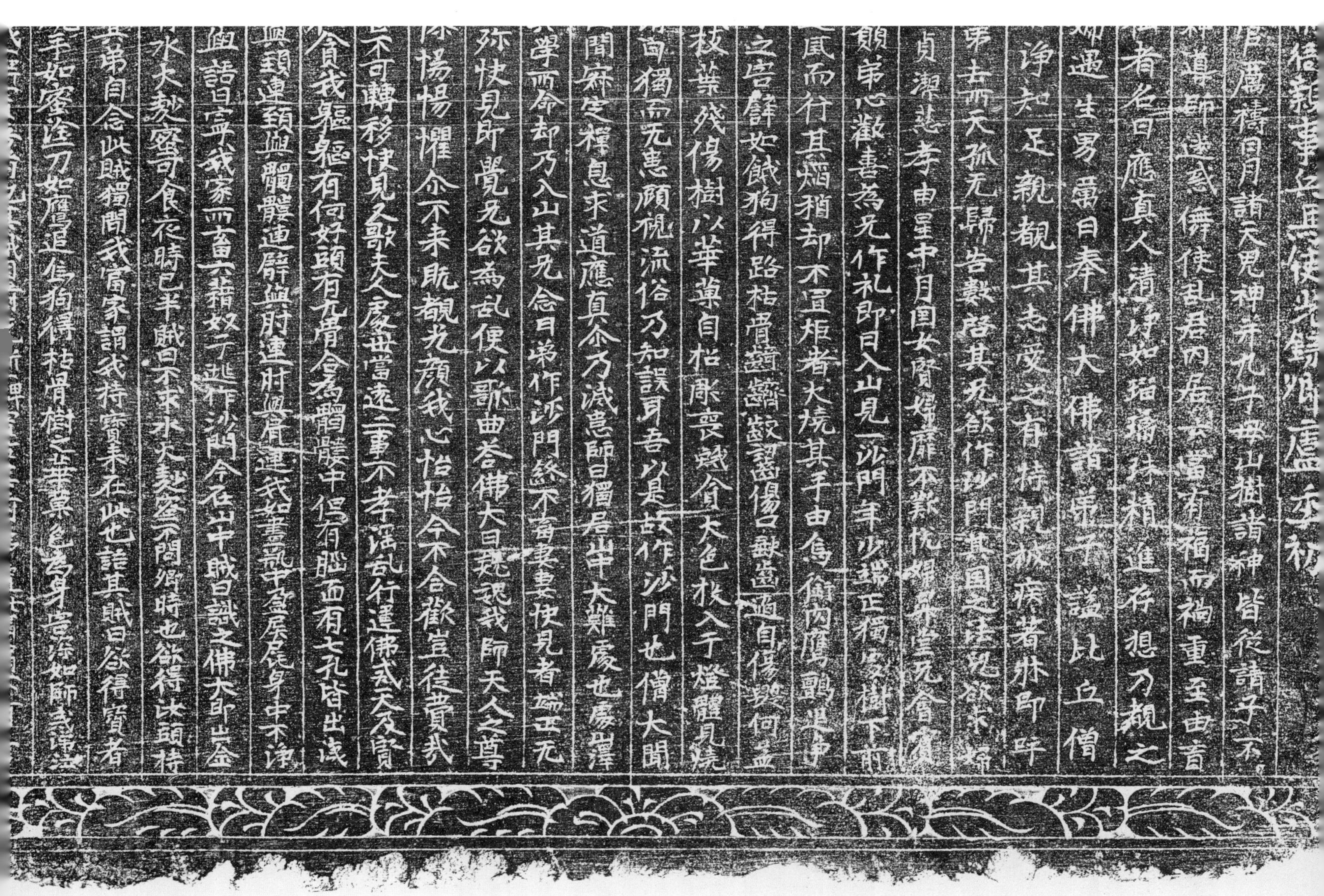

9 洞 248　佛説佛大僧大經碑盧季初送經題記（局部）

南方天王
北方天王
羅東門百姓
奉為司空敬造石
經一條送往
大石經花嚴
堂四月八日
建記
佛說鴦掘摩經

9 洞 251
佛説鴦掘摩經碑羅東門百姓邑人等唐大和二年四月八日爲司空造經題記（碑陽、碑側）
拓片高 175 厘米、寬 67 厘米
側高 179 厘米、寬 10 厘米
中國國家圖書館藏
司空指李載義。

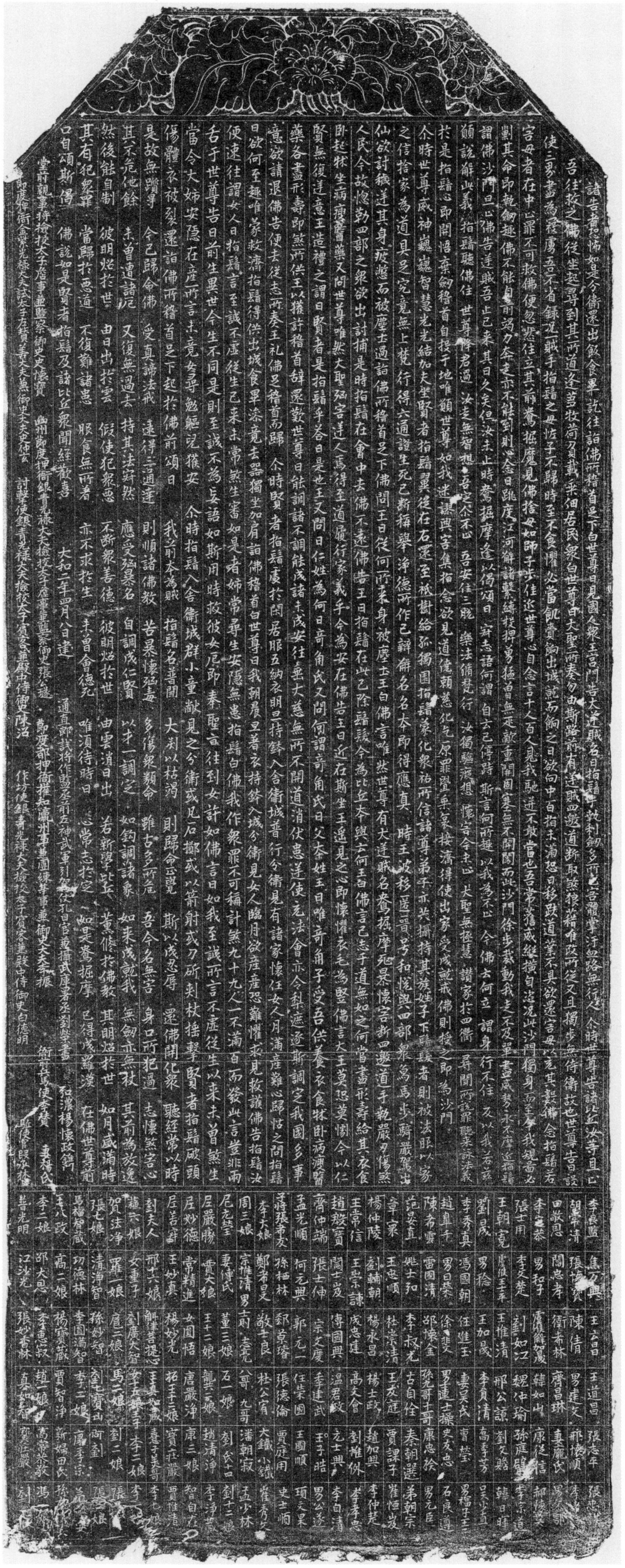

9 洞 251
佛説鴦掘摩經碑史懷寶等造經題記（碑陰、碑側）
拓片高 174 厘米、寬 67 厘米
側高 178 厘米、寬 10 厘米
中國國家圖書館藏

南方天王
羅東門百姓
奉為
司空敬造石
經一條送往
大石經花嚴
堂四月八日
建記
北方天王

9 洞 251　佛説鴦掘摩經碑羅東門百姓邑人等唐大和二年四月八日爲司空造經題記碑首額題及綫刻佛造像（碑陽局部）

晉三藏竺法護譯

國與大比丘五百衆俱舍衛城中有異梵志博綜三經無所
不稟仰國老諮諏群儒宗焉門徒濟濟有五百人上首弟
壯士手能接飛走先奔馬聰慧才辯志性和雅安祥敏達一無疑
滯往造指鬘而謂之曰觀尒顏采有堂堂之容推其年齒相
惶懅怖懼毛衣起豎踞而荅曰夫人比母師則當父猥垂斯
日飢者與食渴給水漿有何非法寒施溫衣熱惠清涼
法指鬘荅曰趣惠急寬濟窮頓貧無非法夫人母也師之
衆師室聞之即懷愧恨歸自摧滅裂衣蒙對金黃面陽愁
相黲黷室人諧曰君常所歎聰慧弟子柔仁貞潔履行無闕
反而被陵侮摧悴委頓是以受辱不能自起師聞悵然意懷感怒
黯默深咎不道穢濁闇問上下失序進退沉吟將如之何乃伊邑數日
之指以鬘其頸煞人之罪罪莫大焉不加楚酷必就辜戮現受危殁
指鬘而告曰卿之聰慧所學周密升堂入室精生無首唯之一要未施行
劍畏於四衢躬煞百人人取一指以為傳飾至于日中使百指滿設勤
聞告愕懼心懷愁戚設違教旨非孝弟子順而行之畏陷失理
通則梵志法超上梵天則梵志法令暴伐煞非法失理躊躇懊惱當
孝養父母則梵志法修為衆善則梵志法不正歸則梵志法柔和
禍袚亂其心瞋目噴吒四顧遠視如鬼師子如虎狼獸跳騰馳踊色狠可
煞害莫不迸怖值無遺脫去來往反而無覺者無數之衆
要路害人不少唯願天王為民除患時諸比丘入城分衛見

邑人高士則 邑人顏重興 李審漢 劉仲苕 潘士清 何少從
邑人李孝直 邑人李三娘 薄子昂 王封文 馬少誠 弟少直
邑人康忠振 邑人劉妙巢 張季和 賈惟則 張士用 韓繼忠
邑人趙奉鸞 邑人劉文諒 一維李榮 張仁泰 楊清潭 郭朝俊
邑人劉榮 邑人楊士清 孫万林 樊忠順 張興遂 田和罰
邑人張各昌 張士斡 劉惠端 劉偍 郭從思 章元立
邑人衛重榮 盧封安 楊懷政 焦林 石琼 張春榮
邑人周忠嗣 盧封宏 劉遷 李慶芳 鄭元慶 石庭林
邑人劉建峯 張惟沆 楊文晟 張仲平 顏重興 弟重用
邑人李朝順 白少榮 何儼 張士春 王封危 李封儼
邑人王孝誠 龐建華 黃孝從 李興 康一万崀 何士均
邑人趙日進 張季和 許朝俊 盧元安 孟光晟 任士清
邑人孫加朝 劉進朝 虞季和 郭慶文 郝從政 陳文習
邑人周希光 安弘 張旭信 苑公簡 王惟忠 陳元聦
邑人王日進 顏朝清 張昇 王季杲 徐昌榮 張惟平
邑人盧栖桐 張景擇 李万芳 薛士深 劉如江 黃允睦
邑人胡賞覓 袁志玄 竇伯怖 王少用 觀音奴 季建方
邑人邢万全 盧長清 男栖嵒 石惟楚 張玄封 王君政
邑人丁光澤 劉進榮 李良 李惟則 李憲直 杜士寬
邑人朱國興 高士平 李仲則 楊士林 張憲清 李朝岸
邑人張國興 弟士則 弟士寧 杜一娘 白文用 王暹
邑人李善才 劉三娘 溫寶檀 朱十五娘 張四娘 郭四娘
邑人侯子興 真如 盧八娘 王三娘 男意子 李淨藏
邑人康日進 孫八娘 董惠觧 史八娘 馬一娘 程大娘
邑人張常英 孫氏 劉一娘 高一娘 王真嚴 石十二娘
邑人萬君政 陳一娘 何三娘 燈光明 趙五娘 張七娘
邑人李朝清 扈三娘 辛六娘 高氏 董大德 許一娘
邑人王士清 嚴五娘 賈子性 孫四娘 栗常見性 韓十五娘
邑人高君用 張一娘 妹二娘 宋常清淨 楊大娘 王妙智
邑人張惟滔 張五娘 孟二娘 王良旻 男仲逵 崔持忒
邑人焦公平 李一娘 李歡喜光 妻劉 孫男公欽 馬常清淨
邑人劉昌晟 女劉八 彭城劉氏 孫男公鋅 李一娘 寶莊嚴

9 洞 251　佛説鴦掘摩經碑羅東門百姓邑人等唐大和二年四月八日爲司空造經邑人題名（碑陽局部）

9 洞 252
大乘伽耶山頂經佛說決定總持經碑造經題記　唐刻
拓片高 175 厘米、寬 67 厘米　中國國家圖書館藏
"持"字有改刻痕。

大乘伽耶山頂經佛說決定總持經

大乘伽耶山頂經　南天竺國沙門菩提留志等奉　制譯
如是我聞一時婆伽婆住伽耶城山頂精舍與大比丘衆一千人俱其先悉是長髮梵志皆阿羅漢諸漏已盡所作已辦捨諸重擔
察法界作是念言我已證菩提已得羅智惠已辦所應已作捨諸重擔已出生死曠野已捨離無明獲於智明已拔毒箭
能現證已證當證為身證耶為心證乎若身證者身是頑鈍無覺無思猶如草木塊礫瓦石從於四大父母所生無常敗壞
實无相狀無來无去不出不入過於三界无有處所不可見聞不可憶念離攀緣處非戲論境無所无文字不可動搖不
覺及當成者若能如是无證无成乃得名為成正覺耳何以故菩提者離於一切變動相故　尒時文殊師利菩薩摩訶薩
尊何者是菩提相佛言文殊師利菩提相者獨起三界雖隨世俗而有名字遠離一切音聲言說諸菩薩衆發趣菩
菩提之道文殊師利趣於无自性是趣向菩提趣於无處所有趣向菩提趣於法界性是趣向菩提趣於一切法中无所執着是
殊師利菩薩言大士諸菩薩摩訶薩修習何行依行處修文殊師利菩薩言天子諸菩薩摩訶薩修大悲行依於一切衆
於一切衆生平等心起又問於一切衆生平等心依何而起答言依於入非一非異法性心起又問入非一非異法性依何而起
便慧起又問方便慧依何而起答言依不放逸起又問不放逸依何而起答言依三種淨行起又問三種淨行依何而起答
言依觀察心起又問觀察心依何而起答言從憶持不忘起　尒時淨月盛光天子復問文殊師利菩薩言大士諸菩薩發
住發心三者不退轉發心四者一生補處發心應知初發心為解行住因解行住發心為不退轉因不退轉發心為一生補處因一生
果實成熟　復次天子第一發心如造車人先集於材第二發心如得材已各別治淨第三如彼匠人造車成就第四發心如
如萌月至十五夜一切光色悉皆圓滿復次天子第一發心起聲聞地第二發心起辟支佛地第三發心起不定地第四發心住決
論　復次天子第一發心菩薩住因第二發心菩薩住智第三發心菩薩住斷第四發心菩薩住果　復次天子第一發心因
而起　復次天子第一發心因差別分第二發心智差別分第三發心斷差別分第四發心果差別分　復次天子第一發心如
三發心學得解了第四發心學得自在　尒時會中有天子名決定光明白文殊師利菩薩言大士何者是菩薩摩訶
道疾得阿耨多羅三藐三菩提云何為二一者方便道二者般若道方便道者攝諸善法般若道者了知簡擇又方便道者不捨
之相般若道者能知法界无差別理方便道者能具莊嚴諸佛国土般若道者能知諸佛国土平等方便道者能知衆生
疾道云何為二一者資糧道二者決擇道資糧道者謂施等五波羅蜜決擇道者謂波羅蜜有著道有
二種速疾道所謂智道及以斷道智道者謂從初地至第七地斷道者從於八地至第十地　尒時會中有菩
合智是和合勇修智信菩薩言大士以何因故義非和合智是和合文殊師利菩薩言善男子義是无為無
復次善男子智唯是和合非不和合勇修智信菩薩言大士何因緣故智唯是和合非不和合文殊師利菩薩
十種智何等為十一者因智二者果智三者義智四者方便智五者般若智六者攝智七者波羅蜜智八者
發起何等為十一者身發起為一切衆生淨治身業故二者口發起為一切衆生淨治口業故三者心發起為衆生
者国土發起示現一切佛剎功德莊嚴故八者教化衆生發起智諸煩惱病藥故九者真實發起能成就決
訶薩有十種行何等為十一者波羅蜜行二者攝物行三者般若行四者方便行五者大悲行六者求惠資糧
子菩薩摩訶薩有十種无盡觀何等為十一者身无盡觀二者事无盡觀三者法无盡觀四者愛无盡觀五者
名菩薩摩訶薩十種无盡觀　復次善男子菩薩摩訶薩有十種周大行何等為十一者調大堅

9洞1252《大乘伽耶山頂經佛說決定總持經》碑碑首額題及刻經題記及線刻佛造像

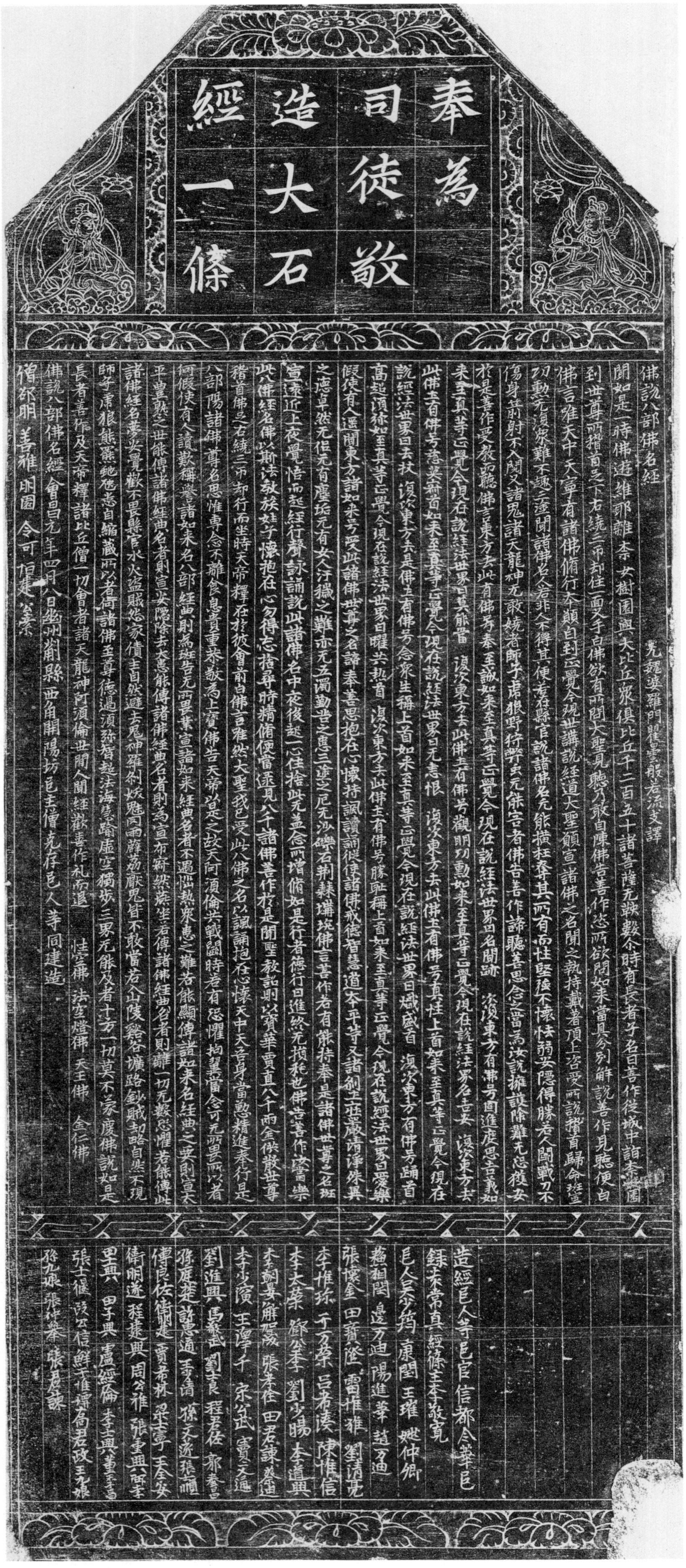

9 洞 279
佛説八部佛名經碑幽州薊縣西角開陽坊邑社人等唐會昌元年四月八日爲司徒造經題記（碑陽）
拓片高 143 厘米、寬 60 厘米
中國國家圖書館藏
司徒指張仲武。

9 洞 279
佛説八部佛名經碑邑社人等造經題名（碑陰） 唐刻
拓片高 141 厘米、寬 61 厘米
中國國家圖書館藏

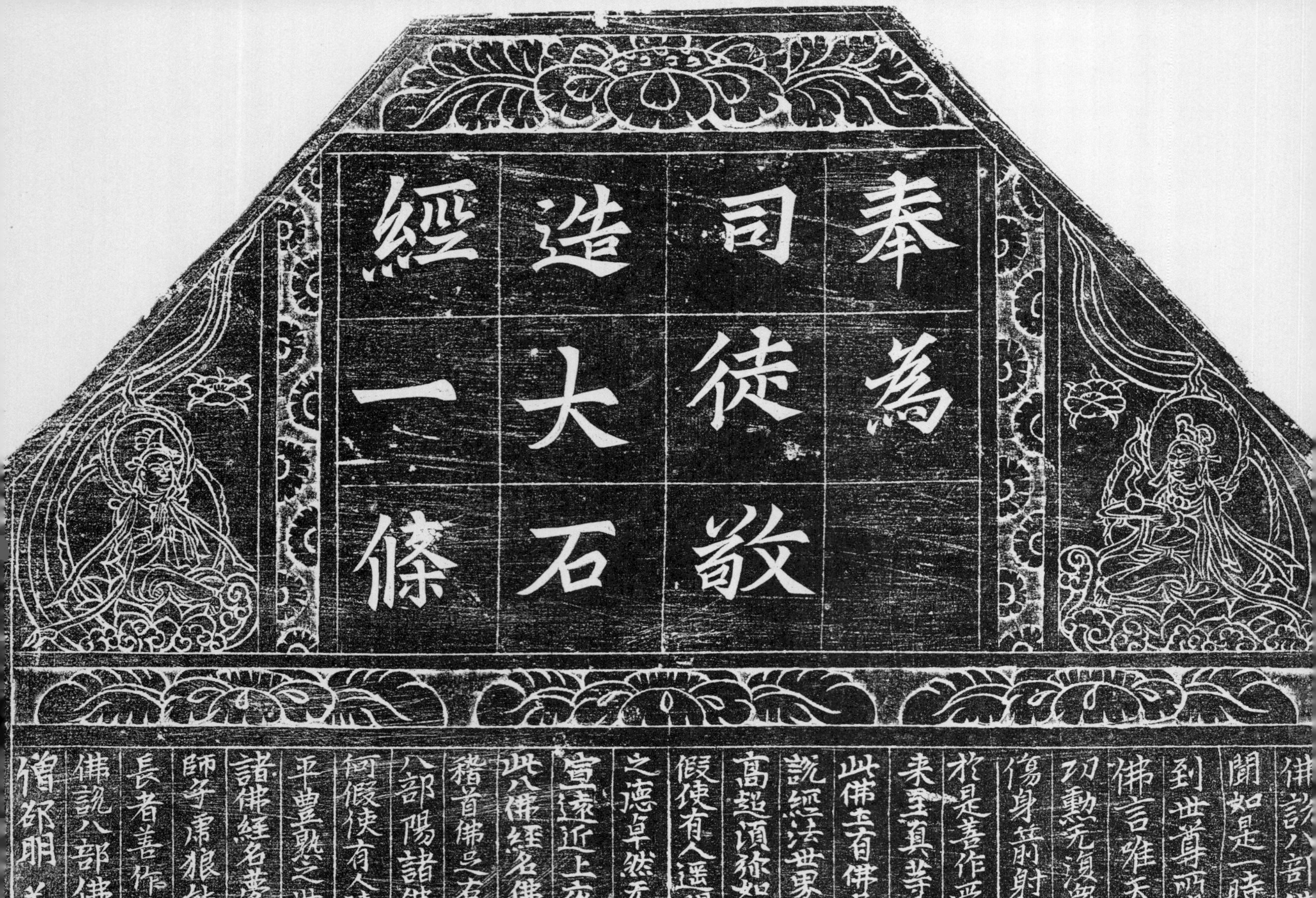

9 洞 279　佛説八部佛名經碑碑首額題及綫刻佛造像

9 洞 279　佛説八部佛名經碑邑社人等造經題名（碑陽局部）

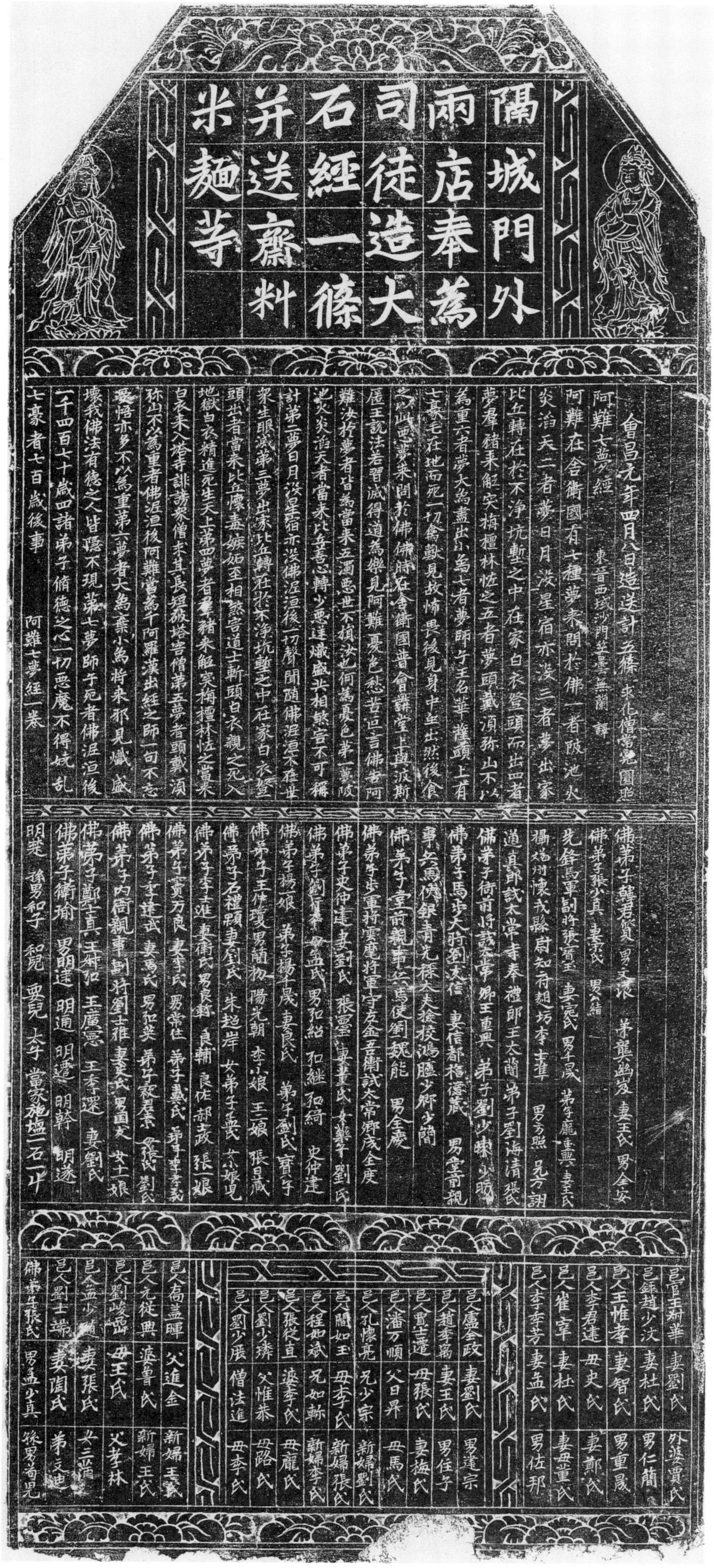

9 洞 280
阿難七夢經碑隔城門外兩店僧俗人等唐會昌元年四月八日爲司徒造經題記（碑陽）
拓片高 137 厘米、寬 60 厘米
中國國家圖書館藏

司徒指張仲武。典型的晚唐功德經碑。

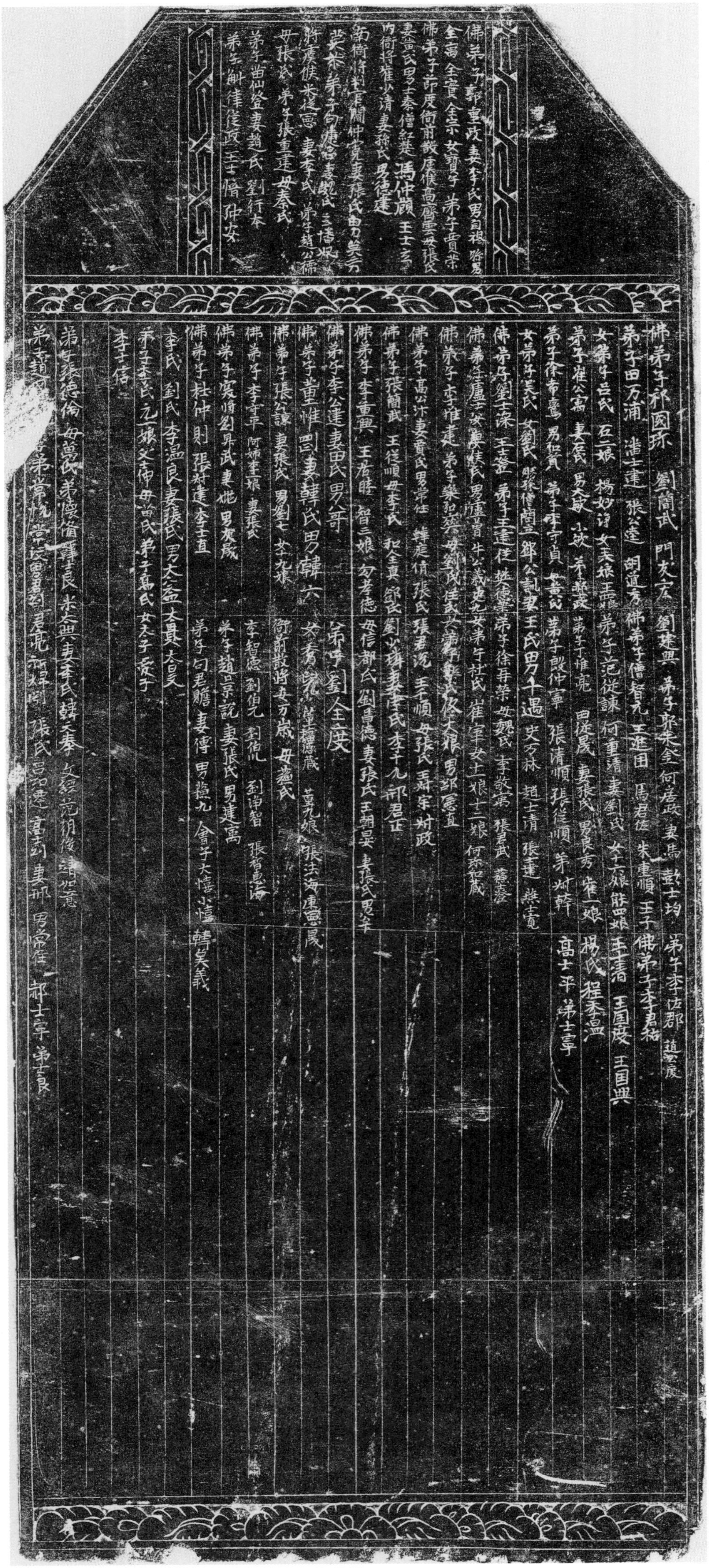

9 洞 280
阿難七夢經碑邑社人等造經題名（碑陰）
唐刻
拓片高 136 厘米、寬 59 厘米
中國國家圖書館藏

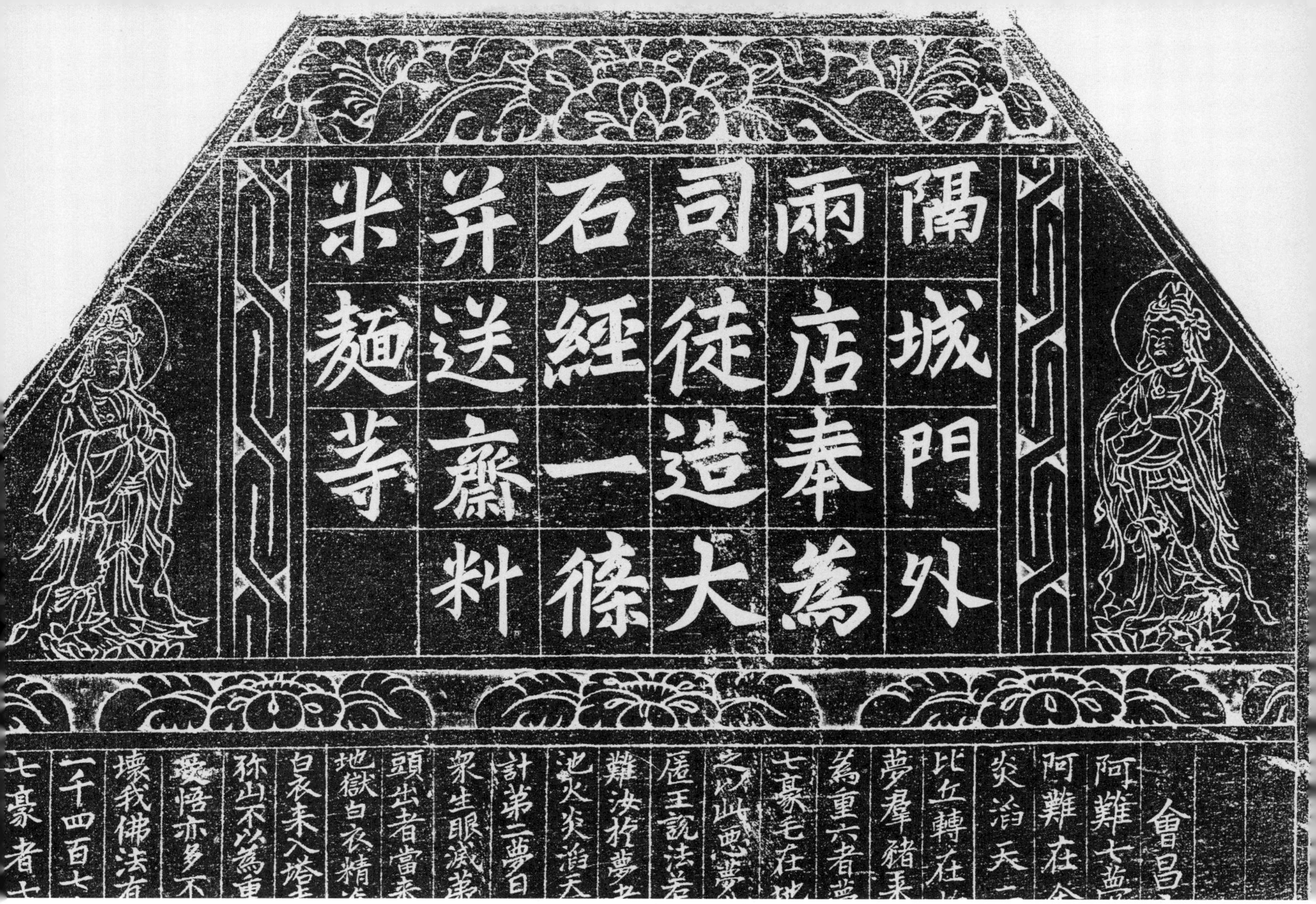

9 洞 280　阿難七夢經碑碑首額題及綫刻佛造像（碑陽局部）

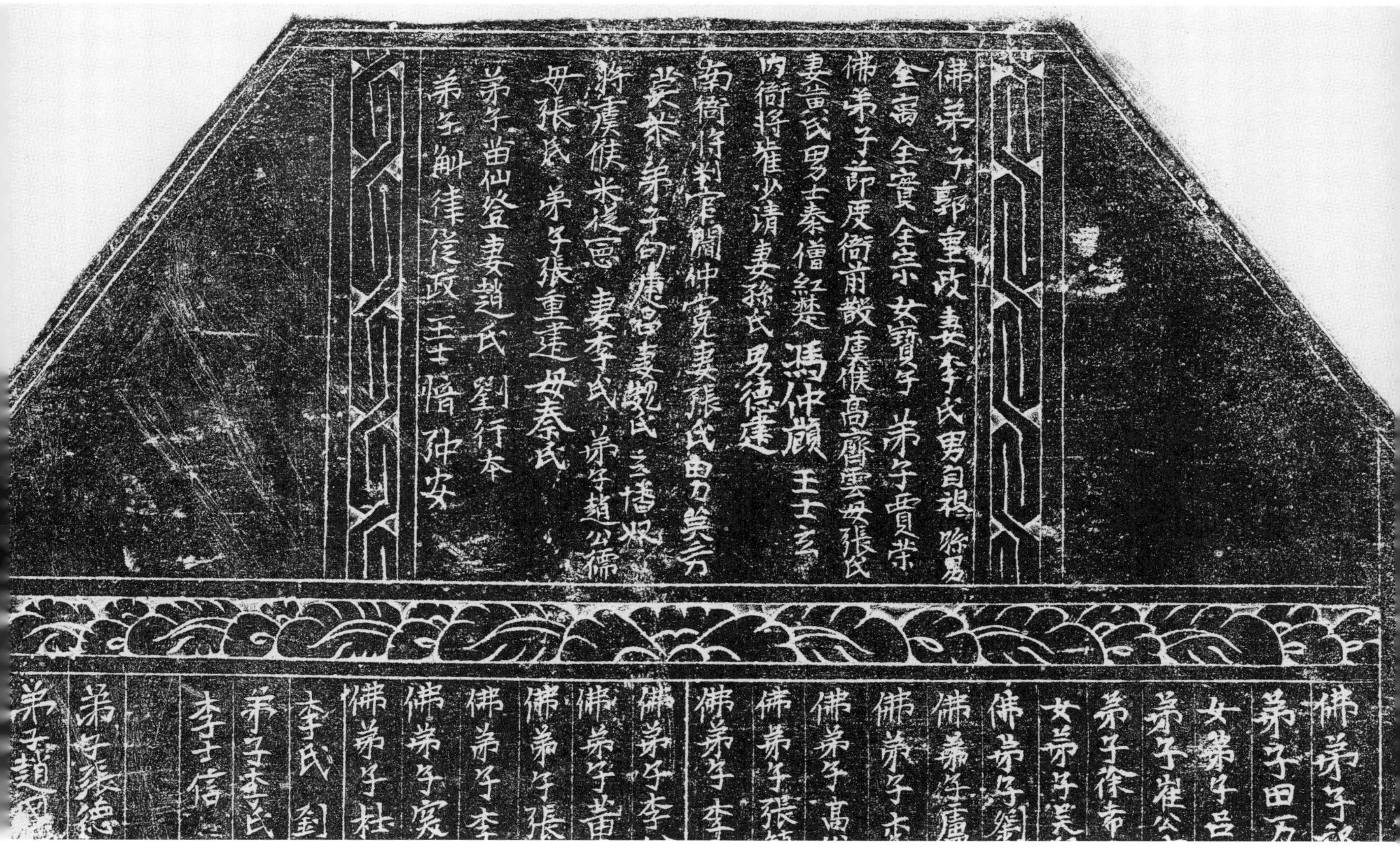

9 洞 280　阿難七夢經碑邑社人等造經題名（碑陰局部）

9 洞 281
佛説太子和休經碑薊縣西角邑社人等
唐開成四年四月八日造經題記（碑陽）
拓片高 143 厘米、寬 62 厘米
中國國家圖書館藏
　　司空指史元忠。碑陽下端及碑陰皆功德主題名。

9 洞 281
佛説太子和休經碑邑社人等造經題名（碑陰） 唐刻
拓片高 141 厘米、寬 62 厘米
中國國家圖書館藏

9 洞 281　佛説太子和休經碑碑首額題及綫刻佛造像（碑陽局部）

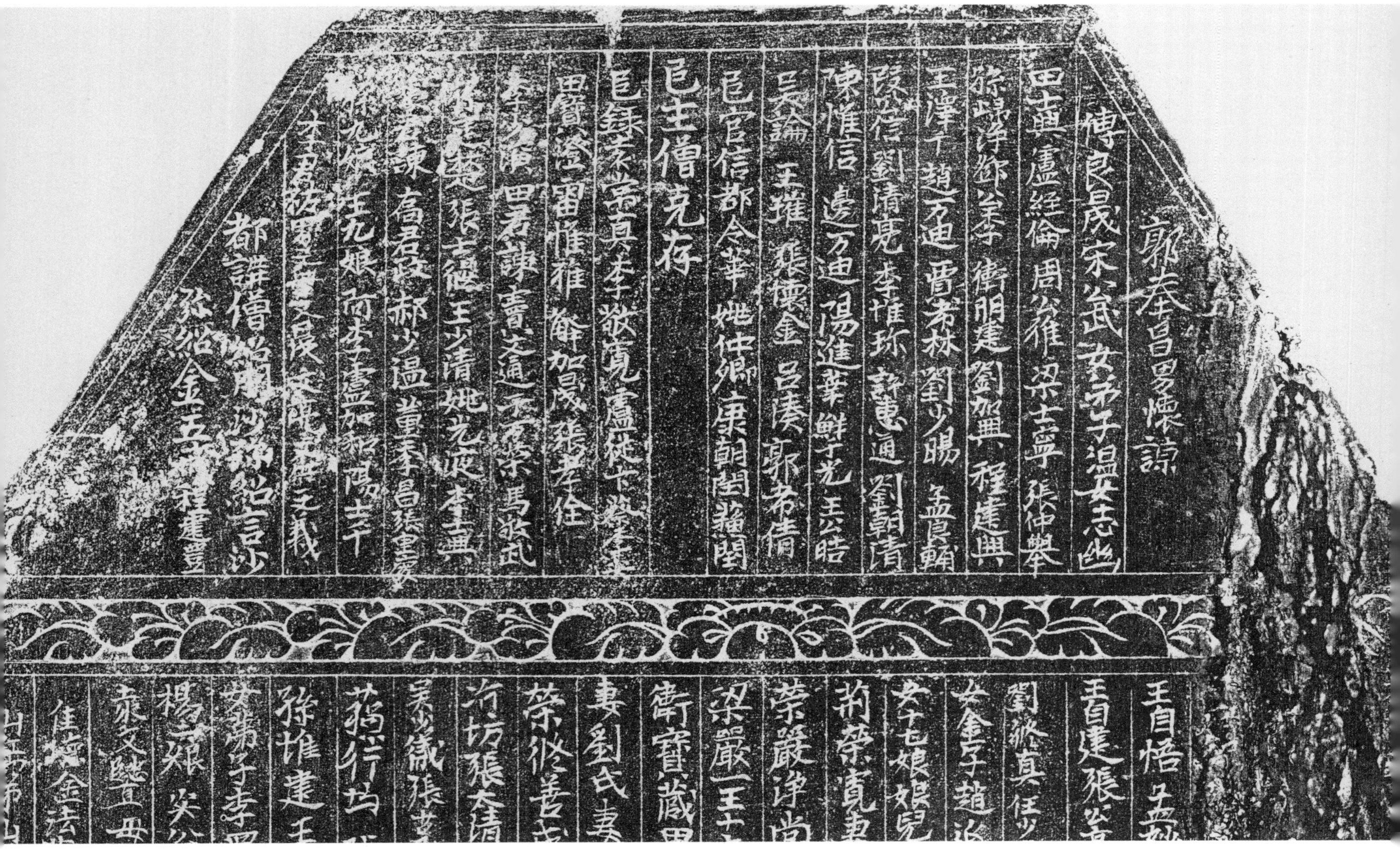

9 洞 281　佛説太子和休經碑邑社人等造經題名（碑陰局部）

9 洞 290
維摩詰經卷第三經碑史僕射唐開成元年
四月八日造經題記
拓片高 166 厘米、寬 72 厘米
中國國家圖書館藏

維摩經卷第三

除一切惡身口意淨故生死无數劫意而有勇聞佛无量德志而不惓以智惠劍破煩惱賊出陰界入荷負衆生永使解脫以大精進摧伏魔軍常求无念實相

正聞不忘善別諸根斷衆生疑以樂說辯演法无㝵淨十善道受天人福修四无量開梵天道勸請說法隨喜讚善得佛音聲身口意善得佛威儀深修善法

空不以空為證修學无相无作不以无相无作為證修學无起不以无起為證觀於无常而不猒善本觀世間苦而不惡生死觀於无我而誨人不惓觀於寂滅而不永寂

以行法教化衆生觀於空无而不捨大悲觀正法位而不隨小乘觀諸法虛妄无牢无人无主无相本願未滿而不虛福德禪定智惠修如此法是名菩薩不住无為又具

故不盡有為知衆生病故不住无為滅衆生病故不盡有為諸正士菩薩以修此法不盡有為不住无為是名盡无盡解脫法門汝等當學尒時彼諸菩薩聞

佛足歎未曾有言釋迦牟尼佛乃能於此善行方便言已忽然不現還到彼國　維摩詰經見阿閦佛品第十二　尒時世尊問維摩詰汝欲見如來為以何

開成元年四

9 洞 308
佛説受歲經碑張允伸唐咸通二年四月八日造經王慶賓鐫書題記
拓片高 147 厘米、寬 58 厘米
中國國家圖書館藏

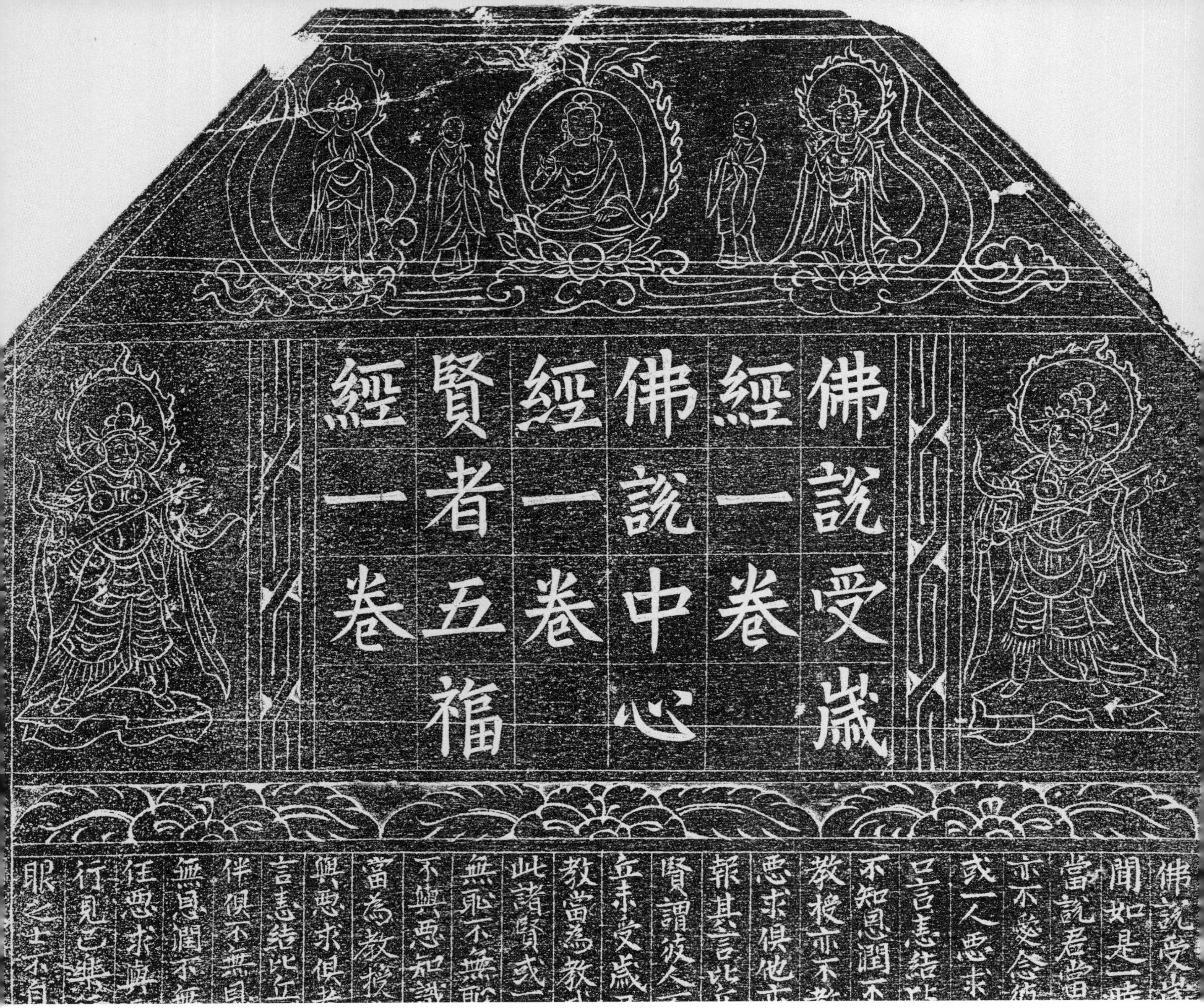
佛說受歲經一卷
佛說中心經一卷
賢者五福經一卷
9 洞 308　佛説受歲經碑碑首額題及綫刻佛造像

幽州盧龍
使檢校司空
中書門下平章
事張允伸
咸通二年歲次
辛巳四月乙巳朔
八日壬子　敬造
王慶賓鐫字并書
9 洞 308　佛説受歲經碑張允伸唐咸通二年四月八日造經王慶賓鐫書題記

洞外

石經山唐釋迦牟尼佛多寶佛摩崖造像

石經山頂古井及唐造像位置

石經山頂古井井口溝槽遺迹

石經山頂古井旁古代建築遺迹

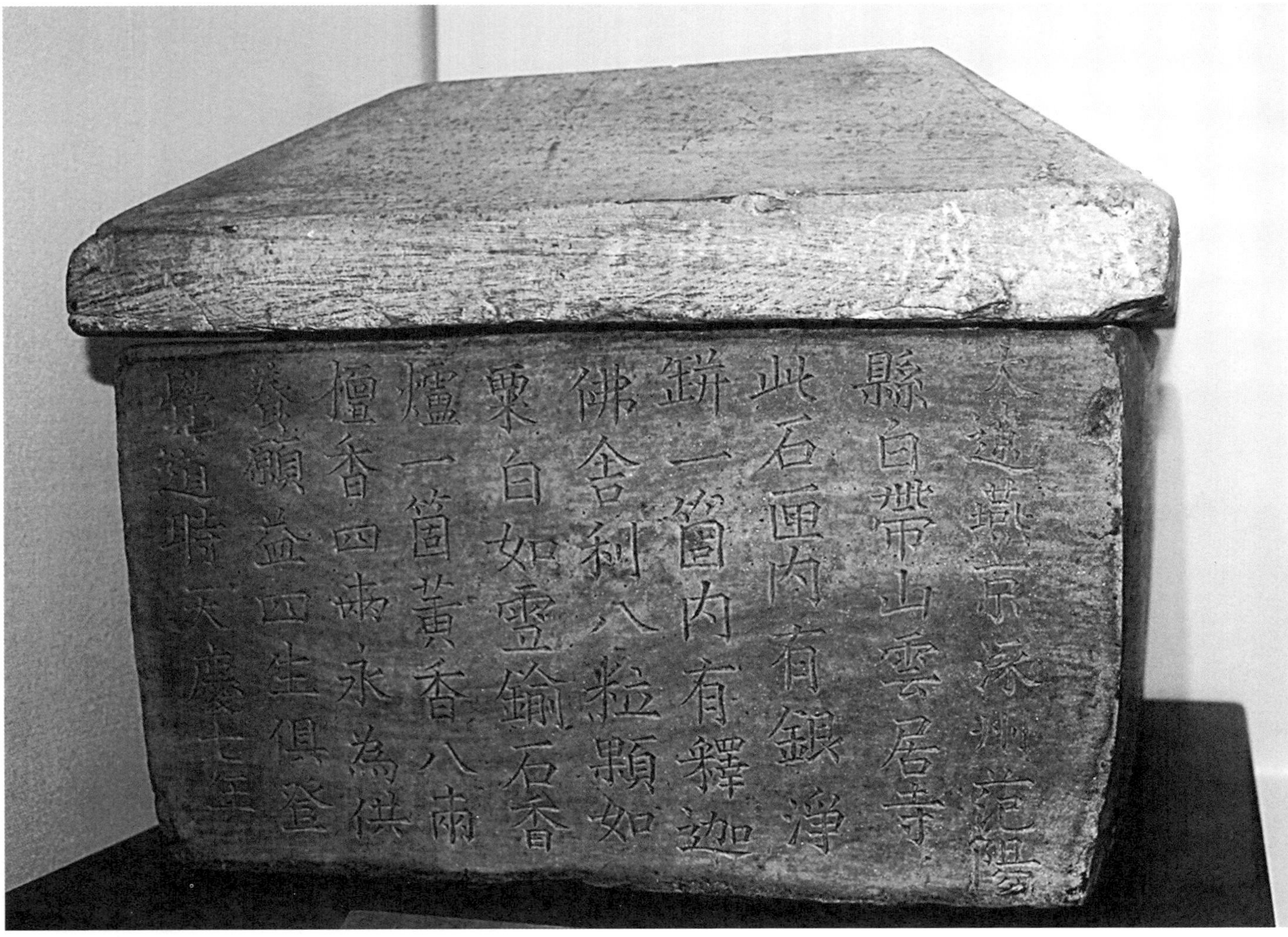

白帶山雲居寺遼天慶七年三月一日瘞藏舍利石函
1957年雲居寺南塔地宮出土

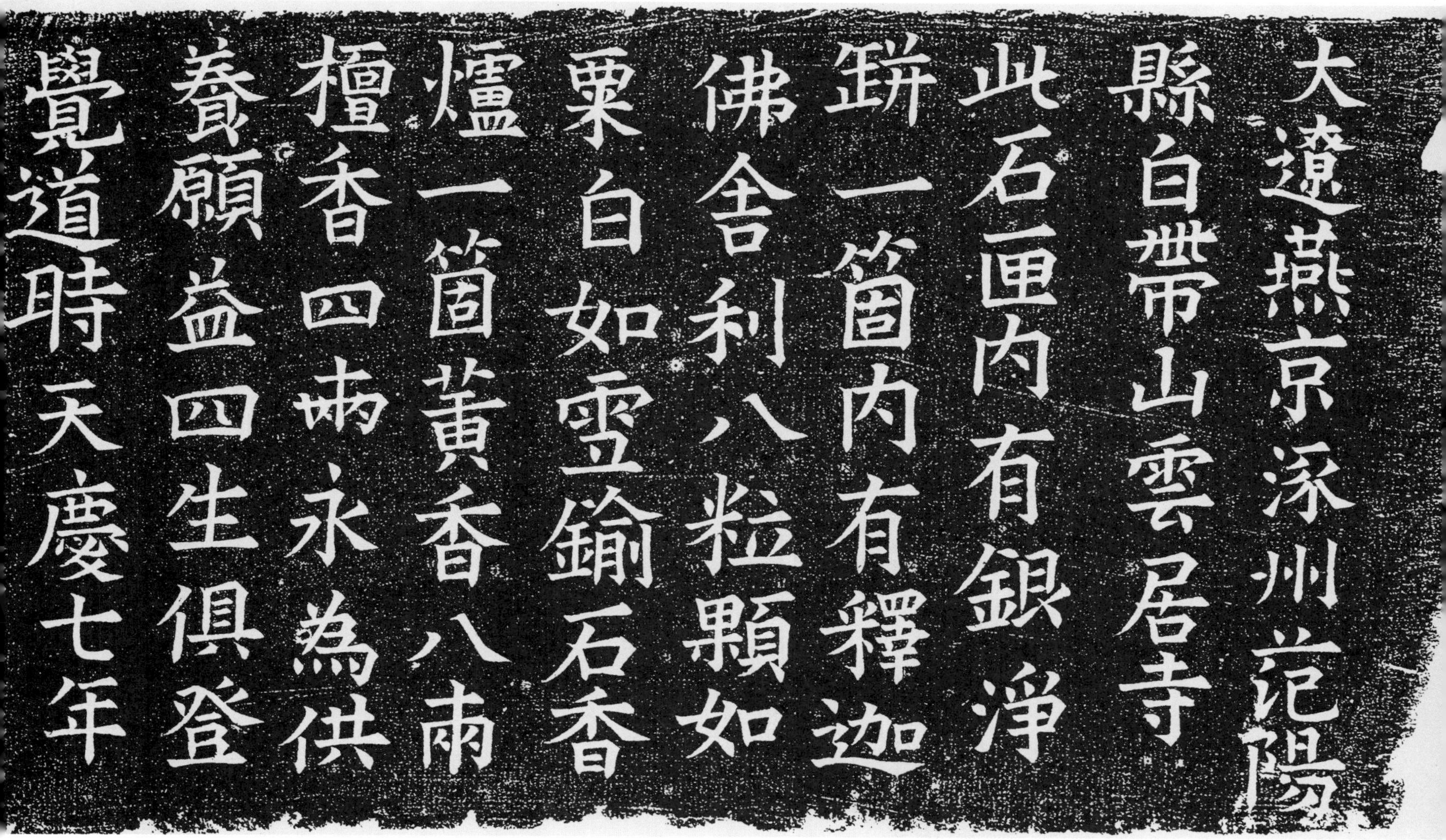
大遼燕京涿州范陽
縣白帶山雲居寺
此石匣內有銀淨
缾一箇內有釋迦
佛舍利八粒顆如
粟白如雪鍮石香
爐一箇黃香八兩
檀香四兩永為供
養願益四生俱登
覺道時天慶七年

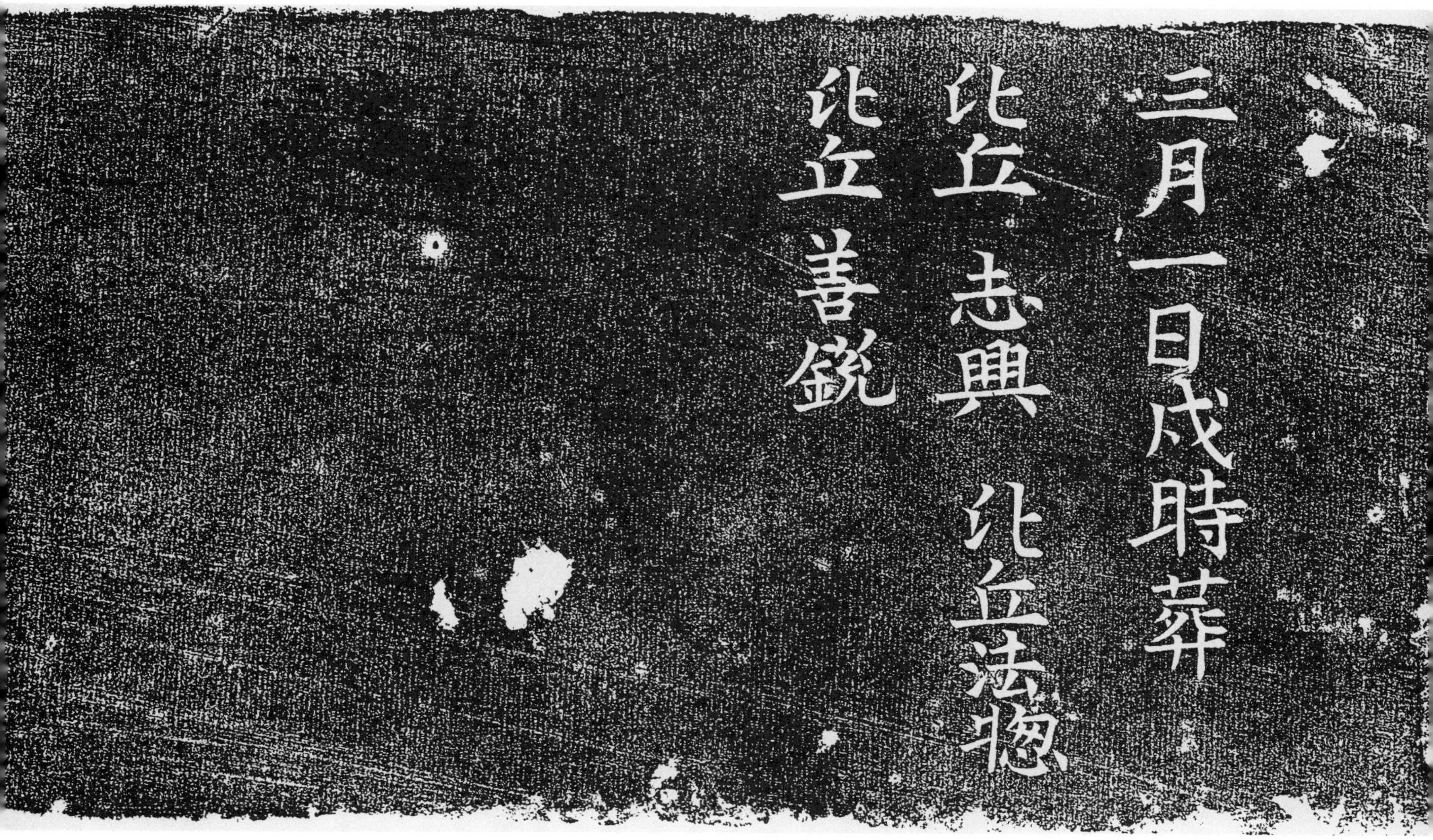
三月一日戌時葬
比丘志興 比丘法聰
比丘善銳

洞外　白帶山雲居寺遼天慶七年三月一日瘞藏舍利石函記
拓片皆高 7 厘米、寬 31 厘米　雲居寺文物管理處藏

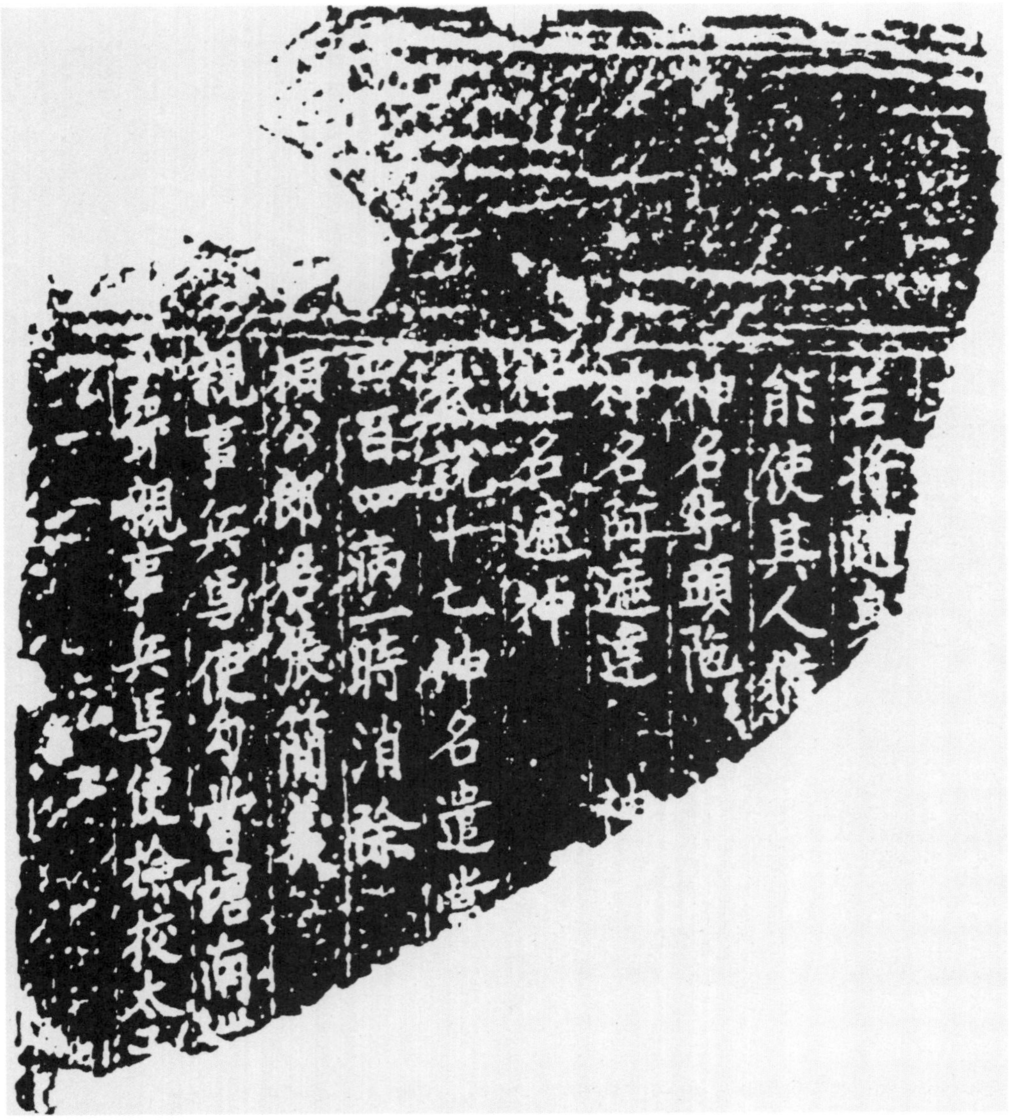

洞外 44　佛説續命經殘石題記　唐刻
拓片尺寸不詳　中國佛教圖書文物館藏

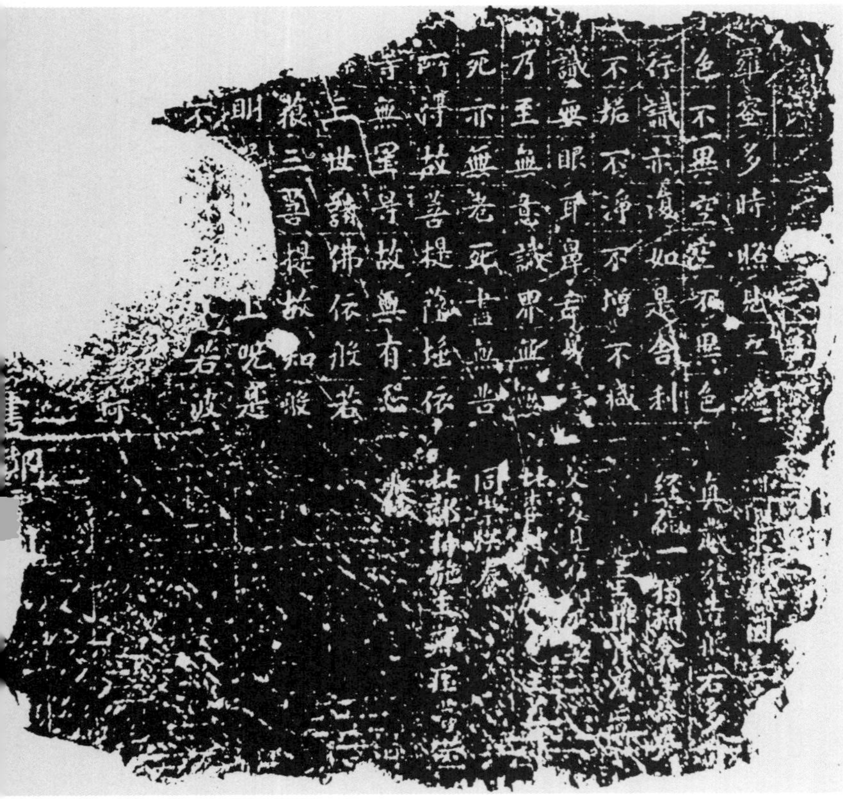

洞外 81　般若波羅蜜多心經殘石唐開成二年造經題記（面）
拓片尺寸不詳　中國佛教圖書文物館藏

洞外 81　般若波羅蜜多心經殘石唐開成二年造經題記（背）
拓片尺寸不詳　中國佛教圖書文物館藏

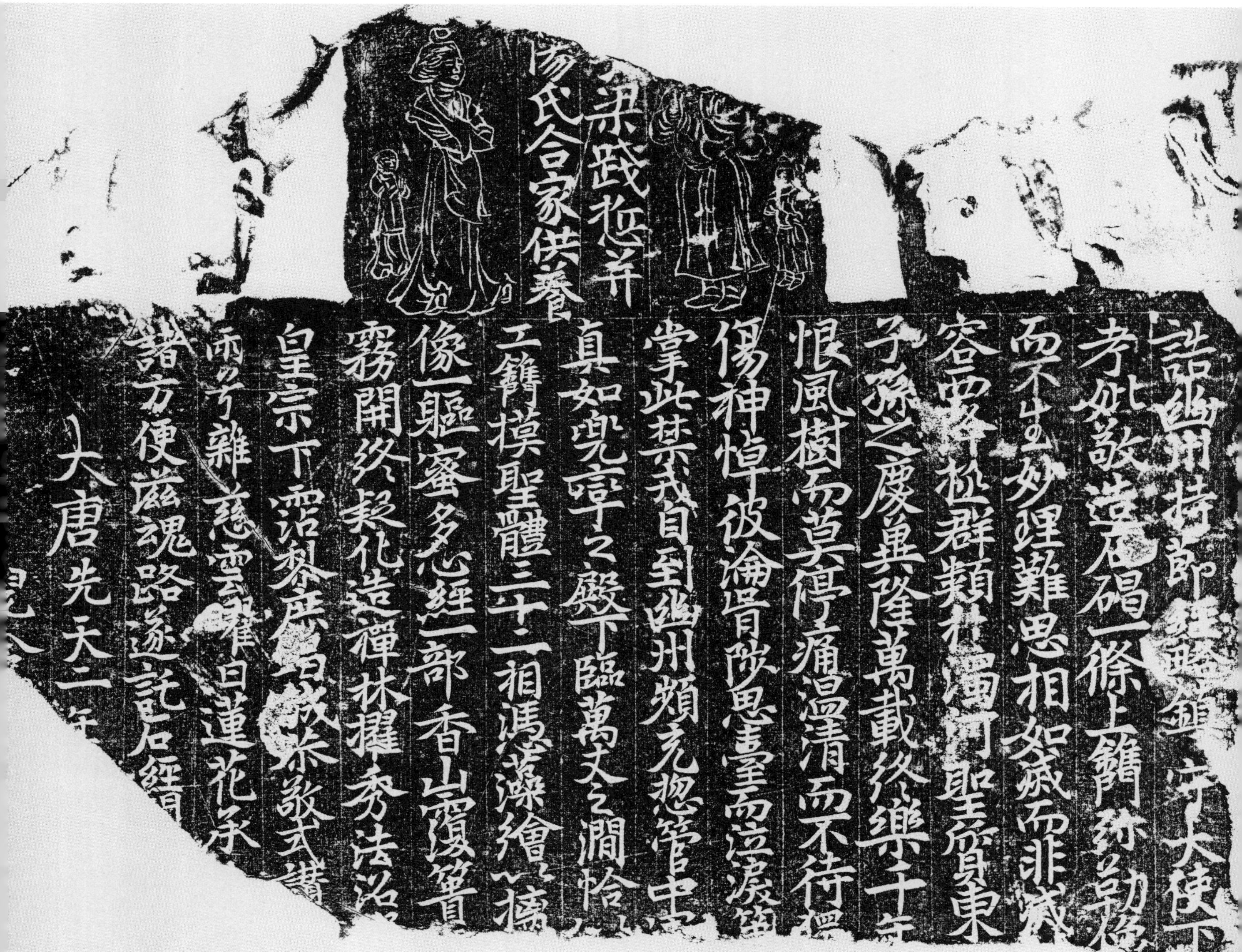

洞外 374　佛説摩訶般若波羅蜜多心經殘碑梁踐悊等唐先天二年造經發願文
拓片高 35 厘米、寬 48 厘米　中國國家圖書館藏
兩面刻。碑首及下端殘失。此爲碑陰，碑陽《蜜多心經》12 行、佛名 5 行失拓。

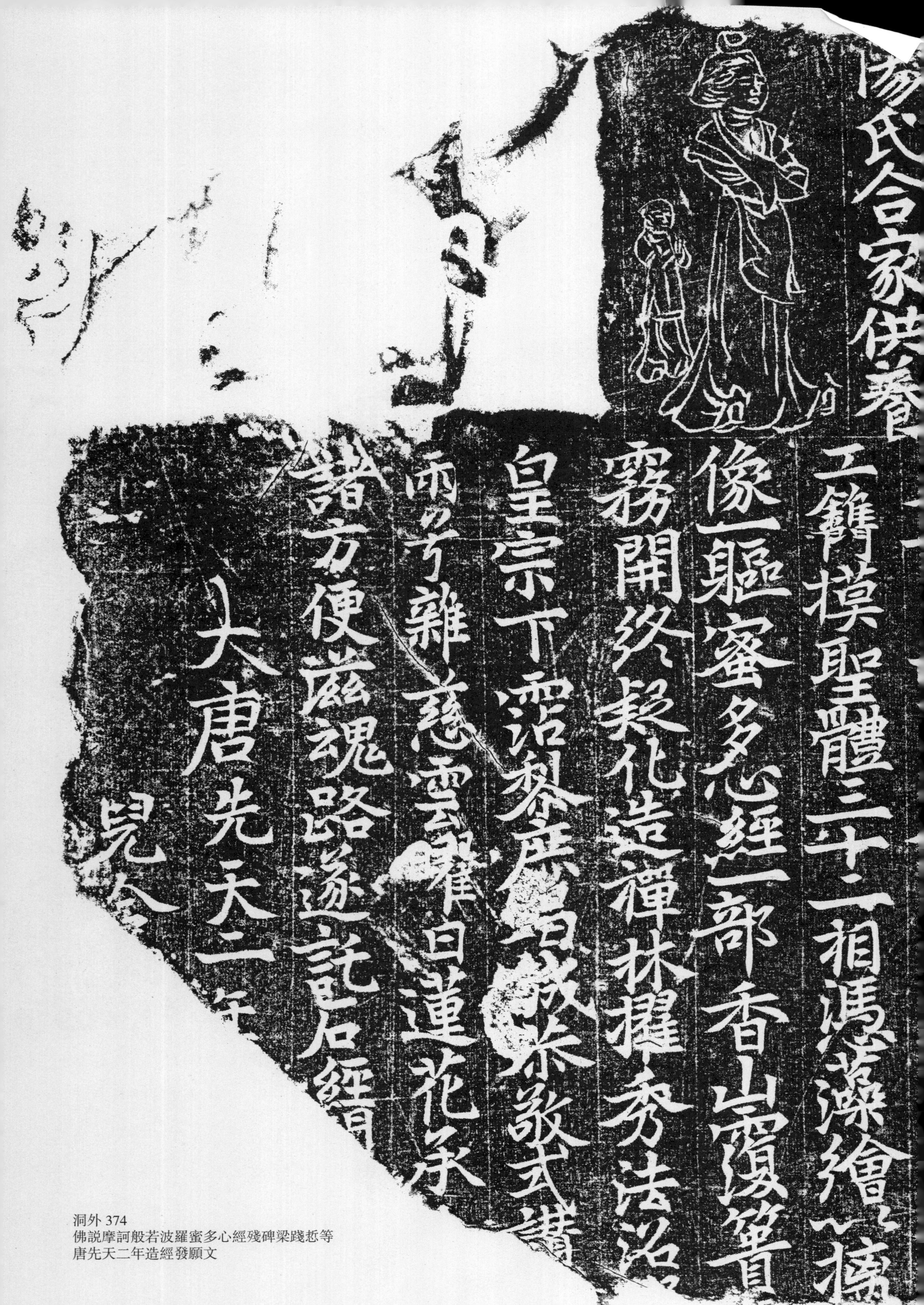
楊氏合家供養
工鐫摸聖體三十二相馮〻藻繪〻攄
像一軀蜜多心經一部香山霞嘗
霧開終疑化造禪林擢秀法沼
皇宗下霑黎□庶□成□敬式讃
雨〻雜慈雲靄日蓮花承
諸方便慈魂路遂託石經
大唐先天二年
見今

洞外 374
佛説摩訶般若波羅蜜多心經殘碑梁踐悊等
唐先天二年造經發願文

諸幽州持節經略鎮守大使下
孝然敬造石碣一條上鐫彌勒像
而不生之妙理難思相如藏而罪非藏
容要將極群類於溫河聖齊東
子孫之慶其隆萬載終樂千年
恨風樹而莫停痛溫凊而不待標
傷神悼彼淪胥陟思臺而泣淚望
掌此禁戎自到幽州頻充總管史

洞外 415　般若波羅蜜多心經殘石遼統和十三年造經題記
拓片尺寸不詳　中國佛教圖書文物館藏
此爲石經山雲居寺所見年代最早的遼代刻經。石未殘時應爲横刻，滿行 16 字左右。

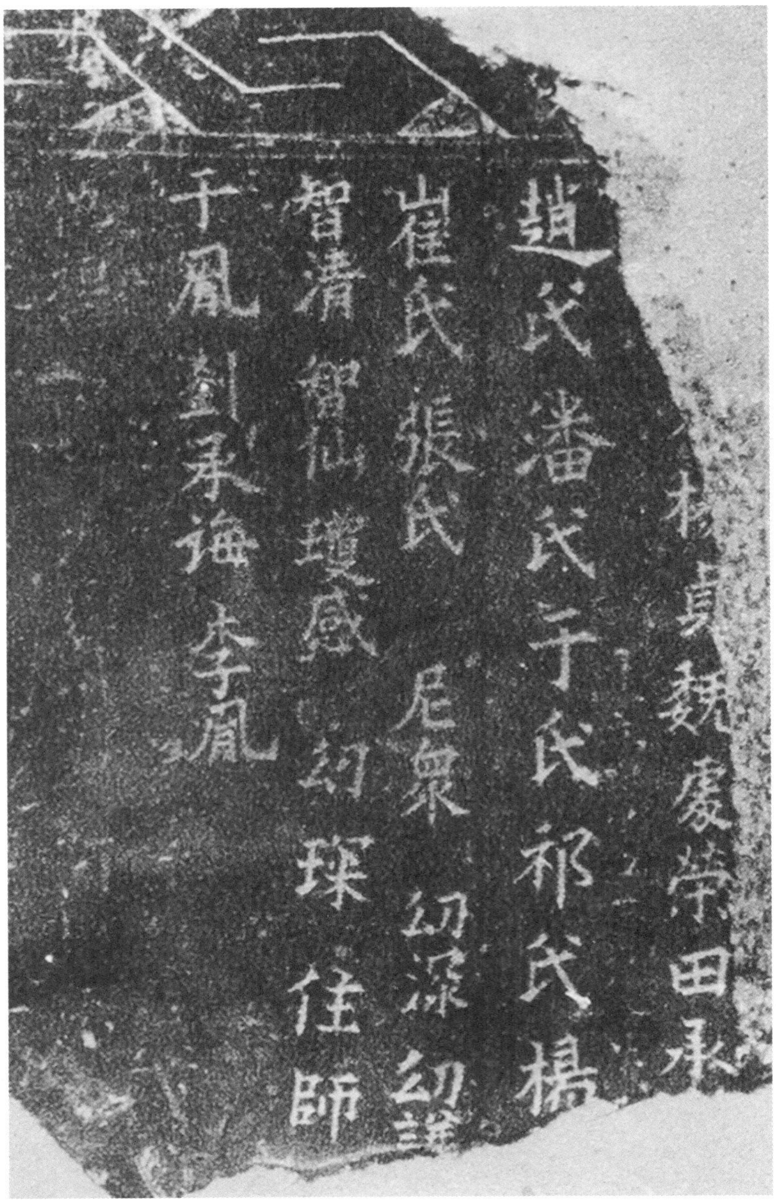

（局部）

唐開元廿一年十月焦玄巖向惠琛
王愁禮拜佛摩崖石刻所在位置

洞外　唐開元廿一年十月焦玄巖向惠琛王愁禮拜佛題記
刻石高 17 厘米、寬 22 厘米
摩崖石刻，位於金仙公主塔下山路旁崖壁。

陳令望唐天寶元年四月八日造蜜多心經碑

拓片高 95 厘米、寬 46 厘米、兩側均寬 11 厘米　中國國家圖書館藏

碑原立於石經山，曾歸端方。今原石下落不明。陸增祥《八瓊室金石補正》卷五十七、端方《匋齋藏石記》卷二十四著録。碑陰刻金大定十一年（1171）劉仁甫等捐資題名，此本失拓。

道無智亦無得已無所得故菩
蜜多故心無罣礙無罣礙故無
想究竟涅槃三世諸佛依般若
多羅三藐三菩提故知般若波
大明呪是無上呪是無等等呪
虛故說般若波羅蜜多呪即說
諦　般囉僧揭諦　菩提薩婆訶
河北道宣慰使朝散大夫守內侍陳令望造

陳令望唐天寶元年四月八日造蜜多心經碑（局部）

佛本行集經卷第三十一殘碑劉總唐元和十四年四月八日造經題記（碑陽）
拓片高 50 厘米、寬 69 厘米　破禪室藏

两面刻，存碑首部分。原石下落不明。此爲舊拓，2014 年購於北京琉璃廠慶雲堂。

此“劉相公”指劉總。趙之謙《寰宇訪碑記》卷三謂在“直隸房山”，溥儒《白帶山志》卷四“碑碣”謂“在小西天”，盧江、劉聲木《續補寰宇訪碑録》卷十三謂在“直隸宛平”。原所在具體位置待考。

佛本行集經卷第三十一殘碑劉總唐元和十四年四月八日造經題記（碑陰）
拓片高 50 厘米、寬 65 厘米

唐佛本行集經殘石
20世紀末北京石景山區發現。

劉柏公
敬造元和
十四年四
月八日建

世間多有衆生輩
耳璫欲取須弥作
我先價寶墮此中
珠還已而說如是偈
佛告諸比丘欲知尒時
希有奇特不可思
魔[illegible]時諸比丘即白佛
忽然有鷹逐疾而來
量竟即便要象喙雁
鴿[illegible]後[illegible]捨離
言世尊云何魔王飛向
於我亦不能得撓亂
[illegible]

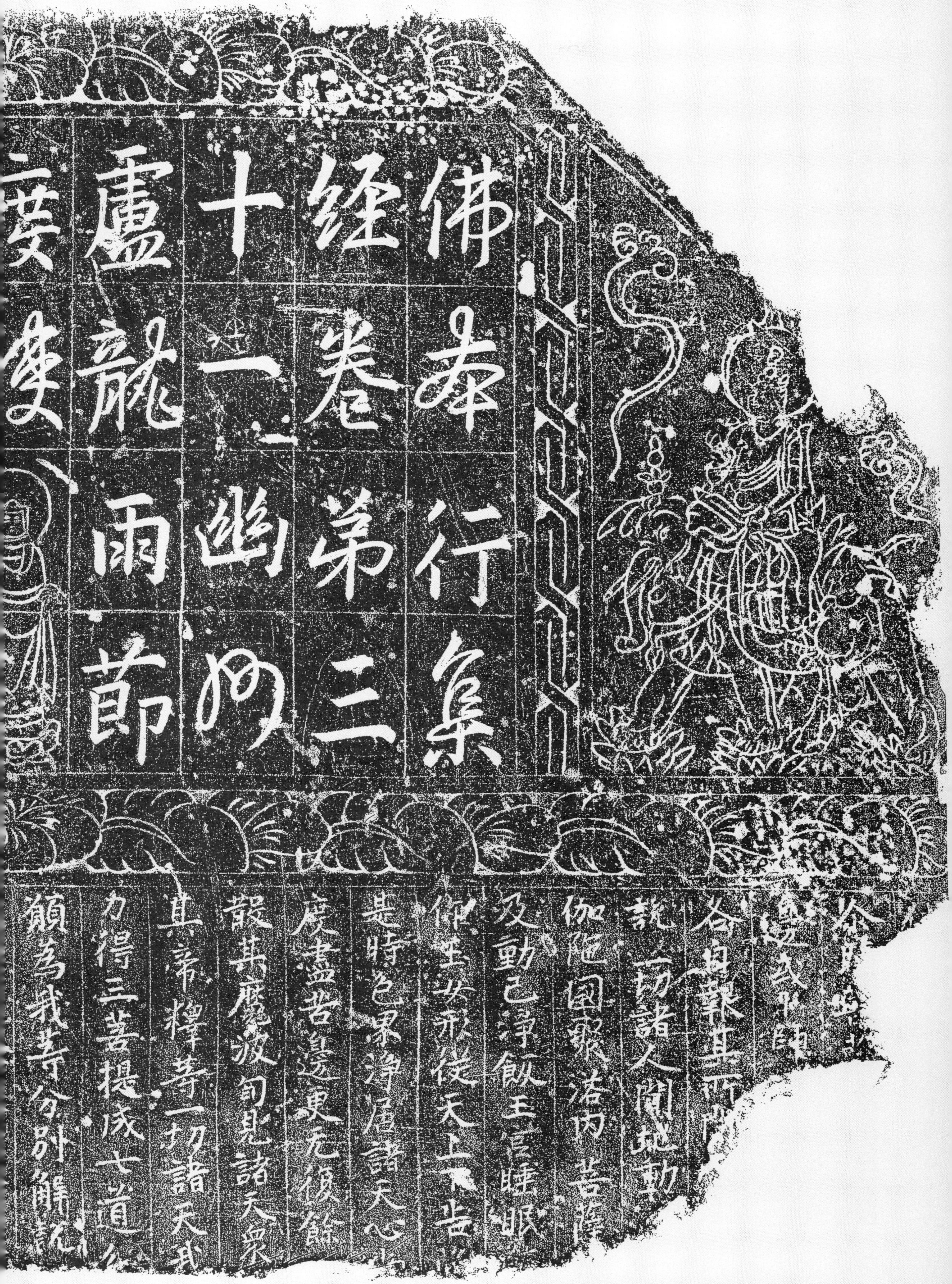

洞外　佛本行集經卷第三十一殘碑劉總唐元和十四年四月八日造經題記（碑陽）

房山石經山金泰和六年四月廿一日墨書題記
高 13 厘米、寬 5 厘米

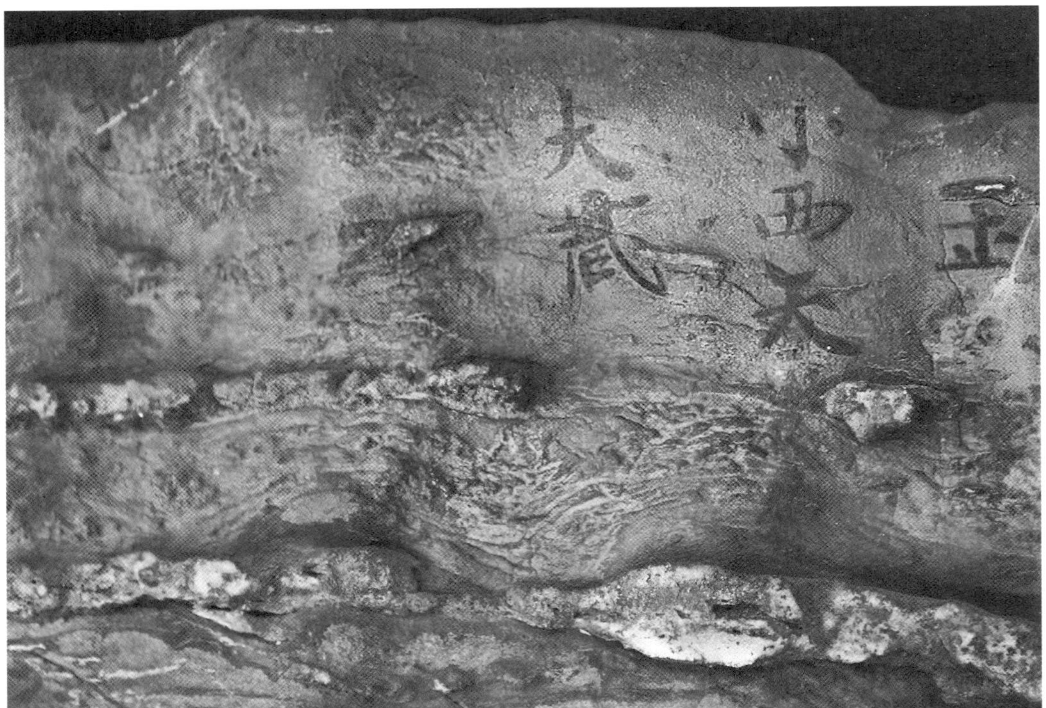

房山石經山明小西天大藏墨書題記
高 10 厘米、寬 13 厘米

房山石經山大明國景教慶壽寺僧超然墨書題名
通高 15 厘米、寬 40 厘米
位於金仙公主塔下山路畔，已漫漶。

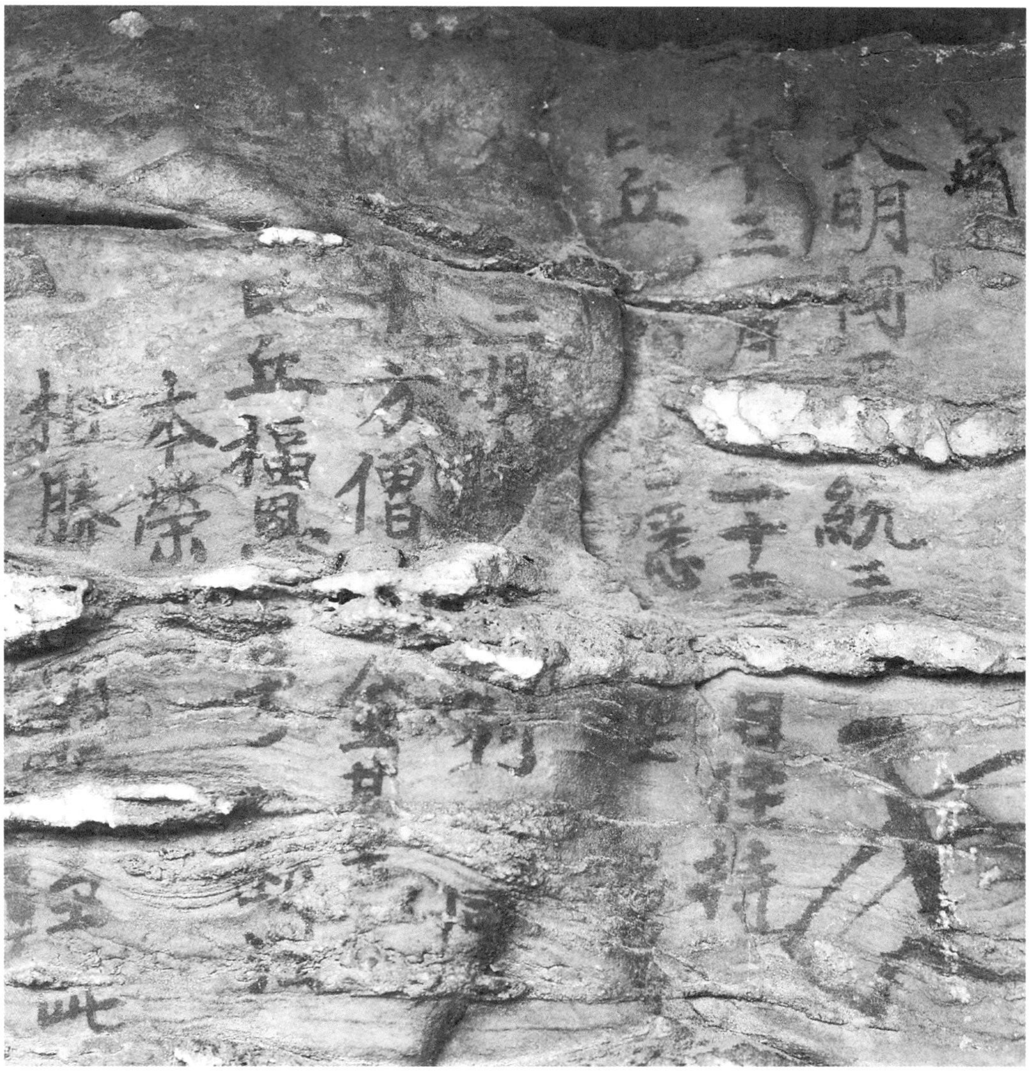

房山石經山大明國正統三年三月二十三日住持比丘嗔嗒嘧哩等小西天巡禮題名
高 13 厘米、寬 15 厘米

房山石經山明萬曆二年葉森程鶴軒草書摩崖詩刻
刻石高 67 厘米、寬 95 厘米

草書七絶一首、七律一首，凡十四行。第六行鎸“古歙新陽葉森書”，末行鎸“萬曆甲戌春新安程鶴軒”。詩見民國溥儒輯《白帶山志》卷十“藝文五”。

（局部）

塔下

遼初，由於石經山頂藏經洞存經已滿，遼天慶七年（1117），沙門善銳、通慧、圓照等於雲居寺西南隅穿地爲穴，瘞藏經版，將遼道宗所辦經版180片、通理大師所辦經版4080塊藏入地宫。沙門紹坦在地宫旁建塔，塔高20餘米，名曰“石經寺釋迦佛舍利塔”，即“南塔”。塔銘云：“此塔前相去一步，在地宫中有石經碑四千五百條。”天慶八年（1118），雲居寺僧在地宫上砌磚築臺，臺上建石塔一座，刻《大遼涿州涿鹿山雲居寺續秘藏石經塔記》，記瘞藏經目及數量，稱“壓經塔”。此後金代又陸續將經版瘞藏地宫。

南塔在抗日戰爭時期毁於兵燹。1957年8月，中國佛教協會發掘南塔地宫的藏經，組織拓印，共發現遼金瘞藏經版10082石。

1999年，北京市政府在1957年遼金石經出土遺址之上，規劃建成全封閉地下窖藏式建築，于同年9月9日將10082塊遼金經版全部回藏。

2014年修復後的南塔

雲居寺南塔　舊影

據1935年《東方學報·京都第五册副刊·房山雲居寺研究》。

1957 年雲居寺南塔遺址及北塔

1957 年雲居寺南塔地宮
發掘現場

房山石經館　20 世紀 70 年代

遼金石經回藏現狀

1999 年 9 月南塔地宫遼金石經回藏後地面恢復情況

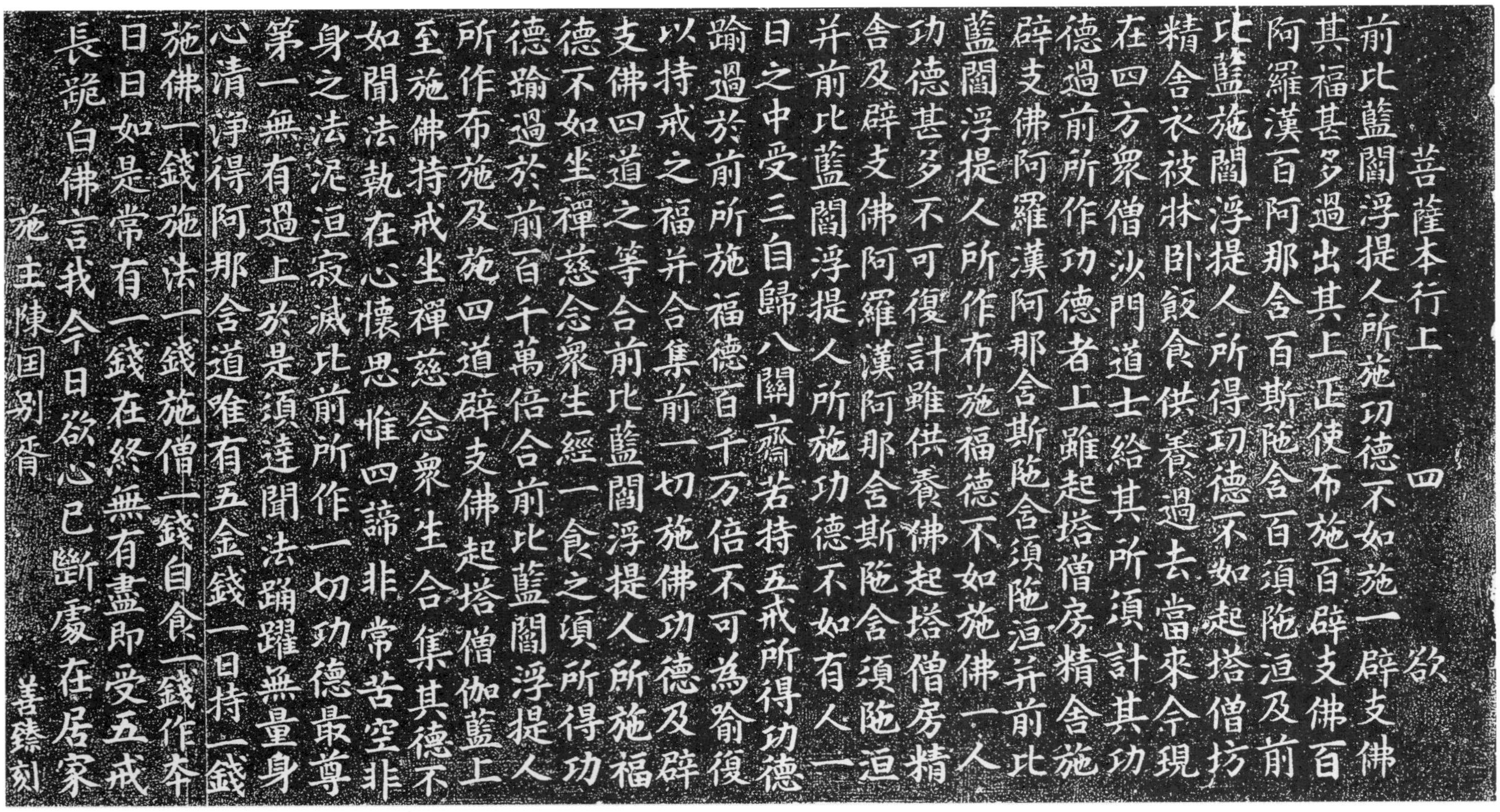

塔下 2　佛説菩薩本行經卷上陳國别胥造經善臻刻經題名（“欲”字帙）　遼刻

拓片高 45 厘米、寬 75 厘米　中國國家圖書館藏

别胥，契丹語“夫人”漢譯（陳述先生説）。2020 年 10 月，本書編者在房山區文物管理所考察時，見到該所新徵集的《陳國夫人王氏墓誌》一合，所述生平與陳國别胥相符。

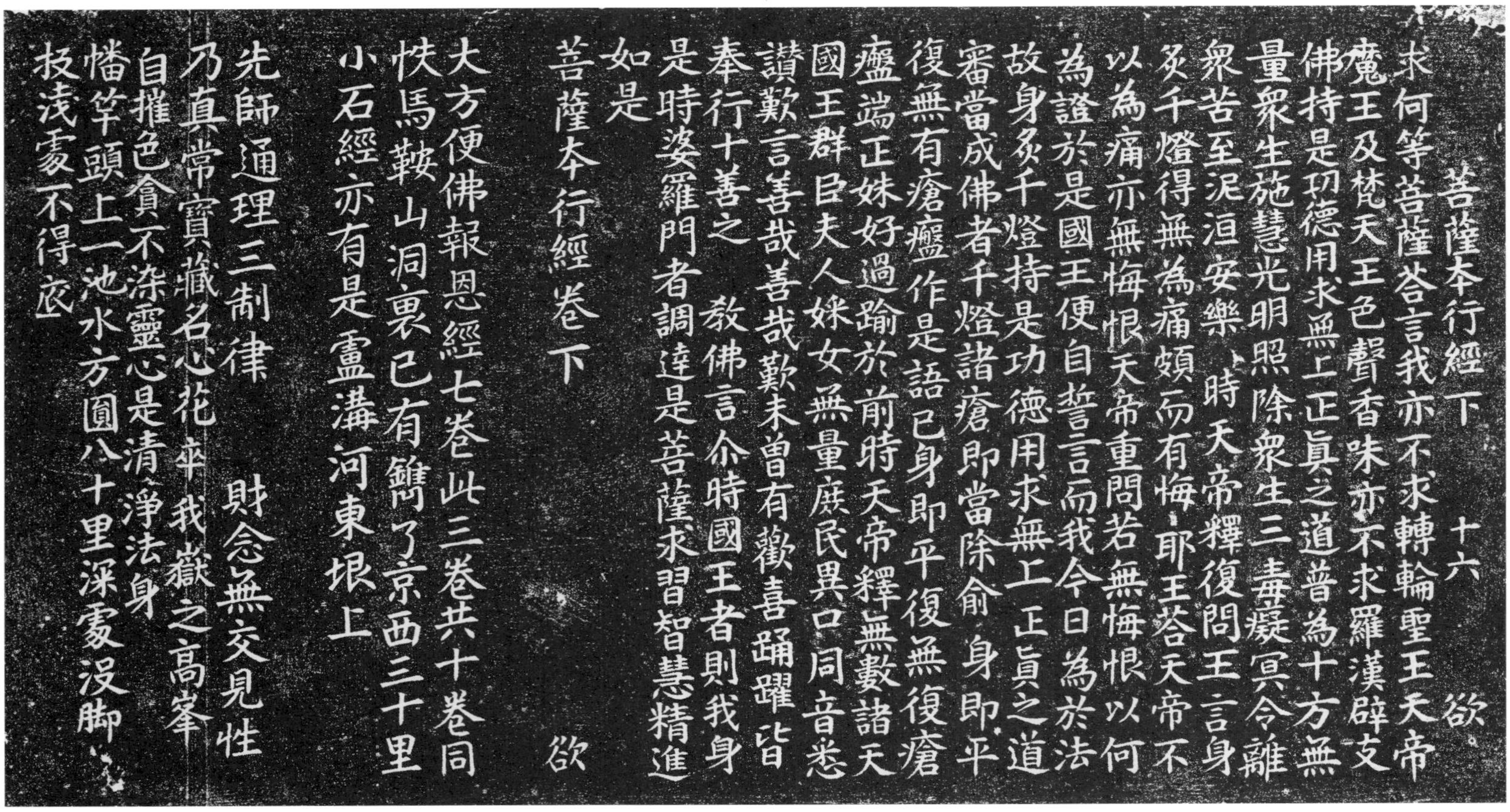

塔下 4　佛説菩薩本行經卷末馬鞍山盧溝河藏經題記并先師通理三制律（“欲”字帙）　遼刻

拓片高 45 厘米、寬 74 厘米　中國國家圖書館藏

《先師通理三制律》僅見於遼代刻經。《俄藏敦煌文獻・漢文部分》（上海古籍出版社，1998 年）收録 A26 文書《無上圓宗性海解脱三制律》，内容與此大同小异（如“名心花卒，我嶽之高峰自催”，寫本作“名心花萃，我嶽之峰仞高催”）。又 A6V 西夏文《解釋詞義》背面雜寫中有《究竟一乘圓通心要》，題作“通理大師集”。

菩薩本行經卷下　欲
大方便佛報恩經七卷此三卷共十卷同
帙馬鞍山洞裏已有鐫了京西三十里
小石經亦有是盧溝河東垠上
先師通理三制律　財念無交見性
乃真常寶藏名忘花卒我嶽之高峯
自摧色貪不染靈心是清淨法身
幡竿頭上一池水方圓八十里深處没脚
投淺處一不得底

塔下4　佛説菩薩本行經卷末馬鞍山盧溝河藏經題記并先師通理三制律（“欲”字帙局部）

塔下14　觀佛三昧海經卷第一陳國别胥造經善能刻經善伏遼乾統十年十月二十八日勘經題記（“器”字帙面）
拓片高41厘米、寬72厘米　中國佛教圖書文物館藏

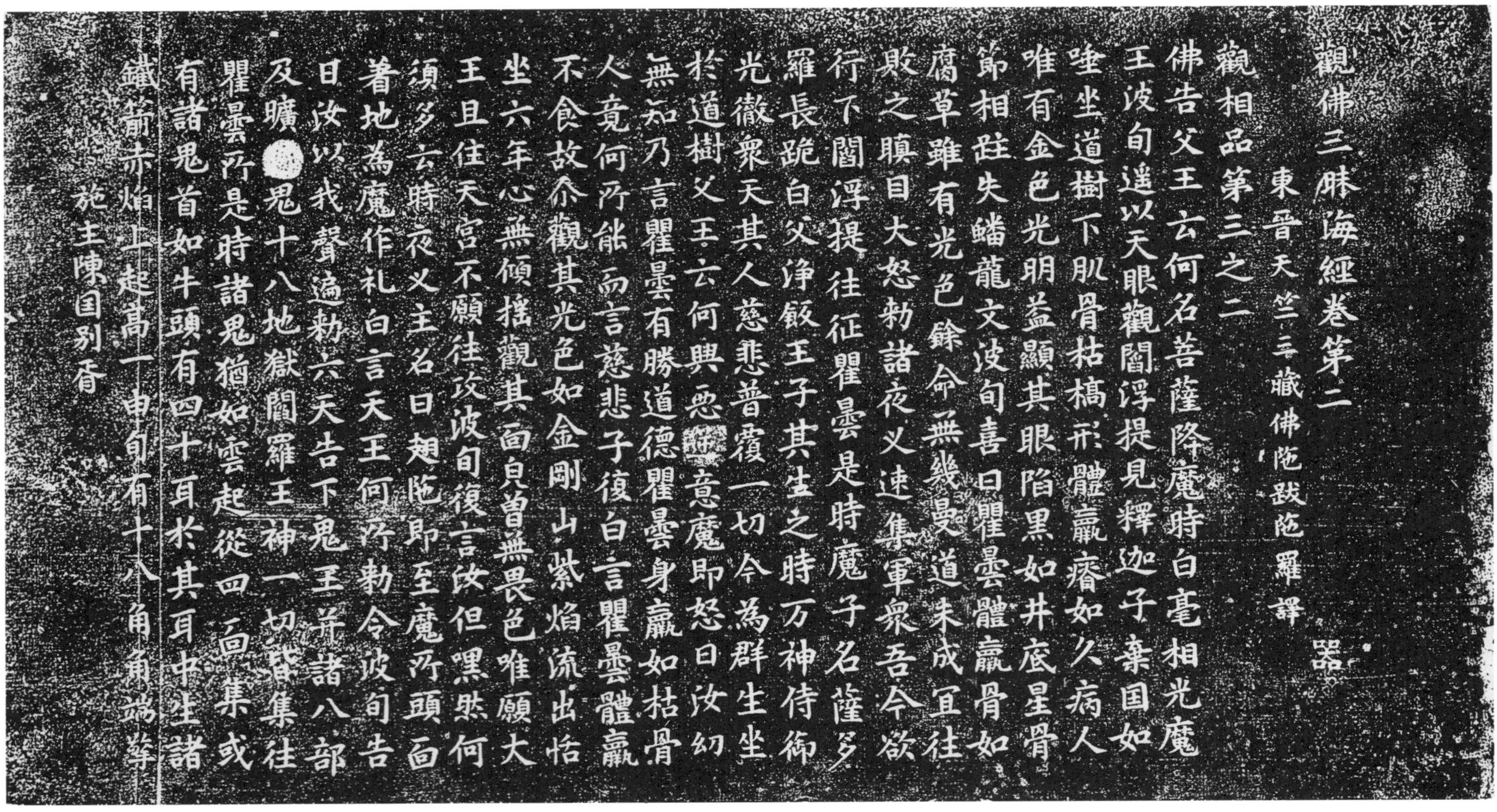
觀佛三昧海經卷第二 器
東晋天竺三藏佛陁跋陁羅譯
觀相品第三之二
佛告父王云何名菩薩降魔時白毫相光魔
王波旬遣以天眼觀閻浮提見釋迦子棄国如
唾坐道樹下肌骨枯槁形體羸瘠如久病人
唯有金色光明益顯其眼陷黑如井底星骨
節相拄失蟠龍文波旬喜曰瞿曇體羸骨如
腐草雖有光色餘命無幾要道未成冝往
敗之瞋目大怒勅諸夜叉速集軍衆吾今欲
行下閻浮提往征瞿曇是時魔子名薩多
羅長跪白父浄飯王子其生之時万神侍衛
光徹衆天其人慈悲普覆一切今為群生坐
於道樹父王云何興惡
意魔即怒曰汝幼
無知乃言瞿曇有勝道德瞿曇身羸如枯骨
人竟何所能而言慈悲子復白言瞿曇體羸
不食故尒觀其光色如金剛山紫焰流出恬
坐六年心無傾搖觀其面貌曾無畏色唯願大
王且住天宮不煩往攻波旬復言汝但嘿然何
須多云時夜叉主名曰翅陁即至魔所頭面
着地為魔作礼白言天王何所勅令波旬告
日汝以我聲遍勅六天告下鬼王并諸八部
及曠
鬼十八地獄閻羅王神一切皆集往
瞿曇所是時諸鬼猶如雲起從四面集或
有諸鬼首如牛頭有四十耳於其耳中生諸
鐵箭赤焰上起高一由旬有十八角角端鋒
施主陳国别胥

塔下14　觀佛三昧海經卷第二陳國别胥造經題名（“器”字帙背）　遼刻
拓片高41厘米、寬72厘米　中國佛教圖書文物館藏

觀佛三昧海經卷第一　終
施主陳国別胥
已下背面上有第二卷頭紙
善能刻
善伏亦叩頭頂礼願當來一切用見
聞者迴光自照共證常樂
大遼乾統十年庚寅歲十月丙申
二十八日癸亥勘畢奉為
天祚聖孝皇帝[illegible]壽無窮

塔下 14　觀佛三昧海經卷第一陳國別胥造經善能刻經善伏遼乾統十年十月二十八日勘經題記（“器”字帙面局部）

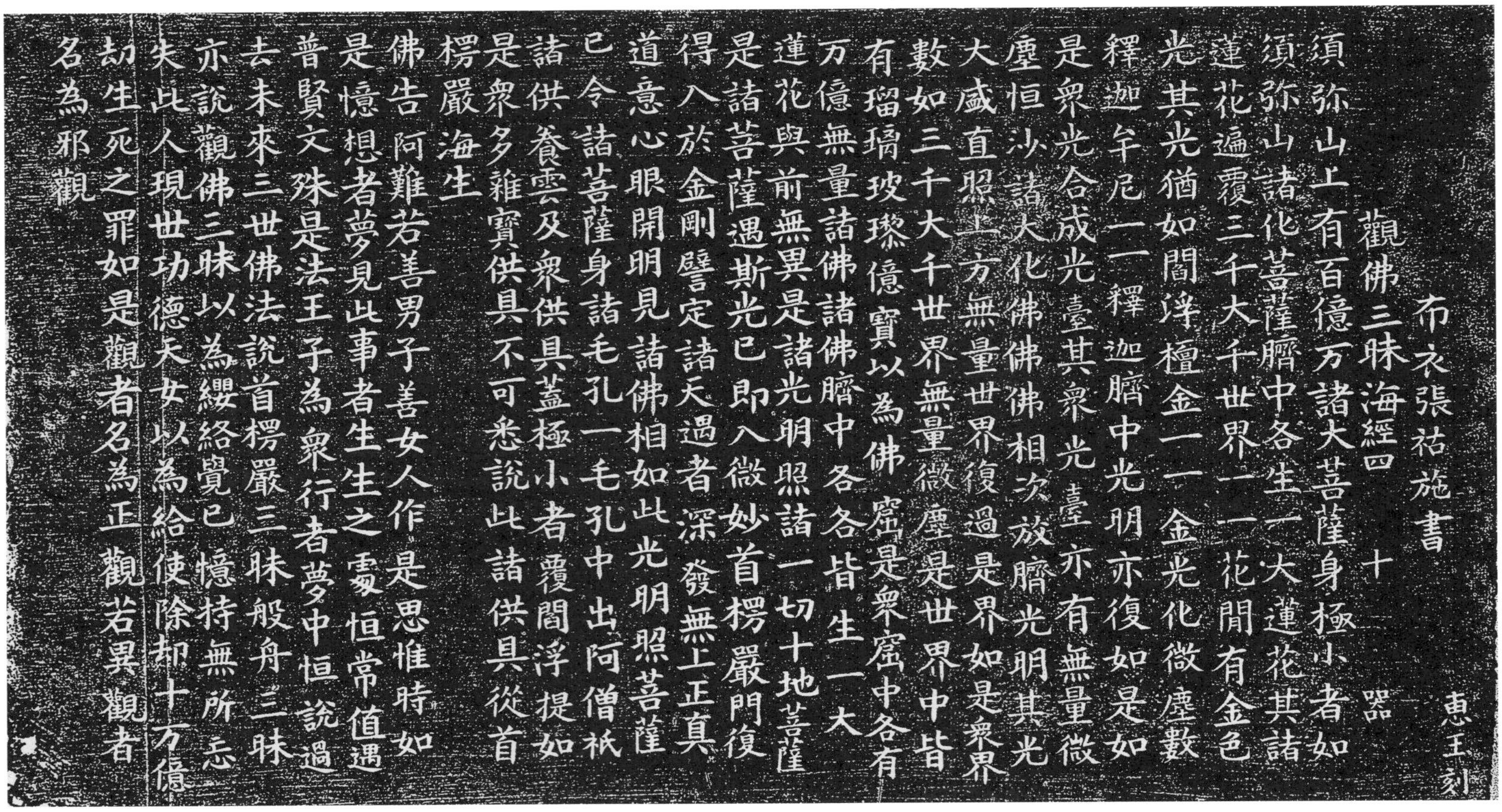

布衣張祐施書　惠玉刻
觀佛三昧海經四 十 器
須弥山上有百億万諸大菩薩身極小者如
須弥山諸化菩薩臍中各生一大蓮花其諸
蓮花遍覆三千大千世界一一花間有金色
光其光猶如閻浮檀金一一金光化微塵數
釋迦牟尼一一釋迦臍中光明亦復如是如
是衆光合成光臺其衆光臺亦有無量微
塵恒沙諸大化佛佛佛相次放臍光明其光
大盛直照上方無量世界復過是界如是衆界
數如三千大千世界無量微塵是世界中皆
有瑠璃玻瓈億寶以為佛龕是衆龕中各有
万億無量諸佛諸佛臍中各各皆生一大
蓮花與前無異是諸光明照諸一切十地菩薩
是諸菩薩遇斯光已即入微妙首楞嚴門復
得入於金剛譬定諸天遇者深發無上正真
道意心眼開明見諸佛相如此光明照菩薩
已令諸菩薩身諸毛孔一一毛孔中出阿僧祇
諸供養雲及衆供具蓋極小者覆閻浮提如
是衆多雜寶供具不可悉說此諸供具從首
楞嚴海生
佛告阿難若善男子善女人作是思惟時如
是憶想者夢見此事者生生之處恒常值遇
普賢文殊是法王子為衆行者夢中恒說過
去未來三世佛法說首楞嚴三昧般舟三昧
亦說觀佛三昧以為纓絡覺已憶持無所忘
失此人現世功德天女以為給使除却十万億
劫生死之罪如是觀者名為正觀若異觀者
名為邪觀

塔下 21　觀佛三昧海經卷第四布衣張祐施書惠玉刻經題名（“器”字帙）　遼刻
拓片高 41 厘米、寬 74 厘米　中國佛教圖書文物館藏

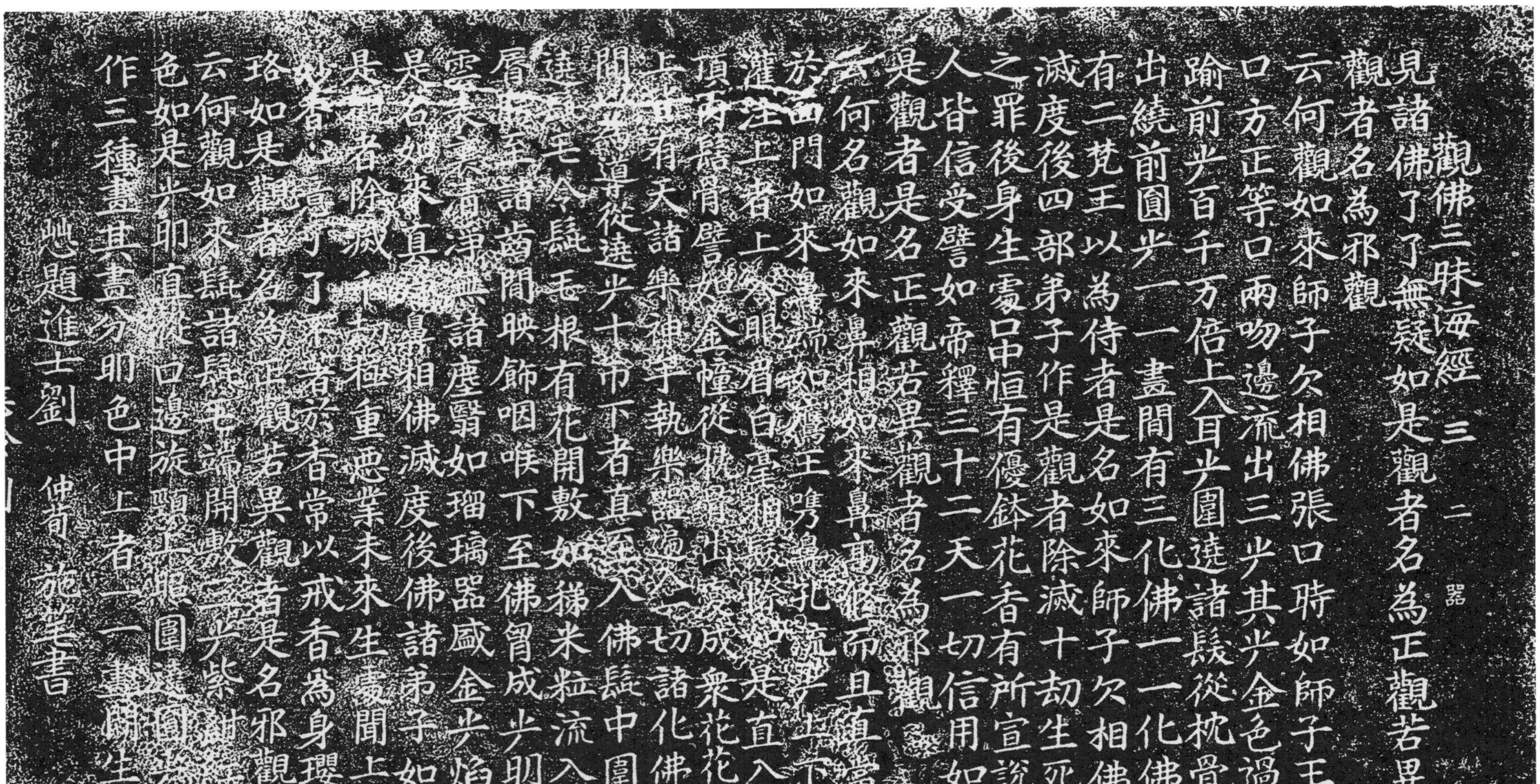

塔下 200　觀佛三昧海經卷第三懋題進士劉仲荀施筆題名（“器”字帙）　遼刻
拓片高 42 厘米、寬 73 厘米　中國佛教圖書文物館藏
“筆”字寫作“笔”。“光”字缺筆，避遼太宗諱。

文殊問菩薩署經 二十 絲
一切諸法自然處是爲二事復有三事若善男
子女人奉行是者疾成至佛何謂三一以諸法
視之如光明朋於諸法亦無多亦無少不作是
念二已應而一無有異心所以者何諸法不
可得故三是因名佛是爲三事復有四事何
謂四事一者惣持諸法於怛薩阿竭而作功
德二持心如空不想一切人三者若有供養
不供養者其心無異若男子女人奉行是法
疾得至佛是爲四事復有五事何謂五事亦
不於諸界有所念何謂諸界眼色耳聲鼻香
舌味身細滑意欲所得不作是念一常於佛
法而作功德二若見同菩薩其心有悅所以
者何用實大故三於一切無虛飾之心所以
者何我當度故四亦於是中無所想是爲五
事沙竭末白佛其有奉行是五事者疾得佛
佛言當作是學疾得阿耨多羅三耶三菩自
致成佛是爲度生死之海以法教於一切令
如怛薩阿竭無所不度其有至心堅住於菩
薩功德者便逮是瑞應若有念恐中道取證
佛言如是法者勿得憂今具足怛薩阿竭十
種力一切聞者莫不歡喜
文殊師利問菩薩署經一卷
施主陳國別胥 金吾太師
燕京崇仁僧惟和書 涿郡石經僧志同刻

塔下 43　文殊師利問菩薩署經陳國別胥金吾太師造經僧惟和志同書鎸題名（"絲"字帙）　遼刻
拓片高 46 厘米、寬 76 厘米　中國佛教圖書文物館藏

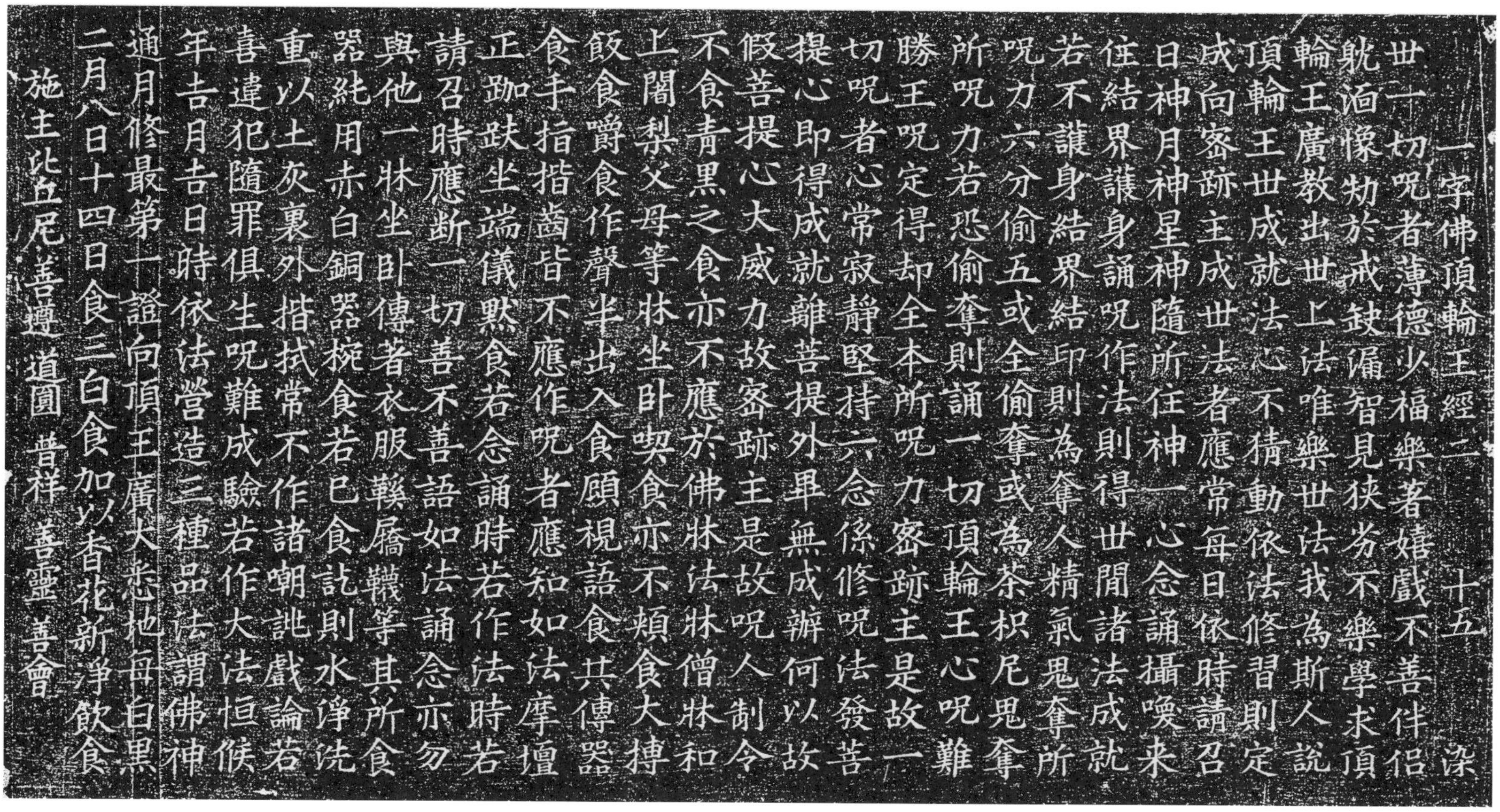

一字佛頂輪王經二 十五 染
世一切呪者薄德少福樂著嬉戲不善伴侶
躭湎慘物於戒鈌徧智見狹劣不樂學求頂
輪王廣教出世上法唯樂世法我爲斯人說
頂輪王世成就法心不精動依法修習則定
成向窣跡主成世法者應常每日依時請召
日神月神星神隨所住神一心念誦攝嗅来
住結界護身誦呪作法則得世間諸法成就
若不護身結界結印則爲奪人精氣鬼奪所
呪力六分偷五或全偷奪或爲茶枳尼鬼奪
所呪力若恐偷奪則誦一切頂輪王心呪難
勝王呪定得却全本所呪力窣跡主是故一
切呪者心常寂靜堅持六念係修呪法發菩
提心即得成就離菩提外畢無成辦何以故
假善提心大威力故窣跡主是故呪人制令
不食青黑之食亦不應於佛牀法牀僧牀和
上闍梨父母等牀坐卧喫食亦不頫食大摶
飯食嚼食作聲半出入食顧視語食共傳器
食手指揩齒皆不應作呪者應知如法摩壇
正跏趺坐端儀默食若念誦時若作法時若
請召時應斷一切善不善語如法誦念亦勿
與他一牀坐卧傳著衣服鞵屩韈等其所食
器純用赤白銅器椀食若已食訖則水淨洗
重以土灰裏外揩拭常不作諸嘲誂戲論若
喜違犯隨罪俱生呪難成驗若作大法恒候
年吉月吉日時依法營造三種品法謂佛神
通月修最第一證向頂王廣大悲地母白黑
二月八日十四日食三白食加以香花新淨飲食
施主比丘尼善遵 道圓 普祥 善靈 善會

塔下 117　一字佛頂輪王經比丘尼善遵等造經題名（"染"字帙）　遼刻
拓片高 46 厘米、寬 76 厘米　中國佛教圖書文物館藏

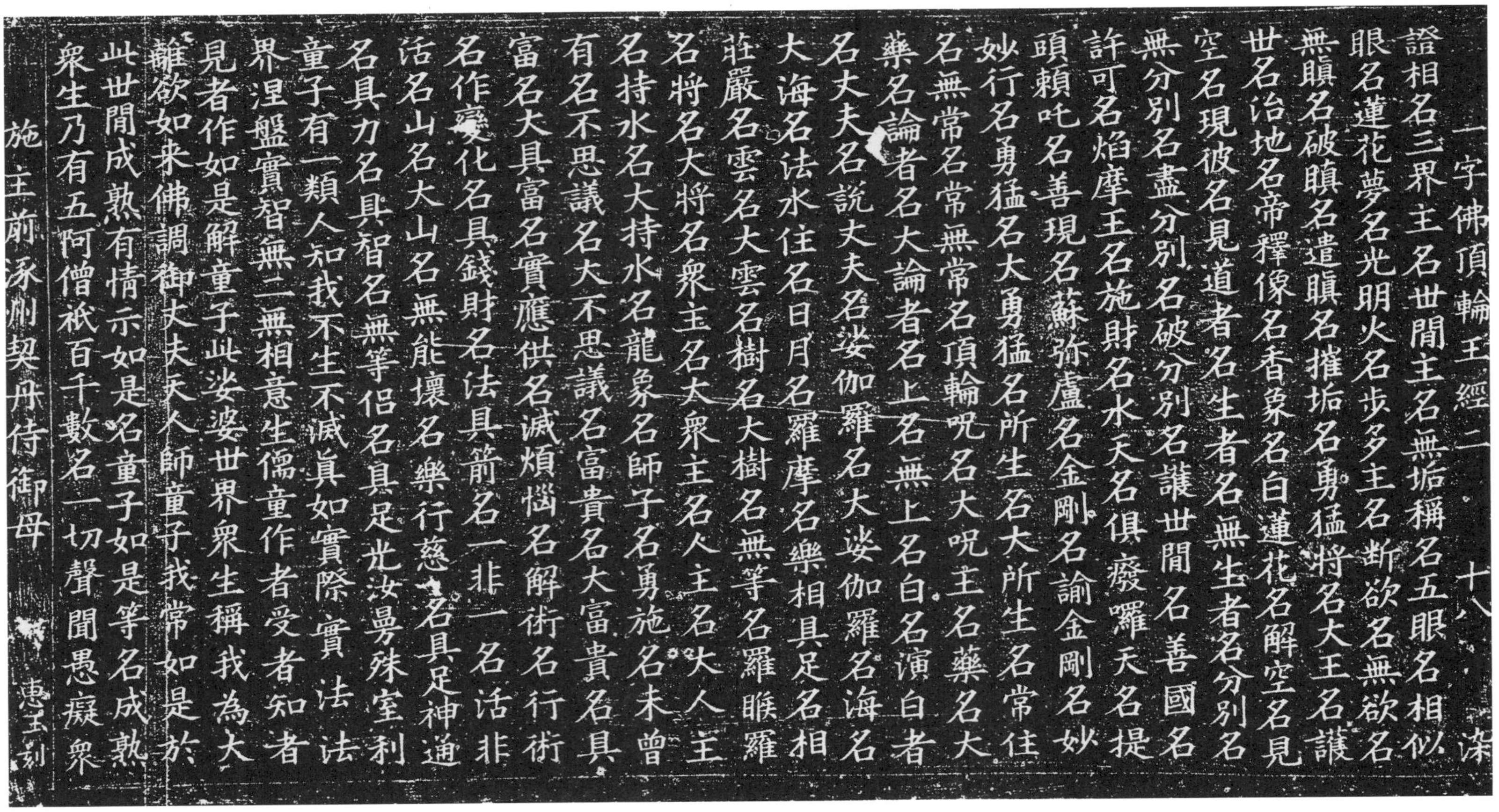

一字佛頂輪王經二 十八 染
證相名三界主名世間主名無垢稱名五眼名相似
眼名蓮花夢名光明火名步多主名斷欲名無欲名
無瞋名破瞋名遣瞋名摧垢名勇猛將名大王名讓
世名治地名帝釋像名香象名白蓮花名解空名見
空名現彼名見道者名生者名無生者名分別名
無分別名盡分別名破分別名讓世間名善國名
許可名焰摩王名施財名水天名俱癈羅天名提
頭賴吒名善現名蘇弥盧名金剛名諭金剛名妙
妙行名勇猛名大勇猛名所生名大所生名常住
名無常名常無常名頂輪呪名大呪王名藥名大
藥名論者名大論者名上名無上名白名演白者
名大夫名說丈夫名娑伽羅名大娑伽羅名海名
大海名法水住名日月名羅摩名樂相具足名相
莊嚴名雲名大雲名樹名大樹名無等名羅睺羅
名將名大將名衆主名大衆主名人主名大人王
名持水名大持水名龍象名師子名勇施名未曾
有名不思議名大不思議名富貴名大富貴名具
富名大具富名實應供名滅煩惱名解術名行術
名作變化名具錢財名法具箭名一非一名活非
活名山名大山名無能壞名樂行慈名具足神通
名具力名具智名無等侶名具足光汝曼殊室利
童子有一類人知我不生不滅眞如實際實法
界涅盤實智無二無相意生儒童作者受者知者
見者作如是解童子此娑婆世界衆生稱我為大
離欲如來佛調御丈夫天人師童子我常如是於
此世間成熟有情示如是名童子如是等名成熟
衆生乃有五阿僧祇百千數名一切聲聞愚癡衆
施主前涿州契丹侍御母 惠玉刻

塔下 189　一字佛頂輪王經前涿州契丹侍御母造經惠玉刻經題名（“染”字帙） 遼刻
拓片高 46 厘米、寬 76 厘米　中國佛教圖書文物館藏

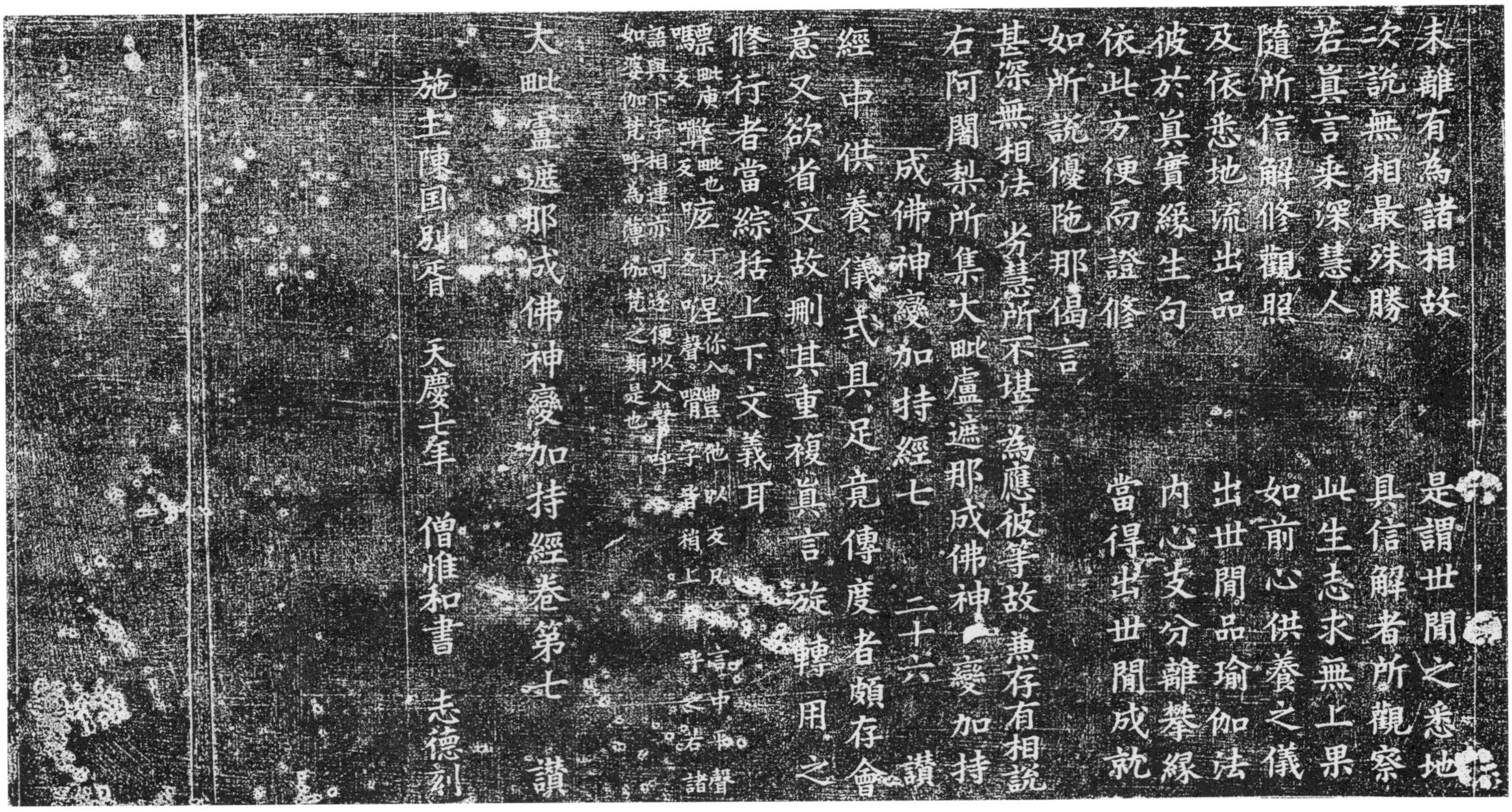

未離有為諸相故 是謂世間之悉地
次說無相最殊勝 具信解者所觀察
若眞言乘深慧人 此生志求無上果
隨所信解修觀照 如前心供養之儀
及依悉地流出品 出世間品瑜伽法
彼於眞實緣生句 內心支分離攀緣
依此方便而證修 當得出世間成就
如所說優陁那偈言
甚深無相法劣慧所不堪為應彼等故兼存有相說
右阿闍梨所集大毗盧遮那成佛神變加持
成佛神變加持經七 二十六 讚
經中供養儀式具足竟傳度者頗存會
意又欲者文故刪其重複眞言旋轉用之
修行者當綜括上下文義耳
嚩毗庚反嚩毗也反𪘏丁以反喔你入聲體他以反凡言中平聲字聲稍上聲呼之若諸
語與下字相連亦可逐便以入聲呼如婆伽梵呼為薄伽梵之類是也
大毗盧遮那成佛神變加持經卷第七 讚
施主陳国別胥 天慶七年 僧惟和書 志德刻

塔下 151　大毗盧遮那成佛神變加持經卷第七陳國別胥遼天慶七年造經僧惟和志德書鐫題名（“讚”字帙）
拓片高 45 厘米、寬 75 厘米　中國佛教圖書文物館藏

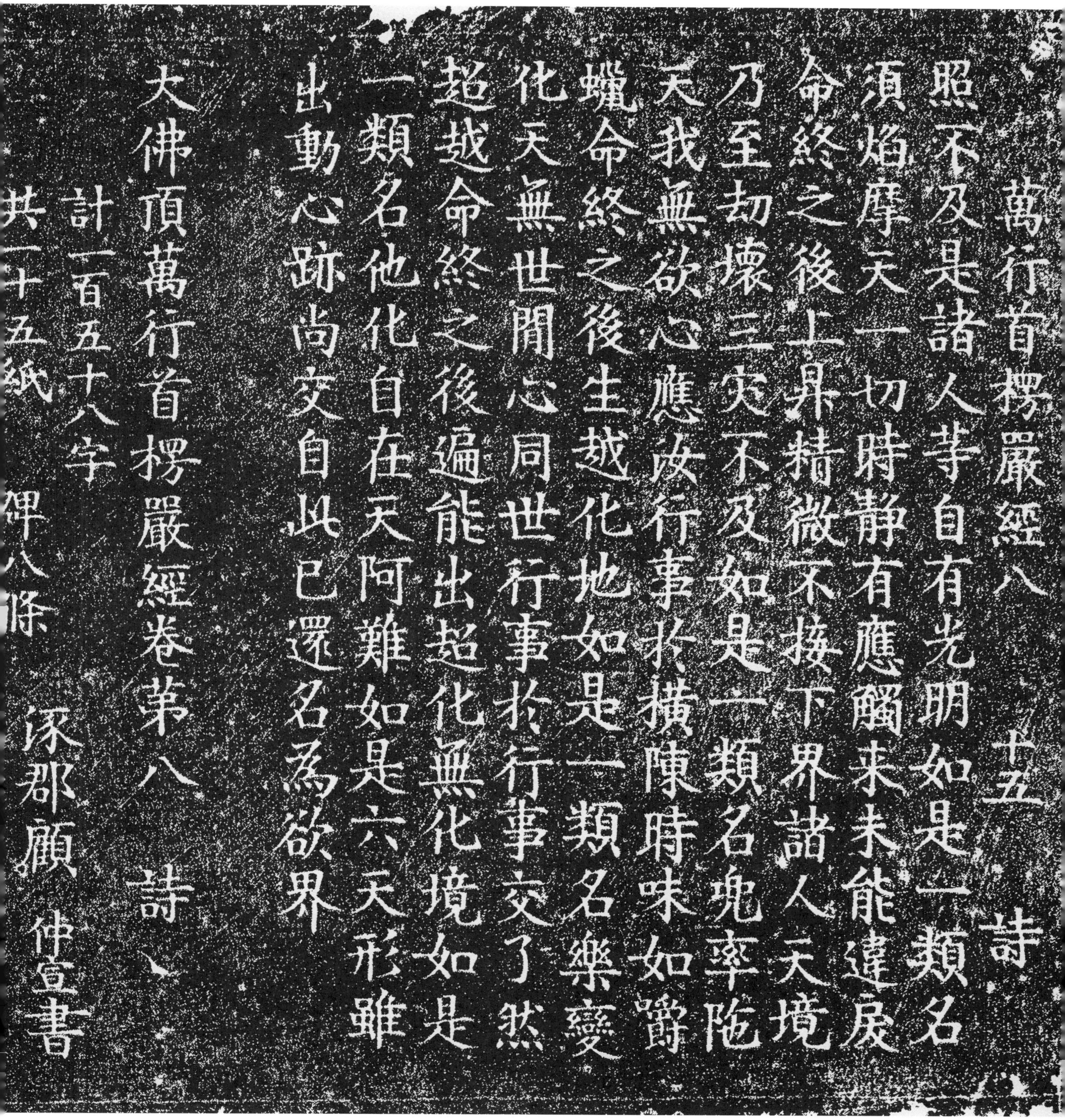
萬行首楞嚴經八　十五　詩
照不及是諸人等自有光明如是一類名
須焰摩天一切時靜有應觸來未能違戾
命終之後上昇精微不接下界諸人天境
乃至刼壞三灾不及如是一類名兜率陁
天我無欲心應汝行事於橫陳時味如嚼
蠟命終之後生越化地如是一類名樂變
化天無世間心同世行事於行事交了然
超越命終之後遍能出超化無化境如是
一類名他化自在天阿難如是六天形雖
出動心跡尚交自此已還名爲欲界
大佛頂萬行首楞嚴經卷第八　詩
計一百五十八字
共一十五紙　俾八條　涿郡顧仲宣書

塔下 221　大佛頂如來密因修證了義諸菩薩萬行首楞嚴經卷第八顧仲宣書經題名（“詩”字帙）　遼刻
拓片整幅高 45 厘米、寬 76 厘米　中國佛教圖書文物館藏
此爲局部。

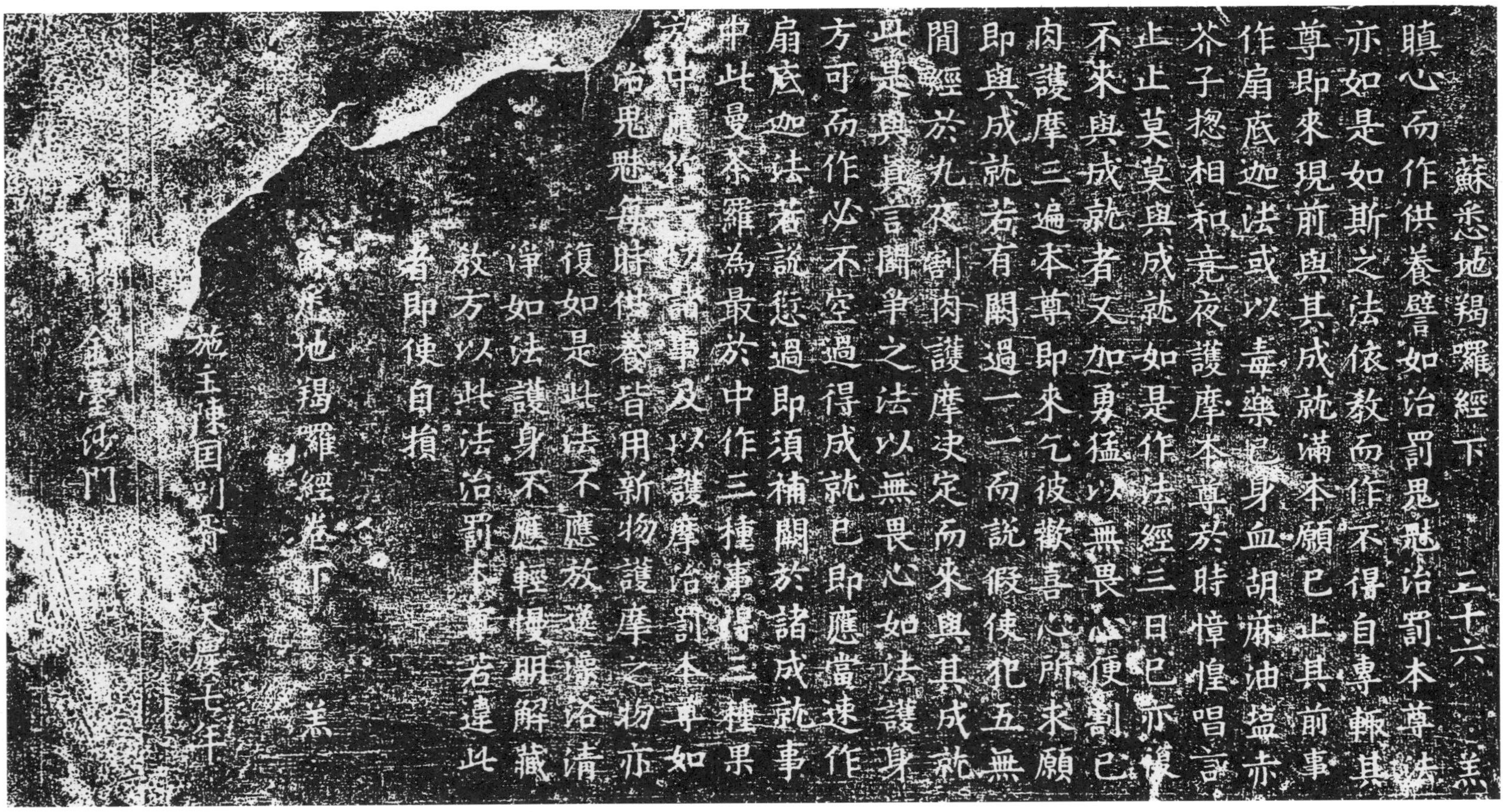

塔下 224　蘇悉地羯囉經陳國别胥遼天慶七年造經金臺沙門惟和書經題名（“羔”字帙）
拓片高 45 厘米、寬 75 厘米　中國佛教圖書文物館藏

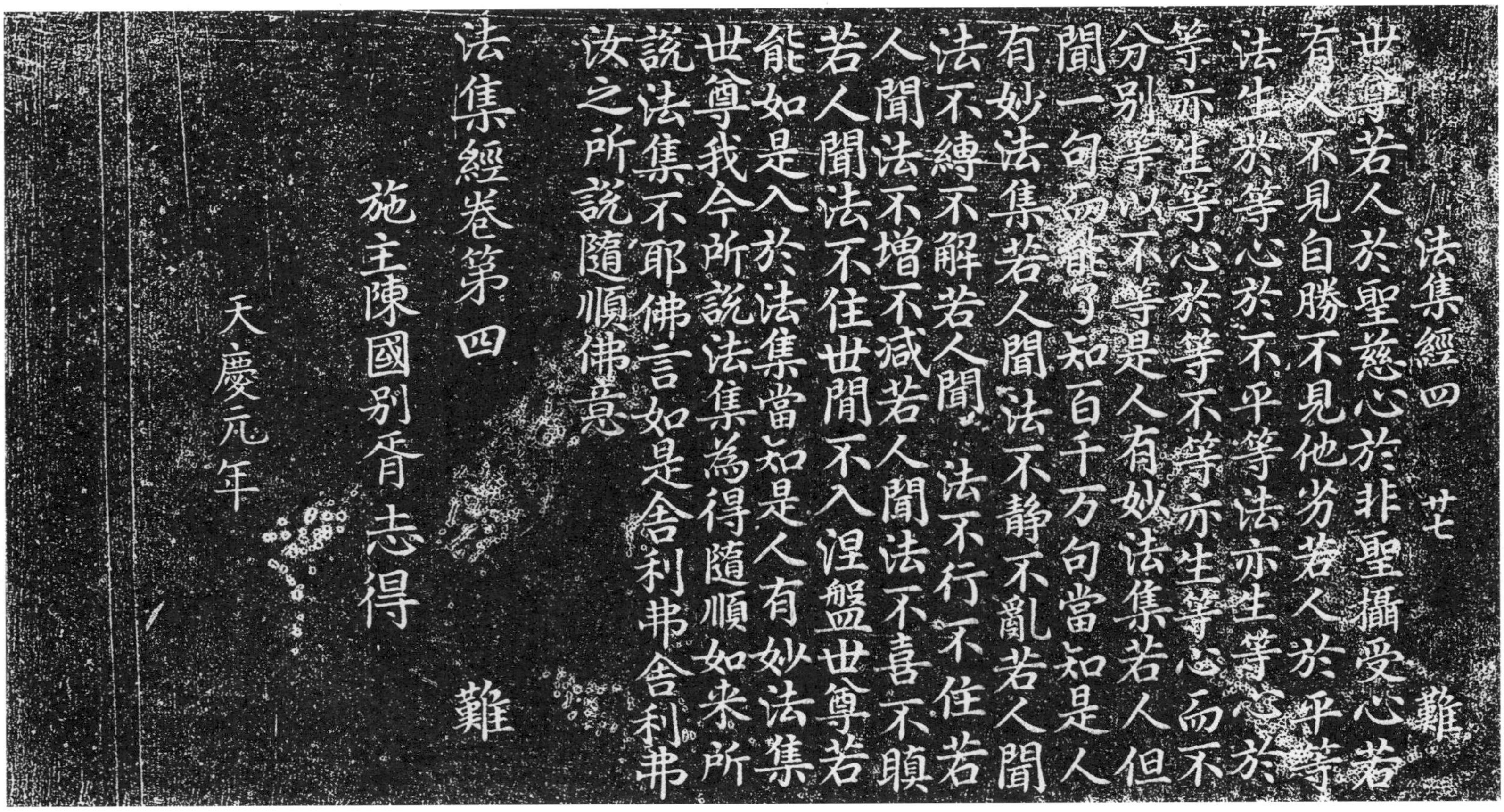

塔下 609　法集經卷第四陳國别胥志得遼天慶元年造經題名（“難”字帙）
拓片高 41 厘米、寬 72 厘米　中國佛教圖書文物館藏

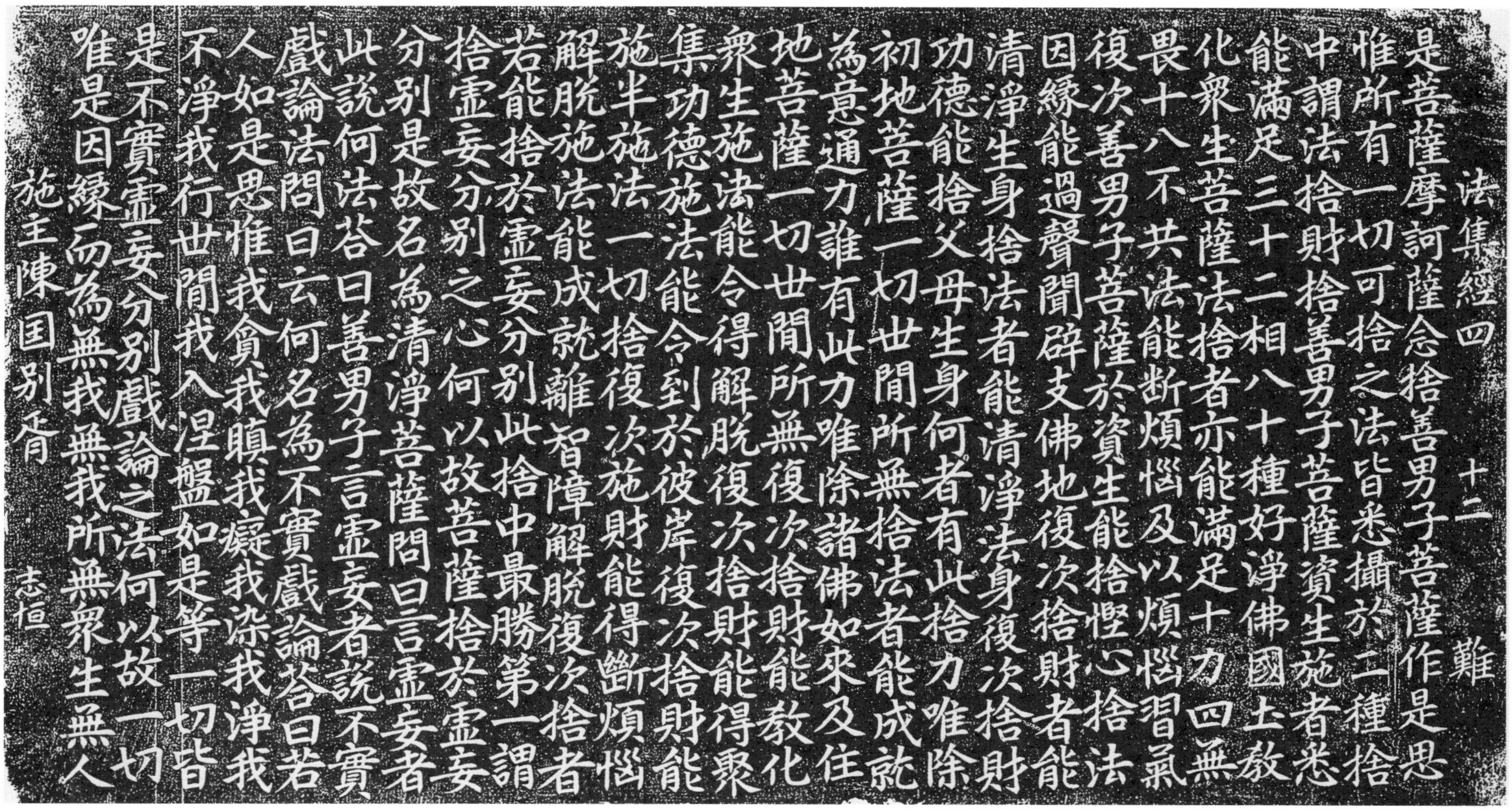

塔下 617　法集經卷第四陳國別胥志恒造經題名（“難”字帙）　遼刻
拓片高 45 厘米、寬 75 厘米　中國佛教圖書文物館藏

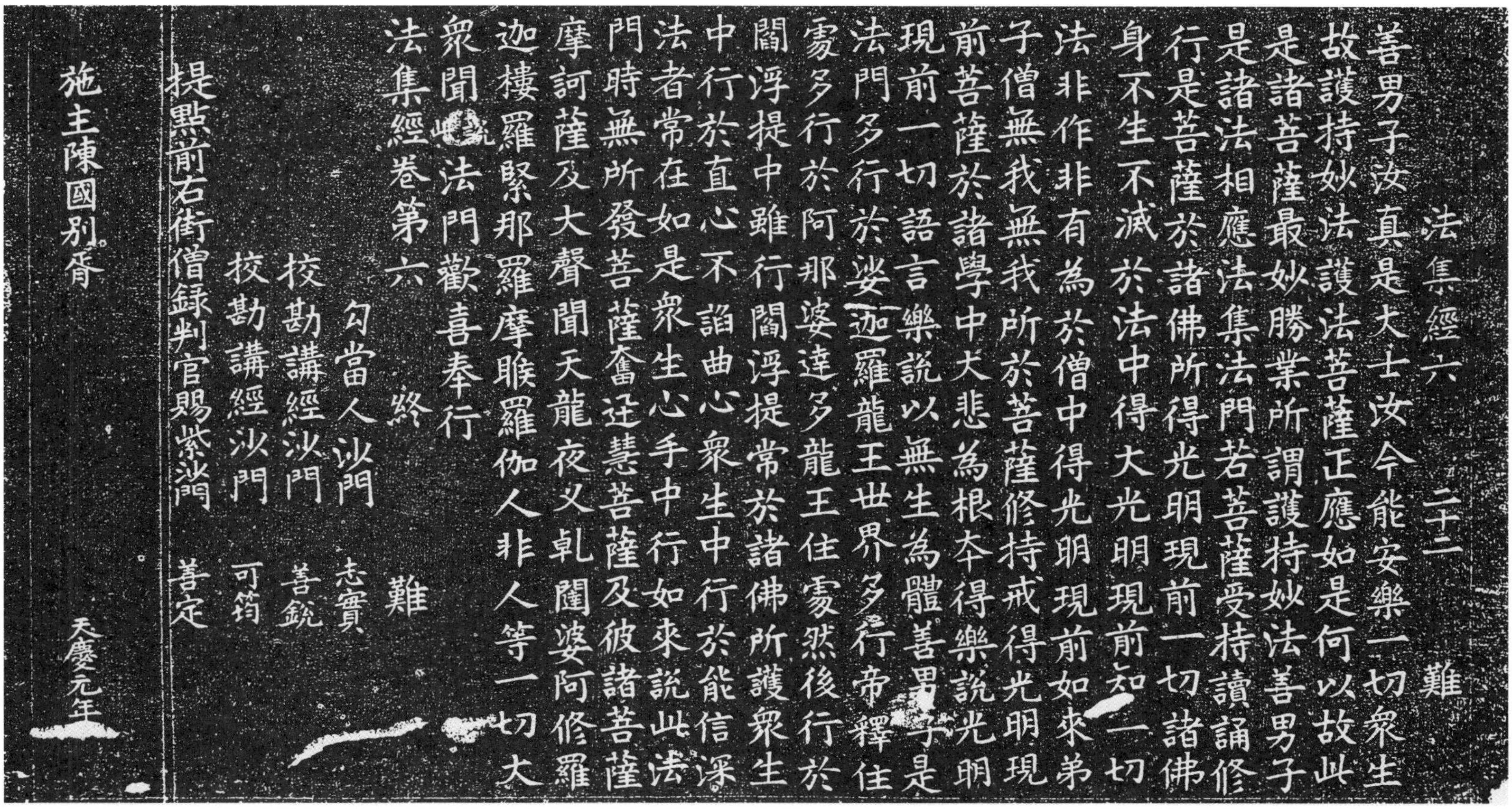
法集經六　二十二　難
善男子汝真是大士汝今能安樂一切衆生
故護持妙法護法菩薩正應如是何以故此
是諸菩薩最妙勝業所謂護持妙法善男子
是諸法相應法集法門若菩薩受持讀誦修
行是菩薩於諸佛所得光明現前一切諸佛
身不生不滅於法中得大光明現前知一切
法非作非有為於僧中得光明現前如來弟
子僧無我無我所於菩薩修持戒得光明現
前菩薩於諸學中大悲為根本得樂說光明
現前一切語言樂說以無生為體善男子是
法門多行於娑迦羅龍王世界多行帝釋住
處多行於阿那婆達多龍王住處然後行於
閻浮提中雖行閻浮提常於諸佛所護衆生
中行於直心不諂曲心衆生中行於能信深
法者常在如是衆生心手中行如來說此法
門時無所發菩薩奮迅慧菩薩及彼諸菩薩
摩訶薩及大聲聞天龍夜叉乹闥婆阿修羅
迦樓羅緊那羅摩睺羅伽人非人等一切大
衆聞說法門歡喜奉行
法集經卷第六　終　難
勾當人沙門　志實
校勘講經沙門　善銳
校勘講經沙門　可筠
提點前右街僧録判官賜紫沙門　善定
施主陳國別胥　天慶元年

塔下 621　法集經卷第六陳國別胥遼天慶元年造經沙門善定可筠善銳志實提點校勘題名（“難”字帙）
拓片高 44 厘米、寬 75 厘米　中國佛教圖書文物館藏

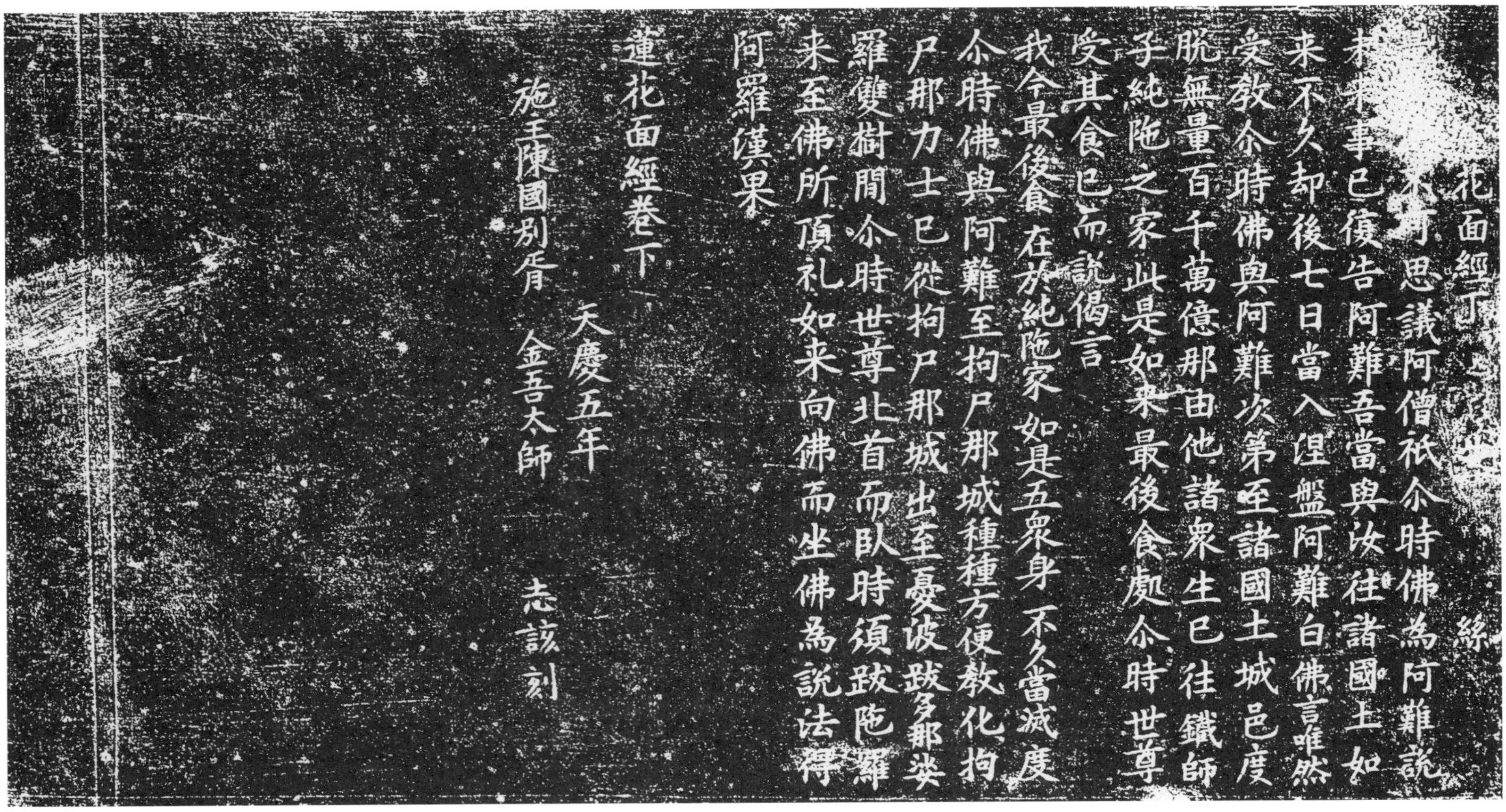

花面經下 絲
不可思議阿僧祇尒時佛為阿難說
未來事已復告阿難吾當與汝往諸國土如
來不久却後七日當入涅槃阿難白佛言唯然
受教尒時佛與阿難次第至諸國土城邑度
脫無量百千萬億那由他諸衆生已往鐵師
子純陁之家此是如來最後食處尒時世尊
受其食已而說偈言
我今最後食 在於純陁家 如是五衆身 不久當滅度
尒時佛與阿難至拘尸那城種種方便教化拘
尸那力士已從拘尸那城出至憂波跋多那娑
羅雙樹間尒時世尊北首而臥時須跋陁羅
來至佛所頂礼如來向佛而坐佛為說法得
阿羅漢果
蓮花面經卷下
天慶五年
施主陳國別胥 金吾太師 志該刻

塔下 429 蓮花面經陳國別胥金吾太師天慶五年造經志該刻經題名（“絲”字帙）
拓片高 46 厘米、寬 76 厘米 中國佛教圖書文物館藏

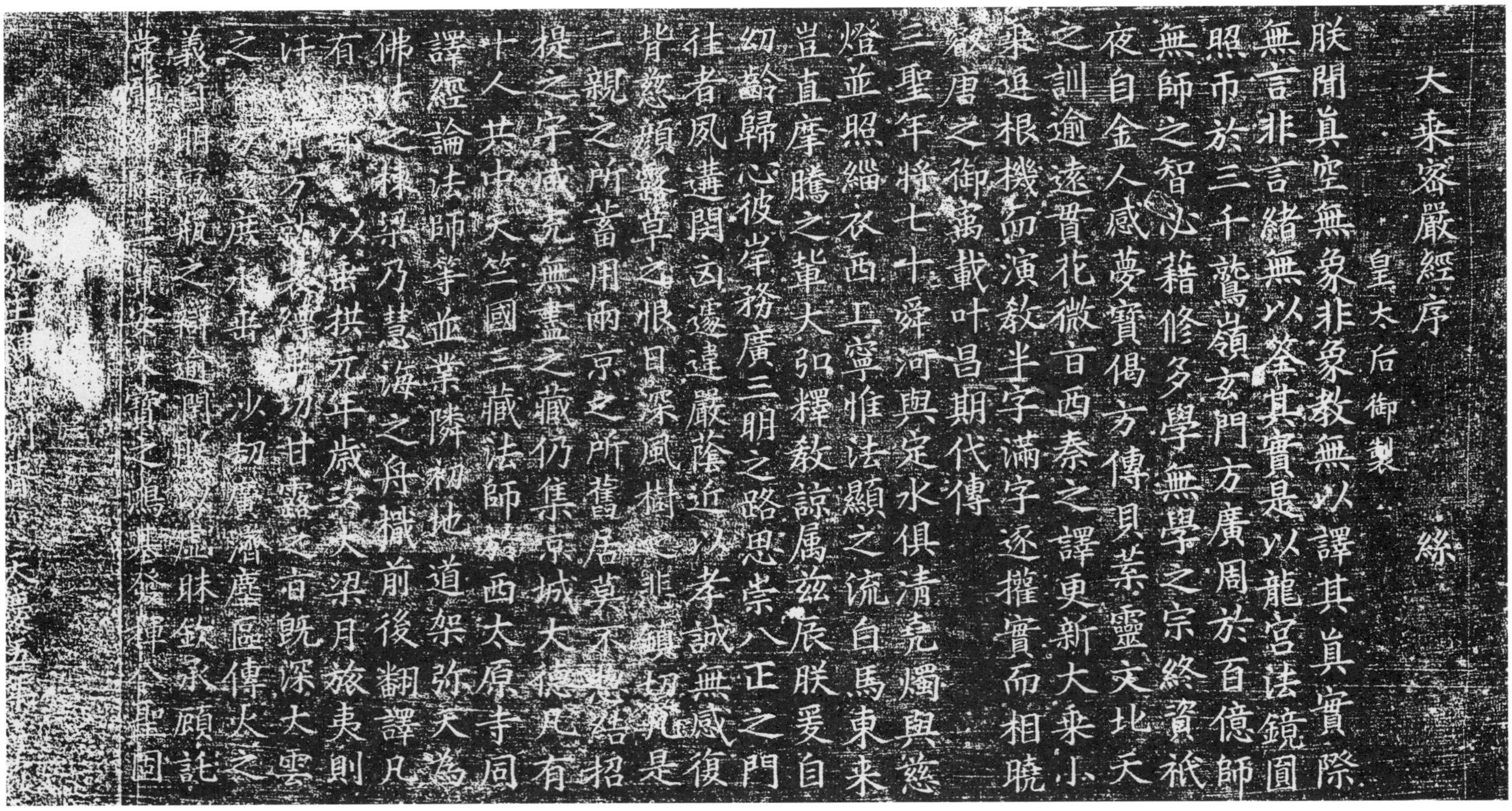

大乘密嚴經序 絲
皇太后御製
朕聞眞空無象非象教無以譯其眞實際
無言非言緒無以筌其實是以龍宮法鏡圓
照而於三千鷲嶺玄門方廣周於百億師
無師之智必藉修多學無學之宗終資祇
夜自金人感夢寶偈方傳貝葉靈文北天
之訓逾遠貫花徹西秦之譯更新大乘小
乘逗根機而演教半字滿字逐權實而相曉
[illegible]唐之御萬載叶昌期代傳
三聖年將七十舜河與定水俱清堯燭與慈
燈並照緇衣西上寧惟法顯之流白馬東來
豈直摩騰之輩大弘釋教諒屬茲辰朕爰自
幼齡歸心彼岸務廣三明之路思崇八正之門
往者夙遘閔凶遽違嚴蔭近以孝誠無感復
背慈顏[illegible]草之恨日深風樹之悲彌切凡是
二親之所蓄用兩京之所舊居莫不總結招
提之字咸充無盡之藏仍集京城大德凡有
十人共中天竺國三藏法師於西太原寺同
譯經論法師等並業隣初地道架弥天為
佛法之棟梁乃慧海之舟檝前後翻譯凡
有十部以垂拱元年歲次大梁月旅夷則
汗簡方就鴻篇畢功甘露之旨既深太雲

塔下 528 武則天撰大乘密嚴經序陳國別胥天慶五年造經題名（“絲”字帙面）
拓片高 45 厘米、寬 78 厘米 中國佛教圖書文物館藏

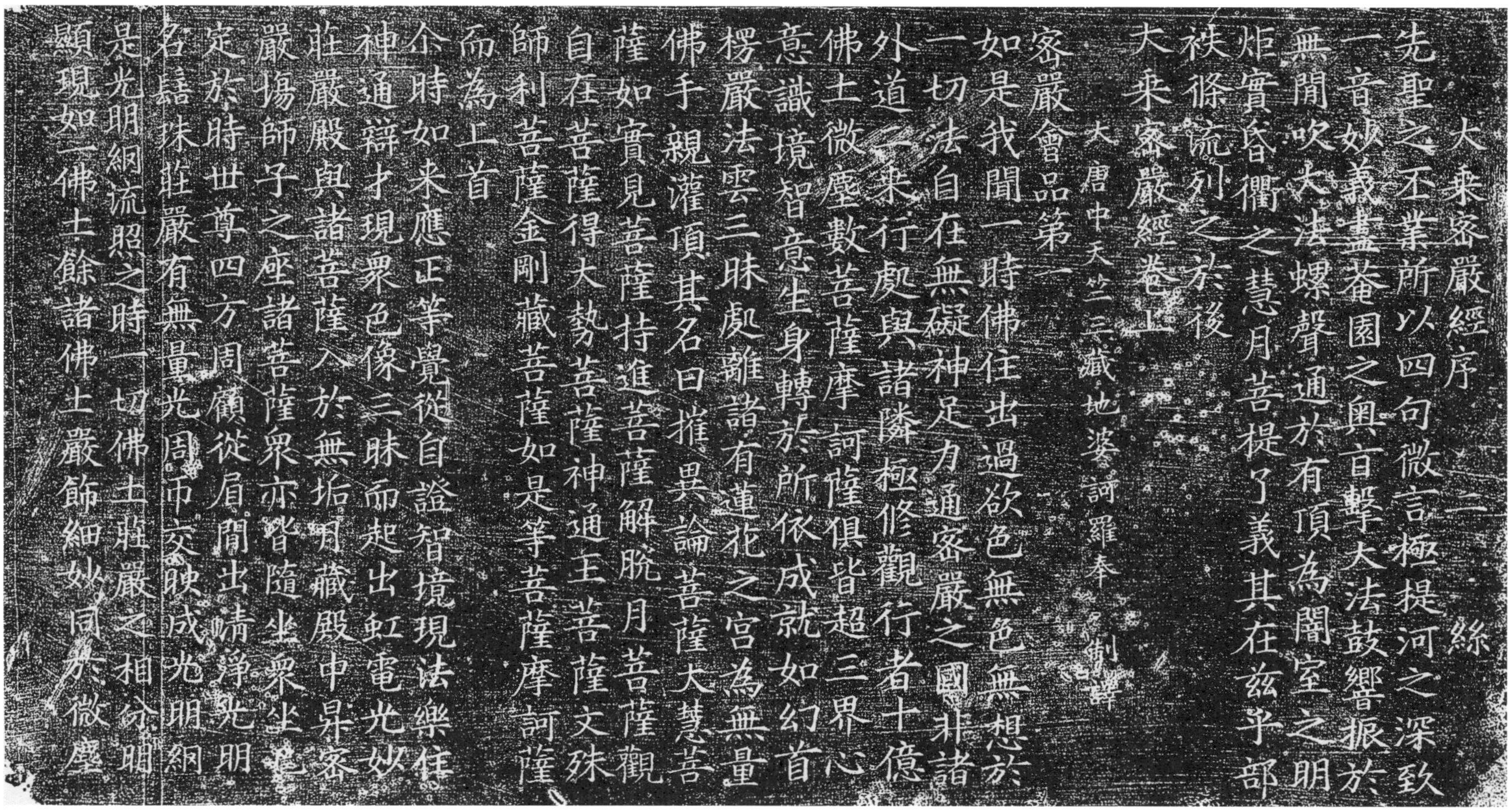
大乘密嚴經序　二　絲
先聖之丕業所以四句微言極提河之深致
一音妙義盡菴園之奧旨擊大法鼓響振於
無間吹大法螺聲通於有頂為闇室之明
炬實昏衢之慧月菩提了義其在茲乎部
袟條流列之於後
大乘密嚴經卷上
大唐中天竺三藏地婆訶羅奉　制譯
密嚴會品第一
如是我聞一時佛住出過欲色無色無想於
一切法自在無礙神足力通密嚴之國非諸
外道二乘行處與諸勝極修觀行者十億
佛土微塵數菩薩摩訶薩俱皆超三界心
意識境智意生身轉於所依成就如幻首
楞嚴法雲三昧處離諸有蓮花之宮為無量
佛手親灌頂其名曰摧異論菩薩大慧菩
薩如實見菩薩持進菩薩解脫月菩薩觀
自在菩薩得大勢菩薩神通王菩薩文殊
師利菩薩金剛藏菩薩如是等菩薩摩訶薩
而為上首
尒時如來應正等覺從自證智境現法樂住
神通辯才現衆色像三昧而起出虹電光妙
莊嚴殿與諸菩薩入於無垢月藏殿中昇密
嚴場師子之座諸菩薩衆亦皆隨坐衆坐已
定於時世尊四方周顧從眉間出清淨光明
名語珠莊嚴有無量光周帀交映成光明網
是光明網流照之時一切佛土莊嚴之相分明
顯現如一佛土餘諸佛土嚴飾細妙同於微塵

塔下 528　武則天撰大乘密嚴經序（“絲”字帙背）　遼刻
拓片高 45 厘米、寬 78 厘米　中國佛教圖書文物館藏

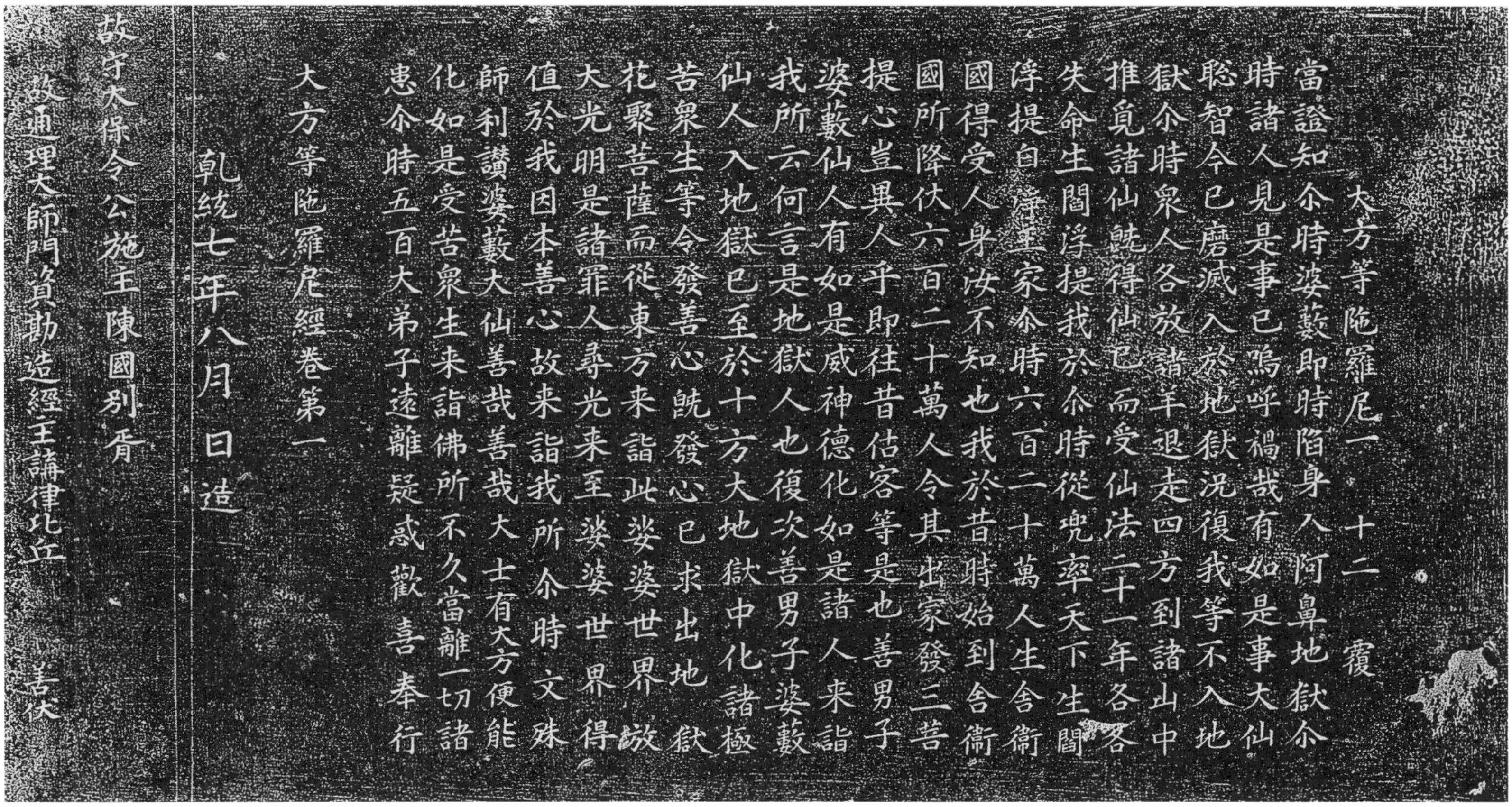
大方等陁羅尼經卷第一　十二　覆
當證知尒時婆藪即時陷身入阿鼻地獄尒
時諸人見是事已嗚呼禍哉有如是事大仙
聡智今已磨滅入於地獄況復我等不入地
獄尒時衆人各放諸羊退走四方到諸山中
推覓諸仙既得仙已而受仙法二十一年各各
失命生閻浮提我於尒時從兜率天下生閻
浮提白淨王家尒時六百二十萬人生舍衛
國得受人身汝不知也我於昔時始到舍衛
國所降伏六百二十萬人令其出家發三菩
提心豈異人乎即往昔佉客等是也善男子
婆藪仙人有如是威神德化如是諸人来詣
我所云何言是地獄人也復次善男子婆藪
仙人入地獄已至於十方大地獄中化諸極
苦衆生等令發善心既發心已求出地獄
花聚菩薩而從東方来詣此娑婆世界放
大光明是諸罪人尋光来至娑婆世界得
值於我因本善心故来詣我所尒時文殊
師利讚婆藪大仙善哉善哉大士有大方便能
化如是受苦衆生来詣佛所不久當離一切諸
患尒時五百大弟子遠離疑惑歡喜奉行

大方等陁羅尼經卷第一
乾統七年八月　日造
故守太保令公陳國別胥
故通理大師門資勘造經主講律比丘　善伏

塔下 624　大方等陁羅尼經卷第一故守太保令公陳國別胥故通理大師門資勘造經主講律比丘善伏遼乾統七年八月造經題名（“覆”字帙）
拓片高 45 厘米、寬 78 厘米　中國佛教圖書文物館藏

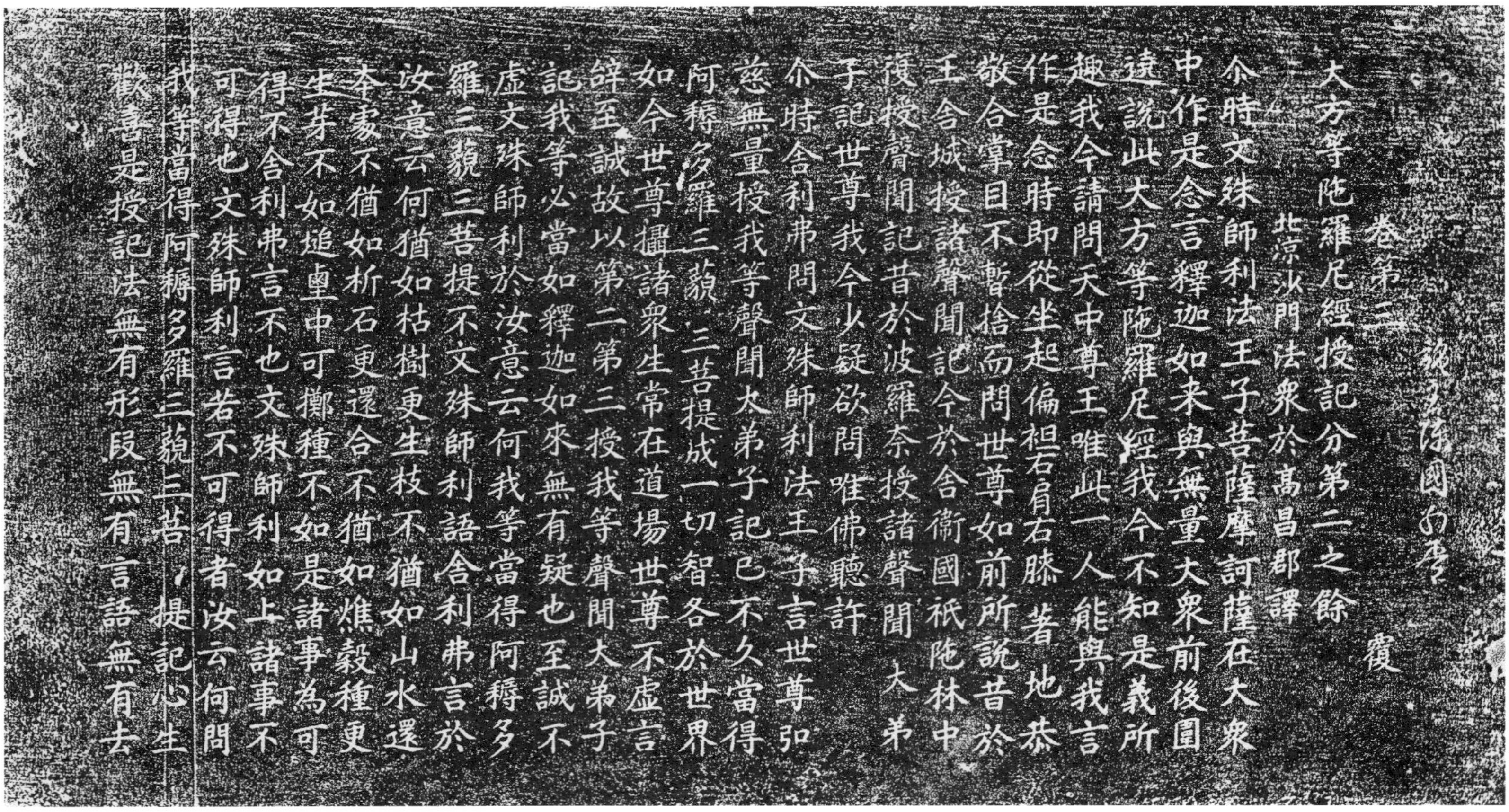

大方等陁羅尼經授記分第二之餘 卷第三 覆
北涼沙門法衆於高昌郡譯
尒時文殊師利法王子菩薩摩訶薩在大衆
中作是念言釋迦如来與無量大衆前後圍
遶說此大方等陁羅尼經我今不知是義所
趣我今請問天中尊王唯此一人能與我言
作是念時即從坐起偏袒右肩右膝著地恭
敬合掌目不暫捨而問世尊如前所說昔於
王舍城授諸聲聞記今於舍衛國祇陁林中
復授聲聞記昔於波羅奈授諸聲聞 大弟
子記世尊我今少疑欲問唯佛聽許
尒時舍利弗問文殊師利法王子言世尊弘
慈無量授我等聲聞大弟子記已不久當得
阿耨多羅三藐三菩提成一切智各於世界
如今世尊攝諸衆生常在道場世尊不虛言
辝至誠故以第二第三授我等聲聞大弟子
記我等必當如釋迦如來無有疑也至誠不
虛文殊師利於汝意云何我等當得阿耨多
羅三藐三菩提不文殊師利語舍利弗言於
汝意云何猶如枯樹更生枝不猶如山水還
本處不猶如析石更還合不猶如燋穀種更
生芽不如塠塱中可擲種不如是諸事為可
得不舍利弗言不也文殊師利如上諸事不
可得也文殊師利言若不可得者汝云何問
我等當得阿耨多羅三藐三菩提記心生
歡喜是授記法無有形段無有言語無有去

塔下 633　大方等陁羅尼經卷第三陳國別胥造經題名（“覆”字帙）　遼刻
拓片高 45 厘米、寬 78 厘米　中國佛教圖書文物館藏
題名爲草書。

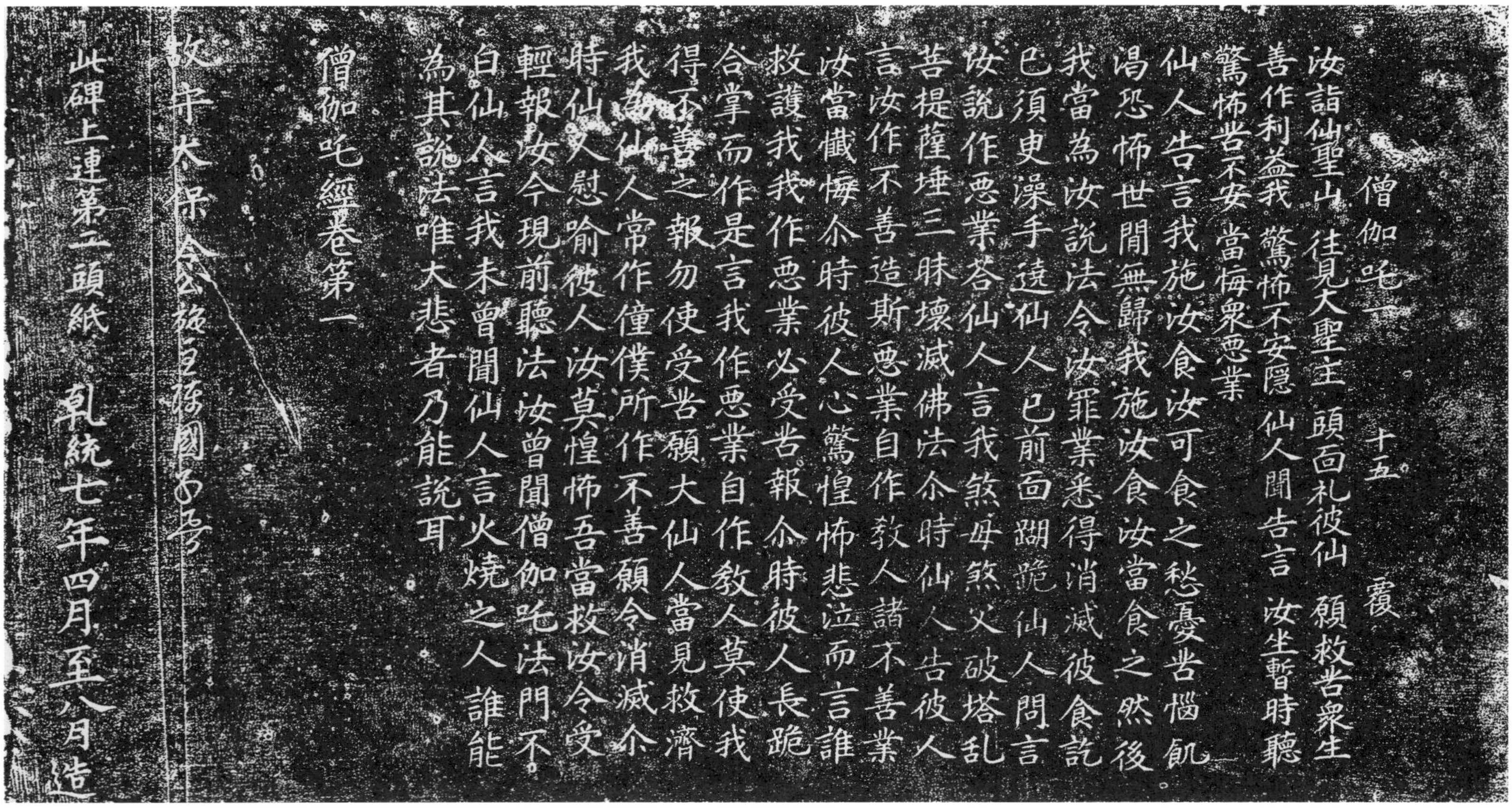

僧伽吒一 十五 覆
汝詣仙聖山 往見大聖主 頭面礼彼仙 願救苦衆生
善作利益我 驚怖不安隱 仙人聞告言 汝生暫時聽
驚怖苦不安 當悔衆惡業
仙人告言我施汝食汝可食之愁憂苦惱飢
渴恐怖世間無歸我施汝食汝當食之然後
我當為汝說法令汝罪業悉得消滅彼食訖
已須臾澡手遶仙人已前面䠒跪仙人問言
汝說作惡業荅仙人言我煞母煞父破塔乱
菩提薩埵三昧壞滅佛法尒時仙人告彼人
言汝作不善造斯惡業自作教人諸不善業
汝當懺悔尒時彼人心驚惶怖悲泣而言誰
救護我我作惡業必受苦報尒時彼人長跪
合掌而作是言我作惡業自作教人莫使我
得不善之報勿使受苦願大仙人當見救濟
我為仙人常作僮僕所作不善願令消滅尒
時仙人慰喻彼人汝莫惶怖吾當救汝令受
輕報汝今現前聽法汝曾聞僧伽吒法門不
白仙人言我未曾聞仙人言火燒之人誰能
為其說法唯大悲者乃能說耳
僧伽吒經卷第一
此碑上連第二頭紙 乾統七年四月至八月造

塔下 636　僧伽吒經卷第一故守太保令公陳國別胥遼乾統七年四月至八月造經題記（“覆”字帙）
拓片高 45 厘米、寬 78 厘米　中國佛教圖書文物館藏
題名爲草書。末行題記“此碑上連第二頭紙”，可見石刻本以紙本爲據。

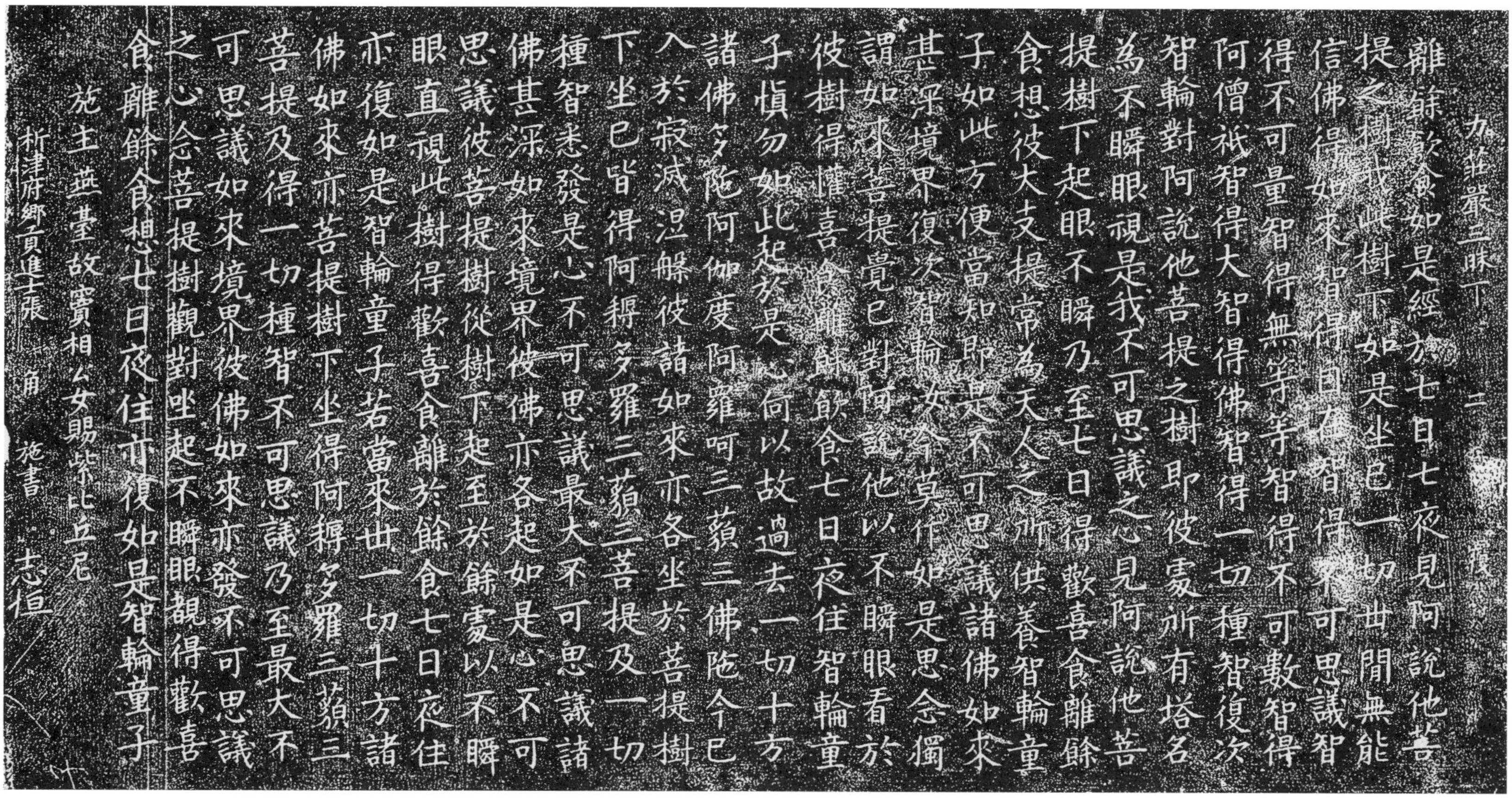

塔下 640　力莊嚴三昧經卷下燕臺故實相公女賜紫比丘尼造經析津府鄉貢進士張角施書志恒題名（“覆”字帙）　遼刻
拓片高 40 厘米、寬 72 厘米　中國佛教圖書文物館藏

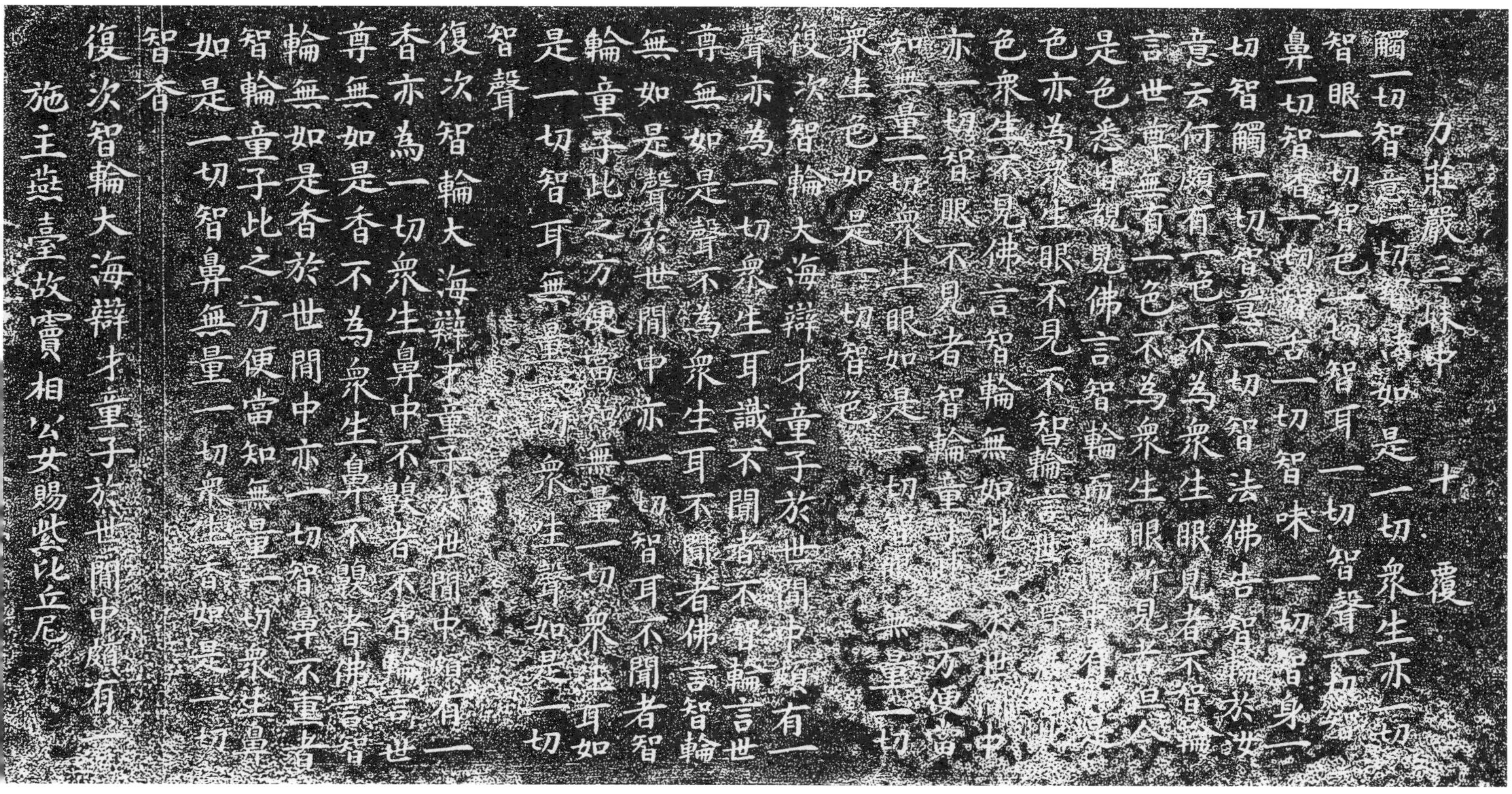

塔下 781　力莊嚴三昧經卷中燕臺故實相公女賜紫比丘尼造經題名（“覆”字帙）　遼刻
拓片高 40 厘米、寬 72 厘米　中國佛教圖書文物館藏

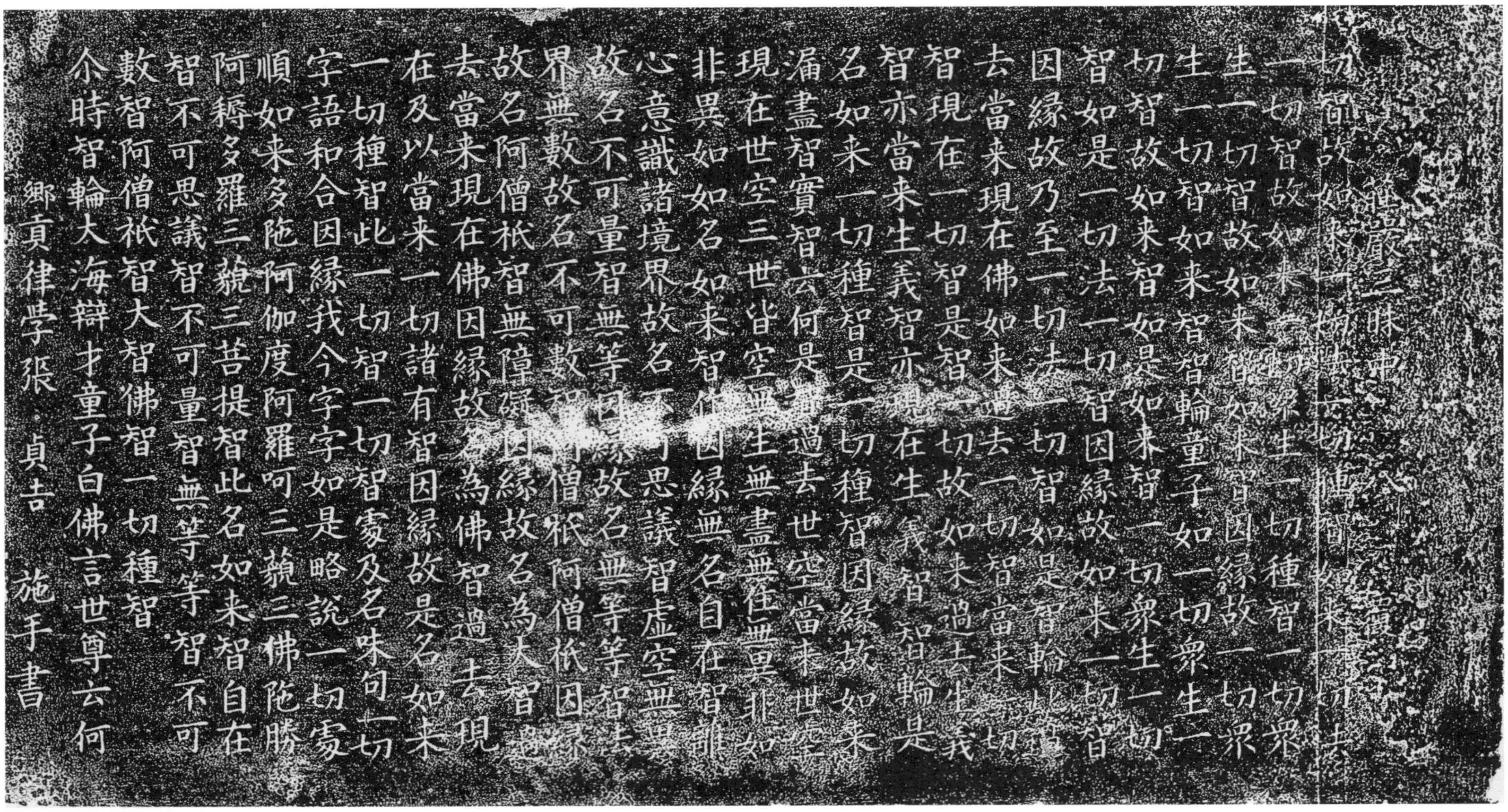

塔下 785　力莊嚴三昧經卷中鄉貢律學張貞吉施手書題名（"覆"字帙）　遼刻
拓片高 40 厘米、寬 72 厘米　中國佛教圖書文物館藏

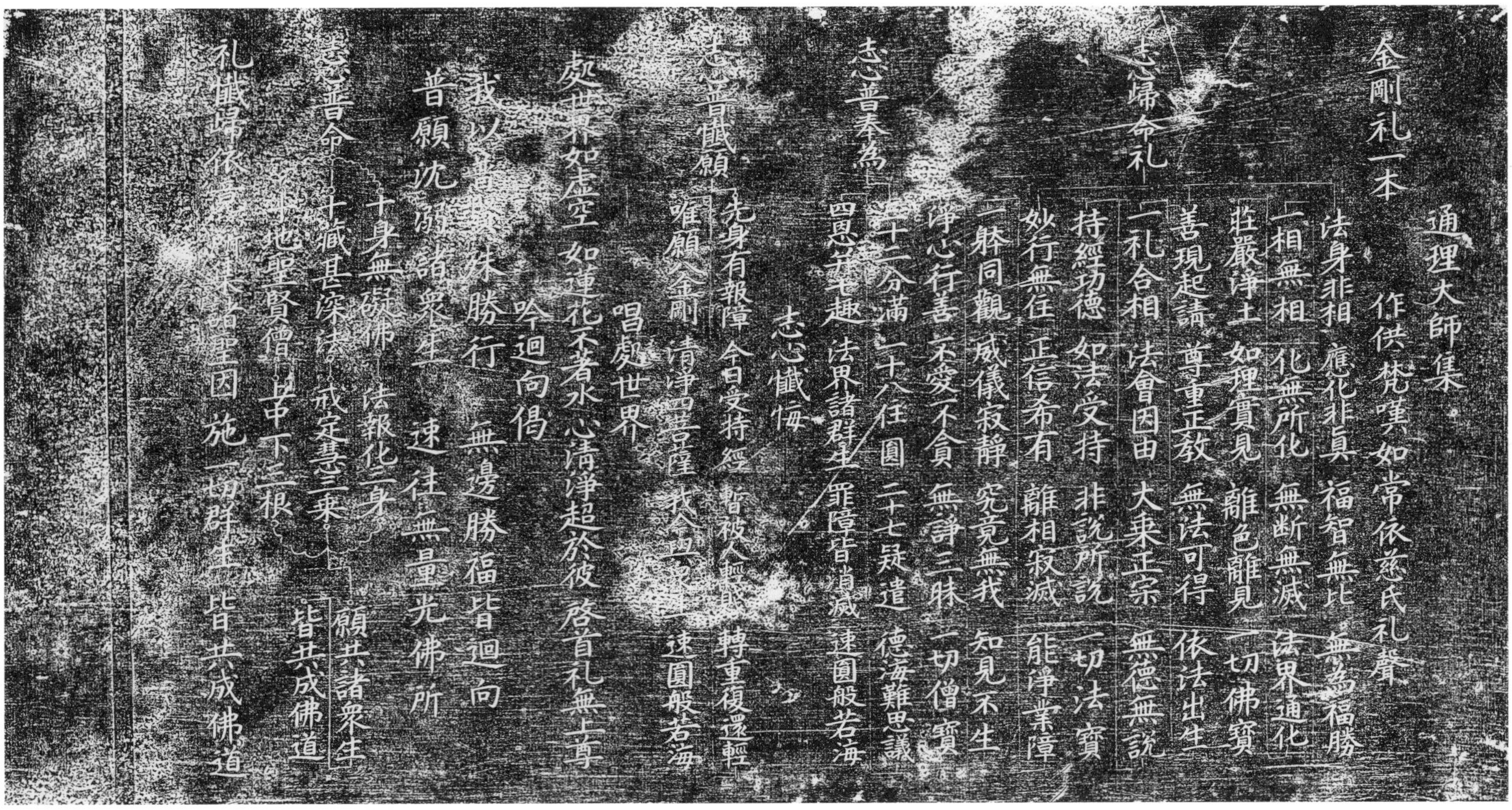

塔下 646　大方廣圓覺修多羅了義經卷末通理大師集　遼刻
拓片高 40 厘米、寬 73 厘米　中國國家圖書館藏
《通理大師集》爲遼代刻經中僅見的通理所撰唱頌偈語。

通理大師集

作供梵嘆如常依慈氏礼聲

金剛礼一本

法身非相 應化非眞 福智無比 無爲福勝

一相無相 化無所化 無断無滅 法界通化

莊嚴淨土 如理實見 離色離見 一切佛寶

善現起請 尊重正教 無法可得 依法出生

志心帰命礼

一礼合相 法會因由 大乘正宗 無德無説

持經功德 如法受持 非説所説 一切法寶

妙行無住 正信希有 離相寂滅 能淨業障

一躰同觀 威儀寂靜 究竟無我 知見不生

淨心行善 不愛不貪 無諍三昧 一切僧寶

三十二分滿 十八住圓 二十七疑遣 德海難思議

志心普奉爲

四恩三有七趣 法界[illegible] 罪障[illegible][illegible] 速圓覺海

塔下 646　大方廣圓覺修多羅了義經卷末通理大師集①

志心普懺願　我身有報障　今日受持經　暫被人輕賤　轉重復還輕

唯願金剛　清淨四菩薩　我今發[illegible]　速圓般若海

唱歎世界

歎世界如虛空　如蓮花不著水　心清淨超於彼　稽首礼無上尊

吟迴向偈

我以普賢殊勝行　無邊勝福皆迴向

普願沈溺諸衆生　速往無量光佛所

志心普命

十身無礙佛　法報化三身

十藏甚深法　戒定慧三乘

十地聖賢僧　上中下三根

願共諸衆生

皆共成佛道

礼懺歸依竟　所集諸聖因　施一切群生　皆共成佛道

塔下 646　大方廣圓覺修多羅了義經卷末通理大師集②

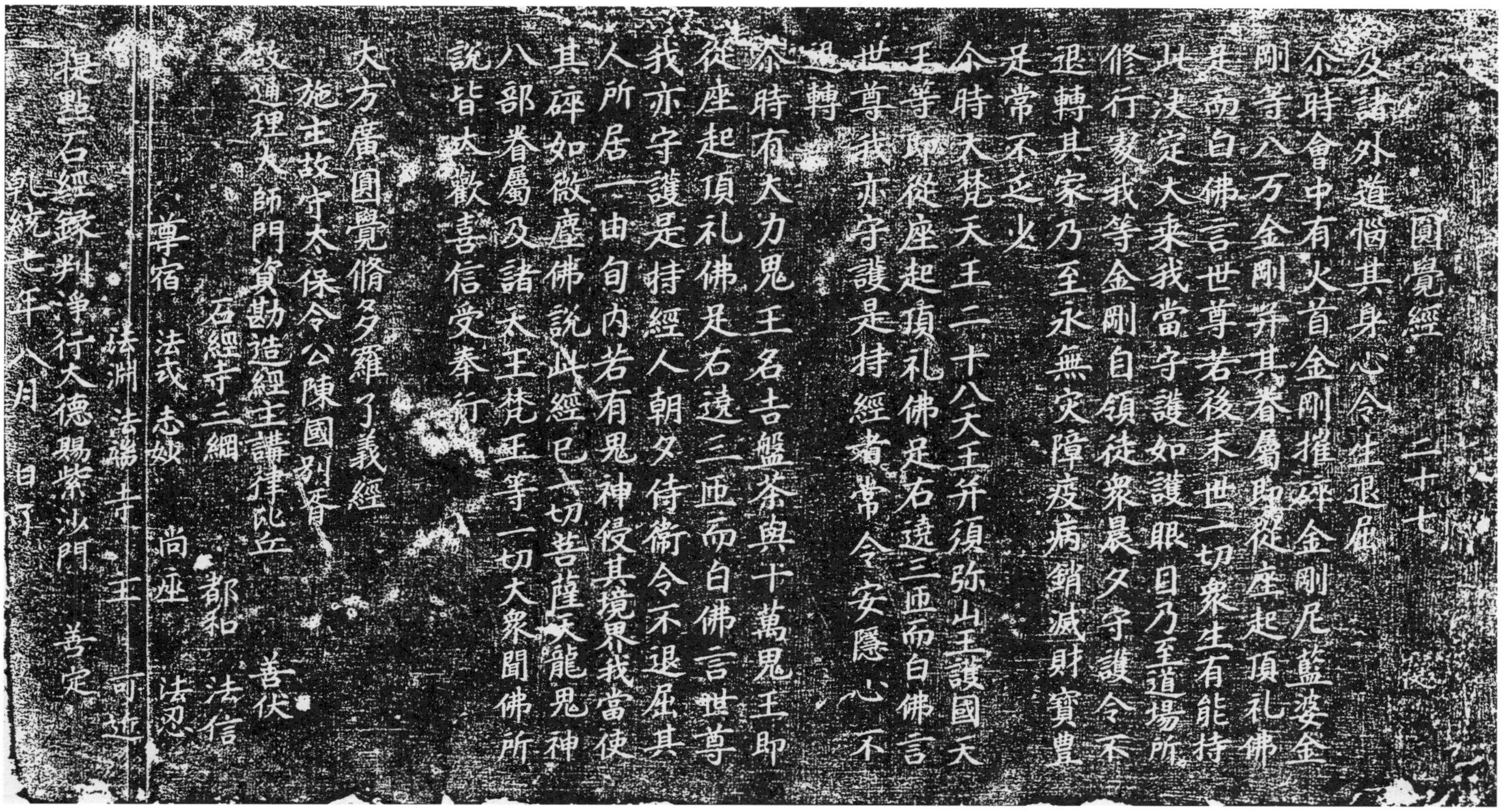

圓覺經 二十七 覆
及諸外道惱其身心令生退屈
介時會中有火首金剛摧碎金剛尼藍婆金
剛等八万金剛并其眷屬即從座起頂礼佛
足而白佛言世尊若後末世一切衆生有能持
此決定大乘我當守護如護眼目乃至道場所
修行我等金剛自領徒衆晨夕守護令不
退轉其家乃至永無災障疫病銷滅財寶豊
足常不乏少
介時大梵天王二十八天王并須弥山王護國天
王等即從座起頂礼佛足右遶三匝而白佛言
世尊我亦守護是持經者常令安隱心不
退轉
介時有大力鬼王名吉盤荼與十萬鬼王即
從座起頂礼佛足右遶三匝而白佛言世尊
我亦守護是持經人朝夕侍衛令不退屈其
人所居一由旬內若有鬼神侵其境界我當使
其碎如微塵佛說此經已一切菩薩天龍鬼神
八部眷屬及諸天王梵王等一切大衆聞佛所
說皆大歡喜信受奉行
大方廣圓覺脩多羅了義經
施主故守太保令公陳國別胥 善伏
校勘通理大師門資勸造經主講律比丘
石經寺三綱 都和 法信
尊宿 法式 志妙 尚座 法忍
涿洲 法端寺 主 可近
提點石經錄判淨行大德賜紫沙門 善定
乾統七年八月 日了

塔下 646　大方廣圓覺修多羅了義經陳國別胥造經善伏善定等遼乾統七年八月提點校勘題記（“覆”字帙）
拓片高 42 厘米、寬 73 厘米　中國佛教圖書文物館藏

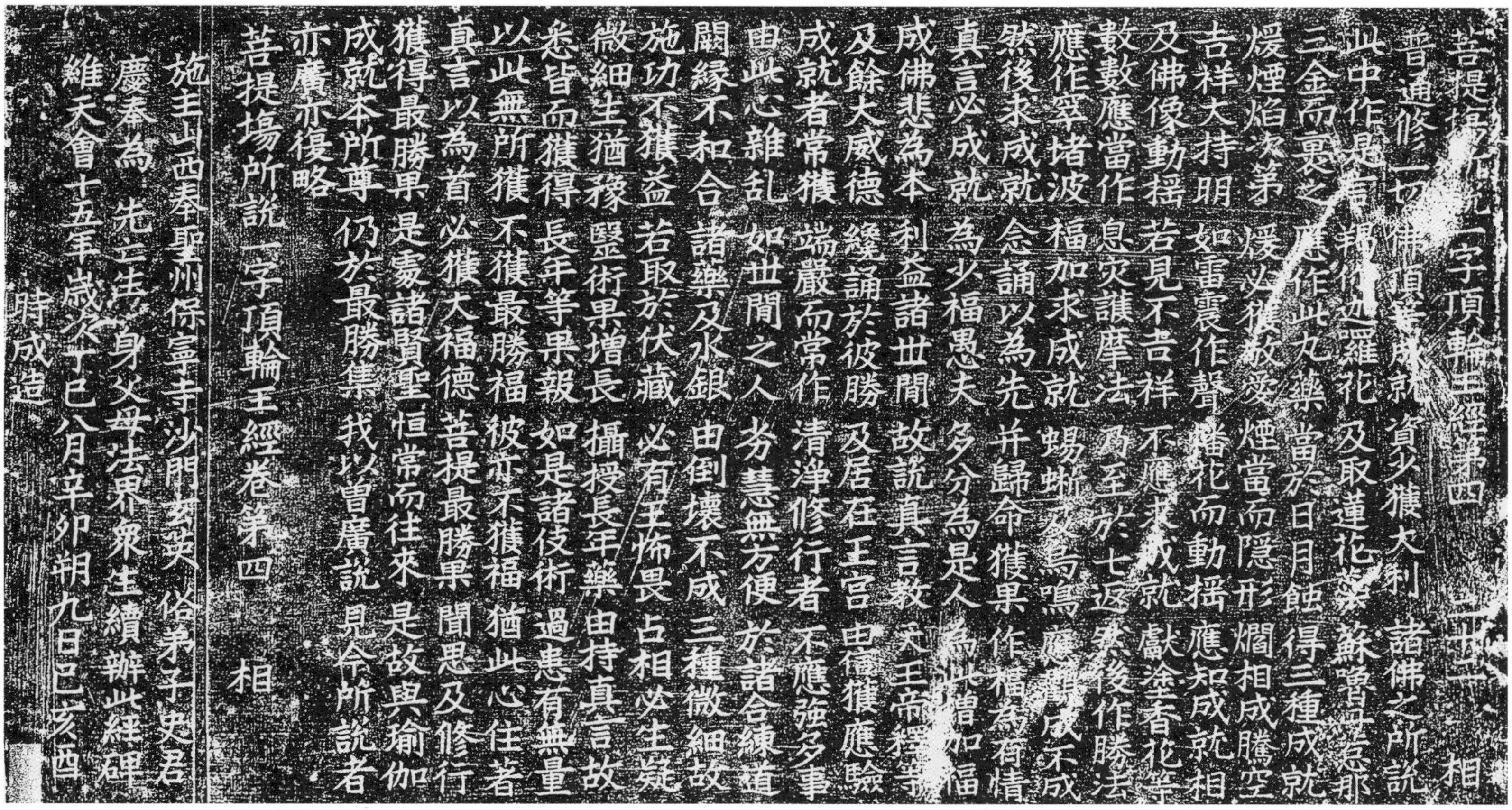

菩提[illegible][illegible]說一字頂輪王經第四 [illegible] 相
普通修一切佛頂[illegible]成就資少獲大利 諸佛之所說
此中作是言[illegible][illegible][illegible]羅花 及取蓮花[illegible] 蘇[illegible][illegible]那
三金而裹之[illegible]作此丸藥 當於日月蝕 得三種成就
煖煙焰次第 煖必獲敬愛 煙當而隱形 爓相成騰空
吉祥大持明 如雷震作聲 播花而動搖 應知成就相
及佛像動搖 若見不吉祥 不應求成就 獻塗香花等
數數應當作 息災護摩法 乃至於七返 然後作勝法
應作窣堵波 福加求成就 蜴蜥及烏鳴 [illegible][illegible]成不成
然後求成就 念誦以為先 并歸命獲果 作福為有情
真言必成就 為少福愚夫 多分為是人 為此增加福
成佛悲為本 利益諸世間 故說真言教 天王帝釋等
及餘大威德 纏誦於彼勝 及居在王宮 由德獲應驗
成就者常獲 端嚴而常作 清淨修行者 不應強多事
由此心雜乱 如世間之人 劣慧無方便 於諸合練道
闕緣不和合 諸藥及水銀 由倒壞不成 三種微細故
施功不獲益 若取於伏藏 必有王怖畏 占相必生疑
微細生猶豫 豎術果增長 攝授長年藥 由持真言故
悉皆而獲得 長年等果報 如是諸伎術 過患有無量
以此無所獲 不獲最勝福 彼亦不獲福 猶此心住者
真言以為首 必獲大福德 菩提最勝果 聞思及修行
獲得最勝果 是處諸賢聖 恒常而往來 是故與瑜伽
成就本所尊 仍於最勝集 我以曾廣說 見今所說者
亦廣亦復略
菩提場所說一字頂輪王經卷第四 相
施主山西奉聖州保寧寺沙門玄英 俗弟子史君
慶奉為 先亡生身父母法界衆生續辦此經碑
維天會十五年歲次丁巳八月辛卯朔九日己亥酉
時成造

塔下 926　菩提場所説一字頂輪王經奉聖州保寧寺沙門玄英俗弟子史君慶等金天會十五年八月九日造經題記（“相”字帙）
拓片高 45 厘米、寬 78 厘米　中國佛教圖書文物館藏

奉聖州，今河北涿鹿縣。據統計，自金天眷三年（1140）至皇統九年（1149），玄英和史君慶先後組織續刻石經 30 餘帙，凡 210 餘部，4000 餘石，均爲宋朝天息災（後改名法賢）、法護等新譯於汴梁的密教經典。房山石經中金代所刻宋朝新譯經與《高麗藏》自“杜”至“轂”《千字文》帙號相同。

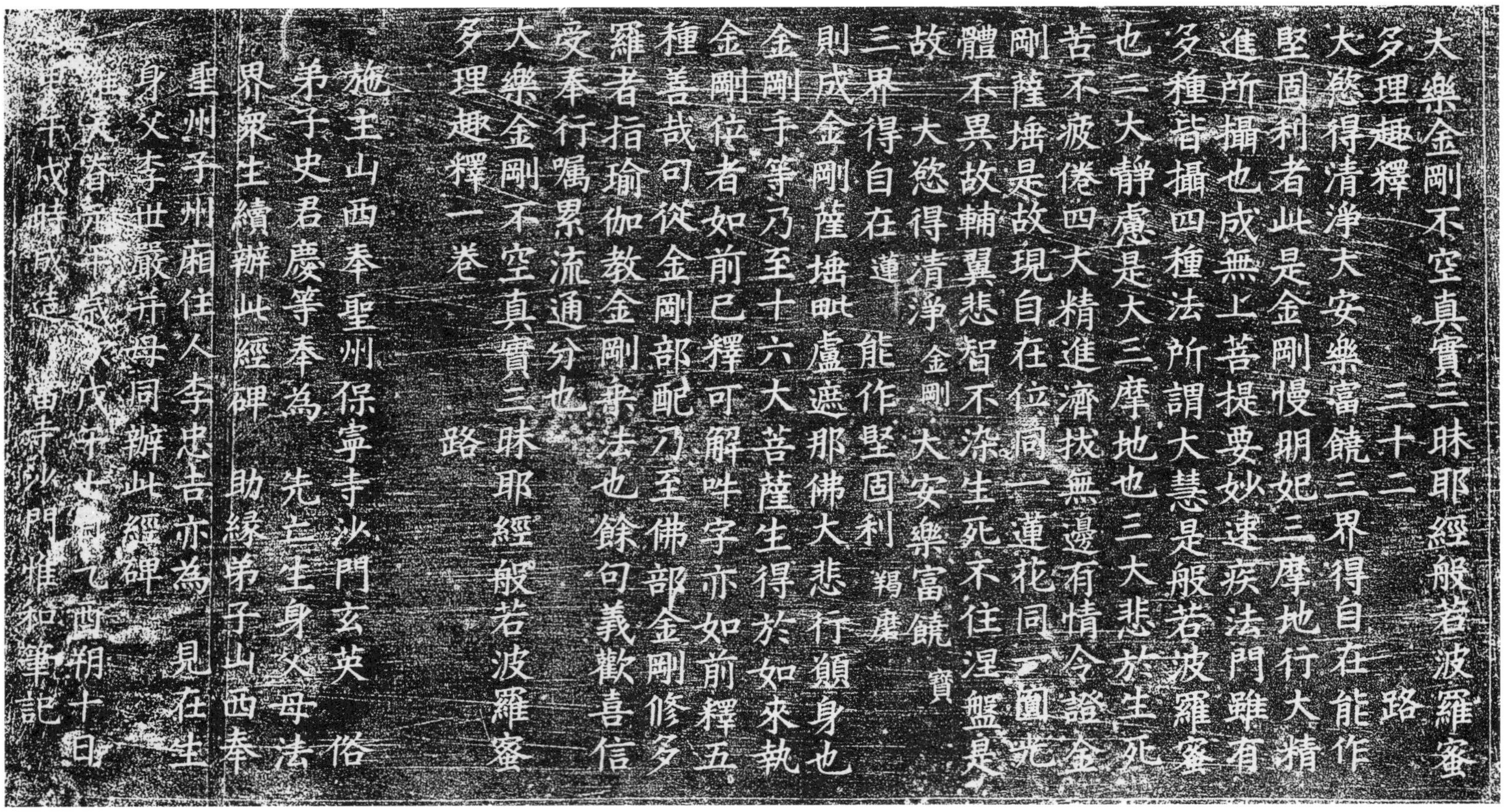

塔下 1163　大樂金剛不空真實三昧耶經般若波羅蜜多理趣釋奉聖州保寧寺沙門玄英俗弟子史君慶金天眷元年七月十日造經惟和書經題記（“路”字帙）
拓片高 41.5 厘米、寬 70 厘米　中國佛教圖書文物館藏

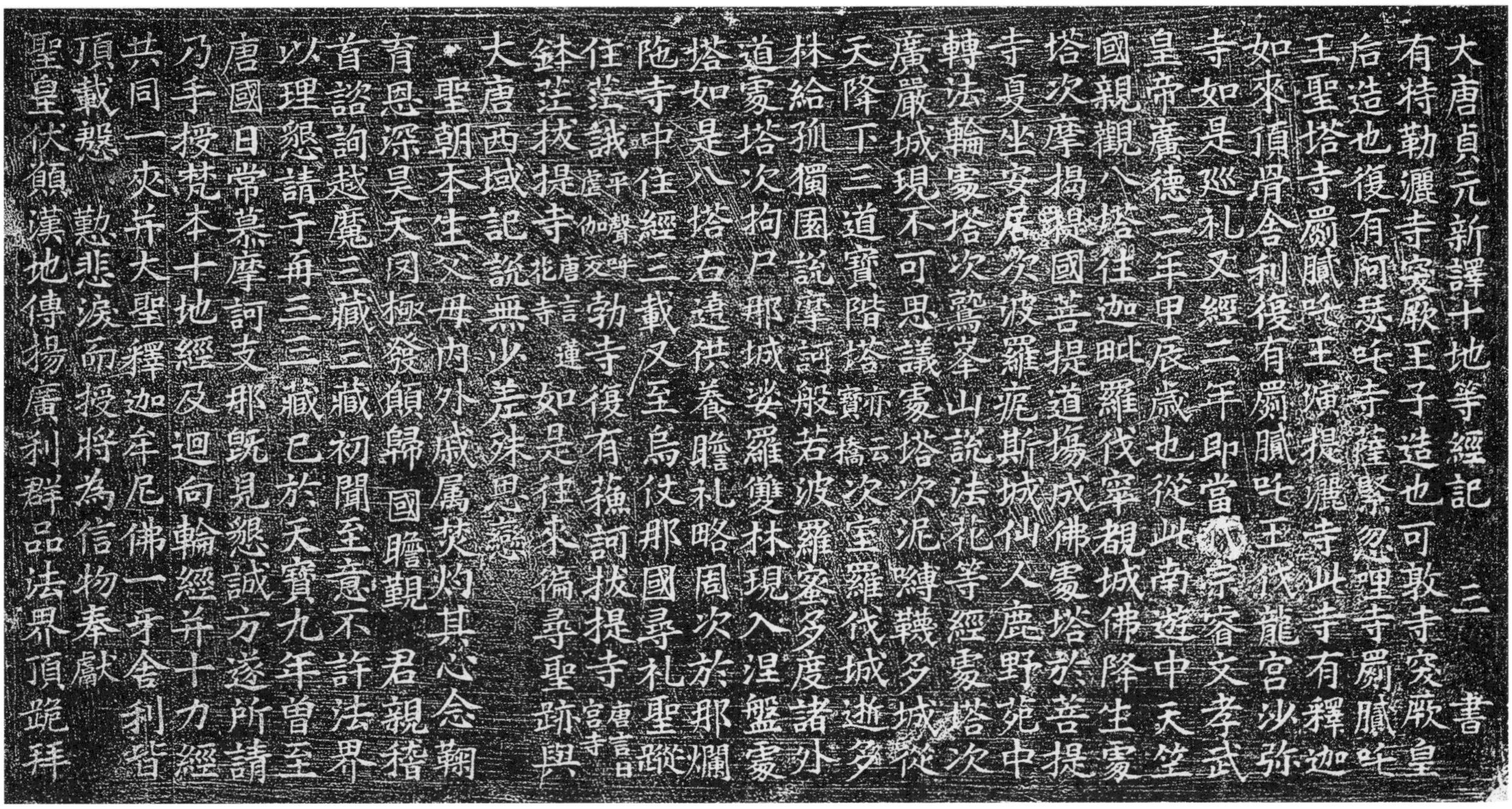

塔下 1185　大唐貞元新譯十地等經記（“書”字帙面）　金刻
拓片高 43 厘米、寬 72 厘米　中國佛教圖書文物館藏

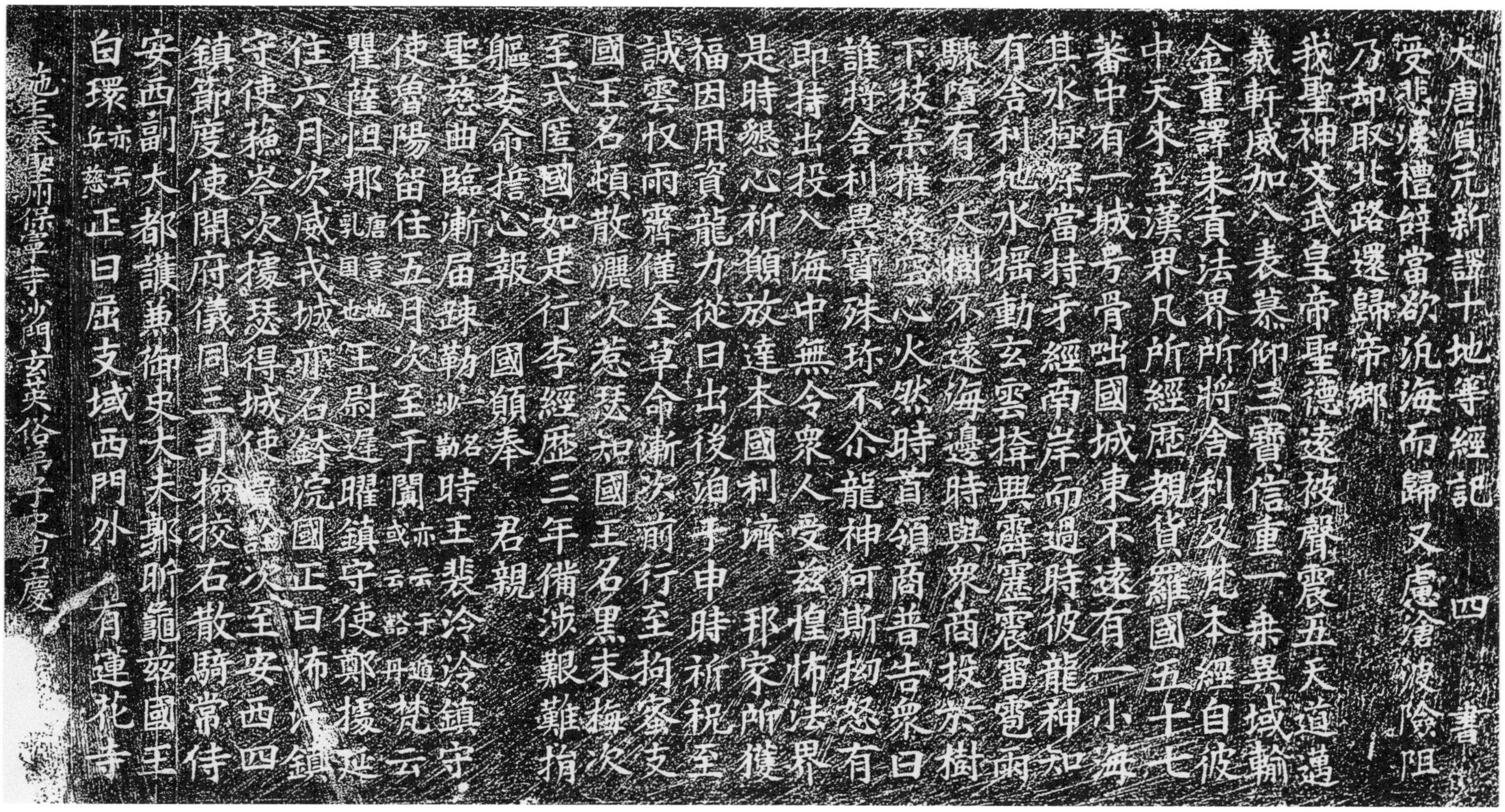

大唐貞元新譯十地等經記 四 書
受悲漢禮辭當欲泝海而歸又慮滄波險阻
乃卻取北路還歸帝鄉
我聖神文武皇帝聖德遠被聲震五天道邁
羲軒威加八表慕仰三寶信重一乘異域輸
金重譯來貢法界所將舍利及梵本經自彼
中天來至漢界凡所經歷覩貨羅國五十七
蕃中有一城号骨咄國城東不遠有一小海
其水極深當持手經南岸而過時彼龍神知
有舍利地水搖動玄雲擁興霹靂震雷雹雨
驟墮有一大樹不遠海邊時與衆商投於樹
下枝葉摧落中心火然時首領商普告衆曰
誰將舍利異寶珠珎不介龍神何斯拘怒有
即持出投入海中無令衆人受茲惶怖法界
是時懇心祈願放達本國利濟邦家所獲
福因用資龍力從日出後泊乎申時祈祝至
誠雲收雨霽僅全草命漸次前行至拘密支
國王名頡散□次惹瑟知國王名黑未梅次
至式匿國如是行李經歷三年備涉艱難揩
軀委命揩心報國願奉 君親
聖慈曲臨漸屆疏勒（一名沙勒）時王裴冷冷鎮守
使魯陽留住五月次至于闐（亦云豁丹 或云）梵云
瞿薩怛那（唐言地乳也）王尉遲曜鎮守使鄭據延
住六月次威戎城亦名鉢浣國正曰怖汗鎮
守使蘇岑次據瑟得城使賈詮次至安西四
鎮節度使開府儀同三司檢校右散騎常侍
安西副大都護兼御史大夫郭昕龜茲國王
白環（亦云丘慈）正曰屈支城西門外 有蓮花寺
施主奉聖州保寧寺沙門玄英俗弟子史君慶

塔下 1185　大唐貞元新譯十地等經記奉聖州保寧寺沙門玄英俗弟子史君慶造經題名（"書"字帙背）　金刻
拓片高 42 厘米、寬 72 厘米　中國佛教圖書文物館藏

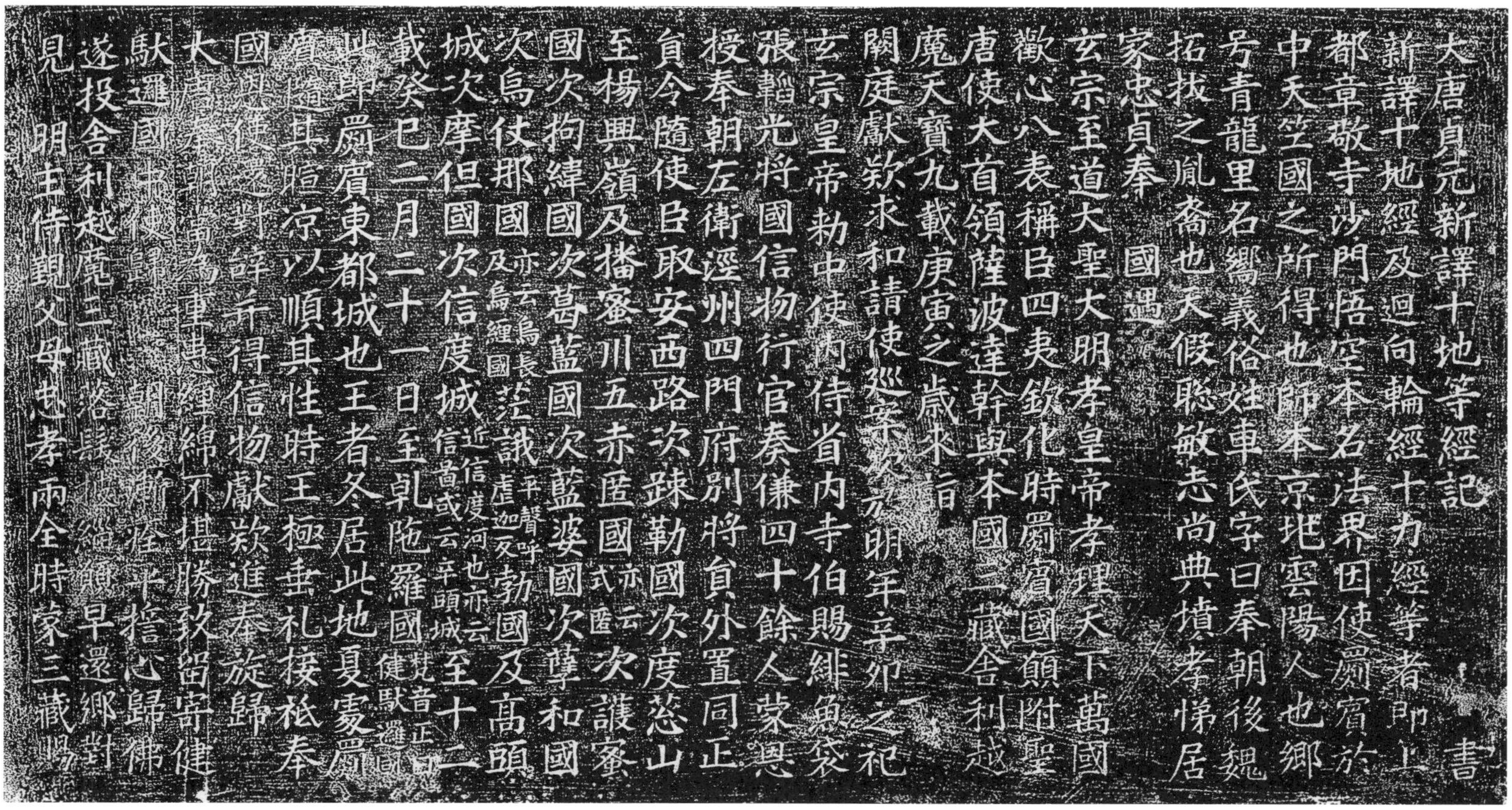

大唐貞元新譯十地等經記 書
新譯十地經及迴向輪經十力經等者 即上
都章敬寺沙門悟空本名法界因使罽賓於
中天竺國之所得也師本京兆雲陽人也鄉
号青龍里名鄉義俗姓車氏字曰奉朝後魏
拓拔之胤裔也天假聰敏志尚典墳孝悌居
家忠貞奉國遇
玄宗至道大聖大明孝皇帝孝理天下萬國
歡心八表稱臣四夷欽化時罽賓國願附聖
唐使大首領薩波達幹與本國三藏舍利越
魔天寶九載庚寅之歲來詣
闕庭獻款求和請使巡按明年辛卯之祀
玄宗皇帝勑中使內侍省內寺伯賜緋魚袋
張韜光將國信物行官奏傔四十餘人蒙恩
授奉朝左衛涇州四門府別將員外置同正
員令隨使臣取安西路次疏勒國次度葱山
至楊興嶺及播密川五赤匿國（亦云式匿）次護密
國次拘緯國次葛藍國次藍婆國次孽和國
次烏仗那國（亦云烏長國 及烏纏國）茫誐（平聲呼）勃國及高頭
城次摩但國次信度城（近信度河也 亦云辛頭城）至十二
載癸巳二月二十一日至乾陀羅國（梵音正云健馱邏國）
此即罽賓東都城也王者冬居此地夏處罽
賓隨其暄涼以順其性時王極垂礼接祗奉
國信使臣對辭并得信物獻款進奉旋歸
大唐奉朝□為重患纏綿不堪勝致留寄健
馱邏國中使歸朝後漸痊平揩心歸佛
遂投舍利越魔三藏落髮披緇願早還鄉對
見明主侍覲父母忠孝兩全時蒙三藏賜

塔下 1186　大唐貞元新譯十地等經記（"書"字帙面）　金刻
拓片高 42 厘米、寬 72 厘米　中國佛教圖書文物館藏

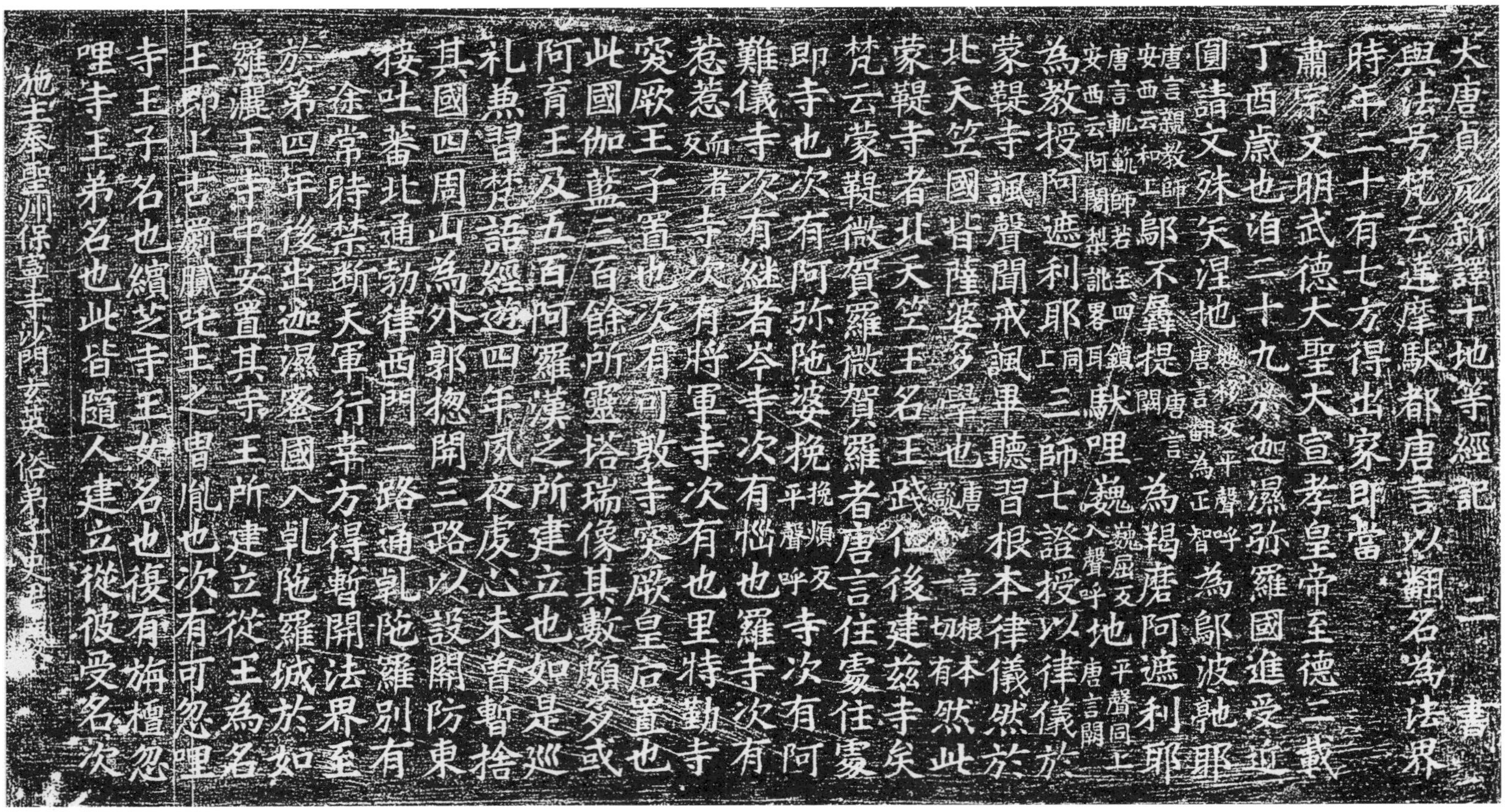

塔下 1186　大唐貞元新譯十地等經記奉聖州保寧寺沙門玄英俗弟子史君慶造經題名（“書”字帙背）　金刻
拓片高 42 厘米、寬 72 厘米　中國佛教圖書文物館藏

塔下 1450　清淨觀世音菩薩普賢陁羅尼經隗臺崇仁寺沙門惟和當寺沙門志瑩遼保大四年四月二十九日書鎸題記
拓片高 43 厘米、寬 72 厘米　中國佛教圖書文物館藏
當寺即本寺，指雲居寺。

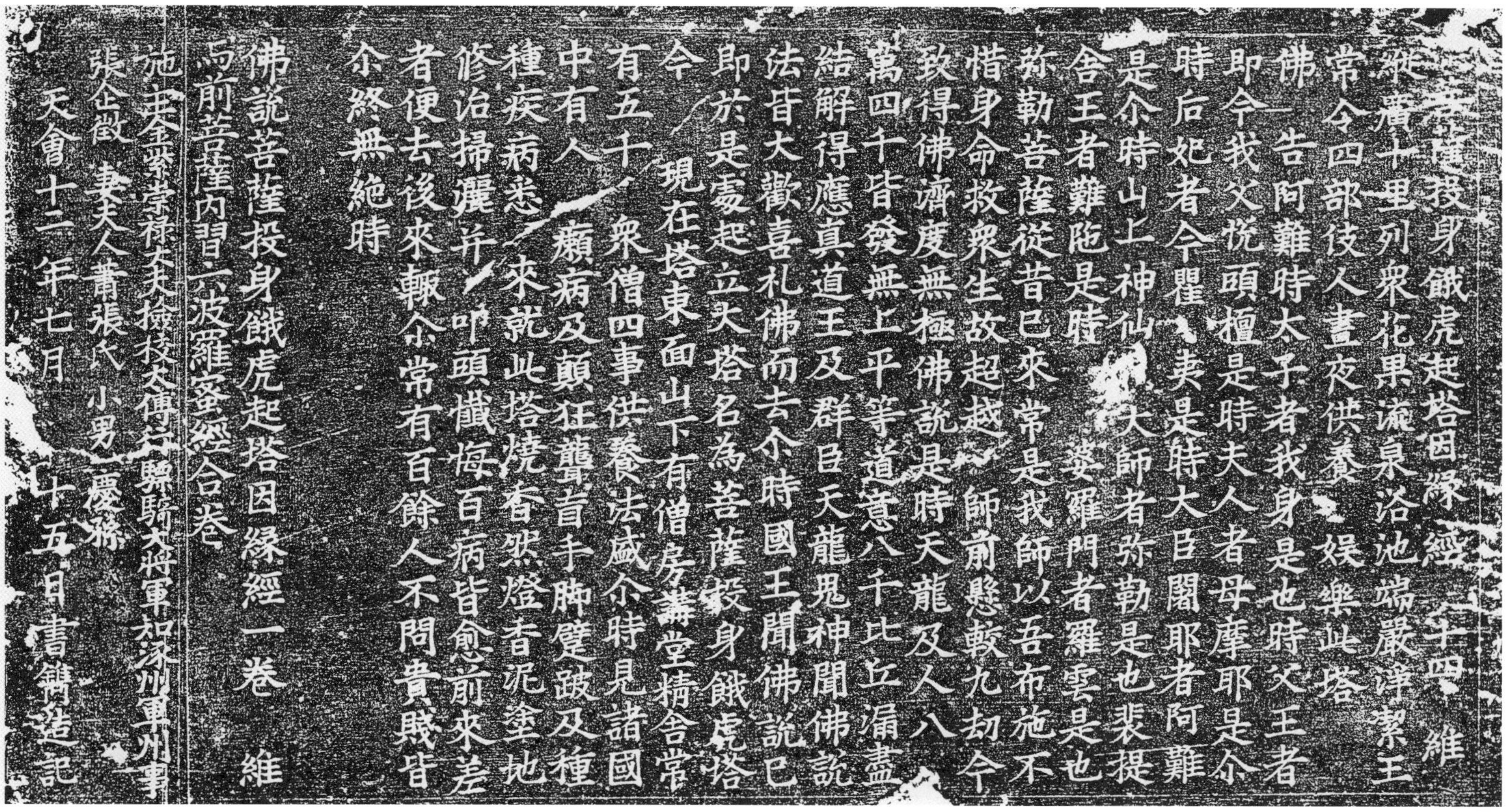

塔下 1494　佛説菩薩投身餓虎起塔因緣經知涿州軍州事張企徵及妻蕭張氏小男慶孫金天會十二年七月十五日造經題記（"維"字帙）
拓片高 44 厘米、寬 75 厘米　中國佛教圖書文物館藏

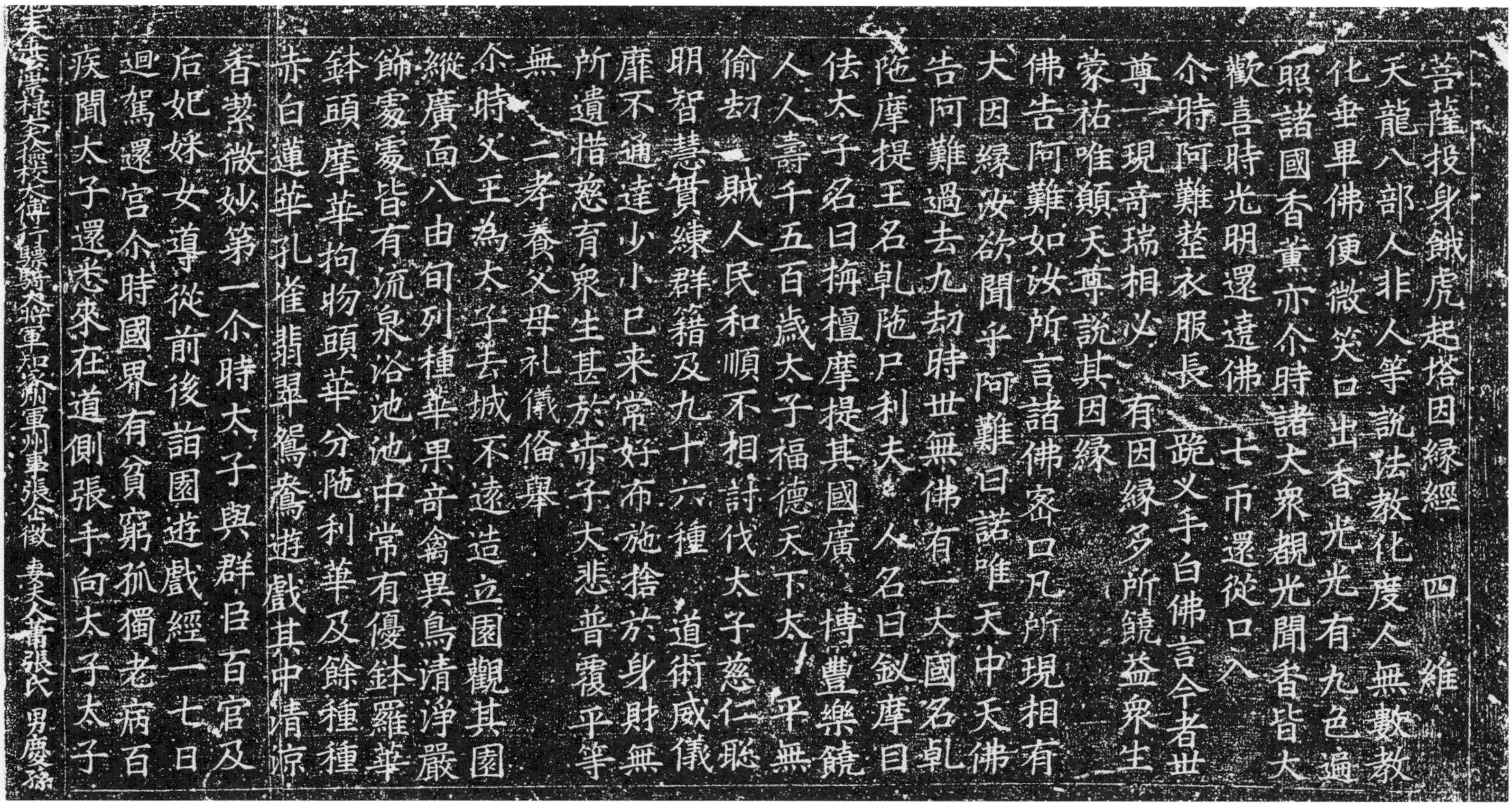

塔下 1887　佛説菩薩投身餓虎起塔因緣經知涿州軍州事張企徵及妻蕭張氏男慶孫造經題名（"維"字帙）金刻
拓片高 44 厘米、寬 74 厘米　中國佛教圖書文物館藏

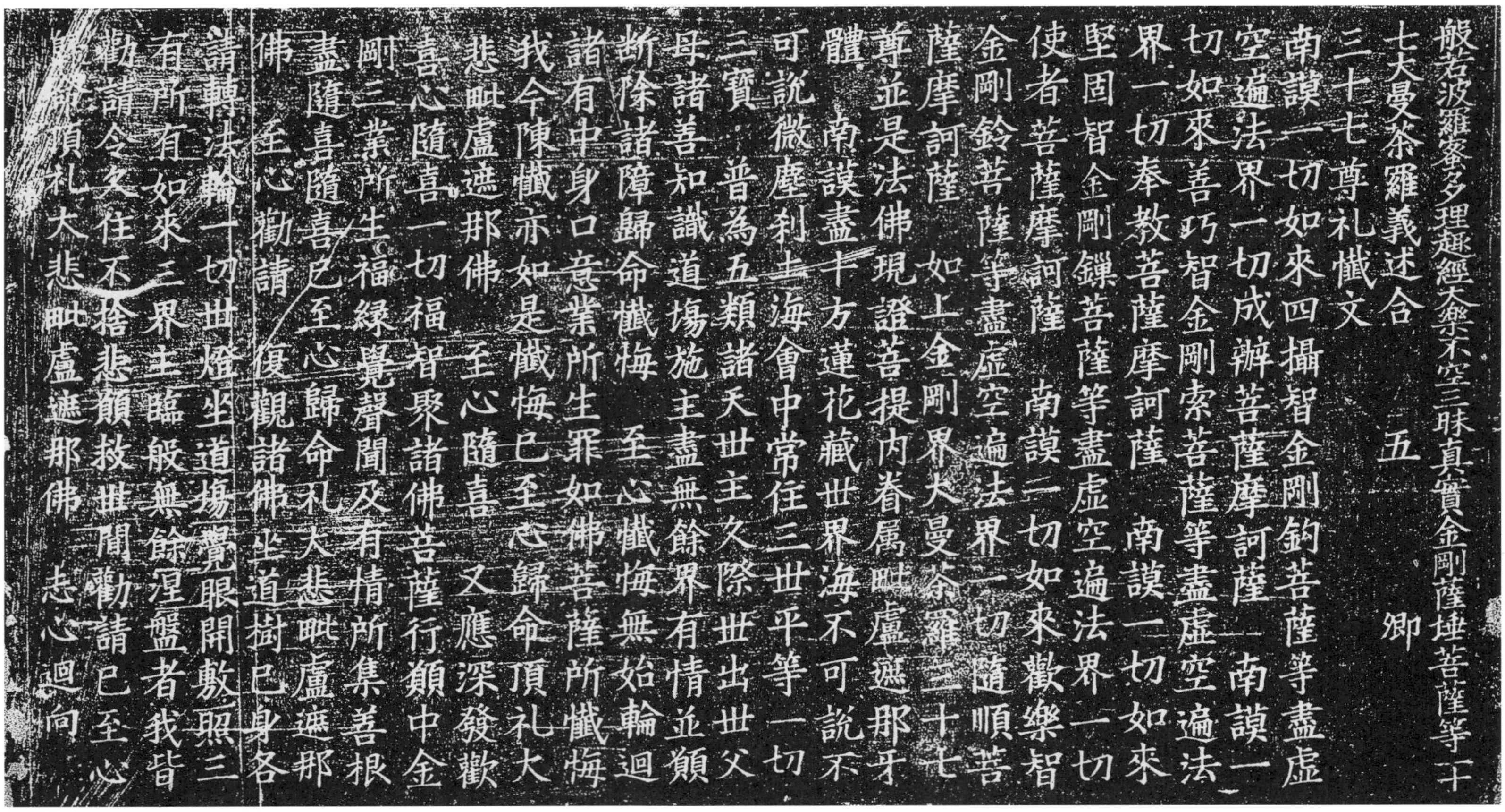

般若波羅蜜多理趣經大樂不空三昧真實金剛薩埵菩薩等一十
七大曼荼羅義述合 五 卿
三十七尊礼懺文
南謨一切如來四攝智金剛鉤菩薩等盡虛
空遍法界一切成辦菩薩摩訶薩 南謨一
切如來善巧智金剛索菩薩等盡虛空遍法
界一切奉教菩薩摩訶薩 南謨一切如來
堅固智金剛鏁菩薩等盡虛空遍法界一切
使者菩薩摩訶薩 南謨一切如來歡樂智
金剛鈴菩薩等盡虛空遍法界一切隨順菩
薩摩訶薩 如上金剛界大曼荼羅三十七
尊並是法佛現證菩提內眷屬毗盧遮那牙
體 南謨盡十方蓮花藏世界海不可說不
可說微塵剎土海會中常住三世平等一切
三寶 普為五類諸天世主父際世出世父
母諸善知識道場施主盡無餘界有情並願
斷除諸障歸命懺悔 至心懺悔無始輪迴
諸有中身口意業所生罪如佛菩薩所懺悔
我今陳懺亦如是懺悔已至心歸命頂礼大
悲毗盧遮那佛 至心隨喜 又應深發歡
喜心隨喜一切福智聚諸佛菩薩行願中金
剛三業所生福緣覺聲聞及有情所集善根
盡隨喜隨喜已至心歸命礼大悲毗盧遮那
佛 至心勸請 復觀諸佛坐道樹已身各
請轉法輪一切世燈坐道場覺眼開敷照三
有所有如來三界主臨般無餘涅槃者我皆
勸請令久住不捨悲願救世間勸請已至心
歸命頂礼大悲毗盧遮那佛 志心迴向

塔下 1501 般若波羅蜜多理趣經等合三十七尊禮懺文（“卿”字帙面） 金刻
拓片高 44 厘米、寬 74 厘米 中國佛教圖書文物館藏

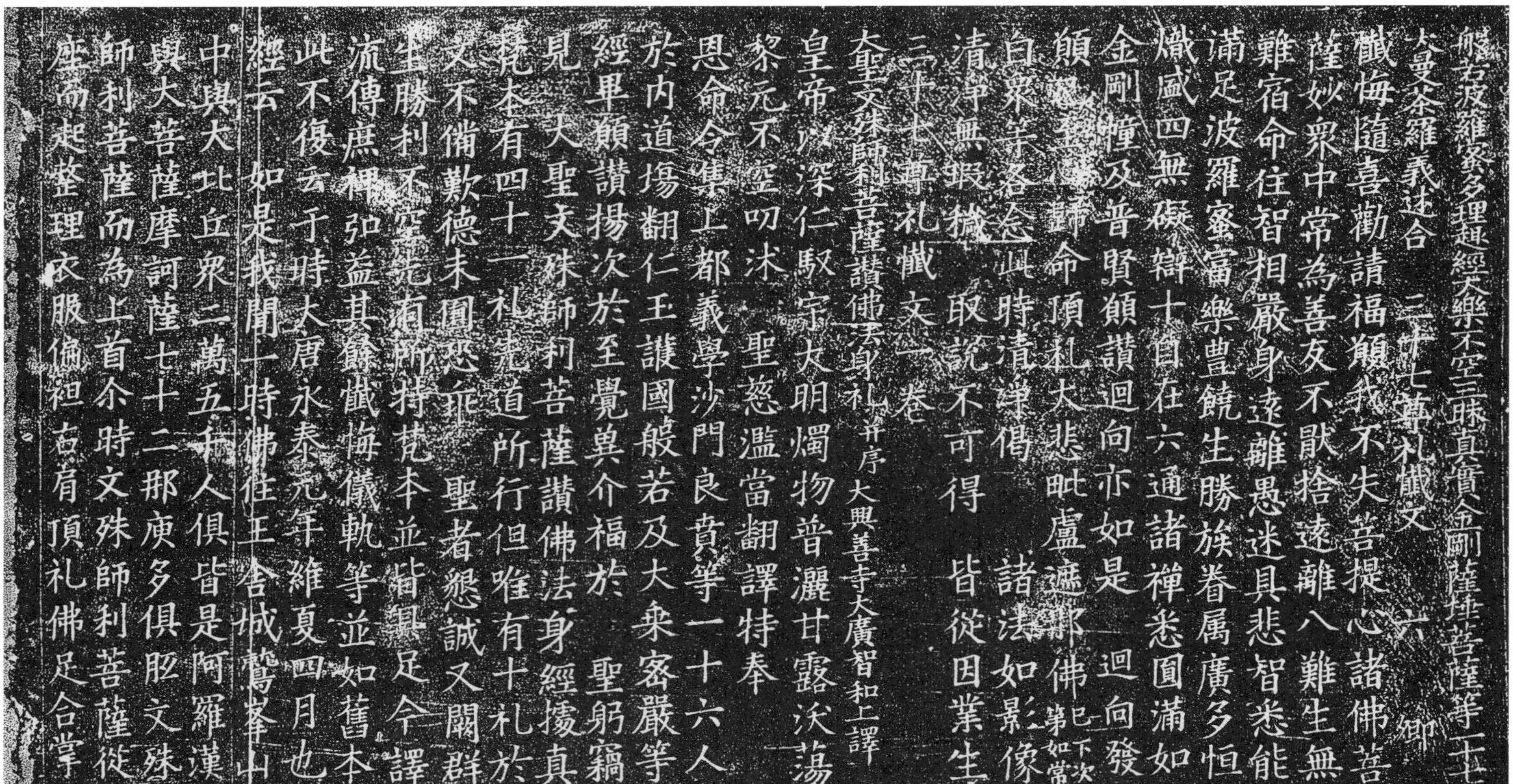

般若波羅蜜多理趣經大樂不空三昧真實金剛薩埵菩薩等一十七
大曼荼羅義述合 三十七尊礼懺文 六 卿
懺悔隨喜勸請福願我不失菩提心諸佛菩
薩妙眾中常為善友不猒捨遠離八難生無
難宿命住智相嚴身遠離愚迷具悲智悉能
滿足波羅蜜富樂豐饒生勝族眷屬廣多恒
熾盛四無礙辯十自在六通諸禪悉圓滿如
金剛幢及普賢願讚迴向亦如是 迴向發
願[illegible]至[illegible]歸命頂礼大悲毗盧遮那佛 第已下次如常
白眾等各念此時清淨偈 諸法如影像
清淨無瑕穢 取說不可得 皆從因業生
三十七尊礼懺文一卷
大聖文殊師利菩薩讚佛法身礼并序 大興善寺大廣智和上譯
皇帝以深仁馭宇大明燭物普灑甘露沃蕩
黎元不空叨沐 聖慈濫當翻譯特奉
恩命令集上都義學沙門良賁等一十六人
於內道場翻仁王護國般若及大乘密嚴等
經畢頗讚揚次於至覺與介福於 聖躬竊
見 大聖文殊師利菩薩讚佛法身經擾真
梵本有四十一礼光道所行但唯有十礼於
文不備歎德未圓恐乖 聖者懇誠又闕群
生勝利不空先有所持梵本並皆具足今譯
流傳庶裨弘益其餘懺悔儀軌等並如舊本
此不復云于時大唐永泰元年維夏四月也
經云 如是我聞一時佛住王舍城鷲峯山
中與大比丘眾二萬五千人俱皆是阿羅漢
與大菩薩摩訶薩七十二那庚多俱胝文殊
師利菩薩而為上首介時文殊師利菩薩從
座而起整理衣服偏袒右肩頂礼佛足合掌

塔下 1501 般若波羅蜜多理趣經等合三十七尊禮懺文（“卿”字帙背） 金刻
拓片高 44 厘米、寬 75 厘米 中國佛教圖書文物館藏

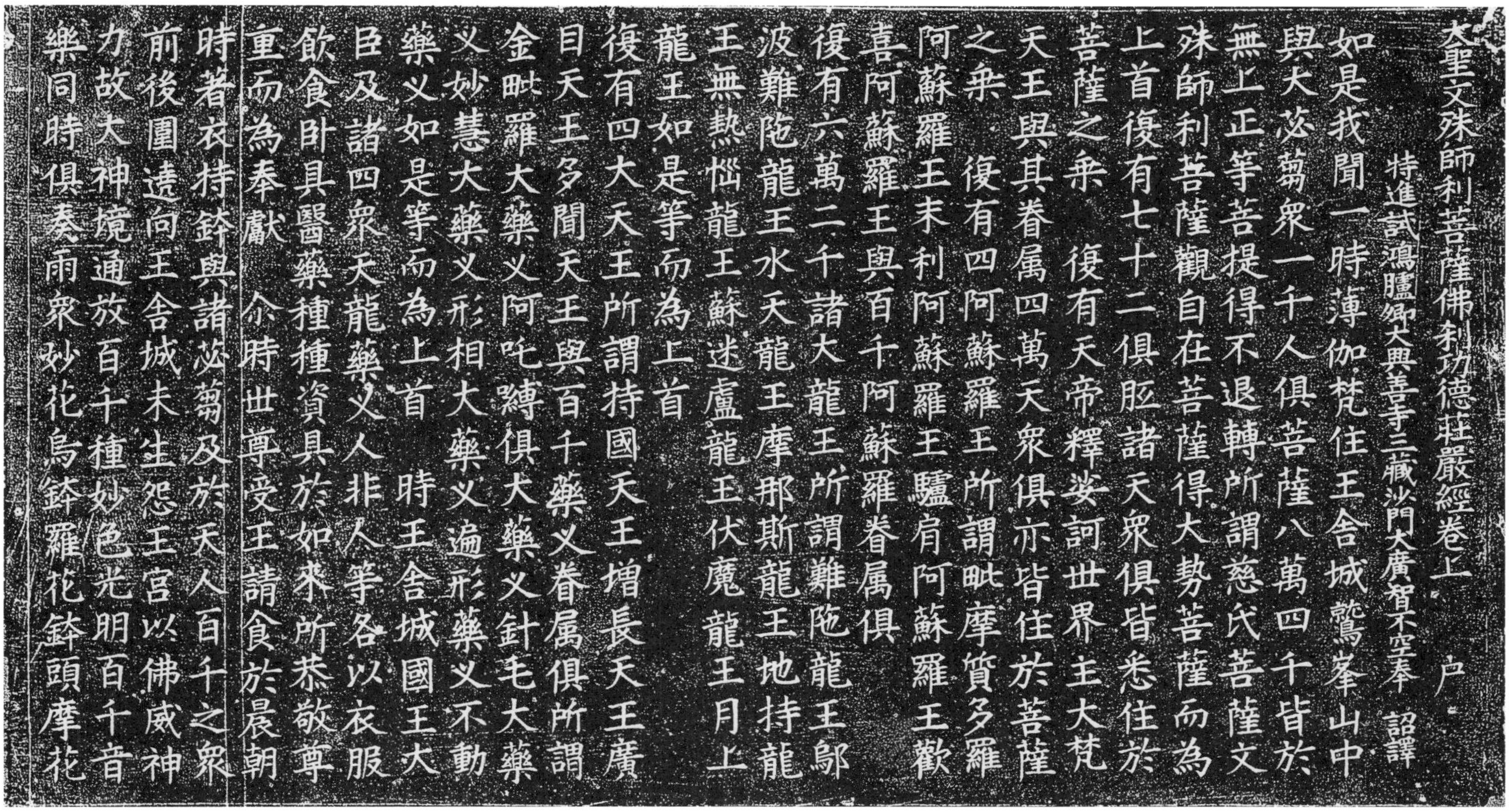

大聖文殊師利菩薩佛刹功德莊嚴經卷上　户
特進試鴻臚卿大興善寺三藏沙門大廣智不空奉　詔譯
如是我聞一時薄伽梵住王舍城鷲峯山中
與大苾芻衆一千人俱菩薩八萬四千皆於
無上正等菩提得不退轉所謂慈氏菩薩文
殊師利菩薩觀自在菩薩得大勢菩薩而為
上首復有七十二俱胝諸天衆俱皆悉住於
菩薩之乘　復有天帝釋娑訶世界主大梵
天王與其眷屬四萬天衆俱亦皆住於菩薩
之乘　復有四阿蘇羅王所謂毗摩質多羅
阿蘇羅王末利阿蘇羅王驢肩阿蘇羅王歡
喜阿蘇羅王與百千阿蘇羅眷屬俱
復有六萬二千諸大龍王所謂難陁龍王鄔
波難陁龍王水天龍王摩那斯龍王地持龍
王無熱惱龍王蘇迷盧龍王伏魔龍王月上
龍王如是等而為上首
復有四大天王所謂持國天王增長天王廣
目天王多聞天王與百千藥叉眷屬俱所謂
金毗羅大藥叉阿吒縛俱大藥叉針毛大藥
叉妙慧大藥叉形相大藥叉遍形藥叉不動
藥叉如是等而為上首　時王舍城國王大
臣及諸四衆天龍藥叉人非人等各以衣服
飲食卧具醫藥種種資具於如來所恭敬尊
重而為奉獻　尒時世尊受王請食於晨朝
時著衣持鉢與諸苾芻及於天人百千之衆
前後圍遶向王舍城未生怨王宮以佛威神
力故大神境通放百千種妙色光明百千音
樂同時俱奏雨衆妙花烏鉢羅花鉢頭摩花

塔下 1781　大聖文殊師利菩薩佛刹功德莊嚴經卷上（“户”字帙面）　金刻
拓片高 47 厘米、寬 78.8 厘米　中國佛教圖書文物館藏

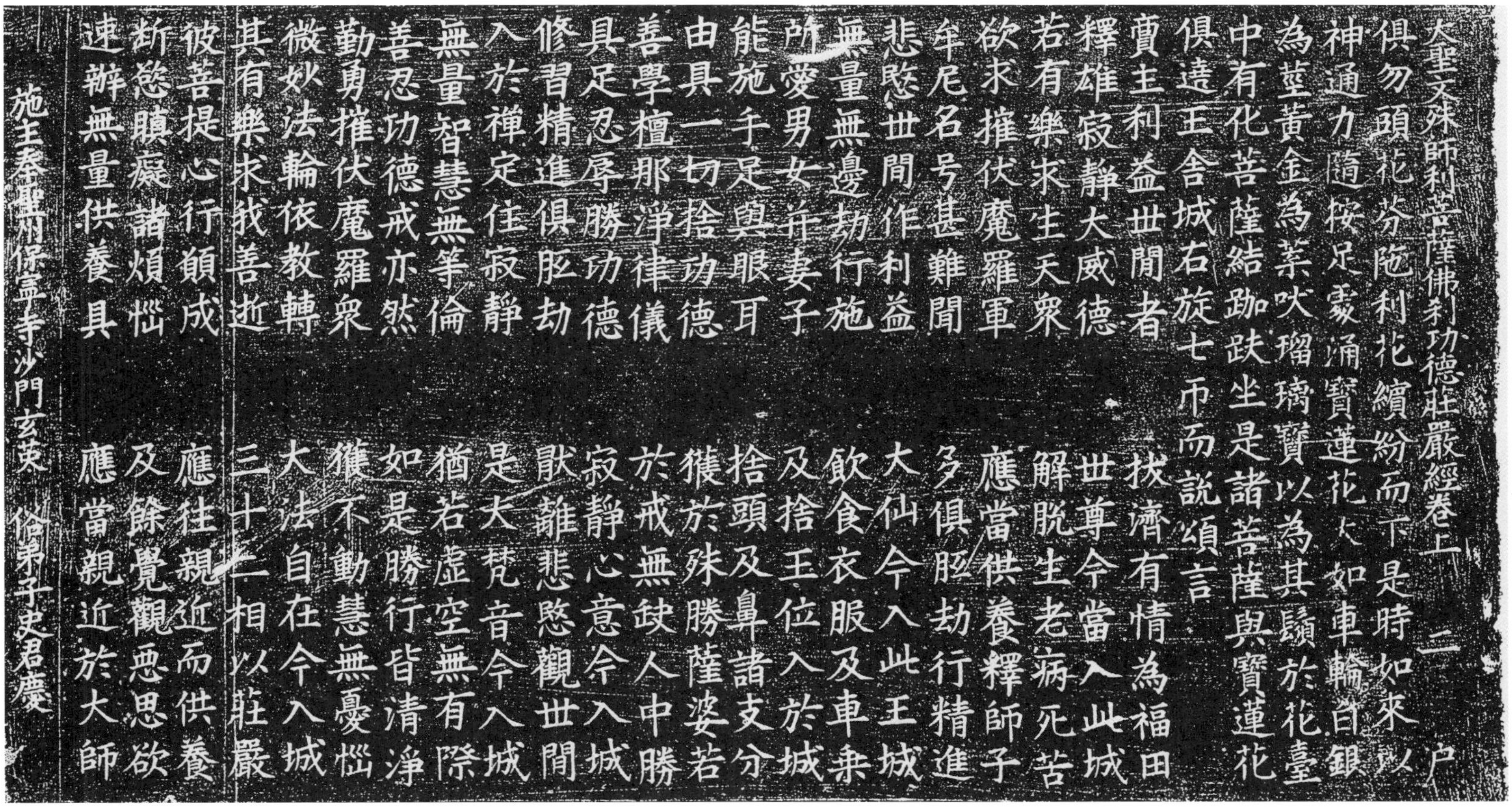

大聖文殊師利菩薩佛刹功德莊嚴經卷上　二　户
俱勿頭花芬陁利花繽紛而下是時如來以
神通力道按足處涌寶蓮花大如車輪白銀
為莖黄金為葉吠瑠璃寶以為其鬚於花臺
中有化菩薩結跏趺坐是諸菩薩與寶蓮花
俱遶王舍城右旋七帀而說頌言
賷主利益世間者　拔濟有情為福田
釋雄寂静大威德　世尊今當入此城
若有樂求生天衆　解脱生老病死苦
欲求摧伏魔羅軍　應當供養釋師子
牟尼名号甚難聞　多俱胝劫行精進
悲愍世間作利益　大仙今入此王城
無量無邊劫行施　飲食衣服及車乘
所愛男女并妻子　及捨王位入於城
能施手足與眼耳　捨頭及身諸支分
由具一切捨功德　獲於殊勝薩婆若
善學檀那淨律儀　於戒無缺人中勝
具足忍辱勝功德　寂静心意今入城
修習精進俱胝劫　猒離悲愍觀世間
入於禪定住寂静　是大梵音今入城
無量智慧無等倫　猶若虚空無有際
善忍功德戒亦然　如是勝行皆清淨
勤勇摧伏魔羅衆　獲不動慧無憂惱
微妙法輪依教轉　大法自在今入城
其有樂求我菩提　三十二相以莊嚴
彼菩提心行頗成　應往親近而供養
斷慾瞋癡諸煩惱　及餘覺觀惡思欲
速辦無量供養具　應當親近於大師
施主奉聖州保寧寺沙門玄英　俗弟子史君慶

塔下 1781　大聖文殊師利菩薩佛刹功德莊嚴經卷上奉聖州保寧寺沙門玄英俗弟子史君慶造經題名（“户”字帙背）　金刻
拓片高 47 厘米、寬 78 厘米　中國佛教圖書文物館藏

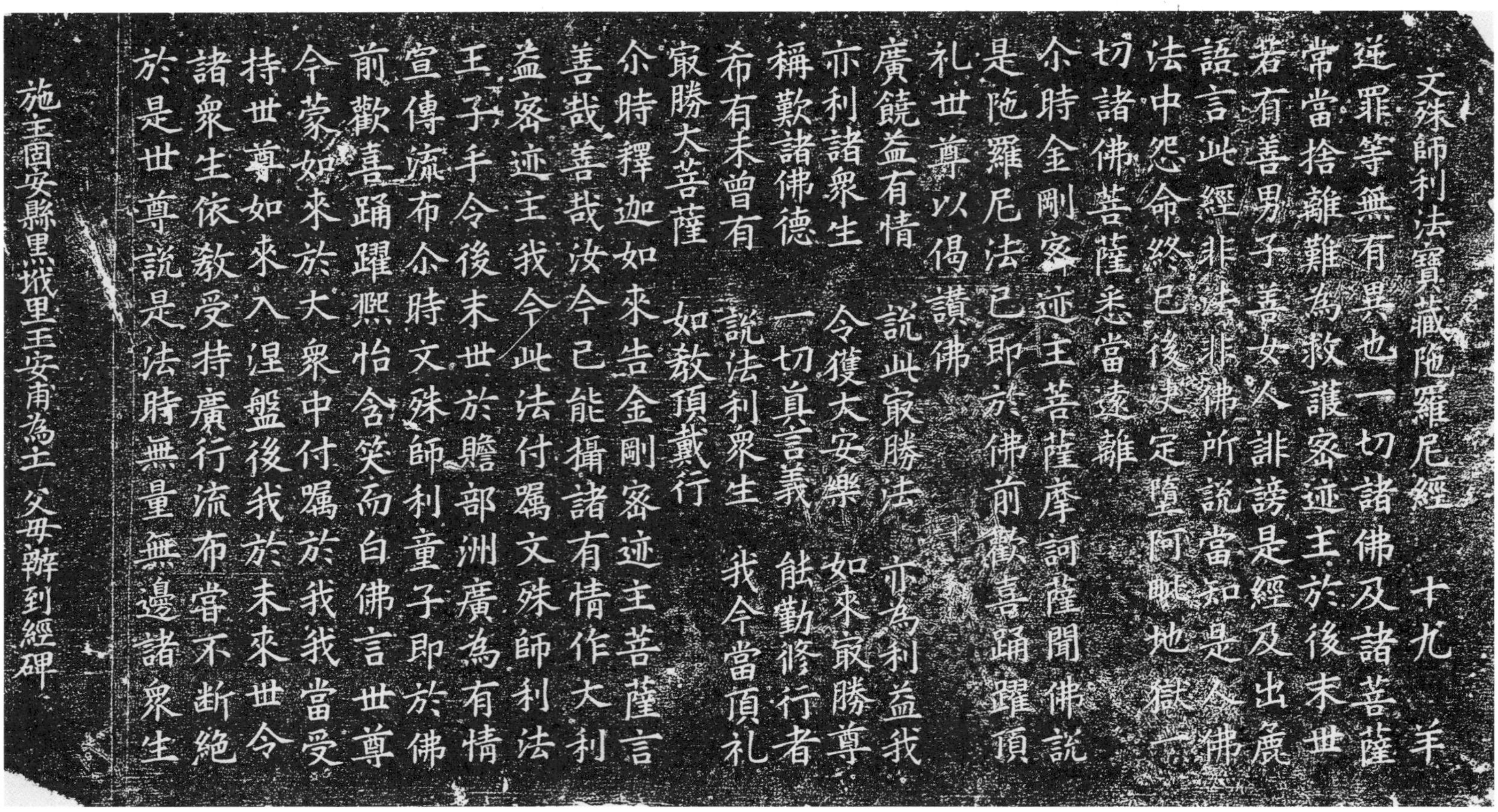
文殊師利法寶藏陁羅尼經 十九 羊
逆罪等無有異也一切諸佛及諸菩薩
常當捨離難為救護密迹主於後末世
若有善男子善女人誹謗是經及出麤
語言此經非法非佛所說當知是人佛
法中怨命終已後决定墮阿鼻地獄一
切諸佛菩薩悉當遠離
尒時金剛密迹主菩薩摩訶薩聞佛說
是陁羅尼法已即於佛前歡喜踊躍頂
礼世尊以偈讃佛
廣饒益有情 說此寂勝法 亦為利益我
亦利諸衆生 令獲大安樂 如來寂勝尊
稱歎諸佛德 一切眞言義 能勤修行者
希有未曾有 說法利衆生 我今當頂礼
寂勝大菩薩 如教頂戴行
尒時釋迦如來告金剛密迹主菩薩言
善哉善哉汝今已能攝諸有情作大利
益密迹主我今此法付囑文殊師利法
王子手令後末世於贍部洲廣為有情
宣傳流布尒時文殊師利童子即於佛
前歡喜踊躍熈怡含笑而白佛言世尊
今蒙如來於大衆中付囑於我我當受
持世尊如來入涅盤後我於未來世令
諸衆生依教受持廣行流布甞不斷絶
於是世尊說是法時無量無邊諸衆生
施主固安縣黑城里王安甫為亡父母辦到經碑

塔下 1544　佛説文殊師利法寶藏陁羅尼經王安甫造經題記（“羊”字帙面）　遼刻
拓片高 44 厘米、寬 76 厘米　中國佛教圖書文物館藏

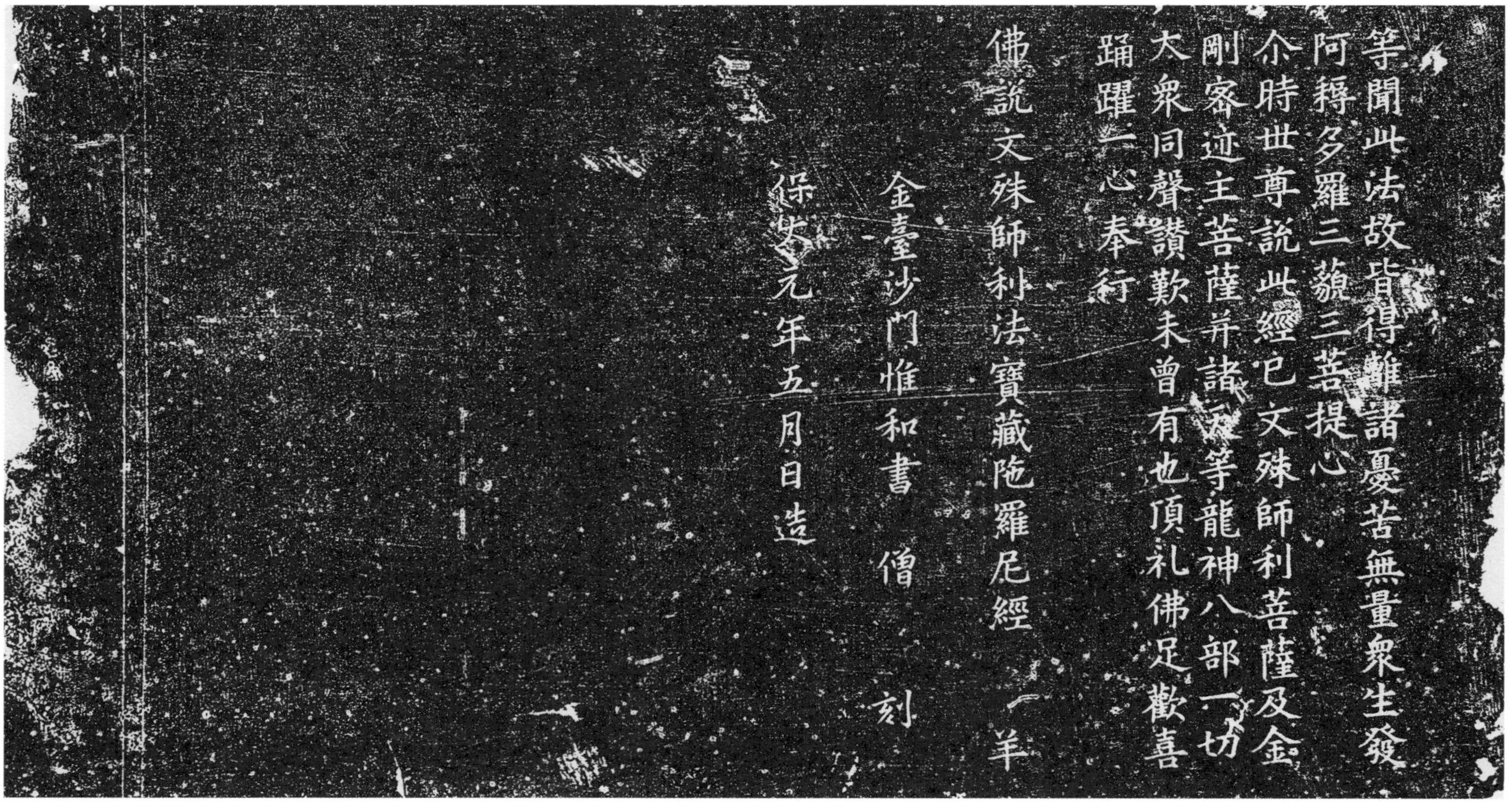
等聞此法故皆得離諸憂苦無量衆生發
阿耨多羅三藐三菩提心
尒時世尊說此經已文殊師利菩薩及金
剛密迹主菩薩并諸天等龍神八部一切
大衆同聲讃歎未曾有也頂礼佛足歡喜
踊躍一心奉行
佛說文殊師利法寶藏陁羅尼經 一 羊
金臺沙門惟和書 僧 刻
保大元年五月日造

塔下 1544　佛説文殊師利法寶藏陁羅尼經金臺沙門惟和遼保大元年五月書經題記（“羊”字帙背）
拓片高 44 厘米、寬 76 厘米　中國佛教圖書文物館藏
此爲房山石經中年代最晚的遼代刻經。刻工人名闕如。

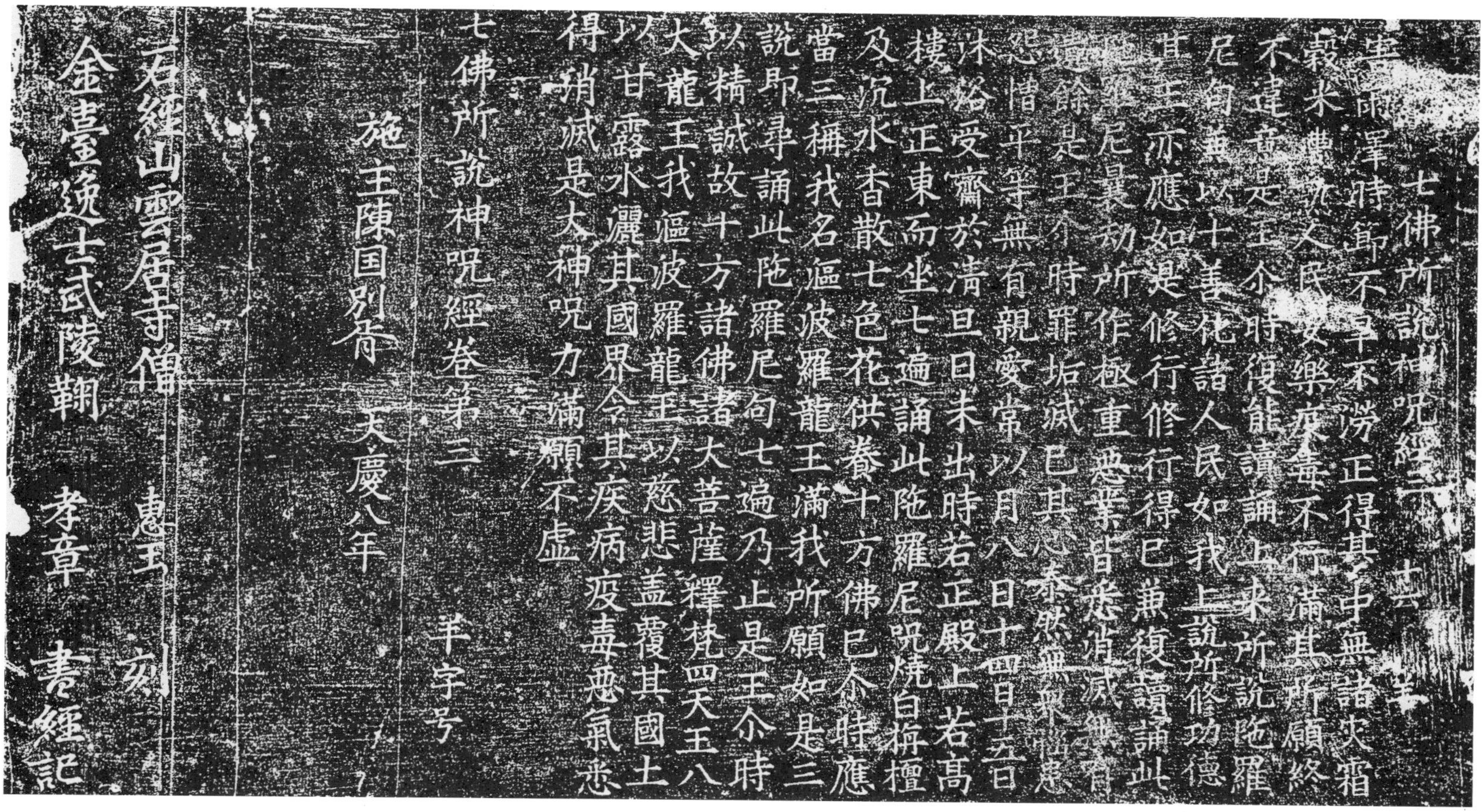
七佛所說神呪經一　十三　羊
[illegible]雨澤時節不旱不澇正得其中無諸灾霜
穀米豐熟人民安樂疫毒不行滿其所願終
不違意是王尒時復能讀誦上來所說陁羅
尼句無以十善化諸人民如我上說所修功德
其王亦應如是修行修行得已兼復讀誦此
[illegible]羅尼曩劫所作極重惡業皆悉消滅無有
遺餘是王尒時罪垢滅已其心泰然無恐怖患
怨憎平等無有親愛常以月八日十四日十五日
沐浴受齋於清旦日未出時若正殿上若高
樓上正東而坐七遍誦此陁羅尼呪燒白栴檀
及沉水香散七色花供養十方佛已尒時應
當三稱我名漚波羅龍王滿我所願如是三
說即尋誦此陁羅尼句七遍乃止是王尒時
以精誠故十方諸佛諸大菩薩釋梵四天王八
大龍王我漚波羅龍王以慈悲蓋覆其國土
以甘露水灑其國界令其疾病疫毒惡氣悉
得消滅是大神呪力滿願不虛
七佛所說神呪經卷第三　羊字号
施主陳国別胥　天慶八年
石經山雲居寺僧　惠玉　刻
金臺逸士武陵鞠　孝章　書經記

塔下 1547　七佛十一菩薩說大陁羅尼神咒經陳國別胥遼天慶八年造經雲居寺僧惠玉刻經鞠孝章書經題記（"羊"字帙）
拓片高 41 厘米、寬 75 厘米　中國佛教圖書文物館藏

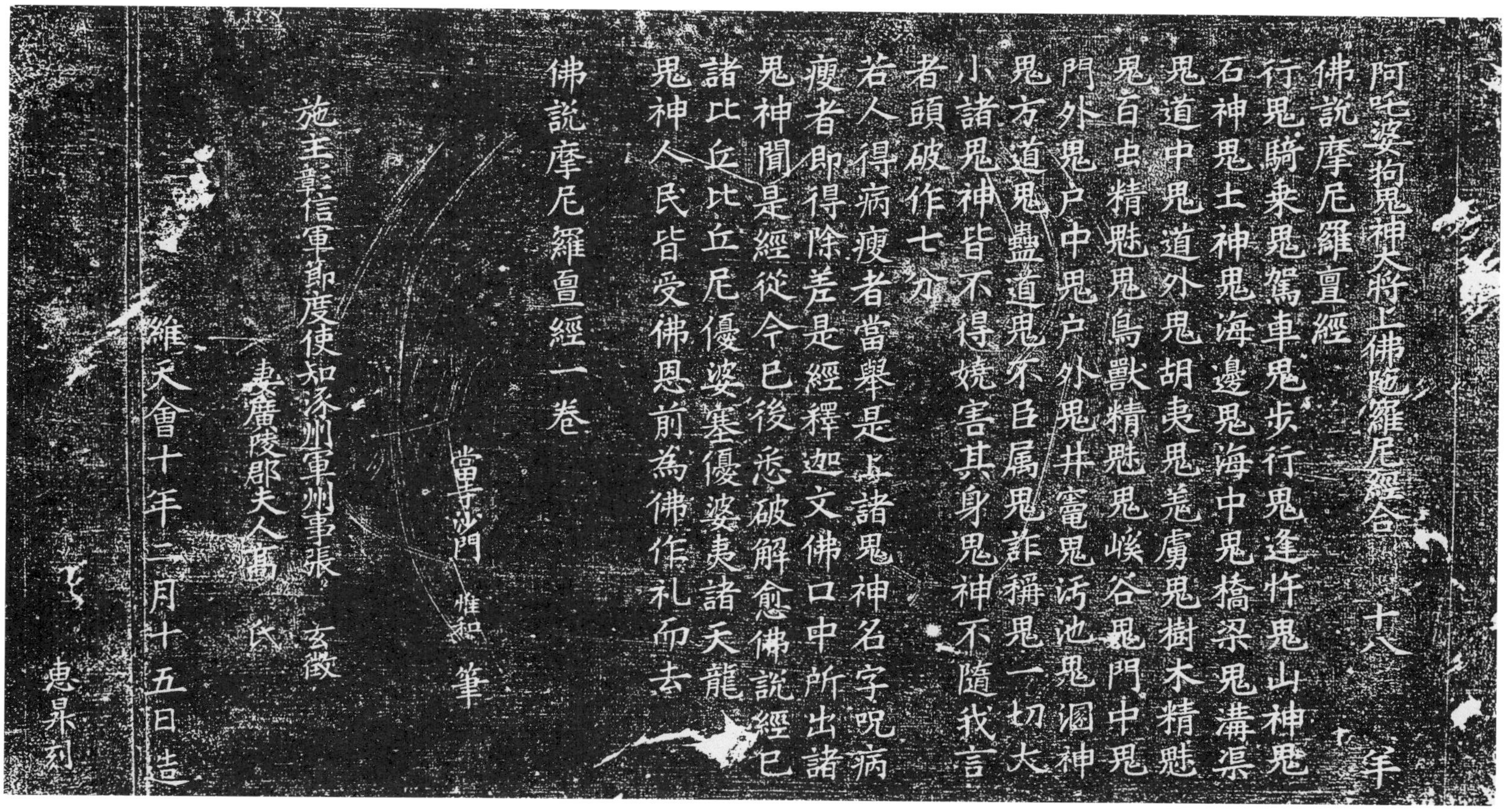
阿吒婆拘鬼神大將上佛陁羅尼經合　十八　羊
佛說摩尼羅亶經
行鬼騎乘鬼駕車鬼步行鬼逢忤鬼山神鬼
石神鬼土神鬼海邊鬼海中鬼橋梁鬼溝渠
鬼道中鬼道外鬼胡夷鬼羌虜鬼樹木精魅
鬼百虫精魅鬼鳥獸精魅鬼嵠谷鬼門中鬼
門外鬼戶中鬼戶外鬼井竈鬼汚池鬼溷神
鬼方道鬼蠱道鬼不臣屬鬼詐稱鬼一切大
小諸鬼神皆不得嬈害其身鬼神不隨我言
者頭破作七分
若人得病瘦者當舉是上諸鬼神名字呪病
瘦者即得除差是經釋迦文佛口中所出諸
鬼神聞是經從令已後悉破解愈佛說經已
諸比丘比丘尼優婆塞優婆夷諸天龍
鬼神人民皆受佛恩前為佛作礼而去
佛說摩尼羅亶經一卷
當寺沙門　惟和　筆
施主彰信軍節度使知涿州軍州事張　玄徵
妻廣陵郡夫人高　氏
維天會十年二月十五日造
惠昇刻

塔下 1556　佛說摩尼羅亶經知涿州軍州事張玄徵及妻高氏金天會十年二月十五日造經僧惟和惠昇書鐫題記（"羊"字帙）
拓片高 41 厘米、寬 75 厘米　中國佛教圖書文物館藏

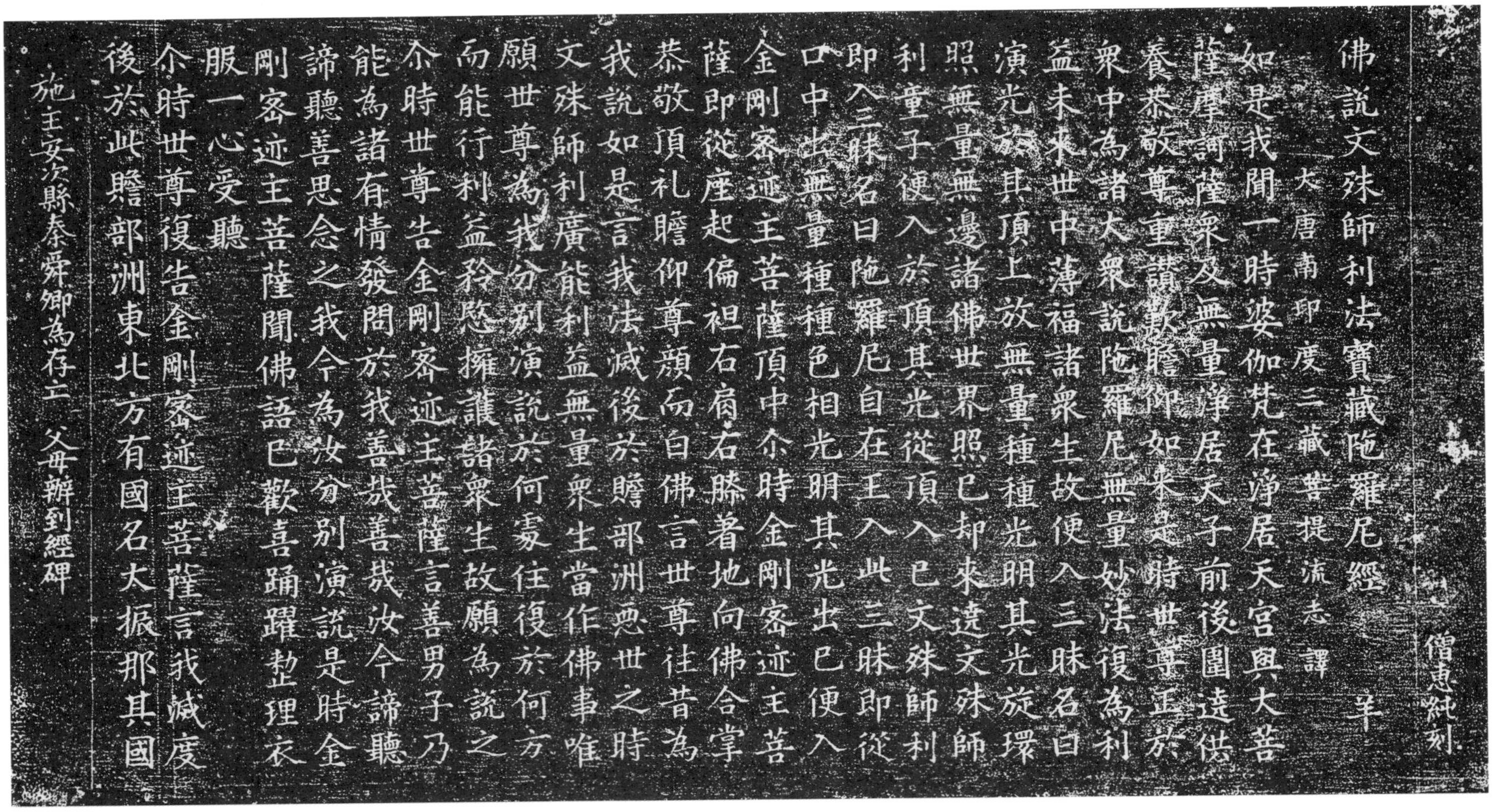
佛說文殊師利法寶藏陁羅尼經　羊
大唐南印度三藏菩提流志譯
如是我聞一時婆伽梵在淨居天宮與大菩
薩摩訶薩衆及無量淨居天子前後圍遶供
養恭敬尊重讚歎瞻仰如來是時世尊正於
衆中為諸大衆說陁羅尼無量妙法復為利
益未來世中薄福諸衆生故便入三昧名曰
演光於其頂上放無量種種光明其光旋環
照無量無邊諸佛世界照已却來遶文殊師
利童子便入於頂其光從頂入已文殊師利
即入三昧名曰陁羅尼自在王入此三昧即從
口中出無量種種色相光明其光出已便入
金剛密迹主菩薩頂中尒時金剛密迹主菩
薩即從座起偏袒右肩右膝著地向佛合掌
恭敬頂礼瞻仰尊顏而白佛言世尊往昔為
我說如是言我法滅後於贍部洲惡世之時
文殊師利廣能利益無量衆生當作佛事唯
願世尊為我分別演說於何處住復於何方
而能行利益矜愍擁護諸衆生故願為說之
尒時世尊告金剛密迹主菩薩言善男子乃
能為諸有情發問於我善哉善哉汝今諦聽
諦聽善思念之我今為汝分別演說是時金
剛密迹主菩薩聞佛語已歡喜踊躍整理衣
服一心受聽
尒時世尊復告金剛密迹主菩薩言我滅度
後於此贍部洲東北方有國名大振那其國
施主安次縣秦舜卿為存亡父母辦到經碑
僧惠純刻

塔下 1561　文殊師利法寶藏陁羅尼經秦舜卿造經僧惠純刻經題名（“羊”字帙面）　金刻
拓片高 44 厘米、寬 76 厘米　中國佛教圖書文物館藏

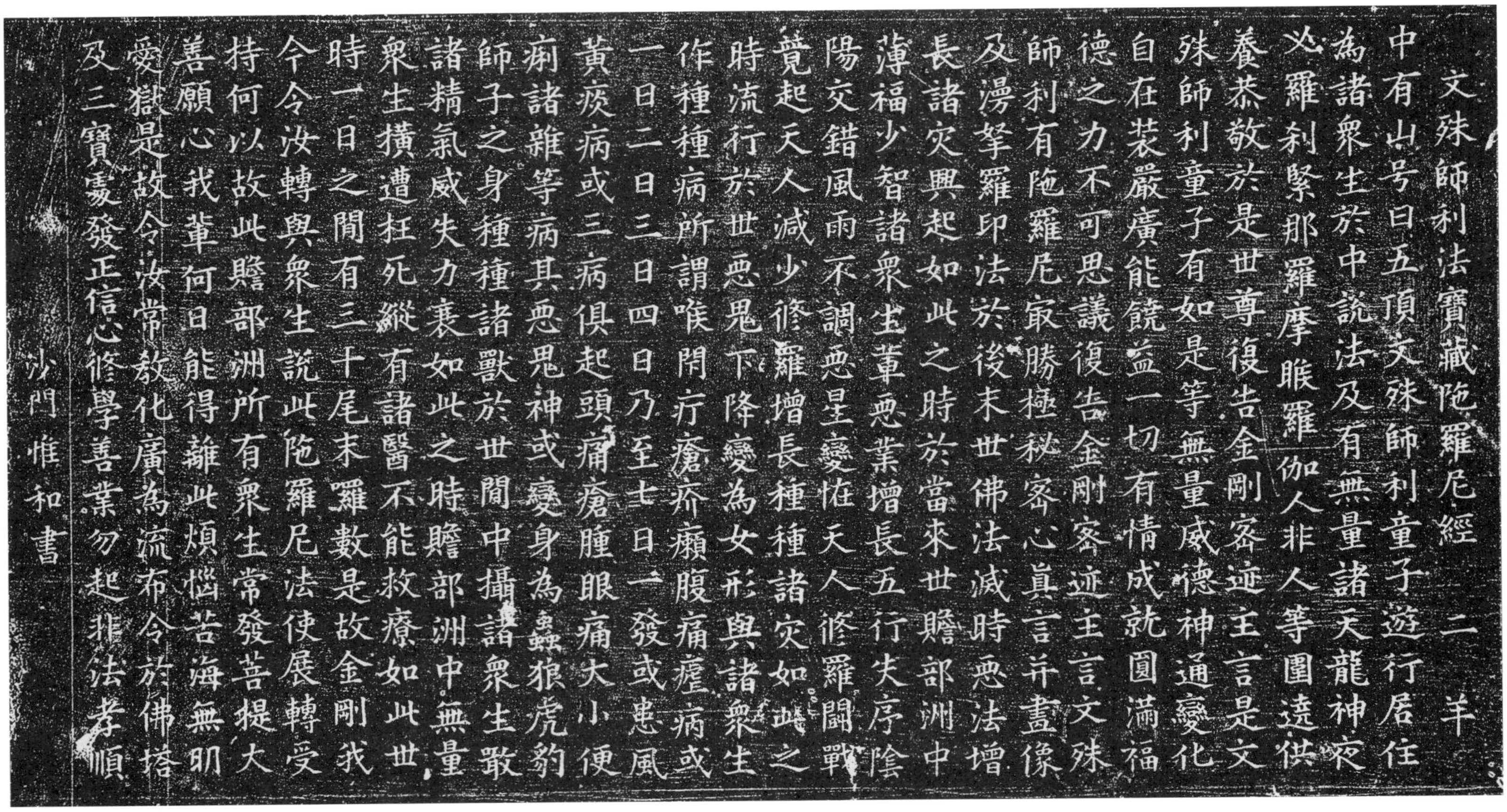
文殊師利法寶藏陁羅尼經　二　羊
中有山号曰五頂文殊師利童子遊行居住
為諸衆生於中說法及有無量諸天龍神夜
叉羅剎緊那羅摩睺羅伽人非人等圍遶供
養恭敬於是世尊復告金剛密迹主言是文
殊師利童子有如是等無量威德神通變化
自在莊嚴廣能饒益一切有情成就圓滿福
德之力不可思議復告金剛密迹主言文殊
師利有陁羅尼最勝秘密心真言并畫像
及滿拏羅印法於後末世佛法滅時惡法增
長諸災興起如此之時於當來世贍部洲中
薄福少智諸衆生輩惡業增長五行失序陰
陽交錯風雨不調惡星變恠天人修羅鬪戰
競起天人減少修羅增長種種諸災如此之
時流行於世惡鬼下降變為女形與諸衆生
作種種病所謂喉閉疔瘡疥癩腹痛瘧病或
一日二日三日四日乃至七日一發或患風
黃痰病或三病俱起頭痛瘡腫眼痛大小便
痢諸雜等病其惡鬼神或變身為蟲狼虎豹
師子之身種種諸獸於世間中攝諸衆生噉
諸精氣威失力衰如此之時贍部洲中無量
衆生橫遭枉死縱有諸醫不能救療如此世
時一日之間有三十尾末羅數是故金剛我
今令汝轉與衆生說此陁羅尼法使展轉受
持何以故此贍部洲所有衆生常發菩提大
善願心我輩何日能得離此煩惱苦海無明
愛獄是故令汝常教化廣為流布令於佛塔
及三寶處發正信心修學善業勿起非法孝順
沙門惟和書

塔下 1561　文殊師利法寶藏陁羅尼經沙門惟和書經題名（“羊”字帙背）　金刻
拓片高 44 厘米、寬 76 厘米　中國佛教圖書文物館藏

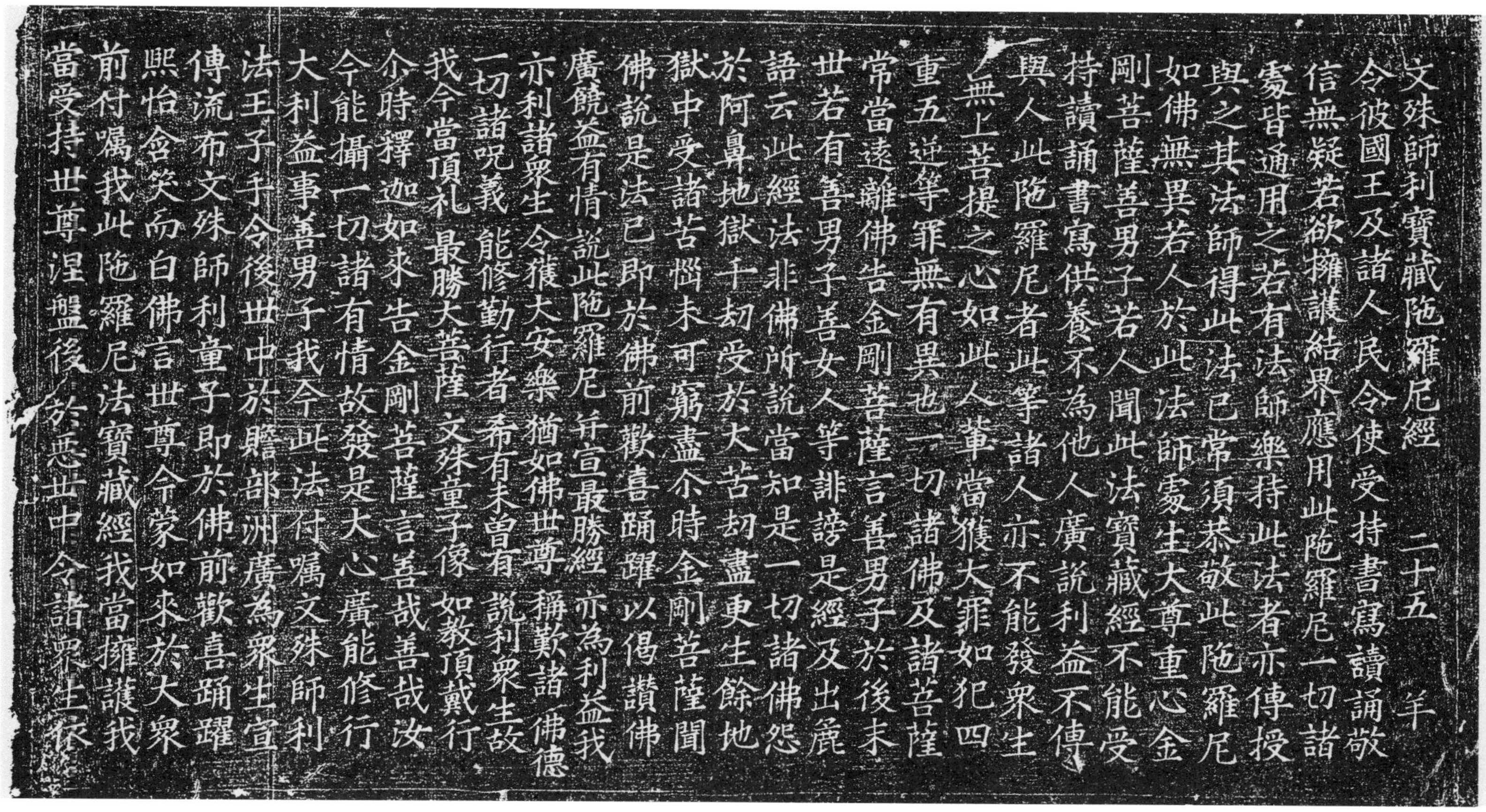
文殊師利寶藏陁羅尼經　二十五　羊
令彼國王及諸人民令使受持書寫讀誦敬
信無疑若欲擁護結界應用此陁羅尼一切諸
處皆通用之若有法師樂持此法者亦傳授
與之其法師得此法已常須恭敬此陁羅尼
如佛無異若人於此法師處生大尊重心金
剛菩薩善男子若人聞此法寶藏經不能受
持讀誦書寫供養不為他人廣說利益不傳
與人此陁羅尼者此等諸人亦不能發衆生
無上菩提之心如此人輩當獲大罪如犯四
重五逆等罪無有異也一切諸佛及諸菩薩
常當遠離佛告金剛菩薩言善男子於後末
世若有善男子善女人等誹謗是經及出麁
語云此經法非佛所說當知是一切諸佛怨
於阿鼻地獄千劫受於大苦劫盡更生餘地
獄中受諸苦惱未可窮盡尒時金剛菩薩聞
佛說是法已即於佛前歡喜踊躍以偈讚佛
廣饒益有情說此陁羅尼并宣最勝經亦為利益我
亦利諸衆生令獲大安樂猶如佛世尊稱歎諸佛德
一切諸呪義能修勤行者希有未曾有說利衆生故
我今當頂礼最勝大菩薩文殊童子像如教頂戴行
尒時釋迦如来告金剛菩薩言善哉善哉汝
今能攝一切諸有情故發是大心廣能修行
大利益事善男子我今此法付囑文殊師利
法王子手令後世中於贍部洲廣為衆生宣
傳流布文殊師利童子即於佛前歡喜踊躍
熙怡含笑而白佛言世尊令蒙如來於大衆
前付囑我此陁羅尼法寶藏經我當擁護我
當受持世尊涅槃後於惡世中令諸衆生依

塔下 1822　文殊師利寶藏陁羅尼經（"羊"字帙面）　金刻
拓片高 41 厘米、寬 75 厘米　中國佛教圖書文物館藏

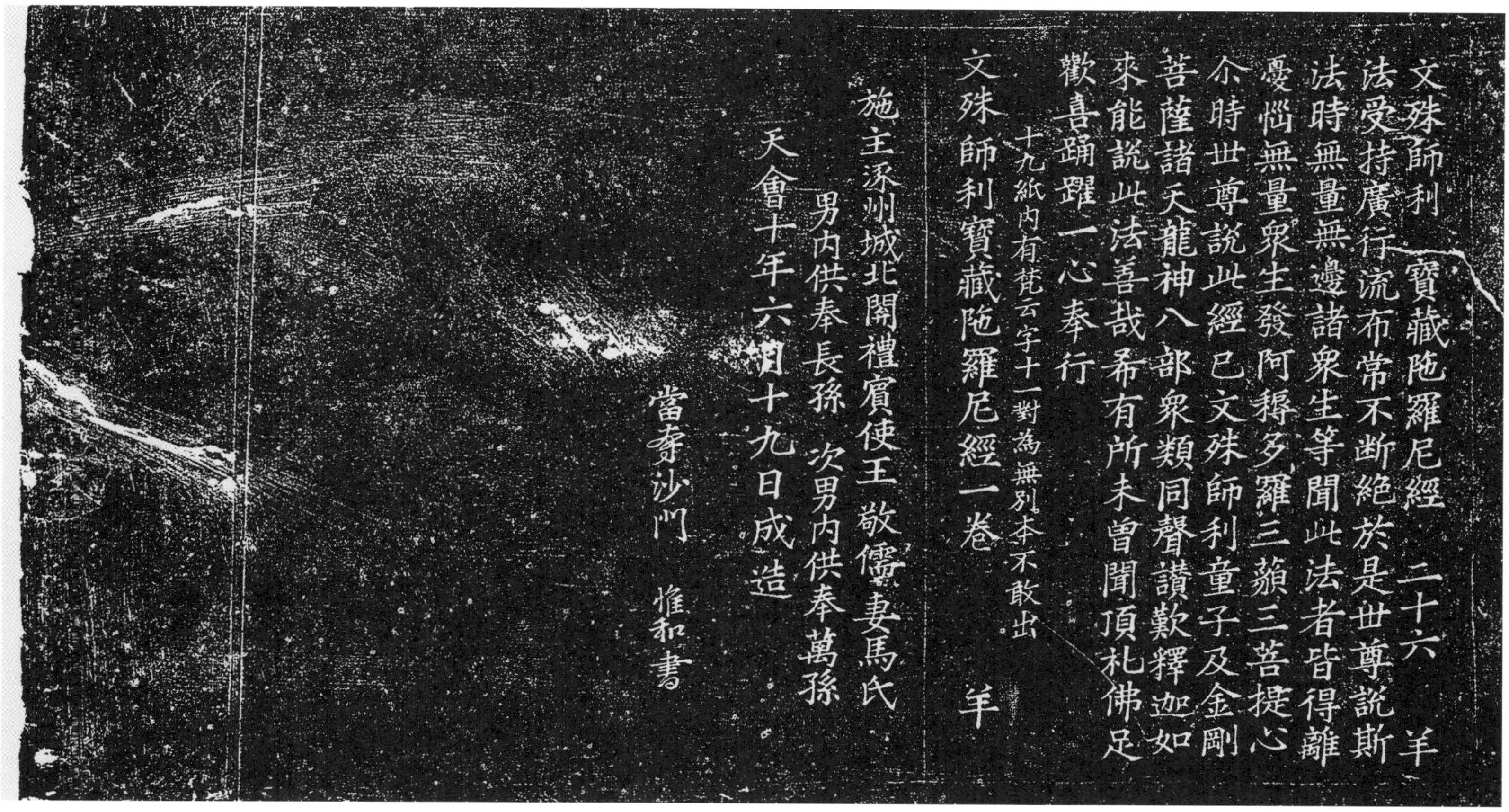
文殊師利寶藏陁羅尼經　二十六　羊
法受持廣行流布常不斷絶於是世尊說斯
法時無量無邊諸衆生等聞此法者皆得離
憂惱無量衆生發阿耨多羅三藐三菩提心
尒時世尊說此經已文殊師利童子及金剛
菩薩諸天龍神八部衆類同聲讚歎釋迦如
來能說此法善哉希有所未曾聞頂礼佛足
歡喜踊躍一心奉行
十九紙内有梵字十一對為無別本不敢出
文殊師利寶藏陁羅尼經一卷　羊
施主涿州城北閣禮賓使王敬儒妻馬氏
男内供奉長孫　次男内供奉萬孫
天會十年六月十九日成造
當寺沙門　惟和書

塔下 1822　文殊師利寶藏陁羅尼經王敬儒及妻馬氏等金天會十年六月十九日造經當寺沙門惟和書經題記（"羊"字帙背）
拓片高 41 厘米、寬 75 厘米　中國佛教圖書文物館藏

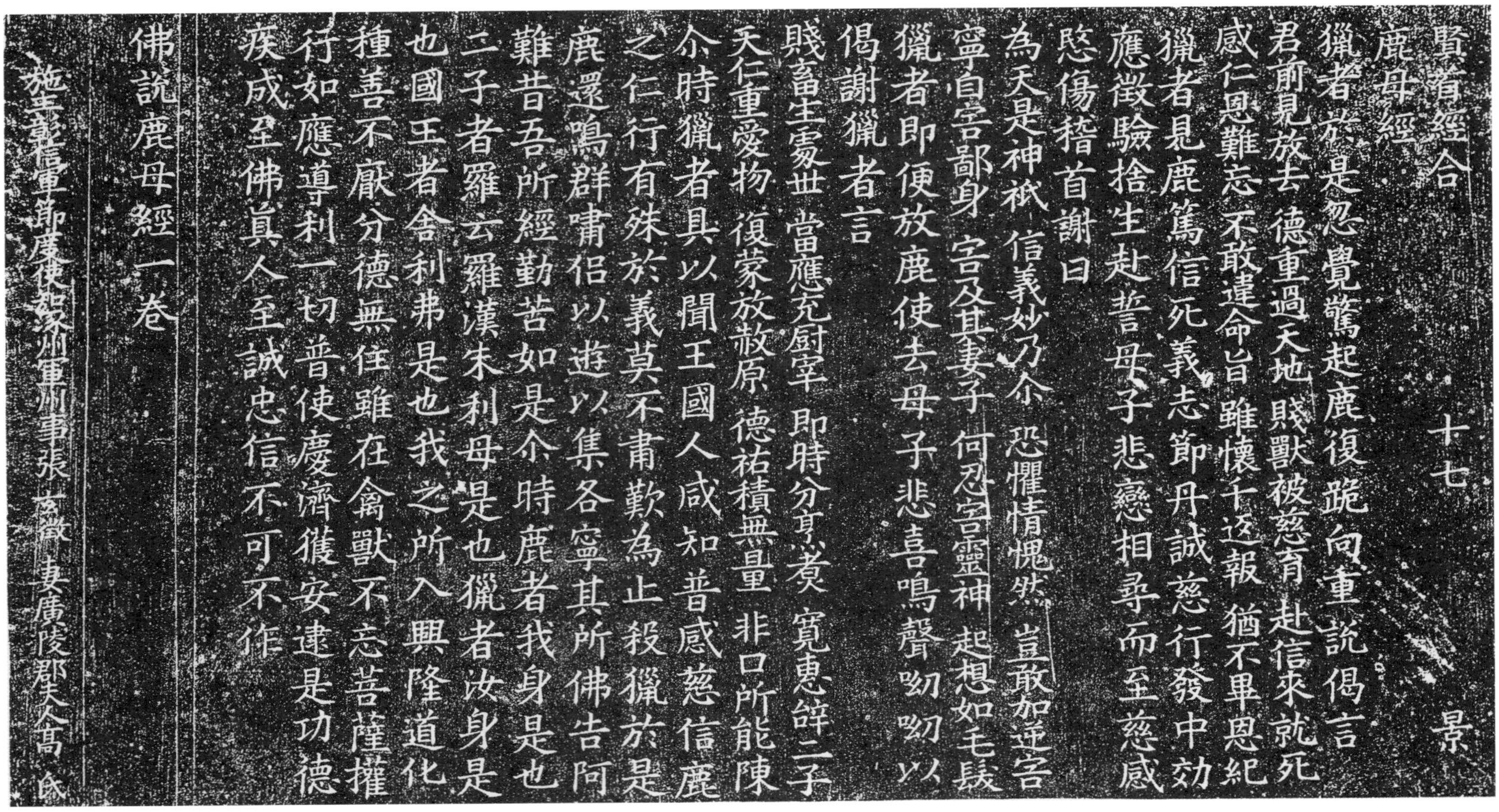

賢者經合　十七　景
鹿母經
獵者於是忽覺驚起鹿復跪向重說偈言
君前見放去德重過天地賤獸被慈育赴信來就死
感仁恩難忘不敢違命旨雖懷千返報猶不畢恩紀
獵者見鹿篤信死義志節丹誠慈行發中効
應徵驗捨生赴誓母子悲戀相尋而至慈感
愍傷稽首謝曰
為天是神祇信義妙乃尒恐懼情愧然豈敢加逆害
寧自害鄙身害及其妻子何忍害靈神起想如毛髮
獵者即便放鹿使去母子悲喜鳴聲呦呦以
偈謝獵者言
賤畜生處世當應充厨宰即時分烹煮寬惠辞二子
天仁重愛物復蒙放赦原德祐積無量非口所能陳
尒時獵者具以聞王國人咸知普感慈信鹿
之仁行有殊於義莫不肅歎為止殺獵於是
鹿還鳴群嘯侶以遊以集各寧其所佛告阿
難昔吾所經勤苦如是尒時鹿者我身是也
二子者羅云羅漢末利母是也獵者汝身是
也國王者舍利弗是也我之所入興隆道化
種善不厭分德無住雖在禽獸不忘菩薩權
行如應導利一切普使慶濟獲安逮是功德
疾成至佛眞人至誠忠信不可不作
佛說鹿母經一卷
施主彰信軍節度使知涿州軍州事張玄徵　妻廣陵郡夫人高氏

塔下 1567　佛説鹿母經知涿州軍州事張玄徵及妻高氏造經題名（“景”字帙面）　金刻
拓片高 41 厘米、寬 75 厘米　中國佛教圖書文物館藏

同藍浴室院僧惟和書
當寺河東院沙門鐫
大金國天會十年四月二十九日成辦

塔下 1567　佛説鹿母經同藍浴室院僧惟和書經當寺河東院沙門刻經金天會十年四月二十九日題記（“景”字帙背）
拓片高 41 厘米、寬 75 厘米　中國佛教圖書文物館藏
當寺指雲居寺。

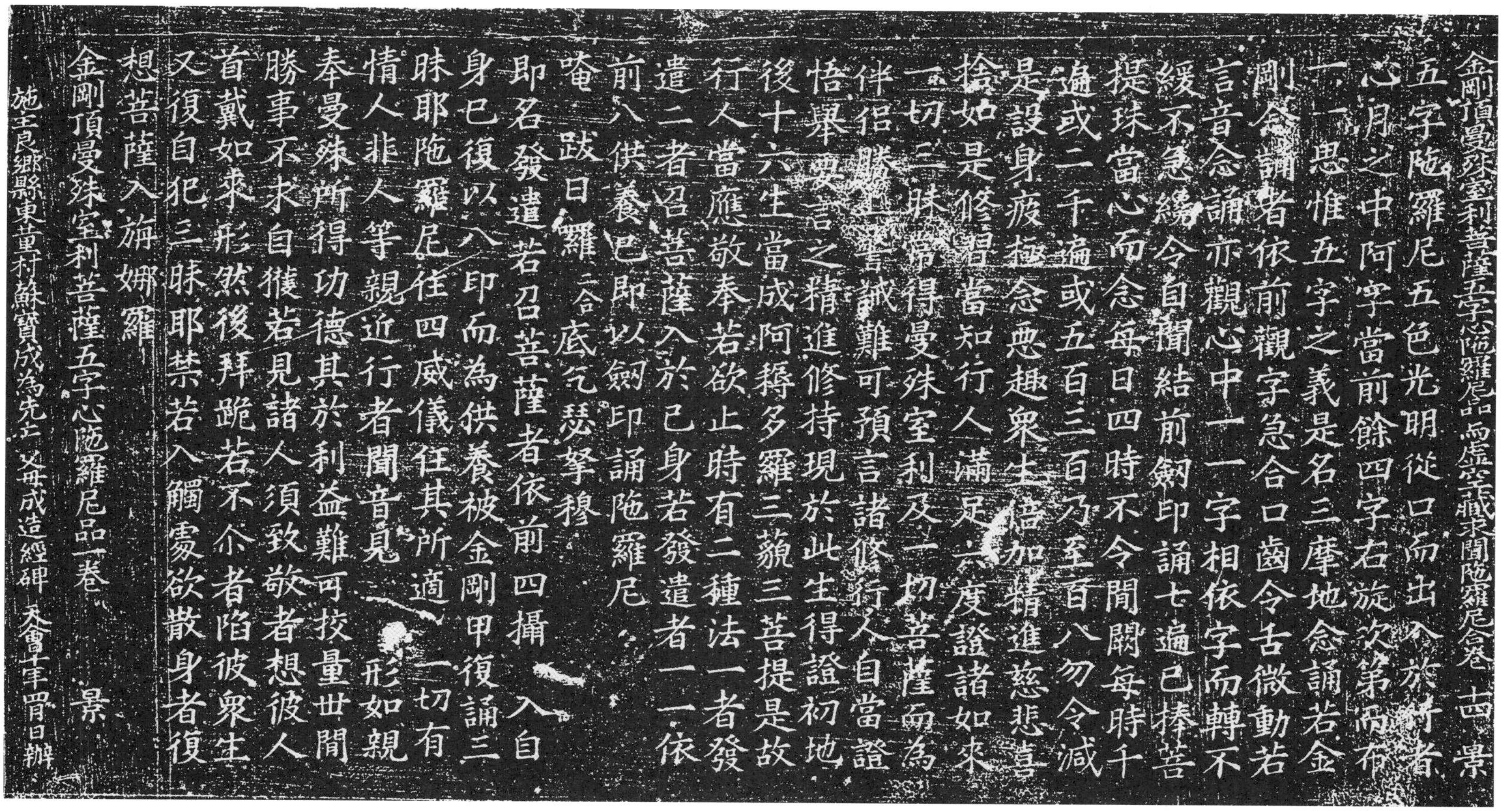
金剛頂曼殊室利菩薩五字心陁羅尼品 而虛空藏求聞陁羅尼合卷 古 景
五字陁羅尼五色光明從口而出入於行者
心月之中阿字當前餘四字右旋次第而布
一一思惟五字之義是名三摩地念誦若金
剛念誦者依前觀字急合口齒令舌微動若
言音念誦亦觀心中一一字相依字而轉不
緩不急緣令自聞結前劍印誦七遍已捧菩
提珠當心而念每日四時不令間闕每時千
遍或二千遍或五百三百乃至百八勿令減
是設身疲極念惡趣衆生倍加精進慈悲喜
捨如是修習當知行人滿足六度證諸如來
一切三昧常得曼殊室利及一切菩薩而為
伴侶勝上菩誡難可預言諸修行人自當證
悟畢要言之精進修持現於此生得證初地
後十六生當成阿耨多羅三藐三菩提是故
行人當應敬奉若欲止時有二種法一者發
遣二者召菩薩入於己身若發遣者一一依
前八供養已即以劍印誦陁羅尼
唵 跋日羅二合底乞瑟拏穆
即名發遣若召菩薩者依前四攝入自
身已復以八印而為供養被金剛甲復誦三
昧耶陁羅尼住四威儀任其所適一切有
情人非人等親近行者聞音見形如親
奉曼殊所得功德其於利益難可校量世間
勝事不求自獲若見諸人須致敬者想彼人
首戴如來形然後拜跪若不介者陷彼衆生
又復自犯三昧耶禁若入觸穢欲散身者復
想菩薩入旃娜羅
金剛頂曼殊室利菩薩五字心陁羅尼品一卷 景
施主良鄉縣東董村蘇寶成為先亡父母成造經碑 天會十年四月日辦

塔下 1585　金剛頂經曼殊室利菩薩五字心陁羅尼品蘇寶成金天會十年四月造經題記（“景”字帙）
拓片高 43 厘米、寬 75 厘米　中國佛教圖書文物館藏
此經前半部分爲遼保大元年（1121）閏五月一日刻。遼亡，金人續刻完成。

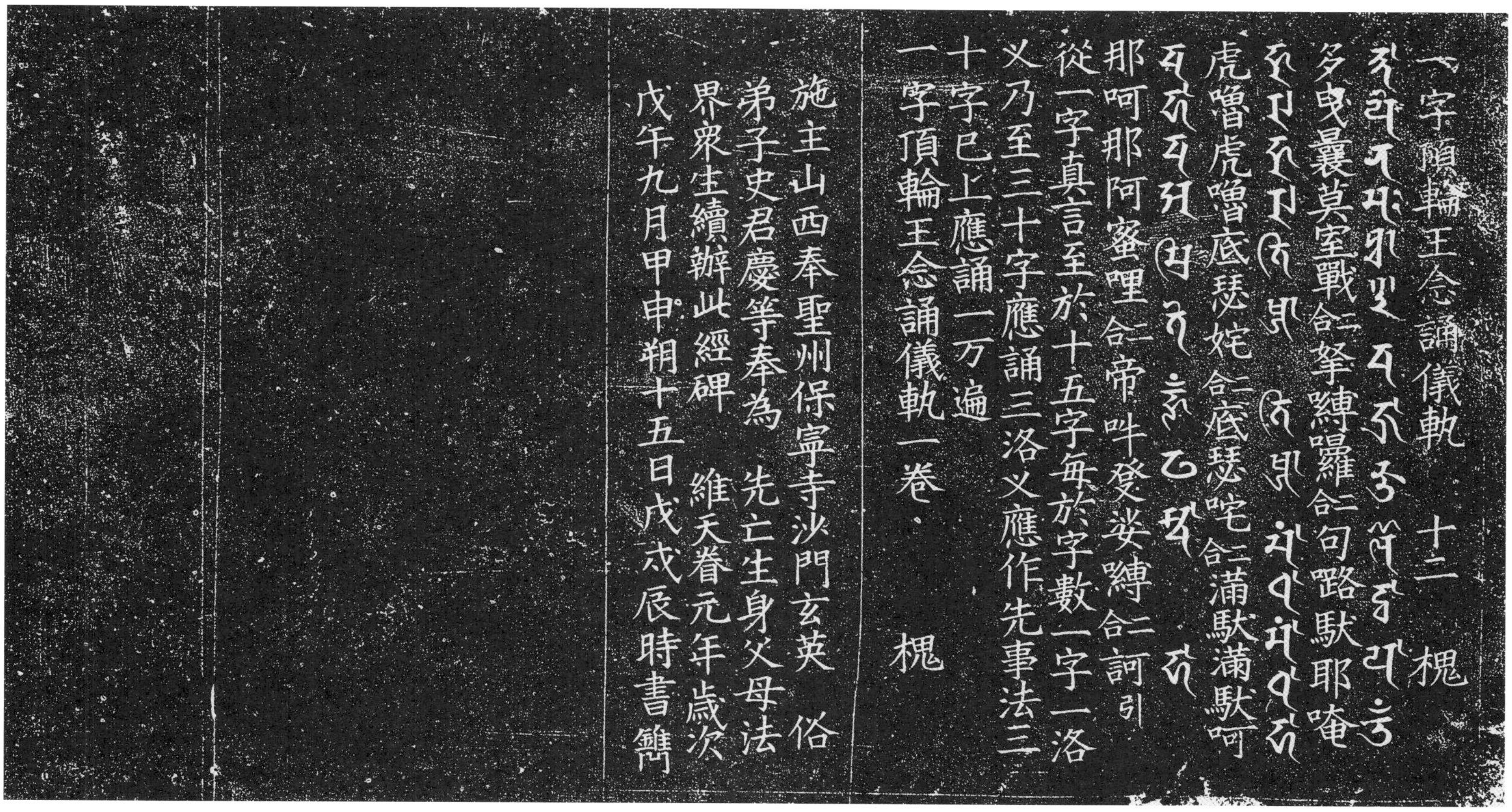
一字頂輪王念誦儀軌 十二 槐
多曳曩莫室戰二合拏縛囉二合句嚕馱耶唵
虎嚕虎嚕底瑟姹二合底瑟咤二合滿馱滿馱呵
那呵那阿蜜哩二合帝吽發娑縛二合訶引
從一字真言至於十五字每於字數一字一洛
叉乃至三十字應誦三洛叉應作先事法三
十字已上應誦一万遍
一字頂輪王念誦儀軌一卷 槐
施主山西奉聖州保寧寺沙門玄英俗
弟子史君慶等奉為 先亡生身父母法
界衆生續辦此經碑 維天眷元年歲次
戊午九月甲申朔十五日戊戌辰時書鐫

塔下 1630　一字頂輪王念誦儀軌奉聖州保寧寺沙門玄英俗弟子史君慶等金天眷元年九月十五日造經題記（“槐”字帙）
拓片高 43 厘米、寬 75 厘米　中國佛教圖書文物館藏

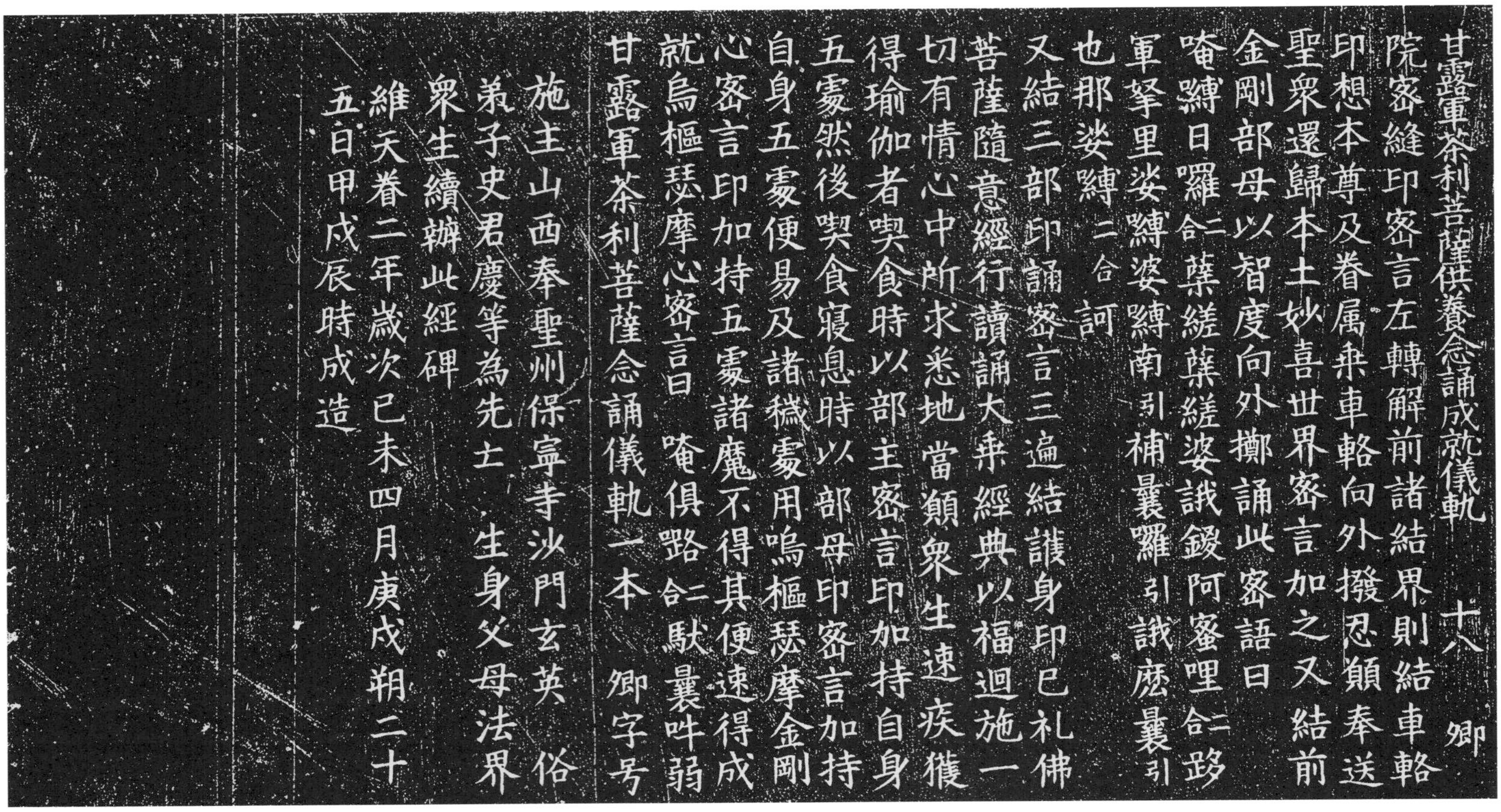
甘露軍荼利菩薩供養念誦成就儀軌　十八　卿
院密縫印密言左轉解前諸結界則結車輅
印想本尊及眷屬乘車輅向外撥忍願奉送
聖衆還歸本土妙喜世界密言加之又結前
金剛部母以智度向外擲誦此密語曰
唵嚩日囉二合葉縒葉縒婆誐鍐阿蜜哩二合路
軍拏里娑嚩婆嚩南引補曩羅引誐麽曩引
也那娑嚩二合訶
又結三部印誦密言三遍結護身印已礼佛
菩薩隨意經行讀誦大乘經典以福迴施一
切有情心中所求悉地當願衆生速疾獲
得瑜伽者喫食時以部主密言印加持自身
五處然後喫食寢息時以部母印密言加持
自身五處便易及諸穢處用烏樞瑟摩金剛
心密言印加持五處諸魔不得其便速得成
就烏樞瑟摩心密言曰　唵俱路二合馱曩吽弱
甘露軍荼利菩薩念誦儀軌一本　卿字号
施主山西奉聖州保寧寺沙門玄英　俗
弟子史君慶等為先亡　生身父母法界
衆生續辦此經碑
維天眷二年歲次己未四月庚戌朔二十
五日甲戌辰時成造

塔下 1644　甘露軍荼利菩薩供養念誦成就儀軌奉聖州保寧寺沙門玄英俗弟子史君慶等金天眷二年四月二十五日造經題記（“卿”字帙）
拓片高 43 厘米、寬 75 厘米　中國佛教圖書文物館藏

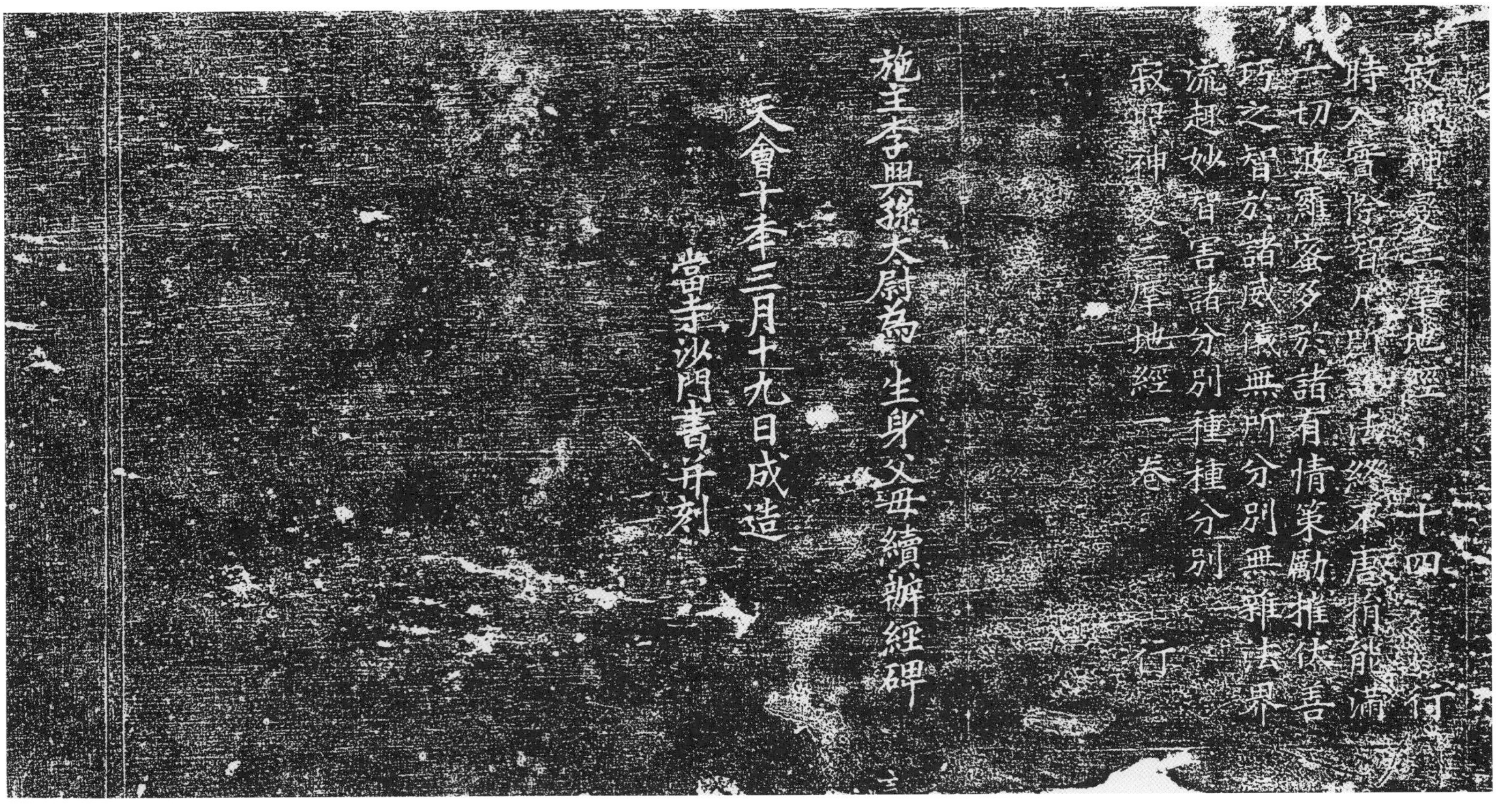
寂照神變三摩地經　十四　行
一時入實際智門證法緣本唐捐能滿
一切波羅蜜多於諸有情策勵推伏吾
巧之智於諸威儀無所分別無雜法界
流趣妙智善諸分別種種分別
寂照神變三摩地經一卷　行
施主李興孫太尉為　生身父母續辦經碑
天會十年三月十九日成造
當寺沙門書并刻

塔下 1724　寂照神變三摩地經李興孫太尉金天會十年三月十九日造經當寺沙門書鎸題記（“行”字帙）
拓片高 43 厘米、寬 72 厘米　中國佛教圖書文物館藏

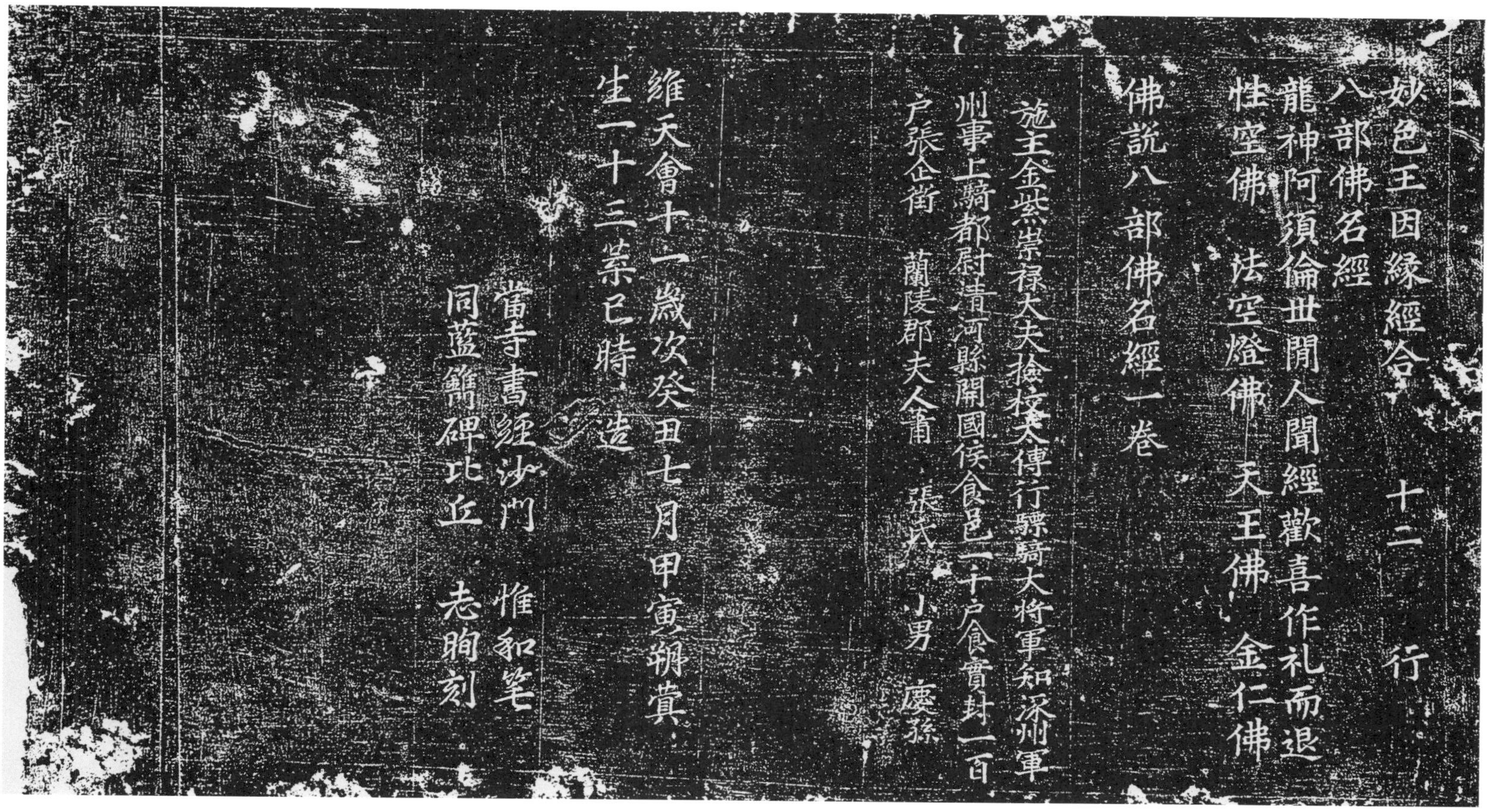

妙色王因緣經合 十二 行
八部佛名經
龍神阿須倫世間人聞經歡喜作礼而退
性空佛 法空燈佛 天王佛 金仁佛
佛說八部佛名經一卷
施主金紫崇禄大夫撿校太傅行驃騎大将軍知涿州軍
州事上騎都尉清河縣開國侯食邑一千户食實封一百
户張企徵 蘭陵郡夫人蕭 張氏 小男 慶孫
維天會十一歲次癸丑七月甲寅朔冀
生一十三槃巳時 造
當寺書經沙門 惟和筆
同藍鐫碑比丘 志昫刻

塔下 1743　佛説八部佛名經知涿州軍州事張企徵及妻蕭張氏小男慶孫金天會十一年七月十三日造經僧惟和和志昫書鎸題記（“行”字帙）
拓片高 42 厘米、寬 75 厘米　中國佛教圖書文物館藏

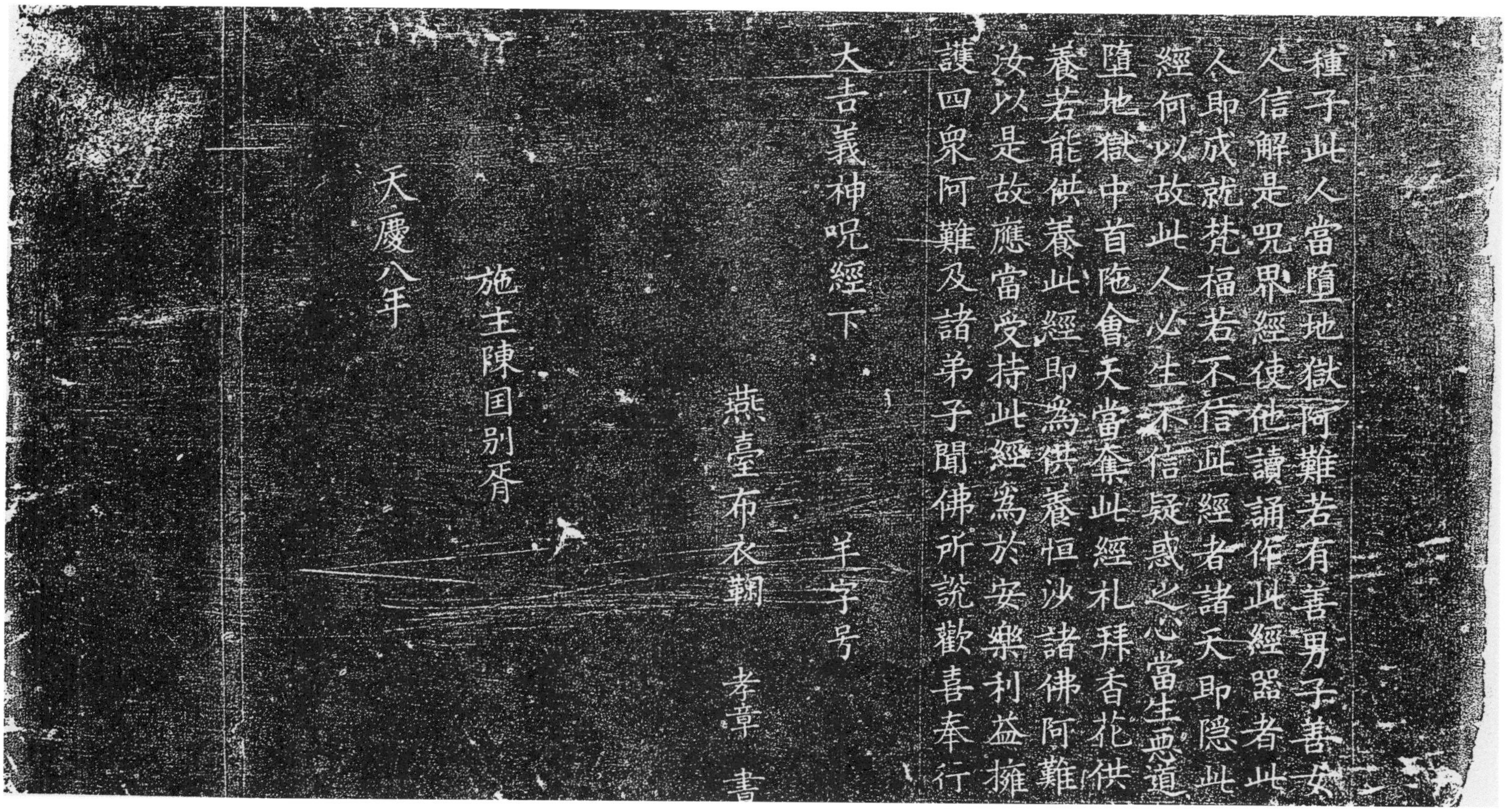

種子此人當墮地獄阿難若有善男子善女
人信解是呪界經使他讀誦作此經器者此
人即成就梵福若不信此經者諸天即隱此
經何以故此人必生不信疑惑之心當生惡道
墮地獄中首陁會天當奪此經礼拜香花供
養若能供養此經即為供養恒沙諸佛阿難
汝以是故應當受持此經為於安樂利益擁
護四衆阿難及諸弟子聞佛所說歡喜奉行
大吉義神呪經下 羊字号
燕臺布衣鞠 孝章 書
施主陳国別胥
天慶八年

塔下 1810　大吉義神咒經陳國別胥遼天慶八年造經鞠孝章書經題記（“羊”字帙）
拓片高 43 厘米、寬 75 厘米　中國佛教圖書文物館藏

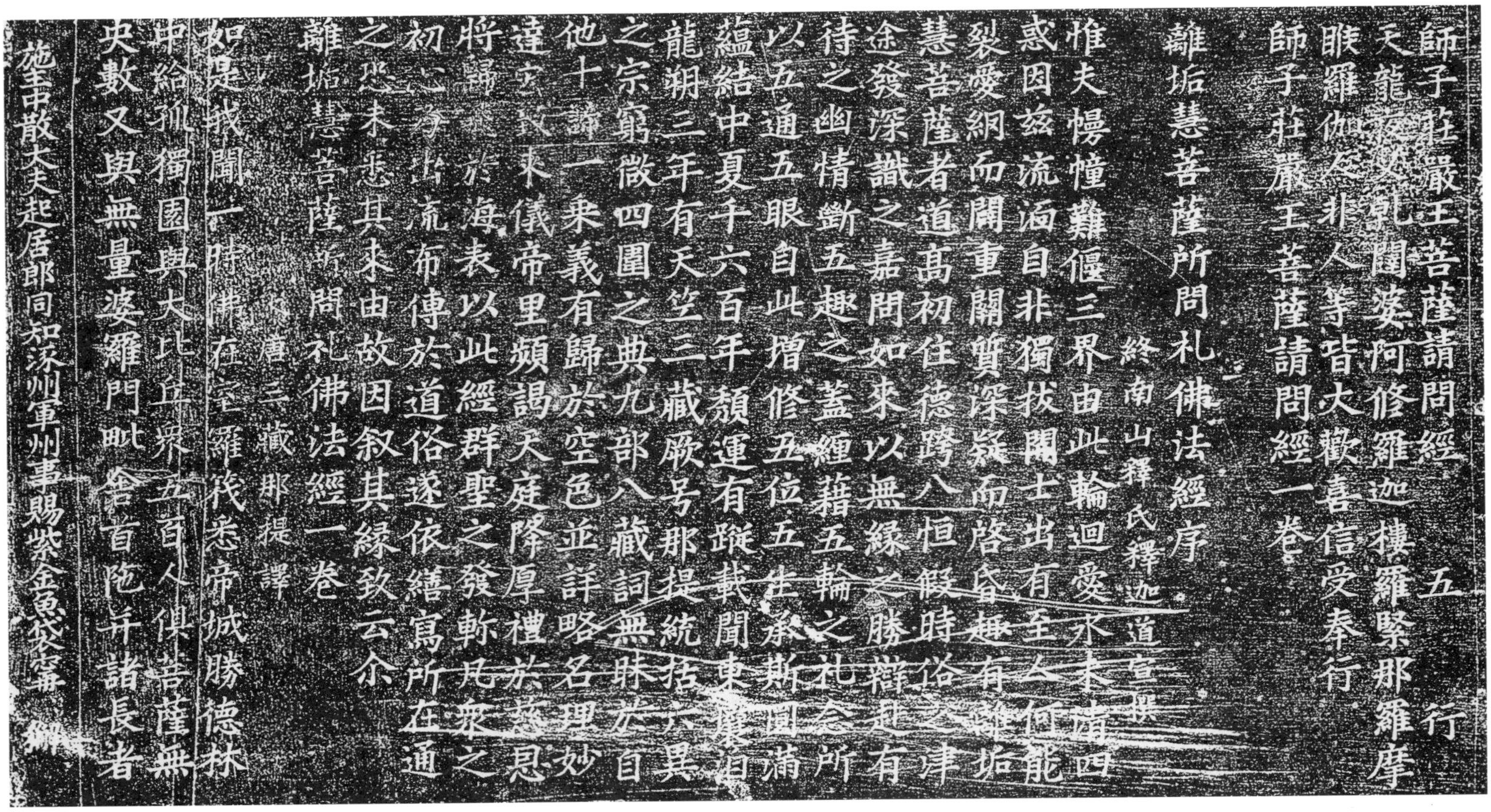

塔下 1860　釋道宣撰離垢慧菩薩所問禮佛法經序知涿州軍州事寗獬造經題名　金刻
拓片高 41 厘米、寬 75 厘米　中國佛教圖書文物館藏

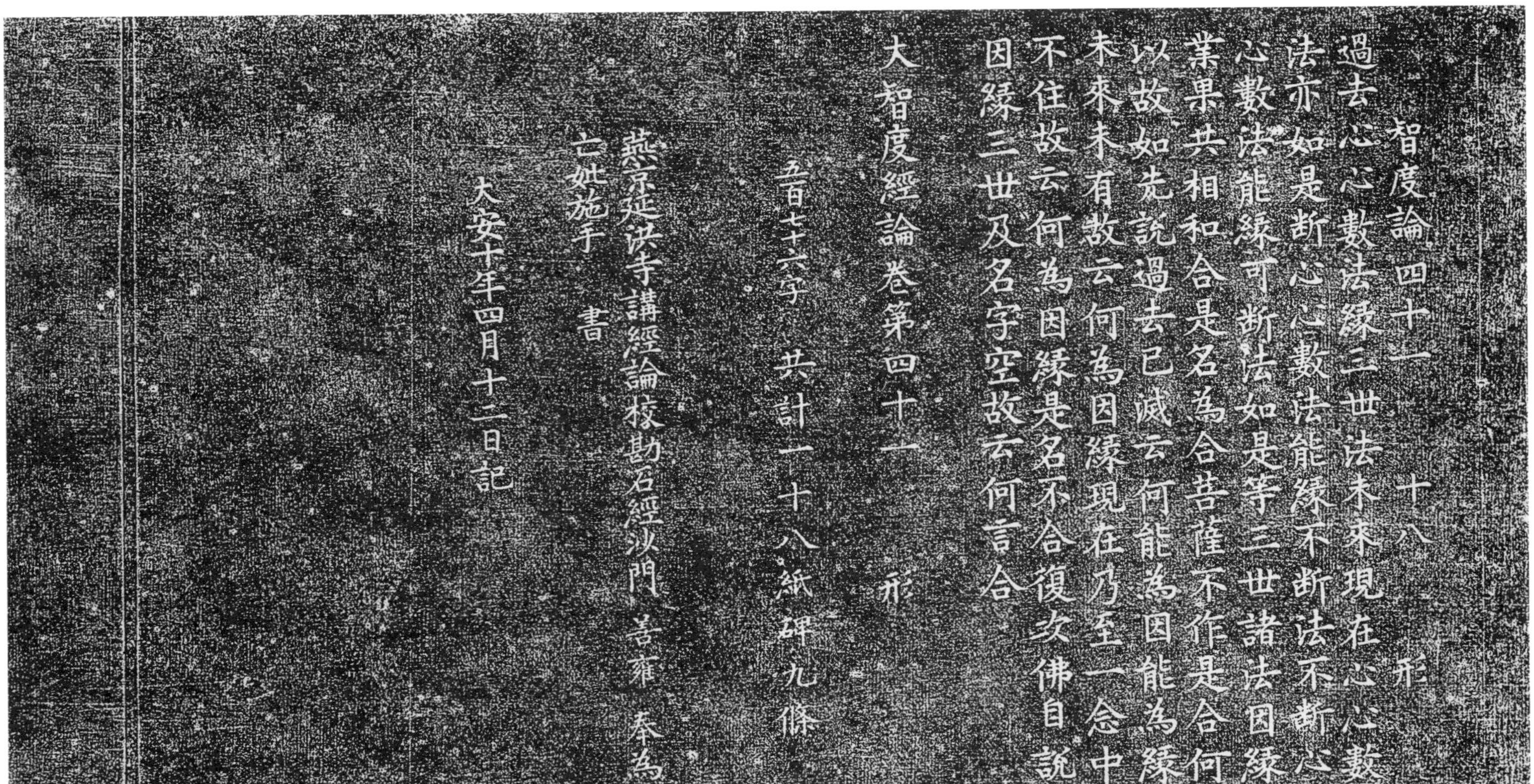

塔下 2076　大智度論卷第四十一燕京延洪寺僧善雍遼大安十年四月十二日施手書題記
拓片高 41 厘米、寬 72 厘米　中國佛教圖書文物館藏

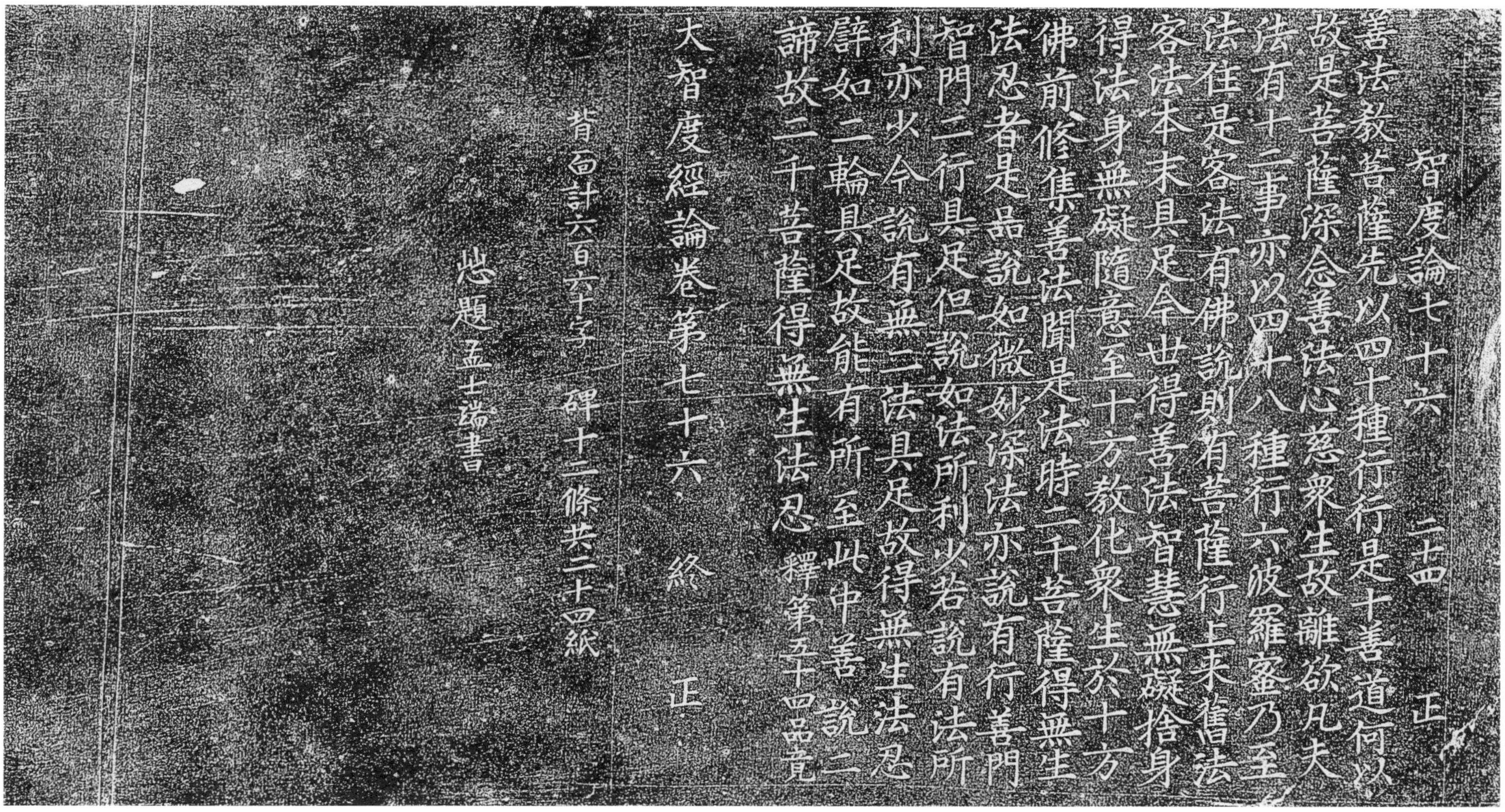
智度論七十六　二十四　正
善法教菩薩先以四十種行行是十善道何以
故是菩薩深念善法心慈衆生故離欲凡夫
法有十二事亦以四十八種行六波羅蜜乃至
法住是客法有佛說則有菩薩行上來舊法
客法本末具足令世得善法智慧無礙捨身
得法身無礙隨意至十方教化衆生於十方
佛前修集善法聞是法時二千菩薩得無生
法忍者是品說如微妙深法亦說有行善門
智門二行具足但說如法所利少若說有法所
利亦少今說有無二法具足故得無生法忍
辟如二輪具足故能有所至此中善說二
諦故二千菩薩得無生法忍　釋第五十四品竟
大智度經論卷第七十六　終　正
背面計六百六十字　碑十二條共二十四紙
惣題孟士端書

塔下 2089　大智度論卷第七十六惣題孟士端書經題名（“正”字帙）　遼刻
拓片高 42 厘米、寬 72 厘米　中國佛教圖書文物館藏

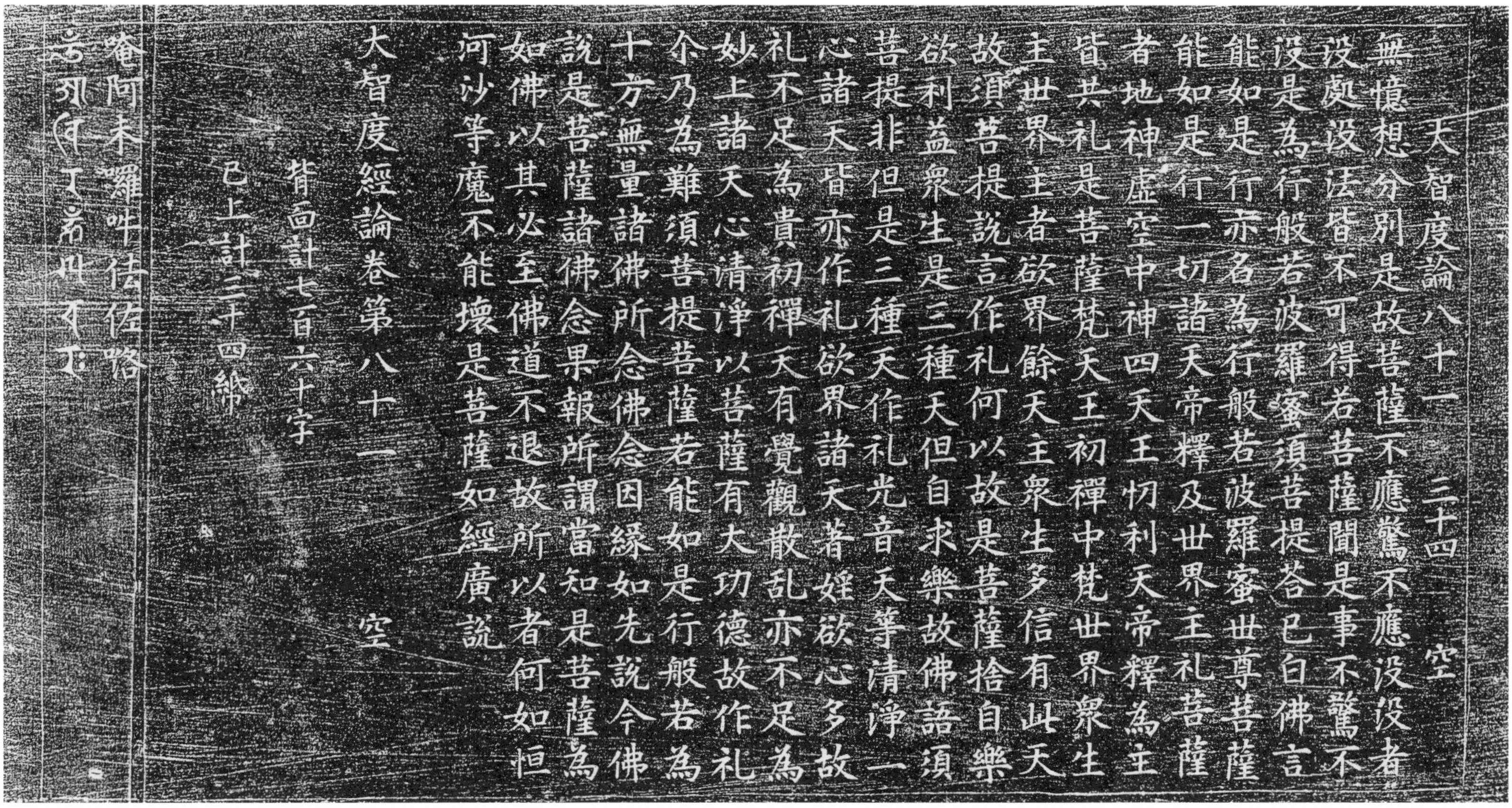

塔下 3872　大智度論卷第八十一梵漢文題記（“空”字帙）　遼刻
拓片高 42 厘米、寬 72 厘米　中國佛教圖書文物館藏

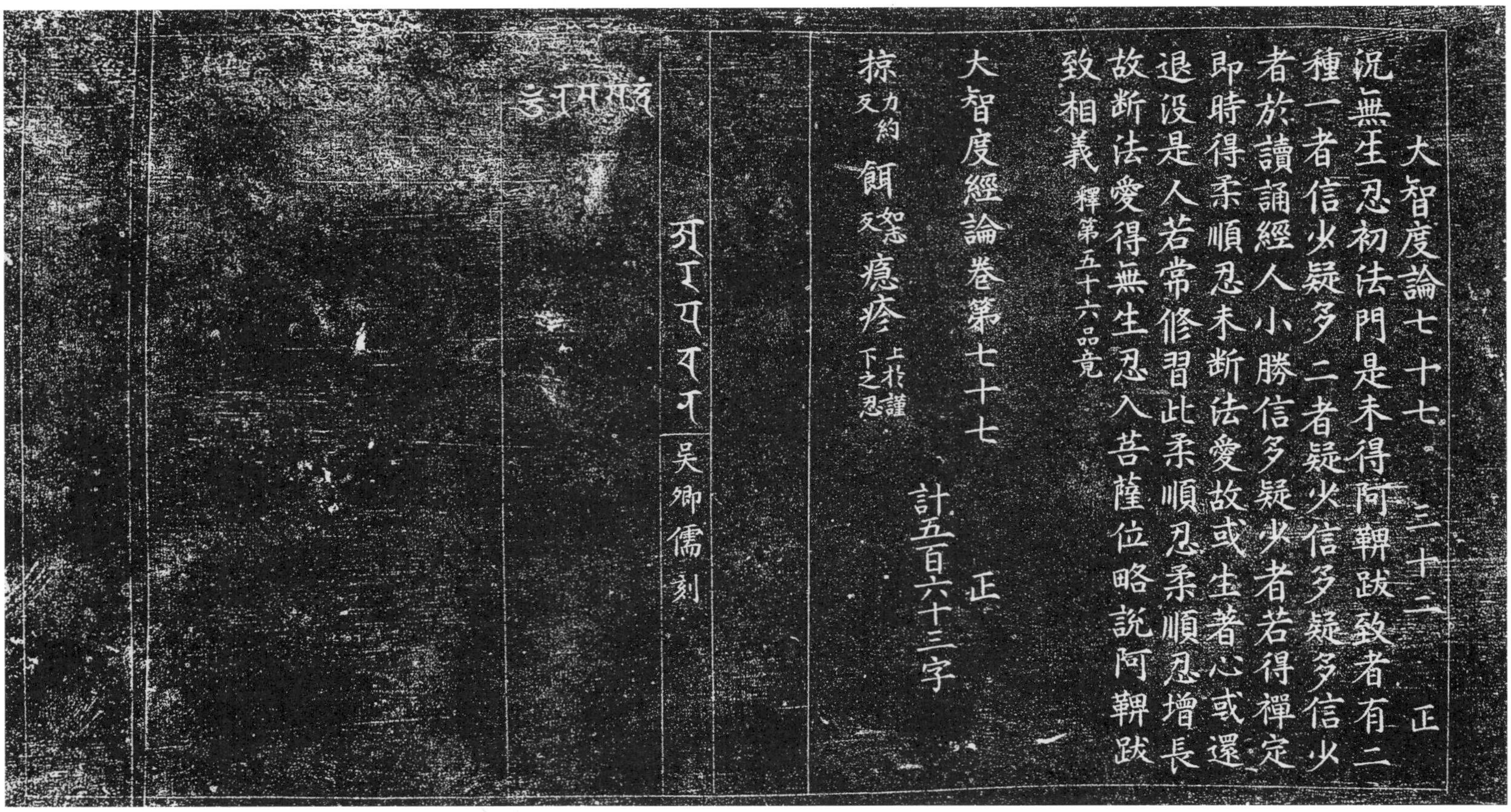

塔下 3898　大智度論卷第七十七吴卿儒刻經梵漢文題名（“正”字帙）　遼刻
拓片高 41 厘米、寬 73 厘米　中國佛教圖書文物館藏

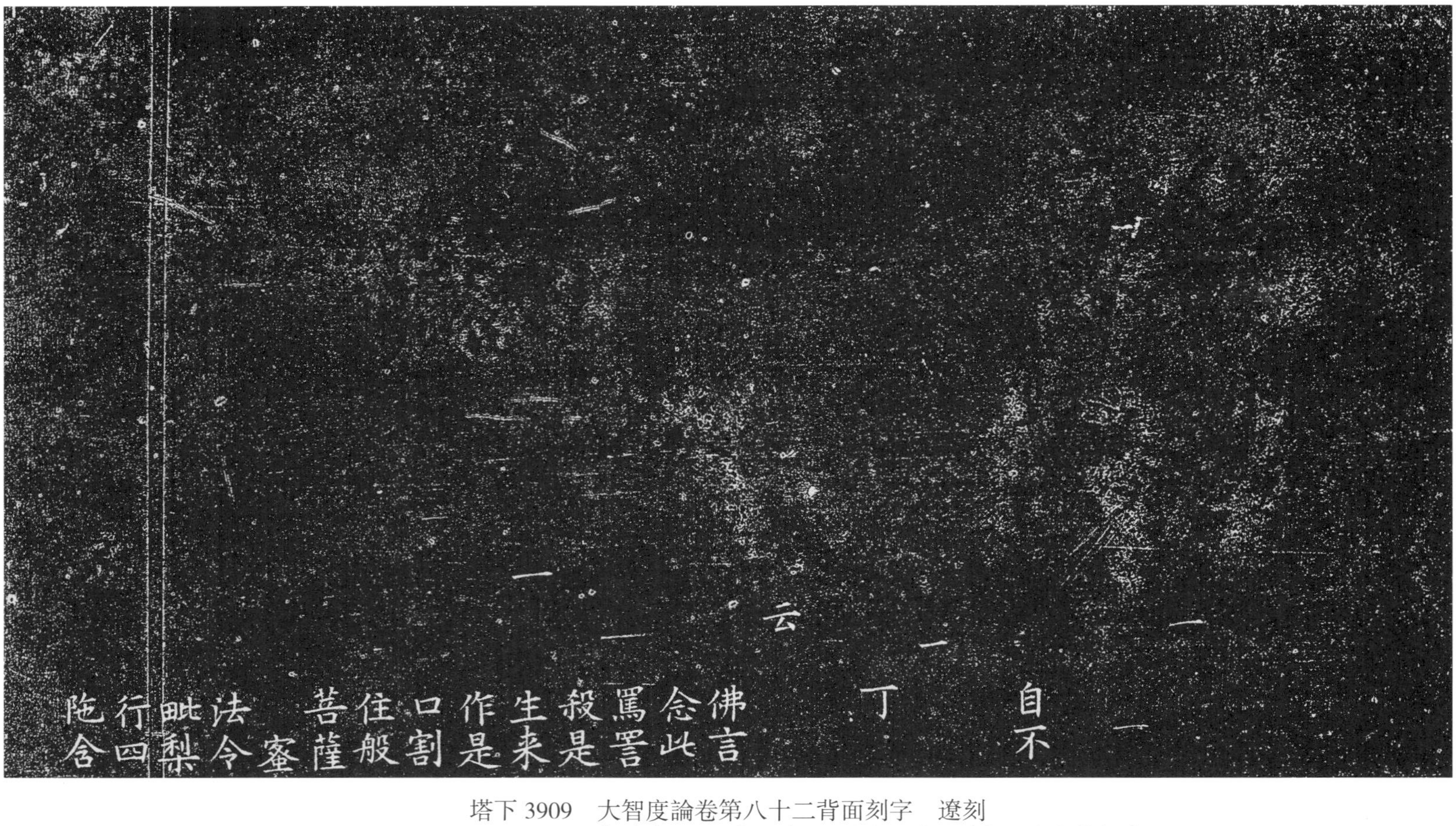

塔下 3909　大智度論卷第八十二背面刻字　遼刻
拓片高 42 厘米、寬 73 厘米　中國佛教圖書文物館藏
此爲書經後漏刻或習刻。

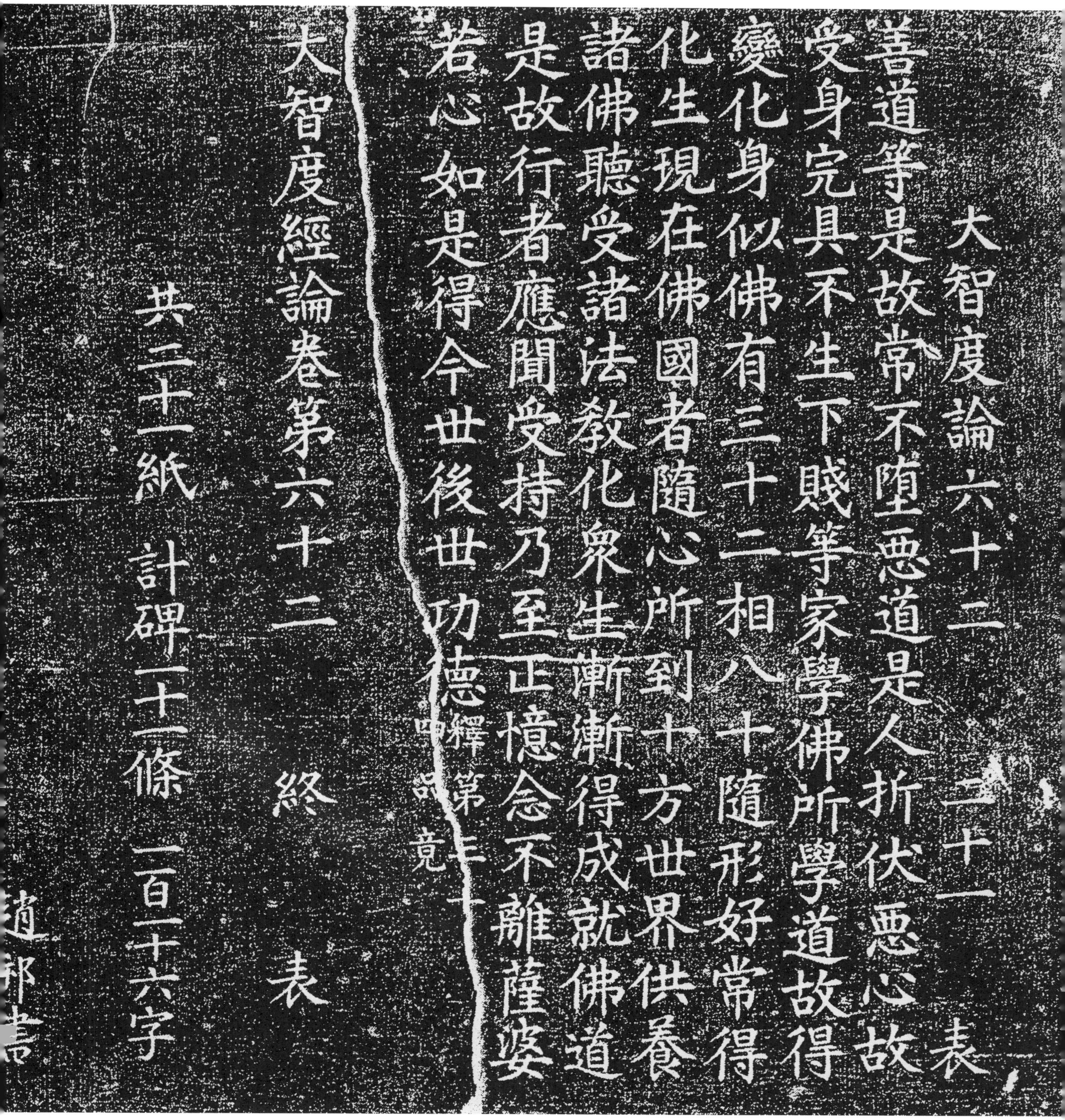
大智度論六十二
善道等是故常不墮惡道是人折伏惡心故表
受身完具不生下賤等家學佛所學道故得
變化身似佛有三十二相八十隨形好常得
化生現在佛國者隨心所到十方世界供養
諸佛聽受諸法教化衆生漸漸得成就佛道
是故行者應聞受持乃至正憶念不離薩婆
若心如是得今世後世功德
釋第三十
四品竟
大智度經論卷第六十二　終　表
共三十一紙　計碑一十一條　一百一十六字
趙祁書

塔下 4062　大智度論卷第六十二趙祁書經題名（“表”字帙）　遼刻
拓片整幅高 42 厘米、寬 73 厘米　中國佛教圖書文物館藏
此爲局部。

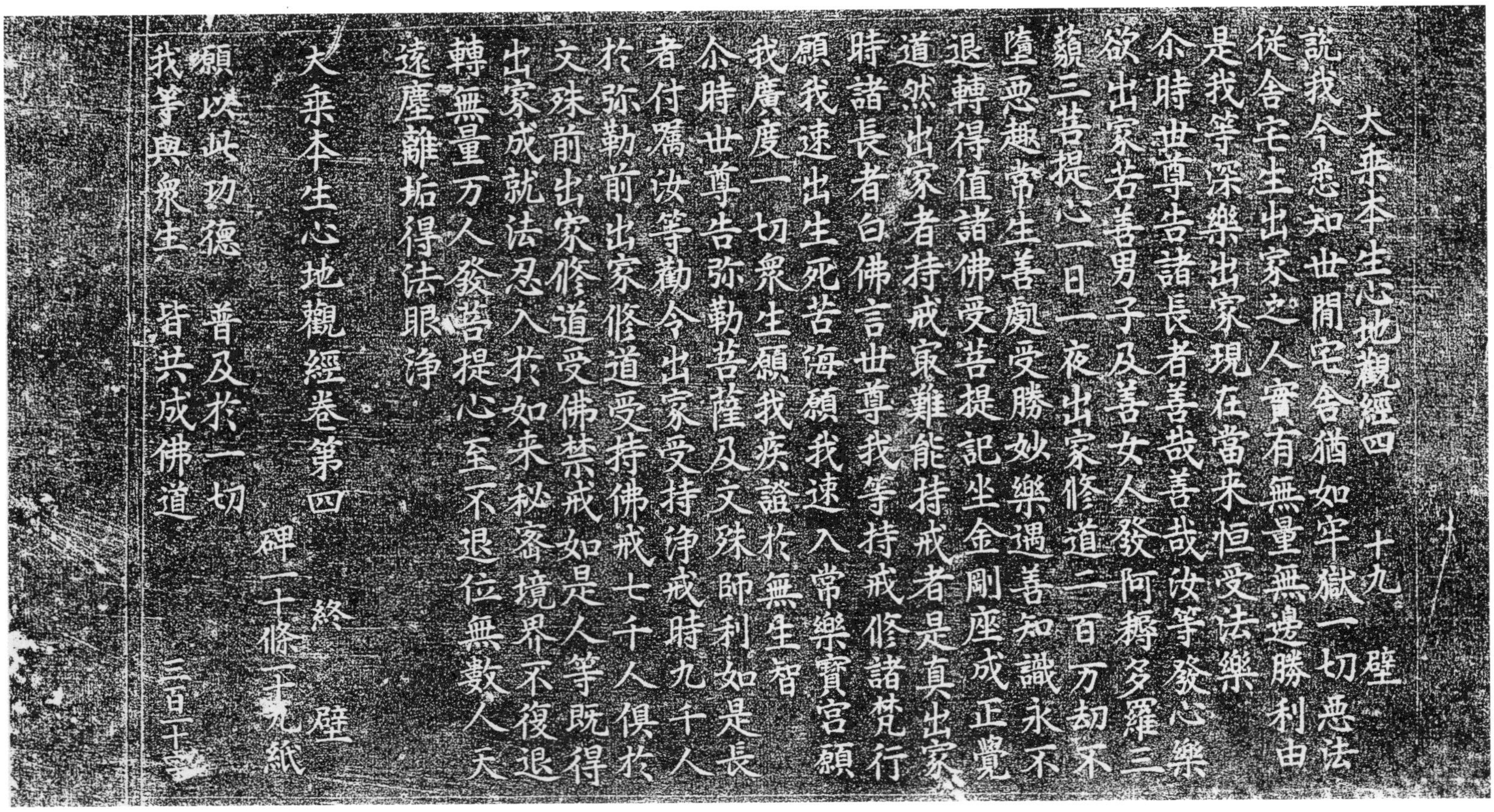
大乘本生心地觀經四　十九　壁
說我今悉知世間宅舍猶如牢獄一切惡法
從舍宅生出家之人實有無量無邊勝利由
是我等深樂出家現在當來恒受法樂
尒時世尊告諸長者善哉善哉汝等發心樂
欲出家若善男子及善女人發阿耨多羅三
藐三菩提心一日一夜出家修道二百万劫不
墮惡趣常生善處受勝妙樂遇善知識永不
退轉得值諸佛受菩提記坐金剛座成正覺
道然出家者持戒實難能持戒者是真出家
時諸長者白佛言世尊我等持戒修諸梵行
願我速出生死苦海願我速入常樂寶宮願
我廣度一切衆生願我疾證於無生智
尒時世尊告弥勒菩薩及文殊師利如是長
者付囑汝等勸令出家受持淨戒時九千人
於弥勒前出家修道受持佛戒七千人俱於
文殊前出家修道受佛禁戒如是人等既得
出家成就法忍入於如來秘密境界不復退
轉無量万人發菩提心至不退位無數人天
遠塵離垢得法眼淨
大乘本生心地觀經卷第四　終　壁
碑一十條一十九紙
願以此功德　普及於一切
我等與衆生　皆共成佛道　三百一十

塔下 2466　大乘本生心地觀經卷第四卷末偈語（“壁”字帙）　遼刻
拓片高 40 厘米、寬 70 厘米　中國佛教圖書文物館藏

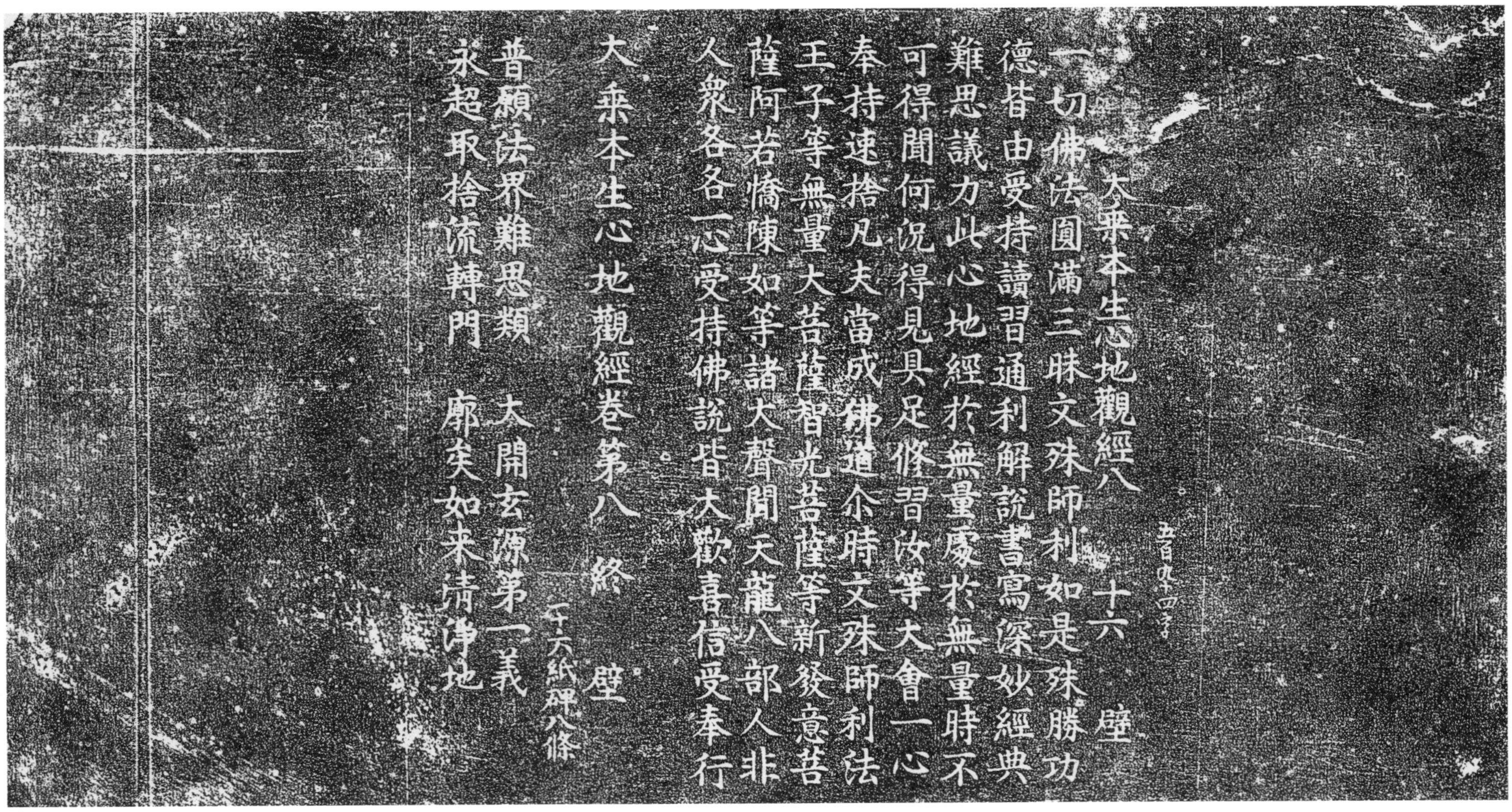
大乘本生心地觀經八　十六　壁
一切佛法圓滿三昧文殊師利如是殊勝功
德皆由受持讀習通利解說書寫深妙經典
難思議力此心地經於無量處於無量時不
可得聞何況得見具足修習汝等大會一心
奉持速捨凡夫當成佛道尒時文殊師利法
王子等無量大菩薩智光菩薩等新發意菩
薩阿若憍陳如等諸大聲聞天龍八部人非
人衆各各一心受持佛說皆大歡喜信受奉行
大乘本生心地觀經卷第八　終　壁
一十六紙碑八條
普願法界難思類　大開玄源第一義
永超取捨流轉門　廓契如來清淨地

塔下 2496　大乘本生心地觀經卷第八卷末偈語（“壁”字帙）　遼刻
拓片高 40 厘米、寬 70 厘米　中國佛教圖書文物館藏

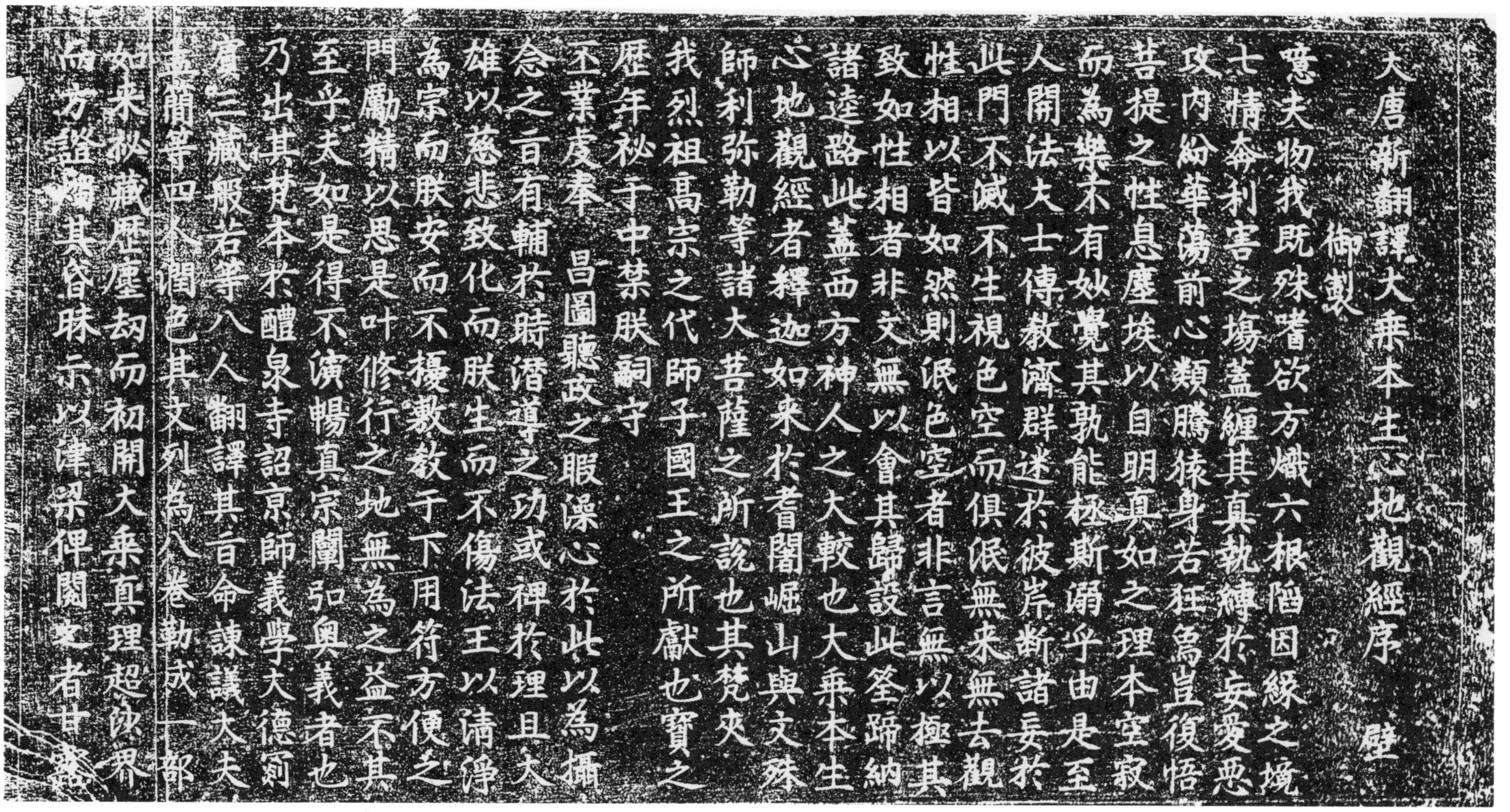

大唐新翻譯大乘本生心地觀經序　壁
御製
竊夫物我既殊嗜欲方熾六根陷因緣之境
七情牽利害之場蓋纏其真執縛於妄愛惡
攻內紛華蕩前心類騰猿身若狂象豈復悟
菩提之性息塵埃以自明真如之理本空寂
而為樂未有妙覺其孰能極斯溺乎由是至
人開法大士傳教濟群迷於彼岸斷諸妄於
此門不滅不生視色空而俱泯無來無去觀
性相以皆如然則泯色空者非言無以極其
致如性相者非文無以會其歸設此筌蹄納
諸達路此蓋西方神人之大較也大乘本生
心地觀經者釋迦如來於耆闍崛山與文殊
師利彌勒等諸大菩薩之所說也其梵夾
我烈祖高宗之代師子國王之所獻也寶之
歷年祕于中禁朕嗣守
丕業虔奉昌圖聽政之暇澡心於此以為攝
念之首有輔於時潛導之功或裨於理且大
雄以慈悲致化而朕生而不傷法王以清淨
為宗而朕安而不擾數教于下用符方便之
門勵精以思是叶修行之地無為之益不其
至乎夫如是得不演暢真宗闡弘奧義者也
乃出其梵本於醴泉寺詔京師義學大德罽
賓三藏般若等八人翻譯其旨命諫議大夫
孟簡等四人潤色其文列為八卷勒成一部
如來祕藏歷塵劫而初開大乘真理超沙界
而方證爾其啓昧示以津梁俾闕文者甘露

塔下 3458　唐憲宗撰大乘本生心地觀經序（“壁”字帙面）　遼刻
拓片高 42 厘米、寬 72 厘米　中國佛教圖書文物館藏

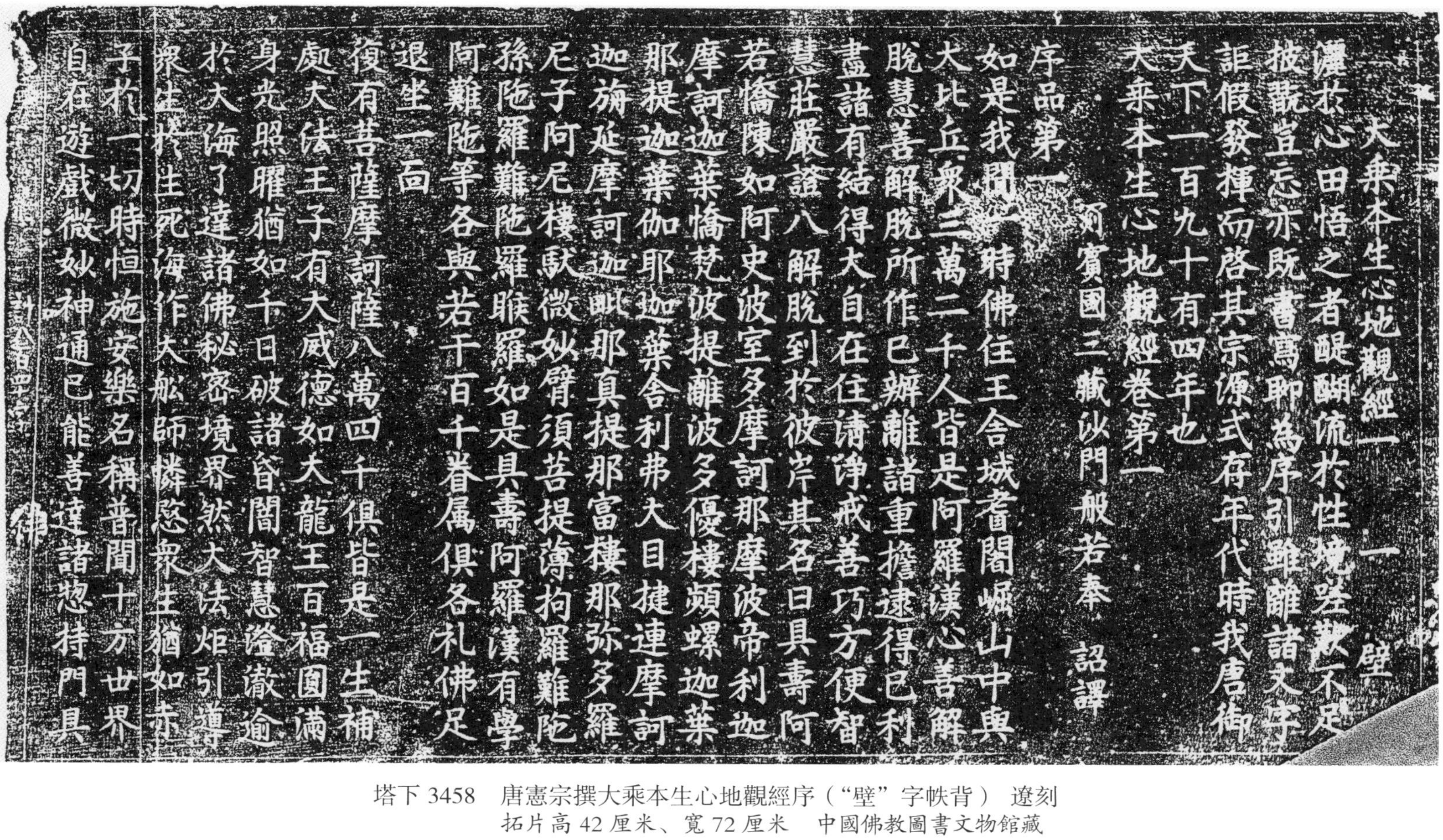

大乘本生心地觀經一　壁
灑於心田悟之者醍醐流於性境嗟歎不足
披翫豈忘亦既書焉聊為序引雖離諸文字
詎假發揮而啓其宗源式存年代時我唐御
天下一百九十有四年也
大乘本生心地觀經卷第一
罽賓國三藏沙門般若奉　詔譯
序品第一
如是我聞一時佛住王舍城耆闍崛山中與
大比丘衆三萬二千人皆是阿羅漢心善解
脫慧善解脫所作已辦離諸重擔逮得己利
盡諸有結得大自在住清淨戒善巧方便智
慧莊嚴證八解脫到於彼岸其名曰具壽阿
若憍陳如阿史波室多摩訶那摩波帝利迦
摩訶迦葉憍梵波提離波多優樓頻螺迦葉
那提迦葉伽耶迦葉舍利弗大目揵連摩訶
迦旃延摩訶迦毗那真提那富樓那弥多羅
尼子阿尼樓䭾微妙臂須菩提薄拘羅難陀
孫陀羅難陀羅睺羅如是具壽阿羅漢有學
阿難陀等各與若干百千眷屬俱各礼佛足
退坐一面
復有菩薩摩訶薩八萬四千俱皆是一生補
處大法王子有大威德如大龍王百福圓滿
身光照曜猶如千日破諸昏闇智慧澄澈逾
於大海了達諸佛祕密境界然大法炬引導
衆生於生死海作大船師憐愍衆生猶如赤
子於一切時恒施安樂名稱普聞十方世界
自在遊戲微妙神通已能善達諸摠持門具

塔下 3458　唐憲宗撰大乘本生心地觀經序（“壁”字帙背）　遼刻
拓片高 42 厘米、寬 72 厘米　中國佛教圖書文物館藏

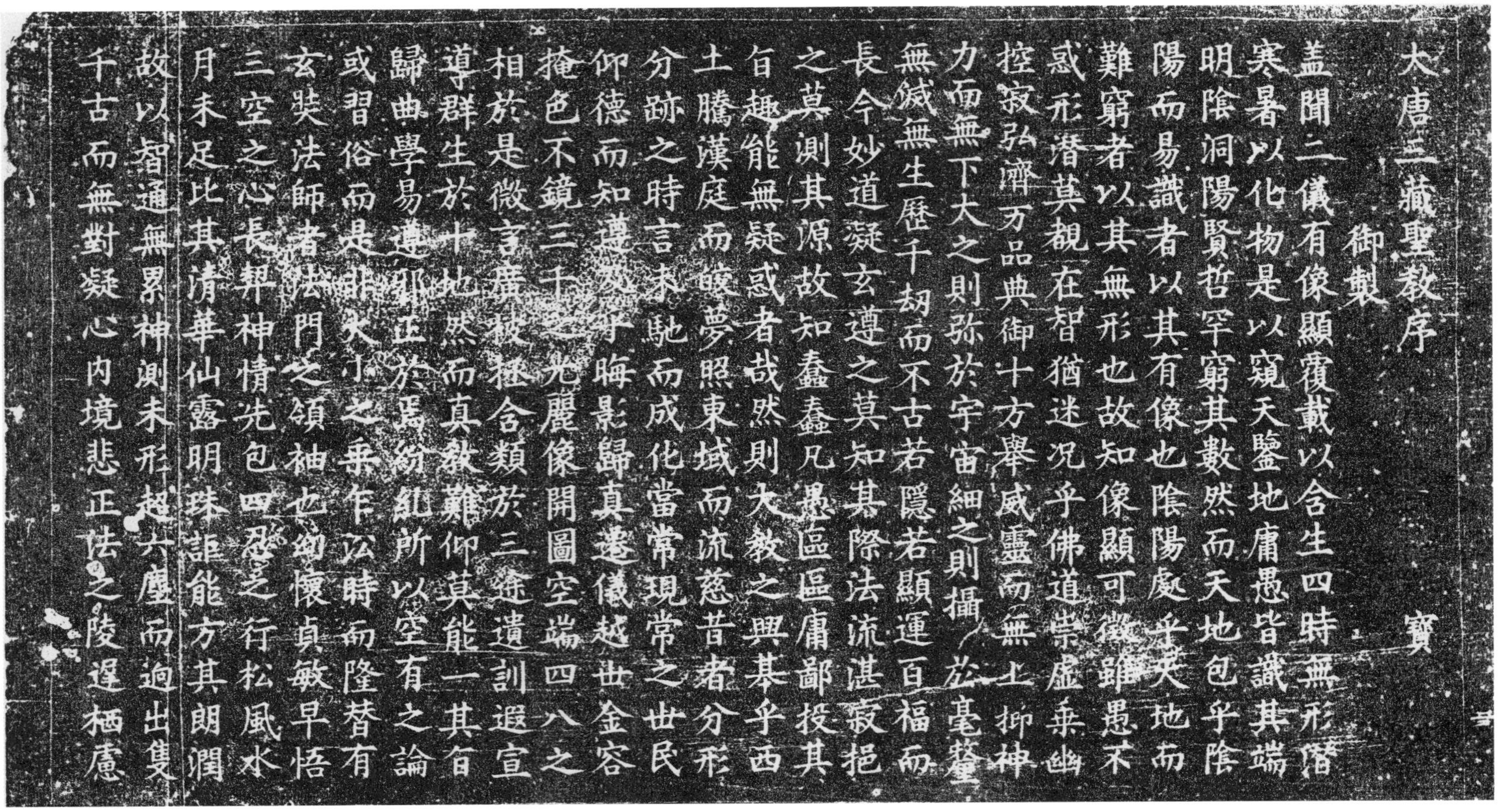

大唐三藏聖教序 寶
御製
蓋聞二儀有像顯覆載以含生四時無形潛
寒暑以化物是以窺天鑑地庸愚皆識其端
明陰洞陽賢哲罕窮其數然而天地包乎陰
陽而易識者以其有像也陰陽處乎天地而
難窮者以其無形也故知像顯可徵雖愚不
惑形潛莫覩在智猶迷況乎佛道崇虛乘幽
控寂弘濟万品典御十方舉威靈而無上抑神
力而無下大之則彌於宇宙細之則攝於毫釐
無滅無生歷千劫而不古若隱若顯運百福而
長今妙道凝玄遵之莫知其際法流湛寂挹
之莫測其源故知蠢蠢凡愚區區庸鄙投其
旨趣能無疑惑者哉然則大教之興基乎西
土騰漢庭而皎夢照東域而流慈昔者分形
分跡之時言未馳而成化當常現常之世民
仰德而知遵及乎晦影歸真遷儀越世金容
掩色不鏡三千之光麗像開圖空端四八之
相於是微言廣被拯含類於三途遺訓遐宣
導群生於十地然而真教難仰莫能一其旨
歸曲學易遵邪正於焉紛糾所以空有之論
或習俗而是非大小之乘乍沿時而隆替有
玄奘法師者法門之領袖也幼懷貞敏早悟
三空之心長契神情先包四忍之行松風水
月未足比其清華仙露明珠詎能方其朗潤
故以智通無累神測未形超六塵而迥出隻
千古而無對凝心內境悲正法之陵遲栖慮

塔下 2488　大乘阿毗達磨雜集論唐太宗撰大唐三藏聖教序（“寶”字帙面）　遼刻
拓片高 42 厘米、寬 74 厘米　中國佛教圖書文物館藏

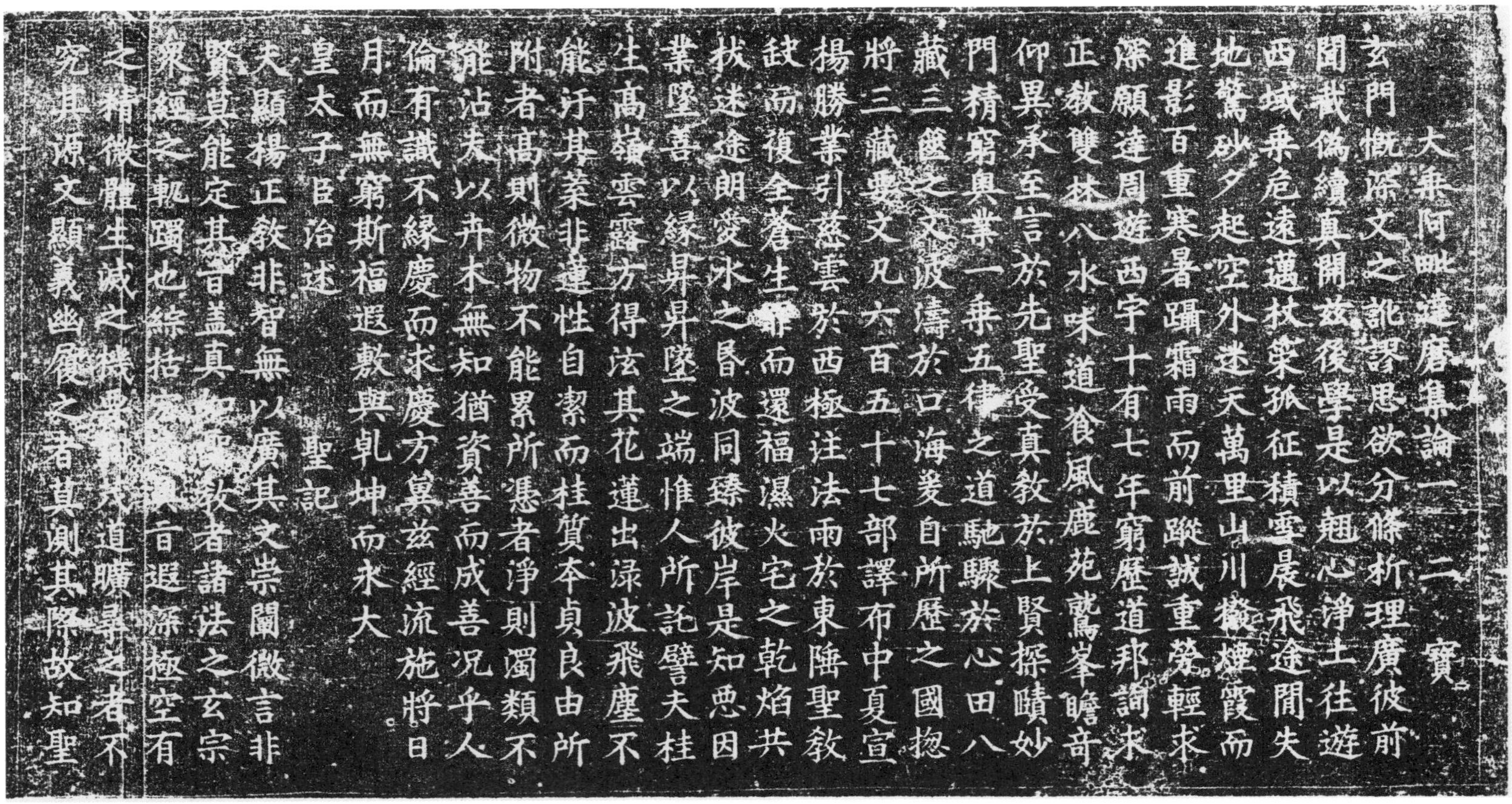

大乘阿毗達磨集論一二 寶
玄門慨深文之訛謬思欲分條析理廣彼前
聞截偽續真開茲後學是以翹心淨土往遊
西域乘危遠邁杖策孤征積雪晨飛途間失
地驚砂夕起空外迷天萬里山川撥煙霞而
進影百重寒暑躡霜雨而前蹤誠重勞輕求
深願達周遊西宇十有七年窮歷道邦詢求
正教雙林八水味道飡風鹿苑鷲峯瞻奇
仰異承至言於先聖受真教於上賢探賾妙
門精窮奧業一乘五律之道馳驟於心田八
藏三篋之文波濤於口海爰自所歷之國揔
將三藏要文凡六百五十七部譯布中夏宣
揚勝業引慈雲於西極注法雨於東陲聖教
缺而復全蒼生罪而還福濕火宅之乾焰共
拔迷途朗愛水之昏波同臻彼岸是知惡因
業墜善以緣昇昇墜之端惟人所託譬夫桂
生高嶺雲露方得泫其花蓮出淥波飛塵不
能汙其葉非蓮性自潔而桂質本貞良由所
附者高則微物不能累所憑者淨則濁類不
能沾夫以卉木無知猶資善而成善況乎人
倫有識不緣慶而求慶方冀茲經流施將日
月而無窮斯福遐敷與乾坤而永大
皇太子臣治述　聖記
夫顯揚正教非智無以廣其文崇闡微言非
賢莫能定其旨蓋真如聖教者諸法之玄宗
衆經之軏躅也綜括宏遠奧旨遐深極空有
之精微體生滅之機要詞茂道曠尋之者不
究其源文顯義幽履之者莫測其際故知聖

塔下 2488　大乘阿毗達磨雜集論大唐三藏聖教序皇太子臣治述聖記（“寶”字帙背）　遼刻
拓片高 42 厘米、寬 74 厘米　中國佛教圖書文物館藏

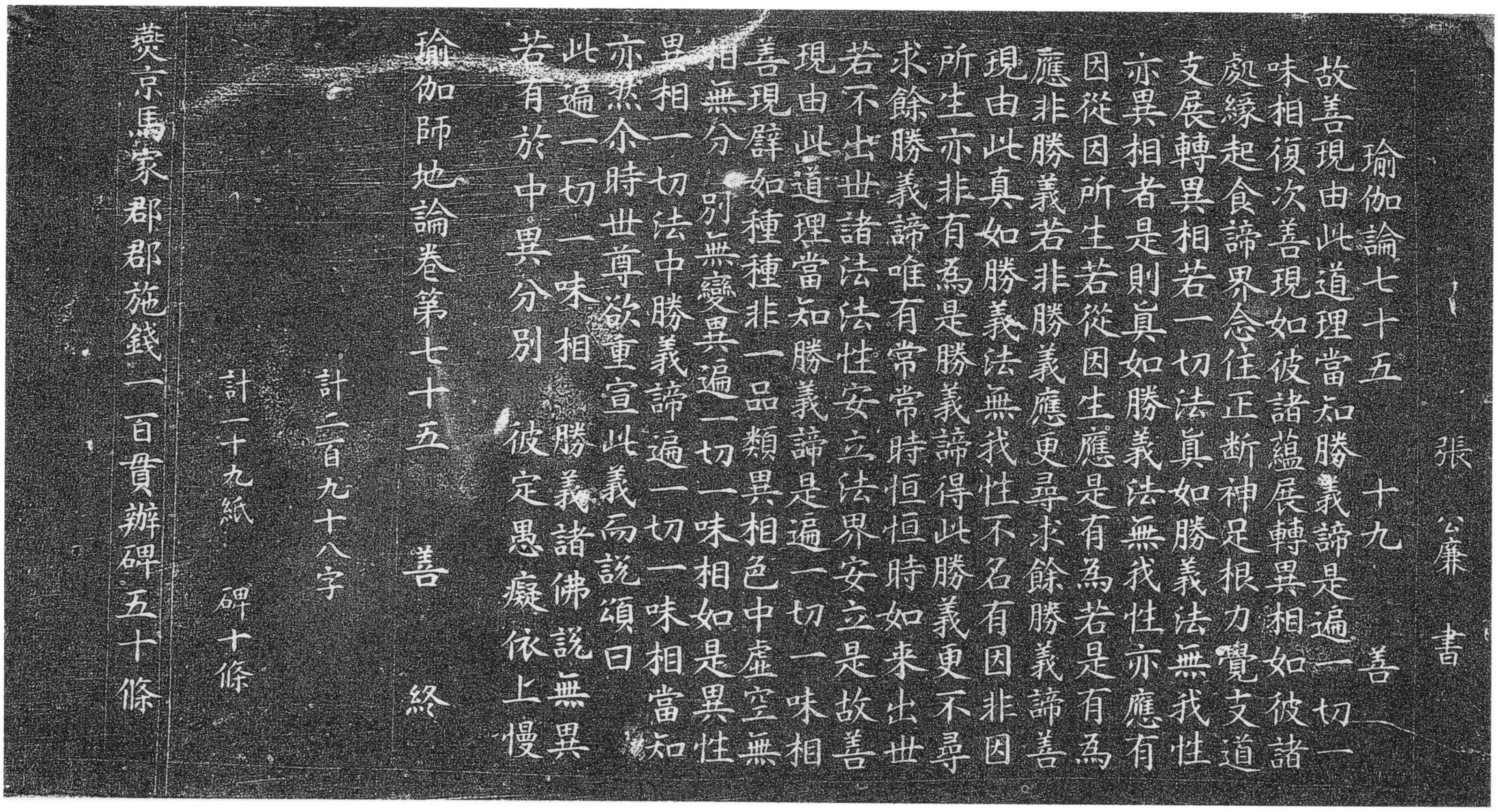
張公廉書
瑜伽論七十五　十九　善
故善現由此道理當知勝義諦是遍一切一
味相復次善現如彼諸蘊展轉異相如彼諸
處緣起食諦界念住正斷神足根力覺支道
支展轉異相若一切法真如勝義法無我性
亦異相者是則真如勝義法無我性亦應有
因從因所生若從因生應是有為若是有為
應非勝義若非勝義應更尋求餘勝義諦善
現由此真如勝義法無我性不名有因非因
所生亦非有為是勝義諦得此勝義更不尋
求餘勝義諦唯有常常時恒恒時如來出世
若不出世諸法法性安立法界安立是故善
現由此道理當知勝義諦是遍一切一味相
善現譬如種種非一品類異相色中虛空無
相無分別無變異遍一切一味相如是異性
異相一切法中勝義諦遍一切一味相當知
亦然尒時世尊欲重宣此義而說頌曰
此遍一切一味相　勝義諸佛說無異
若有於中異分別　彼定愚癡依上慢
瑜伽師地論卷第七十五　善　終
計二百九十八字
計一十九紙　碑十條
燕京馬家郡郡施錢一百貫辦碑五十條

塔下 2532　瑜伽師地論卷第七十五燕京馬家郡郡施錢辦碑張公廉書經題記（“善”字帙）　遼刻
拓片高 41.5 厘米、寬 74 厘米　中國佛教圖書文物館藏

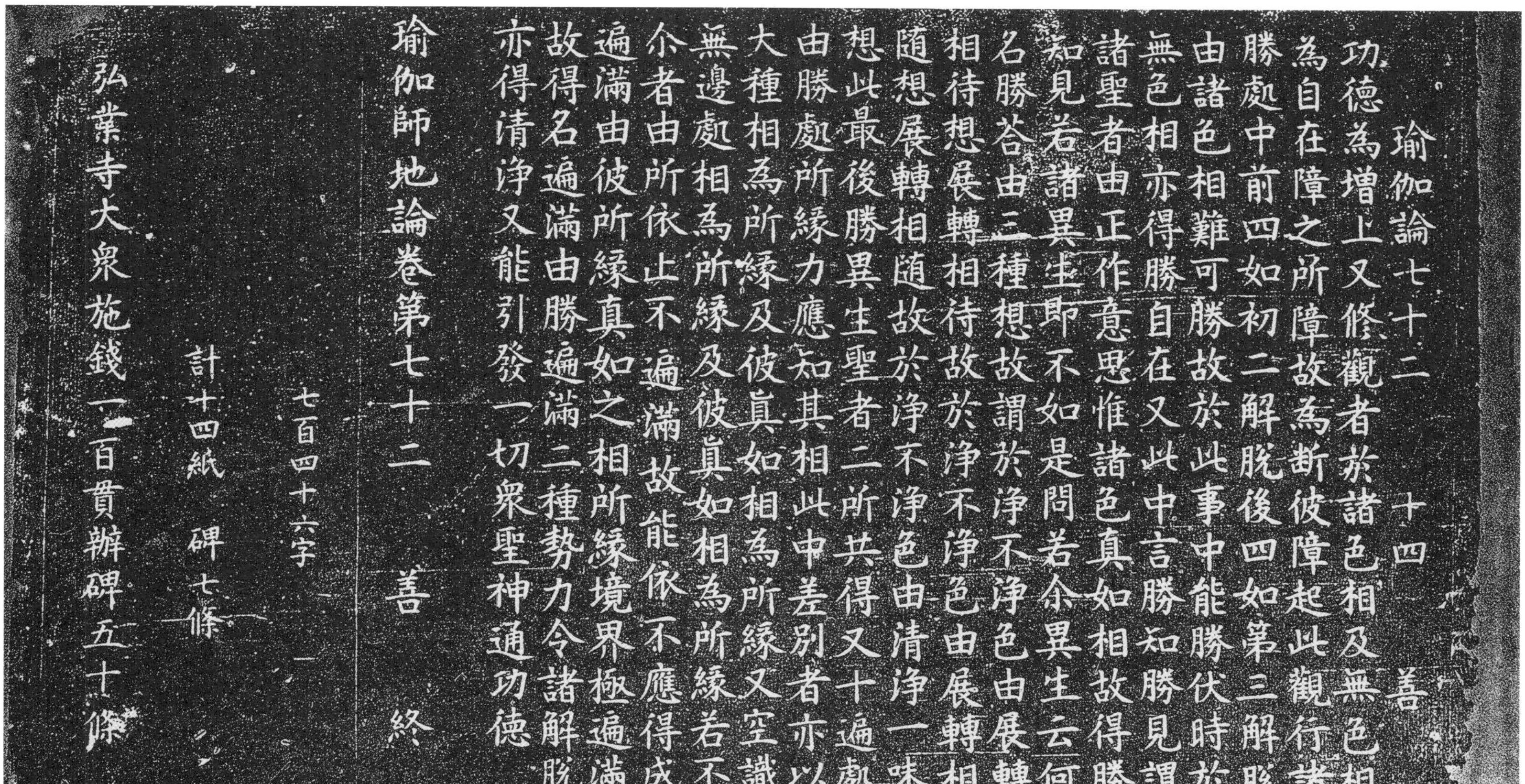
瑜伽論七十二　十四　善
功德為增上又修觀者於諸色相及無色相
為自在障之所障故為斷彼障起此觀行諸
勝處中前四如初二解脫後四如第三解脫
由諸色相難可勝故於此事中能勝伏時於
無色相亦得勝自在又此中言勝知勝見謂
諸聖者由正作意思惟諸色真如相故得勝
知見若諸異生即不如是問若尒異生云何
名勝荅由三種想故謂於淨不淨色由展轉
相待想展轉相待故於淨不淨色由展轉相
隨想展轉相隨故於淨不淨色由清淨一味
想此最後勝異生聖者二所共得又十遍處
由勝處所緣力應知其相此中差別者亦以
大種相為所緣及彼真如相為所緣又空識
無邊處相為所緣及彼真如相為所緣若不
尒者由所依止不遍滿故能依不應得成
遍滿由彼所緣真如之相所緣境界極遍滿
故得名遍滿由勝遍滿二種勢力令諸解脫
亦得清淨又能引發一切衆聖神通功德
瑜伽師地論卷第七十二　善　終
七百四十六字
計十四紙　碑七條
弘業寺大衆施錢一百貫辦碑五十條

塔下 2543　瑜伽師地論卷第七十二弘業寺大衆施錢辦碑題記（“善”字帙）　遼刻
拓片高 42 厘米、寬 74 厘米　中國佛教圖書文物館藏

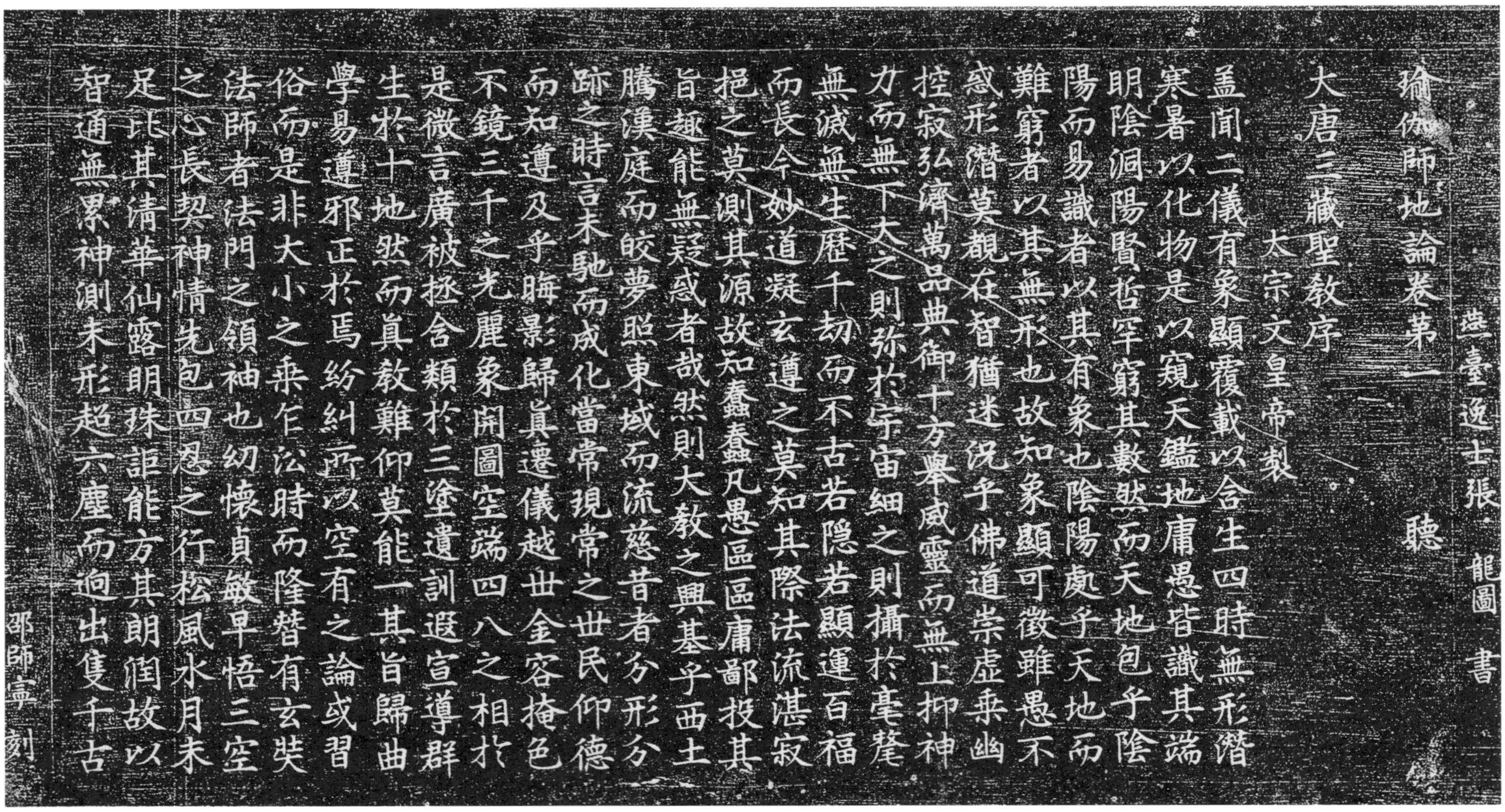
燕臺逸士張　龍圖　書
瑜伽師地論卷第一　聽
大唐三藏聖教序
太宗文皇帝製
盖聞二儀有象顯覆載以含生四時無形潛
寒暑以化物是以窺天鑑地庸愚皆識其端
明陰洞陽賢哲罕窮其數然而天地包乎陰
陽而易識者以其有象也陰陽處乎天地而
難窮者以其無形也故知象顯可徵雖愚不
惑形潛莫覩在智猶迷況乎佛道崇虛乘幽
控寂弘濟萬品典御十方舉威靈而無上抑神
力而無下大之則弥於宇宙細之則攝於毫釐
無滅無生歷千劫而不古若隱若顯運百福
而長今妙道凝玄遵之莫知其際法流湛寂
挹之莫測其源故知蠢蠢凡愚區區庸鄙投其
旨趣能無疑惑者哉然則大教之興基乎西土
騰漢庭而皎夢照東域而流慈昔者分形分
跡之時言未馳而成化當常現常之世民仰德
而知遵及乎晦影歸眞遷儀越世金容掩色
不鏡三千之光麗象開圖空端四八之相於
是微言廣被拯含類於三途遺訓遐宣導群
生於十地然而眞教難仰莫能一其旨歸曲
學易遵邪正於焉紛糺所以空有之論或習
俗而是非大小之乘乍沿時而隆替有玄奘
法師者法門之領袖也幼懷貞敏早悟三空
之心長契神情先包四忍之行松風水月未
足比其清華仙露明珠詎能方其朗潤故以
智通無累神測未形超六塵而迥出隻千古
邵師寧刻

塔下 2576　瑜伽師地論唐太宗撰大唐三藏聖教序張龍圖邵師寧書鐫題名（“聽”字帙面）　遼刻
拓片高 44 厘米、寬 77 厘米　中國佛教圖書文物館藏

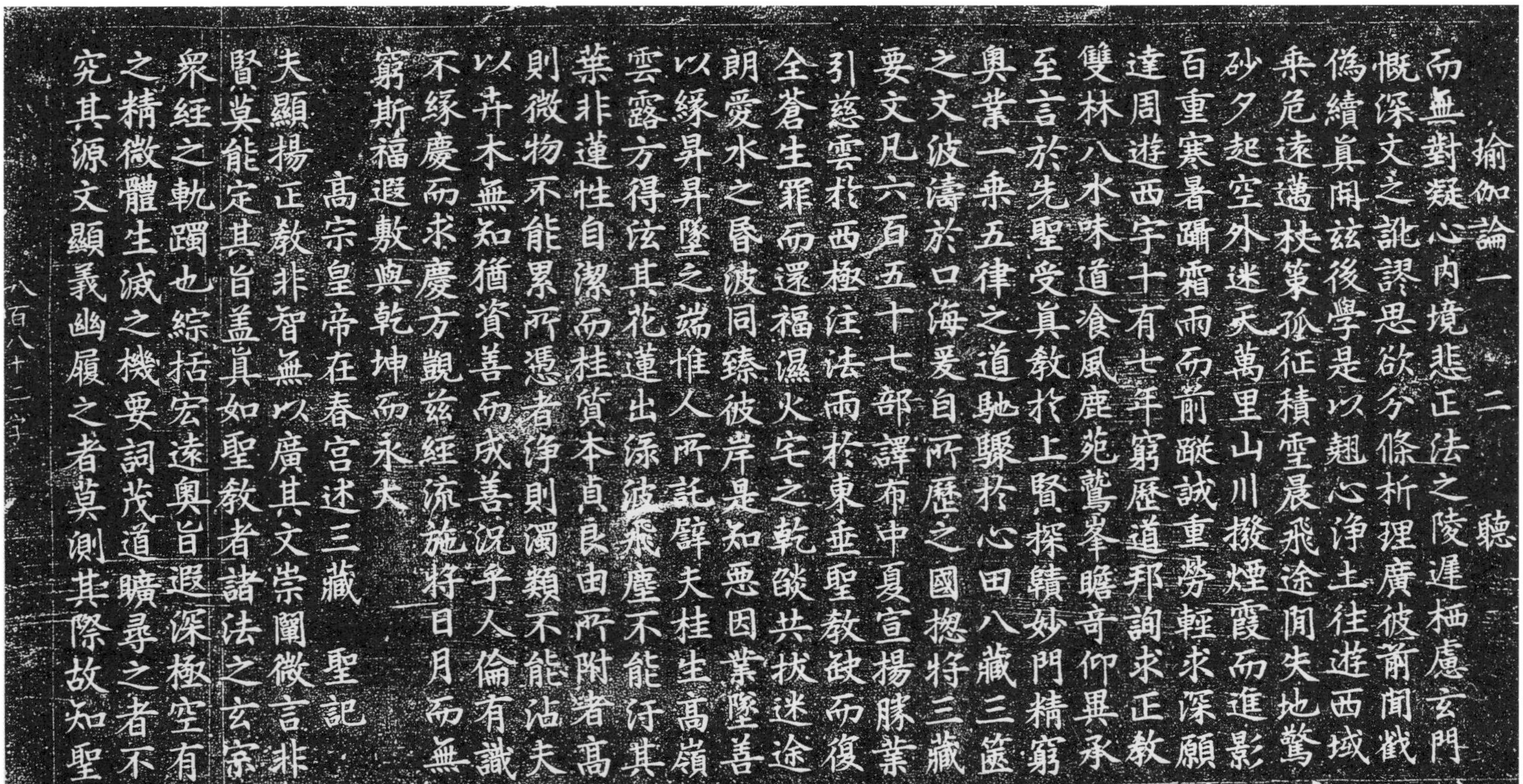
瑜伽論一　二　聽
而無對疑心內境悲正法之陵遲栖慮玄門
慨深文之訛謬思欲分條析理廣彼前聞截
偽續眞開茲後學是以翹心淨土往遊西域
乘危遠邁杖策孤征積雪晨飛途間失地驚
砂夕起空外迷天萬里山川撥煙霞而進影
百重寒暑躡霜雨而前蹤誠重勞輕求深願
達周遊西宇十有七年窮歷道邦詢求正教
雙林八水味道飡風鹿苑鷲峯瞻奇仰異承
至言於先聖受眞教於上賢探賾妙門精窮
奧業一乘五律之道馳驟於心田八藏三篋
之文波濤於口海爰自所歷之國揔将三藏
要文凡六百五十七部譯布中夏宣揚勝業
引慈雲於西極注法雨於東垂聖教缺而復
全蒼生罪而還福濕火宅之乾燄共拔迷途
朗愛水之昏波同臻彼岸是知惡因業墜善
以緣昇昇墜之端惟人所託譬夫桂生高嶺
雲露方得泫其花蓮出淥波飛塵不能汙其
葉非蓮性自潔而桂質本貞良由所附者高
則微物不能累所憑者淨則濁類不能沾夫
以卉木無知猶資善而成善況乎人倫有識
不緣慶而求慶方冀茲經流施將日月而無
窮斯福遐敷與乾坤而永大
高宗皇帝在春宮述三藏　聖記
夫顯揚正教非智無以廣其文崇闡微言非
賢莫能定其旨盖眞如聖教者諸法之玄宗
衆經之軌躅也綜括宏遠奧旨遐深極空有
之精微體生滅之機要詞茂道曠尋之者不
究其源文顯義幽履之者莫測其際故知聖
八百八十二字

塔下 2576　瑜伽師地論唐高宗在春宮述三藏聖記（“聽”字帙背）　遼刻
拓片高 44 厘米、寬 77 厘米　中國佛教圖書文物館藏

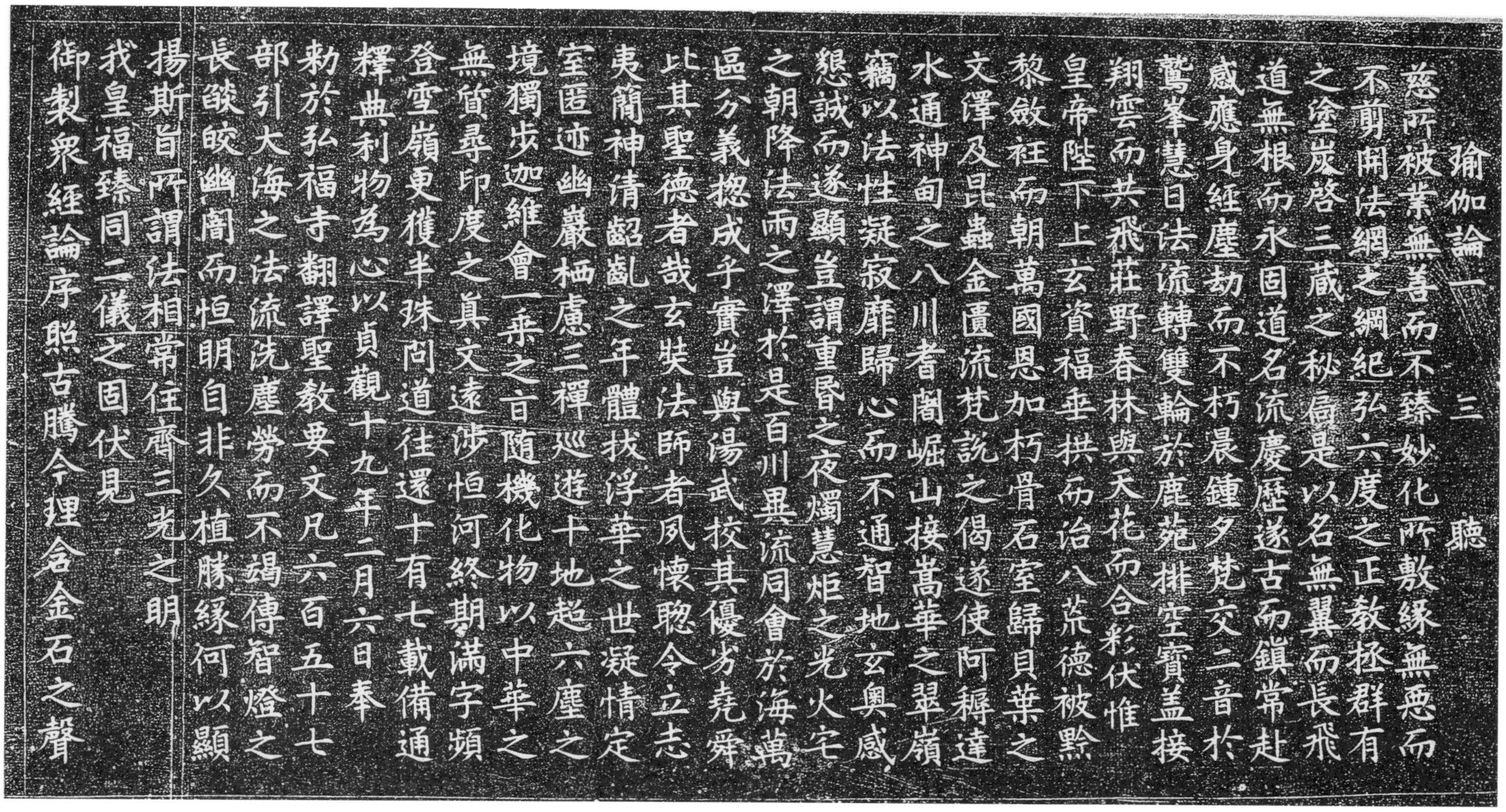
瑜伽論一　三　聽
慈所被業無善而不臻妙化所敷緣無惡而
不剪開法網之綱紀弘六度之正教拯群有
之塗炭啓三藏之秘扃是以名無翼而長飛
道無根而永固道名流慶歷遂古而鎮常赴
感應身經塵劫而不朽晨鍾夕梵交二音於
鷲峯慧日法流轉雙輪於鹿苑排空寶蓋接
翔雲而共飛莊野春林與天花而合彩伏惟
皇帝陛下上玄資福垂拱而治八荒德被黔
黎斂袵而朝萬國恩加朽骨石室歸貝葉之
文澤及昆蟲金匱流梵說之偈遂使阿耨達
水通神甸之八川耆闍崛山接嵩華之翠嶺
竊以法性凝寂靡歸心而不通智地玄奧感
懇誠而遂顯豈謂重昏之夜燭慧炬之光火宅
之朝降法雨之澤於是百川異流同會於海萬
區分義總成乎實豈與湯武校其優劣堯舜
比其聖德者哉玄奘法師者夙懷聰令立志
夷簡神清齠齔之年體拔浮華之世凝情定
室匿迹幽巖栖慮三禪巡遊十地超六塵之
境獨步迦維會一乘之旨隨機化物以中華之
無質尋印度之真文遠涉恒河終期滿字頻
登雪嶺更獲半珠問道往還十有七載備通
釋典利物為心以貞觀十九年二月六日奉
勑於弘福寺翻譯聖教要文凡六百五十七
部引大海之法流洗塵勞而不竭傳智燈之
長燄皎幽闇而恒明自非久植勝緣何以顯
揚斯旨所謂法相常住齊三光之明
我皇福臻同二儀之固伏見
御製衆經論序照古騰今理含金石之聲

塔下 2577　瑜伽師地論唐高宗在春宮述三藏聖記（“聽”字帙面）　遼刻
拓片高 44 厘米、寬 77 厘米　中國佛教圖書文物館藏

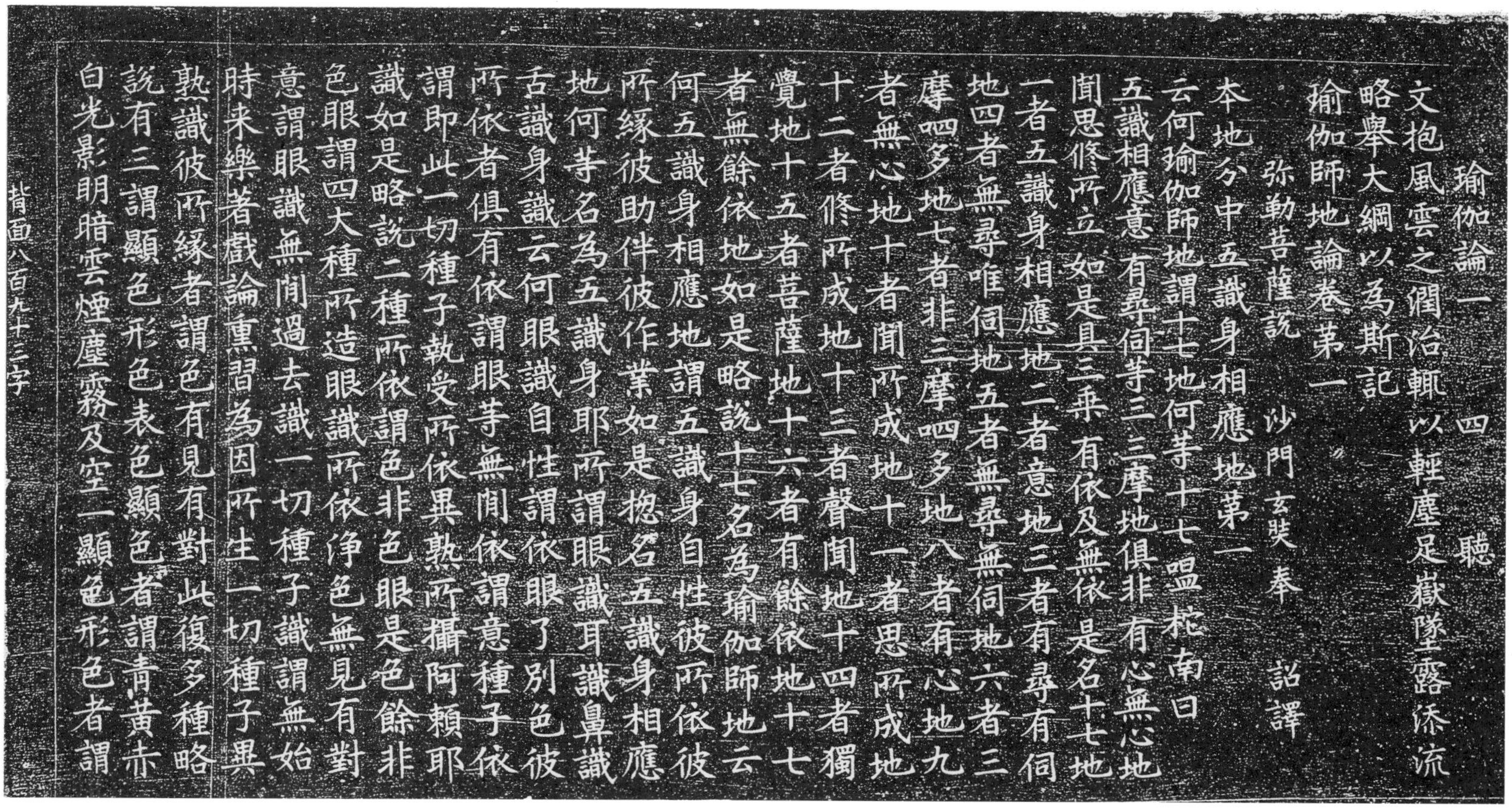
瑜伽論一　四　聽
文抱風雲之潤治輒以輕塵足嶽墜露添流
略舉大綱以為斯記
瑜伽師地論卷第一
弥勒菩薩說　沙門玄奘奉　詔譯
本地分中五識身相應地第一
云何瑜伽師地謂十七地何等十七嗢柁南曰
五識相應意有尋伺等三三摩地俱非有心無心地
聞思修所立如是具三乘有依及無依是名十七地
一者五識身相應地二者意地三者有尋有伺
地四者無尋唯伺地五者無尋無伺地六者三
摩呬多地七者非三摩呬多地八者有心地九
者無心地十者聞所成地十一者思所成地
十二者修所成地十三者聲聞地十四者獨
覺地十五者菩薩地十六者有餘依地十七
者無餘依地如是略說十七名為瑜伽師地云
何五識身相應地謂五識身自性彼所依彼
所緣彼助伴彼作業如是總名五識身相應
地何等名為五識身耶所謂眼識耳識鼻識
舌識身識云何眼識自性謂依眼了別色彼
所依者俱有依謂眼等無間依謂意種子依
謂即此一切種子執受所依異熟所攝阿賴耶
識如是略說二種所依謂色非色眼是色餘非
色眼謂四大種所造眼識所依淨色無見有對
意謂眼識無間過去識一切種子識謂無始
時來樂著戲論熏習為因所生一切種子異
熟識彼所緣者謂色有見有對此復多種略
說有三謂顯色形色表色顯色者謂青黃赤
白光影明暗雲煙塵霧及空一顯色形色者謂
背面八百九十三字

塔下 2577　瑜伽師地論唐高宗在春宮述三藏聖記（“聽”字帙背）　遼刻
拓片高 44 厘米、寬 77 厘米　中國佛教圖書文物館藏

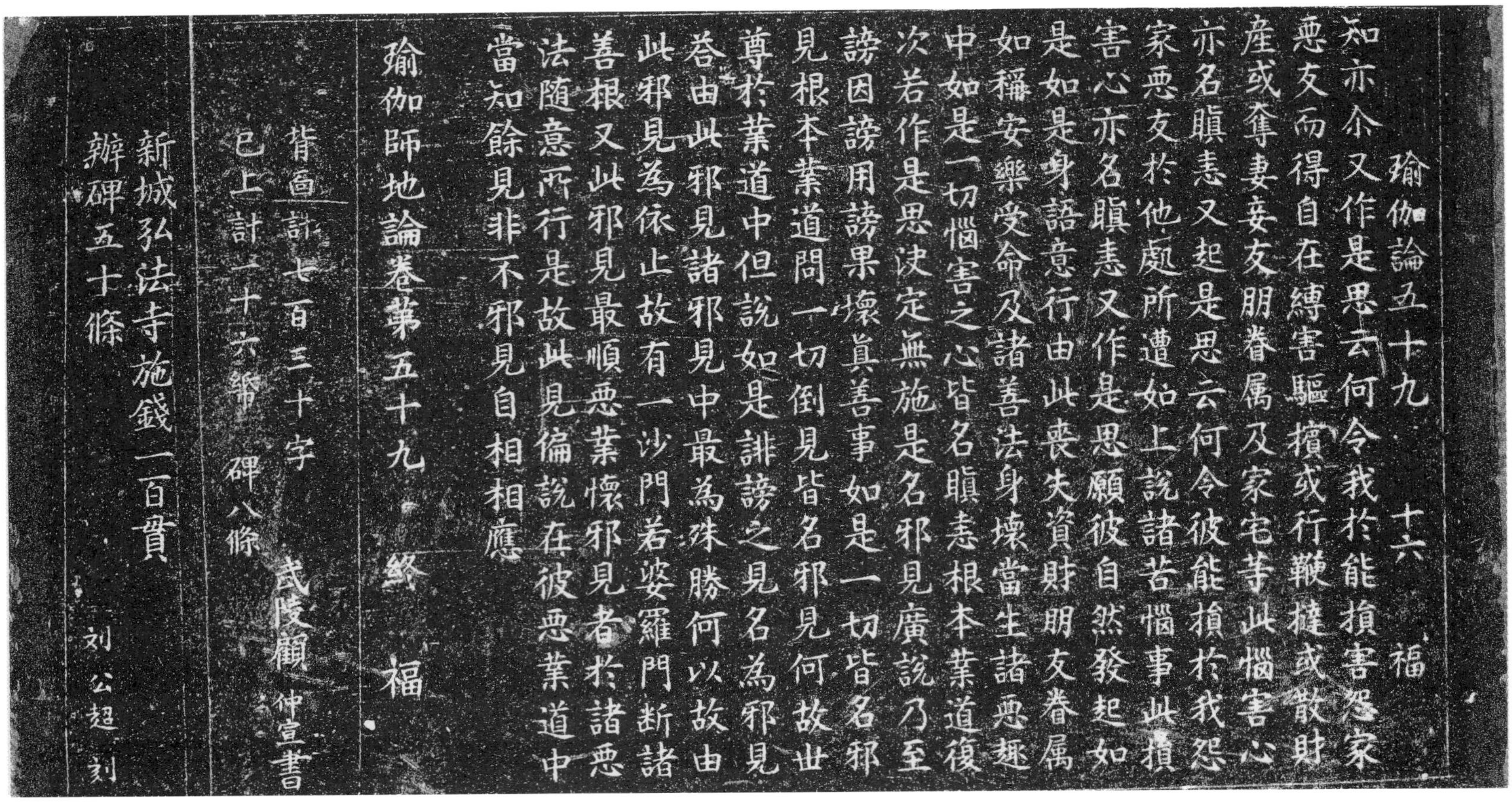
瑜伽論五十九　十六　福
知亦尒又作是思云何令我於能損害怨家
惡友而得自在縛害驅擯或行鞭撻或散財
産或奪妻妾友朋眷屬及家宅等此惱害心
亦名瞋恚又起是思云何令彼能損於我怨
家惡友於他處所遭如上說諸苦惱事此損
害心亦名瞋恚又作是思願彼自然發起如
是如是身語意行由此喪失資財朋友眷屬
如稱安樂受命及諸善法身壞當生諸惡趣
中如是一切惱害之心皆名瞋恚根本業道復
次若作是思決定無施是名邪見廣說乃至
謗因謗用謗果壞眞善事如是一切皆名邪
見根本業道問一切倒見皆名邪見何故世
尊於業道中但說如是誹謗之見名為邪見
答由此邪見諸邪見中最為殊勝何以故由
此邪見為依止故有一沙門若婆羅門斷諸
善根又此邪見最順惡業懷邪見者於諸惡
法隨意所行是故此見偏說在彼惡業道中
當知餘見非不邪見自相相應
瑜伽師地論卷第五十九　終　福
背面計七百三十字　武陵顧　仲宣書
已上計一十六紙　碑八條
新城弘法寺施錢一百貫
辦碑五十條　刘公超刻

塔下 3622　瑜伽師地論卷第五十九新城弘法寺施錢辦碑顧仲宣劉公超書鐫題記（"福"字帙）　遼刻

拓片高 41 厘米、寬 73 厘米　中國佛教圖書文物館藏

"劉"寫作"刘"。

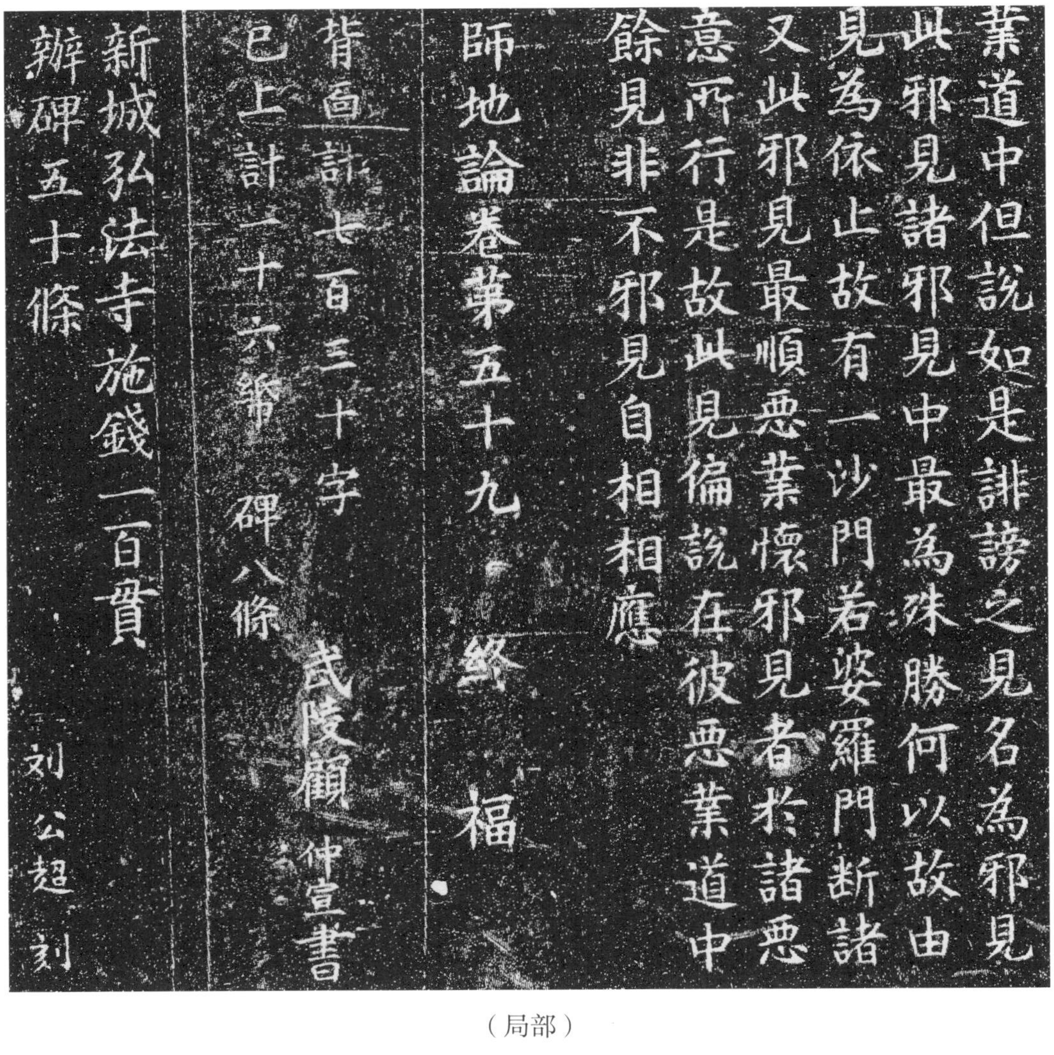
業道中但說如是誹謗之見名為邪見
此邪見諸邪見中最為殊勝何以故由
見為依止故有一沙門若婆羅門斷諸
又此邪見最順惡業懷邪見者於諸惡
意所行是故此見偏說在彼惡業道中
餘見非不邪見自相相應
師地論卷第五十九　終　福
背面計七百三十字　武陵顧　仲宣書
已上計一十六紙　碑八條
新城弘法寺施錢一百貫
辦碑五十條　刘公超刻

（局部）

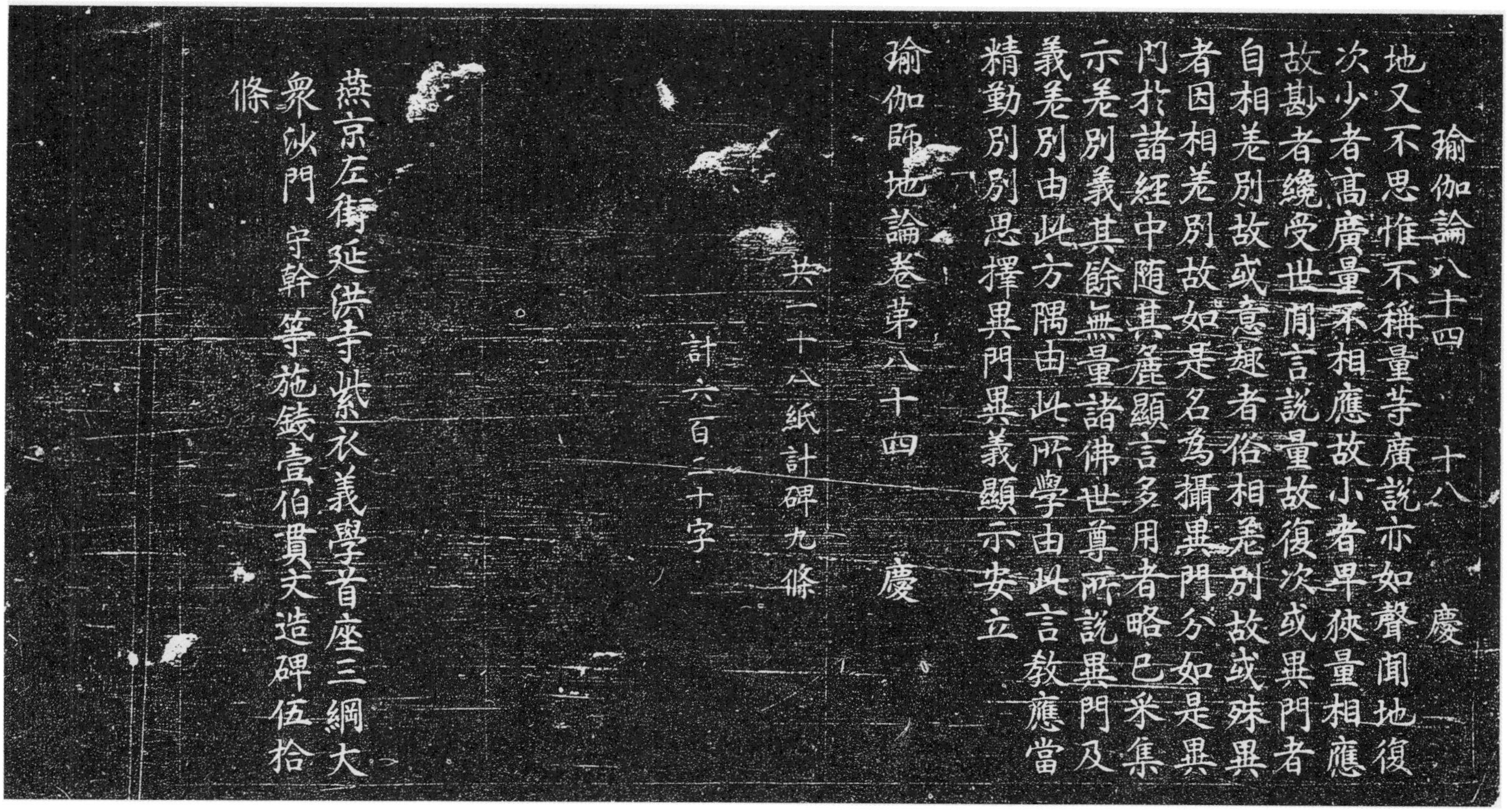
瑜伽論八十四　十八　慶
地又不思惟不稱量等廣說亦如聲聞地復
次少者高廣量不相應故小者畢狹量相應
故尠者纔受世間言說量故復次或異門者
自相差別故或意趣者俗相差別故或殊異
者因相差別故如是名為攝異門分如是異
門於諸經中隨其麁顯言多用者略已釆集
示差別義其餘無量諸佛世尊所說異門及
義差別由此方隅由此所學由此言教應當
精勤別別思擇異門異義顯示安立
瑜伽師地論卷第八十四　慶
共二十八紙計碑九條
計六百二十字
燕京左街延洪寺紫衣義學首座三綱大
衆沙門　守幹　等施錢壹伯貫文造碑伍拾
條

塔下 4397　瑜伽師地論卷第八十四燕京左街延洪寺大衆沙門守幹等施錢造碑題記（“慶”字帙）　遼刻
拓片高 42 厘米、寬 74 厘米　中國佛教圖書文物館藏

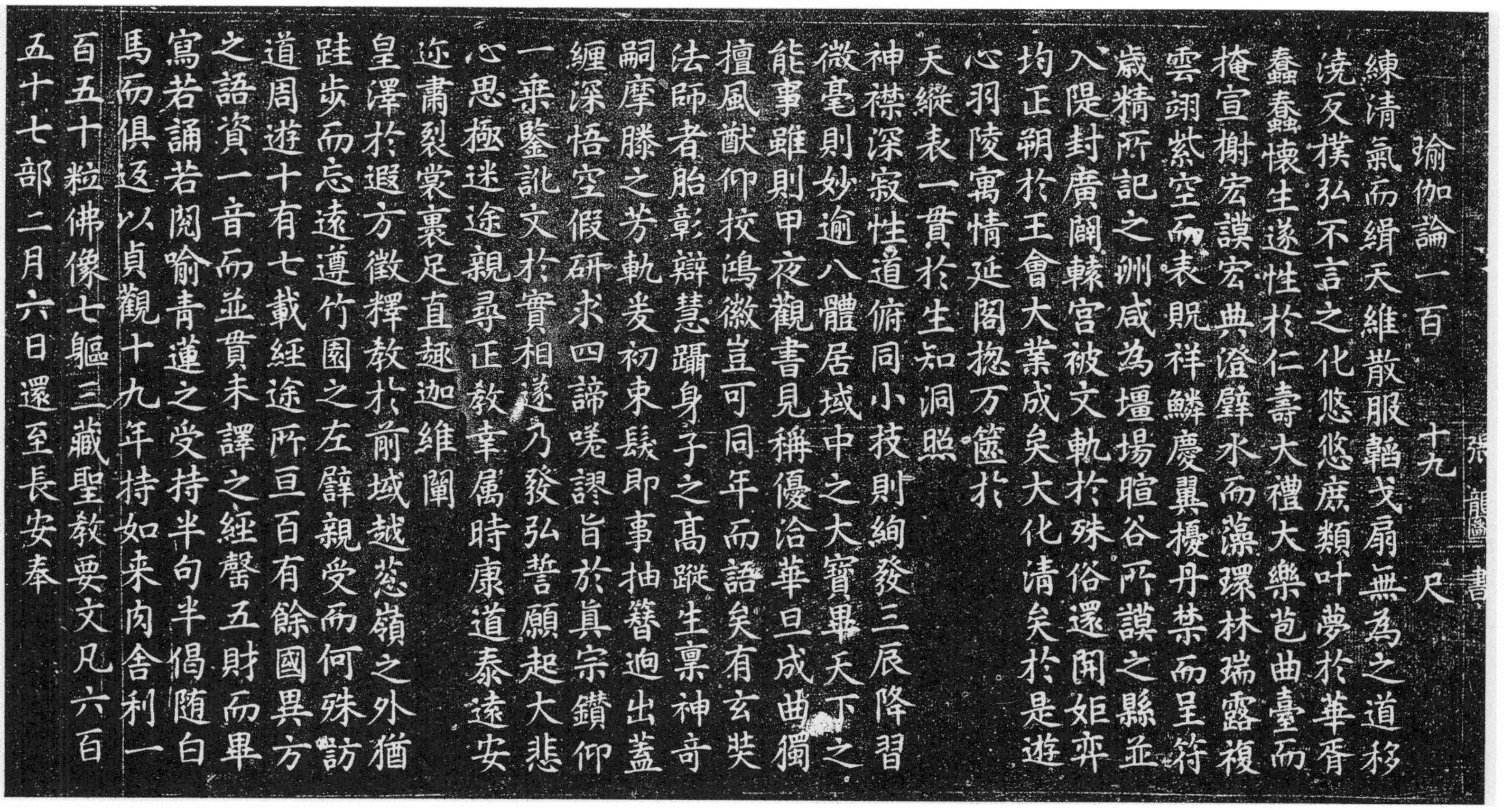
張龍圖書
瑜伽論一百　十九　尺
練清氣而緝天維散服韜戈扇無為之道移
澆反樸弘不言之化悠悠庶類叶夢於華胥
蠢蠢懷生遂性於仁壽大禮大樂苞曲臺而
掩宣榭宏謨宏典滄辟水而藻環林瑞露複
雲翊紫空而表貺祥麟慶異擾丹禁而呈符
歲精所記之洲咸為壃埸暄谷所謨之縣並
入隄封廣闢輶宮被文軌於殊俗還開姬弈
均正朔於王會大業成矣大化清矣於是遊
心羽陵寓情延閣揔万籤於
天縱表一貫於生知洞照
神襟深寂性道俯同小技則絢發三辰降習
微毫則妙逾八體居域中之大寶畢天下之
能事雖則甲夜觀書見稱優洽華旦成曲獨
擅風猷仰挍鴻徽豈可同年而語矣有玄奘
法師者船彰辯慧躡身子之高蹤生稟神奇
嗣摩滕之芳軌妻初束髮即事抽簪迥出蓋
纏深悟空假研求四諦嗟謬旨於真宗鑽仰
一乘鑒訛文於實相遂乃發弘誓願起大悲
心思極迷途親尋正教幸屬時康道泰遠安
迩肅裂裳裹足直趣迦維闡
皇澤於遐方徽擇教於前域越葱嶺之外猶
跬步而忘遠遵竹園之左辟親受而何殊訪
道周遊十有七載經途所亘百有餘國異方
之語資一音而並貫未譯之經罄五財而畢
寫若誦若閱喻青蓮之受持半句半偈隨白
馬而俱返以貞觀十九年持如來肉舍利一
百五十粒佛像七軀三藏聖教要文凡六百
五十七部二月六日還至長安奉

塔下 5283　許敬宗撰瑜伽師地論後序張龍圖書經題名（“尺”字帙面）　遼刻
拓片高 41 厘米、寬 73 厘米　中國佛教圖書文物館藏

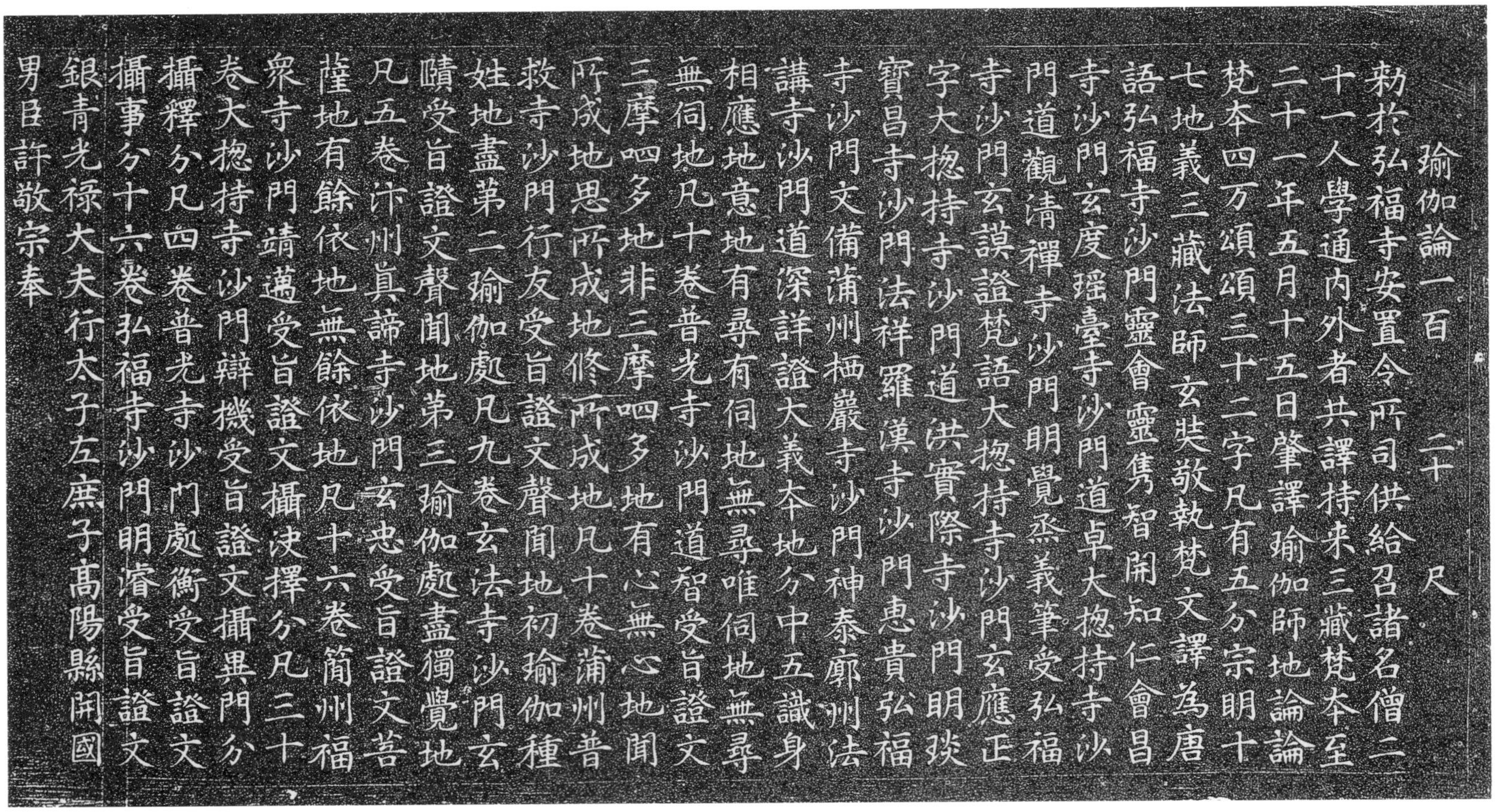
瑜伽論一百　二十　尺
勑於弘福寺安置令所司供給召諸名僧二
十一人學通内外者共譯持来三藏梵本至
二十一年五月十五日肇譯瑜伽師地論論
梵本四万頌頌三十二字凡有五分宗明十
七地義三藏法師玄奘敬執梵文譯為唐
語弘福寺沙門靈會靈雋智開知仁會昌
寺沙門玄度瑶臺寺沙門道卓大揔持寺沙
門道觀清禪寺沙門明覺烝義筆受弘福
寺沙門玄謨證梵語大揔持寺沙門玄應正
字大揔持寺沙門道洪實際寺沙門明琰
寶昌寺沙門法祥羅漢寺沙門恵貴弘福
寺沙門文備蒲州栖巖寺沙門神泰廓州法
講寺沙門道深詳證大義本地分中五識身
相應地意地有尋有伺地無尋唯伺地無尋
無伺地凡十卷普光寺沙門道智受旨證文
三摩呬多地非三摩呬多地有心無心地聞
所成地思所成地修所成地凡十卷蒲州普
救寺沙門行友受旨證文聲聞地初瑜伽種
姓地盡第二瑜伽處凡九卷玄法寺沙門玄
賾受旨證文聲聞地第三瑜伽處盡獨覺地
凡五卷汴州真諦寺沙門玄忠受旨證文菩
薩地有餘依地無餘依地凡十六卷簡州福
衆寺沙門靖邁受旨證文攝決擇分凡三十
卷大揔持寺沙門辯機受旨證文攝異門分
攝釋分凡四卷普光寺沙門處衡受旨證文
攝事分十六卷弘福寺沙門明濬受旨證文
銀青光禄大夫行太子左庶子高陽縣開國
男臣許敬宗奉

塔下 5283　許敬宗撰瑜伽師地論後序（“尺”字帙背）　遼刻
拓片高 41 厘米、寬 73 厘米　中國佛教圖書文物館藏

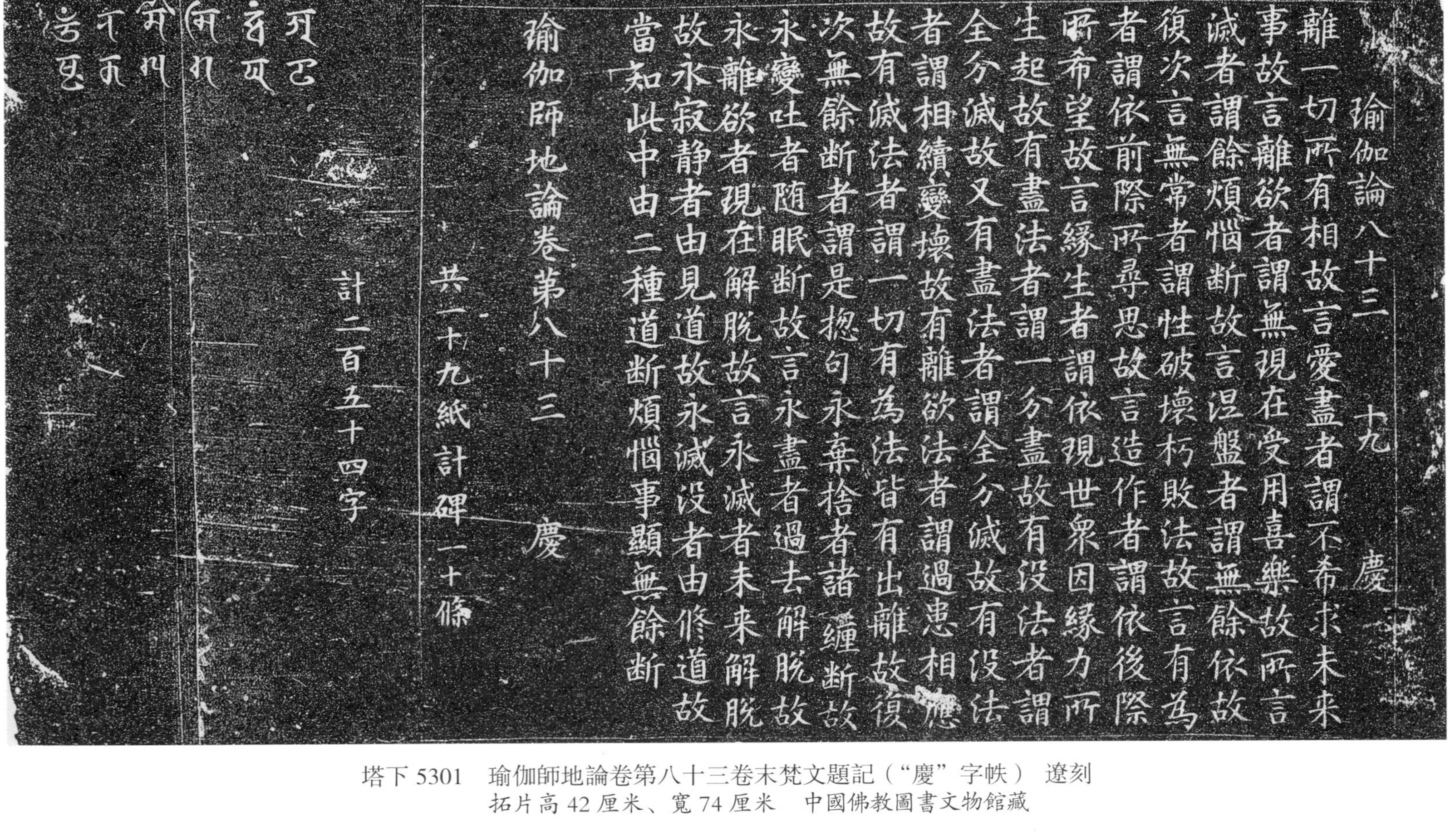
瑜伽論八十三　十九　慶
離一切所有相故言愛盡者謂不希求未来
事故言離欲者謂無現在受用喜樂故所言
滅者謂餘煩惱断故言涅槃者謂無餘依故
復次言無常者謂性破壞朽敗法故言有為
者謂依前際所尋思故言造作者謂依後際
所希望故言緣生者謂依現世衆因緣力所
生起故有盡法者謂一分盡故有没法者謂
全分滅故又有盡法者謂全分滅故有没法
者謂相續變壞故有離欲法者謂過患相應
故有滅法者謂一切有為法皆有出離故復
次無餘断者謂是揔句永棄捨者諸纏断故
永變吐者隨眠断故言永盡者過去解脱故
永離欲者現在解脱故言永滅者未来解脱
故永寂静者由見道故永滅没者由修道故
當知此中由二種道断煩惱事顯無餘断
瑜伽師地論卷第八十三
共二十九紙　計碑一十條　慶
計二百五十四字

塔下 5301　瑜伽師地論卷第八十三卷末梵文題記（“慶”字帙）　遼刻
拓片高 42 厘米、寬 74 厘米　中國佛教圖書文物館藏

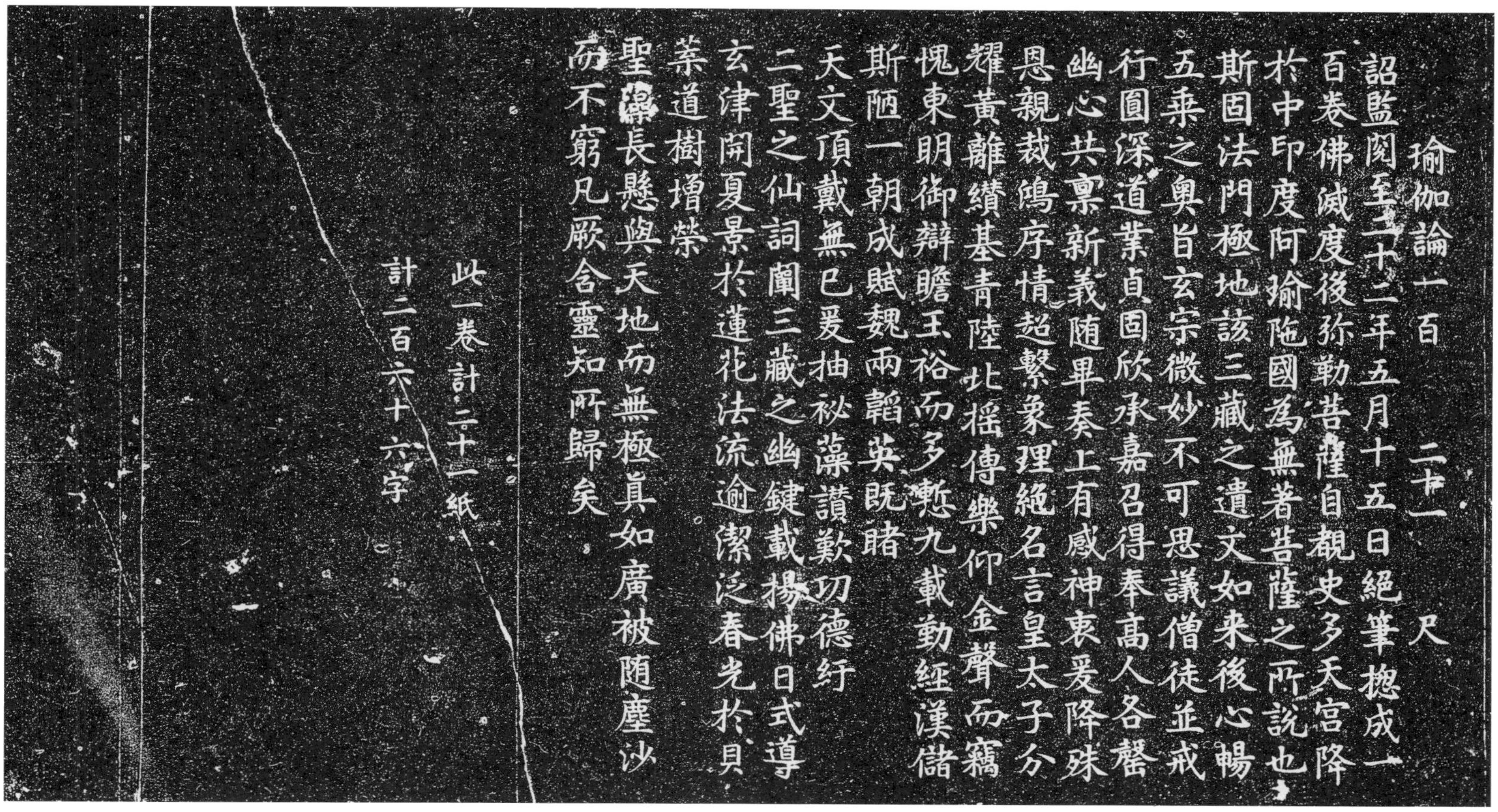
瑜伽論一百　尺　二十一
詔監閱至二十二年五月十五日絕筆摠成一
百卷佛滅度後弥勒菩薩自覩史多天宮降
於中印度阿瑜陁國爲無著菩薩之所說也
斯固法門極地該三藏之遺文如來後心暢
五乘之奥旨玄宗微妙不可思議僧徒並戒
行圓深道業貞固欣承嘉召得奉高人各罄
幽心共稟新義隨畢奏上有感神衷爰降殊
恩親裁鴻序情超繫象理絕名言皇太子分
耀黄離纘基青陸北摇傳樂仰金聲而竊
愧東明御辯瞻玉裕而多慙九載勤經漢儲
斯陋一朝成賦魏兩韜英既睹
天文頂戴無已爰抽祕藻讚歎功德紆
二聖之仙詞闡三藏之幽鍵載揚佛日式導
玄津開夏景於蓮花法流逾潔泛春光於貝
葉道樹增榮
聖靈長懸與天地而無極真如廣被隨塵沙
而不窮凡厥含靈知所歸矣
此一卷計二十一紙
計二百六十六字

塔下 5322　許敬宗撰瑜伽師地論後序（“尺”字帙）　遼刻
拓片高 41 厘米、寬 73 厘米　中國佛教圖書文物館藏

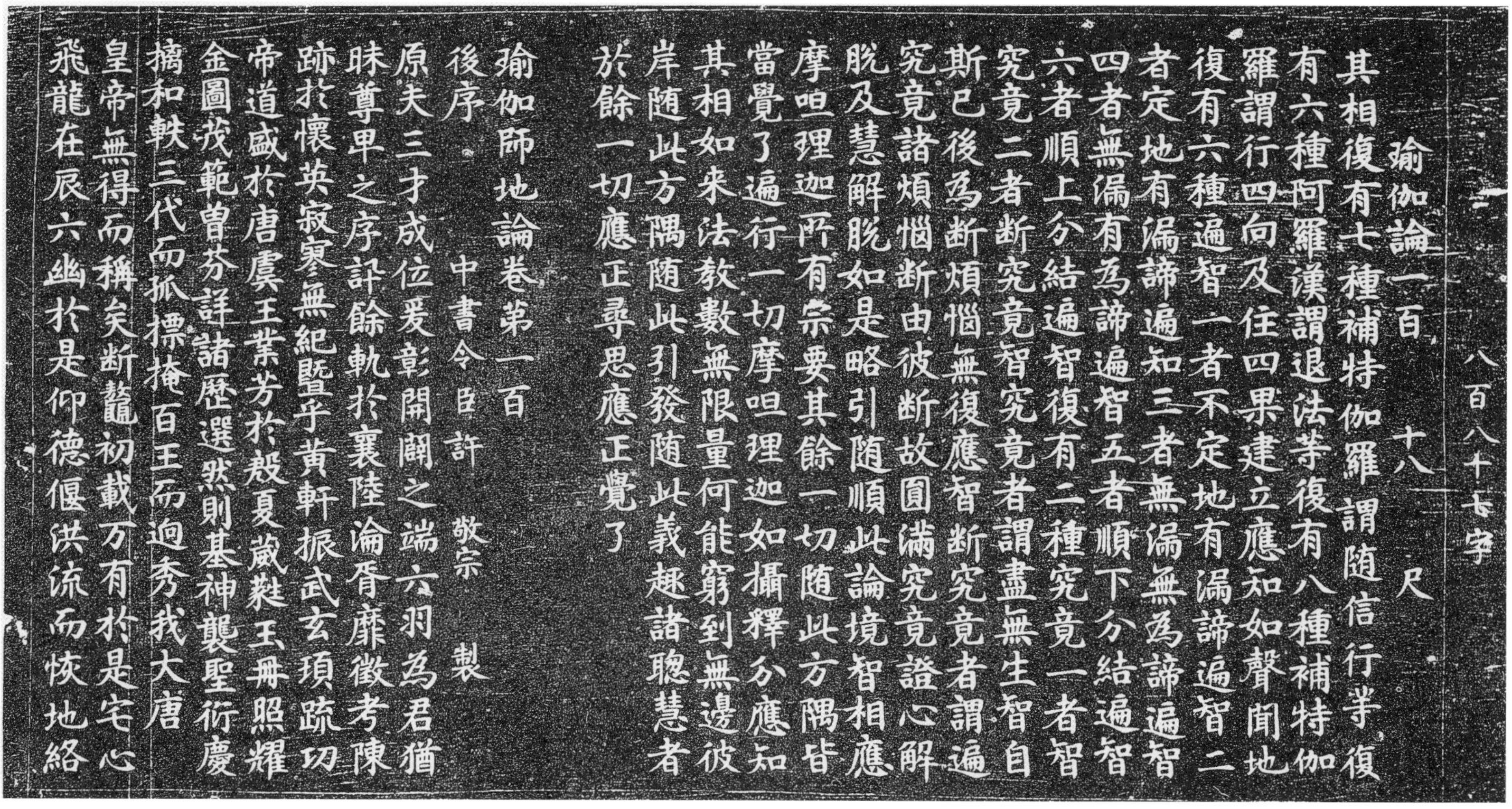
二　八百八十七字
瑜伽論一百　尺　十八
其相復有七種補特伽羅謂隨信行等復
有六種阿羅漢謂退法等復有八種補特伽
羅謂行四向及住四果建立應知如聲聞地
復有六種遍智一者不定地有漏諦遍智二
者定地有漏諦遍知三者無漏無爲諦遍智
四者無漏有爲諦遍智五者順下分結遍智
六者順上分結遍智復有二種究竟一者智
究竟二者斷究竟智究竟者謂盡無生智自
斯已後爲斷煩惱無復應智斷究竟者謂遍
究竟諸煩惱斷由彼斷故圓滿究竟證心解
脫及慧解脫如是略引隨順此論境智相應
摩呾理迦所有宗要其餘一切隨此方隅皆
當覺了遍行一切摩呾理迦如攝釋分應知
其相如來法教數無限量何能窮到無邊彼
岸隨此方隅隨此引發隨此義趣諸聰慧者
於餘一切應正尋思應正覺了
瑜伽師地論卷第一百
後序　中書令臣許敬宗製
原夫三才成位爰彰開闢之端六羽爲君猶
昧尊卑之序詳餘軌於襄陸諭昏靡徵考陳
跡於懷英寂寥無紀暨乎黄軒振武玄頊疏功
帝道盛於唐虞王業芳於殷夏崴蕤玉册照耀
金圖茂範曾芬詳諸歷選然則基神襲聖衍慶
摛和軼三代而孤標掩百王而迴秀我大唐
皇帝無得而稱矣斷鼇初載万有於是宅心
飛龍在辰六幽於是仰德偃洪流而恢地絡

塔下 5327　許敬宗撰瑜伽師地論後序（“尺”字帙）　遼刻
拓片高 41 厘米、寬 73 厘米　中國佛教圖書文物館藏

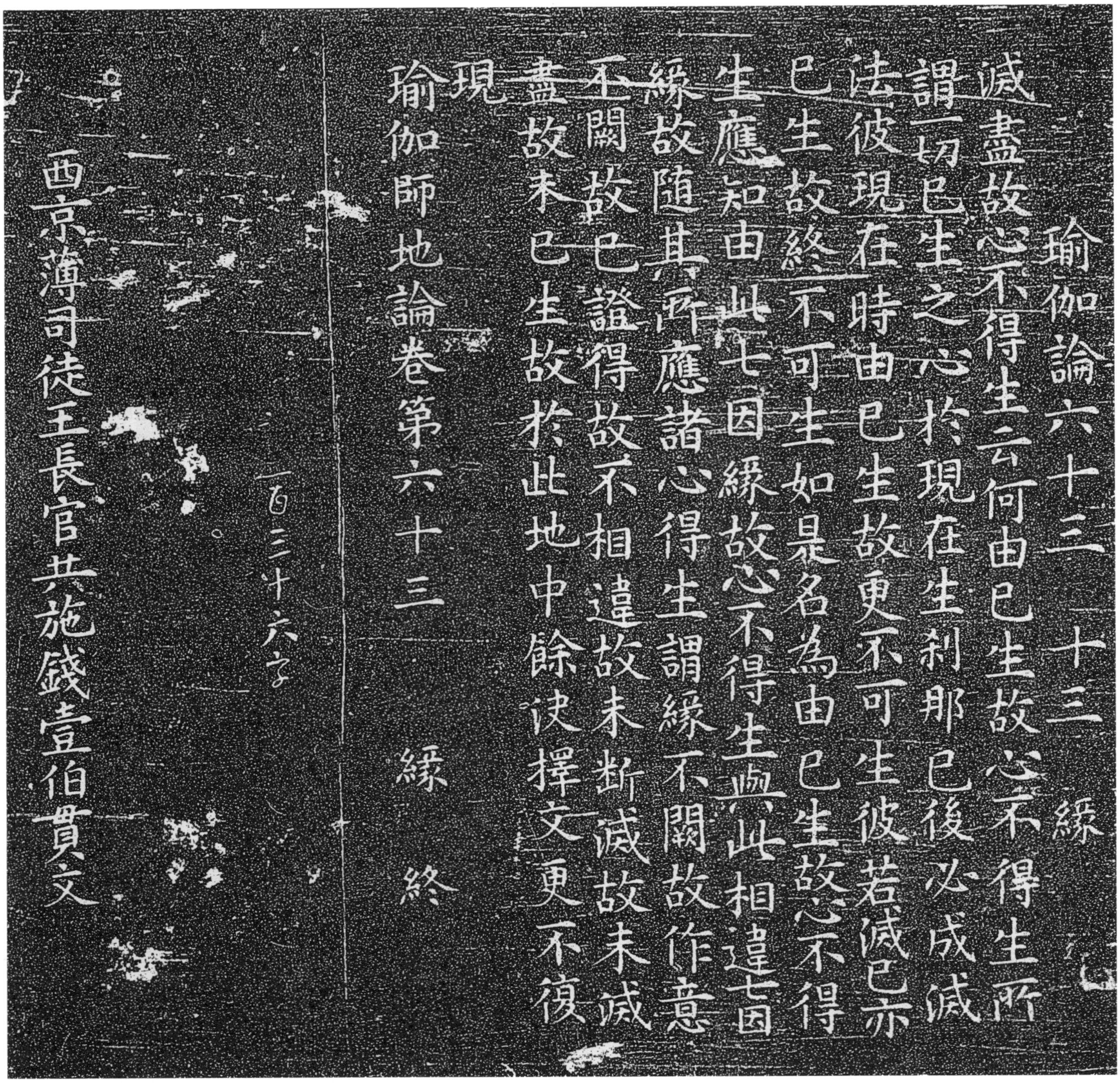
瑜伽論六十三　十三　緣
滅盡故心不得生云何由已生故心不得生所
謂一切已生之心於現在生剎那已後必成滅
法彼現在時由已生故更不可生彼若滅已亦
已生故終不可生如是名為由已生故心不得
生應知由此七因緣故心不得生與此相違七因
緣故隨其所應諸心得生謂緣不闕故作意
不闕故已證得故不相違故未斷滅故未滅
盡故未已生故於此地中餘決擇文更不復
現
瑜伽師地論卷第六十三　緣　終
一百三十六字
西京薄司徒王長官共施錢壹伯貫文

塔下 5328　瑜伽師地論卷第六十三西京薄司徒王長官施錢造經題記（“緣”字帙）　遼刻
拓片高 42 厘米、寬 73 厘米　中國佛教圖書文物館藏

《瑜伽師地論》一百卷，玄奘法師譯。凡刻 893 石、拓片 1749 張，主要是張龍圖所書。其他書者有張公廉、安世欽、僧行傑、張公才、高琮、孟士端、鄭温彦、宋謙、僧善雍、崔告期等人。然書風首尾一致，温潤精好，堪稱遼代刻經的代表。

若修因緣若修瑜伽若修果一切揔説為修
所成地　二十二紙
瑜伽師地論卷第二十　禍
願以此功德普及於一切　碑二十一條
我等與衆生皆共成佛道
刘醜兒刻

塔下 5431　瑜伽師地論卷第二十卷末偈語劉醜兒刻經題名（“禍”字帙）　遼刻
拓片高 42 厘米、寬 73 厘米　中國佛教圖書文物館藏
“劉”字寫作“刘”。

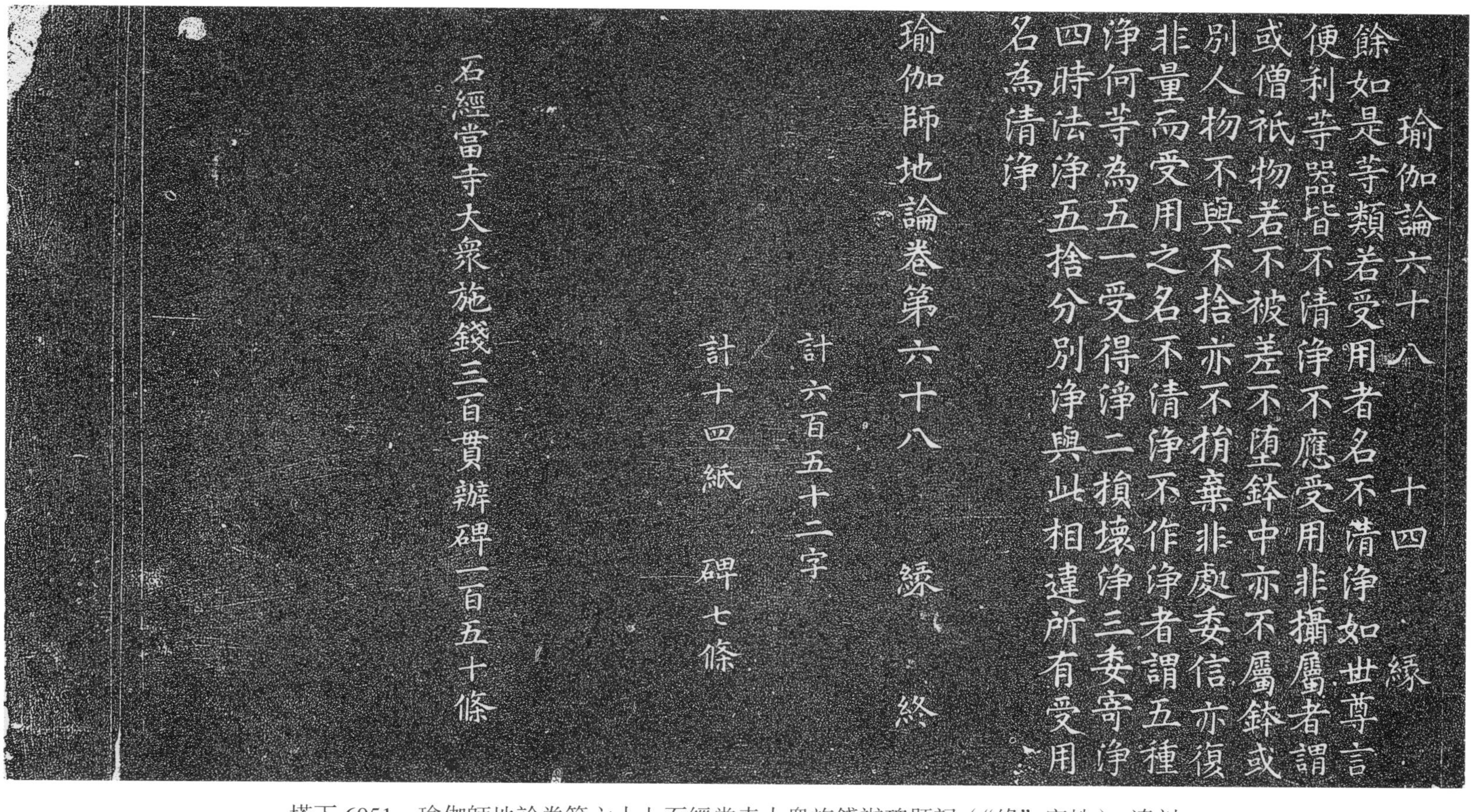

瑜伽論六十八　十四　緣
餘如是等類若受用者名不清淨如世尊言
便利等器皆不清淨不應受用非攝屬者謂
或僧祇物若不被差不堕鉢中亦不屬鉢或
別人物不與不捨亦不捐棄非親委信亦復
非量而受用之名不清淨不作淨者謂五種
淨何等為五一受得淨二損壞淨三委寄淨
四時法淨五捨分別淨與此相違所有受用
名為清淨
瑜伽師地論卷第六十八　緣　終
計六百五十二字
計十四紙　碑七條
石經當寺大衆施錢三百貫辦碑一百五十條

塔下 6051　瑜伽師地論卷第六十七石經當寺大衆施錢辦碑題記（“緣”字帙）　遼刻
拓片高 42 厘米、寬 73 厘米　中國佛教圖書文物館藏

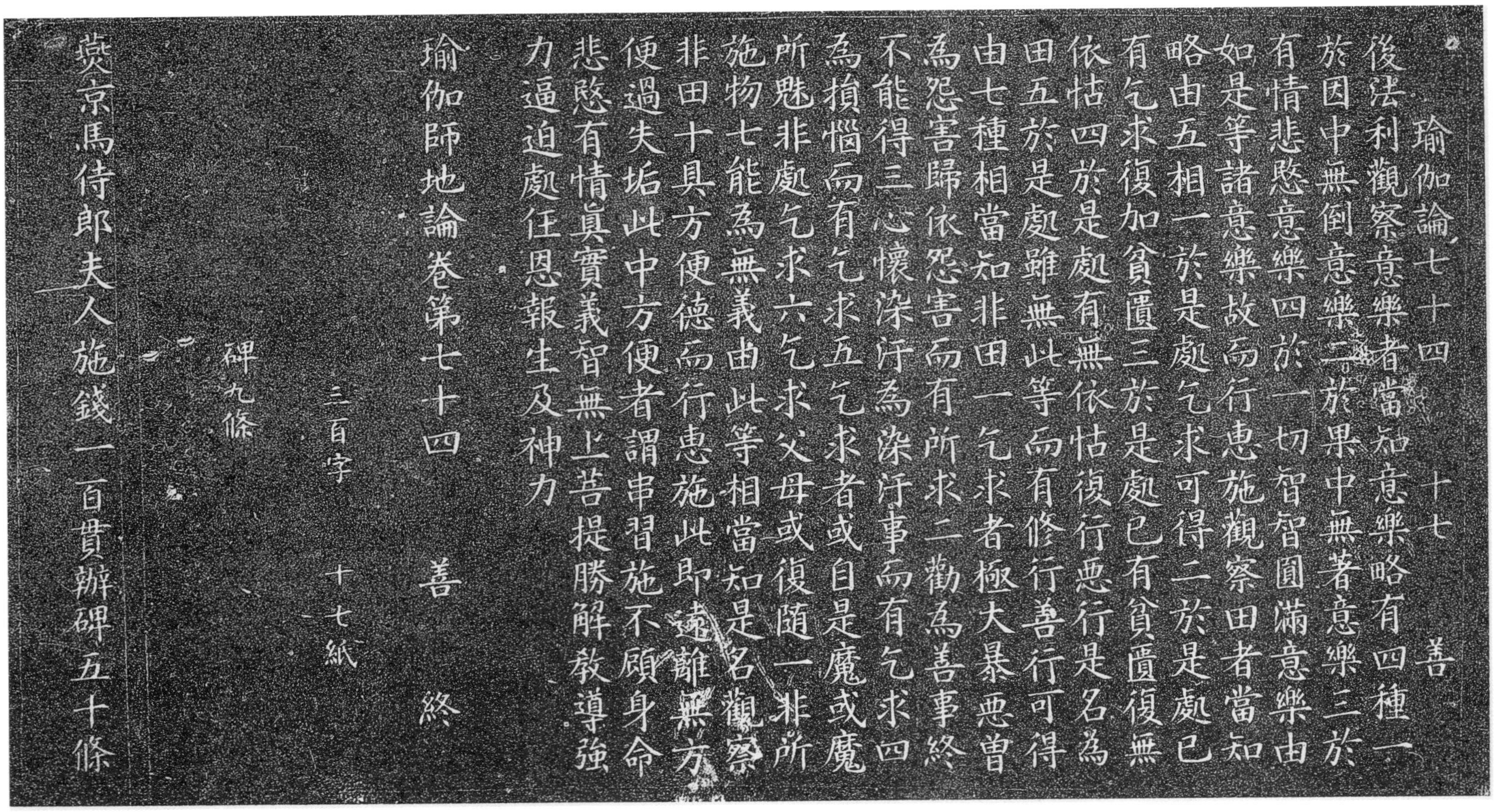
瑜伽論七十四　十七　善
後法利觀察意樂者當知意樂略有四種一
於因中無倒意樂二於果中無著意樂三於
有情悲愍意樂四於一切智智圓滿意樂由
如是等諸意樂故而行惠施觀察田者當知
略由五相一於是處乞求可得二於是處已
有乞求復加貧匱三於是處已有貧匱復無
依怙四於是處有無依怙復行惡行是名為
田五於是處雖無此等而有修行善行可得
由七種相當知非田一乞求者極大暴惡曾
為怨害歸依怨害而有所求二勸為善事終
不能得三心懷染汙為染汙事而有乞求四
為損惱而有乞求五乞求者或自是魔或魔
所魅非處乞求六乞求父母或復隨一非所
施物七能為無義由此等相當知是名觀察
非田十具方便德而行惠施此即遠離無方
便過失垢此中方便者謂串習施不顧身命
悲愍有情真實義智無上菩提勝解教導強
力逼迫處任恩報生及神力
瑜伽師地論卷第七十四　善　終
三百字　十七紙
碑九條
燕京馬侍郎夫人施錢一百貫辦碑五十條

塔下 6072　瑜伽師地論卷第七十四燕京馬侍郎夫人施錢辦碑題記（“善”字帙）　遼刻
拓片高 42 厘米、寬 74 厘米　中國佛教圖書文物館藏

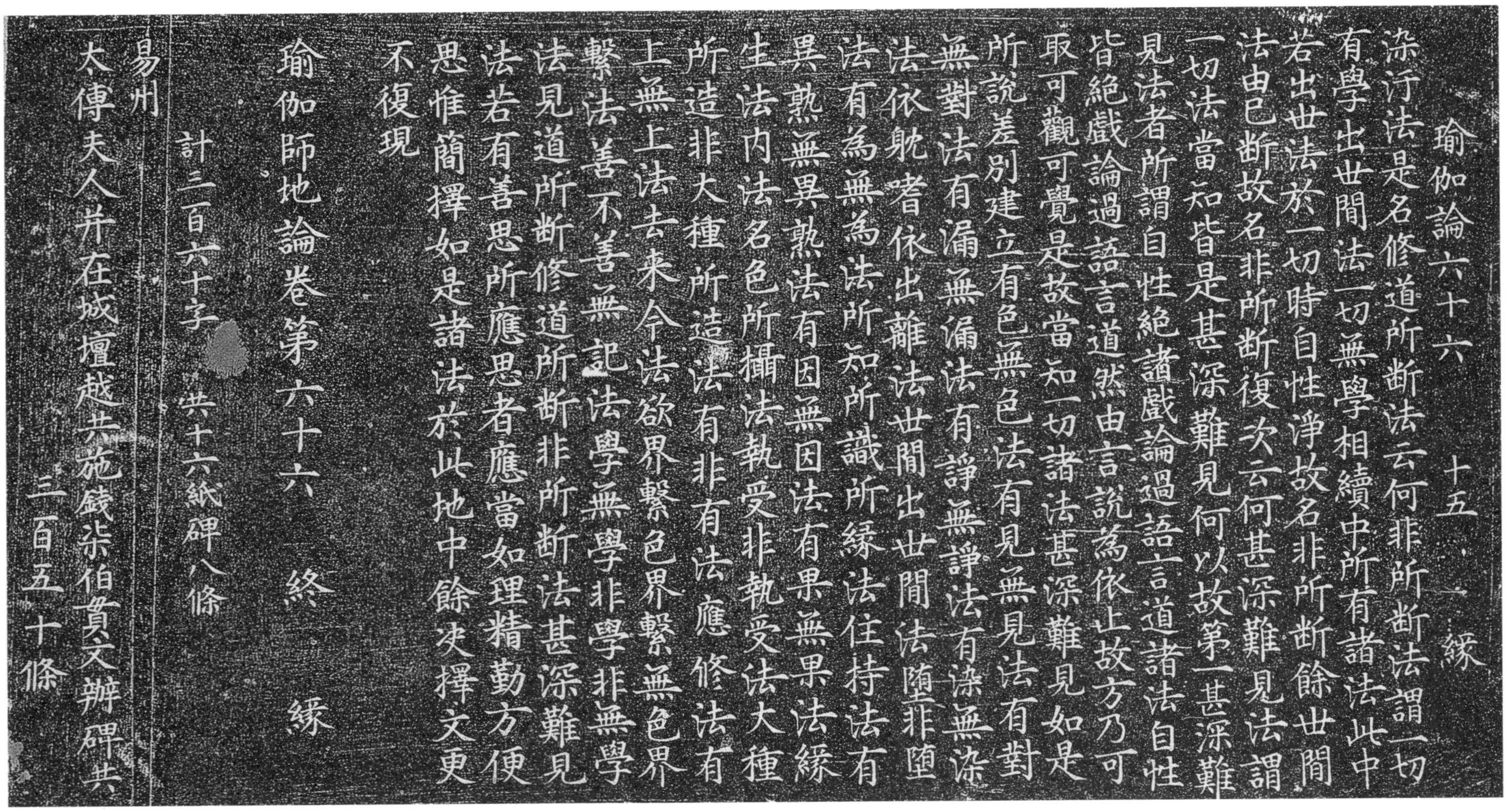
瑜伽論六十六　十五　緣
染汙法是名修道所斷法云何非所斷法謂一切
有學出世間法一切無學相續中所有諸法此中
若出世法於一切時自性淨故名非所斷餘世間
法由已斷故名非所斷復次云何甚深難見法謂
一切法當知皆是甚深難見何以故第一甚深難
見法者所謂自性絕諸戲論過語言道諸法自性
皆絕戲論過語言道然由言說為依止故方乃可
取可觀可覺是故當知一切諸法甚深難見如是
所說差別建立有色無色法有見無見法有對
無對法有漏無漏法有諍無諍法有染無染
法依耽著依出離法世間出世間法墮非墮
法有為無為法所知所識所緣法任持法有
異熟無異熟法有因無因法有果無果法緣
生法內法名色所攝法執受非執受法大種
所造非大種所造法有非有法應修法有
上無上法去來今法欲界繫色界繫無色界
繫法善不善無記法學無學非學非無學
法見道所斷修道所斷非所斷法甚深難見
法若有善思所應思者應當如理精勤方便
思惟簡擇如是諸法於此地中餘決擇文更
不復現
瑜伽師地論卷第六十六　終　緣
計三百六十字　共十六紙碑八條
易州
太傅夫人并在城壇越共施錢柒伯貫文辦碑共
三百五十條

塔下 6078　瑜伽師地論卷第六十六易州太傅夫人并在城壇越施錢辦碑題記（“緣”字帙）　遼刻
拓片高 42 厘米、寬 74 厘米　中國佛教圖書文物館藏

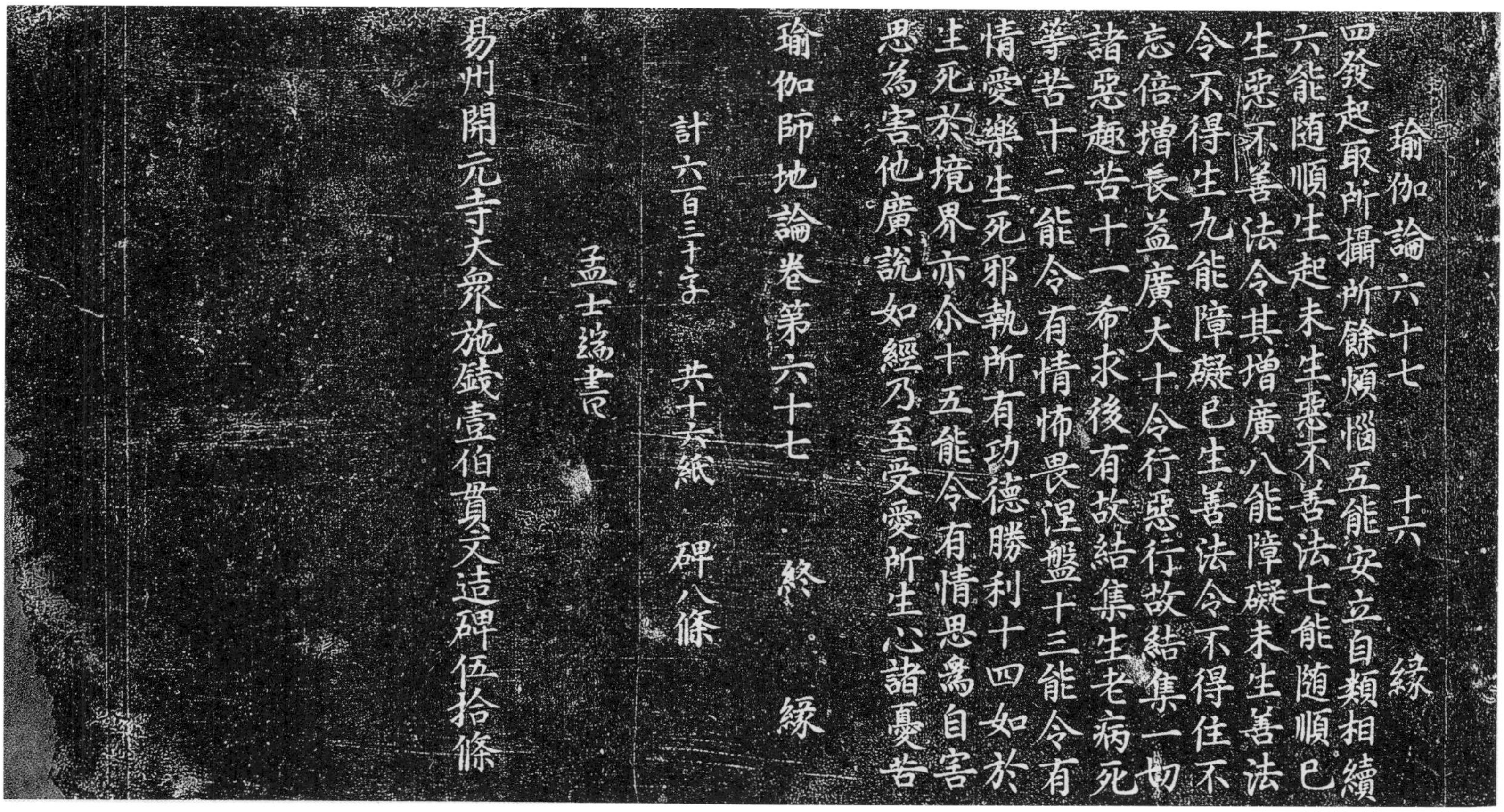
瑜伽論六十七　十六　緣
四發起取所攝所餘煩惱五能安立自類相續
六能隨順生起未生惡不善法七能隨順已
生惡不善法令其增廣八能障礙未生善法
令不得生九能障礙已生善法令不得住不
忘倍增長益廣大十令行惡行故結集一切
諸惡趣苦十一希求後有故結集生老病死
等苦十二能令有情怖畏涅盤十三能令有
情愛樂生死邪執所有功德勝利十四如於
生死於境界亦尒十五能令有情思爲自害
思爲害他廣說如經乃至受愛所生心諸憂苦
瑜伽師地論卷第六十七　終　緣
計六百三十字　共十六紙　碑八條
孟士端書
易州開元寺大衆施錢壹伯貫文造碑伍拾條

塔下 6132　瑜伽師地論卷第六十七易州開元寺大衆施錢造碑孟士端書經題記（“緣”字帙）　遼刻
拓片高 42 厘米、寬 74 厘米　中國佛教圖書文物館藏

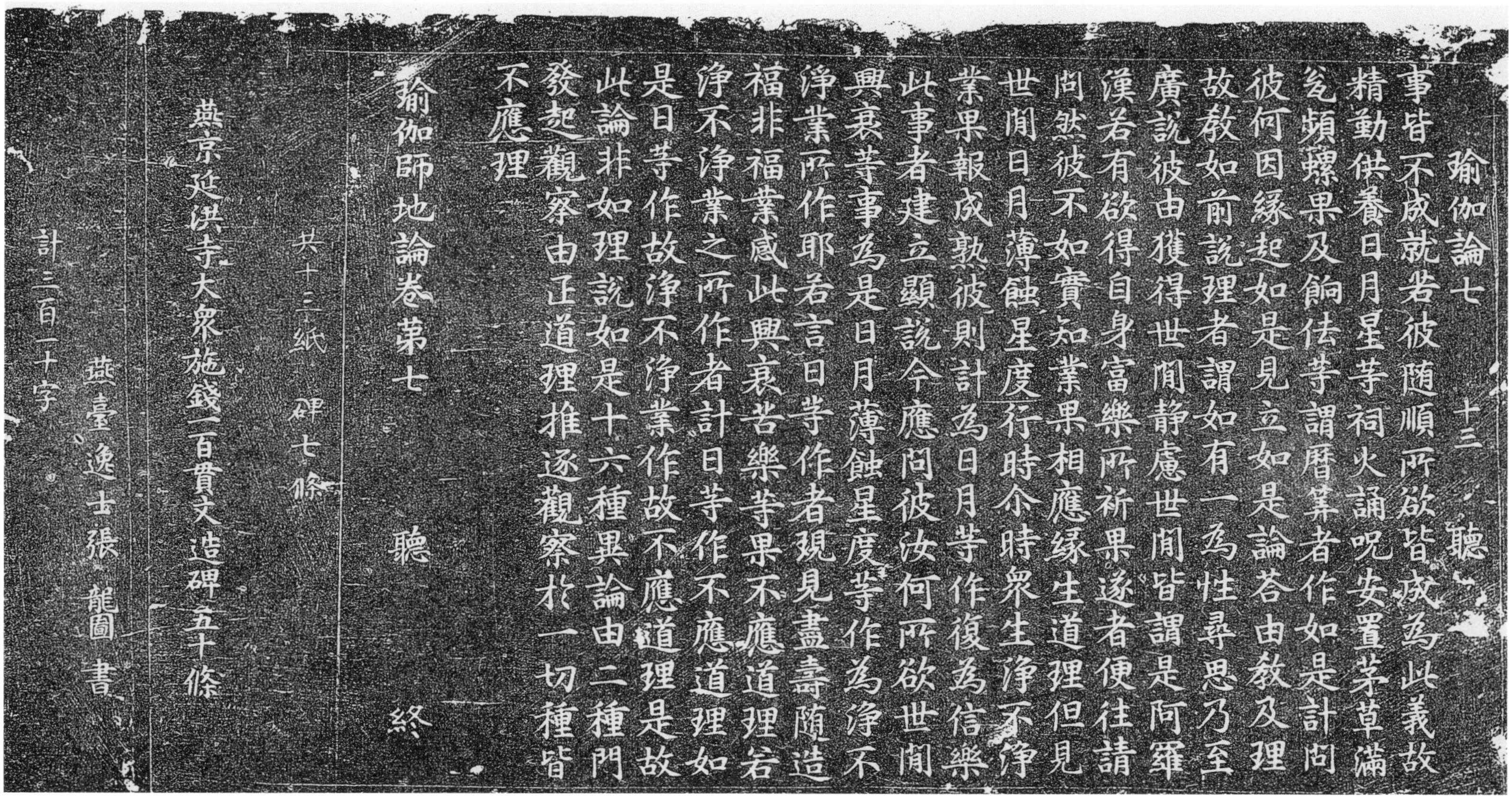
瑜伽論七　十三　聽
事皆不成就若彼隨順所欲皆成爲此義故
精勤供養日月星等祠火誦呪安置茅草滿
瓮頻螺果及餉佉等謂曆筭者作如是計尚
彼何因緣起如是見立如是論荅由教及理
故教如前說理者謂如有一爲性尋思乃至
廣說彼由獲得世間靜慮世間皆謂是阿羅
漢若有欲得自身富樂所祈果遂者便往請
問然彼不如實知業果相應緣生道理但見
世間日月薄蝕星度行時尒時衆生淨不淨
業果報成熟彼則計爲日月等作復爲信樂
此事者建立顯說今應問彼汝何所欲世間
興衰等事爲是日月薄蝕星度等作爲淨不
淨業所作耶若言日等作者現見盡壽隨造
福非福業感此興衰苦樂等果不應道理若
淨不淨業之所作者計日等作不應道理如
是日等作故淨不淨業作故不應道理是故
此論非如理說如是十六種異論由二種門
發起觀察由正道理推逐觀察於一切種皆
不應理
瑜伽師地論卷第七　聽　終
共十三紙　碑七條
燕京延洪寺大衆施錢一百貫文造碑五十條
燕臺逸士張龍圖書
計三百一十字

塔下 6182　瑜伽師地論卷第七燕京延洪寺大衆施錢造碑張龍圖書經題記（“聽”字帙）　遼刻
拓片高 42 厘米、寬 74 厘米　中國佛教圖書文物館藏

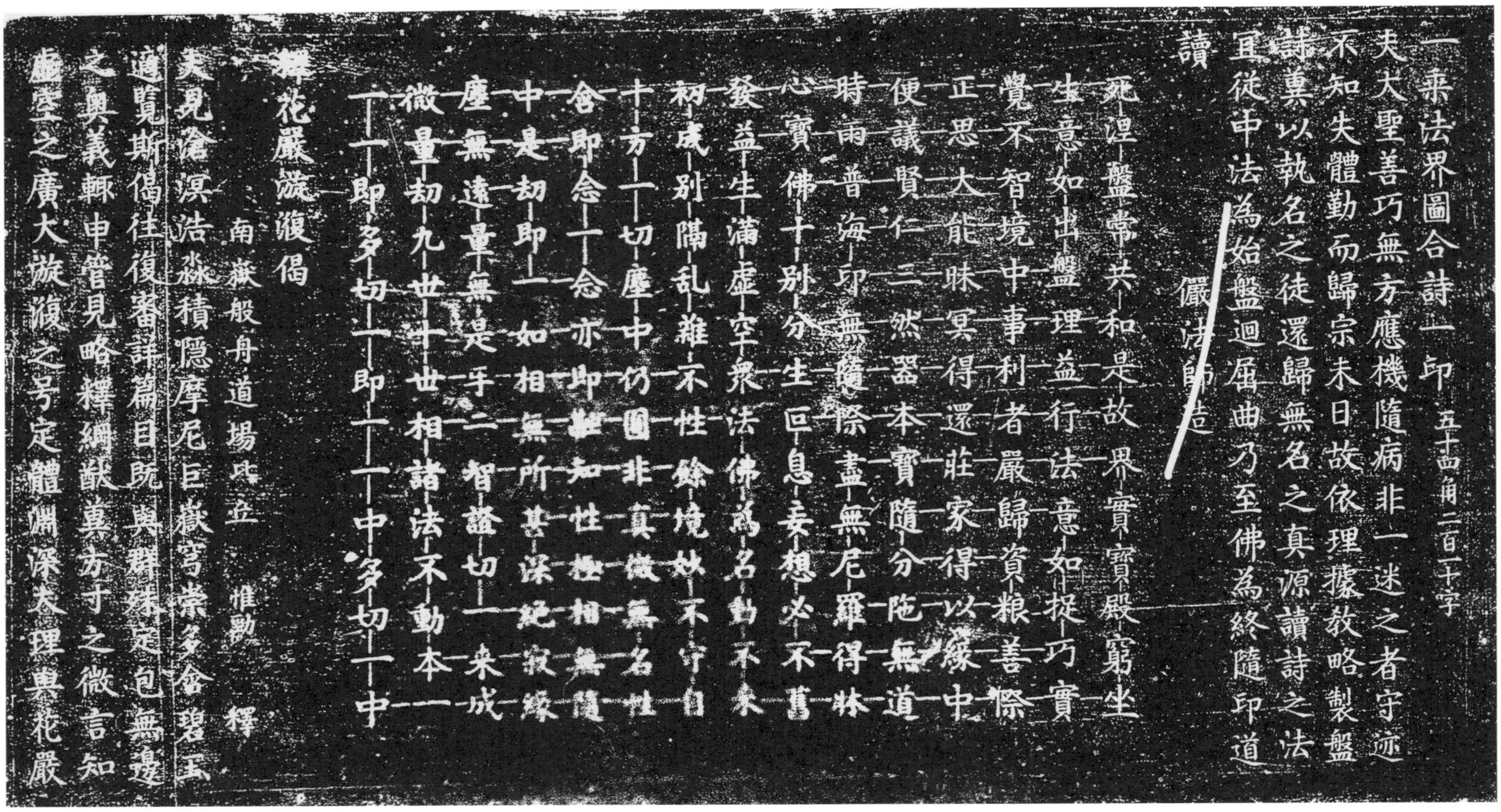

塔下 2551　儼法師撰一乘法界圖合詩一印　釋惟勁撰釋花嚴漩澓偈（面）　遼刻
拓片高 45 厘米、寬 78 厘米　中國佛教圖書文物館藏
遼代單本刻經。漩澓，指循環念誦。

塔下 2551　釋杜順撰釋花嚴漩澓偈（背）　遼刻
拓片高 45 厘米、寬 78 厘米　中國佛教圖書文物館藏

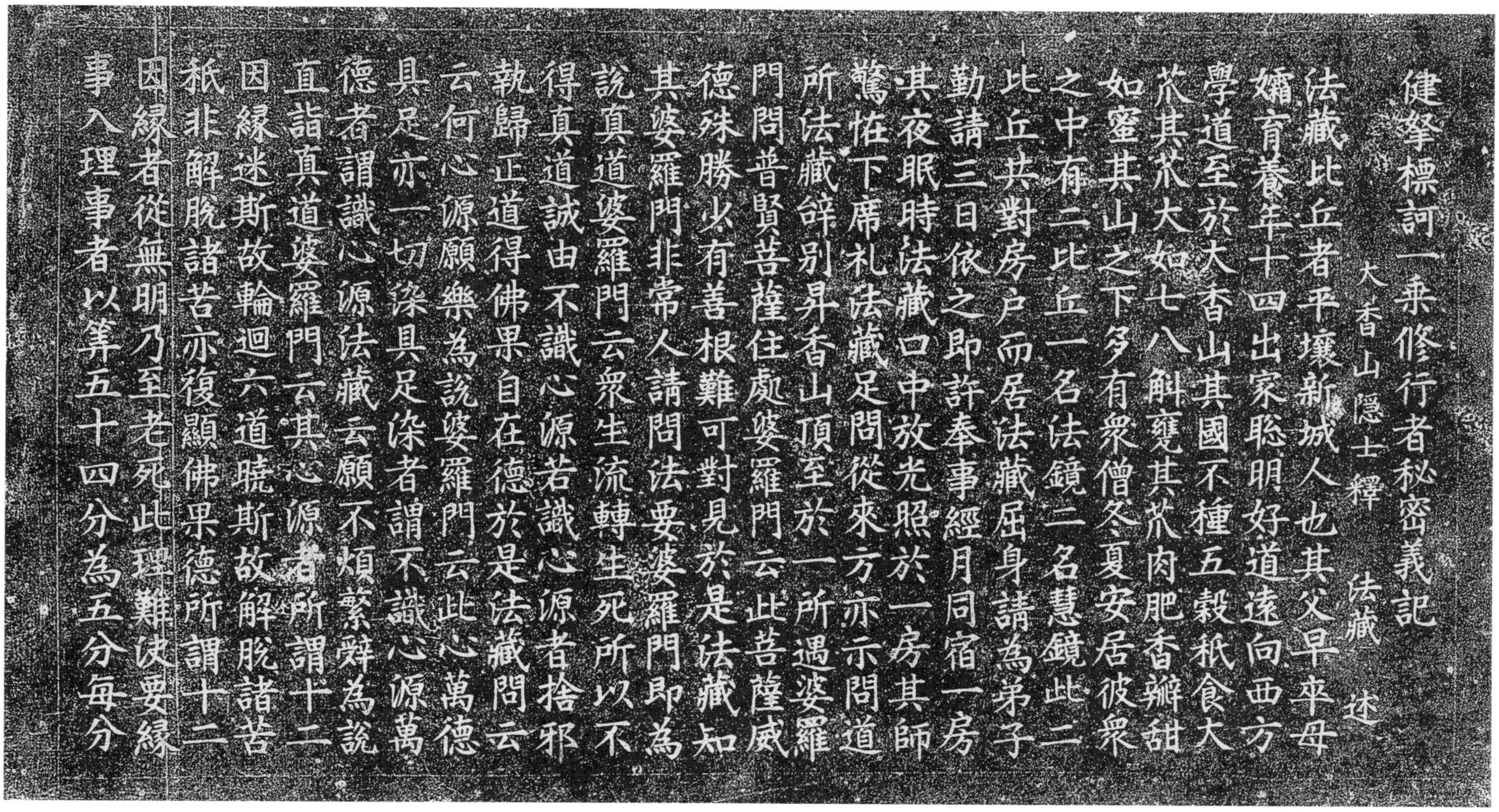

健拏標訶一乘修行者秘密義記
大香山隱士釋 法藏 述
法藏比丘者平壤新城人也其父早卒母
孀育養年十四出家聡明好道遠向西方
學道至於大香山其國不種五穀秖食大
芤其芤大如七八斛甕其芤肉肥香辦甜
如蜜其山之下多有衆僧冬夏安居彼衆
之中有二比丘一名法鏡二名慧鏡此二
比丘共對房戶而居法藏屈身請為弟子
勤請三日依之即許奉事經月同宿一房
其夜眠時法藏口中放光照於一房其師
驚怕下席礼法藏足問從來方亦示問道
所法藏辞别昇香山頂至於一所遇婆羅
門問普賢菩薩住處婆羅門云此菩薩威
德殊勝少有善根難可對見於是法藏知
其婆羅門非常人請問法要婆羅門即為
說真道婆羅門云衆生流轉生死所以不
得真道誠由不識心源若識心源者捨邪
執歸正道得佛果自在德於是法藏問云
云何心源願樂為說婆羅門云此心萬德
具足亦一切染具足染者謂不識心源萬
德者謂識心源法藏云願不煩繁辯為說
直詣真道婆羅門云其心源者所謂十二
因緣迷斯故輪迴六道曉斯故解脫諸苦
秖非解脫諸苦亦復顯佛果德所謂十二
因緣者從無明乃至老死此理難決要緣
事入理事者以筭五十四分為五分每分

塔下 2721　釋法藏撰健拏標訶一乘修行者秘密義記序（面）　遼刻
拓片高 45 厘米、寬 78 厘米　中國佛教圖書文物館藏
遼代單本刻經。

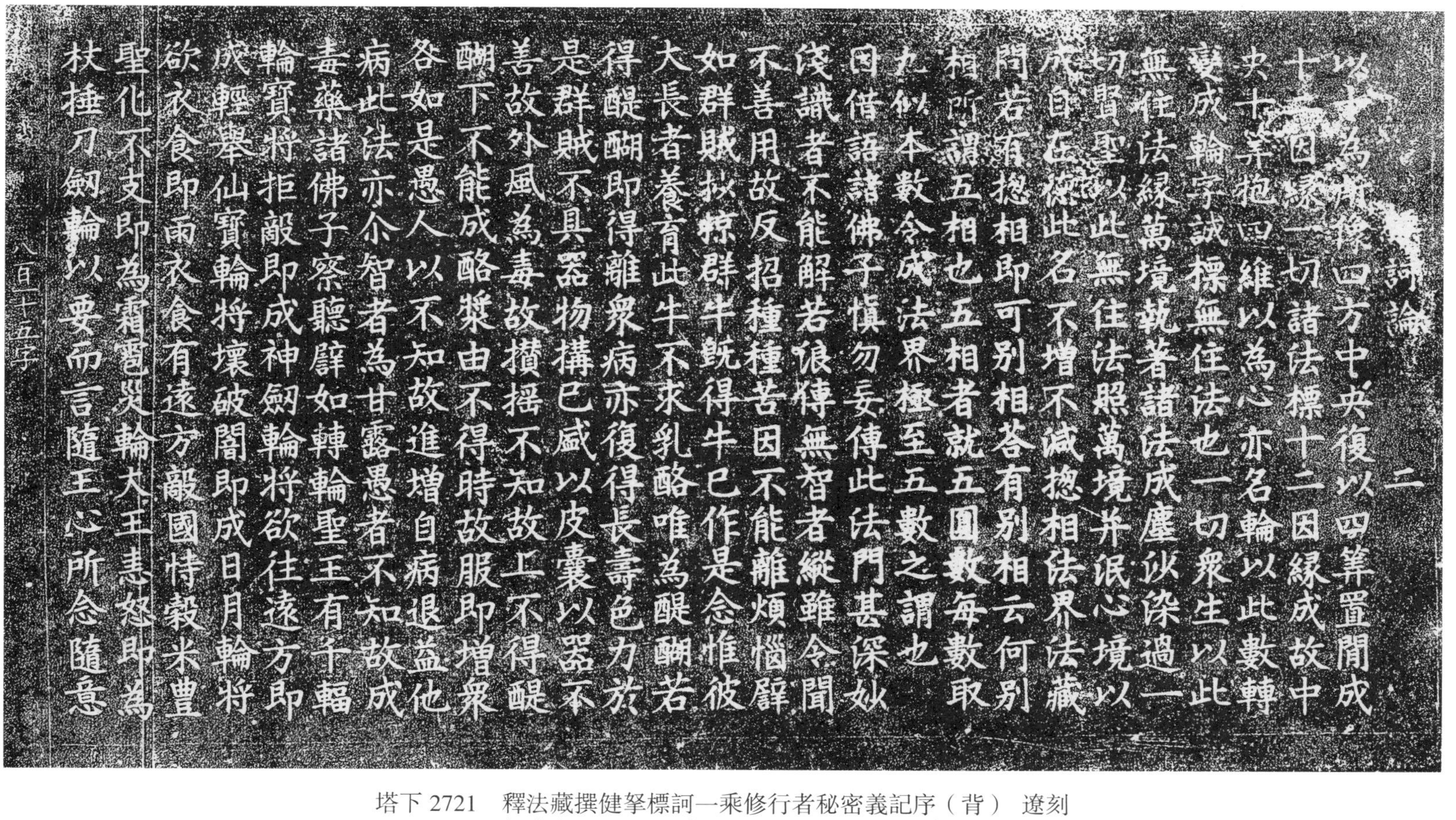

詞論 二
以十為像四方中央復以四筭置間成
十二因緣一切諸法標十二因緣成故中
央十筭抱四維以為心亦名輪以此數轉
變成輪字誡標無住法也一切衆生以此
無住法緣萬境執著諸法成塵劫染過以一
切賢聖以此無住法照萬境并泯心境以
成自在德此名不增不減揔相法界法藏
問若有揔相即可别相答有别相云何别
相所謂五相也五相者就五圓數每數取
九似本數令成法界極至五數之謂也
因借語諸佛子慎勿妄傳此法門甚深如
淺識者不能解若很傳無智者縱雖令聞
不善用故反招種種苦因不能離煩惱辟
如群賊拔掠群牛既得牛已作是念惟彼
大長者養育此牛不求乳酪唯為醍醐若
得醍醐即得離衆病亦復得長壽色力於
是群賊不具器物搆巳㼽以皮囊以器不
善故外風為毒故攪摇不知故上不得醍
醐下不能成酪漿由不得時故服即增衆
各如是愚人以不知故進增自病退益他
病此法亦尒智者為甘露愚者不知故成
毒藥諸佛子察聽辟如轉輪聖王有千輻
輪寶将拒敵即成神劔輪将欲往遠方即
成輕舉仙寶輪将壞破闇即成日月輪将
欲衣食即雨衣食有遠方敵國恃穀米豊
聖化不支即為霜雹是輪大王恚怒即為
杖捶刀劔輪以要而言隨王心所念隨意
八百二十五字

塔下 2721　釋法藏撰健拏標訶一乘修行者秘密義記序（背）　遼刻
拓片高 45 厘米、寬 78 厘米　中國佛教圖書文物館藏

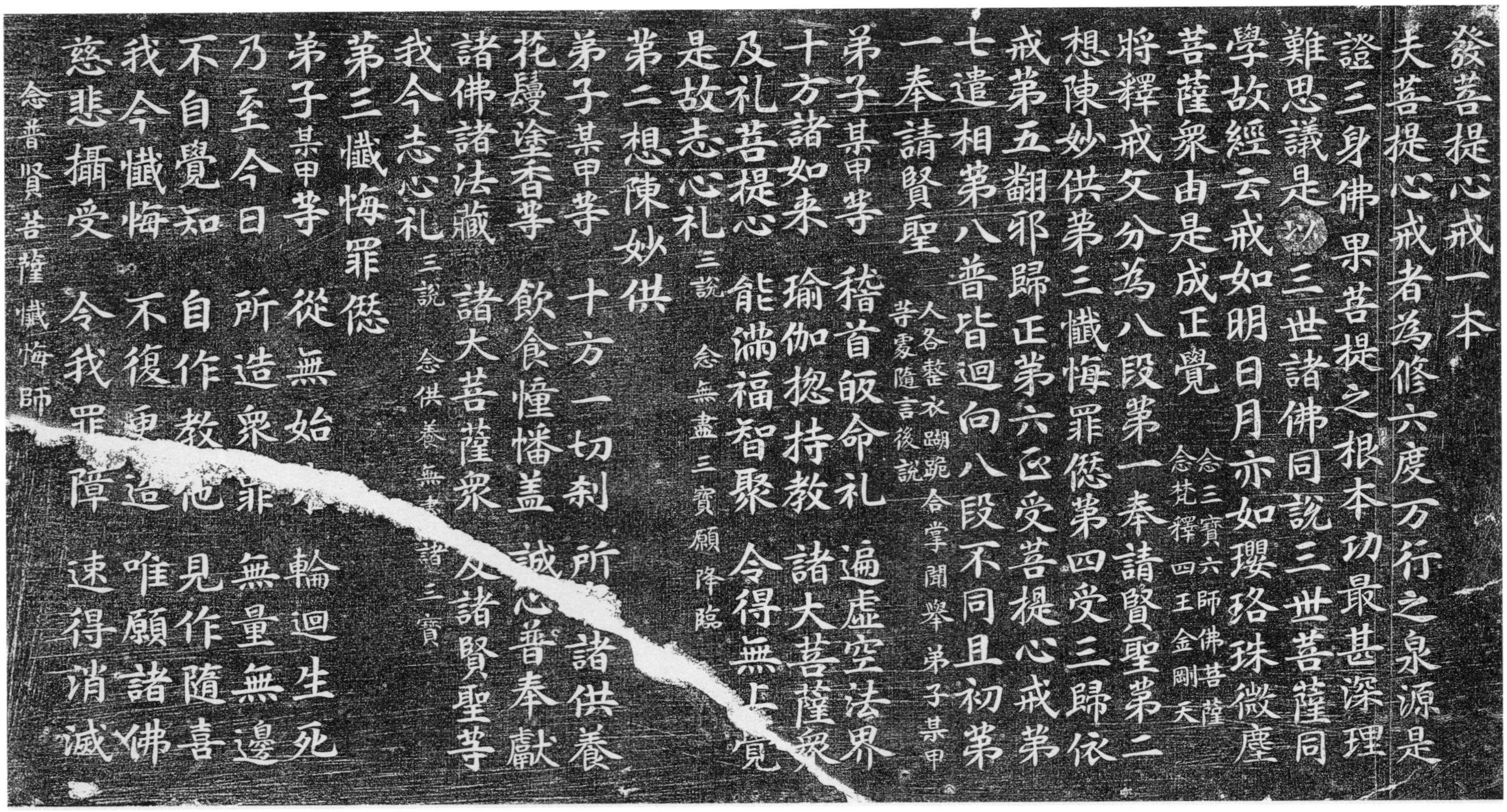
發菩提心戒一本
夫菩提心戒者為修六度万行之泉源是
證三身佛果菩提之根本功最甚深理
難思議是以三世諸佛同說三世菩薩同
學故經云戒如明日月亦如瓔珞珠微塵
菩薩衆由是成正覺 念三寶六師佛菩薩 念梵釋四王金剛天
將釋戒文分為八段第一奉請賢聖第二
想陳妙供第三懺悔罪愆第四受三歸依
戒第五翻邪歸正第六正受菩提心戒第
七遣相第八普皆迴向八段不同且初第
一奉請賢聖 人各整衣𨁝跪合掌聞舉弟子某甲 等處隨言後說
弟子某甲等 稽首皈命礼遍虛空法界
十方諸如来瑜伽摠持教諸大菩薩衆
及礼菩提心能滿福智聚令得無上覺
是故志心礼 三說 念無盡三寶願降臨
第二想陳妙供
弟子某甲等 十方一切剎所有諸供養
花鬘塗香等飲食幢幡蓋誠心普奉獻
諸佛諸法藏諸大菩薩衆及諸賢聖等
我今志心礼 三說 念供養無盡諸三寶
第三懺悔罪愆
弟子某甲等 從無始[illegible]輪迴生死
乃至今日所造衆罪無量無邊
不自覺知自作教他見作隨喜
我今懺悔 不復更造唯願諸佛
慈悲攝受令我罪障速得消滅
念普賢菩薩懺悔師

塔下 2846　發菩提心戒序（面）　遼刻
拓片高 38 厘米、寬 72 厘米　中國國家圖書館藏
遼代單本刻經。

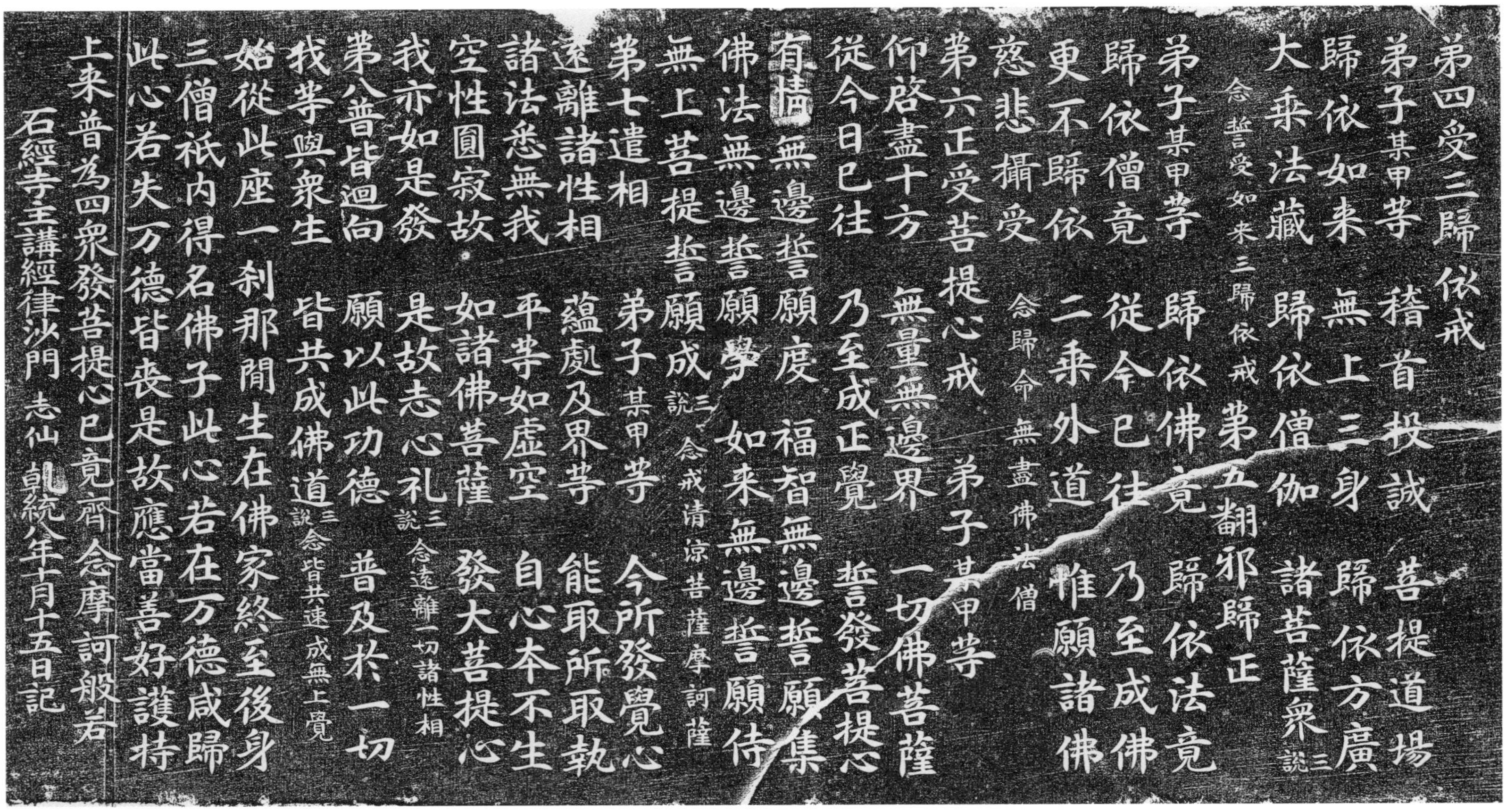
第四受三歸依戒
弟子某甲等 稽首菩提道場
歸依如来無上三身 歸依方廣
大乘法藏 歸依僧伽 諸菩薩衆 三說
念 誓受如来三歸依戒 第五翻邪歸正
弟子某甲等 歸依佛竟 歸依法竟
歸依僧竟 從今已往 乃至成佛
更不歸依二乘外道 唯願諸佛
慈悲攝受 念歸命無盡佛法僧
第六正受菩提心戒 弟子某甲等
仰啓盡十方無量無邊界 一切佛菩薩
從今日已往 乃至成正覺 誓發菩提心
有情無邊誓願度 福智無邊誓願集
佛法無邊誓願學 如来無邊誓願侍
無上菩提誓願成 三說 念戒清涼菩薩摩訶薩
第七遣相 弟子某甲等 今所發覺心
遠離諸性相 蘊處及界等 能取所取執
諸法悉無我 平等如虛空 自心本不生
空性圓寂故 如諸佛菩薩 發大菩提心
我亦如是發 是故志心礼 三說 念遠離一切諸性相
第八普皆迴向 願以此功德 普及於一切
我等與衆生 皆共成佛道 三說 念皆共速成無上覺
始從此座一剎那間生在佛家終至後身
三僧祇內得名佛子此心若在万德咸歸
此心若失万德皆喪是故應當善好護持
上来普為四衆發菩提心已竟齊念摩訶般若
石經寺主講經律沙門 志仙 乾統八年十月十五日記

塔下 2846　發菩提心戒石經寺主志仙遼乾統八年十月十五日造經題記（背）
拓片高 38 厘米、寬 72 厘米　中國國家圖書館藏

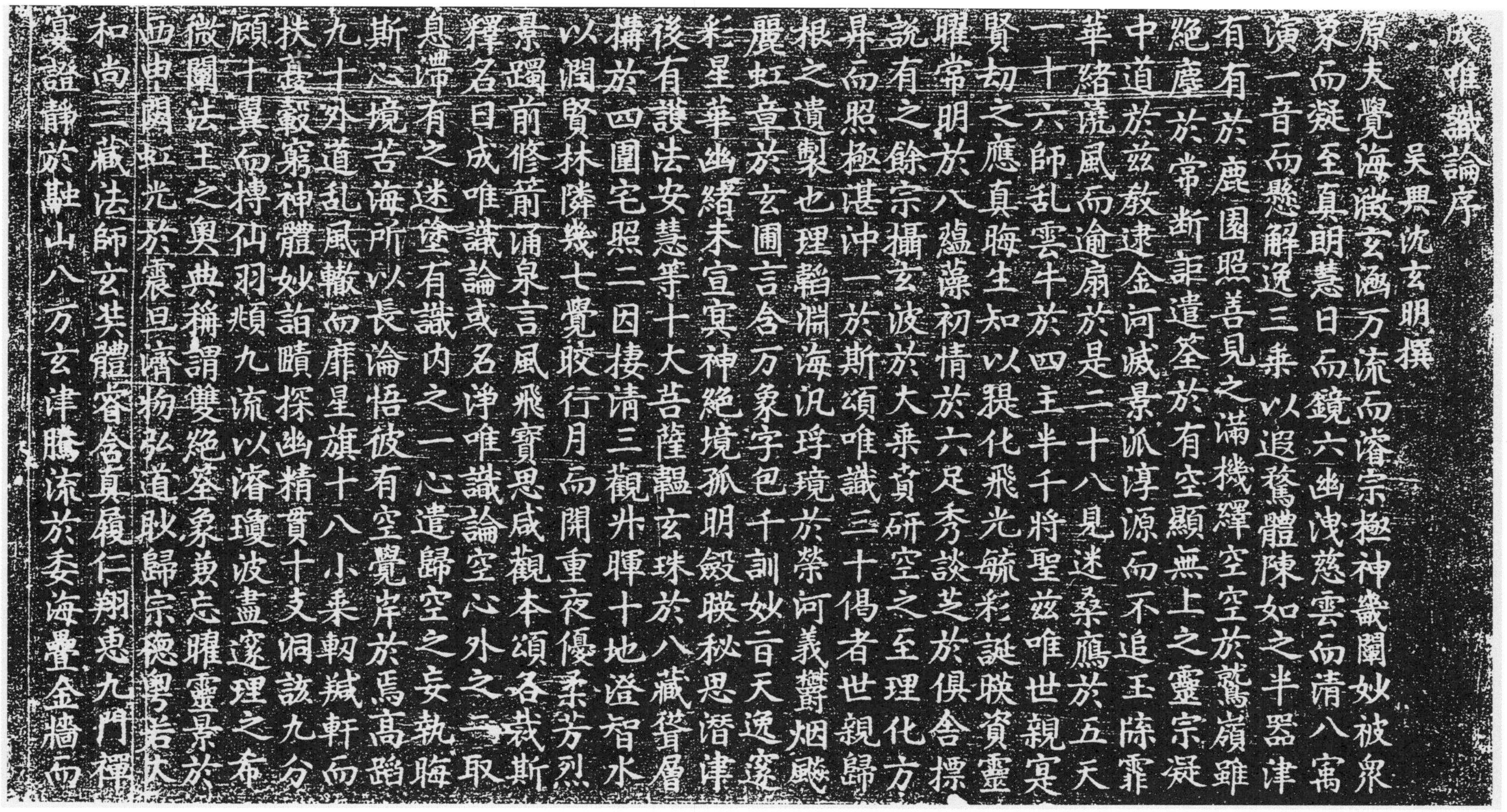

塔下 3214　沈玄明撰成唯識論序（“盡”字帙面）　遼刻
拓片高 44 厘米、寬 75 厘米　中國佛教圖書文物館藏

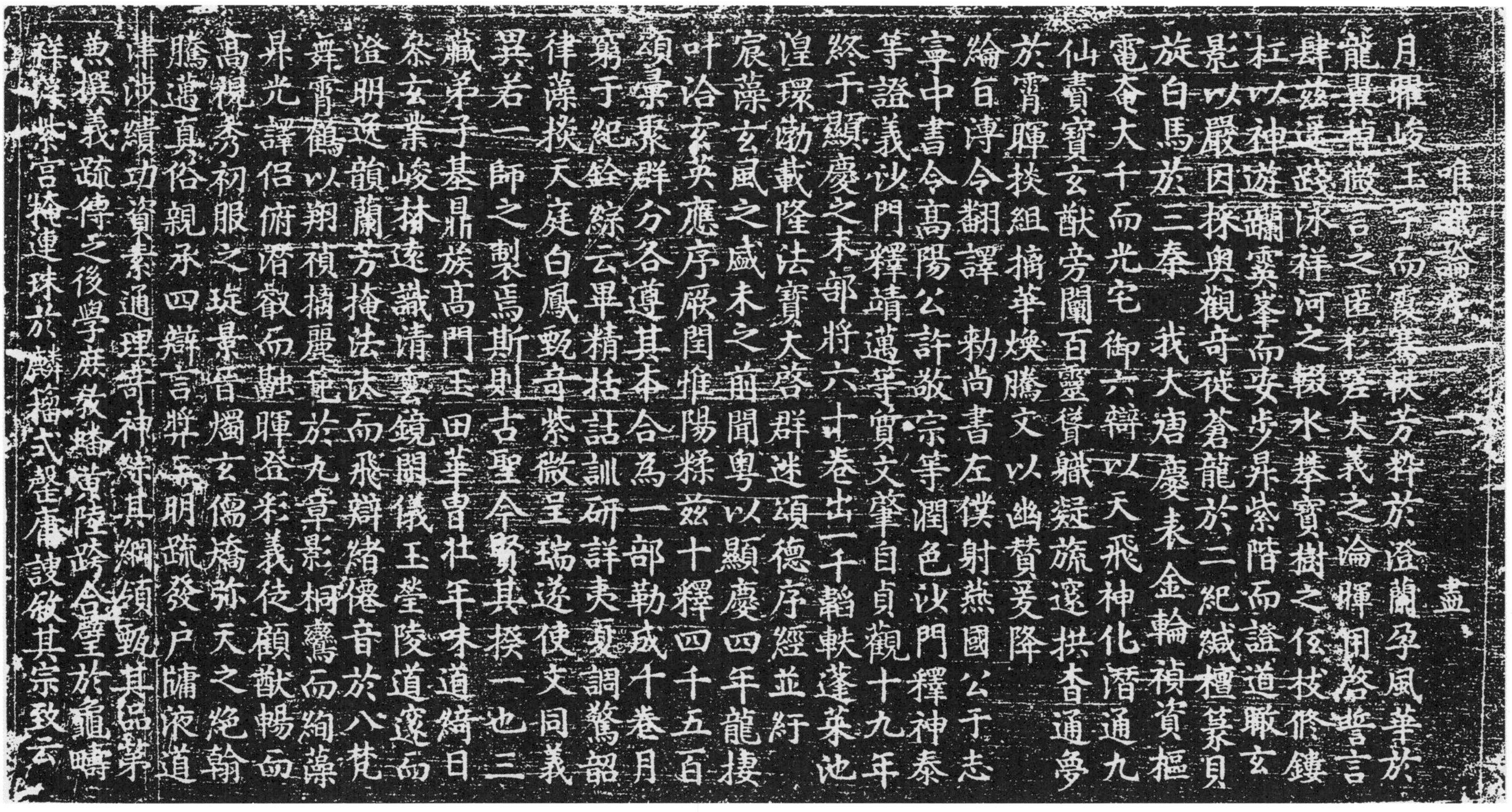

塔下 3214　沈玄明撰成唯識論序（“盡”字帙背）　遼刻
拓片高 44 厘米、寬 75 厘米　中國佛教圖書文物館藏

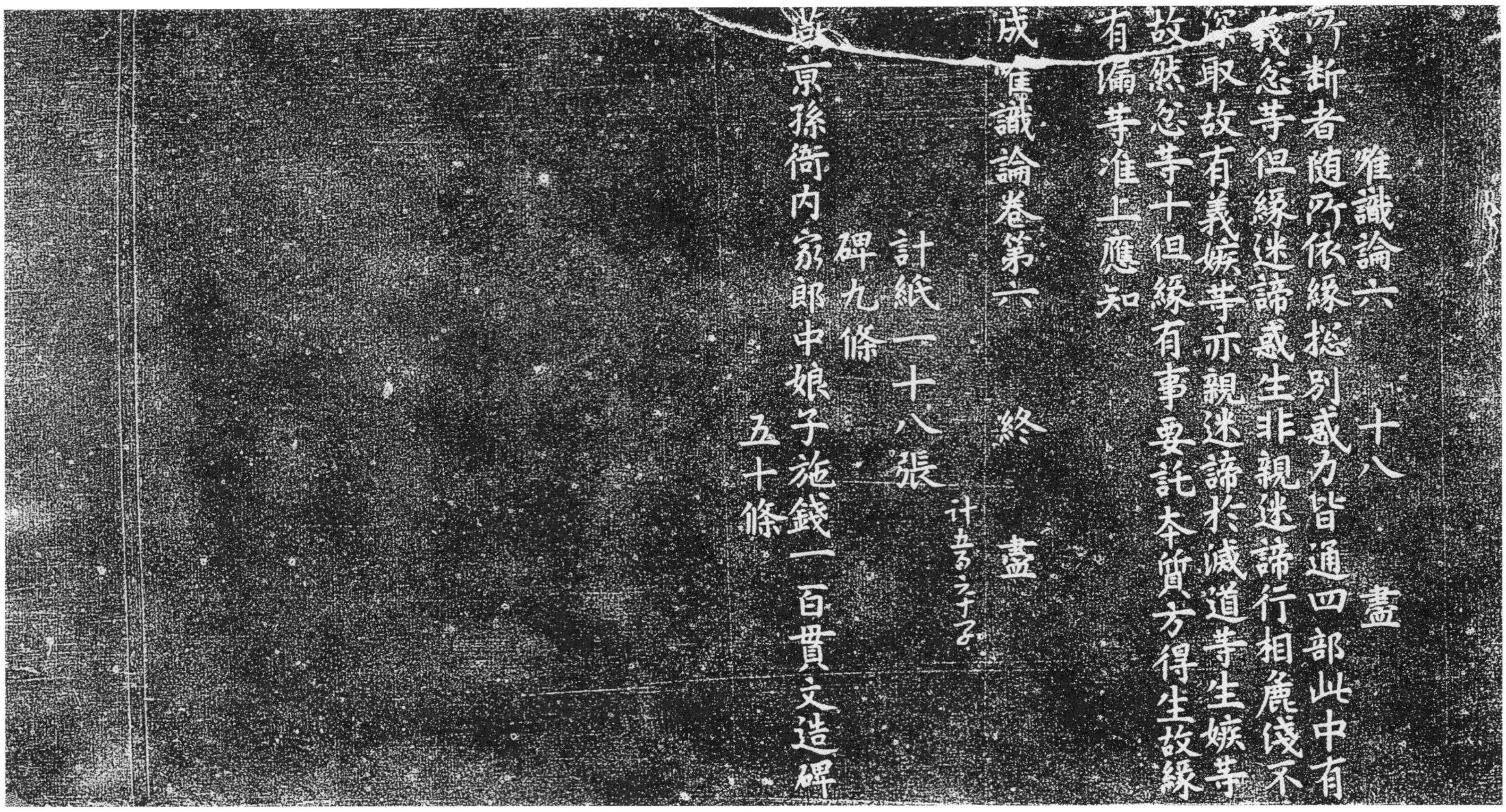

唯識論六　十八　盡
所斷者隨所依緣揔別惑力皆通四部此中有
義忿等但緣迷諦惑生非親迷諦行相麁淺不
深取故有義嫉等亦親迷諦於滅道等生嫉等
故然忿等十但緣有事要託本質方得生故緣
有漏等准上應知
成唯識論卷第六　終　盡
計紙一十八張
碑九條
燕京孫衙内家郎中娘子施錢一百貫文造碑
五十條

塔下 5002　成唯識論卷第六燕京孫衙内家郎中娘子造經題記（“盡”字帙）　遼刻
拓片高 44 厘米、寬 75 厘米　中國佛教圖書文物館藏

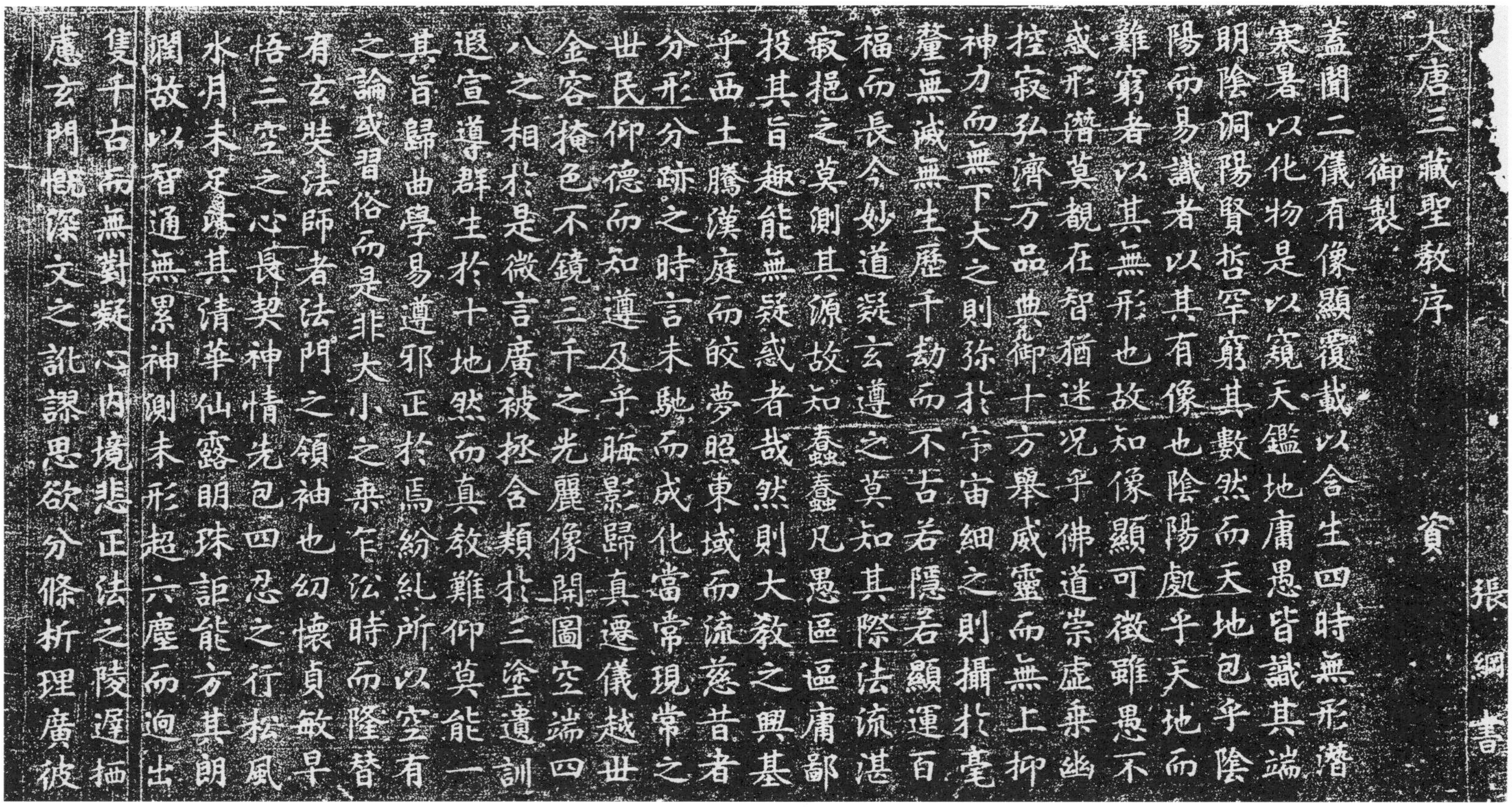

大唐三藏聖教序
御製　資　張綱書
蓋聞二儀有像顯覆載以含生四時無形潛
寒暑以化物是以窺天鑑地庸愚皆識其端
明陰洞陽賢哲罕窮其數然而天地包乎陰
陽而易識者以其有像也陰陽處乎天地而
難窮者以其無形也故知像顯可徵雖愚不
惑形潛莫覩在智猶迷況乎佛道崇虛乘幽
控寂弘濟万品典御十方舉威靈而無上抑
神力而無下大之則弥於宇宙細之則攝於毫
釐無滅無生歷千劫而不古若隱若顯運百
福而長今妙道凝玄遵之莫知其際法流湛
寂挹之莫測其源故知蠢蠢凡愚區區庸鄙
投其旨趣能無疑惑者哉然則大教之興基
乎西土騰漢庭而皎夢照東域而流慈昔者
分形分跡之時言未馳而成化當常現常之
世民仰德而知遵及乎晦影歸真遷儀越世
金容掩色不鏡三千之光麗像開圖空端四
八之相於是微言廣被拯含類於三塗遺訓
遐宣導群生於十地然而真教難仰莫能一
其旨歸曲學易遵邪正於焉紛糺所以空有
之論或習俗而是非大小之乘乍沿時而隆替
有玄奘法師者法門之領袖也幼懷貞敏早
悟三空之心長契神情先包四忍之行松風
水月未足比其清華仙露明珠詎能方其朗
潤故以智通無累神測未形超六塵而迥出
隻千古而無對凝心內境悲正法之陵遲栖
慮玄門慨深文之訛謬思欲分條析理廣彼

塔下 4179　大乘廣百論釋論唐太宗撰大唐三藏聖教序張綱書經題名（“資”字帙面）　遼刻
拓片高 42 厘米、寬 70 厘米　中國佛教圖書文物館藏

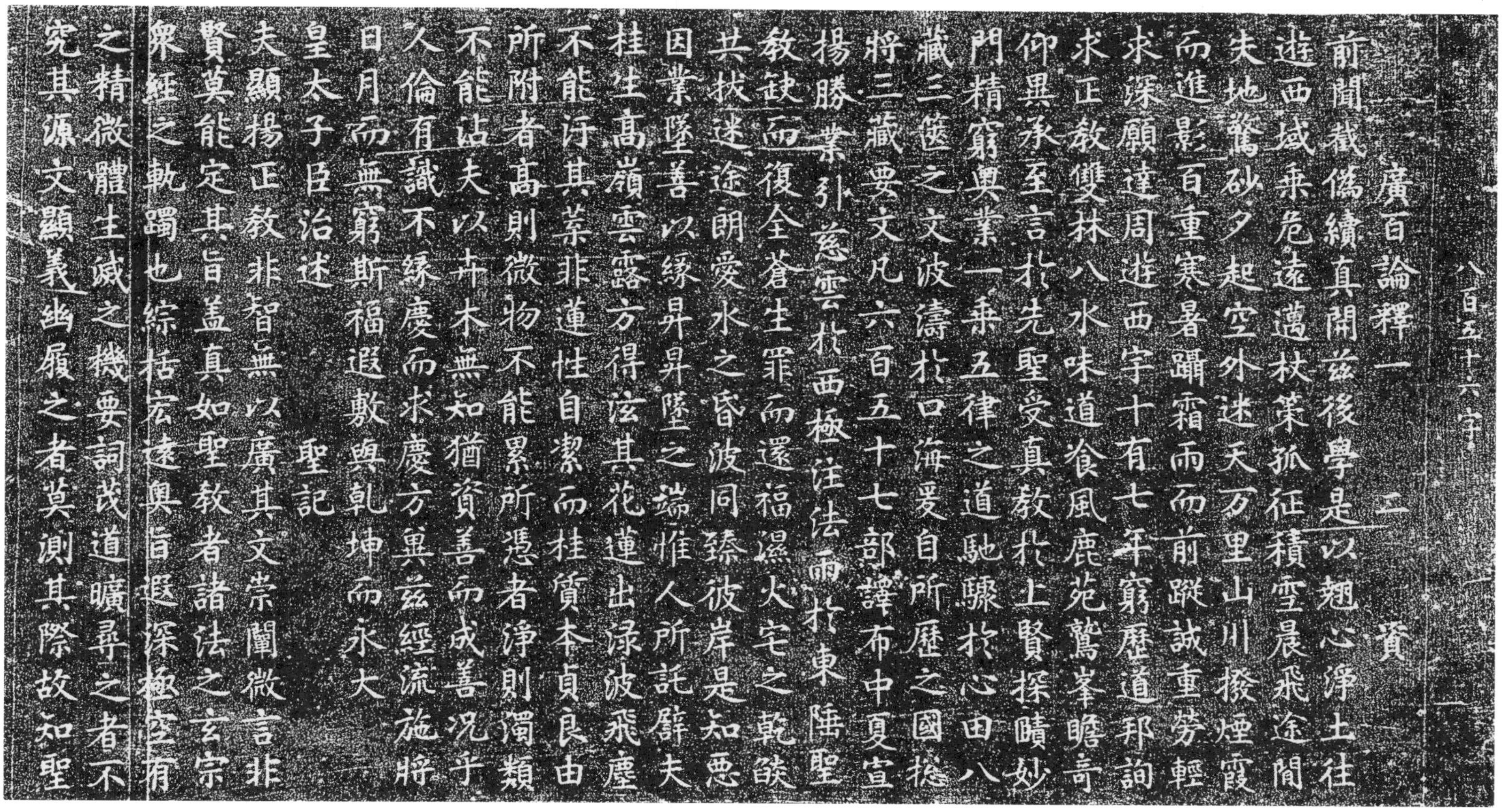

八百五十六字

廣百論釋一　二　資

前聞截僞續真開茲後學是以翹心淨土往

遊西域乘危遠邁杖策孤征積雪晨飛途閒

失地驚砂夕起空外迷天万里山川撥煙霞

而進影百重寒暑躡霜雨而前蹤誠重勞輕

求深願達周遊西宇十有七年窮歷道邦詢

求正教雙林八水味道飡風鹿苑鷲峯瞻奇

仰異承至言於先聖受真教於上賢探賾妙

門精窮奧業一乘五律之道馳驟於心田八

藏三篋之文波濤於口海爰自所歷之國揔

將三藏要文凡六百五十七部譯布中夏宣

揚勝業引慈雲於西極注法雨於東陲聖

教缺而復全蒼生罪而還福濕火宅之乾燄

共拔迷途朗愛水之昏波同臻彼岸是知惡

因業墜善以緣昇昇墜之端惟人所託譬夫

桂生高嶺雲露方得泫其花蓮出淥波飛塵

不能汙其葉非蓮性自潔而桂質本貞良由

所附者高則微物不能累所憑者淨則濁類

不能沾夫以卉木無知猶資善而成善況乎

人倫有識不緣慶而求慶方冀茲經流施將

日月而無窮斯福遐敷與乾坤而永大

皇太子臣治述　聖記

夫顯揚正教非智無以廣其文崇闡微言非

賢莫能定其旨蓋真如聖教者諸法之玄宗

衆經之軌躅也綜括宏遠奧旨遐深極空有

之精微體生滅之機要詞茂道曠尋之者不

究其源文顯義幽履之者莫測其際故知聖

塔下 4179　大乘廣百論釋論皇太子臣治述聖記（“資”字帙背）　遼刻
拓片高 42 厘米、寬 70 厘米　中國佛教圖書文物館藏

廣百論釋一　十八　資

常極微亦尒云何常住對礙與常互相違反

二法同體理所不然復有別釋餘物共合變

壞生因名爲有對不尒極微皆有對礙礙證

無常其義明了若謂極微障礙餘物他不全

許故須別立餘物共合變壞生因比度極微

是無常者是則但應以能生義證極微性定

是無常何以頌中說爲有對故知此言是有

礙義雖不全許而因義成彼許極微礙餘物

故既破極微方亦隨壞因極微果證實有方

極微既無果則非有何緣而立方實常耶又

方不定待緣而立假施設有非實非常由上

所說諸因緣故極微是常佛未曾說但言諸

行皆是無常唯我大師獨稱覺者於一切境

智見無礙所說無倒真号如来愍彼邪徒不

能歸信諸行無常誠哉佛說無爲非行何廢

常耶然所立常無過二種一有所作二無所

作若有所作非謂無爲若無所作但有名想

故契經說去来及我虛空涅槃是五種法但

有名想都無實義

大乘廣百論釋論卷第一　資

一　計一十八紙　碑共九條

法師業經沙門　至温

法師業論沙門　善詮

講經論沙門　玄敷

講經論沙門　善定

七百一十三

塔下 4281　大乘廣百論釋論卷第一至温善詮玄敷善定題名（“資”字帙）　遼刻
拓片高 42 厘米、寬 70 厘米　中國佛教圖書文物館藏

廣百論釋論卷第十　二十一　資
當勤修行
已除見有累　復遣執無塵　善開妙中道　願世咸歸寂
聖天菩薩造論既周重叙摧邪復說頌曰
我在為燎邪宗火　伏以如來正教酥
又扇因明廣大風　誰敢如蛾投猛焰
三藏法師於鷲嶺北得聞此論隨聽隨翻自
慶成功而說頌曰
聖天護法依智悲　為挫群邪制斯論
四句百非皆殄滅　其猶劫火燎纖毫
故我殉命訪真宗　欣遇隨聞隨譯訖
願此速與諸含識　俱昇無上佛菩提
大乘廣百論釋論卷第十　資
普願法界難思類　大開玄源第一義
永超取捨流轉門　廓矣如來清淨地
二十一紙　一百四十字

塔下 5334　大乘廣百論釋論卷第十卷末偈語（“資”字帙）　遼刻
拓片高 42 厘米、寬 70 厘米　中國佛教圖書文物館藏

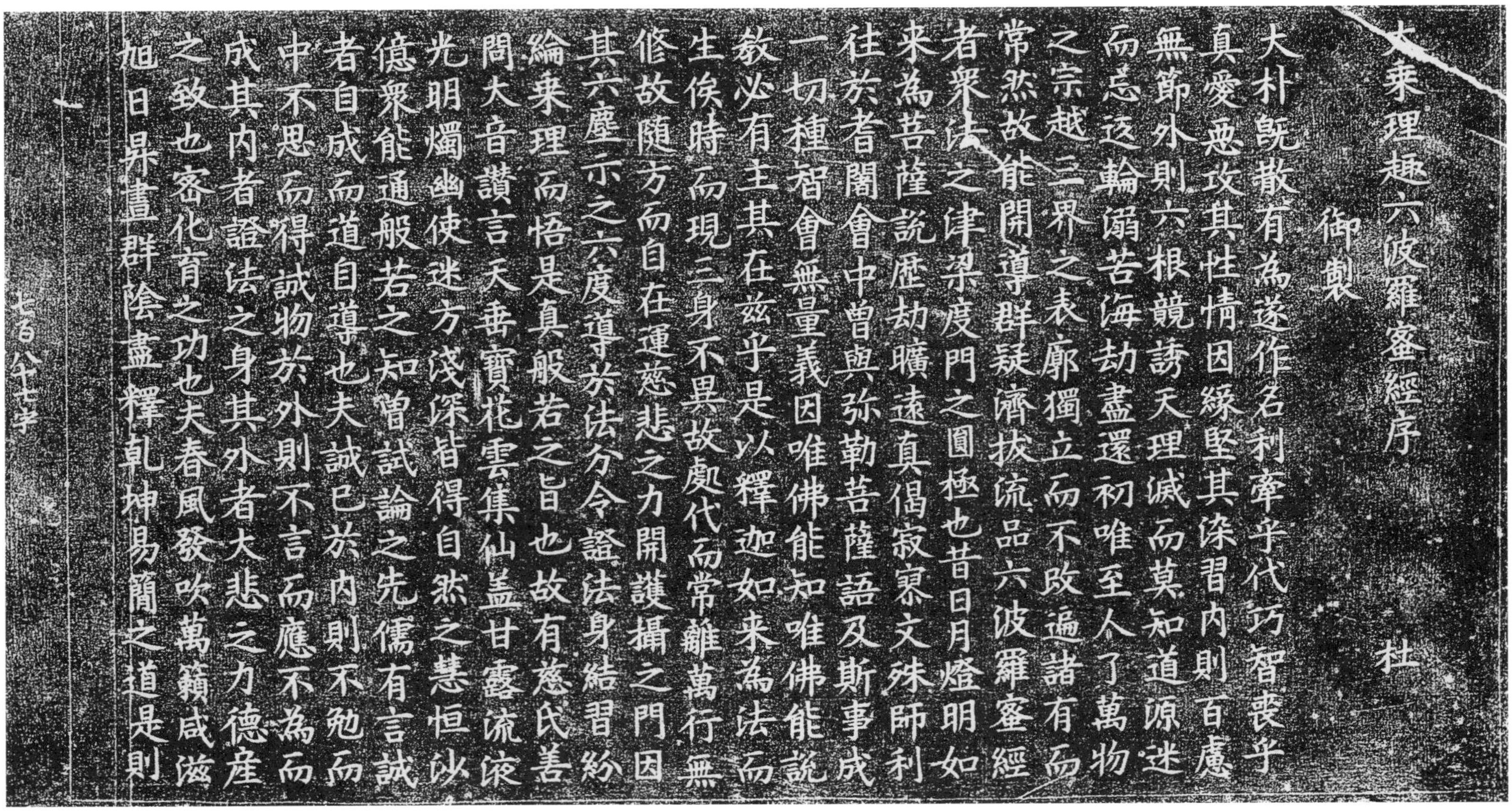
大乘理趣六波羅蜜經序　杜
御製
大朴既散有為遂作名利牽乎代巧智喪乎
真愛惡攻其性情因緣堅其染習內則百慮
無節外則六根競誘天理滅而莫知道源迷
而忘返輪溺苦海劫盡還初唯至人了萬物
之宗越三界之表廓獨立而不改遍諸有而
常然故能開導群疑濟拔流品六波羅蜜經
者衆法之津梁度門之圓極也昔日月燈明如
来為菩薩說歷劫曠遠真偈寂寥文殊師利
往於耆闍會中曾與弥勒菩薩語及斯事成
一切種智會無量義因唯佛能知唯佛能說
教必有主其在茲乎是以釋迦如来為法而
生俟時而現三身不異故慮代而常離萬行無
修故隨方而自在運慈悲之力開護攝之門因
其六塵示之六度導於法分令證法身結習紛
綸乘理而悟是真般若之旨也故有慈氏善
問大音讚言天垂寶花雲集仙盖甘露流液
光明燭幽使迷方淺深皆得自然之慧恒沙
億衆能通般若之知曾試論之先儒有言誠
者自成而道自導也夫誠已於內則不勉而
中不思而得誠物於外則不言而應不為而
成其內者證法之身其外者大悲之力德產
之致也密化育之功也夫春風發吹萬籟咸滋
旭日昇晝群陰盡釋乾坤易簡之道是則
七百八十七字

塔下 4993　唐德宗撰大乘理趣六波羅蜜多經序（“杜”字帙面）　金刻
拓片高 42 厘米、寬 70 厘米　中國佛教圖書文物館藏

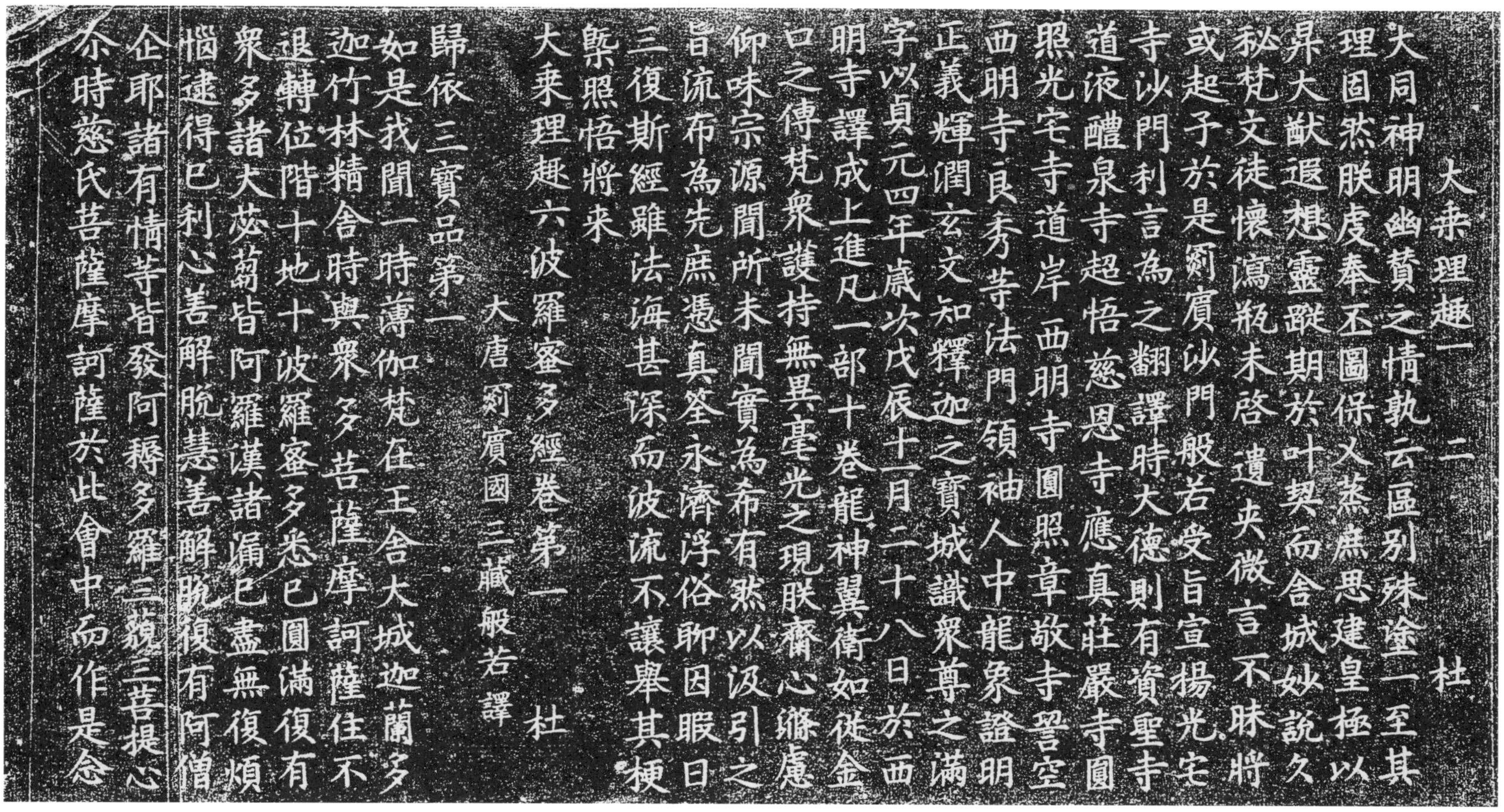

大乘理趣一　二　杜
大同神明幽賛之情執云區别殊塗一至其
理固然朕虔奉丕圖保乂蒸庶思建皇極以
昇大猷遐想靈蹤期於叶契而舍城妙說久
秘梵文徒懷瀉瓶未啓遺夹微言不昧將
或起予於是罽賓沙門般若受旨宣揚光宅
寺沙門利言為之翻譯時大德則有資聖寺
道液醴泉寺超悟慈恩寺應真莊嚴寺圓
照光宅寺道岸西明寺圓照章敬寺詧空
西明寺良秀等法門領袖人中龍象證明
正義輝潤玄文知釋迦之寶城識衆尊之滿
字以貞元四年歲次戊辰十一月二十八日於西
明寺譯成上進凡一部十卷龍神翼衛如從金
口之傳梵衆護持無異毫光之現朕齋心繇慮
仰味宗源聞所未聞實為希有然以汲引之
旨流布為先庶憑真筌永濟浮俗聊因暇日
三復斯經雖法海甚深而波流不讓舉其梗
槩照悟將来
大乘理趣六波羅蜜多經卷第一　杜
大唐罽賓國三藏般若譯
歸依三寶品第一
如是我聞一時薄伽梵在王舍大城迦蘭多
迦竹林精舍時與衆多菩薩摩訶薩住不
退轉位階十地十波羅蜜多悉已圓滿復有
衆多諸大苾蒭皆阿羅漢諸漏已盡無復煩
惱逮得已利心善解脫慧善解脫復有阿僧
企耶諸有情等皆發阿耨多羅三藐三菩提心
尒時慈氏菩薩摩訶薩於此會中而作是念

塔下 4993　唐德宗撰大乘理趣六波羅蜜多經序（“杜”字帙背）　金刻
拓片高 42 厘米、寬 70 厘米　中國佛教圖書文物館藏

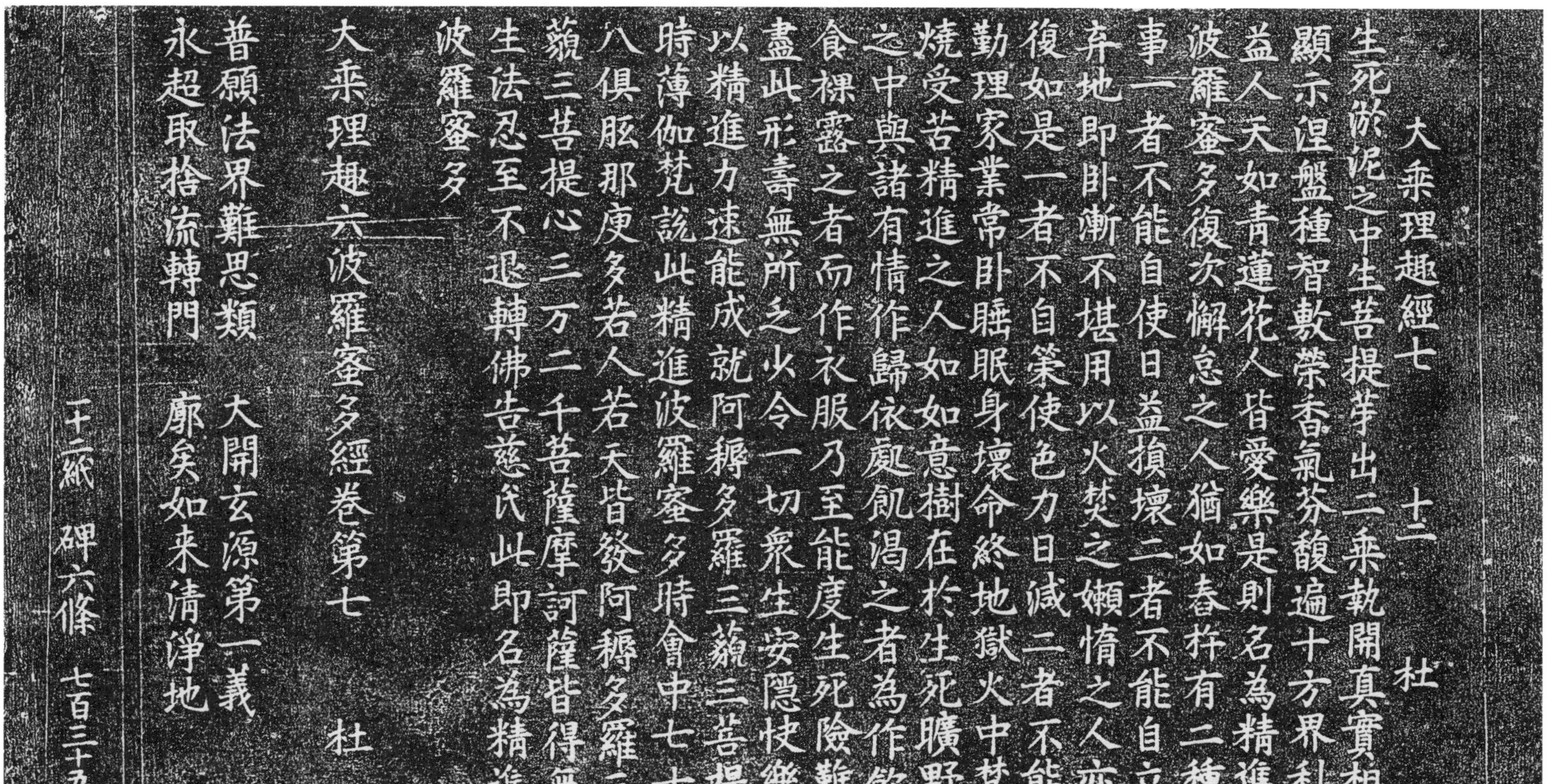

大乘理趣經七　十二　杜
生死淤泥之中生菩提芽出二乘執開真實相
顯示涅槃種智敷榮香氣芬馥遍十方界刹
益人天如青蓮花人皆愛樂是則名為精進
波羅蜜多復次懈怠之人猶如春杵有二種
事一者不能自使日益損壞二者不能自立
弃地即卧漸不堪用以火焚之嬾惰之人亦
復如是一者不自策使色力日減二者不能
勤理家業常卧睡眠身壞命終地獄火中梵
燒受苦精進之人如如意樹在於生死曠野
之中與諸有情作歸依處飢渴之者為作飲
食裸露之者而作衣服乃至能度生死險難
盡此形壽無所乏少令一切衆生安隱快樂
以精進力速能成就阿耨多羅三藐三菩提
時薄伽梵說此精進波羅蜜多時會中七十
八俱胝那庾多若人若天皆發阿耨多羅三
藐三菩提心三万二千菩薩摩訶薩皆得無
生法忍至不退轉佛告慈氏此即名為精進
波羅蜜多
大乘理趣六波羅蜜多經卷第七　杜
普願法界難思類　大開玄源第一義
永超取捨流轉門　廓矣如来清淨地
十二紙　碑六條　七百三十五字

塔下 5024　大乘理趣六波羅蜜多經卷第七卷末偈語（“杜”字帙）　金刻
拓片高 42 厘米、寬 70 厘米　中國佛教圖書文物館藏

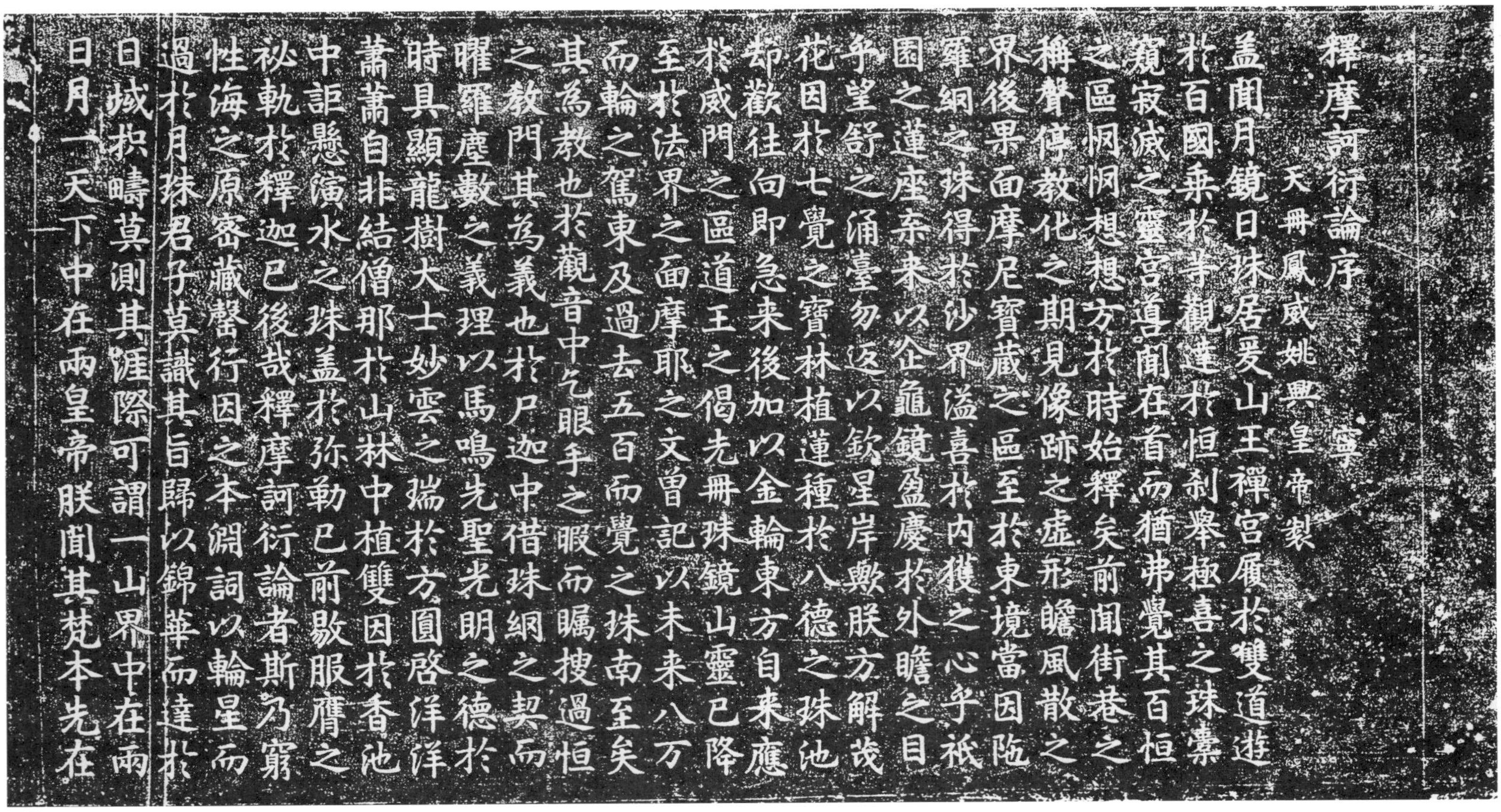

釋摩訶衍論序　寧
天冊鳳威姚興皇帝製
盖聞月鏡日珠居爰山王禪宮履於雙道遊
於百國乘於等觀達於恒剎舉極喜之珠棄
窺寂滅之靈宮導聞在首而猶弗覺其百恒
之區悯悯想想方於時始釋矣前聞街巷之
稱聲停教化之期見像跡之虛形瞻風散之
界後果面摩尼寶藏之區至於東境當因陁
羅網之珠得於沙界溢喜於內獲之心乎祇
園之蓮座奈来以金龜鏡盈慶於外瞻之目
爭望舒之涌臺匆返以欽星岸歟朕方解茂
花因於七覺之寶林植蓮種於八德之珠池
却歡往向即急来後加以金輪東方自来應
於威門之區道王之偈先冊珠鏡山靈已降
至於法界之面摩耶之文曾記以未来八万
而輪之駕東及過去五百而覺之珠南至矣
其為教也於觀音中乞眼手之暇而矚搜過恒
之教門其為義也於尸迦中借珠網之契而
曜羅塵數之義理以馬鳴先聖光明之德於
時具顯龍樹大士妙雲之端於方圓啓洋洋
蕭蕭自非結僧那於山林中植雙因於香池
中詎懸滿水之珠盖於彌勒已前敬服膺之
祕執於釋迦已後哉釋摩訶衍論者斯乃窮
性海之原齊藏馨行因之本淵詞以輪星而
過於月珠君子莫識其旨歸以錦華而達於
日域枳疇莫測其涯際可謂一山界中在兩
日月一天下中在兩皇帝朕聞其梵本先在

塔下 5084　姚興撰釋摩訶衍論序（“寧”字帙面）　遼刻
拓片高 42 厘米、寬 72 厘米　中國佛教圖書文物館藏

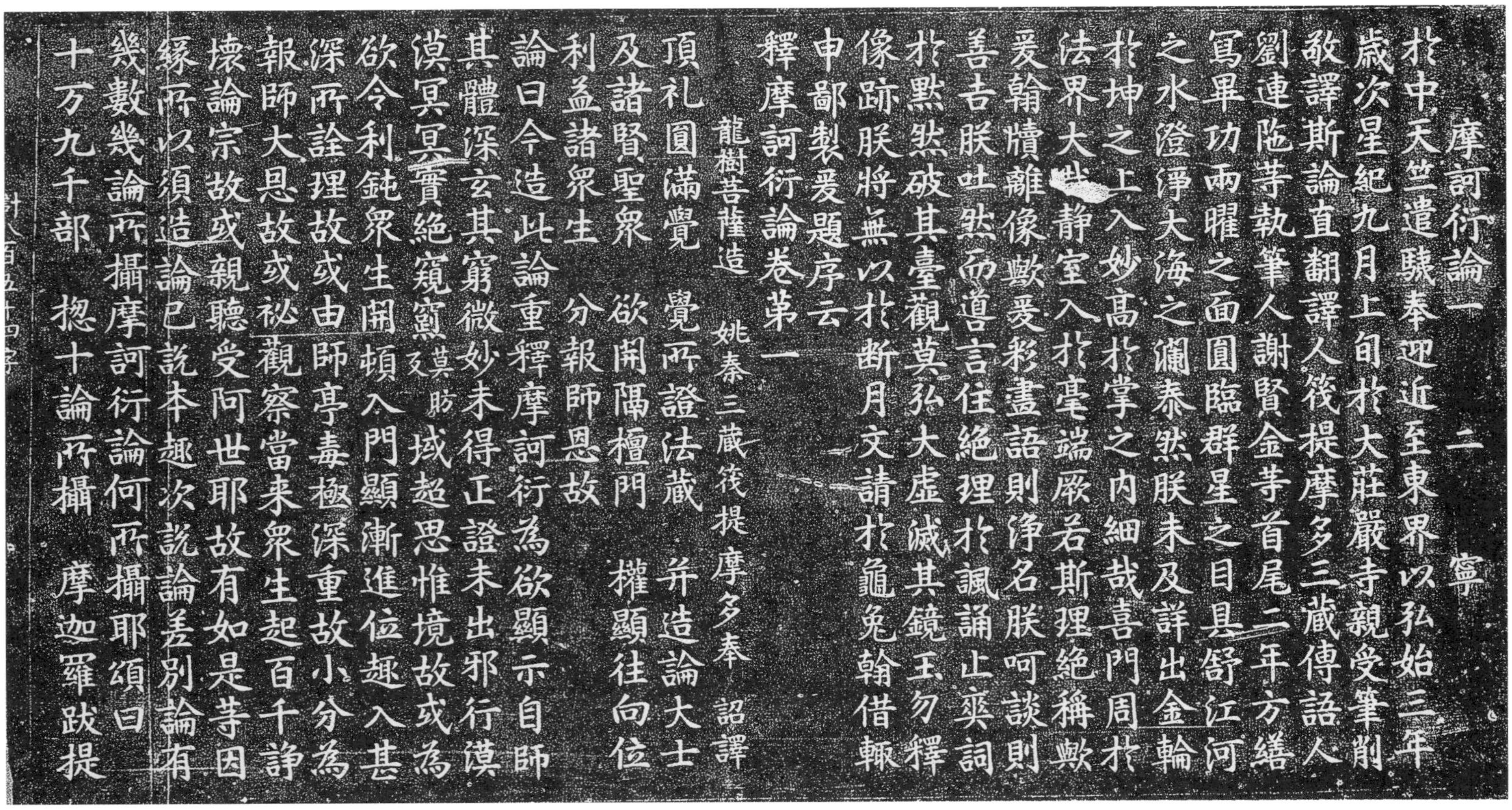

摩訶衍論一　二　寧
於中天竺遣騎奉迎近至東界以弘始三年
歲次星紀九月上旬於大莊嚴寺親受筆削
敬譯斯論直翻譯人筏提摩多三藏傳語人
劉連陁等執筆人謝賢金等首尾二年方繕
寫畢功兩曜之面圓臨群星之目具舒江河
之水澄淨大海之瀾泰然朕未及詳出金輪
於坤之上入妙高於掌之內細哉喜門周於
法界大哉靜室入於毫端厥若斯理絕稱歟
爰翰墳離像歟爰彩畫語則淨名朕呵談則
善吉朕吐然而道言住絕理於諷誦止爽詞
於默然破其臺觀莫弘大虛滅其鏡玉匆釋
像跡朕將無以於斷月文請於龜兔翰借輒
申鄙製爰題序云
釋摩訶衍論卷第一
龍樹菩薩造　姚秦三藏筏提摩多奉　詔譯
頂礼圓滿覺　覺所證法藏　并造論大士
及諸賢聖衆　欲開隔檀門　權顯往向位
利益諸衆生　分報師恩故
論曰今造此論重釋摩訶衍為欲顯示自師
其體深玄其窮微妙未得正證未出邪行漢
漠冥冥實絕窺窬域超思惟境故或為
欲令利鈍衆生開頓入門顯漸進位趣入甚
深所詮理故或由師亭毒極深重故小分為
報師大恩故或祕觀察當来衆生起百千諍
壞論宗故或親聽受阿世耶故有如是等因
緣所以須造論已說本趣次說論差別論有
幾數幾論所攝摩訶衍論何所攝耶頌曰
十万九千部　捴十論所攝　摩迦羅跋提

塔下 5084　姚興撰釋摩訶衍論序（“寧”字帙背）　遼刻
拓片高 42 厘米、寬 72 厘米　中國佛教圖書文物館藏

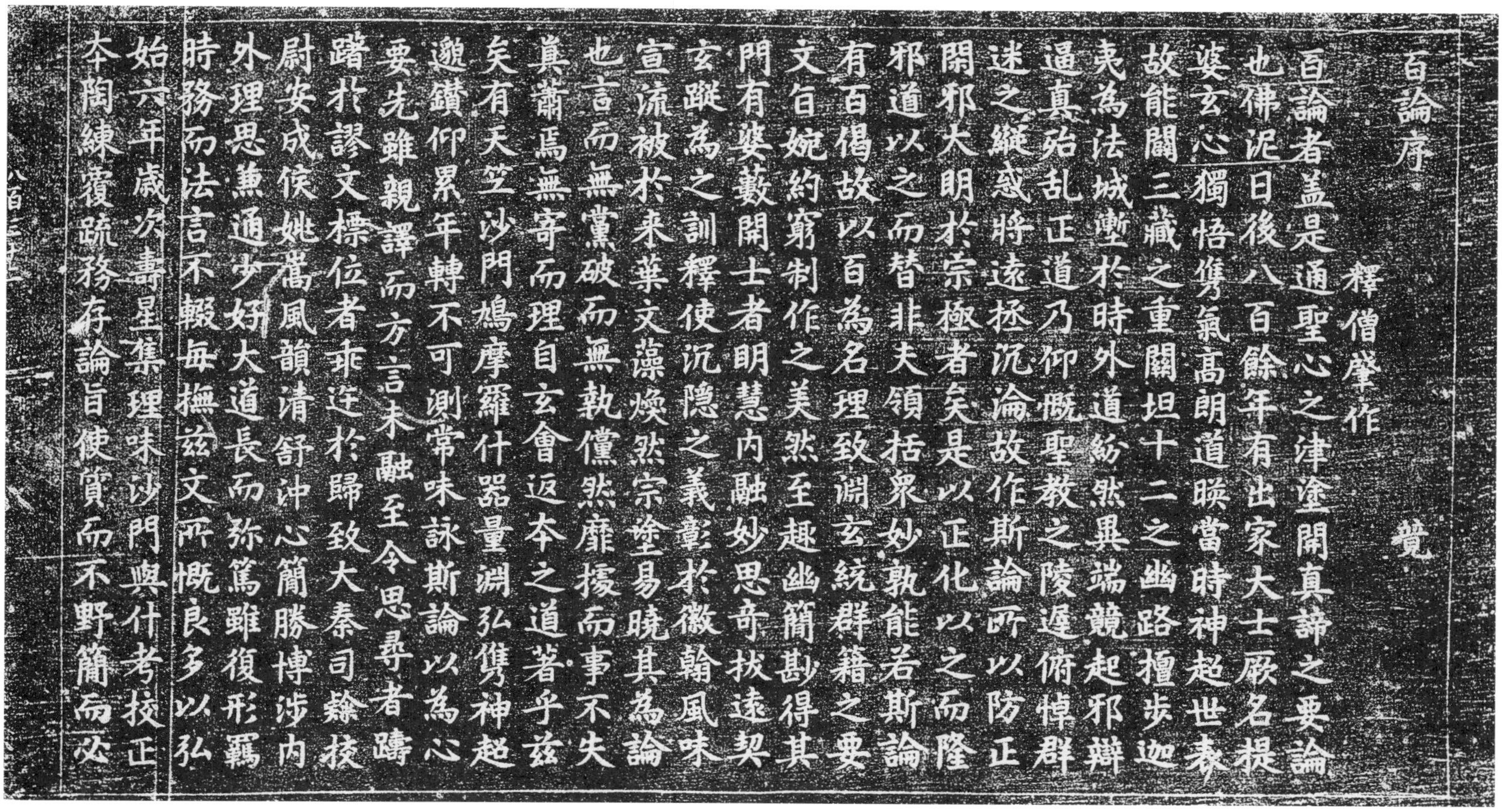

百論序 覺
釋僧肇作
百論者蓋是通聖心之津塗開真諦之要論
也佛泥日後八百餘年有出家大士厥名提
婆玄心獨悟儁氣高朗道映當時神超世表
故能闢三藏之重關坦十二之幽路擅步迦
夷為法城塹于時外道紛然異端競起邪辯
逼真殆乱正道乃仰慨聖教之陵遲俯悼群
迷之縱惑將遠拯沉淪故作斯論所以防正
閑邪大明於宗極者矣是以正化以之而隆
邪道以之而替非夫領括眾妙孰能若斯論
有百偈故以百為名理致淵玄統群籍之要
文旨婉約窮制作之美然至趣幽簡尠得其
門有婆藪開士者明慧內融妙思奇拔遠契
玄蹤為之訓釋使沉隱之義彰於徽翰風味
宣流被於來葉文藻煥然宗塗易曉其為論
也言而無黨破而無執儻然靡據而事不失
真蕭焉無寄而理自玄會返本之道著乎茲
矣有天竺沙門鳩摩羅什器量淵弘儁神超
邈鑽仰累年轉不可測常味詠斯論以為心
要先雖親譯而方言未融至令思尋者躊
躇於謬文標位者乖迕於歸致大秦司隸校
尉安成侯姚嵩風韻清舒沖心簡勝博涉內
外理思兼通少好大道長而彌篤雖復形羈
時務而法言不輟每撫茲文所慨良多以弘
始六年歲次壽星集理味沙門與什考校正
本陶練覆疏務存論旨使質而不野簡而必

塔下 5224　釋僧肇撰百論序（“競”字帙面）　遼刻
拓片高 40 厘米、寬 70 厘米　中國佛教圖書文物館藏

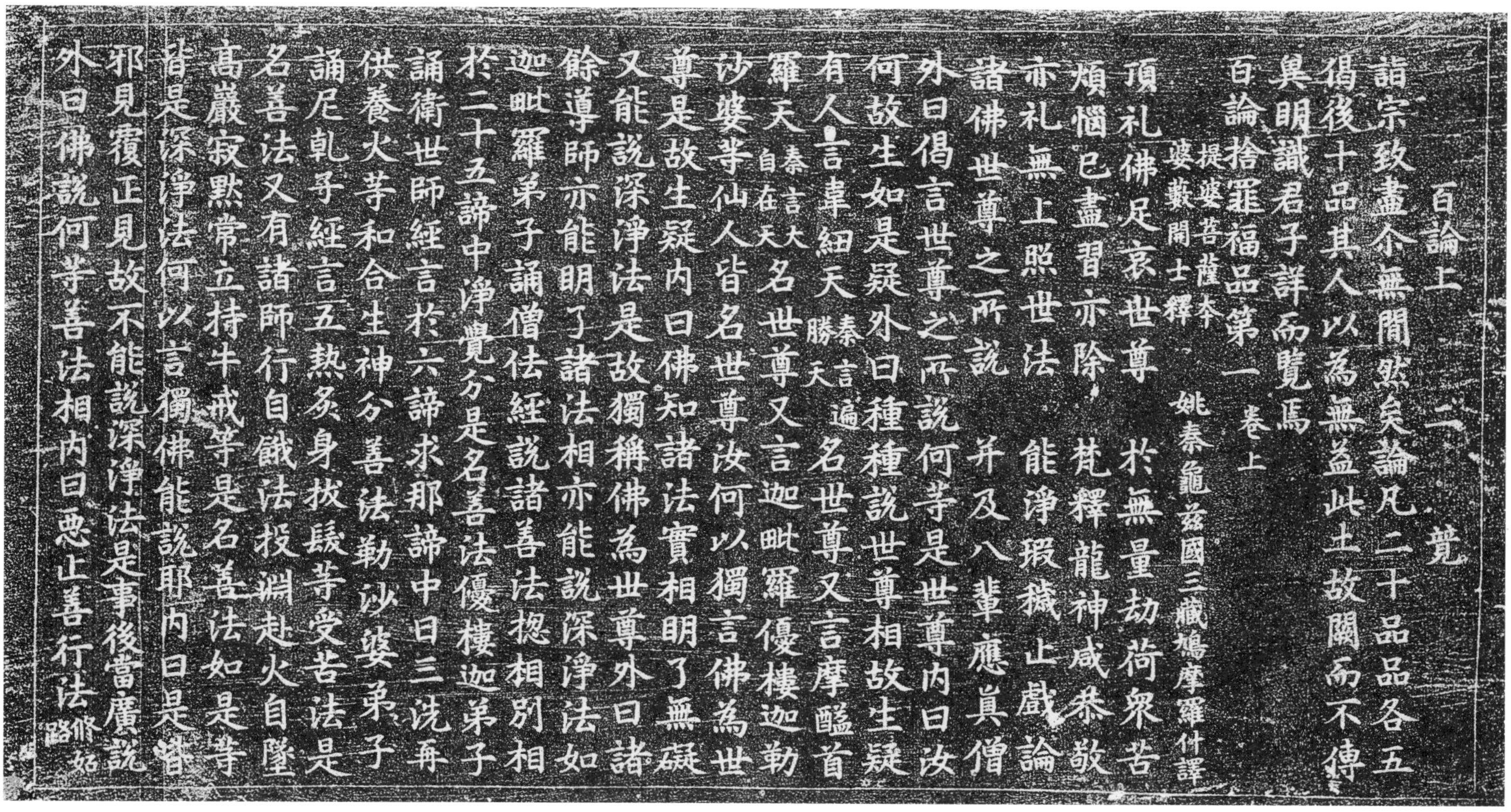

百論上 二 覺
詣宗致盡尒無間然矣論凡二十品品各五
偈後十品其人以為無益此土故闕而不傳
冀明識君子詳而覽焉
百論捨罪福品第一 卷上
提婆菩薩本 姚秦龜茲國三藏鳩摩羅什譯
婆藪開士釋
頂礼佛足哀世尊　於無量劫荷眾苦
煩惱已盡習亦除　梵釋龍神咸恭敬
亦礼無上照世法　能淨瑕穢止戲論
諸佛世尊之所說　并及八輩應真僧
外曰偈言世尊之所說何等是世尊內曰汝
何故生如是疑外曰種種說世尊相故生疑
有人言韋紐天秦言遍勝天名世尊又言摩醯首
羅天秦言大自在天名世尊又言迦毗羅優樓迦勒
沙婆等仙人皆名世尊汝何以獨言佛為世
尊是故生疑內曰佛知諸法實相明了無礙
又能說深淨法是故獨稱佛為世尊外曰諸
餘導師亦能明了諸法相亦能說深淨法如
迦毗羅弟子誦僧佉經說諸善法揔相別相
於二十五諦中淨覺分是名善法優樓迦弟子
誦衛世師經言於六諦求那諦中日三洗再
供養火等和合生神分善法勤沙婆弟子
誦尼乾子經言五熱炙身拔髮等受苦法是
名善法又有諸師行自餓法投淵赴火自墜
高巖寂默常立持牛戒等是名善法如是等
皆是深淨法何以言獨佛能說耶內曰是皆
邪見覆正見故不能說深淨法是事後當廣說
外曰佛說何等善法相內曰惡止善行法脩妬路

塔下 5224　釋僧肇撰百論序（“競”字帙背）　遼刻
拓片高 40 厘米、寬 70 厘米　中國佛教圖書文物館藏

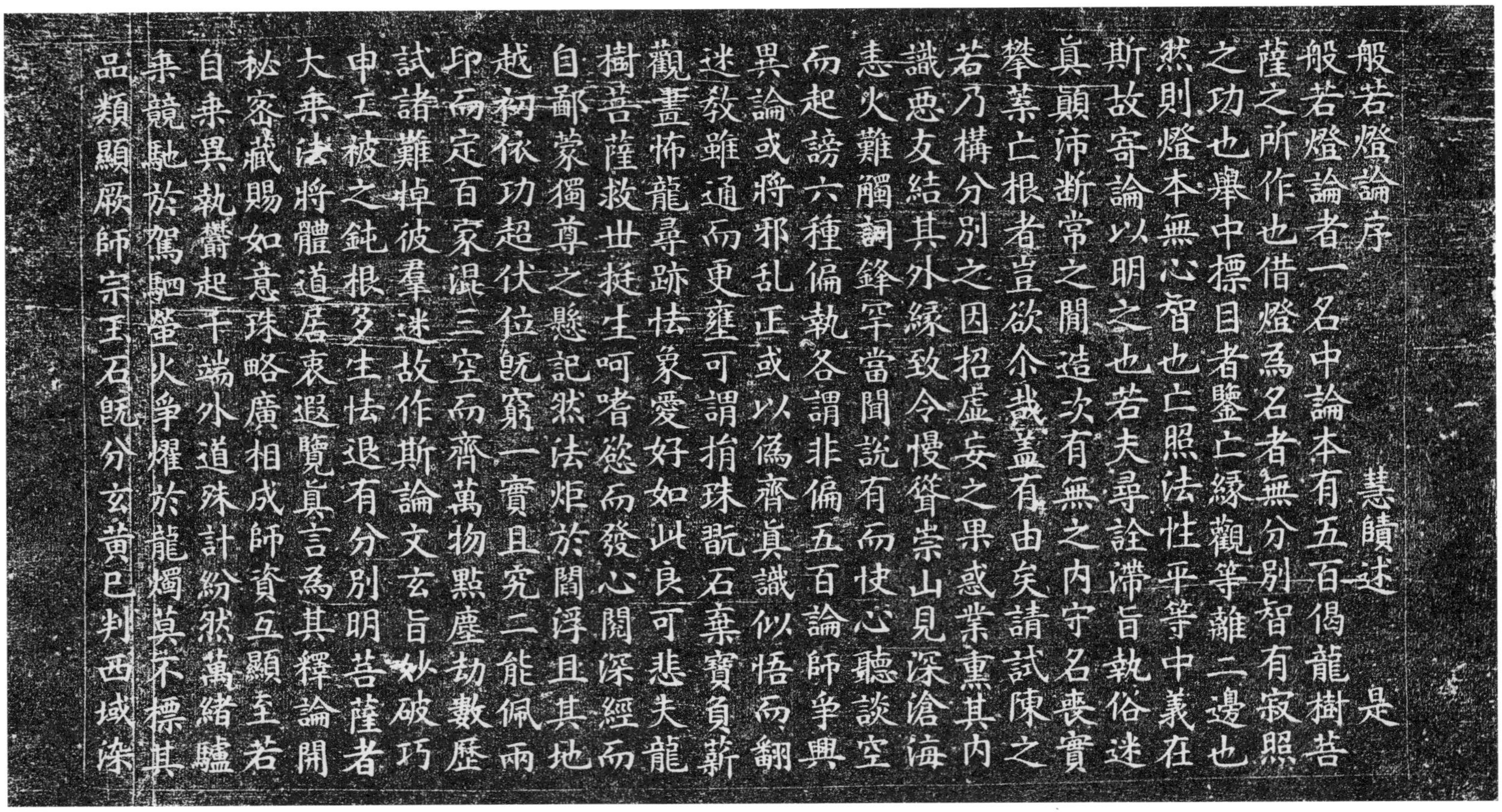

塔下 5242　釋慧賾撰般若燈論序（“是”字帙面）　遼刻
拓片高 42 厘米、寬 73 厘米　中國佛教圖書文物館藏

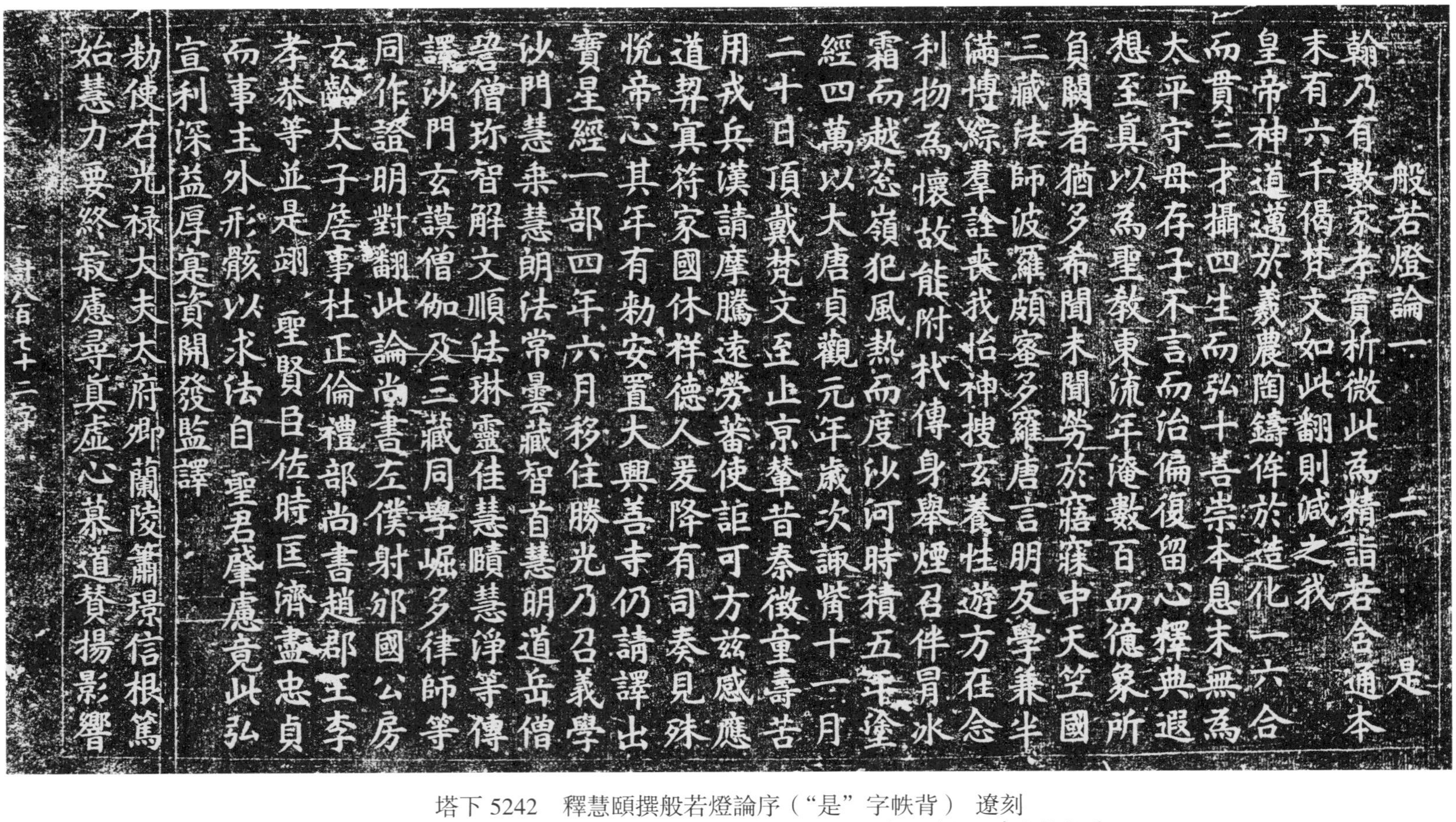

塔下 5242　釋慧頤撰般若燈論序（“是”字帙背）　遼刻
拓片高 42 厘米、寬 73 厘米　中國佛教圖書文物館藏

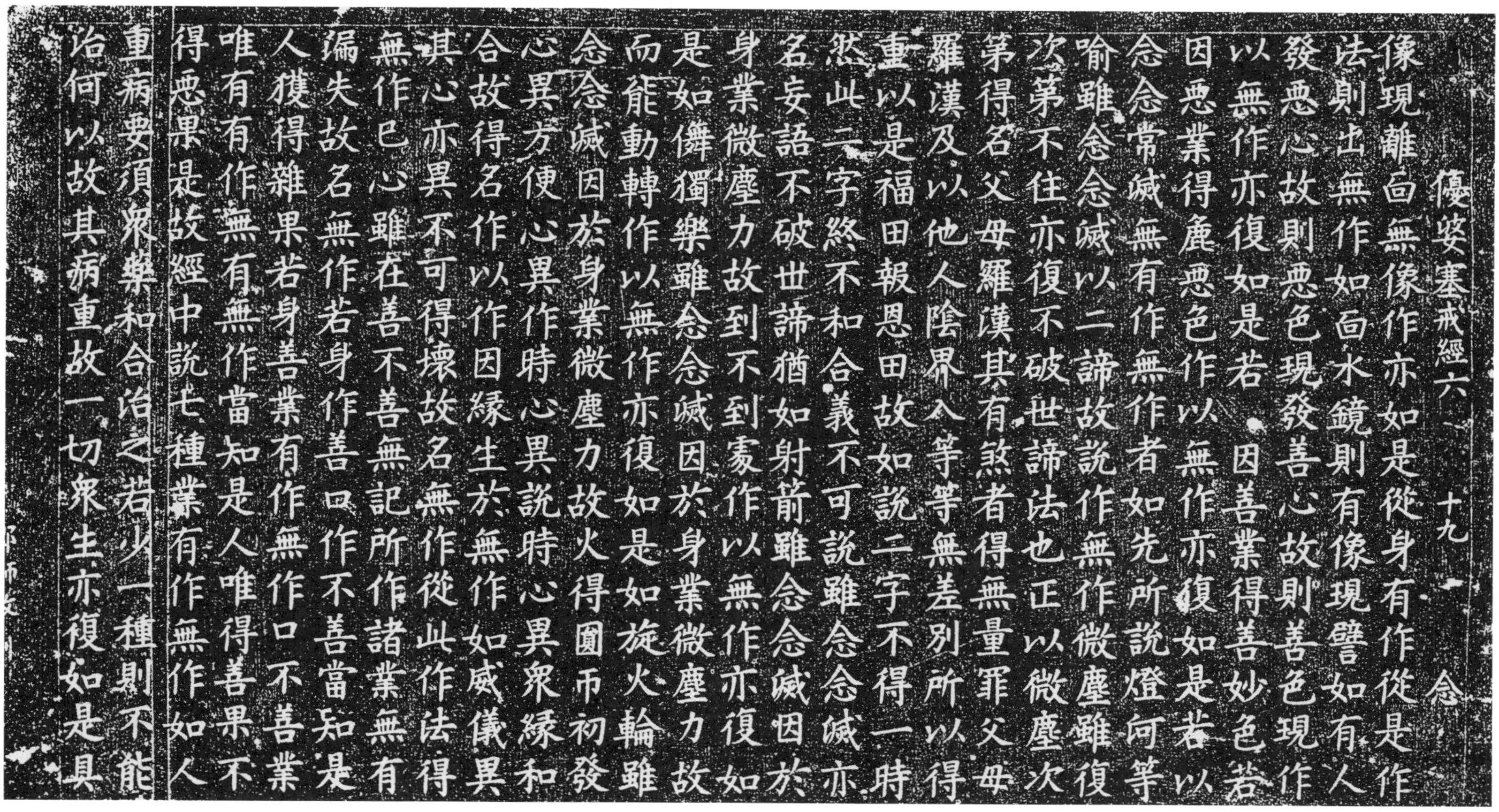

優婆塞戒經六　十九　念
像現離面無像作亦如是從身有作從是作
法則出無作如面水鏡則有像現譬如有人
發惡心故則惡色現發善心故則善色現作
以無作亦復如是若因善業得善妙色若
因惡業得麁惡色作以無作亦復如是若以
念念常滅無有作無作者如先所說燈何等
喻雖念念滅以二諦故說作無作微塵雖復
次第不住亦復不破世諦法也正以微塵次
第得名父母羅漢其有煞者得無量罪父母
羅漢及以他人陰界入等等無差別所以得
重以是福田報恩田故如說二字不得一時
然此二字終不和合義不可說雖念念滅亦
名妄語不破世諦猶如射箭雖念念滅因於
身業微塵力故到不到處作以無作亦復如
是如儛獨樂雖念念滅因於身業微塵力故
而能動轉作以無作亦復如是如旋火輪雖
念念滅因於身業微塵力故火得圓帀初發
心異方便心異作時心異說時心異衆緣和
合故得名作以作因緣生於無作如威儀異
其心亦異不可得壞故名無作從此作法得
無作已心雖在善不善無記所作諸業無有
漏失故名無作若身作善口作不善當知是
人獲得雜果若身善業有作無作口不善業
唯有有作無有無作當知是人唯得善果不
得惡果是故經中說七種業有作無作如人
重病要須衆藥和合治之若少一種則不能
治何以故其病重故一切衆生亦復如是具

塔下 5512　優婆塞戒經卷第六（“念”字帙面）　遼刻
拓片高 42 厘米、寬 74 厘米　中國佛教圖書文物館藏

優婆塞戒經六　二十　念
諸惡故要須衆戒然後治之若少一戒則不
能治
優婆塞戒經卷第六　終　念
卅卷共二十紙
面背計四百七十六字
石經寺講經論沙門　志經　勘訖

塔下 5512　優婆塞戒經卷第六石經寺僧志經勘經題記（“念”字帙背）　遼刻
拓片高 42 厘米、寬 74 厘米　中國佛教圖書文物館藏

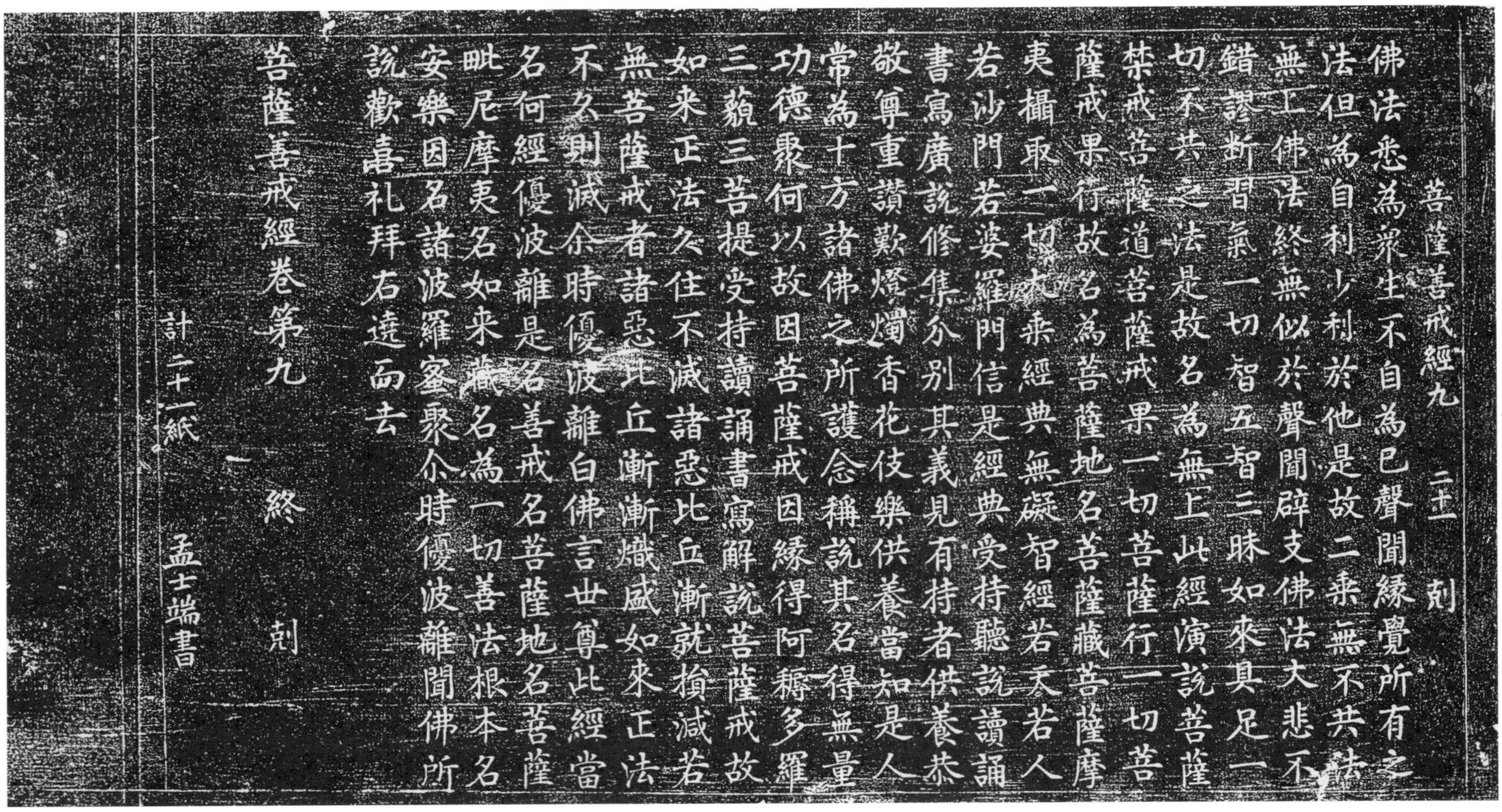

菩薩善戒經九　二十一　剋
佛法悉為衆生不自為已聲聞緣覺所有之
法但為自利少利於他是故二乘無不共法
無上佛法終無似於聲聞辟支佛法大悲不
錯謬斷習氣一切智五智三昧如來具足一
切不共之法是故名為無上此經演說菩薩
禁戒菩薩道菩薩戒果一切菩薩行一切菩
薩戒果行故名為菩薩地名菩薩藏菩薩摩
夷攝取一切大乘經典無礙智經若天若人
若沙門若婆羅門信是經典受持聽說讀誦
書寫廣說修集分別其義見有持者供養恭
敬尊重讚歎燈燭香花伎樂供養當知是人
常為十方諸佛之所護念稱說其名得無量
功德聚何以故因菩薩戒因緣得阿耨多羅
三藐三菩提受持讀誦書寫解說菩薩戒故
如来正法久住不滅諸惡比丘漸就損減若
無菩薩戒者諸惡比丘漸漸熾盛如來正法
不久則滅尒時優波離白佛言世尊此經當
名何經優波離是名善戒名菩薩地名菩薩
毗尼摩夷名如来藏名為一切善法根本名
安樂因名諸波羅蜜聚尒時優波離聞佛所
說歡喜礼拜右遶而去
菩薩善戒經卷第九　終　剋
計二十一紙　孟士端書

塔下 5579　菩薩善戒經卷第九孟士端書經題名（“剋”字帙面）　遼刻
拓片高 40 厘米、寬 74.5 厘米　中國佛教圖書文物館藏

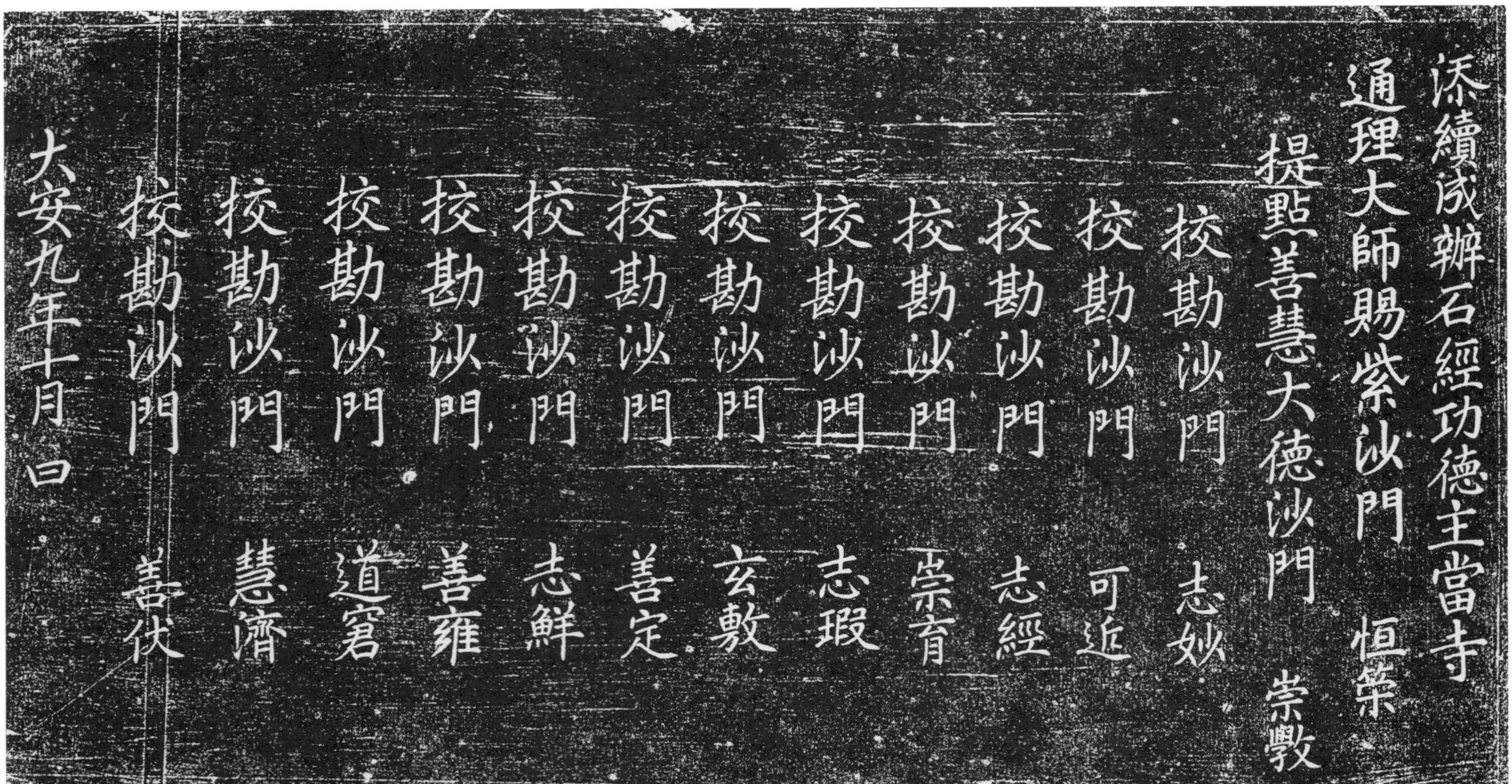

添續成辦石經功德主當寺
通理大師賜紫沙門　恒榮
提點善慧大德沙門　崇數
校勘沙門　志妙
校勘沙門　可近
校勘沙門　志經
校勘沙門　崇育
校勘沙門　志瑕
校勘沙門　玄敷
校勘沙門　善定
校勘沙門　志鮮
校勘沙門　善雍
校勘沙門　道窘
校勘沙門　慧濟
校勘沙門　善伏
大安九年十月　日

塔下 5579　通理大師恒策等遼大安九年十月添續成辦石經提點校勘題名（“剋”字帙背）
拓片高 40 厘米、寬 74.5 厘米　中國佛教圖書文物館藏
刻於《菩薩善戒經》卷第九背。“策”字寫作“筞”。

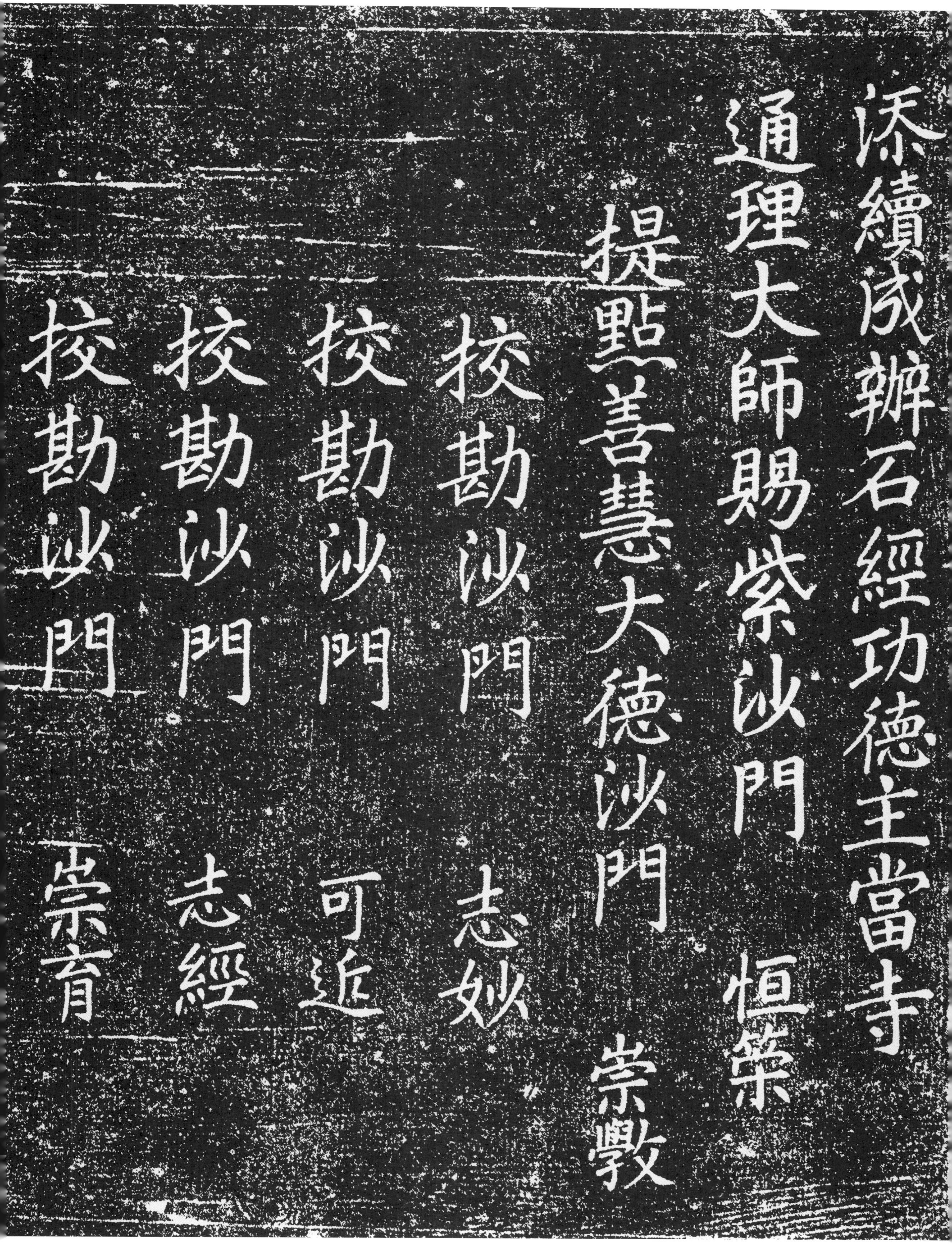

塔下 5579　通理大師恒策等遼大安九年十月添續成辦石經提點校勘題名（局部）

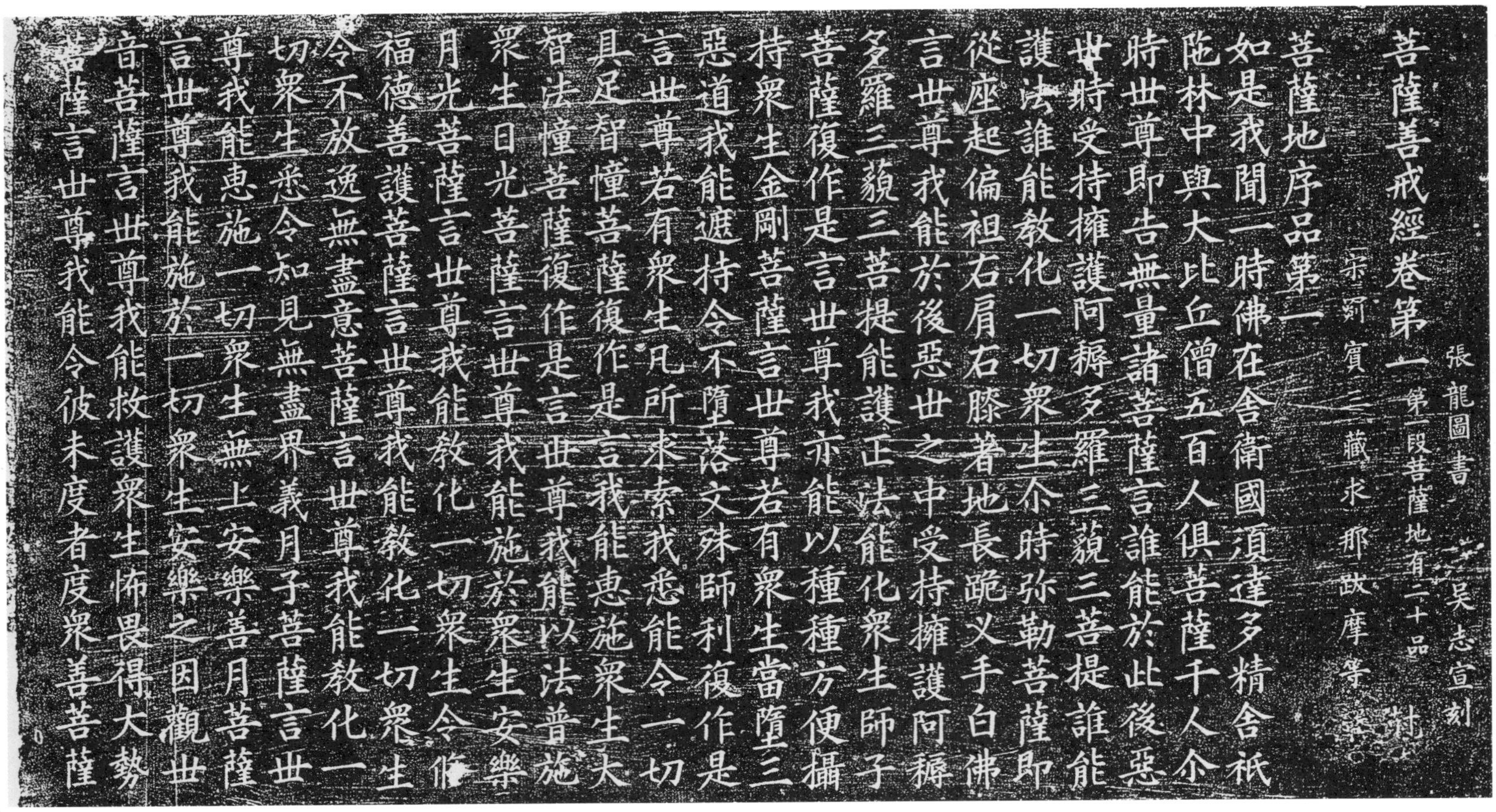
張龍圖書　吳志宣刻
菩薩善戒經卷第一　第一段菩薩地有二十品　宋罽賓三藏求那跋摩等譯
菩薩地序品第一
如是我聞一時佛在舍衛國須達多精舍祇
陀林中與大比丘僧五百人俱菩薩千人尒
時世尊即告無量諸菩薩言誰能於此後惡
世時受持擁護阿耨多羅三藐三菩提誰能
護法誰能教化一切衆生尒時弥勒菩薩即
從座起偏袒右肩右膝著地長跪叉手白佛
言世尊我能於後惡世之中受持擁護阿耨
多羅三藐三菩提能護正法能化衆生師子
菩薩復作是言世尊我亦能以種種方便攝
持衆生金剛菩薩言世尊若有衆生當墮三
惡道我能遮持令不墮落文殊師利復作是
言世尊若有衆生凡所求索我悉能令一切
具足智幢菩薩復作是言我能惠施衆生大
智法幢菩薩復作是言世尊我能以法普施
衆生日光菩薩言世尊我能施於衆生安樂
月光菩薩言世尊我能教化一切衆生令作
福德善護菩薩言世尊我能教化一切衆生
令不放逸無盡意菩薩言世尊我能教化一
切衆生悉令知見無盡界義月子菩薩言世
尊我能惠施一切衆生無上安樂善月菩薩
言世尊我能施於一切衆生安樂之因觀世
音菩薩言世尊我能救護衆生怖畏得大勢
菩薩言世尊我能令彼未度者度衆善菩薩

塔下 6284　菩薩善戒經卷第一張龍圖吳志宣書鐫題名（“剋”字帙面）　遼刻
拓片高 40 厘米、寬 75 厘米　中國佛教圖書文物館藏

塔下 6284　菩薩善戒經卷第一勘經題記（“剋”字帙背）　遼刻
拓片高 40 厘米、寬 75 厘米　中國佛教圖書文物館藏

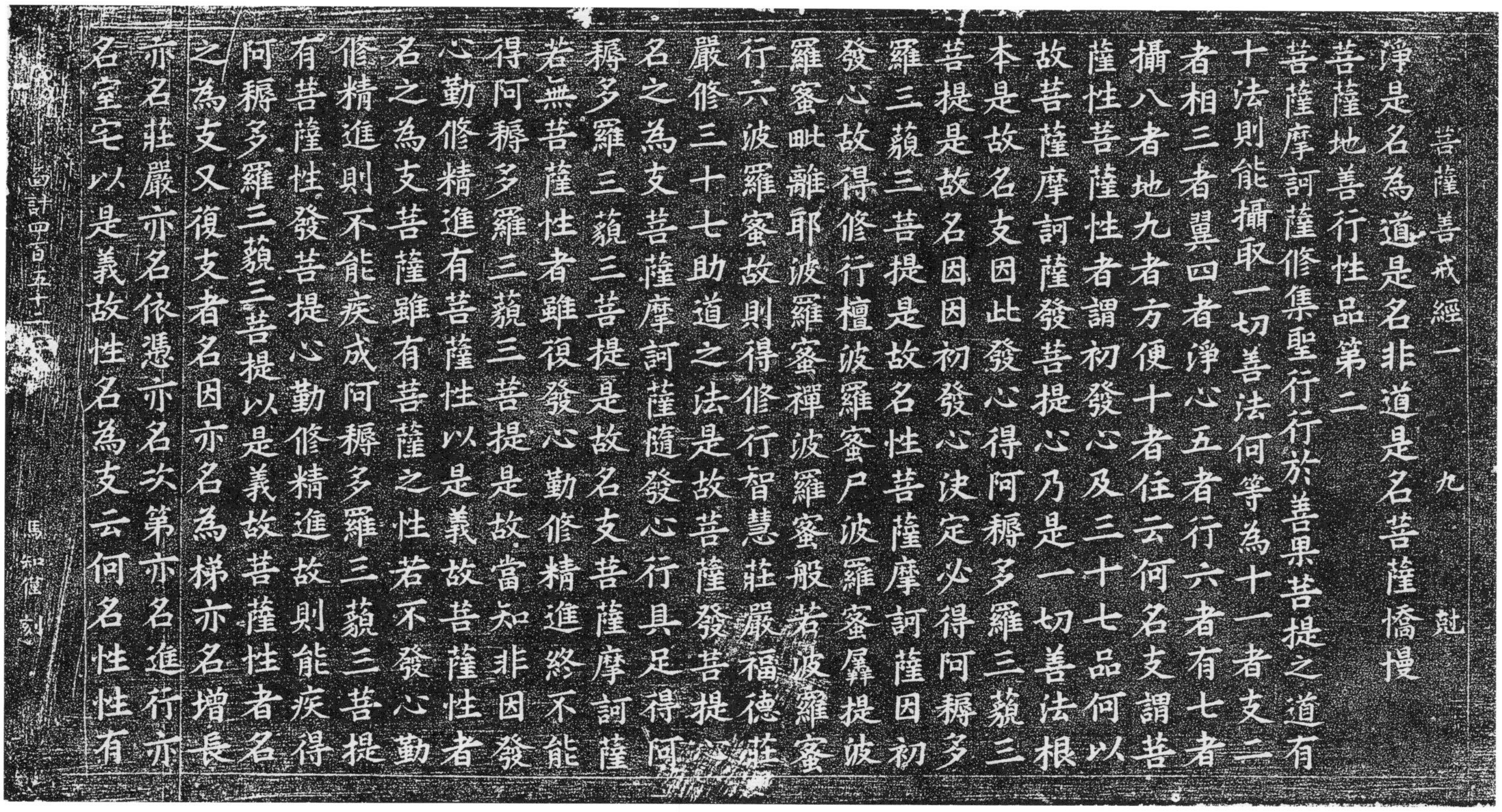

菩薩善戒經一　九　剋
淨是名為道是名非道是名菩薩憍慢
菩薩地善行性品第二
菩薩摩訶薩修集聖行行於善果菩提之道有
十法則能攝取一切善法何等為十一者支二
者相三者翼四者淨心五者行六者有七者
攝八者地九者方便十者任云何名支謂菩
薩性菩薩性者謂初發心及三十七品何以
故菩薩摩訶薩發菩提心乃是一切善法根
本是故名支因此發心得阿耨多羅三藐三
菩提是故名因因初發心決定必得阿耨多
羅三藐三菩提是故名性菩薩摩訶薩因初
發心故得修行檀波羅蜜尸波羅蜜羼提波
羅蜜毗離耶波羅蜜禪波羅蜜般若波羅蜜
行六波羅蜜故則得修行智慧莊嚴福德莊
嚴修三十七助道之法是故菩薩發菩提心
名之為支菩薩摩訶薩發心行具足得阿
耨多羅三藐三菩提是故名支菩薩摩訶薩
若無菩薩性者雖復發心勤修精進終不能
得阿耨多羅三藐三菩提是故當知非因發
心勤修精進有菩薩性以是義故菩薩性者
名之為支菩薩雖有菩薩之性若不發心勤
修精進則不能疾成阿耨多羅三藐三菩提
有菩薩性發菩提心勤修精進故則能疾得
阿耨多羅三藐三菩提以是義故菩薩性者名
之為支又復支者名因亦名為梯亦名增長
亦名莊嚴亦名依憑亦名次第亦名進行亦
名室宅以是義故性名為支云何名性性有
計四百五十二
馬知僅刻

塔下 6288　菩薩善戒經卷第二馬知僅刻經題名（“剋”字帙面）　遼刻
拓片高 40 厘米、寬 75 厘米　中國佛教圖書文物館藏

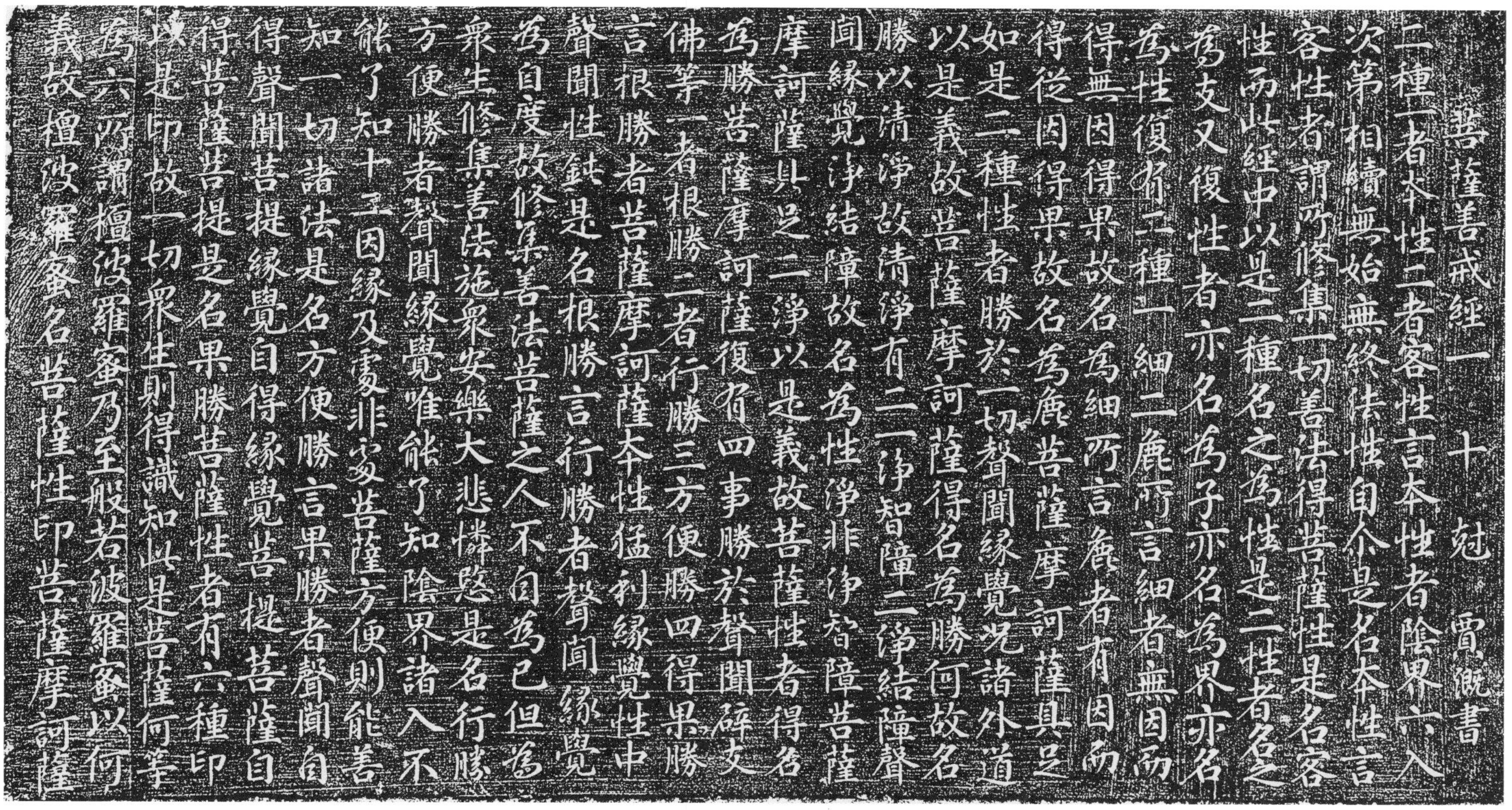

菩薩善戒經一　十　剋　賈漑書
二種一者本性二者客性言本性者陰界六入
次第相續無始無終法性自介是名本性言
客性者謂所修集一切善法得菩薩性是名客
性而此經中以是二種名之為性是二性者名之
為支又復性者亦名為子亦名為界亦名
為性復有二種一細二麁所言細者無因而
得無因得果故名為細所言麁者有因而
得從因得果故名為麁菩薩摩訶薩具足
如是二種性者勝於一切聲聞緣覺諸外道
以是義故菩薩摩訶薩得名為勝何故名
勝以清淨故清淨有二一淨智障二淨結障聲
聞緣覺淨結障故名為性淨非淨智障菩薩
摩訶薩具足二淨以是義故菩薩性者得名
為勝菩薩摩訶薩復有四事勝於聲聞辟支
佛等一者根勝二者行勝三方便勝四得果勝
言根勝者菩薩摩訶薩本性猛利緣覺性中
聲聞性鈍是名根勝言行勝者聲聞緣覺
為自度故修集善法菩薩之人不自為已但為
衆生修集善法施衆安樂大悲憐愍是名行勝
方便勝者聲聞緣覺唯能了知陰界諸入不
能了知十二因緣及處非處菩薩方便則能善
知一切諸法是名方便勝言果勝者聲聞自
得聲聞菩提緣覺自得緣覺菩提菩薩自
得菩薩菩提是名果勝菩薩性者有六種印
以是印故一切衆生則得識知此是菩薩何等
為六所謂檀波羅蜜乃至般若波羅蜜以何
義故檀波羅蜜名菩薩性印菩薩摩訶薩

塔下 6288　菩薩善戒經卷第二賈漑書經題名（“剋”字帙背）　遼刻
拓片高 40 厘米、寬 75 厘米　中國佛教圖書文物館藏
賈漑曾書遼大安六年（1090）三月《六聘山天開寺懺悔上人墳塔記》（王虛中撰、邵師儒鐫），現存北京房山區上方山兜率寺。

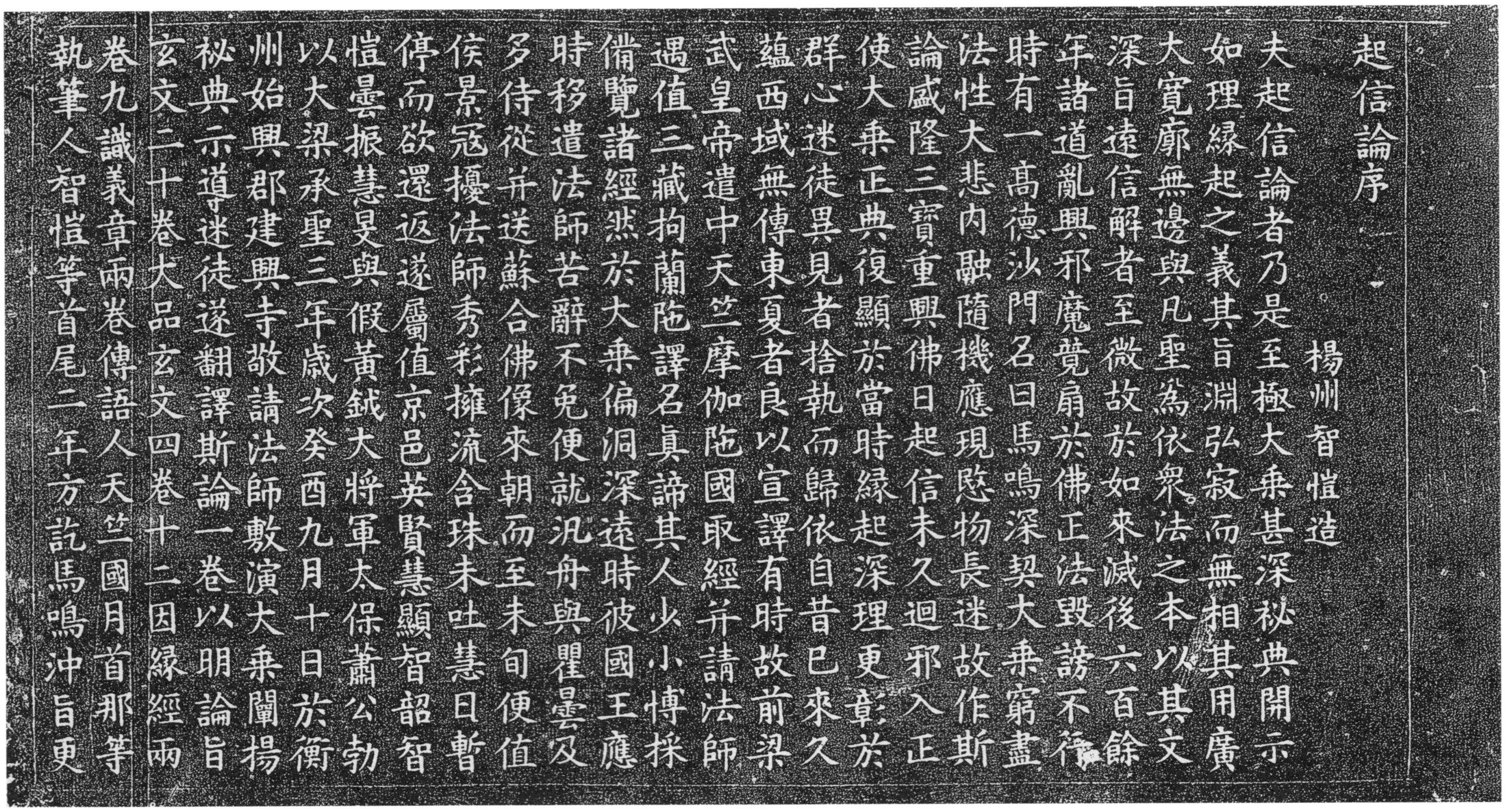
起信論序
楊州智愷造
夫起信論者乃是至極大乘甚深秘典開示
如理緣起之義其旨淵弘寂而無相其用廣
大寬廓無邊與凡聖為依衆法之本以其文
深旨遠信解者至微故於如來滅後六百餘
年諸道亂興邪魔競扇於佛正法毀謗不停
時有一高德沙門名曰馬鳴深契大乘窮盡
法性大悲内融隨機應現愍物長迷故作斯
論盛隆三寶重興佛日起信未久迴邪入正
使大乘正典復顯於當時緣起深理更彰於
群心迷徒異見者捨執而歸依自昔已來久
藴西域無傳東夏者良以宣譯有時故前梁
武皇帝遣中天竺摩伽陁國取經并請法師
遇值三藏拘蘭陁譯名真諦其人少小博採
備覽諸經然於大乘偏洞深遠時彼國王應
時移遣法師苦辭不免便就汎舟與瞿曇及
多侍從并送蘇合佛像來朝而至未旬便值
侯景寇擾法師秀彩擁流含珠未吐慧日暫
停而欲還返遂屬值京邑英賢慧顯智韶智
愷曇振慧旻與假黄鉞大將軍太保蕭公勃
以大梁承聖三年歲次癸酉九月十日於衡
州始興郡建興寺敬請法師敷演大乘闡揚
秘典示導迷徒遂翻譯斯論一卷以明論旨
玄文二十卷大品玄文四卷十二因緣經兩
卷九識義章兩卷傳語人天竺國月首那等
執筆人智愷等首尾二年方訖馬鳴沖旨更

塔下 5831　釋智愷撰大乘起信論序（“命”字帙面）　遼刻
拓片高 42 厘米、寬 75 厘米　中國佛教圖書文物館藏
智愷即智顗，唐天台宗高僧。

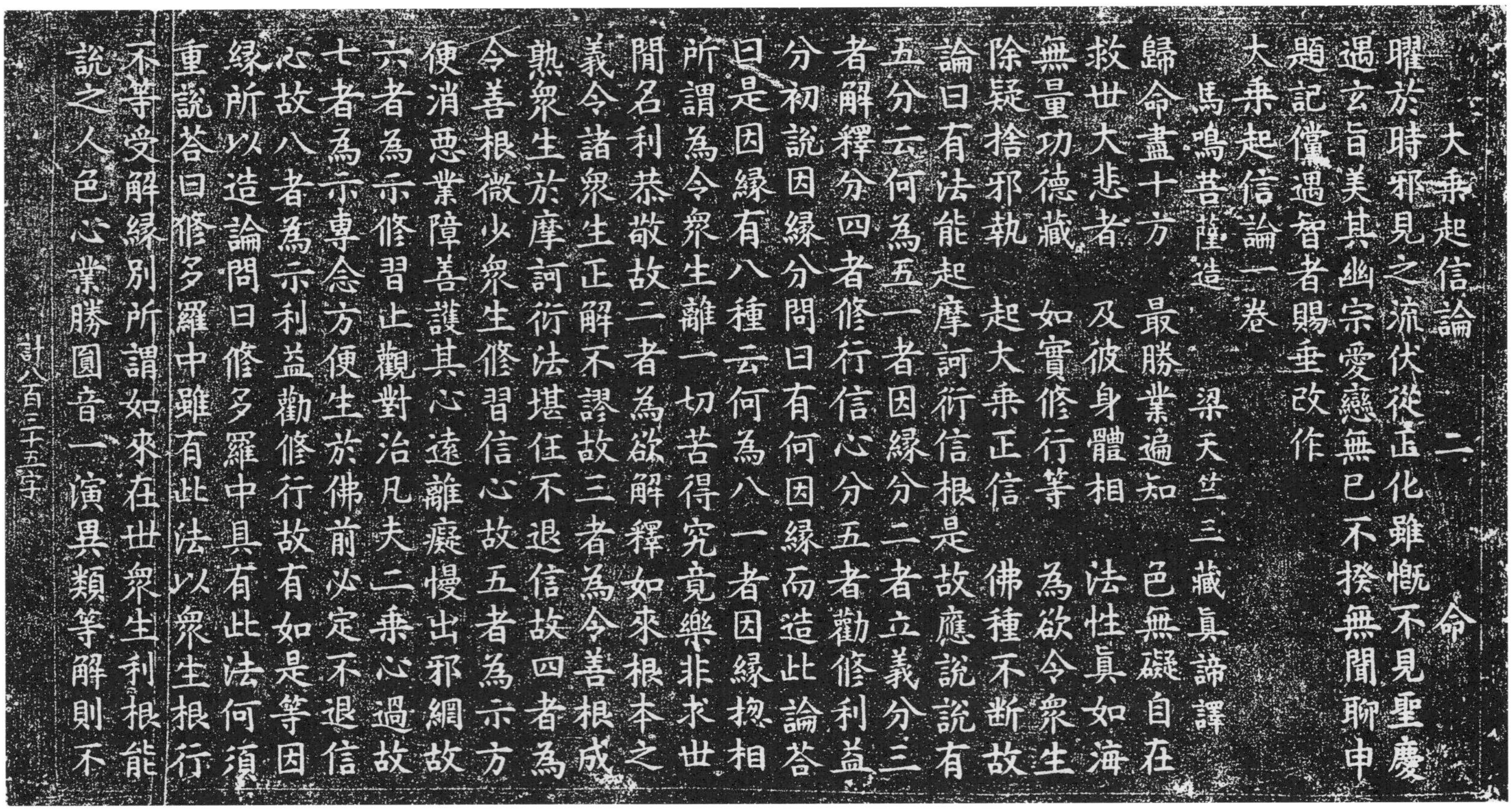
大乘起信論
曜於時邪見之流伏從正化雖慨不見聖慶
遇玄旨美其幽宗愛戀無已不揆無聞聊申
題記儻遇智者賜垂改作
大乘起信論一卷
馬鳴菩薩造　梁天竺三藏真諦譯
歸命盡十方　最勝業遍知　色無礙自在
救世大悲者　及彼身體相　法性真如海
無量功德藏　如實修行等　為欲令衆生
除疑捨邪執　起大乘正信　佛種不斷故
論曰有法能起摩訶衍信根是故應説説有
五分云何為五一者因緣分二者立義分三
者解釋分四者修行信心分五者勸修利益
分初説因緣分問曰有何因緣而造此論答
曰是因緣有八種云何為八一者因緣摠相
所謂為令衆生離一切苦得究竟樂非求世
間名利恭敬故二者為欲解釋如來根本之
義令諸衆生正解不謬故三者為令善根成
熟衆生於摩訶衍法堪任不退信故四者為
令善根微少衆生修習信心故五者為示方
便消惡業障善護其心遠離癡慢出邪網故
六者為示修習止觀對治凡夫二乘心過故
七者為示專念方便生於佛前必定不退信
心故八者為示利益勸修行故有如是等因
緣所以造論問曰修多羅中具有此法何須
重説答曰修多羅中雖有此法以衆生根行
不等受解緣別所謂如來在世衆生利根能
説之人色心業勝圓音一演異類等解則不
計八百二十五字

塔下 5831　釋智愷撰大乘起信論序（“命”字帙背）　遼刻
拓片高 42 厘米、寬 76 厘米　中國佛教圖書文物館藏

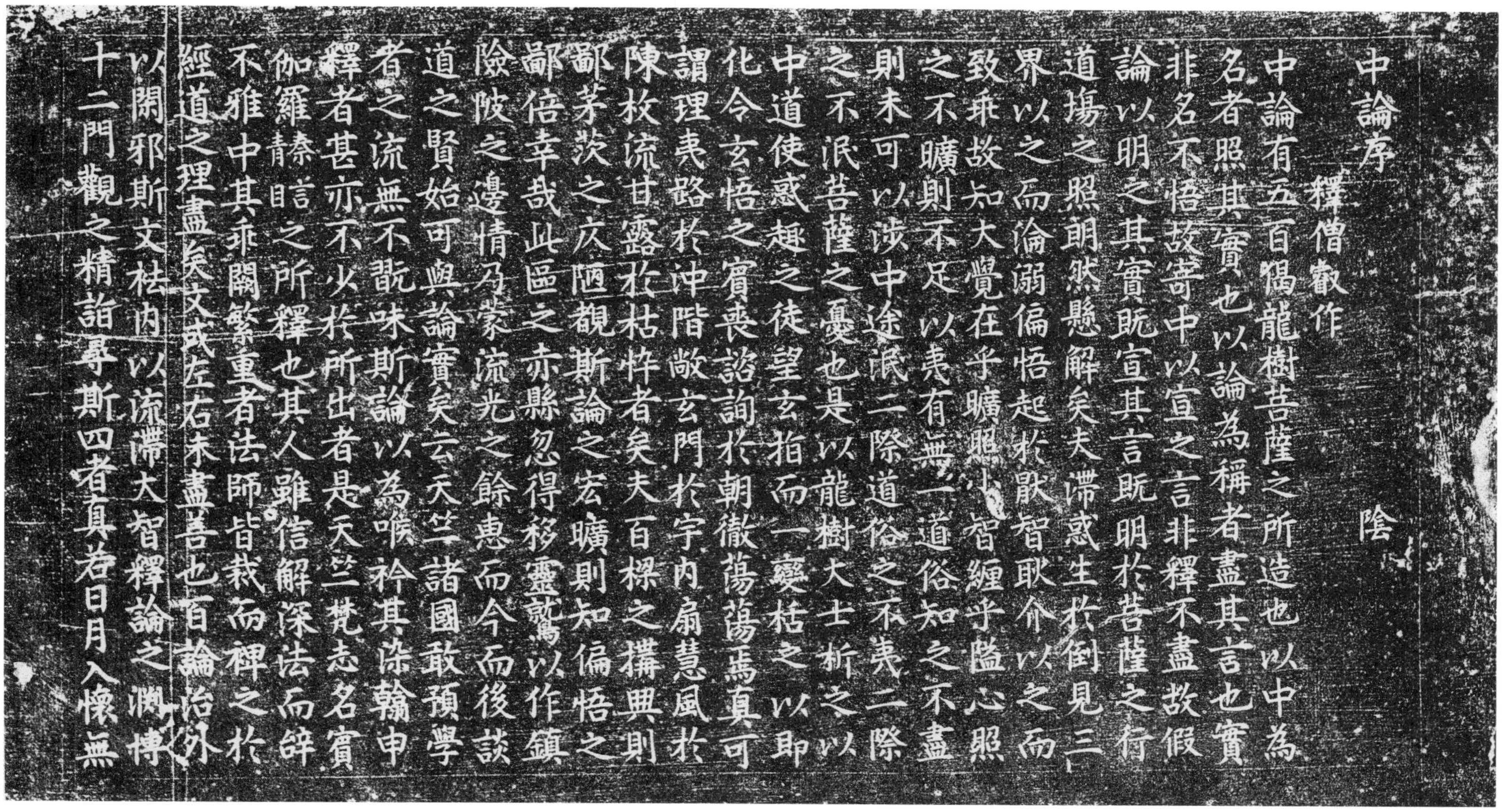
中論序　釋僧叡作　陰
中論有五百偈龍樹菩薩之所造也以中為
名者照其實也以論為稱者盡其言也實
非名不悟故寄中以宣之言非釋不盡故假
論以明之其實既宣其言既明於菩薩之行
道場之照朗然懸解矣夫滯惑生於倒見三
界以之而淪溺偏悟起於厭智耿介以之而
致乖故知大覺在乎曠照小智纏乎隘心照
之不曠則不足以夷有無一道俗知之不盡
則未可以涉中途泯二際道俗之不夷二際
之不泯菩薩之憂也是以龍樹大士析之以
中道使惑趣之徒望玄指而一變括之以即
化令玄悟之賓喪諮詢於朝徹蕩蕩焉真可
謂理夷路於沖階敞玄門於宇內扇慧風於
陳枚流甘露於枯悴者矣夫百梁之構興則
鄙茅茨之仄陋覩斯論之宏曠則知偏悟之
鄙倍幸哉此區之赤縣忽得移靈鷲以作鎮
險陂之邊情乃蒙流光之餘惠而今而後談
道之賢始可與論實矣云天竺諸國敢預學
者之流無不翫味斯論以為喉衿其染翰申
釋者甚亦不少於所出者是天竺梵志名賓
伽羅秦言青目之所釋也其人雖信解深法而辭
不雅中其乖闕繁重者法師皆裁而裨之於
經通之理盡矣文或左右未盡善也百論治外
以閑邪斯文祛內以流滯大智釋論之淵博
十二門觀之精詣尋斯四者真若日月入懷無

塔下 5902　釋僧叡撰中論序（“陰”字帙面）　遼刻
拓片高 42 厘米、寬 75 厘米　中國佛教圖書文物館藏

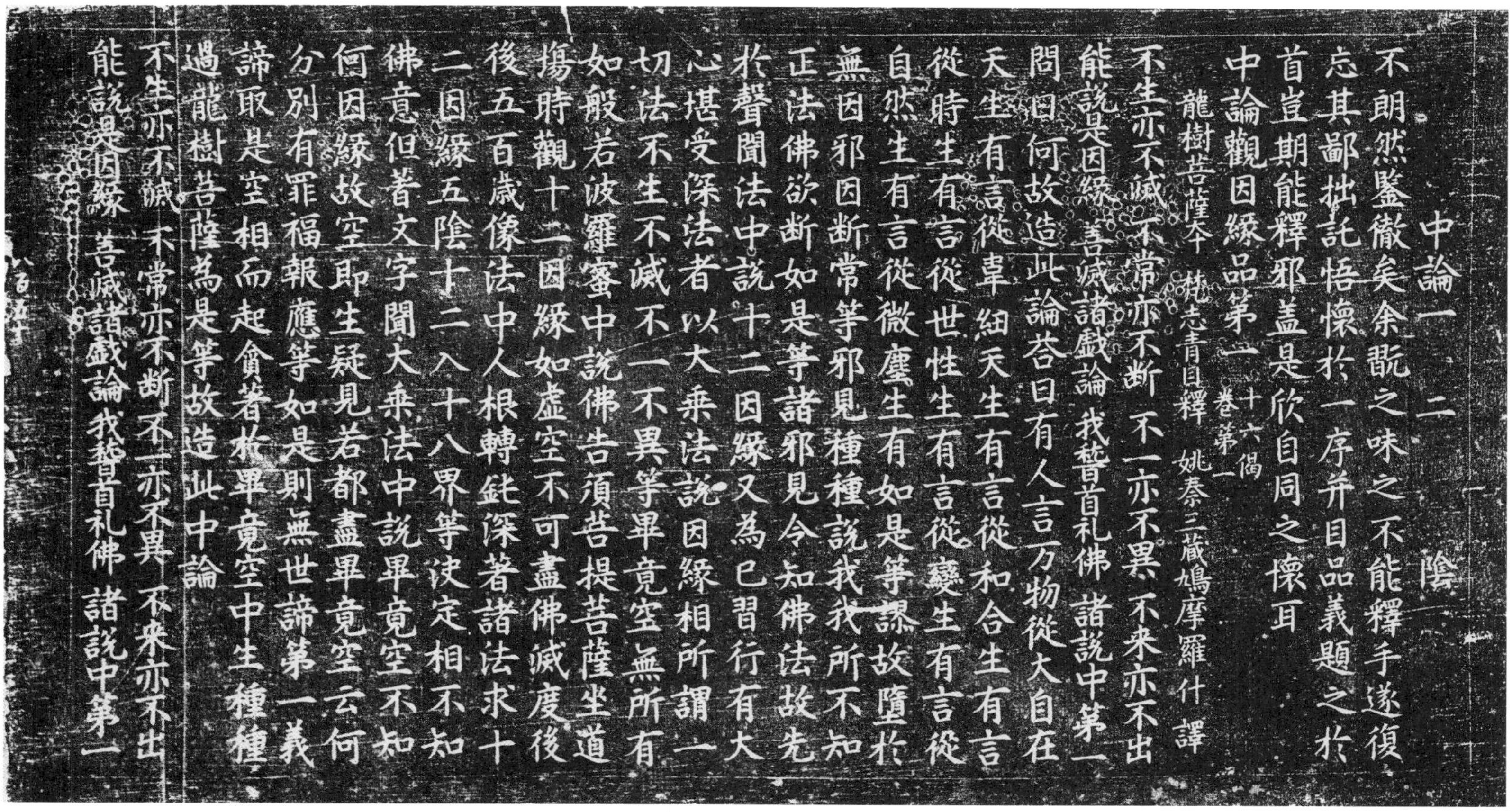
中論一　二　陰
不朗然鑒徹矣余翫之不能釋手遂復
忘其鄙拙託悟懷於一序并目品義題之於
首豈期能釋耶盍是欣自同之懷耳
中論觀因緣品第一　十六偈　卷第一
龍樹菩薩本　梵志青目釋　姚秦三藏鳩摩羅什譯
不生亦不滅不常亦不斷不一亦不異不來亦不出
能說是因緣善滅諸戲論我稽首礼佛諸說中第一
問曰何故造此論荅曰有人言万物從大自在
天生有言從韋紐天生有言從和合生有言
從時生有言從世性生有言從變生有言從
自然生有言從微塵生有如是等謬故墮於
無因邪因斷常等邪見種種說我我所不知
正法佛欲斷如是等諸邪見令知佛法故先
於聲聞法中說十二因緣又為已習行有大
心堪受深法者以大乘法說因緣相所謂一
切法不生不滅不一不異等畢竟空無所有
如般若波羅蜜中說佛告須菩提菩薩坐道
場時觀十二因緣如虛空不可盡佛滅度後
後五百歲像法中人根轉鈍深著諸法求十
二因緣五陰十二入十八界等決定相不知
佛意但著文字聞大乘法中說畢竟空不知
何因緣故空即生疑見若都畢竟空云何
分別有罪福報應等如是則無世諦第一義
諦取是空相而起貪著於畢竟空中生種種
過龍樹菩薩為是等故造此中論
不生亦不滅不常亦不斷不一亦不異不來亦不出
能說是因緣善滅諸戲論我稽首礼佛諸說中第一

塔下 5902　釋僧叡撰中論序（“陰”字帙背）　遼刻
拓片高 42 厘米、寬 75 厘米　中國佛教圖書文物館藏

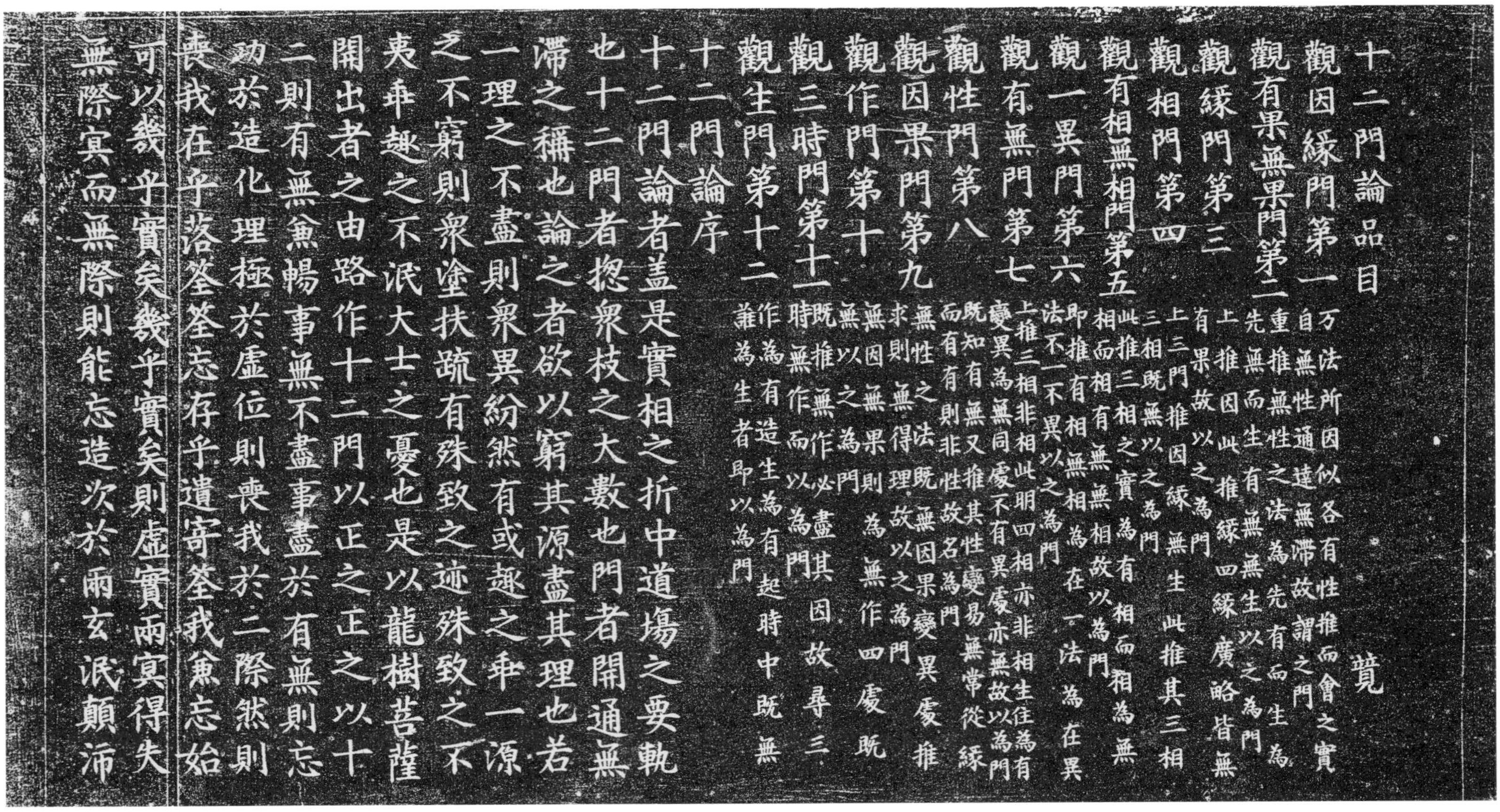

十二門論品目　競
觀因緣門第一　万法所因似各有性推而會之實自無性通達無滯故謂之門
觀有果無果門第二　重推無性之法為先有而生為先無而生有無無生以之為門
觀緣門第三　上推因此推緣四緣廣略皆無有果故以之為門
觀相門第四　上三門推因緣無生此推其三相三相既無以之為門
觀有相無相門第五　此推三相之實為有相而相為無相而相有無無相故以為門
觀一異門第六　即推有相無相為在一法為在異法不一不異以之為門
觀有無門第七　上推三相非相此明四相亦非相生住為有變異為無同處不有異處亦無故以為門
觀性門第八　既知有無又推其性變易無常從緣而有有則非性故名為門
觀因果門第九　無性之法既無因果變異處推求則無得理故以之為門
觀作門第十　無因無果則為無作四處既無以之為門
觀三時門第十一　既推無作必盡其因故尋三時無作而以為門
觀生門第十二　作為有造生為有起時中既無誰為生者即以為門
十二門論序
十二門論者蓋是實相之折中道場之要軌
也十二門者揔衆枝之大數也門者開通無
滯之稱也論之者欲以窮其源盡其理也若
一理之不盡則衆異紛然有或趣之乖一源
之不窮則衆塗扶疏有殊致之迹殊致之不
夷乖趣之不泯大士之憂也是以龍樹菩薩
開出者之由路作十二門以正之正之以十
二則有無兼暢事無不盡事盡於有無則忘
功於造化理極於虛位則喪我於二際然則
喪我在乎落筌筌忘存乎遺寄筌我兼忘始
可以幾乎實矣幾乎實矣則虛實兩冥得失
無際冥而無際則能忘造次於兩玄泯顛沛

塔下 5942　釋僧叡撰十二門論序（"競"字帙面）　遼刻
拓片高 42 厘米、寬 75 厘米　中國佛教圖書文物館藏

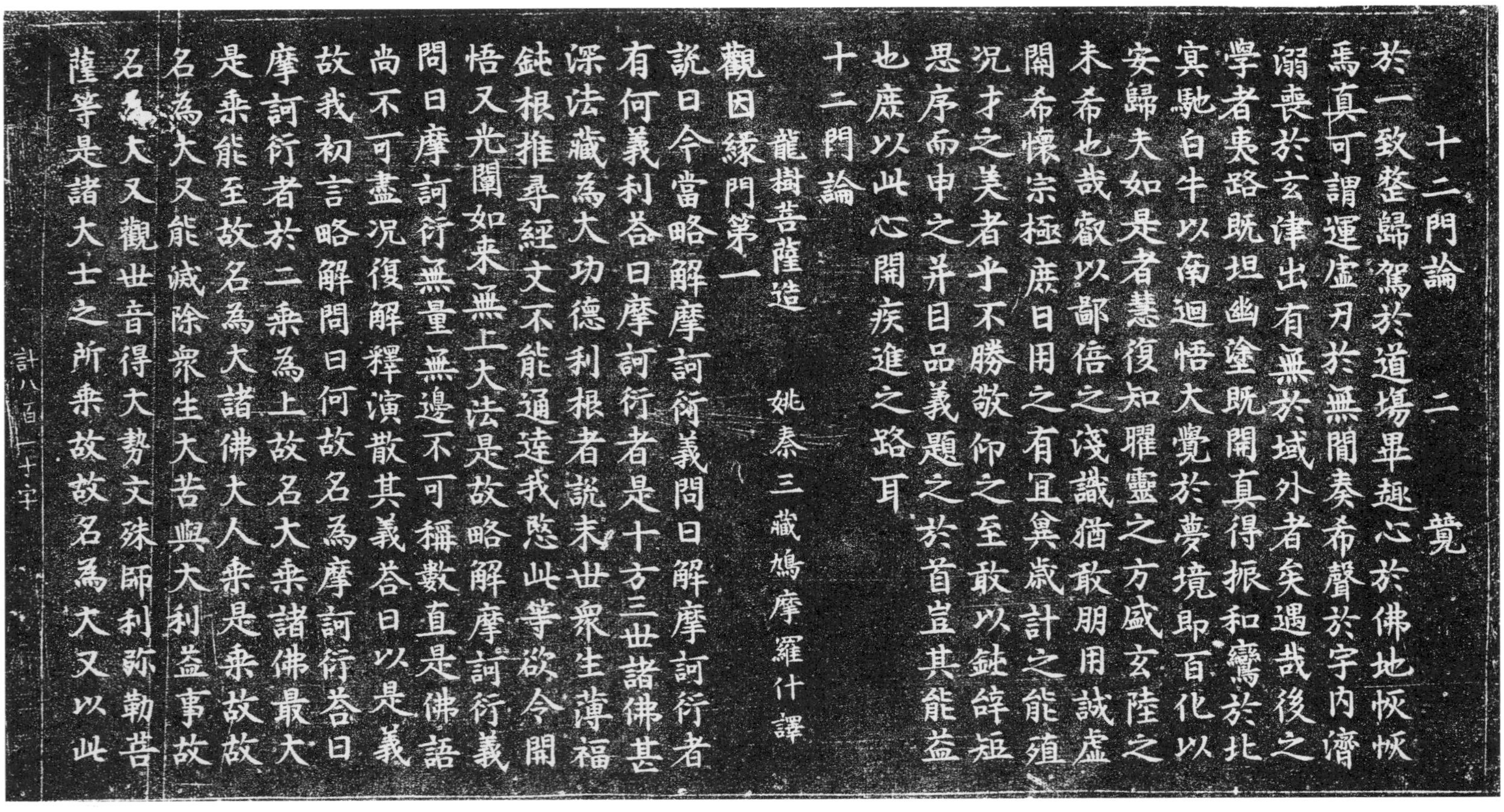

十二門論　二　競
於一致埜歸駕於道場畢趣心於佛地恢恢
焉真可謂運虛刃於無間奏希聲於宇內濟
溺喪於玄津出有無於域外者矣遇哉後之
學者夷路既坦幽塗既開真得振和鸞於北
冥馳白牛以南迴悟大覺於夢境即百化以
安歸夫如是者慧復知曜靈之方盛玄陸之
未希也哉叡以鄙倍之淺識猶敢朋用誠虛
開希懷宗極庶日用之有宜冀歲計之能殖
況才之美者乎不勝敬仰之至敢以鈍辝短
思序而申之并目品義題之於首豈其能益
也庶以此心開疾進之路耳
十二門論
龍樹菩薩造　姚秦三藏鳩摩羅什譯
觀因緣門第一
說曰今當略解摩訶衍義問曰解摩訶衍者
有何義利荅曰摩訶衍者是十方三世諸佛甚
深法藏為大功德利根者說末世衆生薄福
鈍根推尋經文不能通達我愍此等欲令開
悟又光闡如來無上大法是故略解摩訶衍義
問曰摩訶衍無量無邊不可稱數直是佛語
尚不可盡況復解釋演散其義荅曰以是義
故我初言略解問曰何故名為摩訶衍荅曰
摩訶衍者於二乘為上故名大乘諸佛最大
是乘能至故名為大諸佛大人乘是乘故故
名為大又能滅除衆生大苦與大利益事故
名為大又觀世音得大勢文殊師利彌勒菩
薩等是諸大士之所乘故故名為大又以此
計八百一十字

塔下 5942　釋僧叡撰十二門論序（"競"字帙背）　遼刻
拓片高 42 厘米、寬 75 厘米　中國佛教圖書文物館藏

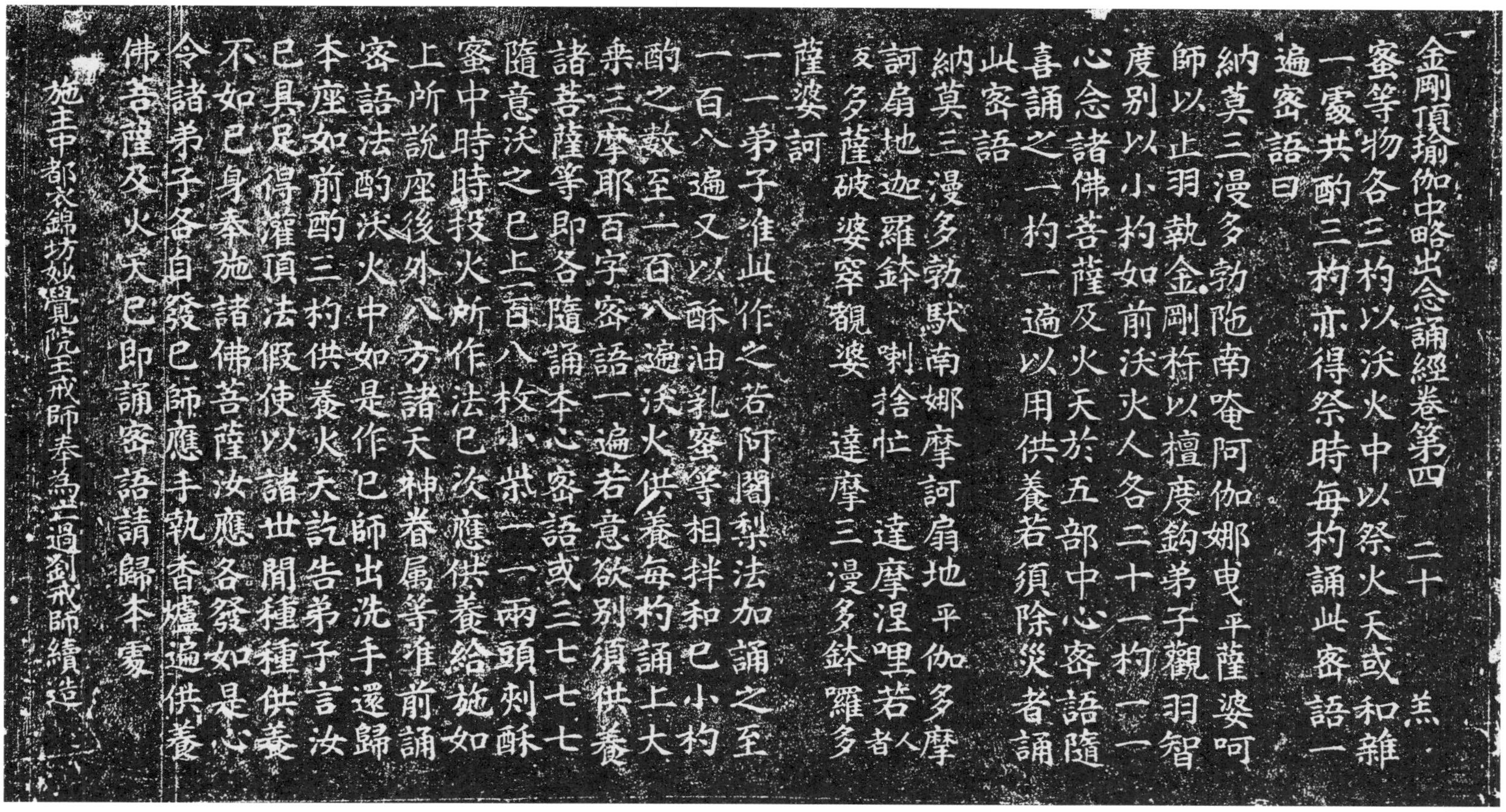
金剛頂瑜伽中略出念誦經卷第四　二十　羔
蜜等物各三杓以沃火中以祭火天或和雜
一處共酌三杓亦得祭時每杓誦此密語一
遍密語曰
納莫三漫多勃陁南唵阿伽娜曳平薩婆呵
師以上羽執金剛杵以檀度鉤弟子觀羽智
度別以小杓如前沃火人各二十一杓一一
心念諸佛菩薩及火天於五部中心密語隨
喜誦之一杓一遍以用供養若須除災者誦
此密語
納莫三漫多勃馱南娜摩訶扇地平伽多摩
訶扇地迦羅鉢喇捨忙　達摩涅哩若者人
又多薩破婆寧覩婆　達摩三漫多鉢羅多
薩婆訶
一一弟子准此作之若阿闍梨法加誦之至
一百八遍又以酥油乳蜜等相拌和已小杓
酌之數至一百八遍沃火供養每杓誦上大
乘三摩耶百字密語一遍若意欲別須供養
諸菩薩等即各隨誦本心密語或三七七七
隨意沃之已上百八枚小柴一一兩頭刺酥
蜜中時時投火所作法已次應供養給施如
上所說座後外八方諸天神眷屬等准前誦
密語法酌沃火中如是作已師出洗手還歸
本座如前酌三杓供養火天訖告弟子言汝
已具足得灌頂法假使以諸世間種種供養
不如已身奉施諸佛菩薩汝應各發如是心
令諸弟子各自發已師應手執香爐遍供養
佛菩薩及火天已即誦密語請歸本處
施主中都衣錦坊妙覺院王戒師奉為亡過劉戒師續造

塔下 6296　金剛頂瑜伽中略出念誦經卷第四中都衣錦坊妙覺院王戒師續造經題記（“羔”字帙）　金刻
拓片高 43 厘米、寬 75 厘米　中國佛教圖書文物館藏

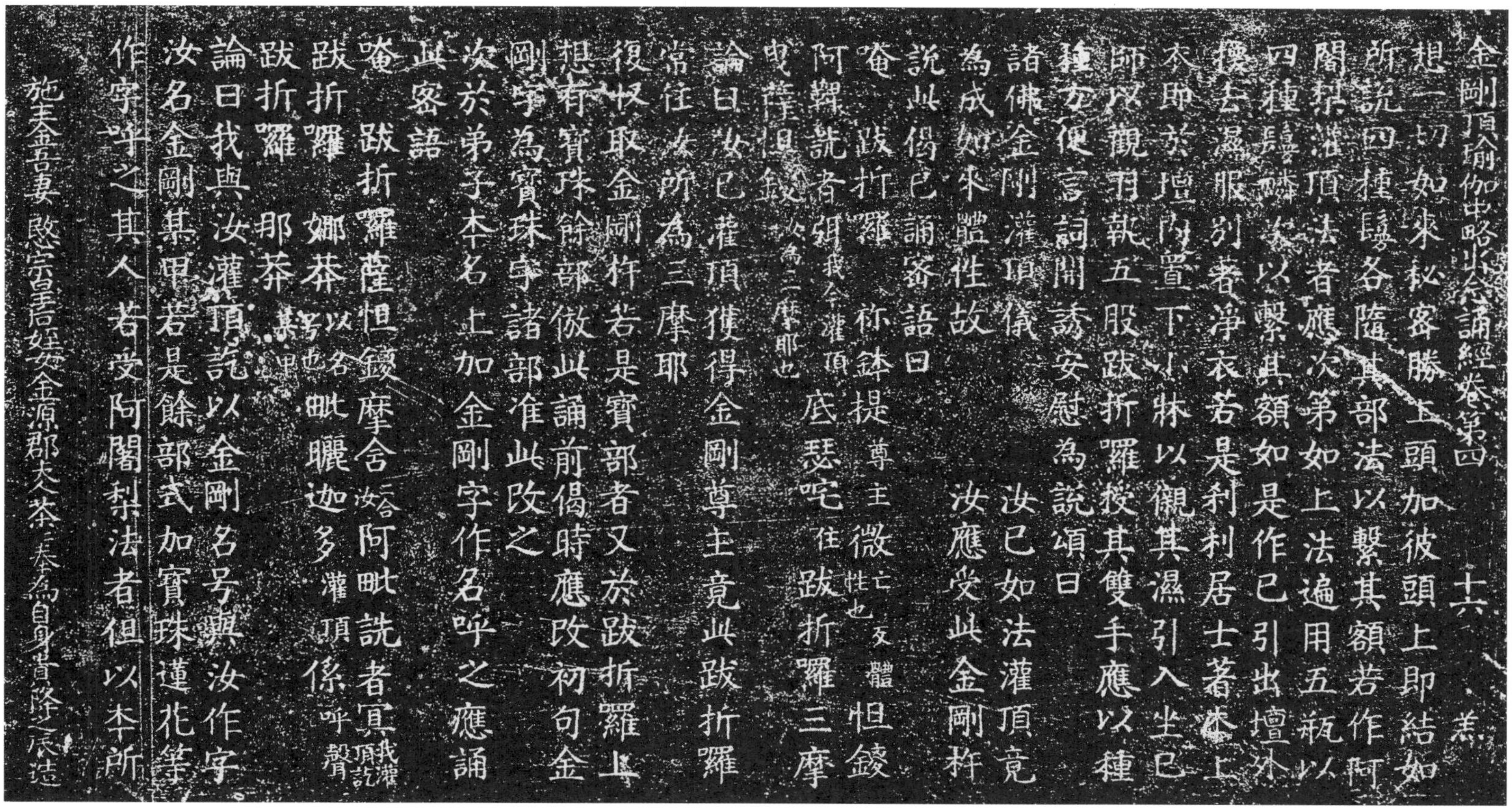
金剛頂瑜伽中略出念誦經卷第四　十六　羔
想一切如來秘密勝上頭加彼頭上即結如
所說四種鬘各隨其部法以繫其額若作阿
闍梨灌頂法者應次第如上法遍用五瓶以
四種鬘繫之以繫其額如是作已引出壇外
擭去濕服別著淨衣若是刹利居士著本上
衣即於壇內置下小牀以襯其濕引入坐已
師以觀羽執五股跋折羅授其雙手應以種
種方便言詞開誘安慰為說頌曰
諸佛金剛灌頂儀　汝已如法灌頂竟
為成如來體性故　汝應受此金剛杵
說此偈已誦密語曰
唵　跋折羅　祢鉢提尊主微亡性也反體怛鍐
阿羯說者弭我今灌頂底瑟咤住跋折羅三摩
曳薩怛鍐亦為三摩耶也
論曰汝已灌頂獲得金剛尊主竟此跋折羅
常住汝所為三摩耶
復收取金剛杵若是寶部者又於跋折羅上
想有寶珠餘部倣此誦前偈時應改初句金
剛字為寶珠字諸部准此改之
汝於弟子本名上加金剛字作名呼之應誦
此密語
唵　跋折羅薩怛鍐摩舍二合汝阿毗詵者寘我灌頂訖
跋折羅　娜莽以名號也毗曬迦多灌頂係呼聲
跋折羅那莽某甲
論曰我與汝灌頂訖以金剛名號與汝作字
汝名金剛某甲若是餘部式加寶珠蓮花等
作字呼之其人若受阿闍梨法者但以本所
施主金吾妻　慇宗皇后姪女金源郡夫人茶茶奉為自身曾降之辰造

塔下 6298　金剛頂瑜伽中略出念誦經卷第四金源郡夫人茶茶造經題記（“羔”字帙）　金刻
拓片高 43 厘米、寬 75 厘米　中國佛教圖書文物館藏

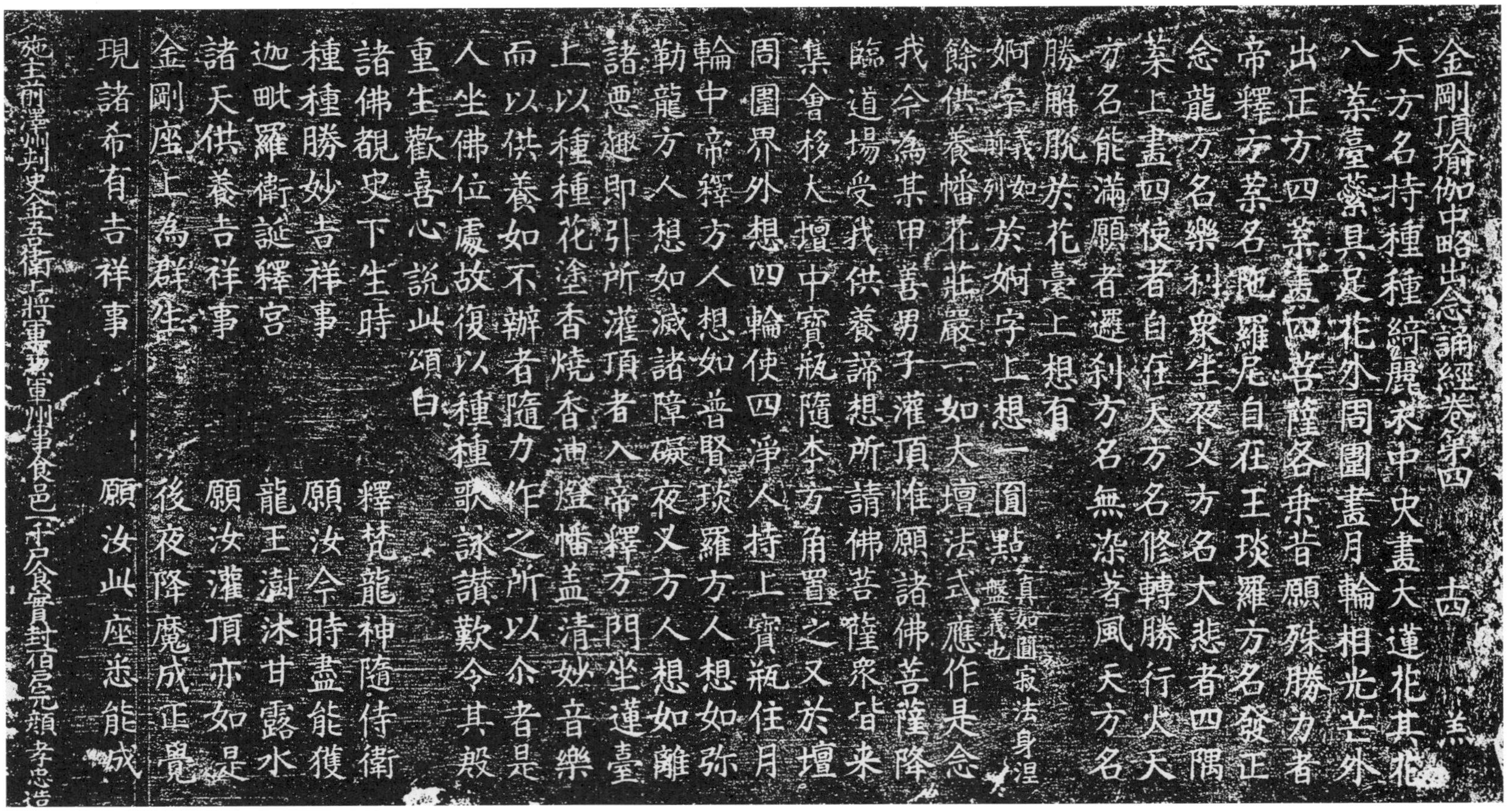

塔下 6299　金剛頂瑜伽中略出念誦經卷第四前澤州刺史完顏孝忠造經題記（“羔”字帙）　金刻
拓片高 44 厘米、寬 75 厘米　中國佛教圖書文物館藏

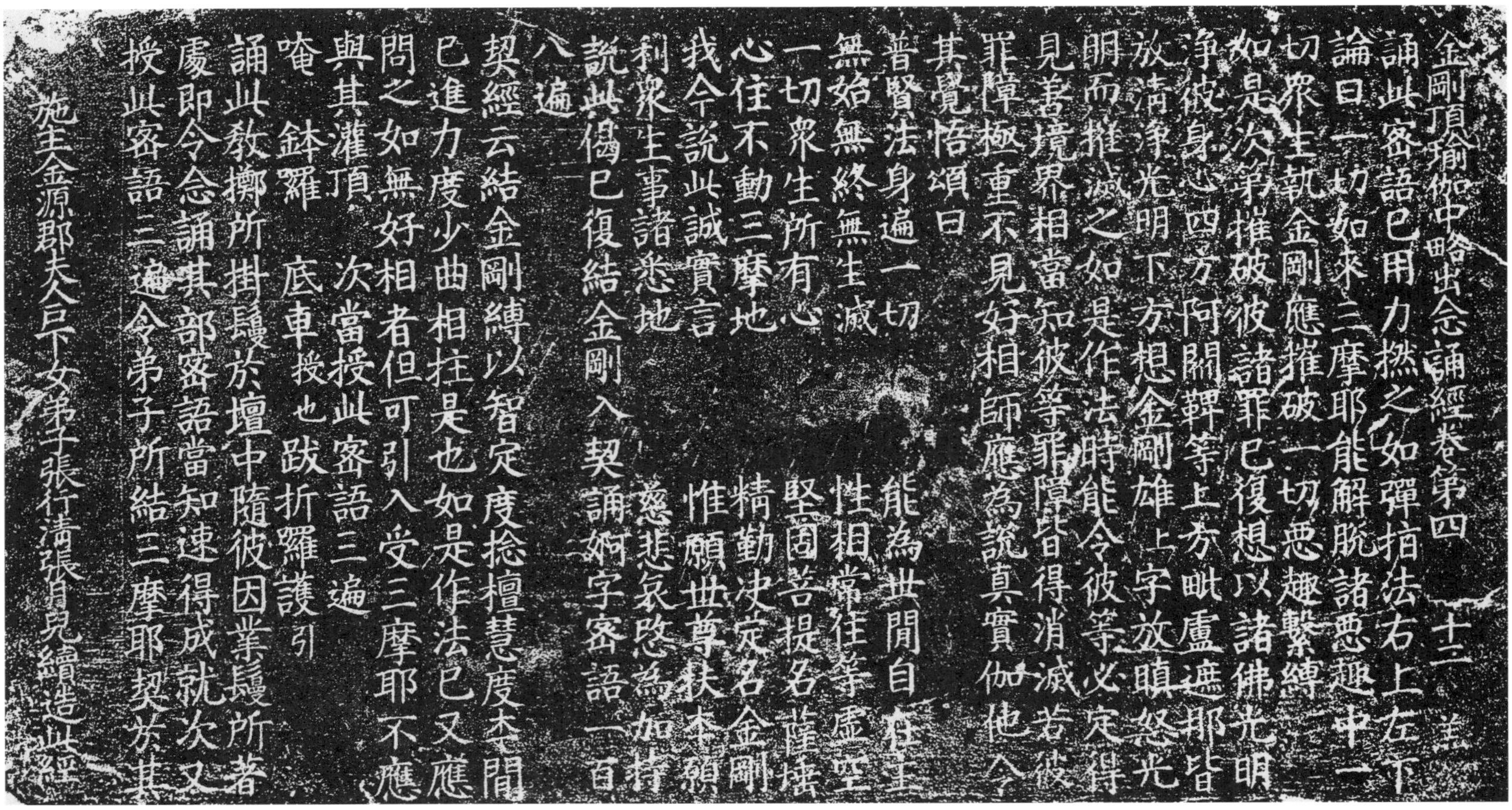

塔下 6300　金剛頂瑜伽中略出念誦經卷第四張行清張月兒續造經題記（“羔”字帙）　金刻
拓片高 44 厘米、寬 75 厘米　中國佛教圖書文物館藏

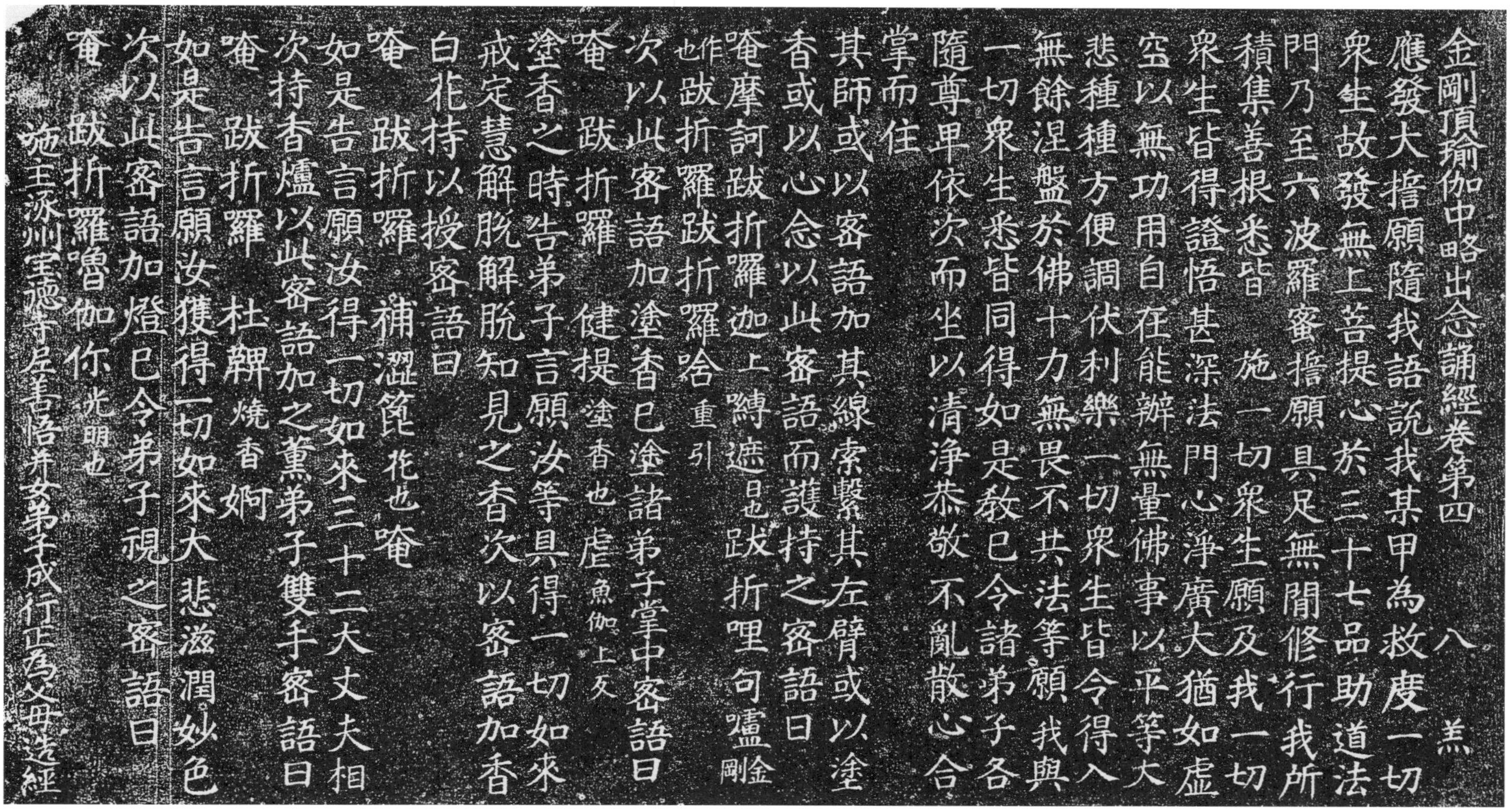
金剛頂瑜伽中略出念誦經卷第四　八　羔
應發大揩願隨我語說我某甲為救度一切
衆生故發無上菩提心於三十七品助道法
門乃至六波羅蜜揩願具足無間修行我所
積集善根悉皆施一切衆生願及我一切
衆生皆得證悟甚深法門心淨廣大猶如虛
空以無功用自在能辦無量佛事以平等大
悲種種方便調伏利樂一切衆生皆令得入
無餘涅盤於佛十力無畏不共法等願我與
一切衆生悉皆同得如是敎已令諸弟子各
隨尊卑依次而坐以清淨恭敬不亂散心合
掌而住
其師或以密語加其線索繫其左臂或以塗
香或以心念以此密語而護持之密語曰
唵摩訶跛折羅跋折羅迦上縛遮皃跋折哩句嚧金剛
作也跛折羅跋折羅哈重引
次以此密語加塗香已塗諸弟子掌中密語曰
唵跛折羅健提塗香也虐魚伽上反
塗香之時告弟子言願汝等具得一切如來
戒定慧解脫解脫知見之香次以密語加香
白花持以授密語曰
唵跛折羅補澀篚花也唵
如是告言願汝得一切如來三十二大丈夫相
次持香爐以此密語加之薰弟子雙手密語曰
唵跛折羅杜粺燒香婀
如是告言願汝獲得一切如來大悲滋潤妙色
次以此密語加燈已令弟子視之密語曰
唵跛折羅嚕伽你光明也
施主涿州宝德寺尼善悟并女弟子成行正為父母造經

塔下 6302　金剛頂瑜伽中略出念誦經卷第四涿州寶德寺尼善悟并女弟子成行正造經題記（“羔”字帙）　金刻
拓片高 44 厘米、寬 75 厘米　中國佛教圖書文物館藏
“寶”字寫作“宝”。

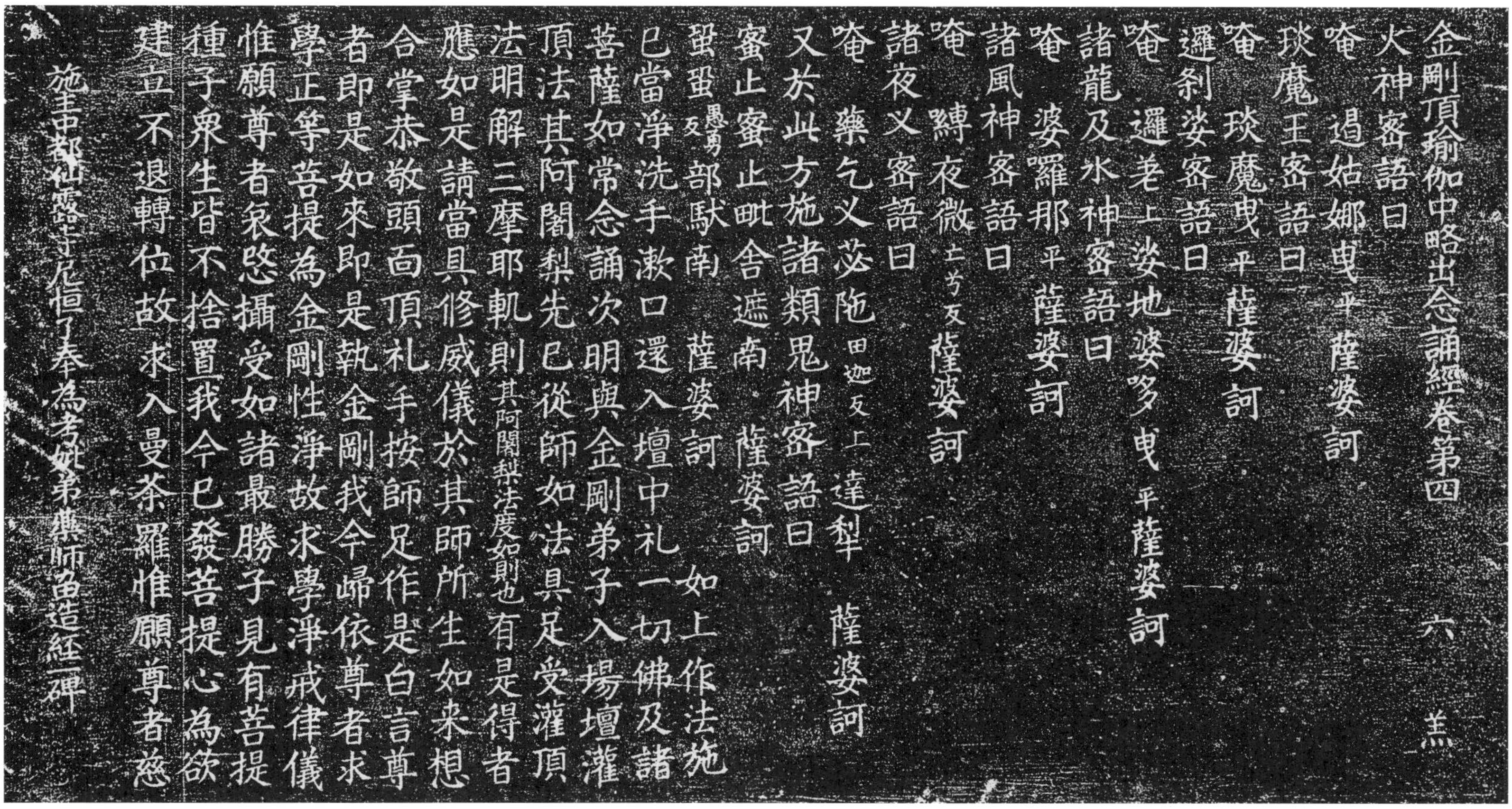
金剛頂瑜伽中略出念誦經卷第四　六　羔
火神密語曰
唵過姑娜曳平薩婆訶
琰魔王密語曰
唵琰魔曳平薩婆訶
邏剎娑密語曰
唵邏差上娑地婆哆曳平薩婆訶
諸龍及水神密語曰
唵婆羅那平薩婆訶
諸風神密語曰
唵縛夜微亡兮反薩婆訶
諸夜叉密語曰
唵藥乞义菸陁田迦反上達犁　薩婆訶
又於此方施諸類鬼神密語曰
蜜止蜜止毗舍遮南　薩婆訶
蛍蛍愚勇反部馱南　薩婆訶　如上作法施
已當淨洗手漱口還入壇中礼一切佛及諸
菩薩如常念誦次明與金剛弟子入場壇灌
頂法其阿闍梨先已從師如法具足受灌頂
法明解三摩耶軌則其阿闍梨法度如則也有是得者
應如是請當具修威儀於其師所生如來想
合掌恭敬頭面頂礼手按師足作是白言尊
者即是如來即是執金剛我今皈依尊者求
學正等菩提為金剛性淨故求學淨戒律儀
惟願尊者衰愍攝受如諸最勝子見有菩提
種子衆生皆不捨置我今已發菩提心為欲
建立不退轉位故求入曼荼羅惟願尊者慈
施主中都仙露寺尼恒了奉為考妣弟樂師岳造經一碑

塔下 6304　金剛頂瑜伽中略出念誦經卷第四中都仙露寺尼恒了造經題記（“羔”字帙）　金刻
拓片高 44 厘米、寬 75 厘米　中國佛教圖書文物館藏

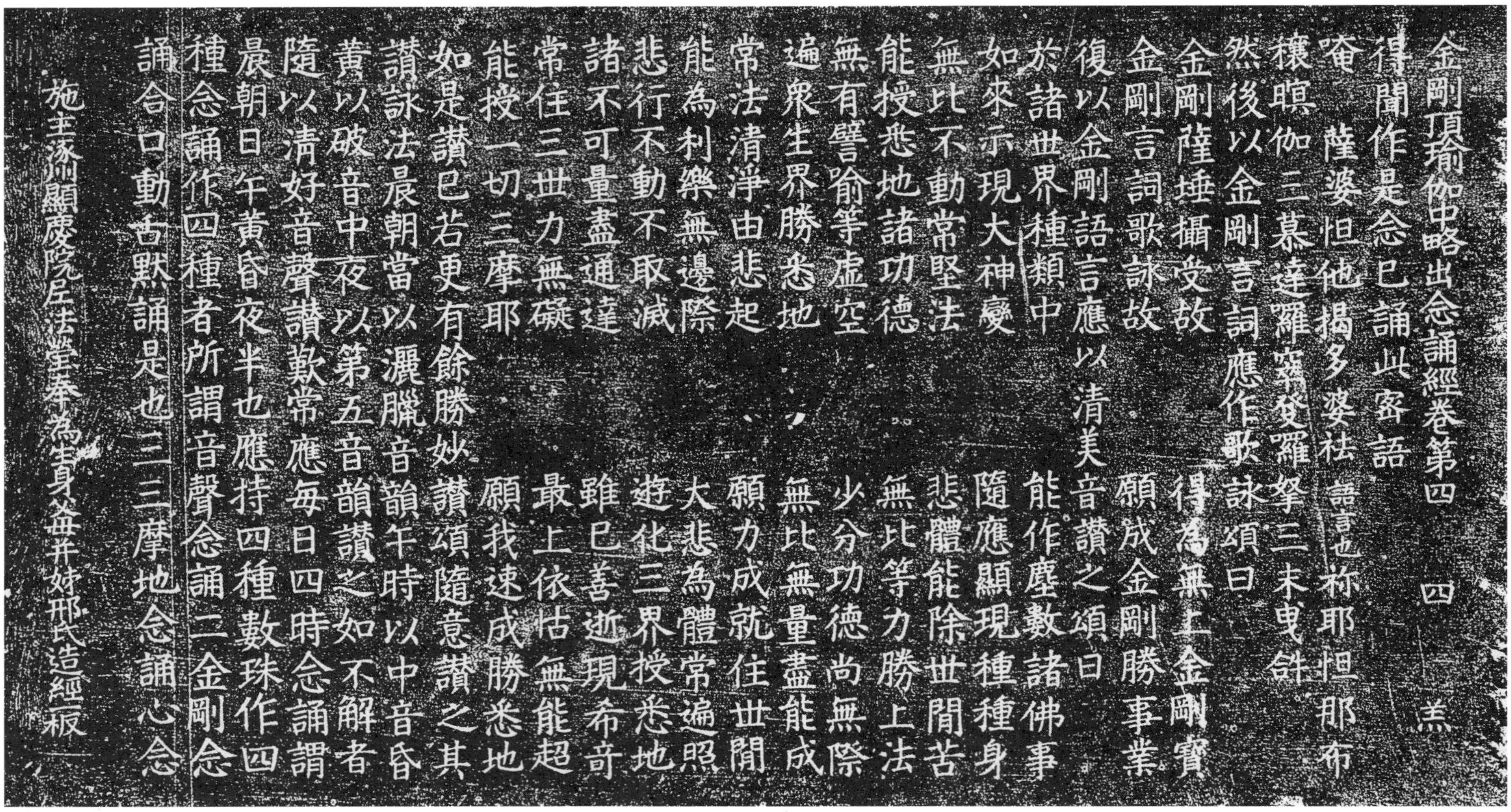

金剛頂瑜伽中略出念誦經卷第四　四　羔
得聞作是念已誦此密語
唵　薩婆怛他揭多婆袪（語言也）袮耶怛那布
穰瞋伽三慕達羅寧癹羅拏三末曳鉾
然後以金剛言詞應作歌詠頌曰
金剛薩埵攝受故　得為無上金剛寶
金剛言詞歌詠故　願成金剛勝事業
復以金剛語言應以清美音讚之頌曰
於諸世界種類中　能作塵數諸佛事
如來示現大神變　隨應顯現種種身
無比不動常堅法　悲體能除世間苦
能授悉地諸功德　無比等力勝上法
無有譬喻等虛空　少分功德尚無際
遍衆生界勝悉地　無比無量盡能成
常法清淨由悲起　願力成就住世間
能為利樂無邊際　大悲為體常遍照
悲行不動不取滅　遊化三界授悉地
諸不可量盡通達　雖已善逝現希奇
常住三世力無礙　最上依怙無能超
能授一切三摩耶　願我速成勝悉地
如是讚已若更有餘勝妙讚頌隨意讚之其
讚詠法晨朝當以灑臘音韻午時以中音昏
黃以破音中夜以第五音韻讚之如不解者
隨以清好音聲讚歎常應每日四時念誦謂
晨朝日午黃昏夜半也應持四種數珠作四
種念誦作四種者所謂音聲念誦二金剛念
誦合口動舌默誦是也三三摩地念誦心念
施主涿州顯慶院尼法瑩奉為生身父母并姊邢氏造經一板

塔下 6305　金剛頂瑜伽中略出念誦經卷第四涿州顯慶院尼法瑩造經題記（“羔”字帙）　金刻
拓片高 44 厘米、寬 75 厘米　中國佛教圖書文物館藏

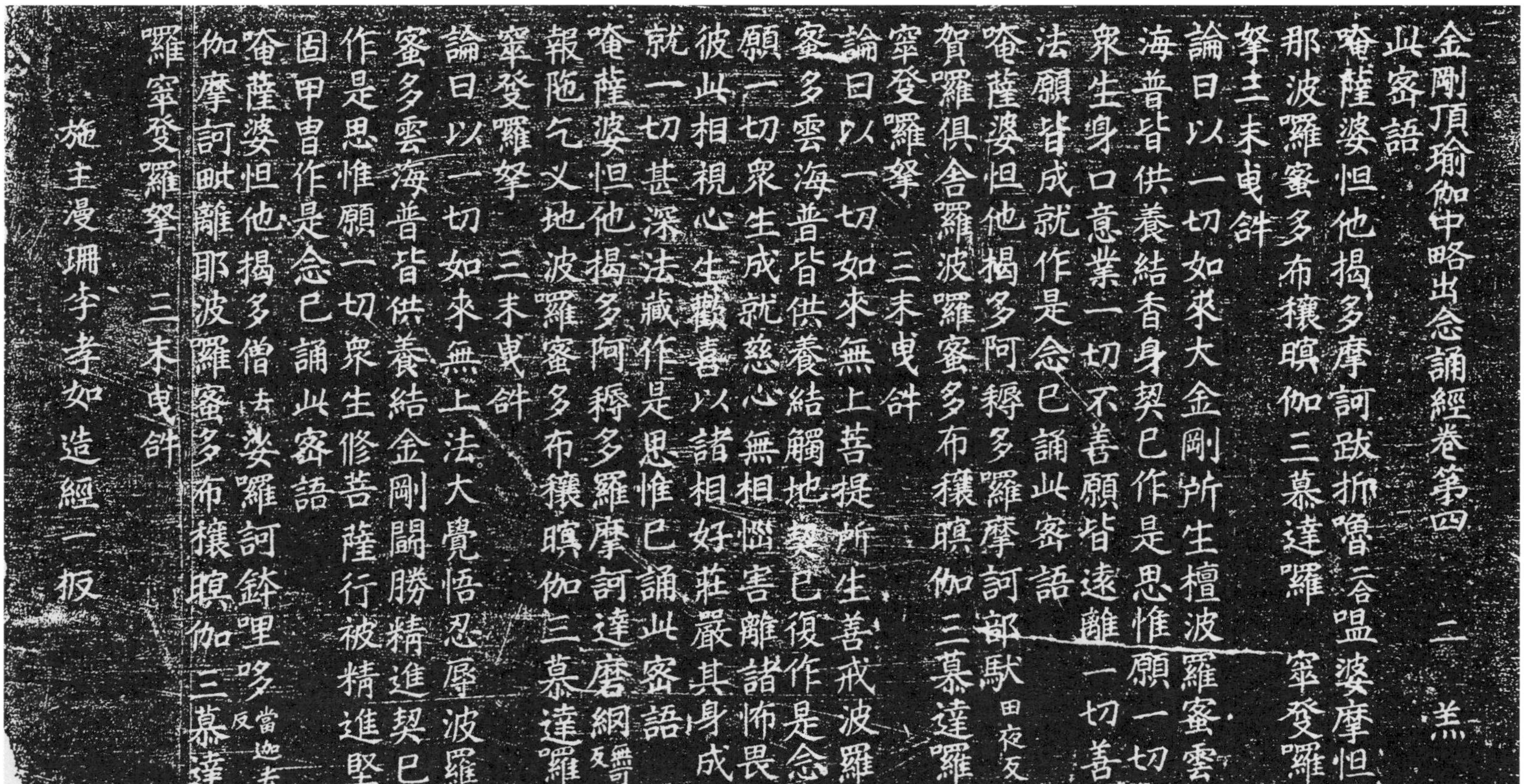

金剛頂瑜伽中略出念誦經卷第四　二　羔
此密語
唵薩婆怛他揭多摩訶跋折嚕（二合）嗢婆摩怛
那波囉蜜多布穰瞋伽三慕達囉　寧癹囉
拏三末曳鉾
論曰以一切如來大金剛所生檀波羅蜜雲
海普皆供養結香身契已作是思惟願一切
衆生身口意業一切不善願皆遠離一切善
法願皆成就作是念已誦此密語
唵薩婆怛他揭多阿穆多囉摩訶部馱（田夜反）
賀囉俱舍囉波囉蜜多布穰瞋伽三慕達囉
寧癹囉拏　三末曳鉾
論曰以一切如來無上菩提所生善戒波羅
蜜多雲海普皆供養結觸地契已復作是念
願一切衆生成就慈心無相惱害離諸怖畏
彼此相視心生歡喜以諸相好莊嚴其身成
就一切甚深法藏作是思惟已誦此密語
唵薩婆怛他揭多阿穆多羅摩訶達磨網（孆反）
報陁乞叉地波囉蜜多布穰瞋伽三慕達囉
寧癹囉拏　三末曳鉾
論曰以一切如來無上法大覺悟忍辱波羅
蜜多雲海普皆供養結金剛鬪勝精進契已
作是思惟願一切衆生修菩薩行被精進堅
固甲冑作是念已誦此密語
唵薩婆怛他揭多僧（去）娑囉訶鉢哩哆（當迦去反）
伽摩訶毗離耶波羅蜜多布穰瞋伽三慕達
囉寧癹囉拏　三末曳鉾
施主漫珊李孝如造經一板

塔下 6306　金剛頂瑜伽中略出念誦經卷第四漫珊李孝如造經題記（“羔”字帙）　金刻
拓片高 44 厘米、寬 75 厘米　中國佛教圖書文物館藏

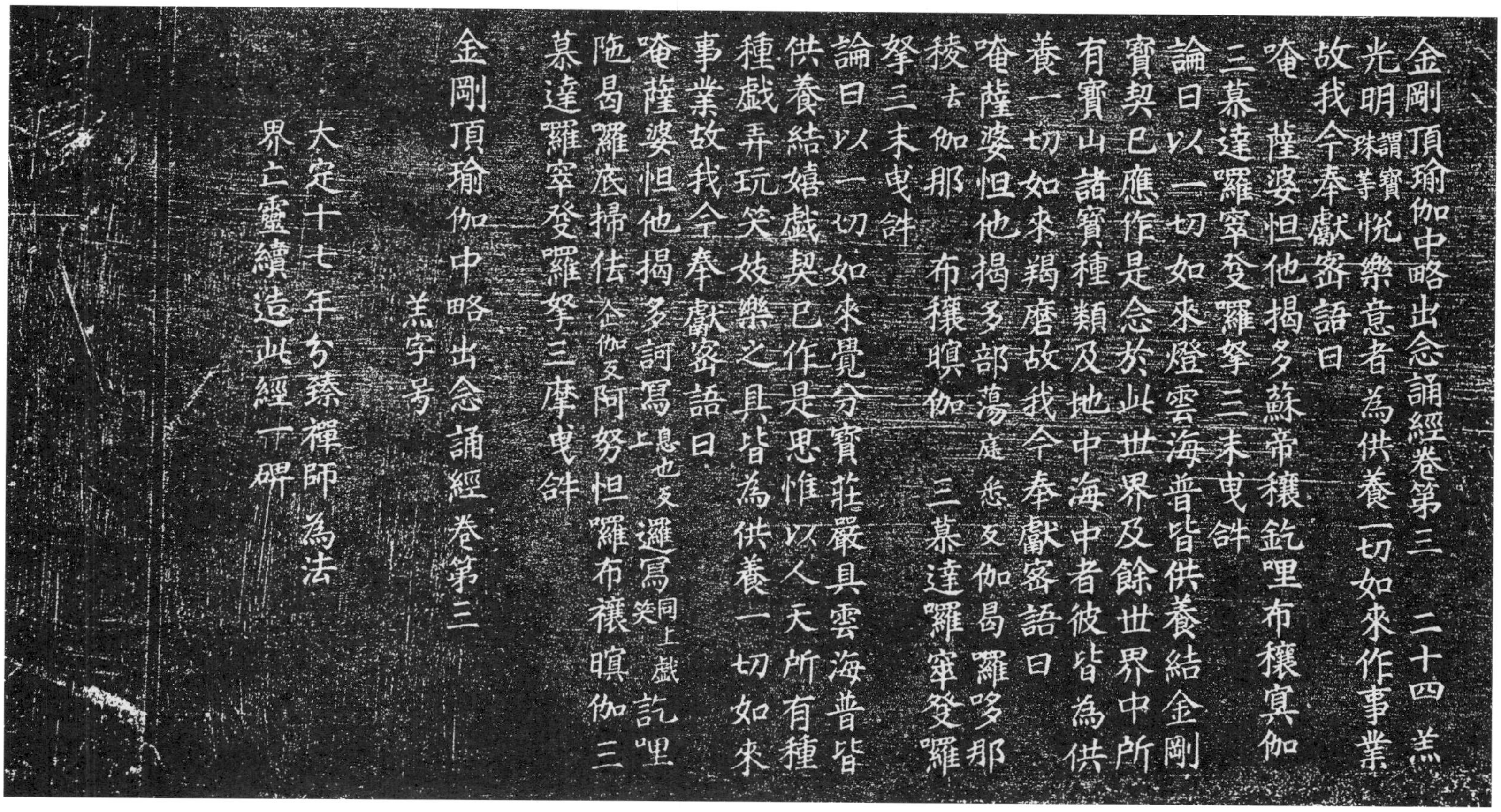
金剛頂瑜伽中略出念誦經卷第三　二十四　羔
光明（謂珠寶等）悅樂意者為供養一切如來作事業
故我今奉獻密語曰
唵　薩婆怛他揭多蘇帝穰鈋哩布穰冥伽
三慕達羅窣發羅拏三末曳許
論曰以一切如來燈雲海普皆供養結金剛
寶契已應作是念於此世界及餘世界中所
有寶山諸寶種類及地中海中者彼皆為供
養一切如來羯磨故我今奉獻密語曰
唵薩婆怛他揭多部蕩（庭悉反）伽曷羅哆那
稜（去）伽那　布穰瞋伽　三慕達羅窣發羅
拏三末曳許
論曰以一切如來覺分寶莊嚴具雲海普皆
供養結嬉戲契已作是思惟以人天所有種
種戲弄玩笑妓樂之具皆為供養一切如來
事業故我今奉獻密語曰
唵薩婆怛他揭多訶寫（上）（息也反）邏寫（同上）（笑）（戲）訖哩
陁曷羅底掃佉（企伽反）阿努怛羅布穰瞋伽三
慕達羅窣發羅拏三摩曳許
金剛頂瑜伽中略出念誦經卷第三
羔字号
大定十七年分臻禪師為法
界亡靈續造此經一碑

塔下 6307　金剛頂瑜伽中略出念誦經卷第三分臻禪師金大定十七年續造經題記（“羔”字帙）
拓片高 44 厘米、寬 75 厘米　中國佛教圖書文物館藏

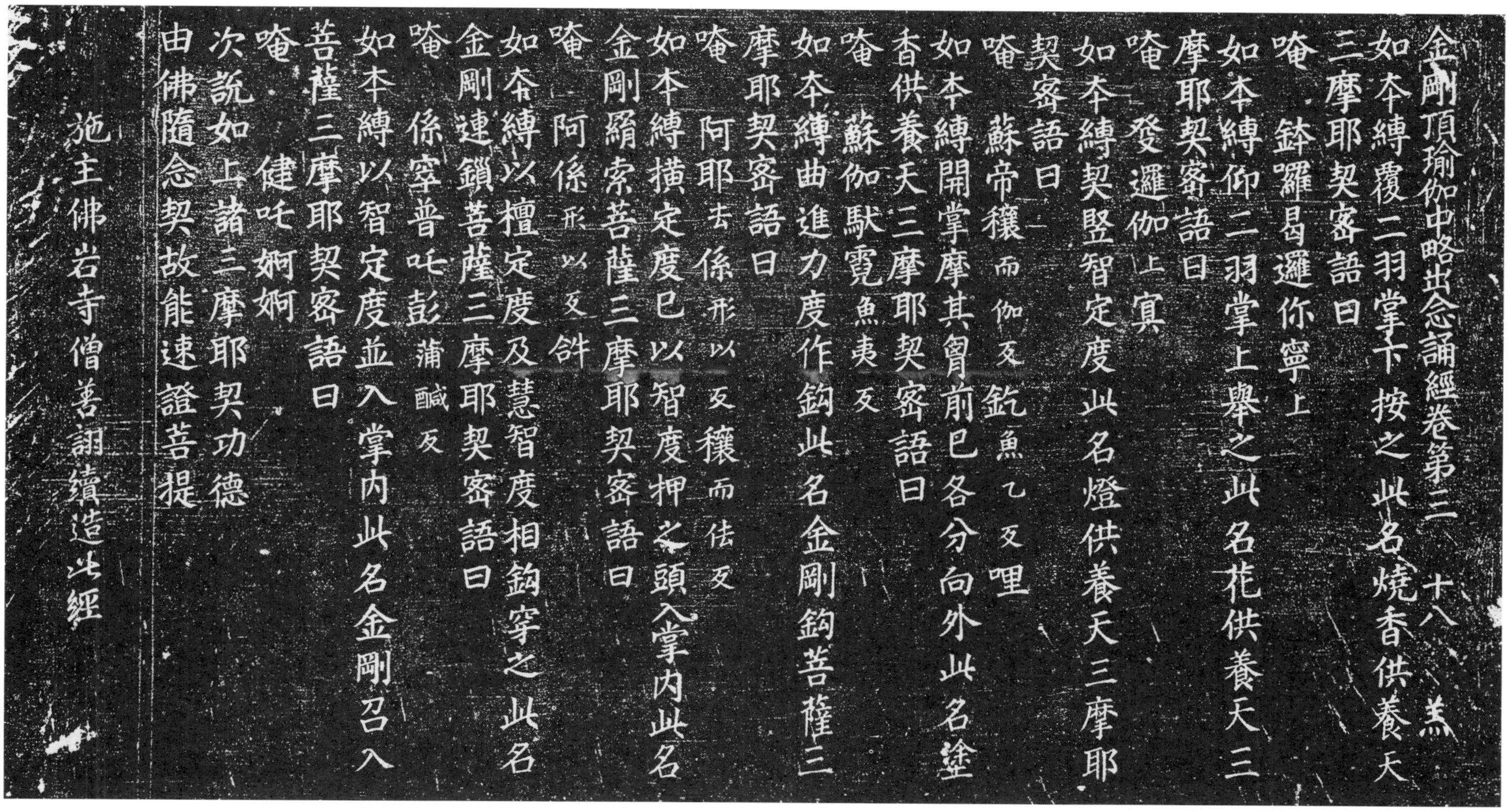
金剛頂瑜伽中略出念誦經卷第三　十八　羔
如本縛覆二羽掌下按之此名燒香供養天
三摩耶契密語曰
唵　鉢羅曷邏你寧（上）
如本縛仰二羽掌上舉之此名花供養天三
摩耶契密語曰
唵　發邏伽（上）冥
如本縛契竪智定度此名燈供養天三摩耶
契密語曰
唵　蘇帝穰（而伽反）鈋（魚乙反）哩
如本縛開掌摩其胸前已各分向外此名塗
香供養天三摩耶契密語曰
唵　蘇伽馱霓（魚夷反）
如本縛曲進力度作鈎此名金剛鈎菩薩三
摩耶契密語曰
唵　阿耶（去）係（形以反）穰（而佉反）
如本縛横定度已以智度押之頭入掌內此名
金剛羂索菩薩三摩耶契密語曰
唵　阿係（形以反）許
如本縛以檀定度及慧智度相鈎穿之此名
金剛連鎖菩薩三摩耶契密語曰
唵　係窣普吒彭（蒲鹹反）
如本縛以智定度並入掌內此名金剛召入
菩薩三摩耶契密語曰
唵　健吒婀婀
次説如上諸三摩耶契功德
由佛隨念契故能速證菩提
施主佛岩寺僧善詡續造此經

塔下 6310　金剛頂瑜伽中略出念誦經卷第三佛岩寺僧善詡續造經題記（“羔”字帙）　金刻
拓片高 44 厘米、寬 75 厘米　中國佛教圖書文物館藏

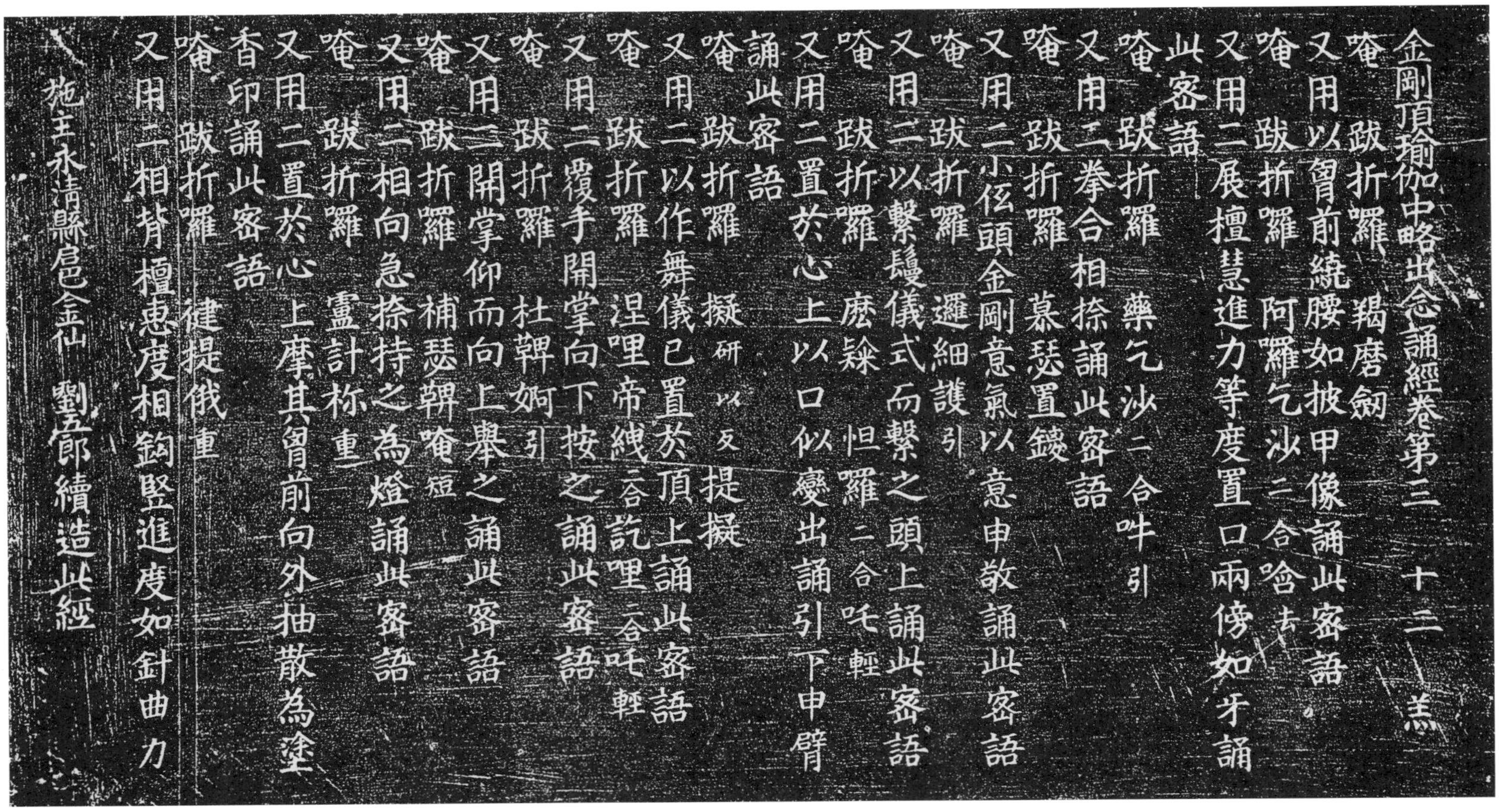

金剛頂瑜伽中略出念誦經卷第三 十三 羔
唵 跋折羅 羯磨 劍
又用以胷前繞腰如披甲像誦此密語
唵 跋折羅 阿羅乞沙二合 唅去
又用二展檀慧進力等度置口兩傍如牙誦
此密語
唵 跋折羅 藥乞沙二合 吽引
又用二拳合相捺誦此密語
唵 跋折羅 慕瑟置 鑁
又用二小伭頭金剛意氣以意申敬誦此密語
唵 跋折羅 邏細 護引
又用二以繫鬘儀式而繫之頭上誦此密語
唵 跋折羅 麼綠 怛羅二合 吒輕
又用二置於心上以口似變出誦引下申臂
誦此密語
唵 跋折羅 擬研以反 提擬
又用二以作舞儀已置於頂上誦此密語
唵 跋折羅 涅哩帝緘二合 訖哩二合 吒輕
又用二覆手開掌向下按之誦此密語
唵 跋折羅 杜粺 婀引
又用二開掌仰而向上舉之誦此密語
唵 跋折羅 補瑟粺 唵短
又用二相向急捺持之為燈誦此密語
唵 跋折羅 盧計 祢重
又用二置於心上摩其胷前向外抽散為塗
香印誦此密語
唵 跋折羅 健提 俄重
又用二相背檀惠度相鈎竪進度如針曲力
施主永清縣邑金仙 劉五郎續造此經

塔下 6313　金剛頂瑜伽中略出念誦經卷第三邑金仙劉五郎續造經題記（“羔”字帙） 金刻
拓片高 44 厘米、寬 74 厘米　中國佛教圖書文物館藏

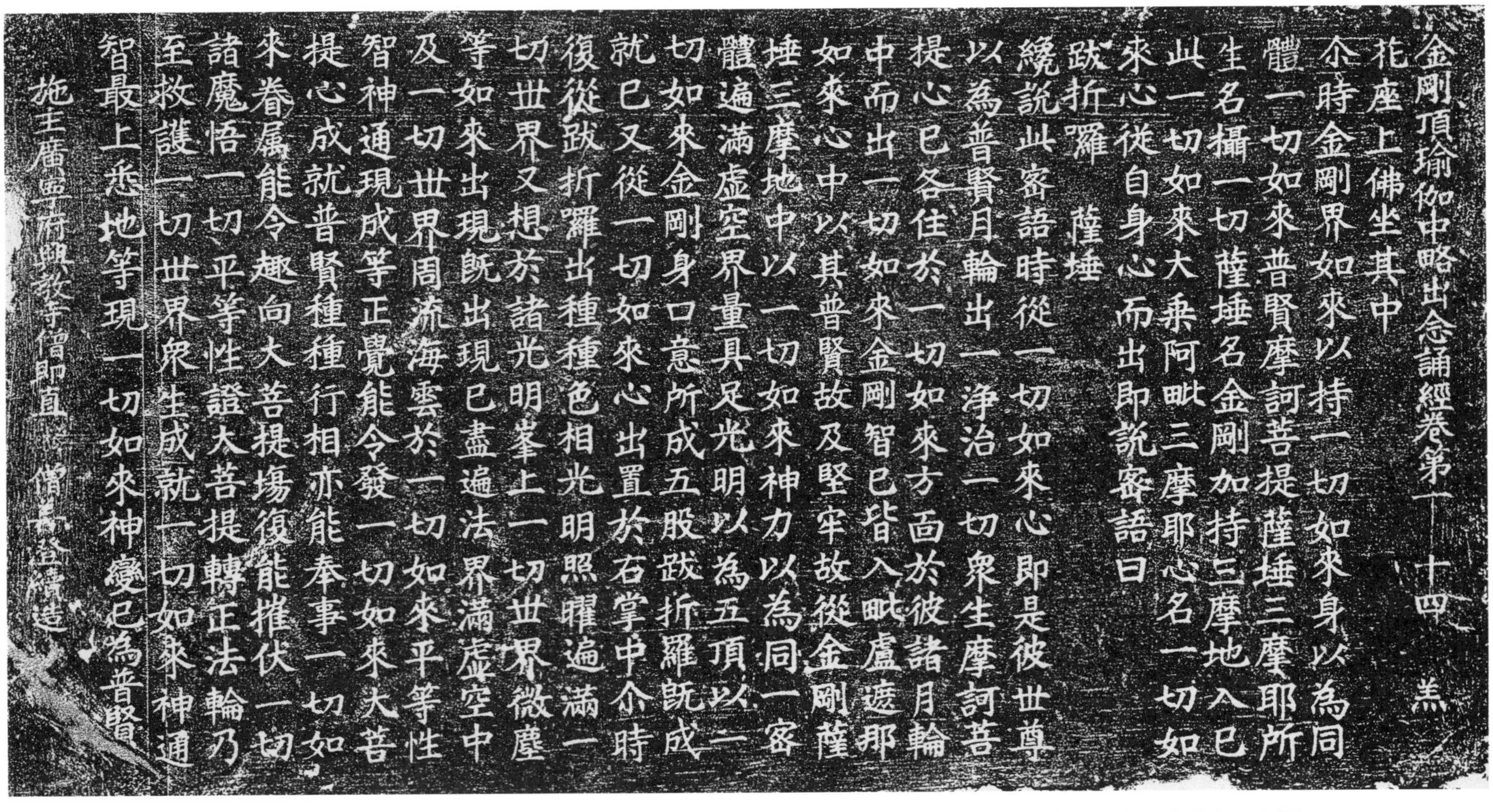

金剛頂瑜伽中略出念誦經卷第一 十四 羔
花座上佛坐其中
尒時金剛界如來以持一切如來身以為同
體一切如來普賢摩訶菩提薩埵三摩耶所
生名攝一切薩埵名金剛加持三摩地入已
此一切如來大乘阿毗三摩耶心名一切如
來心從自身心而出即說密語曰
跋折羅 薩埵
繞說此密語時從一切如來心即是彼世尊
以為普賢月輪出一淨治一切衆生摩訶菩
提心已各住於一切如來方面於彼諸月輪
中而出一切如來金剛智已皆入毗盧遮那
如來心中以其普賢故及堅牢故從金剛薩
埵三摩地中以一切如來神力以為同一密
體遍滿虛空界量具足光明以為五頂以一
切如來金剛身口意所成五股跋折羅既成
就已又從一切如來心出置於右掌中尒時
復從跋折羅出種種色相光明照曜遍滿一
切世界又想於諸光明峯上一切世界微塵
等如來出現既出現已盡遍法界滿虛空中
及一切世界周流海雲於一切如來平等性
智神通現成等正覺能令發一切如來大菩
提心成就普賢種種行相亦能奉事一切如
來眷屬能令趣向大菩提場復能摧伏一切
諸魔悟一切平等性證大菩提轉正法輪乃
至救護一切世界衆生成就一切如來神通
智最上悉地等現一切如來神變已為普賢
施主廣寧府興教寺僧即直 俗 僧善澄續造

塔下 6337　金剛頂瑜伽中略出念誦經卷第一廣寧府興教寺僧即直善澄續造經題記（“羔”字帙） 金刻
拓片高 44 厘米、寬 74 厘米　中國佛教圖書文物館藏

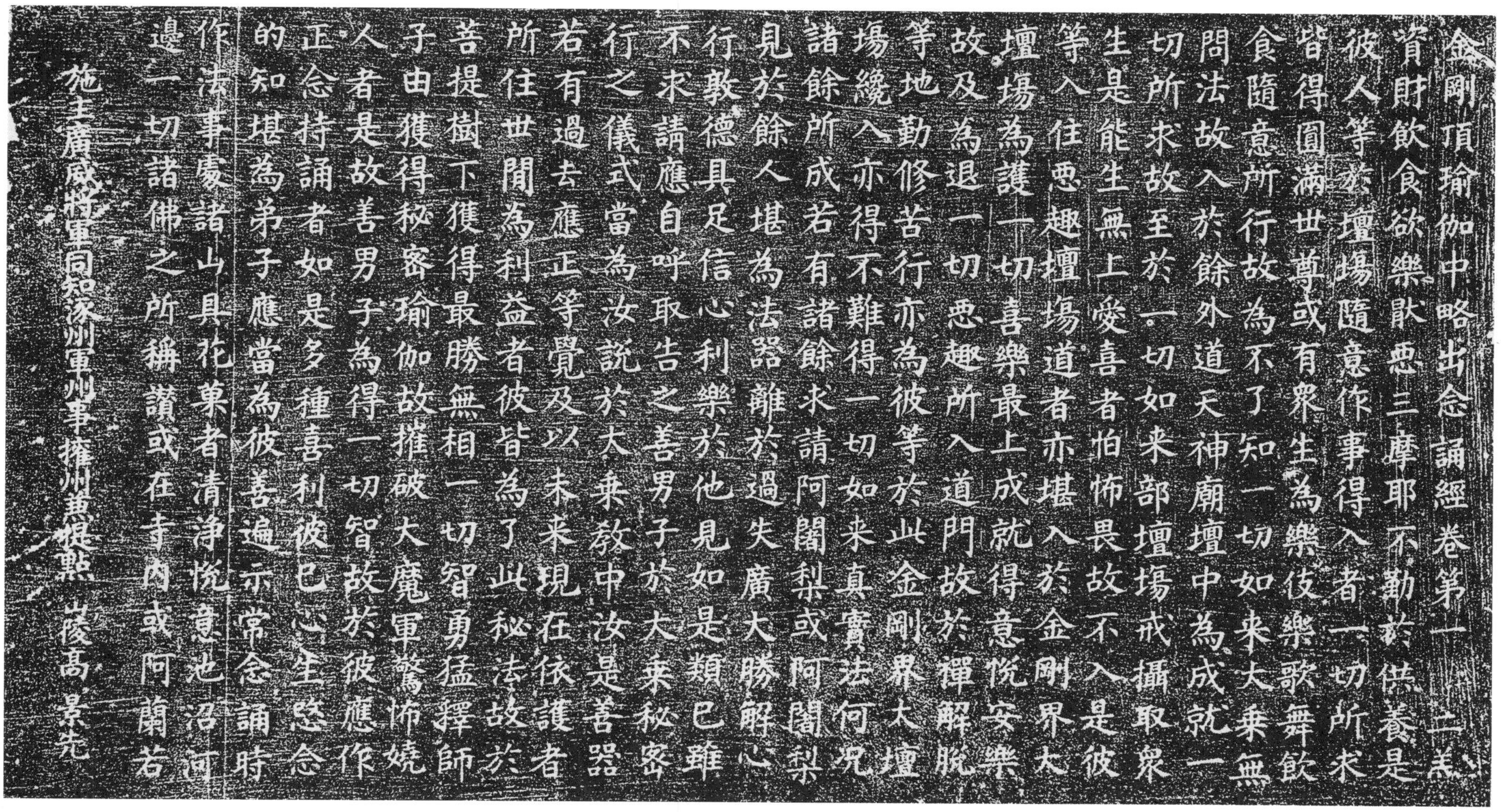

塔下 6342　金剛頂瑜伽中略出念誦經卷第一知涿州軍州事兼提點山陵高景先造經題記（"羔"字帙）　金刻
拓片高 44 厘米、寬 76 厘米　中國佛教圖書文物館藏

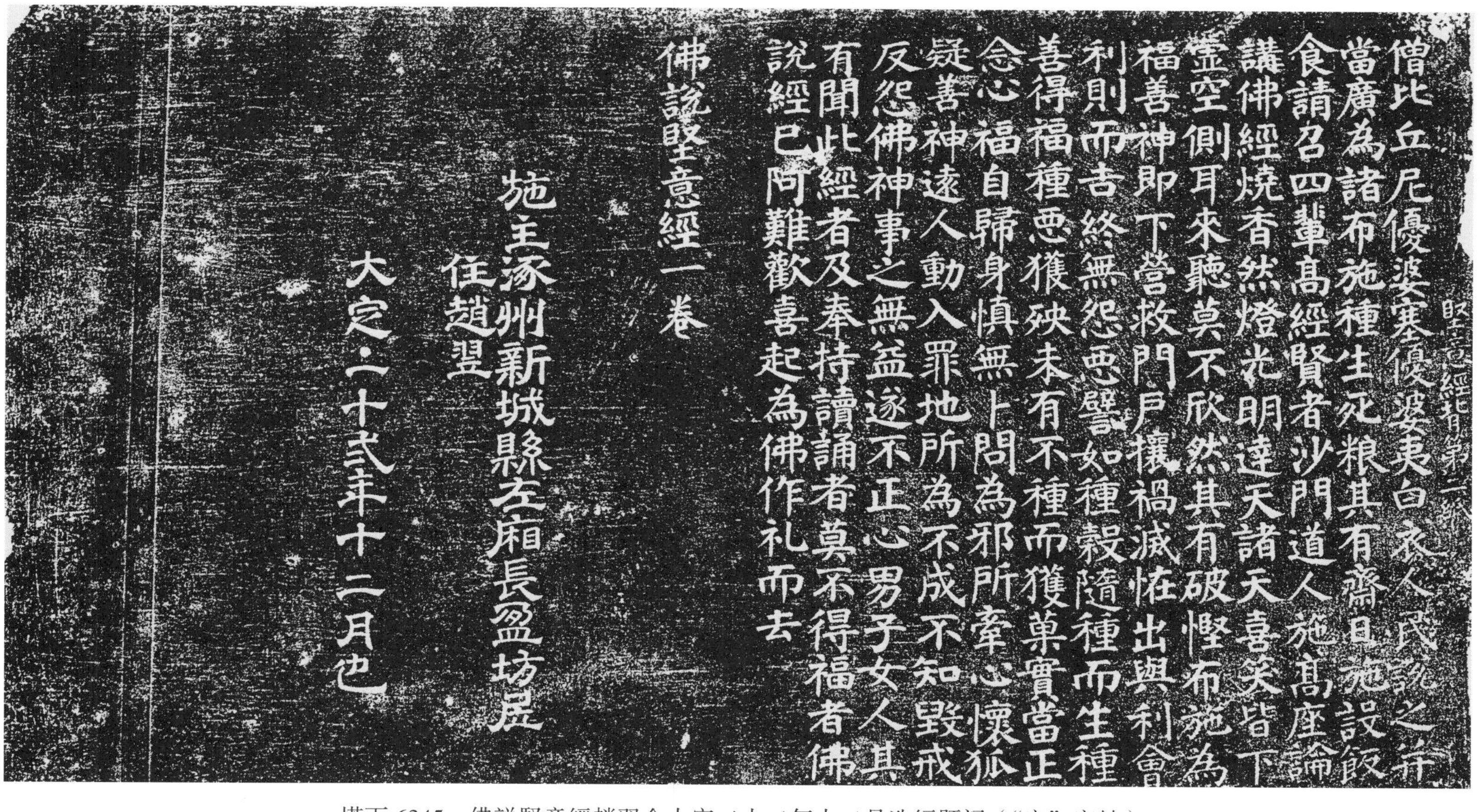

塔下 6345　佛說堅意經趙翌金大定二十二年十二月造經題記（"定"字帙）
拓片高 45 厘米、寬 75 厘米　中國佛教圖書文物館藏
經文爲顔體，題記爲隸書。

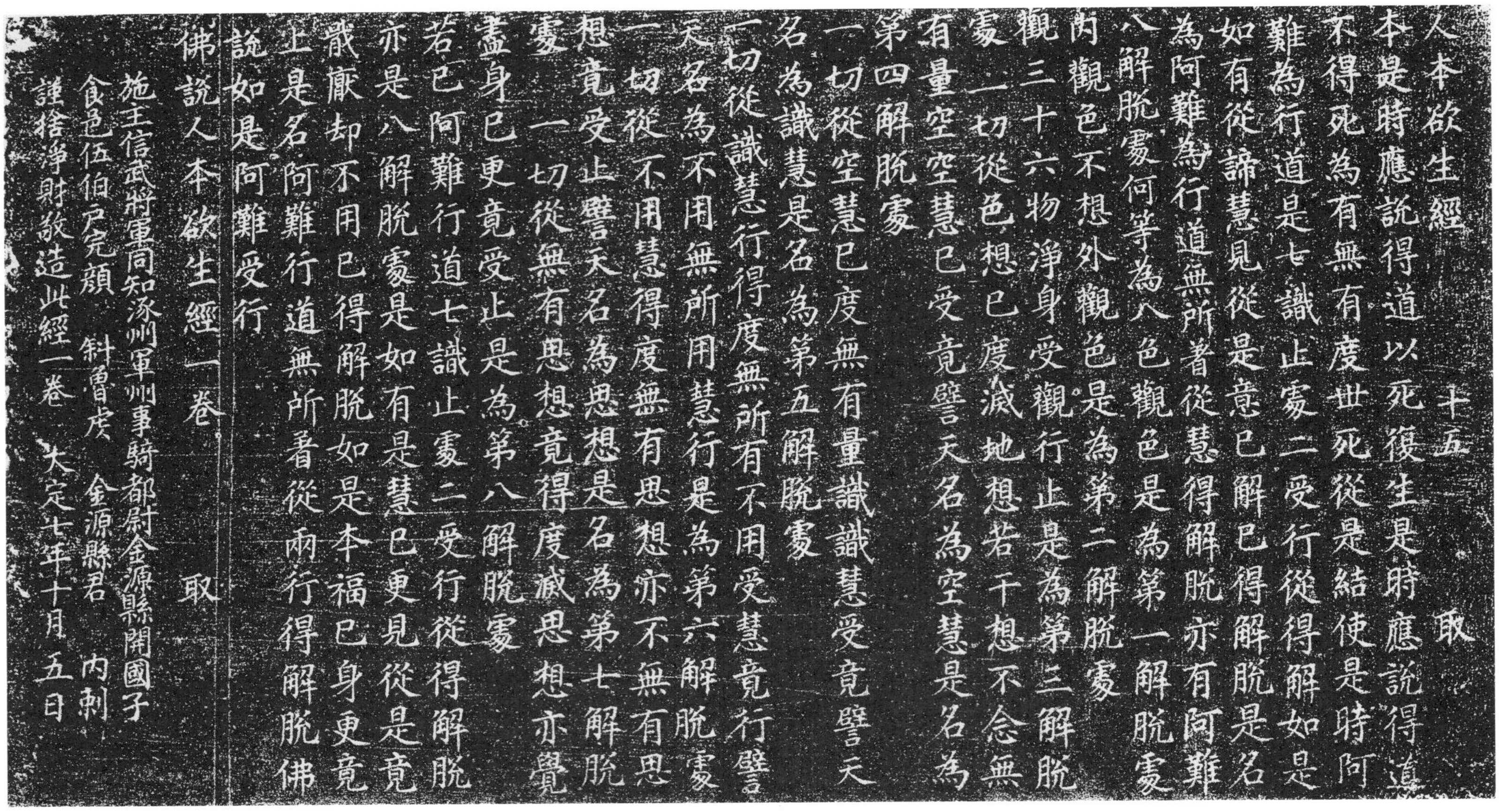

人本欲生經　十五　取
本是時應說得道以死復生是時應說得道
不得死為有無有度世死從是結使是時阿
難為行道是七識止處二受行從得解如是
如有從諦慧見從是意已解已得解脫是名
為阿難為行道無所著從慧得解脫亦有阿難
八解脫處何等為八色觀色是為第一解脫處
內觀色不想外觀色是為第二解脫處
觀三十六物淨身受觀行止是為第三解脫
處一切從色想已度滅地想若干想不念無
有量空空慧已受竟譬天名為空慧是名為
第四解脫處
一切從空慧已度無有量識識慧受竟譬天
名為識慧是名為第五解脫處
一切從識慧行得度無所有不用受慧竟行譬
天名為不用無所用慧行是為第六解脫處
一切從不用慧得度無有思想亦不無有思
想竟受止譬天名為思想是名為第七解脫
處一切從無有思想竟得度滅思想亦覺
盡身已更竟受止是為第八解脫處
若已阿難行道七識止處二受行從得解脫
亦是八解脫處是如有是慧已更見從是竟
截厭却不用已得解脫如是本福已身更竟
上是名阿難行道無所着從兩行得解脫佛
說如是阿難受行
佛說人本欲生經一卷　取
施主信武將軍同知涿州軍州事騎都尉金源縣開國子
食邑伍伯戶完顏　斜魯虎　金源縣君　内剌
謹捨淨財敬造此經一卷　大定七年十月　五日

塔下 6346　人本欲生經知涿州軍州事完顔斜魯虎金源縣君内剌金大定七年十月五日造經題記（“取”字帙）
拓片高 46 厘米、寬 79 厘米　中國佛教圖書文物館藏

人本欲生經　二　取
知易見深微妙阿難從有本生死是阿難從
本因緣生死如有不知不見不解不受令是
世間如織機攝往來從是世後世從後世
是世更苦世間居令不從離世間如是因緣
阿難可知為深微妙從有本生死明亦微妙
若有問有生老死因緣問是便報有因緣何
因緣阿難老死便報生故若有問有生因緣
問是便報有因緣何因緣生有故為生若有
問有因緣有便報有因緣有何因緣有報受
因緣有若有問何因緣受報有因緣受何因
緣受報為愛求因緣如是阿難從愛求因緣
受從受因緣有從有因緣生從生因緣老死
憂悲苦不可意惱生如是為具足最苦陰從
是有習生因緣阿難為老死是故說是為從
是致有是當從是阿難分明為生因緣老死
若阿難無有生為無有魚魚種無有飛鳥飛
鳥種為無有蚑蟲蚑蟲種為無有龍龍種為
無有神神種為無有鬼鬼種為無有人人種
各各種若如有如有生無有亦無應有令有
生一切阿難無有生為有老死不阿難白佛
言不佛便告阿難從是因緣當知為從是本
從是習從是因緣老死為生故生因緣阿難
為老死生因緣阿難為老死若有問有因緣
生可報有因緣生何因緣生為有因緣故從
是阿難因緣當知令從是有有因緣生若阿
難有因緣無有寧有魚魚種飛鳥飛鳥種蚑
施主信武將軍同知涿州軍州事騎都尉金源縣開國子
食邑伍伯戶完顏　斜魯虎　金源縣君　内剌

塔下 6352　人本欲生經知涿州軍州事完顔斜魯虎金源縣君内剌題名（“取”字帙）　金刻
拓片高 46 厘米、寬 79 厘米　中國佛教圖書文物館藏
其正面刻經序。

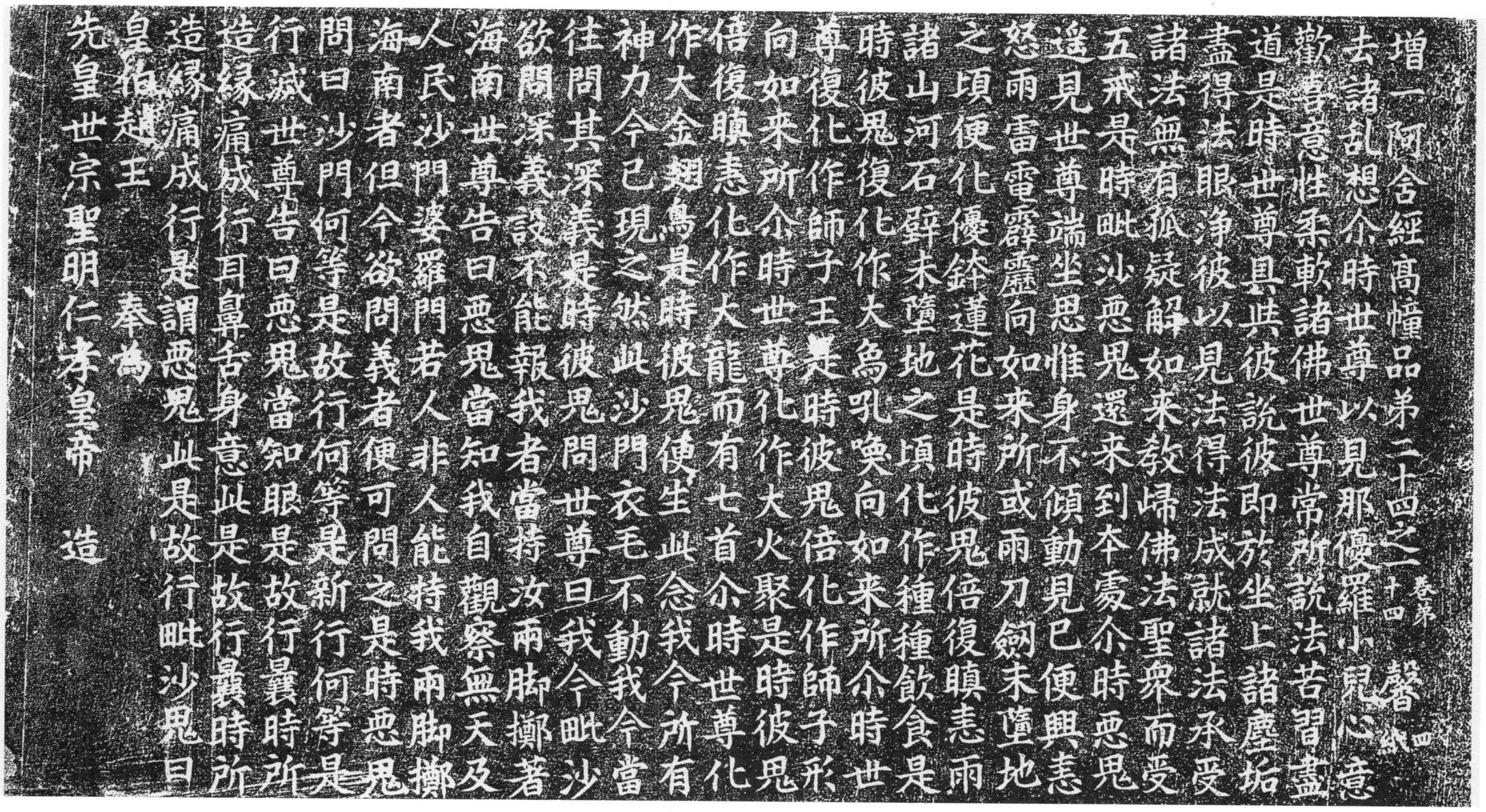

塔下 6458　增一阿含經卷第二十四皇伯趙王爲世宗皇帝造經題記（“馨”字帙）　金刻

拓片高 44 厘米、寬 74 厘米　中國佛教圖書文物館藏

“皇伯趙王”“皇伯漢王”實爲金世宗子完顔允中，本名蕯喇勒，又名萬僧。《金史》卷八十五有傳，大定元年（1161）封許王，五年判大興尹，七年進封越王，十一年進封趙王，十三年拜樞密使。章宗即位，起復判西京留守，進封漢王。金明昌五年（1194）賜死。據統計，完顔允中先後施刻《增一阿含經》《雜阿含經》等 700 餘石，歷 30 餘年。

另外，端方《匋齋藏石記》卷四十三中著録了“皇伯漢王爲世宗皇帝造佛經，”爲《雜阿含經》卷第四十六、四十七，“息”字帙第七、第八紙，可能塔下藏經在清末已有散佚。

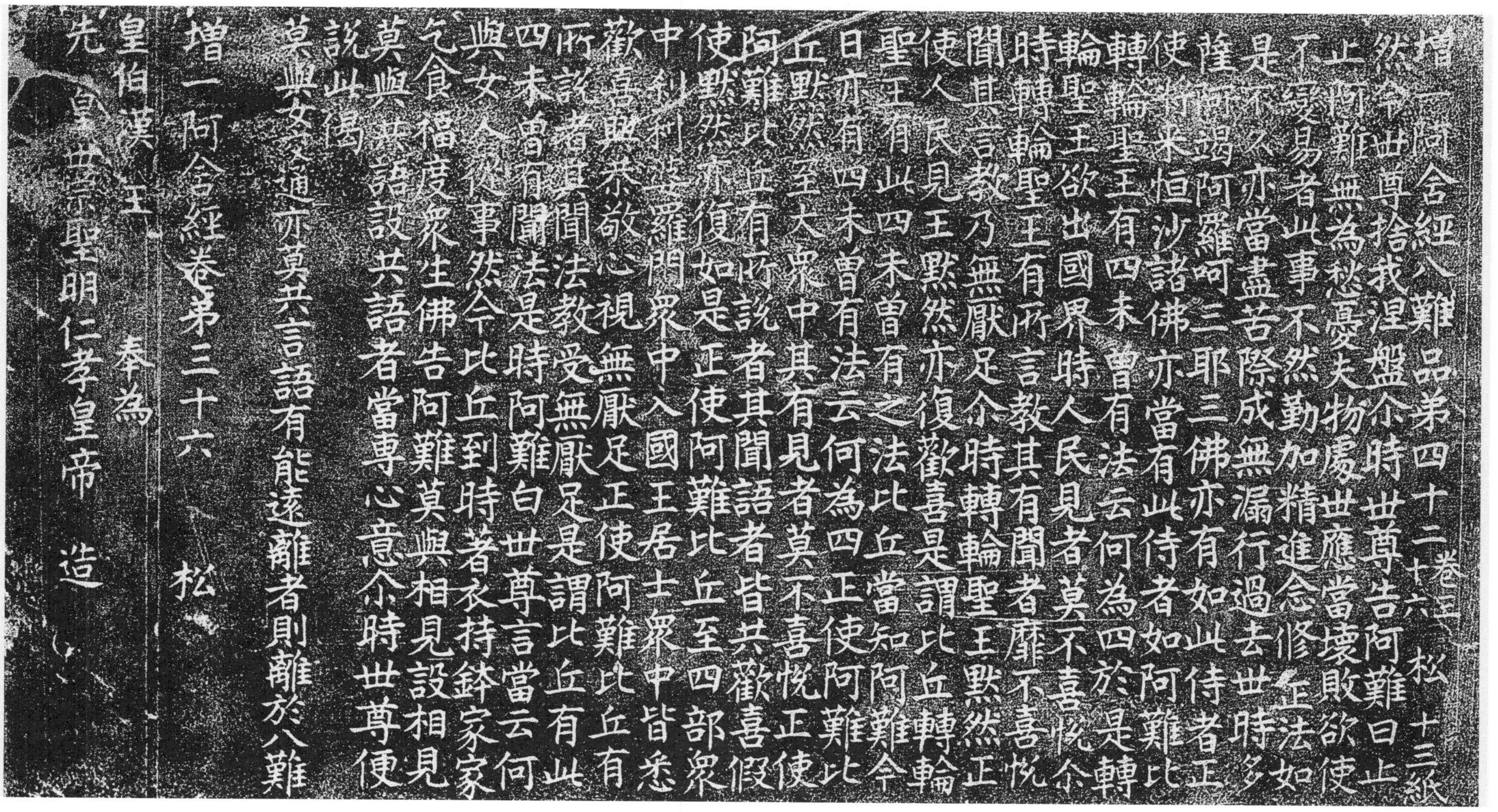

塔下 6629　增一阿含經卷第三十六皇伯漢王爲世宗皇帝造經題記（“松”字帙）　金刻

拓片高 45 厘米、寬 74 厘米　中國佛教圖書文物館藏

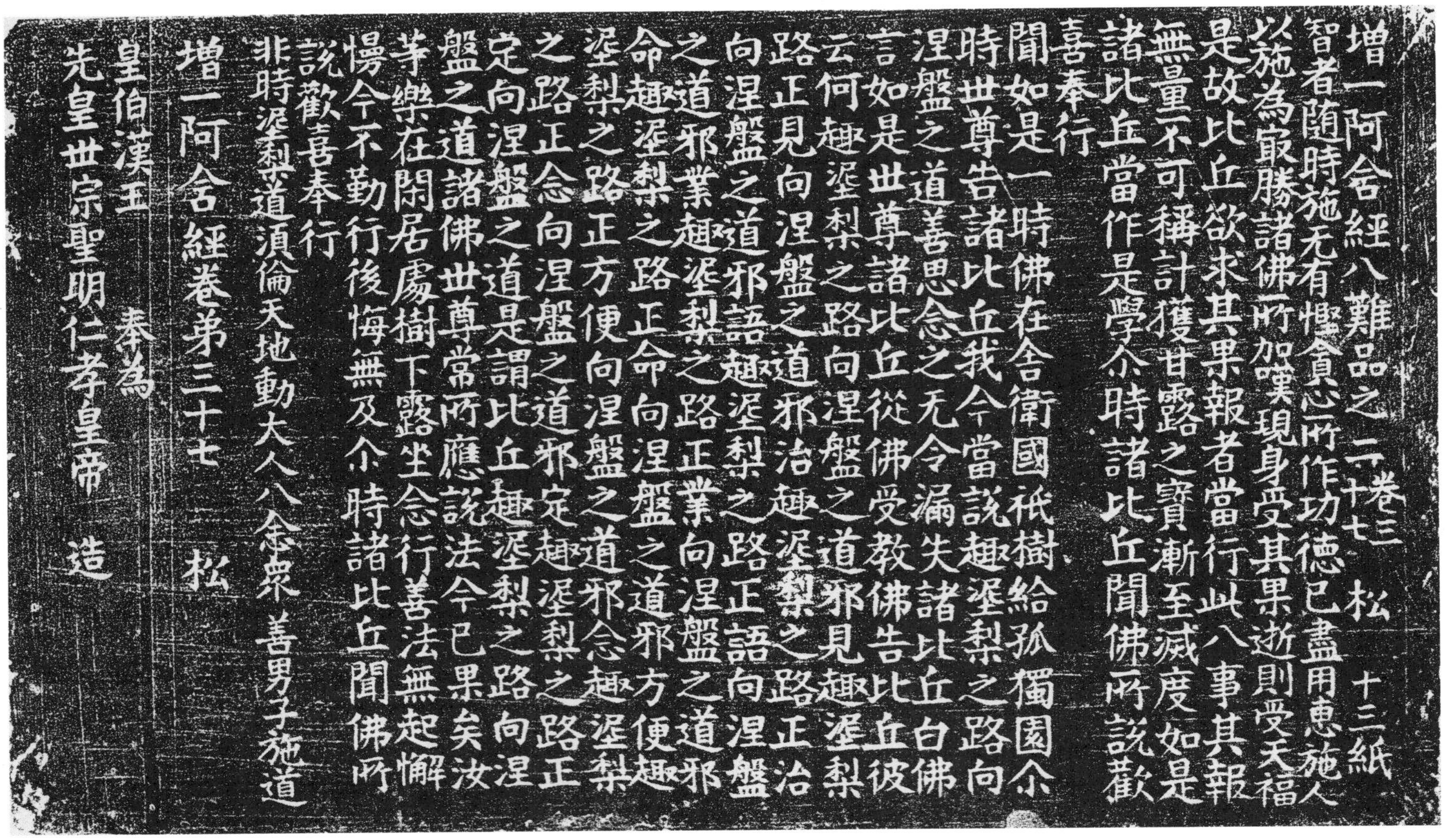
增一阿含經八難品之二 卷三十七 松 十三紙
智者隨時施无有慳貪心所作功德已盡用惠施人
以施為冣勝諸佛所加嘆現身受其果逝則受天福
是故比丘欲求其果報者當行此八事其報
無量不可稱計獲甘露之寶漸至滅度如是
諸比丘當作是學尒時諸比丘聞佛所說歡
喜奉行
聞如是一時佛在舍衛國祇樹給孤獨園尒
時世尊告諸比丘我今當說趣涅槃之路向
涅槃之道善思念之无令漏失諸比丘白佛
言如是世尊諸比丘從佛受教佛告比丘彼
云何趣涅槃之路向涅槃之道邪見趣涅槃
路正見向涅槃之道邪治趣涅槃之路正治
向涅槃之道邪語趣涅槃之路正語向涅槃
之道邪業趣涅槃之路正業向涅槃之道邪
命趣涅槃之路正命向涅槃之道邪方便趣
涅槃之路正方便向涅槃之道邪念趣涅槃
之路正念向涅槃之道邪定趣涅槃之路正
定向涅槃之道是謂比丘趣涅槃之路向涅
槃之道諸佛世尊當所應說法今已果矣汝
等樂在閑居處樹下露坐念行善法無起懈
慢今不勤行後悔無及尒時諸比丘聞佛所
說歡喜奉行
非時涅槃道須倫天地動大人八念衆 善男子施道
增一阿含經卷第三十七 松
皇伯漢王 奉為
先皇世宗聖明仁孝皇帝 造

塔下 6636　增一阿含經卷第三十七皇伯漢王爲世宗皇帝造經題記（“松”字帙）　金刻
拓片高 44 厘米、寬 73 厘米　中國佛教圖書文物館藏

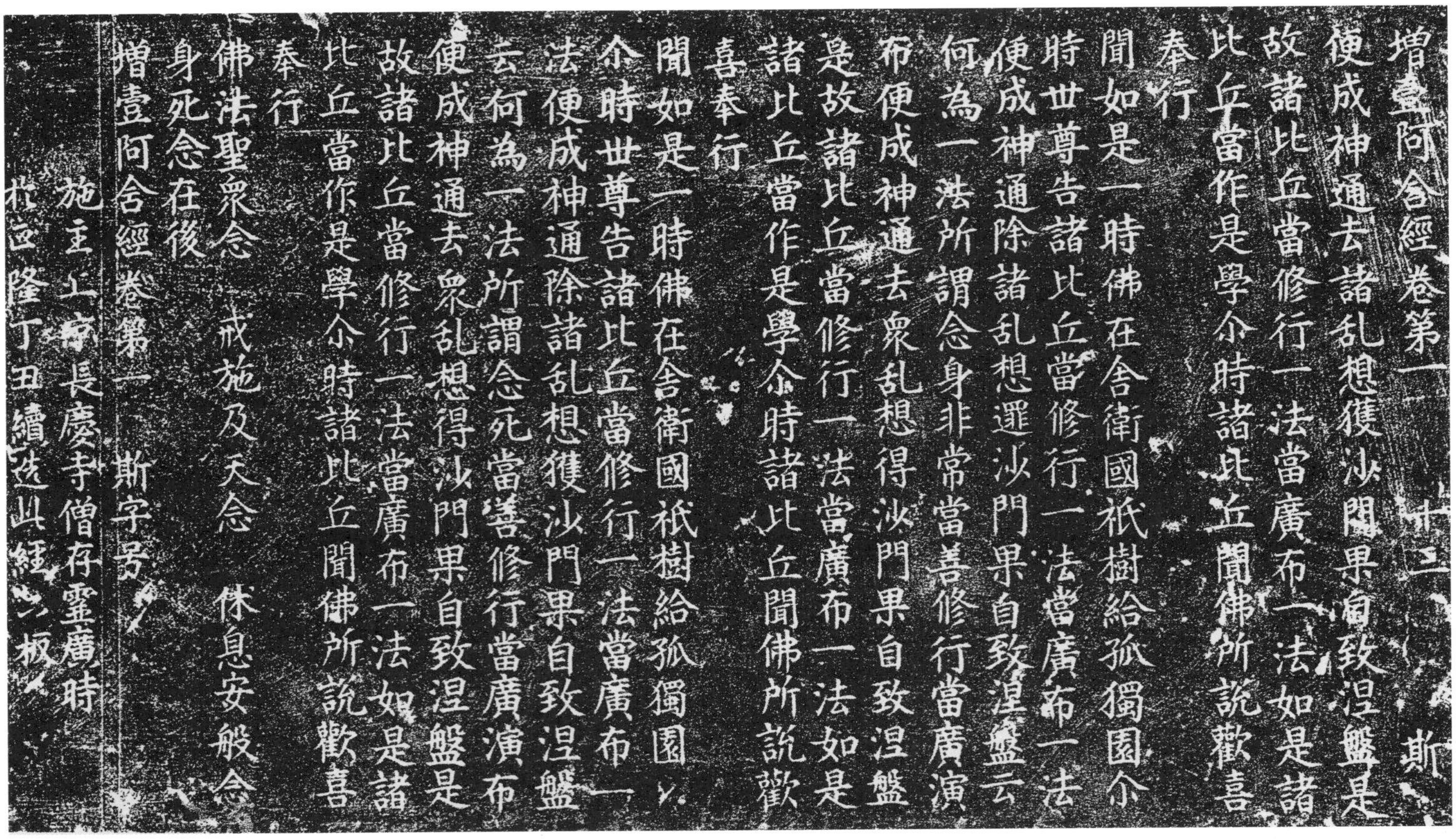
增壹阿含經卷第一 斯
便成神通去諸乱想獲沙門果自致涅槃是
故諸比丘當修行一法當廣布一法如是諸
比丘當作是學尒時諸比丘聞佛所說歡喜
奉行
聞如是一時佛在舍衛國祇樹給孤獨園尒
時世尊告諸比丘當修行一法當廣布一法
便成神通除諸乱想逮沙門果自致涅槃云
何為一法所謂念身非常當善修行當廣演
布便成神通去衆乱想得沙門果自致涅槃
是故諸比丘當修行一法當廣布一法如是
諸比丘當作是學尒時諸比丘聞佛所說歡
喜奉行
聞如是一時佛在舍衛國祇樹給孤獨園
尒時世尊告諸比丘當修行一法當廣布一
法便成神通除諸乱想獲沙門果自致涅槃
云何為一法所謂念死當善修行當廣演布
便成神通去衆乱想得沙門果自致涅槃是
故諸比丘當修行一法當廣布一法如是諸
比丘當作是學尒時諸比丘聞佛所說歡喜
奉行
佛法聖衆念 戒施及天念 休息安般念
身死念在後
增壹阿含經卷第一 斯字号
施主上京長慶寺僧存靈廣時
正隆丁丑續造此經一板

塔下 6876　增一阿含經卷第一上京長慶寺僧存靈廣時金正隆二年續造經題記（“斯”字帙）
拓片高 45 厘米、寬 74 厘米　中國佛教圖書文物館藏

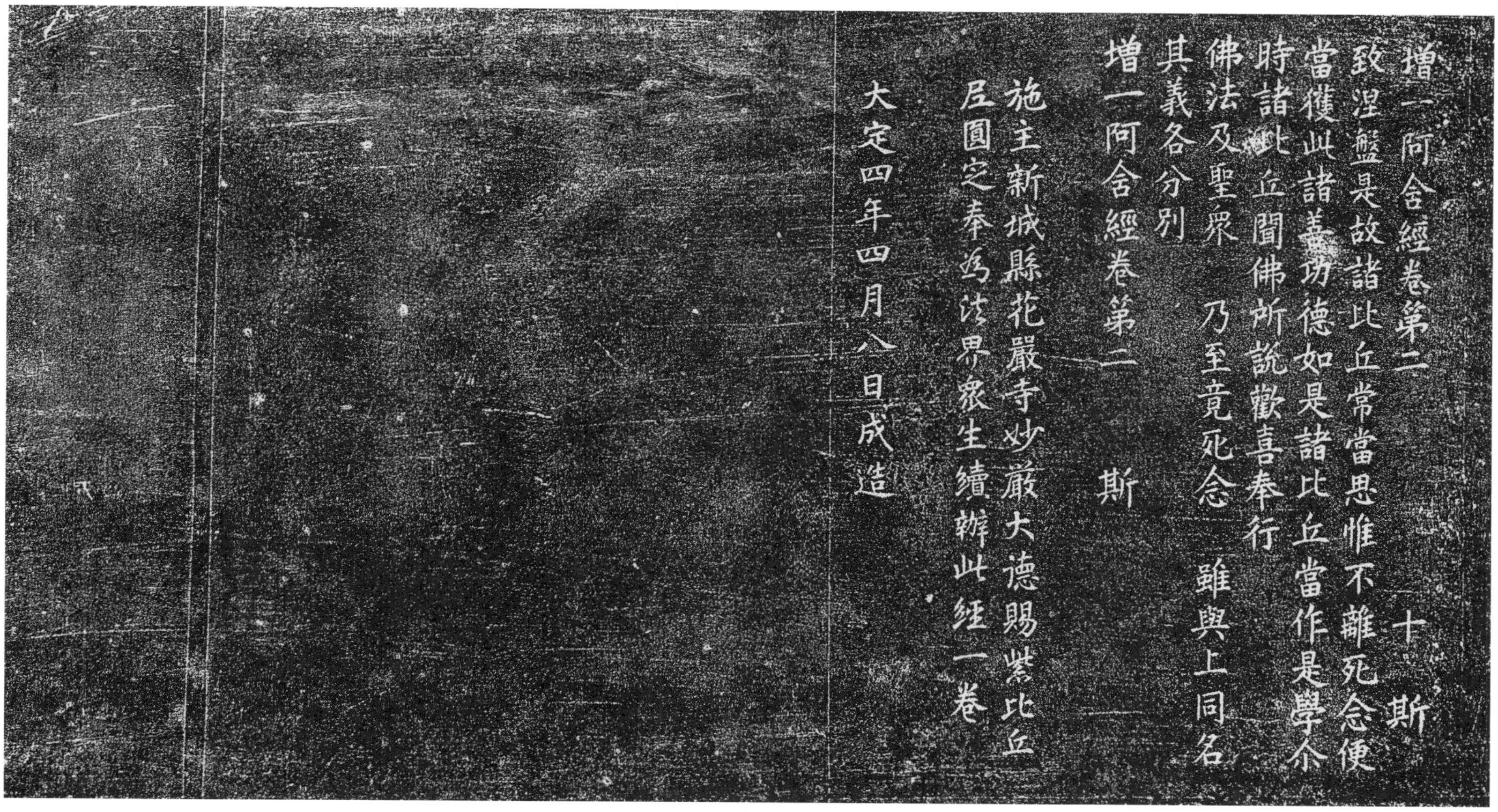
增一阿含經卷第二　十　斯
致涅盤是故諸比丘常當思惟不離死念便
當獲此諸善功德如是諸比丘當作是學尒
時諸比丘聞佛所說歡喜奉行
佛法及聖衆　乃至竟死念　雖與上同名
其義各分别
增一阿含經卷第二　斯
施主新城縣花嚴寺妙嚴大德賜紫比丘
尼圓定奉為法界衆生續辦此經一卷
大定四年四月八日成造

塔下 6882　增一阿含經卷第二新城縣花嚴寺尼圓定金大定四年四月八日續造經題記（“斯”字帙）
拓片高 44 厘米、寬 75 厘米　中國佛教圖書文物館藏

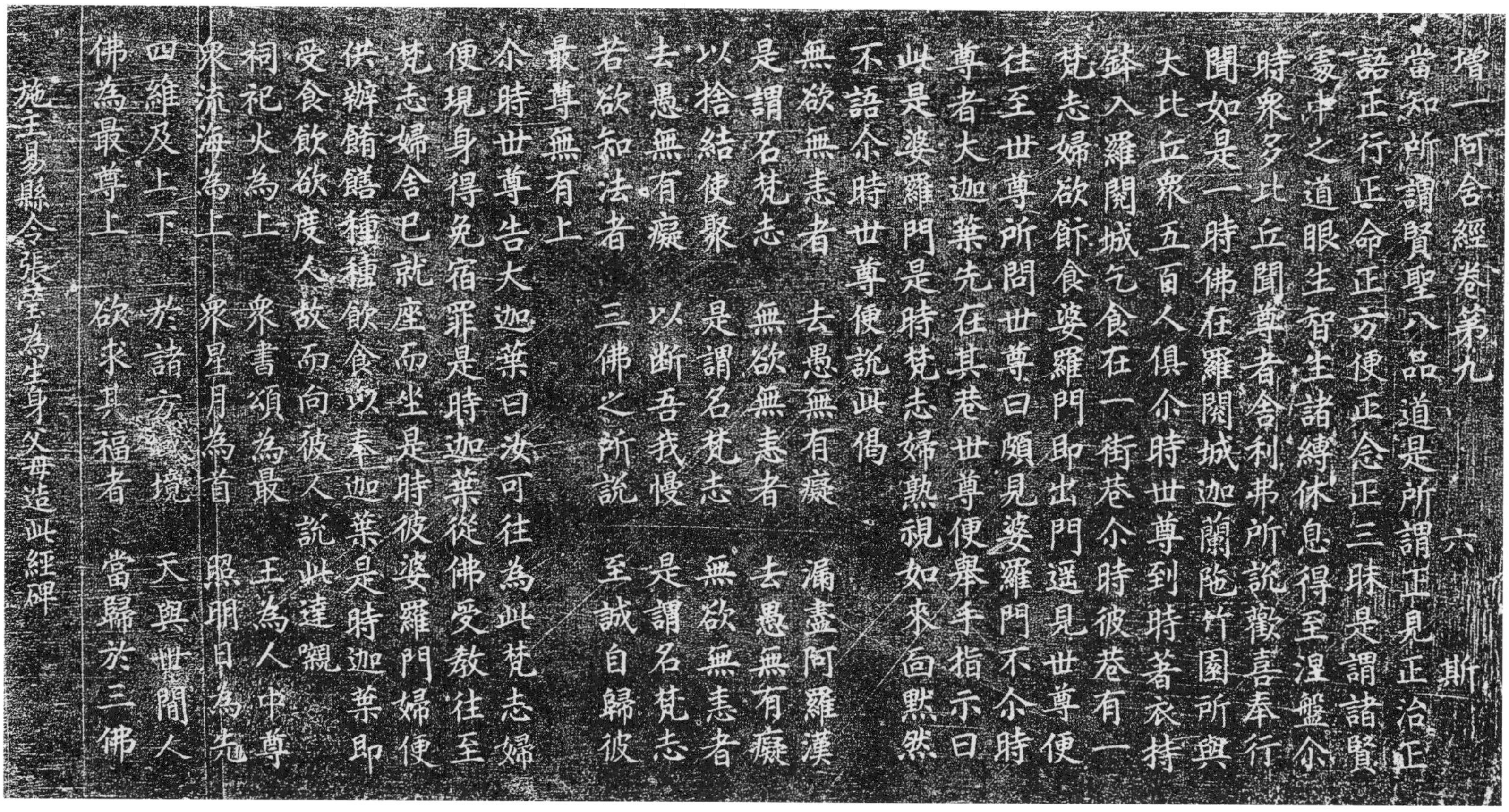

塔下 6976　增一阿含經卷第九易縣令張瑩造經題記（“斯”字帙）　金刻
拓片高 44 厘米、寬 75 厘米　中國佛教圖書文物館藏

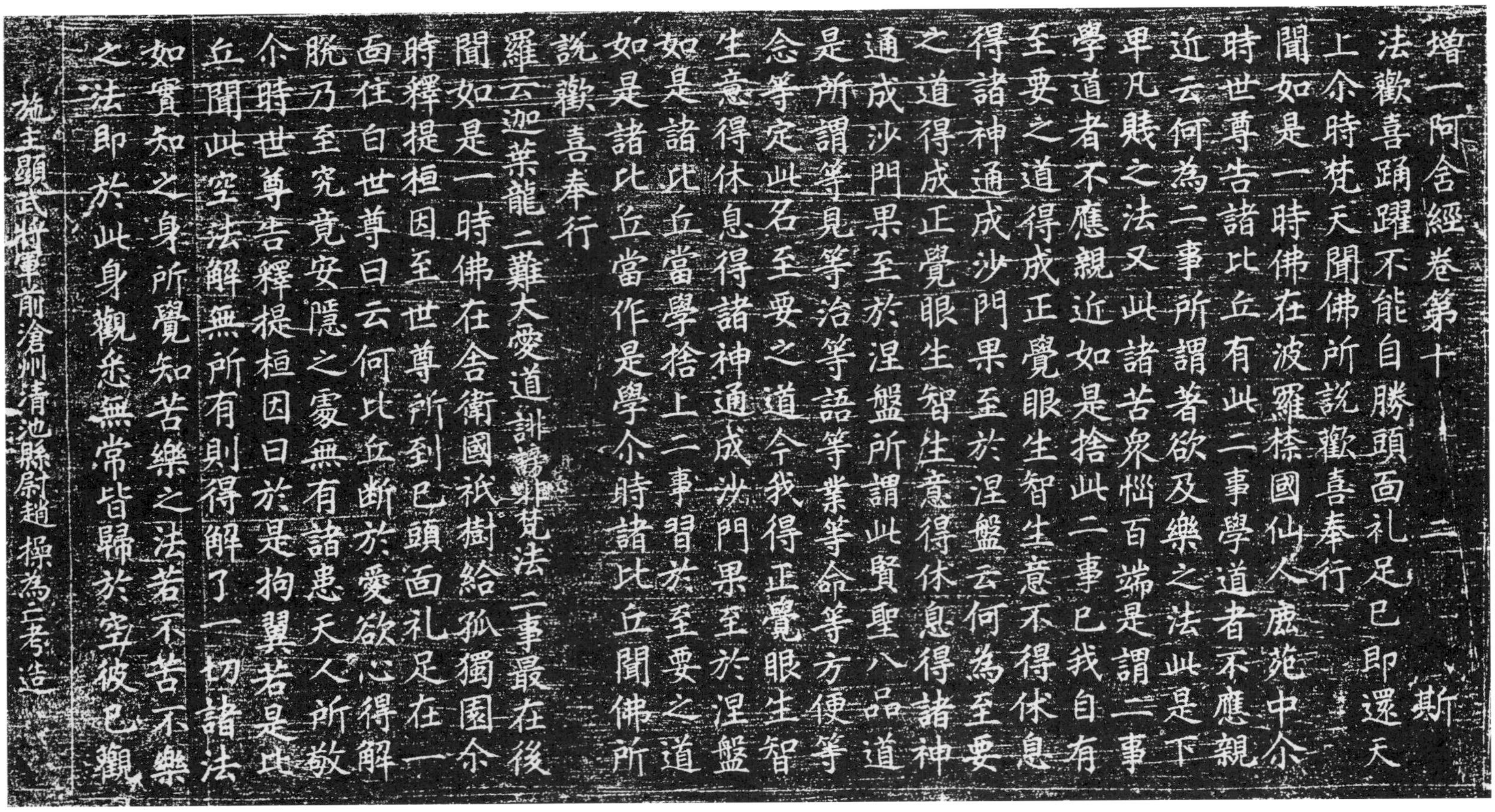

增一阿含經卷第十 二 斯
法歡喜踊躍不能自勝頭面礼足已即還天
上尒時梵天聞佛所說歡喜奉行
聞如是一時佛在波羅㮈國仙人鹿苑中尒
時世尊告諸比丘有此二事學道者不應親
近云何為二事所謂著欲及樂之法此是下
卑凡賤之法又此諸苦衆惱百端是謂二事
學道者不應親近如是捨此二事已我自有
至要之道得成正覺眼生智生意不得休息
得諸神通成沙門果至於涅槃云何為至要
之道得成正覺眼生智生意得休息得諸神
通成沙門果至於涅槃所謂此賢聖八品道
是所謂等見等治等語等業等命等方便等
念等定此名至要之道今我得正覺眼生智
生意得休息得諸神通成沙門果至於涅槃
如是諸比丘當學捨上二事習於至要之道
如是諸比丘當作是學尒時諸比丘聞佛所
說歡喜奉行
羅云迦葉龍二難大愛道誹謗非梵法二事最在後
聞如是一時佛在舍衛國祇樹給孤獨園尒
時釋提桓因至世尊所到已頭面礼足在一
面住白世尊曰云何比丘斷於愛欲心得解
脫乃至究竟安隱之處無有諸患天人所敬
尒時世尊告釋提桓因曰於是拘翼若是比
丘聞此空法解無所有則得解了一切諸法
如實知之身所覺知苦樂之法若不苦不樂
之法即於此身觀悉無常皆歸於空彼已觀
施主顯武將軍前滄州清池縣尉趙 操為亡考造

塔下 6983　增一阿含經卷第十前滄州清池縣尉趙操造經題記（“斯”字帙）　金刻
拓片高 44 厘米、寬 75 厘米　中國佛教圖書文物館藏

長阿含經[illegible]行經第二之三晦第二十[illegible] 履
二月如來生 [illegible]月[illegible] 二月成菩提 八日取涅槃
二月生[illegible]二足尊 二月出[illegible]林苦
二月得最上道 八月入涅槃城
娑羅花熾盛 種種光明照 於其本生處 多人稱讚礼
如來取滅度 大慈般涅盤
盡度諸恐畏 [illegible]是取滅度
佛說長阿含經卷第四 履
施主奉國上將軍燕京管內都商税點檢
加護軍特封廣平縣開國侯食邑一千戶
食實封一伯戶程 獻花
維皇統九年歲次己巳五月壬午朔十五
日丙申辰時造

塔下 6748　佛説長阿含經卷第四燕京管内都商税點檢程獻花金皇統九年五月十五日造經題記（“履”字帙）
拓片高 43 厘米、寬 75 厘米　中國佛教圖書文物館藏

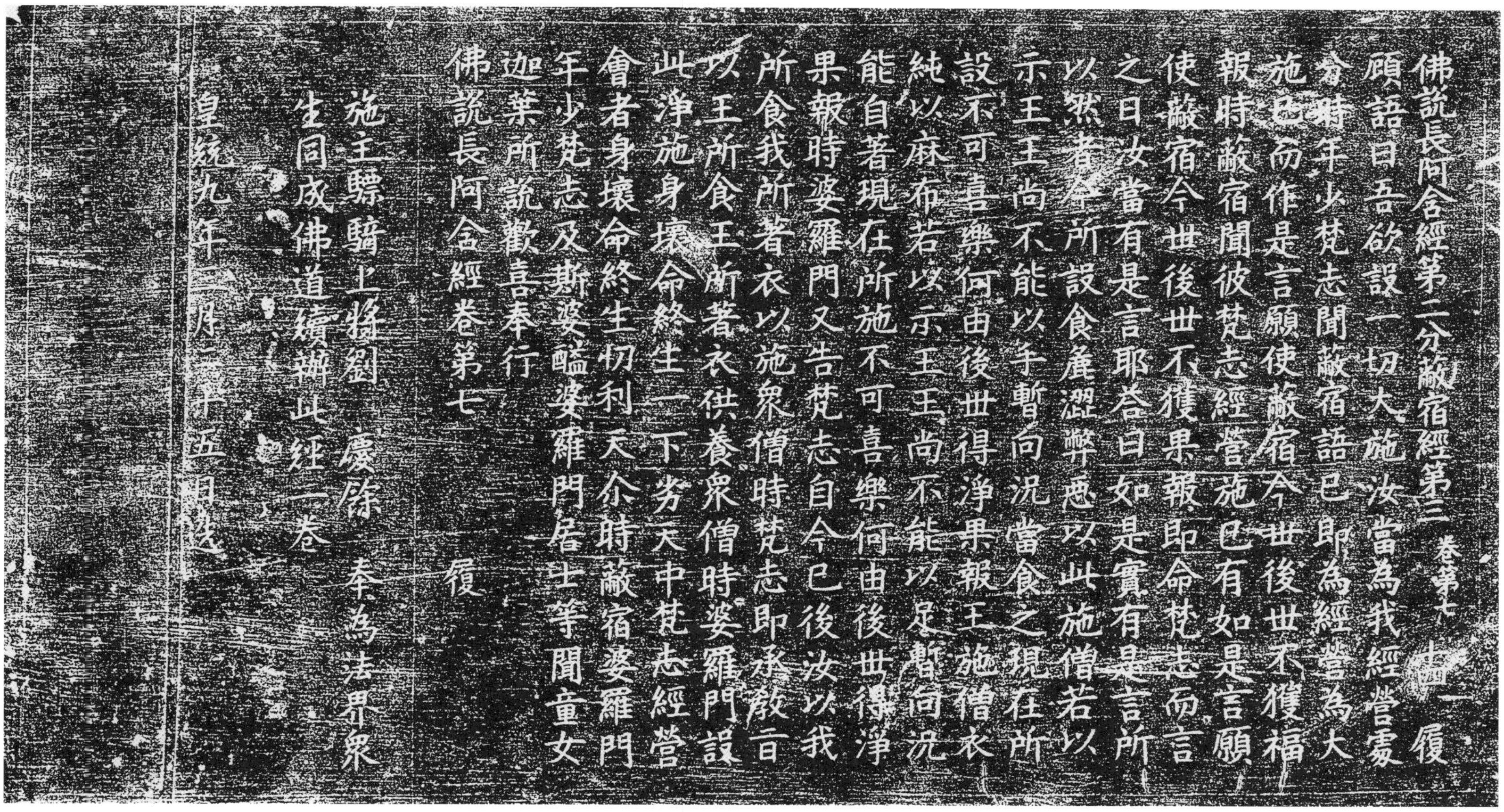
佛說長阿含經第二分蔽宿經第三 卷第七 十四 履
顧語曰吾欲設一切大施汝當為我經營處
分時年少梵志聞蔽宿語已即為經營為大
施已而作是言願使蔽宿今世後世不獲福
報時蔽宿聞彼梵志經營施已有如是言願
使蔽宿今世後世不獲果報即命梵志而言
之曰汝當有是言耶答曰如是實有是言所
以然者今所設食麁澀弊惡以此施僧若以
示王王尚不能以手暫向況當食之現在所
設不可喜樂何由後世得淨果報王施僧衣
純以麻布若以示王王尚不能以足暫向況
能自著現在所施不可喜樂何由後世得淨
果報時婆羅門又告梵志自今已後汝以我
所食我所著衣以施衆僧時梵志即承教言
以王所食王所著衣供養衆僧時婆羅門設
此淨施身壞命終生一下劣天中梵志經營
會者身壞命終生忉利天尒時蔽宿婆羅門
年少梵志及斯婆醯婆羅門居士等聞童女
迦葉所說歡喜奉行
佛說長阿含經卷第七 履
施主驃騎上將劉慶餘 奉為法界衆
生同成佛道續辦此經一卷
皇統九年三月二十五日造

塔下 6773 佛説長阿含經卷第七劉慶餘金皇統九年三月二十五日續造經題記（“履”字帙）
拓片高 43 厘米、寬 74 厘米 中國佛教圖書文物館藏

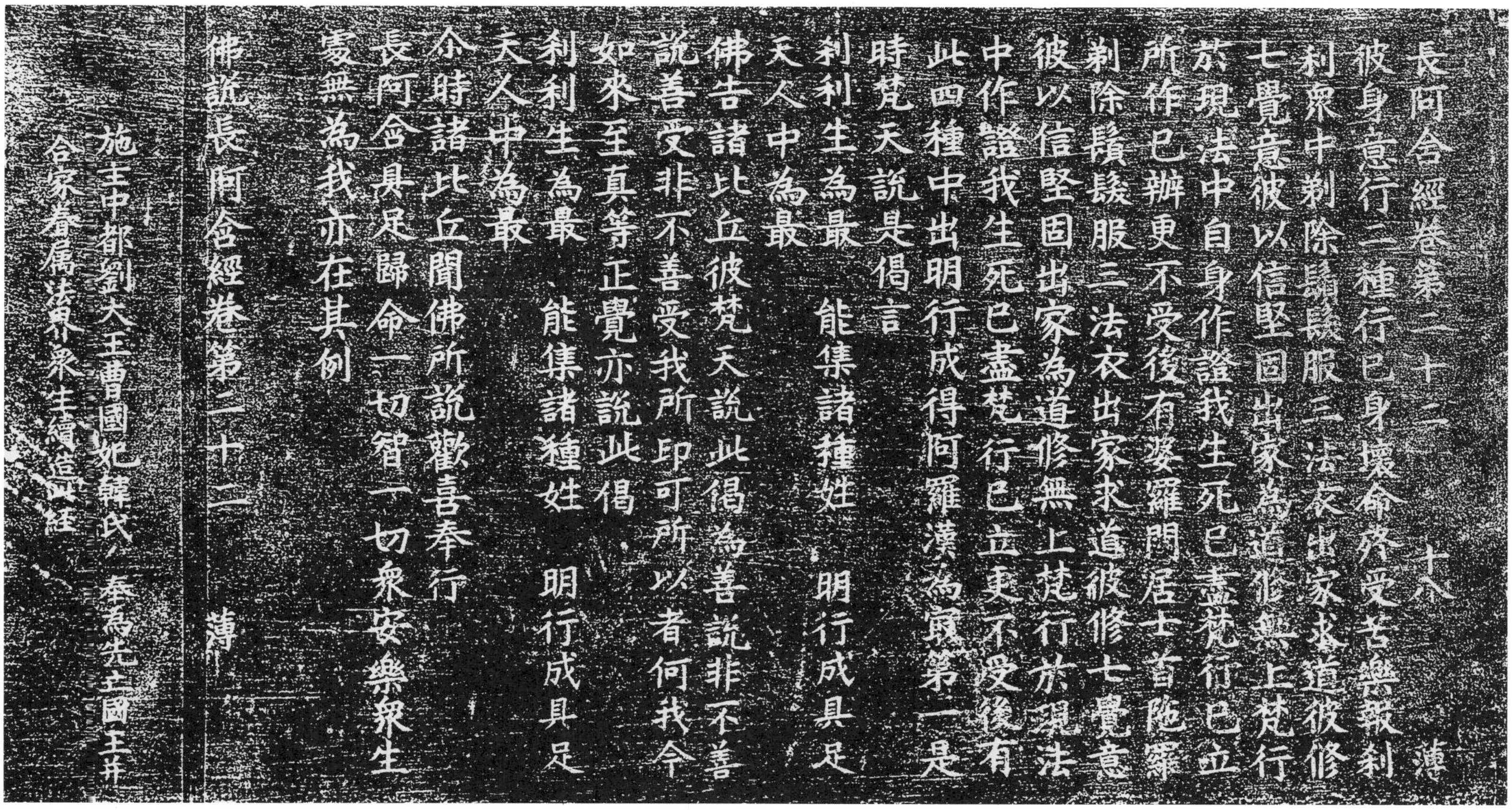
長阿含經卷第二十二 十八 薄
彼身意行二種行已身壞命終受苦樂報刹
利衆中剃除鬚髮服三法衣出家求道彼修
七覺意彼以信堅固出家為道修無上梵行
於現法中自身作證我生死已盡梵行已立
所作已辦更不受後有婆羅門居士首陀羅
剃除鬚髮服三法衣出家求道彼修七覺意
彼以信堅固出家為道修無上梵行於現法
中作證我生死已盡梵行已立更不受後有
此四種中出明行成得阿羅漢為最第一是
時梵天說是偈言
刹利生為最 能集諸種姓 明行成具足
天人中為最
佛告諸比丘彼梵天說此偈為善說非不善
說善受非不善受我所印可所以者何我今
如來至真等正覺亦說此偈
刹利生為最 能集諸種姓 明行成具足
天人中為最
尒時諸比丘聞佛所說歡喜奉行
長阿含具足歸命一切智一切衆安樂衆生
處無為我亦在其例
佛說長阿含經卷第二十二 薄
施主中都劉大王曹國妃韓氏 奉為先立國王并
合家眷屬法界衆生續造此經

塔下 7673 佛説長阿含經卷第二十二中都劉大王曹國妃韓氏續造經題記（“薄”字帙） 金刻
拓片高 43 厘米、寬 75 厘米 中國佛教圖書文物館藏

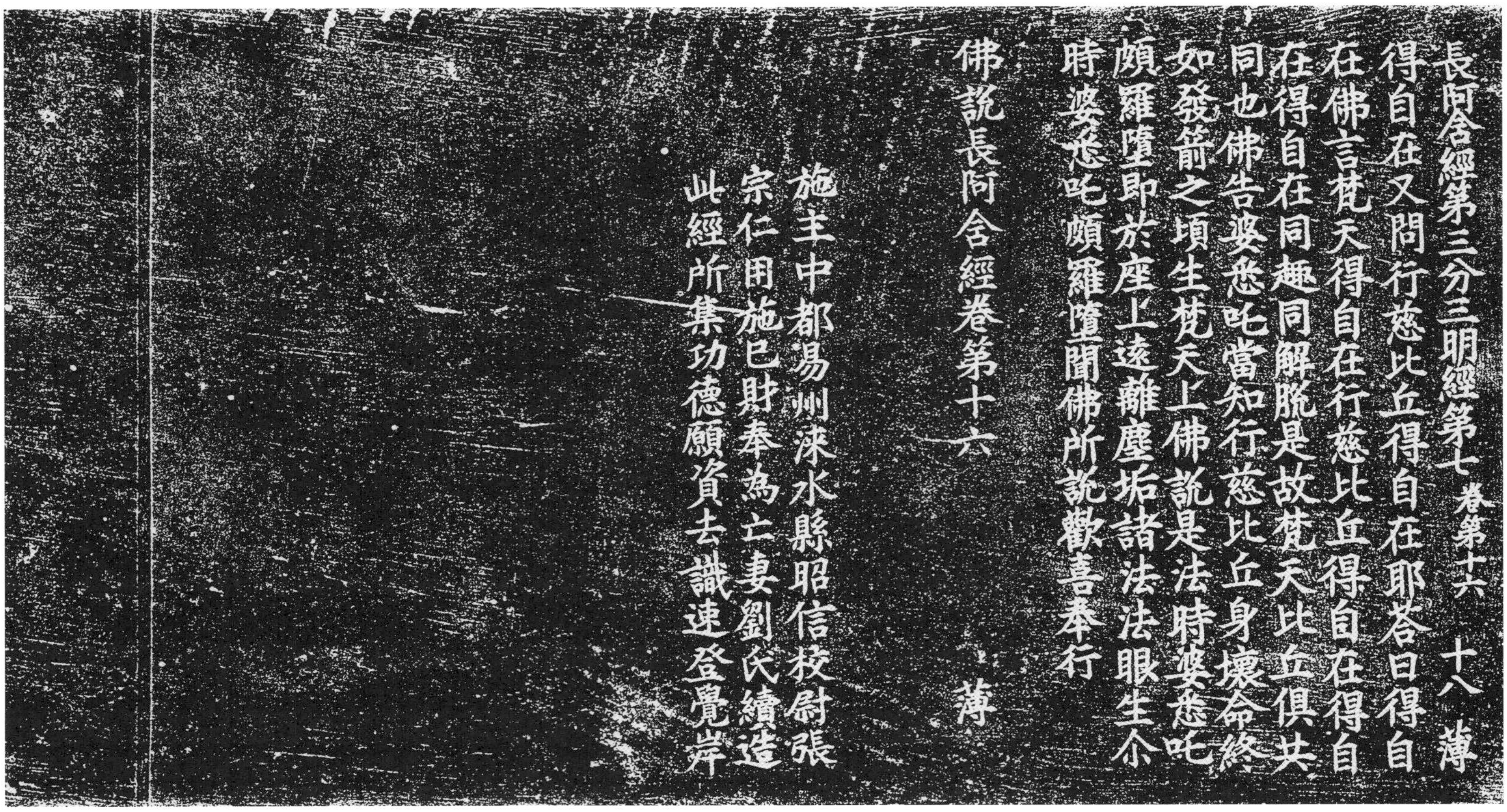
長阿含經第三分三明經第七　卷第十六　十八　薄
得自在又問行慈比丘得自在耶答曰得自
在佛言梵天得自在行慈比丘得自在得自
在得自在同趣同解脫是故梵天比丘俱共
同也佛告婆悉吒當知行慈比丘身壞命終
如發箭之頃生梵天上佛說是法時婆悉吒
頗羅墮即於座上遠離塵垢諸法法眼生尒
時婆悉吒頗羅墮聞佛所說歡喜奉行
佛說長阿含經卷第十六　薄
施主中都涿州涞水縣昭信校尉張
宗仁用施巳財奉為亡妻劉氏續造
此經所集功德願資去識速登覺岸

塔下 7754　佛説長阿含經卷第十六張宗仁續造經題記（“薄”字帙）　金刻
拓片高 43 厘米、寬 74 厘米　中國佛教圖書文物館藏

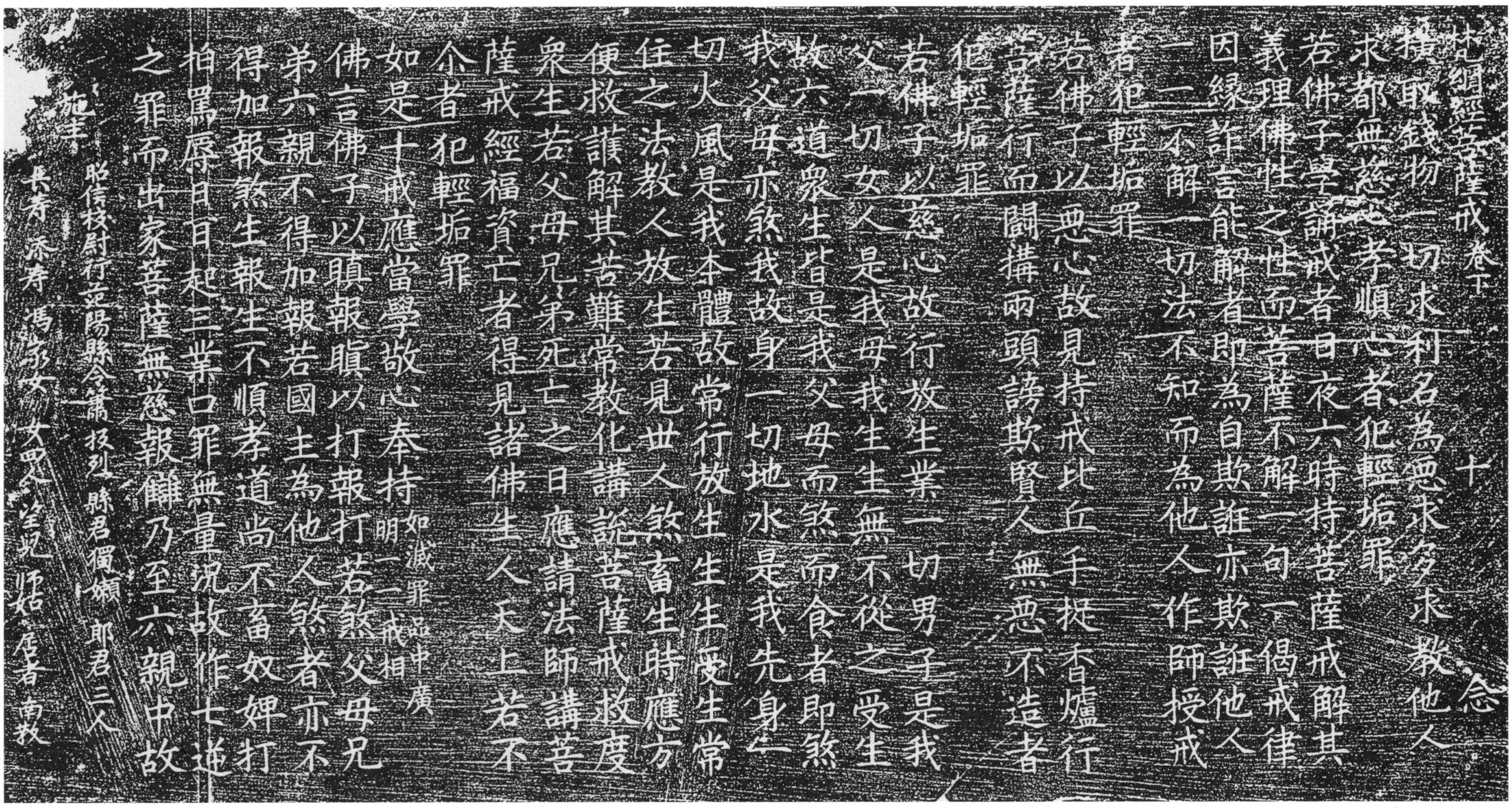
梵網經菩薩戒卷下　十　念
持取錢物一切求利名為惡求多求教他人
求都無慈心無孝順心者犯輕垢罪
若佛子學誦戒者日夜六時持菩薩戒解其
義理佛性之性而菩薩不解一句一偈戒律
因緣詐言能解者即為自欺誑亦欺誑他人
一一不解一切法不知而為他人作師授戒
者犯輕垢罪
若佛子以惡心故見持戒比丘手捉香爐行
菩薩行而鬬搆兩頭謗欺賢人無惡不造者
犯輕垢罪
若佛子以慈心故行放生業一切男子是我
父一切女人是我母我生生無不從之受生
故六道衆生皆是我父母而煞而食者即煞
我父母亦煞我故身一切地水是我先身一
切火風是我本體故常行放生生生受生常
住之法教人放生若見世人煞畜生時應方
便救護解其苦難常教化講說菩薩戒救度
衆生若父母兄弟死亡之日應請法師講菩
薩戒經福資亡者得見諸佛生人天上若不
尒者犯輕垢罪
如是十戒應當學敬心奉持　如滅罪品中廣明一一戒相
佛言佛子以瞋報瞋以打報打若煞父母兄
弟六親不得加報若國主為他人煞者亦不
得加報煞生報生不順孝道尚不畜奴婢打
拍罵辱日日起三業口罪無量况故作七逆
之罪而出家菩薩無慈報讎乃至六親中故
施主　昭信校尉行范陽縣令蕭扳烈　縣君獨嬾　郎君三人
長壽　添壽　馮家女

塔下 6853　梵網經菩薩戒卷下范陽縣令蕭扳烈縣君獨嬾郎君等造經題記（“念”字帙）　遼刻（别刻）
拓片高 46 厘米、寬 79 厘米　中國佛教圖書文物館藏
“壽”字寫作“寿”。

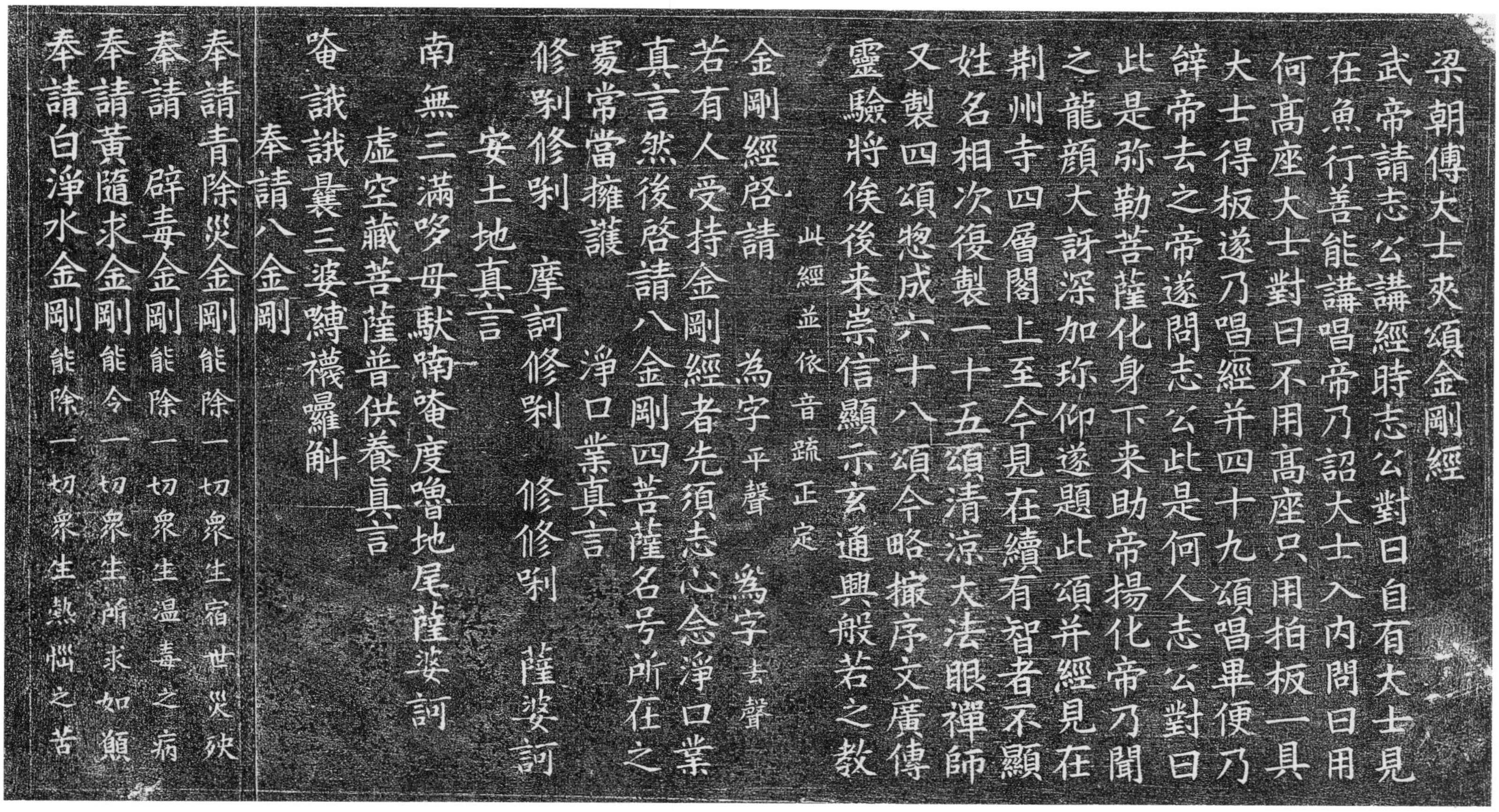
梁朝傳大士夾頌金剛經
武帝請志公講經時志公對曰自有大士見
在魚行善能講唱帝乃詔大士入内問曰用
何高座大士對曰不用高座只用拍板一具
大士得板遂乃唱經并四十九頌唱畢便乃
辝帝去之帝遂問志公此是何人志公對曰
此是弥勒菩薩化身下来助帝揚化帝乃聞
之龍顏大訝深加珍仰遂題此頌并經見在
荆州寺四層閣上至今見在續有智者不顯
姓名相次復製一十五頌清涼大法眼禪師
又製四頌揔成六十八頌今略撮序文廣傳
靈驗將俟後来崇信顯示玄通興般若之教
此經並依音䟽正定
金剛經啓請　為字平聲　為字去聲
若有人受持金剛經者先須志心念淨口業
真言然後啓請八金剛四菩薩名号所在之
處常當擁護　淨口業真言
修唎修唎　摩訶修唎　修修唎　薩婆訶
安土地真言
南無三滿哆母䭾喃唵度嚕地尾薩婆訶
虚空藏菩薩普供養真言
唵誐誐曩三婆嚩襪日囉斛
奉請八金剛
奉請青除災金剛能除一切衆生宿世災殃
奉請辟毒金剛能除一切衆生温毒之病
奉請黄隨求金剛能令一切衆生所求如願
奉請白淨水金剛能除一切衆生熱惱之苦

塔下 6859　梁朝傳大士夾頌金剛經序（面）　金刻
拓片高 47 厘米、寬 78 厘米　中國國家圖書館藏
金代單本刻經。

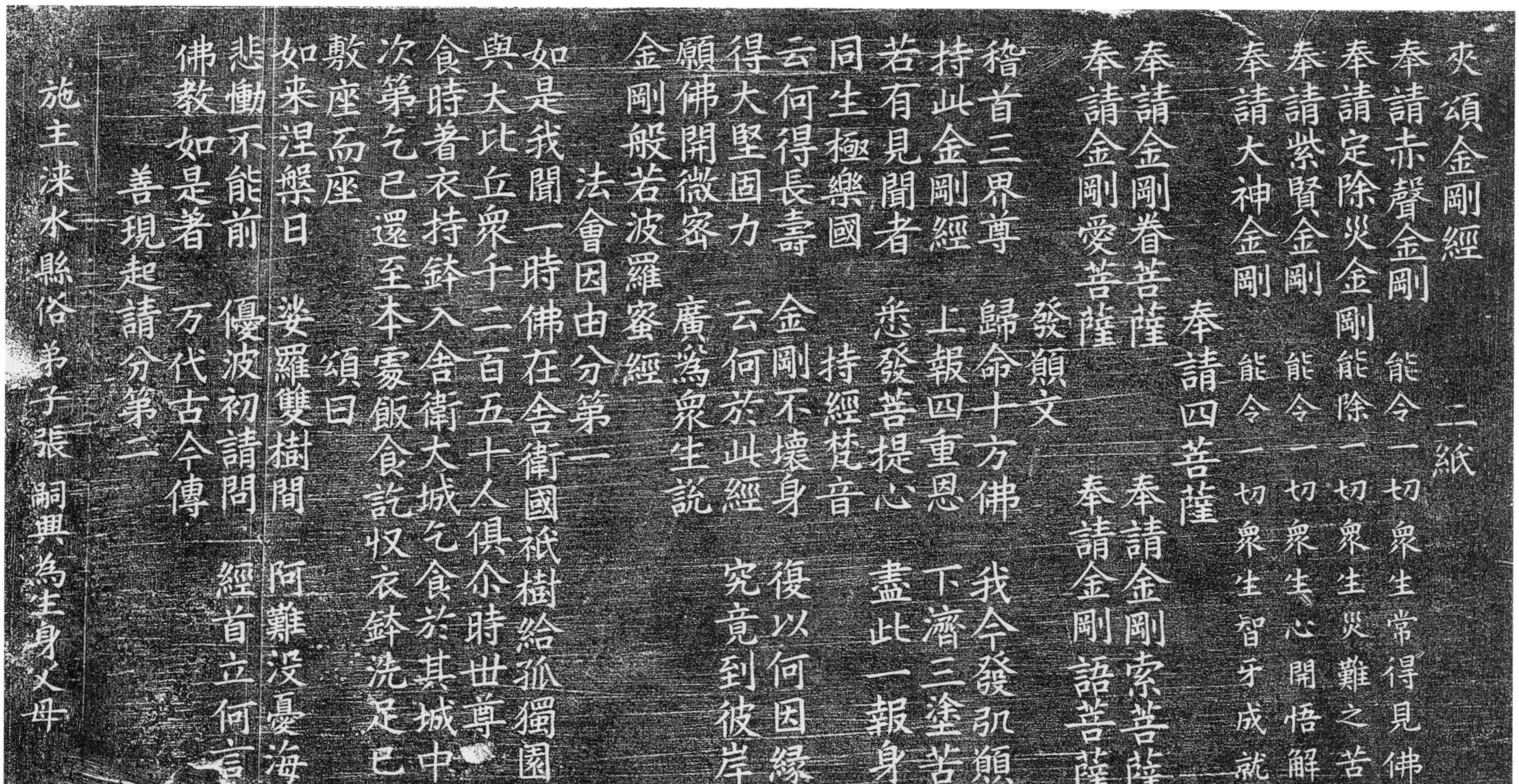
夾頌金剛經　二紙
奉請赤聲金剛能令一切衆生常得見佛
奉請定除災金剛能除一切衆生災難之苦
奉請紫賢金剛能令一切衆生心開悟解
奉請大神金剛能令一切衆生智牙成就
奉請四菩薩
奉請金剛眷菩薩　奉請金剛索菩薩
奉請金剛愛菩薩　奉請金剛語菩薩
發願文
稽首三界尊　歸命十方佛　我今發弘願
持此金剛經　上報四重恩　下濟三塗苦
若有見聞者　悉發菩提心　盡此一報身
同生極樂國　持經梵音
云何得長壽　金剛不壞身　復以何因緣
得大堅固力　云何於此經　究竟到彼岸
願佛開微密　廣為衆生說
金剛般若波羅蜜經
法會因由分第一
如是我聞一時佛在舍衛國祇樹給孤獨園
與大比丘衆千二百五十人俱尔時世尊
食時着衣持鉢入舍衛大城乞食於其城中
次第乞已還至本處飯食訖收衣鉢洗足已
敷座而座　頌曰
如来涅槃日　娑羅雙樹間　阿難没憂海
悲慟不能前　優波初請問　經首立何言
佛教如是着　万代古今傳
善現起請分第二
施主淶水縣俗弟子張嗣興為生身父母

塔下 6859　梁朝傳大士夾頌金剛經張嗣興造經題記（背）　金刻
拓片高 47 厘米、寬 78 厘米　中國國家圖書館藏

梁朝傅大士夾頌金剛經
武帝請志公講經時志公對曰自有大士見
在魚行善能講唱帝乃詔大士入内問曰用
何高座大士對曰不用高座只用拍板一具
大士得板遂乃唱經并四十九頌唱畢便乃
辭帝去之帝遂問志公此是何人志公對曰
此是弥勒菩薩化身下来助帝揚化帝乃聞
之龍顔大訝深加祢仰遂題此頌并經見在
荆州寺四層閣上至今見在續有智者不顯
姓名相次復製一十五頌清涼大法眼禪師
又製四頌揔成六十八頌今略撮序文廣傳

塔下 6859　梁朝傅大士夾頌金剛經序（面局部）

法會因由分第一
如是我聞一時佛在舍衛國祇樹給孤獨園
與大比丘衆千二百五十人俱尒時世尊
食時着衣持鉢入舍衛大城乞食於其城中
次第乞已還至本處飯食訖收衣鉢洗足已
敷座而座　頌曰
如来涅槃日　娑羅雙樹間　阿難没憂海
悲慟不能前　優波初請問　經首立何言
佛教如是着　万代古今傳
善現起請分第二
施主涞水縣俗弟子張　嗣興為生身父母

塔下 6859　梁朝傅大士夾頌金剛經張嗣興造經題記（背局部）

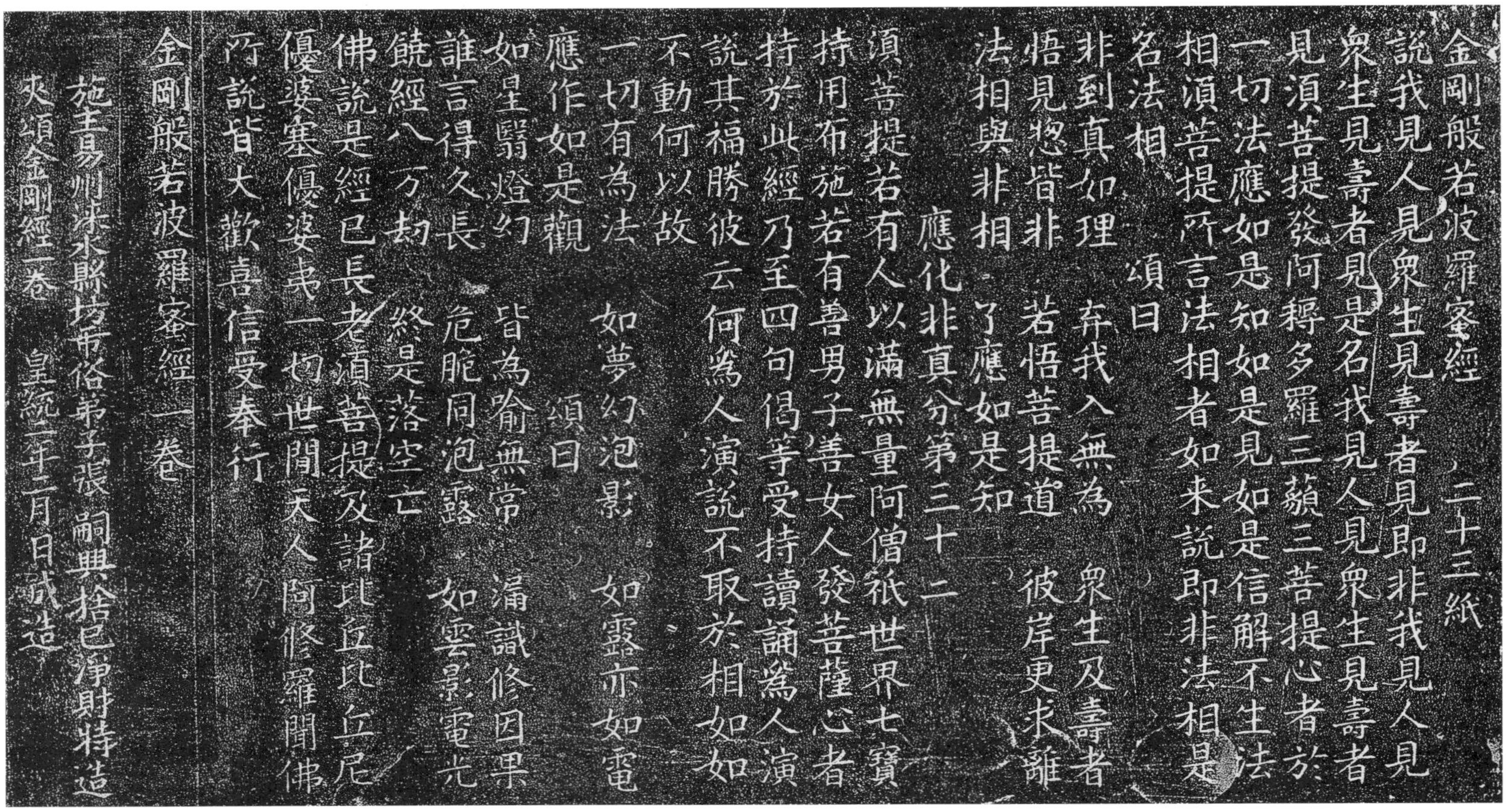

金剛般若波羅蜜經　二十三紙
說我見人見衆生見壽者見即非我見人見
衆生見壽者見是名我見人見衆生見壽者
見須菩提發阿耨多羅三藐三菩提心者於
一切法應如是知如是見如是信解不生法
相須菩提所言法相者如來說即非法相是
名法相　頌曰
非到真如理　棄我入無為　衆生及壽者
悟見惣皆非　若悟菩提道　彼岸更求離
法相與非相　了應如是知
應化非真分第三十二
須菩提若有人以滿無量阿僧祇世界七寶
持用布施若有善男子善女人發菩薩心者
持於此經乃至四句偈等受持讀誦為人演
說其福勝彼云何為人演說不取於相如如
不動何以故
一切有為法　如夢幻泡影　如露亦如電
應作如是觀　頌曰
如星翳燈幻　皆為喻無常　漏識修因果
誰言得久長　危脆同泡露　如雲影電光
饒經八万劫　終是落空亡
佛說是經已長老須菩提及諸比丘比丘尼
優婆塞優婆夷一切世間天人阿修羅聞佛
所說皆大歡喜信受奉行
金剛般若波羅蜜經一卷
施主易州淶水縣坊市俗弟子張嗣興捨已淨財特造
夾頌金剛經一卷　皇統二年二月日武造

塔下 6870　梁朝傅大士夾頌金剛經易州淶水縣坊市張嗣興金皇統二年二月造經題記
拓片高 46 厘米、寬 79 厘米　中國佛教圖書文物館藏

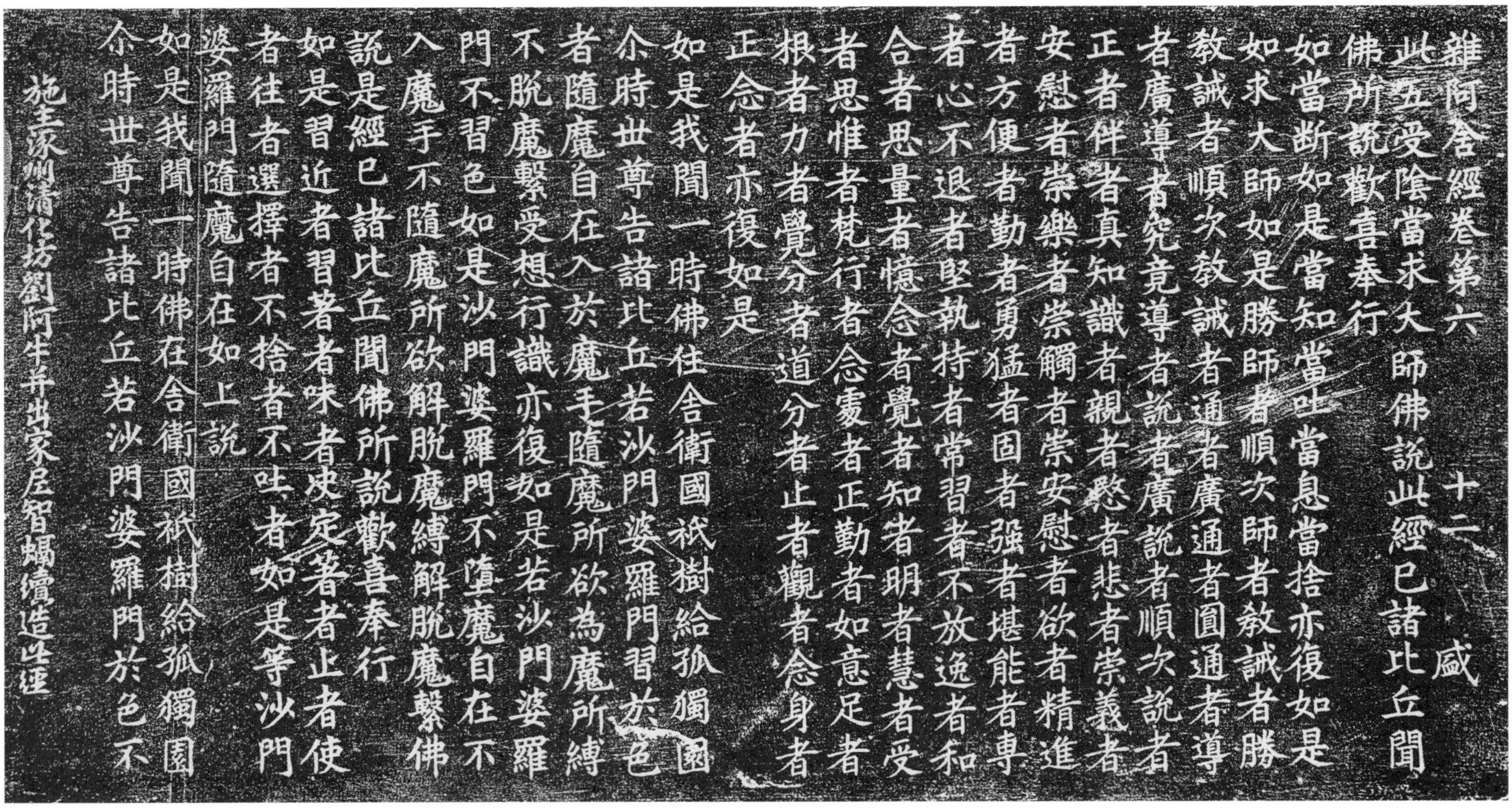

雜阿含經卷第六　十二　盛
此五受陰當求大師佛說此經已諸比丘聞
佛所說歡喜奉行
如當斷如是當知當吐當息當捨亦復如是
如求大師如是勝師者順次師者教誡者勝
教誡者順次教誡者通者廣通者圓通者導
者廣導者究竟導者說者廣說者順次說者
正者伴者真知識者親者愍者悲者崇義者
安慰者崇樂者崇觸者崇安慰者欲者精進
者方便者勤者勇猛者固者強者堪能者專
者心不退者堅執持者常習者不放逸者和
合者思量者憶念者覺者知者明者慧者受
者思惟者梵行者念處者正勤者如意足者
根者力者覺分者道分者止者觀者念身者
正念者亦復如是
如是我聞一時佛住舍衛國祇樹給孤獨園
尒時世尊告諸比丘若沙門婆羅門習於色
者隨魔自在入於魔手隨魔所欲為魔所縛
不脫魔繫受想行識亦復如是若沙門婆羅
門不習色如是沙門婆羅門不墮魔自在不
入魔手不隨魔所欲解脫魔縛解脫魔繫佛
說是經已諸比丘聞佛所說歡喜奉行
如是習近者習著者味者決定著者止者使
者往者選擇者不捨者不吐者如是等沙門
婆羅門隨魔自在如上說
如是我聞一時佛在舍衛國祇樹給孤獨園
尒時世尊告諸比丘若沙門婆羅門於色不
施主涿州清化坊劉阿牛并出家尼智蝠續造此經

塔下 7096　雜阿含經卷第六涿州清化坊劉阿牛并出家尼智蝠續造經題記（“盛”字帙）　金刻
拓片高 47 厘米、寬 79 厘米　中國佛教圖書文物館藏

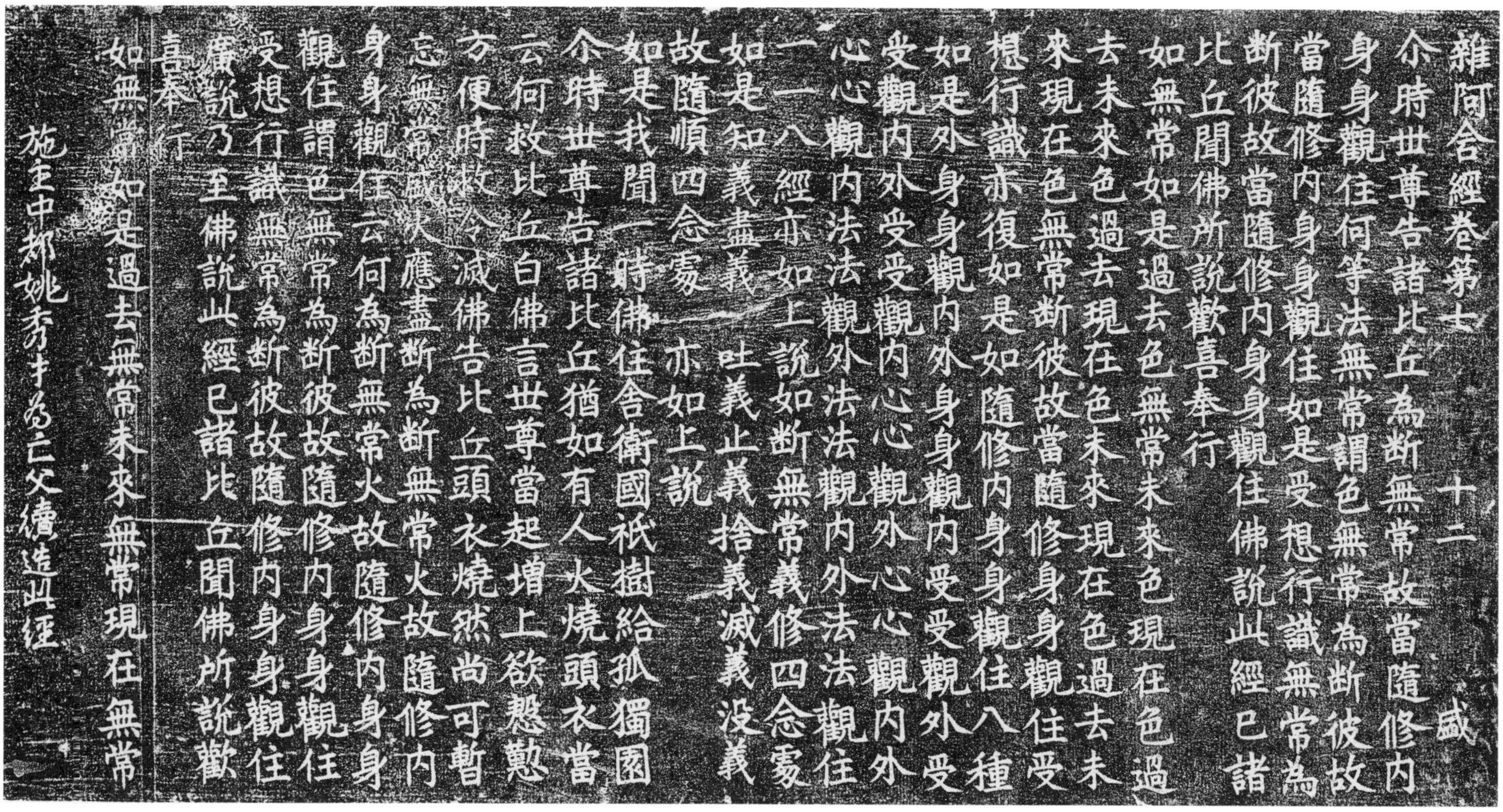
雜阿含經卷第七　十二　盛
尒時世尊告諸比丘為斷無常故當隨修內
身身觀住何等法無常謂色無常為斷彼故
當隨修內身身觀住如是受想行識無常為
斷彼故當隨修內身身觀住佛說此經已諸
比丘聞佛所說歡喜奉行
如無常如是過去色無常未來色現在色過
去未來色過去現在色未來現在色過去未
來現在色無常斷彼故當隨修身身觀住受
想行識亦復如是如隨修內身身觀住八種
如是外身身觀內外身身觀內受受觀外受
受觀內外受受觀內心心觀外心心觀內外
心心觀內法法觀外法法觀內外法法觀住
一一八經亦如上說如斷無常義修四念處
如是知義盡義吐義止義捨義滅義沒義
故隨順四念處一一亦如上說
如是我聞一時佛住舍衛國祇樹給孤獨園
尒時世尊告諸比丘猶如有人火燒頭衣當
云何救比丘白佛言世尊當起增上欲懃懃
方便時救令滅佛告比丘頭衣燒然尚可暫
忘無常盛火應盡斷為斷無常火故隨修內
身身觀住云何為斷無常火故隨修內身身
觀住謂色無常為斷彼故隨修內身身觀住
受想行識無常為斷彼故隨修內身身觀住
廣說乃至佛說此經已諸比丘聞佛所說歡
喜奉行
如無常如是過去無常未來無常現在無常
施主中都姚秀才為亡父續造此經

塔下 7104　雜阿含經卷第七中都姚秀才續造經題記（“盛”字帙）　金刻
拓片高 47 厘米、寬 79 厘米　中國佛教圖書文物館藏

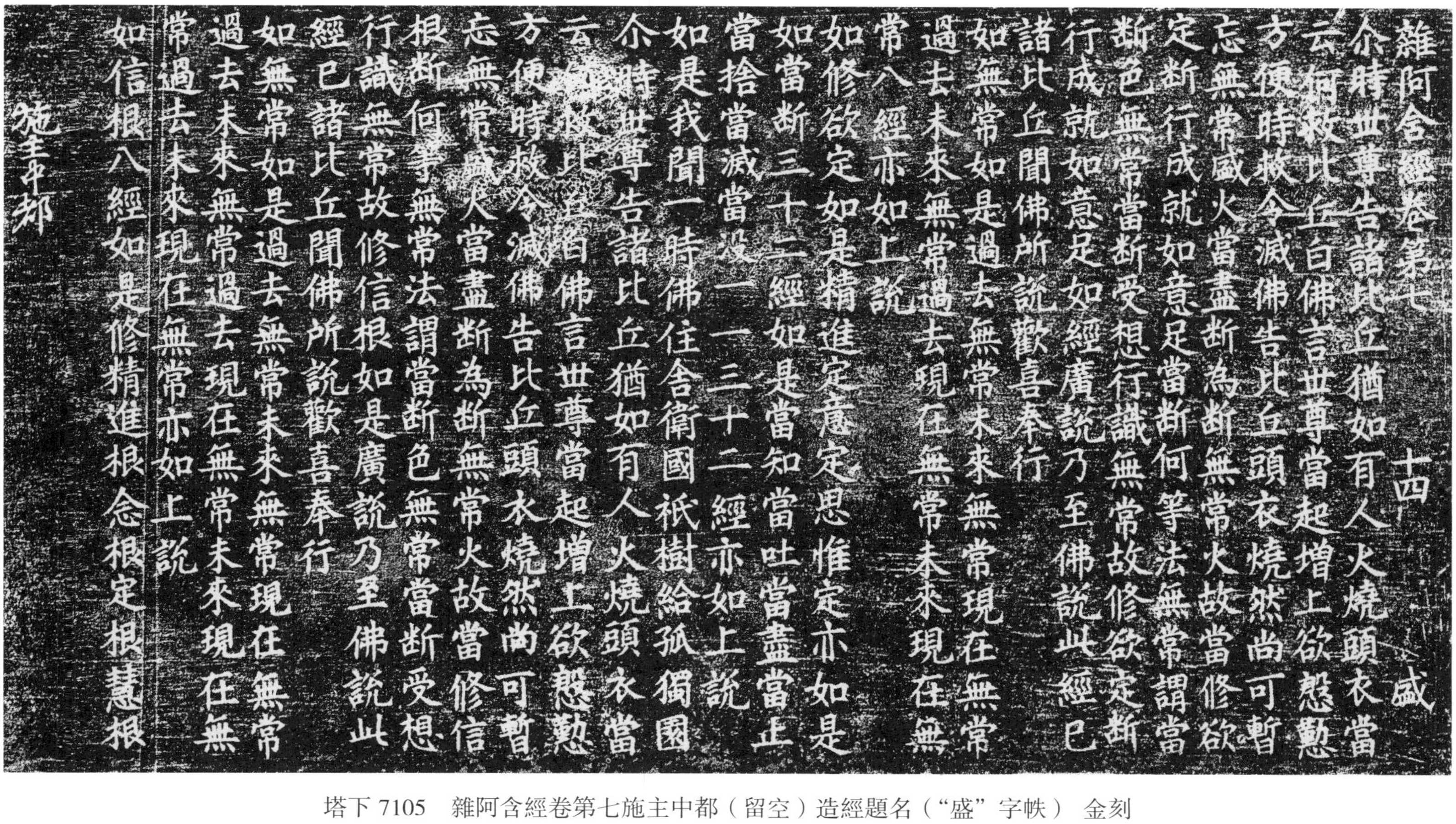
雜阿含經卷第七　十四　盛
尒時世尊告諸比丘猶如有人火燒頭衣當
云何救比丘白佛言世尊當起增上欲懃懃
方便時救令滅佛告比丘頭衣燒然尚可暫
忘無常盛火當盡斷為斷無常火故當修欲
定斷行成就如意足當斷何等法無常謂當
斷色無常當斷受想行識無常故修欲定斷
行成就如意足如經廣說乃至佛說此經已
諸比丘聞佛所說歡喜奉行
如無常如是過去無常未來無常現在無常
過去未來無常過去現在無常未來現在無
常八經亦如上說
如修欲定如是精進定意定思惟定亦如是
如當斷三十二經如是當知當吐當盡當止
當捨當滅當沒一一三十二經亦如上說
如是我聞一時佛住舍衛國祇樹給孤獨園
尒時世尊告諸比丘猶如有人火燒頭衣當
云何救比丘白佛言世尊當起增上欲懃懃
方便時救令滅佛告比丘頭衣燒然尚可暫
忘無常盛火當盡斷為斷無常火故當修信
根斷何等無常法謂當斷色無常當斷受想
行識無常故修信根如是廣說乃至佛說此
經已諸比丘聞佛所說歡喜奉行
如無常如是過去無常未來無常現在無常
過去未來無常過去現在無常未來現在無
常過去未來現在無常亦如上說
如信根八經如是修精進根念根定根慧根
施主中都

塔下 7105　雜阿含經卷第七施主中都（留空）造經題名（“盛”字帙）　金刻
拓片高 47 厘米、寬 79 厘米　中國佛教圖書文物館藏

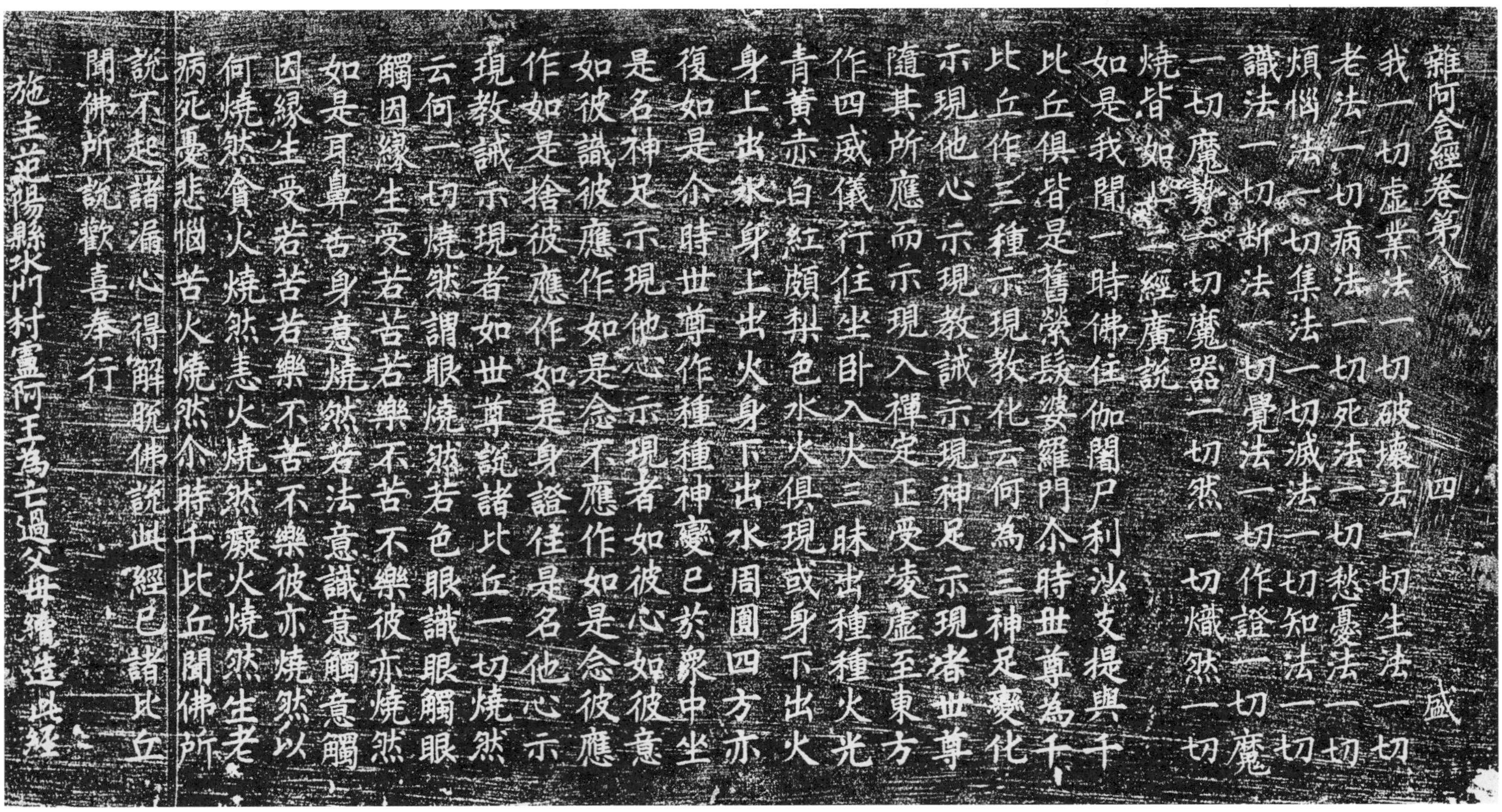
雜阿含經卷第八　四　盛
我一切虛業法一切破壞法一切生法一切
老法一切病法一切死法一切愁憂法一切
煩惱法一切集法一切滅法一切知法一切
識法一切斷法一切覺法一切作證一切魔
一切魔勢一切魔器一切然一切熾然一切
燒皆如上二經廣說
如是我聞一時佛住伽闍尸利沙支提與千
比丘俱皆是舊縈髮婆羅門尒時世尊為千
比丘作三種示現教化云何為三神足變化
示現他心示現教誡示現神足示現者世尊
隨其所應而示現入禪定正受凌虛至東方
作四威儀行住坐卧入火三昧出種種火光
青黃赤白紅頗梨色水火俱現或身下出火
身上出水身上出火身下出水周圓四方亦
復如是尒時世尊作種種神變已於衆中坐
是名神足示現他心示現者如彼心如彼意
如彼識彼應作如是念不應作如是念彼應
作如是捨彼應作如是身證住是名他心示
現教誡示現者如世尊說諸比丘一切燒然
云何一切燒然謂眼燒然若色眼識眼觸眼
觸因緣生受若苦若樂不苦不樂彼亦燒然
如是耳鼻舌身意燒然若法意識意觸意觸
因緣生受若苦若樂不苦不樂彼亦燒然以
何燒然貪火燒然恚火燒然癡火燒然生老
病死憂悲惱苦火燒然尒時千比丘聞佛所
說不起諸漏心得解脫佛說此經已諸比丘
聞佛所說歡喜奉行
施主范陽縣水門村盧阿王為亡過父母續造此經

塔下 7109　雜阿含經卷第八盧阿王續造經題記（“盛”字帙）　金刻
拓片高 47 厘米、寬 79 厘米　中國佛教圖書文物館藏

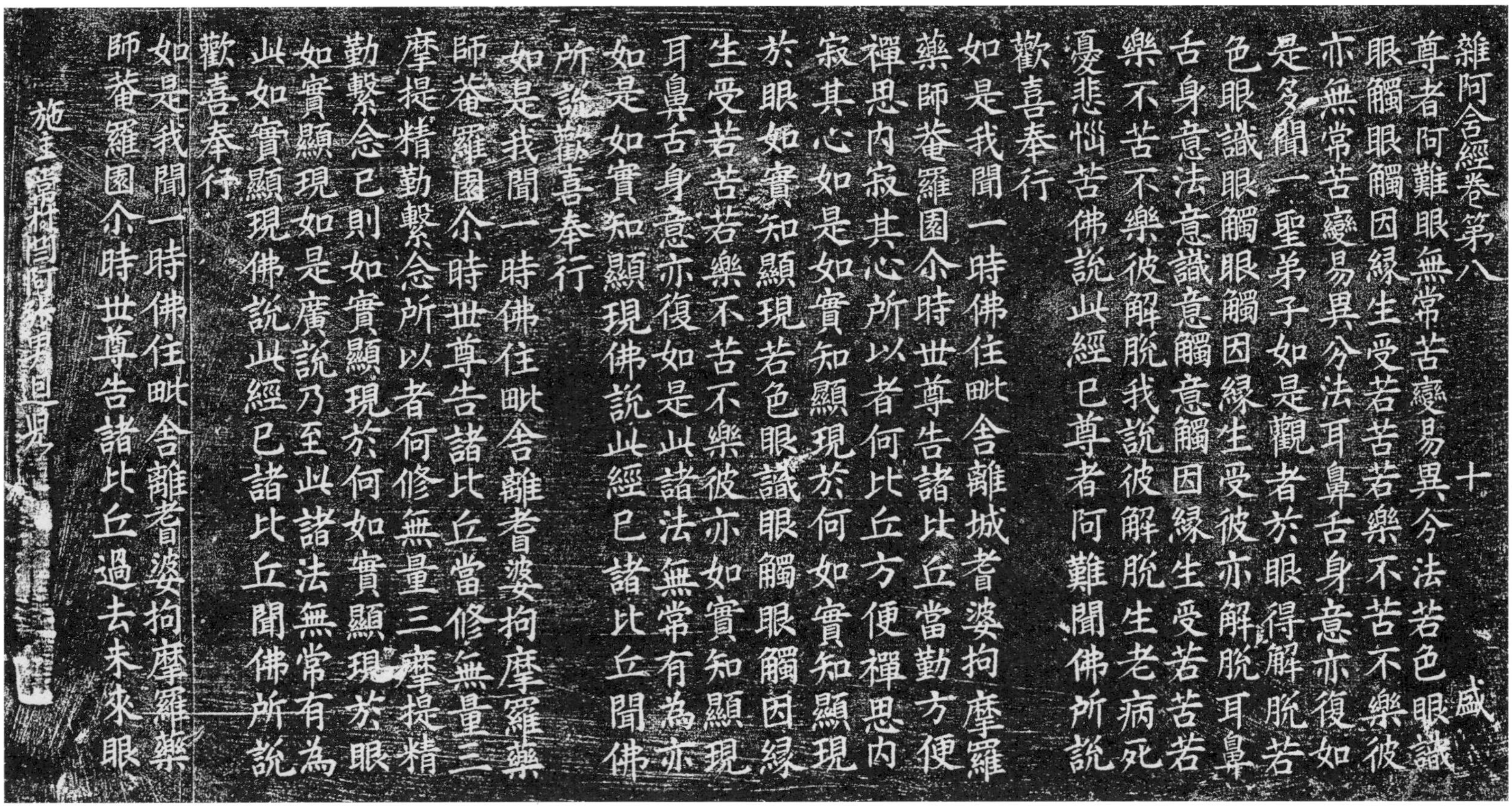
雜阿含經卷第八　十　盛
尊者阿難眼無常苦變易異分法若色眼識
眼觸眼觸因緣生受若苦若樂不苦不樂彼
亦無常苦變易異分法耳鼻舌身意亦復如
是多聞聖弟子如是觀者於眼得解脫若
色眼識眼觸眼觸因緣生受彼亦解脫耳鼻
舌身意法意識意觸意觸因緣生受若苦若
樂不苦不樂彼解脫我說彼解脫生老病死
憂悲惱苦佛說此經已尊者阿難聞佛所說
歡喜奉行
如是我聞一時佛住毗舍離城耆婆拘摩羅
藥師菴羅園尒時世尊告諸比丘當勤方便
禪思内寂其心所以者何比丘方便禪思内
寂其心如是如實知顯現於何如實知顯現
於眼如實知顯現若色眼識眼觸眼觸因緣
生受若苦若樂不苦不樂彼亦如實知顯現
耳鼻舌身意亦復如是此諸法無常有為亦
如是如實知顯現佛說此經已諸比丘聞佛
所說歡喜奉行
如是我聞一時佛住毗舍離耆婆拘摩羅藥
師菴羅園尒時世尊告諸比丘當修無量三
摩提精勤繫念所以者何修無量三摩提精
勤繫念已則如實顯現於何如實顯現於眼
如實顯現如是廣說乃至此諸法無常有為
此如實顯現佛說此經已諸比丘聞佛所說
歡喜奉行
如是我聞一時佛住毗舍離耆婆拘摩羅藥
師菴羅園尒時世尊告諸比丘過去未來眼
施主閆阿张男迴兒

塔下 7113　雜阿含經卷第八閆阿張男迴兒（改刻）造經題名（“盛”字帙）　金刻
拓片高 47 厘米、寬 79 厘米　中國佛教圖書文物館藏
此則題名爲改刻。“張”字寫作“张”。

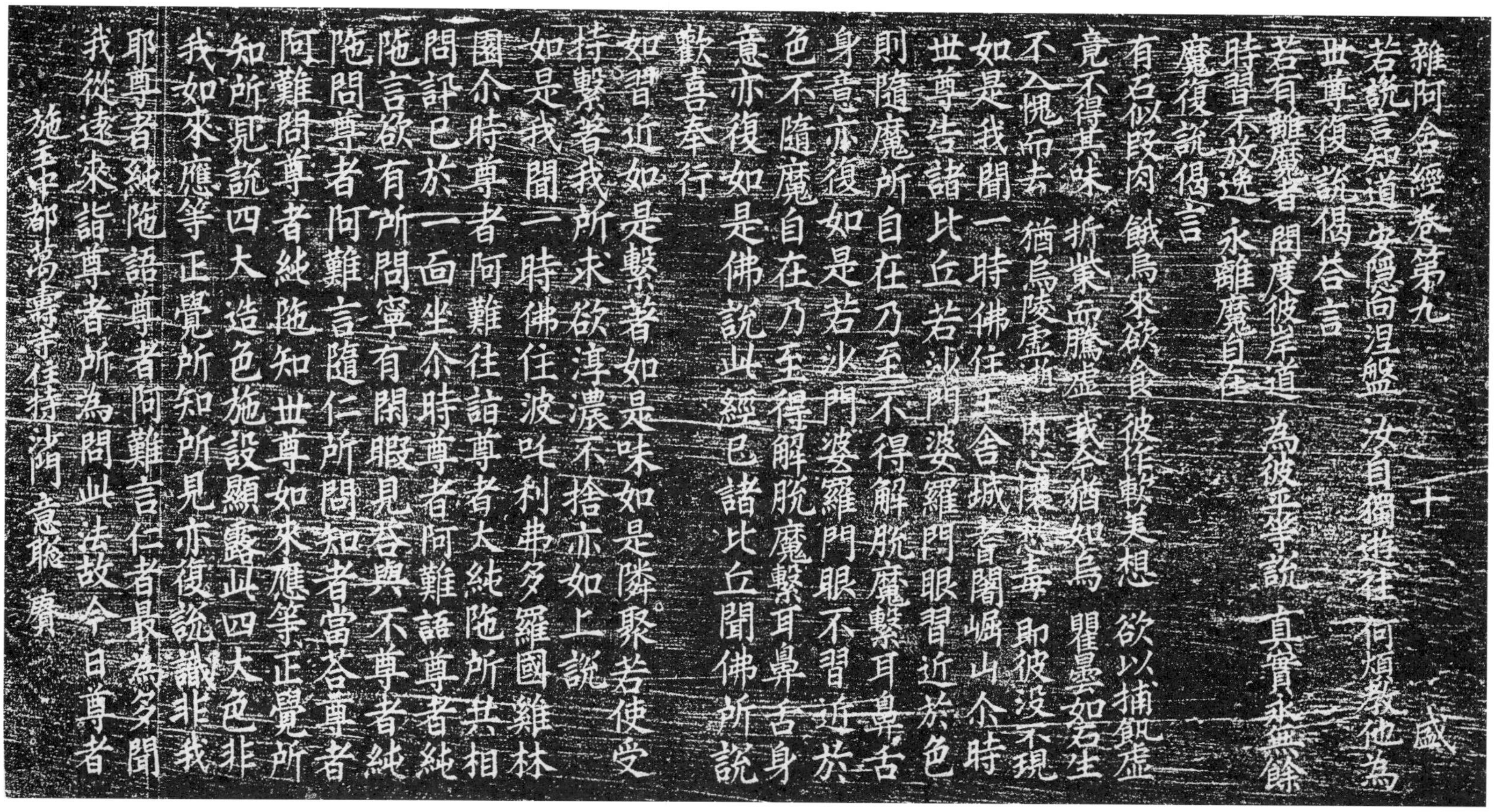
雜阿含經卷第九　十　盛
若說言知道　安隱向涅槃　汝自獨遊往　何煩教他為
世尊復說偈答言
若有離魔者　問度彼岸道　為彼平等說　真實永無餘
時習不放逸　永離魔自在
魔復說偈言
有石似段肉　餓烏來欲食　彼作軟美想　欲以補飢虛
竟不得其味　折觜而騰虛　我今猶如烏　瞿曇如石生
不入愧而去　猶烏陵虛逝　內心懷愁毒　即彼沒不現
如是我聞　一時佛住王舍城耆闍崛山　介時
世尊告諸比丘　若沙門婆羅門眼習近於色
則隨魔所自在　乃至不得解脫魔繫　耳鼻舌
身意亦復如是　若沙門婆羅門眼不習近於
色不隨魔自在　乃至得解脫魔繫　耳鼻舌身
意亦復如是　佛說此經已　諸比丘聞佛所說
歡喜奉行
如習近　如是繫著　如是味　如是隣聚　若使受
持繫著　我所求欲淳濃不捨　亦如上說
如是我聞　一時佛住波吒利弗多羅國雞林
園　介時尊者阿難往詣尊者大純陁所　共相
問訊已　於一面坐　介時尊者阿難語尊者純
陁言　欲有所問　寧有閑暇見荅與不　尊者純
陁語尊者阿難言　隨仁所問　知者當荅　尊者
阿難問尊者純陁　知世尊如來應等正覺所
知所見說四大造色施設顯露此四大　色非我
我如來應等正覺所知所見　亦復說識非我
耶　尊者純陁語尊者阿難言　仁者最為多聞
我從遠來詣尊者所　為問此法　故今日尊者
施主中都萬壽寺住持沙門意聰　齎

塔下 7123　雜阿含經卷第九中都萬壽寺住持意聰造經題名（“盛”字帙）　金刻
拓片高 47 厘米、寬 77 厘米　中國佛教圖書文物館藏

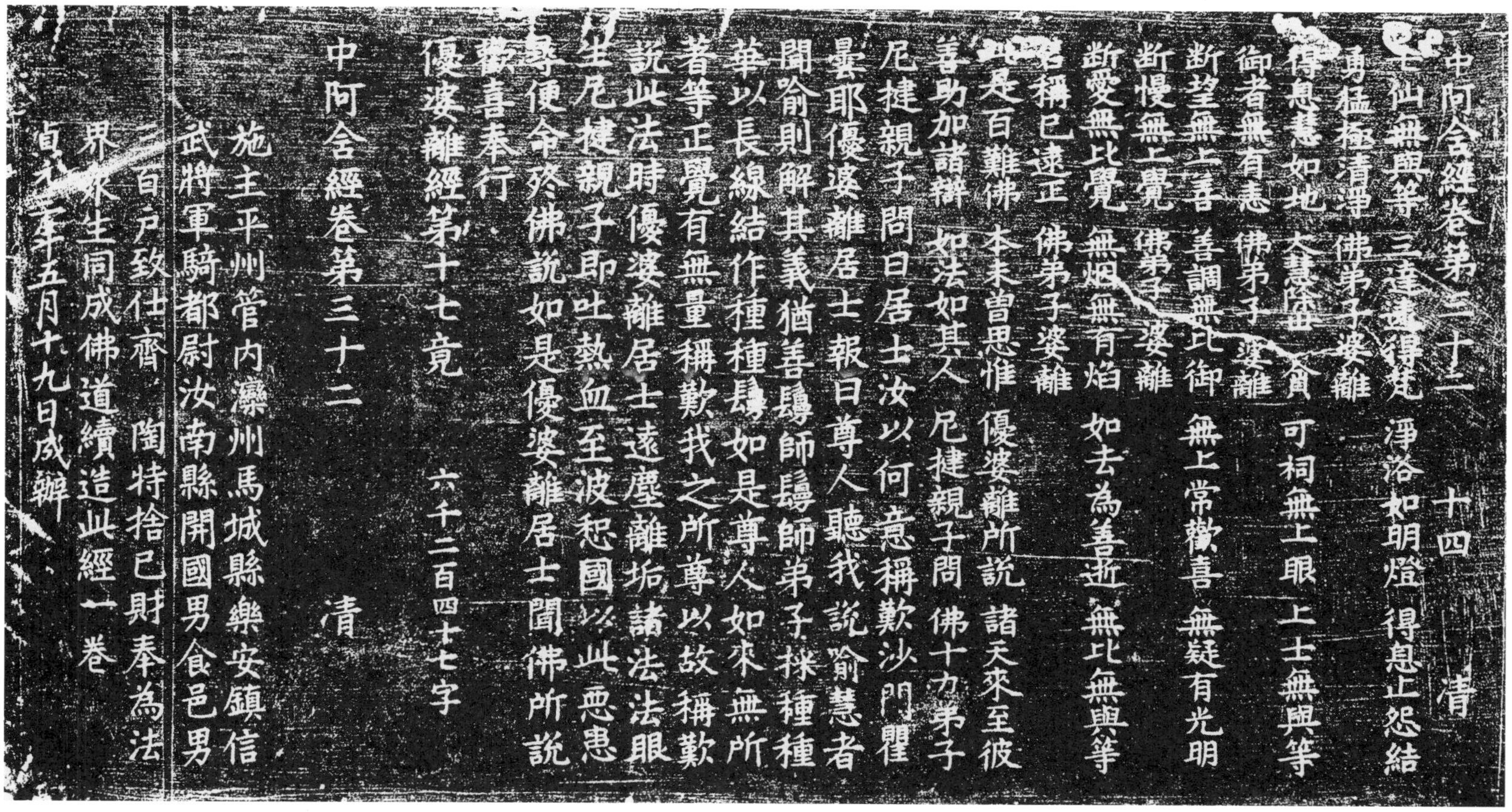
中阿含經卷第三十二　十四　清
[illegible]仙無與等　三達逮得漏　淨浴如明燈　得息止怨結
勇猛極清淨　佛弟子婆離
得息慧如地　大慧除[illegible]貪　可祠無上眼　上士無與等
御者無有恚　佛弟子婆離
斷望無上善　善調無比御　無上常歡喜　無疑有光明
斷慢無上覺　佛弟子婆離
斷愛無比覺　無煙無有焰　如去為善逝　無比無與等
名稱已遠正　佛弟子婆離
是百難佛　本未曾思惟　優婆離所說　諸天來至彼
善助加諸辯　如法如其人　尼揵親子問　佛十力弟子
尼揵親子問曰　居士汝以何意稱歎沙門瞿
曇耶　優婆離居士報曰　尊人聽我說喻　慧者
聞喻則解其義　猶善鬘師鬘師弟子採種種
華以長線結作種種鬘　如是尊人　如來無所
著等正覺有無量稱歎　我之所尊　以故稱歎
說此法時　優婆離居士遠塵離垢　諸法法眼
生　尼揵親子即吐熱血　至波惒國　以此惡患
尋便命終　佛說如是　優婆離居士聞佛所說
歡喜奉行
優婆離經第十七竟　六千二百四十七字
中阿含經卷第三十二　清
施主平州管內灤州馬城縣樂安鎮信
武將軍騎都尉汝南縣開國男食邑男
三百戶致仕齊　陶特捨己財奉為法
界眾生同成佛道續造此經一卷
貞元三年五月十九日成辦

塔下 8000　中阿含經卷第三十二齊陶金貞元三年五月十九日續造經題記（“清”字帙）
拓片高 47 厘米、寬 78 厘米　中國佛教圖書文物館藏

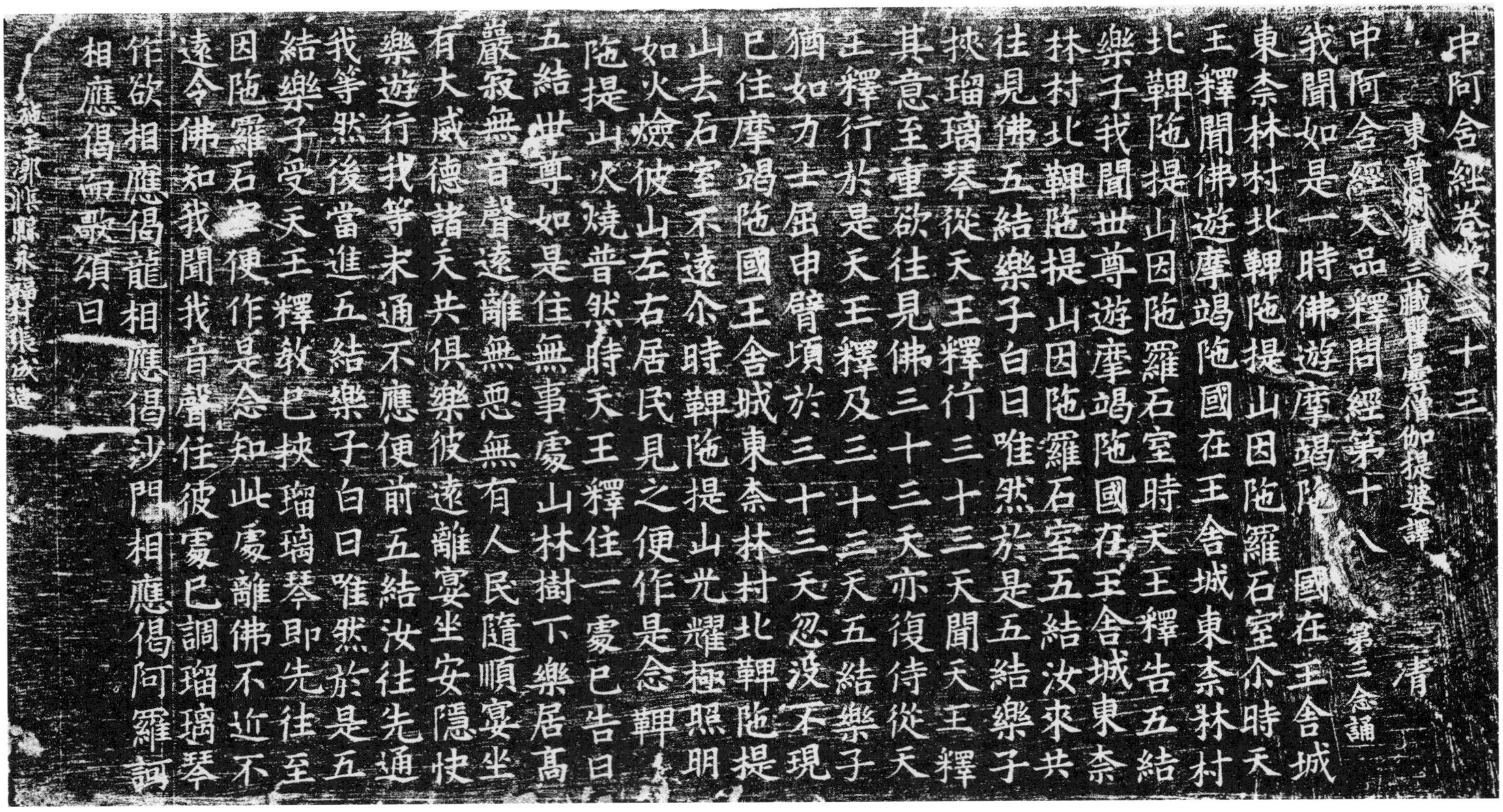

中阿含經卷第三十三　清
東晉罽賓三藏瞿曇僧伽提婆譯
中阿含經大品釋問經第十八　第三念誦
我聞如是一時佛遊摩竭陁國在王舍城
東柰林村北鞞陁提山因陁羅石室尒時天
王釋聞佛遊摩竭陁國在王舍城東柰林村
北鞞陁提山因陁羅石室時天王釋告五結
樂子我聞世尊遊摩竭陁國在王舍城東柰
林村北鞞陁提山因陁羅石室五結汝來共
往見佛五結樂子白曰唯然於是五結樂子
挾瑠璃琴從天王釋行三十三天聞天王釋
其意至重欲往見佛三十三天亦復侍從天
王釋行於是天王釋及三十三天五結樂子
猶如力士屈申臂頃於三十三天忽沒不現
已住摩竭陁國王舍城東柰林村北鞞陁提
山去石室不遠尒時鞞陁提山光耀極照明
如火燎彼山左右居民見之便作是念鞞
陁提山火燒普然時天王釋住一處已告曰
五結此世尊如是住無事處山林樹下樂居高
巖寂無音聲遠離無惡無有人民隨順宴坐
有大威德諸天共俱樂彼遠離宴坐安隱快
樂遊行我等未通不應便前五結汝往先通
我等然後當進五結樂子白曰唯然於是五
結樂子受天王釋教已挾瑠璃琴即先往至
因陁羅石室便作是念知此處離佛不近不
遠令佛知我聞我音聲住彼處已調瑠璃琴
作欲相應偈龍相應偈沙門相應偈阿羅訶
相應偈而歌頌曰
□□□□縣永□村張成造

塔下 8001　中阿含經卷第三十三張成造經題記（“清”字帙）　金刻
拓片高 47 厘米、寬 78 厘米　中國佛教圖書文物館藏

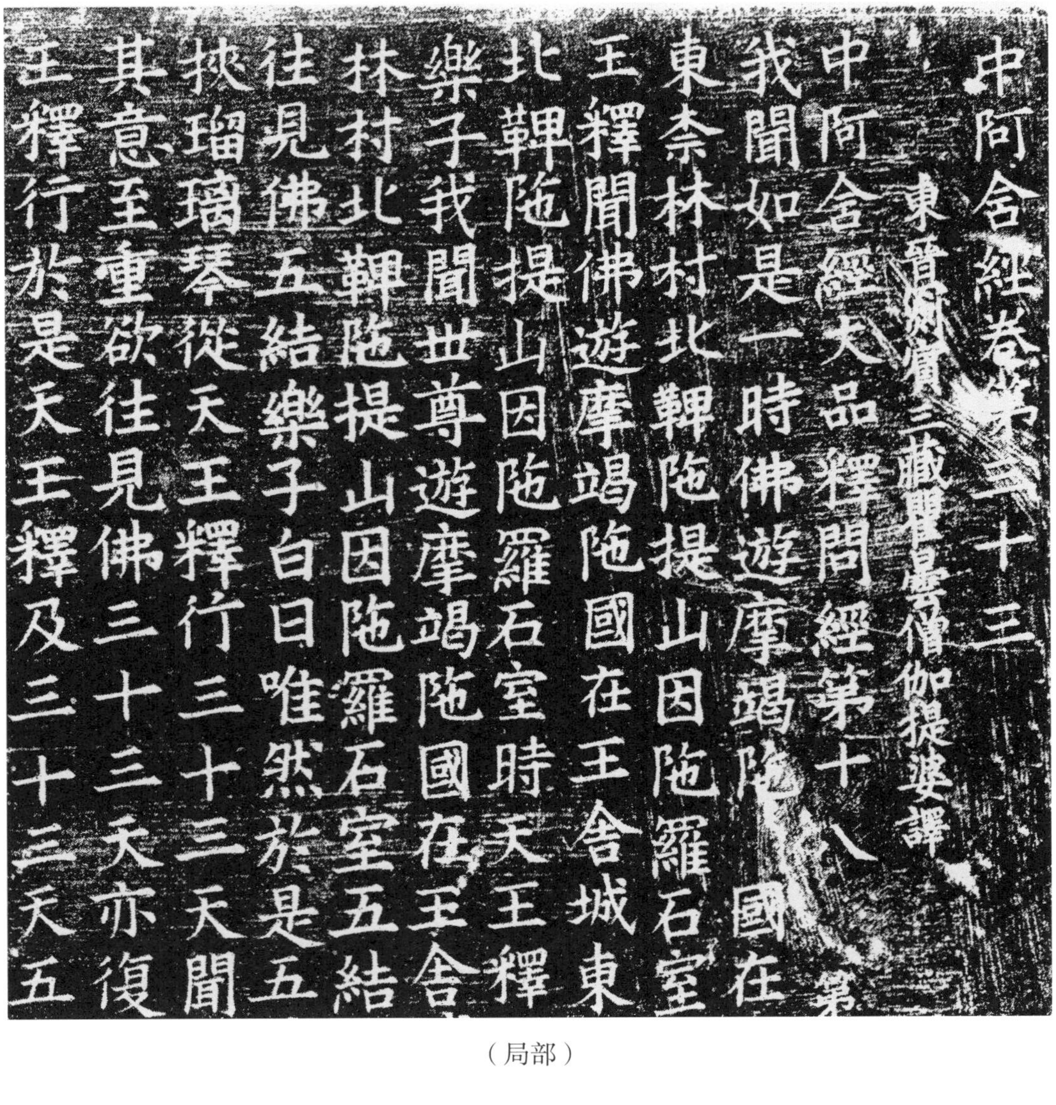

中阿含經卷第三十三
東晉罽賓三藏瞿曇僧伽提婆譯
中阿含經大品釋問經第十八　第
我聞如是一時佛遊摩竭陁國在
東柰林村北鞞陁提山因陁羅石室
王釋聞佛遊摩竭陁國在王舍城東
北鞞陁提山因陁羅石室時天王釋
樂子我聞世尊遊摩竭陁國在王舍
林村北鞞陁提山因陁羅石室五結
往見佛五結樂子白曰唯然於是五
挾瑠璃琴從天王釋行三十三天聞
其意至重欲往見佛三十三天亦復
王釋行於是天王釋及三十三天五

（局部）

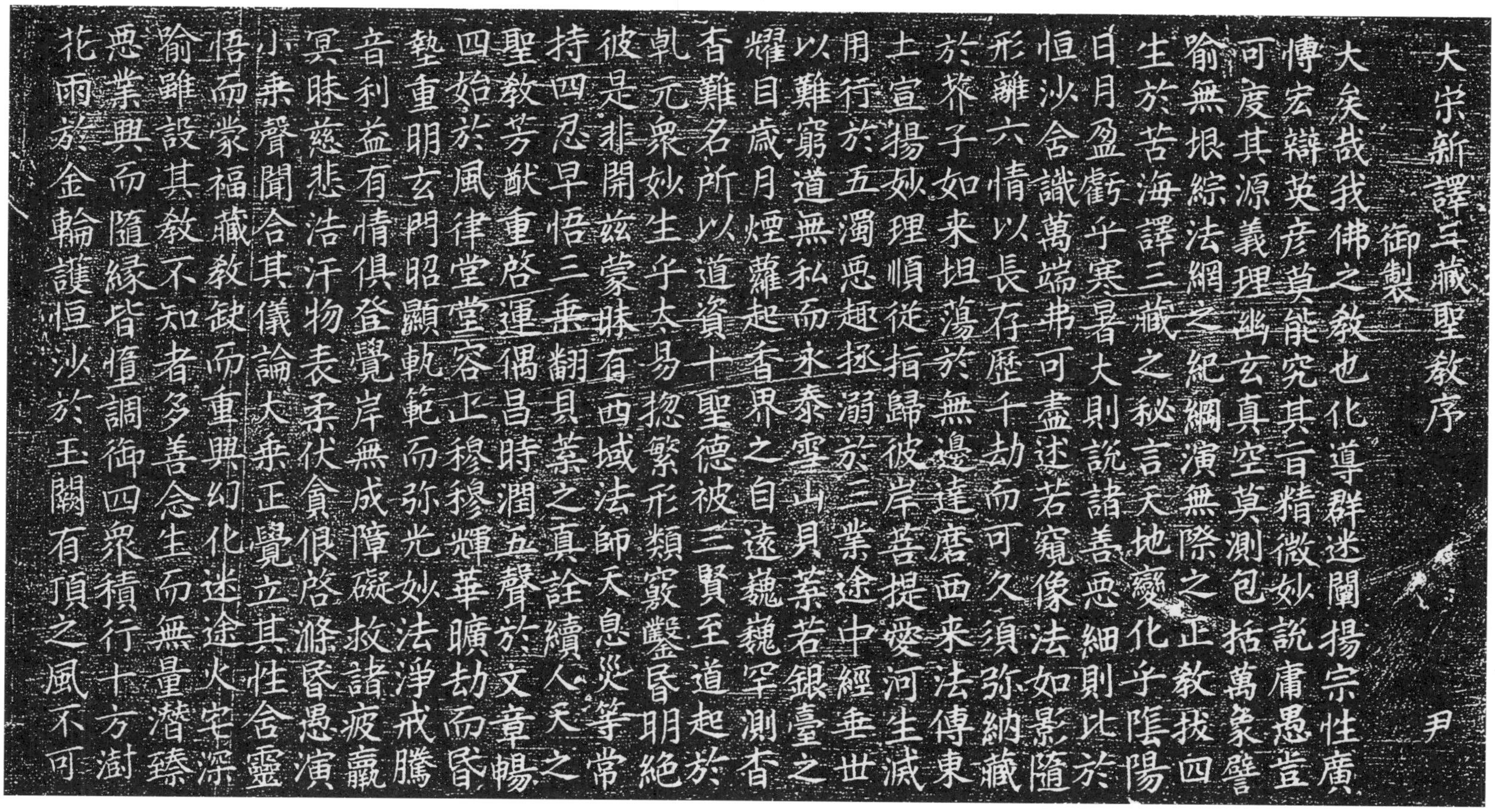
大宋新譯三藏聖教序　尹
御製
大矣哉我佛之教也化導群迷闡揚宗性廣
博宏辯英彥莫能究其旨精微妙說庸愚豈
可度其源義理幽玄真空莫測包括萬象譬
喻無垠綜法網之綱紀演無際之正教拔四
生於苦海譯三藏之秘言天地變化陰陽
日月盈虧寒暑大則說諸善惡細則比於
恒沙含識萬端弗可盡述若窺像法如影隨
形離六情以長存歷千劫而可久須弥納藏
於芥子如來坦蕩於無邊達磨西來法傳東
土宣揚妙理順從指歸彼岸菩提愛河生滅
用行於五濁惡趣拯溺於三業途中經垂世
以難窮道無私而永泰靈山貝葉若銀臺之
耀目歲月煙蘿起香界之自遠巍巍罕測杳
杳難名所以道資十聖德被三賢至道起於
乾元衆妙生乎太易揔繁形類窮鑒昏明絕
彼是非開茲蒙昧有西域法師天息災等常
持四忍早悟三乘翻貝葉之真詮續人天之
聖教芳猷重啓運偶昌時潤五聲於文章暢
四始於風律堂堂容止穆穆輝華曠劫而昏
墊重明玄門昭顯軌範而弥光妙法淨戒騰
音利益有情俱登覺岸無成障礙救諸疲羸
冥昧慈悲浩汗物表柔伏貪佷啓滌昏愚演
小乘聲聞合其儀論大乘正覺立其性含靈
悟而蒙福藏教缺而重興幻化迷途火宅深
喻雖設其教不知者多善念生而無量潛臻
惡業興而隨緣皆墮調御四衆積行十方澍
花雨於金輪護恒沙於玉關有頂之風不可

塔下 8245　法集要頌經宋太宗撰大宋新譯三藏聖教序（“尹”字帙面）　金刻
拓片高 44 厘米、寬 78 厘米　中國佛教圖書文物館藏

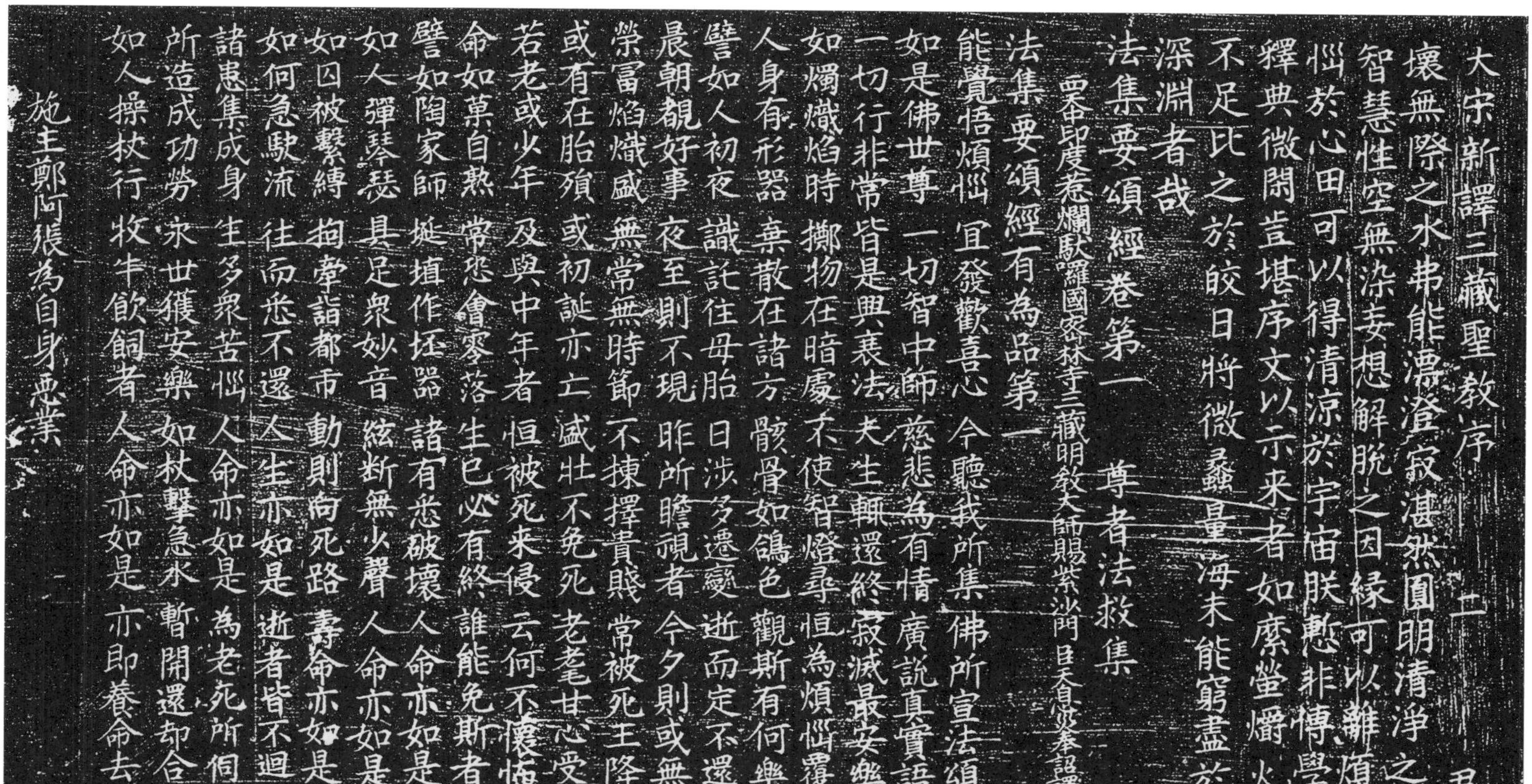
大宋新譯三藏聖教序　二　尹
壞無際之水弗能漂澄寂湛然圓明清淨之
智慧性空無染妄想解脫之因緣可以離煩
惱於心田可以得清涼於宇宙朕慙非博學
釋典微閑豈堪序文以示來者如麏螢爝火
不足比之於皎日將微蠡量海未能窮盡於
深淵者哉
法集要頌經卷第一　尊者法救集
西天中印度惹爛馱囉國密林寺三藏明教大師賜紫沙門臣天息災奉詔譯
法集要頌經有為品第一
能覺悟煩惱　宜發歡喜心　今聽我所集　佛所宣法頌
如是佛世尊　一切智中師　慈悲為有情　廣說真實語
一切行非常　皆是興衰法　夫生輙還終　寂滅最安樂
如爛熾焰時　擲物在暗處　不使智燈尋　恒為煩惱覆
人身有形器　棄散在諸方　骸骨如鴿色　觀斯有何樂
譬如人初夜　識託住母胎　日涉多遷變　逝而定不還
晨朝覩好事　夜至則不現　昨所瞻覩者　今夕則或無
常當焰熾盛　無常無時節　不揀擇貴賤　常被死王降
或有在胎殞　或初誕亦亡　盛壯不免死　老耄甘心受
若老或少年　及與中年者　恒被死來侵　云何不懷怖
命如菓自熟　常恐會零落　生已必有終　誰能免斯者
譬如陶家師　埏埴作坯器　諸有悉破壞　人命亦如是
如人彈琴瑟　具足衆妙音　絃斷無少聲　人命亦如是
如囚被繫縛　拘牽詣都市　動則向死路　壽命亦如是
如何急駛流　往而悉不還　人生亦如是　逝者皆不迴
諸患集成身　生多衆苦惱　人命亦如是　為老死所伺
所造成功勞　求世獲安樂　如杖擊急水　暫開還却合
如人操杖行　牧牛飲飼者　人命亦如是　亦即養命去
施主鄭阿張為自身惡業

塔下 8245　法集要頌經宋太宗撰大宋新譯三藏聖教序鄭阿張造經題記（“尹”字帙背）　金刻
拓片高 44 厘米、寬 78 厘米　中國佛教圖書文物館藏

法集要頌經卷第一　六　尹
王法加重罪身死入地獄本情不自造情知不自為
不應邪徑路愚者念力求
智者喻明燈闇者從得燭示導世間人如目將無目
若所作不善如彼無目人涉道甚艱難路險懷恐怖
善法若增長魔羅不得便漏盡證寂滅可獲真實果
惡法若增長魔羅常伺便失彼寂滅道受苦無窮盡
雖誦習多義放逸不從正如牧數他牛難獲沙門果
所謂持法者不必多誦習若少有所聞具足法身行
若聞惡而忍說行人讚嘆消除貪瞋癡彼獲沙門性
讚歎不放逸毀彼放逸人恒獲人天報最上為殊勝
若人不放逸智者所讚歎所作善增長能生諸善法
若行放逸者現法無能益安情如不動尓乃說為智
苾蒭懷謹慎放逸多憂愆如象拔淤泥難救深海苦
苾蒭懷謹慎放逸多憂愆抖擻諸罪塵如風飄落葉
苾蒭懷謹慎放逸多憂愆結使深纏縛如火焚枯薪
苾蒭懷謹慎放逸多憂愆各各順次第得盡諸結使
苾蒭懷謹慎放逸多憂愆義解分別句寂靜永安寧
苾蒭懷謹慎放逸多憂愆煩惱若消除能得涅槃樂
放逸不發起善法應須修今世至後世得行法快樂
放逸不發起煩惱自然伏善法堅習學決定得涅槃
長行於放逸剎那無暫息命終入地獄剎那亦無歇
放逸不憶念亦不習威儀耽睡不相應此是戒障礙
常離不相應使不壞其念猶念恒調伏塵垢得消除
苾蒭懷謹慎持戒勿破壞善守護自心今世及後世
苾蒭勿放逸捨家順佛教抖擻無常軍如象出蓮池
依此毗尼法不懷放逸行消除生死輪永得盡苦惱
法集要頌經愛樂品第五
施主

塔下 8247　法集要頌經卷第一施主（留空）造經題名（“尹”字帙）　金刻
拓片高 44 厘米、寬 78 厘米　中國佛教圖書文物館藏
施主名下留空。

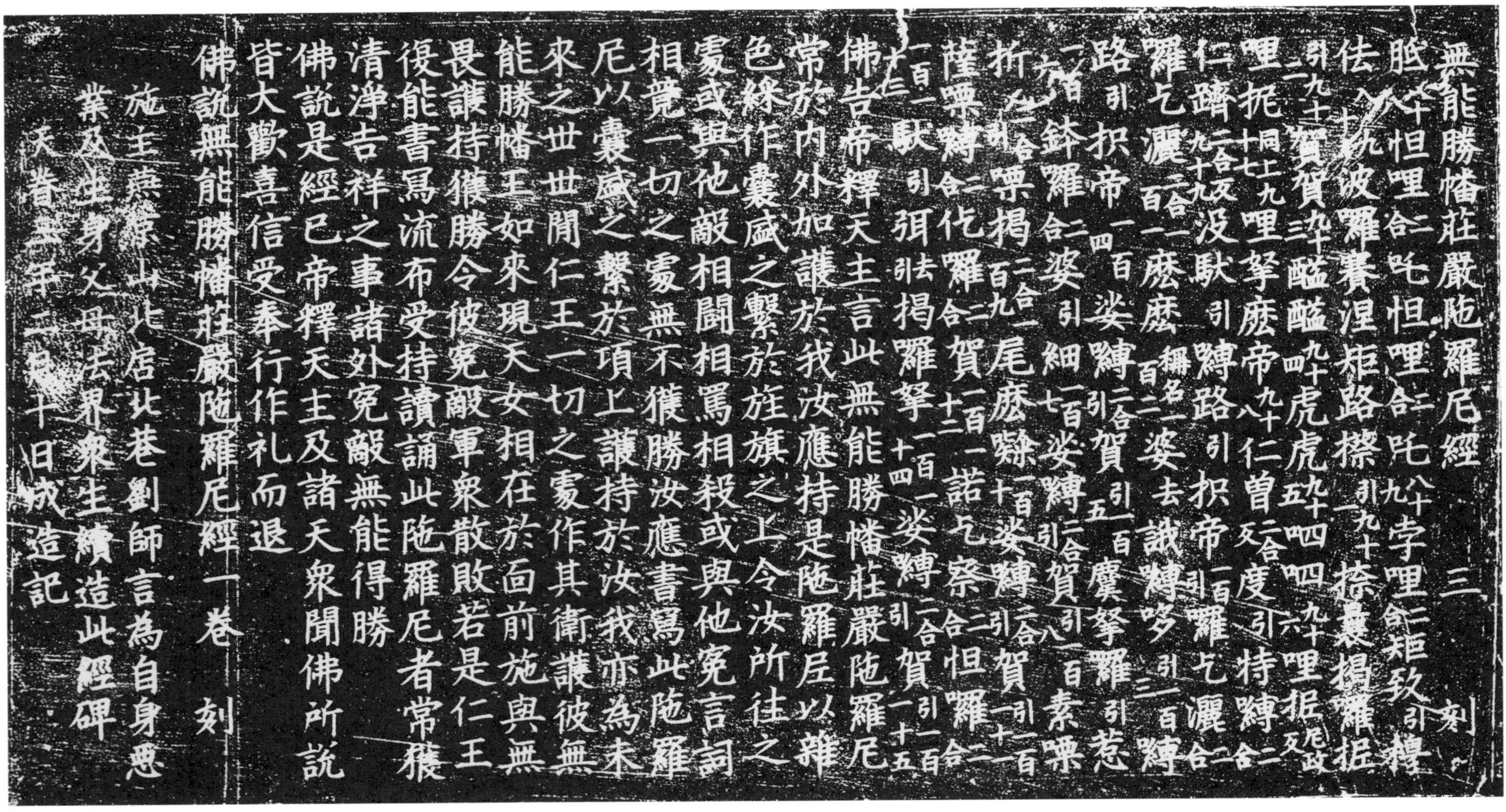

無能勝幡莊嚴陁羅尼經　三　刻
[illegible]
佛告帝釋天主言此無能勝幡莊嚴陁羅尼
常於內外加護於我汝應持是陁羅尼以雜
色綵作囊盛之繫於旌旗之上令汝所往之
處或與他敵相鬪相罵相殺或與他冤言詞
相競一切之處無不獲勝汝應書寫此陁羅
尼以囊盛之繫於項上護持於汝我亦為未
來之世世間仁王一切之處作其衛護彼無
能勝幡王如來現天女相在於面前施與無
畏護持獲勝令彼冤敵軍衆散敗若是仁王
復能書寫流布受持讀誦此陁羅尼者常獲
清淨吉祥之事諸外冤敵無能得勝
佛說是經已帝釋天主及諸天衆聞佛所說
皆大歡喜信受奉行作礼而退
佛說無能勝幡莊嚴陁羅尼經一卷　刻
施主燕京山北居北巷劉師言為自身惡
業及生身父母法界衆生續造此經碑
天眷三年二月十日成造記

塔下 8315（乙）　佛説無能勝幡王如來莊嚴陀羅尼經燕京山北店北巷劉師言金天眷三年二月十日造經題記（“刻”字帙）
拓片高 44 厘米、寬 79 厘米　中國佛教圖書文物館藏

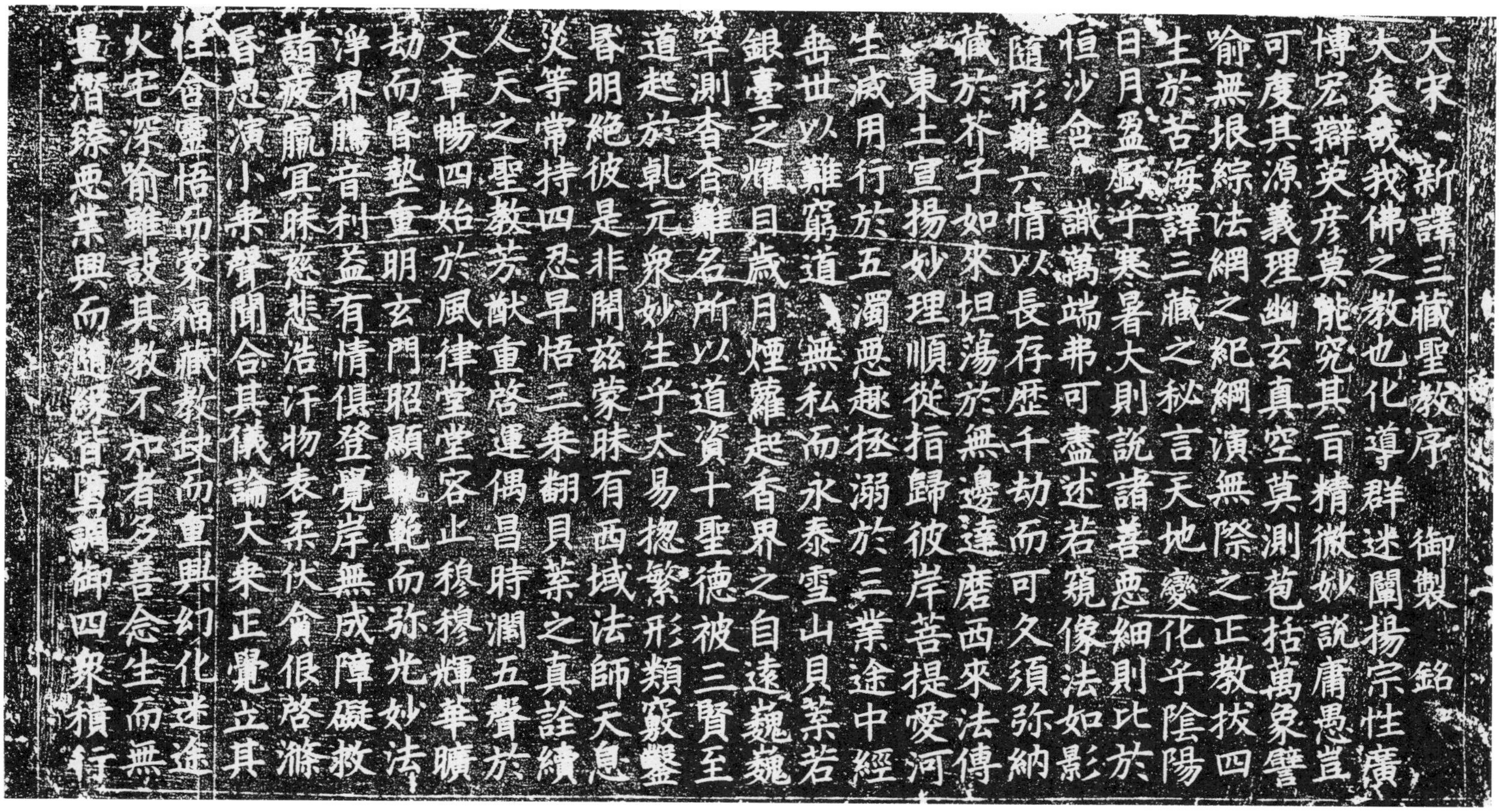
大宋新譯三藏聖教序 御製 銘
大矣哉我佛之教也化導群迷闡揚宗性廣
博宏辯英彥莫能究其旨精微妙說庸愚豈
可度其源義理幽玄真空莫測苞括萬象譬
喻無根綜法網之紀綱演無際之正教拔四
生於苦海譯三藏之秘言天地變化乎陰陽
日月盈虧乎寒暑大則說諸善惡細則比於
恒沙舍識萬端弗可盡述若窺像法如影
隨形離六情以長存歷千劫而可久須弥納
藏於芥子如來坦蕩於無邊達磨西來法傳
東土宣揚妙理順從指歸彼岸菩提愛河
生滅用行於五濁惡趣拯溺於三業途中經
垂世以難窮道無私而永泰雪山貝葉若
銀臺之耀日歲月煙蘿起香界之自遠巍巍
罕測杳杳難名所以道資十聖德被三賢至
道起於乾元眾妙生乎太易揔繁形類窮鑿
昏明絕彼是非開茲蒙昧有西域法師天息
災等常持四忍早悟三乘翻貝葉之真詮續
人天之聖教芳猷重啓運偶昌時潤五聲於
文章暢四始於風律堂堂容止穆穆輝華曠
劫而昏墊重明玄門昭顯執範而弥光妙法
淨界勝音利益有情俱登覺岸無成障礙救
諸疲羸冥昧慈悲浩汗物表柔伏貪很啓滌
昏愚演小乘聲聞合其儀論大乘正覺立其
往會靈悟而蒙福藏教缺而重興幻化迷途
火宅深喻雖設其教不知者多善念生而無
量滔臻惡業興而隨緣皆屬調御四眾積行

塔下 8326　大方廣總持寶光明經宋太宗撰大宋新譯三藏聖教序（“銘”字帙面）　金刻
拓片高 38 厘米、寬 73 厘米　中國佛教圖書文物館藏

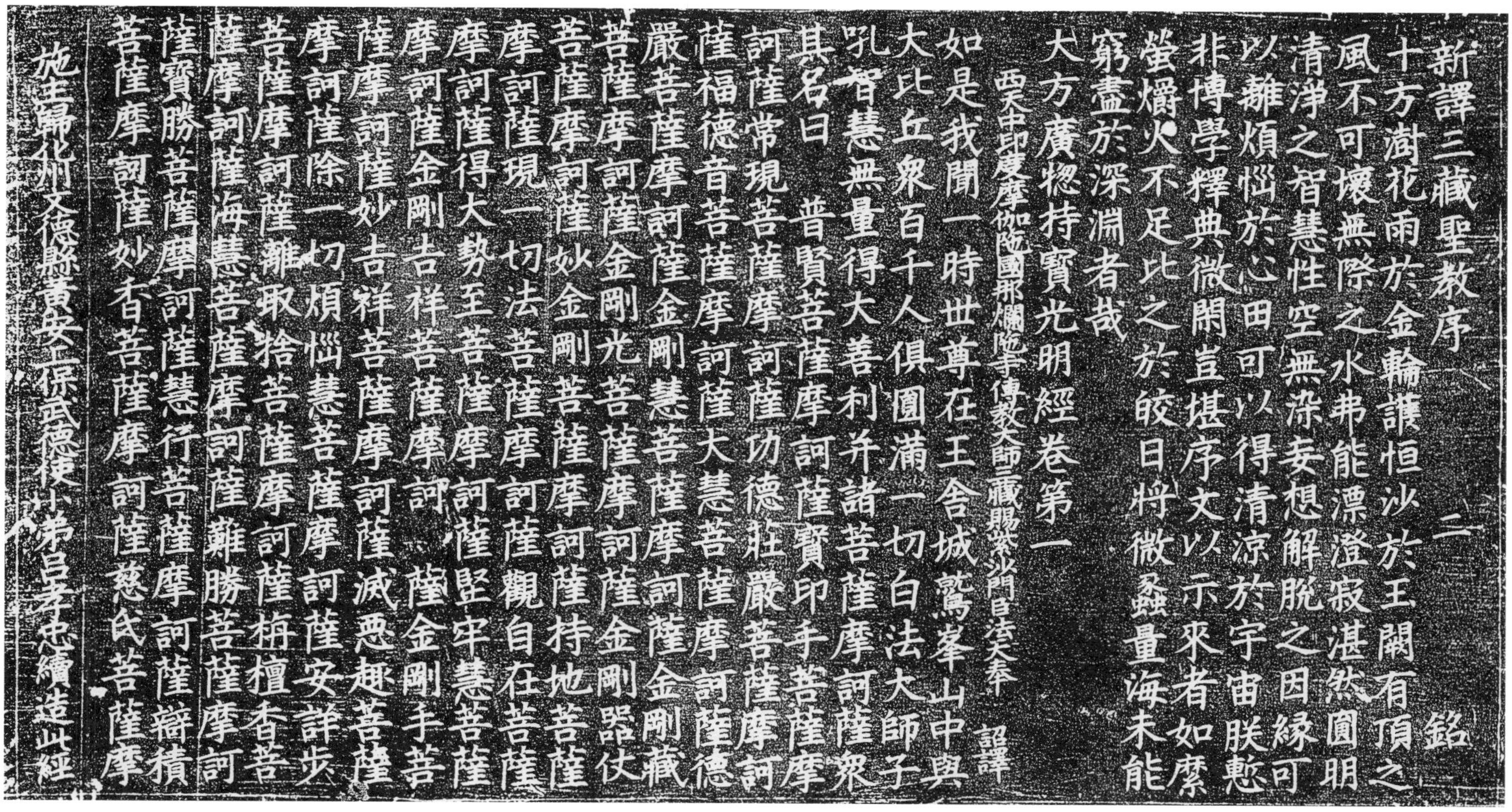
新譯三藏聖教序 二 銘
十方澍花雨於金輪護恒沙於王關有頂之
風不可壞無際之水弗能漂澄寂湛然圓明
清淨之智慧性空無染妄想解脫之因緣可
以離煩惱於心田可以得清涼於宇宙朕慙
非博學釋典微開豈堪序文以示來者如麼
螢爝火不足比之於皎日將微蠡量海未能
窮盡於深淵者哉
大方廣揔持寶光明經卷第一
西天中印度摩伽陀國那爛陀寺傳教大師三藏賜紫沙門臣法天奉 詔譯
如是我聞一時世尊在王舍城鷲峯山中與
大比丘眾百千人俱圓滿一切白法大師子
吼智慧無量得大善利并諸菩薩摩訶薩眾
其名曰 普賢菩薩摩訶薩寶印手菩薩摩
訶薩常現菩薩摩訶薩功德莊嚴菩薩摩訶
薩福德音菩薩摩訶薩大慧菩薩摩訶薩德
嚴菩薩摩訶薩金剛慧菩薩摩訶薩金剛藏
菩薩摩訶薩金剛光菩薩摩訶薩金剛器仗
菩薩摩訶薩妙金剛菩薩摩訶薩持地菩薩
摩訶薩現一切法菩薩摩訶薩觀自在菩薩
摩訶薩得大勢至菩薩摩訶薩堅牢慧菩薩
摩訶薩金剛吉祥菩薩摩訶 薩金剛手菩
薩摩訶薩妙吉祥菩薩摩訶薩滅惡趣菩薩
摩訶薩除一切煩惱慧菩薩摩訶薩安詳步
菩薩摩訶薩離取捨菩薩摩訶薩栴檀香菩
薩摩訶薩海慧菩薩摩訶薩離勝菩薩摩訶
薩寶勝菩薩摩訶薩慧行菩薩摩訶薩辯積
菩薩摩訶薩妙香菩薩摩訶薩慈氏菩薩摩
施主歸化州文德縣黄安上保武德使小常吕孝忠續造此經

塔下 8326　大方廣總持寶光明經宋太宗撰大宋新譯三藏聖教序吕孝忠續造經題記（“銘”字帙背）　金刻
拓片高 38 厘米、寬 73 厘米　中國佛教圖書文物館藏

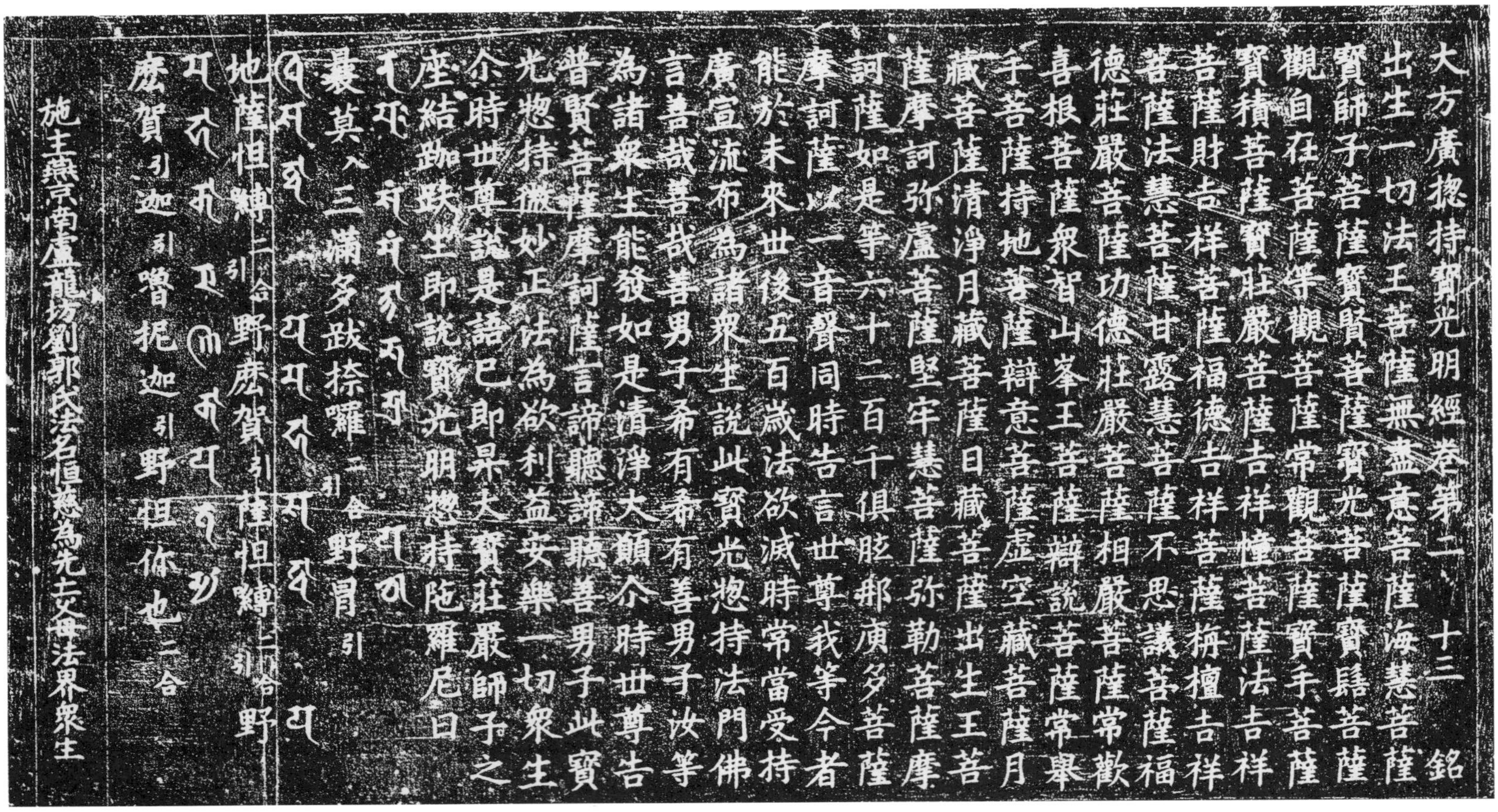

大方廣摠持寶光明經卷第二　十三　銘
出生一切法王菩薩無盡意菩薩海慧菩薩
寶師子菩薩寶賢菩薩寶光菩薩寶髻菩薩
觀自在菩薩等觀菩薩常觀菩薩寶手菩薩
寶積菩薩寶莊嚴菩薩吉祥幢菩薩法吉祥
菩薩財吉祥菩薩福德吉祥菩薩栴檀吉祥
菩薩法慧菩薩甘露慧菩薩不思議菩薩福
德莊嚴菩薩功德莊嚴菩薩相嚴菩薩常歡
喜根菩薩衆智山峯王菩薩辯説菩薩常舉
手菩薩持地菩薩辯意菩薩虛空藏菩薩月
藏菩薩清淨月藏菩薩日藏菩薩出生王菩
薩摩訶弥盧菩薩堅牢慧菩薩弥勒菩薩摩
訶薩如是等六十二百千俱胝那庾多菩薩
摩訶薩以一音聲同時告言世尊我等今者
能於未來世後五百歲法欲滅時常當受持
廣宣流布為諸衆生説此寶光摠持法門佛
言善哉善哉善男子希有希有善男子汝等
為諸衆生能發如是清淨大願介時世尊告
普賢菩薩摩訶薩言諦聽諦聽善男子此寶
光摠持微妙正法為欲利益安樂一切衆生
介時世尊説是語已即昇大寶莊嚴師子之
座結跏趺坐即説寶光明摠持陁羅尼曰
曩莫入三滿多跋捺囉二合引野冐引
地薩怛嚩二合引野麽賀引薩怛嚩二合引野
麽賀引迦引嚕抳迦引野怛你也二合
施主燕京南盧龍坊劉郭氏法名恒慈為先亡父母法界衆生

塔下 8453　大方廣總持寶光明經卷第二燕京南盧龍坊市劉郭氏造經題記（“銘”字帙面）　金刻
拓片高 38 厘米、寬 37 厘米　中國佛教圖書文物館藏

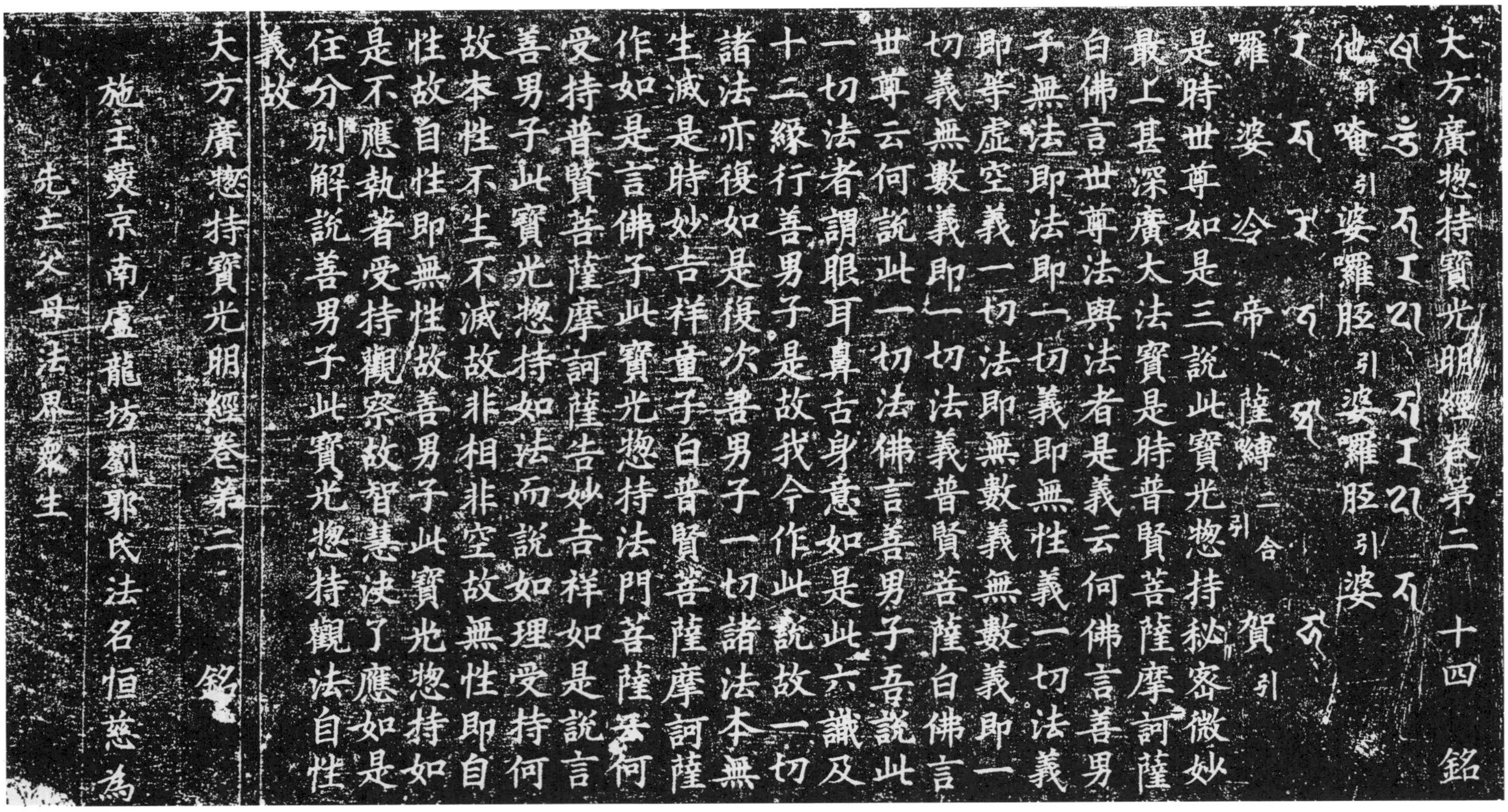

大方廣摠持寶光明經卷第二　十四　銘
他引唵引娑囉胝引娑囉胝引娑
羅婆伱帝薩嚩二合引賀引
是時世尊如是三説此寶光摠持秘密微妙
最上甚深廣大法寶是時普賢菩薩摩訶薩
白佛言世尊法與法者是義云何佛言善男
子無法即法即一切義即無性義一切法義
即等虛空義一切法即無數義無數義即一
切義無數義即一切法義普賢菩薩白佛言
世尊云何説此一切法佛言善男子吾説此
一切法者謂眼耳鼻舌身意如是此六識及
十二緣行善男子是故我今作此説故一切
諸法亦復如是復次善男子一切諸法本無
生滅是時妙吉祥童子白普賢菩薩摩訶薩
作如是言佛子此寶光摠持法門菩薩云何
受持普賢菩薩摩訶薩告妙吉祥如是説言
善男子此寶光摠持如法而説如理受持何
故本性不生不滅故非相非空故無性即自
性故自性即無性故善男子此寶光摠持如
是不應執著受持觀察故智慧決了應如是
住分別解説善男子此寶光摠持觀法自性
義故
大方廣摠持寶光明經卷第二　銘
施主燕京南盧龍坊劉郭氏法名恒慈為
先亡父母法界衆生

塔下 8453　大方廣總持寶光明經卷第二燕京南盧龍坊市劉郭氏造經題記（“銘”字帙背）　金刻
拓片高 38 厘米、寬 73 厘米　中國佛教圖書文物館藏

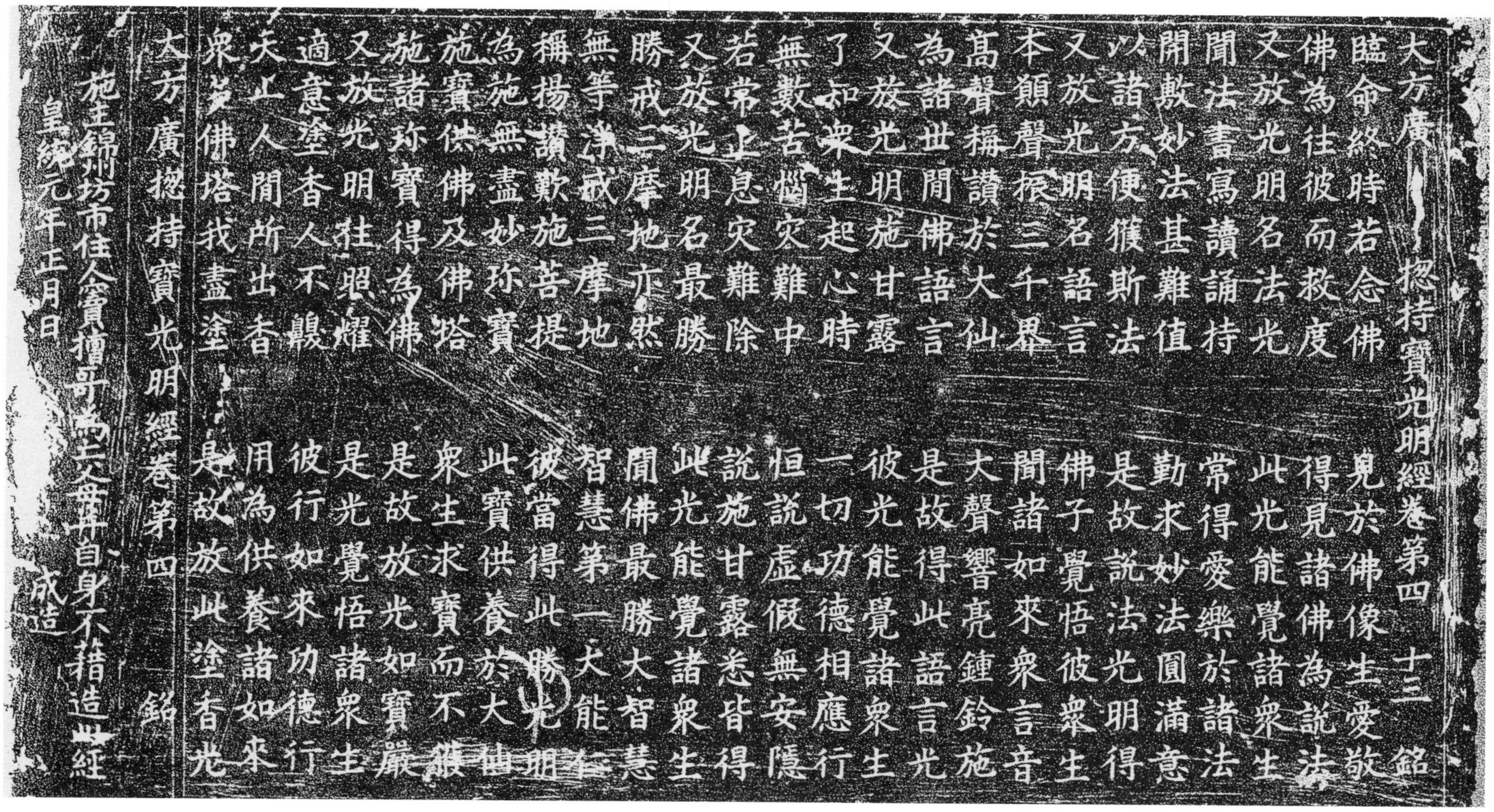

塔下 8466　大方廣總持寶光明經卷第四錦州坊市賣擅哥金皇統元年正月造經題記（“銘”字帙）
拓片高 38 厘米、寬 73 厘米　中國佛教圖書文物館藏

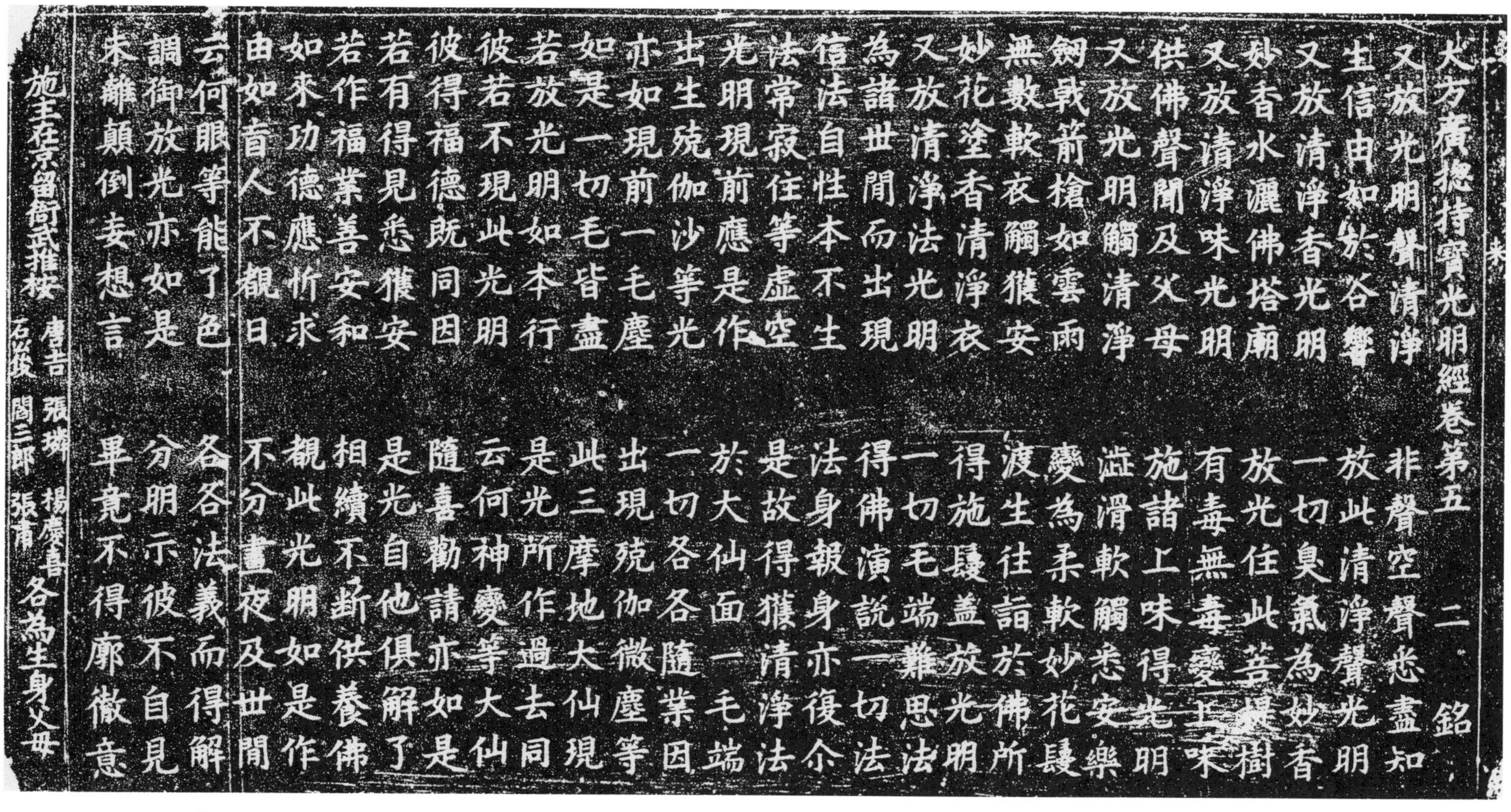

塔下 8467　大方廣總持寶光明經卷第五在京留衙武推按唐吉張璘等六人造經題記（“銘”字帙）　金刻
拓片高 38 厘米、寬 73 厘米　中國佛教圖書文物館藏

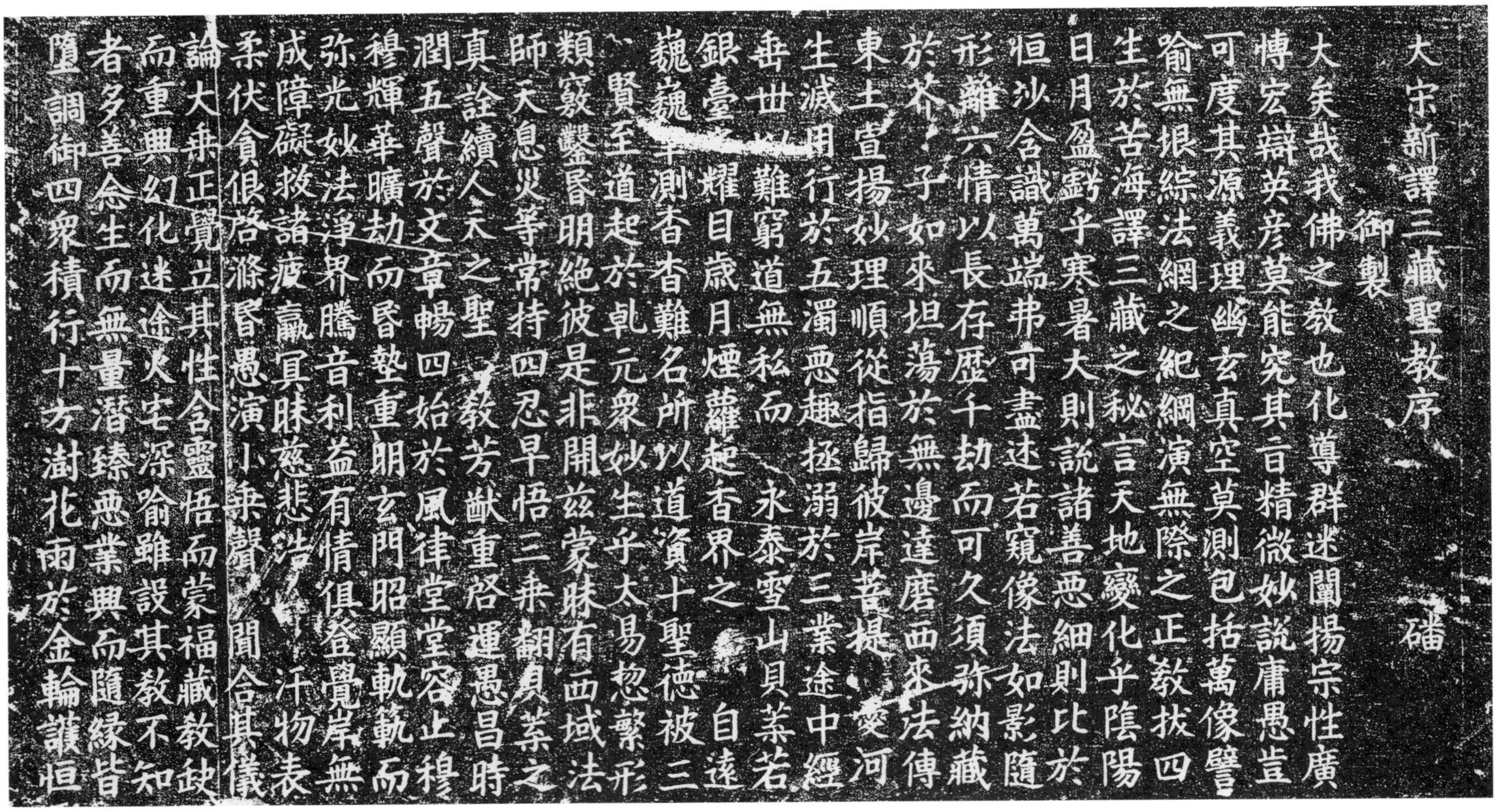
大宋新譯三藏聖教序 磻
御製
大矣哉我佛之教也化導群迷闡揚宗性廣
博宏辯英彥莫能究其旨精微妙說庸愚豈
可度其源義理幽玄真空莫測包括萬像譬
喻無垠綜法網之紀綱演無際之正教拔四
生於苦海譯三藏之秘言天地變化乎陰陽
日月盈虧乎寒暑大則說諸善惡細則比於
恒沙含識萬端弗可盡述若窺像法如影隨
形離六情以長存歷千劫而可久須弥納藏
於芥子如來坦蕩於無邊達磨西來法傳
東土宣揚妙理順從指歸彼岸菩提愛河
生滅用行於五濁惡趣拯溺於三業途中經
垂世以難窮道無私而永泰雪山貝葉若
銀臺金耀日歲月煙蘿起香界之自遠
巍巍乎測杳杳難名所以道資十聖德被三
賢至道起於乾元衆妙生乎太易愍繁形
類竅鑿昏明絕彼是非開茲蒙昧有西域法
師天息災等常持四忍早悟三乘翻貝葉之
真詮續人天之聖教芳猷重啓運愚昌時
潤五聲於文章暢四始於風律堂堂容止穆
穆輝華曠劫而昏墊重明玄門昭顯軌軌而
弥光妙法淨界騰音利益有情俱登覺岸無
成障礙拯諸疲羸冥眛慈悲浩汗物表
柔伏貪很啓滌昏愚演小乘聲聞合其儀
論大乘正覺立其性含靈悟而蒙福藏教啟
而重興幻化迷途火宅深喻雖設其教不知
者多善念生而無量潛臻惡業興而隨緣皆
墮調御四衆積行十方澍花雨於金輪護恒

塔下 8497 佛説大乘日子王所問經宋太宗撰大宋新譯三藏聖教序（“磻”字帙面） 金刻
拓片高 46 厘米、寬 76 厘米 中國佛教圖書文物館藏

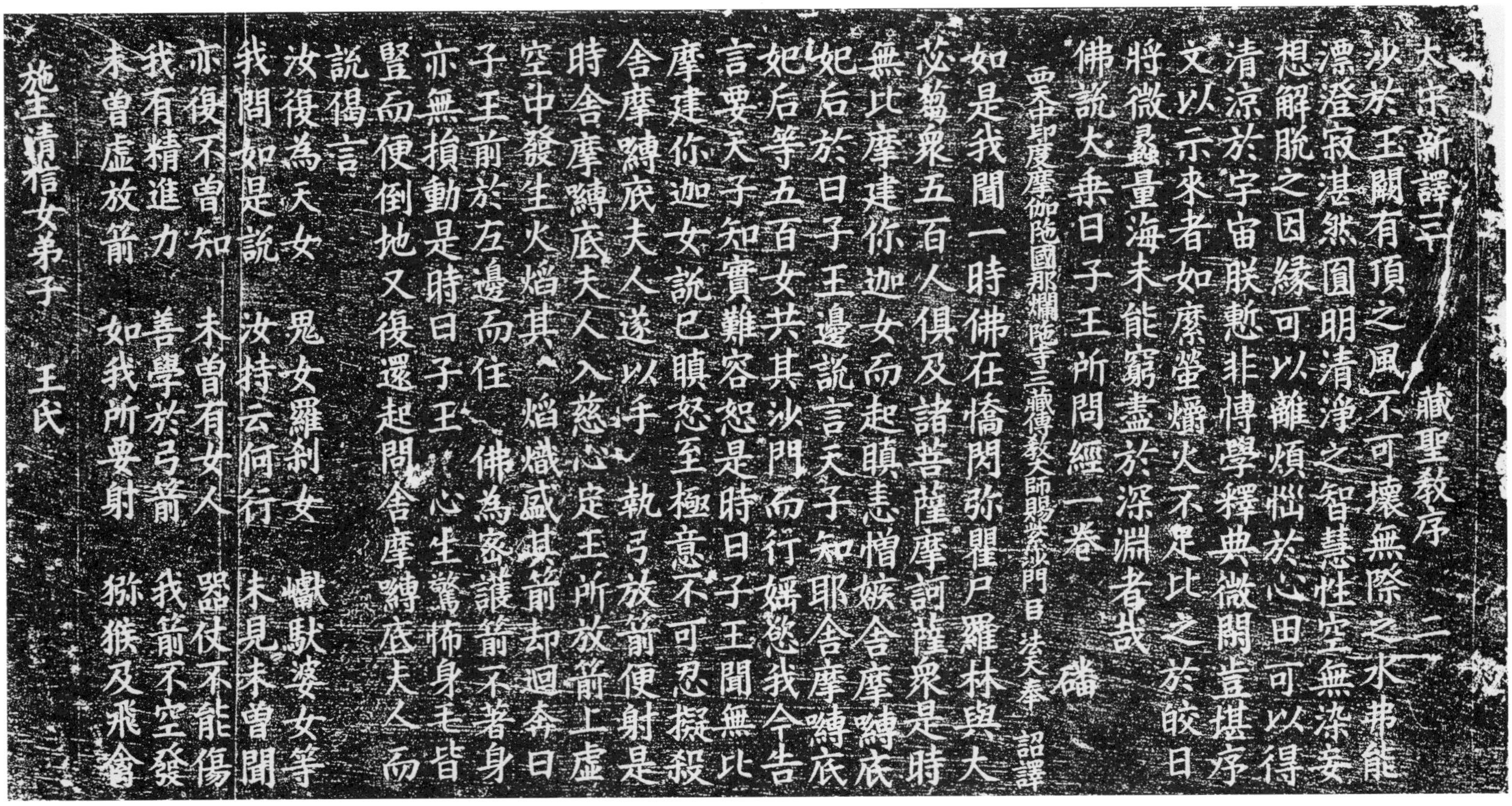
大宋新譯三藏聖教序二
沙於王關有頂之風不可壞無際之水弗能
漂澄寂湛然圓明清淨之智慧性空無染妄
想解脫之因緣可以離煩惱於心田可以得
清涼於宇宙朕慙非博學釋典微聞豈堪序
文以示來者如麋螢爝火不足比之於皎日
將微蠡量海未能窮盡於深淵者哉
佛說大乘日子王所問經一卷 磻
西天中印度摩伽陁國那爛陁寺三藏傳教大師賜紫沙門臣法天奉 詔譯
如是我聞一時佛在憍閃弥瞿尸羅林與大
苾芻衆五百人俱及諸菩薩摩訶薩衆是時
無比摩建你迦女而起瞋恚憎嫉舍摩嚩底
妃后於日子王邊說言天子知耶舍摩嚩底
妃后等五百女共其沙門而行婬愁我今告
言要天子知實難容恕是時日子王聞無比
摩建你迦女說已瞋怒至極意不可忍擬殺
舍摩嚩底夫人遂以手執弓放箭便射是
時舍摩嚩底夫人入慈心定王所放箭上虛
空中發生火焰其焰熾盛其箭却迴奔日
子王前於左邊而住佛為密護箭不著身
亦無損動是時日子王心生驚怖身毛皆
豎而便倒地又復還起問舍摩嚩底夫人而
說偈言
汝復為天女 鬼女羅剎女 嚩馱婆女等
我問如是說 汝持云何行 未見未曾聞
亦復不曾知 未曾有女人 器仗不能傷
我有精進力 善學於弓箭 我箭不空發
未曾虛放箭 如我所要射 猕猴及飛禽
施主清信女弟子 王氏

塔下 8497 佛説大乘日子王所問經宋太宗撰大宋新譯三藏聖教序王氏題名（“磻”字帙背） 金刻
拓片高 46 厘米、寬 76 厘米 中國佛教圖書文物館藏

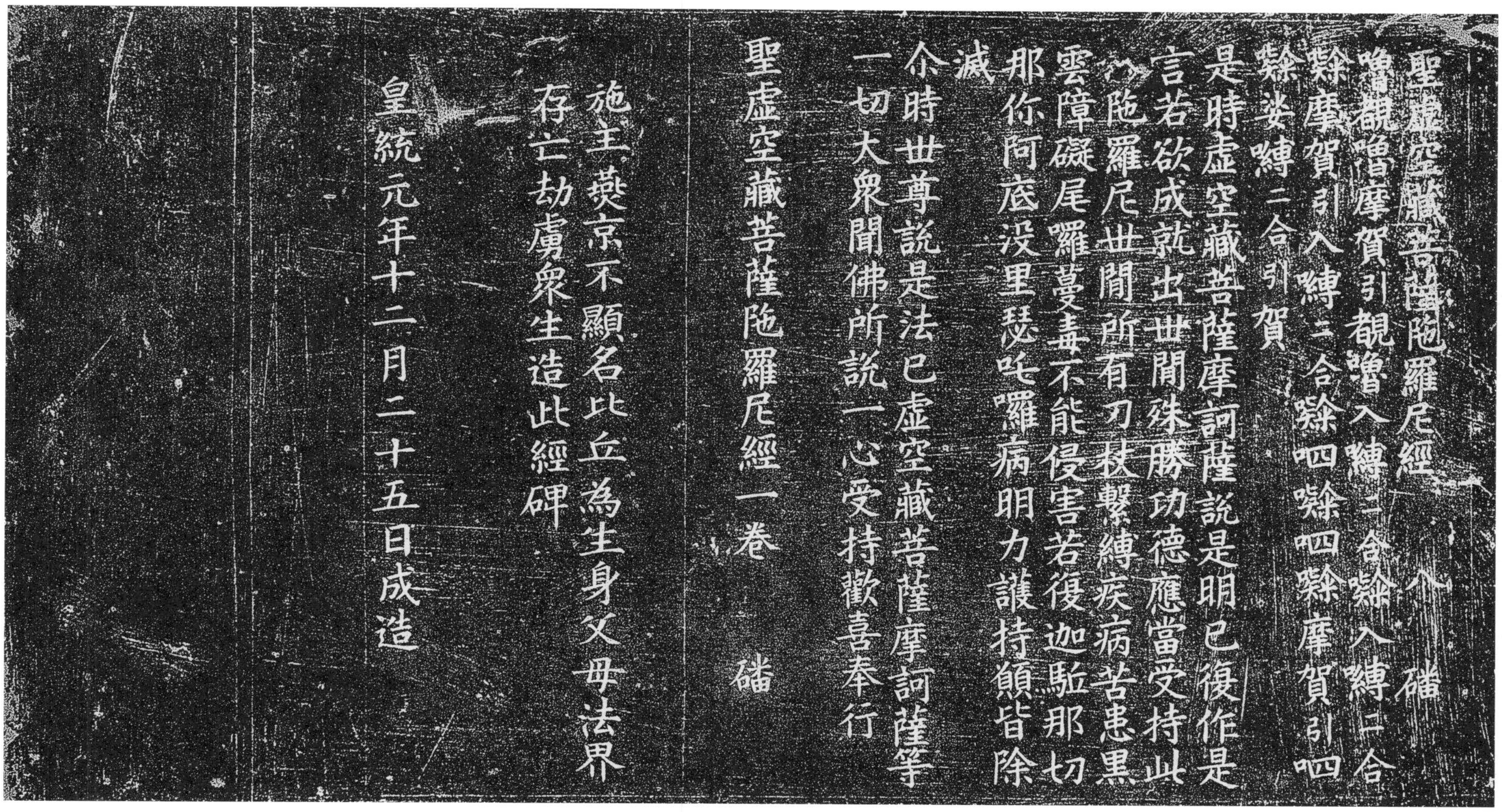
聖虛空藏菩薩陁羅尼經　磻
嚕覲嚕摩賀引覲嚕入縛二合[illegible]入縛二合
[illegible]摩賀引入縛二合[illegible]呬[illegible]呬[illegible]摩賀引呬
[illegible]娑嚩二合引賀
是時虛空藏菩薩摩訶薩說是明已復作是
言若欲成就出世間殊勝功德應當受持此
陁羅尼世間所有刀杖繫縛疾病苦患黑
雲障礙尾羅蔓毒不能侵害若復迦駄那切
那你阿底没里瑟吒囉病明力護持願皆除
滅
尒時世尊說是法已虛空藏菩薩摩訶薩等
一切大衆聞佛所說一心受持歡喜奉行
聖虛空藏菩薩陁羅尼經一卷　磻
施主燕京不顯名比丘為生身父母法界
存亡劫虜衆生造此經碑
皇統元年十二月二十五日成造

塔下 8509　聖虛空藏菩薩陁羅尼燕京不顯名比丘爲劫虜人口金皇統元年十二月二十五日造經題記（“磻”字帙）
拓片高 46 厘米、寬 76 厘米　中國佛教圖書文物館藏

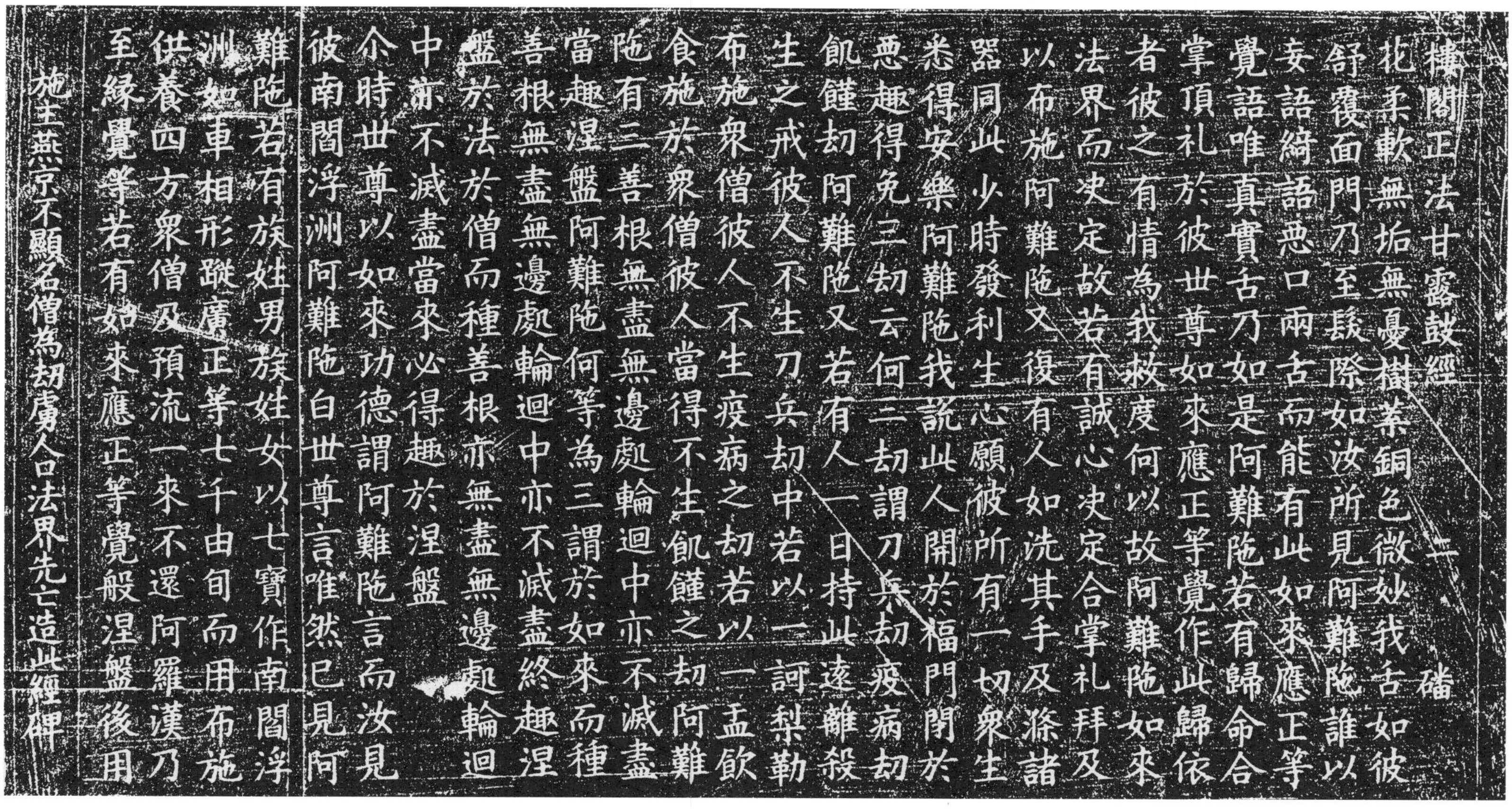
樓閣正法甘露鼓經　二　磻
花柔軟無垢無憂樹葉銅色微妙我舌如彼
舒覆面門乃至髮際如汝所見阿難陁誰以
妄語綺語惡口兩舌而能有此如來應正等
覺語唯真實舌乃如是阿難陁若有歸命合
掌頂礼於彼世尊如來應正等覺作此歸依
者彼之有情為我救度何以故阿難陁如來
法界而决定故若有誠心决定合掌礼拜及
以布施阿難陁又復有人如洗其手及滌諸
器同此少時發利生心願彼所有一切衆生
悉得安樂阿難陁我說此人開於福門閉於
惡趣得免三劫云何三劫謂刀兵劫疫病劫
飢饉劫阿難陁又若有人一日持此遠離殺
生之戒彼人不生刀兵劫中若以一訶梨勒
布施衆僧彼人不生疫病之劫若以一盂飲
食施於衆僧彼人當得不生飢饉之劫阿難
陁有三善根無盡無邊處輪迴中亦不滅盡
當趣涅盤阿難陁何等為三謂於如來而種
善根無盡無邊處輪迴中亦不滅盡終趣涅
盤於法於僧而種善根亦無盡無邊處輪迴
中亦不滅盡當來必得趣於涅盤
尒時世尊以如來功德謂阿難陁言而汝見
彼南閻浮洲阿難陁白世尊言唯然已見阿
難陁若有族姓男族姓女以七寶作南閻浮
洲如車相形蹤廣正等七千由旬而用布施
供養四方衆僧及預流一來不還阿羅漢乃
至縁覺等若有如來應正等覺般涅盤後用
施主燕京不顯名僧為劫虜人口法界先亡造此經碑

塔下 8517　佛説樓閣正法甘露鼓經燕京不顯名僧爲劫虜人口造經題記（“磻”字帙）　金刻
拓片高 46 厘米、寬 76 厘米　中國佛教圖書文物館藏

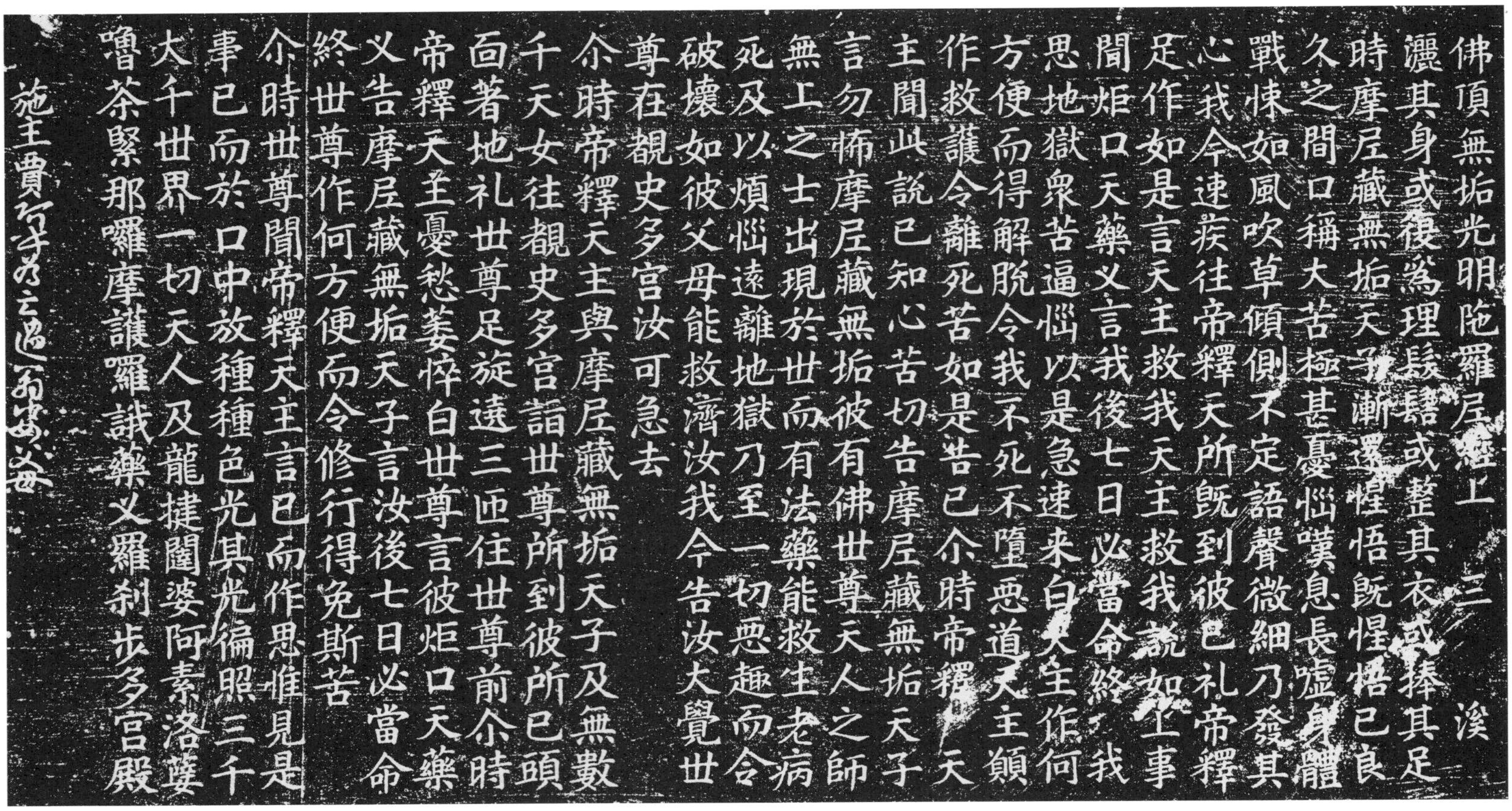

塔下 8536　佛頂放無垢光明入普門觀察一切如來心陁羅尼經賈阿牛造經題記（“溪”字帙背）　金刻

拓片高 44 厘米、寬 79 厘米　中國佛教圖書文物館藏

題名“阿牛爲亡過翁婆父母”爲草書。

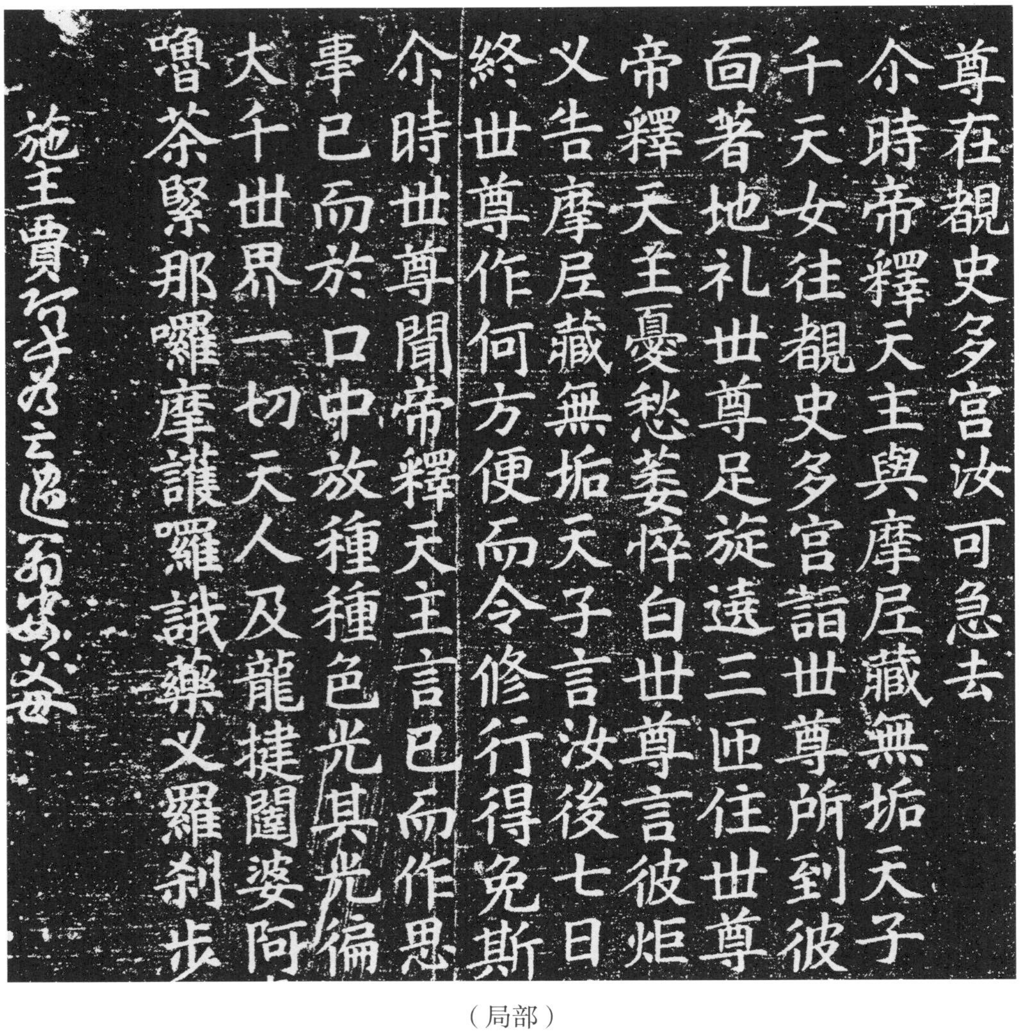
尊在覩史多宮汝可急去
尒時帝釋天主與摩尼藏無垢天子
千天女往覩史多宮詣世尊所到彼
面著地礼世尊足旋遶三匝住世尊
帝釋天主憂愁萎悴白世尊言彼炬
叉告摩尼藏無垢天子言汝後七日
終世尊作何方便而令修行得免斯
尒時世尊聞帝釋天主言已而作思
事已而於口中放種種色光其光徧
大千世界一切天人及龍揵闥婆阿
嚕茶緊那囉摩護囉誐藥叉羅刹步
施主賈阿牛爲亡過翁婆父母

（局部）

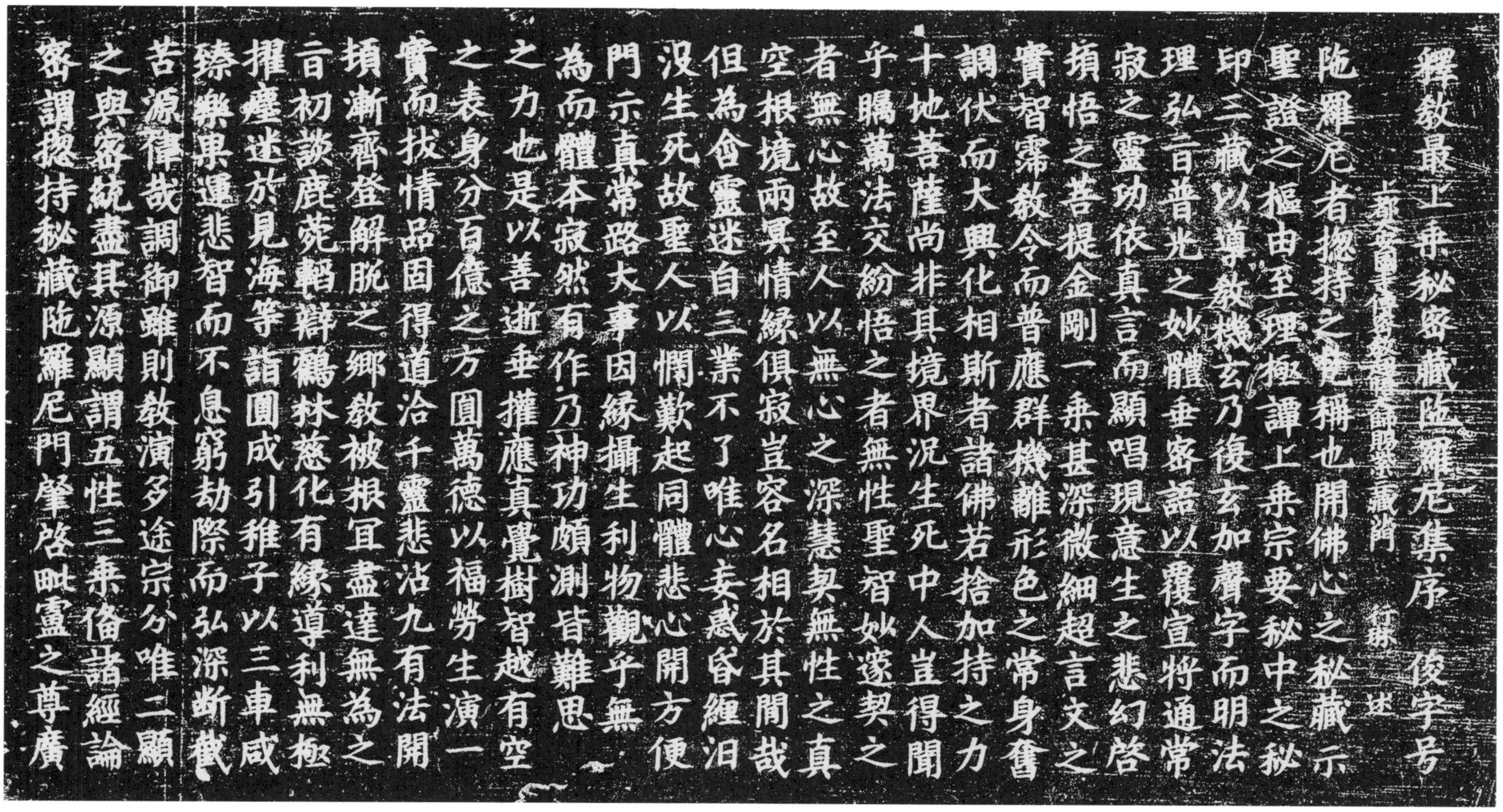
釋教最上乘秘密藏陁羅尼集序 俊字号
上都大安國寺傳密教超悟大師賜紫沙門 行琳 述
陁羅尼者摠持之義稱也開佛心之秘藏示
聖證之樞由至理極譚上乘宗要秘中之秘
印三藏以尊教機玄乃復玄加聲字而明法
理弘音普光之妙體垂密語以覆宣將通常
寂之靈功依真言而顯唱現意生之悲幻啓
頓悟之菩提金剛一乘甚深微細超言文之
實智霈教令而普應群機離形色之常身奮
調伏而大興化相斯者諸佛若捨加持之力
十地菩薩尚非其境界況生死中人豈得聞
乎矚萬法交紛悟之者無性聖智妙邃契之
者無心故至人以無心之深慧契無性之真
空根境兩冥情緣俱寂豈容名相於其間哉
但為昏靈迷自三業不了唯心妄惑昏緾汩
沒生死故聖人以憫歎起同體悲心開方便
門示真常路大事因緣攝生利物觀乎無
為而體本寂然有作乃神功頗測皆難思
之力也是以善逝垂權應真覺樹智越有空
之表身分百億之方圓萬德以福勞生演一
實而拔情品固得道洽千靈悲沾九有法開
頓漸齊登解脫之鄉教被根宜盡達無為之
旨初談鹿苑韜辯鶴林慈化有緣導利無極
摧塵迷於見海等諸圓成引稚子以三車咸
臻樂果運悲智而不息窮劫際而弘深斷截
苦源偉哉調御雖則教演多途宗分唯二顯
之與密統盡其源顯謂五性三乘倫諸經論
密謂摠持秘藏陁羅尼門肇啓毗盧之尊廣

塔下 8729　上都大安國寺釋行琳撰釋教最上乘秘密藏陁羅尼集序（"俊"字帙面）　金刻
拓片高 41 厘米、寬 75 厘米　中國佛教圖書文物館藏

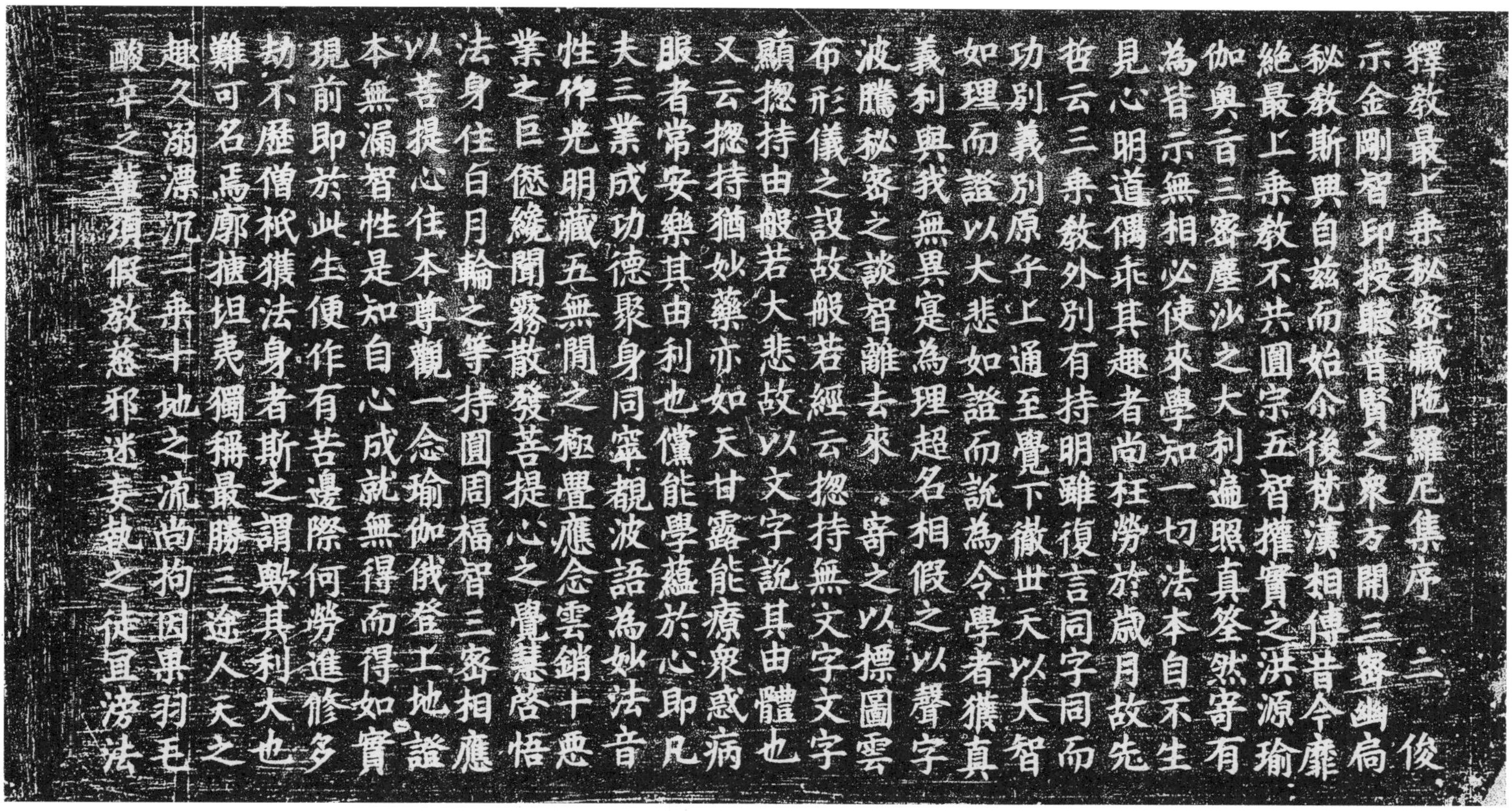
釋教最上乘秘密藏陁羅尼集序 二 俊
示金剛智印授聽普賢之衆方開三密幽扃
秘教斯興自茲而始爰後梵漢相傳昔今靡
絕最上乘教不共圓宗五智摧實之洪源瑜
伽與旨三密塵沙之大利遍照真筌然寄有
為皆示無相必使來學知一切法本自不生
見心明道偶乖其趣者尚枉勞於歲月故先
哲云三乘教外別有持明雖復言同字同而
功別義別原乎上通至覺下徹世天以大智
如理而證以大悲如證而説為令學者獲真
義利與我無異寔為理超名相假之以聲字
波騰秘密之談智離去來寄之以標圖雲
布形儀之設故般若經云摠持無文字文字
顯摠持由般若大悲故以文字説其由體也
又云摠持猶妙藥亦如天甘露能療衆惑病
服者常安樂其由利也儻能學蘊於心即凡
夫三業成功德聚身同窣覩波語為妙法音
性作光明藏五無間之極釁應念雲銷十惡
業之巨愆纔聞霧散發菩提心之覺慧啓悟
法身住日月輪之等持圓周福智三密相應
以善提心住本尊觀一念瑜伽俄登二地證
本無漏智性是知自心成就無得而得如實
現前即於此生便作有若邊際何勞進修多
劫不歷僧祇獲法身者斯之謂歟其利大也
難可名焉廓攄坦衷獨稱最勝三途人天之
趣久溺漂沉二乘十地之流尚拘因果羽毛
酸辛之輩須假教慈邪迷妄執之徒宜滂法

塔下 8729　上都大安國寺釋行琳撰釋教最上乘秘密藏陁羅尼集序（"俊"字帙背）　金刻
拓片高 41 厘米、寬 75 厘米　中國佛教圖書文物館藏

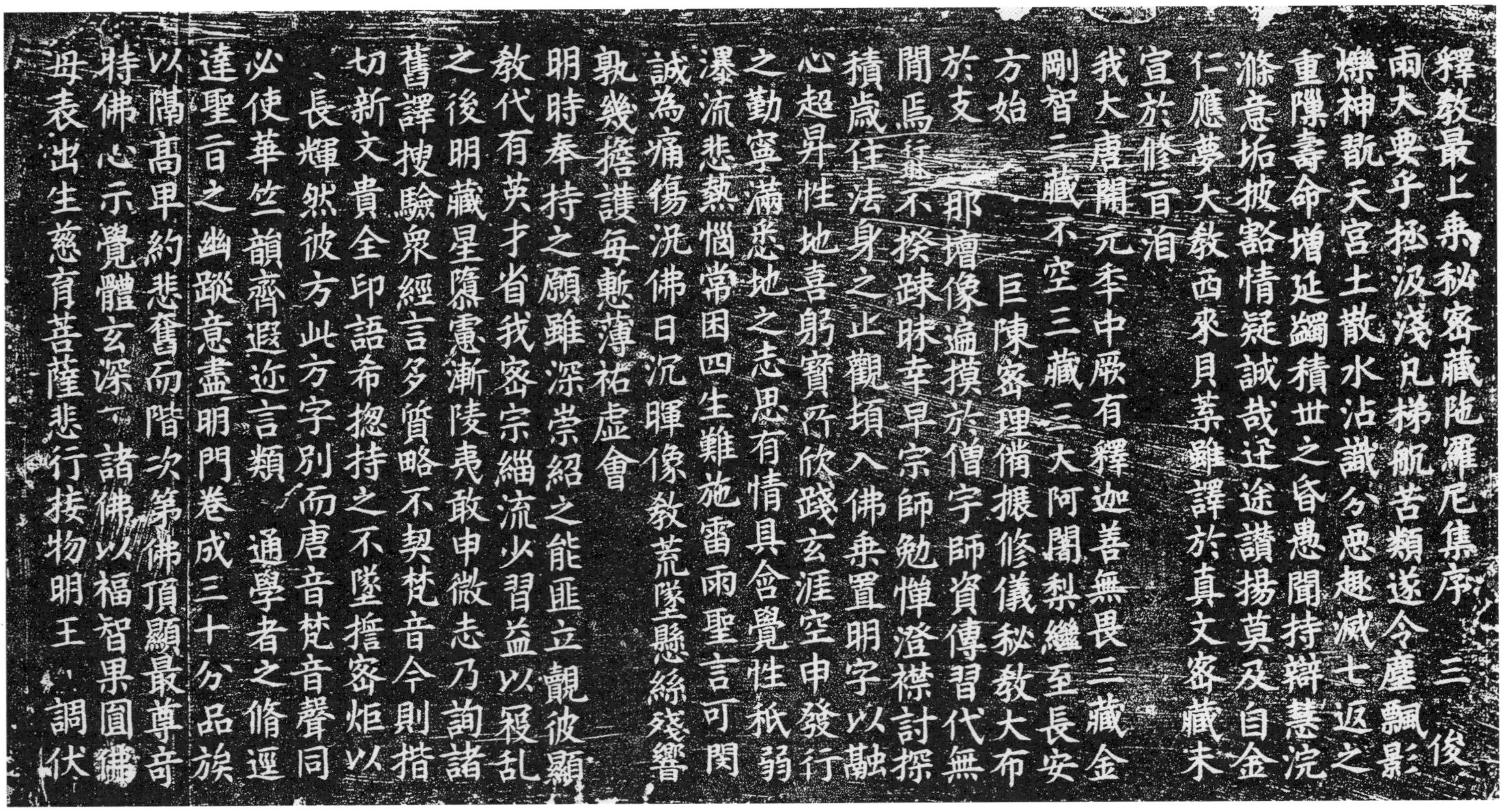
釋教最上乘秘密藏陁羅尼集序 三 俊
雨大要乎拯汲淺凡梯航苦類遂令塵飄影
爍神亂天宮土散水沾識分惡趣滅七返之
重隳壽命增延蠲積世之昏愚聞持辯慧浣
滌意垢披豁情疑誠哉迂途讚揚莫及自金
仁應夢大教西來貝葉雖譯於真文密藏未
宣於脩盲洎
我大唐開元季中厥有釋迦善無畏三藏金
剛智三藏不空三藏三大阿闍梨繼至長安
方始 巨陳密理備攝修儀秘教大布
於支 那壇像遍摸於僧字師資傳習代無
間焉[illegible]不揆跡昧幸早宗師勉憚澄襟討探
積歲任法身之止觀頃入佛乘置明字以融
心超昇性地喜躬實所欣踐玄涯空申發行
之勤寧滿悲地之志思有情具含覺性秖弱
瀑流悲熱惱常困四生難施雷雨聖言可閔
誠為痛傷況佛日沉暉像教荒墜懸絲殘響
孰幾搚護每惠薄祐虛會
明時奉持之願雖深崇紹之能匪立覩彼顯
教代有英才省我密宗緇流少習益以殺乱
之後明藏星隳憲漸陵夷敢申微志乃詢諸
舊譯搜驗眾經言多質略不契梵音今則措
切新文貴全印語希揔持之不墜搚密炬以
、長輝然彼方此方字別而唐音梵音聲同
必使華竺韻齊遐迩言類 通學者之脩逕
達聖旨之幽蹤意盡明門卷成三十分品族
以隣高卑約悲奮而階次第佛頂顯最尊奇
特佛心示覺體玄深一諸佛以福智果圓攝
毋表出生慈育菩薩悲行接物明王、調伏

塔下 8730 上都大安國寺釋行琳撰釋教最上乘秘密藏陁羅尼集序（“俊”字帙面） 金刻
拓片高 41 厘米、寬 75 厘米 中國佛教圖書文物館藏

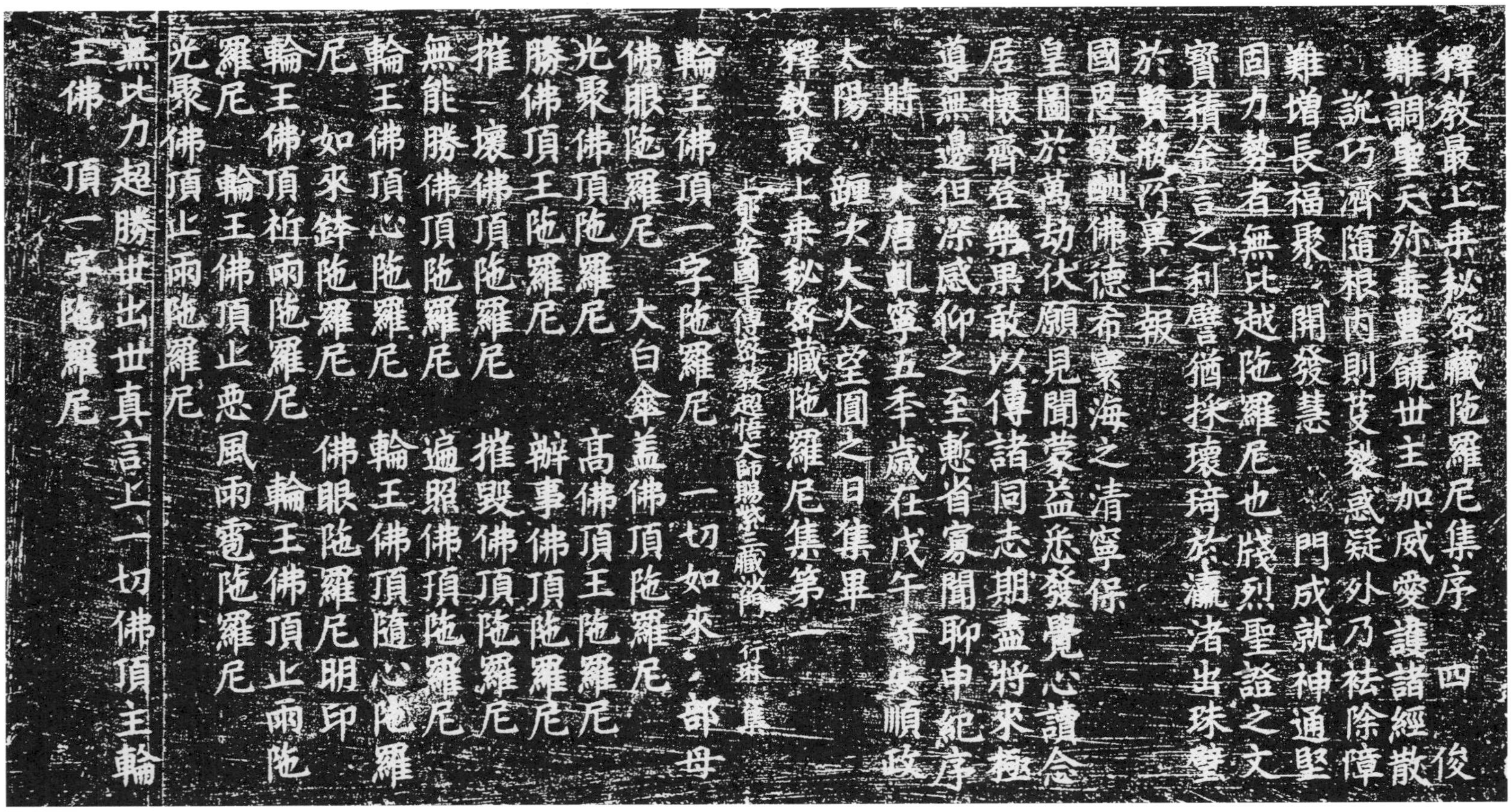
釋教最上乘秘密藏陁羅尼集序 四 俊
難調皇天殊毒豐饒世主加威愛護諸經散
說巧濟隨根內則芟裂惑疑外乃袪除障
難增長福聚、開發慧 門成就神通堅
固力勢者無比越陁羅尼也戕烈聖證之文
寶積金言之利譬猶採瓌琦於瀛渚出珠璧
於贊般所冀上報
國恩酬佛德希寰海之清寧保
皇圖於萬劫伏願見聞蒙益悉發覺心讀念
居懷齊登佛果敢以傳諸同志期盡將來極
尊無邊但深感仰之至惠省寡聞聊申絕序
時 大唐乾寧五季歲在戊午寄安順政
太陽 躔火大火望圓之日集畢
釋教最上乘秘密藏陁羅尼集第一
上都大安國寺傳密教超悟大師賜紫三藏沙門 行琳 集
輪王佛頂一字陁羅尼 一切如來、部母
佛眼陁羅尼 大白傘蓋佛頂陁羅尼
光聚佛頂陁羅尼 高佛頂王陁羅尼
勝佛頂王陁羅尼 辦事佛頂陁羅尼
摧一壞佛頂陁羅尼 摧毀佛頂陁羅尼
無能勝佛頂陁羅尼 遍照佛頂陁羅尼
輪王佛頂心陁羅尼 輪王佛頂隨心陁羅
尼 如來鉢陁羅尼 佛眼陁羅尼明印
輪王佛頂祈雨陁羅尼 輪王佛頂止雨陁
羅尼 輪王佛頂止惡風雨雹陁羅尼
光聚佛頂止雨陁羅尼
無比力超勝世出世真言上一切佛頂主輪
王佛頂一字陁羅尼

塔下 8730 上都大安國寺釋行琳撰釋教最上乘秘密藏陁羅尼集序（“俊”字帙背） 金刻
拓片高 41 厘米、寬 75 厘米 中國佛教圖書文物館藏

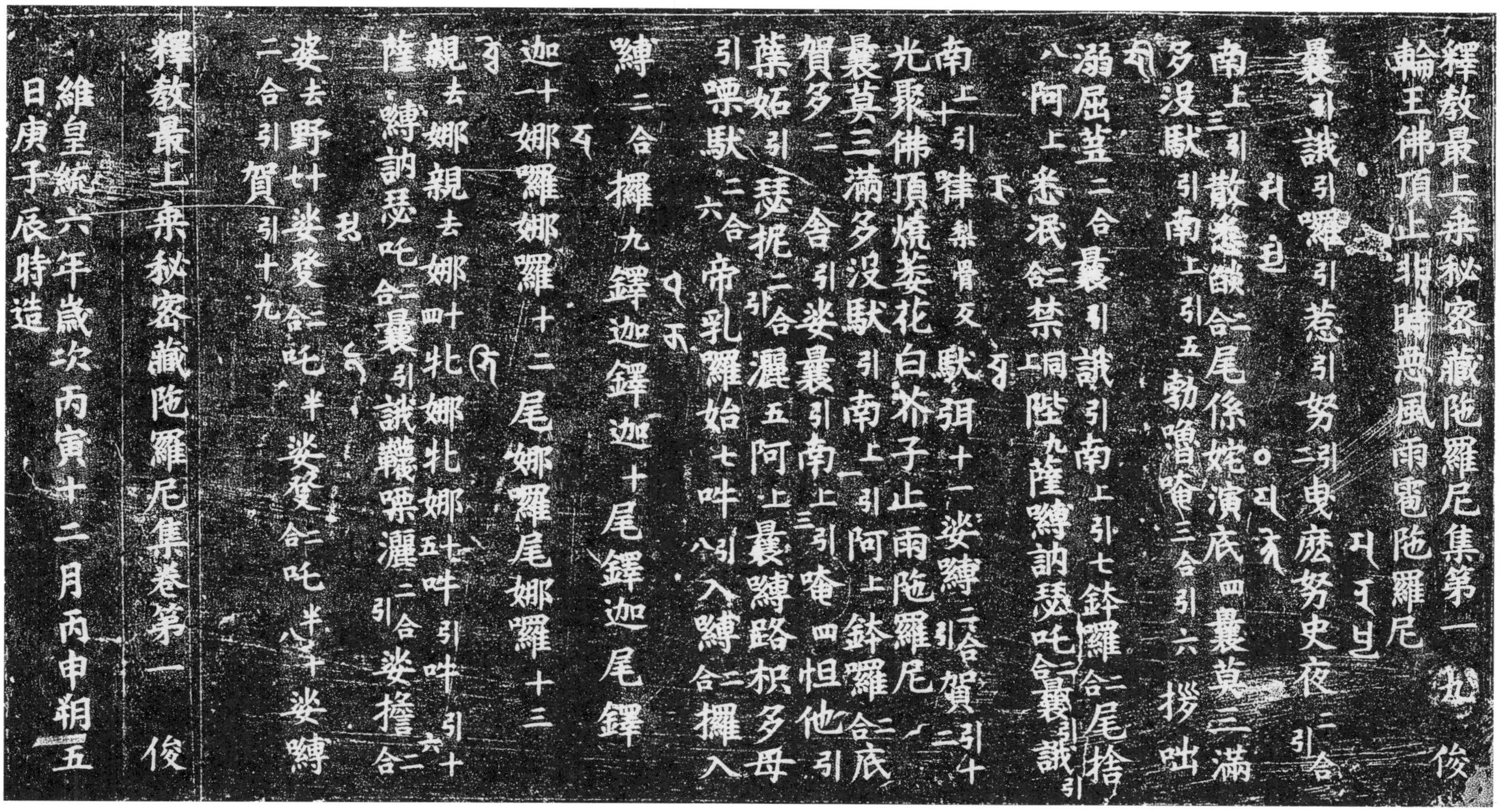

塔下 8733　釋教最上乘秘密藏陁羅尼集卷第一金皇統六年十二月五日造經題記（“俊”字帙）
拓片高 41 厘米、寬 75 厘米　中國佛教圖書文物館藏

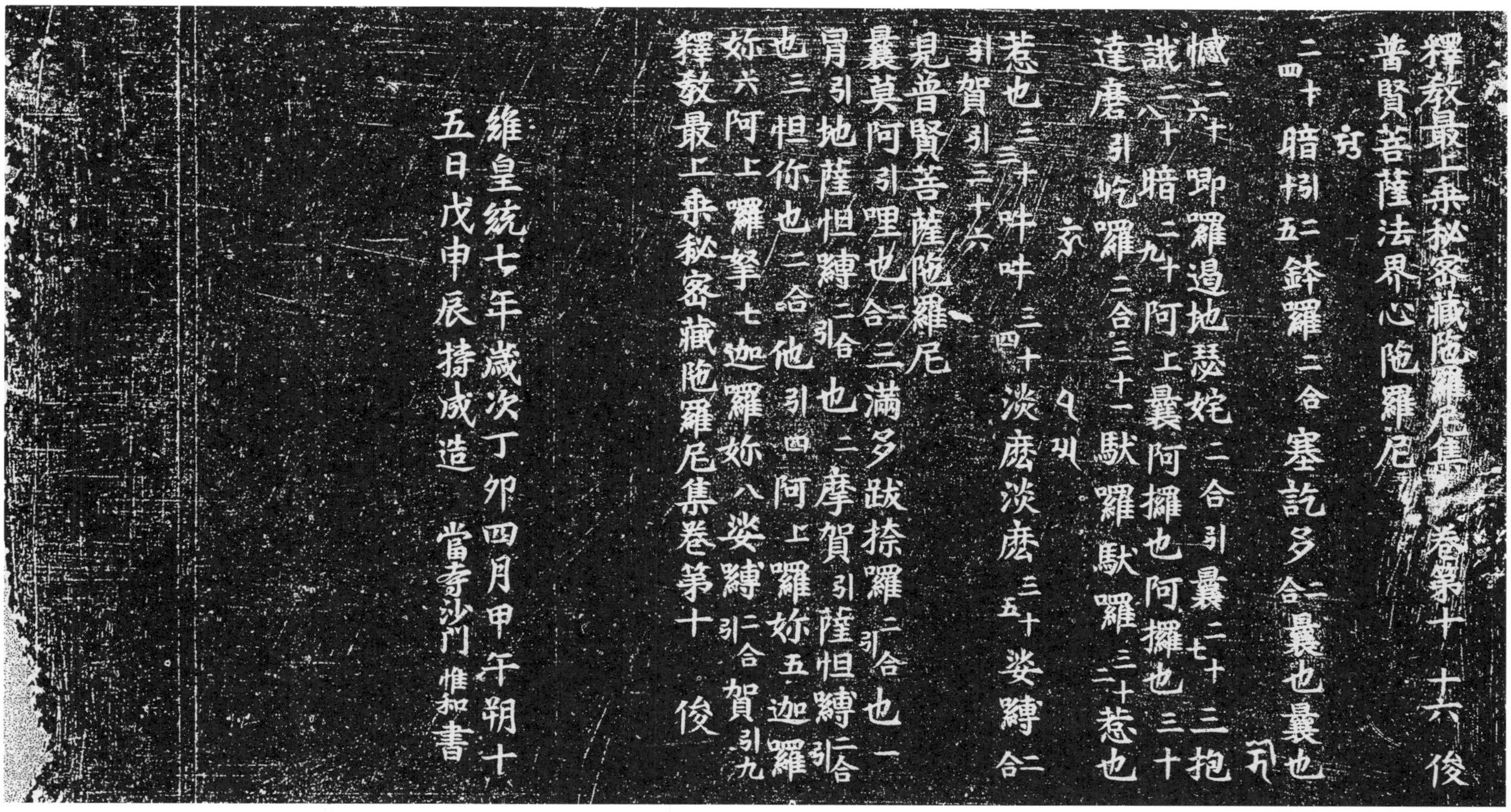

塔下 9747　釋教最上乘秘密藏陁羅尼集卷第十金皇統七年四月十五日造經當寺沙門惟和書經題記（“俊”字帙）
拓片高 41 厘米、寬 75 厘米　中國佛教圖書文物館藏

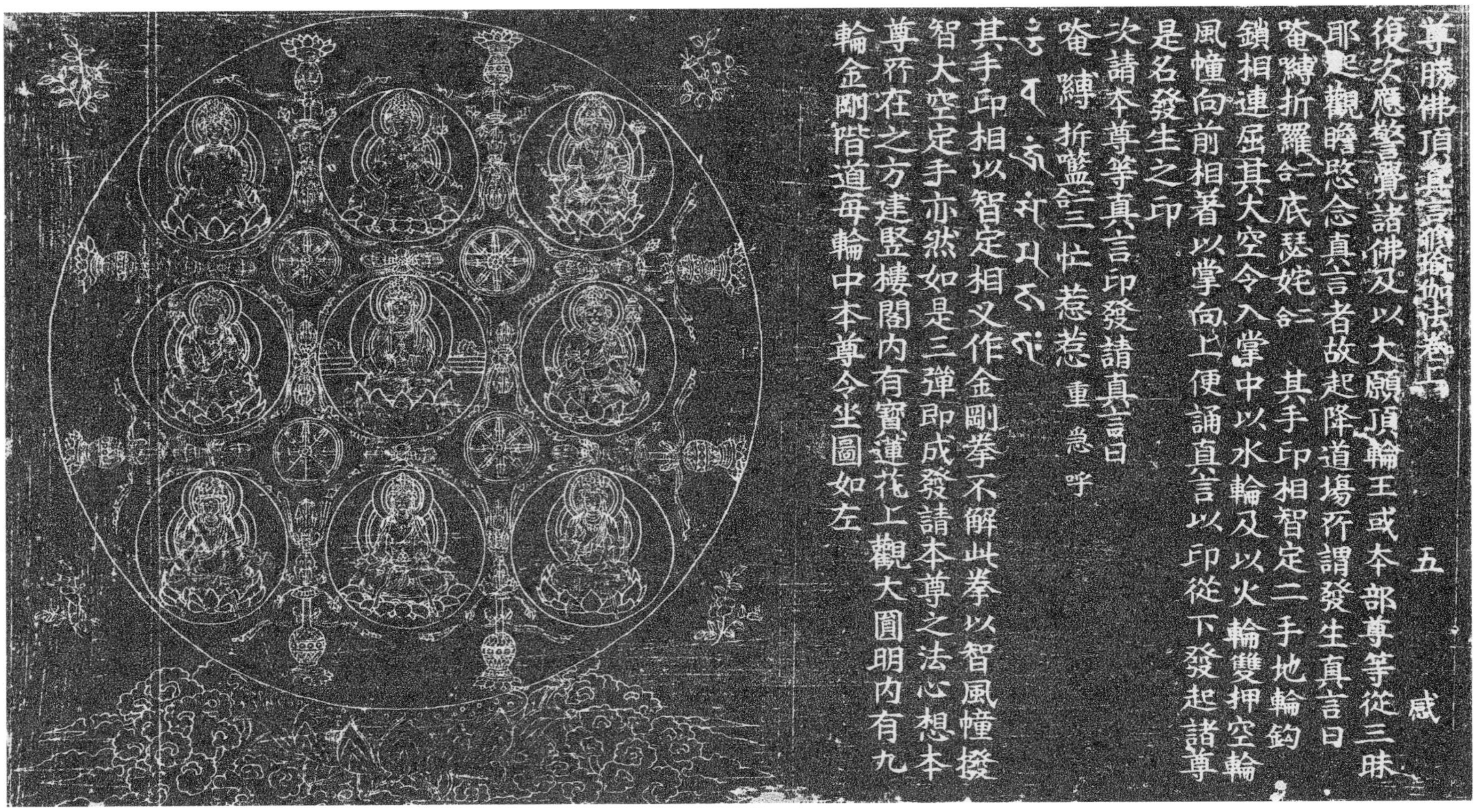

塔下 8811　尊勝佛頂真言修瑜伽法卷上（“感”字帙）　金刻
拓片高 45 厘米　寬 76 厘米　中國佛教圖書文物館藏

塔下 8815　尊勝佛頂真言修瑜伽法卷上（“感”字帙）　金刻
拓片高 45 厘米、寬 76 厘米　中國佛教圖書文物館藏

塔下 8816　尊勝佛頂真言修瑜伽法卷上（“感”字帙）　金刻
拓片高 45 厘米、寬 76 厘米　中國佛教圖書文物館藏

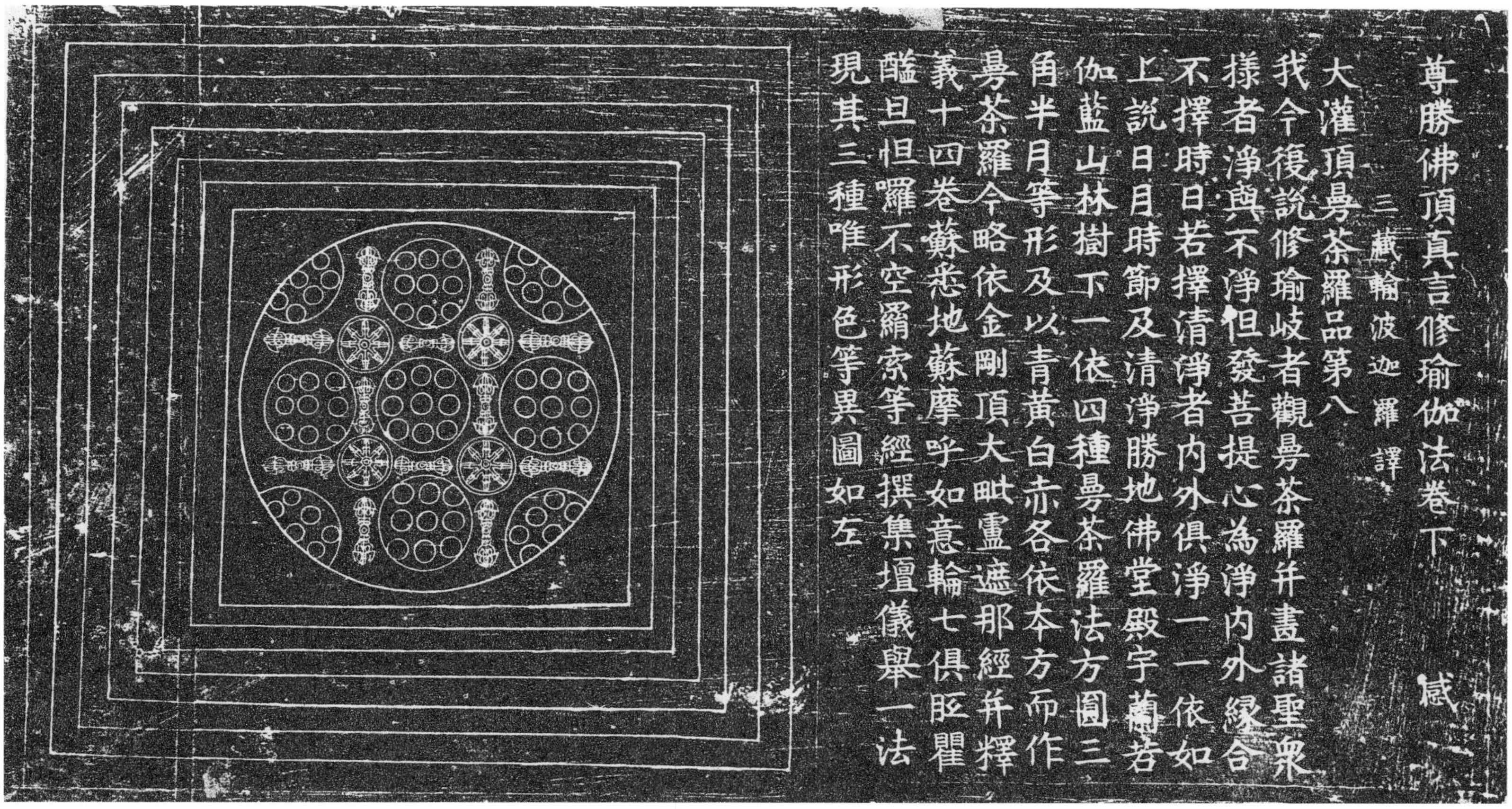
尊勝佛頂真言修瑜伽法卷下　感二
大灌頂曼茶羅品第八　三藏輪波迦羅譯
我今復說修瑜岐者觀曼茶羅幷畫諸聖衆
揉者淨與不淨但發菩提心爲淨內外緣合
不擇時日若擇清淨者內外俱淨一一依如
上說日月時節及清淨勝地佛堂殿宇蘭若
伽藍山林樹下一依四種曼茶羅法方圓三
角半月等形及以青黃白赤各依本方而作
曼茶羅今略依金剛頂大毗盧遮那經幷釋
義十四卷蘇悉地蘇摩呼如意輪七俱胝瞿
醯旦怛羅不空羂索等經撰集壇儀舉一法
現其三種唯形色等異圖如左

塔下 8818　尊勝佛頂真言修瑜伽法卷下（“感”字帙）　金刻
拓片高 45 厘米、寬 76 厘米　中國佛教圖書文物館藏

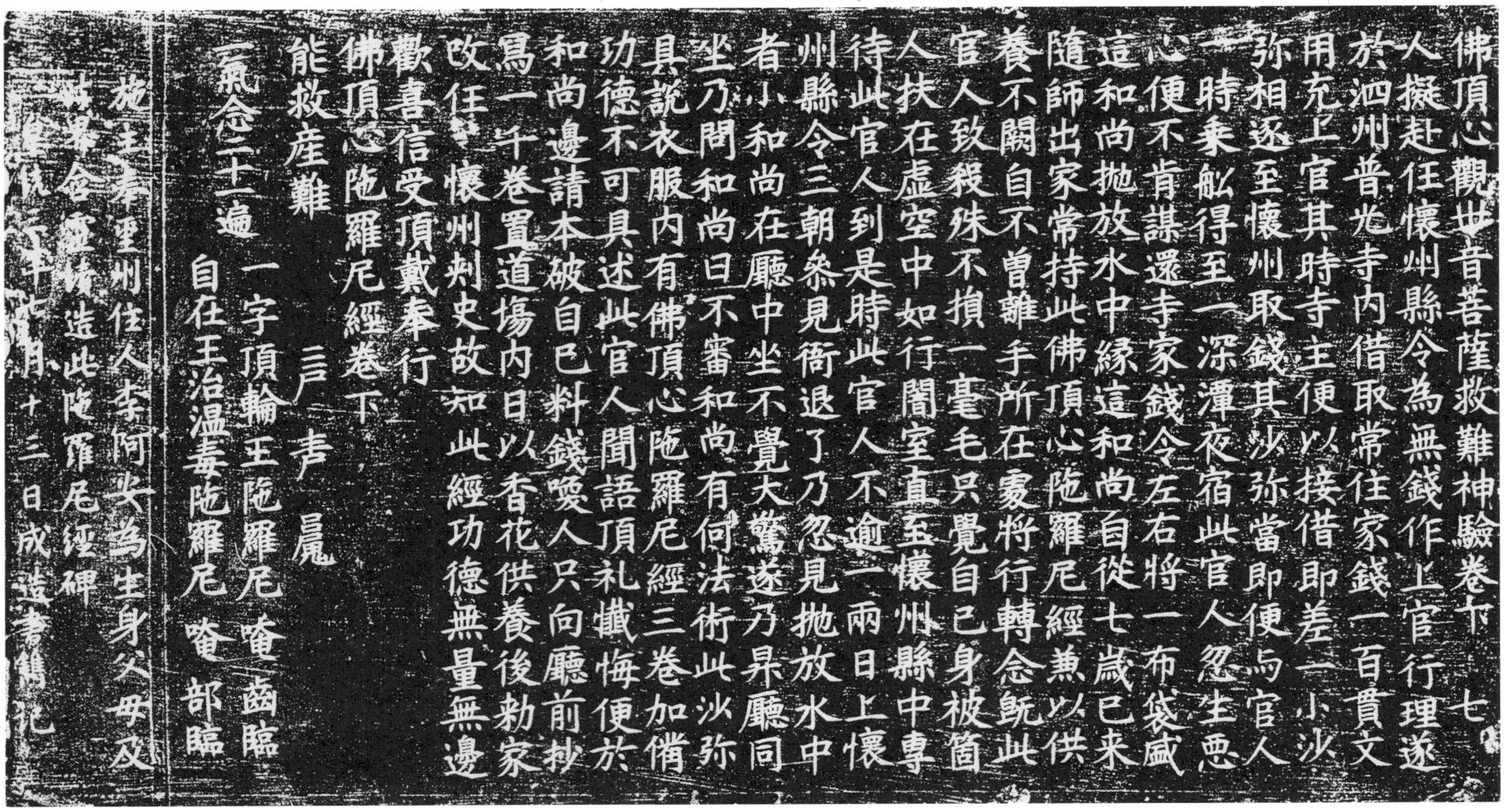
佛頂心觀世音菩薩救難神驗卷下 七
人擬赴任懷州縣令為無錢作上官行理遂
於泗州普光寺内借取常住家錢一百貫文
用充上官其時寺主便以接借即差一小沙
弥相逐至懷州取錢其沙弥當即便与官人
一時乘船得至一深潭夜宿此官人忽生惡
心便不肯謀還寺家錢令左右將一布袋盛
這和尚拋放水中緣這和尚自從七歲已来
隨師出家常持此佛頂心陁羅尼經兼以供
養不闕自不曾離手所在處将行轉念既此
官人致殺殊不損一毫毛只覺自已身被箇
人扶在虛空中如行閣室直至懷州縣中專
待此官人到是時此官人不逾一兩日上懷
州縣令三朝參見衙退了乃忽見拋放水中
者小和尚在廳中坐不覺大驚遂乃昇廳同
坐乃問和尚曰不審和尚有何法術此沙弥
具說衣服内有佛頂心陁羅尼經三卷加備
功德不可具述此官人聞語頂礼懺悔便於
和尚邊請本破自已料錢嚫人只向廳前抄
寫一千卷置道場内日以香花供養後勑家
改任懷州刾史故知此經功德無量無邊
歡喜信受頂戴奉行
佛頂心陁羅尼經卷下
能救産難 三戸 声 覶
一氣念二十一遍 一字頂輪王陁羅尼 唵 齒臨
自在王治温毒陁羅尼 唵 部臨
施主奉聖州住人李阿安為生身父母及
法界含靈特造此陁羅尼經碑
皇統三年七月十三日成造書鐫記

塔下 8958 佛頂心觀世音菩薩救難神驗卷下李阿安金皇統三年七月十三日造經書鐫題記
拓片高 43 厘米、寬 77 厘米 中國佛教圖書文物館藏

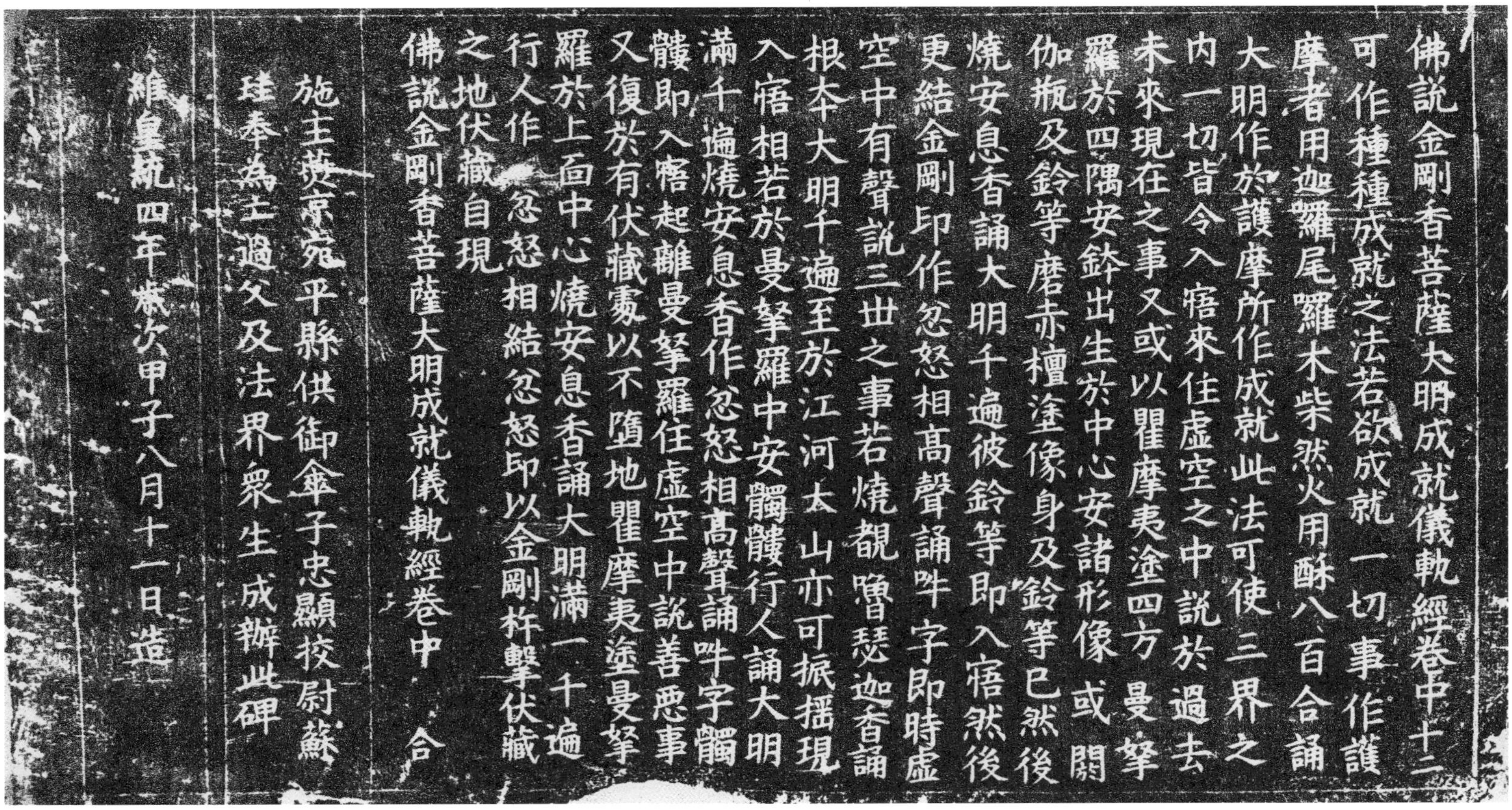
佛說金剛香菩薩大明成就儀軌經卷中 十二
可作種種成就之法若欲成就一切事作護
摩者用迦羅尾羅木柴然火用酥八百合誦
大明作於護摩所作成就此法可使三界之
内一切皆令入宿來住虛空之中說於過去
未來現在之事又或以瞿摩夷塗四方曼拏
羅於四隅安鉢出生於中心安諸形像或閼
伽瓶及鈴等磨赤檀塗像身及鈴等已然後
燒安息香誦大明千遍彼鈴等即入宿然後
更結金剛印作忿怒相高聲誦吽字即時虛
空中有聲說三世之事若燒龍腦曾瑟迦香誦
根本大明千遍至於江河太山亦可振摇現
入宿相若於曼拏羅中安髑髏行人誦大明
滿千遍燒安息香作忿怒相高聲誦吽字髑
髏即入宿起離曼拏羅住虛空中說善惡事
又復於有伏藏處以不墮地瞿摩夷塗曼拏
羅於上面中心燒安息香誦大明滿一千遍
行人作忿怒相結忿怒印以金剛杵擊伏藏
之地伏藏自現
佛說金剛香菩薩大明成就儀軌經卷中 合
施主燕京宛平縣供御傘子忠顯挍尉蘇
珪奉為亡過父及法界衆生成辦此碑
維皇統四年歲次甲子八月十一日造

塔下 9188 佛說金剛香菩薩大明成就儀軌經卷中供御傘子蘇珪金皇統四年八月十一日造經題記
拓片高 40 厘米、寬 75 厘米 中國佛教圖書文物館藏

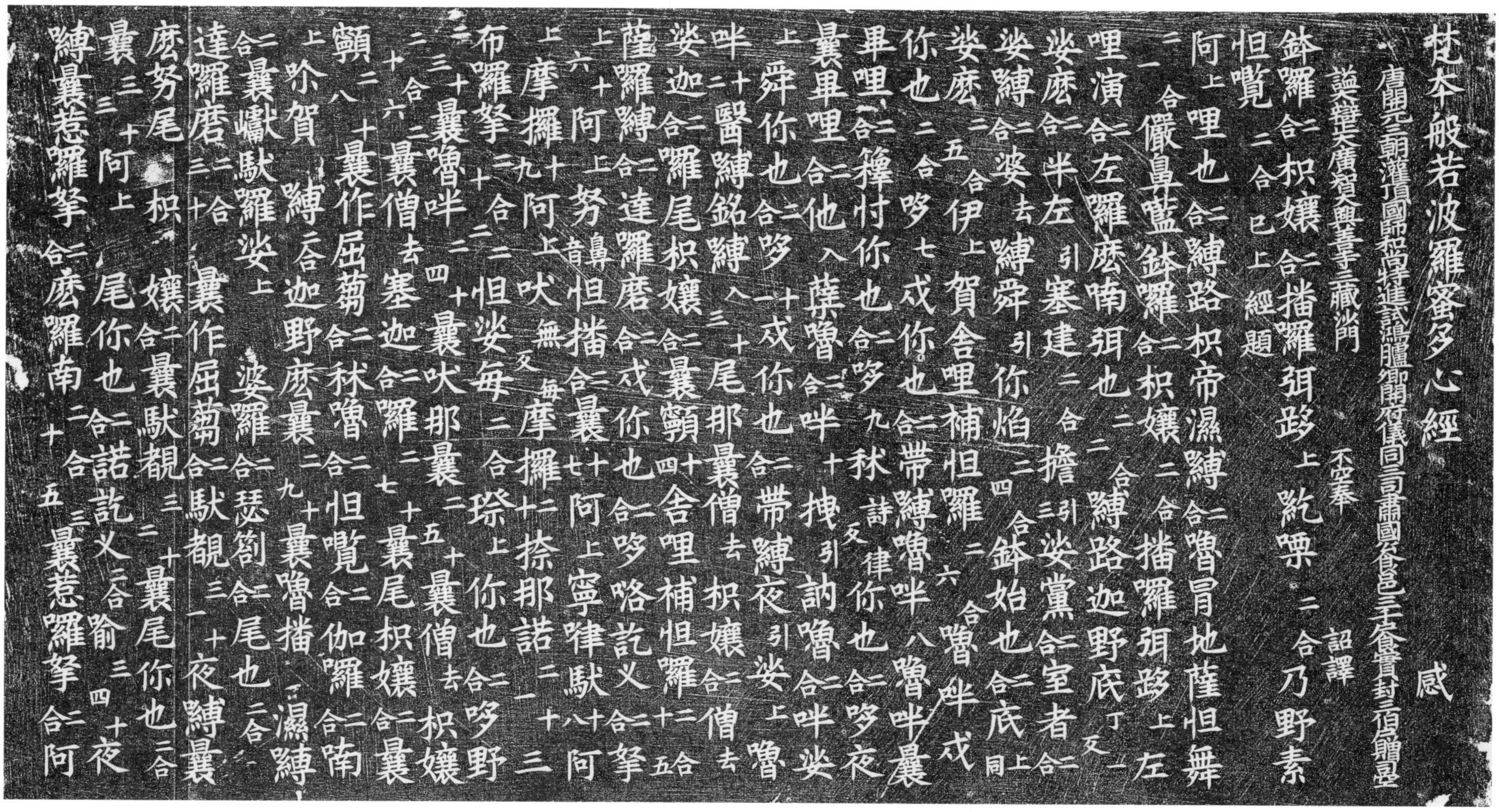

塔下 9259　釋不空譯梵本般若波羅蜜多心經（“感”字帙面）　金刻
拓片高 42 厘米、寬 76 厘米　中國國家圖書館藏

著録於《至元法寶勘同録總録》，久佚。房山石經遼金刻經中發現了唐代不空和遼代慈賢所譯的兩種梵音《心經》，可能是依據《契丹藏》所刻，是與敦煌石室發現的玄奘譯《唐梵翻對字音般若波羅蜜多心經》（英藏 S.700）不同的譯本。

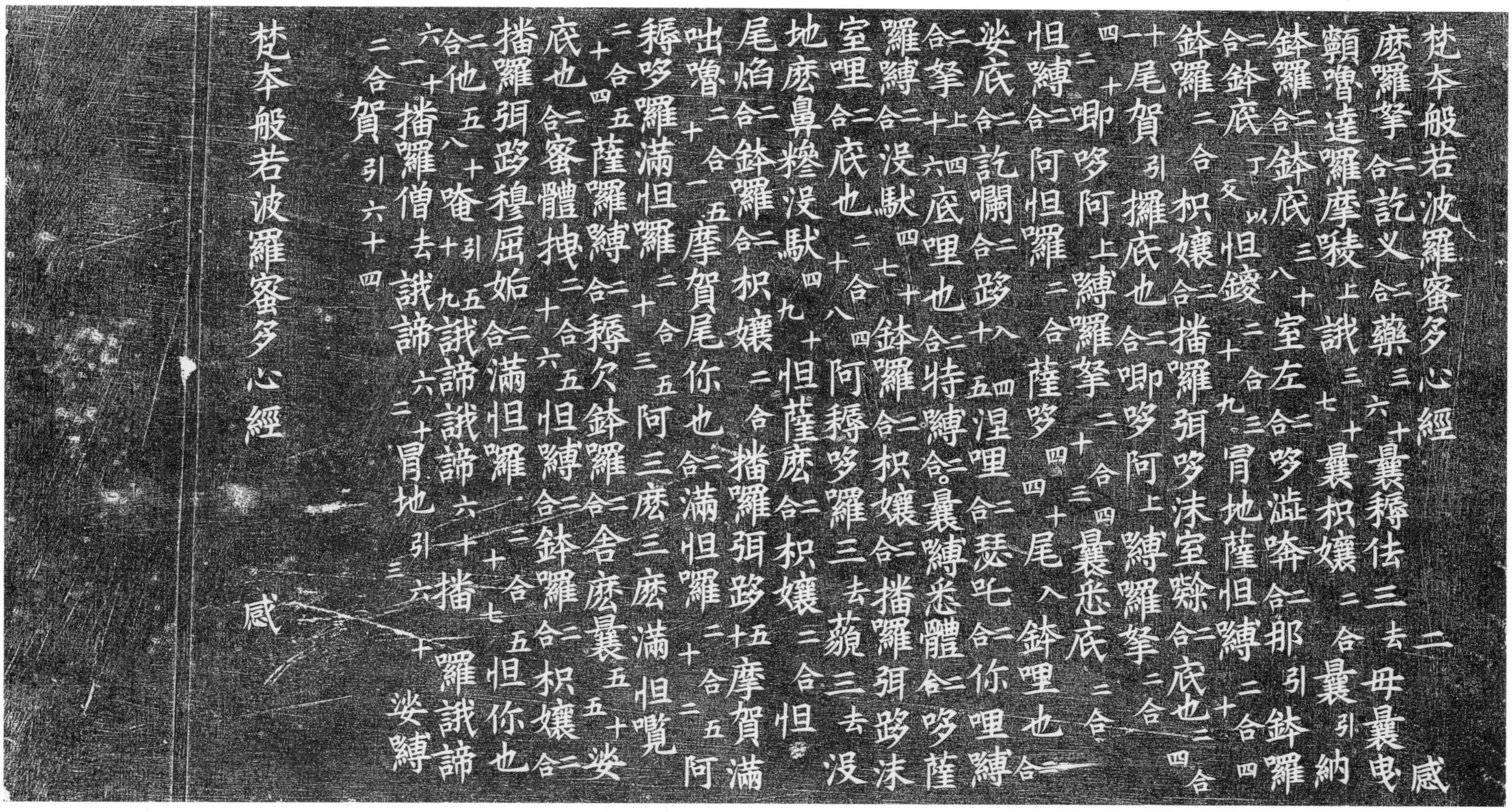

塔下 9259　釋不空譯梵本般若波羅蜜多心經（“感”字帙背）　金刻
拓片高 42 厘米、寬 76 厘米　中國國家圖書館藏

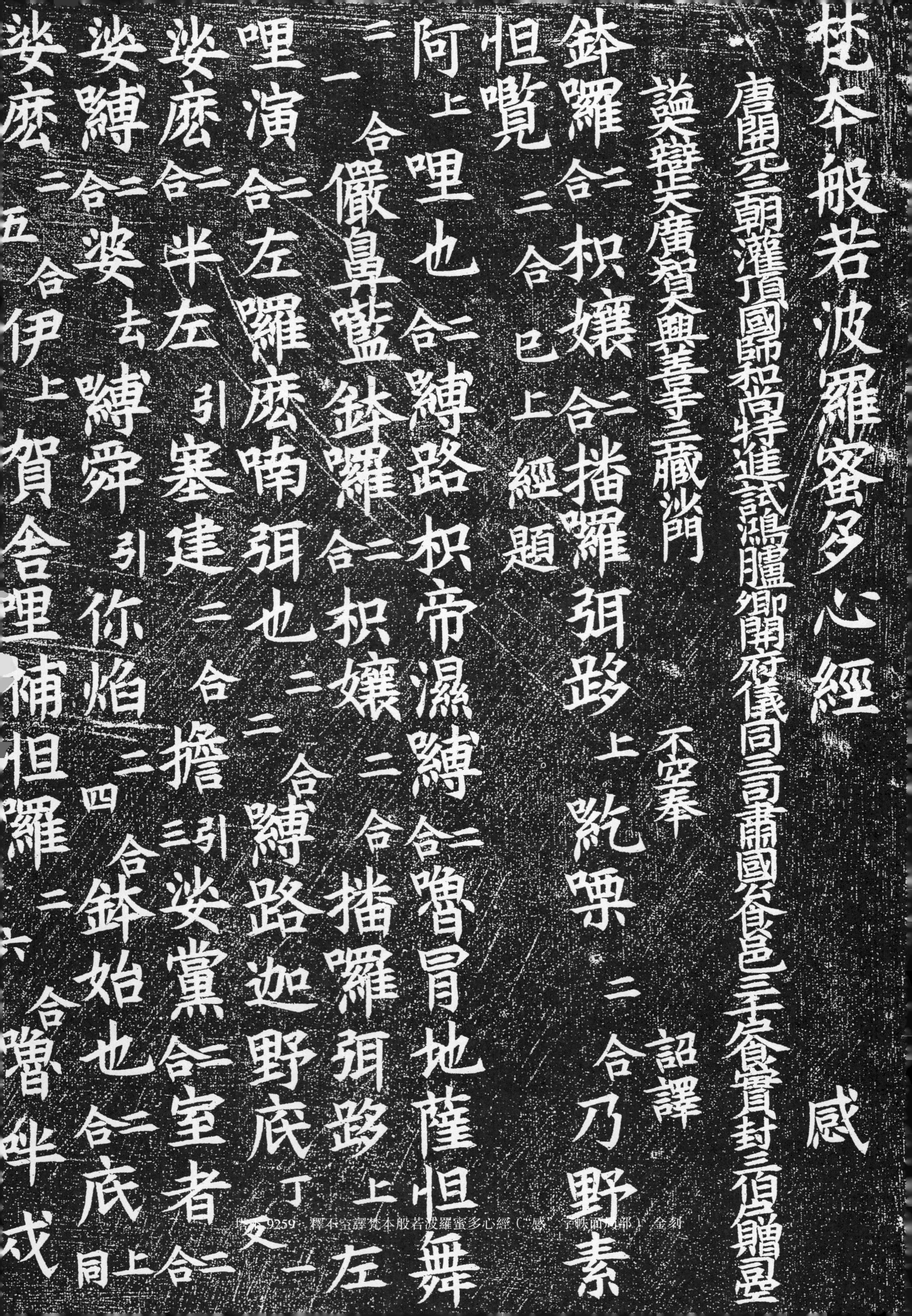

梵本般若波羅蜜多心經　感

唐開元三朝灌頂國師和尚特進試鴻臚卿開府儀同三司肅國公食邑三千戶實封三百戶贈

謚大辯正廣智大興善寺三藏沙門　不空奉　詔譯

鉢囉(二合)枳孃(二合)播囉弭路(上)紇嘌(二合)乃野素

怛囕(二合)巳上經題

阿(上)哩也(二合)嚩路枳帝濕嚩(二合)嚕冐地薩怛舞

(二合)儼鼻嚂鉢囉(二合)枳孃(二合)播囉弭路(上)左

哩演(二合)左囉麼喃弭也(二合)嚩路迦野底(丁反)一

娑麼(二合)半左(引)塞建(二合)擔(三引)娑黨(二合)室者(二合)

娑嚩(二合)婆(去)嚩舜(引)你焰(二)(四)(合)鉢始也(二合)底(上同)

娑麼(二)(五)(合)伊(上)賀舍哩補怛囉(二)(六)(合)嚕畔戍

塔下9259　釋不空譯梵本般若波羅蜜多心經（“感”字帙面局部）　金刻

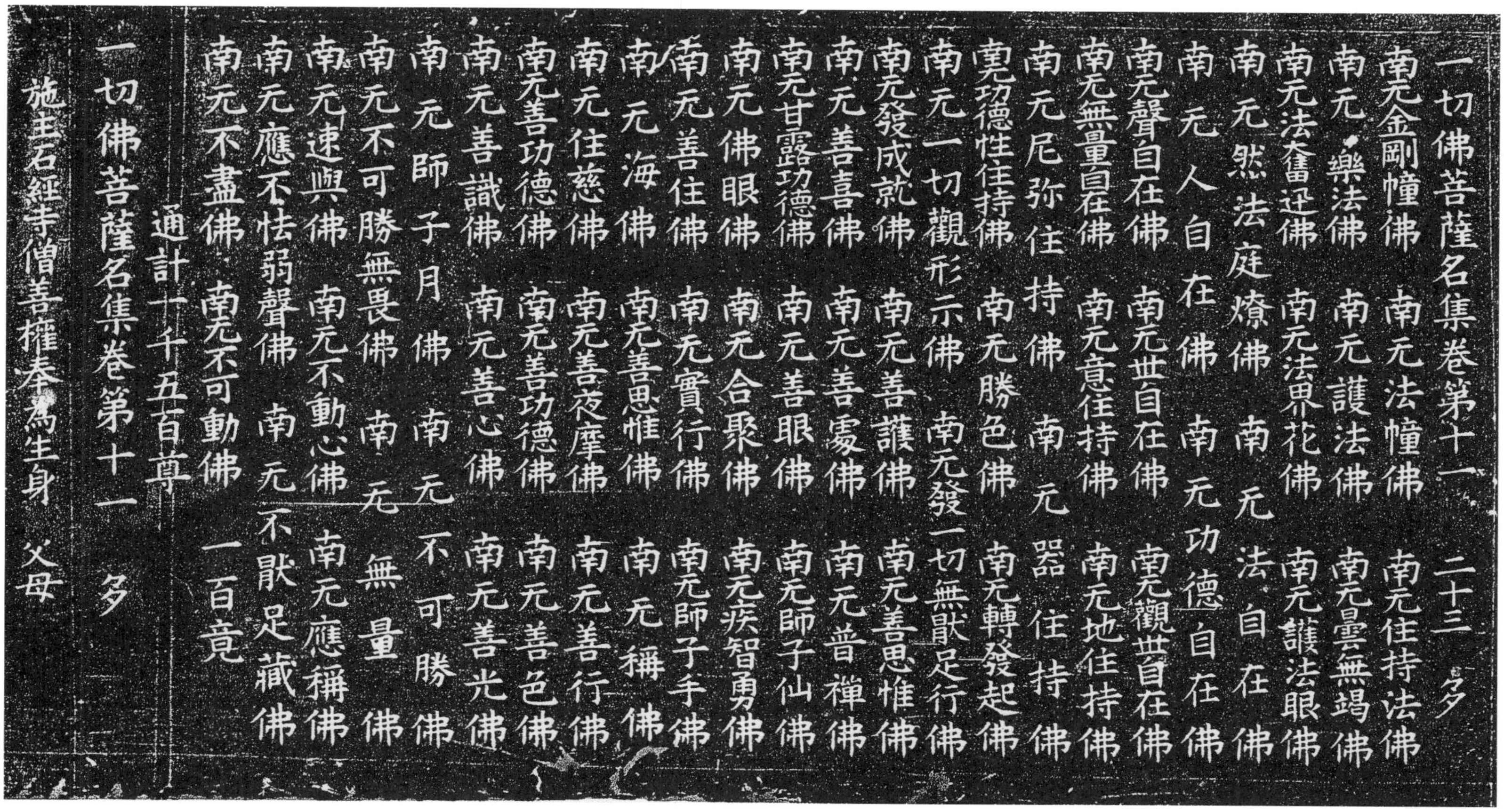

一切佛菩薩名集卷第十一 二十三 多
南无金剛幢佛 南无法幢佛 南无住持法佛
南无樂法佛 南无護法佛 南无曇無竭佛
南无法奮迅佛 南无法界花佛 南无護法眼佛
南无然法庭燎佛 南无法自在佛
南无人自在佛 南无功德自在佛
南无聲自在佛 南无世自在佛 南无觀世自在佛
南无無量自在佛 南无意住持佛 南无地住持佛
南无尼弥住持佛 南无器住持佛
南无功德性住持佛 南无勝色佛 南无轉發起佛
南无一切觀形示佛 南无發一切無猒足行佛
南无發成就佛 南无善護佛 南无善思惟佛
南无善喜佛 南无善處佛 南无普禪佛
南无甘露功德佛 南无善眼佛 南无師子仙佛
南无佛眼佛 南无合聚佛 南无疾智勇佛
南无善住佛 南无實行佛 南无師子手佛
南无海佛 南无善思惟佛 南无稱佛
南无住慈佛 南无善夜摩佛 南无善行佛
南无善功德佛 南无善功德佛 南无善色佛
南无善識佛 南无善心佛 南无善光佛
南无師子月佛 南无不可勝佛
南无不可勝無畏佛 南无無量佛
南无速與佛 南无不動心佛 南无應稱佛
南无應不怯弱聲佛 南无不猒足藏佛
南无不盡佛 南无不可動佛 一百竟
通計一千五百尊
一切佛菩薩名集卷第十一 多
施主石經寺僧善權奉爲生身父母

塔下 9425　一切佛菩薩名集卷第十一石經寺僧善權造經題記（“多”字帙）　金刻
拓片高 46 厘米、寬 75 厘米　中國佛教圖書文物館藏
孤本。金皇統七年至九年（1147—1149）刻石，凡 22 卷、233 石、拓片 460 張。沙門德雲集，沙門非濁續。

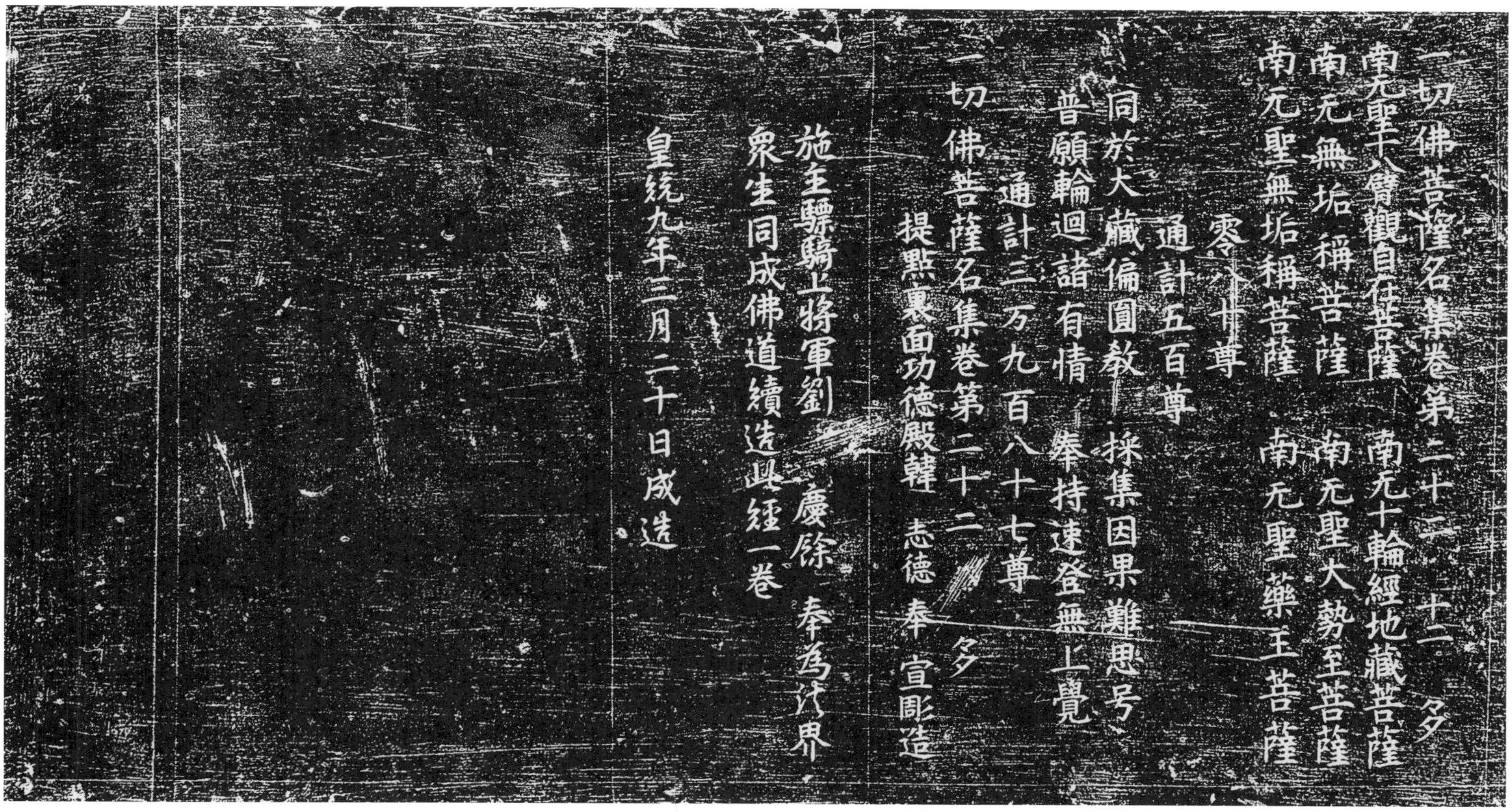

一切佛菩薩名集卷第二十二 十二 多
南无聖十八臂觀自在菩薩 南无十輪經地藏菩薩
南无無垢稱菩薩 南无聖大勢至菩薩
南无聖無垢稱菩薩 南无聖藥王菩薩
零八十尊
通計五百尊
同於大藏偏圓教 採集因果難思号
普願輪迴諸有情 奉持速登無上覺
通計三万九百八十七尊
一切佛菩薩名集卷第二十二 多
提點裏面功德殿韓 志德 奉 宣彫造
施主驃騎上將軍劉 慶餘 奉爲法界
衆生同成佛道續造此經一卷
皇統九年三月二十日成造

塔下 9563　一切佛菩薩名集卷第二十二韓志德提點雕造劉餘慶金皇統九年三月二十日造經題記（“多”字帙）
拓片高 46 厘米、寬 75 厘米　中國佛教圖書文物館藏
此爲末石。卷末題記“提點裏面功德殿韓志德奉宣彫造”保留了《契丹藏》雕版的特點。

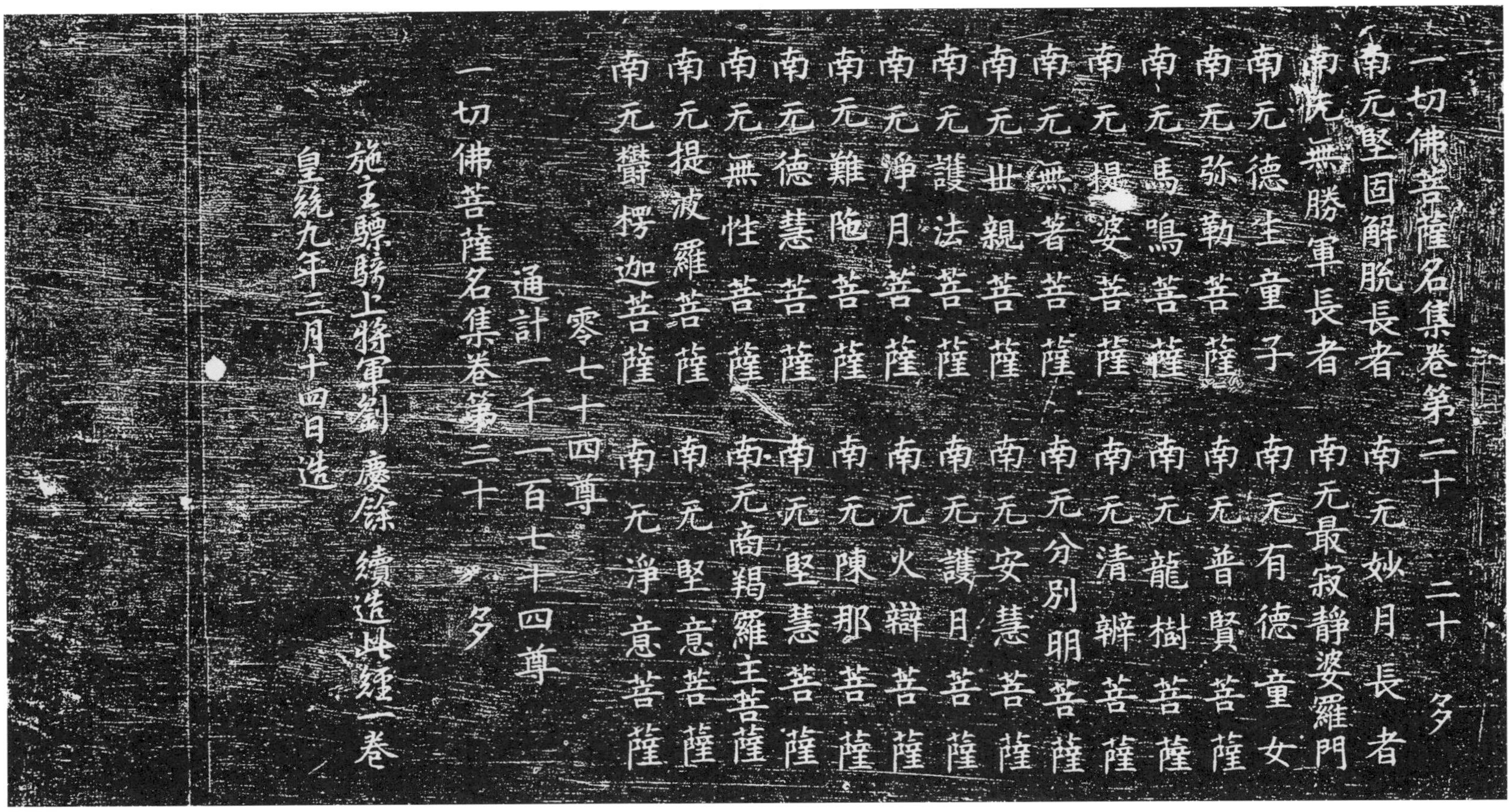
一切佛菩薩名集卷第二十　二十　多
南无堅固解脫長者　南无妙月長者
南无無勝軍長者　南无最寂靜婆羅門
南无德生童子　南无有德童女
南无弥勒菩薩　南无普賢菩薩
南无馬鳴菩薩　南无龍樹菩薩
南无提婆菩薩　南无清辯菩薩
南无無著菩薩　南无分別明菩薩
南无世親菩薩　南无安慧菩薩
南无護法菩薩　南无護月菩薩
南无淨月菩薩　南无火辯菩薩
南无難陁菩薩　南无陳那菩薩
南无德慧菩薩　南无堅慧菩薩
南无無性菩薩　南无商羯羅主菩薩
南无提波羅菩薩　南无堅意菩薩
南无鬱楞迦菩薩　南无淨意菩薩
零七十四尊
通計一千一百七十四尊
一切佛菩薩名集卷第二十　多
施主驃騎上將軍劉慶餘續造此經一卷
皇統九年三月十四日造

塔下 9574　一切佛菩薩名集卷第二十劉慶餘金皇統九年三月十四日造經題記（“多”字帙背）
拓片高 48 厘米、寬 75 厘米　中國佛教圖書文物館藏

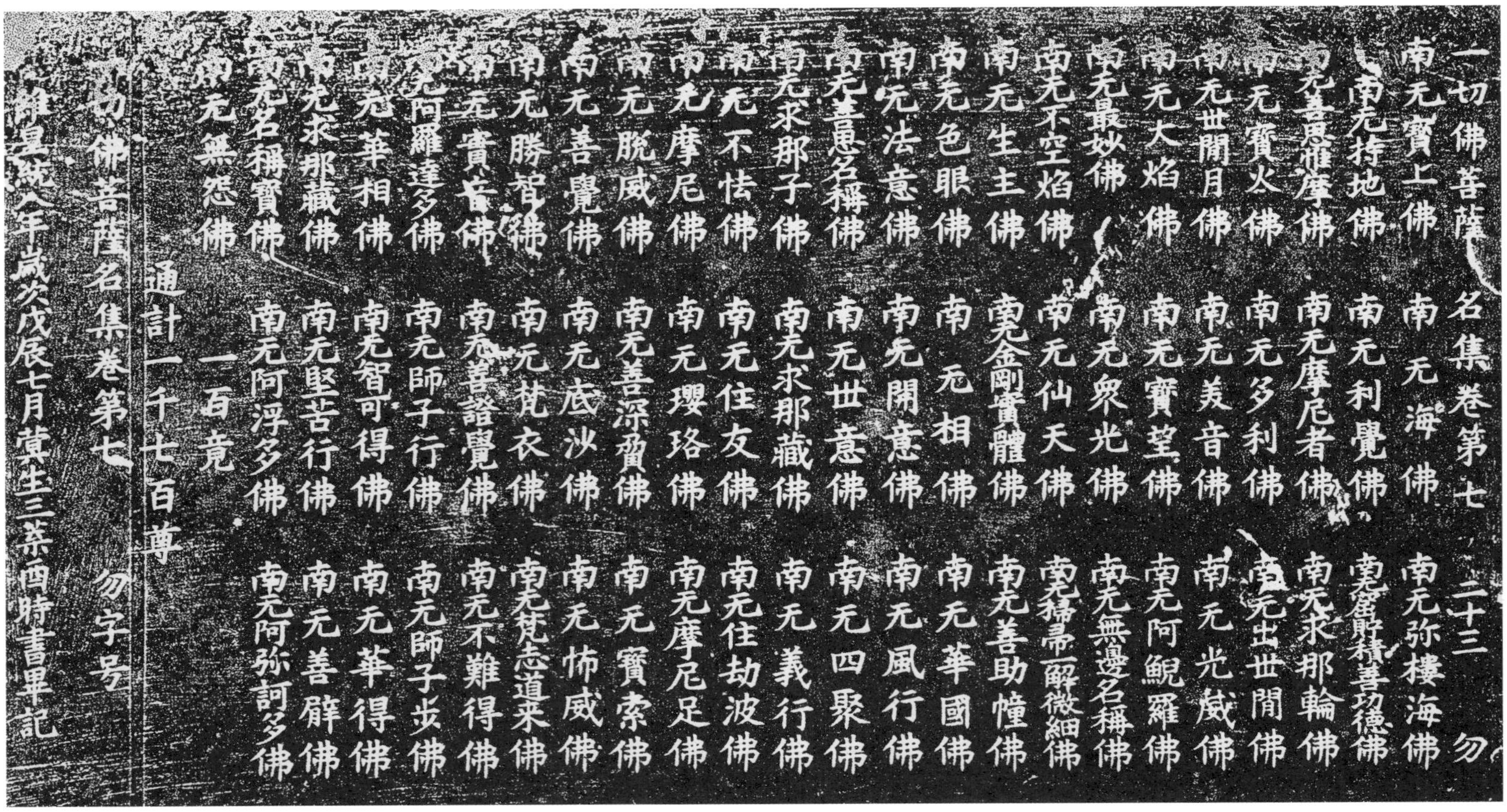
一切佛菩薩名集卷第七　二十三　勿
南无寶上佛　南无海佛　南无弥樓海佛
南无持地佛　南无利覺佛　南无寶[illegible]積善功德佛
南无善[illegible]摩佛　南无摩尼者佛　南无求那輪佛
南无寶火佛　南无多利佛　南无出世間佛
南无世間月佛　南无美音佛　南无光威佛
南无大焰佛　南无寶堅佛　南无阿鯢羅佛
南无最妙佛　南无衆光佛　南无無邊名稱佛
南无不空焰佛　南无仙天佛　南无稱帝[illegible]解微細佛
南无生主佛　南无金剛實體佛　南无善助幢佛
南无色眼佛　南无相佛　南无華國佛
南无法意佛　南无開意佛　南无風行佛
南无善名稱佛　南无世意佛　南无四聚佛
南无求那子佛　南无求那藏佛　南无義行佛
南无不怯佛　南无住友佛　南无住劫波佛
南无摩尼佛　南无瓔珞佛　南无摩尼足佛
南无脫威佛　南无善深實佛　南无寶索佛
南无善覺佛　南无底沙佛　南无怖威佛
南无勝智德佛　南无梵衣佛　南无梵志道來佛
南无賁音佛　南无善諸覺佛　南无不難得佛
南无阿羅達多佛　南无師子行佛　南无師子步佛
南无華相佛　南无智可得佛　南无華得佛
南无求那藏佛　南无堅苦行佛　南无善辟佛
南无名稱寶佛　南无阿浮多佛　南无阿弥訶多佛
南无無怨佛　一百竟
通計一千七百尊
一切佛菩薩名集卷第七　勿字号
維皇統八年歲次戊辰七月蓂生三葉酉時書畢記

塔下 9594　一切佛菩薩名集卷第七金皇統八年七月書經題記（“勿”字帙面）
拓片高 46 厘米、寬 75 厘米　中國佛教圖書文物館藏

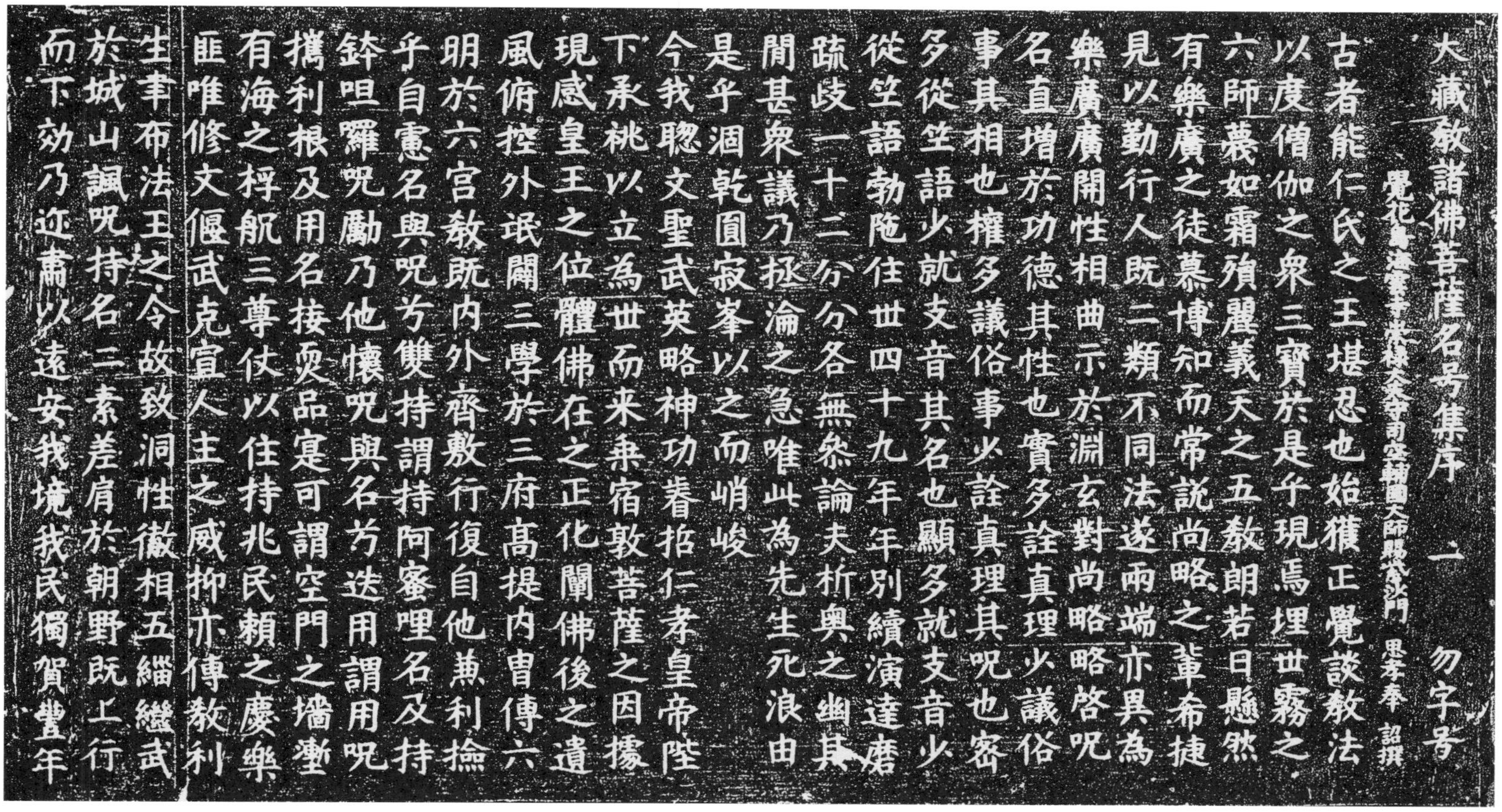

塔下 9831　覺花島海雲寺釋思孝撰大藏教諸佛菩薩名號集序（“勿”字帙面）　金刻
拓片高 43.5 厘米、寬 75 厘米　中國佛教圖書文物館藏
孤本。沙門思孝爲遼代密教高僧。

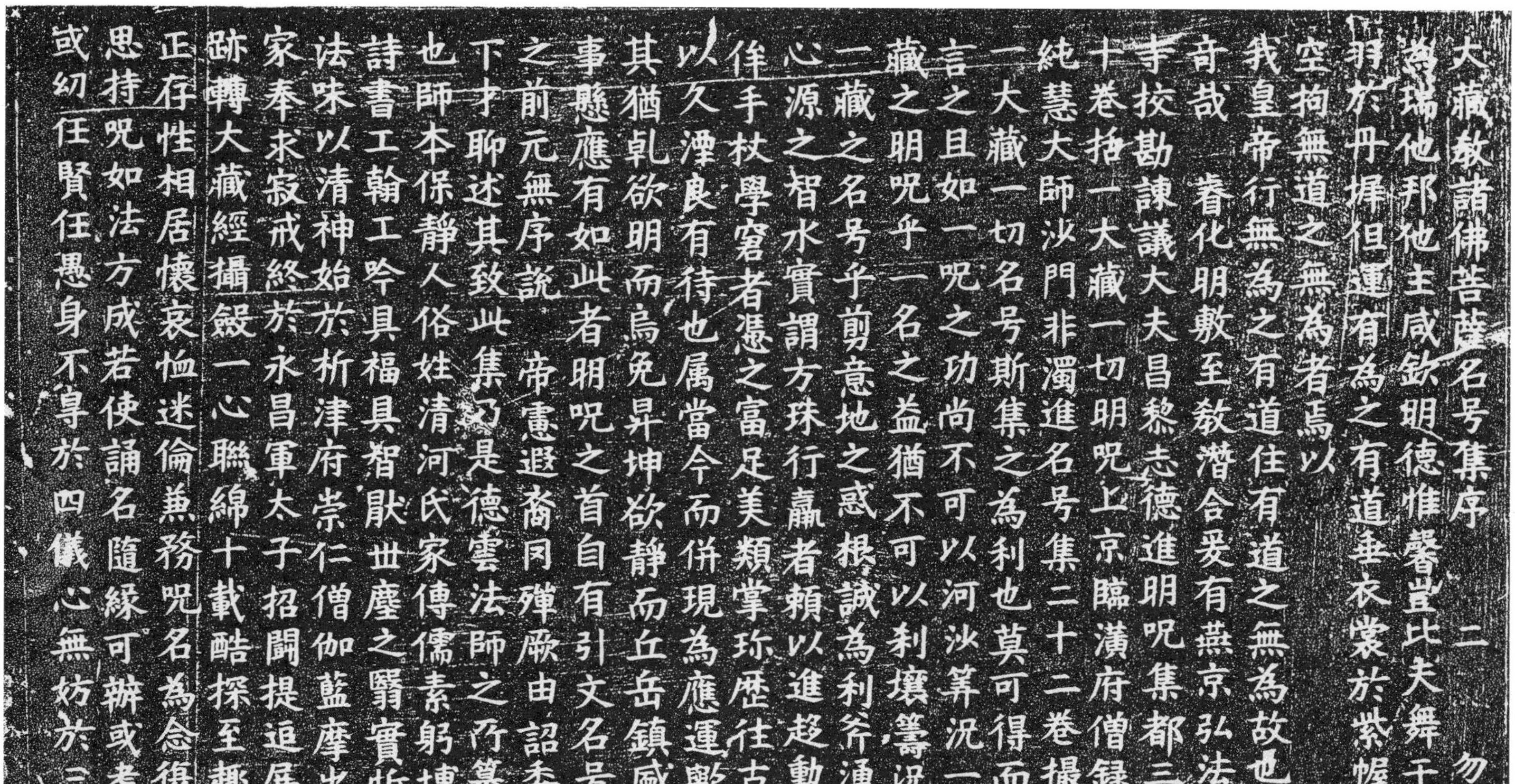

塔下 9831　覺花島海雲寺釋思孝撰大藏教諸佛菩薩名號集序（“勿”字帙背）　金刻
拓片高 43.5 厘米、寬 75 厘米　中國佛教圖書文物館藏

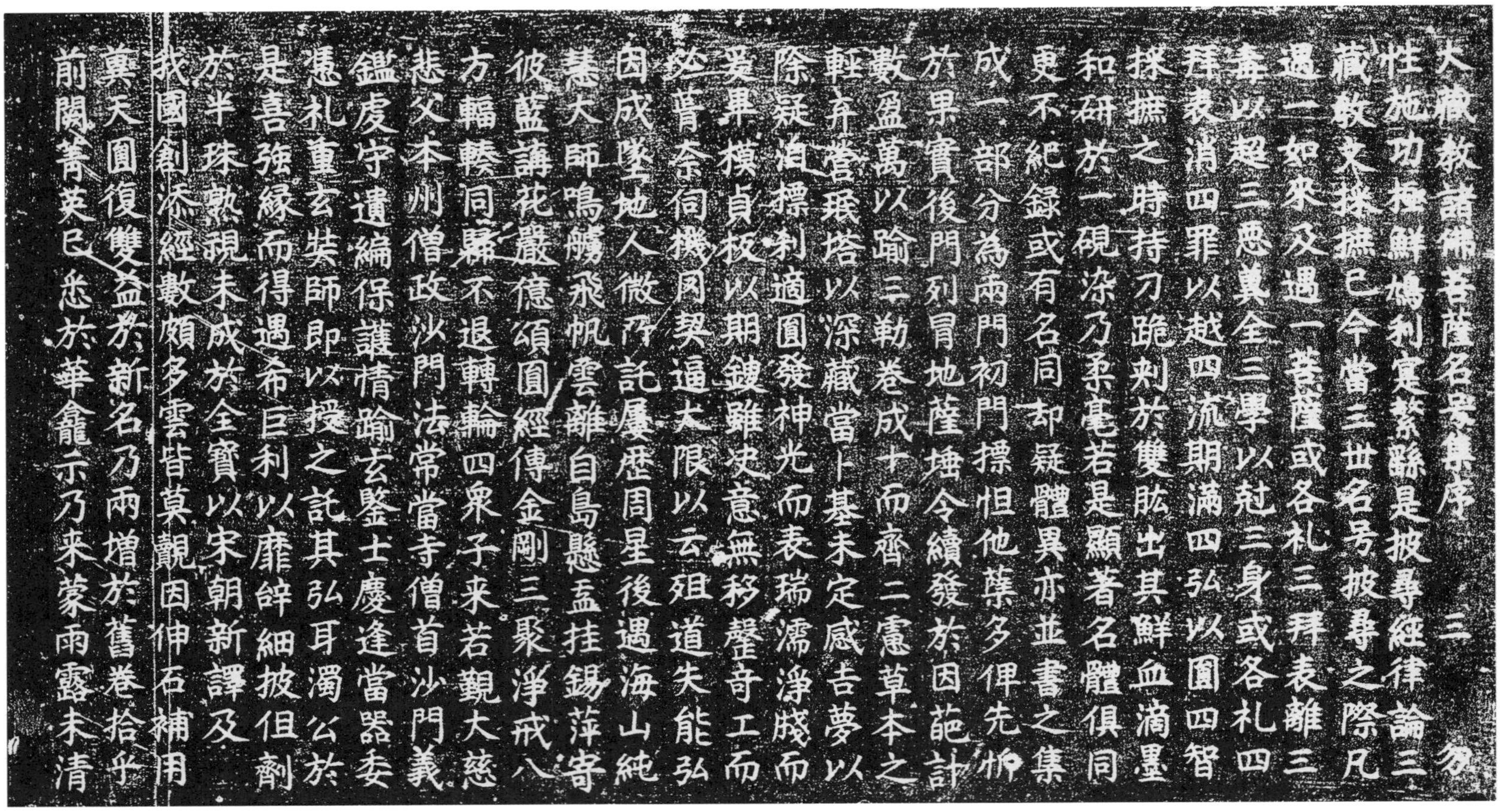

塔下 9832　覺花島海雲寺釋思孝撰大藏教諸佛菩薩名號集序（“勿”字帙面）　金刻
拓片高 43.5 厘米、寬 75 厘米　中國佛教圖書文物館藏

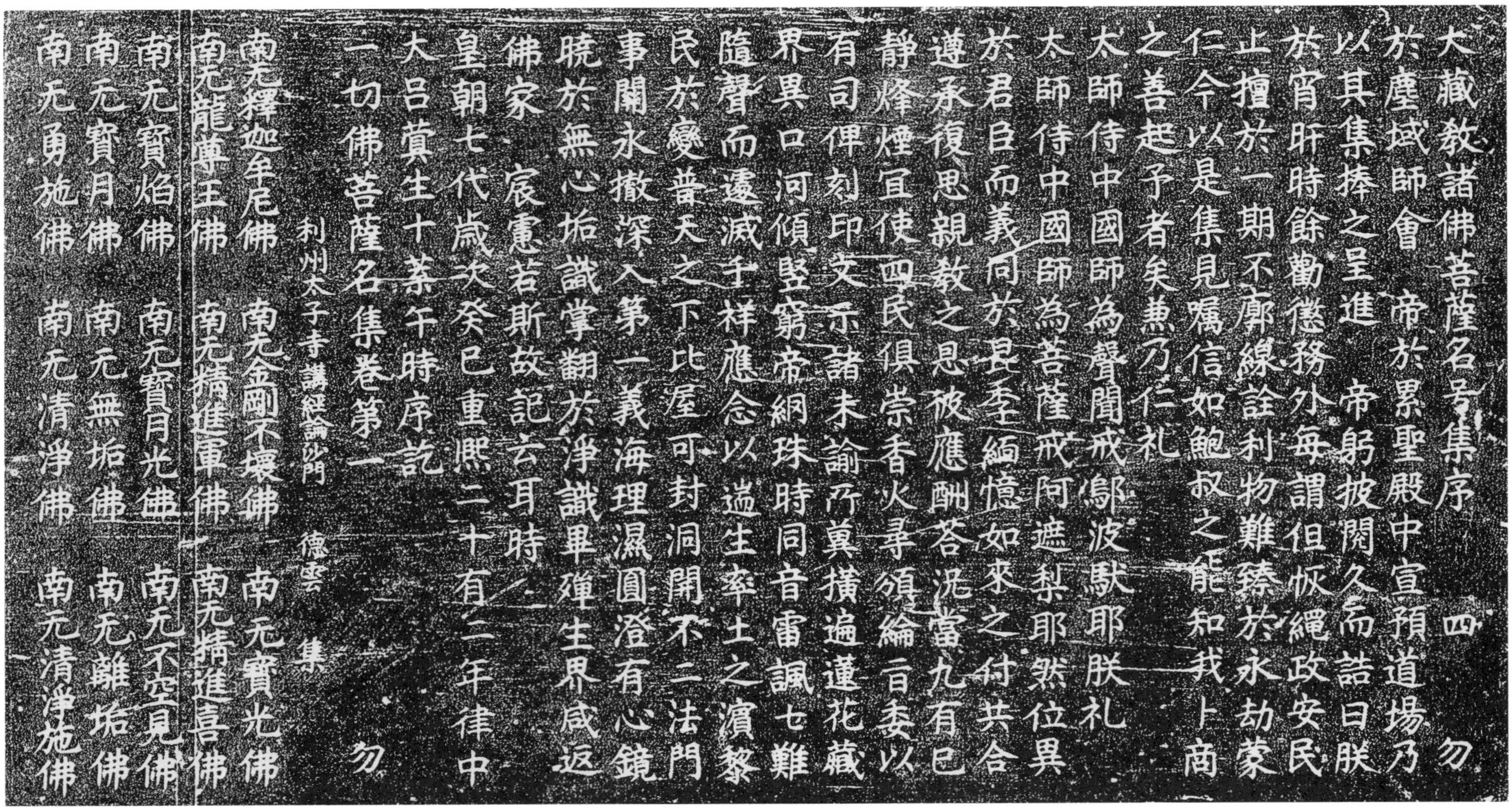

塔下 9832　覺花島海雲寺釋思孝撰大藏教諸佛菩薩名號集序（“勿”字帙背）　金刻
拓片高 43.5 厘米、寬 75 厘米　中國佛教圖書文物館藏

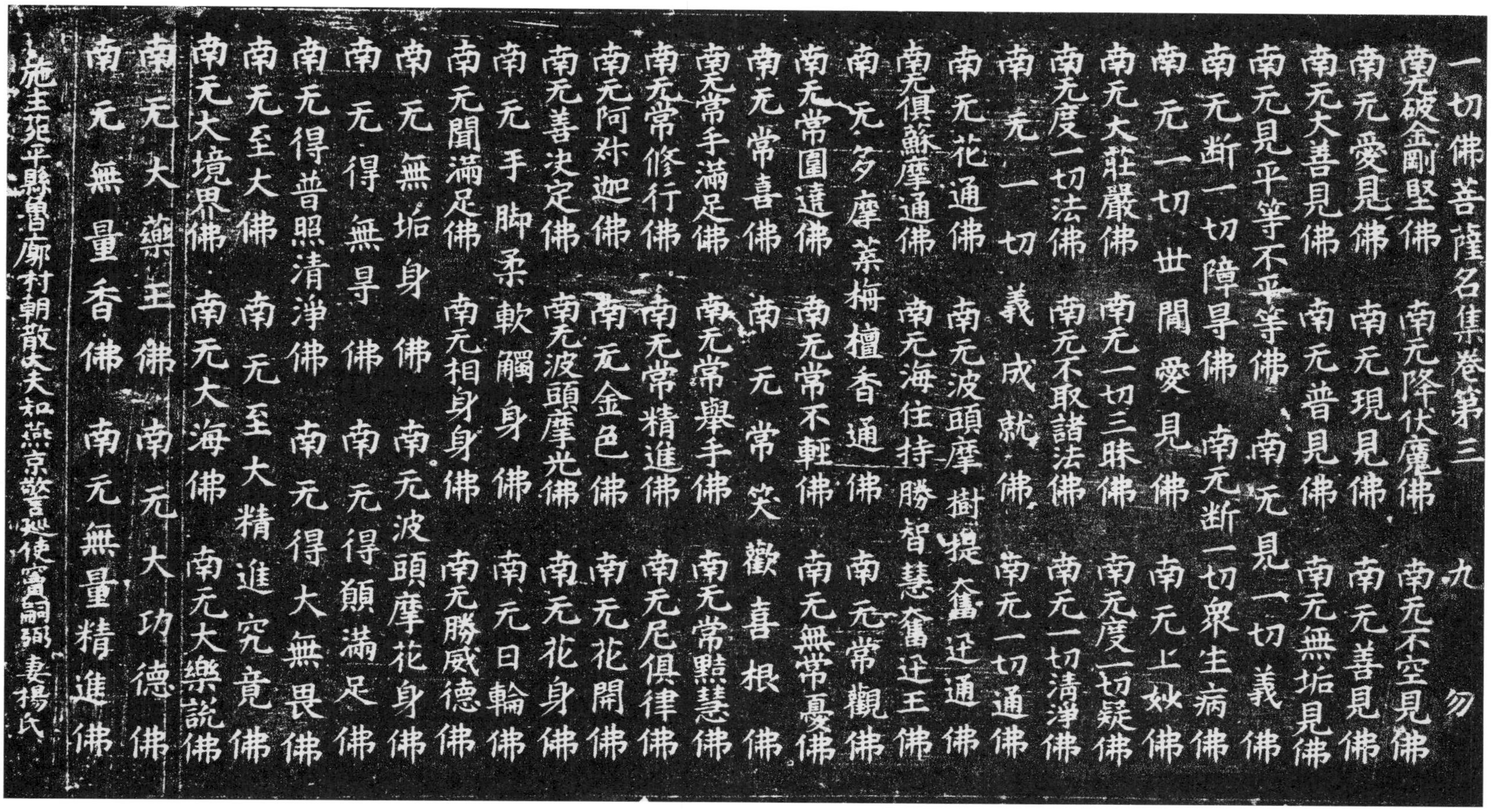

塔下 9892　一切佛菩薩名集卷第三朝散大夫知燕京警巡使竇嗣弼妻楊氏造經題記（“勿”字帙）　金刻
拓片高 43.5 厘米、寬 75 厘米　中國佛教圖書文物館藏

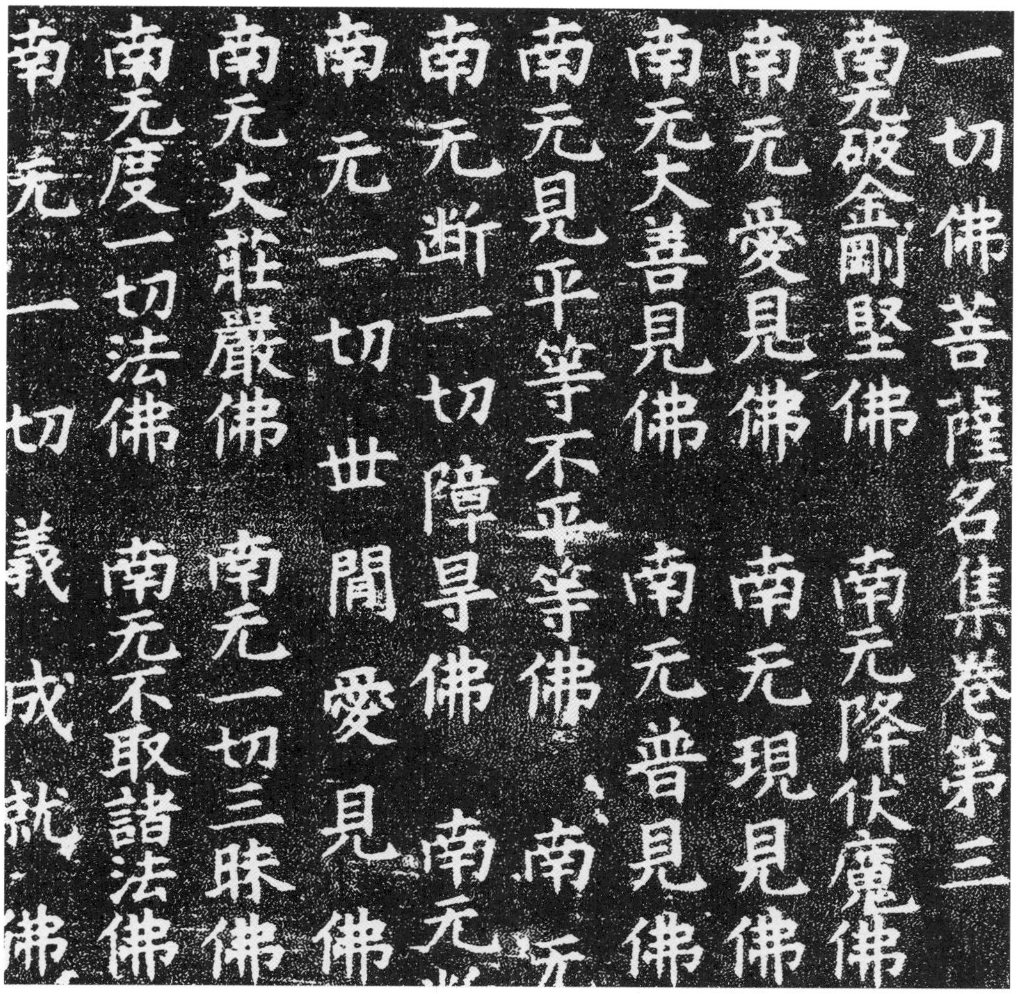

（局部）

南无善决定佛　南无波頭摩光佛　南无花身佛

南无手脚柔軟觸身佛　南无日輪佛

南无聞滿足佛　南无相身身佛　南无勝威德佛

南无無垢身佛　南无波頭摩花身佛

南无得無㝵佛　南无得願滿足佛

南无得普照清淨佛　南无得大無畏佛

南无至大佛　南无至大精進究竟佛

南无大境界佛　南无大海佛　南无大樂說佛

南无大藥王佛　南无大功德佛

南无無量香佛　南无無量精進佛

施主范平縣魯廓村朝散大夫知燕京警巡使竇嗣弼　妻楊氏

塔下 9892　一切佛菩薩名集卷第三朝散大夫知燕京警巡使竇嗣弼妻楊氏造經題記（“勿”字帙局部）　金刻

塔幢題記

王璬造石浮屠（景雲塔）

唐景雲二年（711）四月建。七級密檐石塔，今缺一層檐，殘高3.16米。位於雲居寺北塔西北隅。塔身第一層外壁刻《石浮屠銘并序》。東壁刻1932年7月12日陳興亞《石經始願記》。

塔檐局部

塔室内浮雕佛菩薩造像

景雲塔塔銘剝泐情況

景雲塔塔銘書鐫人題名

王璬造石浮屠銘并序（寗思道書、丁處約鐫）舊拓　唐景雲二年（711）四月八日
拓片高 65 厘米、寬 60 厘米　破禪室藏

王瓛造石浮屠銘并序（甯思道書、丁處約鐫） 唐景雲二年（711）四月八日
拓片高 70 厘米、寬 62 米 雲居寺文物管理處藏

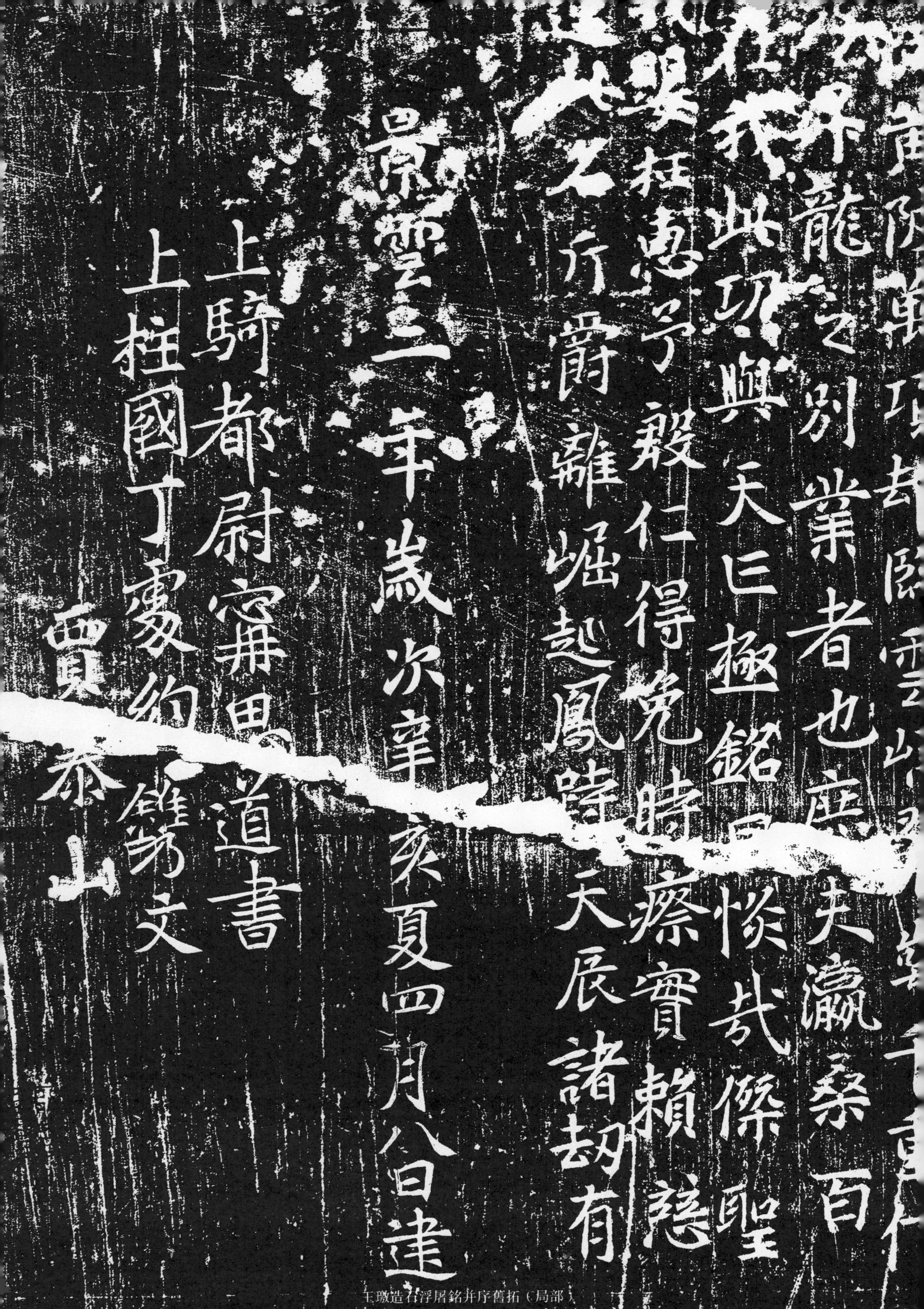

王璥造石浮屠銘并序舊拓（局部）

中興七年歲次辛亥夏[illegible]月八日宣
郡督府法曹參軍上輕車都尉員
聖居皇帝下爲法介蔡生次建七
[illegible]在春[illegible]建也究夫[illegible]川思採必
[illegible]雜載後牛車之力[illegible]乎迎維
[illegible]賢胡乃慈悲之[illegible]徽以頌歎
[illegible]奉加非谷誓意[illegible]歸妙造塼
[illegible]岸矣豈非丈夫潛施雄
靈[illegible]庚是故乃[illegible]衣命構
[illegible]氏[illegible]封[illegible]州蜀[illegible]

田義起造石浮圖（太極塔）

唐太極元年（712）四月建。七級密檐石塔，今缺一層檐，殘高3.5米。位於雲居寺北塔東南隅。塔身第一層外壁刻《大唐易州石亭府左果毅都尉薊縣田義起石浮圖頌》。

塔室內浮雕佛菩薩造像

塔門兩側浮雕力士像

太極塔塔門

太極塔塔銘

太極塔塔銘（原石局部）

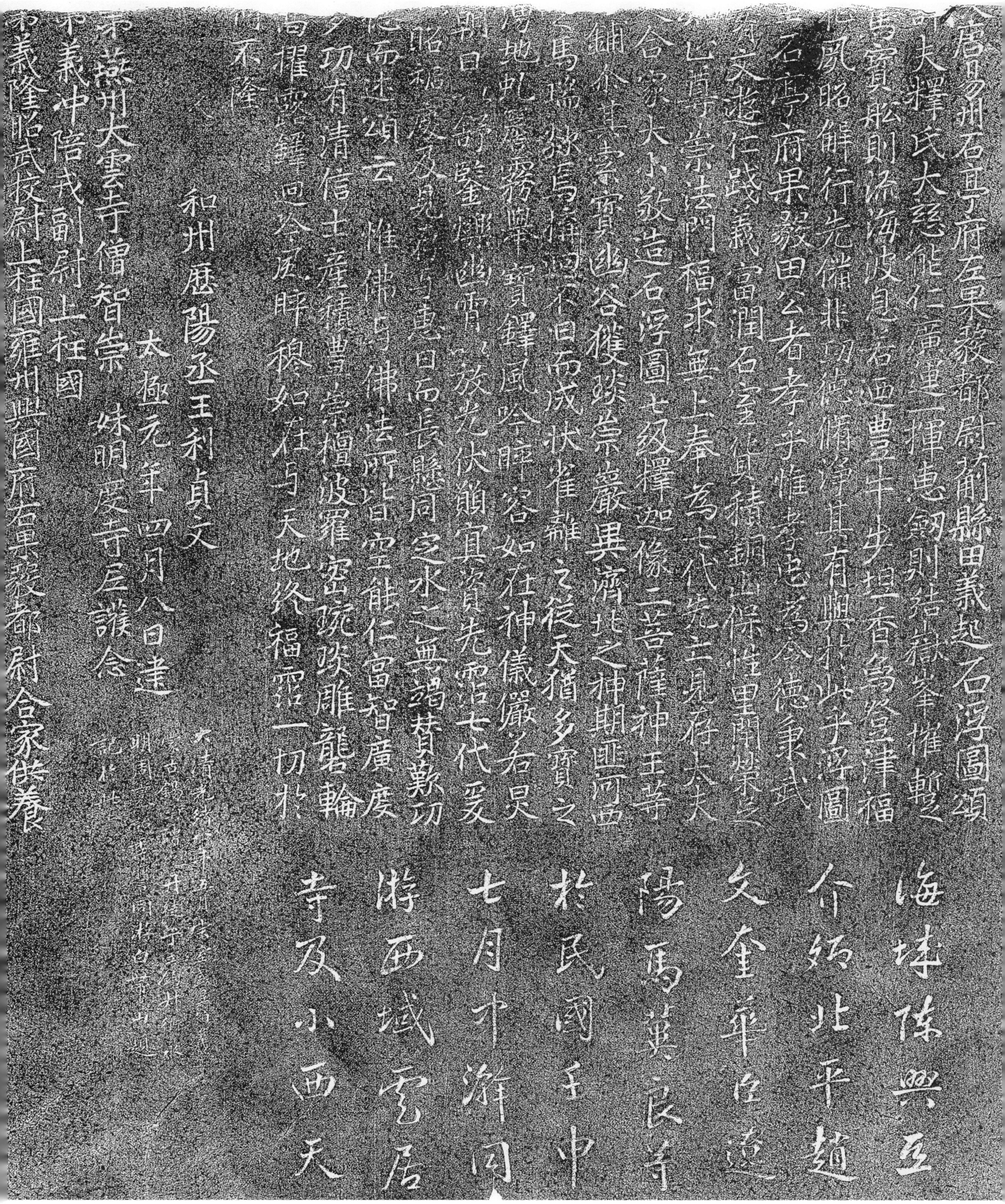

田義起造石浮圖頌（王利貞撰） 唐太極元年（712）四月八日
拓片高 55 厘米、寬 65 厘米 雲居寺文物管理處藏

李文安造石浮圖（開元十年塔）

唐開元十年（722）四月建。七級密檐石塔，今缺一層塔檐，殘高4米。位於雲居寺北塔東北隅。塔身第一層外壁刻《大唐易州新安府折衝李公石浮圖之銘》。

塔室内浮雕佛菩薩造像

塔門两側浮雕力士像

塔室左壁浮雕供養人

塔室右壁浮雕供養人

象州□□安府折衝李公石浮圖之銘

□□□而化咸太象孕靈石窜之切遂斯則神

□□知兄耳目不諱望視聽之能識曲是

緝林刀□北丘藏歸奉菀有想非想住法

空卯室藏堂提之果枸是清信士易

都尉李矢安遊心正覺妙達言空知劳生

□新范陽縣西雲居寺為亡妻所

彼岸過一所旁求琭巍岫為之獻珠

縣造石浮圖一□□□□□□□□□相交靈鳳

□□□空□□□隱伏与雲絳而相交靈鳳

□□□□州多寶之移來騰塵四回

□□□山會萬象地輥靈奇蓮诏澄光似猴

□□□□山嶺若祇樹念凬眾妙雜名絢敷欣美

□□□□□若浮園荒籌給園十界色睚三天一

□斯重鏡鳳墙鵂鵰龍生□寶圖□地有巢稲田

闕亮永□四月八日建

易州前遂城縣書助教梁萬□書

李文安造石浮圖銘

李文安造石浮圖銘（原石局部）①

李文安造石浮圖銘（原石局部）②

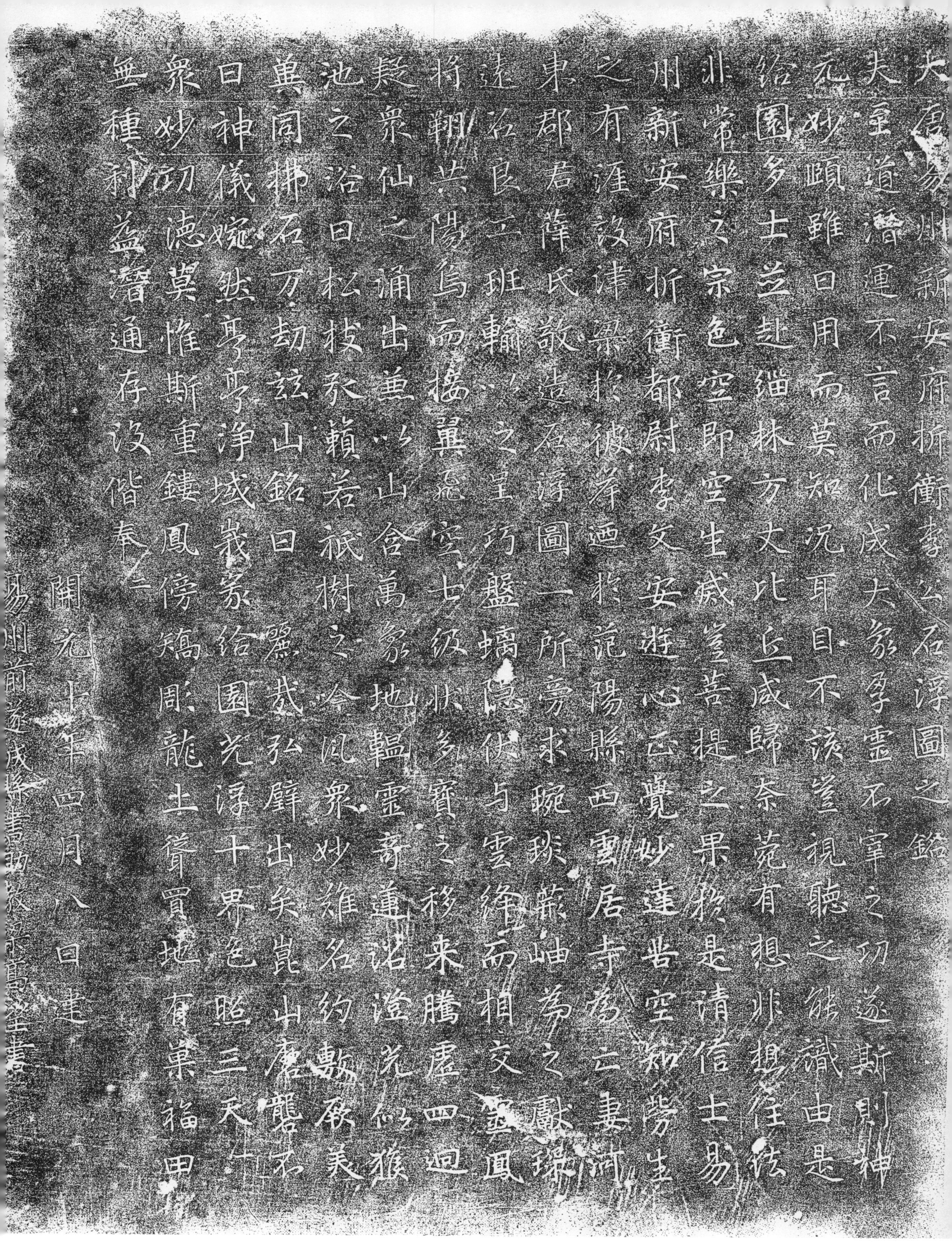

李文安造石浮圖銘（梁高望書） 唐開元十年（722）四月八日
拓片高 89 厘米、寬 71 厘米 雲居寺文物管理處藏

石浮圖一所旁求琬琰韓嵯峩之處琢
之呈巧盤螭隱伏与雲絳而相交寶鳳
翼飛空七級狀多寶之移來騰虛四迴
似山含萬象地韞靈奇蓮諾澄光似猴
賴若祇樹之含風衆妙雜名約數承美
山銘曰麗哉弘辟出矣崑山磨礱石
淨域巍象給園光浮十界色照三天
重鏤鳳傍鐫鬪龍上資貫地有業福田
設俗奉二
開元十年四月八日建
易州前遂城縣書助教梁高望書

李文安造石浮圖銘（局部）

鄭玄泰造石浮圖（開元十五年塔）

唐開元十五年（727）二月建。七層密檐石塔，今缺一層塔檐，殘高 3.6 米。位於雲居寺北塔西南隅。塔身第一層外壁刻《大唐雲居寺石浮圖銘并叙》。

塔銘

塔門及兩側浮雕力士像

塔室浮雕佛菩薩造像

鄭玄泰造石浮圖銘（原石局部）

大唐雲居寺石浮圖銘并叙　太原王大悅撰
叙曰法所務善示儀生念物莫堅石留形則多伊童卄之增砂彼豐
家之嚴寶不盈不季非泰非約建茲浮圖于此門右者鄭氏守玄泰
令范陽人也祭中宜利用廣盡所以無仰正法恵決多生俾臧興嘉
不潰惟永迺竭産充賈罄工剞奇㯼散良効形都信美素璵鮮色皓
瓌綴之峨峨黄金明輝爛寶層之擢擢東旭銜珠而更淨南風動鈴
而不喧神儀讙門而雄雄威如聖象端室以穆穆顯若㾃緩予上
帝萬壽先人百福夫蠢之類凡生之儔莫不覃茲利有如是者皆燼
滅土㭊塵散惟石之永瞻其有恒繫法之堅念茲無替銘曰高𡼏
峨峨示𨗿遐矚多生壤壤動善群觸其一茲設茲利無礙無疆其福
豐衍其資廣長其二彼石惟堅我性亦定永永不滅視以知正其三
開元十五年歲次單閼仲春八日建

鄭玄泰造石浮圖銘并叙（王大悅撰）　唐開元十五年（727）二月八日
拓片高 105 厘米、寬 58 厘米　雲居寺文物管理處藏

大唐雲居寺石浮圖銘并叙　太

叙曰法所務善示儀生念物莫堅

家之嚴寶不孟不季非泰非約建

今范陽人也崇中宜利用廣盡所

不遺惟永迺竭産充賈罄工剬奇

瓊級之峨峨黃金明煇爛寶層之

而不喧神儀護門而雄雄威如聖

帝萬壽先人百福夫蠢之類凡生

識土亦塵散惟石之永瞻其有恒

鄭玄泰造石浮圖銘并叙（局部）

金仙公主塔　唐代

唐開元九年（721）建，位於石經山藏經洞上方絶頂。現殘高 3.43 米，原爲九層密檐石塔，今存七層，塔刹已不存。塔身西壁刻唐開元九年（721）比丘玄英《劉玄望石經山頂石浮圖銘并叙》，後壁刻唐開元二十八年（740）王守泰撰《山頂石浮屠後記》并獨樹村磨碑寺四至，其下爲唐吉逾等游山詩刻，東壁爲唐人題刻，塔門右上方爲遼韓紹勲合家巡禮題刻。2016 年 7 月，本書編者又在塔室内發現唐開元年間及遼金以來墨書巡禮題記十餘則。

通往金仙公主塔的古道

金仙公主塔室内的墨書巡禮題記

金仙公主塔室内發現的“開元”墨書題記
高 8.5 厘米、寬 5 厘米

王守泰石經山頂石浮屠後題記　唐開元二十八年（740）二月八日
拓片高 30 厘米、寬 63 厘米　中國國家圖書館藏

（原石局部）

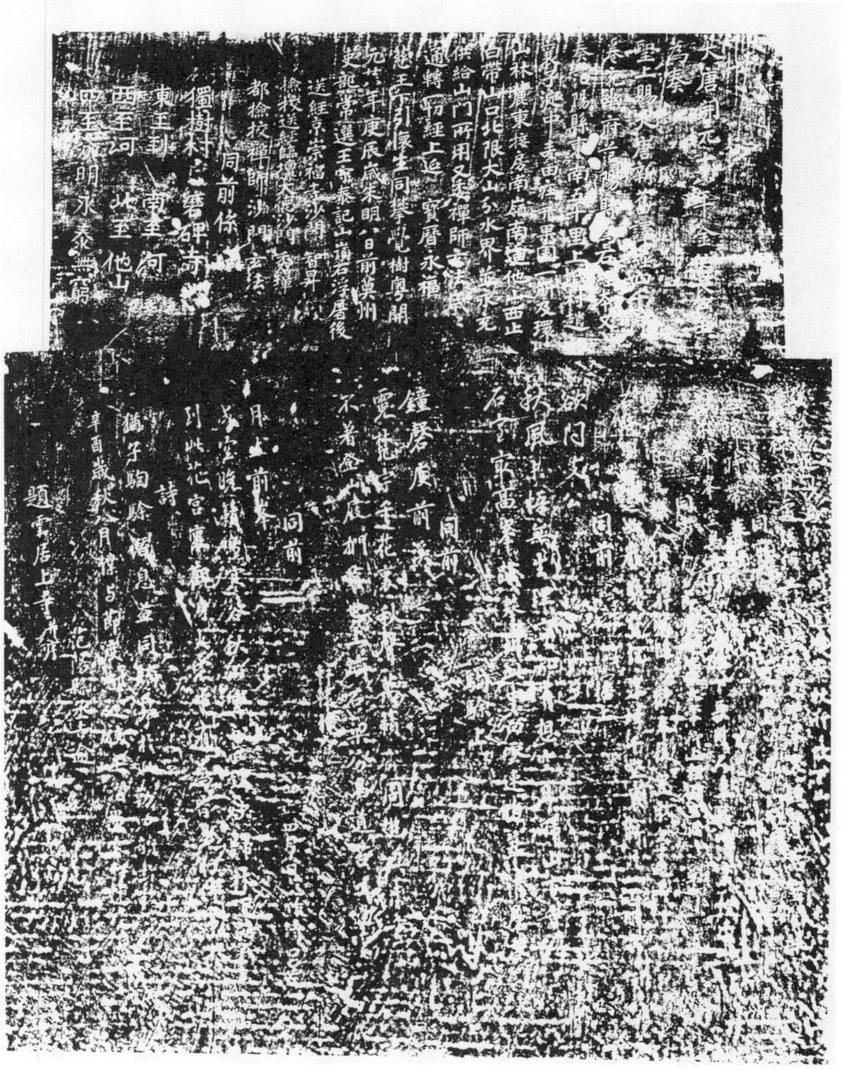

王守泰石經山頂石浮屠後題記及唐人題雲居上寺詩刻　舊拓
拓片高 120 厘米、寬 76 厘米
據 1935 年《東方學報・京都第五册副刊・房山雲居寺研究》。

劉玄望石經山頂石浮圖銘并叙（局部）　唐開元九年（721）四月八日
拓片高 32 厘米、寬 78 厘米　雲居寺文物管理處藏

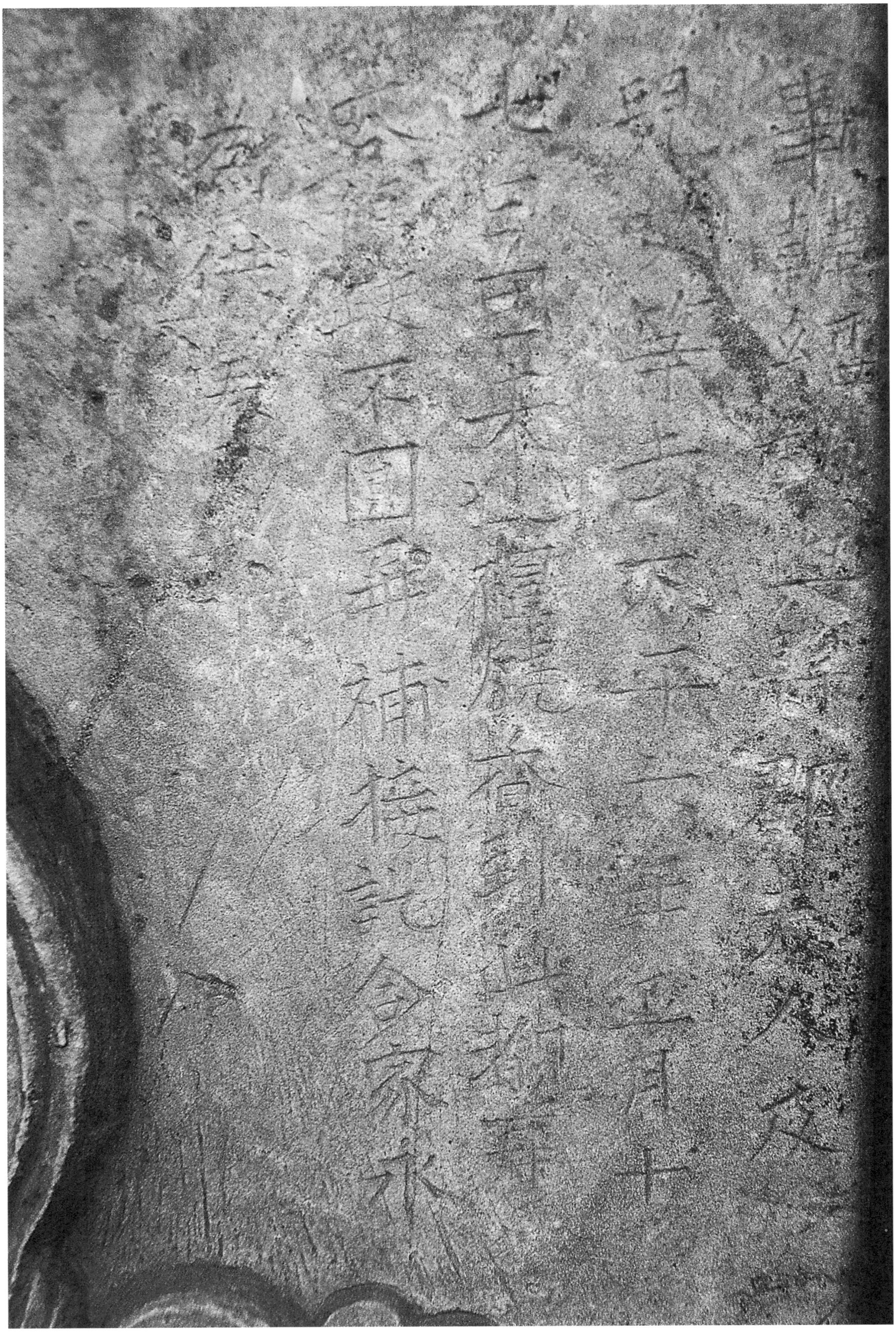

韓紹勳遼太平六年正月十七日合家巡禮題記
位於金仙公主塔塔門右上方。

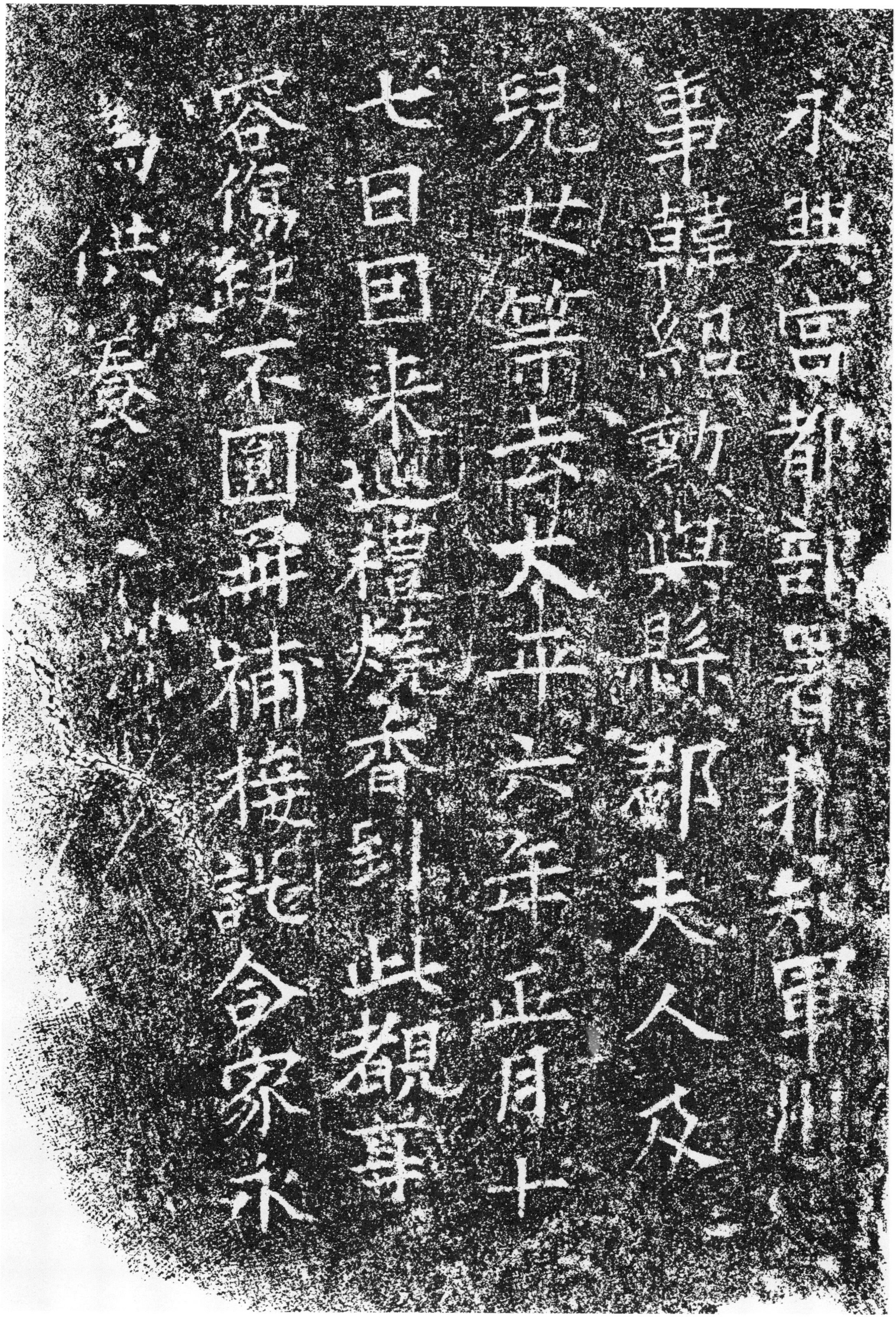

韓紹勳遼太平六年正月十七日合家巡禮題記

拓片高 24 厘米、寬 17 厘米　雲居寺文物管理處藏

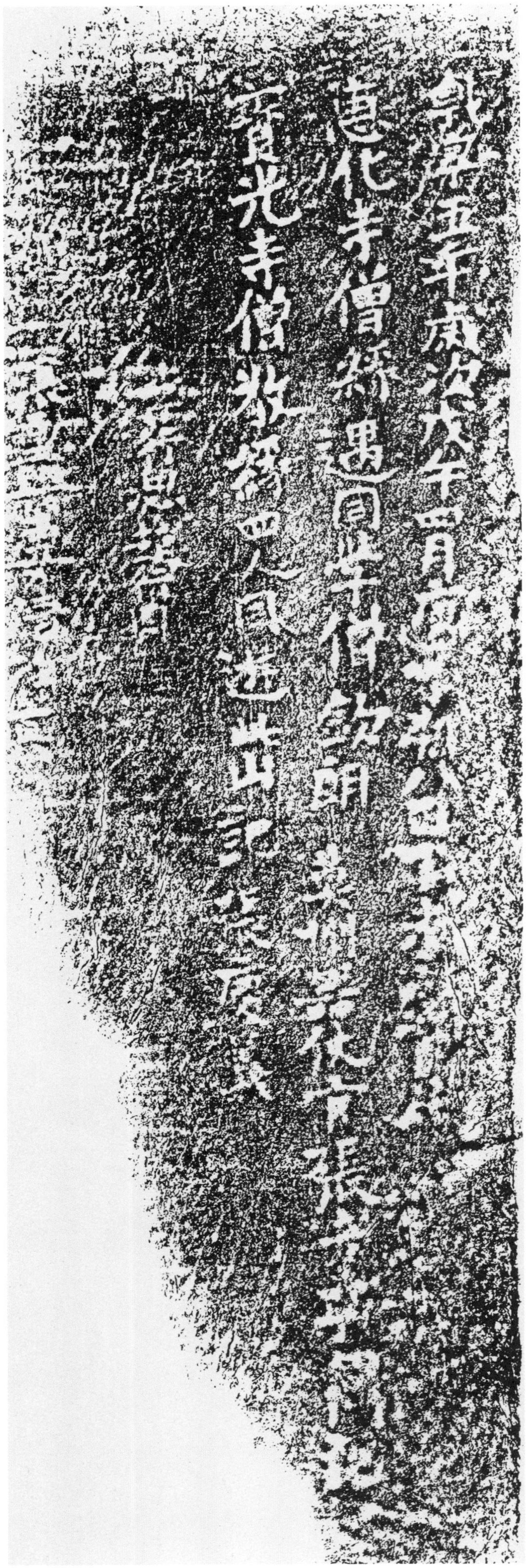

惠化寺僧緣遇等唐乾寧五年四月八日南臺石浮圖題記
拓片高 50 厘米、寬 17 厘米　雲居寺文物管理處藏

南臺石浮圖

唐代建。高約 1.48 米，位於石經山南臺頂，爲單層石塔，塔刹今不存。塔門外壁右上方刻唐人巡禮題記。

南臺石浮圖銘刻

石經山南臺及唐代石浮圖

曝經臺遺址内明代殘碑

自南臺俯瞰金仙公主塔及曝經臺遺址

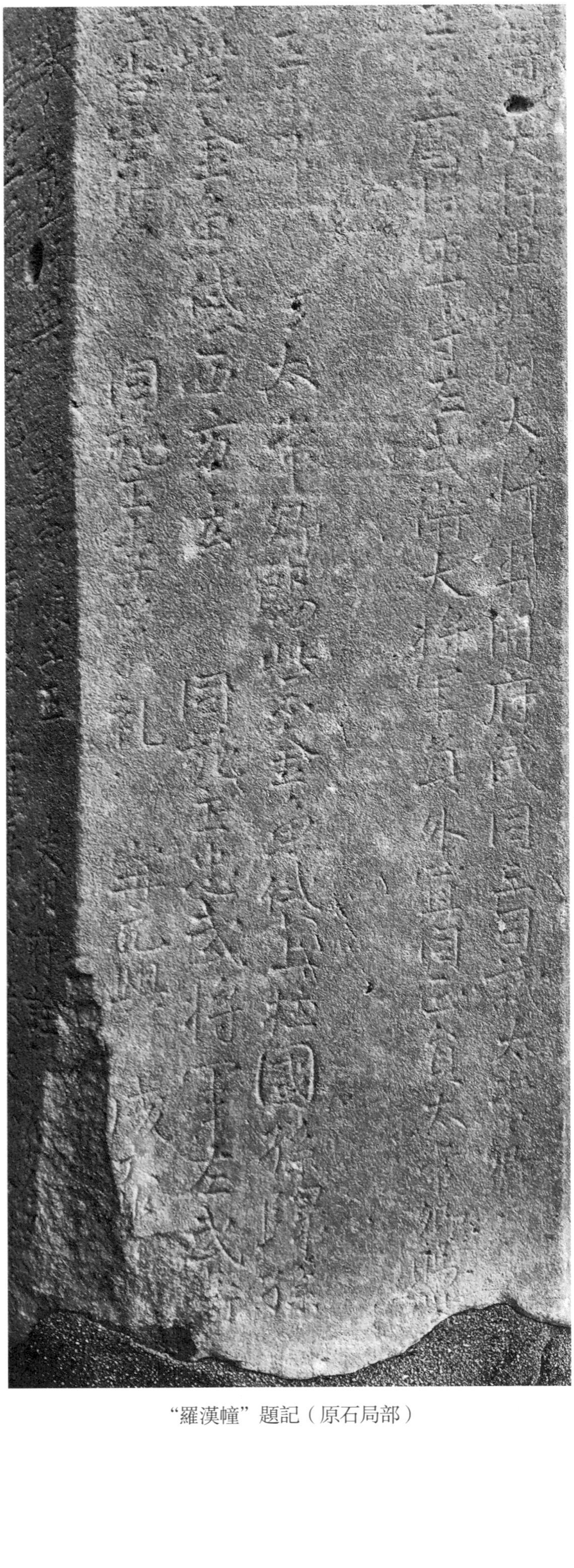

“羅漢幢”題記（原石局部）

雲居寺主僧惠澄等造像經幢（羅漢幢） 唐代

幢身高 1.25 米。幢八面，刻楷書《佛頂尊勝陁羅尼經》及行書供養人、巡禮人題名。四面上端造像浮雕。原立於雲居寺南塔北側，現移置北塔西側碑廊。幢頂佚失，底座覆蓮爲後配。

此幢舊以爲遼代，今據其信士題名職官多與石經山唐代刻經題記相合，故定爲唐幢。

“羅漢幢”四面造像

在南塔下時之“羅漢幢” [法] 蒲意雅攝

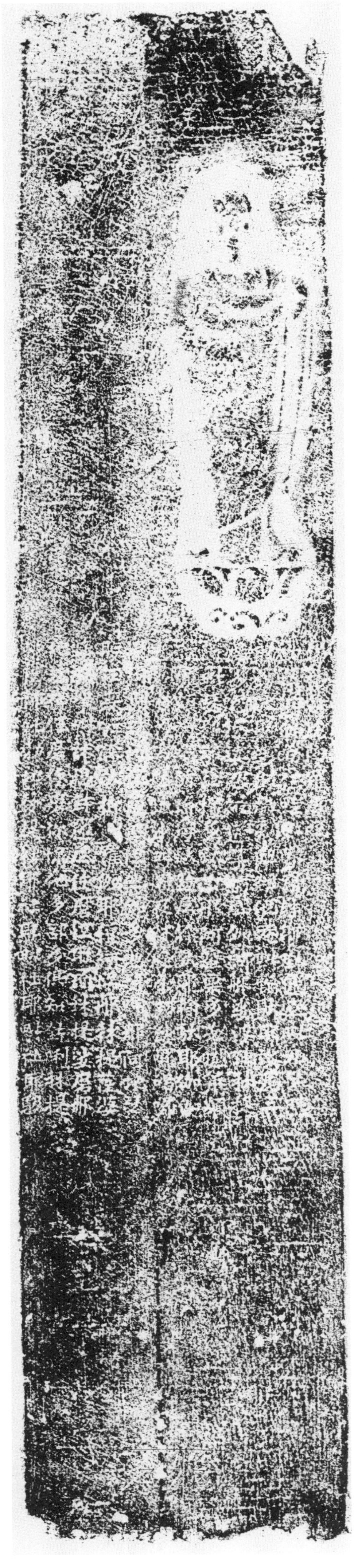

雲居寺主僧惠澄等造像經幢（羅漢幢）①
拓片高120厘米、每两面寬25厘米　中國國家圖書館藏
八面刻，六面刻文，分拓三紙，文多磨泐。

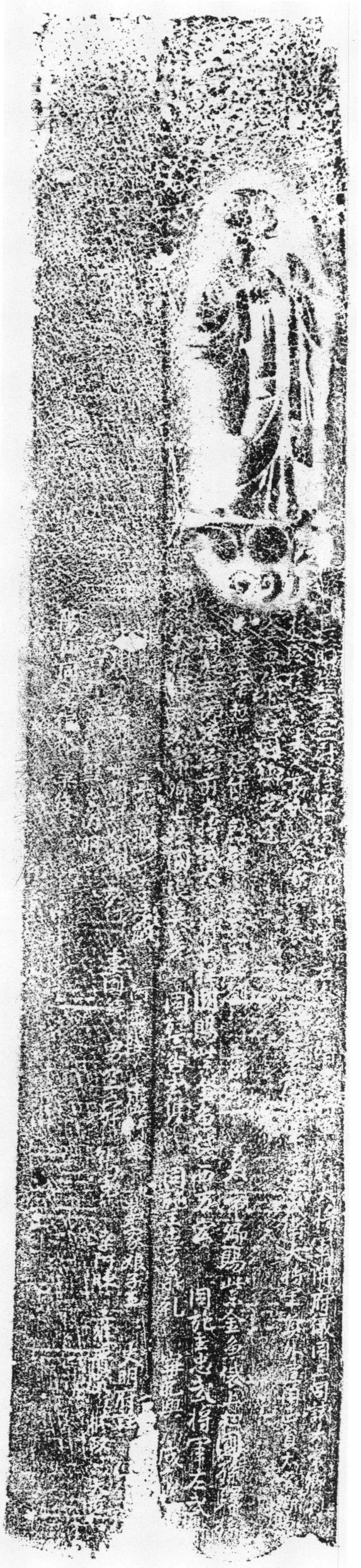

羅漢幢②

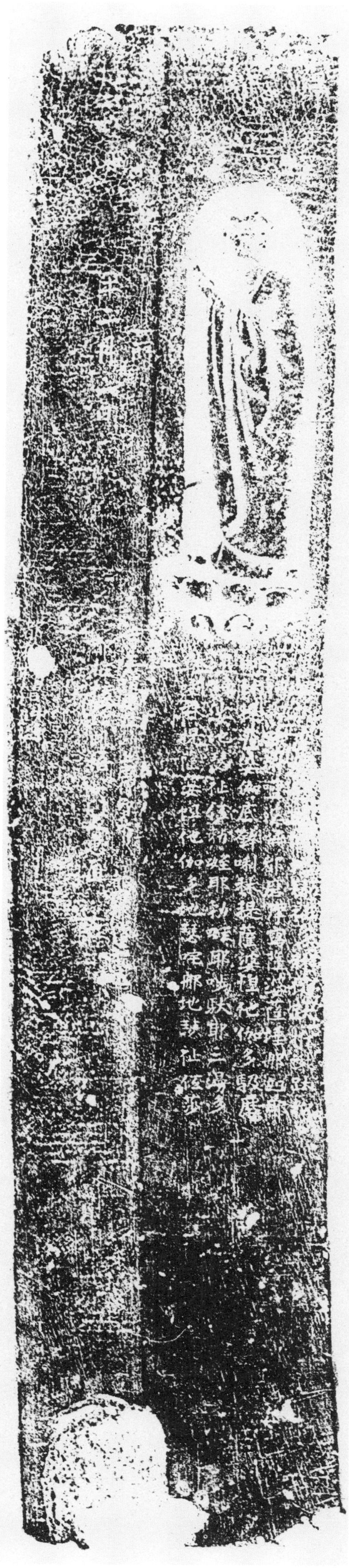

羅漢幢③

北鄭塔（已毁）舊影　20世紀60年代

（局部）

北鄭院邑人起建陁羅尼經幢　遼應曆五年（955）四月八日

幢通高312.5厘米。1976年唐山大地震時發現於北京房山北鄭塔内。漢白玉質，八角直楞幢身，上部仰蓮、幢頂，下部覆蓮底座。八面環刻，第一面額題“北鄭院邑人起建陁羅尼幢記”及青白軍使陳延貞、雲居寺主釋謙諷及邑人題名，第三至八面刻《佛頂尊勝陁羅尼真言并序》及書鎸人題名。

釋謙諷又見雲居寺遼統和二十三年（1005）八月重立之《重修雲居寺壹千人邑會之碑》。

北鄭院石幢第一面額題

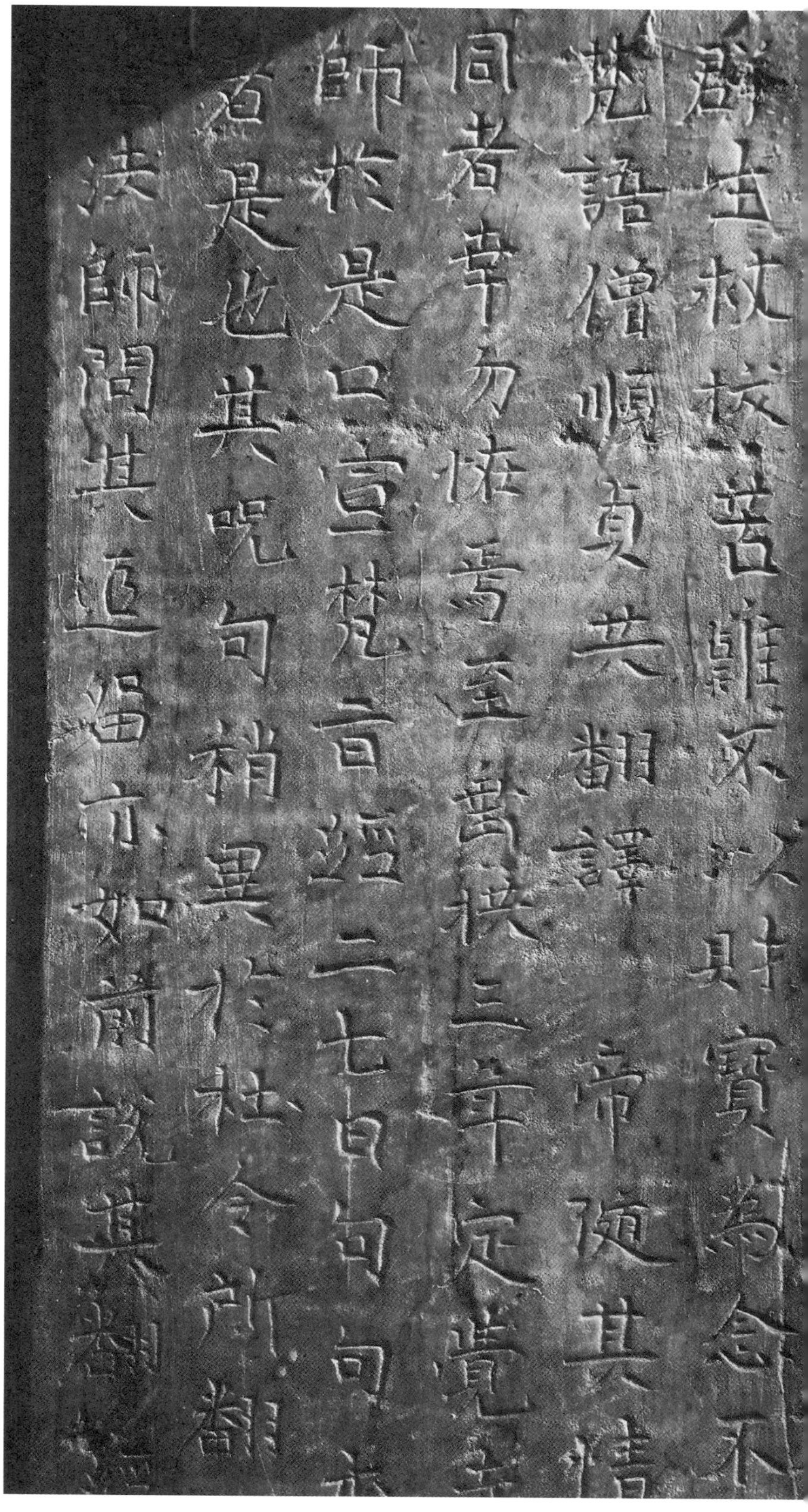

北鄭院石幢經序（原石局部）①

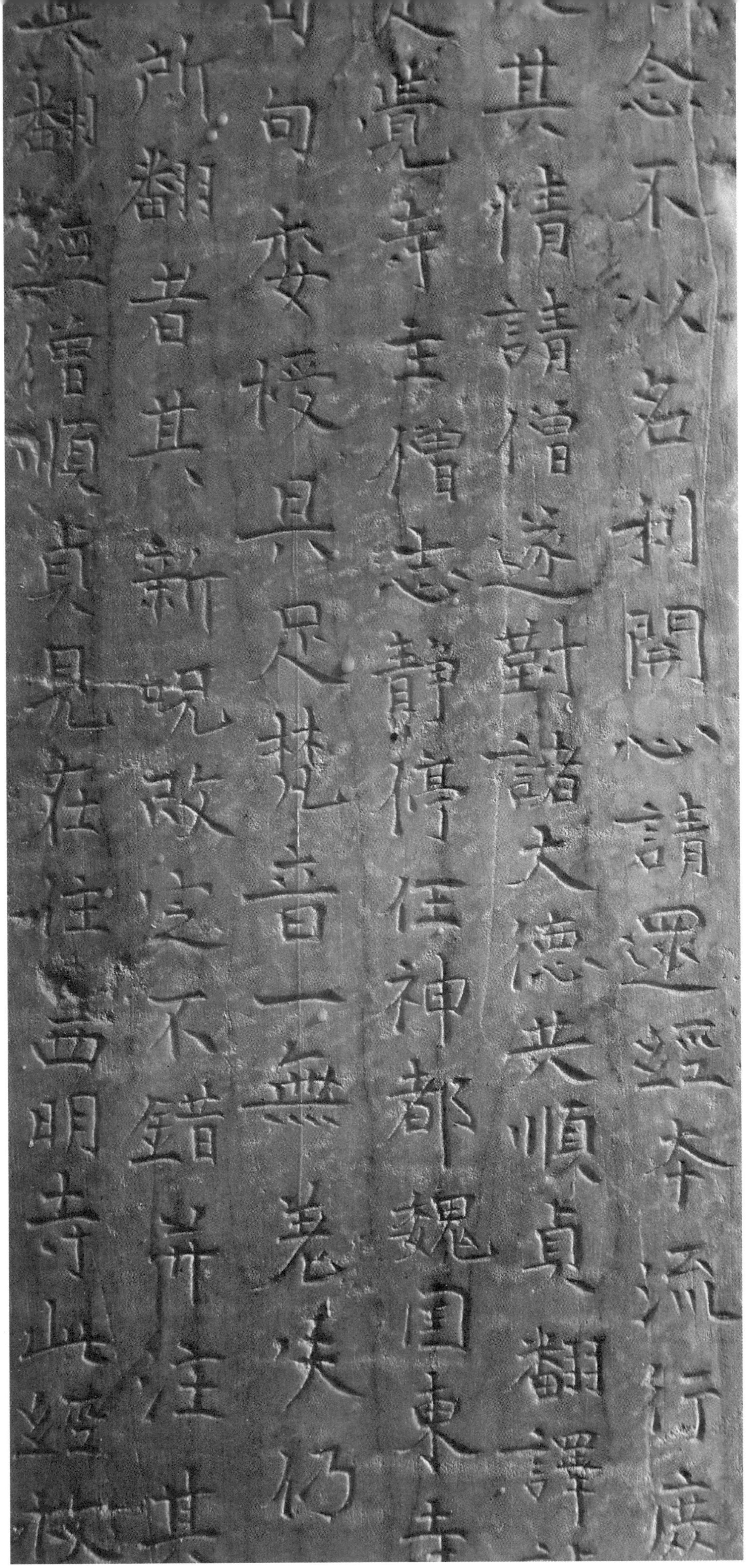

北鄭院石幢經序（原石局部）②

北鄭院石幢石經寺主釋謙諷等題名

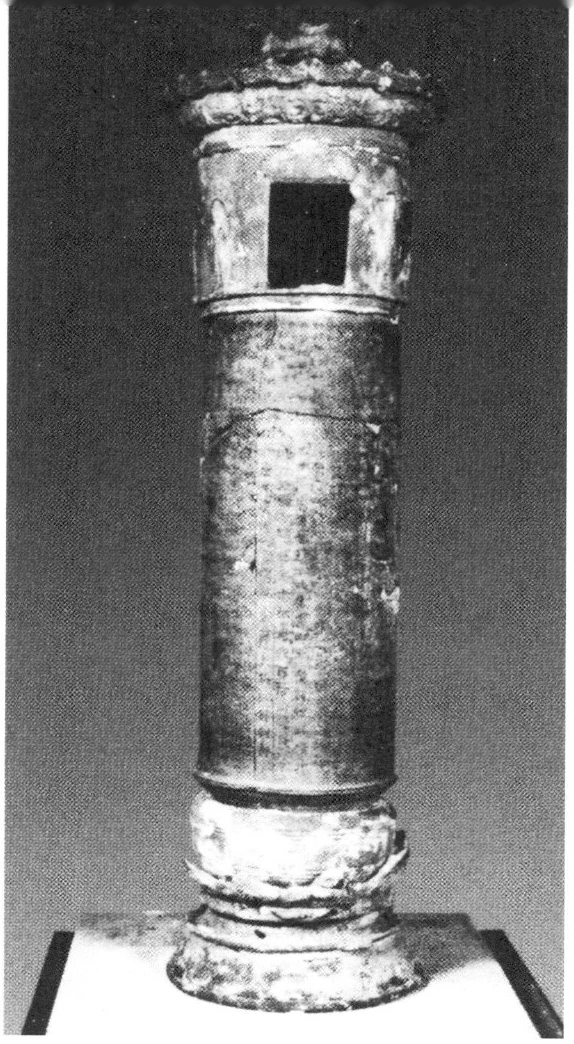

北鄭塔内出土刻經陶幢

五代後唐長興三年（932）燒造。幢身陰刻正書《佛頂尊勝陁羅尼咒》及造幢題記。現陳列於北京法源寺。

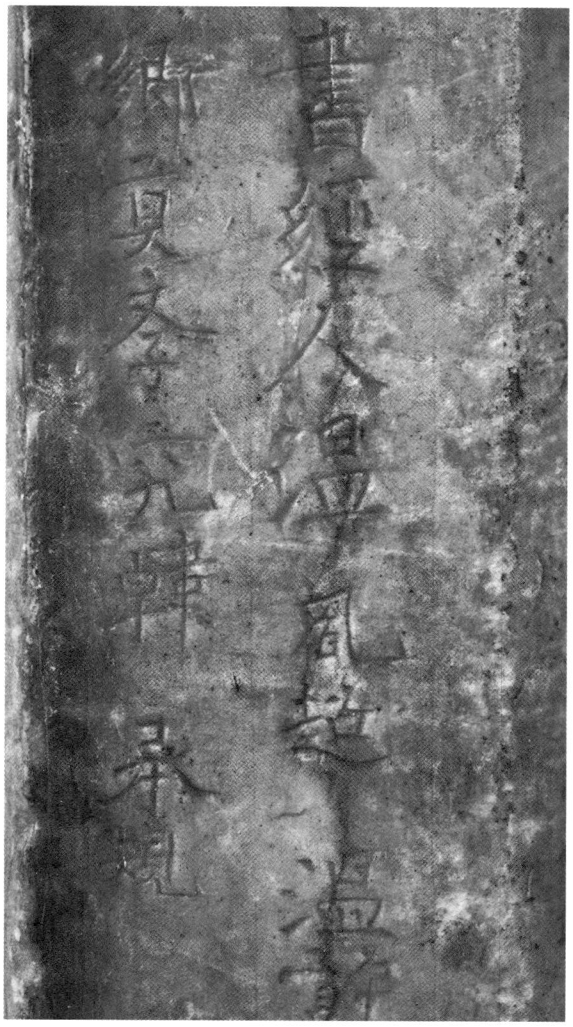

北鄭院石幢書經人題名

北鄭塔内出土陶塔

遼代。現陳列於北京法源寺。

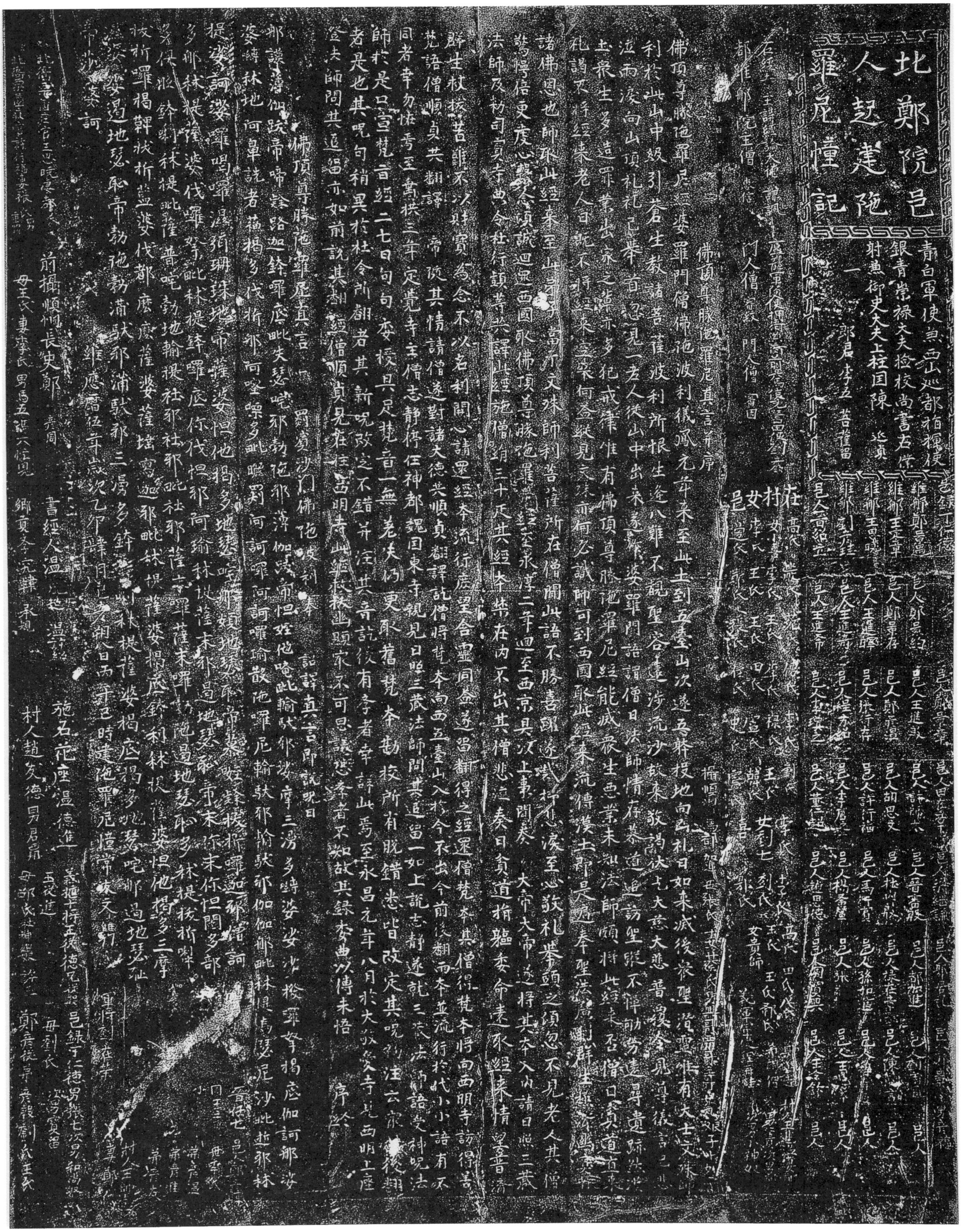

北鄭院邑人起建陁羅尼幢記（温風超、温許紹書、常友文鐫） 遼應曆五年（955）四月八日
拓片高 180 厘米、寬 126 厘米　雲居寺文物管理處藏

涿州雲居寺藏掩感應舍利記（釋普瓌撰、思迪書、吴世民刻）　遼大康六年（1080）四月二十八日
拓片高 73 厘米、寬 42 厘米　破禪室藏

石舊在河北涿州市内雙塔之雲居寺塔，已佚。

[illegible]

覓咸楊哀嘆之念烏鵲並舉傷切之心龍睛垂玉淚之膏馬目流

雲弥地降絲霖於四野之內飛玉雪於三清之中發行儀於數里之間

石吹砂靉靆暫分擬撥雲見日故請當崇教寺涅槃座主消荼毗

日欲收遺灰擬申供養乃見舍利尤多計獲二千餘顆有若圓

降於遺形隨緣再起於灰襯又曾聞聖教傳集名僧異錄說諸

多激愚鈍而長福標供養者獲果不少慳慢以發心由是行

定年月用丘山之移力展巨惠之深懷於四月四日辛時啓土乃當月

床繡羅衾內覆真常弥地兜神永鎮封滿空龍天常守掌計

變五色之顏舍利闕三光之豔草易黃樽之莽人更金縷之衣

盡種五智之因瞻覩稱讚之流當獲三身之果余識智淺微共

建圓寂辨塔主崇教寺講經律沙門 行柔 門人同辨塔事誦

同辨塔將仕郎試太子正字王肱

雲居寺講經比丘思道助緣書

男郎[illegible]進士[illegible]維

涿州雲居寺藏掩感應舍利記（局部）

開山琬公塔　遼代

八角三層密檐石塔，高約 6 米。上端石相輪，下爲八角形仰蓮須彌座，浮雕花飾。原在北京房山大石窩鎮水頭村香樹庵北，20 世紀 80 年代移建於雲居寺，今又重立於新地宫平臺上。

遷移過程中，在塔下地宫内發現了遼代重新瘞藏的隋開山静琬遺骨、石函以及遼大安九年（1093）十月燕京延洪寺僧善雍所撰《琬公大師塔銘》刻石。

開山琬公塔頂部

開山琬公塔底部

開山琬公塔題額　遼刻
拓片高 69 厘米、寬 29 厘米
中國國家圖書館藏

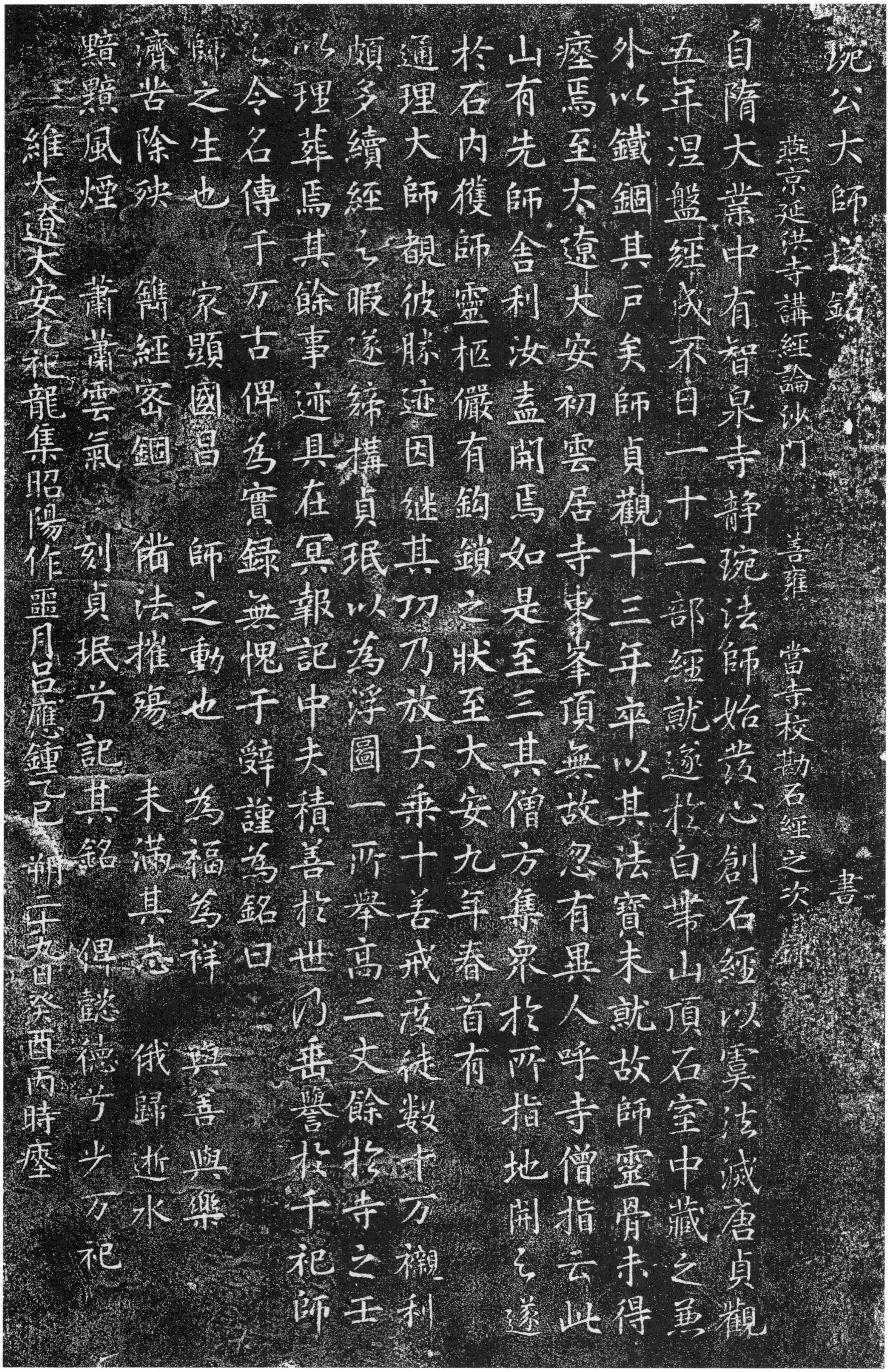
琬公大師塔銘　書
燕京延洪寺講經論沙門　善雍　當寺校勘石經之次　錄
自隋大業中有智泉寺靜琬法師始發心創石經以寘法滅唐貞觀
五年涅盤經成不日一十二部經就遂於白帶山頂石室中藏之兼
外以鐵錮其戶矣師貞觀十三年卒以其法寶未就故師靈骨未得
瘞焉至大遼大安初雲居寺東峯頂無故忽有異人呼寺僧指云此
山有先師舍利汝盍開焉如是至三其僧方集衆於所指地開之遂
於石內獲師靈柩儼有鈎鎖之狀至大安九年春首有
通理大師覩彼勝迹因繼其功乃放大乘十善戒度徒數十万襯利
頗多續經之暇遂締構貞珉以為浮圖一所舉高二丈餘於寺之壬
以理葬焉其餘事迹具在冥報記中夫積善於世乃垂譽於千祀師
之令名傳于万古俾為實錄無愧于辭謹為銘曰
師之生也　家顯國昌　師之動也　為福為祥　與善興樂
濟苦除殃　儲經客錮　備法摧殤　未滿其志　俄歸逝水
黯黯風煙　蕭蕭雲氣　刻貞珉兮記其銘　俾懿德兮歩万祀
維大遼大安九祀龍集昭陽作噩月呂應鍾乙巳朔二十九日癸酉丙時瘞

琬公大師塔銘（釋善雍撰）　遼大安九年（1093）十月二十九日
拓片高 70 厘米、寬 40 厘米　雲居寺文物管理處藏
20 世紀 80 年代自水頭村移建開山琬公塔時出土於塔內地宮。

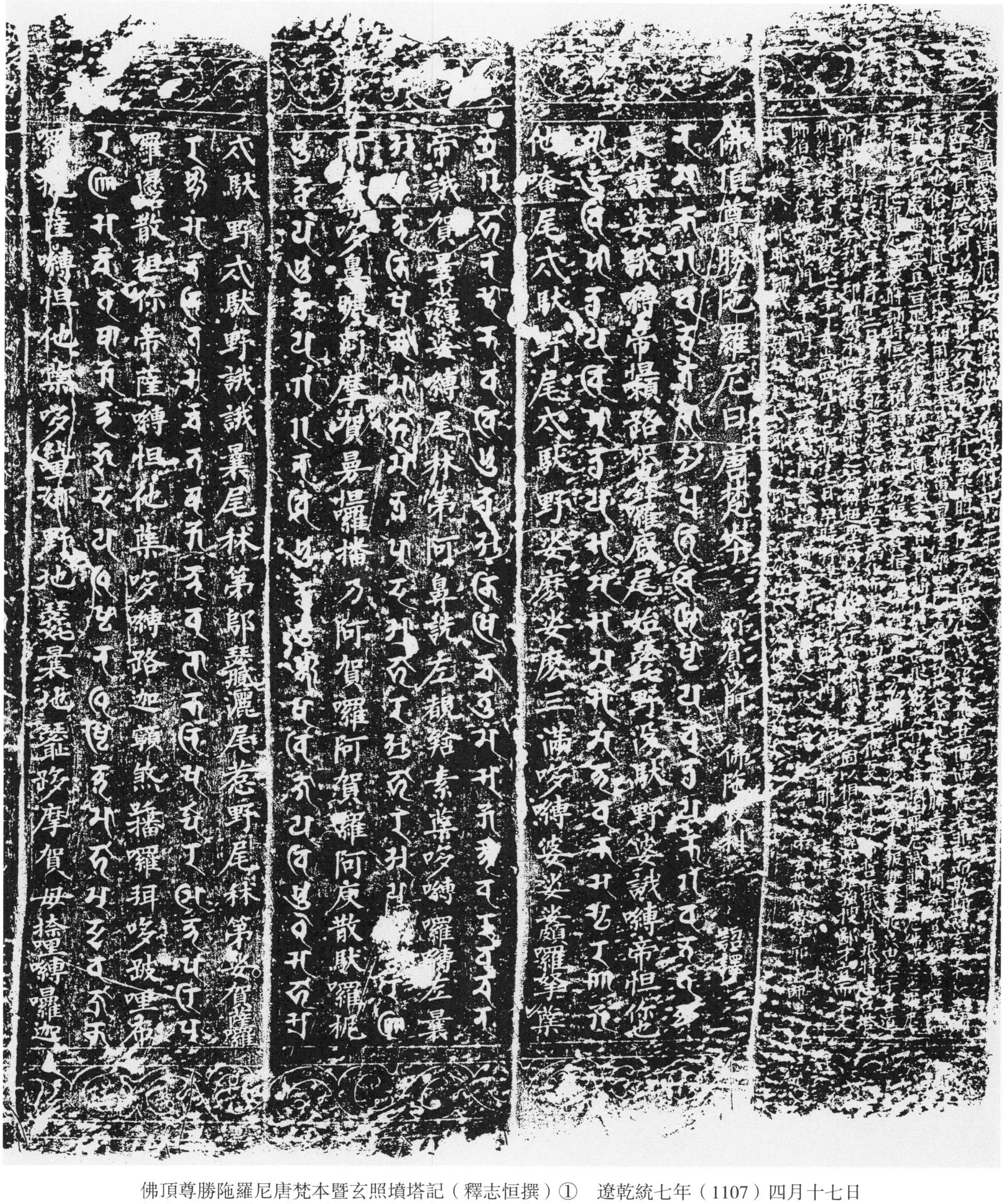

佛頂尊勝陁羅尼唐梵本暨玄照墳塔記（釋志恒撰）①　遼乾統七年（1107）四月十七日

拓片高 81 厘米、每面寬 17 厘米　中國國家圖書館藏

八面刻，拓作一紙。石舊在河北安次大悲寺，今下落不明。第八面刻大遼國燕京析津府安次縣寶勝寺僧妙行經幢記、雲居寺僧志恒題名。

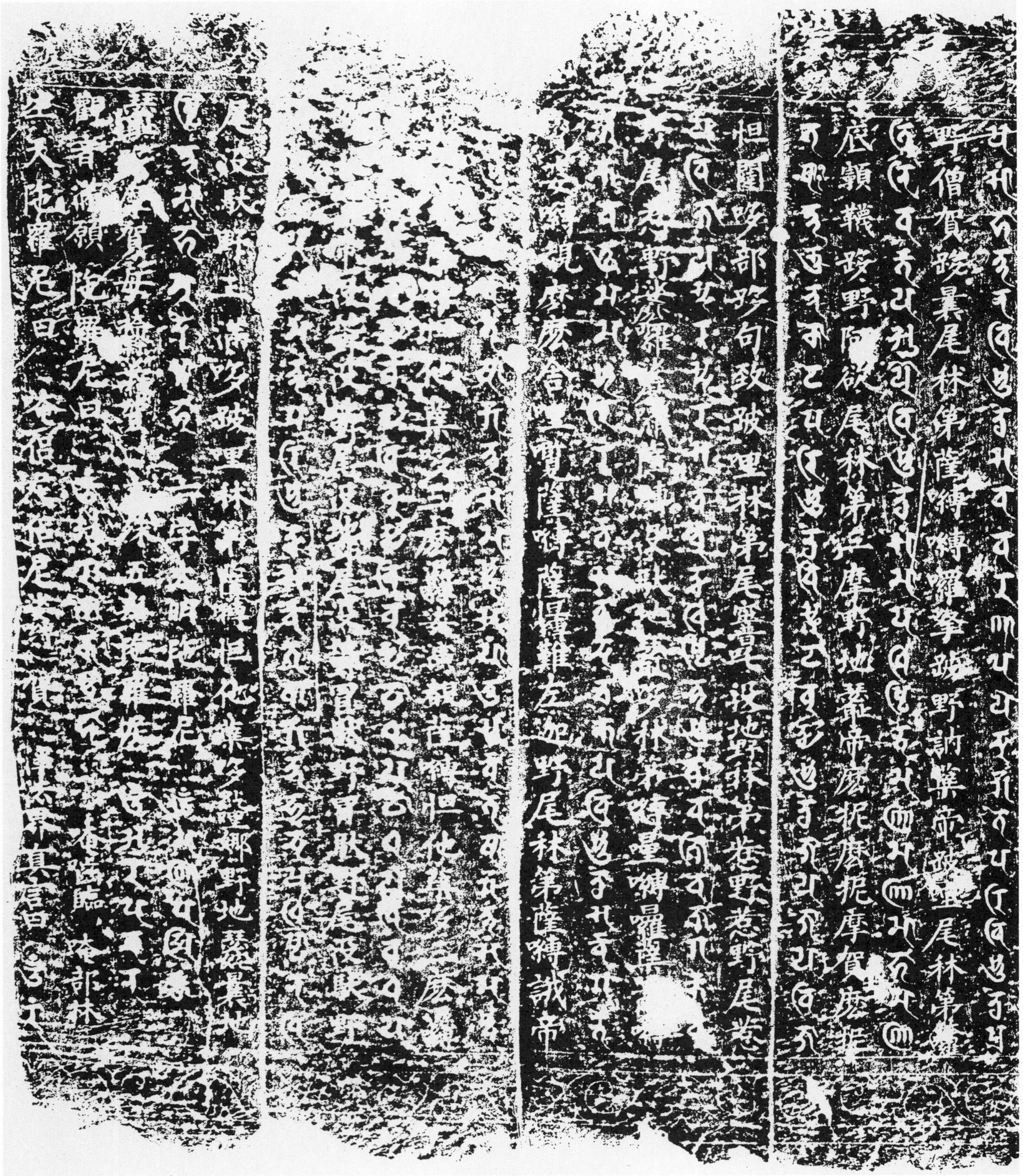

佛頂尊勝陁羅尼唐梵本暨玄照墳塔記（釋志恒撰）②

石經寺正慧大師靈塔記①　遼天慶六年（1116）四月二十七日
拓片高 135 厘米、每面寬 27 厘米　中國國家圖書館藏
八面刻，分拓四紙。石舊在北京房山雲經寺，今佚。第七、八面刻張坊院邑衆及雲居寺僧善詮、善悟等題名。

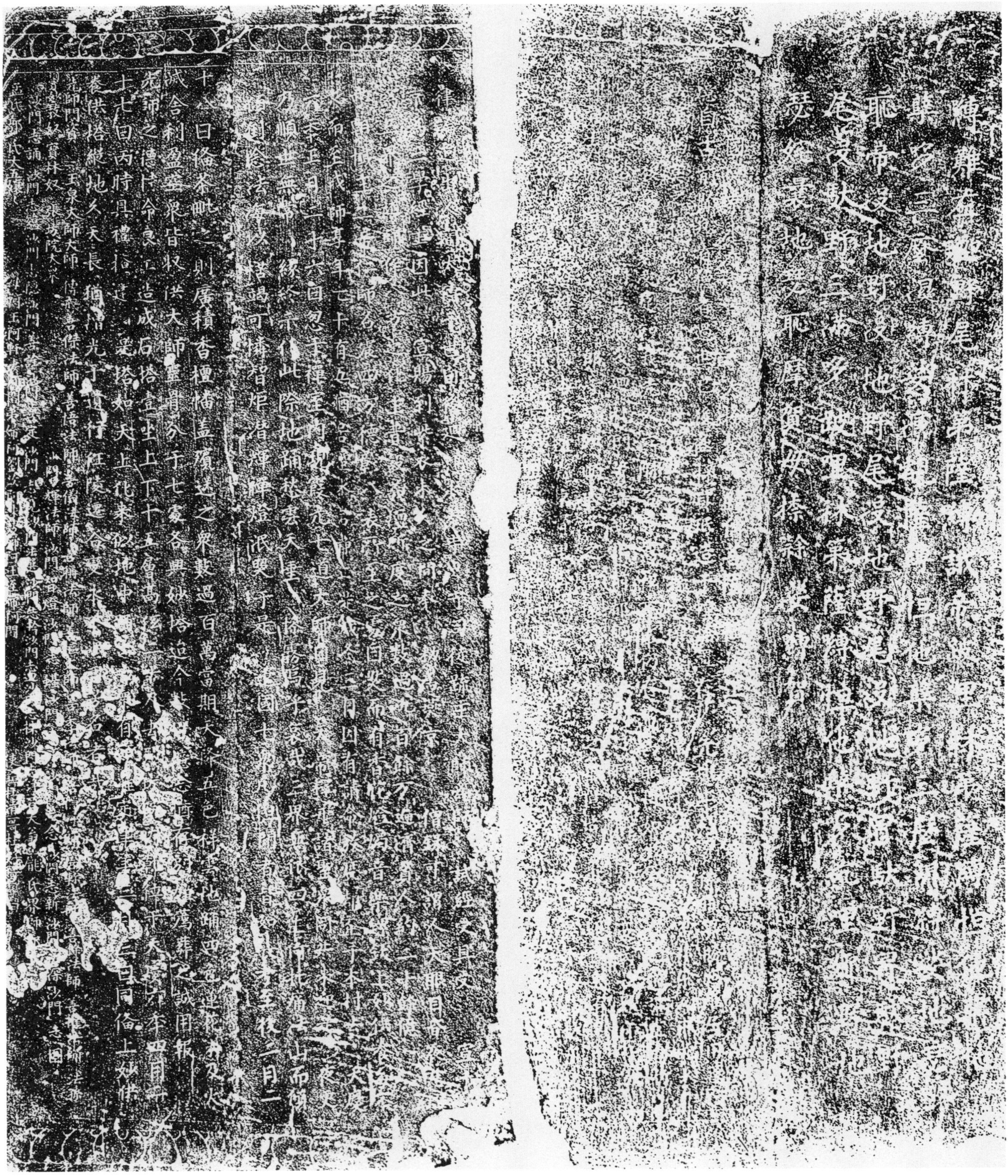

石經寺正慧大師靈塔記②

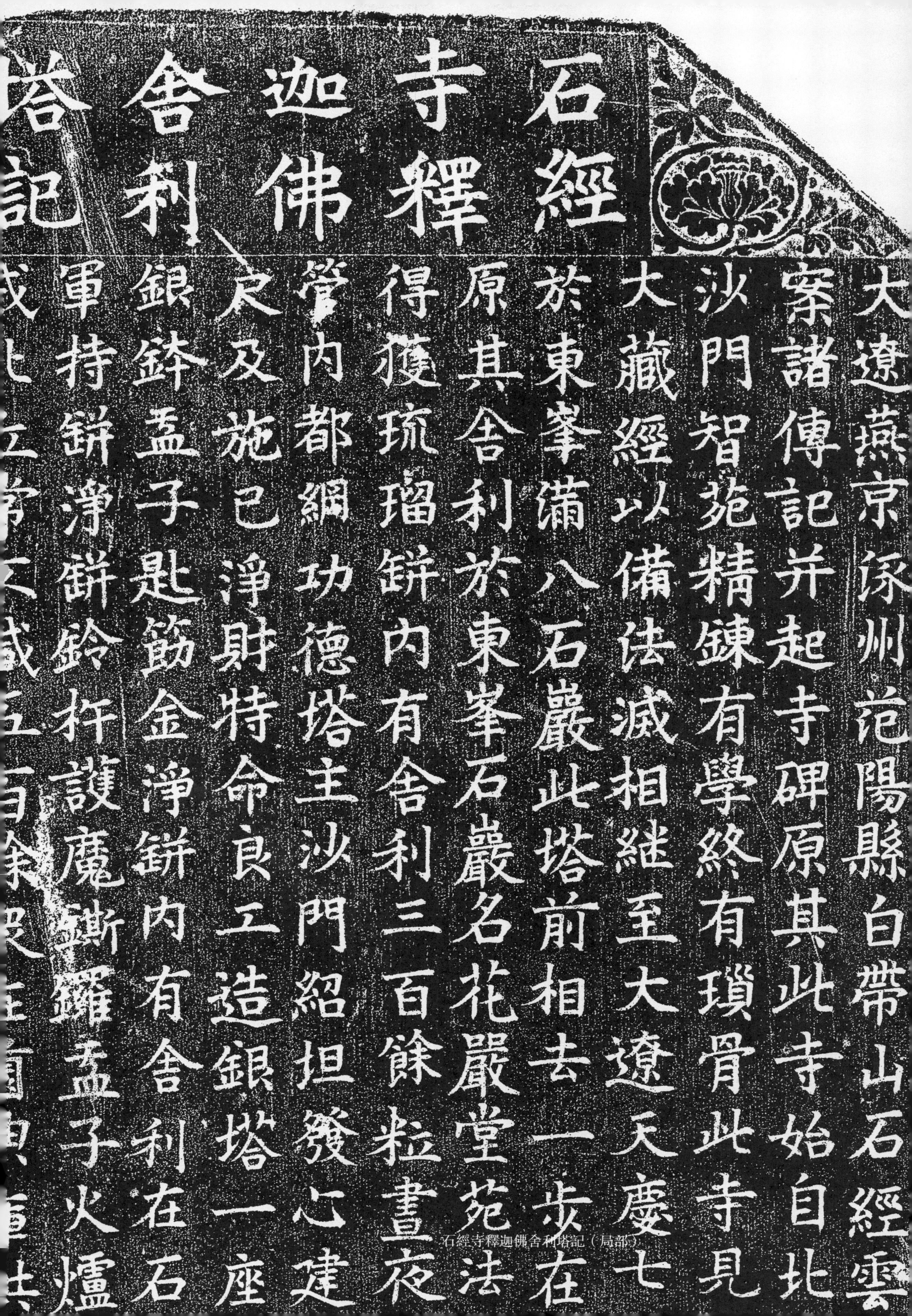
石經寺釋迦佛舍利塔記
大遼燕京涿州范陽縣白帶山石經雲
案諸傳記并起寺碑原其此寺始自北
沙門智苑精鍊有學終有瑣骨此寺見
大藏經以備法滅相継至大遼天慶七
於東峯蒲八石巖此塔前相去一步在
原其舍利於東峯石巖名花嚴堂苑法
得獲琉璃缾內有舍利三百餘粒晝夜
管內都綱功德塔主沙門紹坦發心建
又及施已淨財特命良工造銀塔一座
銀缾盂子匙筯金淨缾內有舍利在石
軍持缾淨缾鈴杵護魔斷鑼盂子火爐
石經寺釋迦佛舍利塔記（局部）

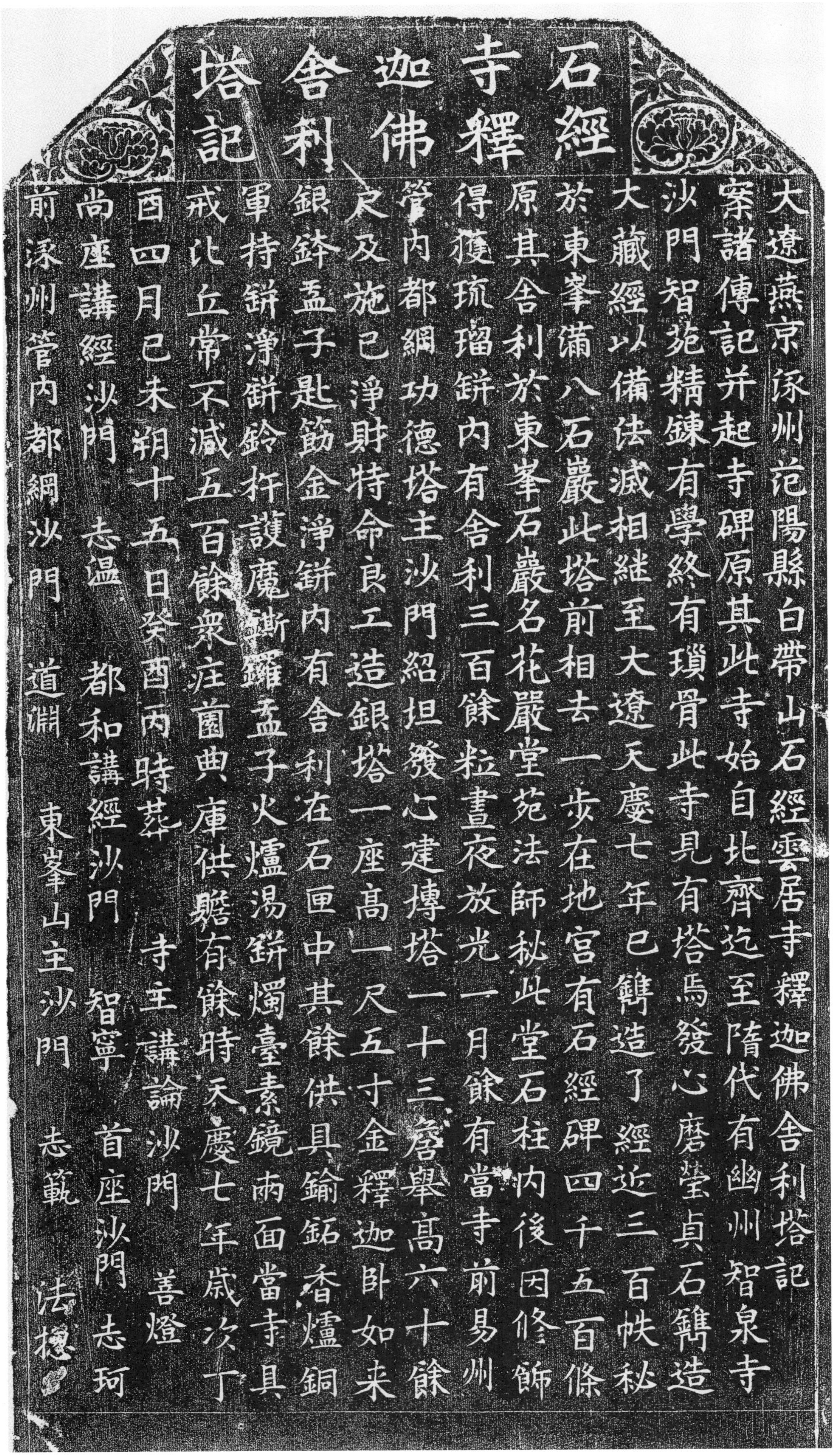
石經寺釋迦佛舍利塔記
大遼燕京涿州范陽縣白帶山石經雲居寺釋迦佛舍利塔記
案諸傳記并起寺碑原其此寺始自北齊迄至隋代有幽州智泉寺
沙門智苑精錬有學終有瑣骨此寺見有塔焉發心磨瑩貞石鐫造
大藏經以備法滅相継至大遼天慶七年已鐫造了經近三百帙秘
於東峯蒲八石巖此塔前相去一步在地宫有石經碑四千五百條
原其舍利於東峯石巖名花嚴堂苑法師秘此堂石柱内後因修飾
得獲琉璃缾内有舍利三百餘粒晝夜放光一月餘有當寺前易州
管内都綱功德塔主沙門紹坦發心建塼塔一十三檐舉高六十餘
尺及施已淨財特命良工造銀塔一座高一尺五寸金釋迦卧如来
銀缾盂子匙筯金淨缾内有舍利在石匣中其餘供具鍮鉐香爐銅
軍持缾淨缾鈴杵護魔斷羅盂子火爐湯缾燭臺素鏡兩面當寺具
戒比丘常不滅五百餘衆庄薗典庫供贍有餘時天慶七年歳次丁
酉四月已未朔十五日癸酉丙時葬　寺主講論沙門　善燈
尚座講經沙門　志温　都和講經沙門　智寧　首座沙門　志珂
前涿州管内都綱沙門　道淵　東峯山主沙門　志範　法

石經寺釋迦佛舍利塔記（碑陽）　遼天慶七年（1117）四月十五日
拓片面、背高 68 厘米、寬 39 厘米　中國國家圖書館藏
1957 年發掘雲居寺南塔遺址時發現，刻石現藏首都博物館。

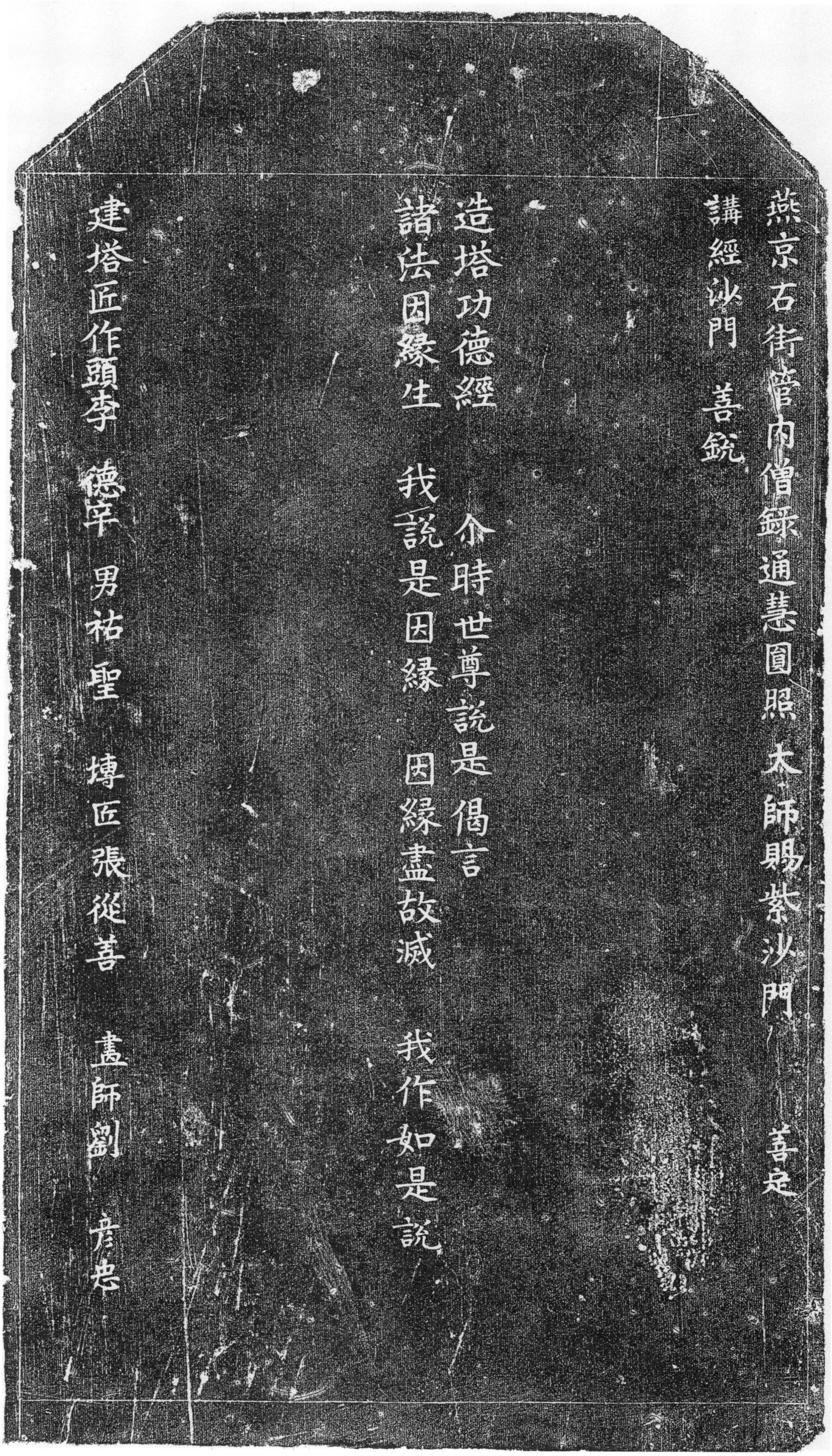

燕京石街管內僧錄通慧圓照大師賜紫沙門 善定

講經沙門 善銳

造塔功德經 尒時世尊説是偈言

諸法因緣生 我說是因緣 因緣盡故滅 我作如是說

建塔匠作頭李德辛 男祐聖 塼匠張從善 畫師劉彥忠

石經寺釋迦佛舍利塔記（碑陰）

遼天慶八年續秘藏石經塔

遼天慶八年（1118）五月建。八角十一層（今存九層）密檐石塔。通高 3.98 米，仰蓮座，倣木石構件，原立於雲居寺南塔地宮上方。八面刻釋志才撰、惟和書、志德鎸《大遼涿州涿鹿山雲居寺續秘藏石經塔記》。

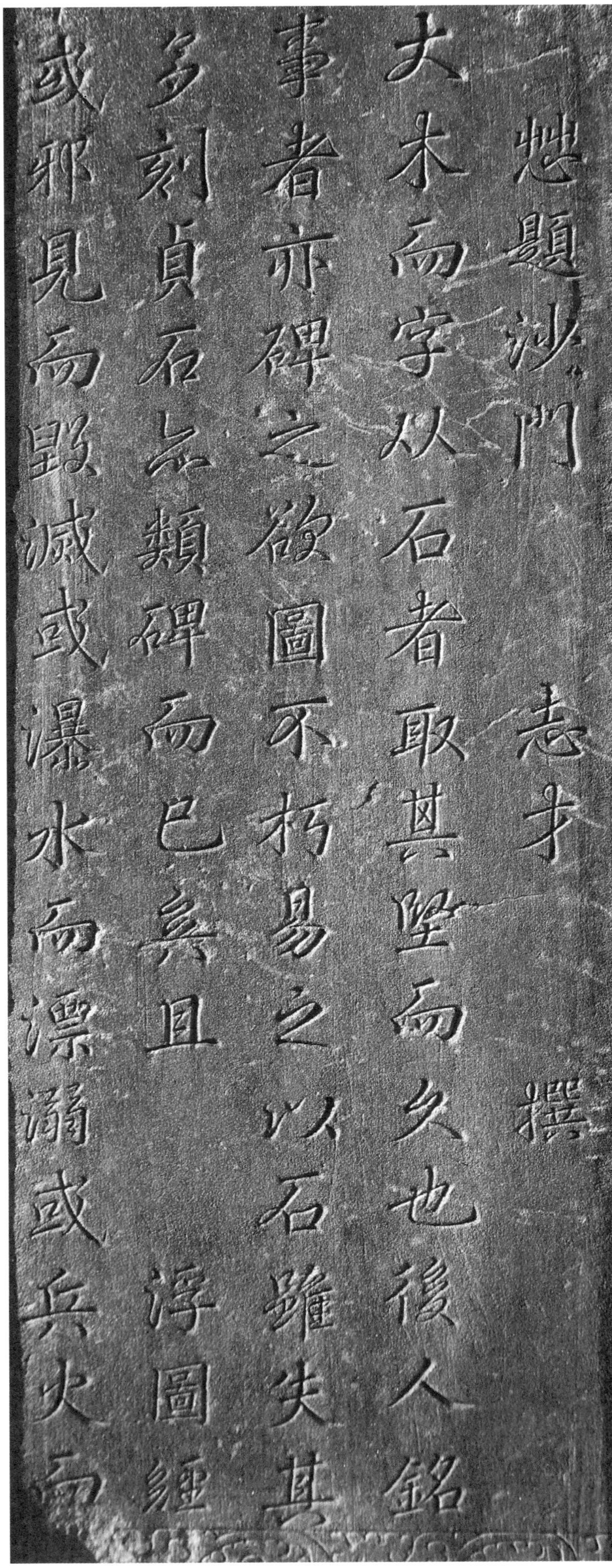

題沙門　志才　撰
大未而字从石者取其堅而久也後人銘
事者亦碑之欲圖不朽昜之以石雖失其
多刻貞石無類碑而已矣且　浮圖經
或那見而毀滅或瀑水而漂溺或兵火而

第一面（原石局部）①

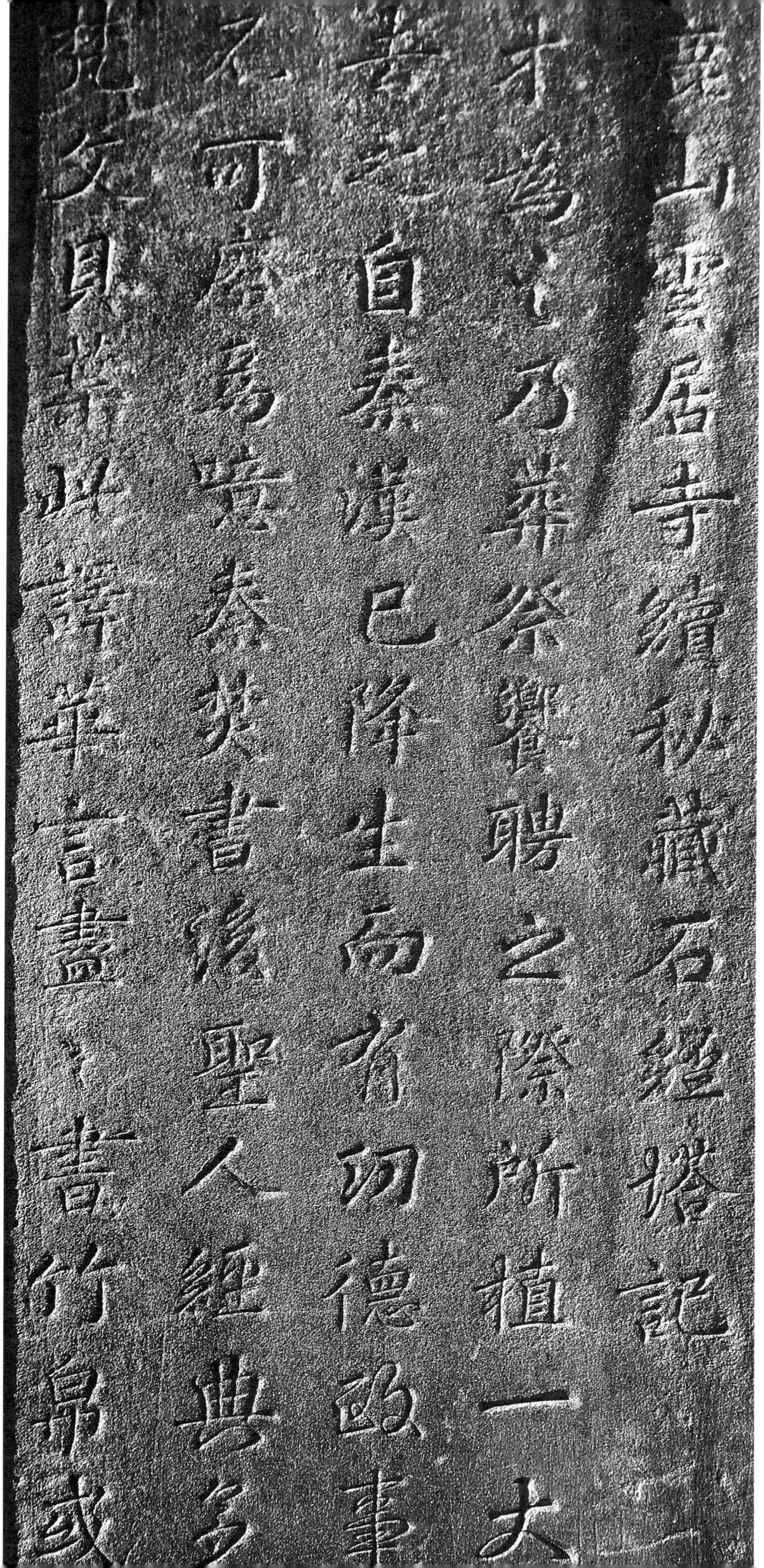

第一面（原石局部）②

大遼涿州涿鹿山雲居寺續秘藏石經塔記（釋志才撰、惟和書、志德鐫）　遼天慶八年（1118）五月十七日
拓片高 113 厘米、每面寬 20 厘米　雲居寺文物管理處藏
凡八面，分拓爲兩紙。

幽州重□寺□律院石辟經請白樂天撰碑有火水不能燒漂風日不能搖消等文乃□
手大才今命余作記合抱慙閣筆奈是善緣勉爲直書
遍理大師所辦石經小碑四千八十片經四十四帙　大佛頂如來密因修證了義諸菩薩萬行首楞嚴
經十卷詩帙一　菩薩地持經十卷賢帙一　菩薩善戒經九卷　淨業障經一卷別帙一　優婆塞戒經七卷
梵網經二卷　受十善戒經一卷念帙一　菩薩瓔珞本業經二卷　佛藏經四卷　菩薩善戒經一卷作帙一　菩
薩內戒經一卷　優婆塞五戒威儀經一卷　大乘三聚懺悔經一卷　菩薩五法懺悔文一卷　菩薩藏
卷三曼陀颰陀羅菩薩經一卷　菩薩受齋經一卷　舍利弗悔過經一卷　文殊悔過經一卷　法律三昧經一
卷十善業道經一卷聖帙一　大智度論一百卷十帙德建名立形端表正空谷　十地經論十二卷　傳
帙一　彌勒菩薩所問經論五卷　大乘寶積經論四卷　寶髻菩薩四法經論一卷寶帙一　佛地經論七卷　金
剛般若論二卷溫帙一　金剛般若波羅蜜經破取著不壞假名論二卷　文殊師利菩薩問菩提經論二
卷堂帙一　勝思惟梵天所問經論四卷　涅槃論一卷　涅槃經本有今無偈論一卷　遺教經論一卷　三具
經論一卷　無量壽經論一卷　轉法輪經論一卷習帙一　瑜伽師地論一百卷十帙禍因惡積福緣善
慶尺　顯揚聖教論二十卷璧非　瑜伽師地論釋一卷　顯揚聖教論頌一卷　王法正理論一卷　大
阿毗達磨集論七卷寶帙一　大乘阿毗達磨雜集論十六卷　中論四卷寸陰　般若燈論釋十五卷是
二門論一卷　十八空論一卷　百論二卷　廣百論本一卷是競帙二　大乘廣百釋論十卷資一　成唯識論
十卷盡帙　大丈夫論二卷　入大乘論二卷　大乘掌珍論二卷　大乘五蘊論一卷　大乘廣五蘊論一卷　大
乘起信論一卷　寶行王正論一卷命帙一　摩訶衍論十卷寧帙一　大乘本生心地觀經八卷壁帙一　大乘
理趣六波羅蜜經十卷杜帙一　道宗皇帝所辦石經大碑一百八十片　十住斷結經碑五片
花手經碑二十五片　佛名經碑二十片　大威德陀羅尼經碑二十八片　摩訶摩耶經碑一片　不
薩瓔珞經碑一十一片　大法炬陀羅尼經碑三十片　五千五百佛名經碑一十三片　不空羂索神
變真言經碑七片　賢劫經碑□十八片　入法界體經碑一片　須真天子經碑一片　佛說德護長
者經碑二片　超日明三昧經碑□片　佛說浴像功德經碑一片　未曾有因緣經碑二片　不思議
功德諸佛所護念經碑三片　佛說成具光明定意經碑一片　佛說妙法決定業障經碑一片　佛說
寶網經碑一片　過去莊嚴劫千佛名經碑一片　未來星宿劫千佛名經碑一片　見在賢劫千佛名
經碑二片　天慶八年戊戌朔五月戊午十七日戊戌甲寅時建　燕臺沙門　雅和書
夫見古之墓壙得銘石者其石溫潤其字分朗今經碑穿地穴秘藏者取久固不毀者也　沙門　志德
當寺首座沙門　志酬　寺主講論沙門　志愍　尚座講經沙門　善相　都和講經沙門　志興

大遼涿州涿鹿山雲居寺續秘藏石經塔記
古之碑者用木爲之乃葬祭饗聘之際所植一
因其上不忍去之自秦漢已降生而有功德政
本從來所尚不可磨焉豈秦焚書後聖人經典
教來自西國梵文貝葉此譯華言盡書竹帛
□變或時久而蠹爛孰更印度來請興由是發
可悲夫　有隋沙門靜琬深慮此事厲志發
貞琬藏諸山實大願不終而攙化門人導公儀
師纘至　大遼留公法師奏聞　聖宗
興宗皇帝賜錢又造相國楊公遵勗梁公穎奏

大遼涿州涿鹿山雲居寺續秘藏石經塔記（第一面、第二面）上

經塔記　懋題沙門　志才　撰

除所植一大木而字以石者取其堅而久也後人銘

□功德政事者亦碑之欲圖不朽易之以石雖失其

聖人經典多刻貞石如類碑而已矣且浮圖經

書竹帛或邪見而毀滅或瀑水而漂溺或兵火而

興由是發懷理隱行以果蒸群生蠢蠢盡陷苦途實

事厲志發願於大業季中至涿鹿山以大藏經刻於

大導公儀公暹公法公師資相踵五代造經亦未滿

聞聖宗皇帝賜普度壇利錢續而又造次

□公穎奏　聞道宗皇帝賜錢造經四十七帙

大遼涿州涿鹿山雲居寺續秘藏石經塔記（第一面、第二面）下

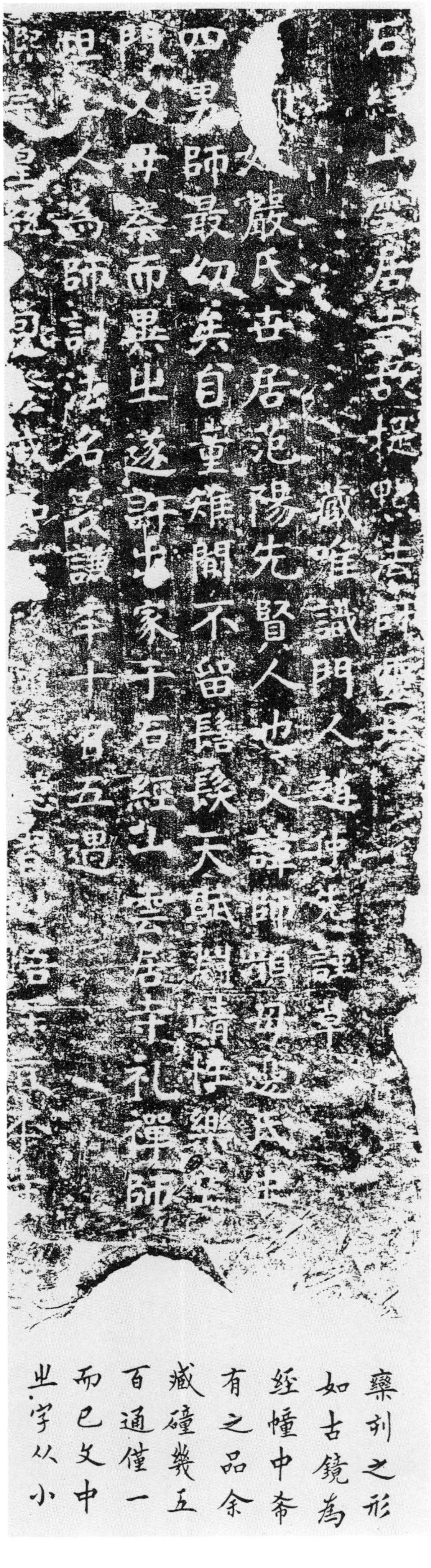

石經山雲居寺故提點義謙法師靈塔銘（趙仲先撰并書）①

金泰和元年（1201）二月

拓片高75厘米、每面寬27厘米

八面刻，存六面。第一面篆題“謙公法師靈塔”六字及梵文《准提佛母真言》《生天真言》。石原在房山雲居寺，已佚。此爲中國國家圖書館藏葉昌熾“五百經幢館”舊藏拓片，有葉氏題跋。

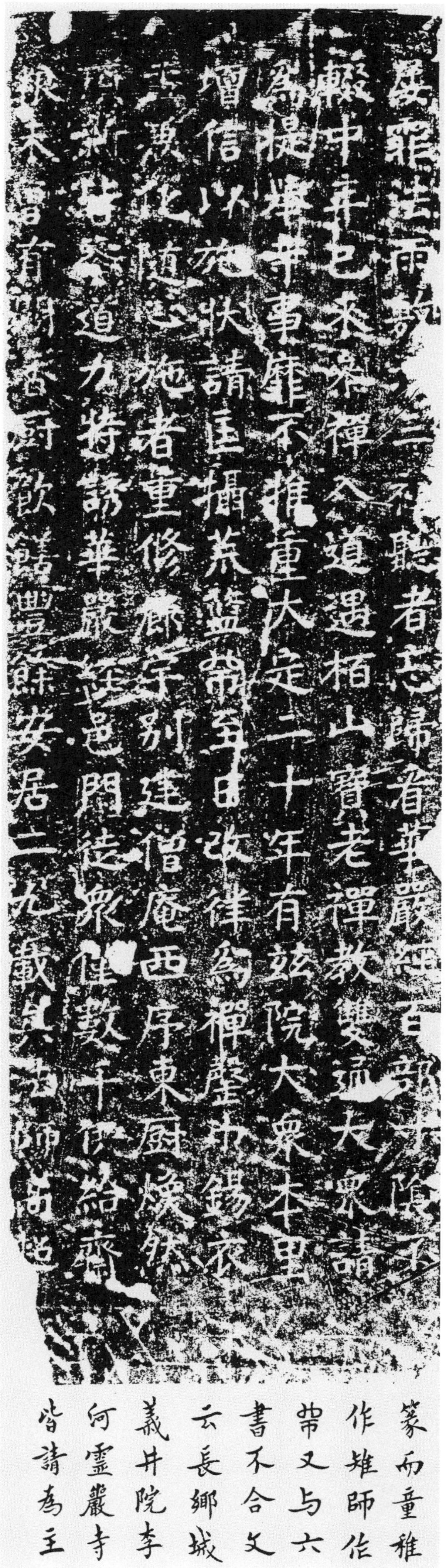

石經山雲居寺故提點義謙法師靈塔銘②

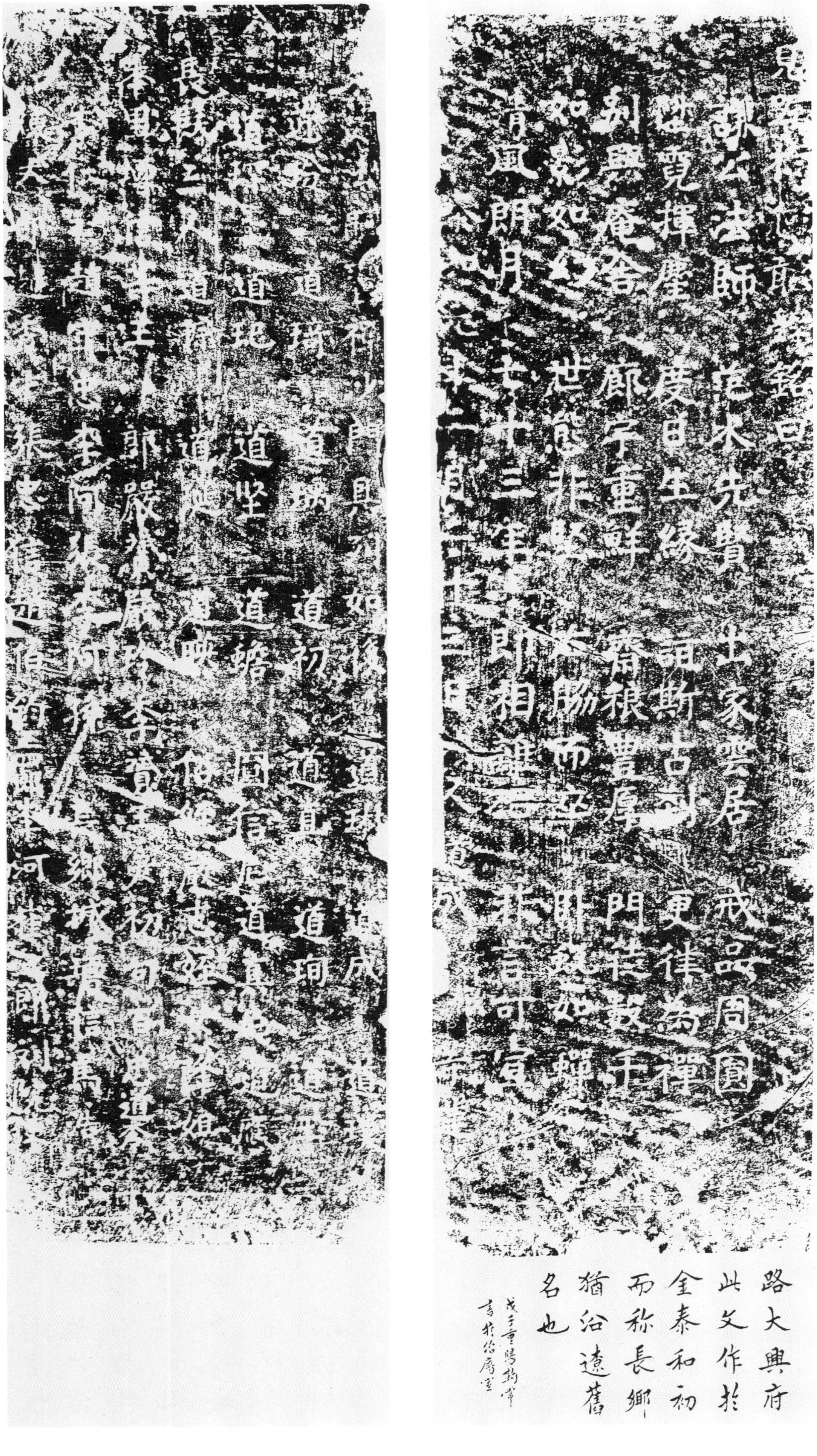

石經山雲居寺故提點義謙法師靈塔銘③

碑誌

韓智墓誌　隋開皇九年（589）十一月
誌蓋高、寬均 48.5 厘米　誌高、寬均 49 厘米
　　1992 年 7 月北京房山區韓村河鎮東宮曹章村出土。誌、蓋一合。誌蓋篆書“韓君墓誌”4 字。誌石現藏房山區文物管理所。

誌蓋

韓智墓誌篆蓋

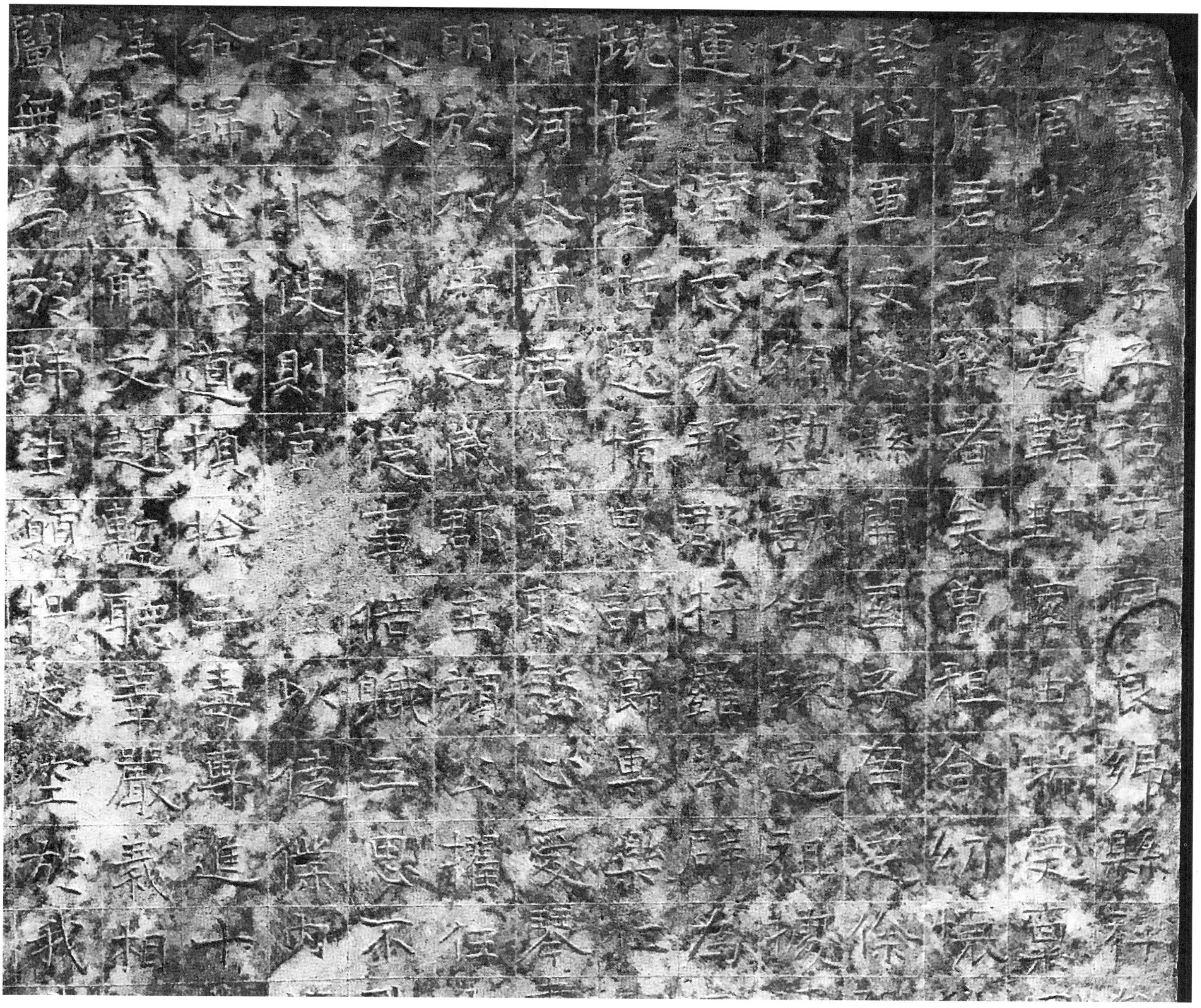

韓智墓誌（原石局部）

韓輔墓誌　隋仁壽元年（601）十一月
高 53 厘米、寬 53 厘米

1992 年 7 月北京房山區韓村河鎮東宮曹章村出土。誌蓋楷書“韓君墓誌”4 字。誌云，韓輔生前“捨已珍物，勸導鄉親，共造一切經，并作經藏。”誌石現藏房山區文物管理所。

誌蓋

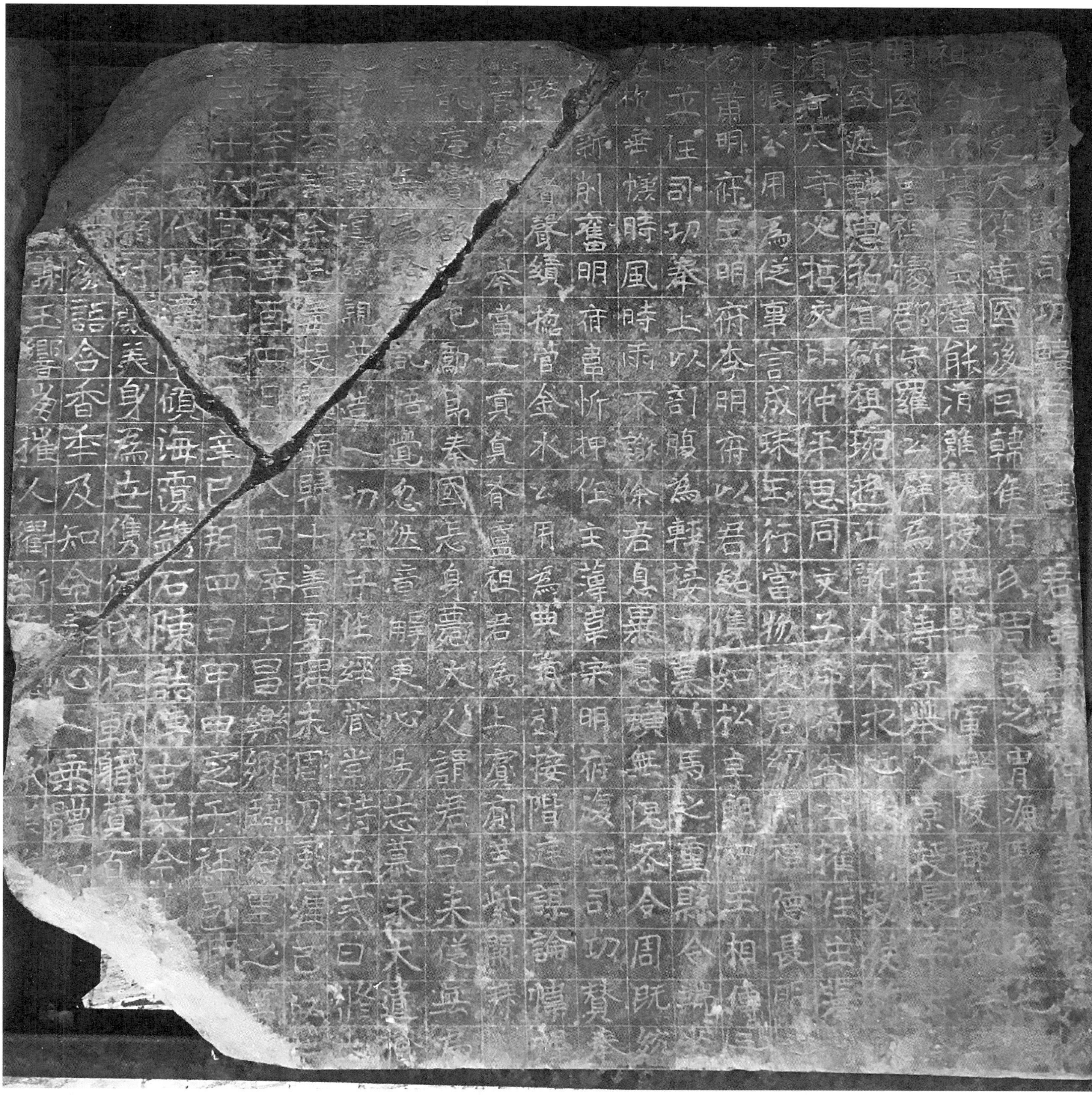

韓輔墓誌原石

誌蓋

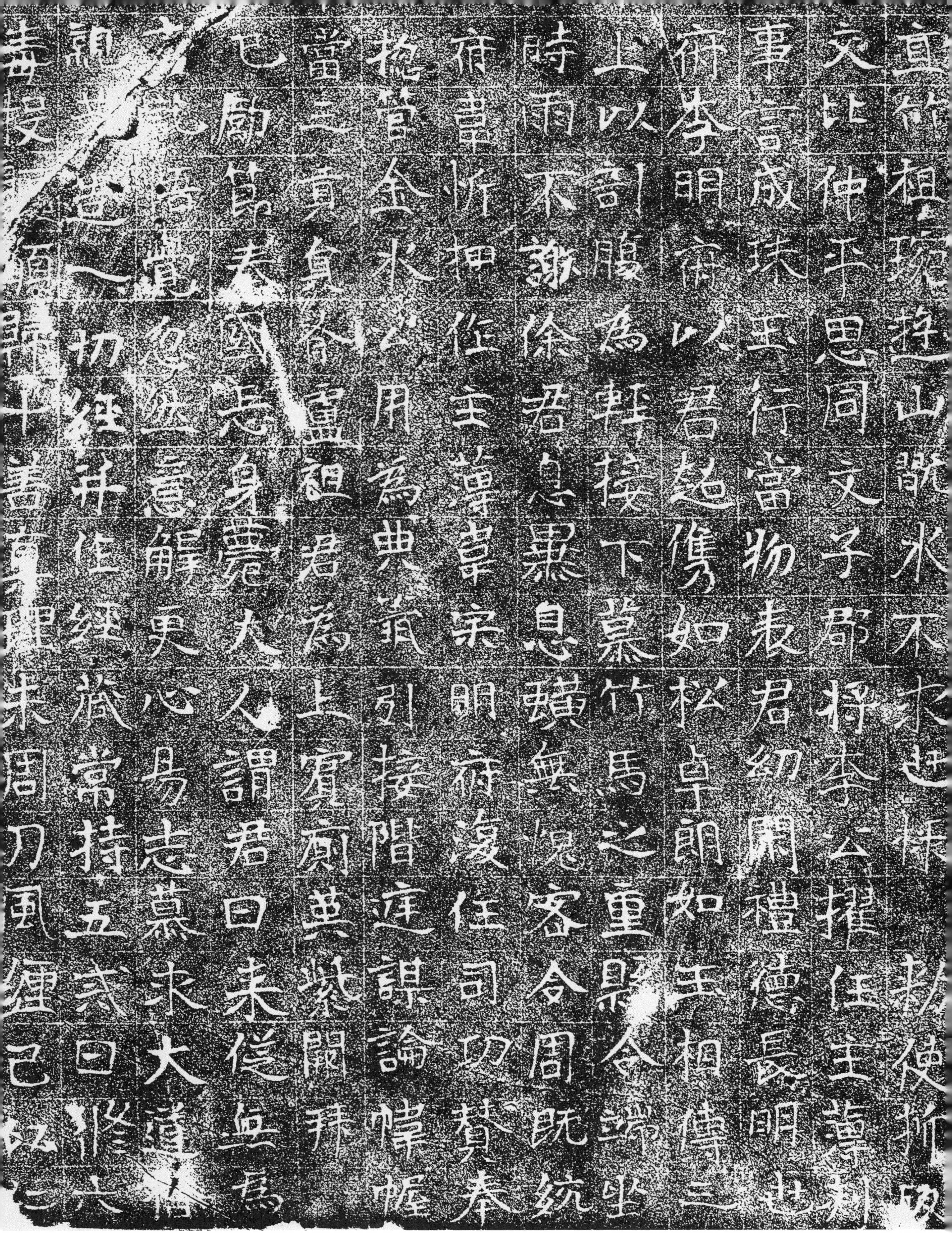

韓輔墓誌（局部）

韓輔墓誌（原石局部）

碑陽篆額

賢劫千佛造像碑　唐武德四年（621）正月

碑身高 228 厘米、寬 95 厘米、厚 37 厘米

四面刻佛造像。20 世紀 70 年代北京房山竇店出土，碑現藏雲居寺。碑陽篆額自右向左橫刻“賢劫千佛之碑”陽文 6 字，碑陰中部刻正書唐武德四年（621）正月良鄉縣令宏慈洛發願文。

賢劫千佛造像碑碑陰發願文

賢劫千佛造像碑出土和保護情況

賢劫千佛造像碑出土狀態（局部）①

賢劫千佛造像碑出土狀態（局部）②

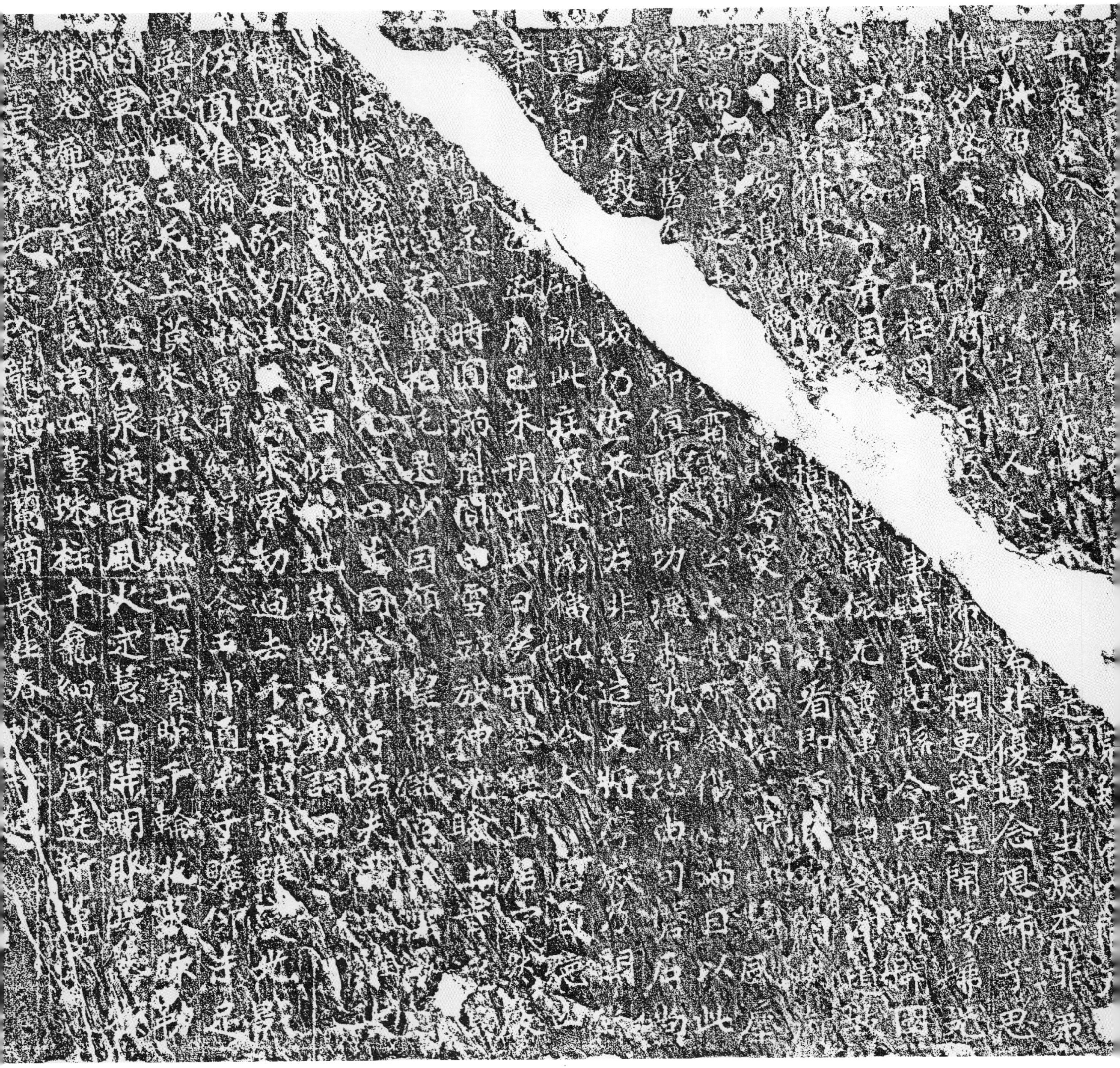

賢劫千佛造像碑宏慈洛發願文　唐武德四年（621）正月
拓片高 47 厘米、寬 50 厘米　雲居寺文物管理處藏

（碑側）

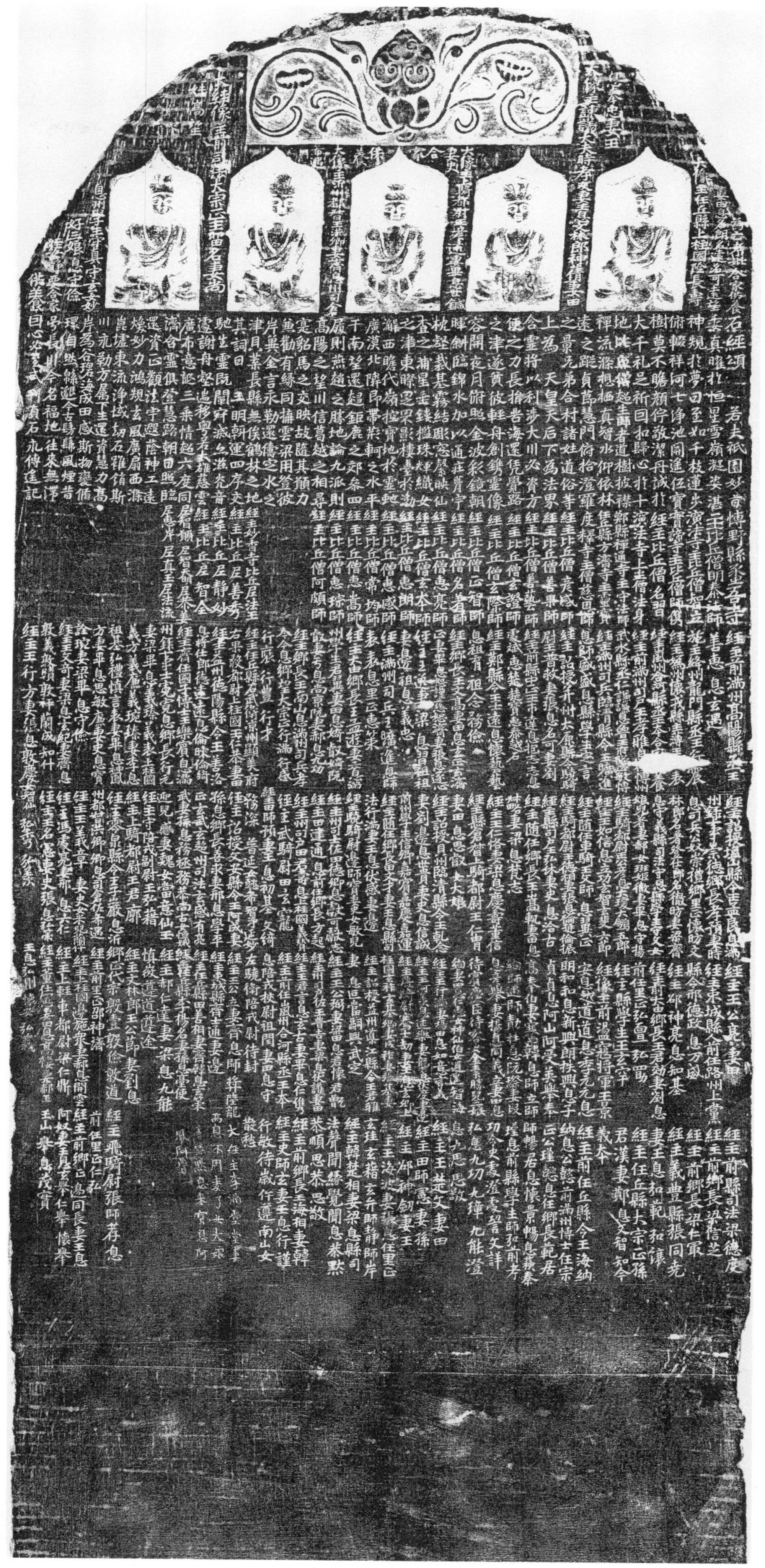

石經頌經碑　唐儀鳳三年（678）七月

拓片高194厘米、寬88厘米　破禪室藏

两面刻，碑陽刻《彌勒上生經》，首題“大唐天皇供養”“天后供養”及“大像主前里正王醜胡、妻邊”等題名。此碑陰、碑側，刻《石經頌》及經主題名。碑原立地點及存佚皆不明，大致應在唐代幽州地區。此爲舊拓。

石經頌經碑（局部）

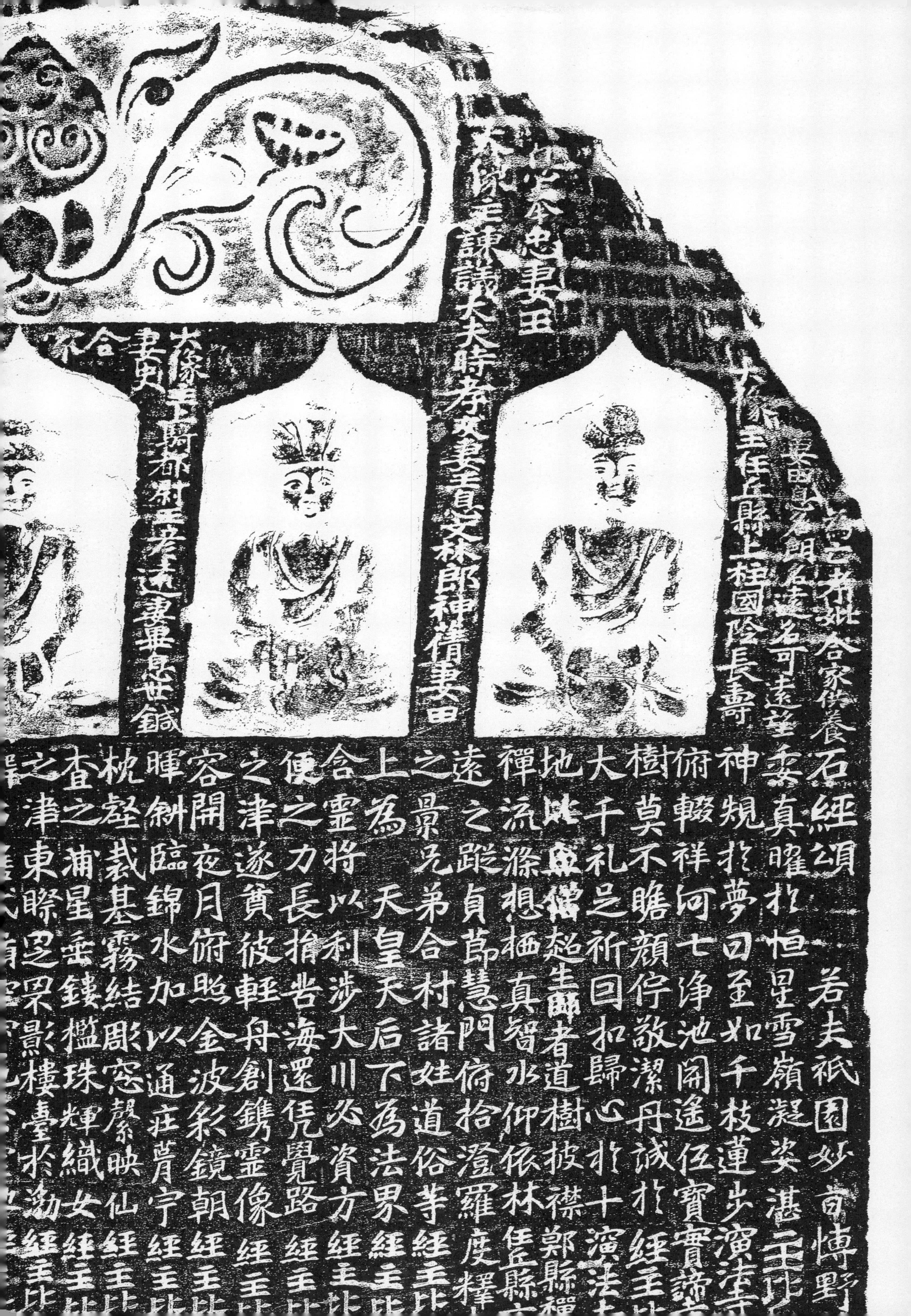
亡者姚合家供養
□母息□名遠名可遠望
大像主任上騎上柱國陰長壽
大像主朝議大夫時孝友妻王息文林郎神倩妻田
□全忠妻田
大像主上騎都尉王孝遠妻畢息世鐵
妻史
合□

石經頌 若夫祇園妙音博野
委真曜於恒星雪嶺凝姿湛主比
神規於夢日金如千枝蓮步演達等
俯輟祥河七淨池開遙任寶實諦
樹莫不瞻顏佇敬潔丹誠於經主比
大千礼足祈回扣歸心於十演法
地跡龕纏超生壽者道樹披襟鄭縣
禪流滌想栖真智水仰依林凭縣
遠之蹤貞節慧門俯拾澄羅度釋
之景兄弟合村諸姓道俗等經主比
上為 天皇天后下為法界經主比
合靈将以利涉大川必資方經主比
便之力長指告海還凭覺路經主比
之津遂貧彼輕舟創鐫靈像經主比
容開夜月俯照金波彩鏡朝經主比
暉斜臨錦水加以通莊甍宇經主比
枕壁栽基霧結彫窓鬈映仙經主比
查之浦星垂鏤檻珠輝織女經主比
之津東睽罘罘影樓臺於渤經主比

郭君墓誌（王利貞撰） 唐開元二十一年（733）七月
拓片高、寬均 77 厘米

誌、蓋一盒，1981 年 11 月北京海澱區釣魚臺東門（今三里河路東側）出土。王利貞亦是雲居寺太極元年塔銘撰文者。

誌石現藏北京石刻藝術博物館。

誌蓋

大唐故金仙長公主誌石銘并序
中大夫守太僕少卿集賢院學士上柱國慈源縣開國公臣徐嶠奉　勑撰
玉真公主書
仰觀景宿河漢麗其天孫緬閱虞篇瀟湘降于帝子則仙嶽遙啓其碧鏤軿車秀出於
紫微莫不秩比藩侯禮同王后矜榮教舞恃寵求郎未有糠粃膏腴浮雲驕貴悟指馬
以齊物歸道德以全貞簡冊之所未傳斯見于　金仙長公主矣
公主諱無上道
太宗文武聖皇帝之曾孫
高宗天皇大帝之孫
睿宗大聖貞皇帝之女
今上之第八妹也粵若　帝唐省慶重光故以謀孫翼子葳蕤典章者也
公主派貞氣於渦水稟胎教於文姒其仙姿也明月吐於錦雲其淑問也惠風拂於瓊
蘂　先帝昔居藩邸時封西城縣主及登極進冊金仙公主年十八入道廿
三受法若夫金印紫綬縣主之榮也緺帶青圭公主之貴也固將脫落容服傲睨徽章
薄菁卉而不顧想琪林之可掇皆公主之志也節也　先帝亦許之成之於
是曳月帔震虹瑛詣金闕陪玉京師大宗位上清薦環玦刻金名侶九仙而高視齊十
聖而忘情不亦休矣暨　王上聞昇　大寶仁先友愛進封長公主
加實賦一千四百戶焉仍於京都雙建道館館臺北闕接笙歌於洛濱珠閣西臨聆簫
曲於秦野雖　寵光荐及而沖用愧然諷蘂書於紫空披雲篆於碧落餌四明
之汋鍊五氣之牙金華王妃風遊煙會然則長生之藥祈王母而未遂掩心之鏡訪秦
宮而莫覩遽娩三元之筭不嘗四劫之瓜魯館長虛平原徒在姑山永曀遊海莫追以
壬申之年建午之月十日辛巳薨於洛陽之開元觀春秋卌有四越以景子之年七月
己卯朔四日壬午啓舊塋而自洛即陪葬于　橋陵禮也宗正假節蘭臺護
駕象物空陳天倪永謝十絶霞軿五軒雲奔鴻驚洛浦鶴舞吴軒栢擯橋於西鎬陪畢
陌於北原皇女臺兮壽陵園松聲日暮兮何言其銘曰
士師典刑政理以平柱史作吏道德垂嗣克誕天孫允懷仙志白雲紫休應希微星披
婺彩月䀹娥暉壽駐昌容道高衆愛孰繼仙籍價光
帝妹爰披鈞緍指其組帶首冠霄冕胥鳴山珮鸞步瀛宮鳳迎芝蓋以合視古秀出千
載火炎易滅臺高易傾悟茲為誠怡然解形神辭洛浦簫去秦京文園陪葬法侶傷情
情傷涕泗兮徒滂沱　山陵相望兮鬱嵯峩碑字生金兮歲月多荒阡日暮
兮將奈何
開元廿四年太歲景子七月己卯朔四日壬午
梁州都督府戶曹參軍直集賢院衛靈鶴奉　敕令模勒并題篆額

金仙長公主誌石銘并序（徐嶠撰、玉真公主書、衛靈鶴鐫）　唐開元二十四年（736）七月
拓片高 128 厘米、寬 128 厘米　破禪室藏

誌、蓋一盒，1974 年陝西蒲城縣橋陵出土。陝西蒲城博物館藏石。

金仙長公主誌石銘并蓋

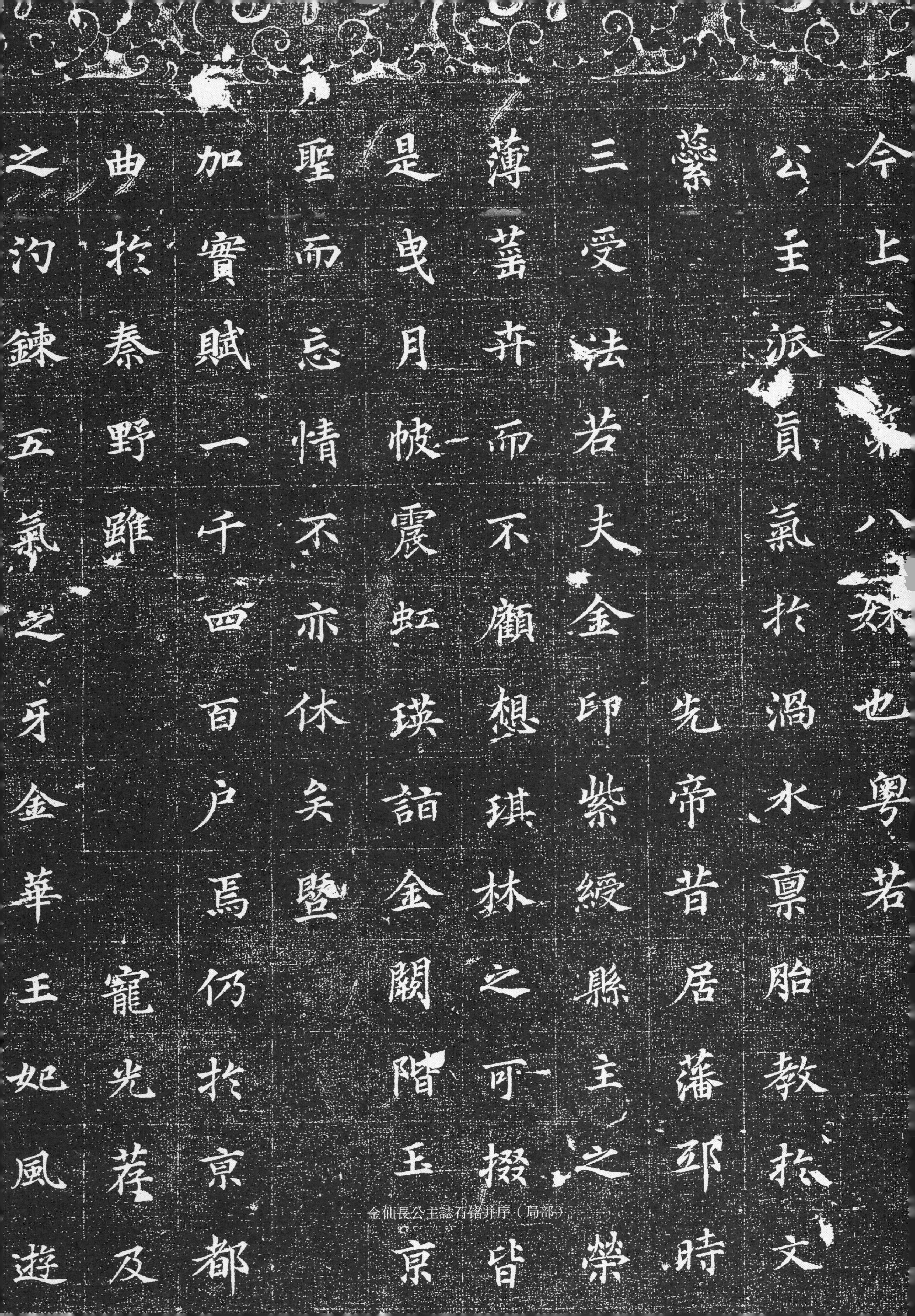

金仙長公主誌石銘并序（局部）

大唐故金仙長公主誌石銘并序

玉貞公主書

中大夫守大理少卿

仰觀景宿河漢麗其天孫緬閲虞

紫微莫不秩比藩侯禮同王后矜

以齊物歸道德以全貞簡冊之所

公主諱無上道

太宗文武聖皇帝之曾孫

高宗天皇大帝之孫

睿宗大聖真皇帝之

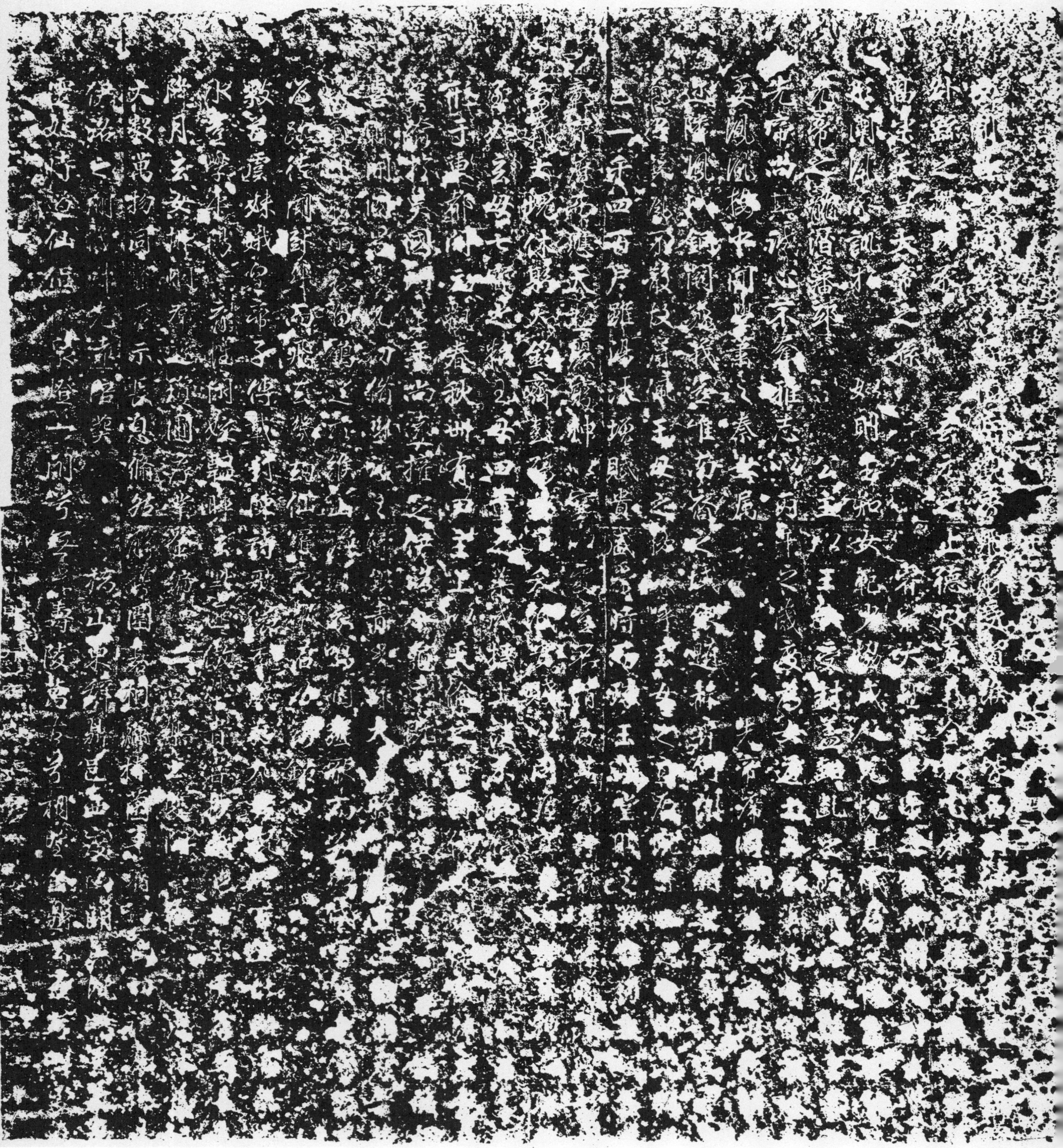

金仙長公主碑（徐嶠撰） 唐開元末年

拓片高 122 厘米、寬 114 厘米　中國國家圖書館藏

碑在陝西蒲城縣橋陵。書撰人殘泐，據趙明誠《金石録》，爲徐嶠撰，唐玄宗行書。拓片存上半部分。

大房山孔水洞投龍璧記刻石（張湛撰） 唐開元二十七年（739）三月

拓片高 39 厘米、寬 73 厘米　中國國家圖書館藏

石原在北京房山區孔水洞，已佚。人名被有意鑿毁。此爲繆荃孫、孫世珩、章鈺遞藏舊拓本。

孔水洞隋唐造像　張永强 2020 年 10 月攝

造像左右兩側、下端均有刻經及題記，待考。20 世紀 80 年代，考古工作者在洞内發現唐代投放的金龍等珍貴文物，現藏房山區文物管理所。

孔水洞内景

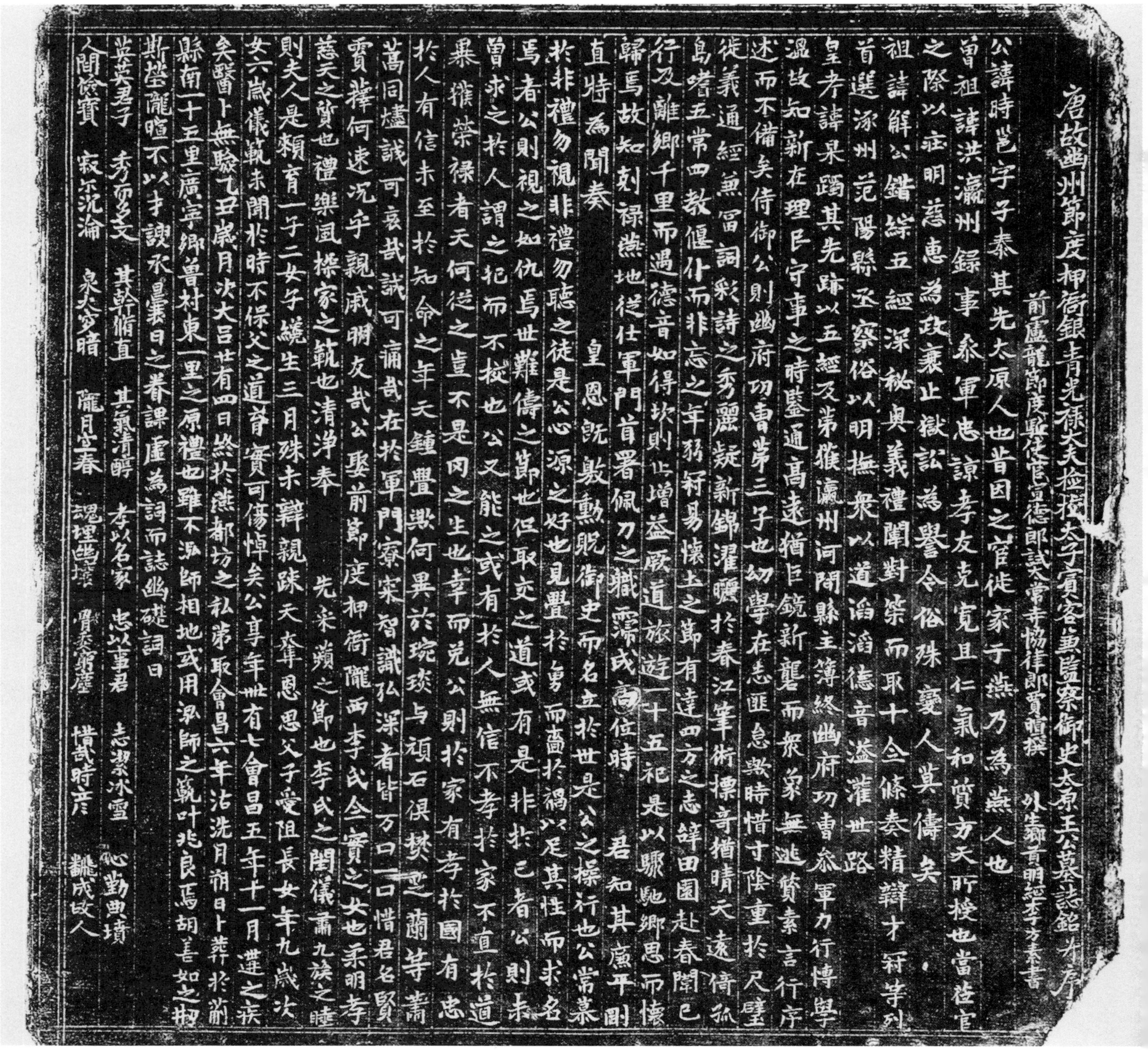

唐故幽州節度押衙銀青光祿大夫檢校太子賓客兼監察御史太原王公墓誌銘并序

前盧龍節度驅使官宣德郎試太常寺協律郎賈暄撰　外生鄉貢明經李方素書

公諱時邕字子泰其先太原人也昔因之官徙家于燕乃為燕人也曾祖諱洪瀛州録事參軍忠諒孝友克寬且仁氣和質方天所授也當莅官之際以莊明慈惠為政褰止獄訟為譽令俗殊變人莫儔矣祖諱解公鍇綜五經深秘奥義禮闈對策而取十全條奏精辯才冠等列首選涿州范陽縣丞察俗以明撫衆以道滔滔德音溢灌世路皇考諱杲蹈其先跡以五經及第獲瀛州河間縣主簿終幽府功曹參軍力行博學温故知新在理臣守事之時鑒通高遠猶巨鏡新磨而衆象無逃貧素言行序述而不備矣侍御公則幽府功曹第三子也幼學在志匪怠數時惜寸陰重於尺璧從義通經兼富詞彩詩之秀麗疑新錦濯曜於春江筆術標奇猶晴天遠倚孤島嗜五常四教偃仆而非忘之年務冠易懷土之節有達四方之志辭田園赴春闈已行及離鄉千里而遇德音如得坎則止增益厥道旅遊一十五祀是以驟馳鄉思而懷歸焉故知刻祿燕地從仕軍門首署佩刀之職霈戎司位時　君知其廉平剛直特為聞奏　皇恩既敷勳䏶御史而名立於世是公之操行也公常慕於非禮勿視非禮勿聽之徒是公心源之好也見豐於身而畜於禍以足其性而求名焉者公則視之如仇焉世難儔之節也但取交之道或有是非於己者公則未曾求之於人謂之犯而不校也公又能之或有於人無信不孝於家不直於道畢獲榮祿者天何從之豈不是因之生也幸而免公則於家有孝於國有忠於人有信未至於知命之年天鍾釁數何異於琬琰與頑石俱焚芝蘭等蕭蒿同燼識可哀哉識可痛哉在於軍門寮寀智識弘深者皆万口一口惜君名賢賈犇何速况乎親戚朋友哉公娶前節度押衙隴西李氏令寶之女也柔明孝慈天之質也禮樂風操家之範也清淨奉　先承蘋之節也李氏之閨儀肅九族之睦則夫人是賴育一子二女子纔生三月殊未辯親疎天奪恩愛父子受阻長女年九歲次女六歲儀範未聞於時不保父之道脊實可傷悼矣公享年卌有七會昌五年十一月遘之疾矣醫卜無驗乙丑歲月次大呂廿有四日終於燕都坊之私第取會昌六年沽洗月朔日卜葬於薊縣南一十五里廣寧鄉曽村東一里之原禮也雖不泒師相地或用泒師之藭叶兆良焉胡善如之柳斯塋隴暄不以才諛承曇曩日之眷課虛為詞而誌幽礎詞曰

莫莫君子　秀而多文　其幹循直　其氣清醇　孝以名家　忠以事君　志潔冰雪　心勤典墳　人間儉寶　寂爾沉淪　泉大夜暗　隴月空春　魂埋幽壤　骨委窮塵　惜哉時彥　永成故人

王時邕墓誌（賈暄撰、李方素書）　唐會昌六年（846）三月
拓片蓋高、寬均64厘米，誌高、寬均61厘米

誌、蓋一盒，1985年北京豐臺區槐房鄉六必居醬菜園施工現場出土。其誌蓋係用《釋迦牟尼佛畫贊》殘石改製而成。誌石現藏北京石刻藝術博物館。

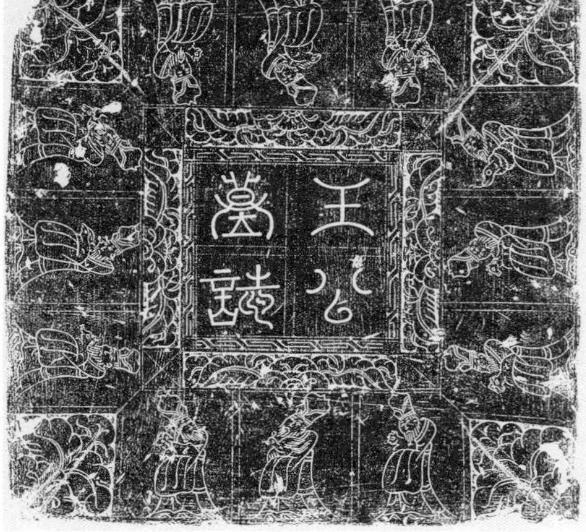

誌蓋

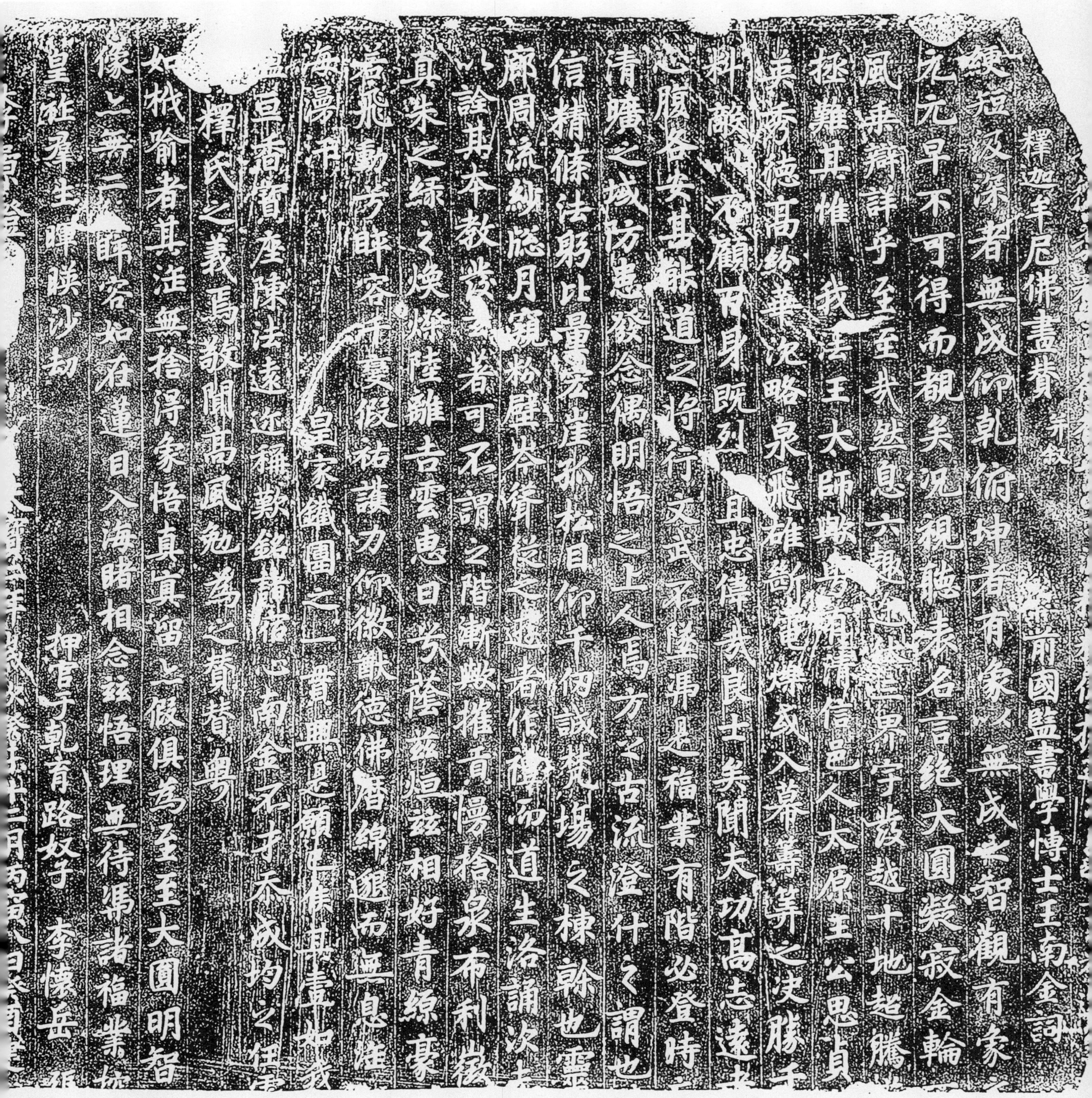

釋迦牟尼佛畫贊并叙（王南金詞） 唐天寶二年（743）十二月

拓片高、寬均 64 厘米

王南金爲前國監書學博士。下部殘失，刻於《王時邕墓誌》誌蓋背面。書法高超，有《蘭亭集序》筆意。

雲居寺故寺主真性律師碑（律大德碑）
唐咸通八年（867）十一月
碑首高 64 厘米、寬 102 厘米、厚 18 厘米
碑身高 205 厘米、寬 100 厘米、厚 18 厘米

螭首，首身一體，額題篆書“唐故律大德道行之碑”9 字。20 世紀 70 年代從雲居寺杖引河東麥田中運回，現藏雲居寺北塔碑廊。

釋真性曾參與了房山石經的雕造事業，見 3 洞 204《大般若波羅蜜多經》卷第四百五十五“邑主和尚真性”及邑録、邑人題名。9 洞 178《佛説七俱胝佛大心準提陁羅尼經碑》碑陰尚有“雲居寺大德僧真性”與寶刹寺律座主僧惟簡、花嚴座主僧常辨、金閣寺道場僧普幽等造經題名。

（原石局部）①

碑首

（原石局部）②

雲居寺故寺主真性律師碑
（何籌撰、張景琮書）
唐咸通八年（867）十一月
拓片高260厘米、寬100厘米
雲居寺文物管理處藏

雲居寺主真性律師碑（局部）①

□□□□□切之□□既示一乘又開不二執之
迷□□□□也□祖及文悔爲夷名去
□道□□□□□□□清□□去乃受
亦□□□□□□者書違之色誠順性之
二百五十年□□□□肉柳公八方四千
於苦行者□時尤秀誦頌者合寺者首年
禪律雅召君非過緬何以悦衆
寺衆僉以其釋志不可奪乃言曰佛
寺書賀大德陸平等慧用圓明規繩
深恐相望佛宇益宗常住滋贍是知首
力行如人轉藏經七編大德宿植精

雲居寺主□□律師碑（局部）（2）

雲居寺故寺主真性律師碑舊拓

拓片高205厘米、寬103厘米

此爲楊守敬藏舊拓本。

孫士林神道碑　唐光啓四年（888）五月

碑高206厘米、寬85厘米、厚26厘米

螭首，首身一體，碑額篆書“大唐故樂安郡孫公神道之碑”12字。碑座佚，碑文多漫漶。20世紀70年代自房山北白岱村運回，現立於雲居寺北塔碑廊。

碑首篆額

碑首篆額拓片

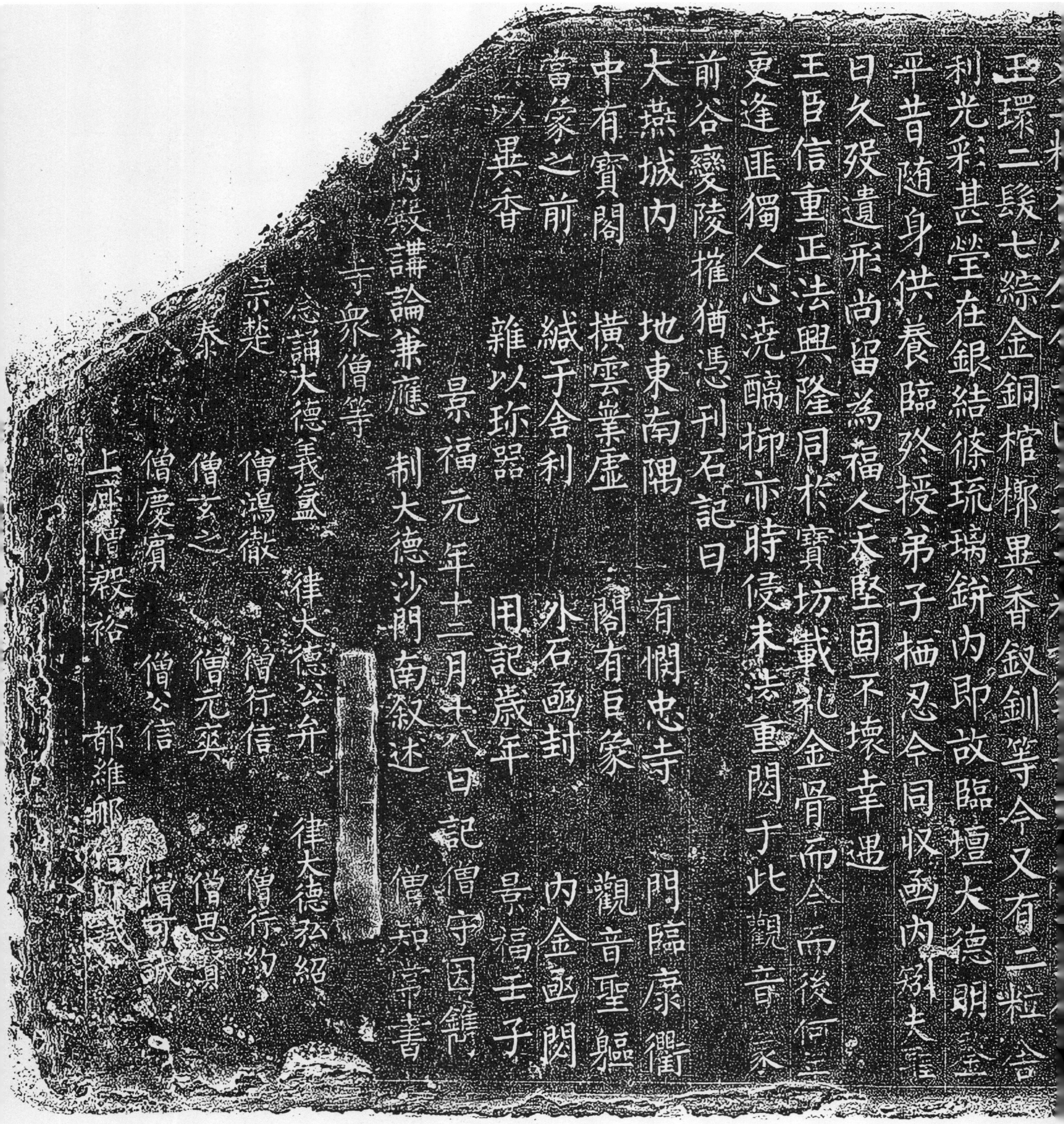

憫忠寺重藏舍利記刻石（釋南叙撰、僧知常書） 唐景福元年（892）六月
拓片高 48 厘米、寬 97 厘米 破禪室藏

此刻是記述隋唐時期幽州地區瘗藏佛舍利的重要石刻文獻。石藏北京法源寺憫忠臺。

重藏舍利記

葬舍利僧復嵩

茲舍利者昔隋文帝藩龍日有梵僧自印土至授舍
利曰此釋迦佛遺形耳檀越可為主洎登寶位年號仁[illegible]
廿年改仁壽至仁壽二年壬戌正月勅天下大州一百[illegible]
舍利塔時幽州節制竇抗創造五層大木塔飾以金[illegible]
扃舍利於其下至[illegible]大唐文宗皇帝大和八年甲[illegible]
二百卅三年天火焚塔迩後五六年間　武皇[illegible]
教至　宣宗初登寶位歲在丙寅勅從廢藍將[illegible]
得石函於故基下時　旌麾清河公暁示人[illegible]
洪施遷藏於憫忠寺多寶塔下復經卅三載中[illegible]
歲在壬寅又值火灾延憫忠寺樓臺俱燼旋遇[illegible]
陶大空侶不朞年
隴西令公大王大庇生靈巨崇像設捨已祿俸造[illegible]
閣檣壯妙嚴逾於舊貫寺僧復嚴陳力化道[illegible]觀音
當景福壬子年僉欲遷舍利於閣內乃陳辭上請
請發封壤　上許之即是年六月徒侶雲萃各竭其[illegible]
塵壇曜靈香坌人手未淹食須俄逢巨函縫印香浥
鐫貞石繇是撤其蓋發其緘舍利光芒異香郁烈[illegible]
狀捧金函詣子東門上獻　旌幢中權後營皆[illegible]
沐心通宵瞻礼重沓僶施復還本寺顯示城隍道[illegible]

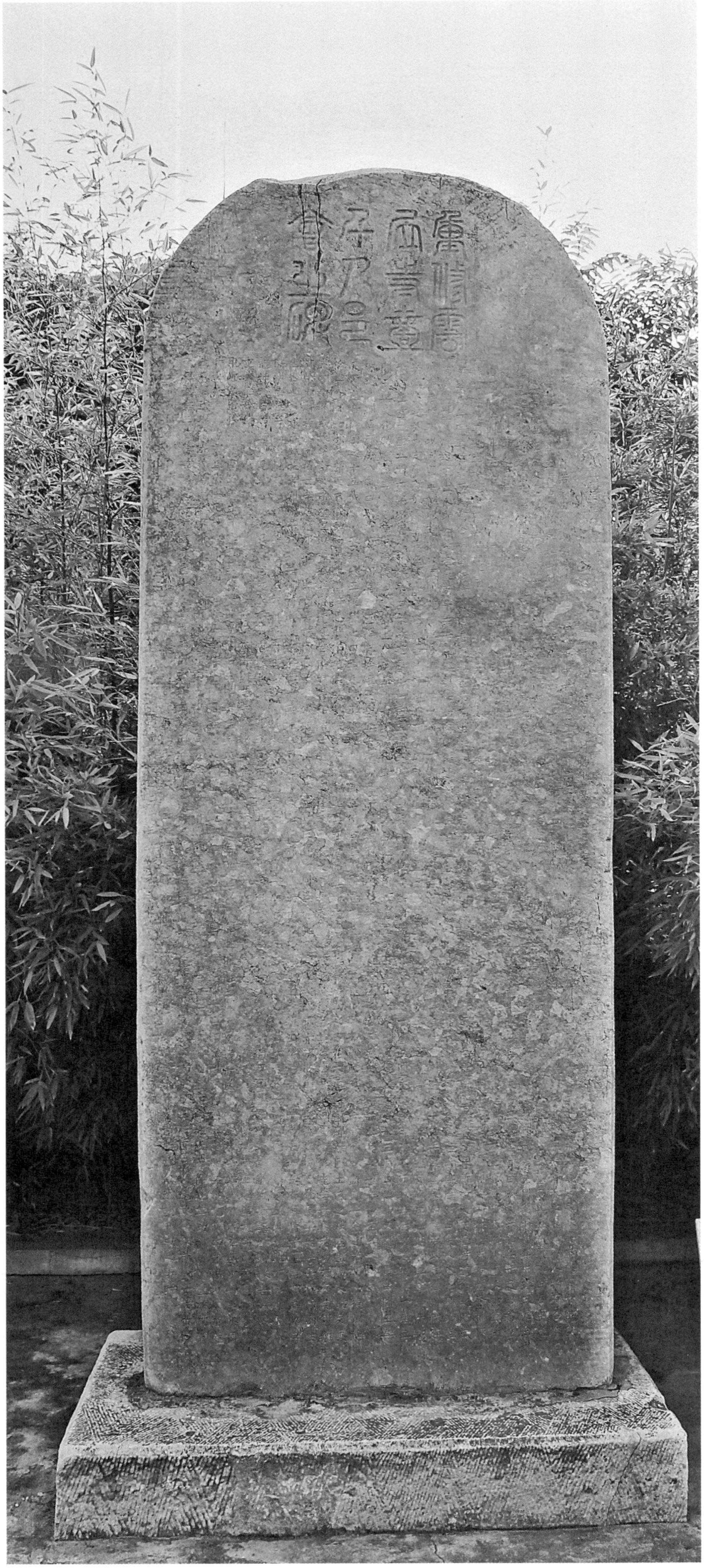

重修雲居寺壹千人邑會碑
遼應曆十五年（965）初刻　統和二十三年（1157）八月重立
碑高209厘米、寬103厘米、厚26厘米

首身一體，碑額篆書“重修雲居寺壹千人邑會之碑”12字。兩面刻，碑陽鐫王正撰《重修范陽白帶山雲居寺碑并序》、釋智光撰《重鐫雲居寺碑記》二篇，碑陰施主題名。鄭熙書，李延照鐫。20世紀70年代雲居寺東杖引河西岸發現并運至寺内。碑現藏雲居寺。

碑首

（原石局部）

重修雲居寺壹千人邑會碑（王正、釋智光撰、鄭熙書）
遼應曆十五年（965）初刻　統和二十三年（1157）八月重立
拓片高 205 厘米、寬 98 厘米　中國國家圖書館藏
此爲陸和九舊藏清光緒間拓本。

重修雲居寺壹千人邑會碑（碑陽局部） 近拓

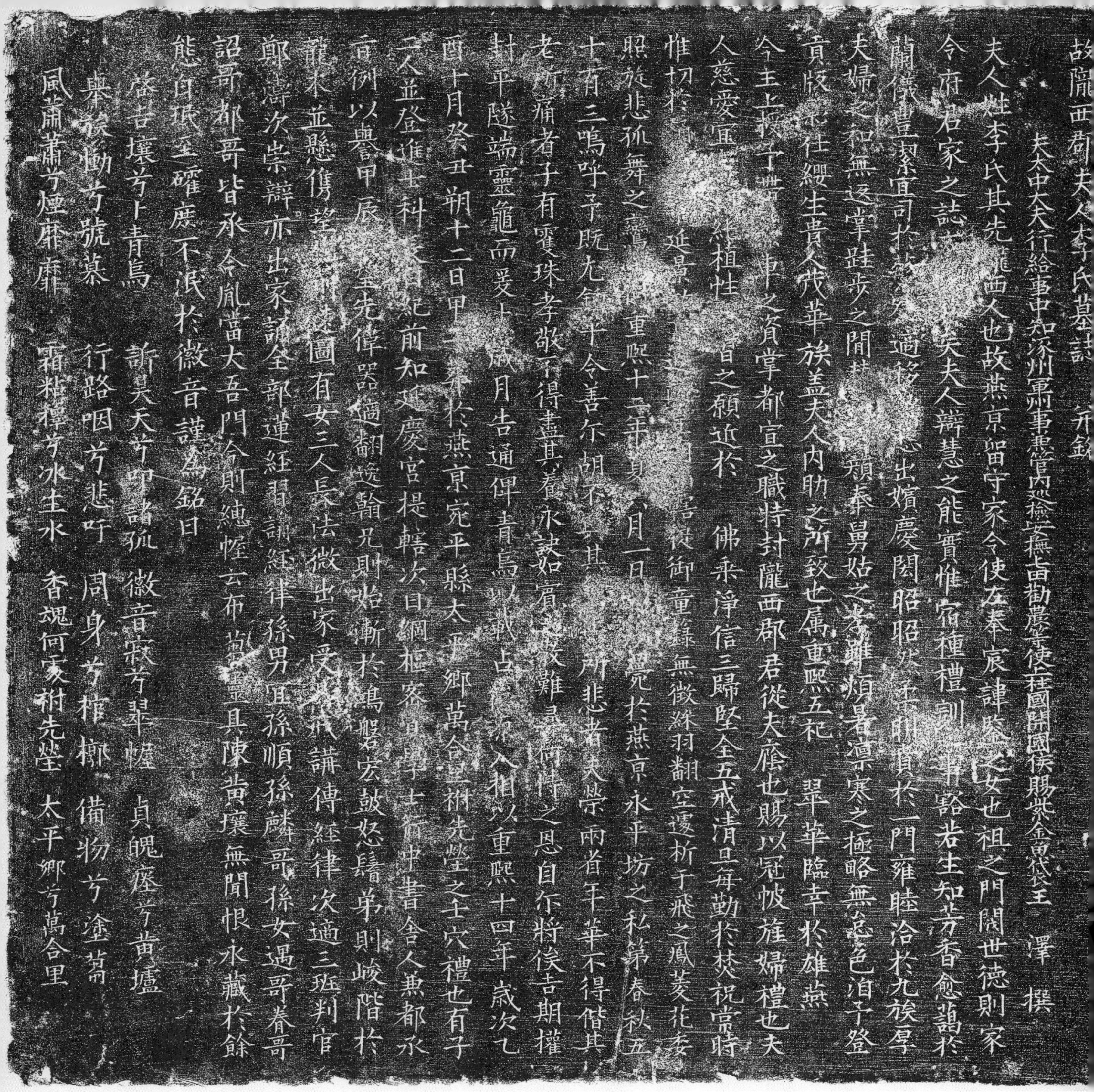

故隴西郡夫人李氏墓誌并銘

大中大夫行給事中知涿州軍州事兼管內巡檢安撫屯田勸農等使上柱國開國侯賜紫金魚袋王　澤　撰

夫人姓李氏，其先隴西人也。故燕京留守家令使左奉宸諱鑒之女也。祖之門閥世德，則家令府君家之誌□詳矣。夫人辯慧之能，實惟宿植；禮則□□□齡若生知。芳香愈藹於蘭儀，豐潔宜司於□□。適□□□出嬪慶閟，昭昭□□明貫於一門，雍睦洽於九族。厚夫婦之和，無違掌□步之間，□□頻奉舅姑之孝，雖煩暑凛寒之極，略無怠色。洎予登貢版，□仕纓生，貴人茂華族，蓋夫人內助之所致也。屬重熙五祀，翠華臨幸於雄燕，今主上授予□□中之資，掌都宣之職，特封隴西郡君，從夫廕也；賜以冠帔，旌婦禮也。夫人慈愛宜□□□□紀植性□□□旨之願近於　佛乘，淨信三歸，堅全五戒，清旦每勤於焚祝，常時惟切於□□□延景□□□□□□言從御童籙無徵，綵羽翻空，遷析于飛之鳳；菱花委照，旋悲孤舞之鸞。□重熙十二年夏□月一日，薨於燕京永平坊之私第，春秋五十有三。嗚呼！予既允□十令善尔，胡不□其□所悲者夫榮兩省，年華不得偕其老；所痛者子有雙珠，孝敬不得盡其養。永訣始肩□□□難□何恃之恩。自尔將俟吉期，權封平隧，端靈龜而爰卜，歲月告通；俾青烏以載占，□□□人相。以重熙十四年歲次乙酉十月癸丑朔十二日甲□□□於燕京宛平縣太平鄉萬合里，祔先塋之壬穴，禮也。有子二人，並登進士科。長□□紀，前知延慶宮提轄；次曰綱，樞密院學士院中書舍人兼都承旨。例以譽甲辰□□登先偉器，適翻遷翰，兄則始漸於鴻磐；宏敷怒鵬，弟則峻階於龍禾，並懸儁望，□□遷圖。有女三人：長法微，出家受□戒，講傳經律；次適三班判官鄭濤；次崇辯，亦出家，誦全部蓮經，習講經律。孫男宜孫、順孫、麟哥；孫女遇哥、春哥、詔哥、都哥，皆承令胤，當大吾門。今則縗絰云布，□□具陳，黃壤無間，恨永藏於餘態；白珉至確，庶不泯於徽音。謹為銘曰：

啓吉壤兮卜青烏，訴昊天兮叩諸孤。徽音寂兮翠幄，貞魄瘞兮黃壚。
舉族慟兮號慕，行路咽兮悲吁。周身兮棺槨，備物兮塗芻。
風蕭蕭兮煙靡靡，霜粃粃兮冰生水。香魂何處祔先塋，太平鄉兮萬合里。

王澤妻李氏墓誌（王澤撰）　遼重熙十四年（1045）十月
拓片高 65 厘米、寬 67 厘米
　　誌、蓋一盒。20 世紀 70 年代北京豐臺區豐臺鎮出土。首都博物館藏石。

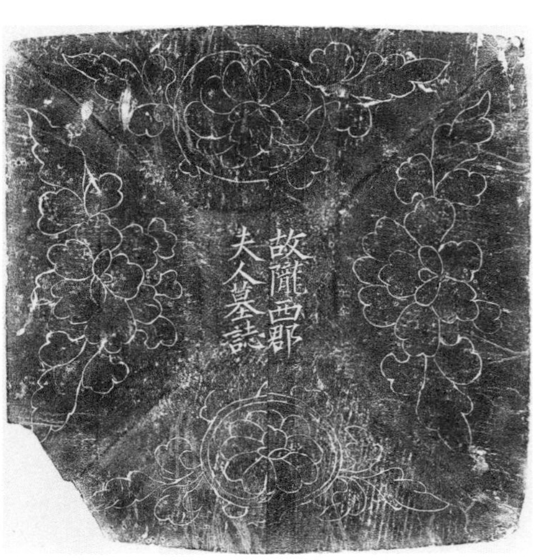

誌蓋

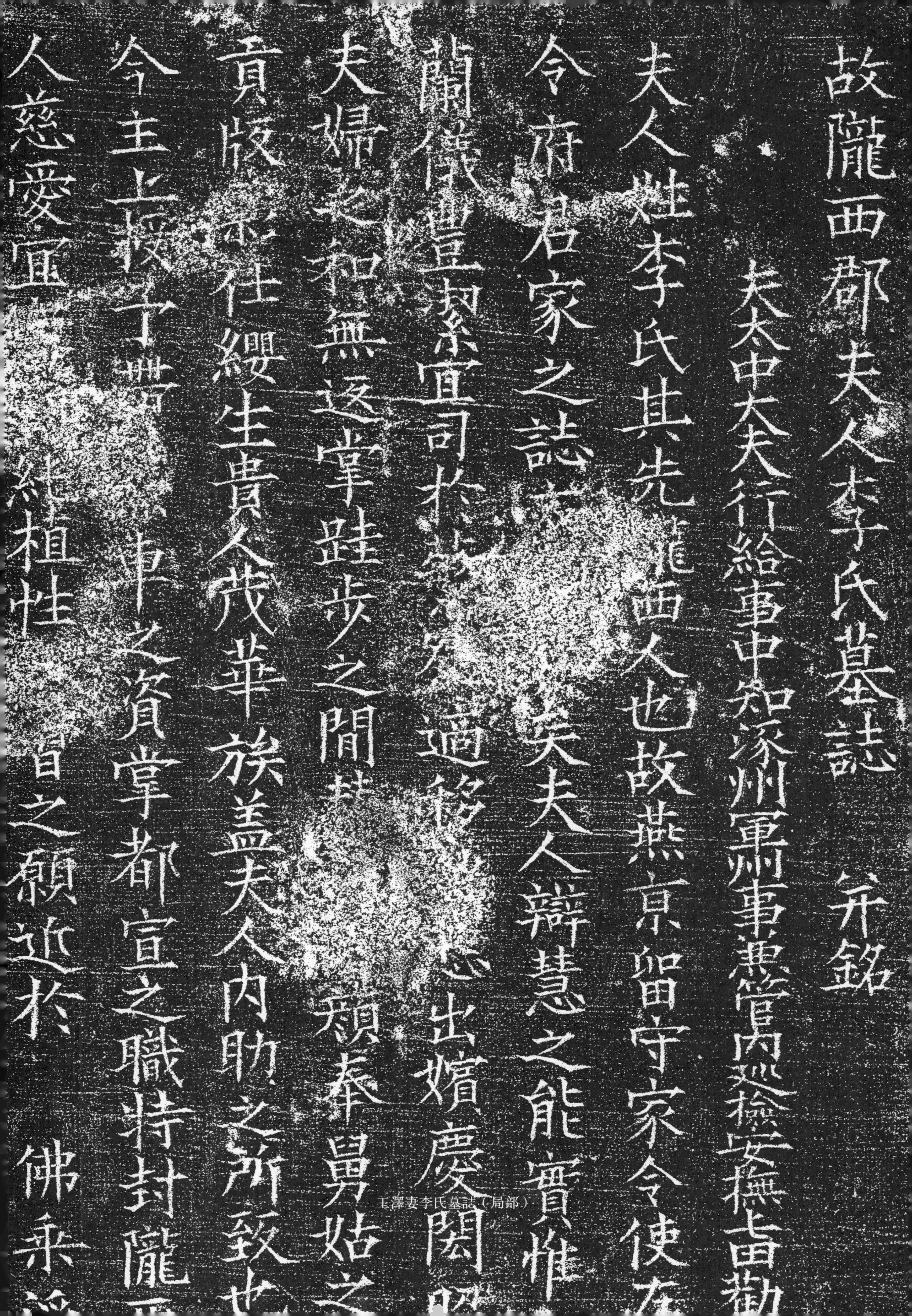

故隴西郡夫人李氏墓誌 并銘
夫太中大夫行給事中知涿州軍州事兼管内巡檢安撫屯田勸
夫人姓李氏其先隴西人也故燕京留守家令使右
令府君家之誌□矣夫夫人辯慧之能實惟
蘭儀豐潔宜司於□□適□□出嬪慶閫昭
夫婦之和無逐掌跬步之間封□頻奉舅姑之
貴戚之任纓生貴人茂華族蓋夫人内助之所致也
今主上授予□□車之資掌都宣之職特封隴西
人慈愛宜□□純植性□□自之願近於佛乘

王澤妻李氏墓誌（局部）

王澤墓誌（王綱撰） 遼重熙二十二年（1053）二月
拓片高 73 厘米、寬 73 厘米
　　誌、蓋一盒。20 世紀 70 年代北京豐臺區豐臺鎮出土。首都博物館藏石。

誌蓋

故奉陵軍節度懷州管內觀察處置等使金紫崇祿大夫檢校太尉

嗣子正議大夫尚書兵部侍郎知制誥兼秘書監上柱國

綱恭聞學富乎盛文志惇乎盛德器成乎盛業身享乎

備而臣功著其往也貽懿範藹清芬嶸煜良史辭聯是

見之於我王考太師矣謹按家譜其先郎耶人也亦

祖諱嗣不仕而殁祖諱讓燕京深院使列考諱英燕京

聖宗皇帝之賜字也體貌傑秀襟靈坦易操行可以律

十指有觀與之備性生稟於純慈志幼聞於奇聞以閑

俾理有地試難　宣充樞密院令史太平五年遷吏房

當年宜召授都官員外郎充史館修撰與故翰林學

同風感衍燕高張宸題頌諭承命摛藻多中旨爲

蠲極憂覽臨爲僉上人推之次授彰國軍節度副使王

熙五禩　令主上睠燕民之係望法馭親幸父以勸

王澤墓誌（局部）

陽臺山清水院藏經記碑
（釋志延撰、李克忠書）（碑陽）
遼咸雍四年（1068）三月
拓片碑陽、碑陰均高132厘米、寬68厘米　中國國家圖書館藏
兩面刻。碑陰額題“陽臺山清水院藏經記”9字。碑立於北京海淀區大覺寺。

陽臺山清水院藏經記碑
（碑陰）

原碑

張文絢穀積山院讀藏經記碑（陳覺撰、張惟白書、宫士全刻） 遼大康四年（1078）四月

拓片高254厘米、寬94厘米

篆額"大遼析津府量鄉縣張君於穀積山院讀藏經之記"20字，碑陰楷書額題"師德華嚴七處九會千人邑碑"12字并施主、邑社人等題名。碑兩側邑人題名。碑現存北京房山區青龍湖鎮北車營村靈鷲禪寺。

碑首

（原石局部）

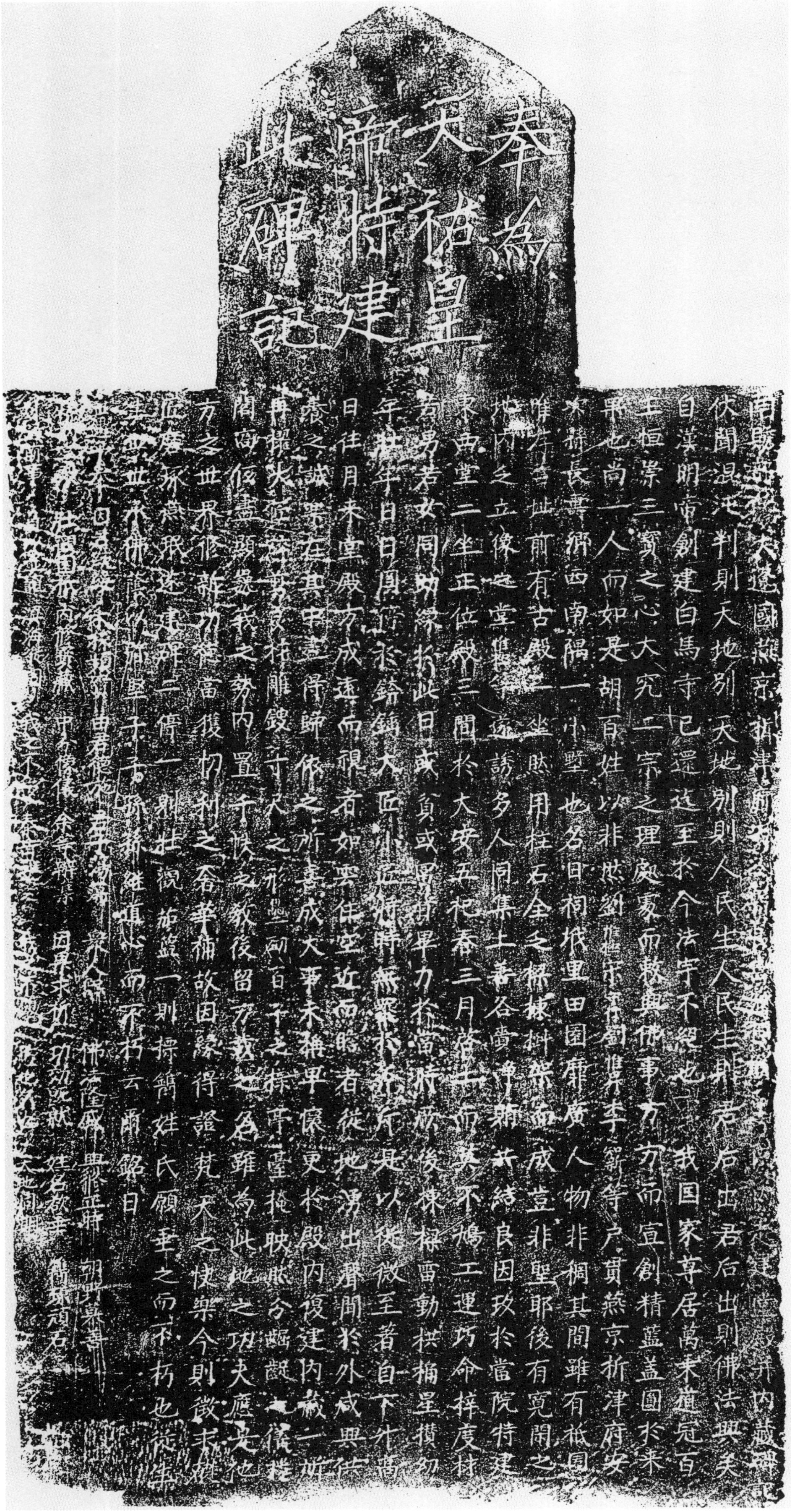

燕京析津府安次縣垗里寺院內起建堂殿并內藏碑
遼大安五年（1089）三月
拓片額高34厘米、寬30厘米
碑身高95厘米、寬65厘米
中國國家圖書館藏
　　碑在河北安次。

燕京大憫忠寺觀音菩薩地宮舍利函記
恭聞應物為現利樂無窮者大聖觀音有
克從功德叵測者靈蹤舍利金言所載寶牒
攸存 善製 肇紀巨社會萬人金玉之資欲
宿心塑百尺水月之像將圓寶相先實地
化檀那近百千家獲舍利餘一萬粒封以金
匱貯以石函圓淨瑹然寔為神異所冀光徹
無間之獄福洽有頂之天良因不虛巨利斯
在上願
我國家二儀齊於聖壽兩耀等於文明三寶
長隆四方永肅八難除一十四種之怖畏四
生見三十二應之威神獲圓通之法門願大
作於佛事大安十年歲次甲戌閏四月辛未
朔二十二日壬辰甲時
功德主燕京管內左右街都僧錄崇祿大夫檢校太師行鴻臚
卿聰辯大師賜紫沙門善製 門人義中書

燕京大憫忠寺觀音菩薩地宮舍利函記（釋善製撰、釋義中書） 遼大安十年（1094）閏四月

拓片高 59 厘米、寬 58 厘米　中國國家圖書館藏

"光"字缺筆避遼太宗諱。石藏北京法源寺。

陳國夫人王氏墓誌（王蔚撰、張龍圖書、吴志宣刻）遼乾統十年（1110）五月
誌石长 68 厘米、宽 68 厘米　現藏房山區文物館所

誌蓋、誌身一合，近年北京房山區出土，誌蓋楷書額題“故陳國夫人王氏墓誌”9字，誌文首題“[大]遼故推貞同德功臣崇禄大夫尚書左僕射知中京留守大定尹事梁公妻陈國夫人墓誌銘并序”，鄉貢進士王蔚撰，逸士張龍圖書，濮陽吴志宣刻。

房山石經塔下刻經中，有數百石爲“陳國别胥”“太保令公陳國别胥”所刻，“别胥”二字一向費解。陳述先生以爲“别胥”爲契丹語“夫人”音譯。此墓誌的發現，揭示了陳國王氏的生平事迹，意義重大。其婿楊遵勗，名見遼天慶八年（1118）五月十七日《涿州涿鹿山雲居寺續秘藏石經塔記》，與遼代房山石經的鐫造活動關係密切。書丹者張龍圖、刻石者吴志宣，都是遼代房山石經的書、鐫名手。

誌蓋

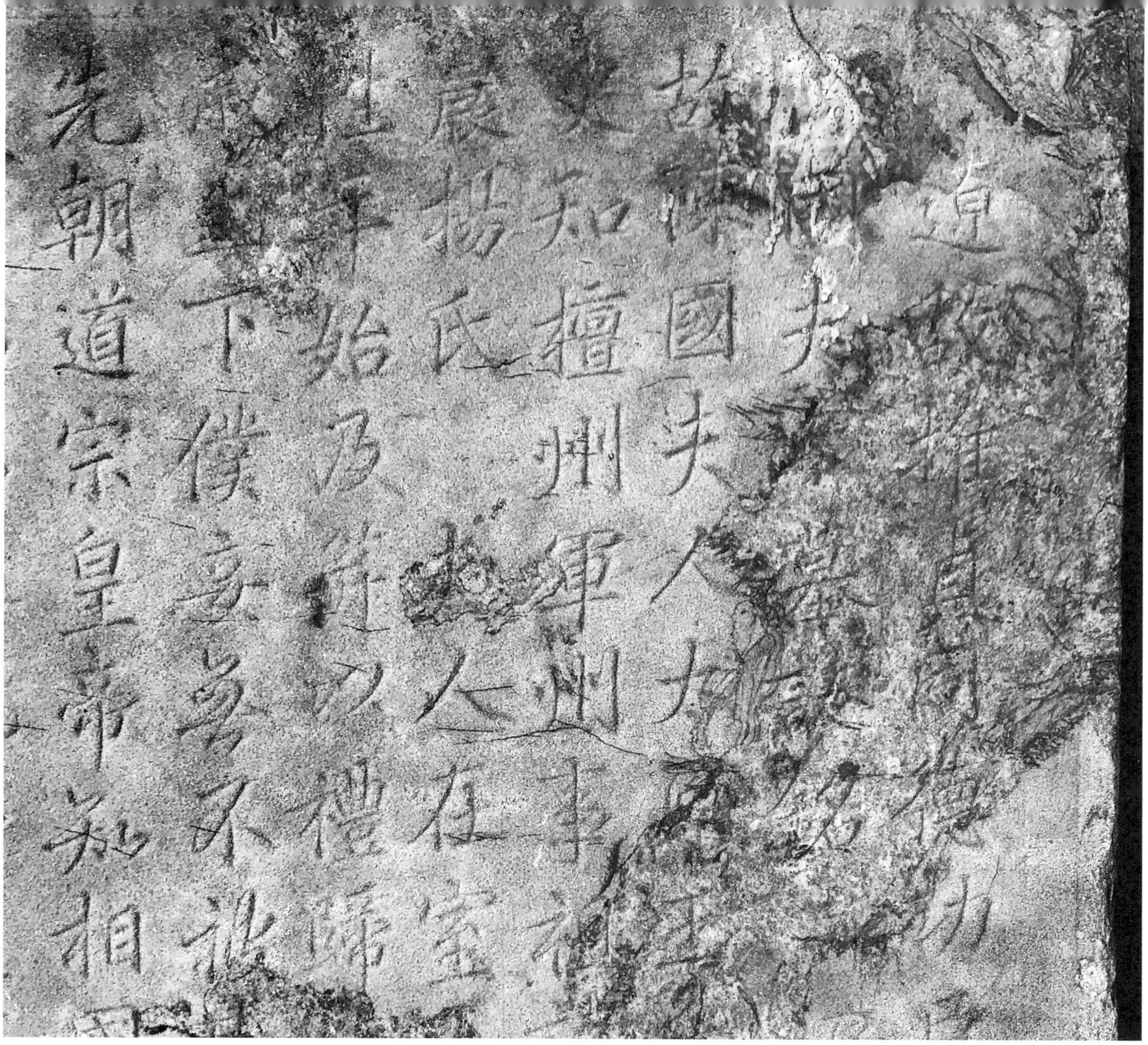

（原石局部）

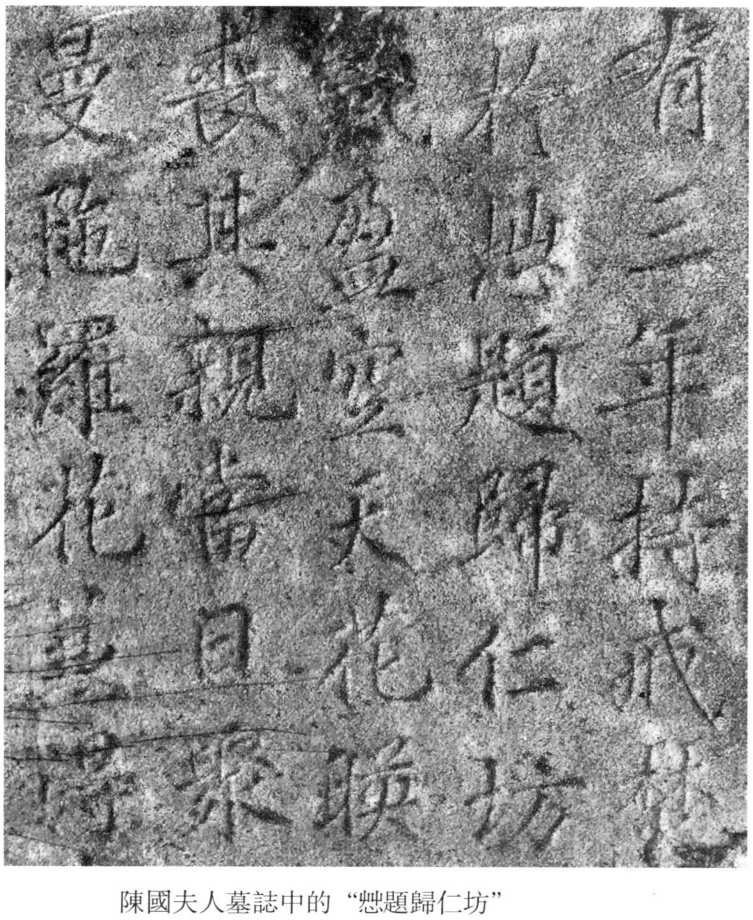

陳國夫人墓誌中的“愸題歸仁坊”

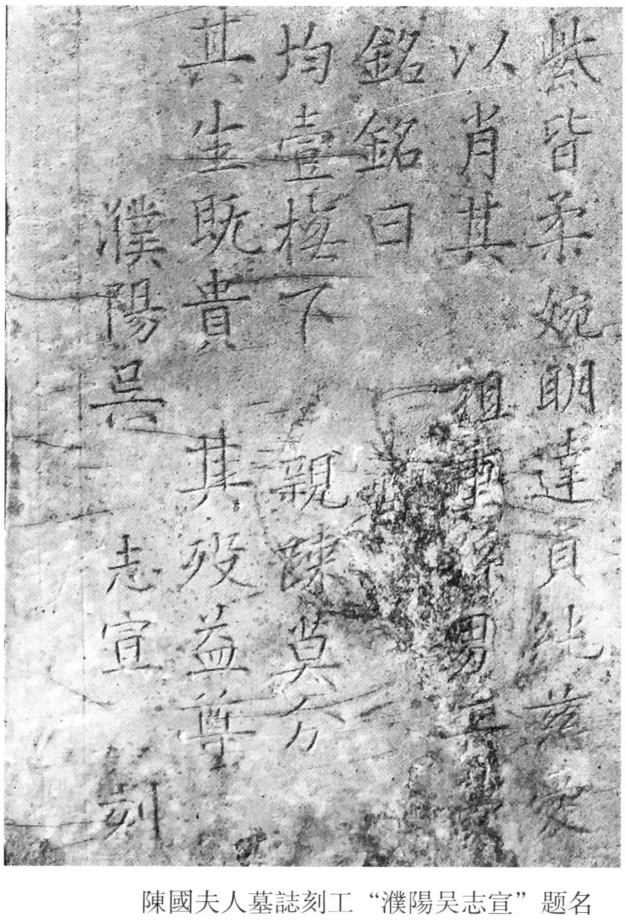

陳國夫人墓誌刻工“濮陽吴志宣”題名

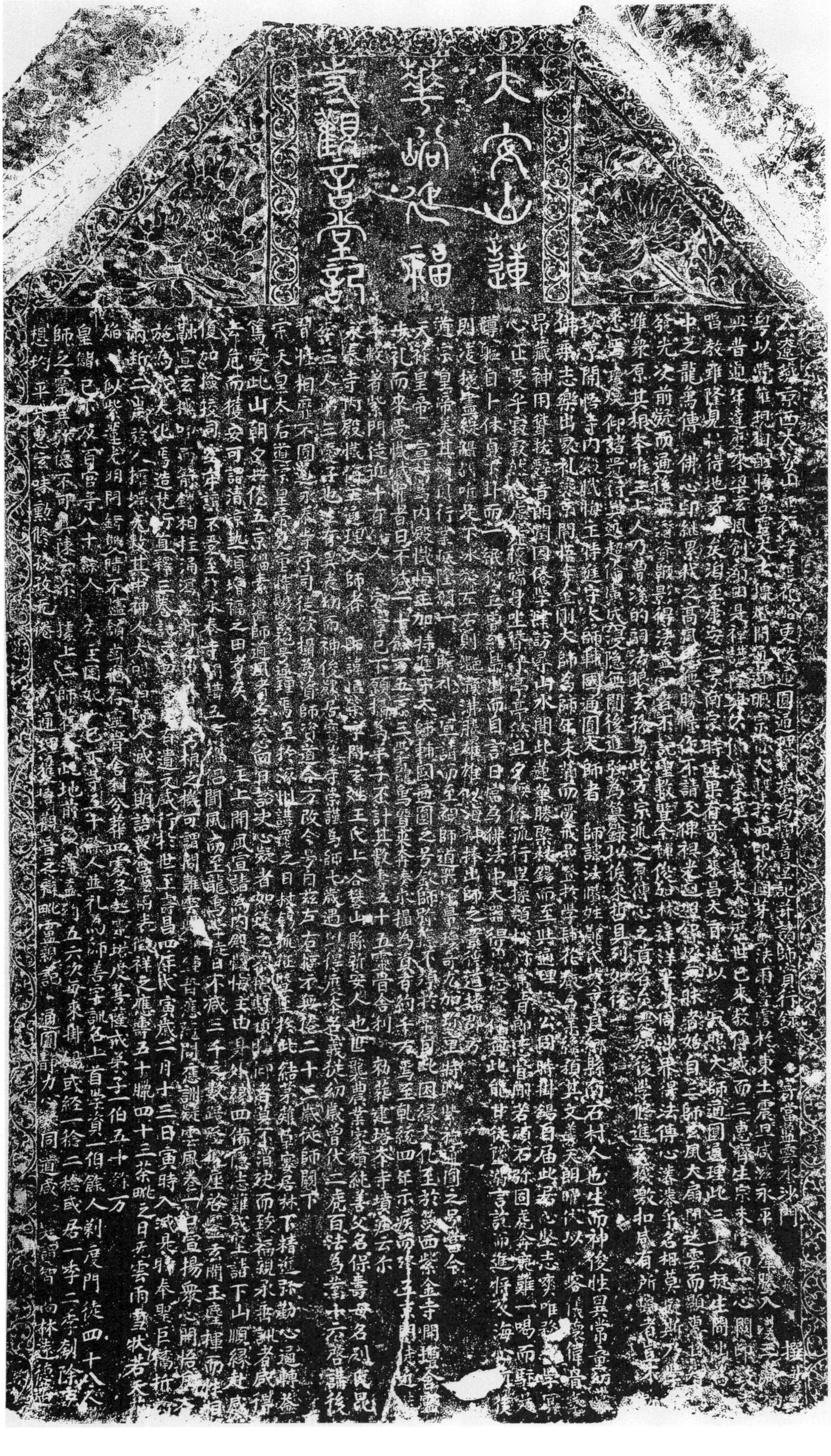

大安山蓮花峪延福寺觀音堂記碑（釋瓊煥撰并篆額、釋知非書）（碑陽）
遼天慶五年（1115）二月
拓片高 125 厘米、寬 75 厘米
北京文物研究所藏

碑原立於北京房山區大安山鄉西苑村，今藏房山區文物管理所。

篆額“大安山蓮華峪延福寺觀音堂記”13 字。

大安山蓮花峪延福寺觀音堂記碑（碑陰、碑側）

鎸葬藏經總經題字號目録刻石　金刻

石高 42 厘米、寬 70 厘米、厚 6 厘米　石現藏雲居寺

两面刻。繆荃孫《藝風堂金石文字目》著録。1932 年陳興亞曾發現於南塔塔室，後佚。1987 年 9 月，黄炳章在清理寺内行宫遺址時重新發現，碑陰左上角略殘。

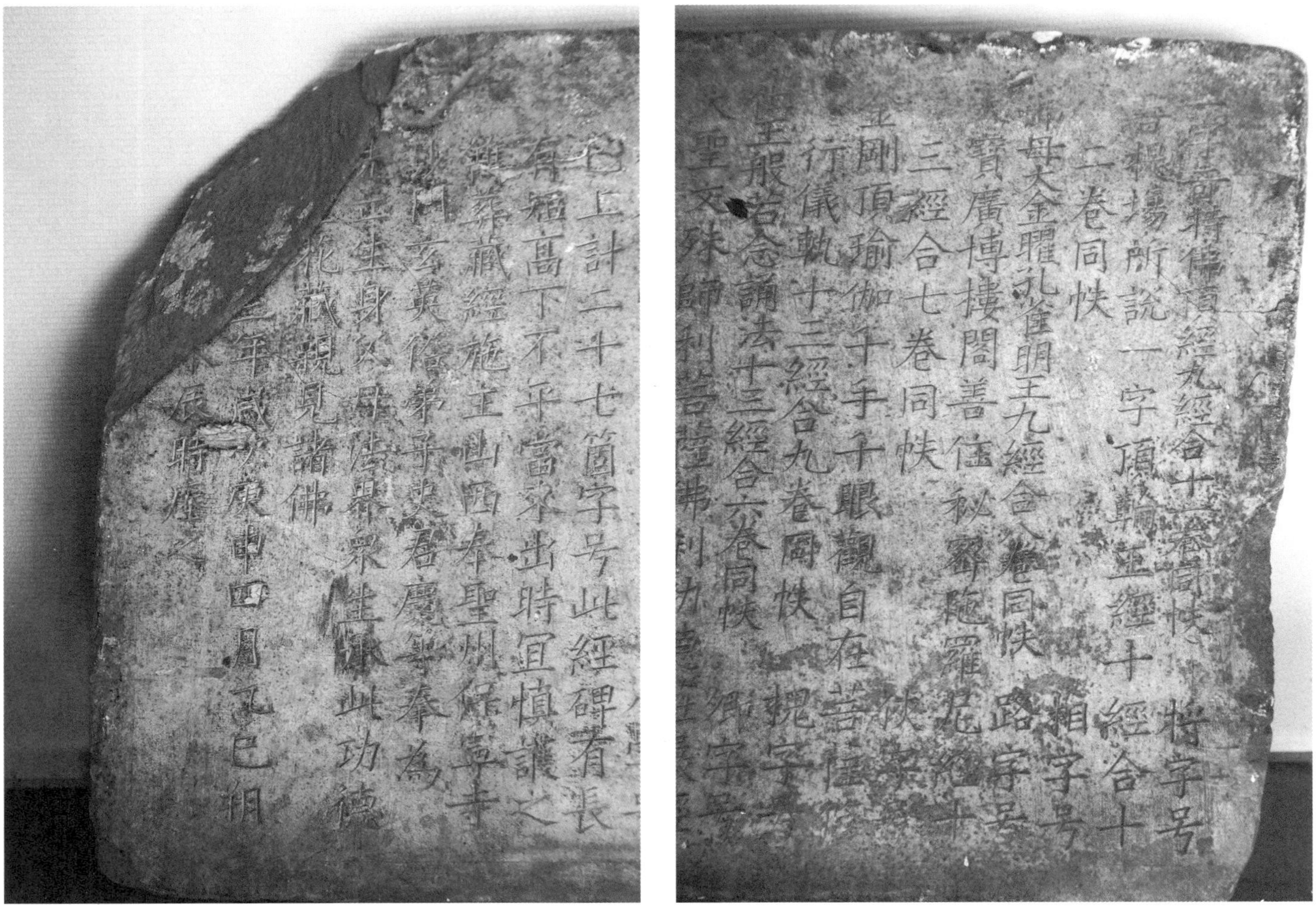

（原石局部）

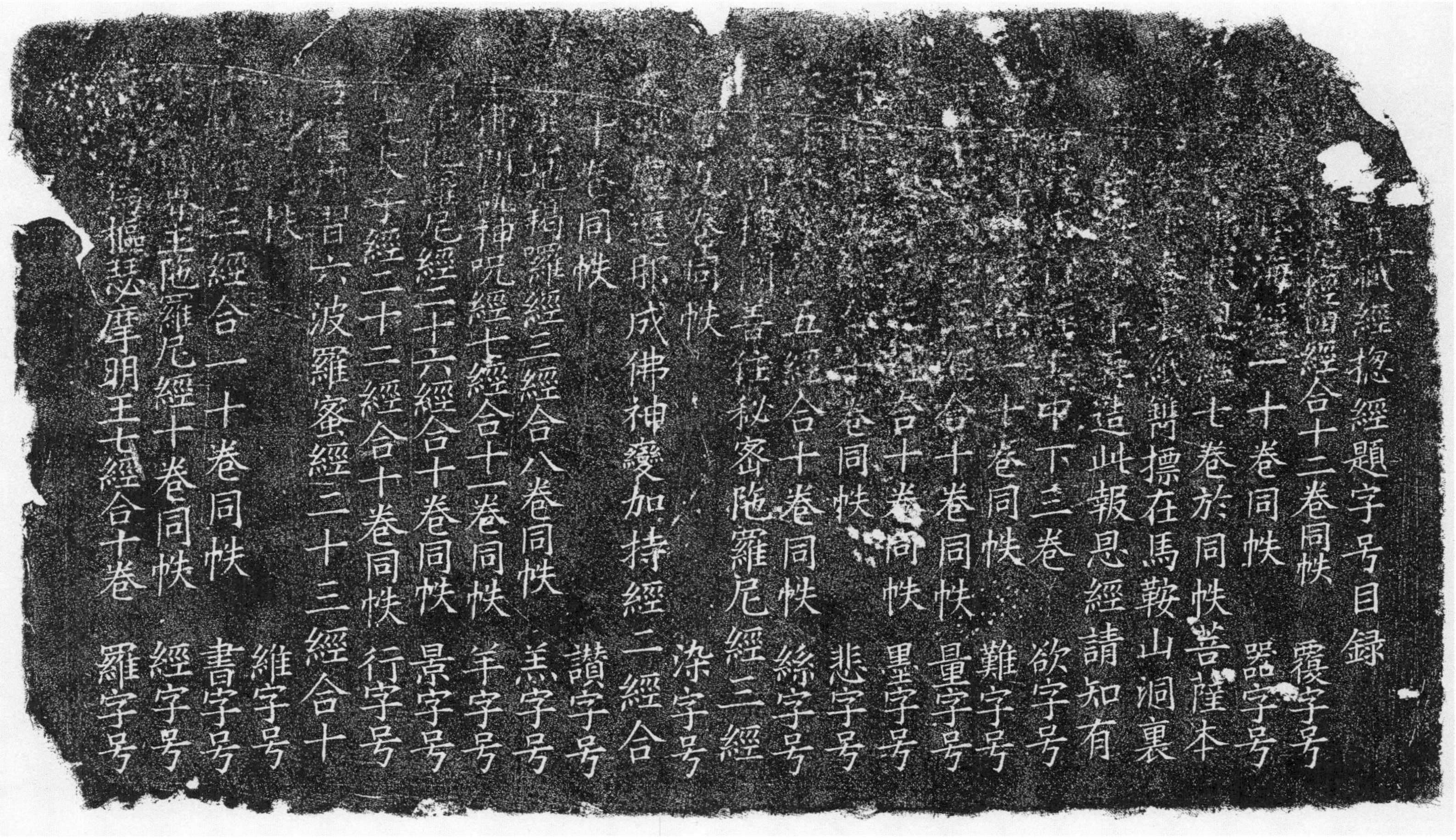

鐫葬藏經總經題字號目録刻石（面）　金刻
拓片正背均高 42 厘米、寬 70 厘米　雲居寺文物管理處藏

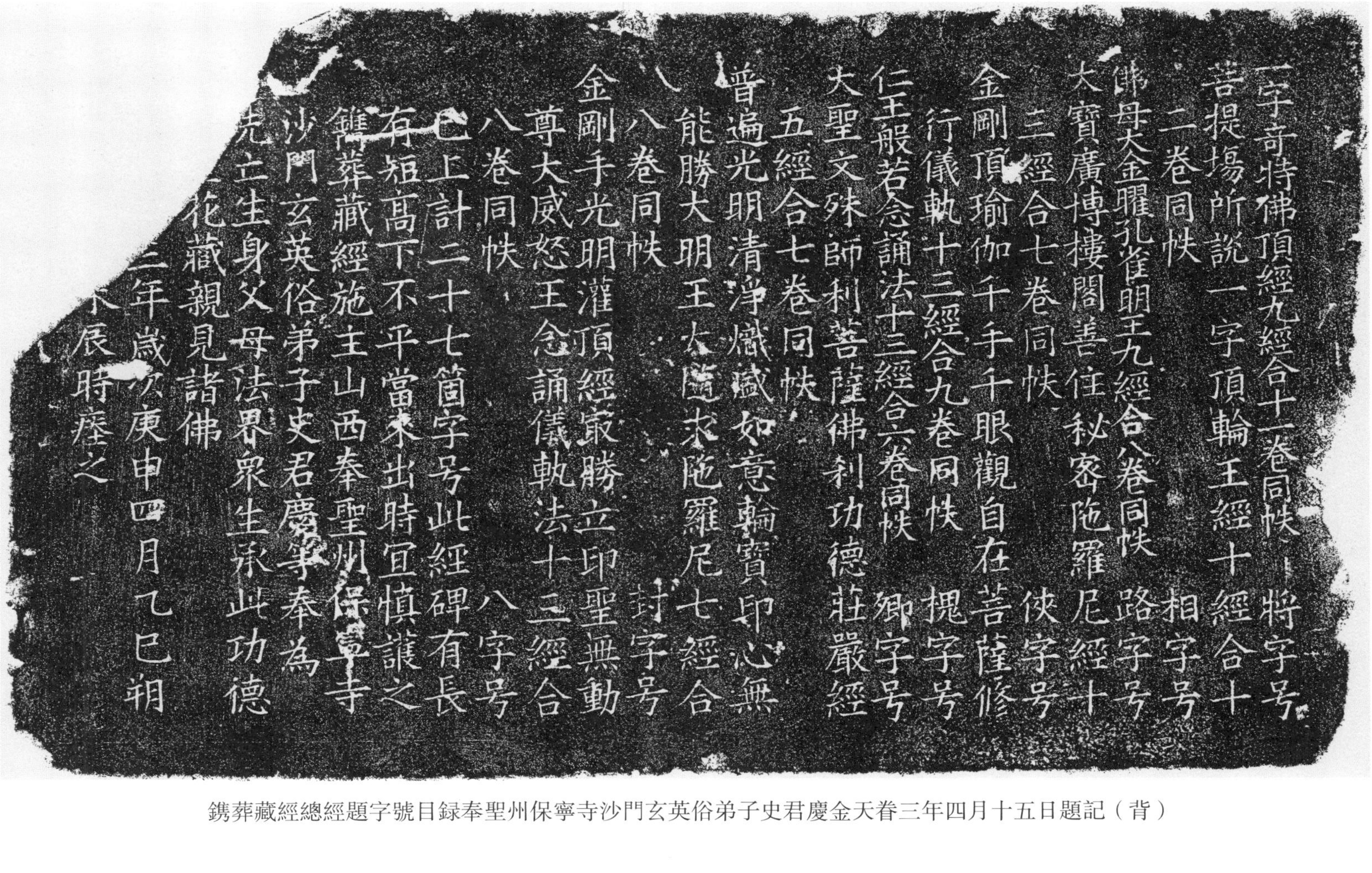

鐫葬藏經總經題字號目録奉聖州保寧寺沙門玄英俗弟子史君慶金天眷三年四月十五日題記（背）

……藏經總經題字号目録
……經合十二卷同帙 霞字号
……經一十卷同帙 器字号
……七卷於同帙菩薩本
……鐫標在馬鞍山洞裏
……造此報恩經請知有
……中下三卷 欲字号
……十卷同帙 難字号
……千卷同帙 量字号
……合十卷同帙 墨字号
……卷同帙 悲字号
……五經合十卷同帙 絲字号
……尋住秘密陁羅尼經三經
……九卷同帙 染字号
……遮那成佛神變加持經二經合
十卷同帙 讃字号
……羅經三經合八卷同帙 羔字号
……說神呪經七經合十一卷同帙 羊字号
……羅尼經二十六經合十卷同帙 景字号
……太子經二十二經合十卷同帙 行字号
……六波羅蜜經二十三經合十
……同帙 維字号
……經三經合一十卷同帙 書字号
……真主陁羅尼經十卷同帙 經字号
……烏樞瑟摩明王七經合十卷 羅字号

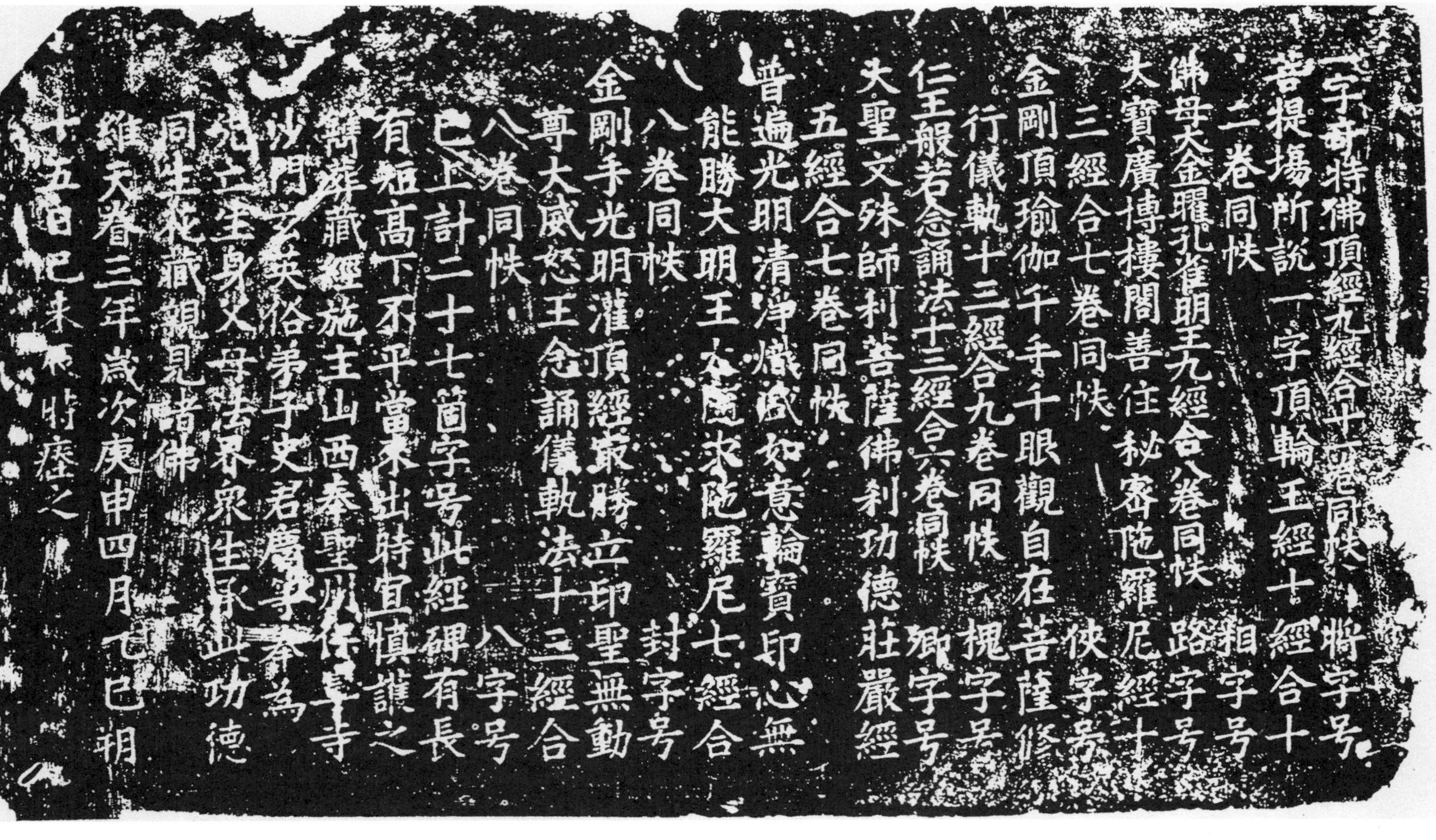

一字奇特佛頂經九經合十二卷同帙 將字号
菩提場所說一字頂輪王經十經合十
二卷同帙 相字号
佛母大金曜孔雀明王九經合八卷同帙 路字号
大寶廣博樓閣善住秘密陁羅尼經十
三經合七卷同帙 俠字号
金剛頂瑜伽千手千眼觀自在菩薩修
行儀軌十三經合九卷同帙 槐字号
仁王般若念誦法十三經合六卷同帙 卿字号
大聖文殊師利菩薩佛刹功德莊嚴經
五經合七卷同帙
普遍光明清淨熾盛如意輪寶印心無
能勝大明王大隨求陁羅尼七經合
八卷同帙 封字号
金剛手光明灌頂經最勝立印聖無動
尊大威怒王念誦儀軌法十三經合
八卷同帙 八字号
已上計二十七箇字号此經碑有長
有短高下不平當來出時宜慎護之
鐫葬藏經施主山西奉聖州保寧寺
沙門玄英俗弟子史君慶爲
先亡父母及法界衆生承此功德
同生花藏親見諸佛
維天眷三年歲次庚申四月乙巳朔
十五日己未 時瘞之

鐫葬藏經總經題字號目録刻石　舊拓

據 1935 年《東方學報・京都第五册副刊・房山雲居寺研究》。

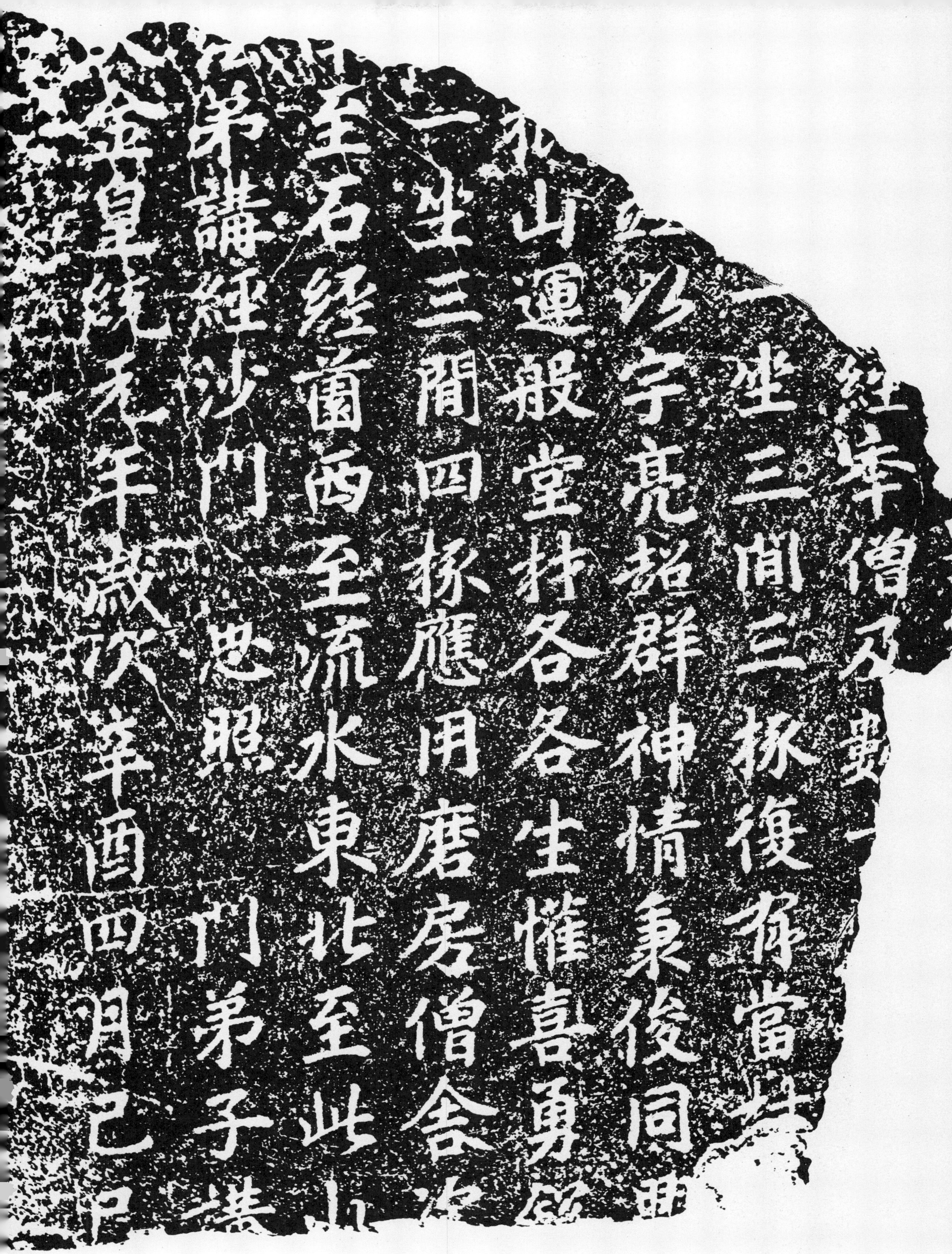

講經沙門思照等造佛殿記殘石　金皇統元年（1141）四月
拓片高 43 厘米、寬 33 厘米　中國國家圖書館藏
殘石提到了“石經菌”。石舊在北京房山區雲居寺，曾歸端方。

北京良鄉多寶佛塔及鐵佛（已毁）
20 世紀 60 年代攝

昊天寺妙行大師行狀碑（釋義藏篆書刻）
金大定二十年（1180）八月
拓片碑額高 46 厘米、寬 42 厘米
碑身高 184 厘米、寬 93 厘米
破禪室藏

兩面刻。碑陽篆額“傳戒妙行大師和尚碑”9 字。碑陰刻遼乾統八年（1108）五月五日僧即满撰妙行大師志智行狀。碑原在北京良鄉昊天寺，民國時移置遼寧撫順元帥林，今爲遼寧省博物館珍藏。

碑銘述及遼妙行大師鎸造《契丹藏》事迹，碑石乃金代所立。

昊天寺妙行大師行狀碑篆額

妙行大師行狀碑　門人[illegible]
丞相楚國王之族其祖父隨鑾輅師遼太平三年□生三時神光滿室
外忽慈烏入懷師既生烏去矣師甫三歲未解發言見降舍家嚴設佛
育僧戲而誡曰食肉殃生竟□畢命不違有秦越國大長主乃聖
國大師起闕因得參覲及家訓教□□□□祈出家□□已公主殊
救子遂徹乎妙雲海滄浪外鼇島依司空為師彌年執□力□□殿究
性相窮極勝諦不以徒說為德而力行為上故如來有所訶制□無
抗命云妙行後人慕德猶追朗命之稱也二凡得所施捨不已用常住
七隨佛宮庭未嘗欬唾八夜呪食水濟生無缺九手不捉錢寶十身不
八十七尊各大作三拜訖十六臺居獨處跋涉川途常以半月浴像布
八福田悲敬雙修二十一便溺弃遺裙襆皆改水土潔淨其額力堅舅
寺不食酥酪乳蜜醇藥之味自起寺之後勝緣拘礙不獲久行方又遍
呼師曰我知淺瀨在近涉之無難其人狀皃嵬昂伸臂請師徒憑之
變清鏡涵澄澈甿俗驚異明日師去河渾若初先是懷柔之北一山
迴盡僧徒肅然聞者嘆服師素蘊大願欲營大刹一區而勝處未獲
皆護命放生以糯米膠破新羅墨方充印造白檀木為軸新羅紙
間運經於阡陌即日無假收寘次後遍語諸人請經還寺惟欠般

昊天寺妙行大師行狀碑（局部）①

難詣說月餘有村叙潔永於惠濟寺道居之左獲經一卷如神力所筆
建寺大寧宅司諸物聲竭永為常住及稻畦百頃戶口百家東粟蔬園
變懿德皇后為酬母願施錢十三萬貫特為奏聞專管建寺道宗皇帝
以師巧慧造立眾皆愜服寺成之日道宗御書金牓以大昊天為之名
王飛書箋奏使迴紫宸青宮綸言撫問云大師精心所造妙比諸天不
之厚也咸和六年延壽太傅大師擢人傳付戒本門人左僧錄道謙等
兩番獨辦大會所什物咸皆鼎新洞殿蓮爐布盈五百是日香雲靄
梵音鼓樂嚴譁之最甲於人間興供如此者多歲而継日沈香龍腦滿
中庭師欲隨力崇建佛塔所用柱礎採泛陽山石每段盈載運至灤河
異豈可量哉啓土之後年穀不登日計二百餘工而廩室如懸磬至第
刹弌所觸者六層八角高二百餘尺輪相橫空欄檻縹緲可以肅神物
師將化首北面西右脇而卧師令左右惟念彌陀勿生瞻戀師亦隨念
辭奠投香贈紙鳴螺擊鼓陳祭爭先了無曠日京僚士庶積梅檀為新
千古不灰高樹白塔于薦福山向先師在時欲於塔內銘鑄丈六銀佛
等身觀音始以銅易以金塔之陽頗亦佳尚有司計其物直三萬餘
石雷動乾統初天祚皇帝以先師神速勝緣尚久餘債其年遣道□
大定二十年中秋四代門孫講經比丘□□□

昊天寺妙行大師行狀碑（局部）②

弘業寺僧省詮靈塔記幢　金大定二十一年（1181）三月
拓片高 59 厘米、每面寬 14 厘米　中國國家圖書館藏
八面刻，經咒梵文，塔記漢文。王璋鐫。石舊在北京房山區支樓村。弘業寺僧人多有參與石經鐫刻者。

佛頂尊勝陁羅尼
故

石經山大雲居禪寺藏經記碑　元至元二年（1276）六月
高 336 厘米、寬 216 厘米、厚 60 厘米

螭首，首身一體，額題篆書“石經山大雲居禪寺藏經之記”12 字。碑陰刻題名。20 世紀 80 年代從雲居寺杖引河東岸移至雲居寺北塔碑廊。

碑首

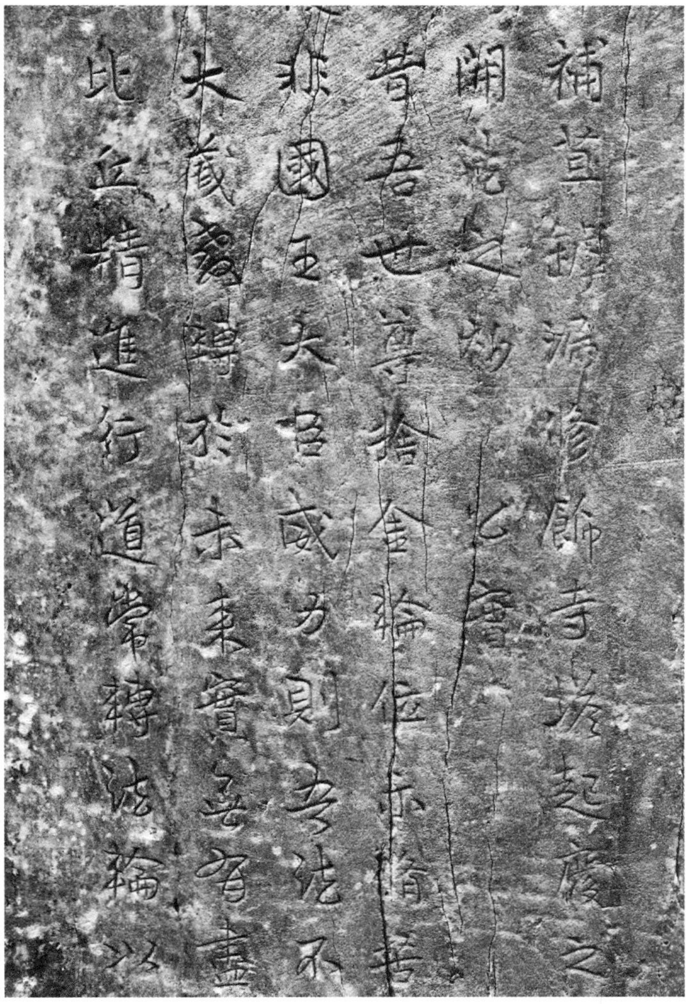

（原石局部）

石經山大雲居禪寺藏經記碑
（釋法禎撰并書、陳顯篆額）
元至元二年（1276）六月
拓片高 306 厘米、寬 216 厘米
雲居寺文物管理處藏

大都房山縣小西天石經山雲居禪寺藏經記
嗣臨濟十九世悟玉印大禪師
集賢學士榮
佛氏之道大而用博然以莫及無德而名丞
之因指識月尋波討源以乎用博之道興三
皇元之有天下
列聖相承崇重佛法根極 列刹爭輝
仁宗御宇尤篤深信
萬機之暇躬親討論鏤印像敘建招提廢官
容道親信大臣特丞
顧問凡所以弘護佛氏興崇者 公盡有力
御建佛會於涿郡 公奉
方貴皆主爲代豐田用帶之東山有名聖

石經山大雲居禪寺藏經記碑（局部）①

云竹林已金書[illegible][illegible][illegible]
奉得田五十頃以施[illegible]名[illegible][illegible]
[illegible]小涿之[illegible][illegible]淨[illegible][illegible][illegible][illegible]
參御鄉與滅[illegible]為法昆[illegible][illegible][illegible]
及命[illegible][illegible]命[illegible]以佛陀而[illegible][illegible]
皇圖[illegible]圖萬億斯年佛日朝示
仁皇之盛德與天之福有
之諸碑茲略不書

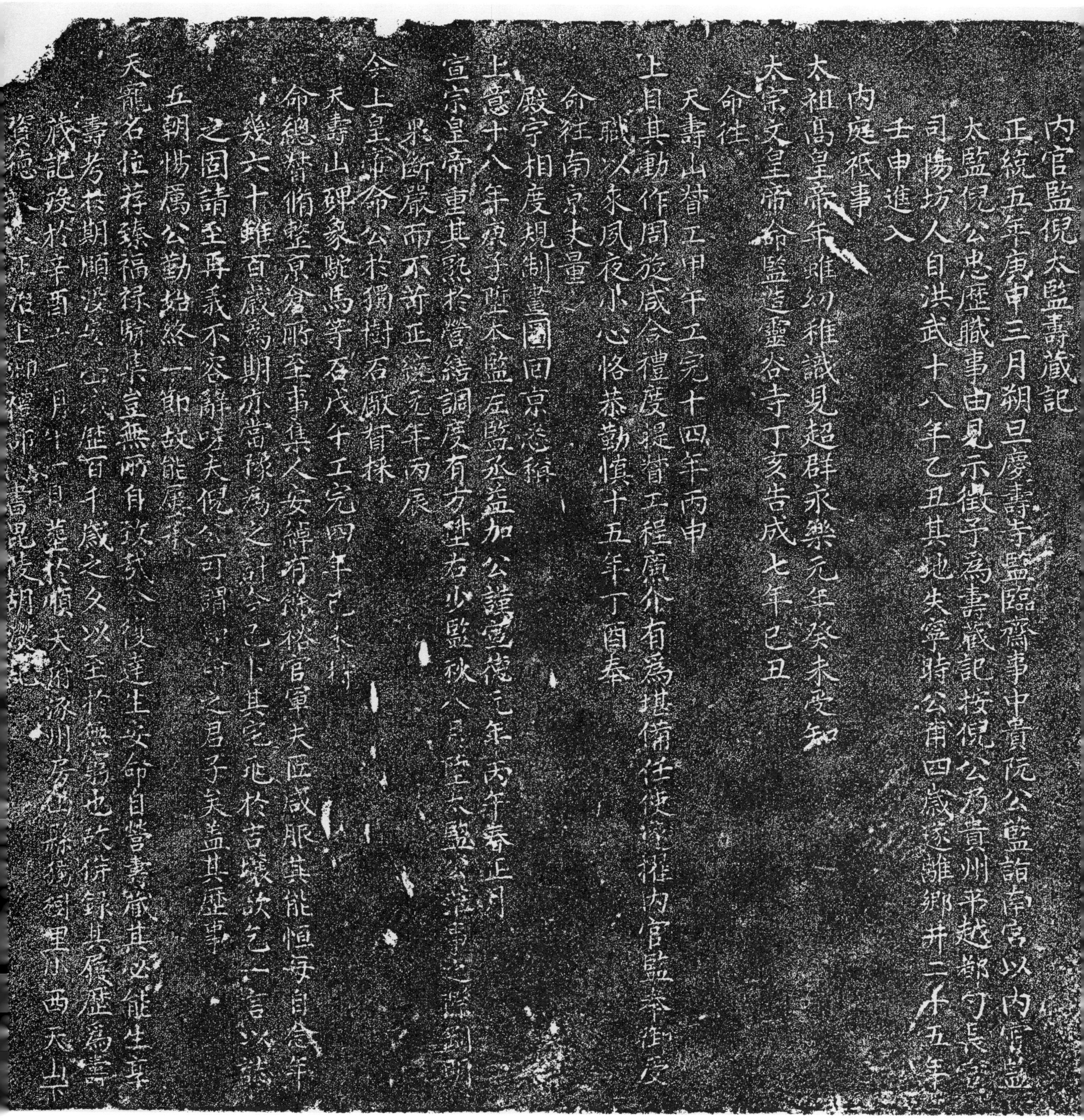
内官監倪太監壽藏記
正統五年庚申三月朔旦慶壽寺監臨齋事中貴阮公監詣南宮以内官監
太監倪公忠歷職事由見示徵予為壽藏記按倪公乃貴州平越衛守長官
司陽坊人自洪武十八年乙丑其地失寧時公甫四歲遂離鄉井二十五年
壬申進入
内庭祗事
太祖高皇帝年雖幼稚識見超群永樂元年癸未受知
太宗文皇帝命監造靈谷寺丁亥告成七年己丑
命往
天壽山督工甲午工完十四年丙申
上自其勤作周旋咸合禮度提督工程廣作有為堪備任使擢內官監奉御受
職以來夙夜小心恪恭勤慎十五年丁酉奉
命往南京丈量
殿宇相度規制營園回京悉稱
上意十八年庚子陞本監左監丞益加公謹宣德元年丙午春正月
宣宗皇帝重其熟於營繕調度有方陞右少監秋八月陞太監總督之臨事明
果斷嚴而不苛正統元年丙辰
今上皇帝命公於獨樹石廠督採
天壽山碑象駝馬等石戊午工完四年己未特
命總督修整京倉所至事集人安綽有餘裕官軍夫匠咸服其能恒每自念年
幾六十雖百歲為期亦當豫為之計於己卜其宅兆於吉壤欲乞一言以誌
之固請至再義不容辭嗟夫倪公可謂[illegible]之君子矣蓋其歷事
五朝勞厲公勤始終一節故能屢承
天寵名位榮臻福祿駢集豈無所自致哉人惟達生安命自營壽藏其必能生享
壽考卒期順沒安寧歷百千歲之久以至於無窮也故備錄其履歷為壽
藏記俟於辛酉十一月廿一日葬於順天府涿州房山縣[illegible]樹里小西天山
賜進士[illegible]禮部[illegible]書毘陵胡濙記

内官監倪忠壽藏記（胡濙撰） 明正統六年（1441）十一月
拓片高 51 厘米、寬 51 厘米 雲居寺文物管理處藏
20 世紀 70 年代雲居寺石經山下出土。誌文述及倪太監曾奉命於獨樹石廠督採石料事宜。

復涿州石經山琬公塔院記碑及開山琬公塔　明萬曆二十年（1592）七月

碑高 335 厘米、寬 110 厘米、厚 32 厘米

螭首方座，首身一體，原與琬公塔均在水頭村，20 世紀 80 年代移至雲居寺，現安置於新建藏經地宮之上。碑文爲明代高僧憨山德清所撰。

復涿州石經山琬公塔院記碑（釋德清撰、黃輝書） 明萬曆二十年（1592）七月
拓片高 221 厘米、寬 110 厘米　雲居寺文物管理處藏

復涿州石經山琬公塔院記
住東海那羅延山海印寺沙門釋德清撰
同進士出身資善大夫吏部尚書前刑部尚書南京吏刑二部尚書侍
筵官平湖陸光祖篆額
進士出身翰林院編修承事郎巴西黃輝書丹
昔嘗閱藏教觀南嶽思大師願文願色身常住奉持佛法以待慈氏斯已甚為希有矣
靜琬尊者慮三災壞劫大藏湮沒欲令佛種不斷故乃創刻石藏經板封于涿州之西
[illegible]公相繼五世而經亦未完歷唐及宋代不乏人至有元至正間高麗沙門慧月
無聞爲何哉意者非其人道不虛行佛種從緣起其是之謂乎初達觀可大師於萬曆丁
游廬墓也撫幢痛哭徘徊久之而去南游峨眉回至金壇為報父母恩手書瀆華嚴一
曰歸憩禪栖不日
聖母太后聞之遣侍臣陳儒賚齋具供之且隨師所過雲居禮石經于雷音寺時忽于
舍利三顆燦若金剛光如故物一衆稱異悲喜交集已而載禮琬公是時檜院業已為
聖[illegible]供齋襯金贖之承延仍因中貴楊廷為弟子法澄助成之師因避暑上方山清
問琰君至師躍然而喜即拉請同過雲居禮讀為骨而衡泥[illegible]而至右繞三匝默存
香火資達師命清記其事顧清何人唯唯而作是言曰盡大地為常住法身唯至人能
信者信之者豈易易哉是以吾佛世尊於曠大劫觀十方界無芥子許不是舍身命為
輸是則所說三藏十二部言言字字皆吾佛骨血心髓也故曰此經在處皆應起塔供養
實故靈山會上佛欲以此法付囑有在是時人天百萬無一人敢吐氣荷擔者碩此大
涌出六十二[illegible]者此何以故且又但許如來滅後後五百歲如是而已況待慈

復涿州石經山琬公塔院記碑（局部）

碑首

石經寺施茶記碑　明萬曆二十四年（1596）二月
碑高 184 厘米、寬 80 厘米、厚 14 厘米
　兩面刻。碑額篆書“石經寺施茶碑”6 字。碑現存石經山小西天施茶亭院内。

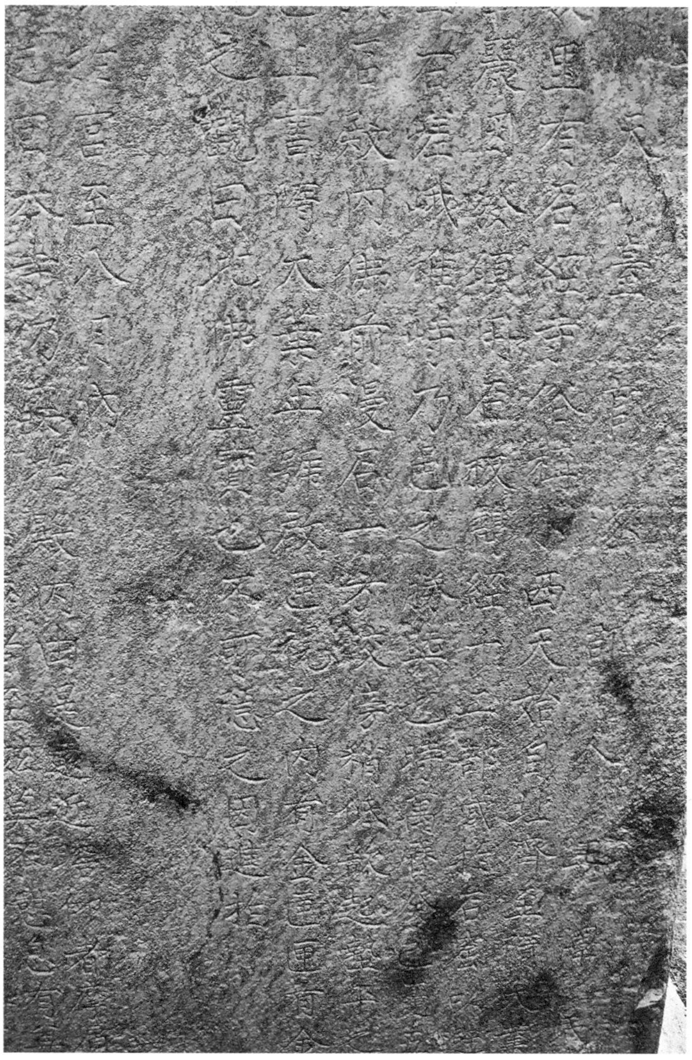

（原石局部）

石經寺施茶記碑（王澤民撰） 明萬曆二十四年（1596）二月
拓片高 124 厘米、寬 80 厘米 雲居寺文物管理處藏

嘉慶帝雲居寺瞻禮十二韻詩碑及碑亭
通高 254 厘米、寬 240 厘米
卧碑式。僧帽碑首，須彌座，两面刻嘉慶御製詩二首。碑亭今在雲居寺彌陀殿院内。

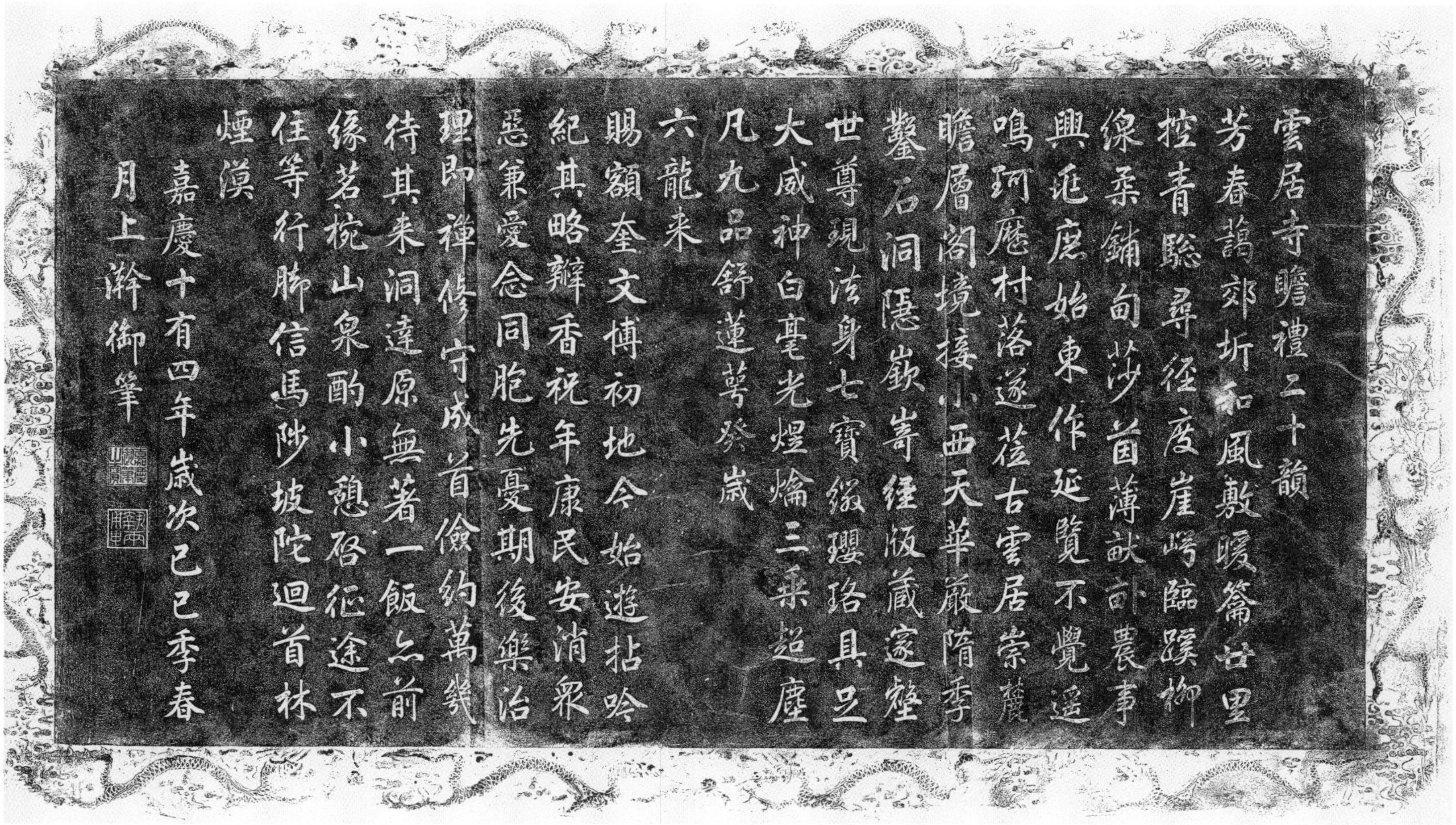

嘉慶帝雲居寺瞻禮二十韻诗碑　清嘉慶十四年（1809）三月
拓片高 120 厘米、寬 204 厘米　雲居寺文物管理處藏

嘉慶帝再游雲居寺詩碑

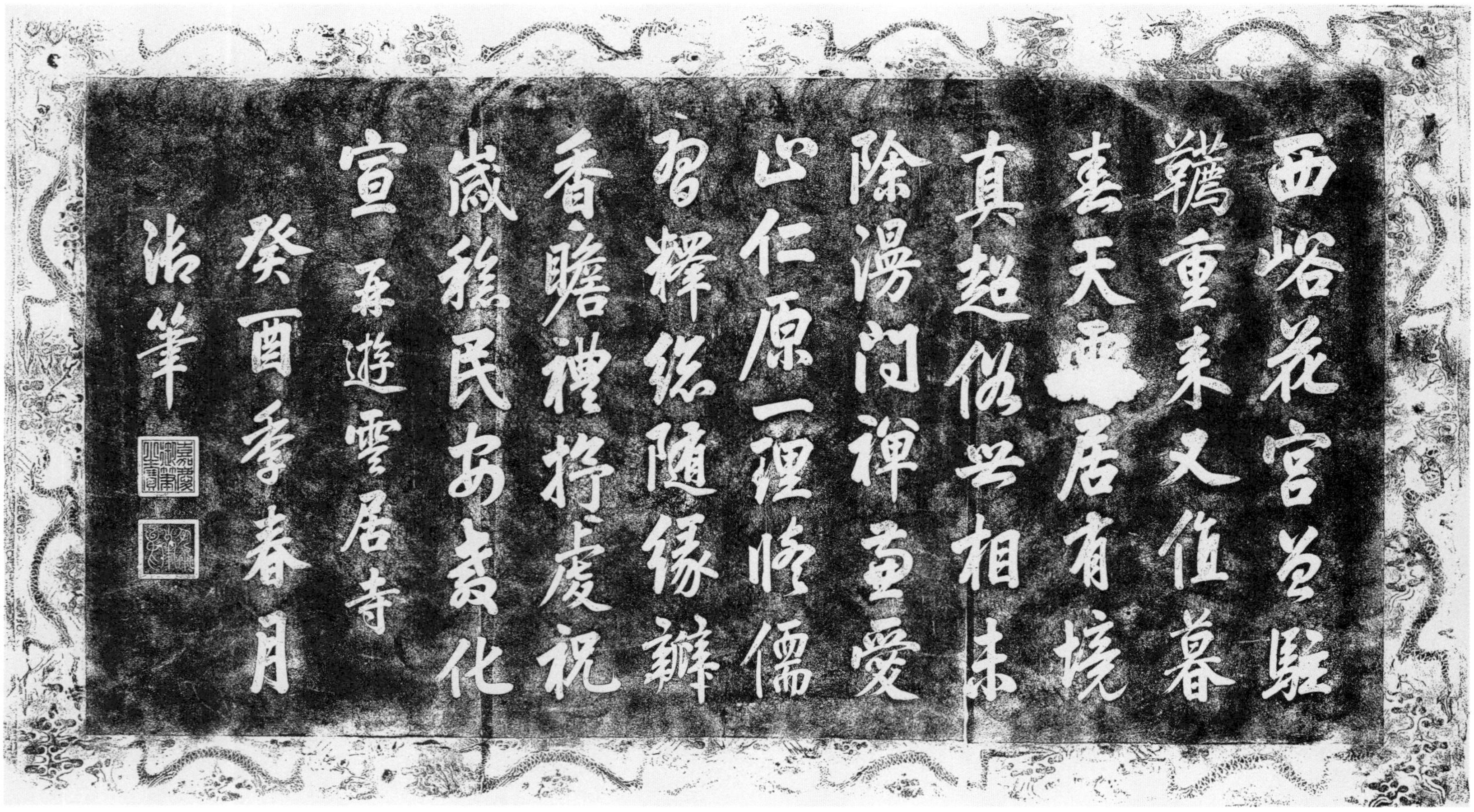

嘉慶帝再游雲居寺詩碑　清嘉慶十八年（1813）三月
拓片高 120 厘米、寬 204 厘米　雲居寺文物管理處藏

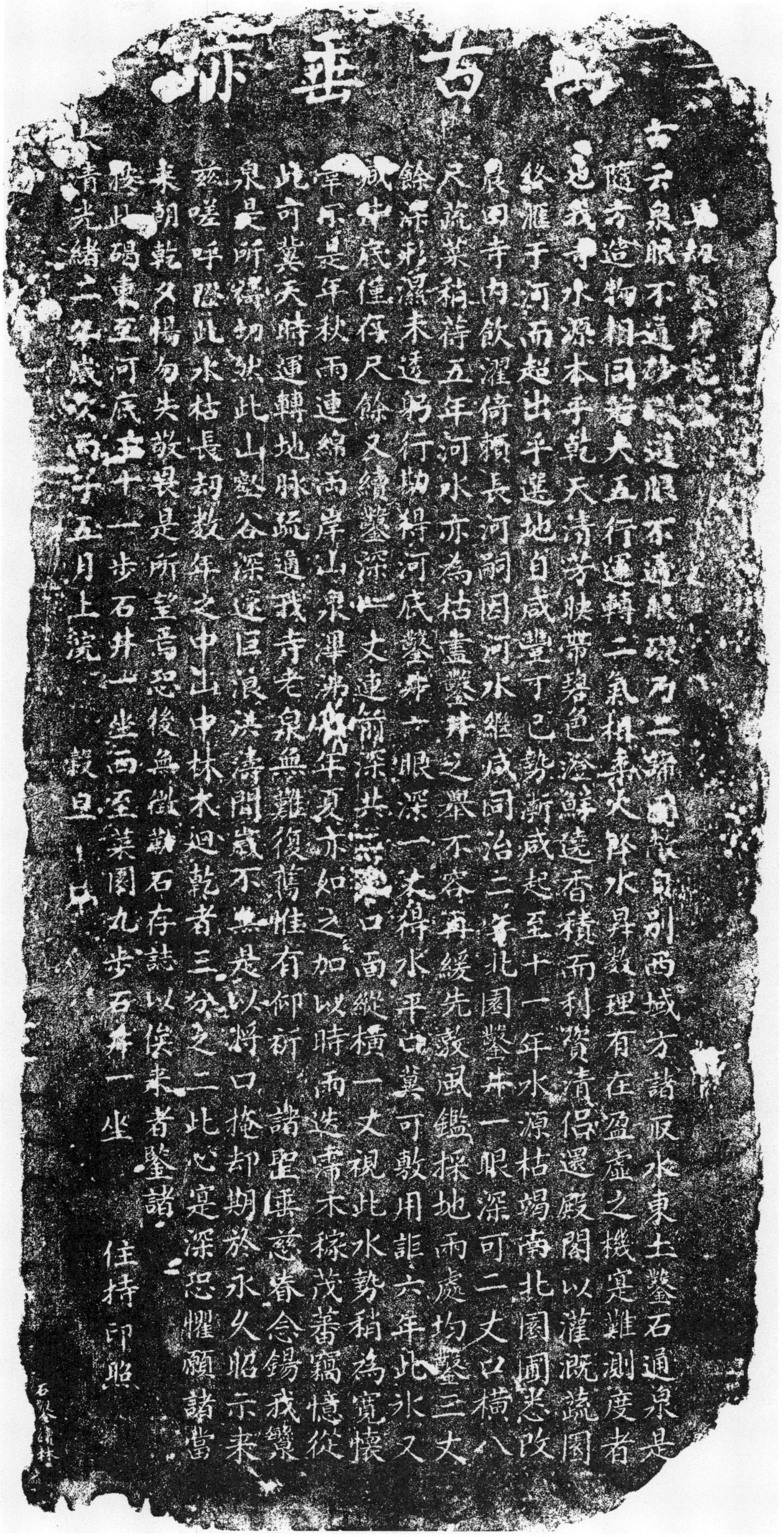

旱劫鑿井記碑
清光緒二年（1876）五月
拓片高 123 厘米、寬 61 厘米
雲居寺文物管理處藏
碑今在雲居寺。

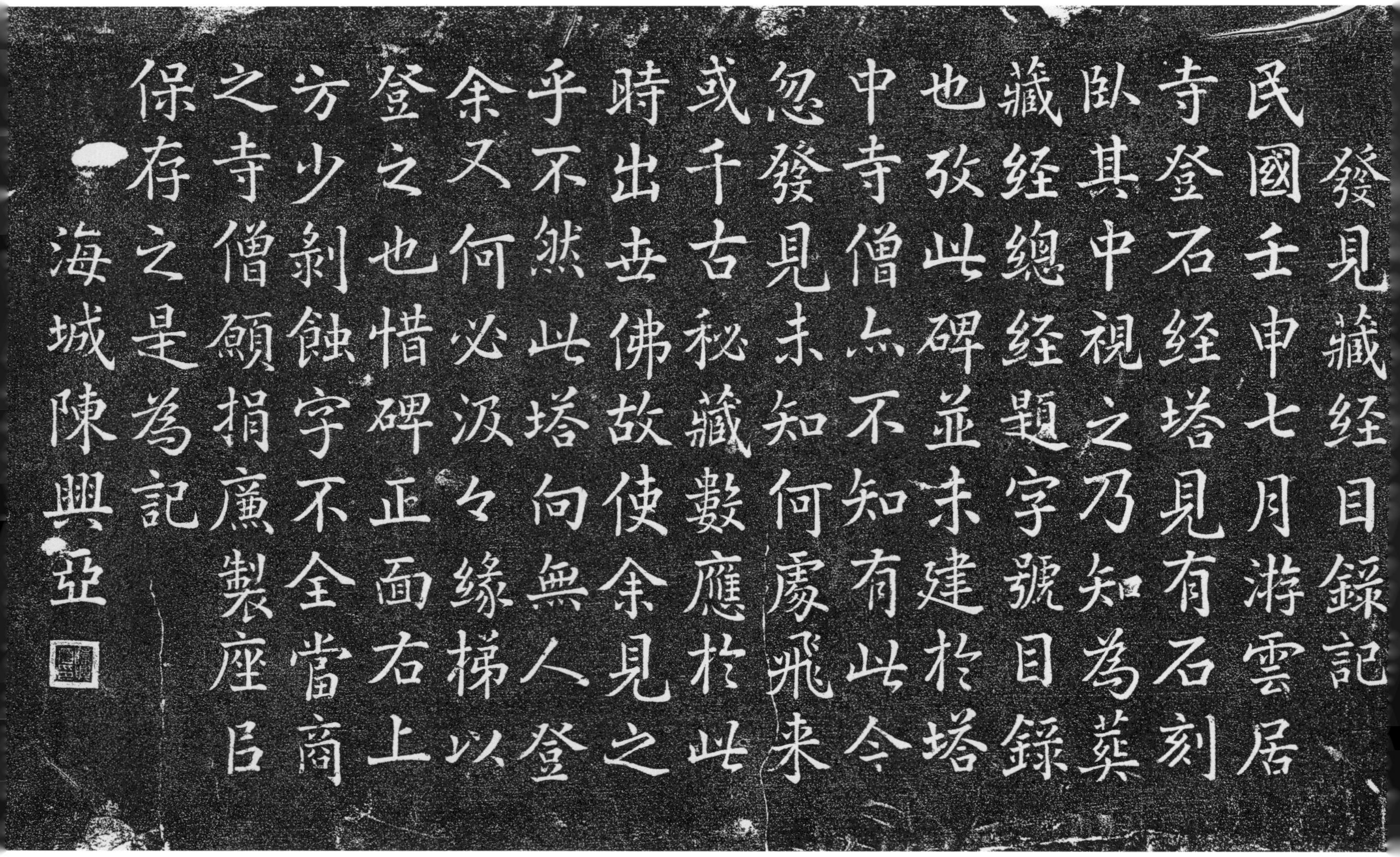

發見藏経目録記

民國壬申七月游雲居寺登石経塔見有石刻臥其中視之乃知為葬藏経總経題字號目録也弦此碑並未建於塔中寺僧亦不知有此今忽發見未知何處飛來或千古秘藏數應於此時出垂佛故使余見之乎不然此塔向無人登余又何必汲汲緣梯以登之也惜碑正面右上方少剝蝕字不全當商之寺僧願捐廉製座以保存之是為記

海城陳興亞

陳興亞發現藏經目録記刻石　1932 年 7 月
拓片高 49 厘米、寬 93 厘米　雲居寺文物管理處藏
1991 年出土於雲居寺千佛殿遺址，刻石現存雲居寺。

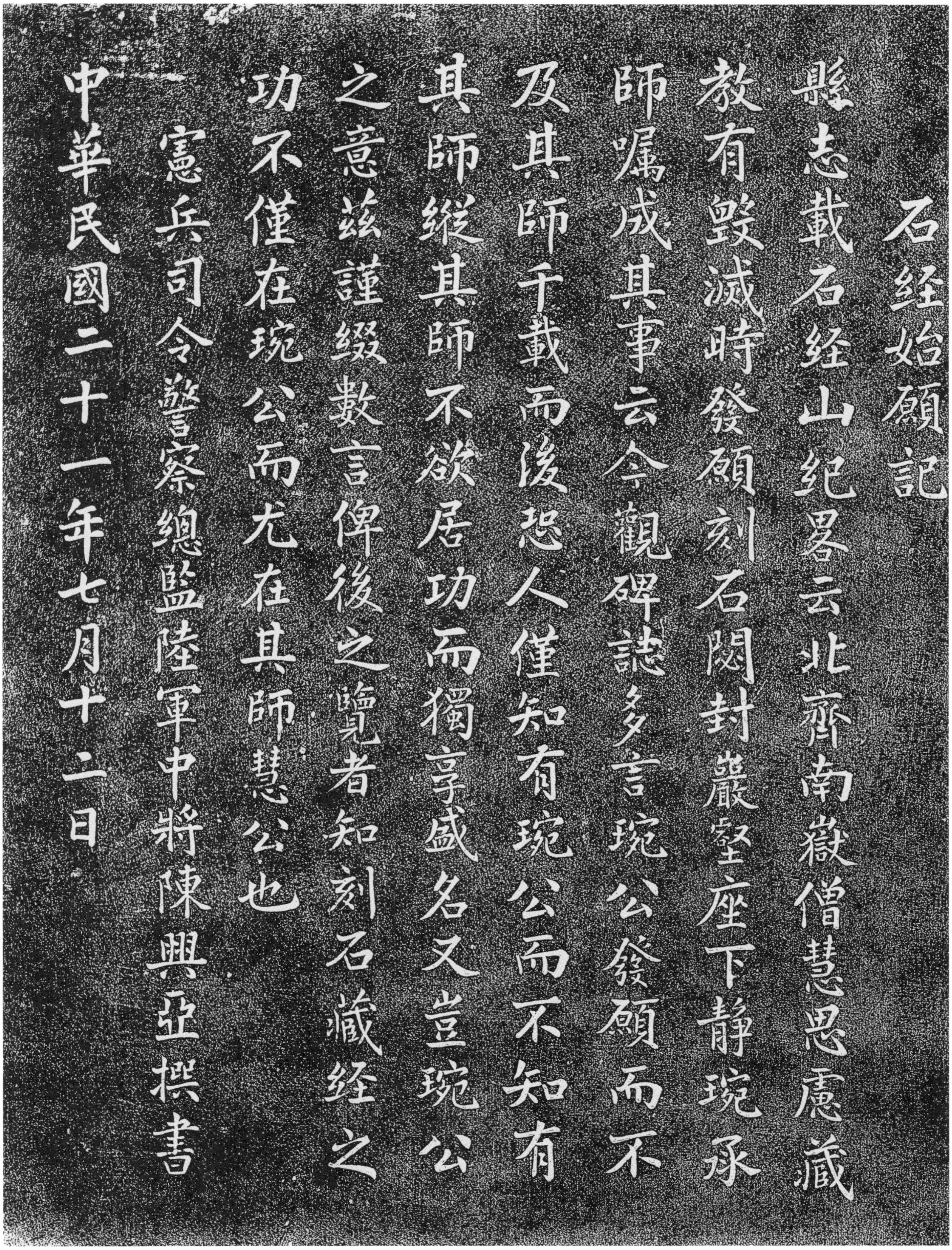

石经始願記

縣志載石经山紀畧云北齊南嶽僧慧思慮藏教有毀滅時發願刻石閟封巖壑座下靜琬承師囑成其事云今觀碑誌多言琬公發願而不及其師千載而後恐人僅知有琬公而不知有其師縱其師不欲居功而獨享盛名又豈琬公之意茲謹綴數言俾後之覽者知刻石藏经之功不僅在琬公而尤在其師慧公也

憲兵司令警察總監陸軍中將陳興亞撰書

中華民國二十一年七月十二日

陳興亞石經始願記題刻　1932年7月

拓片高70厘米、寬60厘米　雲居寺文物管理處藏

刻於雲居寺北塔東南角唐太極塔東壁。

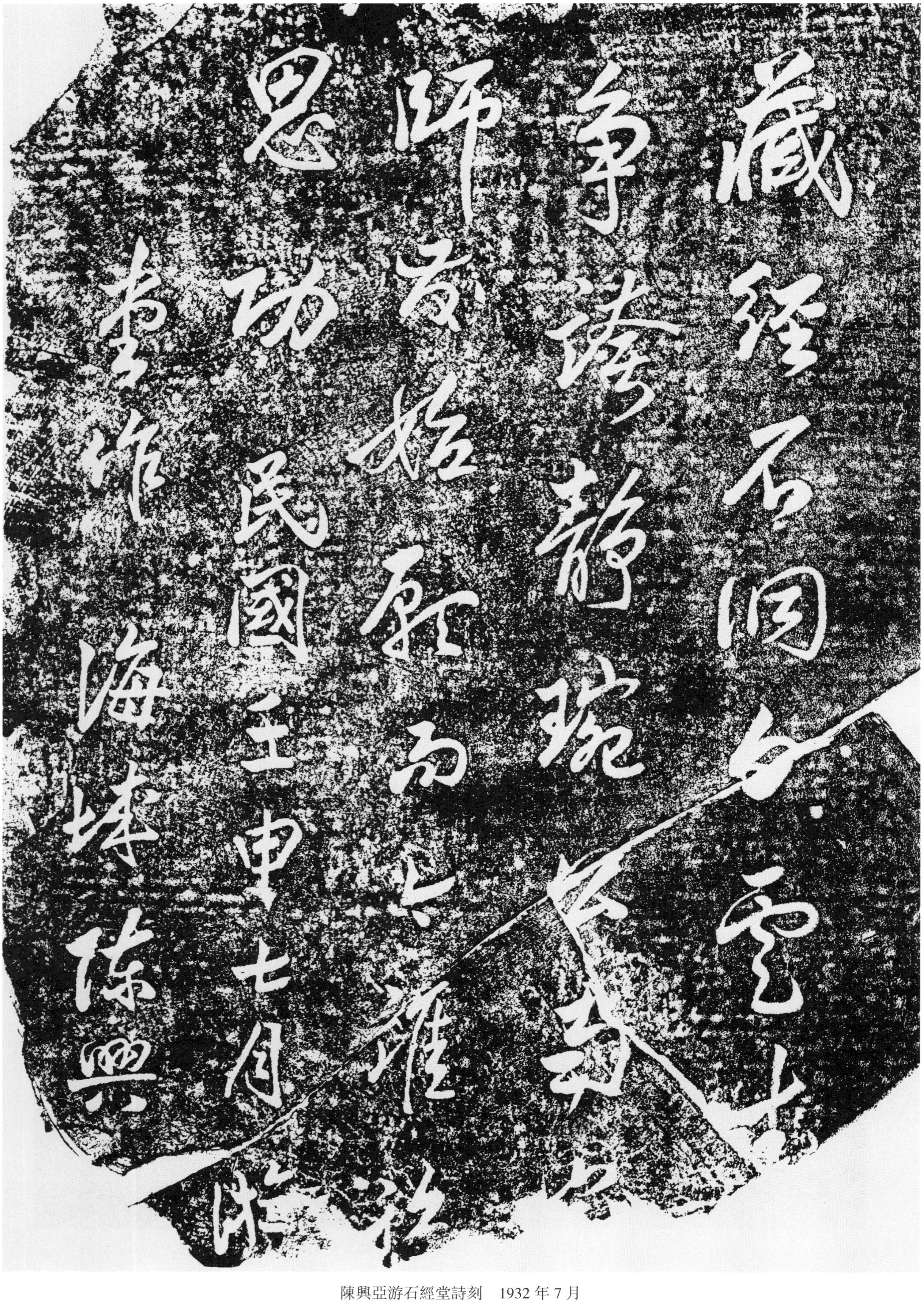

陳興亞游石經堂詩刻　1932年7月
拓片高96厘米、寬69厘米　雲居寺文物管理處藏
陳興亞詩係刻於石經山頂金仙公主塔旁舊碑之上。2000年在小西天溝壑中發現殘石，現移藏施茶亭内。

雲居寺石經山及周邊考察舊照

（一）清末民國時期雲居寺及石經山

清末民國時期雲居寺及石經山舊照，主要選自中國國家圖書館所藏平漢鐵路總工程師、法國人普意雅（G. Bouillard，1862—1930）1901—1912年間拍攝的考察照片，燕京大學教授鄧之誠舊藏約1925—1931年間拍攝的考察照片，日本塚本善隆編著1935年《東方學報·京都第五册副刊·房山雲居寺研究》以及日本常盤大定、關野貞編著1939—1941年京都法藏館《中國文化史迹》中所收1918—1924年間拍攝的考察照片。

1. 雲居寺

雲居寺山門　[法]蒲意雅攝

雲居寺香樹庵及門前古槐　[法]蒲意雅攝
庵、樹今已不存。

雲居寺釋迦殿　[法] 蒲意雅攝

雲居寺嘉慶御碑及碑亭　[法] 蒲意雅攝

雲居寺全景　鄧之誠舊藏

雲居寺水頭全景　鄧之誠舊藏

雲居寺香樹庵　鄧之誠舊藏

雲居寺水竇近景　鄧之誠舊藏

雲居寺全景
據 1935 年《東方學報・京都第五册副刊・房山雲居寺研究》。

雲居寺俯瞰　[日] 櫻井一郎 1927 年攝

雲居寺全景　民國初旅華德人攝

2. 雲居寺塔

雲居寺北塔

據 1935 年《東方學報・京都第五册副刊・房山雲居寺研究》。

雲居寺北塔
據中國佛教協會、中日友好佛教協會編1981年2月《中國佛教之旅》第五集。

雲居寺單層唐石塔（夢堂塔）［日］關野貞攝
據1939—1941年京都法藏館《中國文化史迹》。

塔内浮雕造像　[日] 關野貞攝

唐太極元年石塔　[日] 小川氏攝
據 1935 年《東方學報・京都第五册副刊・房山雲居寺研究》。

唐太極元年石塔　[日]關野貞攝
據1939—1941年京都法藏館《中國文化史迹》。

唐太極元年石塔塔門　[日]關野貞攝

唐開元十年石塔及塔門　[日]關野貞攝
據1939—1941年京都法藏館《中國文化史迹》。

塔内浮雕佛造像　[日]關野貞攝

塔室内壁供養人浮雕（局部）　[日]水野氏攝

唐開元十年石塔 [法]蒲意雅攝

唐開元十五年石塔 [法]蒲意雅攝

雲居寺南塔　[日] 關野貞攝

塔已毀。據 1939—1941 年京都法藏館《中國文化史迹》。

雲居寺南塔（局部）

據 1935 年《東方學報・京都第五册副刊・房山雲居寺研究》。

雲居寺南塔　[法]蒲意雅攝

雲居寺南塔　鄧之誠舊藏

南塔下石幢之“羅漢幢” [法] 蒲意雅攝

遼天慶八年續秘藏石經塔 [法] 蒲意雅攝

南塔塔下造像石幢 [法] 蒲意雅攝

雲居寺南塔及遼天慶八年續秘藏石經塔　鄧之誠舊藏

遼天慶八年續秘藏石塔記拓片①　鄧之誠舊藏

遼天慶八年續秘藏石塔記拓片②

遼天慶八年續秘藏石塔記拓片③

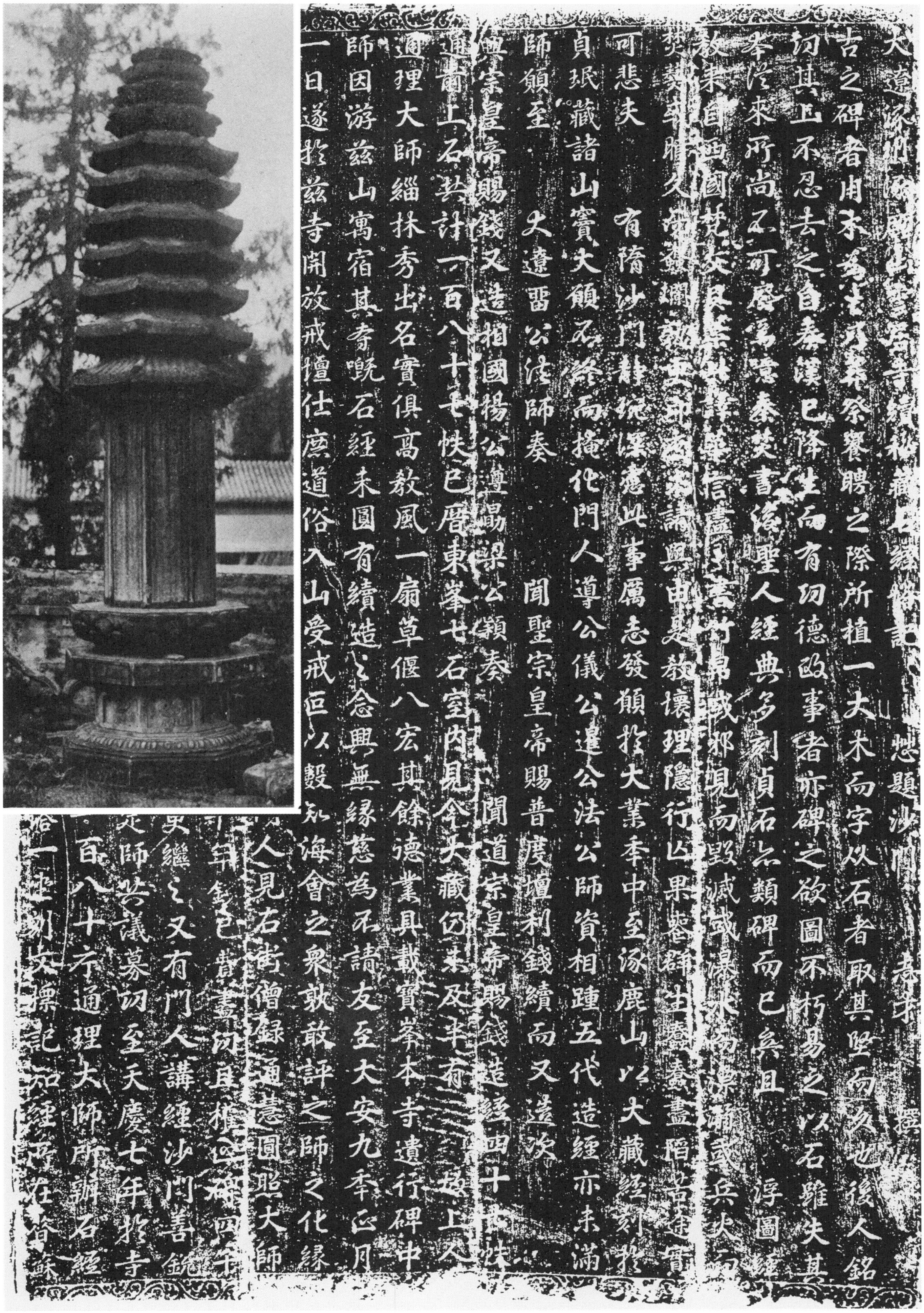

遼天慶八年續秘藏石經塔及拓片

據 1935 年《東方學報・京都第五册副刊・房山雲居寺研究》。

遼開山琬公塔及明碑　[法]蒲意雅攝
遠處爲唐夢堂塔，左側墳塔今已不存。

遼開山琬公塔及明碑遠眺　鄧之誠舊藏
遠處山頂爲遼天慶四年塔（老虎塔）。

嘉慶帝雲居寺瞻禮二十韻詩碑　鄧之誠舊藏

嘉慶帝再游雲居寺詩碑　鄧之誠舊藏

3. 石經山及藏經洞

石經山東南遠眺　[法] 蒲意雅攝

石經山東北遠眺　[法] 蒲意雅攝

石經山頂金仙公主塔及塔前唐碑　鄧之誠舊藏

石經山北崖　鄧之誠舊藏

石經山唐代古井　鄧之誠舊藏

石經山小五臺　鄧之誠舊藏

藏經洞一洞二洞外景　鄧之誠舊藏

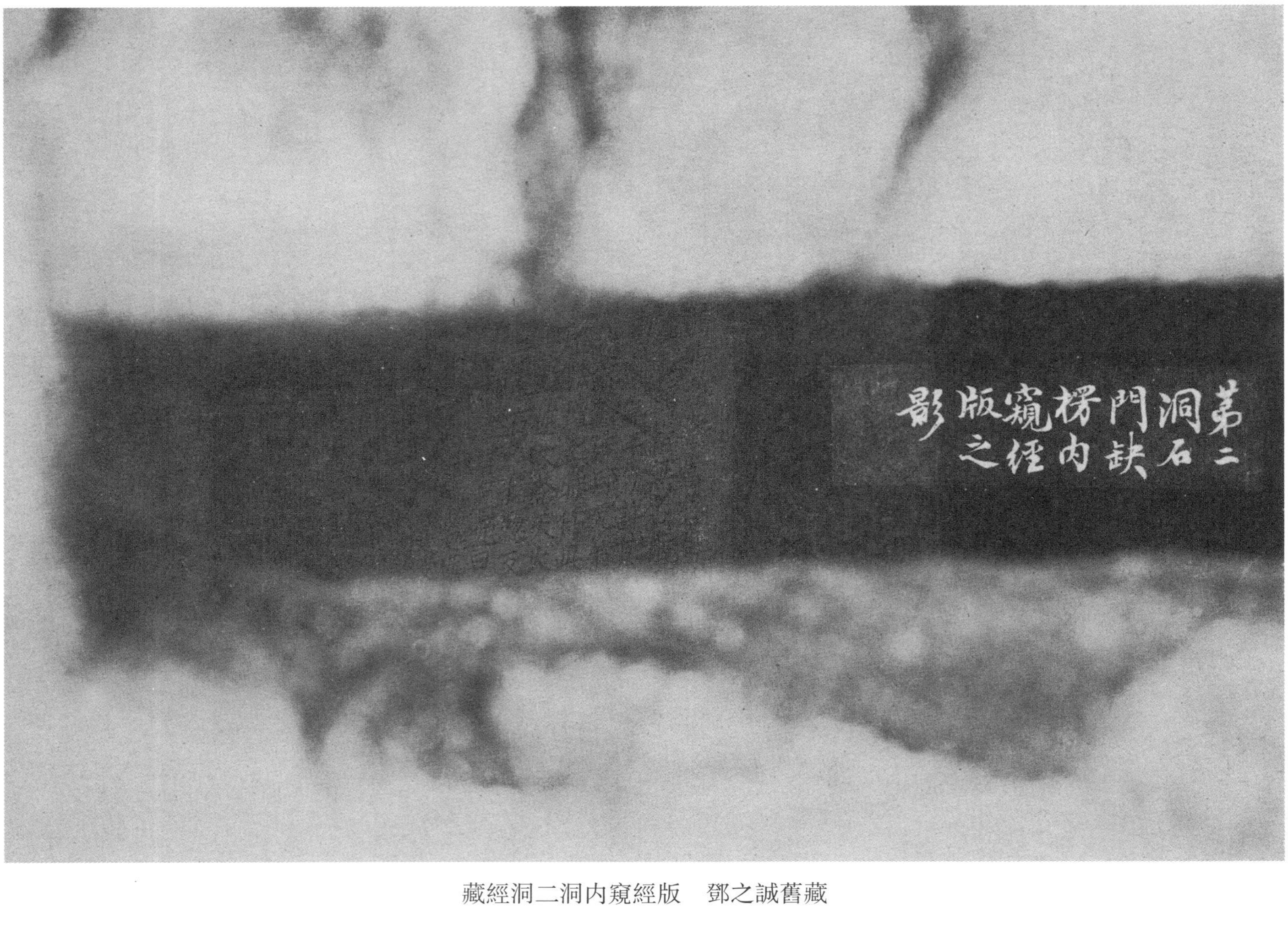

藏經洞二洞内窺經版　鄧之誠舊藏

藏經洞三洞四洞外景 [法]蒲意雅攝

藏經洞三洞四洞及石欄　鄧之誠舊藏

鄧之誠編號爲七洞、八洞。

雷音洞（五洞）外建築及山頂金仙公主塔　鄧之誠舊藏
今建築皆不存。

雷音洞内景①　鄧之誠舊藏

雷音洞内景②　鄧之誠舊藏

藏經洞六洞及董其昌“寶藏”刻石　鄧之誠舊藏
今“寶藏”刻石已移藏雲居寺。

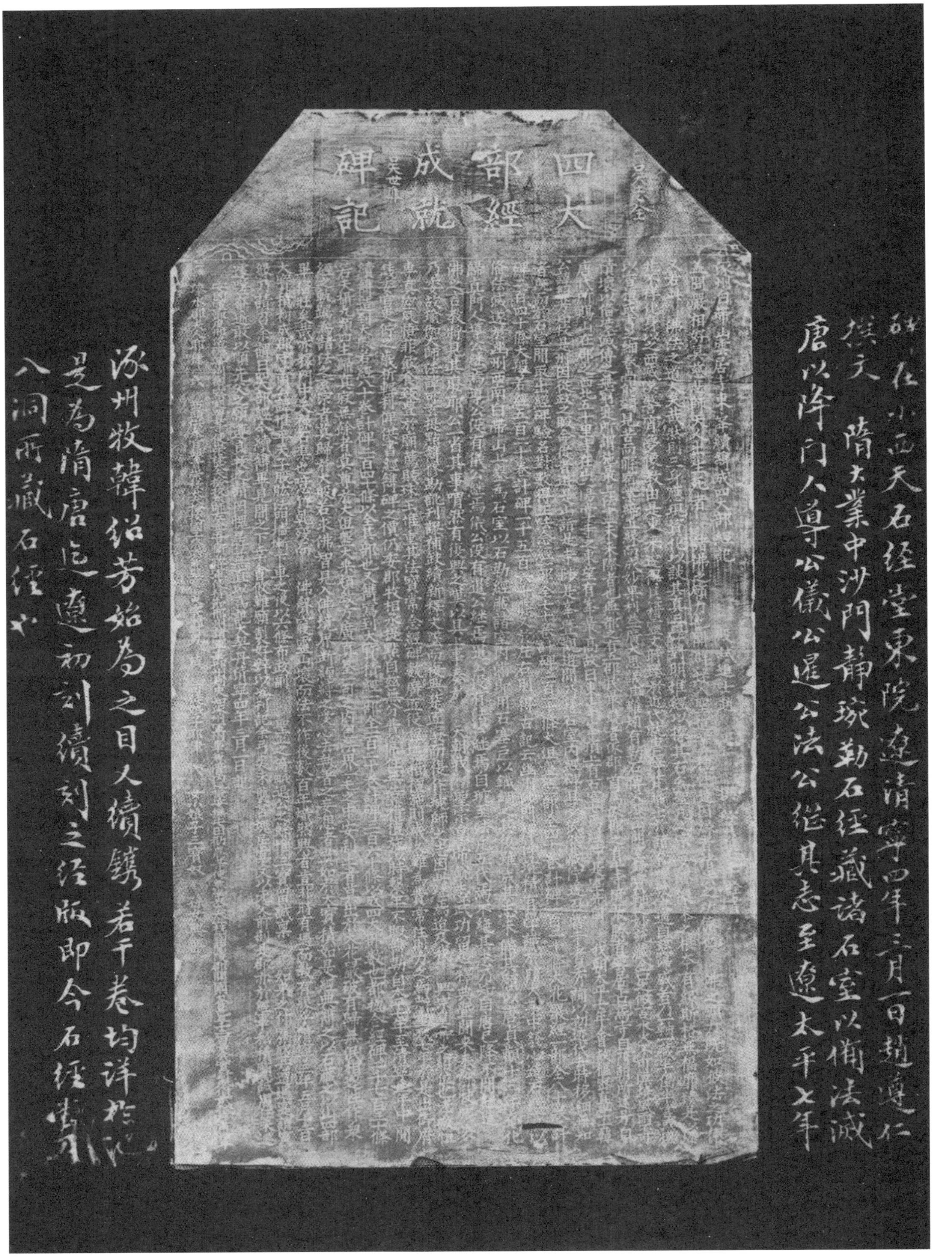
四大部經成就碑記
碑在小西天石经堂東院遼清寧四年三月一日趙遵仁撰文
隋大業中沙門静琬勒石经藏諸石室以備法滅
唐以降门人導公儀公暹公法公继其志至遼太平七年
涿州牧韓绍芳始為之目人續鐫若干巻均详於记
是為隋唐迄遼初刻續刻之经版即今石经山
八洞所藏石經也

遼四大部經成就碑記拓片　鄧之誠舊藏

碑位於七洞洞門右側。

藏經洞七洞及洞外唐遼元明碑　[法] 蒲意雅攝

藏經洞七洞及洞前碑石　鄧之誠舊藏
鄧之誠編號爲五洞。

四洞内經版藏貯情況
鄧之誠舊藏
鄧之誠編號爲七洞。

藏經洞八洞九洞外景 [法] 蒲意雅攝

藏經洞九洞下方八角亭 [法] 蒲意雅攝

藏經洞八洞九洞外景　鄧之誠舊藏
鄧之誠編號爲三洞、四洞。

石經山東崖及八角亭（鄧之誠舊藏）

4. 石經山塔

金仙公主塔及塔前唐碑　清末舊照

金仙公主塔　[法]蒲意雅攝
塔前唐碑已不存。

金仙公主塔及塔門两側金剛力士造像　[日]關野貞攝
據 1939—1941 年京都法藏館《中國文化史迹》。塔室内佛造像仍存。

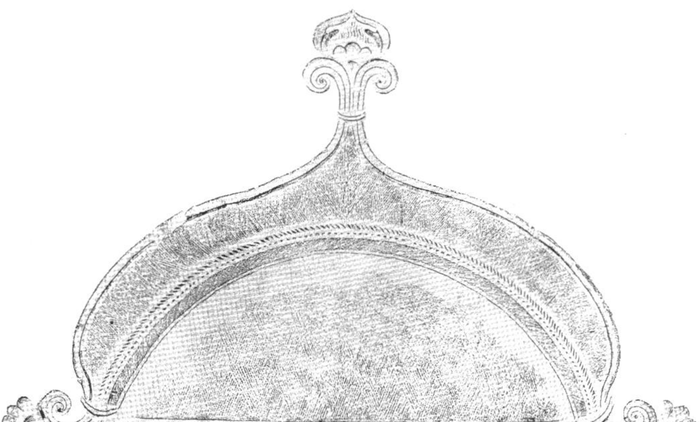

金仙公主塔塔門綫描圖

塔外壁韓紹勳遼太平六年正月合家巡禮題記拓片

據 1935 年《東方學報・京都第五册副刊・房山雲居寺研究》。

石經山南臺單層唐代石塔　[日]關野貞攝
據1939—1941年京都法藏館《中國文化史迹》。

南臺單層唐塔外壁唐人巡禮題記拓片
據1939—1941年京都法藏館《中國文化史迹》。

（二）中華人民共和國成立後雲居寺與石經山

中華人民共和國成立後雲居寺與石經山舊照，主要選自 1956—1958 年房山雲居寺南塔遺址、石經山藏經洞發掘現場工作照及《人民畫報》記者拍攝的照片。

1. 雲居寺的修復與保護

1956 年雲居寺遺址俯瞰
南塔已不存。

雲居寺遺址（山門及北塔） 20 世紀 50 年代
寺址位於北京房山區大石窩鎮水頭村。

雲居寺北塔及塔院碑　20 世紀 50 年代

1958 年雲居寺南塔地宮遼金經版取出時狀態

1957 年雲居寺南塔地宮石經發掘前清理狀態

1957 年發掘時的雲居寺南塔地宮南部東石門

1957 年雲居寺南塔地宮藏經發掘現場

1957 年南塔地宮瘞藏遼金經版出土時排列狀態及間隔土墻

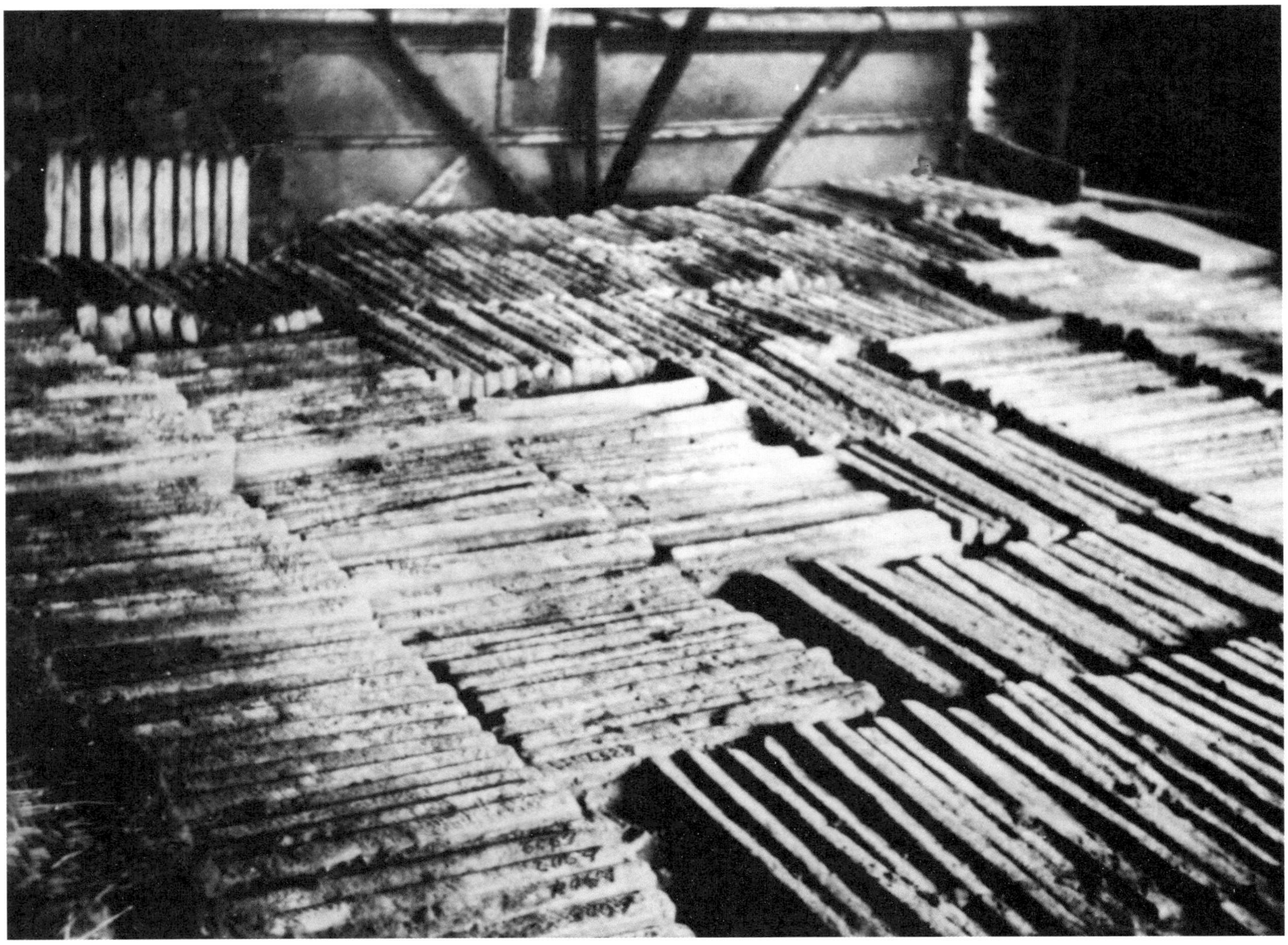

1957 年雲居寺南塔地宮遼金經版出土後編號排列狀態

20 世紀 50 年代末所建雲居寺石經庫房

2. 雲居寺塔的修復與保護

唐開元十五年塔　20 世紀 50 年代

雲居寺北塔修繕
20 世紀 70 年代

雲居寺北塔
20 世紀 70 年代

遼開山琬公塔及塔前明德清碑
20 世紀 70 年代
　　塔及碑在水頭村時狀態。

遼開山琬公塔及北塔
　　1978 年 11 月，文物部門將琬公塔及塔前明德清碑自水頭村香樹庵塔院移至雲居寺内藥師殿前小廣場，此爲重新組裝後狀態。遠處山頂爲“老虎塔”。

整理安裝琬公塔石須彌座下梟　趙迅 1978 年 11 月攝

安裝琬公塔塔身石須彌座半腰上梟（銀錠扣原樣恢復）　趙迅攝

琬公塔塔身安裝好後從頂部俯視　趙迅攝

遷移琬公塔吊起塔刹座情景　吴夢麟 1978 年 11 月攝

遷移後的琬公塔調整上檐　趙迅攝

遷移後的琬公塔安裝塔刹相輪　趙迅攝

琬公塔遷移後拓印塔銘　吴夢麟攝

琬公塔遷移後拓印授花上的石刻花紋　吴夢麟攝

雲居寺西山頂遼天慶四年塔
（老虎塔）
20 世紀 80 年代

雲居寺南金元塔
20 世紀 80 年代

1957 年雲居寺南塔下遼天慶七年舍利石函出土狀態

南塔出土石幢殘件

遼代天慶七年舍利石函

20 世紀 50 年代重新發現的“羅漢幢”（局部）

遼天慶八年續秘藏石塔底座
石雕細部
20 世紀 80 年代

整修遼天慶八年續秘藏
石塔底座
20 世紀 80 年代

3. 石經山洞窟的發掘與保護

藏經洞經版拓印時石經山工棚　吴新陸 1956 年攝

水頭村村民石经山擡運經版
情景　吴新陸 1956 年攝

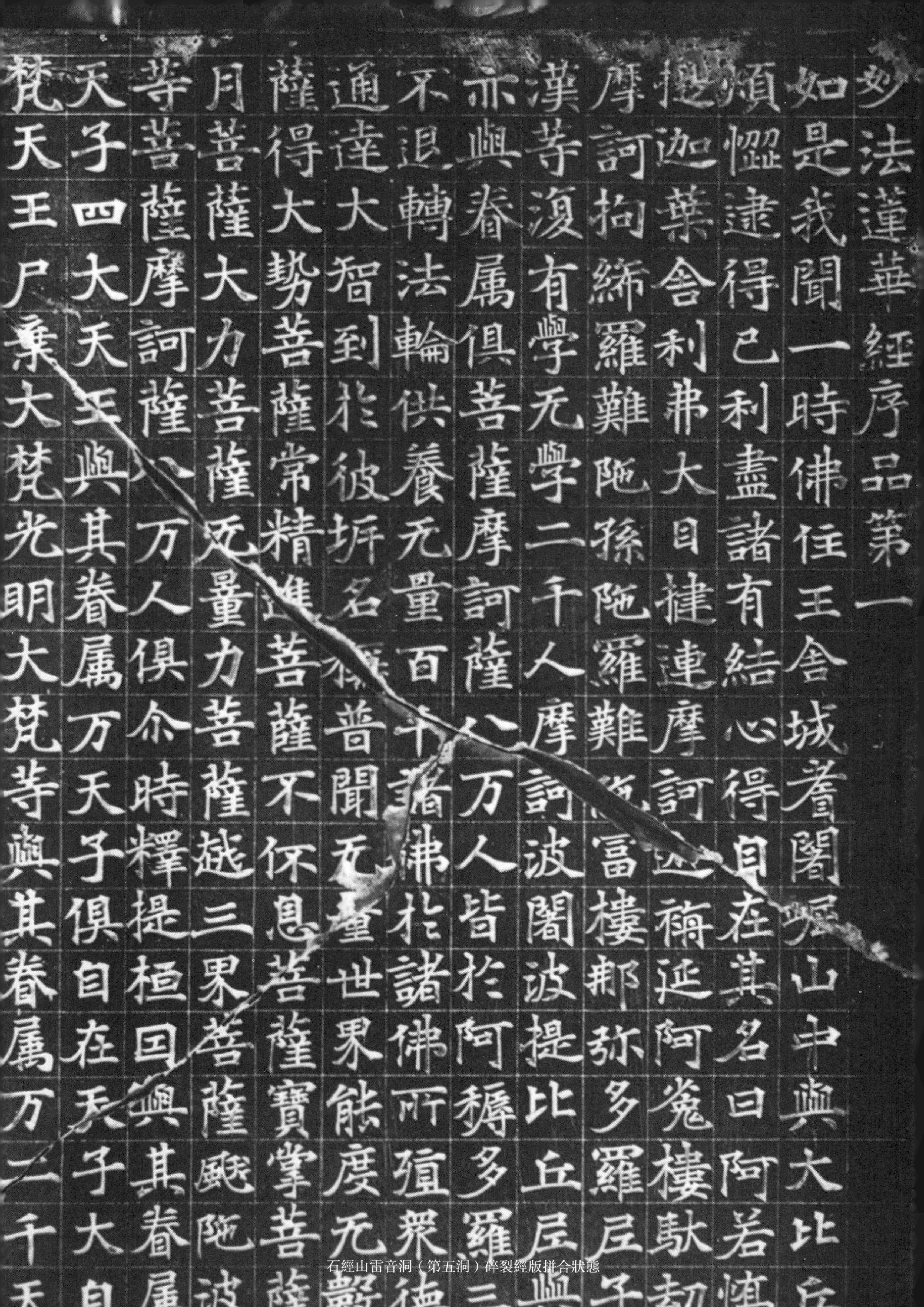
妙法蓮華經序品第一
如是我聞一時佛住王舍城耆闍崛山中與大比丘
煩惱逮得已利盡諸有結心得自在其名曰阿若憍
提迦葉舍利弗大目揵連摩訶迦旃延阿㝹樓駄劫
摩訶拘絺羅難陁孫陁羅難陁富樓那弥多羅尼子
漢等復有學无學二千人摩訶波闍波提比丘尼與
亦與眷屬俱菩薩摩訶薩八万人皆於阿耨多羅三
不退轉法輪供養无量百千諸佛於諸佛所殖衆德
通達大智到於彼岸名稱普聞无量世界能度无數
薩得大勢菩薩常精進菩薩不休息菩薩寶掌菩薩
月菩薩大力菩薩无量力菩薩越三界菩薩颰陁波
等菩薩摩訶薩八万人俱尒時釋提桓因與其眷屬
天子四大天王與其眷屬万天子俱自在天子大自
梵天王尸棄大梵光明大梵等與其眷屬万二千天
石經山雷音洞（第五洞）碎裂經版拼合狀態

藏經洞唐代經版堆疊狀態

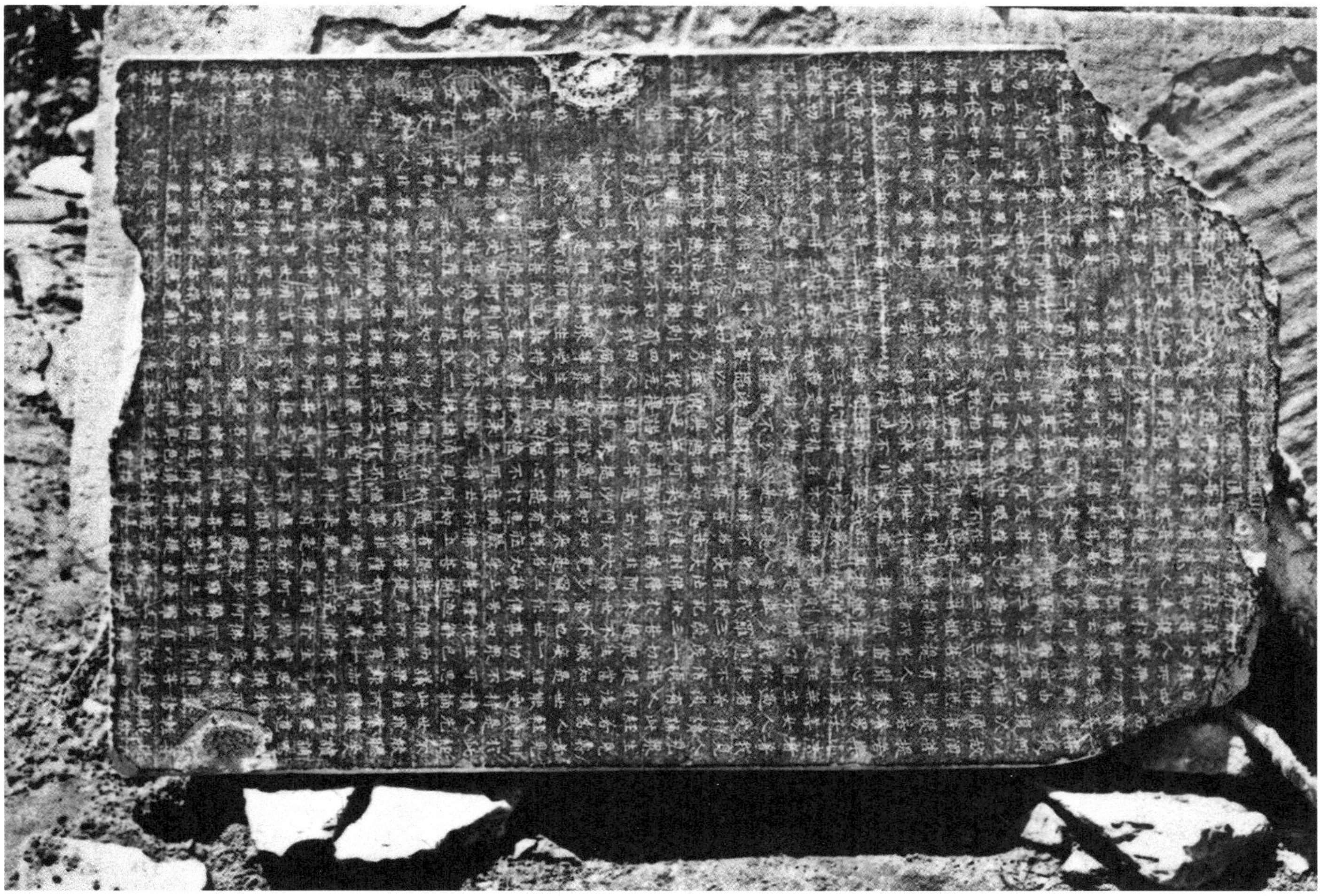

1956 年唐代經版取出捶拓狀態

藏經洞遼代補刻經版
碎裂狀態

藏經洞唐代經版

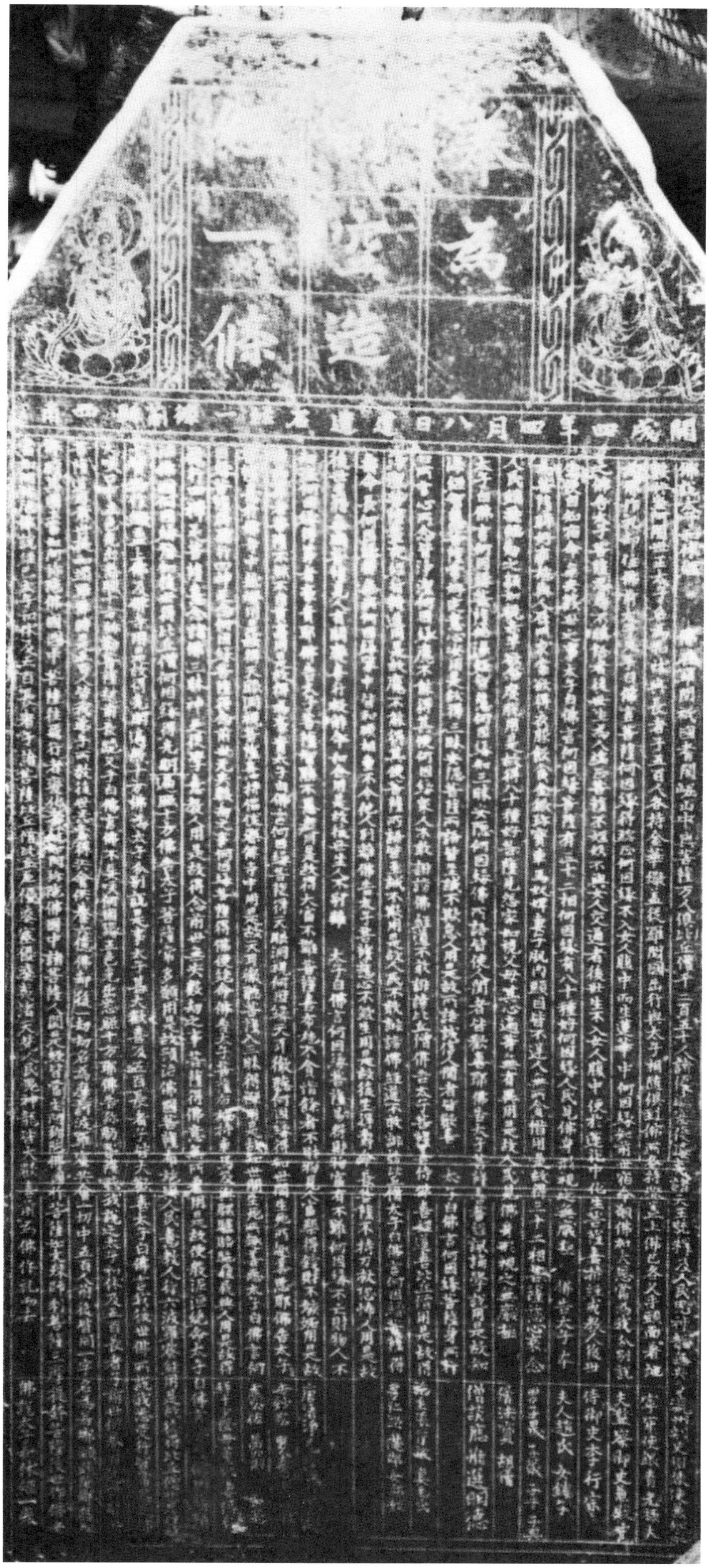

九洞中取出捶拓的唐刻《太子和休經》及信衆題記拓片

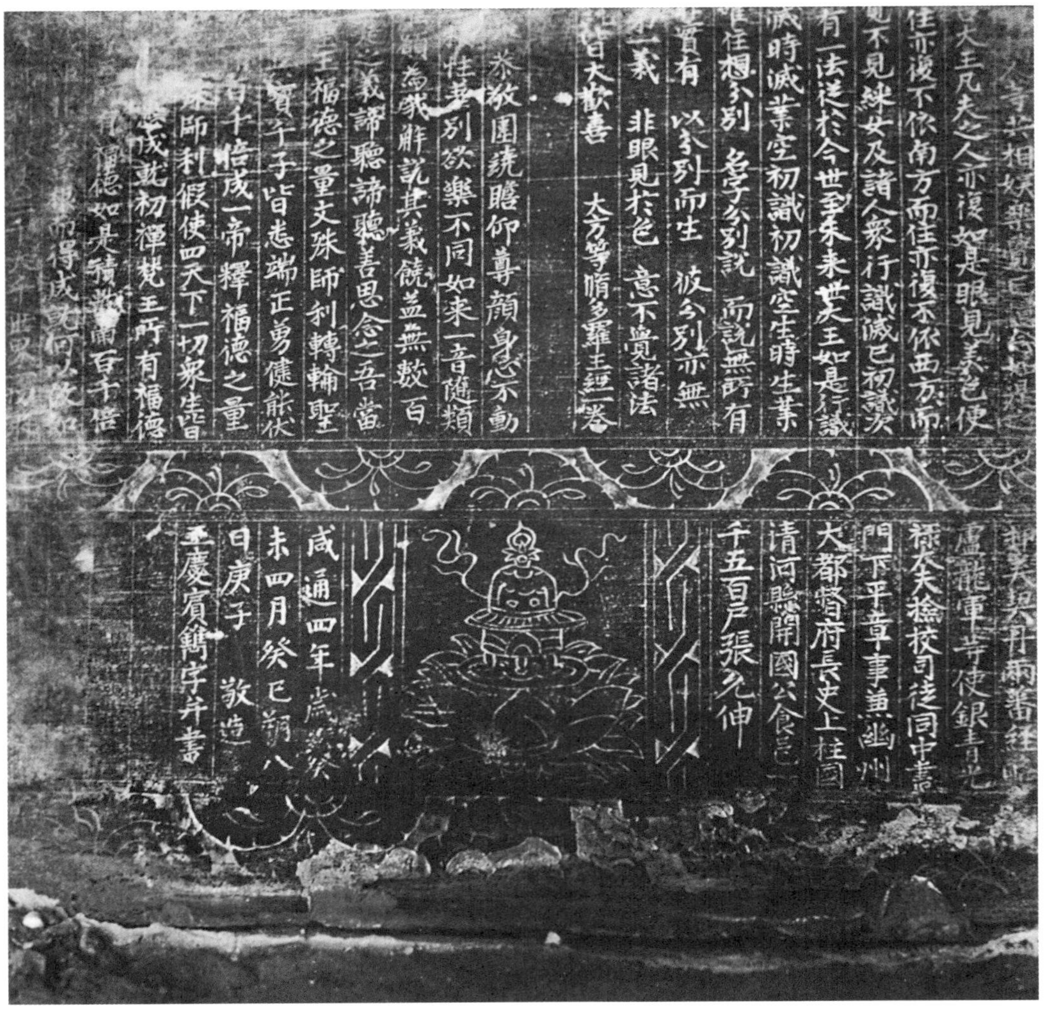

唐代經版張允伸咸通四年四月八日造經題記（局部）

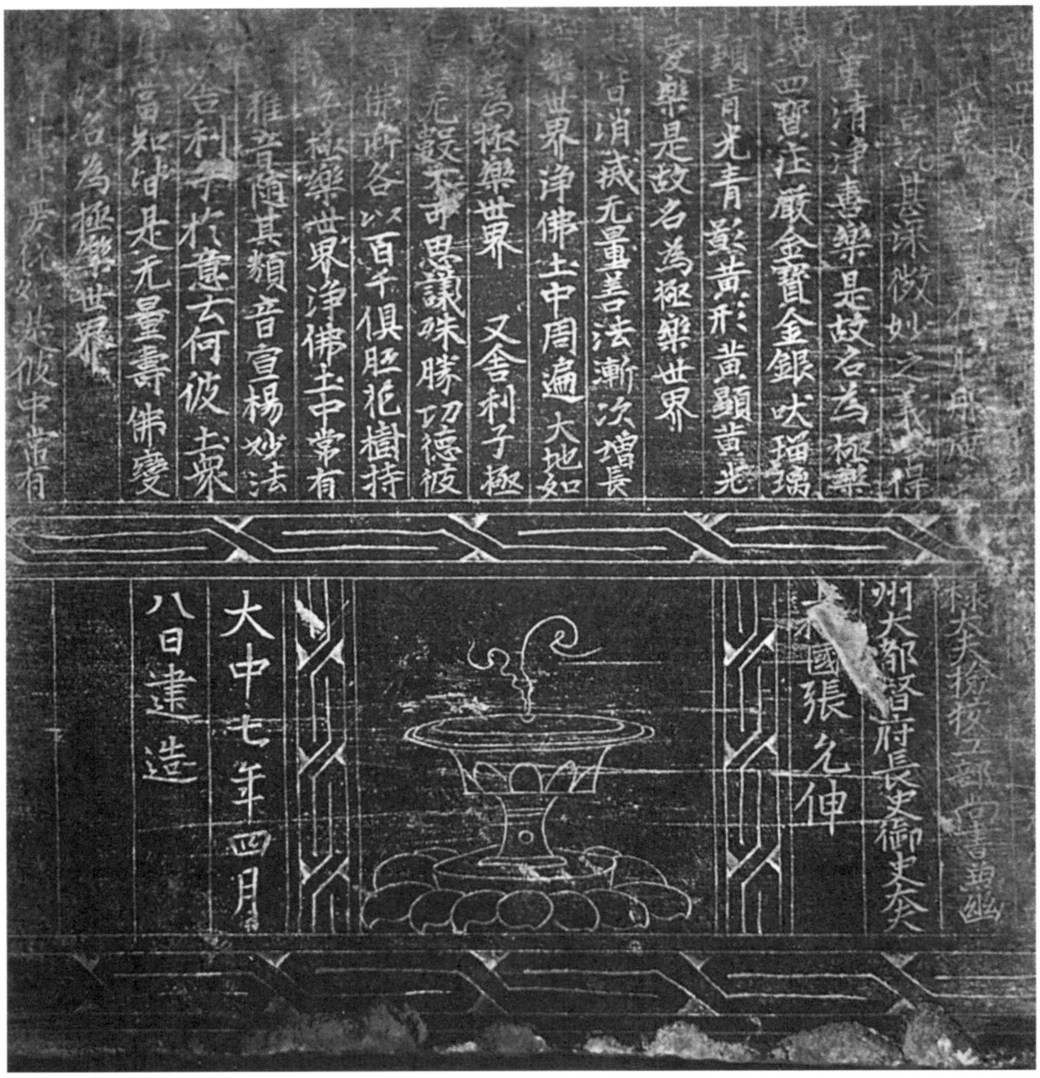

唐代經版張允伸大中七年四月八日造經題記（局部）

金燕京圓福寺沙門見嵩造《大教王經》殘石（石經山洞窟内唯一的金代刻經）

九洞内取出捶拓的唐刻
《阿難七夢經》經版

洞外散落的唐代經版殘石

洞中取出的碎裂唐代經版

元重修華嚴堂經本記殘碑（賈志道撰并書） 元至正元年（1341）五月八日

北京大學教授閻文儒、中國佛教協會黄炳章等專家在通往山頂的隋唐古道上考察　20世紀50年代

1956年藏經洞開啓後經版堆疊狀態

1956年中國佛教協會組織人員開啓藏經洞取出石經版

工作人員擡出石經版

1956年石經山三洞内藏經版
擡出狀態

閻文儒、俞偉超考察雷音洞（五洞）
千佛柱　吴新陸 1956年攝

閻文儒、黄炳章考察洞内石經版存放情况　吴新陸 1956 年攝

閻文儒觀看殘經版
吴新陸 1956 年攝

閻文儒等查看取出的經版
吴新陸 1956 年攝

《新聞簡報》記者攝製房山石經
紀録片　劉丕澄 1961 年攝

1956 年拓工在石經山
工棚内捶拓石經情景

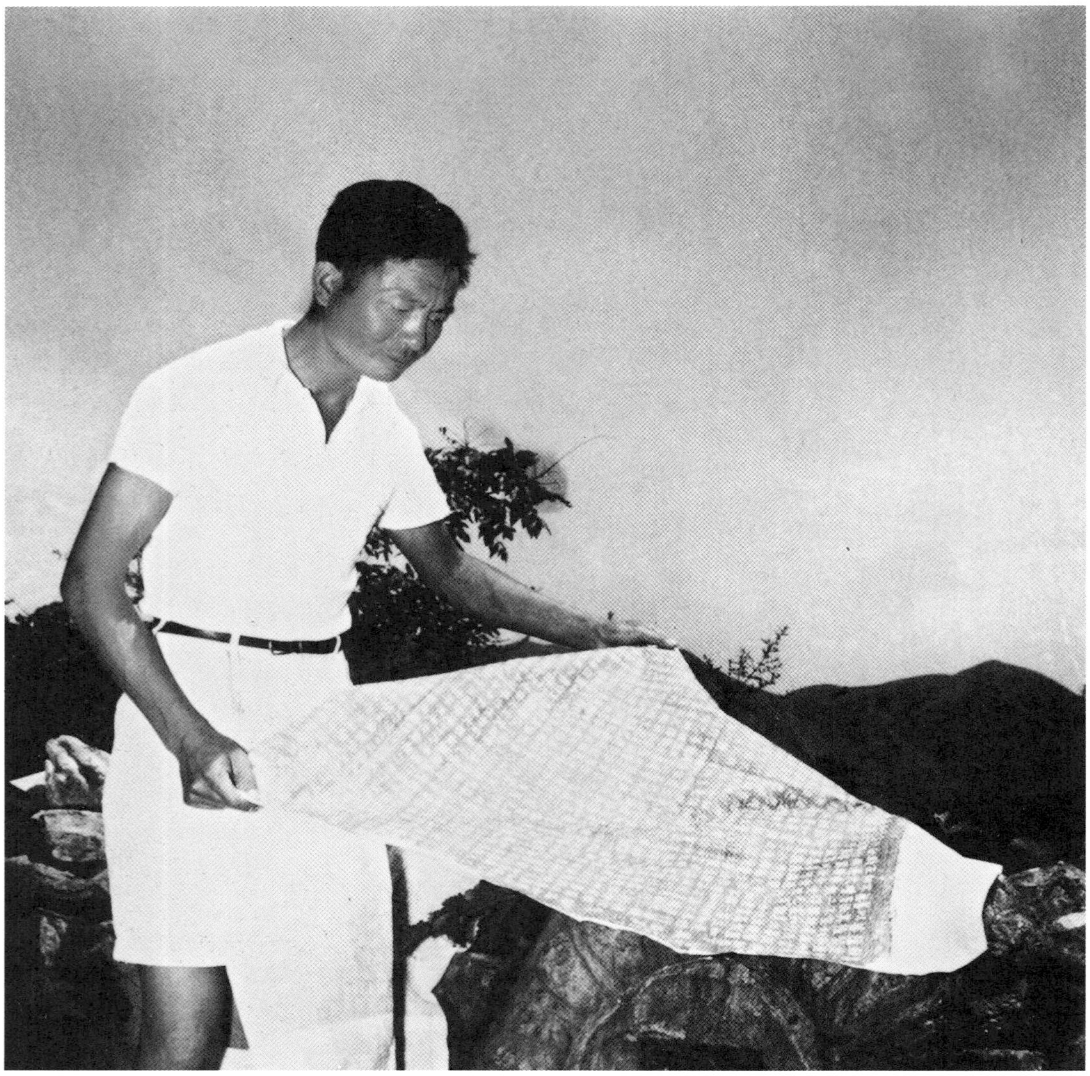

房山石經傳拓負責人
黄炳章檢查拓片質量
吴新陸 1956 年攝

老師傅傳授捶拓技術
吴新陸 1956 年攝

拓工捶拓房山石經
吴新陸 1956 年攝

揭取房山石經拓片
吴新陸 1956 年攝

拓工合作捶拓房山石經
吴新陸 1956 年攝

捶拓完成的石經
吴新陸 1956 年攝

拓工整理拓畢的石經拓片
吴新陸 1956 年攝

房山石經拓片整理打包即將啓運下山

1957年11月，石經山經版拓印工作結束，歷時19個月。拓印山頂九個藏經洞經版4195石，洞内外殘碎經版782石，雷音洞（五洞）附近碑刻、摩崖、經幢、造像、題記等75件，共拓印90298紙。拓印使用宣紙1493刀，墨137公斤（據《北京志·雲居寺志》第二篇“石經”，北京出版社，2017年）。拓印後，除雷音洞（五洞）外，中國佛教協會根據静琬刻經初衷，將其餘八個洞的石經全部納還石室，回藏錮封。

石經山唐釋迦牟尼佛多寶佛摩崖造像　20 世紀 60 年代

4. 石經山塔的調查與研究

唐金仙公主塔　20 世紀 70 年代

塔門兩側浮雕力士像
及遼代題記

金仙公主塔塔後王守泰等唐人題記

石經山頂南臺及單層小唐塔
20 世紀 70 年代

南臺單層小唐塔正面　20 世紀 70 年代

塔門側浮雕力士像

（三）石經山周邊

1. 房山大石窩採石場

房山大石窩古代採石場遺迹（位於北京房山區大石窩鎮大石窩村） 張永强 2011 年 9 月攝

房山大石窩採石場周邊環境

2. 房山磨碑寺

修復前的磨碑寺（位於北京房山區南尚樂鎮巖上村） 2011 年 9 月

磨碑寺山墻

磨碑寺修復前殘破狀態

磨碑寺建築構件殘留彩畫

磨碑寺墻外刻字

3. 劉濟墓

劉濟墓發掘現場　張永强 2014 年 10 月摄

2012 年 8 月，唐幽州盧龍節度使劉濟與夫人張氏合葬墓在北京房山區長溝鎮墳莊村發現，出土了彩繪十二生肖墓誌等重要文物。房山石經中發現了大量劉濟與夫人張氏施造的石經，皆有其職銜題記。

劉濟墓誌　唐元和五年十月

誌石長 142 厘米、寬 151 厘米　房山區文物管理所藏

誌文權德輿撰，歸登書。誌文載《全唐文》卷五〇五。此爲誌蓋。

劉濟墓誌篆蓋“唐故幽州盧龍等處觀察等使中書令贈太師劉公墓誌之銘”

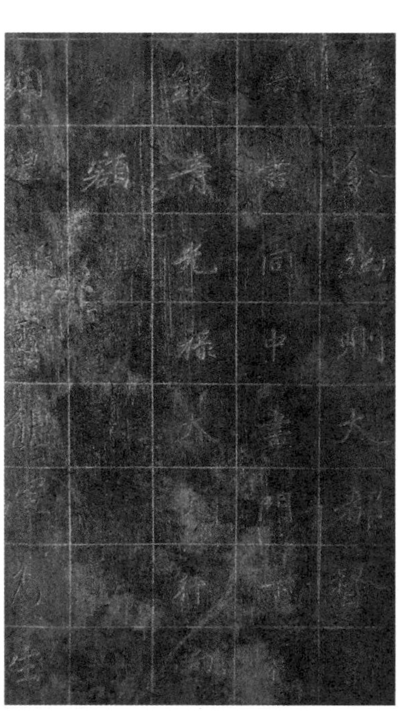

劉濟墓誌題銜（局部）

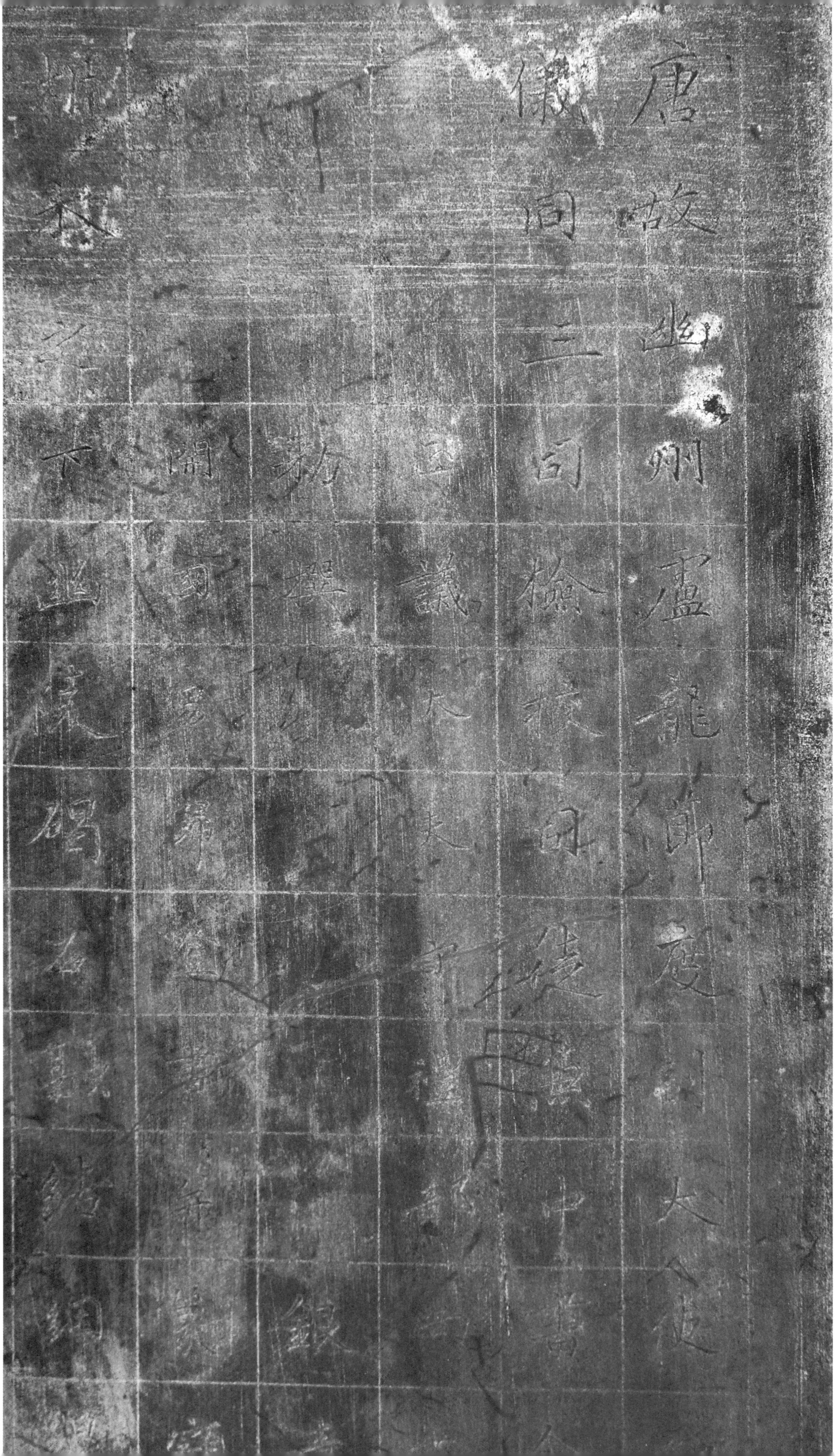

劉濟墓誌（原石局部）

劉濟夫人張氏墓誌　唐元和九年正月
誌石長 163 厘米、寬 163 厘米　彩繪浮雕十二生肖及花卉。

誌蓋

劉濟夫人張氏墓誌篆蓋“唐故薊國太夫人贈燕國太夫人清河張夫人祔誌銘”

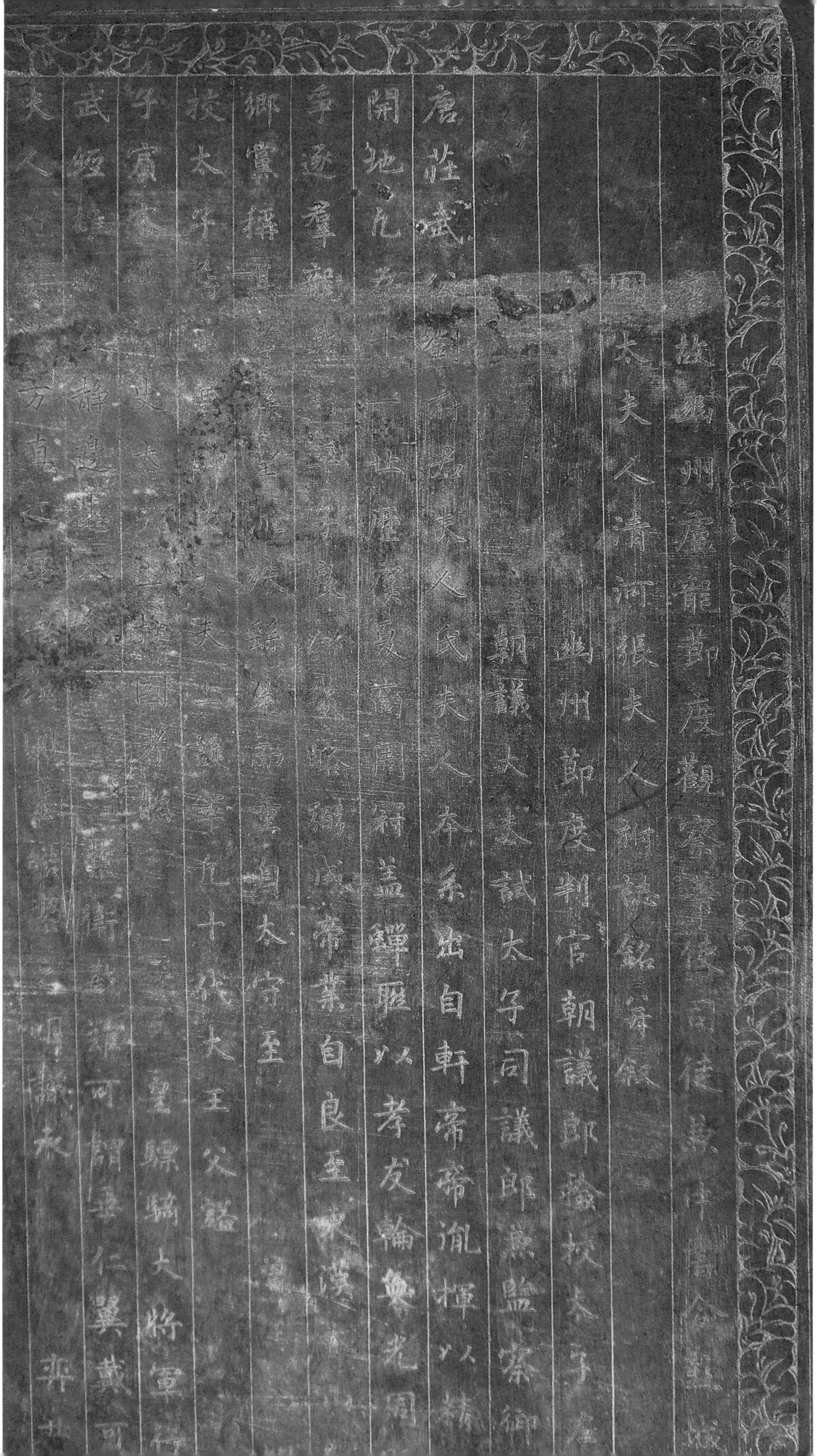

劉濟夫人張氏墓誌（原石局部）

劉濟墓出土浮雕神鳥（或朱雀）墓門橫樑
現藏北京房山區文物管理所。

2014 年吴夢麟先生考察劉濟墓出土浮雕神鳥（或朱雀）

劉濟墓出土浮雕神鳥（或朱雀）細部

劉濟墓出土石幢
現藏北京房山區文物管理所。

劉濟墓出土石燈洗
現藏北京房山區文物管理所。

劉濟墓石棺床

劉濟墓石棺床束腰人面浮雕①

劉濟墓石棺床人面浮雕②

劉濟墓石棺床人面浮雕③

劉濟墓石棺床人面浮雕④

劉濟墓石棺床人面浮雕⑤

劉濟墓石棺床人面浮雕⑥

劉濟墓石棺床人面浮雕⑦

劉濟墓石棺床人面浮雕⑧

4. 石經山曝經臺

石經山曝經臺遺址發掘現場　張永强 2016 年 7 月攝

曝經臺建築遺址①

曝經臺建築遺址②

主要參考文獻

一、古籍

（梁）僧祐著，蘇晋仁、蕭鍊子點校《出三藏記集》，中華書局，1995年。

（梁）僧祐著，湯用彤校注，湯一玄整理《高僧傳》，中華書局，1992年。

（北魏）酈道元著，楊守敬、熊會貞疏《水經注疏》（上中下），江蘇古籍出版社，1989年。

（北齊）顔之推著，王利器點校《顔氏家訓集解》（增補本），中華書局，1993年。

（唐）李隆基：《唐明皇御注道德經》，中央編譯出版社，2013年2月。

（唐）玄奘、辯機著，季羨林校注《大唐西域記校注》（上下册），中華書局，2000年。

（唐）慧立、彦悰等著，孫毓棠、謝方等點校《大慈恩寺三藏法師傳·釋迦方志》，中華書局，2000年。

（唐）智昇撰、富世平點校《開元釋教録》（1—4册），中華書局，2018年。

（唐）張彦遠著，武良成、周旭點校《法書要録》，浙江人民美術出版社，2012年。

（唐）鄭處誨、裴庭裕著，田廷點校《明皇雜録·東觀奏記》，中華書局，1994年。

（唐）劉肅著，許德楠、李鼎霞點校《大唐新語》，中華書局，1984年。

（唐）道宣著，郭紹林點校《續高僧傳》，中華書局，2014年。

（唐）王仁裕著，曾貽芬點校《開元天寶遺事·安禄山事迹》，中華書局，2006年。

（宋）贊寧著，范祥雍點校《宋高僧傳》（全2册），中華書局，1987年。

（宋）佚名著，顧逸點校《宣和書譜》，上海書畫出版社，1984年。

（宋）趙明誠著，金文明校證《金石録校證》，上海書畫出版社，1985年。

（遼）釋行均編《龍龕手鏡》，中華書局，1985年。

（明）智旭著，楊之峰點校《閱藏知津》（全2册），中華書局，2015年。

（明）劉侗、于奕正：《帝京景物略》，北京古籍出版社，1980年。

（清）顧炎武：《金石文字記》（潘耒補遺1卷），顧亭林先生遺書本，1906年。

（清）朱彝尊：《曝書亭金石文字跋尾》，翠琅玕館叢刊本，1916年。

（清）錢大昕：《潛研堂文集》，清嘉慶十一年（1806）刻本。

（清）孫承澤、高士奇著，佘彦焱校點《庚子銷夏記·江村銷夏録》，上海古籍出版社，2011年。

（清）徐松著，張穆點校《唐两京城坊考》，中華書局，1985年。

（清）翁方綱：《两漢文字記》，博古齋影印書齋叢書本，1924年。

（清）王昶：《金石萃編》（附正續補正），陝西人民美術出版社，1990年。

（清）陸增祥：《八瓊室金石補正》，文物出版社，1985年。

（清）張廷濟：《清儀閣金石題識》，觀自得齋叢書本，清光緒二十年（1894）。

（清）洪頤煊：《平津讀碑記》續記、再續、三續，清刻木犀軒叢書本。

（清）趙之謙：《六朝碑別字》，商務印書館影印初稿手寫本，1919 年。
（清）葉昌熾著、柯昌泗評，陳公柔、張明善點校《語石・語石異同評》，中華書局，1994 年。
（清）葉昌熾著，韓鋭校注《語石校注》，今日中國出版社，1995 年。
（清）馮雲鵬、馮雲鵷：《金石索》，北京圖書館出版社，1996 年。
（清）端方：《匋齋藏石記》，商務印書館石印本，清宣統元年（1909）。
翁大年：《匋齋金石文字跋尾》，雪堂叢刻本，1915 年。
劉承幹：《希古樓金石萃編》，吴興劉氏希古樓刻本，1933 年。
康有爲著，崔爾平校注《廣藝舟雙楫注》，上海書畫出版社，2006 年 1 月。
溥儒輯、楊璐校點《白帶山志》，中國書店，1989 年。

二、圖録

中國佛教協會編《房山雲居寺石經》，文物出版社，1978 年。
中國佛教協會編《房山石經・遼金刻經》（22 册），中國佛教圖書文物館，1987—1989 年。
北京圖書館金石組編，徐自强主編《北京圖書館藏中國歷代石刻拓本彙編》（100 册，索引 1 册），中州古籍出版社，1989 年。
王敏輯注《北京圖書館藏善拓題跋輯録》，文物出版社，1990 年。
沙孟海：《中國書法史圖録》（第一卷），上海書畫出版社，1991 年。
朱仲岳編《唐名家墨迹大觀》，上海人民美術出版社，1992 年。
中國佛教協會編《房山石經・明代刻經》（1 册），中國佛教圖書文物館，1993 年。
饒宗頤編《法藏敦煌書苑精華》（全 8 册），廣東人民出版社，1993 年。
金申：《中國歷代紀年佛像圖典》，文物出版社，1994 年。
西安碑林博物館、趙力光編《鴛鴦七誌齋藏石》，三秦出版社，1995 年。
陝西省耀縣藥王山博物館、陝西省臨潼市博物館、北京遼金城垣博物館合編《北朝佛道造像碑精選》，天津古籍出版社，1996 年。
黄征、宋富盛主編《晉祠華嚴石經石刻選》，山西人民出版社，1996 年。
周紹良編《敦煌寫本〈壇經〉原本》，文物出版社，1997 年。
北京大學圖書館金石組編《北京大學圖書館藏歷代金石拓本菁華》，文物出版社，1998 年。
劉正成主編，朱關田分卷主編《中國書法全集・褚遂良卷》，榮寶齋出版社，1999 年。
中國佛教協會、中國佛教圖書文物館編《房山石經》（29 册，目録 1 册），華夏出版社，2000 年。
甘肅省人民政府、國家文物局編《敦煌：紀念敦煌藏經洞發現一百周年》，朝華出版社，2000 年。
西安碑林博物館編《西安碑林博物館》，陝西人民出版社，2000 年。
遼寧省博物館編《遼寧省博物館藏碑誌精粹》，文物出版社，2000 年。
施蟄存編《唐碑百選》，上海教育出版社，2001 年。
中國國家圖書館編，任繼愈主編《中國國家圖書館碑帖精華》（全 8 册），北京圖書館出版社，2002 年。
國家圖書館善本特藏部編《北京雲居寺石經山舊影》，北京圖書館出版社，2004 年。
《北京文物精粹大系》編委會、北京市文物局編《北京文物精粹大系・石刻卷》，北京出版社，2004 年。
陳亞洲：《房山墓誌》，北京市房山區文物管理所内部印刷，2006 年。
國家圖書館編《文明的守望：古籍保護的歷史與探索》，北京圖書館出版社，2006 年。
張林堂主編《響堂山石窟碑刻題記總録》（2 册），外文出版社，2007 年。
歐陽中石主編《涉縣北齊刻經》（2 册），萬卷出版公司，2009 年。
四川省文物考古研究院編《四川安岳卧佛院唐代刻經窟》，四川出版集團、天地出版社，2009 年。

故宫博物院編《蘭亭圖典》，紫禁城出版社，2011 年。

北京石刻藝術博物館編《北京石刻藝術博物館館藏墓誌拓片精選》，北京燕山出版社，2012 年。

北京大學圖書館金石組編《北京大學圖書館新藏金石拓本菁華（1996—2012）》，北京大學出版社，2012 年。

劉正成主編，華人德分卷主編，張永强分卷副主編《中國書法全集・两晉南北朝寫經寫本卷》，榮寶齋出版社，2013 年。

山東省石刻藝術博物館、德國海德堡學院編《中國佛教石經》（三卷）山東省，中國美術學院出版社，2014—2017 年。

成都市考古研究所、四川省文物考古研究院、德國海德堡學院編《中國佛教石經》四川省，中國美術學院出版社，2014 年。

旅順博物館編《墨林星鳳：旅順博物館藏羅振玉舊藏碑帖選》，中華書局，2015 年。

三、論著

（一）中文部分

陸和九：《中國金石學講義》，中國大學刊行，1933 年。

唐長孺：《魏晉南北朝史論叢》，生活・讀書・新知三聯書店，1955 年。

向達：《唐代長安與西域文明》，生活・讀書・新知三聯書店，1957 年。

李捷民、馮秉其編《上方山和雲居寺》，文物出版社，1959 年。

姚薇元：《北朝胡姓考》（修訂本），中華書局，1962 年。

陳述：《契丹社會經濟史稿》，生活・讀書・新知三聯書店，1963 年。

馬衡：《凡將齋金石叢稿》，中華書局，1977 年。

吕澂：《中國佛學源流略講》，中華書局，1979 年。

中國佛教協會編《中國佛教》（4 册），知識出版社，1980 年。

中國佛教圖書文物館編《法源寺》，法源寺流通處，1981 年。

陳述輯校《全遼文》，中華書局，1982 年。

楊震方：《碑帖叙録》，上海古籍出版社，1982 年。

張彦生：《善本碑帖録》，中華書局，1984 年。

王明：《道家和道教思想研究》，中國社會科學出版社，1984 年。

羅哲文：《中國古塔》，中國青年出版社，1985 年。

秦公輯《碑别字新編》，文物出版社，1985 年。

閻文儒、陳玉龍編《向達先生紀念文集》，新疆人民出版社，1986 年。

馬子雲：《碑帖鑒定淺叙》，紫禁城出版社，1986 年。

北京圖書館金石組、中國佛教圖書文物館石經組編《房山石經題記彙編》，書目文獻出版社，1987 年。

中國佛教協會編《房山石經之研究》（《法音》文庫四），北京法源寺流通處，1987 年。

中國佛教協會編《法音文庫：房山石經之研究》，中國佛教協會出版，1987 年。

李養正：《道教概叙》，中華書局，1987 年。

施蟄存：《水經注碑録》，天津古籍出版社，1987 年。

陳垣：《道家金石略》，文物出版社，1988 年。

徐自强：《北京圖書館藏石刻叙録》，書目文獻出版社，1988 年。

于杰、于光度：《金中都》，北京出版社，1989 年。

朱翼庵:《歐齋石墨題跋》,書目文獻出版社,1990 年。
楊守敬著,陳上岷整理《楊守敬評碑評帖記》,文物出版社,1990 年。
施蟄存:《金石叢話》,中華書局,1991 年。
向燕生編撰《隋唐五代時期幽州資料—隋唐五代幽州主官知見録(附:契丹建遼前部分)》,紫禁城出版社,1991 年。
施安昌編《顔真卿干禄字書》,紫禁城出版社,1992 年。
朱謙之:《中國景教》,人民出版社,1993 年。
陳燕珠:《房山石經中通理大師刻經之研究》,臺北覺苑出版社,1993 年。
徐自强主編《北京圖書館藏北京石刻拓片目録》,書目文獻出版社,1994 年。
任繼愈:《漢唐佛教思想論集》,人民出版社,1994 年。
田福月編《雲居寺春秋》(上下),北京市房山區文化文物局出版,1994 年。
陳燕珠:《新編補正房山石經彙編》,臺北覺苑出版社,1995 年。
陳燕珠:《房山石經中遼末與金代刻經之研究》,臺北覺苑出版社,1995 年。
吕建福:《中國密教史》,中國社會科學出版社,1995 年。
楊殿珣:《石刻題跋索引》,商務印書館,1995 年。
翁紹軍校勘、注釋《漢語景教文典詮釋》,生活・讀書・新知三聯書店,1996 年。
徐自强、吴夢麟:《中國的石刻與石窟》,商務印書館,1996 年。
湯用彤:《漢魏兩晉南北朝佛教史》,北京大學出版社,1998 年。
路遠:《西安碑林史》,西安出版社,1998 年。
宿白:《唐宋時期的雕版印刷》,文物出版社,1999 年。
中國佛教文化研究所編,吕鐵鋼主編《房山石經研究》(全三册),香港中國佛教文化出版有限公司,1999 年。
單霽祥、王鳳江主編《房山雲居寺遼金石經回藏紀實》,京内資准字 99-10827,1999 年。
林子青:《名山石室貝葉藏:石經塔寺文物》,法鼓文化事業股份有限公司,2000 年。
楊泓:《漢唐美術考古和佛教藝術》,科學出版社,2000 年。
黄炳章:《石經山和雲居寺》,北京美術攝影出版社,2001 年。
施安昌:《善本碑帖論集》,紫禁城出版社,2002 年。
林悟殊:《唐代景教再研究》,中國社會科學出版社,2003 年。
趙超:《古代墓誌通論》,紫禁城出版社,2003 年。
徐自强、吴夢麟:《古代石刻通論》,紫禁城出版社,2003 年。
楊亦武:《雲居寺》,華文出版社,2003 年。
岑仲勉:《金石論叢》,中華書局,2004 年。
歐昌俊、李海霞:《六朝唐五代石刻俗字研究》,巴蜀書社,2004 年。
施安昌:《火壇與祭司鳥神》,紫禁城出版社,2004 年。
易敏:《雲居寺明刻石經文字構型研究》,上海教育出版社,2005 年。
方廣錩:《中國寫本大藏經研究》,上海古籍出版社,2006 年。
夏廣興:《密教傳持與唐代社會》,上海人民出版社,2008 年。
牛汝極:《十字蓮花:中國元代叙利亞文景教碑銘文獻研究》,上海古籍出版社,2008 年。
程章燦:《石刻刻工研究》,上海古籍出版社,2008 年。
雲居寺文物管理處編《雲居寺貞石録》,北京燕山出版社,2008 年。
遼寧省遼金契丹女真史研究會編《遼金歷史與考古》(1—3 輯),遼寧教育出版社,2009—2011 年。
宿白:《漢文佛籍目録》(宿白未刊講稿系列),文物出版社,2009 年。

宿白：《中國古建築考古》（宿白未刊講稿系列），文物出版社，2009 年。

路遠：《景教與景教碑》，西安出版社，2009 年。

葛承雍主編《景教遺珍：洛陽新出唐代景教經幢研究》，文物出版社，2009 年。

馮金忠：《燕趙佛教》，中國社會科學出版社，2009 年。

北京石刻藝術博物館編《北京地區摩崖石刻》，學苑出版社，2010 年。

路遠：《碑林語石——西安碑林藏石研究》，三秦出版社，2010 年。

張總：《中國三階教史：一個佛教史上湮滅的教派》，社會科學文獻出版社，2013 年。

北京石刻藝術博物館編《新日下訪碑録》，北京燕山出版社，2013 年。

趙其昌：《京華集》，文物出版社，2014 年。

沈睿文：《安禄山服散考》，上海古籍出版社，2015 年。

周肇祥：《琉璃廠雜記》（2 册），北京聯合出版有限責任公司，2016 年。

北京市地方誌編纂委員會編《北京志・雲居寺志》，北京出版集團公司、北京出版社，2017 年。

房山雲居寺文物管理處編《房山雲居寺游記集》（内部參考資料），2017 年。

房山石經博物館、房山石經與雲居寺文化研究中心編《石經研究・第一輯》，北京燕山出版社，2017 年。

房山石經博物館、房山石經與雲居寺文化研究中心編《石經研究・第二輯》，華夏出版社，2018 年。

尤李：《唐代幽州地區的佛教與社會》，中國社會科學出版社，2019 年。

（二）譯著部分

[日]塚本善隆、長廣敏雄等：《東方學報・京都第五册副刊・房山雲居寺研究》，東方文化學院京都研究所，1925 年。

[日]常盤大定：《大藏經概説》，株式會社雄山閣，1936 年。

[日]神田喜一郎、西川寧：《書迹名品叢刊・隋唐房山雲居寺石經》，株式會社二玄社，1979 年。

[日]《中國法書選 11：魏晉唐小楷集》，株式會社二玄社，1992 年。

[日]圓仁著，白化文、李鼎霞、許德楠校注《入唐求法巡禮行記校注》，花山文藝出版社，1992 年。

[美]謝弗著，吴玉貴譯《唐代的外來文明》，中國社會科學院出版社，1995 年。

[日]橘瑞超著，柳洪亮譯《橘瑞超西行記》，新疆人民出版社，1999 年。

[日]伊藤滋編《游墨春秋：木雞室金石碑帖拾遺》，日本習字普及協會，2002 年。

[日]中村不折著，李德範譯《禹域出土墨寶書法源流考》，中華書局，2003 年。

[日]東京國立博物館、朝日新聞社編《遣唐使與唐代的美術》，日本朝日新聞社，2005 年。

[德]雷德侯著，張總譯，党晟校《萬物：中國藝術中的模件化和規模化生産》，生活・讀書・新知三聯書店，2005 年。

[日]《從王羲之到空海——中日書法名作》，日本讀賣新聞社，2006 年。

[日]宫治昭著，李萍譯《犍陀羅美術尋蹤》，人民美術出版社，2006 年。

[日]阿南史代著，雷格、潘岳譯《追尋圓仁的足迹：在當代中國重走日本高僧入唐求法之路》，五洲傳播出版社，2007 年。

[日]謙慎書道會編《謙慎書道會展 70 回紀念：中日書法的傳承》，日本二玄社，2008 年。

[日]西林昭一、陳松長：《新中國出土書迹》，文物出版社，2009 年。

[日]京都國立博物館編《筆墨精神：中國書畫的世界》，日本朝日新聞社，2011 年。

[日]九州國立博物館編《草原的王朝：契丹》，日本西日本新聞社，2011 年。

[日]高楠順次郎主編、大藏經刊行會編《大正重修大藏經》第 49 册至 52 册史傳部、第 53 册事彙

部上、第54册事彙部下外教部全、第55册目録部全、第56册古逸部全疑似部全，臺灣新文豐出版公司，2011年。

[日]龍谷大學、讀賣新聞社編《特別展：佛教傳來的道路》，日本龍谷大學、讀賣新聞社，2012年。

[日]氣賀澤保規:《中國中世佛教石刻的研究》，勉誠出版，2013年。

[日]氣賀澤保規著，石曉軍譯《絢爛的世界帝國：隋唐時代》，廣西師範大學出版社，2014年。

[日]氣賀澤保規:《明大亞洲史論集第18號：氣賀澤保規先生退休紀念號》，明治大學東洋史談話會，2014年。

[日]氣賀澤保規:《隋唐佛教社會的基礎構造的研究》，明治大學東亞石刻文物研究所，2015年。

[日]塚本善隆、長廣敏雄等著、汪帥東譯《房山雲居寺研究》，北京聯合出版公司，2016年。